Medical Responsibility in Western Europe

Research Study of the European Science Foundation

Edited by E. Deutsch and H.-L. Schreiber

With Contributions by
J. Blackie J. Santos Briz F. Busnelli R. O. Dalcq
E. Deutsch J. de Figueiredo Dias N. S. Fotakis
H. Hausheer J. Hellner I. Kennedy H. J. J. Leenen
P. Lødrup J. Sinde Monteiro J. Penneau J. Radišić
H.-L. Schreiber J. W. Steiner M. Zana

Springer-Verlag
Berlin Heidelberg New York Tokyo

Professor Dr. jur. Erwin Deutsch
Professor Dr. jur. Hans-Ludwig Schreiber

Direktoren der Forschungsstelle
für Arzt- und Arzneimittelrecht
des juristischen Seminars
der Universität Göttingen
Nikolausberger Weg 9 a
D-3400 Göttingen (West Germany)

ISBN-13: 978-3-642-70451-2 e-ISBN-13: 978-3-642-70449-9
DOI: 10.1007/978-3-642-70449-9

Library of Congress Cataloging in Publication Data. Main entry under title:
Medical responsibility in Western Europe. 1. Medical personnel - Malpractice - Europe. 2. Insurance, Physicians' liability - Europe. I. Deutsch, E. (Erwin) II. Schreiber, Hans-Ludwig. III. Blackie, J. (John) IV. European Science Foundation. [DNLM. 1. Insurance, Liability - Europe - legislation. 2. Legislation, Medical - Europe. 3. Malpractice - Europe - legislation. W 33 GA1 M4] LAW

Softcover reprint of the hardcover 1st edition 1985

2119/3140-543210

Foreword

This volume presents to the international world of learning the first fruits of a project launched by the European Science Foundation (ESF) in 1977. Tribute should be paid to the late Professor Aleck Chloros, Judge in the Court of the European Community, whose belief in the European ideal and enthusiasm for European cooperation and the comparative study of legal problems made him an eloquent advocate of a large-scale ESF venture into the field of comparative law. Judge Chloros had envisaged the creation of a permanent, sizable and well-equipped European institute for comparative legal studies. The successive working parties convoked by the Executive Council of the ESF, which I had the honour of heading from the beginning, came to the conclusion that this ambitious vision could not be realized immediately; the financial situation of the member organizations of the ESF also deteriorated, making a cautious approach a necessary virtue. The solution ultimately adopted by the last of the working parties - the Ad Hoc Committee for Comparative Law - and submitted to the General Assembly of the ESF in 1979 called for the launching of four pilot projects. In November 1980, the Assembly approved detailed plans for two of these projects, the first of which concerned medical responsibility - the subject of this volume.

A Steering Committee was set up to monitor the projects. The organisation of the study was entrusted to Professor Dr. Erwin Deutsch, head of the Institute of Pharmaceutical and Medical Law of the University of Göttingen, and to Professor Dr. Hans-Ludwig Schreiber of the same university.

The present volume, which compares and analyzes in depth the legal positions on medical responsibility of 16 Western European countries, is a highly encouraging achievement in the true spirit of European cooperation.

Medical responsibility, in the broadest sense of the term, was put forward early in the discussion of topics suitable for comparative legal studies. It is hardly necessary to explain why: as the Western world undergoes an unparalleled *pénétration médicale* (to quote without irony Jules Romains' visionary Dr. Knock), the rapidly growing array of legal problems raised by modern medicine and pharmaceutics seems at times not only to jeopardize further progress in medicine, but also to create almost insurmountable obstacles to the rational use of the medical and pharmaceutical knowledge and skill that mankind already commands. Moreover, developments outside Europe have made it particularly important to consider various solutions which have already been adopted or are still *in statu nascendi* in our part of the world, to compare them and - the last phase of the work - to propose, if possible, a harmonization or unification based on a consensus of the most rational, equitable and practicable solutions.

The papers in this volume describe the present position of the law on medical responsibility in most member states of the ESF; the wealth of ideas and practical solutions faithfully reflects the intellectual, social and ethical variety of Western Europe. At the same time, the book illustrates the practical advantages of achieving unity in many respects. The national reporters, lawyers or members of the medical profession, have all worked according to the same model, making meaningful comparison possible. The reader will be richly rewarded, but also surprised, for this is a field where, in spite of obvious and increasing economic and social similarities, the European legal systems have not developed in the same direction.

This broad description of the law as actually enforced represents the first and fundamental phase of the pilot project. A forthcoming volume will contain discussions and proposals *de lege ferenda,* i.e. on legislative policies. This second volume will include the project leaders' suggestions for harmonization or unification – if deemed desirable and possible.

On behalf of the ESF and the Steering Committee, it is with joy and pride that I congratulate Professor Deutsch, Professor Schreiber and their collaborators: they have served the European cause well.

Uppsala, January 1985 S. Strömholm

Preface

One of the three research projects on comparative law supported by the Committee for Social Sciences of the European Science Foundation deals with medical responsibility in Western Europe. This topic was proposed by Prof. André Tunc of the University of Paris to explore the limits of the fault system in professional liability, to discuss ways of ensuring compensation for victims of medical mishaps and to propose solutions for freeing doctors and hospitals from burdensome litigation.

We were entrusted by the European Science Foundation with the organisation of the study. After much deliberation, we selected 15 national reporters, one of whom, Professor Radišić of Yugoslavia, agreed to do a report on the system of the Soviet Union as well. The national reporters and the project coordinators met for an initial workshop in Göttingen in the autumn of 1981. There, every national reporter gave a short preliminary survey of the legal situation in his country. The participants then agreed on an agenda (see p. XI) and named the points of interest the national reporters should cover in their final surveys. These included such topics as the basis of the system of medical care and claims and court cases, with special emphasis on insurance schemes and liability for negligence by clinics and medical personnel and in the use of medical equipment. Special situations were to be covered at the discretion of the national reporter.

The national reporters are lawyers and/or doctors and carried out most of their work *de lege lata* in 1982. In the spring of 1983, the reporters reconvened at the old university town of Coimbra, Portugal, to discuss the national reports and a number of special problems, e.g. additional insurance schemes or the superseding of liability by insurance. At that workshop, it was agreed that a second national report concerning policy questions should be initiated. It is hoped that all *de lege ferenda* reports will have been submitted by the time the reporters meet for the last time in Baden near Vienna in the spring of 1985.

In this first volume, all the national reports on the existing law are published in English, French or German. To compose a national report in one's own language is a relatively easy task for an expert, but becomes a much more difficult one if he has to write the report in a language other than his mother tongue or if his report has to be translated into another language. All the national reporters who wrote their reports in languages other than their native tongue or who agreed to have them translated faced the risk of a *sacrificium intellectus*. Transferring a meaning from one language into another is a problem in itself. Here, it was compounded by the fact that medical law is a restricted field with very specialised terminology.

A comparison of the national reports reveals some of the features distinguishing the concept of medical responsibility in European law. The liability of physicians and hospitals is an universal part of the professional liability. In Sweden, however, it is reinforced by accident insurance granted by private companies. In the field of liability for negligence, several different tendencies in the judicial practice of the various countries are discernible. One group of mostly Central European countries had experienced a huge increase in civil liability litigation against doctors and hospitals. Another group, especially in Northern Europe and the United Kingdom, reported a remarkable reluctance on the part of the courts to hold doctors or hospitals liable for alleged malpractice. The third group of countries, Latin European ones, has up to now had a fairly underdeveloped system of medical liability, at least as far as court cases are concerned. Here, medical responsibility rests mostly with the criminal courts, who intervene only in the most blatant cases of gross negligence. Still another group includes the socialist countries, where liability can also mean liability of the state or its agency.

The reports submitted here do not claim to cover medical law in its entirety or to be an easy guide to problems in this field. Rather, our aim is to present a general survey of medical care, medical institutions and medical responsibility in the different countries of Western Europe and, for comparison, Yugoslavia and the Soviet Union. Not surprisingly, the areas of concentration differ widely from report to report. Some countries offer a great wealth of court cases, while in others, judicial practice has not developed as extensively. To have many claims and court cases is not necessarily an advantage. It could show that some aspect of the law has not been formulated adequately. Nevertheless, the reader will find in each report a wealth of material and a reliable guide into legal aspects of medical responsibility in the respective country.

To publish the scientific work of others is to some degree a task easily undertaken and full of rewards. The national reports published in this volume afforded us many insights into the field of medical law.

We express our gratitude to the members of the Steering Committee for the Additional Activity in Comparative Law for their kind support of this research project:

Prof. S. Strömholm (Chairman)
Prof. A. L. Diamond (United Kingdom)
Prof. W. Ganshof van der Meersch (Belgium)
Prof. Dr. h. c. H.-H. Jescheck (Federal Republic of Germany)
Prof. G. Pugliese (Italy)
Prof. S. Simitis (Standing Committee for Social Sciences)
Prof. K. Spiro (Switzerland)
Prof. A. Tunc (France)
Secretary: Dr. Jostein Mykletun
Mrs. Monique Flasaquier

January 1985

Erwin Deutsch
Hans-Ludwig Schreiber

List of Contributors

John W. G. Blackie	Senior Lecturer, Department of Scots Law, University of Edinburgh
Jaime Santos Briz	Magistrado del Tribunal Supremo, Madrid
Francesco Busnelli	Professore Ordinario di Instituzioni di Diritto Privato, Università di Pisa; Direttore della Sezione di Giurisprudentia e Scienze Politiche della Scuola Superiore di Studi Universitari e Perfezionamento - Pisa
Roger O. Dalcq	Professeur à la Faculté de Droit à l'Université Catholique de Louvain, Bruxelles
Erwin Deutsch	Ordentlicher Professor an der juristischen Fakultät der Universität Göttingen, Abteilung für internationales und ausländisches Privatrecht; Direktor der Forschungsstelle für Arzt- und Arzneimittelrecht des juristischen Seminars der Universität Göttingen; Mitglied der Enquete-Kommission des Deutschen Bundestages zur Gentechnologie
Jorge de Figueiredo Dias	Conselheiro de Estado; Catedratico de Faculdade de Direito de Universidade de Coimbra
Nikolaos S. Fotakis	Ordinarius für Forensische Psychologie und Psychiatrie an der Universität zu Thrazien; Nervenarzt
Heinz Hausheer	Bundesrichter am Schweizerischen Bundesgericht, Lausanne; Honorarprofessor an der Universität Bern

Jan Hellner	Professor an der juristischen Fakultät der Universität Stockholm
Ian Kennedy	Professor of Medical Law and Ethics, Faculty of Law, King's College, London
H. J. J. Leenen	Professor of Social Medicine and Health Law, University of Amsterdam
Peter Lødrup	Dekan der juristischen Fakultät der Universität Oslo; Leiter des Instituts für Privatrecht
Jorge Sinde Monteiro	Dozent an der juristischen Fakultät der Universität Coimbra, Portugal
Jean Penneau	Docteur en droit, docteur en médecine; Chargé d'enseignement à l'Université de Droit, d'Economie et de Sciences Sociales de Paris
Jakov Radišić	Professor an der juristischen Fakultät der Universität in Kragujevac; Wissenschaftlicher Berater des Instituts für Sozialwissenschaften in Beograd
Hans-Ludwig Schreiber	Ordentlicher Professor an der juristischen Fakultät der Universität Göttingen; Vizepräsident des Niedersächsischen Landesjustizprüfungsamtes; Direktor der Forschungsstelle für Arzt- und Arzneimittelrecht des juristischen Seminars der Universität Göttingen
Johannes Wolfgang Steiner	Richter des Handelsgerichtes Wien; Disziplinaranwalt der Österr. Ärztekammer; Universitäts-Lektor an der Universität Wien und der Wirtschaftsuniversität Wien
Mario Zana	Professore Associato di Instituzioni di Diritto Private, Università di Pisa; Docente presso la Scuola di Specializzazione in Medicina Legale e delle Assicurazioni, Università di Pisa

General Outline of Topics and Problems Treated

The following outline represents a general list of topics and problems discussed by each of the authors. The actual form of the individual national reports diverges from this outline to some extent, depending on the legal system and the judicial practice of each country.

A. Bases of the System of Medical Care

I. Ethical basis of medical care
II. Private or state organized systems of medical care
III. Number of doctors in private practice, clinics or state agencies
IV. Number of treatments in private practice, clinics, etc.

B. Claims and Court Cases

I. Claims of patients against doctors, clinics and state agencies, kind of claims, cause of injury, average number of claims, number of settlements
II. Court proceedings, etc.

C. Responsibility for Negligence

I. Criminal responsibility
II. Criminal procedure
III. Civil responsibility
IV. Informed consent
V. Causation
VI. Burden of proof
VII. Experts
VIII. Access to records
IX. Damages; pain and suffering

D. Clinics, Medical Equipment and Personnel

I. Need for guidelines
II. Responsibility of the clinic for doctors
III. Group liability

E. Insurance schemes

F. Special situations (optional)

How to Use the Volume

- The national reports are arranged in alphabetical order according to the name of the country reported upon.
- The abbreviations of the country names are those used in international traffic, e.g. A = Austria, YU = Yugoslavia. The abbreviation "GB" refers to the report on England, while "Sc" stands for Scotland.
- We have added marginal numbers to facilitate locating special sections.
- An index at the end of the volume shows the main topics treated in the three languages of the national reports, English, French and German.

Quelques remarques au sujet de l'utilisation de ce volume

- Les différents rapports nationaux paraissent dans l'ordre alphabétique d'après les noms anglais de leurs pays d'origine.
- Pour les abbréviations des noms de pays on s'est basé sur les plaques d'immatriculation internationales, p. ex. *A* pour l'Autriche, *YU* pour la Yougoslavie. GB désigne le rapport national d'Angleterre, Sc celui d'Écosse.
- Un index des sujets en fin de volume dans les langues allemande, anglaise et française recueille les termes les plus importants traités dans les différents rapports. Les chiffres correspondent aux numéros se trouvant en marge tout au long du texte.

Hinweise für die Benutzung des Buches

- Die Länderberichte sind alphabetisch, den (englischsprachigen) Ländernamen entsprechend, angeordnet.
- Als Abkürzungen der Ländernamen werden (auch in den Sachverzeichnissen) die internationalen Autokennzeichen verwendet, z. B. A = Österreich, YU = Jugoslawien. GB bezeichnet den Länderbericht aus England, Sc den aus Schottland.
- Je ein deutsches, englisches und französisches Sachverzeichnis am Buchende enthält die wichtigsten, in den Länderberichten behandelten Begriffe. Die angegebenen Zahlen beziehen sich auf die Randnummern im laufenden Text.

Survey of National Reports with Abbreviations of the Country Names

Austria

J. W. Steiner

Inhaltsverzeichnis

Abkürzungsverzeichnis

ABGB	Allgemeines Bürgerliches Gesetzbuch
ÄG	Ärztegesetz
AHVB	Allgemeine Bedingungen für die Haftpflichtversicherung
AHG	Amtshaftungsgesetz
ASVG	Allgemeines Sozialversicherungsgesetz
BG	Bundesgesetz
BGBl	Bundesgesetzblatt
B-VG	Bundesverfassungsgesetz
DHG	Dienstnehmerhaftpflichtgesetz
EB RV	Erläuternde Bedeutungen zur Regierungsvorlage
EHVB	Ergänzende Haftpflichtversicherungsbedingungen
EvBl	Evidenzblatt
JBl	Juristische Blätter
JN	Jurisdiktionsnorm
KAG	Krankenanstaltengrundsatzgesetz
KAGE	Krankenanstaltenausführungsgesetze der Länder
KRSlg	Sammlung von Entscheidungen in Krankenanstaltenfragen
LGBl	Landesgesetzblatt
MGA ABGB	Mauz Verlag – große Ausgabe des ABGB
MRK	Europäische Menschenrechtskonvention
NJW	Neue Juristische Wochenschrift
OB	Aktenzeichen für Zivilentscheidungen des OGH
OGH	Oberster Gerichtshof
OGH SSt	Entscheidungen des OGH in Strafsachen (SSt = Sammlung Strafsachen)
OGH HS	HS = Sammlung handelsrechtlicher Entscheidungen
ÖJZ-LSK	Blätter zur ÖJZ (= österr. Juristenzeitung)
ÖRZ	Österreichische Richterzeitung
SGG	Suchtgiftgesetz
SpR	Sprachrepentorium
StGB	Strafgesetzbuch
StPO	Strafprozeßordnung
SZ	Sammlung zivilrechtlicher Entscheidungen des OGH
ZPO	Zivilprozeßordnung
ZVR	Zeitschrift für Verkehrsrecht

A. Grundlagen der ärztlichen Versorgung

I. Ethische Grundlage des Arztberufes

A 1 Die älteste ethische Basis des Arztberufes in Österreich ist der *Hippokratische Eid*[1], der in seinem wesentlichsten Teil sinngemäß Eingang in § 7 Abs. 1 Ärztegesetz (ÄG) gefunden hat, wonach der Arzt verpflichtet ist, jeden von ihm in ärztliche Beratung oder Behandlung übernommenen Gesunden und Kranken ohne Unterschied der Person gewissenhaft zu betreuen. Er hat hierbei nach Maßgabe der ärztlichen Wissenschaft und Erfahrung sowie unter Einhaltung der bestehenden Vorschriften das Wohl der Kranken und den Schutz der Gesunden zu wahren. Damit ist der Inhalt des Hippokratischen Eides im Wege des § 7 Abs. 1 ÄG in Österreich verbindlich angeordnete Berufspflicht.

A 2 *Die Sponsionsformel für das Doktorat der Medizin*[2] enthält weitere wesentliche Passagen, die in ethischer Hinsicht ein Fundament ärztlicher Berufsausübung darstellen, indem die Doktoranden geloben, die ihnen zu verleihende Würde „... rein und unversehrt zu bewahren und niemals durch üble Sitten oder Schaden im Leben zu beflecken; schließlich die Kenntnis, die sie jetzt beherrschen, durch eigenen Fleiß zu pflegen und insbesondere durch alle Fortschritte, welche diese Kunst im Laufe der Zeit machen wird, zu erweitern, ihre Übung und ihr Können zum Wohl und Gedeihen der Menschen geflissentlich zu verwenden, endlich alle Pflichten, die dem rechten Arzte obliegen, mit der gleichen Menschlichkeit gegen alle auszuüben." Dies wiederum wird einerseits durch § 7 Abs. 1 ÄG auch zur gesetzlich normierten Berufspflicht erhoben und andererseits durch § 55f. Abs. 1b ÄG unter die Sanktionen des Disziplinarrechtes gestellt, weil die Verletzung jener Berufspflichten, zu deren Einhaltung sich ein Arzt anläßlich der Promotion verpflichtet, den Tatbestand eines Disziplinarvergehens erfüllt.

A 3 Zu diesen beiden Eckpfeilern ärztlicher Ethik kommen:

a) *die Genfer Deklaration,* beschlossen von der Generalversammlung der Weltärzteorganisation in Genf 1948[3];
b) der *internationale Kodex über medizinische Ethik,* beschlossen von der 3. Generalversammlung des Weltärztebundes in London 1949[4];
c) die *Deklaration von Helsinki,* betreffend die Durchführung biomedizinischer Forschung, beschlossen von der 18. Generalversammlung des Weltärztebundes in Helsinki 1964, abgeändert und ergänzt durch die 29. Generalversammlung des Weltärztebundes 1975 in Tokio[5];

---

[1] Text bei Strobl (1976) ÄG mit Kommentar[2], S. 213, nach der Übersetzung von Lesky.
[2] Voller Text bei Strobl, a. a. O. S. 214.
[3] Text bei Strobl, a. a. O. S. 215.
[4] Text bei Strobl, a. a. O. S. 215.
[5] Text bei Strobl, a. a. O. S. 193.

d) die *Deklaration von Sydney* über den Todeszeitpunkt (A Statement on Death), beschlossen von der 22. Generalversammlung des Weltärztebundes 1968[6];
e) die *Deklaration von Oslo* als Stellungnahme des Weltärztebundes zur therapeutischen Schwangerschaftsunterbrechung 1970[7];
f) die *Deklaration von Tokio* betreffend Richtlinien für Ärzte bei Folterungen, Grausamkeiten und anderen unmenschlichen oder die Menschenwürde verletzenden Handlungen oder Strafen in Verbindung mit Haft und Gefangenschaft, sowie über den Gebrauch und Mißbrauch psychotroper Arzneimittel 1975[8].

II. Private oder staatlich organisierte ärztliche Versorgung

A 4 In Österreich besteht ein System, das die ärztliche Versorgung der Bevölkerung auf privater Basis durch *selbstständig tätige, freiberufliche Ärzte,* sog. niedergelassene Ärzte, sichert. Nach § 5 ÄG hat jeder Arzt das Recht, seinen Beruf im ganzen Bundesgebiet auszuüben, und er kann dabei seinen Berufssitz frei bestimmen. Grundsätzlich dürfen Ärzte nur einen Berufssitz haben, das Betreiben einer sogenannten Wanderpraxis ist ausdrücklich verboten (§ 5 Abs. 3 ÄG).

Innerhalb der selbständig tätigen Ärzte unterscheidet man praktische Ärzte und Fachärzte (§ 1a ÄG), wobei sich die Fachärzte gemäß § 2k Abs. 2 ÄG auf ihr Sonderfach zu beschränken haben. Universitätsprofessoren und Universitätsdozenten sind gemäß § 2k Abs. 4 ÄG Fachärzte desjenigen Sonderfaches, wofür ihnen die Venia docendi verliehen wurde. Die Sonderfächer sind in §§ 5ff. der Ärzteausbildungsverordnung[9] näher bestimmt. Andererseits bestehen aufgrund des Krankenanstaltengrundsatzgesetzes (KAG)[10] *öffentliche und private Krankenanstalten:*

1. Öffentliche Krankenanstalten

A 5 sind gemäß § 15 KAG solche, denen von der Landesregierung (eines Bundeslandes) das Öffentlichkeitsrecht verliehen wurde und die der gesamten Öffentlichkeit zur Verfügung stehen. Voraussetzung zur Verleihung des Öffentlichkeitsrechts sind a) Gemeinnützigkeit, b) Gewährleistung der Erfüllung der gesetzlich auferlegten Pflichten, des gesicherten Bestandes und zweckmäßigen Betriebes und c) Betrieb und Verwaltung durch eine Körperschaft des öffentlichen Rechts oder durch andere juristische Personen oder Vereinigungen von juristischen Personen, wobei dann, wenn der Rechtsträger keine Gebietskörperschaft ist, nachgewiesen werden muß, daß er über die für den gesicherten Betrieb der Krankenanstalt notwendigen Mittel verfügt.

Hierbei bedarf der Begriff der Gemeinnützigkeit wohl einer näheren Erläute-

---

[6] Text bei Strobl, a. a. O. S. 200.
[7] Text bei Strobl, a. a. O. S. 197.
[8] Text bei Strobl, a. a. O. S. 198.
[9] BGBl 1974/36 s. bei Strobl (1974) Ärztliche Ausbildung, Verlag der österreichischen Ärztekammer (Arzt und Recht, Bd. 2, S. 24ff.)
[10] BGBl 1957/1 i. d. F. zahlreicher Novellen, zuletzt BGBl 1982/273. Die folgende Übersicht wurde in Anlehnung an Stellamor (1977) Ärztliche Berufsordnung, Eine Rechts- und Standeskunde, Manz, München, erstellt.

rung: Man versteht darunter, daß der Betrieb der Krankenanstalt nicht auf Gewinn ausgerichtet ist, daß jeder Aufnahmebedürftige nach Maßgabe der Einrichtungen aufgenommen wird und daß die Patienten so lange untergebracht, ärztlich behandelt, gepflegt und verköstigt werden, wie ihr Gesundheitszustand nach dem Ermessen des behandelnden Arztes dies erfordert. Für die ärztliche Behandlung, Pflege und Verköstigung ist ausschließlich der Gesundheitszustand der Patienten maßgebend. Die Pflegegebühren[11] sind für alle Patienten derselben Gebührenklasse gleich hoch, wobei allenfalls eine Abteilungs- und Gruppengliederung für Akutkranke und Langzeitbehandlungen und Tag- und Nachtbetrieb berücksichtigt werden können. Die Bediensteten dürfen prinzipiell von Patienten und deren Angehörigen auf keinerlei Art entlohnt werden, und die Zahl der Sonderklassebetten darf ein Viertel der Gesamtbettenzahl nicht übersteigen. Die Voraussetzungen für die Einrichtung einer Sonderklasse und die Aufnahme von Patienten in die Sonderklasse sind auf landesgesetzlicher Ebene näher geregelt[12].

Eingeteilt werden die öffentlichen Krankenanstalten wie folgt:

A 6 a) *Allgemeine Krankenanstalten* zur Behandlung aller Personen ohne Unterschied von Alter, Geschlecht oder Art der ärztlichen Behandlung, wobei man hier wieder unterscheidet:[13]

- *Standardkrankenanstalten,*
- *Schwerpunktkrankenanstalten* und
- *Zentralkrankenanstalten.*

Standardkrankenanstalten sind solche mit bettenführenden Abteilungen zumindest für Chirurgie, Frauenheilkunde und Geburtshilfe, innere Medizin und Kinderheilkunde. Eine eigene bettenführende Abteilung für Kinderheilkunde kann entfallen, wenn ein Facharzt für Kinderheilkunde als ständiger Konsiliararzt für die Betreuung von Neugeborenen und für die Behandlung von Krankheiten des Kindesalters verpflichtet wird. Die Behandlung von Kranken in anderen Sonderfächern muß durch entsprechende Fachärzte als Konsiliarärzte gesichert sein. Überdies müssen – damit man von einer Standardkrankenanstalt sprechen kann – Einrichtungen für die Röntgendiagnostik und die Vornahme von Obduktionen vorhanden sein. Für je 50000–90000 Bewohner eines Landes ist eine Standardkrankenanstalt einzurichten.

Schwerpunktkrankenanstalten sind solche mit bettenführenden Abteilungen zumindest für Augenheilkunde, Chirurgie, Frauenheilkunde und Geburtshilfe einschließlich Perinatologie, Hals-, Nasen- und Ohrenkrankheiten, innere Medizin, Kinderheilkunde einschließlich Neonatologie, Nerven- und Geisteskrankheiten, Orthopädie, Unfallchirurgie und Urologie. Die fachärztliche Betreuung in anderen Sonderfächern muß durch entsprechende Fachärzte als ständige Konsiliarfachärzte sichergestellt sein. Überdies müssen in einer Schwerpunktkrankenanstalt Einrichtungen für Anästhesie, Hämodialyse, Strahlendiagnostik und Zahnheilkunde vorhanden sein. Außerdem müssen in einer solchen Anstalt eine Anstaltsapotheke, ein pathologisches Institut und ein Institut für medizinisch-chemische Labordiagnostik geführt werden. Schwerpunktkrankenanstalten sind für je 250000–300000 Bewohner eines Bundeslandes einzurichten. Jedes Land hat mindestens eine Schwerpunktkrankenanstalt zu haben.

Zentralkrankenanstalten sind solche mit grundsätzlich allen spezialisierten Ein-

---

[11] Es besteht keine unentgeltliche Behandlung!

[12] § 16 Abs. 2 KAG.

[13] § 2 (1) Ziff. 1 KAG.

richtungen, die dem jeweiligen Stand der medizinischen Wissenschaften entsprechen. Universitätskliniken einschließlich der medizinischen Universitätsinstitute gelten als Zentralkrankenanstalten. Zentralkrankenanstalten sind in jedem Bundesland einzurichten, dessen Einwohnerzahl 1 000 000 übersteigt.

A 7 b) *Sonderkrankenanstalten* zur Untersuchung und Behandlung von Personen mit bestimmten Krankheiten bzw. von Personen bestimmter Altersstufen oder für bestimmte Zwecke.

c) *Heime für Genesende,* sofern diese ärztlicher Behandlung und besonderer Betreuung bedürfen.

d) *Pflegeanstalten für chronisch Kranke,* sofern diese ärztlicher Betreuung und besonderer Pflege bedürfen.

e) *Gebäranstalten und Entbindungsheime.*

2. Private Krankenanstalten

A 8 Private Krankenanstalten sind solche, die kein Öffentlichkeitsrecht besitzen, auch von physischen Personen errichtet und betrieben werden und auf die Erzielung von Gewinn gerichtet sein dürfen (§§ 39ff. KAG).

Daneben gibt es *Sanatorien*[14] und *selbstständige Ambulatorien.*[15]

Erstere sind Krankenanstalten, die durch ihre besondere Ausstattung hinsichtlich Verpflegung, Pflege und Unterbringung höheren Ansprüchen genügen. Letztere sind organisatorisch selbständige Röntgeninstitute, Zahnambulatorien und ähnliche Einrichtungen, die der Untersuchung und Behandlung von Personen dienen, die einer stationären Aufnahme nicht bedürfen.

Allerdings erfährt der Verwendungszweck eines selbständigen Ambulatoriums dadurch keine Änderung, daß das Ambulatorium über eine angemessene Bettenzahl verfügt, die für eine kurzfristige Unterbringung zur Durchführung ambulanter diagnostischer oder therapeutischer Maßnahmen unentbehrlich ist.

III. Anzahl der Ärzte in Privatpraxen, Kliniken und Behörden

A 9 Am Stichtag 1.11. 1982 gab es in Österreich 19495 Ärzte (davon 4717 weibliche). Freiberuflich tätig waren 10752, der Rest in Krankenanstalten angestellt. Insgesamt waren zum obigen Stichtag 8909 Fachärzte, 6144 praktische Ärzte und 4442 Turnusärzte (das sind in Ausbildung befindliche Ärzte) in Österreich tätig. Insgesamt 319 Ärzte waren als Amts-, Polizei- und Militärärzte tätig.

IV. Anzahl der Behandlungen in privaten Praxen, Kliniken etc.

A 10 Über die Anzahl der Behandlungen in privaten Praxen, Kliniken etc. wird in Österreich keine Gesamtstatistik veröffentlicht, weshalb eine weitere Darstellung zu diesem Punkt unterbleiben muß.

---

[14] § 2 Abs. 1 Ziff. 6 KAG.

[15] § 2 Abs. 1 Ziff. 7 KAG.

B. Klagen und Verfahrensgang

I. Patientenklagen gegen Ärzte, Kliniken und Behörden, Klageart, Schadensursache, durchschnittlicher Streitwert, Anzahl der rechtskräftigen Entscheidungen

A 11 Konkrete Aussagen in Form von Daten über dieses Thema sind für Österreich kaum zu machen, da es an entsprechendem Datenmaterial fehlt; weder die Ärztekammer noch das Bundesministerium für Gesundheit und Umweltschutz noch das Justizministerium führen und veröffentlichen Statistiken zu diesem Themenkreis. Aus der persönlichen Erfahrung des Berichterstatters ist zu sagen, daß die strafrechtlich relevanten Fälle eher zu Gerichtsentscheidungen führen als die rein zivilrechtlichen, weil man sich, was den Komplex schadenersatzrechtlicher Fragen angeht insbesondere nach Vorliegen einer rechtskräftigen strafgerichtlichen Verurteilung noch häufiger vergleicht, zumal aufgrund von strafgerichtlichen Verurteilungen auch die Zahlungsbereitschaft der einschlägigen Versicherungsinstitute stärker gegeben ist. Es sind also in den einschlägigen Entscheidungspublikationen eher strafrechtliche und weniger zivilrechtliche Fälle zu finden.

Detailliert können hier also nur die in Österreich rechtlich möglichen Schritte von Patienten gegen Ärzte, Kliniken und Behörden aufgezeigt werden, die Nennung von Zahlenmaterial muß unterbleiben.

A 12 Die primäre Frage ist nun, gegen wen und auf welcher Grundlage ein geschädigter Patient seine Ansprüche erheben kann. Hierbei können folgende Möglichkeiten unterschieden werden:

1. Besteht (z. B. in der freien Praxis) ein direktes Vertragsverhältnis zwischen Patient und Arzt, so ist der Patient in der Lage, gegen den Arzt unmittelbar Schadenersatzansprüche ex contractu geltend zu machen, wobei der Arzt dann auch für sein Hilfspersonal gemäß § 1313 a ABGB einzustehen hat (Näheres s. Abschn. C. III und D. V).
2. Besteht der Behandlungsvertrag zwischen dem Patienten und dem Träger der Krankenanstalt, so stehen die vertraglichen Ansprüche dem Patienten gegenüber dem Träger der Krankenanstalt zu, der wiederum für das Verschulden der bei ihm beschäftigten Ärzte gemäß § 1313 a ABGB einzustehen hat (Näheres s. Abschn. D. II). An den Arzt persönlich kommt der Patient in einem solchen Fall nur im Wege der Geltendmachung der sog. deliktischen Haftung heran.
3. Erwächst jemandem ein Schaden durch die Tätigkeit eines Arztes als Organ eines Rechtsträgers in Vollziehung der Gesetze, d. h. im Rahmen der hoheitlichen Verwaltung (z. B. durch die Tätigkeit eines Militär- oder Amtsarztes), so hat er nach den Bestimmungen des Amtshaftungsgesetzes[16] Ansprüche nur gegen den

[16] Bundesgesetz vom 18. 12. 1948 BGBl Nr. 20.

Rechtsträger, nicht aber gegen das Organ selbst (§ 1 Abs. 1 AHG). Der als Organ tätige Arzt haftet in einem solchen Fall lediglich gegenüber dem Rechtsträger im Regreßweg, und zwar nur bei grobem Verschulden[17].

A 13 Geltend gemacht werden einerseits die gemäß §§ 1325, 1326 ABGB im Falle von Körperverletzungen bzw. Tötungen vorgesehenen Ansprüche, also:

1. *Bei Körperverletzung:* Ersatz der Heilungskosten, des Verdienstentgangs und ein angemessenes Schmerzensgeld (§ 1325 ABGB) (Näheres s. Abschn. C. IX).
2. *Im Falle der Tötung:* Ersatz aller entstandenen Kosten (z. B. frustrierter Heilungsaufwand, aber auch z. B. Begräbniskosten etc.) sowie an diejenigen Hinterbliebenen, denen der Getötete nach dem Gesetz zum Unterhalt verpflichtet war, des ihnen infolge der Tötung entgehenden Unterhaltes (§ 1327 ABGB) (Näheres s. Abschn. C. IX).

Dazu kommen – zweckmäßigerweise – im Verletzungsfall gemäß § 228 ZPO Ansprüche auf Feststellung der Haftung des Schädigers für etwaige Spätfolgen des schädigenden Ereignisses.

Schadensursachen sind entweder Behandlungsfehler oder aber Nachteile, die aus mangelhafter Aufklärung entstehen. Die Beweislast trifft bei Geltendmachung vertraglicher Ersatzansprüche gemäß § 1298 ABGB den Schädiger, indem er nachzuweisen hat, daß er an der Erfüllung seiner Sorgfaltspflichten ohne sein Verschulden gehindert wurde[18]. Im Falle deliktischer Schadenersatzansprüche hat der Kläger zu beweisen, daß den Beklagten ein Verschulden trifft[19]. Siehe zu diesem Problemkreis überdies Abschn. C. VI.

II. Rechtsweg

1. Strafverfahren

A 14 a) Gemäß § 9 der Strafprozeßordnung (StPO) ist das *Bezirksgericht* sachlich in allen Fällen zuständig, in welchen keine Freiheitsstrafe angedroht ist, deren Höchstmaß 6 Monate übersteigt bzw. die nicht in die Kompetenz der Geschworenengerichte[20] fallen. Bei den Bezirksgerichten agieren Einzelrichter (§ 9 Abs. 2 StPO). Die Berufung[21] gegen Entscheidungen des Bezirksgerichtes geht an den Gerichtshof 1. Instanz, in dessen Sprengel das Bezirksgericht liegt (§ 403 StPO)[22].

b) Gemäß § 10 Ziff. 2 StPO obliegt den *Gerichtshöfen 1. Instanz* (den sog. Landes- oder Kreisgerichten) – neben anderen Aufgaben – die Hauptverhandlung und Urteilsfällung wegen aller Verbrechen und Vergehen, die weder den Geschworenengerichten noch den Bezirksgerichten zur Aburteilung zugewiesen sind. Die Gerichtshöfe 1. Instanz üben ihre Tätigkeit – abgesehen von hier nicht interessie-

---

17 Also bei Vorsatz oder grober Fahrlässigkeit.

18 Koziol, Österreichisches Haftpflichtrecht I^2, S. 330 ff. m. w. N.

19 Koziol, a. a. O. S. 331 m. w. N.; insbesondere auch Bydlinski, in: $Klang^2$ (Hrsg.) Kommentar zum ABGB, 2. Aufl. IV/2, S. 172.

20 § 14 StPO.

21 Hier und im folgenden wird nur der ordentliche Rechtsweg dargestellt, nicht jedoch die Möglichkeit außerordentlicher Rechtsmittel!

22 In Strafsachen besteht nur ein 2-Instanzen-Weg.

renden Sonderfällen[23] – entweder durch *Einzelrichter* oder als *Schöffengericht* aus. Das Schöffengericht ist – abgesehen von Spezialfällen[24] – kompetent, wenn eine Freiheitsstrafe angedroht ist, deren Höchstmaß 3 Jahre (in bestimmten Fällen[25] 5 Jahre) übersteigt (§ 13 Abs. 2 Ziff. 1 StPO), sonst ist der Einzelrichter zuständig.
Das Schöffengericht ist mit 2 Berufsrichtern (von denen einer den Vorsitz führt) und 2 Schöffen besetzt (§ 13 Abs. 1 StPO).
Gegen Entscheidungen des Einzelrichters richtet sich die Berufung an das Oberlandesgericht (Gerichtshof 2. Instanz; § 489 StPO).
Gegen Urteile des Schöffengerichtes gibt es einerseits die Nichtigkeitsbeschwerde an den Obersten Gerichtshof, andererseits die Berufung an den Gerichtshof 2. Instanz (§ 280 StPO).

c) *Geschworenengerichte* sind gemäß § 14 StPO einerseits für bestimmte politische Straftaten und andererseits für Verbrechen zuständig, die entweder mit lebenslanger Freiheitsstrafe oder mit einer Freiheitsstrafe bedroht sind, deren Untergrenze nicht weniger als 5 Jahre und deren Obergrenze mehr als 10 Jahre beträgt. Das Geschworenengericht besteht gemäß § 300 StPO aus dem Schwurgerichtshof (3 Berufsrichter, von denen einer den Vorsitz führt) und der Geschworenenbank (8 Geschworene). Für die Berufung gegen Entscheidungen des Geschworenengerichtes gilt im wesentlichen dasselbe, was für das Schöffengericht oben gesagt wurde (§ 344 StPO).

2. *Zivilverfahren*

A 15 a) Gemäß § 49 Abs. 1 Jurisdiktionsnorm (JN) gehören Streitigkeiten[26], bei denen der Streitgegenstand an Geld oder Geldeswert S 30000,– nicht übersteigt, vor die *Bezirksgerichte*, die gemäß § 5 JN mit Einzelrichtern besetzt sind. Das Rechtsmittel gegen Entscheidungen der Bezirksgerichte geht in 2. Instanz an den Gerichtshof 1. Instanz (Landes- oder Kreisgericht, § 3 Abs. 1 JN) und in 3. Instanz an den Obersten Gerichtshof[27] (§ 3 Abs. 2 JN).

b) Gemäß § 50 JN gehören alle Streitigkeiten, die nicht den Bezirksgerichten zugewiesen sind, vor die *Gerichtshöfe 1. Instanz* (Landes- bzw. Kreisgericht)[28]. Übersteigt der Streitwert an Geld oder Geldeswert nicht S 500000,–, so entscheidet gemäß § 7a JN der Einzelrichter, sonst (allerdings nur über Parteiantrag) ein Senat aus 3 Richtern, von denen einer den Vorsitz führt (§ 7 Abs. 1 JN)[29]. Die Beru-

---

[23] Zum Beispiel §§ 11, 12, 13, Abs. 3 StPO.

[24] §§ 274, 275, 304–312 StGB.

[25] § 159 Ziff. 1–3 StGB.

[26] Die Darstellung der eigenzuständigen Bezirksgerichtssachen (§ 49 Abs. 2 JN) kann hier mangels Relevanz für Probleme ärztlicher Verantwortlichkeit entfallen.

[27] In Zivilsachen besteht grundsätzlich ein 2-Instanzen-Weg.

[28] Die Darstellung der eigenzuständigen Gerichtshofssachen (§ 50 Abs. 2 JN) wie auch der Kompetenzen in der sog. Handelsgerichtsbarkeit (§§ 51, 52 JN) kann hier mangels Relevanz für Probleme ärztlicher Verantwortlichkeit entfallen.

[29] Dasselbe gilt für die Kompetenzen der familienrechtlichen Abteilungen der Bezirksgerichte gemäß § 49a JN. Der Parteiantrag auf Entscheidung in Senatsbesetzung kann mit Zustimmung des Gegners bis zum Schluß der mündlichen Streitverhandlung wieder zurückgezogen werden. Dann tritt – ebenso wie bei nachträglicher Einschränkung des Streitwertes auf oder unter den Betrag von S 500000,– – an die Stelle des Senates dessen Vorsitzender als Einzelrichter. In gewissen Fällen – z. B. in Amtshaftungssachen (§ 9 AHG) – entscheidet ohne Rücksicht auf den Streitwert zwingend ein Senat.

fung gegen Entscheidungen des Gerichtshofes 1. Instanz geht in 2. Instanz an das Oberlandesgericht (den Gerichtshof 2. Instanz; § 4 JN) und in 3. Instanz an den Obersten Gerichtshof (§ 4 JN).

3. Schiedsgerichte

A 16 In Österreich besteht in Zivilsachen kein Prozeßmonopol des Staates. Es wäre durchaus möglich, daß Arzt und Patient bzw. der Träger der Krankenanstalt und der Patient einen zwischen ihnen auszutragenden zivilen Rechtsstreit gemäß §§ 577 ff. ZPO vor ein privates Schiedsgericht bringen. Hierzu ist ein Schiedsvertrag notwendig, der gemäß § 577 Abs. 3 ZPO schriftlich errichtet werden oder in Telegrammen oder Fernschreiben enthalten sein muß, die die Parteien gewechselt haben.

Wird nichts anderes vereinbart, so bestellt jede Partei einen Schiedsrichter, die dann einen Obmann wählen (§ 580 ZPO). Bei nicht rechtzeitiger Bestellung eines Schiedsrichters oder Nichteinigung der Schiedsrichter über den Obmann kann auf Antrag das ansonsten für den Rechtsstreit zuständige Gericht die Bestellung vornehmen (§ 582 ZPO). Schiedssprüche wirken wie rechtskräftige gerichtliche Urteile, eine Berufung findet nur statt, wenn sie vereinbart ist (§ 594 Abs. 1 ZPO).

4. Ombudsmann

A 17 Gemäß dem BG vom 24. 2. 1977[30] ist die *Volksanwaltschaft* eingerichtet, deren Aufgabe es ist, Beschwerden betreffend behaupteter Mißstände in der Verwaltung des Bundes (einschließlich dessen Tätigkeit als Träger von Privatrechten) zu prüfen. Die Volksanwaltschaft kann angerufen werden, wenn dem Beschwerdeführer ein Rechtsmittel nicht oder nicht mehr zur Verfügung steht. Nicht unter die Kontrolle der Volksanwaltschaft fallen die Tätigkeiten der Landesbehörden (sofern sich die Bundesländer nicht gemäß § 9 leg. cit. der Kontrolle durch die Volksanwaltschaft unterstellen, was bislang mit Ausnahme von Tirol und Vorarlberg aber alle Bundesländer getan haben) sowie die Aktivitäten anderer Rechtsträger (z. B. der Gemeinden oder der Sozialversicherungsträger). Fälle, bei denen die Frage ärztlicher Verantwortlichkeit im Wege einer Kontrolle durch die Volksanwaltschaft überprüft werden könnten, werden also nur dort denkbar sein, wo ein Arzt als Organ in der Bundesverwaltung (bzw. Landesverwaltung) oder für den Bund in seiner Eigenschaft als Träger von Privatrechten tätig wird. Demgemäß werden also diese Fälle eher selten, aber durchaus möglich sein.

Die Volksanwaltschaft hat gemäß § 3 leg. cit. das Recht, den mit dem obersten Verwaltungsgeschäften des Bundes (Landes) betrauten Organen Empfehlungen für die in einem bestimmten Fall zu treffenden Maßnahmen zu erteilen. Sie hat darüber hinaus das Recht, die Gesetzmäßigkeit von Verordnungen durch den Verfassungsgerichtshof überprüfen zu lassen (§ 5 leg. cit.).

Empfehlungen im Zusammenhang mit ärztlicher Tätigkeit sind bislang nicht bekannt geworden.

A 18 Daneben unterhalten die führenden Tageszeitungen als „Ombudsmann" bezeichnete Beschwerdestellen, die faktisch im Wege der Anprangerung bestimmter

[30] BGBl 1977/121.

Vorkommnisse in den Massenmedien eingreifen können und die durchaus auch in Fällen von Beschwerden über ärztliches Verhalten in Anspruch genommen werden könnten.

Derartige Stellen sind jedoch wegen der Gefahr einer einseitigen Information und mangelnder Recherchen nicht unumstritten. Faktisch bieten hier die Ärztekammern ein ähnliches Service, das den Vorzug hat, so abgewickelt zu werden, daß in jedem Fall eine Aussprache mit dem betroffenen Arzt herbeigeführt wird, womit das Prinzip „Audiatur et altera pars" gewahrt ist. Gegenüber den „Zeitungsombudsleuten" besteht bei einer Beschwerde an die Ärztekammer auch noch der Vorteil, daß die Ärztekammer im Falle einer berechtigten Beschwerde selbst Sanktionen gegen den betreffenden Arzt ergreifen kann, indem die Einleitung eines Disziplinarverfahrens (§§ 55f. ÄG) veranlaßt wird.

Über Anzahl und Ausgang der Fälle können hier – wie schon oben gesagt – in Ermangelung entsprechender Statistiken keine präzisen Angaben gemacht werden.

C. Haftung für Fahrlässigkeit

I. Strafrechtliche Haftung

A 19 Vorauszuschicken ist hier, daß es im österreichischen Strafgesetzbuch (StGB)[31] eine große Zahl von Fahrlässigkeitsdelikten gibt, die von Ärzten im Rahmen ihrer Berufsausübung begangen werden können. Im einzelnen dargestellt werden hier nur jene, die nach den einschlägigen Erfahrungen der Praxis häufiger vorkommen. Auf Vorsatzdelikte wird in diesem Rahmen überhaupt nicht eingegangen.

Vorweg zum Begriff der *Fahrlässigkeit:*

Gemäß § 6 StGB handelt fahrlässig, wer die Sorgfalt außer acht läßt, zu der er nach den Umständen verpflichtet und nach seinen geistigen und körperlichen Verhältnissen befähigt ist und die ihm zuzumuten ist, und deshalb nicht erkennt, daß er einen Sachverhalt verwirklichen könnte, der einem gesetzlichen Tatbild entspricht. Fahrlässig handelt auch, wer es für möglich hält, daß er einen solchen Sachverhalt verwirklicht, ihn aber nicht herbeiführen will.

A 20 Innerhalb der Fahrlässigkeit unterscheidet man
bewußte Fahrlässigkeit (luxuria) und
unbewußte Fahrlässigkeit (negligentia).

Erstere liegt vor, wenn der Täter die Möglichkeit der Verwirklichung eines strafrechtlichen Erfolges erkennt, jedoch diesen Erfolg nicht herbeiführen will. Letztere besteht darin, daß der Täter die gebotene Sorgfalt außer acht läßt und deshalb nicht erkennt, daß die Verwirklichung eines tatbildmäßigen Unrechtes möglich ist[32]. Das Maß der anzuwendenden Sorgfalt bestimmt sich dabei einerseits *objektiv* und andererseits *subjektiv:*

Jenes Sorgfaltsmaß, zu dem der Täter „nach den Umständen verpflichtet ist", ist objektiv bestimmt[33], und zwar entweder durch besondere Rechtsvorschriften (oder individuelle behördliche Anordnungen[34] oder durch objektive Verkehrsnormen, die zumeist aus Erfahrungssätzen bestehen, die sich allgemein durchgesetzt haben und die nicht einmal schriftlich niedergelegt sein müssen[35]. Hierher gehören z. B. die im § 7 Abs. 1 ÄG genannten Regeln der ärztlichen Wissenschaft und Erfahrung.[36]

Fehlen Rechtsvorschriften und objektive Verkehrsnormen, so richtet sich das objektive Sorgfaltsmaß danach, welche Sorgfalt „ein mit den rechtlich geschützten

---

31 BGBl 1974/60.

32 Zur näheren Befassung mit dem Fahrlässigkeitsbegriff im Sinne der österreichischen Lehre und Judikatur s. Leukauf-Steininger, StGB², S. 118 ff. m. w. N. und Foregger-Serini, StGB, S. 26 ff.

33 Die moderne österreichische Strafrechtsdoktrin versteht darunter ein Unrechtselement; vgl. Leukauf-Steininger, a. a. O. S. 120, Rdnr. 7 bzw. S. 118 Rdnr. 2.

34 Hörburger (1974) ÖJZ S. 565.

35 Leukauf-Steininger, a. a. O. S. 121, Rdnr. 10.

36 Stellamor, a. a. O. S. 104 und Leukauf-Steininger, a. a. O. S. 121, 122, Rdnr. 11.

Werten angemessen verbundener, besonnener und einsichtiger Mensch in der Lage des Täters aufwenden würde, um die Gefahr einer Rechtsgutbeeinträchtigung zu erkennen und hintanzuhalten"[37]

Was nun dieses objektiv bestimmte Sorgfaltsmaß in bezug auf die Ärzte angeht, so spielen die obengenannten Regeln der ärztlichen Wissenschaft und Erfahrung eine besondere Rolle, auf die näher einzugehen ist.

A 21 § 7 Abs. 1 ÄG bestimmt, daß jeder Arzt verpflichtet ist, jeden von ihm in ärztliche Beratung und Behandlung übernommenen Gesunden und Kranken ohne Unterschied der Person *gewissenhaft* zu betreuen und daß er hierbei nach Maßgabe der ärztlichen Wissenschaft und Erfahrung sowie unter Einhaltung der bestehenden Vorschriften das Wohl der Kranken und den Schutz der Gesunden zu wahren hat. Der Arzt wird dabei immer diejenigen Regeln der medizinischen Wissenschaft zu beachten haben, die dem jeweils aktuellen Stand der medizinischen Wissenschaft entsprechen.

Es handelt sich um einen elastischen Begriff, dessen Wandlungen der Arzt durch stetige Fortbildung Rechnung zu tragen hat[38]. Die Pflicht zur beruflichen Fortbildung nimmt demnach im Rahmen des objektiven Sorgfaltsmaßes eine zentrale Stellung ein!

In subjektiver Hinsicht ist bei der Beurteilung fahrlässigen Verhaltens darauf abzustellen, ob der Täter nach seinen geistigen und körperlichen Verhältnissen befähigt ist, die (objektiv) gebotene Sorgfalt einzuhalten.

Körperliche und geistige Mängel, Verstandeslücken, Wissens- und Erfahrungsmängel können daher die Fahrlässigkeitsschuld ausschließen[39]. Allerdings liegt ein Sorgfaltsmangel immer dann vor, wenn der Täter sich in Kenntnis dieser seiner Mängel in Situationen einläßt, denen er dann nicht gewachsen ist, also z. B. Aufgaben übernimmt, die er nicht bewältigen kann *(sog. Einlassungs- oder Übernahmefahrlässigkeit)*[40].

A 22 Schließlich kommt es im Rahmen des subjektiven Maßstabes auch darauf an, daß es dem Täter zumutbar war, die (objektiv) gebotene und (subjektiv) mögliche Sorgfalt im konkreten Fall auch tatsächlich aufzuwenden[41].

Abzustellen ist dabei auf die konkrete körperliche, seelische und geistige Verfassung, den Erregungszustand, allfällige Ablenkung durch vorangegangene Ereignisse, Übermüdung etc.[42] Eine Differenzierung innerhalb der Fahrlässigkeit in grobe und leichte hat im StGB – abgesehen von der Strafzumessung[43] – nur in einem Fall Bedeutung, nämlich bei der fahrlässigen leichten Körperverletzung (§ 88 Abs. 2 StGB; näheres s. später).

Unter grober Fahrlässigkeit (schweres Verschulden im Sinne des § 88 Abs. 2 StGB) versteht man eine ungewöhnliche, auffallende Sorglosigkeit, wobei für den Täter der Eintritt des schädlichen Erfolges als sehr wahrscheinlich (nicht bloß als entfernt möglich) vorhersehbar war[44].

Die einzelnen Fahrlässigkeitsdelikte, die im Rahmen ärztlicher Tätigkeit eine besondere Rolle spielen können, sind:

---

[37] Leukauf-Steininger, a. a. O. S. 122, Rdnr. 12 und EBRV 1971/68 (959 BlgNR 13 GP).
[38] Stellamor, a. a. O. S. 104; Strobl (1976) ÄG², S. 85 FN 3 zu § 7 ÄG.
[39] Leukauf-Steininger, a. a. O. S. 122, Rdnr. 14.
[40] Leukauf-Steininger, a. a. O., S. 123, Rdnr. 16; Stellamor, a. a. O. S. 105.
[41] Leukauf-Steininger, a. a. O. S. 125, Rdnr. 20.
[42] EBRV 1971, S. 69.
[43] § 32 Abs. 2 StGB.
[44] Leukauf-Steininger, a. a. O. S. 127, Rdnr. 23 und S. 594, Rdnr. 11; OGH in ÖRZ 1972/28 = EvBl 1972/118 = ZVR 1972/58 uva.

1. Fahrlässige Tötung

A 23 *§ 80 StGB:* Wer fahrlässig den Tod eines anderen herbeiführt, ist mit Freiheitsstrafe bis zu einem Jahr zu bestrafen.

Bemerkungen: Das Verhalten des Täters kann in einem Handeln oder Unterlassen bestehen. Das Verhalten muß für den Tod eines Menschen kausal gewesen sein. Die Leibesfrucht ist durch § 80 StGB nicht geschützt[45]. Neben dem Kausalzusammenhang wird das Vorliegen eines Risikozusammenhanges gefordert, d.h. der eingetretene Erfolg erweist sich als Verwirklichung gerade derjenigen Gefahr, derentwegen das Verhalten verboten war[46]. Die Fahrlässigkeit des Täters muß sich auf den Erfolg erstreckt haben, d.h. der Täter ist nur strafbar, wenn er vorhersehen konnte, daß aus seinem Verhalten der Tod eines Menschen eintreten kann[47].

2. Fahrlässige Tötung unter besonders gefährlichen Verhältnissen

A 24 *§ 81 StGB:* Wer fahrlässig den Tod eines anderen herbeiführt
1. unter besonders gefährlichen Verhältnissen oder
2. nachdem er sich vor der Tat, wenn auch nur fahrlässig, durch Genuß von Alkohol oder den Gebrauch eines anderen berauschenden Mittels in einen die Zurechnungsfähigkeit nicht ausschließenden Rauschzustand versetzt hat, obwohl er vorhergesehen hat oder hätte vorhersehen können, daß ihm eine Tätigkeit bevorstehe, deren Vornahme in diesem Zustand eine Gefahr für das Leben, die Gesundheit oder die körperliche Sicherheit eines anderen herbeizuführen oder zu vergrößern geeignet sei, ist mit einer Freiheitsstrafe bis zu 3 Jahren zu bestrafen.

A 25 *Bemerkungen:* Unter besonders gefährlichen Verhältnissen versteht man eine gegenüber Normalfällen qualitativ verschärfte Gefahrenlage im Sinne einer außergewöhnlich hohen Unfallwahrscheinlichkeit[48]. Subjektiv wird verlangt, daß der Täter jene Umstände, die die Verschärfung der Situation bedingen, erkannte oder hätte erkennen können[49]. Handelt der Täter in einem die Zurechnungsfähigkeit nicht ausschließenden Rauschzustand, so unterliegt er ebenfalls der strengeren Strafdrohung des § 81 StGB. Schon geringe Mengen eines berauschenden Mittels mindern Konzentrationsfähigkeit und Körperbeherrschung, verlangsamen die Reaktionsgeschwindigkeit und bauen Hemmungen ab (SSt 25/86). Insbesondere derjenige, der eine Tätigkeit vorzunehmen hat, die volle Geistesklarheit und Selbstbeherrschung verlangt (z.B. ein Arzt, der operiert)[50], darf auch geringe Mengen eines berauschenden Mittels nicht zu sich nehmen, um nicht die Sicherheit anderer Menschen zu gefährden[51].

Als berauschendes Mittel kommt nicht nur Alkohol in Frage, sondern z.B. auch Suchtgift und andere Rauschmittel. Subjektiv ist erforderlich, daß der Täter zur Zeit des Genusses des berauschenden Mittels zumindest vorhersehen konnte, daß ihm eine Tätigkeit bevorsteht, deren Durchführung in einem durch dieses Mittel beeinträchtigten Zustand eine Gefahr für das Leben, die Gesundheit oder körperliche Sicherheit von Menschen herbeizuführen oder zu vergrößern geeignet ist.

---

[45] OGH JBl 1965/271 = SSt 35/58: Stellamor, a.a.O., S. 129.
[46] Leukauf-Steininger, a.a.O. S. 533, Rdnr. 7: Burgstaller (1974) Das Fahrlässigkeitsdelikt im Strafrecht. S. 96.
[47] Leukauf-Steininger, a.a.O. S. 544, Rdnr. 38–40.
[48] Leukauf-Steininger, a.a.O. S. 552, Rdnr. 6: OGH in EvBl 1977/210 = ÖRZ 1977/91 = ZVR 1977/178 = ÖJZ - LSK 1977/175.
[49] Leukauf-Steininger, a.a.O. S. 555, Rdnr. 16 und OLG Wien ZVR 1978/31.
[50] Stellamor, a.a.O. S. 131.
[51] Leukauf-Steininger, a.a.O. S. 555, Rdnr. 18.

3. *Fahrlässige Körperverletzung*

A 26 *§ 88 StGB:* (1) Wer fahrlässig einen anderen am Körper verletzt oder an der Gesundheit schädigt, ist mit Freiheitsstrafe bis zu 3 Monaten oder mit Geldstrafe bis zu 180 Tagessätzen zu bestrafen.

(2) Trifft den Täter kein schweres Verschulden und ist entweder

1. die verletzte Person mit dem Täter in auf- oder absteigender Linie verwandt oder verschwägert oder sein Ehegatte, sein Bruder oder seine Schwester oder nach § 72 Abs. 2 wie ein Angehöriger des Täters zu behandeln,
2. der Täter ein Arzt, die Körperverletzung oder Gesundheitsschädigung in Ausübung der Heilkunde zugefügt worden und aus der Tat keine Gesundheitsschädigung oder Berufsunfähigkeit von mehr als 14tägiger Dauer erfolgt,
3. der Täter eine im Krankenpflegefachdienst, in medizinisch-technischen Diensten oder im Sanitätshilfsdienst tätige Person, die Körperverletzung oder Gesundheitsschädigung in Ausübung dieser Berufe zugefügt worden und aus der Tat keine Gesundheitsschädigung oder Berufsunfähigkeit von mehr als 14tägiger Dauer erfolgt, oder
4. aus der Tat keine Gesundheitsschädigung oder Berufsunfähigkeit einer anderen Person von mehr als 3tägiger Dauer erfolgt, so ist der Täter nach Abs. 1 nicht zu bestrafen.

(3) In den in § 81 Ziff. 1 und 2 bezeichneten Fällen ist der Täter mit Freiheitsstrafe bis zu 6 Monaten oder mit Geldstrafe bis zu 360 Tagessätzen zu bestrafen.

(4) Hat die Tat eine schwere Körperverletzung (§ 84 Abs. 1) zur Folge, so ist der Täter mit Freiheitsstrafe bis zu 6 Monaten oder mit Geldstrafe bis zu 360 Tagessätzen, in den in § 81 Ziff. 1 und 2 bezeichneten Fällen aber mit Freiheitsstrafe bis zu 2 Jahren zu bestrafen.

A 27 *Bemerkungen:* Die Tat wird entweder durch Handeln oder Unterlassen begangen. Schutzobjekt ist der Mensch von der Geburt bis zum Tod. Die Absätze 1–3 befassen sich mit Fällen einer leichten Körperverletzung, Abs. 4 betrifft Fälle einer schweren Körperverletzung. Was eine schwere Körperverletzung ist, ergibt sich aus § 84 Abs. 1 StGB:

Entweder dauern Gesundheitsschädigung oder Berufsunfähigkeit länger als 24 Tage, oder die Verletzung oder Gesundheitsschädigung sind an sich schwer. Eine Gesundheitsschädigung liegt vor, wenn eine Krankheit hervorgerufen oder gesteigert wird, wobei das Leiden körperlich oder seelisch sein kann. Das körperliche oder seelische Wohlbefinden muß nicht ganz unerheblich beeinträchtigt sein[52]. Eine Berufsunfähigkeit ist gegeben, wenn der Betroffene auch nur teilweise nicht in der Lage ist, alle jene wesentlichen Tätigkeiten auszufüllen, die die Ausübung seines Berufes mit sich bringen. Beruf ist der Wirkungsbereich, der einem Menschen nach seiner Stellung in der Gesellschaft zufällt.[53] Für die Frage, ob eine Verletzung oder Gesundheitsschädigung an sich schwer ist, ist die Heilungsdauer grundsätzlich ohne Bedeutung. Das Gericht hat diese Frage (als Rechtsfrage) unter Berücksichtigung des jeweiligen Standes der Medizin zu entscheiden (OGH SSt 28/11; ÖJZ-LSK 1975/214). Die entscheidenden Kriterien sind die Wichtigkeit des betroffenen Organes, die Schwere des gesundheitlichen Nachteiles, die Ungewißheit des Heilungsverlaufes, die Gefährlichkeit der Verletzung und die Möglichkeit weiterer Folgen[54].

Knochenbrüche sind in der Regel an sich schwere Verletzungen, außer es handelt sich nur um einen kleinen Knochen von geringer Bedeutung[55].

Nasenbeinbrüche sind dann an sich schwer, wenn eine Dislokation der Bruchenden eingetreten ist[56].

Eine Gehirnerschütterung ist eine an sich schwere Verletzung, wenn sie mit einer

---

[52] Leukauf-Steininger, a. a. O. S. 567, Rdnr. 6 und S. 573 Rdnr. 4.

[53] Leukauf-Steininger, a. a. O. S. 573, Rdnr. 4 mit weiteren Erläuterungen.

[54] Leukauf-Steininger, a. a. O. S. 574, Rdnr. 6; OLG Wien ZVR 1977/49; Foregger (1978) ÖJZ S. 153.

[55] Leukauf-Steininger, a. a. O. S. 574, Rdnr. 7 m. w. N.

[56] Leukauf-Steininger a. a. O.

längere Zeit dauernden Bewußtlosigkeit und mit retrograder Amnesie verbunden ist[57].

Zahnverlust ist eine an sich schwere Verletzung, wenn damit eine Funktion des Gebisses verloren geht, die es bisher noch erfüllen konnte.[58]

A 28 Für den Fall einer leichten Körperverletzung (also einer solchen, die die gerade beschriebenen Grenzen nicht erreicht) gibt es 4 Fälle von Straffreiheit (§ 88 Abs. 2 Ziff. 1–4 StGB), deren gemeinsame Voraussetzung ist, daß den Täter kein schweres Verschulden trifft.

Was schweres Verschulden ist, wurde schon oben bei der Darstellung des Fahrlässigkeitsbegriffes erläutert.

Von besonderem Interesse ist hier der Fall des § 88 Abs. 2 Ziff. 2 StGB, der den Arzt betrifft:

Vorausgeschickt sei hier, daß es im StGB (anders als früher)[59] keine besonderen Kunstfehlertatbestände mehr gibt. Ärztliches Verhalten ist vielmehr ganz allgemein den Fahrlässigkeitstatbeständen unterworfen. Eine Begünstigung und damit eine Rücksichtnahme auf die besondere Gefahrengeneigtheit[60] des ärztlichen Berufes bringt eben die zitierte Bestimmung des § 88 Abs. 2 Ziff. 2 StGB, auf die nunmehr einzugehen ist.

Für die Straflosigkeit erforderlich ist, daß der Arzt die Körperverletzung oder Gesundheitsschädigung in Ausübung der Heilkunde zufügt und daß aus der Tat keine Gesundheitsschädigung oder Berufsunfähigkeit von mehr als 14tägiger Dauer erfolgt.

Die Frage der Haftung des Arztes stellt sich nur im Falle einer fahrlässig fehlerhaften Behandlung.

Eine sachgerechte Behandlung kann, selbst wenn sie mißlingt, in der Regel keine strafrechtliche Haftung nach sich ziehen.[61]

Wann liegt überhaupt fahrlässiges, fehlerhaftes Handeln des Arztes vor?

Fahrlässigkeit kann z. B. bei Verstößen gegen die allgemein anerkannten Regeln der ärztlichen Wissenschaft vorliegen. Ob der Einsatz noch nicht genügend erprobter Methoden jedoch fahrlässig ist, ist im Einzelfall zu beurteilen, weil sonst der Fortschritt der medizinischen Wissenschaft überhaupt verhindert würde[62].

Weitere Beispiele[63]: Transfusion mit Blut unverträglicher Gruppen; falsches Anschließen von Narkosegeräten; intravenöse Injektionen von in dieser Art der Anwendung tödlich wirkenden Präparaten; Zurücklassen chirurgischer Instrumente und Hilfsmittel im Körper; Nichtzurkenntnisnahme einer vom Patienten mitgeteilten Penicillin-Unverträglichkeit; ungenügende Überwachung von Hilfskräften[64]. Hat ein Arzt einmal eine Behandlung übernommen, so darf er den Patienten keinesfalls vernachlässigen, er hat auch die Notwendigkeit etwaiger Hausbesuche zu prüfen[65]. Nur so wird er dem Gebot zur gewissenhaften Patientenbetreuung in § 7 Abs. 1 ÄG nachkommen können.

---

[57] Leukauf-Steininger a. a. O.

[58] Leukauf-Steininger a. a. O.

[59] §§ 356 ff. StGB 1852 bzw. 1945.

[60] Stellamor, a. a. O. S. 137: Foregger-Serini, StGB[2], S. 164; Leukauf-Steininger, a. a. O., S. 596, Rdnr. 16.

[61] Leukauf-Steininger, a. a. O. S. 596, Rdnr. 18.

[62] Leukauf-Steininger, a. a. O. S. 597, Rdnr. 19.

[63] Alle bei Leukauf-Steininger, a. a. O. S. 597, Rdnr. 19.

[64] So insbesondere SSt 29/39 und Stellamor, a. a. O. S. 138.

[65] Leukauf-Steininger, a. a. O. S. 597, Rdnr. 20.

A 29 Eine ganz besondere Rolle spielt in diesem Zusammenhang auch die Zumutbarkeit:

Es wird darauf ankommen, ob es dem Arzt im besonderen Einzelfall zuzumuten war, die objektiv gebotene und seinen subjektiven Fähigkeiten entsprechende Sorgfalt anzuwenden[66]. Fehlleistungen können z. B. im Hinblick auf die dauernden hohen Anforderungen und das Ausmaß der Belastung und eine darin begründete Überforderung entschuldigt sein. Auch Momente, wie Ablenkung durch plötzlich auftretende Schwierigkeiten bei einer komplizierten Operation und Übermüdung, werden zu berücksichtigen sein[67]. Die Übermüdung darf allerdings nicht auf außerberufliche Umstände zurückzuführen sein[68].

Betont sei nochmals, daß die Privilegierungen des Abs. 2 des § 88 StGB nicht eingreifen, wenn die Tat eine schwere Verletzung zur Folge hat!

§ 88 Abs. 3 StGB sieht für den Fall der fahrlässigen leichten Körperverletzung unter den besonders gefährlichen Verhältnissen des § 81 Ziff. 1 und 2 StGB (s. oben) eine Freiheitsstrafe bis zu 6 Monaten oder eine Geldstrafe bis zu 360 Tagessätzen vor.

Die fahrlässige schwere Körperverletzung ist mit Freiheitsstrafe bis zu 6 Monaten oder mit Geldstrafe bis zu 360 Tagessätzen zu bestrafen.

4. *Gefährdung der körperlichen Sicherheit*

A 30 *§ 89 StGB:* Wer in den in § 81 Ziff. 1 und 2 bezeichneten Fällen, wenn auch nur fahrlässig, eine Gefahr für das Leben, die Gesundheit oder die körperliche Sicherheit eines anderen herbeiführt, ist mit Freiheitsstrafe bis zu 3 Monaten oder mit Geldstrafe bis zu 180 Tagessätzen zu bestrafen.

Bemerkungen: Die Tathandlung besteht hier darin, daß eine Gefahr für das Leben, die Gesundheit oder die körperliche Sicherheit eines anderen unter den besonders gefährlichen Verhältnissen des § 81 Ziff. 1 StGB oder in einem die Zurechnungsfähigkeit nicht ausschließenden Rauschzustand (§ 81 Ziff. 2 StGB) herbeigeführt wird. Auf die Ausführungen zu § 81 StGB wird verwiesen. In diesen Fällen ist also bereits die bloße Gefährdung strafbar, und zwar wird auf die Herbeiführung einer konkreten Gefahr abgestellt. Man versteht darunter, daß der Täter fahrlässig eine außergewöhnlich hohe Unfallwahrscheinlichkeit verschuldet hat.

Die qualifizierte Gefährdung einer einzigen Person reicht bereits aus[69].

Im Zusammenhang damit, daß auch in der Medizin in zunehmendem Maße Kernenergie und ionisierende Strahlen Verwendung finden, sei hier darauf hingewiesen, daß dazu im StGB besondere Tatbestände enthalten sind.

5. *Fahrlässige Gefährdung durch Kernenergie oder ionisierende Strahlen*

A 31 *§ 172 StGB:* (1) Wer die im § 171 mit Strafe bedrohte Handlung fahrlässig begeht, ist mit Freiheitsstrafe bis zu 1 Jahr zu bestrafen. (2) Hat die Tat eine der im § 170 Abs. 2 genannten Folgen, so sind die dort angedrohten Strafen zu verhängen.

---

[66] Stellamor, a. a. O. S. 138.
[67] Leukauf-Steininger, a. a. O. S. 996, Rdnr. 17.
[68] Leukauf-Steininger, a. a. O. S. 996, Rdnr. 17.
[69] Leukauf-Steininger, a. a. O. S. 613, Rdnr. 5.

Bemerkungen: Die in § 171 StGB geregelte Tathandlung besteht darin, daß bewirkt wird, daß durch freiwerdende Kernenergie oder sonst durch ionisierende Strahlen eine Gefahr für Leib oder Leben eines anderen oder für fremdes Eigentum in größerem Ausmaß entsteht[70].

Kernenergie ist die im Atomkern gebundene Energie, die durch Kernspaltung oder Kernverschmelzung freigesetzt wird; dazu gehören nicht nur thermische Strahlen und Druck, sondern auch Kernstrahlen[71].

Sonstige ionisierende Strahlen sind solche, die von natürlichen radioaktiven oder künstlich hergestellten radioaktiven Stoffen abgegeben werden. Solche Strahlen werden auch z. B. durch Umwandlung elektrischer Energie als gewolltes Heilprodukt gewonnen, z. B. Röntgenstrahlen. Nicht unter das Tatbild fällt die natürliche Einstrahlung[72].

Besondere Bedeutung kommt diesem Deliktstyp im Rahmen der medizinischen, physikalischen oder chemischen Wissenschaft und Forschung zu. Im Falle von Gefährdungen wird zumeist die Unrechtmäßigkeit der Tat infolge des allgemein anerkannten Rechtfertigungsgrundes des erlaubten Risikos ausgeschlossen sein[73].

Besonders auf ärztliche Tätigkeit anwendbar ist auch folgendes Delikt:

6. Fahrlässige Gefährdung von Menschen durch übertragbare Krankheiten

A 32 *§ 179 StGB:* Wer die im § 178 mit Strafe bedrohte Handlung fahrlässig begeht, ist mit Freiheitsstrafe bis zu 1 Jahr oder mit Geldstrafe bis zu 360 Tagessätzen zu bestrafen.

Bemerkungen: Die Tat nach § 178 StGB besteht darin, daß der Täter eine Handlung begeht, die geeignet ist, die Gefahr der Verbreitung einer übertragbaren Krankheit unter Menschen herbeizuführen, sofern die Krankheit ihrer Art nach zu den, wenn auch nur beschränkt, anzeige- oder meldepflichtigen Krankheiten gehört. Unter Gefahr versteht man einen Zustand, der den Eintritt einer Verletzung als nahe wahrscheinlich zu erwarten oder befürchten läßt[74]. Übertragbare Krankheiten sind solche, bei denen ein Krankheitserreger unmittelbar oder mittelbar von einem Individuum auf ein anderes übergehen kann[75]. Es gehören nur Krankheiten hierher, die nur oder auch unter Menschen übertragen werden können, nicht jedoch solche, die nur Tiere befallen können[76]. Außerdem ist erforderlich, daß die Krankheit – wenn auch nur beschränkt – anzeige- oder meldepflichtig ist. Die melde- bzw. anzeigenpflichtigen Krankheiten sind in diversen Bundes- bzw. Landesgesetzen näher geregelt. Dazu gehören insbesondere[77] das Geschlechtskrankheitengesetz (StGBl 1945/152 idF BGBl 1946/54), das Bazillenausscheidergesetz (StGBl 1945/153 idF BGBl 1964/131), das Epidemiegesetz (BGBl 1950/185 idF BGBl 1961/185, 1967/116 und 1974/702) und das Tuberkulosegesetz (BGBl 1968/127 idF BGBl 1973/372 und 1974/142).

---

70 Leukauf-Steininger, a. a. O. S. 1130, Rdnr. 3.
71 EBRV 1971/S. 319.
72 EBRV 1971/319.
73 Leukauf-Steininger, a. a. O. S. 1131, Rdnr. 6.
74 Leukauf-Steininger, a. a. O. S. 1122, Rdnr. 12.
75 Leukauf-Steininger, a. a. O. S. 1148, Rdnr. 2.
76 Leukauf-Steininger, a. a. O.
77 Näheres s. Leukauf-Steininger, a. a. O. S. 1149, Rdnr. 6 sowie bei Strobl (1978) Das Gesundheitswesen in Österreich I. Verlag der österreichischen Ärztekammer, S. 276 ff. und bei Stellamor, a. a. O. S. 250 ff.

Die Voraussetzung, daß die Krankheit (wenn auch nur beschränkt) anzeige- oder meldepflichtig sein muß, ist eine sog. objektive Bedingung der Strafbarkeit[78], sie muß also vom Verschulden nicht umfaßt sein. Das Wissen des Arztes z. B. um das Vorliegen einer Anzeige- oder Meldepflicht oder ein allfälliger Irrtum darüber sind also unbeachtlich.

Soweit die im StGB geregelten Typen von Fahrlässigkeitsdelikten, die im Zusammenhang mit ärztlicher Berufsausübung interessant werden können.

A 33 Von den Bestimmungen der strafrechtlichen Nebengesetze sei hier wegen der besonderen Bedeutung, die diesem Punkt momentan zukommt, § 16 Abs. 3 *Suchtgiftgesetz* (SGG idF der SGGNovelle 1980; bisher § 9 Abs. 1 Ziff. 3 SGG) genannt:

Wer in Ausübung der Heilkunde, ohne daß es nach den Grundsätzen der ärztlichen ... Wissenschaft geboten ist, einem anderen ein Suchtgift verordnet oder überläßt, ist mit Freiheitsstrafe bis zu 6 Monaten oder mit Geldstrafe bis zu 360 Tagessätzen zu bestrafen.

Wenn aus der Tat eine schwere Körperbeschädigung oder der Tod eines Menschen erfolgt, so ist der Schuldige nach §§ 88 Abs. 4 oder 81 StGB zu bestrafen.

Dieses Delikt kann nach Meinung des führenden Kommentars zum SGG (*Erben-Kodek-Pipal,* SGG 50, 51) *auch fahrlässig begangen werden,* weil gemäß Art. I Abs. 2 Strafrechtsanpassungsgesetz § 7 Abs. 1 StGB hierauf nicht anwendbar ist, woran auch die SGGNovelle 1980 nichts zu ändern vermag, da sie keine inhaltliche Änderung, sondern nur eine Umnumerierung vornahm.

Die Anwendung ganz besonderer Sorgfalt bei der Verschreibung von Suchtgiften kann nicht ernst genug genommen werden! Im Wege leichtfertiger Suchtgiftverschreibungen gelangen immer wieder nicht unerhebliche Mengen von Suchtgift in Verkehr. Es liegt in der Hand des Arztes, dieser Art von Suchtgiftverbreitung einen Riegel vorzuschieben.

II. Strafverfolgung

A 34 Maßgebende Norm zur Regelung des gerichtlichen Strafverfahrens in Österreich ist die Strafprozeßordnung 1975 (StPO, BGBl 1975/631). Gemäß § 1 StPO kann eine Bestrafung wegen einer den Gerichten zur Aburteilung zugewiesenen Handlung nur nach vorgängigem Strafverfahren nach der StPO und infolge eines vom zuständigen Richter gefällten Urteiles erfolgen. Die gerichtliche Verfolgung der strafbaren Handlungen tritt nur auf Antrag eines Anklägers ein (§ 2 Abs. 1 StPO und Artikel 90 Abs. 2 BVG; sog. *Anklageprinzip*). Grundsätzlich wird die Anklage von der Staatsanwaltschaft (§ 2 Abs. 3 StPO), und zwar von Amts wegen erhoben (§ 34 StPO; sog. *Legalitätsprinzip*); man spricht vom *Offizialprinzip* bzw. vom offiziosen Strafverfahren. Dann, wenn der Staatsanwalt die Verfolgung ablehnt oder von der Verfolgung oder Anklage zurücktritt, hat der durch die von Amts wegen zu verfolgende strafbare Handlung Verletzte, der sich dem Strafverfahren gemäß § 47 StPO als Privatbeteiligter angeschlossen hat, das Recht zur sog. Subsidiaranklage (§ 48 StPO).

A 35 Daneben gibt es *Privatanklagedelikte* (§ 2 Abs. 2 und § 46 StPO), bei denen das Anklagerecht nur dem durch die strafbare Handlung Verletzten zusteht (z. B. das Delikt der eigenmächtigen Heilbehandlung gemäß § 110 StGB). Im Rahmen der

[78] Leukauf-Steininger, a. a. O. S. 1149, Rdnr. 4.

Offizialdelikte gibt es allerdings auch Fälle, in denen der öffentliche Ankläger nur auf Antrag der dazu im einzelnen berechtigten Person tätig wird (sog. *Antragsdelikte*), und solche, in denen die Ausübung des staatlichen Verfolgungsrechtes von der Ermächtigung des hierzu im einzelnen Fall Berechtigten abhängig ist (sog. *Ermächtigungsdelikte*).

Die Staatsanwaltschaft ist eine monokratisch organisierte, weisungsgebundene Justizverwaltungsbehörde. Gemäß § 29 StPO ist bei jedem Gerichtshof 1. Instanz ein Staatsanwalt und bei jedem Gerichtshof 2. Instanz ein Oberstaatsanwalt bestellt. Die Anklage beim Obersten Gerichtshof wird von der Generalprokuratur vertreten.

Die Richter hingegen sind gemäß Artikel 87 BVG in Ausübung ihres richterlichen Amtes unabhängig, d. h. weisungsfrei, unabsetzbar und unversetzbar. Die Institution unabhängiger Gerichte ist eine der Säulen der österreichischen Rechtsstaatlichkeit.

A 36 Einer Anklageerhebung können *Vorerhebungen* vorausgehen, die der Staatsanwalt durch die Sicherheitsbehörden, die Bezirksgerichte oder den Untersuchungsrichter führt (§ 88 StPO). Zweck der Vorerhebungen ist die Prüfung, ob überhaupt und gegen wen ein Strafverfahren einzuleiten ist.

Von den Vorerhebungen ist die sog. *Voruntersuchung* zu unterscheiden (§§ 91 ff. StPO), die in bestimmten Fällen obligatorisch stattfindet (z. B. bei Delikten, die vor die Geschworenengerichte gehören). Im allgemeinen bleibt es dem Ermessen des Anklägers überlassen, eine Voruntersuchung zu beantragen. Die Voruntersuchung dient der Überprüfung der gegen eine bestimmte Person vorliegenden Anschuldigungen. Während im Rahmen der Vorerhebungen die Position des Untersuchungsrichters die eines Organes des Staatsanwaltes ist, ist im Rahmen der Voruntersuchung der Untersuchungsrichter Dominus litis. Teilt er die Meinung des Staatsanwaltes nicht, so holt er darüber die Entscheidung eines eigens hierfür kompetenten richterlichen Gremiums, der sog. Ratskammer, ein (§ 92 Abs. 3 StPO). Nähere Regeln über die Durchführung der Voruntersuchung enthält die StPO in den §§ 91–206, wovon insbesondere in den §§ 175–182 Regelungen über die Haft enthalten sind.

Man unterscheidet im österreichischen Strafprozeß die vorläufige Verwahrung (auch Verwahrungshaft), die zeitlich mit 48 h begrenzt ist (§ 177 StPO), und die ordentliche Untersuchungshaft (§ 180 StPO). Haftgründe sind Fluchtgefahr, Verdunkelungsgefahr und Wiederholungs- bzw. Ausführungsgefahr.

Nähere Bestimmungen über die Haftdauer enthält § 193 StPO.

Wird das Verfahren nicht im Zuge der Vorerhebungen oder der Voruntersuchung eingestellt (§§ 90 bzw. 109 StPO), obliegt dem Ankläger die Einbringung einer Anklageschrift (§ 207 StPO), die begründet sein muß. In bestimmten Fällen, und zwar im Verfahren vor dem Einzelrichter des Gerichtshofes 1. Instanz (§ 13 StPO), bringt der Ankläger einen Strafantrag ein, dem eine Begründung fehlt (§ 483 ff. StPO). Im bezirksgerichtlichen Verfahren genügt ein allgemeiner schriftlicher oder mündlicher Antrag auf gesetzliche Bestrafung (§ 451 StPO).

A 37 Gegen die Anklageschrift hat der Beschuldigte die Möglichkeit eines Einspruches (§ 208 StPO) binnen 14 Tagen, über den der Gerichtshof 2. Instanz (das Oberlandesgericht) entscheidet.

An die rechtskräftige Versetzung in den Anklagestand schließt sich die Hauptverhandlung (§§ 220 ff. StPO) an, die mit dem Urteil endet (§§ 257 ff. StPO).

Der Beschuldigte kann sich in allen Strafsachen eines Verteidigers bedienen (§ 39 StPO). In bestimmten Fällen wird dem Beschuldigten von Amts wegen ein Verteidiger beigegeben (Amtsverteidiger) und zwar z. B. für die Hauptverhandlung vor den

Geschworenen- und Schöffengerichten[79], sofern er keinen Wahlverteidiger hat oder ihm nicht ein Verteidiger beigegeben wurde, weil er außerstande ist, die Kosten der Verteidigung zu tragen.

Über die Art der Rechtsmittel und den Gang des Rechtsmittelverfahrens wurde schon oben in Abschn. B.II.1 berichtet. Das Verfahren vor den Bezirksgerichten unterliegt besonderen Vorschriften (§§ 447 ff. StPO). Insbesondere besteht in bezirksgerichtlichen Verfahren auch die Möglichkeit der Erlassung einer sog. Strafverfügung (Strafmandat; §§ 460 ff. StPO), gegen die sich der Beschuldigte binnen 14 Tagen mit einem Einspruch zur Wehr setzen kann, wodurch die Strafverfügung außer Kraft tritt und das ordentliche bezirksgerichtliche Verfahren eingeleitet wird (§ 462 StPO).

III. Zivilrechtliche Haftung

A 38 Ärzte nehmen im österreichischen Recht in bezug auf ihre zivilrechtliche Haftung keine Sonderstellung ein. Zivilrechtliche Arzthaftungsfälle sind in das allgemeine Schadenersatzrecht eingebettet, so daß es notwendig ist, hier ganz allgemein einiges über das österreichische Schadensrecht zu berichten.

Im allgemeinen trägt derjenige den Schaden, in dessen Person oder Vermögen er sich ereignet (§ 1311 Satz 1 ABGB)[80]. Die Möglichkeit, den Ersatz eines entstandenen Schadens von jemandem zu begehren, ist also nicht der Regel-, sondern der Ausnahmefall und nur bei Vorliegen der nachstehenden Voraussetzungen gegeben:

A 39 1. Grundvoraussetzung jeglichen Schadenersatzes ist das Vorliegen eines *Schadens*. Das ist der Nachteil, den jemand an einem seiner Rechtsgüter erleidet. Da jeder Mensch über materielle und immaterielle Rechtsgüter verfügt, unterscheidet man den materiellen Schaden (Vermögensschaden) und den immateriellen (ideellen) Schaden.
   Während der erstere regelmäßig ersetzt wird, ordnet das Gesetz den Ersatz des letzteren nur in Ausnahmefällen an (z. B. § 1325 ABGB: Schmerzensgeld bei Körperverletzung), und es besteht über den allgemeinen Ersatz immaterieller Nachteile eine heftige Diskussion[81]. Im Detail wird zu diesen Fragen in Abschn. C. IX Stellung genommen werden.

A 40 2. Zwischen dem Verhalten des Schädigers und dem eingetretenen Schaden muß ein *Kausalnexus* bestehen. Nähere Ausführungen zum Problem der Kausalität erfolgen in Abschn. C. V.

A 41 3. Grundsätzlich wird ein Schaden nur ersetzt, wenn er *rechtswidrig* zugefügt wurde (als Ausnahmefall sei hier die Gefährdungshaftung erwähnt, die von der Rechtswidrigkeit unabhängig ist[82]).
   Rechtswidrig ist ein menschliches Verhalten[83], wenn es gegen konkrete Normen der Rechtsordnung verstößt (die auch im Wege der Analogie gefunden werden

[79] Daneben gibt es noch zahlreiche andere Fälle der sog. notwendigen Verteidigung.

[80] Koziol, Österreichisches Haftpflichtrecht I^2, S. 1.

[81] Vergleiche auch Koziol, a. a. O. S. 39 ff.; Bydlinski (1965) JBl S. 173; Strasser (1964) Der immaterielle Schaden im österreichischen Recht. S. 10 ff.

[82] Koziol, a. a. O. S. 90.

[83] In Österreich ist die sog. Verhaltensunrechtslehre herrschend; Koziol, a. a. O. S. 90.

können[84]). Die in Frage kommenden Verhaltensnormen unterscheidet man aufgrund des § 1295 Abs. 1 ABGB einerseits in Vertragspflichten (Haupt- und Nebenpflichten, vorvertragliche Pflichten und vertragliche Schutzpflichten zugunsten dritter Personen) und andererseits in solche, die ohne Beziehung auf einen Vertrag bestehen. Demzufolge differenziert man zwischen Vertragsverletzungen (Schadenersatz ex contractu) und deliktischem Verhalten (Schadenersatz ex delicto). Im letzteren Fall liegt entweder ein Verstoß gegen ein Schutzgesetz (eine konkrete Verhaltensnorm) vor oder ein Eingriff in ein absolutes Recht. Unter einem Schutzgesetz versteht man gemäß § 1311 Satz 2 ABGB eine Norm, die den zufälligen Beschädigungen vorzubeugen sucht, worauf bei Darstellung des Rechtswidrigkeitszusammenhanges noch näher zurückgekommen werden wird. Absolute Rechte sind solche mit Schutzgehalt gegen Jedermann.

Im Unterschied zum Strafrecht, das dem sog. Gesetzlichkeitsprinzip (Nulla poena sine lege bzw. Nullum crimen sine lege) unterliegt[85], ergeben sich im Zivilrecht Verhaltensnormen auch aus den guten Sitten (§ 1295 Abs. 2 ABGB), die dem ungeschriebenen Recht gleichgestellt sind[86].

Zur Feststellung der Rechtswidrigkeit ist stets eine umfassende Interessenabwägung erforderlich[87].

Ergebnis dieser Interessenabwägung sind auch die Rechtfertigungsgründe[88], bei denen der Gesetzgeber die Interessenabwägung typisch geregelt hat.

Im allgemeinen kennt man folgende Rechtfertigungsgründe[89]:

Notwehr, rechtfertigender (übergesetzlicher) Notstand, Selbsthilfe, Einwilligung des Verletzten, berechtigte Geschäftsführung ohne Auftrag und die gesetzliche Ermächtigung. Hiervon hat für den Bereich der ärztlichen Verantwortung die Einwilligung des Verletzten eine ganz besondere Bedeutung.

Der entsprechende Problemkreis wird unten im Abschn. C. IV. einer näheren Erörterung unterzogen werden.

A 42 Es wird allerdings aufgrund eines rechtswidrigen Verhaltens nicht für alle verursachten Schäden gehaftet, sondern nur für jene, die vom *Schutzzweck der Verbotsnorm* erfaßt werden.[90]

Nur wenn der Schaden gerade derjenige ist, dessen Eintritt die übertretene Norm verhindern wollte, wenn also genau jener Schaden eingetreten ist, dem die übertretene Norm vorzubeugen suchte (§ 1311 Satz 2 ABGB), wird gehaftet (Lehre vom Schutzzweck der Norm bzw. Lehre vom Rechtswidrigkeitszusammenhang). Sogenannte mittelbare Schäden, das sind solche, die außerhalb des Schutzbereichs der übertretenen Norm liegen, werden nicht ersetzt.

Bezogen auf den Arzt sei hier noch kurz auf die Bedeutung der Konstruktion des Schadenersatzes ex contractu bzw. ex delicto hingewiesen.

Zwischen Arzt und Patient wird es dann, wenn der Patient die Hilfe eines niedergelassenen Arztes in Anspruch nimmt, zu einer vertraglichen Beziehung kommen (sog. Behandlungsvertrag[91] oder Beratungsvertrag). Erleidet der Patient hierbei

---

84 Koziol, a. a. O. S. 92; Ehrenzweig² II/1, S. 49.
85 Foregger-Serini, a. a. O. S. 14, 15; Leukauf-Steininger, a. a. O. S. 52, 53 Rdnr. 1, 2.
86 Koziol, a. a. O. S. 93; Ehrenzweig² II/1, S. 49 f.; Gschnitzer, In: Klang² IV/1, S. 180 ff.; Wolff in: Klang² VI S. 41 f.
87 Koziol, a. a. O. S. 97.
88 Koziol, a. a. O. S. 101; Münzberg, Verhalten, S. 328.
89 Aufzählung nach Koziol, a. a. O. S. 102.
90 Koziol, a. a. O. S. 151.
91 Stellamor, a. a. O. S. 22.

einen Schaden, so wird sich die Rechtswidrigkeit des Verhaltens des Arztes v. a. aus der Verletzung vertraglicher Haupt- und Nebenpflichten gewinnen lassen (allenfalls aus der Verletzung vorvertraglicher Pflichten). Die Vorteile dieser Konstruktion werden in Abschn. C. VI bzw. D. V erläutert werden. Steht der Patient hingegen in vertraglicher Beziehung zu einer vom Arzt verschiedenen Person, z. B. zum Träger einer Krankenanstalt, so läßt sich ein Schadenersatzanspruch des Patienten gegen den ihn schädigenden Arzt nur ex delicto gewinnen. Näheres zu dieser Konstruktion s. ebenfalls unten in Abschn. C. VI und D. V.

A 43 4. Schließlich ist das *Verschulden* im österreichischen Schadenersatzrecht das bedeutsamste Haftungselement[92]. Man versteht darunter die Vorwerfbarkeit eines rechtswidrigen Verhaltens. Verschulden setzt einerseits voraus, daß das Verhalten rechtswidrig ist[93] und andererseits einen Willensmangel, nämlich daß sich der Täter anders, und zwar rechtmäßig, hätte verhalten können.[94].

Im Zivilrecht differenziert man zwischen leichtem und grobem Verschulden. Leichtes Verschulden ist gleichzusetzen mit leichter Fahrlässigkeit, grobes Verschulden umfaßt Vorsatz und grobe Fahrlässigkeit. Die Differenz ist gemäß § 1324 ABGB für den Umfang des zu ersetzenden Schadens bedeutsam, doch dazu später (Abschn. C. IX).

Leichte Fahrlässigkeit liegt vor, wenn die Schädigung auf einem Fehler beruht, den gelegentlich auch ein sorgfältiger Mensch macht[95].

Grobe Fahrlässigkeit ist gegeben, wenn eine so schwere Sorgfaltswidrigkeit gesetzt wird, wie sie einem ordentlichen Menschen in einer solchen Situation keinesfalls unterläuft[96]. Von Vorsatz spricht man, wenn der Täter bewußt rechtswidrig handelt, den schädlichen Erfolg vorhersieht und seinen Eintritt billigt[97].

A 44 Entscheidende Bedeutung im Rahmen der Fahrlässigkeit kommt dem Maßstab zu, nach dem die Frage der anzuwendenden Sorgfalt beurteilt wird.

§ 1294 ABGB spricht von „gehöriger Aufmerksamkeit" bzw. „gehörigem Fleiß", was zur Anwendung eines objektiven Bewertungsmaßstabes führt[98].

In bestimmten Fällen wird durch besondere Normen das Verhalten besonders qualifizierter Personen geregelt, dabei werden ihre außergewöhnlichen Fähigkeiten berücksichtigt.[99]

Gerade im Hinblick auf die ärztliche Verantwortlichkeit kommt diesem Problem besonderer Stellenwert zu. Man spricht von der sog. *Sachverständigenhaftung:*

§ 1299 ABGB: Wer sich zu einem Amte, zu einer Kunst, zu einem Gewerbe oder Handwerke öffentlich bekennt; oder wer ohne Not freiwillig ein Geschäft übernimmt, dessen Ausführung eigene Kunstkenntnisse oder einen nicht gewöhnlichen Fleiß erfordert, gibt dadurch zu erkennen, daß er sich den notwendigen Fleiß und die erforderlichen nicht gewöhnlichen Kenntnisse zutraue; er muß daher den Mangel derselben vertreten.

Hat aber derjenige, welcher ihm das Geschäft überließ, die Unerfahrenheit desselben gewußt oder, bei gewöhnlicher Aufmerksamkeit wissen können, so fällt zugleich dem letzteren ein Versehen zur Last.

Durch § 1299 ABGB wird der Maßstab, mit dem die Fahrlässigkeit zu messen ist, gegenüber der allgemeinen Regel des § 1297 ABGB (Sorgfalt des Durchschnitts-

---

92 Koziol, a. a. O. S. 118, 119.
93 Koziol, a. a. O. S. 117.
94 Koziol, a. a. O. S. 118.
95 Koziol-Weiser, Grundriß I^5 S. 353.
96 Koziol-Welser, a. a. O.; Ehrenzweig^2, II/1. S. 58; OGH JBl 1977/648.
97 Koziol-Welser, a. a. O.
98 Koziol, a. a. O. S. 129.
99 Koziol, a. a. O. S. 130.

menschen) geändert. Jeder, der eine besondere Tätigkeit ausübt, muß auch dafür einstehen, daß er die dazu nötigen Fähigkeiten hat[100].
Bezogen auf den Arzt heißt das, daß er als Sachverständiger für das Fehlen der besonderen Fachkenntnisse und des nicht gewöhnlichen Fleißes einzustehen hat, wenn er diese Kenntnisse entweder nicht anwendet oder wenn sie ihm fehlen[101].
Um welche besonderen Fachkenntnisse es für den Arzt dabei geht, sagen § 7 Abs. 1 ÄG, der Hippokratische Eid, die Sponsionsformel für das Doktorat der Medizin und der internationale Kodex über medizinische Ethik:
Der hier schon mehrfach zitierte § 7 Abs. 1 ÄG verpflichtet den Arzt, gewissenhaft nach Maßgabe der ärztlichen Wissenschaft und Erfahrung sowie unter Einhaltung der bestehenden Vorschriften vorzugehen.
Der Hippokratische Eid appelliert an das „Können und Wissen", das zum Nutzen der Leidenden einzusetzen ist.
Die Sponsionsformel für das Doktorat der Medizin sagt ganz deutlich, daß der Arzt seine Kenntnisse durch eigenen Fleiß zu pflegen und durch alle Fortschritte der Medizin zu erweitern und geflissentlich zu verwenden hat.
Am deutlichsten im Sinne des § 1299 ABGB wird der internationale Kodex über medizinische Ethik indem er postuliert: „Ein Arzt muß immer das höchste Niveau seinem beruflichen Verhalten zugrunde legen."

A 45 Aus all dem ergibt sich auch die besondere *Pflicht zur beruflichen Weiterbildung*[102], denn nur durch ständige Fortbildung wird es dem Arzt möglich sein, sein Wissen im erforderlichen Ausmaß dem jeweiligen Entwicklungsstand der medizinischen Wissenschaft anzupassen, um den obengenannten rechtlichen und ethischen Postulaten gerecht zu werden.
Eine Differenzierung wird sich zwischen Facharzt und Nichtfacharzt treffen lassen; der Nichtfacharzt braucht nicht die besonderen Sachkenntnisse und Geschicklichkeiten eines Facharztes zu verantworten[103].
Auf die Frage, ob die Behandlung gegen Entgelt oder ohne solches stattfand, kommt es im Hinblick auf das anzuwendende Sorgfaltsmaß nicht an[104].
Judikaturbeispiele zu ärztlicher Sorgfalt finden sich bei Stellamor; a. a. O. 54–58.

A 46 Erteilt ein Arzt bloß Ratschläge bzw. Auskünfte, so kommt § 1300 ABGB zur Anwendung:

§ 1300 ABGB (Nachteiliger Rat): Ein Sachverständiger ist auch dann verantwortlich, wenn er gegen Belohnung in Angelegenheiten seiner Kunst oder Wissenschaft aus Versehen einen nachteiligen Rat erteilt. Außer diesem Falle haftet ein Ratgeber nur für den Schaden, welchen er wissentlich durch Erteilung des Rates dem anderen verursacht hat.
Hier ist also, betreffend den Verschuldensgrad, zu unterscheiden, ob die Auskunftserteilung gegen Entgelt oder aus Gefälligkeit erfolgt. Im Falle des entgeltlichen Verhältnisses ist auch für leichte Fahrlässigkeit einzustehen; erfolgt die Auskunftserteilung jedoch nur aus Gefälligkeit, so haftet man lediglich für vorsätzliche Schadenszufügung[105] (sog. Schlangentat).
Soweit die allgemeinen Voraussetzungen für einen Schadenersatzanspruch.

---

[100] Koziol, a. a. O. II, S. 149.
[101] Stellamor, a. a. O. S. 53; OGH JBl 1958/72.
[102] Stellamor, a. a. O. S. 53.
[103] Stellamor, a. a. O. S. 54; OGH JBl 1960/188.
[104] Koziol, a. a. O. II, S. 150; Stellamor, a. a. O. S. 54; Wolff In: Klang^2, VI S. 49 u. a.
[105] Koziol, a. a. O. II, S. 151.

IV. Einwilligung nach Aufklärung

A 47 Die Einwilligung stellt sowohl im Strafrecht wie auch im Zivilrecht einen zentralen Fall der Rechtfertigungsproblematik dar. Sie ist dort, wo es sich um frei disponible Rechtgüter handelt, ein Rechtfertigungsgrund, sonst jedenfalls eines der Momente, die im Rahmen der notwendigen umfassenden Interessenabwägung zur Frage der Rechtfertigung beachtet werden müssen.[106]

Das StGB behandelt die Einwilligung in § 90:

§ 90 (Einwilligung des Verletzten): (1) Eine Körperverletzung oder Gefährdung der körperlichen Sicherheit ist nicht rechtswidrig, wenn der Verletzte oder Gefährdete in sie einwilligt und die Verletzung oder Gefährdung als solche nicht gegen die guten Sitten verstößt.

(2) Die von einem Arzt an einer Person mit deren Einwilligung vorgenommene Sterilisation ist nicht rechtswidrig, wenn entweder die Person bereits das 25. Lebensjahr vollendet hat oder der Eingriff aus anderen Gründen nicht gegen die guten Sitten verstößt.

Auch das Krankenanstaltengrundsatzgesetz (KAG) beschäftigt sich mit dem Problem:

§ 8 Abs. 3 KAG: Besondere Heilbehandlungen einschließlich operativer Eingriffe dürfen an einem Pflegling nur mit dessen Zustimmung, wenn aber der Pflegling das 18. Lebensjahr noch nicht zurückgelegt hat oder mangels geistiger Reife oder Gesundheit die Notwendigkeit oder Zweckmäßigkeit der Behandlung nicht beurteilen kann, nur mit Zustimmung seines gesetzlichen Vertreters durchgeführt werden. Die Zustimmung ist nicht erforderlich, wenn die Behandlung so dringend notwendig ist, daß der mit der Einholung der Zustimmung des Pfleglings oder seines gesetzlichen Vertreters oder mit der Bestellung eines gesetzlichen Vertreters verbundene Aufschub das Leben gefährden würde oder mit der Gefahr einer schweren Schädigung der Gesundheit verbunden wäre. Über die Notwendigkeit und Dringlichkeit einer Behandlung entscheidet der ärztliche Leiter der Krankenanstalt oder der für die Leitung der betreffenden Anstaltsabteilung verantwortliche Arzt.

A 48 Für die Einwilligung wird nach in Österreich herrschender Lehre[107] eine rechtsgeschäftliche Erklärung verlangt.

Eine einwandfreie, d. h. von Willensmängeln freie Einwilligung setzt voraus, daß der Einwilligende weiß, wozu er sein Einverständnis erklärt. Daher ist es erforderlich, daß der einwilligende Patient vorher in ausreichendem Ausmaß aufgeklärt wurde[108]. Eine gültige Einwilligung erfordert, daß sie in Kenntnis ihrer Tragweite, also der möglichen Gefahren, abgegeben wird.[109] Der Einwilligende (bzw. sein gesetzlicher Vertreter) muß über den Krankheitszustand und die vorzunehmende Behandlung ausreichend informiert sein, um die Bedeutung seiner Einwilligung ermessen zu können[110].

Minderjährige Patienten können selbst rechtswirksam einwilligen, wenn sie entsprechend befähigt sind, die Bedeutung und Tragweite in der vorzunehmenden Behandlung ausreichend zu beurteilen. Insbesondere bei kleineren Eingriffen wird die Einsichtsfähigkeit in der Regel auch bei Minderjährigen gegeben sein.[111]

Die ärztliche Aufklärungspflicht ist einer der wichtigsten Anwendungsfälle der allgemeinen Einwilligungsproblematik[112].

---

[106] Koziol, a. a. O. I^2, S. 111.

[107] Koziol a. a. O. I^2 S. 113; Steiner (1982) Die ärztliche Aufklärungspflicht nach österreichischem Recht. JBl S. 169.

[108] Steiner, a. a. O.; Stellamor, a. a. O. S. 47; Leukauf-Steininger, a. a. O. S. 616, Rdnr. 4; jüngst OGH 23. 6. 1982, 3 Ob 545/82 (unveröffentlicht).

[109] OGH EvBl 1978/184.

[110] Loebenstein (1978) Die strafrechtliche Haftung des Arztes bei operativen Eingriffen. ÖJZ S. 309.

[111] Leukauf-Steininger, a. a. O. S. 734, 735, Rdnr. 7; Zipf (1977) ÖJZ S. 384.

[112] Steiner, a. a. O.; Zipf (1976) ÖRZ, 192 und Zipf (1977) ÖJZ S. 379.

A 49 Besonders problematisch ist dabei das Ausmaß der ärztlichen Aufklärung[113]. Der Berichterstatter hat in einer jüngst erschienenen Arbeit über die ärztliche Aufklärungspflicht unter Berücksichtigung der österreichischen Lehre und Rechtssprechung die Problematik wie folgt zusammengefaßt[114]:

1. Ein allgemein anwendbares Rezept für das Ausmaß ärztlicher Aufklärung gibt es nicht. Die Aufklärung des Patienten hat sich immer den Umständen des Einzelfalles anzupassen. Aus diesem Grund sind besonders die in letzter Zeit unternommenen Versuche, taugliche Formulare für Operationsreverse zu erstellen, problematisch, weil die darin vorkommenden Phrasen (wie z.B.: „Ich bin über alle Gefahren aufgeklärt worden") dem Gebot des Eingehens auf die besonderen Verhältnisse des Einzelfalles kaum gerecht werden können.

Zielführende Aufklärung ist nur aufgrund einer funktionierenden zwischenmenschlichen Vertrauensbeziehung im Wege der Aussprache zwischen Arzt und Patient und nicht im Wege von vorfabrizierten Formularen möglich.

2. Für die Frage, ob auch über entfernter liegende Komplikationsmöglichkeiten aufzuklären ist, wird bedeutsam sein, ob die Einwilligung des Patienten dadurch beeinflußt werden kann. Über alles, was geeignet ist, den Patienten von seiner Einwilligung abzuhalten oder diese einzuschränken, wird er zu informieren sein und zwar auch in dringlichen Fällen.

3. Die Grenze der Aufklärung wird jedenfalls dort liegen, wo durch Informationen der Heilzweck gefährdet, der Patient völlig unnötig verunsichert oder gar hoffnungslos gemacht wird, wo also das vom Arzt gemäß § 7 ÄG zu wahrende Wohl des Patienten beeinträchtigt wäre.

4. Je unnotwendiger der Eingriff ist, desto weiter muß die Aufklärung gehen, weil bei an sich unnötigen Behandlungen schon geringfügige Gefahrenmomente geeignet sind, den Patienten von seinem Entschluß abzubringen.

5. Bei ausdrücklich geäußertem Informationsinteresse wird der Patient jedenfalls aufzuklären sein, soweit nicht die Maxime des Punktes 3) eingreift. Allerdings wird man sich auch hier Fälle vorstellen können, in denen ein Patient – auf seinen ausdrücklichen Wunsch – über seine hoffnungslose Situation aufgeklärt werden kann, um ihm dringend notwendig Dispositionen (z. B. Vorsorge für nahe Angehörige, Testamentserrichtung etc.) zu ermöglichen. Dies v. a. dann, wenn man es mit einem gefaßten Patienten zu tun hat, von dem keine Verzweiflungsreaktionen zu erwarten sind.

6. Letzten Endes wird der Jurist dem Arzt die Last der Entscheidung, wie weit die Aufklärung zu gehen hat, nicht abnehmen können. Der Arzt wird zwischen seinen einander oft widersprechenden Pflichten, einerseits das Wohl des Patienten zu wahren und andererseits den Patienten soweit zu informieren, daß eine rechtlich einwandfreie Einwilligung erfolgt, jeweils im konkreten Einzelfall behutsam den Weg wählen müssen, der beiden Maximen zugleich möglichst gerecht wird; eine höchst diffizile Aufgabe, um die er keinesfalls zu beneiden ist.

A 50 Der oberste Gerichtshof hat in einer jüngst ergangenen Entscheidung vom 23.6. 1982, 3 Ob 545/82 JBl 1983, 373 = JBl 1983/5 in besonders ausführlicher Art und Weise zum Aufklärungsproblem Stellung genommen. Wegen der grundsätzlichen

---

[113] Leukauf-Steininger, a.a.O. S.735, Rdnr.8; Steiner, a.a.O. S.173.

[114] Steiner, a.a.O. S.169ff., insbesondere S.173.

Bedeutung dieser Entscheidung wird sie hier in ihren wesentlichen Passagen wörtlich wiedergegeben:

Der erkennende Senat vertritt zu den aufgeworfenen Fragen folgende Auffassung:

1. Nach der in Österreich überwiegend vertretenen Ansicht, welcher sich der Senat anschließt, ist der Umfang der ärztlichen Aufklärungspflicht in erster Linie unter dem Gesichtspunkt des Wohles des Patienten abzugrenzen und erst in zweiter Linie auch unter Bedachtnahme auf sein Selbstbestimmungsrecht (Fleisch 1965, ÖJZ S. 421, besonders S. 431 und S. 433; Stallamor 1977, Ärztliche Berufsordnung, S. 47; Steiner 1982, JBl S. 169). Wenn daher eine Operation unbedingt geboten, wenn auch nicht gerade im Sinne der schon erwähnten §§ 8 Abs. 3 KAG, 110 Abs. 2 StGB dringend ist, dann hat der Arzt aufgrund der besonderen Persönlichkeitsstruktur seines Patienten abzuwägen, ob er diesen durch eine zu umfangreiche Aufklärung verunsichern könnte und damit unter Umständen bewirken könnte, daß der Patient sich nicht zur Operation entschließt, was wiederum bedeutet, daß der Patient zwar den Risiken einer Operation entgeht, dadurch aber die oft ungleich größeren Risiken einer Unterlassung der Operation auf sich nehmen muß. Die Aufklärung hat also um so weniger umfassend zu sein, je notwendiger für die Gesundheit des Patienten der Eingriff ist.

Dem Arzt ist in diesem Zusammenhang ein gewisser ärztlicher Beurteilungsspielraum einzuräumen (vgl. Bodenburg (1981) NJW S. 601, besonders S. 604).

A 51 2. Bei einem besonders ängstlichen Menschen wird daher die Aufklärung auch deshalb auf ein Minimum beschränkt werden dürfen und müssen, damit ein solcher Patient vor den erwähnten psychischen Pressionen bewahrt wird (vgl. etwa Kamps, Ärztliche Arbeitsteilung und strafrechtliches Fahrlässigkeitsdelikt, S. 112 mit dem Hinweis auf zu befürchtende psychosomatische Beeinträchtigungen, oder Geilen, Einwilligung und ärztliche Aufklärungspflicht, S. 183, mit dem Hinweis, daß schon eine gedrückte Stimmung im Kampf um Leben und Tod bei einem schweren Eingriff den Ausschlag geben kann).

A 52 3. Gegen seinen Willen soll daher dem Patienten nach dem bisher Gesagten eine Aufklärung nicht aufgenötigt werden. Andererseits geht es aber auch nicht an, daß der Arzt nur aus einer fehlenden Frage des Patienten sozusagen immer konkludent auf den Wunsch des Patienten schließen darf, nicht weiter aufgeklärt werden zu wollen (vgl. Bertel in Wiener Kommentar zum Strafgesetzbuch Anm. 8 zu § 110 StGB). Es wird also immer auf die Umstände des Einzelfalles ankommen, inwieweit aus dem Verhalten des Patienten geschlossen werden kann, ob er an einer bestimmten Form der Aufklärung mehr oder weniger interessiert ist.

A 53 4. Ein Patient kann seinem Arzt die Einwilligung auch dadurch erteilen, daß er diesem sein Vertrauen bekundet und es ausdrücklich oder konkludent dem Arzt überläßt, zu beurteilen, was für ihn, den Patienten, besser sei: den Eingriff zu wagen oder ihn zu unterlassen (vgl. etwa Holczabek in dem von Csaszar 1978 verfaßten Vortragsbericht ÖJZ S. 318).

A 54 5. Die auch bei unbedingt gebotenen Eingriffen und bei einem besonders ängstlichen Menschen oder einem nicht an Aufklärung hinwirkenden Patienten unbedingt nötige Mindestaufklärung über Operationsrisiken muß so gestaltet werden, daß sie auf den Patienten nicht beunruhigend wirkt, in Grenzfällen wird sie daher auch gänzlich zu unterlassen sein (vgl. Stallamor 1977, Ärztliche Berufsordnung, S. 49).

A 55 6. Für den Häufigkeitsgrad lassen sich keine allgemeinen Richtlinien angeben (abzulehnen ist daher etwa die „Daumenregel" von Lotheisen 1975, ÖRZ S. 2f. und S. 4, wonach erst bei Risiken von 10% Wahrscheinlichkeit immer aufzuklären sei, bei Risiken von unter 10% Wahrscheinlichkeit aber nicht). Es kommt vielmehr auf die jeweiligen Umstände des Einzelfalles und dabei v. a. darauf an, ob die nach allgemeiner Erfahrung nicht geradezu ganz seltenen Risiken lebensbedrohend sind oder wichtige Körperfunktionen betreffen und ob sie angesichts der mit der Unterlassung des geplanten Eingriffs auf jeden Fall verbundenen Fortdauer der bisherigen Krankheitsfolgen von einem solchen Gewicht sind, daß ein vernünftiger Patient sie ernsthaft in seine Überlegungen einbeziehen muß, ob er lieber mit den bisherigen Beschwerden weiter leben möchte oder aber die gute Chance einer Heilung mit den demgegenüber viel kleineren Gefahren erkauft (vgl. Fleisch 1965, ÖJZ S. 421, besonders S. 433; Loebenstein 1978, ÖJZ S. 309).

A 56 7. Im Zuge der immer größer werdenden Arbeitsteilung zwischen mehreren Ärzten muß die Aufklärung über die einzelnen Behandlungsrisiken nicht von jedem einzelnen Arzt immer wieder wiederholt werden, sondern es hat eine sog. permanente oder stufenweise Aufklärung stattzufinden.

Den Arzt, der den ärztlichen Eingriff aber vornimmt, trifft freilich eine Pflicht durch Vergewisserung darüber, ob und inwieweit die Aufklärung schon durch den überweisenden praktischen Arzt oder durch die zur Voruntersuchung beigezogenen sonstigen Fachärzte vorgenommen wurde (Tempel 1980, NJW S. 609, besonders S. 613 und S. 614).

A 57 8. Auf die Kenntnis der nicht medizinisch geschulten Bevölkerung darf sich der Arzt in der Regel nicht verlassen (nicht zu übernehmen ist daher die in dem bei Fleisch u. Piegler kritisch besprochenen Fall der Entscheidung 1 OBG 39/59 = KRSlg 628, vertretene Ansicht, daß gerade für eine Kropfoperation vorausgesetzt werden kann, daß die Gefahr einer Stimmbandverletzung allgemein bekannt sei.

Eine ohne Einwilligung vorgenommene Heilbehandlung ist strafbar:

§ 110 StGB (eigenmächtige Heilbehandlung): (1) Wer einen anderen ohne dessen Einwilligung, wenn auch nach den Regeln der medizinischen Wissenschaft, behandelt, ist mit Freiheitsstrafe bis zu 6 Monaten oder mit Geldstrafe bis zu 360 Tagessätzen zu bestrafen.

(2) Hat der Täter die Einwilligung des Behandelten in der Annahme nicht eingeholt, daß durch den Aufschub der Behandlung das Leben oder die Gesundheit des Behandelnden ernstlich gefährdet wäre, so ist er nach Abs. 1 nur zu bestrafen, wenn die vermeintliche Gefahr nicht bestanden hat und er sich dessen bei Aufwendung der nötigen Sorgfalt (§ 6) hätte bewußt sein können.

(3) Der Täter ist nur auf Verlangen des eigenmächtig Behandelten zu verfolgen.

V. Kausalität

A 58 Sowohl im Zivil- als auch im Strafrecht wird die Frage des Kausalnexus nach der Äquivalenztheorie (Theorie der Conditio sine qua non) geprüft[115]. Eine Handlung ist in diesem Sinn kausal, wenn sie nicht weggedacht werden kann, ohne daß damit auch der Erfolg wegfällt. Eine Unterlassung ist in diesem Sinn kausal, wenn die Vornahme der unterlassenen Handlung den Erfolg verhindert hätte[116].

Im Wege der Bedingungstheorie wird zivilrechtlich die äußerste Haftungsgrenze gezogen[117].

Die Haftung innerhalb dieser Grenze wird zivilrechtlich durch die Adäquanztheorie begrenzt, wonach der Schädiger nicht haftet, wenn der Erfolg so fern liegt, daß mit seinem Eintritt überhaupt nicht gerechnet werden mußte. Eine Haftung greift nur ein, wenn das Verhalten des Täters seiner allgemeinen Natur nach für die Herbeiführung eines derartigen Erfolges nicht als völlig ungeeignet erscheinen muß[118].

Diese Haftungsbegrenzung ist notwendig, um eine uferlose Haftung zu vermeiden[119].

Im Strafrecht dagegen liefert das Verschulden die entsprechend ausreichende Zurechnungsbegrenzung[120].

Eine besondere Bedeutung hat die Adäquanztheorie im Zusammenhang mit den Folgen von Gehirnerschütterungen:

Der OGH sprach in einem Fall, in dem ein Verletzter eine Gehirnerschütterung und eine Zerrung der Halswirbelsäule erlitten hatte und wo sich dann Lähmungserscheinungen, Schwindelfälle, Zittern und Kopfschmerzen einstellten, aus,[121] daß auch Krankheitserscheinungen, die nur deshalb ausgelöst werden, weil die Anlage zur Krankheit beim Verletzten schon vorhanden war, adäquate Schadensfolgen

---

[115] Koziol-Welser, a.a.O. S. 348; Koziol, a.a.O. I², S. 55; Leukauf-Steininger a.a.O. 34, 35 Rdnr. 19 m.w.N.; kritisch: Burgstaller, a.a.O. S. 84.

[116] Koziol, a.a.O. I², S. 60.

[117] Koziol-Welser, a.a.O. S. 349.

[118] Koziol-Welser, a.a.O.

[119] Koziol-Welser, a.a.O.

[120] Koziol, a.a.O. I², S. 140.

[121] JBl 1972/368.

seien, was Bydlinski[122] damit billigt, daß eine neurotische Veranlagung wohl keine ganz unwahrscheinliche Rarität sei.

In bestimmten Fällen versagt allerdings die Bewältigung des Kausalitätsproblems im Wege der Äquivalenztheorie, und zwar in den Fällen der alternativen, kumulativen, überholenden und minimalen Kausalität.

Bezüglich der hierzu erarbeiteten Lösungsversuche wird auf *Koziol,* Haftpflichtrecht I^2 66ff., und *Leukauf-Steininger,* $StGB^2$ 37 RN 24, verwiesen.

VI. Beweislast

A 59 Während es im Strafverfahren dem Ankläger obliegt, die Schuld des Täters nachzuweisen, was im übrigen auch dem Art. 6 Abs. 2 der Europäischen Menschenrechtskonvention (MRK) entspricht, wonach bis zum gesetzlichen Nachweis der Schuld vermutet wird, daß der wegen einer strafbaren Handlung Angeklagte unschuldig ist, stellt sich das Problem im Zivilrecht differenzierter dar. Im Rahmen deliktischer Schadenersatzansprüche obliegt gemäß § 1296 ABGB dem Geschädigten der Nachweis des Verschuldens des Schädigers, weil die Schuldlosigkeit des Täters vermutet wird[123].

Im Falle der Verletzung von rechtsgeschäftlichen oder gesetzlichen Schuldverhältnissen kommt die Beweislastumkehr des § 1298 ABGB zur Anwendung, wonach der Schädiger seine (oder seines Gehilfen) Schuldlosigkeit nachzuweisen hat[124].

Gerade dieser Umstand spielt bei Schadenersatzansprüchen gegen Ärzte aus einem Behandlungsvertrag eine besondere Rolle, weil es danach dem Arzt obliegt, sich freizubeweisen.

A 60 Der OGH hatte sich im Zusammenhang mit Arzthaftungsfällen schon mehrfach mit Beweislastfragen zu beschäftigen[125].

Er sprach dabei u. a. aus:

Weist ein Sachverhalt nach der allgemeinen Lebenserfahrung typisch auf ein Verschulden des Schädigers hin (Schnittverletzung des Patienten durch Abrutschen des Zahnarztes mit dem Fissurbohrer), so hat nach nahezu einheitlicher Rechtssprechung der Geschädigte, wenn er einen ursächlichen Zusammenhang zwischen dem schädlichen Verhalten und dem Schaden nachweist, seiner ihm nach § 1296 ABGB obliegenden Beweispflicht genügt.

Es muß dann dem Beklagten (Arzt) überlassen bleiben, den Mangel seines Verschuldens zu beweisen[126].

In einem Fall, in dem ein Operateur eine Kompresse im Bauch des Patienten vergaß[127], meinte der OGH, daß, weil der Zusammenhang der Tätigkeit des Operateurs mit der eingetretenen Schädigung feststehe, der Operateur von einer Haftung nur befreit wäre, wenn er den Beweis erbrächte, daß er an der Erfüllung seiner vertragsgemäßen Verbindlichkeit ohne sein Verschulden gehindert wurde und daß der

---

122 Glosse (1972) JBl S. 369.
123 Koziol, a. a. O. I^2 S. 328.
124 Koziol, a. a. O. I^2, S. 330, 332; OGH ZVR 1977/105; JBl 1975/488.
125 Beispiele bei Stellamor, a. a. O. S. 59.
126 EvBl 1962/309.
127 EvBl 1938/II/446.

Schaden herbeigeführt wurde, obwohl von seiner Seite der notwendige Fleiß aufgewendet wurde.

A 61 Eine gewisse Beweiserleichterung bietet der sog. Prima-facie-Beweis (Beweis des ersten Anscheins), wenn sich aufgrund von Erfahrungssätzen die zu beweisende Tatsache aus anderen feststehenden Tatsachen ergibt[128].

Es reicht aus, daß eine Tatsache bewiesen wird (z. B. das Abrutschen des Zahnarztes mit dem Bohrer), die mit der zu beweisenden Tatsache (Verschulden des Arztes) in einem Erfahrungszusammenhang steht[129].

Dann obliegt es dem Arzt, nachzuweisen, daß er ohnehin allen Fleiß und alle Sorgfalt aufgewendet hat (§ 1298 ABGB).

VII. Gutachter

A 62 Die Tätigkeit eines Arztes als Gutachter kann entweder privat, also über Auftrag des Patienten (oder z. B. eines Dienstgebers oder eines Versicherungsunternehmens), erfolgen oder aber über Auftrag des Gerichtes, und zwar sowohl im Zivil- wie auch im Strafprozeß.

In jeder Hinsicht ergeben sich daraus verschiedene Probleme:

1. Der Arzt als Privatgutachter

A 63 Rechtsgrundlage dieser Tätigkeit sind das Gebot der Gewissenhaftigkeit im Zuge der Beratung gemäß § 7 Abs. 1 ÄG sowie der § 11 ÄG:

> *§ 11 (Ärztliche Zeugnisse):* Ein Arzt darf ärztliche Zeugnisse nur nach gewissenhafter ärztlicher Untersuchung und nach genauer Erhebung der im Zeugnis zu bestätigenden Tatsachen nach seinem besten Wissen und Gewissen ausstellen.

Dazu kommt selbstverständlich der oben in Abschn. C. III dargestellte § 1299 ABGB, wonach der Arzt bekanntermaßen für das Fehlen der nichtgewöhnlichen Kenntnisse einzustehen hat.

In ethischer Hinsicht normiert dazu der internationale Kodex über medizinische Ethik, daß der Arzt nur das bezeugen und bestätigen soll, von dessen Richtigkeit er sich selbst überzeugt hat.

Wichtig ist in diesem Zusammenhang, daß die Haftung des Arztes nicht allein demjenigen gegenüber eintreten kann, der bei ihm das Gutachten bestellt hat, sondern auch gegenüber eventuellen dritten Personen, und zwar dann, wenn man die Rechtsfigur des Vertrages mit Schutzwirkung zugunsten Dritter[130] anwenden kann:

Ist es beim Abschluß jenes Vertrages, der der privaten Gutachtenerstellung zugrunde liegt, für den Arzt vorhersehbar, daß bestimmte dritte Personen in den Gefahrenbereich der Vertragserfüllung, also des Gutachtens, kommen werden, und hat der Auftraggeber des Arztes an diesen dritten Personen ein Interesse, so stehen

---

[128] Koziol, a. a. O. I², S. 324.
[129] Stellamor, a. a. O. S. 59, FN 119.
[130] Koziol-Welser, a. a. O. S. 255.

den Dritten, wenn sie aus dem Gutachten einen Schaden erleiden, unmittelbare vertragliche Schadenersatzansprüche gegen den Gutachter zu[131].

A 64 Ein besonderes Problem stellt im Falle der Erstattung eines Privatgutachtens auch die Frage der Geheimhaltungspflicht dar.

§ 10 Abs. 1 ÄG verpflichtet den Arzt zur Wahrung der ihm in Ausübung seines Berufes anvertrauten oder bekanntgewordenen Geheimnisse. Wenn der Patient selbst Besteller des Gutachtens ist, so wirft dies in diesem Zusammenhang kein Problem auf, denn wenn der Patient einem Dritten gegenüber von dem ihn betreffenden ärztlichen Gutachten Gebrauch macht, so offenbart er ja selbst jene Geheimnisse, um die es bei der ärztlichen Schweigepflicht geht und deren Schutzinteressierter er selbst ist. Wenn aber ein Dritter, z. B. ein Dienstgeber, Besteller des Gutachtens ist, so stellt sich die Frage, inwieweit der Arzt, der z. B. einen Dienstnehmer im Auftrag des Dienstgebers untersucht hat, dem Gutachtensbesteller gegenüber zur Verschwiegenheit verpflichtet ist. Prinzipiell besteht auch in solchen Fällen die Schweigepflicht[132], jedoch wird man annehmen können, daß der Dienstnehmer, der sich ja freiwillig einer vom Dienstgeber gewünschten ärztlichen Begutachtung unterzieht, insoweit es um die mit der Begutachtung verfolgten Zwecke geht, im Sinne des § 10 Abs. 2 a ÄG der Offenbarung des Geheimnisses zugestimmt hat, weil ja sonst jede derartige Begutachtung ihren Zweck vollkommen verlöre[133].

Soweit hingegen der Arzt als Privatgutachter in einem solchen Fall Umstände feststellt, die mit dem Zweck der Begutachtung nichts zu tun haben oder insoweit der Patient seine in der freiwilligen Unterwerfung unter eine solche Begutachtung gelegene Zustimmung zur Offenbarung des Geheimnisses widerruft, besteht unbedingte Schweigepflicht des Privatgutachters gegenüber dem Dienstgeber, der das Gutachten in Auftrag gegeben hat.

Dasselbe wird auch für Untersuchungen gelten müssen, die z. B. im Zuge des Abschlusses von Lebensversicherungsverträgen verlangt werden[134].

2. *Der Arzt als gerichtlicher Sachverständiger*

A 65 Unter einem Sachverständigen im Gerichtsverfahren versteht man eine unparteiische, d. h. von den Prozeßsubjekten verschiedene Person, die vom Gericht dazu verwendet wird, um im Auftrag des Gerichtes gewisse Umstände zu erheben (sog. Befundaufnahme) und aus diesen Umständen sodann fachtechnische Schlußfolgerungen zu ziehen (Gutachtenerstattung) oder aber dem Gericht einschlägige Erfahrungssätze oder Erfahrungswerte mitzuteilen[135].

Strafverfahren

A 66 Die Auswahl des Sachverständigen ist ausschließlich Sache des Gerichtes, wobei prinzipiell sog. allgemein beeidete Sachverständige heranzuziehen sind. Andere Personen sollen nur herangezogen werden, wenn Gefahr im Verzug ist oder wenn die allgemein beeideten Sachverständigen verhindert sind oder im Einzelfall als bedenklich erscheinen (§ 119 StPO).

---

131 Dies hat sich in der Österreichischen Judikatur bereits voll durchgesetzt, vgl. z. B. HS 9457, 9458.
132 Stellamor, a. a. O. S. 71; Holzer (1970) ÖJZ S. 233.
133 Stellamor, a. a. O.
134 Stellamor, a. a. O.
135 Stellamor, a. a. O. S. 192; Holczabek, Der gerichtsmedizinische Sachverständige und seine Bedeutung im Strafprozeß. In: FS 100 Jahre österreichische StPO.

Die Gerichtshöfe 1. Instanz führen eine Sachverständigenliste, aus der die allgemein beeideten Sachverständigen zu entnehmen sind. Näheres über die Voraussetzungen der Eintragung in die Sachverständigenliste s. bei Stellamor a. a. O. 193 ff.

Im Sachverständigeneid hat sich der Sachverständige gemäß § 121 Abs. 2 StPO zu verpflichten, den ihm zur Untersuchung übertragenen Gegenstand sorgfältig zu untersuchen, die gemachten Wahrnehmungen treu und vollständig anzugeben und den Befund sowie das Gutachten nach bestem Wissen und Gewissen und nach den Regeln der Wissenschaft (oder Kunst) abzugeben. Wer als Zeuge nicht vernommen oder nicht beeidet werden dürfte (§ 151 StPO) oder wer zum Beschuldigten oder zum Verletzten in einem in § 152 Abs. 1 Ziff. 1 StPO näher bezeichneten Angehörigkeitsverhältnis steht, darf als Sachverständiger nicht beigezogen werden (§ 120 StPO).

Die Parteien des Strafprozesses können Einwendungen gegen die Person des Sachverständigen vorbringen (§ 120 StPO), ein Recht auf Ablehnung besteht jedoch nicht (SSt 34/79; 36/7). In schwierigen Fällen sind 2 Sachverständige beizuziehen (§ 118 Abs. 2 StPO).

Ist jemand zum Sachverständigen bestellt, so ist er verpflichtet, den an ihn ergangenen Ladungen Folge zu leisten, bei Gericht zu erscheinen, Befund und Gutachten zu erstatten. Im Falle der Weigerung kann über ihn eine Geldstrafe bis zu S 5000,– verhängt werden (§§ 108, 119 Abs. 2, 242 StPO). In der Hauptverhandlung kann ein ausgebliebener Sachverständiger auch zwangsweise vorgeführt werden (§ 242 StPO), und es können ihm überdies, wenn durch sein Versäumnis die Hauptverhandlung vertagt werden mußte, die Kosten der vereitelten Sitzung auferlegt werden (§ 242 Abs. 3 StPO).

Ist der vom Sachverständigen erhobene Befund dunkel, unbestimmt, im Widerspruch mit sich selbst oder mit erhobenen Tatumständen oder weichen die Angaben zweier Sachverständiger voneinander ab und lassen sich die Bedenken nicht durch eine nochmalige Vernehmung des Sachverständigen (der Sachverständigen) beseitigen, und zwar auch nicht durch Wiederholung, so können andere Sachverständige zugezogen werden (§§ 125, 126 StPO).

Sind die Sachverständigen Ärzte oder Chemiker, so kann in solchen Fällen das Gutachten der medizinischen Fakultät einer österreichischen Universität eingeholt werden (sog. *Fakultätsgutachten,* § 126 Abs. 2 StPO)[136]. Ein Fakultätsgutachten kann auch von vornherein wegen der besonderen Schwierigkeiten eines Falles eingeholt werden. Nähere Durchführung der Erstattung eines derartigen Gutachtens regelt ein Erlaß aus dem Jahre 1904[137].

Für Fälle von Tötungen und Körperverletzungen enthält die StPO besondere Vorschriften über die durch den Sachverständigen vorzunehmenden Untersuchungen und Begutachtungen (Leichenbeschau und Leichenöffnung, §§ 127 ff. StPO). Ebenso gibt es besondere Vorschriften über die Untersuchung von Personen über das Vorhandensein von Geistesstörungen bzw. ihre Zurechnungsfähigkeit (§ 134 StPO).

A 67 Die Sorgfalt, mit der der Sachverständige ans Werk zu gehen hat, steht unter der besonderen Sanktion des StGB, indem bewußt falsche Gutachtenerstattung bzw. bewußt falsche Aussagen eines Sachverständigen wie folgt strafbar sind:

§ 288 StGB (Falsche Beweisaussage vor Gericht): (1) Wer vor Gericht als Zeuge oder, soweit er nicht zugleich Partei ist, als Auskunftsperson bei seiner förmlichen Vernehmung zur Sache falsch aussagt

[136] Stellamor, a. a. O. S. 196; Holczabek (1965), Das Fakultätsgutachten. Österreich Ärzteztg 2373.

[137] Siehe bei Holczabek, a. a. O.

oder als Sachverständiger einen falschen Befund oder ein falsches Gutachten erstattet, ist mit Freiheitsstrafe bis zu 3 Jahren zu bestrafen.

(2) Wer vor Gericht eine falsche Beweisaussage (Abs. 1) unter Eid ablegt oder mit einem Eide bekräftigt oder sonst einen in den Gesetzen vorgesehenen Eid vor Gericht falsch schwört, ist mit Freiheitsstrafe von 6 Monaten bis zu 5 Jahren zu bestrafen. Einem Eid steht die Berufung auf einen früher abgelegten Eid und bei Personen, die von der Pflicht zur Eidesleistung befreit sind, die anstelle des Eides vorgesehene Beteuerung gleich.

(3) Nach den Abs. 1 und 2 ist auch zu bestrafen, wer eine der dort genannten Handlungen im Verfahren vor einem nach Artikel 53 des B-VGidF 1929 eingesetzten Ausschuß oder einer Disziplinarbehörde des Bundes, eines Landes oder einer Gemeinde begeht.

Bemerkungen: Unter Befund versteht man die Wahrnehmung der für die Begutachtung erforderlichen Tatsachen[138].

Gutachten ist die vom Sachverständigen vorgenommene Beurteilung des befundmäßig Wahrgenommenen[139].

Die äußere Tatseite besteht in der Erstattung eines falschen Befundes oder eines falschen Gutachtens durch einen Sachverständigen *vor Gericht*, einem parlamentarischen Untersuchungsausschuß oder einer Disziplinarbehörde des Bundes, eines Bundeslandes oder einer Gemeinde (§ 288 Abs. 3 StGB). Die Tätigkeit eines Sachverständigen vor dem Disziplinarrat einer gesetzlichen Berufsvertretung wird von § 288 StGB nicht erfaßt, also z. B. nicht die Tätigkeit vor dem Disziplinarrat der Ärztekammer[140].

Ein Befund ist falsch, wenn die für die Begutachtung erforderlichen Tatsachen objektiv unrichtig angegeben werden. Ein Gutachten (ein Werturteil) ist falsch, wenn es nicht der Überzeugung des Sachverständigen entspricht, wenn also dieser selbst nicht an die Richtigkeit der von ihm gezogenen Schlüsse glaubt oder sie, ohne es auszusprechen, bezweifelt, mag auch das Gutachten objektiv richtig sein[141]. Es spielt keine Rolle, ob der Sachverständige förmlich vernommen wurde oder ob er ein schriftliches Gutachten erstattet hat[142].

Die innere Tatseite des Deliktes verlangt Vorsatz, wobei bedingter Vorsatz genügt. Der Vorsatz muß sich sowohl auf die Natur der Tätigkeit als auch auf die Unrichtigkeit des Befundes bzw. Gutachtens erstrecken. Schädigungsvorsatz oder gar der Eintritt eines Schadens werden nicht verlangt[143].

A 68 *§ 289 StGB (Falsche Beweisaussage vor einer Verwaltungsbehörde):* Wer vor einer Verwaltungsbehörde als Zeuge bei seiner förmlichen Vernehmung zur Sache falsch aussagt oder als Sachverständiger einen falschen Befund oder ein falsches Gutachten erstattet, ist mit Freiheitsstrafe bis zu 1 Jahr zu bestrafen.

Bemerkungen: Hier geht es also um die Tätigkeit eines Sachverständigen vor einer Verwaltungsbehörde. Der wesentliche Unterschied zwischen einem Gericht und einer Verwaltungsbehörde besteht darin, daß gerichtliche Organe in Ausübung ihres Amtes unabhängig, d. h. weisungsfrei, unabsetzbar und unversetzbar sind[144].

Verwaltungsorgane hingegen sind weisungsgebunden. In beiden Fällen ist der Täter nicht zu bestrafen, wenn er die unwahre Befundung bzw. Begutachtung vor Beendigung seiner Tätigkeit, z. B. der Vernehmung, richtig stellt (sog. tätige Reue, § 291 StGB).

---

[138] Leukauf-Steininger, a. a. O. S. 1487.
[139] Leukauf-Steininger, a. a. O.
[140] Leukauf-Steininger, a. a. O. S. 1991.
[141] Leukauf-Steininger, a. a. O. S. 1489; Rittler, Lehrbuch des österreichischen Strafrechts II, S. 425 ff.
[142] Leukauf-Steininger, a. a. O. S. 1490; Foregger-Serini, a. a. O. S. 464.
[143] Leukauf-Steininger, a. a. O. S. 1491.
[144] Leukauf-Steininger, a.. O. S. 1490.

A 69 Unter eigene Strafdrohung gestellt ist auch die Geschenkannahme durch Sachverständige:

§ 306 StGB: Die Strafdrohung des § 305 Abs. 1 gilt auch für einen von einem Gericht oder einer anderen Behörde für ein bestimmtes Verfahren bestellten Sachverständigen, der für die Erstattung eines unrichtigen Befundes oder eines Gutachtens von einem anderen für sich oder einen Dritten einen Vermögensvorteil fordert, annimmt oder sich versprechen läßt.

Bemerkungen: Die Strafdrohung des § 305 Abs. 1 StGB beinhaltet Freiheitsstrafe bis zu 3 Jahren. Hier ist die Tätigkeit eines Sachverständigen vor Gericht, aber auch vor anderen Behörden (also z. B. Verwaltungsbehörden und jeglichen Disziplinarbehörden), umfaßt. Nur ein Privatgutachter fällt nicht unter § 306 StGB[145].

Nur derjenige Sachverständige macht sich im Sinne des § 306 StGB strafbar, der für die Erstattung eines unrichtigen Befundes oder Gutachtens einen Vermögensvorteil (für sich oder einen Dritten) fordert, annimmt oder sich versprechen läßt.[146]

Das Delikt kann nur mit Vorsatz begangen werden. Dolus eventualis genügt allerdings.

A 70 Schließlich unterliegt der Sachverständige auch noch einer besonderen Sanktion, wenn er ein Geheimnis offenbart oder verwertet, das ihm aufgrund seiner Sachverständigentätigkeit anvertraut wurde oder zugänglich geworden ist.

Wegen der besonderen Bedeutung der entsprechenden Gesetzesstelle für den Arzt i. allg. wird hier der volle Text des § 121 StGB gebracht, obgleich nur der Absatz 3 den Sachverständigen berührt:

§ 121 StGB (Verletzung von Berufsgeheimnissen): (1) Wer ein Geheimnis offenbart oder verwertet, das den Gesundheitszustand einer Person betrifft und das ihm bei berufsmäßiger Ausübung der Heilkunde, der Krankenpflege, der Geburtshilfe, der Arzneimittelkunde oder Vornahme medizinisch-technischer Untersuchungen oder bei berufsmäßiger Beschäftigung mit Aufgaben der Verwaltung einer Krankenanstalt oder mit Aufgaben der Kranken-, der Unfall-, der Lebens- oder der Sozialversicherung ausschließlich kraft seines Berufes anvertraut worden oder zugänglich geworden ist und dessen Offenbarung oder Verwertung geeignet ist, ein berechtigtes Interesse der Person zu verletzen, die seine Tätigkeit in Anspruch genommen hat oder für die sie in Anspruch genommen worden ist, ist mit Freiheitsstrafe bis zu 6 Monaten oder mit Geldstrafe bis zu 360 Tagessätzen zu bestrafen.

(2) Wer die Tat begeht, um sich oder einem anderen einen Vermögensvorteil zuzuwenden oder einem anderen einen Nachteil zuzufügen, ist mit Freiheitsstrafe bis zu 1 Jahr oder mit Geldstrafe bis zu 360 Tagessätzen zu bestrafen.

(3) Ebenso ist ein von einem Gericht oder einer anderen Behörde für ein bestimmtes Verfahren bestellter Sachverständiger zu bestrafen, der ein Geheimnis offenbart oder verwertet, das ihm ausschließlich kraft seiner Sachverständigentätigkeit anvertraut worden oder zugänglich geworden ist und dessen Offenbarung oder Verwertung geeignet ist, ein berechtigtes Interesse der Person zu verletzen, die seine Tätigkeit in Anspruch genommen hat oder für die er in Anspruch genommen worden ist.

(4) Den Personen, die eine der in den Abs. 1 und 3 bezeichneten Tätigkeiten ausüben, stehen ihre Hilfskräfte, auch wenn sie nicht berufsmäßig tätig sind, sowie die Personen gleich, die an der Tätigkeit zu Ausbildungszwecken teilnehmen.

(5) Der Täter ist nicht zu bestrafen, wenn die Offenbarung oder Verwertung nach Inhalt und Form durch ein öffentliches oder ein berechtigtes privates Interesse gerechtfertigt ist.

(6) Der Täter ist nur auf Verlangen des in seinem Interesse an der Geheimhaltung Verletzten (Abs. 1 und 3) zu verfolgen.

A 71 *Bemerkungen:* Bezogen auf den Sachverständigen: Ein Privatgutachter unterliegt dem Abs. 3 nicht[147]. Geschützt sind Privatgeheimnisse, d. h. Tatsachen, die nur einer Person oder einem bestimmten, nicht allzu großen Kreis von Personen bekannt sind und anderen nicht oder nur schwer zugänglich sind und die nach dem ausdrückli-

---

145 Leukauf-Steininger, a. a. O. S. 1567.
146 Leukauf-Steininger, a. a. O. S. 1568.
147 Leukauf-Steininger, a. a. O. S. 800.

chen oder erschließbaren Willen des Berechtigten nicht über diesen Kreis hinaus bekannt werden sollen[148].

Anvertrauen bedeutet das Einweihen in ein Geheimnis unter Umständen, aus denen sich eine Pflicht zur Geheimhaltung ergibt. Zugänglich werden bedeutet jedes andere Bekanntwerden.[149] Offenbaren ist das Mitteilen an einen Dritten, dem die entsprechenden Tatsachen zumindest noch nicht als sicher bekannt sind. Verwerten ist jede Art von Ausnützen des Geheimnisses[150]. Die Tat kann nur mit Vorsatz begangen werden[151] und ist ein Privatanklagedelikt.

A 72 Daneben ist immer auch zu prüfen, ob der Sachverständige der Schweigepflicht nach § 10 ÄG unterliegt.

Wegen der besonderen Bedeutung der Schweigepflicht an sich muß hier auch § 10 ÄG in extenso gebracht werden:

§ 10 ÄG: (1) Der Arzt ist zur Wahrung der ihm in Ausübung seines Berufes anvertrauten oder bekannt gewordenen Geheimnisse verpflichtet.

(2) Die im Abs. 1 vorgesehene Verpflichtung besteht nicht, wenn

a) die durch die Offenbarung des Geheimnisses bedrohte Person den Arzt von der Geheimhaltung entbunden hat,

b) die Offenbarung des Geheimnisses nach Art und Inhalt durch Interessen der öffentlichen Gesundheitspflege oder der Rechtspflege gerechtfertigt ist,

c) nach gesetzlichen Vorschriften eine Meldung des Arztes über den Gesundheitszustand bestimmter Personen vorgeschrieben ist,

d) Mitteilungen oder Befunde des Arztes über Krankheiten und Gebrechen des Versicherten an Träger der Sozialversicherung erforderlich sind.

(3) Außer im Falle einer behördlichen Anfrage nach § 10 ÄG Abs. 2b kann der Arzt eine Erklärung darüber, ob ein Interesse der öffentlichen Gesundheitspflege an der Offenbarung des Geheimnisses vorliegt, von der Beweisverwaltungsbehörde verlangen.

Bemerkungen bezogen auf den Sachverständigen: Wahrnehmungen, die der ärztliche Sachverständige als Gerichtsgutachter im Rahmen einer Sachverständigentätigkeit macht, macht er nicht als Arzt schlechthin, sondern als Organ der Rechtspflege über Auftrag des Gerichtes. Dem Gericht gegenüber besteht demnach keine Schweigepflicht[152], bzw. es wird eine Durchbrechung der Schweigepflicht gemäß § 10 Abs. 2b ÄG möglich sein. Doch ist diese Durchbrechung der Schweigepflicht auf jene Umstände beschränkt, die Gegenstand der Sachverständigentätigkeit sind. Alles was der Sachverständige im Zuge seiner Tätigkeit sonst wahrnimmt, wird der Schweigepflicht unterliegen[153].

Der Gefahr, daß im Wege der Öffentlichkeit von Gerichtsverhandlungen Geheimnisse dritten Personen zugänglich werden, kann durch Ausschluß der Öffentlichkeit vorgebeugt werden (§§ 172 ZPO, 229 StPO und Art. 6 MRK).

Zivilverfahren

A 73 Zum Begriff des Sachverständigen, zum Wesentlichen seiner Tätigkeit und zu seiner Verantwortlichkeit wird auf das oben über die Rolle des Sachverständigen im Strafprozeß Gesagte verwiesen.

Besonderheiten, den Sachverständigen im Zivilprozeß betreffend, gibt es in folgenden Bereichen:

[148] Leukauf-Steininger, a. a. O. S. 801 m. w. N.
[149] Leukauf-Steininger, a. a. O. S. 802.
[150] Leukauf-Steininger, a. a. O. S. 802–803.
[151] Leukauf-Steininger, a. a. O. S. 804.
[152] Stellamor, a. a. O. S. 68.
[153] Stellamor, a. a. O. S. 68.

A 74 Gemäß § 355 der Zivilprozeßordnung (ZPO) kann im Zivilprozeß ein Sachverständiger von den Parteien aus denselben Gründen abgelehnt werden wie ein Richter (§ 19 JN), demnach, wenn der Sachverständige selbst Partei des Verfahrens (bzw. Mitberechtigter, Mitverpflichteter oder Regreßpflichtiger einer Prozeßpartei) ist, wenn es sich um eine Sache seines Ehegatten oder besonderer naher Angehöriger handelt, wenn der Sachverständige selbst Bevollmächtigter einer Partei ist oder war und schließlich wenn der Sachverständige befangen ist, d.h. wenn zureichende Gründe vorliegen, die befürchten lassen, der Sachverständige werde sich bei seiner Tätigkeit nicht von rein sachlichen Gesichtspunkten leiten lassen[154]. Kein Ablehnungsgrund liegt vor, wenn der Sachverständige schon früher in derselben Rechtssache als Zeuge vernommen wurde (§ 355 Abs. 1 ZPO). Fakultätsgutachten sind im Zivilprozeß nicht vorgesehen[155].

Gegen einen säumigen Sachverständigen können gemäß § 354 ZPO Ordnungsstrafen und Mutwillensstrafen verhängt werden, und es kann dem Sachverständigen der Ersatz der durch seine Säumnis verursachten Kosten auferlegt werden. Darüber hinaus haftet der Sachverständige den Parteien für alle Schäden, die ihnen durch die ihm zur Last fallende Vereitelung oder Verzögerung der Beweisführung entstanden sind (§ 354 Abs. 3 ZPO). Eine zwangsweise Vorführung des Sachverständigen im Zivilprozeß ist nicht vorgesehen.

A 75 Eine besondere Regelung enthält die ZPO hinsichtlich der Gründe, wegen denen ein Sachverständiger die Enthebung von seiner Bestellung begehren kann. Gemäß § 353 Abs. 2 ZPO sind das dieselben Gründe wie die, deretwegen ein Zeuge zur Verweigerung der Aussage berechtigt ist (§ 321 ZPO), also: Wenn Fragen zur Debatte stehen, deren Beantwortung dem Sachverständigen, seinem Ehegatten oder einer Person, mit welcher der Sachverständige in gerader Linie oder in der Seitenlinie bis zum 2. Grad verwandt oder verschwägert oder mit welcher er durch Adoption verbunden ist, ferner seinen Pflegeeltern und Pflegekindern sowie seinem Vormund oder Mündel zur Schande gereichen oder die Gefahr strafgerichtlicher Verfolgung zuziehen würde (§ 321 Abs. 1 Z1 ZPO).

Weiter, wenn es um Fragen geht, deren Beantwortung dem Sachverständigen oder einer in der Ziff. 1 bezeichneten Personen einen unmittelbaren Vermögensnachteil zuziehen würde und schließlich, wenn der Sachverständige durch die Beantwortung einer Frage eine staatlich anerkannte Verschwiegenheitspflicht verletzen würde, außer er wäre hiervon gültig entbunden (§ 321 Abs. 1 Ziff. 2 und 3 ZPO). Hier ist, was den Arzt betrifft, die Verschwiegenheitspflicht nach § 10 ÄG gemeint.

Denkbar ist in bezug auf den letztgenannten Fall nur, daß es um Umstände geht, die dem Arzt nicht aus der Sachverständigentätigkeit, sondern schon von früher her bekannt sind bzw. die nichts mit der Begutachtung selbst zu tun haben.

Umstände, die von der Gutachtertätigkeit selbst umfaßt sind, unterliegen nicht der Schweigepflicht, weil ja sonst jede ärztliche Gutachtertätigkeit verhindert werden könnte. Im übrigen gilt im Zivilprozeß dasselbe, was zu diesem Problem beim Sachverständigen im Strafprozeß gesagt wurde.

Was die Entlohnung von gerichtlichen Sachverständigen anlangt, so gilt sowohl für die Tätigkeit im Zivil- als auch im Strafprozeß das Gebührenanspruchsgesetz 1975 (BGBl 136 in der jeweils geltenden Fassung), das für die Tätigkeit von Ärzten in seinem § 43 einen besonderen Tarif enthält[156].

---

[154] Stellamor a. a. O. S. 198, 199

[155] JBl 158/184 u. v. a.

[156] Näheres bei Krammer (1975) Manzsche Sonderausgabe.

VIII. Zugang zu Aufzeichnungen

A 76 Entsprechend der den Arzt betreffenden Sorgfaltspflicht[157] wird es notwendig sein, über die seinen Patienten betreffende Diagnose und Therapie Aufzeichnungen zu führen. Im Zusammenhang mit der Aufklärungs- und Informationspflicht[158] wird der Arzt auch gehalten sein, seine Aufzeichnungen dem Patienten zu übergeben bzw. ihm deren Inhalt mitzuteilen. Eine Übergabe wird aber nur dort in Frage kommen, wo es sich um die Dokumentation von Untersuchungs- bzw. Therapieergebnissen handelt, nicht jedoch bei Aufzeichnungen, die nur eine Art von Gedächtnisstütze für den Arzt sind[159].

Insbesondere dort, wo der Patient die ärztlichen Aufzeichnungen und Unterlagen benötigt, um sich von einem anderen Arzt weiterbehandeln zu lassen, wird eine Herausgabepflicht uneingeschränkt zu bejahen sein. Ganz besonders deutlich wird das dort, wo der Patient den Arzt ausschließlich zu dem Zweck aufgesucht hat, um bestimmte Untersuchungsergebnisse in die Hand zu bekommen, z. B. Röntgenbilder oder EKG-Aufzeichnungen etc. Die österreichische Judikatur hatte sich bereits mit einem derartigen Fall (es ging um die Herausgabe von EKG-Aufzeichnungen) zu beschäftigen, und der OGH[160] hat betont, daß der Arzt verpflichtet ist, alle Unterlagen auszuhändigen, die die Grundlage der Feststellung des Krankheitsbefundes waren. Selbstverständlich wird der Arzt, der zur Herausgabe von Unterlagen verpflichtet ist, dafür materialmäßig einen Kostenersatz beanspruchen können.[161]

IX. Schadensersatz, Schmerzensgeld

A 77 Vorweg einige Bemerkungen zum Schadensbegriff im österreichischen Recht:[162]

Schaden ist jeder Nachteil, den jemand an einem seiner Rechtsgüter erleidet. Da jeder über materielle (Geldwerte) und immaterielle (ideelle) Rechtsgüter verfügt, unterscheidet man einen *materiellen (Vermögens-)Schaden* und einen *immateriellen (ideellen) Schaden*. Letzterer ist derjenige, der sich in der Gefühlswelt ereignet und nach österreichischer Praxis nur ausnahmsweise ersetzt wird. Die tatsächliche Beeinträchtigung des verletzten Rechtsgutes nennt man den *realen Schaden*. Ist es erforderlich, den Schaden in Geld zu bemessen, spricht man vom *rechnerischen Schaden*, der je nach der Betrachtungsweise wie folgt unterteilt wird:

Man unterschiedet einerseits die in Geld ausgedrückte Vermögensverminderung *(Damnum emergens, positiver Schaden)* und andererseits die in Geld ausgedrückte, infolge des schädigenden Ereignisses unterbliebene Vermögensvermehrung *(entgangener Gewinn, Lucrum cessans)*. Was ersetzt wird und wie die Berechnung stattfindet, hängt i. allg. vom Verschuldensgrad ab (§ 1324 ABGB).

A 78 Im Zusammenhang mit Verträgen unterscheidet man das *positive* und das *negative Vertragsinteresse:*

---

[157] Für Krankenanstalten ist dies besonders in § 10 KAG geregelt.
[158] Stellamor, a. a. O. S. 64.
[159] Stellamor, a. a. O.
[160] JBl 1964/515 = EvBl 1964/294.
[161] Stellamor, a. a. O. S. 64.
[162] Koziol-Welser, a. a. O., S. 346, 347.

Wird ein gültiger Vertrag nicht oder schlecht erfüllt, so hat der Geschädigte Anspruch darauf, so gestellt zu werden, wie er stünde, wenn der Vertrag ordnungsgemäß erfüllt worden wäre (sog. *Erfüllungsinteresse, positives Vertragsinteresse*). Wird hingegen jemand in seinem Vertrauen auf das Zustandekommen eines Vertrages enttäuscht, so gebührt ihm Ersatz für jene Nachteile, die er dadurch erleidet, daß er im Vertrauen auf den (dann nicht zustande gekommenen) Vertrag Dispositionen vornahm bzw. vorzunehmen unterließ *(Vertrauensschaden, negatives Vertragsinteresse)*.

Im Zusammenhang mit ärztlicher Verantwortlichkeit wegen fahrlässigen Verhaltens kommen schadenersatzrechtlich im wesentlichen 3 Gesetzesbestimmungen zur Anwendung, und zwar die §§ 1325–1327 ABGB. (Fälle von Sachbeschädigungen durch Ärzte sind zwar denkbar, aber nicht so berufstypisch, daß hier eine Darstellung des Problems des Ersatzes von Sachschaden gerechtfertigt wäre.)

Vorerst die Gesetzestexte:

A 79 *§ 1325 ABGB (Körperverletzung):* Wer jemanden an seinem Körper verletzt, bestreitet die Heilungskosten des Verletzten, ersetzt ihm den entgangenen, oder, wenn der Beschädigte zum Erwerb unfähig wird, auch den künftig entgehenden Verdienst und bezahlt ihm auf Verlangen überdies ein den erhobenen Umständen angemessenes Schmerzensgeld.

§ 1326 ABGB (Verunstaltung): Ist die verletzte Person durch die Mißhandlung verunstaltet worden, so muß zumal, wenn sie weiblichen Geschlechtes ist, insofern auf diesen Umstand Rücksicht genommen werden, als ihr besseres Fortkommen dadurch verhindert werden kann.

§ 1327 ABGB (Tötung): Erfolgt aus einer körperlichen Verletzung der Tod, so müssen nicht nur alle Kosten, sondern auch den Hinterbliebenen, für deren Unterhalt der Getötete nach dem Gesetze zu sorgen hatte, das, was ihnen dadurch entgangen ist, ersetzt werden.

A 80 *Bemerkungen:* Unter *Körperverletzung* versteht man jede Beeinträchtigung der körperlichen oder geistigen Gesundheit und Unversehrtheit[163]. Das Entstehen äußerlich sichtbarer Verletzungen ist nicht erforderlich[164]. Auch Geisteskrankheiten und Nervenschäden (z. B. Schlaflosigkeit) fallen unter den Begriff der Körperverletzung, ebenso die Verursachung von Schmerzen ohne eine äußere Verletzung[165].

Ein ärztlicher Eingriff verursacht nach in Österreich herrschender Meinung[166] eine Körperverletzung dann, wenn er fehlschlägt oder (selbst wenn er gelingt) negative Nebenerscheinungen hervorruft. Ärztliche Eingriffe, die den Gesundheitszustand des Patienten verschlechtern, sind Körperverletzungen im Sinne des § 1325 ABGB[167]. Auch das ungeborene Leben (der sog. Nasciturus) ist Schutzobjekt im Sinne des § 1325 ABGB. Unter der Voraussetzung, daß dann eine lebende Geburt erfolgt, kann der im Mutterleib Geschädigte später Ersatzansprüche stellen[168].

Alle 3 Anspruchsvarianten des § 1325 (Heilungskostenersatz, Ersatz des Verdienstentganges und Schmerzensgeld) stehen dem Geschädigten kraft der Sonderregelung des § 1325 ABGB ohne Rücksicht auf den Grad des Verschuldens des Schädigers zu, also auch bei leichter Fahrlässigkeit des Täters.

A 81 *Heilungskosten:* Neben den eigentlichen Heilungskosten sind auch alle weiteren entstehenden Nachteile abzugelten, so z. B. die Kosten einer Pflegeperson, eines Rollstuhles[169] oder eines verletzungsbedingt zur Fortbewegung notwendigen

---

[163] Koziol, a. a. O. II S. 93 m. w. N. in FN 10; auch ein Abortus z. B. ist eine Körperverletzung ZVR 1974/20.

[164] Koziol, a. a. O. II S. 93 m. w. N. in FN 11.

[165] Koziol, a. a. O. II S. 94 m. w. N. in FN 12–14.

[166] Koziol, a. a. O. II S. 96 m. w. N.

[167] Koziol, a. a. O.

[168] Koziol, a. a. O. S. 97.

[169] Koziol, a. a. O. S. 100 m. w. N.

PKWs[170]. Ob dem Verletzten die Kosten der Behandlung in der Sonderklasse einer Krankenanstalt zu ersetzen sind, hängt davon ab, ob dies für die Heilung erforderlich ist und nicht außerhalb der sonstigen Lebenshaltung des Verletzten liegt[171]. Es sind auch die Kosten der Besuche beim Verletzten zu ersetzen, wenn sie aus einer Sorge- bzw. Beistandspflicht abzuleiten sind[172], ebenso Trinkgelder an das Pflegepersonal in angemessenem Ausmaß[173].

Ist der Verletzte sozialversichert, so geht der Anspruch auf den Ersatz der Heilungskosten gemäß § 332 des Allgemeinen Sozialversicherungsgesetzes (ASVG) auf den Versicherungsträger insoweit über, als dieser Leistungen an den Sozialversicherten zu erbringen hat (Legalzession).

A 82 *Verdienstausfall:* Der entgangene und künftig entgehende Verdienst ist bei jeder Körperverletzung zu ersetzen, die den Geschädigten an der Ausübung seines Erwerbes gehindert hat[174]. Verdienstentgang wird in Österreich als positiver Schaden angesehen und daher auch bei leichter Fahrlässigkeit ersetzt[175]. Ein nicht im regelmäßigen, gewöhnlichen Erwerb liegender entgangener Gewinn (Lucrum cessans) würde nur bei Vorliegen groben Verschuldens (Vorsatz oder grobe Fahrlässigkeit) ersetzt werden[176]. Künftiger Verdienstentgang wird üblicherweise in Form einer Rente ersetzt[177]. Die Rente hat gegenüber einer Kapitalabfindung (die nur ausnahmsweise zuerkannt wird) v. a. den Vorteil, daß sie geänderten Verhältnissen besser angepaßt werden kann[178]. Die Berechnung des Verdienstentganges kann nicht nur subjektiv-konkret, sondern auch objektiv-abstrakt, und zwar in Form der sog. abstrakten Rente erfolgen: Auch wenn im Vermögen des Verletzten ein Minus nicht feststellbar ist, wird darauf Rücksicht genommen, daß der Verletzte sich körperlich oder geistig nun mehr anstrengen muß, um einen Vermögensnachteil zu vermeiden und daß er auf dem Arbeitsmarkt eine viel schwächere Position hat als ein Unverletzter[179].

A 83 *Schmerzensgeld:* Durch die Zahlung eines angemessenen Schmerzensgeldes sollen alle Unlustgefühle des Verletzten abgegolten werden, die er infolge der Körperverletzung erlitten hat. Der Verletzte soll durch das Schmerzensgeld in die Lage versetzt werden, sich gewisse Annehmlichkeiten zu verschaffen, wodurch die ihm vorher entzogene Lebensfreude wieder ausgeglichen werden soll[180]. Das Schmerzensgeld ist ein Beispiel für den Ersatz ideellen Schadens im österreichischen Recht[181]. Regelmäßig ist das Schmerzensgeld in Form einer einmaligen Zahlung zu leisten, die pauschal alle ideellen Nachteile einer Verletzung abgilt,[182] ausnahmsweise in Form einer Rente (sog. Schmerzensgeldrente)[183], wenn es sich um Fälle von

---

170 ZVR 1978/178.
171 SZ 43/32 = ZVR 1970/348; ZVR 1977/15.
172 E 12 zu § 1325 ABGB in MGA ABGB[81].
173 ZVR 1969/348, ZVR 1973/38.
174 Koziol, a. a. O. II S. 103.
175 Koziol, a. a. O. S. 104; Koziol-Welser, a. a. O. S. 366.
176 §§ 1323. 1324 ABGB, Koziol, a. a. O. S. 104.
177 Koziol, a. a. O. S. 104.
178 Koziol, a. a. O. S. 105.
179 Koziol-Welser, a. a. O. S. 366; Koziol, a. a. O. S. 106 ff.; OHGE 14j ff zu § 1325 ABGB in MGA ABGB[31].
180 Koziol-Welser, a. a. O. S. 366, 367; ZVR 1974/117; Jarosch, Müller, Piegler (1972) Das Schmerzensgeld S. 106.
181 Zur allgemeinen Problematik des ideellen Schadens vgl. Koziol, a. a. O. S. 39 ff.
182 Koziol, a. a. O. S. 50 m. w. N. in FN 205.
183 Koziol, a. a. O. II S. 109 m. w. N. in FN 118.

Dauerschmerzen handelt. Auch für seelische Schmerzen ist Ersatz zu leisten[184]. Bei der Bemessung des Schmerzensgeldes sind die Dauer und Stärke der Schmerzen, sowie die Schwere der Verletzung und deren Auswirkungen auf den Gesundheitszustand zu berücksichtigen[185]. Die soziale Position des Verletzten sowie seine wirtschaftlichen und kulturellen Bedürfnisse werden von der Judikatur nicht berücksichtigt[186]. Vererblich ist nach der Judikatur ein Schmerzensgeldanspruch nur, wenn er noch zu Lebzeiten gerichtlich geltend gemacht, außergerichtlich verglichen oder außergerichtlich anerkannt wurde[187].

A 84 *Verunstaltung:* § 1326 ABGB konkretisiert die Bestimmung des § 1325 ABGB, wobei Handlung hier nichts anderes beduetet als Körperverletzung[188]. Eine Verunstaltung ist jede nach der Lebensanschauung wesentliche, nachteilige Veränderung der äußeren Erscheinung eines Menschen[189]. Nicht nötig ist, daß die Verunstaltung bei einem normal bekleideten Menschen äußerlich sichtbar ist[190]. Unter der Verhinderung des besseren Fortkommens versteht man einen besonderen Vermögensschaden, der im Entfall einer Verbesserung der Lebenslage besteht, z. B. Verschlechterung der Berufs- und Heiratsaussichten, und zwar nicht nur bei Frauen, sondern auch bei Männern[191].

Auch der Anspruch nach § 1326 ABGB kann bei jedem Verschuldensgrad, also auch bei leichter Fahrlässigkeit des Schädigers, geltend gemacht werden[192].

A 85 *Tötung:* Was versteht man unter „Ersatz aller Kosten"? Zunächst geht es um die Kosten des Getöteten selbst, die er noch zu Lebzeiten hatte, und zwar um jene Kosten, die nicht schon unter § 1325 ABGB fallen[193]. Weiter fallen darunter die Begräbniskosten (Kosten der Totenbeschau, der Grabstätte, des Trauergottesdienstes, des Totenmahles und der Todesanzeigen)[194] und sonstige Kosten (z. B. die der Trauerkleidung sowie die Reisekosten der nächsten Angehörigen)[195].

Von besonderer Bedeutung aber ist hier die Zuerkennung von Unterhaltsansprüchen gegenüber den hinterbliebenen gesetzlich Unterhaltsberechtigten, weil es sich hier um einen (im österreichischen Recht seltenen) Fall von Ersatzansprüchen bloß mittelbar geschädigter Personen handelt[196].

Ersatzberechtigt sind nur Personen, denen der Getötete nach dem Gesetz zum Unterhalt verpflichtet war (z. B. Kinder, Ehegatten, Eltern), nicht jedoch Personen, denen sich der Getötete vertraglich zur Unterhaltsleistung verpflichtet hatte[197]. Das Ausmaß der Ersatzleistung bestimmt sich danach, inwieweit der Getötete nach dem Gesetz hierzu verpflichtet war und inwieweit er diese Pflicht auch tatsächlich erfüllen konnte[198].

---

[184] Koziol, a. a. O. II S. 110 m. w. N. in FN 121.

[185] Koziol a. a. O., S. 139 m. w. N. in FN 97.

[186] Koziol, a. a. O. III m. w. N. in FN 129.

[187] Nachweise bei Koziol, a. a. O. S. 112 in FN 136: die nahezu einheitliche Lehre (Nachweise bei Koziol, a. a. O. S. 112–113) läßt außergerichtliche Einforderung genügen.

[188] Koziol, a. a. O. S. 114.

[189] Koziol, a. a. O. S. 114 m. w. N. in FN 146 ff.

[190] Koziol, a. a. O. S. 114 m. w. N. in FN 151.

[191] Koziol, a. a. O. S. 114, 115 m. w. N. in FN 154 bis 161.

[192] Koziol, a. a. O. S. 115.

[193] Koziol, a. a. O. S. 117.

[194] Koziol, a. a. O. S. 118 m. w. N. in FN 16–22.

[195] Koziol, a. a. O. S. 119 m. w. N. in FN 28, 29.

[196] Koziol, a. a. O. S. 116.

[197] Koziol-Welser, a. a. O. S. 367.

[198] Koziol-Welser, a. a. O. Zur näheren Problematik Koziol, a. a. O.

Da die Tätigkeit eines haushaltsführenden Ehegatten oder Elternteiles den Charakter von gesetzlichen Unterhaltsleistungen hat (§§ 94 Abs. 2 Satz 1 und 140 Abs. 2 Satz 1 ABGB), wird auch der Ersatz einer infolge der Tötung des haushaltsführenden Gatten (Elternteiles) erforderlichen Ersatzkraft gemäß § 1327 ABGB verlangt werden können.

D. Kliniken, medizinisches Gerät, Hilfspersonal

I. Notwendigkeit von Richtlinien

A 86 Es erhebt sich hier die Frage, wofür „Richtlinien" im Sinne der Überschrift bestehen könnten:

1. Richtlinien für den freiberuflich tätigen Arzt

Gesetzliche Richtlinie, d.h. Grundlage der Berufsausübung jedes Arztes und damit auch des freiberuflich tätigen Arztes in Österreich ist das Ärztegesetz (ÄG; BG vom 30.3. 1949, BGBl Nr.92 idF zahlreicher Novellen; zuletzt novelliert 1975, BGBl Nr.425)[199]. Dieses Gesetz regelt in 4 Hauptstücken und 63 Paragraphen den Begriff Arzt, die Erfordernisse der Berufsausübung, die Ausbildung, die Berufsausübung, die Berufspflichten, die Standesorganisation (einschließlich des Disziplinarrechtes), das Aufsichtsrecht über die Ärztekammern und sozialrechtliche Bestimmungen. Ergänzt wird das Ärztegesetz im Bereich der Ausbildung durch die Ärzteausbildungsordnung 1974 (BGBl 36) samt zahlreichen Durchführungserlässen[200].

A 87 Für den Bereich ärztlicher Verantwortlichkeit und damit für den Themenkreis dieses Berichtes enthält das ÄG insoweit Richtlinien, als es zahlreiche Berufspflichten normiert und diese unter die Sanktion des Disziplinarrechtes stellt. Die wichtigsten dieser Berufspflichten sind:

a) Das Verbot der Fachüberschreitung (§ 2 k Abs. 2 ÄG),
b) die Regelung über die Titelführung (§ 4 ÄG),
c) die Vorschrift über den Berufssitz (§ 5 ÄG),
d) die Pflicht zur Leistung erster Hilfe (§ 6 ÄG; vgl. unten F I),
e) die Pflicht zur gewissenhaften Patientenbetreuung (§ 7 Abs. 1 ÄG),
f) die Pflicht zur persönlichen, unmittelbaren Berufsausübung (§ 7 Abs. 2 ÄG),
g) die Pflicht zur Beaufsichtigung des Hilfspersonals (§ 7 Abs. 2 u. Abs. 3 ÄG),
h) die Vorschriften über Ordinations- und Apparategemeinschaften (§ 7 a ÄG),
i) die Vorschrift betreffend den Rücktritt von einer Behandlung (§ 8 ÄG),
j) das Wettbewerbsverbot (§ 9 ÄG) und die Vorschriften der Schilderordnung[201],
k) die Verschwiegenheitspflicht (§ 10 ÄG),
l) die Pflicht, in bestimmten Fällen Anzeige zu erstatten (§ 10a ÄG),
m) die Pflicht zur Gewissenhaftigkeit bei der Ausstellung ärztlicher Zeugnisse (§ 11 ÄG),

---

[199] Strobl (1977) ÄG mit Kommentar². Verlag der österreichischen Ärztekammer.
[200] Strobl (1974) Ärztliche Ausbildung. Verlag der österreichischen Ärztekammer.
[201] Strobl, ÄG mit Kommentar². S. 227, 228.

n) die Pflichten im Zusammenhang mit dem Zustand der Ordinationsstätte (§ 12 ÄG) und
o) die Pflicht zur Haltung eines entsprechenden Vorrates an notwendigen Arzneimitteln (§ 13 ÄG).

A 88 Jede Berufspflichtverletzung ist gemäß § 55f. (1)b ÄG als Disziplinarvergehen zu verfolgen und kann mit Disziplinarstrafen gemäß § 55 1 ÄG geahndet werden, die vom schriftlichen Verweis über Geldstrafen bis zum Berufsverbot reichen. Die Disziplinargerichtsbarkeit wird vom Disziplinarrat der österreichischen Ärztekammer ausgeübt. Für jeden Oberlandesgerichtssprengel ist eine Disziplinarkommission eingerichtet (§ 55 g ÄG). Jede Disziplinarkommission besteht aus einem rechtskundigen Vorsitzenden und 2 ärztlichen Beisitzern. Die Anklageerhebung obliegt dem Disziplinaranwalt der Österreichischen Ärztekammer, der rechtskundig sein muß (§ 55 h ÄG).

Gegen ein Erkenntnis der Disziplinarkommission steht einerseits dem Disziplinaranwalt und andererseits dem Disziplinarbeschuldigten binnen 2 Wochen das Rechtsmittel der Berufung zu (§ 55i ÄG).

Über die Berufung entscheidet der Disziplinarsenat beim Bundesminister für Gesundheit und Umweltschutz. Der Disziplinarsenat besteht aus einem rechtskundigen Vorsitzenden und 4 Beisitzern. 2 der Beisitzer werden vom Bundesministerium entsandt, 2 von der Österreichischen Ärztekammer. Einer der beiden vom Ministerium entsandten Beisitzer muß rechtskundig, einer muß ein Amtsarzt sein. Die Mitglieder des Disziplinarsenates sind in Ausübung ihres Amtes weisungsfrei (§ 55j ÄG). Die Anklage vor dem Disziplinarsenat wird von einem Disziplinaranwalt vertreten (§ 55i Abs. 5 ÄG).

Über die genannten Richtlinien hinaus bestehen für die ärztliche Verantwortlichkeit gegenüber dem Patienten keine besonderen Richtlinien. Das Arzt-Patienten-Verhältnis als Vertragsverhältnis sui generis[202] ist vielmehr in das allgemeine Vertragsrecht eingebettet und die einschlägigen Normen des zivilen Vertragsrechts finden darauf Anwendung.

2. *Richtlinien für nicht freiberuflich tätige Ärzte*

A 89 Auszugehen ist davon, daß das Ärztegesetz auch auf Ärzte Bezug nimmt, die ihren Beruf nicht freiberuflich, sondern im Rahmen eines Dienstverhältnisses oder unselbständig im Rahmen ihrer Berufsausbildung ausüben (§ 1a ÄG).

Der Arzt, der seinen Beruf ausschließlich in einem Anstellungsverhältnis auszuüben beabsichtigt, hat der Österreichischen Ärztekammer anläßlich seiner Anmeldung seinen Dienstort bekanntzugeben (§ 5a ÄG).

Die meisten der in Abschn. 1 genannten im ÄG geregelten Berufspflichten betreffen auch die als Dienstnehmer tätigen Ärzte. Was die Disziplinarhoheit angeht, so finden gemäß § 55f. Abs. 5 ÄG die Bestimmungen über das Disziplinarverfahren auf jene Ärzte keine Anwendung, die ihren Beruf im Rahmen eines Dienstverhältnisses bei einer Gebietskörperschaft oder einer anderen Körperschaft des öffentlichen Rechts ausüben, sofern es um die dienstliche Tätigkeit dieser Ärzte und die damit im Zusammenhang stehenden Berufspflichten geht. Die disziplinarrechtliche

---

202 Der Behandlungsvertrag weist Elemente des Werk- und des Dienstvertrages auf und wird zu den sog. freien Dienstverträgen gezählt; vgl. Stellamor, a. a. O. S. 22ff.; Koziol-Welser, a. a. O. S. 312; Ehrenzweig[2] S. 477f., 508; Gschnitzer LB Schuldrecht, bes. T. 72.

Verfolgung obliegt in diesen Fällen den zuständigen Dienststellen dieser Ärzte. Für die in Krankenanstalten tätigen Ärzte enthalten dann weiter das Krankenanstaltengrundsatzgesetz (KAG) und die jeweiligen Ausführungsgesetze der Bundesländer weitere einschlägige Verhaltensrichtlinien in Form von gesetzlich normierten Berufspflichten, auf die im Abschn. 3 näher eingegangen werden wird.

3. *Richtlinien für Krankenanstalten*

A 90 Rechtsquelle des österreichischen Krankenanstaltenrechtes sind einerseits das Krankenanstaltengrundsatzgesetz (KAG, BGBl 1957/1 idF zahlreicher Novellen; zuletzt novelliert durch das Bundesgesetz vom 1.6. 1982 BGBl Nr. 273)[203] und andererseits die Ausführungsgesetze der Bundesländer[204].

a) Das KAG:

Dieses Bundesgesetz regelt in 5 Hauptstücken und 67 Paragraphen folgende Materien: Begriff der Krankenanstalt, allgemeine Bestimmungen über Errichtung und Betrieb, besondere Bestimmungen über öffentliche Krankenanstalten, Bestimmungen über private Krankenanstalten, Bestimmungen über Universitätskliniken und Bundeshebammenlehranstalten, Bestimmungen über Pflegegebührenforderungen, Bestimmungen über die Aufnahme, den Aufenthalt und die Entlassung von Geisteskranken, Bestimmungen über den Kostenersatz durch den Bund und die sanitäre Aufsicht.

Zur ärztlichen Verantwortlichkeit enthält das KAG folgende Regelungen:

- Der innere Betrieb einer Krankenanstalt wird durch die Krankenanstaltsordnung geregelt, die u. a. die Dienstobliegenheiten der in der Krankenanstalt beschäftigten Personen regelt. Die näheren Bestimmungen über den Inhalt der Anstaltsordnung regelt die Landesgesetzgebung (§ 6 KAG).
- Die Regelung des ärztlichen Dienstes (§§ 7, 8 KAG) insbesondere beinhaltend die Pflicht zur Leistung ärztlicher Hilfe (§ 8 Abs. 1 KAG) und die Verpflichtung zur Beachtung der Grundsätze und anerkannten Methoden der medizinischen Wissenschaft (§ 8 Abs. 2 KAG).
- Die Verschwiegenheitspflicht (§ 9 KAG).
- Die Pflicht zur Führung von Krankengeschichten und sonstigen schriftlichen Unterlagen (§ 10 KAG).
- Das Werbeverbot (§ 13 KAG).
- Die Pflicht zur Haltung eines hinlänglichen Arzneimittelvorrates (§ 20 KAG).
- Die Regelung der Leichenöffnung (§ 25 KAG).
- Die Regelung über Organentnahmen und Organtransplantationen (§ 62a KAG; vgl. Abschn. F. III).

A 91 b) Aufgrund des KAG haben alle österreichischen Bundesländer Ausführungsgesetze erlassen. Es sind dies:

- das burgenländische KAG, LGBl 1960/14;
- die kärntner Krankenanstaltenordnung, LGBl 1978/34;
- das niederösterreichische KAG 1974, LGBl 1974/170;
- das oberösterreichische KAG, LGBl 1976/10;
- die salzburger Krankenanstaltenordnung, LGBl 1975/97;

---

[203] Siehe bei Strobl (1979) Das Gesundheitswesen in Österreich II. Verlag der österreichischen Ärztekammer, S. 19ff.

[204] Strobl, a. a. O. S. 47ff.

- das steiermärkische KAG, LGBl 1957/78;
- das tiroler KAG, LGBl 1958/5;
- das vorarlberger Spitalgesetz, LGBl 1979/1 und
- das wiener KAG, LGBl 1958/1;

jeweils in der Fassung diverser Novellen.

II. Haftung der Klinik für Ärzte

A 92 Auszugehen ist in diesem Zusammenhang davon, daß dann, wenn ein Patient in einer Klinik behandelt wird, der Behandlungsvertrag zwischen dem Rechtsträger der Klinik und dem Patienten zustande kommt. Auch im Falle öffentlicher Krankenanstalten besteht insoweit eine rein privatrechtliche Beziehung zwischen dem Träger der Krankenanstalt und dem Patienten, als die Schadenersatzansprüche des Patienten keinesfalls dem Amtshaftungsrecht unterliegen[205]. Das Amtshaftungsrecht kommt nur dort zur Anwendung, wo es um die Ausübung der sog. Hoheitsgewalt geht.

A 93 Zu dem in der Klinik tätigen Arzt steht in diesem Fall der Patient in keiner vertraglichen Beziehung. Kommt nun ein Patient durch ärztliches Fehlverhalten in einer Klinik zu Schaden, so hat er 2 Möglichkeiten:

1. Der Patient hält sich direkt an den ihn schädigenden Arzt, und zwar ex delicto[206], weil man ja davon ausgehen können wird, daß der den Patienten schädigende Arzt entweder in ein absolut geschütztes Recht des Patienten eingreift (z.B. die Gesundheit) oder gegen ein Schutzgesetz verstößt. Dieser Fall wurde aber bereits oben in Abschn. C behandelt. Hier sei nur noch erwähnt, daß der vom Patienten ex delicto in Anspruch genommene Arzt seinerseits dann nach den Regeln des Dienstnehmerhaftpflichtgesetzes (DHG; § 3) auf den Träger der Krankenanstalt zurückgreifen kann, und zwar bei Vorliegen eines Versehens (also bei Fahrlässigkeit) zum Teil und, sofern der Schaden aber durch einen minderen Grad des Versehens zugefügt worden ist, zur Gänze (nicht also bei Vorsatz!). Wie weit der Teilregreß geht, ist unter Berücksichtigung von Billigkeitsüberlegungen zu beurteilen, wobei gemäß § 2 Abs. 2 DHG folgende Umstände eine Rolle spielen: a) das Ausmaß der mit der ausgeübten Tätigkeit verbundenen Verantwortung, b) ob bei der Bemessung des Entgelts ein mit der ausgeübten Tätigkeit verbundenes Wagnis berücksichtigt wurde, c) der Grad der Ausbildung des Dienstnehmers, d) die Bedingungen, unter denen die Dienstleistung zu erbringen war, und e) ob mit der Dienstleistung erfahrungsgemäß die nur schwer vermeidbare Möglichkeit der Wahrscheinlichkeit des Eintritts eines Schadens verbunden ist.
2. Der Patient hält sich mit seinen Ansprüchen an den Träger der Krankenanstalt und macht Schadenersatzansprüche ex contractu geltend. Er hat dabei den Vorteil der Beweislastumkehr nach § 1298 ABGB[207]. Der Träger der Krankenanstalt wiederum haftet dem Patienten gegenüber für jegliches Verschulden der in der Klinik tätigen Ärzte[208], und zwar gemäß § 1313 a ABGB (sog. Erfüllungsgehilfenhaftung).

---

205 Stellamor, a. a. O. S. 25 ff.; OGH EvBl 1966/257; SZ 42/188; SpR 243; SZ 11/32 u. a.

206 Koziol, a. a. O. II S. 274.

207 Koziol, a. a. O. I^2, S. 330.

208 Dasselbe gilt sinngemäß auch für nichtärztliches Personal.

A 94 *§ 1313a ABGB (Erfüllungsgehilfe):* Wer einem anderen zu einer Leistung verpflichtet ist, haftet ihm für das Verschulden seines gesetzlichen Vertreters sowie der Personen, deren er sich zur Erfüllung bedient, wie für sein eigenes.

Unter einem Erfüllungsgehilfen versteht man jene Person, deren sich ein Vertragspartner bedient, um seine Vertragspflichten (haupt-, neben- und vorvertragliche Pflichten, vertragliche Schutzpflichten zugunsten Dritter) dem anderen Partner gegenüber zu erfüllen[209].
Wer sich eines Erfüllungsgehilfen bedient, haftet für dessen Verschulden (auch für leichtes) wie für sein eigenes. Die Haftung erstreckt sich allerdings nur auf jene Schäden, die mit der Erfüllung selbst im Zusammenhang stehen. Nicht nach § 1313a ABGB gehaftet wird für Schäden, die der Erfüllungsgehilfe dem Vertragspartner nur gelegentlich[210] der Erfüllung zufügt, also z. B. für Diebstähle, die der Gehilfe anläßlich der Erfüllung begeht. Sollte ein Arzt, der in einer Klinik tätig ist, ausnahmsweise gegenüber einem Patienten nicht als Erfüllungsgehilfe zum Einsatz kommen (oder im Fall einer nur gelegentlich der Erfüllung erfolgten Schädigung), so kommt eine Haftung des Trägers der Krankenanstalt nur im Wege des § 1315 ABGB in Frage:
Gehaftet wird nur dann, wenn man sich entweder eines habituell untüchtigen[211] Gehilfen bedient (d. h. eines solchen, der für die Tätigkeit, zu der er eingesetzt ist, entweder aufgrund mangelnder Ausbildung oder entsprechender körperlicher oder geistiger Veranlagung nicht geeignet ist) oder wenn man schuldhaft einen gefährlichen Gehilfen einsetzt, d. h. wenn man um die Gefährlichkeit des Gehilfen weiß und sich im Zuge des Gehilfeneinsatzes gerade diese spezielle Gefährlichkeit realisiert[212].
Hat sich nun der Patient mit seinen Schadenersatzansprüchen erfolgreich an den Träger der Krankenanstalt gewendet, so erhebt sich die Frage, inwieweit dieser nun einen Regreßanspruch gegenüber dem Arzt hat, der als Gehilfe den Patienten geschädigt hat. § 1313 ABGB bestimmt dazu global, daß ein Rückersatz gegen den Schuldtragenden möglich ist.
Dieses Regreßverhältnis ist im DHG (BGBl 1965/80[213]) näher geregelt. Das DHG nimmt auf die besondere Gefahrengeneigtheit professioneller Tätigkeit Rücksicht und schafft für den Regreßfall gewisse Privilegierungen. Im Falle eines Versehens des Dienstnehmers ist ihm gegenüber ein Regreß des Dienstgebers nur im Rahmen der Billigkeit möglich (§ 4 Abs. 2 DHG), wobei die oben erwähnten Beurteilungskriterien des § 2 Abs. 2 DHG anzuwenden sind. Liegt hingegen nur ein minderer Grad des Versehens (also leichte Fahrlässigkeit[214]) vor, kann das Gericht den Regreß zur Gänze erlassen (§ 4 Abs. 2 DHG). Hat der Dienstnehmer vorsätzlich gehandelt, so greifen die Privilegierungen der DHG nicht ein.
A 95 Denkbar sich auch Fälle, in denen ein Patient zwar in einer Klinik behandelt wird, jedoch, was die Behandlung angeht, in keiner Vertragsbeziehung zum Träger der Krankenanstalt, sondern ausschließlich in vertraglicher Beziehung zum behandelnden Arzt steht. Derartige Konstruktionen sind dort möglich, wo die Krankenanstalt dem Arzt den Abschluß separater Behandlungsverträge für Patienten in der

---

[209] Koziol-Welser, a. a. O. S. 372.
[210] Koziol, a. a. O. II, S. 267.
[211] Koziol-Welser, a. a. O. S. 373, 374. Dies ist ein Fall der Haftung ohne Verschulden!
[212] Koziol a. a. O. II², S. 356.
[213] Siehe in MGA ABGB[31] Anhang XX 2217 ff.; beachte allerdings die noch nicht berücksichtigte Novelle BGBl 1983/169!
[214] Koziol, a. a. O. II, S. 163.

Klinik gestattet. Man spricht in einem solchen Fall von einem aufgespaltenen Vertrag:

Einerseits bestehen Vertragsbeziehungen zwischen Patient und Arzt (Behandlungsvertrag) und andererseits zwischen Patient und Träger der Krankenanstalt (Beherbergungs-, Versorgungs- und Verpflegungsvertrag[215]). Schadenersatzansprüche aus ärztlichem Fehlverhalten werden sich in solchen Fällen demnach direkt ex contractu zwischen Patient und behandelndem Arzt abwickeln lassen. Der Träger der Krankenanstalt wird in einem solchen Fall nur aus dem Beherbergungs-, Versorgungs- und Verpflegungsverhältnis heraus für eigenes Verschulden und das seiner diesbezüglichen Erfüllungsgehilfen einzustehen haben.

III. Haftung im Ärzteteam

A 96 Hier sind grundsätzlich 2 Fallsituationen zu unterscheiden, und zwar:
1. Ein Patient nimmt in der freien Praxis die Dienste eines Ärzteteams in Anspruch.
2. Das Ärzteteam tritt dem Patienten im Rahmen der Behandlung in einer Krankenanstalt gegenüber.

A 97 *Zu 1.* Ein Lösungsansatz wird hier die Frage sein, ob zwischen dem Patienten und den Mitgliedern des Ärzteteams jeweils selbständige vertragliche Beziehungen vorliegen oder aber ob der Patient nur Vertragspartner eines Artzes aus dem Team ist und die übrigen Teammitglieder dann als Erfüllungsgehilfen des Vertragspartners des Patienten fungieren. Der letztere Fall wird im Hinblick darauf, daß gemäß § 7 Abs. 2 ÄG jeder Arzt auch in Zusammenarbeit mit anderen Ärzten zur persönlichen und unmittelbaren Berufsausübung verpflichtet ist, eher seltener vorkommen, ist aber z. B. dort denkbar, wo der den Patienten behandelnde Arzt von sich aus einen Spezialisten zur Beratung zuzieht oder z. B. bei einem Spezialisten Materialien untersuchen läßt[216]. In derartigen Fällen wird eine Haftung desjenigen Arztes, der Vertragspartner des Patienten ist, für die von ihm zugezogenen Erfüllungsgehilfen gemäß § 1313 a ABGB eintreten, und zwar so, wie es in Abschn. C. II für die Krankenanstalt dargestellt wurde. Allerdings wird es, weil ja zwischen den einzelnen Ärzten ein Dienstverhältnis im Sinne des DHG nicht vorliegen wird, auch bezüglich des Regresses keine Privilegierungen geben.

Wenn hingegen der Patient zu jedem Mitglied des Ärzteteams in ein eigenes Vertragsverhältnis tritt, so stehen ihm gegen jeden dieser Ärzte selbstverständlich eigenständige Schadenersatzansprüche ex contractu zu. Die Haftung eines Arztes für das Verhalten eines anderen hätte dann mangels einer Gehilfenposition nicht einzugreifen. Allerdings wäre zu beachten, daß Fälle denkbar sind, in denen ein Arzt aus dem Team für sog. Auswahlverschulden haftet (Culpa in eligendo), und zwar, wenn er bei der Auswahl weiter zuzuziehender Teammitglieder nicht sorgfältig vorgegangen ist[217].

Ein besonderes Problem im Zusammenhang mit der Tätigkeit eines Ärzteteams entsteht, wenn der Patient geschädigt wird, sich jedoch nicht näher feststellen läßt, wer aus dem Team der Schädiger ist bzw. welchen Anteil das einzelne Teammitglied

---

215 Stellamor, a. a. O. S. 25, 26.
216 Stellamor, a. a. O. S. 25.
217 Stellamor, a. a. O.

an der eingetretenen Schädigung hat. Läßt sich überhaupt nicht feststellen, wer aus dem Team den Patienten geschädigt hat, steht aber gleichzeitig eindeutig fest, daß es nur einer aus dem Team war, so liegt ein Problem der sog. alternativen Kausalität vor[218], das nach in Österreich nunmehr herrschender Meinung im Wege der Solidarhaftung aller „Verdächtigen" gelöst wird[219]. Haben hingegen alle Teammitglieder einen Anteil am eingetretenen Schaden, der sich aber nicht konkret bestimmen läßt, so greift die Regelung des § 1302 ABGB ein, wonach dann, wenn sich die Anteile der einzelnen Täter an der Beschädigung nicht bestimmen lassen, ebenfalls die Solidarhaftung stattfindet.

A 98 *Zu 2.* Arbeitet in der Klinik ein Ärzteteam, so ergibt sich, abgesehen von den schon in Abschn. D. II und D. III.1 geschilderten Fragen, v. a. die Frage nach der Verantwortlichkeit des Leiters des Teams. Es wurde schon oben (Abschn. C.I) betont, daß sich eine Verantwortlichkeit auch aus der ungenügenden Überwachung von Hilfskräften ergeben kann (Culpa in custodiendo)[220]. Dem Chef des Teams wird demnach eine besondere Verantwortung im Hinblick auf die Beaufsichtigung jener Ärzte (und natürlich des übrigen mitarbeitenden Personals) zukommen, die dem Team angehören. Einen Anhaltspunkt in dieser Richtung stellt auch § 7 (2) ÄG dar, wonach jene Person, deren sich ein Arzt zur Mithilfe bedient, unter seiner ständigen Aufsicht handeln muß.

Daneben besteht selbstverständlich die Eigenverantwortlichkeit des einzelnen Teammitgliedes gegenüber dem Patienten auf deliktischer Grundlage, sofern im Einzelfall auch dem einzelnen Teammitglied ein entsprechender Schuldvorwurf gemacht werden kann.

IV. Haftung für medizinisches Gerät

A 99 Allgemein ist zunächst zu sagen, daß ein Arzt dann, wenn er einem Patienten einen Schaden insofern zufügt, als die Schädigung auf einen Fehler bzw. ein Versagen verwendeter technischer Hilfsmittel zurückzuführen ist, nach allgemeinen Regeln, d. h. nur unter der Voraussetzung haftet, daß ihn am Einsatz des fehlerhaften Gerätes ein Verschulden trifft, daß es dem Arzt also vorzuwerfen ist, ein schadhaftes technisches Hilfsmittel zum Einsatz gebracht zu haben. Der Arzt wird allerdings im Hinblick auf das von ihm eingesetzte Gerät jeweils als Fachmann, und damit als Sachverständiger im Sinne des § 1299 ABGB anzusehen sein, was im Sinne der oben (Abschn. C.III) stehenden Ausführungen zur Anwendung eines gehobenen Maßstabes für die Beurteilung der anzuwendenden Sorgfalt führt.

A 100 Kommt ein Patient durch ein vom Arzt verwendetes Gerät zu Schaden, ohne daß dem Arzt ein Schuldvorwurf gemacht werden kann, so wird sich die Frage nach einer allenfalls analogen Anwendung der Gefährdungshaftungsregeln stellen müssen. Es kann in Österreich nunmehr als in Lehre und Rechtssprechung gesichert angesehen werden[221], daß für gefährliche Sachen eine allgemeine verschuldensunabhängige Haftung in Analogie zu den bestehenden Gefährdungshaftungsnormen

---

218 Koziol-Welser, a. a. O. S. 362.
219 Koiol-Welser, a. a. O. m. w. N. in FN 70.
220 Leukauf-Steininger, a. a. O. S. 579; Stellamor, a. a. O. S. 138; DGH SSt 29/39.
221 Koziol, a. a. O. II, S. 484 ff.; Koziol-Welser, a. a. O. S. 382; OGH SZ 46/36.

besteht. Das Problem im Einzelfall besteht in bezug auf Arztfälle darin, ob das konkrete schadensstiftende Gerät als gefährlich einzustufen ist oder nicht. Konkretes Fallmaterial dazu ist in der österreichischen Judikatur (noch) nicht präsent.

Kommt es zu einer Schädigung des Patienten im Wege der Verwendung von Kernenergie (Kernanlagen, Kernmaterialien und Radionukliden), so greifen die besonderen Haftungsbestimmungen des Atomhaftpflichtgesetzes (BGBl 1964/117[222]) ein. Dieses Gesetz ist eines der Beispiele für Gefährdungshaftungsnormen (also verschuldensunabhängige) Haftungen im österreichischen Recht.

Denkbar wäre auch folgende Situation:

A 101 Ein Arzt schädigt (ohne sein Verschulden) im Wege des Einsatzes eines fehlerhaften oder versagenden Gerätes einen Patienten, und das Verschulden am Versagen des Gerätes liegt in der Sphäre dessen, der das Gerät hergestellt hat (Produzent).

In einem solchen Fall könnte man durchaus das in Österreich erarbeitete und praktizierte Instrument der sog. Produzentenhaftung[223] anwenden, in dem man dem geschädigten Patienten im Wege der Konstruktion über den sog. Vertrag mit Schutzwirkung zugunsten Dritter[224] direkte vertragliche Ersatzansprüche gegenüber dem Hersteller des Gerätes gewährt.

V. Haftung für fremdes Verschulden

A 102 Vorweg stellt sich hier die Frage, inwieweit ein Arzt überhaupt berechtigt ist, Hilfspersonen einzusetzen, für deren Verschulden im gegebenen Fall er dann einzustehen hätte.

Dazu bestehen folgende Regelungen[225]:

§ 7 (2) ÄG: Der Arzt hat seinen Beruf persönlich und unmittelbar, allenfalls in Zusammenarbeit mit anderen Ärzten, auszuüben. Zur Mithilfe kann er sich jedoch Hilfspersonen bedienen, wenn diese nach seinen genauen Anordnungen und unter seiner ständigen Aufsicht handeln.

§ 7 (3) ÄG: Der Arzt darf im Einzelfall eine zur berufsmäßigen Ausübung des Krankenpflegefachdienstes berechtigte Person sowie eine Hebamme zur Vornahme subkutaner oder intramuskulärer Injektionen und zur Blutabnahme aus der Vene, eine zu berufsmäßigen Ausübung des medizinisch-technischen Laboratoriumsdienstes, des radiologisch-technischen Dienstes oder des medizinisch-technischen Fachdienstes berechtigte Person zur Blutabnahme aus der Vene nach seiner Anordnung ermächtigen. Der Arzt hat sich zu vergewissern, daß die betreffende Person die erforderlichen Kenntnisse und Fähigkeiten besitzt.

A 103 Nur in den vom Gesetz somit präzise umrissenen Bereichen ist der Einsatz von Hilfskräften rechtlich überhaupt gestattet. Setzt ein Arzt Hilfskräfte außerhalb dieser Bereiche ein und erwächst dem Patienten gerade dadurch ein Schaden, so wird die Übertretung des § 7 Abs. 2 und Abs. 3 ÄG die Verletzung eines Schutzgesetzes darstellen, da eben die zitierten Bestimmungen gerade verhindern sollen, daß durch einen unzulässigen Gehilfeneinsatz Schaden entsteht.

Der Arzt ist aufgrund der zitierten Bestimmungen verpflichtet, die von ihm eingesetzten Hilfskräfte ständig zu beaufsichtigen und hat sich vor deren Einsatz zu ver-

---

222 Koziol, a. a. O. II, S. 354; MGA – ABGB[31] Anhang XXI G, S. 2260 ff.

223 Koziol-Welser, a. a. O. S. 362; Bydlinski in: Klang[2] IV/2, S. 180 ff.; OGH HS 9417.

224 Bydlinski (1960) JBl S. 539; Koziol-Welser, a. a. O. S. 255; OGH HS 9417.

225 Vgl. auch die bei Strobl, ÄG mit Kommentar[2], S. 86 ff. abgedruckten Erlässe des Bundesministeriums für soziale Verwaltung vom 27. 3. 1952.

gewissern, daß die Hilfspersonen die erforderlichen Kenntnisse und Fähigkeiten besitzen (Culpa in eligendo bzw. Culpa in custodiendo). Insoweit er diese Pflichten verletzt, liegt ihm selbst ein Verschulden zur Last.

Darüber hinaus haftet der Arzt, wenn er Hilfspersonen einsetzt, dem Patienten gegenüber im Sinne der oben in Abschn. D.II dargestellten Regelungen für jegliches Verschulden seines Personales gemäß § 1313 a ABGB, weil ja die Hilfspersonen, die er gegenüber dem Patienten einsetzt, als seine Erfüllungsgehilfen im Sinne des § 1313 a ABGB anzusehen sind[226]. Darüber hinaus kommen selbstverständlich auch Fälle einer Haftung gemäß § 1315 ABGB in Frage (vgl. Abschn. D.II).

Die Hilfsperson selbst kann, wenn sie den Patienten schuldhaft geschädigt hat, von diesem nur ex delicto in Anspruch genommen werden.

A 104 Der Regreß des für ein Verschulden seiner Hilfspersonen vom Patienten in Anspruch genommenen Arztes richtet sich wieder nach den oben (Abschn. D.II) dargestellten Normen des DHG. Das bedeutet:

Voller Regreß, wenn die Hilfsperson grob schuldhaft gehandelt hat, Regreß nach Billigkeit, wenn der Hilfsperson leichte Fahrlässigkeit zur Last fällt, und keinerlei Regreß in den Fällen der sog. entschuldbaren Fehlleistung der Hilfsperson.

Hat sich der Patient hingegen direkt (ex delicto) an die Hilfsperson gehalten, so kann diese wiederum nach den Regeln des DHG auf den Arzt als Dienstgeber zurückgreifen. Um Wiederholungen zu vermeiden, wird auf das in Abschn. D.II Gesagte verwiesen.

Für einen Urlaubsvertreter haftet ein Arzt nur, wenn ihn Culpa in eligendo trifft; als ein Erfüllungsgehilfe hingegen ist der Urlaubsvertreter nicht anzusehen[227]; auch für den Apotheker haftet der Arzt nicht[228].

---

[226] Stellamor, a. a. O. S. 60.
[227] Stellamor, a. a. O. S. 60; OGH JBl 1954/437.
[228] Stellamor, a. a. O. S. 61.

E. Versicherungssysteme

I. Sozialversicherungspflicht

A 105 In Österreich besteht ein umfassendes Sozialversicherungssystem, das die Sparten der Kranken-, Unfall- und Pensionsversicherung umfaßt. Neben zahlreichen Sondergesetzen beruht dieses System v. a. auf dem allgemeinen Sozialversicherungsgesetz (ASVG 1955, BGBl 189 idF zahlreicher Novellen)[229].

Für den vorliegenden Themenkreis von Interesse ist lediglich die Sparte der Krankenversicherung.

Die Rechtsbeziehungen zwischen den Trägern der Krankenversicherung und den versicherten Personen sind hoheitlicher Natur, es handelt sich um eine gesetzliche Pflichtversicherung. In Erfüllung ihrer Verpflichtungen aus dem Sozialversicherungsverhältnis gegenüber den Pflichtversicherten schließen nun die Träger der Krankenversicherung mit Ärzten und Krankenanstalten privatrechtliche Verträge. Dadurch tragen sie dafür Sorge, daß Ärzte (und Krankenanstalten) auf Rechnung der Sozialversicherungsträger gegenüber dem Versicherten sog. Sachleistungen erbringen. Daneben kann der Sozialversicherungsträger im Rahmen konkreter Regelungen[230] auch eigene Einrichtungen zur Erbringung von Sachleistungen an die Versicherten schaffen (z. B. Ambulatorien). Die Vertragsbeziehung zwischen den Sozialversicherungsträgern und den Ärzten sind in §§ 338 ff. ASVG näher geregelt. Man unterscheidet in diesem Zusammenhang einerseits den sog. *Gesamtvertrag* und andererseits die sog. *Einzelverträge.*

A 106 Der Gesamtvertrag wird zwischen dem Hauptverband der Sozialversicherungsträger und der örtlich zuständigen Ärztekammer mit Zustimmung des davon betroffenen Trägers der Krankenversicherung abgeschlossen und regelt u. a. folgende Bereiche:

Zahl und Auswahl der Vertragsärzte, Rechte und Pflichten der Vertragsärzte, Vorsorge für eine wirtschaftliche Behandlungs- und Verschreibungsweise und die Vergütung vertragsärztlicher Leistungen, die in sog. Honorarordnungen geregelt ist, die Bestandteil des jweiligen Gesamtvertrages sind.

Jeder Gesamtvertrag wird darüber hinaus Inhalt jedes Einzelvertrages.

A 107 Im Rahmen des jeweils geltenden Gesamtvertrages schließen dann die Träger der Krankenversicherung mit einzelnen freiberuflichen Ärzten (den sog. Vertrags- oder Kassenärzten) den Einzelvertrag ab. Auch der Einzelvertrag ist privatrechtlicher Natur. Die Auswahl der Vertragsärzte erfolgt jeweils im Einvernehmen mit der örtlich zuständigen Ärztekammer. Die Auflösung des Einzelvertrages ist in § 343 ASVG näher geregelt.

---

229 Tomandl (1974) Grundriß des österreichischen Sozialversicherungsrechtes. Manz München; Stellamor, a. a. O. S. 268 ff.

230 Strenge Bedarfsprüfung unter Mitwirkung der Ärztekammern!

Diese Konstruktion bringt es mit sich, daß auch der sog. Kassenarzt gegenüber dem Patienten selbständig bleibt und das privatrechtliche Vertragsverhältnis zwischen Arzt und Patient durch das Institut der sozialen Krankenversicherung unangetastet bleibt[231]. Insbesondere auf dem Sektor haftungsrechtlicher Probleme folgt hieraus, daß der Kassenarzt nicht Erfüllungsgehilfe der Sozialversicherung gegenüber dem Patienten ist und daß daher der Sozialversicherungsträger nicht gemäß § 1313a ABGB für den Kassenarzt haftet[232]. Eine solche Haftung kann aber in Frage kommen, wenn der Träger der Sozialversicherung selbst eine Krankenanstalt (ein Ambulatorium) betreibt und dort Ärzte beschäftigt[233].

Kommt es zwischen dem Träger der Sozialversicherung und einem Vertragsarzt zu Streitigkeiten, so entscheiden in §§ 344ff. ASVG näher geregelte Schiedsinstanzen (paritätische Schiedskommissionen, Landesschiedskommissionen, Bundesschiedskommission).

Nimmt ein sozialversicherter Patient nicht einen Kassenarzt in Anspruch, so kann er gemäß § 131 ASVG vom Träger der Krankenversicherung jenen Betrag ersetzt verlangen, der bei Inanspruchnahme eines Vertragsarztes von der Kasse aufzuwenden gewesen wäre. Der von sozialversicherten Patienten solcher Art in Anspruch genommene Arzt, der kein Kassenarzt ist, heißt *Wahlarzt*[234]. Für das vom Wahlarzt dem Patienten gegenüber berechnete Honorar besteht kein Tarif.

Ein besonderes Problem ergibt sich im Zusammenhang mit der Sozialversicherung im Hinblick auf die ärztliche Schweigepflicht:

Gemäß § 10 (2) d ÄG besteht eine Ausnahme von der Verschwiegenheitspflicht, soweit Mitteilungen in bezug auf Krankheiten und Gebrechen des Versicherten an den Träger der Sozialversicherung erforderlich sind.

Diese Ausnahme ergibt sich daraus, daß sozialversicherte Personen gesetzlich verpflichtet sind, einer Preisgabe ärztlicher Geheimnisse gegenüber den Sozialversicherungsträgern zuzustimmen.

II. Zusätzliche private Versicherung

In Österreich besteht durchaus die Möglichkeit, daß sich Personen zusätzlich zur bestehenden sozialen Krankenversicherung bei einem privaten Versicherungsunternehmen „krankenversichern" lassen. Man spricht üblicherweise von sog. Zusatzversicherungen. Aufgrund der jeweils geschlossenen entsprechenden Versicherungsverträge und der darauf zur Anwendung kommenden allgemeinen Versicherungsbedingungen tragen die privaten Zusatzversicherer jene Kosten einer Behandlung, die von der Sozialversicherung nicht getragen werden, z. B. die Kosten der Unterbringung in der Sonderklasse einer Krankenanstalt. In bestimmten Fällen besteht aufgrund besonderer Verträge auch die Möglichkeit einer direkten Verrechnung dieser Kosten mit den jeweiligen Versicherungsinstituten.

---

231 Vgl. z. B. Welser (1975) Das Zivilrecht und das Dreiecksverhältnis zwischen Sozialversicherungsträger, Arzt und Patient, in: Tomandl (Hrsg.) Sozialversicherung, Grenzen der Leistungspflicht. S. 110ff.

232 Stellamor, a. a. O. S. 28, 29.

233 Stellamor, a. a. O. S. 29; OGH SZ 12/276.

234 Stellamor, a. a. O. S. 273.

Personen, die überhaupt nicht in der sozialen Krankenversicherung pflichtversichert sind, haben selbstverständlich die Möglichkeit, sich gänzlich privat krankenversichern zu lassen.

III. Ersetzung der Haftung durch Versicherung

A 109 Dieser Abschnitt ist für den Themenkreis des Landesberichtes von besonderer Bedeutung. Vorweg muß gesagt werden, daß ein Ersatz ärztlicher Haftung durch eine Versicherung in der Form, daß dem Patienten Ansprüche nur gegen den jeweiligen Versicherungsträger zustehen, in Österreich nicht Platz greift. Was möglich ist, ist der Abschluß einer privaten Haftpflichtversicherung durch den Arzt. Man versteht darunter einen privatrechtlichen Versicherungsvertrag zwischen dem Arzt und einem Versicherungsunternehmer, wobei das versicherte Risiko der Eintritt eines zivilrechtlichen Haftungsfalles des Arztes ist. Tritt der Versicherungsfall ein, d. h. wird der haftpflichtversicherte Arzt einem Patienten gegenüber schadenersatzpflichtig, dann kann er sich wiederum aus dem Titel des bestehenden Versicherungsvertrages an den Versicherer wenden. Ein direkter Anspruch des geschädigten Patienten gegenüber dem Haftpflichtversicherer des Arztes ist gesetzlich nicht vorgesehen, wäre aber denkbar, indem der Arzt seine Ansprüche aus dem Versicherungsvertrag an den Patienten zediert.

A 110 In Österreich beschäftigen sich weit über 50 Versicherungsunternehmen mit derartigen Haftpflichtversicherungen. Die Mindestversicherungssumme beträgt derzeit S 5000000,-- und kann ohne wesentliche Tarifzuschläge bis auf rund S 10000000,-- erweitert werden. Die Prämien betragen bei einer Versicherungssumme von S 5000000,-- derzeit zwischen S 3080,-- (minus 20% bei 10jähriger Laufzeit) und S 611,-- (minus 20% bei 10jähriger Laufzeit), dies je nach Risikograd der versicherten Tätigkeit. Die Versicherungen werden einerseits für die Tätigkeit als praktischer Arzt und andererseits für die Tätigkeit im Bereich der Sonderfächer abgeschlossen.

Auf die Versicherungsverträge finden im einzelnen die allgemeinen und ergänzenden Bedingungen für die Haftpflichtversicherung (AHVB 1978 und EHVB 1978) Anwendung. In den EHVB finden sich im Abschnitt B, Punkt 8 und 9, Sonderbestimmungen für Ärzte, Dentisten, Tierärzte, Krankenanstalten, Heil- und Pflegeanstalten, Sanatorien, Genesungsheime, Altersheime und dgl.

Konkrete Angaben über die Zahl derartiger Versicherungen, das Vorkommen von Versicherungsfällen und die entsprechenden Schadensliquidierungen sind nicht möglich, weil aus datenschutzrechtlichen Gründen Informationen über diese Gebiete nicht publiziert werden.

Eine eigene Haftpflichtversicherungssparte besteht für Amtshaftungsfälle, und zwar kann sich der Rechtsträger selbst oder aber der konkrete Organwalter gegen das Risiko eines Amtshaftungsfalles (bzw. eines Regresses daraus) versichern lassen.

F. Spezialfragen

I. Notfall

A 111 In der österreichischen Rechtsordnung regeln v. a. die folgenden Bestimmungen die Probleme ärztlicher Hilfeleistung im Notfall:

§ 6 ÄG: Der Arzt darf die erste Hilfe im Falle drohender Lebensgefahr nicht verweigern.

§ 13 (1) ÄG: Auch Ärzte, die nicht die Bewilligung zur Haltung einer Hausapotheke (§ 29 des Apothekengesetzes) besitzen, sind verpflichtet, die nach Art ihrer Praxis und nach den örtlichen Verhältnissen für die erste Hilfeleistung in dringenden Fällen notwendigen Arzneimittel vorrätig zu halten.

§ 8 (1) KAG: Der ärztliche Dienst muß so eingerichtet sein, daß ärztliche Hilfe in der Anstalt jederzeit sofort erreichbar ist.

§ 20 (1) KAG: In öffentlichen Krankenanstalten, in denen Anstaltsapotheken nicht bestehen, muß ein hinlänglicher Vorrat an Arzneimitteln, die nach der Eigenart der Krankenanstalt gewöhnlich erforderlich sind, angelegt sein. Für die Bezeichnung und Verwahrung sind die für die ärztlichen Hausapotheken geltenden Vorschriften sinngemäß anzuwenden. Eine Anfertigung oder sonstige Zubereitung von Arzneien ist nicht zulässig. Arzneien dürfen an die Pfleglinge nur unter der Verantwortung eines Arztes verabreicht werden.

§ 22 (2) KAG: ... unabweisbare Krankheiten müssen in Anstaltspflege genommen werden.

§ 22 (4) KAG: Als unabweisbar i. S. des Abs. 2 sind Personen zu betrachten, deren geistiger oder körperlicher Zustand wegen Lebensgefahr oder wegen Gefahr einer sonst nicht vermeidbaren Gesundheitsschädigung sofortige Anstaltsbehandlung erfordert, sowie jedenfalls Frauen, wenn die Entbindung unmittelbar bevorsteht. Ferner sind Personen, die aufgrund besonderer Vorschriften von einer Behörde eingewiesen werden, als unabweisbar anzusehen.

§ 22 (5) KAG: Ist die Aufnahme eines unabweisbaren Kranken (Abs. 4) in die allgemeine Gebührenklasse wegen Platzmangels nicht möglich, hat ihn die Krankenanstalt ohne Verrechnung der Mehrkosten solange in die Sonderklasse aufzunehmen, bis der Platzmangel in der allgemeinen Gebührenklasse behoben ist und der Zustand des Kranken die Verlegung zuläßt.

§ 23 (1) KAG: Unbedingt notwendige ärztliche Hilfe darf in öffentlichen Krankenanstalten niemandem verweigert werden.

§ 23 (2) KAG: Kann ein Säugling nur gemeinsam mit der nicht anstaltsbedürftigen Mutter oder einer anderen Begleitperson oder eine anstaltsbedürftige Mutter nur gemeinsam mit ihrem Säugling aufgenommen werden, so sind Mutter (Begleitperson) und Säugling gemeinsam in Krankenanstaltspflege zu nehmen. Die Zulässigkeit der Aufnahme sonstiger nicht anstaltsbedürftiger Begleitpersonen kann durch die Landesgesetzgebung geregelt werden.

A 112 *Bemerkungen:* Die Pflicht zur Leistung erster Hilfe trifft jeden Arzt im Sinne des ÄG, also praktische Ärzte, Fachärzte und Turnusärzte (§ 1 a ÄG)[235]. Im Unterschied zu § 22 (4 KAG) bezieht sich § 6 ÄG nur auf Fälle drohender Lebensgefahr. Das KAG hingegen stellt auch auf die Gefahr einer schweren Gesundheitsschädigung ab.

Aus diesen Bestimmungen ergibt sich auch in strafrechtlicher Hinsicht eine besondere Garantenstellung des Arztes, die bei Beurteilung des Vorliegens eines unechten Unterlassungsdeliktes eine wichtige Rolle spielt (§ 2 StGB)[236].

---

[235] Strobl, ÄG mit Kommentar², S. 83

[236] Leukauf-Steininger, a. a. O. S. 68, Rdnr. 23; Stellamor, a. a. O. S. 94.

Strobl (ÄG mit Komm.[2] 84) bringt zur näheren Erläuterung 2 Verwaltungsgerichtshoferkenntnisse[237], die sich mit der Auslegung des § 6 ÄG näher auseinandersetzen:

„... Ein Arzt, der zu einem Patienten unter Umständen gerufen wird, die mit Grund eine lebensgefährliche Situation annehmen lassen (z. B. Auffinden eines blutverschmierten bewußtlosen Mannes auf der Straße), muß sich persönlich zu dem Patienten begeben, um sich davon zu überzeugen, ob er erste Hilfe benötigt; eine bloße telefonische Weisung an das Rote-Kreuz-Personal, den Patienten in ein 40 km entferntes Spital zu bringen, wird der Verpflichtung des § 6 ÄG nicht gerecht ..."

„... Die Vorschrift des § 6 soll gewährleisten, daß niemand bei drohender Lebensgefahr ohne ärztliche Hilfe bleibt und daß diese so rasch wie möglich zuteil wird. Die erste Hilfe, die § 6 ÄG im Auge hat, bezieht sich ausdrücklich auf den Arzt. Die Annahme, die Intervention eines um erste Hilfe ersuchten Arztes bei drohender Lebensgefahr sei dann nicht erforderlich, wenn im konkreten Fall mit dem Eingreifen der Rettung oder des Roten Kreuzes gerechnet werden könne, ist verfehlt; ausgenommen sind nur die Fälle, in denen an dem Einsatz der Rettung oder des Roten Kreuzes selbst ein Arzt teilnimmt und außerdem mit gutem Grund anzunehmen ist, daß dieser nicht später bei dem Hilfsbedürftigen eintreffen wird, als es dem um erste Hilfe ersuchten Arzt möglich wäre ..."

Die genannten Vorschriften zur Hilfeleistungen sind zivilrechtlich als Fälle eines Kontrahierungszwanges zu sehen. Die Unterlassung der erforderlichen Hilfeleistung begründet einerseits eine strafrechtliche und andererseits eine zivilrechtliche Verantwortlichkeit im Sinne der oben gebrachten Ausführungen (s. Abschn. C.I und III).

In Notfallsituationen kann es auch spezifische Einwilligungsprobleme geben:

A 113 Oft ist der Betroffene aufgrund seines Zustandes gar nicht in der Lage, eine rechtlich einwandfreie Einwilligung zu erteilen. In solchen Fällen wird man eine Rechtfertigung des ärztlichen Handelns im Wege der sog. mutmaßlichen Einwilligung[238] gewinnen können. Auszugehen ist dabei davon, ob der Patient, wenn er sich im Vollbesitz seiner Entscheidungskraft befinden würde, seine Einwilligung erteilt hätte.

Ein weiteres Sonderproblem im Zusammenhang mit Notfällen ist die Frage der Vornahme einer Bluttransfusion am Patienten, die aus religiösen Gründen eine derartige Maßnahme ablehnen (z. B. Zeugen Jehovas). In bezug auf die eigene Person wird die Weigerung, so sie ernsthaft ist, zu respektieren sein[239].

Verweigert jemand seine Zustimmung zur Vornahme einer notwendigen Bluttransfusion hingegen als (gesetzlicher) Vertreter eines anderen (z. B. Eltern in bezug auf ihre Kinder), so wird von einem Mißbrauch des Vertretungsrechtes auszugehen sein, und man wird entweder die Zustimmung des zuständigen Pflegschaftsgerichtes einholen müssen (Konsenssupplierung) oder bei Gefahr im Verzug aufgrund der mutmaßlichen Zustimmung des Pflegschaftsgerichtes die Transfusion durchführen dürfen[240].

Auf die besondere Problematik von Notfällen bei Personen, die einen Selbstmordversuch gemacht haben, wird noch weiter unten eingegangen werden (s. Abschn. F. IV).

---

[237] 2. 6. 1965 Zl 1817/64 und 12. 12. 1967 Zl 564/3/67.
[238] Leukauf-Steininger, a. a. O. S. 89, Rdnr. 42; Stellamor, a. a. O. S. 46.
[239] Stellamor, a. a. O. S. 62.
[240] Stellamor, a. a. O. S. 162.

II. Intensivpflege

A 114 Im Zusammenhang mit der Intensivmedizin gibt es im österreichischen Recht keine Sondernormen. Allgemein wird man sagen können, daß auf diesem Sektor wegen des verstärkten Personal- und Maschineneinsatzes die oben unter Abschn. D. III, IV und V geschilderten Fragen vermehrt auftreten werden. Im Hinblick auf die im Rahmen von Notfallsituationen auf dem Sektor der Intensivpflege häufiger auftretenden besonderen Streßsituationen wird gerade hier in entsprechend gelagerten Fällen bei der Beurteilung von Fahrlässigkeitsdelikten zu berücksichtigen sein, daß dauernd hohe Anforderungen und Belastungen im Rahmen des Momentes der Zumutbarkeit eine wichtige Rolle spielen können[241].

III. Transplantation und Transplantate

1. Organentnahmen aus Leichen

A 115 Auf diesem Sektor kann Österreich mit einer brandneuen gesetzlichen Regelung (Novelle zum KAG, BGBl 1982/273) aufwarten, durch die die bisherige Diskussion[242] des Problems weitgehend überholt ist.

§ 82a KAG: (1) Es ist zulässig, Verstorbenen einzelne Organe oder Organteile zu entnehmen, um durch deren Transplantation das Leben eines anderen Menschen zu retten oder dessen Gesundheit wieder herzustellen. Die Entnahme ist unzulässig, wenn den Ärzten eine Erklärung vorliegt, mit der der Verstorbene oder, vor dessen Tod, sein gesetzlicher Vertreter eine Organspende ausdrücklich abgelehnt hat. Die Entnahme darf nicht zu einer die Pietät verletzenden Verunstaltung der Leiche führen.

(2) Die Entnahme darf erst durchgeführt werden, wenn ein zur selbständigen Berufsausübung berechtigter Arzt den eingetretenen Tod festgestellt hat. Dieser Arzt darf weder die Entnahme noch die Transplantation durchführen. Er darf an diesen Eingriffen auch sonst nicht beteiligt oder durch sie betroffen sein.

(3) Die Entnahme darf nur in Krankenanstalten vorgenommen werden, die die Voraussetzungen des § 16 Abs. 1 lit. a und c–g erfüllen.

(4) Organe oder Organteile Verstorbener dürfen nicht Gegenstand von Rechtsgeschäften sein, die auf Gewinn gerichtet sind.

§ 62b KAG: Angaben über die Person von Spender bzw. Empfänger sind vom Auskunftsrecht gemäß § 11 Datenschutzgesetz, BGBl 565/1978, ausgenommen.

§ 62c KAG: Wer dem § 62a zuwider handelt, begeht, sofern nicht eine gerichtlich strafbare Tat vorliegt, eine Verwaltungsübertretung und ist mit Geldstrafe bis 30000,-- S zu bestrafen.

A 116 *Bemerkungen:* Zulässig ist nur die Entnahme einzelner, weniger Organe. Der Leichnam muß in einem solchen Zustand bleiben, der der Würde eines Toten entspricht[243]. Mit Organ ist ein medizinischer Begriff gemeint, also gehören z. B. auch Gewebeteile[244] hierher. Eindeutig klargestellt ist, daß eine Organentnahme (ohne weitere Zustimmung) nur zu dem Zweck rechtlich zulässig ist, um das Leben eines

241 Leukauf-Steininger, S. 596, Rdnr. 17.

242 Stellamor, a. a. O. S. 83 m. w. N. in FN 186–192; Rieder (1978) ÖJZ S. 113; Fuhrmann (1980) ÖRZ S. 259.

243 Regierungsvorlage 969 der Beilagen zu den stenografischen Protokollen des Nationalrates XV. Gesetzgebungsperiode.

244 Regierungsvorlage a. a. O.

anderen Menschen zu retten oder dessen Gesundheit wiederherzustellen. Organentnahmen zu anderen Zwecken, also z. B. zum Zwecke medizinisch-wissenschaftlicher Forschungen, bedürfen der Zustimmung des dazu Berechtigten; also hat entweder der Verstorbene zu Lebzeiten selbst einer derartigen Organentnahme zugestimmt oder die nahen Angehörigen tun dies nach dem Tod des Spenders.

In jedem Fall ist der einer Organentnahme entgegenstehende, vor dem Tod geäußerte Wille des Entscheidungsberechtigten zu beachten.

A 117 Ganz entscheidend im Zusammenhang mit der Organentnahme ist die Frage der eindeutigen Feststellung des Todes des Spenders. Was den Todeszeitpunkt angeht, steht man heute vorherrschend auf dem Standpunkt, daß der Tod eines Menschen dann erfolgt, wenn irreversible Schädigungen aller zerebralen Funktionen eingetreten sind (Hirntod)[245]. Die EB zur Regierungsvorlage sagen deutlich, daß die Feststellung des Todes nach den anerkannten Methoden der medizinischen Wissenschaft entsprechend dem neuesten Stand der Erkenntnisse zu erfolgen hat. In Zweifelsfällen könnten die entsprechenden wissenschaftlichen Gremien (oberster Sanitätsrat oder Fakultät) um Klärung ersucht werden.

Das Gesetz verlangt, daß ein zur selbständigen Berufsausübung berufener Arzt, also entweder ein praktischer Arzt oder ein Facharzt (§ 1 a Abs. 1 ÄG), den Tod festgestellt hat. Einem Turnusarzt (§ 1 a Abs. 3 ÄG), das ist ein in Ausbildung zum praktischen Arzt oder Facharzt stehender Arzt, kommt diese Berechtigung nicht zu.

Damit es zu keinem Interessenkonflikt dahingehend kommt, daß der entsprechende Arzt, der den Tod feststellen soll, auch ein Interesse an der Durchführung der Transplantation hat, wurde die Regelung des § 62 a Abs. 2 KAG geschaffen. Ein die Entnahme oder Verpflanzung durchführender Arzt ist jeder Arzt, der am Eingriff mitwirkt (also auch jedes Mitglied eines Ärzteteams[246].

In „anderer Weise betroffen" ist ein Arzt, der zur Person des Organempfängers in persönlicher Beziehung steht oder aber ein Arzt, der zu dem die Entnahme oder die Transplantation durchführenden Arzt in einem großen Über- oder Unterordnungsverhältnis steht[247].

§ 62 a Abs. 3 KAG stellt klar, daß die Entnahme nur in *gemeinnützigen* Krankenanstalten durchgeführt werden darf, also in solchen, die nicht auf Gewinn gerichtet sind (vgl. Abschn. A. II). Auch in Krankenanstalten, die in die Trägerschaft von Sozialversicherungsträgern fallen, sowie in Universitätskliniken und medizinischen Universitätsinstituten (die ja gemäß § 2 a Abs. 2 KAG Zentralkrankenanstalten sind) dürfen Transplantationen durchgeführt werden, demnach z. B. auch in gerichtsmedizinischen und pathologischen Universitätsinstituten[248].

Durch § 62 a Abs. 4 KAG wird ausgeschlossen, daß mit Transplantationen geschäftliche Interessen verfolgt werden. Die Entlohnung derjenigen Personen, die im Zuge von Transplantationen tätig werden, wird hierdurch jedoch nicht in Frage gestellt[249].

A 118 *Begleitregelungen:* Die in § 9 Abs. 1 KAG geregelte Verschwiegenheitspflicht erstreckt sich sowohl auf die Person des Spenders als auch auf die des Empfängers, wodurch im Zusammenhang mit § 62 b KAG volle Anonymität sichergestellt ist. Im Zusammenhang mit der Führung der Krankengeschichten und sonstigen Vormer-

---

245 Stellamor, a. a. O. S. 124 m. w. N. in FN 132; Leukauf-Steininger, a. a. O. S. 512, Rdnr. 5.
246 Regierungsvorlage a. a. O.
247 Regierungsvorlage a. a. O.
248 Regierungsvorlage a. a. O.
249 Regierungsvorlage a. a. O.

kungen (§ 10 KAG) sind nunmehr über Organentnahmen besondere Niederschriften aufzunehmen (§ 10 Abs. 1 Z 6 KAG). Eine derartige Niederschrift wird (nach Meinung der EB zur RV) folgendes zu enthalten haben: Wie und durch wen der Tod festgestellt wurde und wann er eingetreten ist; Angaben über die Entnahme (Organ, Organteil und Zeit der Durchführung); zu unterschreiben ist die Niederschrift einerseits durch den Arzt, der den Tod festgestellt hat, und andererseits durch den Arzt, der die Entnahme durchgeführt hat; die Durchführung der Transplantation muß auch in der Krankengeschichte des Empfängers dokumentiert werden.

A 119 Als gerichtlich strafbare Handlung im Hinblick auf eine Verletzung des § 62a KAG kommt der Tatbestand der Störung der Totenruhe in Frage:

§ 190 StGB: (1) Wer einen Leichnam oder Teile eines Leichnams oder die Asche eines Toten einem Verfügungsberechtigten entzieht oder aus einer Beisetzungs- oder Aufbahrungsstätte wegschafft, ferner wer einen Leichnam mißhandelt oder einen Leichnam, die Asche eines Toten oder eine Beisetzungs-, Aufbahrungs- oder Totengedenkstätte verunehrt, ist mit Freiheitsstrafe bis zu 6 Monaten oder mit Geldstrafe bis zu 360 Tagessätzen zu bestrafen.

Bemerkungen: Leichnam ist der Körper eines Verstorbenen, der noch menschliche Gestalt erkennen läßt, bei dem also der Zusammenhang noch nicht durch den Verwesungsprozeß oder auf andere Weise völlig aufgehoben ist[250]. Auch Skelette und Skeletteile sind geschützt[251]. Zu den Leichenteilen gehören die natürlichen Teile des toten menschlichen Körpers (z. B. auch das Leichenblut), aber auch die mit dem Körper fest verbundenen künstlichen Bestandteile (z. B. Goldzähne[252]), nicht jedoch Prothesen.

2. Organentnahmen vom lebenden Spender[253]

A 120 Hier ist die Zustimmung des Spenders unerläßlich, und zwar eine Zustimmung nach einer besonders eingehenden Aufklärung. Dabei wird die Zustimmung des Spenders nur dort eine Rechtfertigung der Maßnahme bedeuten können, wo der Spender überhaupt frei disponieren kann[254]. Nur dort, wo der Eingriff dem Spender in Vergleich zu dem Vorteil, den der Empfänger erlangt, nur einen verhältnismäßig geringfügigen Nachteil bringt, wird die Zustimmung rechtfertigend wirken[255]. Der Eingriff muß den Zweck verfolgen, eine wesentliche Chancenverbesserung beim Organempfänger herbeizuführen. Eine besondere Rolle wird auch der Umstand spielen müssen, daß gemäß § 90 Abs. 1 StGB eine Einwilligung des Verletzten in eine Körperverletzung als solche nicht gegen die guten Sitten verstoßen darf. Transplantationen aus Geschäftsgründen werden zumeist sittenwidrig sein[256].

---

250 Leukauf-Steininger, a. a. O. S. 1186, Rdnr. 6 m. w. N.; zur Rechtsnatur der Leiche s. auch Stellamor, a. a. O. S. 82 m. w. N.
251 Leukauf-Steininger, a. a. O. S. 1186.
252 Leukauf-Steininger, a. a. O. S. 1187.
253 Stellamor, a. a. O. S. 83 m. w. N. in FN 186–192.
254 Koziol, a. a. O. S. 111.
255 Stellamor, a. a. O. S. 83.
256 Stellamor, a. a. O. S. 84 m. w. N. in FN 190.

IV. Tod, Lebenswille, Sterbehilfe

A 121 Es wurde schon gesagt, daß nach der in Österreich überwiegenden Meinung der Tod mit dem Eintritt irreversibler Schädigung aller zerebralen Funktionen als gegeben erachtet wird (vgl. Abschn. F.III).

Mit dem Tod erlischt die Rechtspersönlichkeit des Menschen. Ab dem Tod hat man es rechtlich gesehen mit einem Leichnam zu tun, über dessen Schicksal primär der (zu Lebzeiten) geäußerte Wille des Verstorbenen, subsidiär der Wille der nahen Angehörigen entscheidet, nicht jedoch der Wille der Erben, weil der Leichnam nicht in den Nachlaß fällt[257]. Besondere Bedeutung kommt im Zusammenhang mit der hier zu behandelnden Überschrift dem Problemkreis der Euthanasie, der Sterbehilfe und dem Selbstmordbegriff zu.

A 122 Das menschliche Leben ist das höchste Rechtsgut und beinhaltet ein besonders unverzichtbares Element[258]. Euthanasie ist grundsätzlich strafbar und muß es auch bleiben[259]. Demnach ist jede Sterbehilfe, jedenfalls soweit sie auf aktives Tun zurückzuführen ist, ebenfalls strafbar (aktive Sterbehilfe)[260]. Zulässig hingegen sind Maßnahmen, die dem Betroffenen körperliche oder seelische Leiden ersparen oder lindern, ohne das Leben zu verkürzen und ohne den Sterbeprozeß selbst zu beeinflussen[261]. Passive Sterbehilfe hingegen wird in gewissen Grenzen für zulässig erachtet; ein Arzt kann nicht gezwungen werden, einem qualvoll Sterbenden gegen seinen Willen durch Verabreichung von Mitteln, die den unausweichlichen Tod hinauszögern, das Leben künstlich zu verlängern[262]. Maßgebend ist in diesem Zusammenhang, daß jeder Mensch ein Recht darauf hat, menschenwürdig zu sterben[263]. Für zulässig angesehen wird auch indirekte (aktive) Euthanasie, das ist die Anwendung schmerzlindernder Mittel in der Endphase einer unheilbaren Erkrankung, wodurch als unbeabsichtigte Nebenfolge eine gewisse Lebensverkürzung eintritt oder eintreten kann[264].

In all diesen Fällen kommt dem ärztlichen Berufsethos ganz besonderer Stellenwert zu[265]. Äußert ein Sterbender Lebenswillen, so wird er auch in aussichtslosen Fällen weiter zu behandeln sein[266].

A 123 Zur Abrundung des Problemkreises seien noch zwei Tatbestände des StGB erwähnt, die (abgesehen von § 75 StGB, Mord) in diesem Zusammenhang relevant werden können, und zwar:

§ 77 StGB (Tötung auf Verlangen): Wer einen anderen auf dessen ernstliches und eindringliches Verlangen tötet, ist mit Freiheitsstrafe von 6 Monaten bis zu 5 Jahren zu bestrafen.

§ 78 StGB (Mitwirkung am Selbstmord): Wer einen anderen dazu verleitet, sich selbst zu töten, oder ihm dazu Hilfe leistet, ist mit Freiheitsstrafe von 6 Monaten bis zu 5 Jahren zu bestrafen.

Bemerkungen: Bei § 77 StGB muß das Opfer seinen Sterbewillen aktiv, ernstlich und eindringlich bekunden; die bloße Einwilligung zur Tötung genügt nicht[267]. Aus der Pönalisierung der Mitwirkung am Selbstmord ergibt sich, daß Selbstmord nach

---

[257] Stellamor, a. a. O. S. 82; Koziol-Welser, a. a. O. II^6 S. 237 m. w. N.
[258] Stellamor, a. a. O. S. 84.
[259] Leukauf-Steininger, a. a. O. S. 513, Rdnr. 7; Stellamor, a. a. O. S. 123.
[260] Leukauf-Steininger, a. a. O.; Harbich (1968) ÖRZ S. 125.
[261] Leukauf-Steininger, a. a. O. S. 513, Rdnr. 8.
[262] Leukauf-Steininger, a. a. O.
[263] Leukauf-Steininger, a. a. O.
[264] Leukauf-Steininger, a. a. O.
[265] Leukauf-Steininger, a. a. O.
[266] Leukauf-Steininger, a. a. O.
[267] Leukauf-Steininger, a. a. O. S. 524, Rdnr. 2.

der österreichischen Rechtsordnung rechtswidrig ist. Ein Arzt wird einem Selbstmörder, dessen Versuch mißlungen ist, auch gegen dessen (erschließbaren) Willen behandeln dürfen und müssen[268]. Näheres zu den beiden Delitstypen s. bei *Leukauf-Steininger,* StGB² 523–528, sowie bei *Stellamor,* ärztliche Berufsordnung 126–128.

V. Experimente, Medikamententests

A 124 Maßnahme der genannten Art werfen besondere Fragen aus dem Gebiet der Aufklärung und Einwilligung auf. Entsprechend dem Grundsatz, daß die Aufklärung umso weiter gehen muß, je unnötiger ein ärztlicher Eingriff bzw. eine ärztliche Maßnahme ist (vgl. Abschn. C.IV), wird hier eine besonders umfassende Aufklärung zu fordern sein. Nur, wenn in diesem Zusammenhang eine wirklich rückhaltslose Aufklärung erfolgt ist, wird die Einwilligung des Betroffenen als rechtlich einwandfrei angesehen werden können. Die Einwilligung wird hier allerdings nicht das allein maßgebende Rechtfertigungselement sein:

Einerseits müssen die Nachteile für den Betroffenen gering sein und andererseits muß ein überwiegendes Interesse am Fortschritt der medizinischen Wissenschaft bestehen[269]. Außerdem muß vorher eine ausführliche Erprobung auf andere Art und Weise, z. B. im Tierversuch, erfolgt sein[270]. Eine schwere Verletzung des Betroffenen darf keinesfalls erfolgen[271]. Der Patient ist kein Versuchsobjekt[272].

Von ganz besonderer Bedeutung wird in diesem Zusammenhang auch das Moment der Sittenwidrigkeit sein (§ 90 StGB und § 879 ABGB). Insbesondere dort, wo sich jemand in gewinnsüchtiger Absicht medizinischen Experimenten stellt oder medizinische Experimente in gewinnsüchtiger Absicht ausführt, wird Sittenwidrigkeit vorliegen.

---

268 Stellamor, a. a. O. S. 84; Leukauf-Steininger, a. a. O. S. 739, Rdnr. 15.
269 Stellamor, a. a. O. S. 52; Leukauf-Steininger, a. a. O. S. 620, Rdnr. 18.
270 Leukauf-Steininger, a. a. O.
271 Fleisch (1965) ÖJZ S. 421 ff.
272 Stellamor, a. a. O. S. 52 m. w. N. in FN 109, 110.

Belgium

R. O. Dalcq

Table des matières

A. Fondement et organisation du système des soins de santé en Belgique

I. Organisation professionnelle

B 1 La profession médicale bénéficie en Belgique d'une longue tradition d'indépendance. L'évolution à cet égard a été parallèle à ce qu'elle fut dans les pays voisins de la Belgique, particulièrement en France. L'enseignement de la médecine dans les universités belges a toujours été d'une qualité remarquable et le reste aujourd'hui.

Ce n'est qu'au 20e siècle que la profession médicale a reçu une certaine organisation par la création des ordres des médecins sur base d'une loi du 25 juillet 1938, remplacée par l'arrêté royal n° 79 du 10 novembre 1967 dont on trouvera le texte annexé au présent rapport. Il y a actuellement un ordre des médecins par province (il y a 9 provinces en Belgique) et un ordre national.

B 2 Depuis une vingtaine d'années les organisations professionnelles des médecins se sont également développées; elles ont acquis un caractère syndical. Aujourd'hui certaines d'entre elles contestent le rôle joué par les ordres des médecins et suggèrent en tout cas à cet égard des réformes assez profondes.

La déontologie des médecins est restée fondée pendant très longtemps sur les usages et la tradition, celle-ci puisant ses racines dans le serment d'Hippocrate que l'on fait toujours prester aux jeunes médecins au moment où ils reçoivent leur diplôme.

Les ordres des médecins ont cependant souhaité codifier les règles de déontologie et ils ont adopté un code de déontologie médicale dont le texte est également annexé au présent rapport. Ce texte n'a cependant pas en Belgique une valeur réglementaire contrairement à ce qui est le cas du code de déontologie en France. En effet, il aurait fallu pour cela qu'il reçoive la sanction d'un arrête royal le promulguant ce qui n'a jamais été fait.

Il n'empêche que le médecins s'y réfèrent d'une manière très générale et que les ordres des médecins l'appliquent dans tous les litiges mettant en jeu la déontologie médicale.

II. Médecine privée – médecine d'état

B 3 L'organisation de la médecine en Belgique est essentiellement privée. Le médecin exerce en qualité d'indépendant une profession libérale dans la grande majorité des cas. Cependant la complexité de la société moderne comme le développement de la sécurité sociale ont conduit les médecins à adopter les formes les plus variées pour la pratique de leur profession.

Un très grand nombre de médecins exercent encore leur pratique seuls dans un cabinet privé donnant leurs soins à une clientèle privée et cela aussi bien en ville que dans les campagnes.

Un certain nombre de médecins se sont groupés pour améliorer les services qu'ils donnent à leur clientèle mais toujours dans des formes d'organisations privées: petits dispensaires, centres médicaux plus ou moins importants, policliniques, cliniques privées etc.

B A côté de ces cliniques privées il y a cependant un nombre important d'hôpitaux
4 qui relèvent d'un statut administratif. Ce sont ceux qui sont gérés par les centres publics d'aide sociale, anciennement appelés Commissions Assistance Publique. Cela est le résultat d'une longue tradition en vertu de laquelle les Commissions d'Assistance Publique devaient veiller à apporter les soins médicaux nécessaires aux personnes les plus défavorisées habitant la commune.

Certains de ces hôpitaux sont appelés "hôpitaux universitaires" lorsqu'en vertu d'un accord entre le Centre Publique d'Aide Sociale (CPAS) et une des universités du pays, un certain nombre des médecins qui pratiquent dans ces hôpitaux sont aussi des professeurs de l'université tandis que l'hôpital accueille les étudiants stagiaires pour leur formation.

B Les médecins qui pratiquent dans les hôpitaux dépendants des CPAS ont alors
5 un statut administratif.

Enfin il existe aussi certaines institutions qui ont un caractère social en ce sens qu'elles ont été créées par les mutuelles qui jouent un rôle important dans l'organisation de la sécurité sociale et en particulier de l'assurance maladie invalidité en Belgique ou parfois même par des compagnies d'assurances privées qui gèrent le secteur des accidents du travail ou survenus sur le chemin du travail.

B Le développement de la sécurité sociale joue évidemment un rôle important dans
6 l'organisation des soins de santé. La très grande majorité de la population est en effet bénéficiaire du système de l'assurance maladie invalidité prévu par la législation belge sur la sécurité sociale. Les régimes à cet égard sont différents selon qu'il s'agit de fonctionnaires, de salariés ou d'indépendants. Mais même si les interventions de l'assurance maladie invalidité sont parfois moins importantes pour cette dernière catégorie, on peut considérer que plus de 90% de la population belge bénéficient du système d'assurance maladie invalidité. Toutes les institutions dépendantes des centres publics d'aide sociale et un grand nombre d'institutions privées ont accepté à cet égard le système dit du "tiers payant" en ce sens que la plus grande partie des frais d'hospitalisation est supportée par la mutuelle à laquelle le patient est affilié et qu'il a pu librement choisir, la mutuelle remboursant directement l'institution hospitalière et le patient ne devant supporter que le "ticket modérateur" ou les dépenses non remboursées par la sécurité sociale (supplément pour chambre isolée etc. ...).

III. Nombre des médecins pratiquant dans les différentes catégories d'institutions

B 7 Le nombre total des médecins en Belgique était de 25349 au 31 décembre 1981. Il ne nous a pas été possible d'obtenir des statistiques au sujet de la répartition de ces médecins selon le type d'activité qu'ils pratiquent: clientèle privée individuelle, cliniques privées, hôpitaux des CPAS.

IV. Nombre de traitements en pratique privée, cliniques etc....

Il ne nous a pas été possible d'obtenir des statistique à cet égard et nous doutons qu'elles existent.

B. Plaintes et procédures

I. Réclamations des patients envers les médecins, cliniques et hôpitaux publics, nature des réclamations, causes du dommage, montants moyens des réclamations, nombre de transactions

Il n'existe en Belgique aucune statistique à cet égard.

C. Responsabilité des médecins

I. Introduction

B 8 Les incessants progrès des sciences médicales tant en ce qui concerne les méthodes de diagnostic que de traitement ont une influence certaine sur l'évolution du droit en matière de responsabilité médicale. D'une part, la jurisprudence témoigne à l'égard des praticiens d'une sévérité sans cesse accrue, corollaire des connaissances toujours plus étendues qu'ils doivent posséder. D'autre part, l'évolution des moeurs tend à faire oublier que l'exercice de la médecine est un art, pour circonscrire davantage les obligations du médecin qui se voit de plus en plus souvent traité comme n'importe quel "professionnel" auquel on n'hésite pas à reprocher une faute dès que le résultat qu'on attendait de lui n'est pas atteint. Le patient dont le mal ne guérit pas est enclin à considérer que la cause en est la faute du médecin auquel il reproche aussitôt une erreur de diagnostic, une imprudence ou une négligence et si le traitement prescrit ne donne pas les résultats escomptés, on invoquera l'incompétence de celui qui l'a mis en oeuvre. A ces causes s'ajoute une autre qui a également favorisé le développement du nombre d'actions en responsabilité dirigées contre les médecins. Les nouvelles techniques que la science a découvertes ne sont pas toujours exemptes de danger et leur application peut être l'occasion de négligences fautives, inconnues il y a 50 ans. La complexité des appareils employés dans certains traitements empêche parfois le médecin d'en posséder parfaitement la maîtrise, en sorte que leur usage n'est pas toujours sans danger pour le malade.

B 9 L'évolution de la jurisprudence en matière de responsabilité médicale est relativement récente mais elle fut rapide. Ne considérait-on pas encore à la fin du 18e siècle et au début du 19e que le médecin pouvait agir *inpune per omnen terram* et n'a-t-il pas fallu attendre 1835 pour voir la Cour de Cassation de France renverser cette conception traditionnelle injustifiable en déclarant: "... la négligence du médecin, sa faute grave et notamment l'abandon volontaire où il avait laissé le malade, constituent des faits matériels qui peuvent entraîner la responsabilité civile des individus à qui ils sons imputables" (Pas. Française 1835 1. 552).

Depuis le 19e siècle une évolution constante s'efforce d'augmenter la protection dont doivent bénéficier les patients et cherche à étendre le domaine de la responsabilité des médecins. De la thèse de l'irresponsabilité absolue défendue encore en 1829 devant l'Académie de médecine de France (cf. Rijckmans et Zwick, Les droits et obligations des médecins, n° 398), on est passé à celle de la responsabilité aquilienne des médecins mais seulement en cas de faute lourde ou de négligence grave et caractérisée. Toutefois cette restriction, dont le but était de limiter encore la responsabilité du praticien, se justifiait mal sur le plan juridique, spécialement compte tenu de l'évolution du droit de la responsabilité à l'égard des autres professionnels. Ainsi naquit au 19e siècle une théorie qui différenciait d'une part la faute non spécifique propre à l'art médical et engageant la responsabilité du médecin et, d'autre part, le fait illicite qui se situe uniquement sur le plan de la science et de l'art de guérir, lequel aurait échappé au contrôle des tribunaux (cf. Demolombes, Tome 21, nº 543, p. 173; Moreaux, De la responsabilité médicale.)

B 10 La doctrine et la jurisprudence modernes abandonnèrent cette distinction et soumettent actuellement le médecin au droit commun de la responsabilité, celle-ci pouvant être selon les cas de nature quasi-délictuelle ou contractuelle.

La responsabilité du médecin en droit belge relève en effet à la fois de la responsabilité contractuelle et de la responsabilité quasi-délictuelle.

Il n'est pas contesté que, dans la plupart des cas, c'est-à-dire les cas les plus usuels où le malade consulte le médecin qu'il choisit, il se forme un contrat entre le malade et le médecin. Ce contrat est soumis au droit commun des obligations contractuelles et la responsabilité qui en découle pour le médecin peut donc être de nature contractuelle.

B 11 La jurisprudence belge s'est alignée à cet égard sur la jurisprudence française depuis l'arrêt de la Cour de Cassation de France du 20 mai 1936:

Attendu qu'il se forme entre le médecin et son client un véritable contrat comportant pour le praticien l'engagement sinon bien évidemment de guérir le malade, ce qui n'a d'ailleurs jamais été allégué, du moins de lui donner des soins, non pas quelconques, ... mais consciencieux, attentifs et, réserves faites de circonstances exceptionnelles, conformes aux données acquises de la science; la violation, même involontaire, de cette obligation contractuelle est sanctionnée par une responsabilité de même nature, également contractuelle (Dalloz, 1936 I. 88 avec les conclusions du Procureur Général Matter, Rapport de Josserand, et Note E. P. Sirey 1937 I. 321 et Note Breton).

B 12 D'une manière générale, on considère que le contrat qui se forme entre le médecin et son patient est un contrat synallagmatique soumis à l'article 1102 du Code Civil puisque les contractants s'engagent réciproquement l'un envers l'autre. A l'obligation pour le malade de rémunérer le médecin, obligation de donner, dont l'exécution peut être poursuivie en justice, correspond l'obligation du praticien qui est une obligation de faire, dont l'inexécution, la mauvaise exécution, ou l'exécution dommageable et fautive se résout en dommages et intérêts. Différentes tentatives ont été faites pour insérer ce contrat dans une des catégories prévues par le Code, en en faisant soit un louage d'ouvrage ou d'industrie, soit un louage de services. Il semble plus exact de considérer avec la Cour de Cassation de France qu'il s'agit d'un contrat sui generis (Cassation française 13 juillet 1937, Sirey 1938 I. 217 et Note Breton).

La doctrine et la jurisprudence belges se sont ralliées à cette analyse et admettent actuellement sans discussion que la responsabilité du médecin peut se situer sur le plan contractuel (cf. Dalcq, Traité de la responsabilité civile, Tome Ier, nº I. 021 et suiv. spécialement nº I. 026).

B 13 Toutefois le droit belge admet le cumul des responsabilités contractuelle et quasi-délictuelle lorsque la faute qui sert de fondement à l'action est constitutive d'infraction pénale. Or, pratiquement dans tous les cas, la faute commise par le médecin constitue une infraction, plus particulièrement un délit de coups et blessures involontaires ou d'homicide par imprudence, sanctionné par les articles 418 et suiv. du Code pénal, ce qui permet donc également à la victime de la faute du médecin d'invoquer les règles de la responsabilité quasi-délictuelle (sur le problème du cumul des responsabilités contractuelle et quasi-délictuelle, voir spécialement Cass. 7. 12. 1973 et note Roger Dalcq et François Glansdorff, Revue Critique de Jurisprudence Belge 1976, pp. 20 et 59; voir aussi mon étude, Revue Critique de Jurisprudence Belge 1978, pp. 59 et 423).

B 14 Il faut ajouter que seules les règles de la responsabilité quasi-délictuelle seront applicables dans les cas où un contrat ne s'est pas formé, tel le cas de la victime d'un accident, inconsciente, qui est soignée par un médecin. Il en est de même aussi dans les cas où les soins sont donnés dans un hôpital public dont le statut relève du droit administratif. Les Centres Publics d'Aide Sociale (CPAS) qui gèrent les hôpitaux publics remplissent en effet un service public en telle sorte que l'on considère que le rapport qui se crée entre le patient et le CPAS pour les soins à donner dans un tel hôpital ne se situe pas dans un cadre contractuel; il s'agit d'un rapport de droit administratif pour lequel, selon les règles du droit belge en matière de responsabilité des pouvoirs publics, la sanction se trouve dans les articles 1382 et 1383 du Code civil qui édictent dans notre droit les principes de la responsabilité quasi-délictuelle ou aquilienne.

B 15 Il faut cependant remarquer sur le plan de la faute qui peut être retenue à charge du médecin (en ce qui concerne la notion de faute, dans la jurisprudence belge relative à la responsabilité médicale, cf. infra) que la distinction entre responsabilité contractuelle et responsabilité quasi-délictuelle est de peu d'importance parce que l'on considère de manière tout à fait générale que l'obligation du médecin sur le plan contractuel n'est qu'une obligation de moyen comparable à l'obligation générale de prudence qu'imposent les articles 1382 et 1383 (il n'en serait autrement que dans des cas exceptionnels où l'on devrait considérer que le médecin a promis un résultat). En cas d'obligation de moyen, la faute contractuelle est identique à la faute quasi-délictuelle pour défaut de précaution ou de prévoyance. C'est ce qui explique que souvent les décisions de jurisprudence n'attachent pas une importance particulière à la détermination du caractère contractuel ou quasi-délictuel de la responsabilité du médecin.

Par contre, la distinction entre responsabilité contractuelle ou responsabilité quasi-délictuelle a des conséquences importantes sur le plan de la prescription de l'action en réparation ou en ce qui concerne le consentement du malade à l'intervention.

II. Responsabilité pénale du médecin – Procédure

Le fautes commises par le médecin dans l'exercice de son art peuvent-elles constituer des infractions pénales?

1. Infraction de coups et blessures involontaires ou d'homicide involontaire

B 16 Le plus souvent la faute du médecin aura pour conséquence d'entraîner pour son patient des lésions corporelles ce qui peut justifier les inculpations pénales de délit de coups et blessures ou d'homicide involontaire (articles 418 et suiv. du Code pénal). Certes on peut imaginer des cas où la contestation de l'existence de cette infraction serait possible, par exemple si la faute du médecin consiste uniquement dans une abstention complète de soins entraînant soit une aggravation de l'état du patient, soit son décès, mais par l'évolution propre de la maladie dont le patient était atteint. Dans ce cas, on ne peut pas parler de coups et blessures involontaires causés par le médecin à son patient mais le fait pourra faire l'objet d'une autre inculpation pénale pour non-assistance à personne en danger (article 422bis du Code pénal, cf. infra).

Dans la très grande majorité des cas, la faute du médecin sera donc constitutive du délit de coups et blessures involontaires et cela a des conséquences pratiques extrêmement importantes.

B 17 En effet, selon la jurisprudence de la Cour de Cassation de Belgique, la faute sanctionnée pénalement par les articles 418 et suiv. du Code pénal est identique à la faute civile dont la sanction se trouve dans les articles 1382 et 1383. (Voir à cet égard Cass. 5/IO/1893, Pas. 1893, 1, 321 et sq. g; Cass. 10/2/1949, Pas. 1949, I, 168; Cass. 7/1/1952, R. G. A. R. n° 5059; Cass. 31/1/1980, R. G. A. R. 1982, n° 10504).

En matière pénale comme en matière civile, on pourra donc retenir dans le cadre de ces infractions la faute la plus légère commise par le médecin, dès lors qu'elle est la cause du dommage subi par le patient ou de son décès.

Le caractère délictuel de la faute commise par le médecin a des conséquences sur le plan de la procédure et sur le plan de la prescription.

Nous y reviendrons ci-dessous.

B 18 Mais la règle de l'identité des fautes civiles et pénales dans le cadre des articles 418 et suiv. du Code pénal est elle-même fort importante parce qu'elle implique que si la juridiction répressive a retenu la responsabilité du médecin, il n'est plus possible à une juridiction civile de mettre en doute l'existence d'une faute dans le chef du praticien. Inversémment si la juridiction pénale saisie de poursuites dans le cadre des articles 418 et suiv. du Code pénal a prononcé une décision définitive d'acquittement du médecin, il n'est plus possible à la victime du dommage d'introduire une procédure civile qui aurait pour fondement une faute reprochée au médecin.

Il en est même ainsi si l'acquittement du médecin a été uniquement acquis au bénéfice du doute. C'est la conséquence de la règle, formulée par notre jurisprudence, de l'autorité absolue, erga omnes, des décisions répressives.

B 19 Le principe de l'identité des fautes civiles et pénales dans le cadre des articles 418 et suiv. du Code pénal a également une incidence sur les règles de la preuve. La charge de la preuve n'est en effet pas identique en matière civile et en matière pénale. Si en matière civile on adopte toujours, en droit belge, le principe que la preuve incombe au demandeur, la rigueur de cette règle est encore plus grande en matière pénale puisque non seulement le ministère public et la partie civile ont la charge d'établir les éléments constitutifs de l'infraction, mais qu'on considère au surplus que dès lors que le prévenu invoque pour se justifier une allégation qui n'est pas dénuée de vraisemblance, c'est à la partie civile ou au Ministère Public de démontrer que cette allégation est dénuée de fondement. Ainsi, si un automobiliste pousuivi comme responsable d'un accident allègue qu'il a perdu le contrôle de son véhicule parce qu'il a été l'objet d'un malaise soudain, tel un trouble cardiaque ou cérébral et qu'il y a des éléments qui permettent de croire que cette allégation n'est pas dénuée de vraisemblance, c'est à la partie poursuivante qu'il incombera de démontrer que cette allégation n'est pas exacte. Ceci est évidemment important dans le cadre de la responsabilité médicale. La médecine est un art et ce n'est point une science exacte. Or fréquemment il sera difficile pour les experts désignés par le tribunal d'affirmer quelle aurait été l'évolution du mal dont souffrait le patient si la faute reprochée au médecin n'avait pas été commise. Un arrêt de notre Cour de Cassation illustre cette difficulté dans les termes suivants:

B 20 Attendu que l'arrêt attaqué condamne le demandeur, docteur en médecine, du chef d'avoir par défaut de prévoyance ou de précautions, mais sans intention d'attenter à la personne d'autrui, involontairement causé la mort de B... Y..., mort consécutive à son accouchement;

Attendu, d'une part que l'arrêt décide que le demandeur s'est rendu coupable d'un defaut de prévoyance ou de précaution; qu'il n'a pas appliqué de traitement spécifique adéquat quant à la maladie dont était atteinte la victime;
Attendu d'autre part qu'après avoir constaté que si ce traitement adéquat avait été pratiqué "les chances de survie de Mme B... Y... eussent été, selon les experts de 90%, l'arrêt décide qu'il y a, en l'espèce, relation de cause à effet entre le défaut de prévoyance ou de précautions, déclaré constant, et le décès, aux motifs "que dans l'intime conviction de la Cour, il faut en déduire que le défaut de prévoyance ou de précautions commis par le docteur M... et qui, statistiquement, a anéanti 90%, soit la plupart des chances de survie de sa patiente, est, en l'espèce, en relation de causalité nécessaire avec le décès de celle-ci.

Mais attendu qu'à défaut de relever que dans les circonstances de la cause, l'inefficacité du traitement, à concurrence de 10%, devait être exclue, l'arrêt ne pouvait décider qu'il existait une relation de cause à effet entre la faute et la mort. (Cass. 23.9. 1974, R. G. A. R. 1976, n° 9659, Note R. O. Dalcq).

B 21 L'allégation du médecin selon laquelle on pouvait se trouver dans les 10% de chances qui auraient antraîné le décès de la patiente même en l'absence de toute faute de sa part n'est pas dénuée de vraisemblance et cela a suffit pour que la Cour de Cassation casse l'arrêt qui avait retenu la responsabilité du médecin. (Voir Sur la jurisprudence de la Cour de Cassation au sujet de la charge de la preuve; Cassation 2 mai 1949, Pas. 1949, I. 329; Cassation Juin 1951, Pas. 1951, I. 702; Cassation 8 septembre 1960, Pas. 1961, I. 29; Cassation 11 décembre 1969, Pas. 1970, I. 325; Cassation 12 juillet 1973, Pas. 1973, I. 941; Cassation 7 juillet 1974, Pas. 1974, I. 589).

Cette règle ne joue pas seulement sur le plan pénal. La cour de Cassation décide qu'il en est de même si l'action est portée devant la juridiction civile dès lors que le fondement de l'action est un fait qui peut être qualifié d'infraction (Cassation 7 septembre 1972, Revue Critique de Jurisprudence Belge 1975, p 370 et Note Kohl). Cette solution conduit à placer la victime d'une infraction dans une situation plus défavorable que si la faute ne présente pas ce caractère. L'extension de cette solution au cas de perte d'une chance de survie ou de guérison nous paraît sérieusement contestable. La solution de la jurisprudence française paraît différente à cet égard, la Cour de Cassation de France se prononçant simplement dans ce cas en faveur d'un partage des responsabilités, la victime n'ayant droit à réparation que dans la mesure des chances perdues sans que cela exclue toute responsabilité dans le chef du médecin (Voir notamment Cassation Française 23 septembre 1974, R. G. A. R. n° 9343; Cassation Française 30 octobre 1974, R. G. A. R. 1976, n° 9–9660; Voir aussi G. Viney, La responsabilité, Traité de droit civil de Ghertin, IV, n° 278 et 59 et réf. citées).

B 22 Le problème de la perte d'une chance doit être considéré aussi dans la perspective de l'inculpation pénale fondée sur les articles 418 et suivants du Code pénal. Notre jurisprudence admet, depuis fort long-temps, que le dommage en matière de responsabilité peut effectivement être constitué par la perte d'une chance et ce problème peut se présenter fréquemment dans le domaine de la responsabilité médicale, la faute du médecin ayant pu faire perdre à son patient soit une chance de survie, soit une chance de guérison sans séquelle ou avec des séquelles moins graves que celles qui subsistent. On peut se demander s'il y a réellement infraction pénale sur base des articles 418 et suiv. du Code pénal dans cette hypothèse. La question n'a pas été résolue jusqu'à présent par notre jurisprudence mais nous croyons personnellement que le fait d'avoir causé par sa faute une perte de chance de survie ou une perte de chance de guérison n'est pas égal au fait d'avoir causé par imprudence des blessures à autrui ou d'avoir entraîné sa mort.

Nous serions donc tenté de considérer que, dans ce cas, l'inculpation pénale du médecin sur base des articles 418 et suiv. du Code pénal n'est pas justifiée, le recours du patient devant s'exercer uniquement sur le plan civil. Il s'agit cependant d'une question qui n'est pas encore résolue dans notre jurisprudence.

2. *Substances toxiques*

B 23 Le médecin peut également être pénalement responsable lorsque en prescrivant à son patient des substances toxiques, il cause à celui-ci un dommage constitutif de lésions involontaires. C'est l'article 421 du Code pénal qui réprime cette action. Ici, également, c'est une faute involontaire qui peut être sanctionnée lorsque le dommage est la conséquence d'une négligence ou d'une erreur commise par le médecin soit dans le choix des médicaments prescrits, soit dans la dose qu'il a conseillé de prendre au patient.

3. *Coups et blessures volontaires*

B 24 Il peut arriver – mais c'est plus rare – que le médecin soit poursuivi pour coups et blessures volontaires, soit que ceux-ci aient entraîne une incapacité, soit qu'ils aient eu pour conséquence le décès mais sans volonté de causer les lésions ou la mort. Il s'agit cette fois des infractions réprimées par les articles 398 et 401 du Code pénal. Certes, les hypothèses où le médecin porte volontairement atteinte à l'intégrité physique de son patient sont rares dans la pratique. Elles peuvent cependant se rencontrer particulièrement dans deux cas. D'abord si l'intervention du médecin n'a pas eu pour but de soigner son patient en telle sorte qu'il ne bénéfice pas de l'immunité qui lui permet normalement de porter atteinte à l'intégrité physique de son patient sans tomber sous le coup de la loi pénale. Notre jurisprudence en a donné un exemple dans le cas de trois médecins qui avaient opéré un transsexuel qui est décédé au cours de l'intervention (Corr. Bruxelles 27 septembre 1969, J.T. 1969, pp 635 et suiv.). Les poursuites ont été intentées par le Parquet dans ce cas, sur base de l'infraction de coups et blessures volontaires ayant entraîné la mort mais sans intention de la donner (articles 138 et 392 du Code pénal). En l'espèce les trois médecins ont été acquittés. On peut imaginer que les mêmes dispositions pénales pourraient être appliquées dans des cas où l'intervention du médecin releverait de la pure expérimentation et non pas d'un but curatif. Notre jurisprudence n'en montre cependant pas d'exemple.

B 25 L'autre hypothèse où l'on peut imaginer que le médecin soit poursuivi pour coups et blessures volontaires et non pas pour coups et blessures involontaires serait le cas où le médecin serait intervenu sans avoir obtenu le consentement libre et éclairé de son patient. Ici en core, la jurisprudence ne donne pas d'exemple de pareils cas.

4. *Article 422 bis du Code pénal*

B 26 L'article 422 bis du Code pénal réprime le délit de non-assistance à personne en danger. Il s'agit d'un délit qui exige cette fois un dol spécial mais cette disposition peut s'appliquer aux médecins qui auraient refusé de porter assistance à un patient. (Voir par exemple: Corr. Arlon 17 novembre 1976, J. Liège 1977–1978, p 39; Bruxelles 14 mai 1974, Pas. 75/Z/18 et obs.; J.T. 1975 p 191

5. *Conséquences du caractère d'infraction de la faute médicale*

B 27 La circonstance que la faute commise par le médecin peut constituer une infraction pénale entraîne l'application de deux règles particulières dont il faut tenir compte.

La première est l'application de la règle selon laquelle le criminel tient le civil en état (voir article 4 du titre préliminaire du Code d'instruction criminelle). Cette règle signifie que chaque fois qu'une procédure est ouverte sur le plan pénal, le juge civil ne peut statuer dans une action qui serait fondée sur les mêmes faits que ceux qui donnent lieu à l'information ou à l'instruction répressive. Le but de la règle est d'éviter évidemment la contrariété entre les décisions civiles et pénales compte tenu de la règle de l'autorité erga omnes de la chose jugée au pénal. Sur le plan pratique cela signifie que si l'action pénale est mise en mouvement par l'ouverture d'une information par le parquet ou par le dépôt d'une plainte avec constitution de partie civile, toute procédure sur le plan civil sera tenue en suspens jusqu'à ce qu'intervienne une décision pénale définitive.

B 28 La deuxième règle qui est la conséquence du caractère délictueux de la faute médicale est relative à la prescription. En vertu de l'article 26 du titre préliminaire du Code d'instruction criminelle, la prescription de l'action civile née d'un délit est de 5 ans sans que le délai puisse être cependant écoulé avant l'expiration de la prescription pénale. La prescription de droit commun en droit belge est de trente ans. Chaque fois que le fait qui sert de base à l'action en responsabilité est constitutif d'une infraction, l'action civile doit cependant être introduite dans les 5 ans du moment où l'infraction a été réalisée. Il s'agit donc ici d'une prescription abrégée dont le délai était, dans le passé, de trois ans, et qui a été porté à 5 ans par une loi de 1961.

B 29 L'infraction pénale de coups et blessures involontaires ou d'homicide involontaire étant une infraction instantanée, le point de départ de la prescription est le moment où l'infraction est réalisée c.-à-d. où il y a eu une faute qui a causé un dommage ou un homicide. En cas d'homicide, il n'y a évidemment pas de problème quant au point de départ de la prescription puisque ceux qui peuvent agir en justice ne peuvent ignorer le décès du patient. Il n'en est pas de même, par contre, en cas de coups et blessures involontaires. Des cas existent, en effet, où le mal causé au patient par la faute du médecin peut évoluer de manière sournoise pendant très longtemps avant que le malade réalise qu'il a subi un dommage. L'infraction de coups et blessures involontaires existant cependant dès que la faute ou le traitement prescrit ont porté atteinte à l'intégrité physique du patient, le point de départ de la prescription sera le moment où une altération quelconque de l'intégrité physique sera réalisée, même si elle est ignorée du patient. L'hypothèse des radiodermites qui apparaissent au grand jour parfois plusieurs années après le traitement révèle que le malade peut ignorer pendant des années qu'il a été victime d'une faute constitutive d'infraction et donc que la prescription court contre lui. La jurisprudence belge a décidé en pareil cas que la prescription abrégée prenait cependant cours dès que le dommage, sous une forme quelconque, était réalisé même s'il était resté ignoré du patient de telle sorte que la jurisprudence révèle des cas où l'action s'est trouvée prescrite avant même que le patient ait pu savoir qu'il avait souffert un dommage (voir dans ce sens Bruxelles 21.2.1964 et Cass. 14 juin 1965. Ces deux décisions rendues dans la même espèce à l'époque où la prescription était encore de trois ans; plus récemment voir Cass. 31 janvier 1980 dans un cas de radiodermite, R.G.A.R. 1982, n° 10504).

B 30 Il s'agissait dans cette dernière espèce d'un cas de radiodermite et la Cour de Cassation s'exprime à cet égard dans les termes suivants:

Attendu qu'en soumettant l'action civile au délai de prescription prévu par la loi contenant le titre préliminaire du Code de procédure pénale, la loi veut empêcher que puissent, dans un intérêt privé, être constatés judiciairement des faits délictueux après l'expiration du délai qu'elle fixe; que sous le régime de la loi du 17 avril 1878, avant sa modification par la loi du 30 mai 1961, ce délai prenait fin lorsque la poursuite dans l'intérêt social n'était plus permise; que sous le régime en vigueur depuis cette modification, il est fixé à 5 ans pour toutes les infractions, à compter du jour où elles ont été commises, sans pouvoir toutefois prendre fin avant la prescription de l'action publique; qu'en raison des motifs d'ordre public, qui les ont dictés, ces régimes s'appliquent même au cas où la réparation du préjudice résultant d'un fait qualifié d'infraction par la loi est demandée, non sur le fondement de l'infraction et en vertu des articles 1382 et suiv. du Code civil mais en vertu des règles d'un contrat; que ce fait ne perd pas son caractère délictueux en raison de ce qu'il constitue en même temps la violation d'un contrat; que, dès qu'il est couvert par la prescription civile prévue par la loi du 17 avril 1878, il ne peut plus servir de base à aucune action civile, pas plus "ex contractu" que "ex delicto".

B 31 La solution de la jurisprudence belge à cet égard est donc beaucoup plus rigoureuse que celle de la jurisprudence française qui admet depuis l'arrêt précité du 20 mai 1936 que la prescription de l'action en responsabilité contre le médecin est trentenaire chaque fois que l'action a pour fondement une autre disposition que les articles 1382 et 1383 du Code civil et donc notamment les règles de la responsabilité contractuelle.

On ne peut que regretter la solution de notre jurisprudence à ce sujet alors que rien n'empêcherait à cet égard la Cour de Cassation de Belgique de s'aligner sur la jurisprudence française.

6. *Procédure*

B 32 Le fait que la faute du médecin peut constituer dans beaucoup de cas une infraction pénale, ouvre un choix à la victime du dommage sur le plan de la procédure.

La victime peut en effet soit agir sur le plan civil devant les tribunaux civils pour réclamer des dommages et intérêts, soit saisir la juridiction répresssive par le dépôt d'une plainte entre les mains du Procureur du roi ou encore en se constituant partie civile entre les mains du juge d'instruction pour mettre l'action publique en mouvement.

B 33 La mise en mouvement de l'action publique aura pour résultat que le parquet ouvrira une information, et qu'un juge d'instruction sera chargé de faire une instruction au sujet des faits dont se plaint le patient. Selon le droit belge l'instruction pénale est secrète de telle sorte que ni le plaignant, même lorsqu'il s'est constitué partie civile, ni son conseil ne sont tenus au courant de son déroulement; ils n'ont connaissance du dossier qu'au moment où l'instruction est terminée et où la Chambre du conseil doit prendre une décision au sujet de la suite de la procédure, la Chambre du conseil pouvant soit ordonner le renvoi devant le tribunal correctionnel, soit prononcer une ordonnance de non-lieu. S'il est mis fin à l'instruction pénale par une ordonnance de non-lieu, cela ne supprime pas la possibilité pour la partie plaignante de saisir ultérieurement la juridiction civile se fondant sur les mêmes faits, l'ordonnance de non-lieu n'ayant pas autorité de la chose jugée.

B 34 Le plus souvent en matière de responsabilité médicale, le juge d'instruction désignera un ou plusieurs experts-médecins qui devront lui faire rapport sur les faits allégués par la partie plaignante et donner un avis sur le point de savoir si ces faits sont ou non constitutifs d'infraction pénale.

B 35 Souvent les personnes qui se croient victimes d'une faute commise par le médecin ont tendance à saisir la juridiction répressive plutôt que les tribunaux civils. En effet, il est rare que le médecin donne à son patient, particulièrement si une faute a été commise, des explications suffisantes pour que celui-ci dispose des moyens de preuve pour justifier son action. Le malade n'a, le plus souvent, aucun dossier entre les mains; il se fonde sur ses impressions éventuellement corroborées par celles d'autres médecins qu'il a consultés ultérieurement mais qui le plus souvent refusent à donner à ce sujet un avis écrit. La tentation est alors grande de saisir les autorités répressives puisque le parquet ou le juge d'instruction disposent des pouvoirs nécessaires pour saisir le dossier médical entre les mains du médecin dont la responsabilité est mise en cause.

L'absence de toute information donnée très généralement par les médecins a aussi pour conséquence d'entraîner chez le patient une réaction d'ordre psychologique qui lui fait désirer la condamnation pénale du médecin auquel il reproche une faute.

B 36 Souvent cependant, les avantages que la voie répressive semble offrir à la victime sont illusoires. Sans doute au départ, le juge d'instruction ou le parquet s'efforceront de réunir des preuves qui viendront à l'appui de la plainte qui a été déposée. L'expertise médicale qui aura été ordonnée par le juge d'instruction peut apporter à cet égard des éléments importants mais ils peuvent être dans les deux sens. Si les experts considèrent qu'une faute a été commise par le médecin, l'expérience montre qu'au moment où le médecin prévenu peut prendre connaissance du dossier répressif, il s'empressera de consulter d'autres experts et de leur demander un rapport unilatéral pour combattre celui des experts désignés par les autorités judiciaires. Il n'est pas rare que dans le procès correctionnel on assiste ainsi à une bataille d'experts en présence de laquelle le juge se trouve souvent dans l'obligation de désigner de nouveaux experts qui devront départager ceux qu'il a déjà pu entendre. Il n'est pas inutile de souligner que cela peut entraîner des frais élevés. La même chose peut se produire si les experts considèrent que la responsabilité du médecin n'est pas engagée mais dans ce cas c'est évidemment la partie plaignante qui s'efforcera de réunir des avis de nature à critiquer l'avis des experts judiciaires.

B 37 L'action devant les tribunaux répressifs présente d'autres inconvénients. Si le tribunal correctionnel acquitte le médecin, l'autorité de la chose jugée empêchera que la partie civile puisse réintroduire une action devant la juridiction civile. Or il ne faut pas se cacher qu'il existe une certaine réticence de la part des tribunaux répressifs à condamner pénalement un médecin si la faute n'est pas caractérisée. Le doute ou l'incertitude au sujet de ce qui s'est exactement passé ou sur le plan de la causalité joueront plus facilement en faveur du médecin devant un tribunal pénal que devant un tribunal civil. Le procès pénal présente aussi l'inconvénient de porter gravement atteinte à l'honorabilité du médecin par la publicité qu'il reçoit alors que celle-ci n'existe pratiquement pas devant les tribunaux civils en Belgique. Le médecin qui sent son honorabilité mise en cause et qui craint, à cet égard particulièrement, une condamnation correctionnelle se défendra souvent avec beaucoup plus d'acharnement devant la juridiction pénale que devant la juridiction civile ou seul son assureur interviendra réellement par l'intermédiaire de l'avocat qu'il aura désigné.

B 38 Enfin, il faut souligner qu'une fois que l'action pénale a été mise en mouvement, il ne dépend plus de la partie plaignante d'en maîtriser les conséquences ou d'en arrêter les effets. Cela signifie que les possibilités d'un arrangement amiable et d'une transaction avec l'assureur du médecin sont beaucoup plus difficiles dès lors que l'action pénale est mise en route.

L'expérience montre en conséquence qu'il peut être beaucoup plus raisonnable pour la victime d'une faute commise par un médecin de renoncer à la voie pénale pour porter son action devant les tribunaux civils. La procédure civile peut dépassionner le débat; les parties n'y comparaissent généralement pas en personne; l'adversaire réel du malade se trouvera l'assureur du médecin; les compromis peuvent être trouvés d'une manière beaucoup plus aisée; s'il faut poursuivre la procédure jusqu'à un jugement, l'instruction sera contradictoire et chacune des parties pourra faire valoir son point de vue au cours de l'expertise qui serait ordonnée par le tribunal civil.

III. Responsabilité civile du médecin

B 39 Le critère de la faute du médecin est celui du médecin normalement prudent et avisé placé dans les mêmes circonstances que celui dont la responsabilité est recherchée. C'est le critère du droit commun en matière de responsabilité quasi-délictuelle; il s'applique aussi dans le domaine des obligations contractuelles de moyens. Le critère est donc principalement un critère subjectif puisqu'il implique la comparaison de la conduite du médecin avec un type abstrait idéal. Cela implique une part importante de subjectivisme dans l'appréciation de la responsabilité du médecin comme dans tout le droit de responsabilité parce que fatalement le juge qui devra apprécier le comportement du médecin aura tendance à se demander ce que lui-même aurait fait, s'il avait été médecin, placé dans les mêmes circonstances. Certes, le caractère subjectif et abstrait de ce critère est atténué par le fait que la conduite du médecin normalement prudent et diligeant doit être apprécié en tenant compte des circonstances externes dans lesquelles se trouvait le médecin dont la responsabilité est mise en cause. Ces circonstances externes s'apprécient in contreto et la jurisprudence est assez large dans l'appréciation de ce qui constitue des circonstances "externes". Certes, le fait qu'il s'agit d'un médecin qui travaille seul ou d'un médecin qui travaille dans un milieu hospitalier constitue une circonstance externe mais on appréciera aussi, au même titre, la spécialisation du médecin, l'urgence de l'intervention, la difficulté de celle-ci, etc. ...

B 40 L'arrêt de la Cour de Cassation de France du 20 mai 1936, que nous avons déjà cité, contient une bonne définition des obligations du médecin lorsqu'il précise que le contrat comporte pour le praticien "l'engagement sinon bien évidemment, de guérir le malade, ce qui n'a d'ailleurs jemais été allégué, du moins de lui donner des soins non pas quelconques ... mais consciencieux, attentifs et, réserve faite de circonstances exceptionnelles, conformes aux données acquises de la science". La jurisprudence suit en général cet enseignement lorsqu'il s'agit d'apprécier des fautes commises dans l'exécution du traitement ou au cours d'une intervention chirurgicale, en considérant que le médecin répond de tout manquement aux règles de la science médicale que n'aurait pas commis un médecin normalement avisé et diligent placé dans le mêmes circonstances (voir p. ex. Corr. Liège 2 mars 1965, J.T. 1965 p 624; Liège 14 octobre 1966, Jurisprudence de Liège 1966–1967, p 300).

B 41 Le médecin a tout d'abord l'obligation de se tenir au courant des progrès scientifiques; il doit donner à son patient des soins conformes aux données acquises de la science. Cela ne signifie pas que le médecin sera responsable de toute erreur scientifique. Se tromper sur un point controversé ne constitue pas une faute aquilienne pour autant qu'on aite éclairé son choix; c'est la science qui révèle alors son imperfection et non l'homme (voir Liège 13 janvier 1933, Pas. 2, 391). Mais le médecin, et tous les auteurs sont d'accord sur ce point, répond de toute erreur injustifiable, de tout manquement aux règles de la science médicale que n'aurait pas commis un médecin normalement avisé et diligent placé dans les mêmes circonstances (cf. Rijckmans et Zwick, Op. Cit. n° 435 à 448; notre Traité de la responsabilité civile, Tome 1er, n° 1048 et suiv.; Liège 10 juillet 1951. Revue Générale des Assurances et de Responsabilité n° 1591 et 4851).

B 42 La responsabilité du médecin peut tout d'abord être engagée au niveau du diagnostic et du choix du traitement. La question est cependant délicate parce qu'on enseigne que le médecin dispose de la liberté dans le choix du traitement et que le médecin n'est pas responsable de ses erreurs de diagnostic. Ces affirmations méritent cependant d'être nuancées.

B 43 Il n'appartient certes pas au juge d'imposer au médecin le choix d'un traitement ou de sanctionner le choix effectué par le médecin, celui-ci étant en principe seul juge de la manière dont il doit soigner ses clients. Mais il appartient par contre au juge de sanctionner toute erreur du médecin dans le choix du traitement qui constitue une faute parce qu'elle n'aurait pas été commise par un médecin normalement diligent et prudent (voir Rijckmans et Zwick, Op. Cit. n° 449; Civ. Bruxelles, 31. 12. 1921, R. G. A. R. 1928, n° 425).

B 44 Ainsi, en l'absence de toute faute, ne peut-on reprocher à un médecin d'avoir appliquer une méthode d'anesthésie plutôt qu'une autre (Douai 6 mai 1936, DH, p 435; Aix 14 février 1950, Dalloz J. 322) ou de n'avoir pas pratiqué une transfusion sanguine dans un cas où la nécessité et l'efficacité de cette méthode ne sont pas unanimement recounnues (Bruxelles 7 juillet 1943, Bulletin des Assurances 1944, p 98). Dans les cas où les thérapeutiques employées sont controversées, le choix du médecin ne pourra être critiqué si celui-ci n'a adopté une des théories qu'après un examen sérieux de la difficulté (Bruges 24 juillet 1920, Pas. 1921, 3.76; Liège 10 juillet 1951, R. G. A. R. 1951, n° 4851).

B 45 La Cour d'Appel de Bruxelles a décidé que la responsabilité du médecin n'est engagée à propos du choix du traitement que si, eu égard à l'état de la science ou aux règles consacrées de la pratique médicale, le médecin commet une faute caractérisée révélant une méconnaissance certaine de ses devoirs (Bruxelles 21 juin 1967, J. T. 1968, p 27, Pas. 1969, 42). Cette motivation est peut-être trop restrictive; il nous semblerait plus exact de considérer que le choix du traitement peut engager la responsabilité du médecin, comme la faute dans l'exécution du traitement, chaque fois que ce choix n'aurait pas été celui d'un médecin normalement diligent et prudent (voir cependant Civ. Hasselt 10 novembre 1969, Jurisprudence de Liège 1969, 1970, p 135).

B 46 Il en est de même sur le plan du diagnostic. De même que l'avocat ne répond pas d'une erreur non fautive d'interprétation des textes juridiques, le médecin n'est pas responsable de toute erreur de diagnostic (voir Pirson et Devillez, Traité de la Responsabilité civile, Tome II, n° 428; Gand 2 juin 1913, Pas. 2, 35) mais il ne faut pas non plus attribuer à cette règle une portée absolue. L'erreur contraire à des connées médicales certaines provenant d'une ignorance incompatible avec le critère du médecin normalement diligent et avisé constituera certainement une faute aquilienne (Civ. Liège 10 juillet 1951, précité; Corr. Mons 2 avril 1936, R. G. A. R. 1936, n° 2182; Gand 13 novembre 1969, RW 1969-1970, colonne 680; R. G. A. R. 1970 n° 8361; Civ. Courtrai 1 août 1966, RW 1966-1969, colonne 317; Gand 11 juin 1968, RW 1968-1969, colonne 314; Gand 30 juin 1970, R. W. 1970-1971, colonne 369; Bruxelles 6 juin 1972, Pas. 1972, 2.161).

B 47 La faute au niveau du diagnostic pourra consister dans le fait pour le médecin de ne pas avoir procédé à l'examen qu'exigeait le cas. En cas de doute, le médecin a pour devoir de contrôler son diagnostic par tous les moyens en son pouvoir tels qu'examens complémentaires, analyses, radiographies, etc. ... Il faut cependant toujours, à cet égard, mettre en balance les risques que l'examen peut faire courir au malade avec les avantages qu'il peut procurer sur le plan du diagnostic. L'expérience nous a, en effet, permis de connaître plusieurs cas d'examens se révélant entièrement négatifs mais qui ont fait courir au malade des risques graves avec des conséquences parfois dramatiques. Il en est ainsi notamment des artériographies que l'on pratique pour établir certains diagnostics alors que le médecin ne peut ignorer qu'il existe un risque d'accident consécutif à ces examens. La question n'a été posée dans notre jurisprudence qu'au niveau du consentement du malade (cf. infra) et nous ne connaissons pas de décision qui ait sanctionné le médecin en considérant que tel ou tel type d'examen était superflu parce qu'il faisait courir au malade des risques hors de proportion avec l'avantage qu'il pouvait présenter. La tâche du médecin est difficile lorsqu'il faut peser ce type de risque et les médecins diront à juste titre que s'ils ne pratiquent pas les examens nécessaires, ils courront aussi le risque de se voir reprocher de ne pas s'être entouré de tous les renseignements possibles pour poser un diagnostic exact. Il est évidemment toujours beaucoup plus facile d'apprécier les faits après leur déroulement, notamment lorsqu'on sait que tel ou tel examen s'est révélé négatif. Ce n'est évidemment pas à ce moment là qu'il faut se placer pour juger le comportement du médecin; il faut se replacer dans la position où le médecin se trouvait au moment où il a prescrit l'examen.

B 48 Le diagnostic étant posé, le médecin a évidemment l'obligation, pour donner à son malade des soins consciencieux et attentifs, de procéder à une surveillance complète avant, pendant et après le traitement. C'est à ce niveau souvent que la responsabilité de l'anesthésiste peut se trouver engagée à côté de celle du chirurgien. Nous verrons plus loin comment s'établissent les rapports du patient avec l'anesthésiste mais il faut souligner ici les responsabilités importantes que celui-ci peut encourir s'il ne procède pas à tous les examens nécessaires avant une intervention, s'il n'assure pas une surveillance particulièrement attentive du patient pendant toute la durée de l'intervention et s'il ne veille pas à ce que la surveillance du malade après son réveil reste particulièrement étroite pendant la période qui suit l'intervention.

B 49 Le chirurgien et l'anesthésite seront en tout cas responsables chaque fois qu'ils auront fait courir au patient un risque qu'ils auraient pu éviter (Aix 27 février 1952, JCP 2, 6870; Civ. Seine 15 mai 1956, Dalloz J. 554). Il a été jugé que le patient ne pouvait pas imposer le mode d'anesthésie mais qu'il peut refuser de se soumettre à celui qui a été choisi; si dans ce cas le médecin estime que celui-là est le seul adéquat, il ne peut que refuser de pratiquer l'intervention (Bruxelles 6 janvier 1951, J.T. p 234).

La jurisprudence est abondante au sujet des fautes chirurgicales. Le chirurgien doit d'abord veiller à ce qu'aucun accident ne survienne au cours du placement du malade sur la table d'opération (Liège 3 avril 1947, Bulletin des Assurances, p 29; Civ. Seine 21 avril 1953, JCP 2-7631; Paris 15 juin 1954, Dalloz J. 649).

B 50 Le chirurgien sera responsable si le dommage résulte de ce qu'il a opéré alors qu'il n'était pas physiquement en état de le faire (cf. Liège 21 novembre 1911, Jurisprudence de Liège 1912, p 26; Corr. Bruxelles, 3 février 1945, JT, p 337) ou s'il se risque à procéder à une intervention pour laquelle il doit savoir qu'il ne possède pas l'habilité nécessaire ou encore s'il utilise un instrument non approprié (Bruxelles

12 juillet 1956, Pas. 1958, 2–11). Comme tout médecin le chirurgien sera responsable de toute faute que n'aurait pas commise un médecin normalement prudent et avisé. Les tribunaux ont eu souvent à connaître d'actions intentées contre des chirurgiens à la suite de l'oubli de compresses ou d'instruments de chirurgie dans le corps du patient. A première vue – et la majorité de la jurisprudence est de cette opinion – il paraît au profane qu'un tel oubli révèle nécessairement une négligence ou un défaut de précaution (cf. Civ. Tongres 5 octobre 1935, Pas. 1936, 3.157; Charleroi 29 janvier 1916, Pas. 1917, 3.297; Bruxelles 13 octobre 1949, Pas. 1949, 2.107). Mais d'autres décisions considèrent que dans certains cas où le chirurgien doit agir avec une grande célérité, pareille faute est excusable (cf. Mazeaud et Tunc, Traité, Tome 1er n° 511). Ce n'est évidemment pas le chirurgien qui peut, au cours d'une intervention, compter les compresses ni incombe-t-ill à lui de vérifier après l'opération, si tous les instruments sont présents. C'est là la tâche du personnel de la salle d'opération. La tendance de notre jurisprudence est de considérer que le chirurgien est responsable des auxiliaires qui l'assistent au cours de l'opération et qu'il doit donc assurer la responsabilité qui découle des fautes commises par ces derniers.

B 51 Il va de soi que pour un chirurgien qui doit opérer un membre déterminé, le fait de se tromper et d'intervenir sur un autre membre constitue également une faute (Corr. Bruxelles 5 mai 1951, JT., p 369). Il a été jugé aussi que si le bris d'une aiguille pendant une intervention peut ne pas être fautif en lui-même, le fait de ne pas s'en être aperçu et d'avoir laissé un fragment d'aiguille dans le corps du patient est indiscutablement fautif (Bruxelles 30 janvier 1956, Bulletin des Assurances, p 404 et suiv.).

B 52 Le médecin qui a opéré a l'obligation de contrôler les soins post-opératoires (Civ. Liège 8 novembre 1928, Belg. Judic. 1929, Colonne 6; Civ. Liège 14 janvier 1946, JT, p 290; Liège 2 mars 1957, Jurisprudence Liège 1957–1958, p 9). Il faut cependant, à cet égard, distinguer entre les soins qui incombent au chirurgien et ceux qui entrent dans le contrat d'hospitalisation et qui sont exécutés par les préposés de la clinique ou de l'établissement.

B 53 Si les principes en matière d'appréciation de la faute du médecin sont relativement clairs, il faut cependant ajouter que la situation du patient qui doit rapporter la preuve de cette faute peut être difficile. Il est rare, en effet, que le juge puisse constater l'existence d'une faute commise par un médecin sans recourir à l'avis des experts et tous les praticiens qui ont à traiter ces problèmes savent combien il est difficile d'obtenir de la part des experts-médecins l'avis qu'une faute a été commise, lorsque cette faute se situe sur un plan simplement technique, sans porter atteinte à la considération de celui qui l'aurait commise. Non seulement les règles de la confraternité médicale peuvent exercer leur influence (voir à cet égard la sévérité avec laquelle Mazeaud et Tunc s'expriment au sujet des expertises médicales en France: Traité de la responsabilité civile, Tome Ier, 5e édition, n° 510, p 580). Mais il y a aussi le sentiment que la profession médicale doit être protégée contre un abus d'actions en dommages et intérêts et que certaines erreurs d'appréciation sont le lot inévitable des risques que les médecins doivent prendre en de nombreux cas pour soigner leurs malades.

B 54 La tendance est fréquente, en effet, chez les médecins d'assimiler la faute au risque alors qu'il nous paraît que la distinction doit être clairement posée. Ce n'est pas, en effet, parce que le risque d'un certain nombre d'erreurs existe statistiquement que l'on peut en déduire que l'accident qui se produit est un risque inévitable qui ne doit pas engager la responsabilité de son auteur. Il suffit de transposer le raisonnement sur le plan de la responsabilité en matière d'accidents de la circulation et l'on imagine immédiatement les solutions absurdes auxquelles un tel raisonnement conduirait. Mais ce qui est vrai, c'est que tout accident n'engage pas ipso facto la responsabilité du médecin. Il y a des accidents opératoires ou de réactions imprévisibles au cours d'un traitement qui se produisent en dehors de toute faute du médecin et c'est seulement dans cette hypothèse que l'on peut parler de risque. Si, au contraire, une faute existe que n'aurait pas commise un médecin normalement prudent et avisé, la responsabilité doit en découler. Les médecins ont sans doute raison de réagir contre une appréciation trop générale et trop hâtive de leur comportement. Certains traitements, certaines interventions exposent le patient à plus de risques que d'autres, mais ces risques doivent être assumés dans l'intérêt du malade; il ne peut être question de faute dans cette hypothèse. Il nous paraît évident que le médecin qui ose entreprendre une thérapeutique de pointe ou une intervention particulièrement difficile est plus exposé sur le plan de la responsabilité que celui qui fera preuve de moins d'audace. Ce n'est évidemment pas parce qu'il a tenté l'impossible pour sauver son malade que le premier commet une faute, dès lors que les circonstances justifient cette attitude comme etant la seule chance d'améliorer l'état du malade et que le médecin en a informé son patient. L'application du critère du médecin normalement diligent et avisé permet assurément d'apprécier la difficulté de telle ou telle intervention pour déterminer en cas d'accident s'il y a eu faute ou non.

IV. Caractère nécessaire de l'intervention du médecin

B 55 En principe, toute atteinte portée à l'intégrité physique d'autrui, volontairement, constitue une faute. Il faut donc juridiquement expliquer en vertu de quel principe le médecin peut porter atteinte à l'intégrité physique de ses patients sans tomber à cet égard sous le coup de la loi pénale.
Le problème a dëjà été soumis à la Cour de Cassation de Belgique le 16 décembre 1948 et la Cour a répondu, à cet égard, dans les termes suivants:

Attendu que l'atteinte à l'intégrité d'une personne ne saurait être considérée comme illicite, lorsque, comme dans l'espèce, il est constant qu'elle est la conséquence d'une activité qui s'imposait à son auteur, et dont l'exercise ne décèle aucune faute dans le chef de celui-ci (J. T. 1949, p 84 avec note R. Savatier).

Pour Savatier, dans la note précitée, l'immunité du médecin résulte de l'état de nécessité où se trouve le chirurgien de porter atteinte à l'intégrité du corps du malade dans une intention curative. "Il faut bien, écrit-il, lorsque la nécessité l'exige, sacrifier partiellement l'intégrité physique du corps humain au soin même de ce corps, ou à la sauvegarde d'une partie plus essentielle de celui-ci. L'état de nécessité consiste précisément à justifier un mal qui n'a pour objet que d'éviter un mal plus grand".

B 56 L'expression "état de nécessité" ne doit cependant pas être comprise ici avec toute la rigueur qui s'y attache dans le domaine de l'application de la loi pénale. Il suffit, selon la formule de la Cour de Cassation, qu'il s'agisse "d'une activité qui s'imposait à son auteur". En fait, la condition de nécessité dont on parle ici résulte en réalité du but curatif de l'intervention du médecin pour lequel il n'y aura pas nécessité d'agir lorsque les risques seront hors de proportion avec le mal à combattre ou avec le bénéfice escompté.

B 57 Le Tribunal correctionnel de Bruxelles, dans un jugement qui fait autorité, rendu le 27 septembre 1969 (J.T. 1969, p 635), s'est longuement penché sur ce problème. Nous avons déjà signalé cette décision qui concerne une intervention qui avait été pratiquée sur un transsexuel. Le patient était mort au cours de l'intervention sans qu'aucune faute puisse être reprochée à cet égard dans les techniques employées par les médecins qui l'avaient opéré. Le Parquet de Bruxelles avait poursuivi les trois médecins pour coups et blessures volontaires en estimant que l'intervention n'avait pas un but curatif, de telle sorte que les médecins s'étaient rendus coupables de coups et blessures volontaires ayant entraîné la mort mais sans intention de donner celle-ci. Le tribunal n'a pa suivi le parquet dans ses réquisitions et a acquitté les trois médecins. Le tribunal a considéré que le médecin bénéficie d'une immunité pénale qui n'est fondée ni sur l'absence d'intention doleuse, ni sur le consentement du patient, ni sur l'état de nécessité. Pour lui, le médecin pratiquant son art de la manière dont le législateur l'a réglementé, autorisé ou imposé, bénéficie d'une cause légale de justification l'immunisant de toute poursuite, cette immunité trouvant donc son fondement dans la permission de la loi. L'intervention du médecin est présumée justifiée mais cette présomption est relative et il appartiendrait éventuellement au Ministère Public de prouver l'abus éventuel de l'autorisation légale.

B 58 Nous préférons parler du caractère nécessaire ou du but curatif de l'intervention du médecin plutôt que d'employer l'expression "état de nécessité" qui peut prêter à confusion compte tenu de la portée qui lui est donnée sur le plan pénal. L'idée que le médecin jouit d'une "permission de la loi" comme le relève le Tribunal correctionnel de Bruxelles dans le jugement précité, rejoint en fait la même idée: la permission de la loi n'existe que dans la mesure où l'intervention du médecin était nécessaire pour soigner le patient.

B 59 Il faut donc se garder d'exiger du médecin qu'il n'intervienne que quand il y a nécessité absolue de le faire. Certes toute initiative dangereuse est en soi blâmable mais il faut toujours replacer les faits dans les circonstances où se trouvait le médecin lorsqu'il a dû prendre sa décision. Il faut tenir compte de l'urgence avec laquelle il a dû agir, des procédés techniques qui se trouvaient à sa disposition et aussi de l'état du malade auquel il devait donner ses soins. Il est en effet des cas désespérés où le médecin peut tout tenter pour sauver le malade et risquer alors une intervention dont le danger est tel qu'il ne pourrait y soumettre un malade en d'autres circonstances. Il pourra aussi, si aucun moyen curatif n'est susceptible de guérir le patient ou d'améliorer son état, employer des thérapeutiques spéciales qui apportent au moins certains soulagements alors que l'emploi de la même médication en d'autres circonstances serait fautif parce qu'il ne serait pas nécessaire.

B 60 Si, en principe, le médecin est seul qualifié pour apprécier dans quelle mesure le salut ou la santé du malade justifie l'atteinte portée à son intégrité physique, il ne faut pas en conclure qu'elle échappe à toute critique dans ce domaine. Il répond à cet égard de toute erreur que n'aurait pas commise un autre médecin normalement diligent et avisé placé dans les mêmes circonstances, de toute décision que n'aurait pas ratifié un autre praticien normalement diligent et raisonnable. La preuve qu'il en serait ainsi incombe, selon le droit commun, au demandeur en réparation.

La règle selon laquelle le médecin ne bénéfice de l'immunité sur le plan pénal et civil que dans la mesure où son intervention est nécessaire et justifiée par le but curatif, commande la solution à donner à différents problèmes:

1. Avortement

B 61 L'avortement reste toujours interdit en Belgique en vertu des dispositions du Code pénal (articles 348 et 59 du Code pénal). Malgré l'interdiction légale, l'avortement thérapeutique a toujours été admis par la jurisprudence. Cette solution se justifie par le caractère nécessaire de l'intervention du médecin dans ce cas où l'acte du médecin, qui constituerait une faute en d'autres circonstances, est ici couvert par la nécessité d'agir. La règle justifie aussi la conduite du médecin, qui au moment de l'accouchement, sacrifie l'enfant pour sauver la mère. La doctrine de l'Eglise est différente puisqu'elle considère qu'une vie ne peut être préférée à l'autre (Encyclique Casti Conubii). Nombreux sont cependant les praticiens de l'art médical qui estiment que leur devoir peut être de supprimer volontairement la vie de l'enfant pour sauver ou tenter de sauver celle de la mère (cf. Lalou, Traité de la responsabilité civile, n° 302; Savatier: Etude de droit civil à la mémoire de Henri Capitant). La décision du médecin relève à cet égard de sa conscience (voir l'article 33 du Code français de déontologie médicale qui prescrit qu'en cas d'accouchement le médecin doit se considérer comme étant le seul juge des intérêts respectifs de la mère et de l'enfant). S'il n'est pas possible de sauver les deux vies, il doit évidemment prendre toutes les mesures possibles pour tenter le sauvetage de la vie qui lui paraît avoir le plus de chances d'être possible.

B 62 Actuellement, malgré l'interdiction légale, un mouvement important existe en Belgique en faveur de la liberté de l'avortement au moins dans certaines conditions. Des médecins ont estimé en conscience devoir s'engager dans cette voie en pratiquant, dans des conditions qu'ils ont arrêtées, des avortements malgré l'interdiction de la loi et des poursuites sont actuellement engagées contre eux devant les tribunaux correctionnels. Compte tenu du maintien du texte légal, il paraît difficile de concevoir que les tribunaux puissent faire autre chose que prononcer des condamnations. En cas d'abrogation de la loi, on peut se demander dans quelle mesure la règle du caractère nécessaire et curatif de l'intervention du médecin pourrait jouer ici un rôle pour lui assurer l'impunité en cette matière. Si l'on donne au but curatif de l'intervention du médecin un sens restreint et limité, on peut évidemment contester qu'un avortement réponde à cette exigence. Si l'on donne, par contre, à la règle un contenu plus extensif, il est parfaitement possible que, compte tenu de motifs d'ordre personnel, psychologiques ou sociaux, la nécessité de l'avortement puisse se justifier.

2. Chirurgie esthétique

B 63 Si l'absence de nécessité suffit à engager la responsabilité du médecin, en l'absence de toute faute dans l'exécution des soins, comment se pose le problème de la chirurgie esthétique? Tout dépend du contenu que l'on donne è cette expression. Mazeaud et Tunc définissent la chirurgie esthétique comme étant celle "qui cherche non à guérir une maladie mais à redresser une imperfection physique ne nuisant en rien à la santé" (Tome I, n° 511).

Si l'on donne effectivement à la notion de chirurgie esthétique un contenu aussi étroit, on devrait décider que le dommage résultant pour le patient d'une opération de chirurgie esthétique pratiquée sans nécessité et devenue dommageable à la suite d'un aléa toujours possible, devra être supporté par le médecin bien qu'il n'ait commis aucune faute.

B 64 Il paraît cependant nécessaire d'avoir à cet égard une opinion plus nuancée. Il y a tout d'abord la chirurgie réparatrice qui doit se distinguer de la chirurgie ayant un caractère purement esthétique. Il est évident que les opérations qui ont pour but de remédier à d'horribles difformités, conséquences de traumatismes accidentels et dont la réparation peut être normalement considérée comme la suite nécessaire des soins qu'ont exigés ces traumatismes, ne constituent pas une chirurgie esthétique répréhensible.

La jurisprudence a toujours admis ce type d'interventions, considérant qu'elles sont plus curatives qu'esthétiques et que leur but esthétique n'est qu'un moyen de soigner un mal plus profond (Cf. Note Jean Loup, sous Paris 12 mars 1931, DP. 2.141; Paris 1er avril 1955, Dalloz 1955, J. 563; Savatier, Tome II, n° 786; Mazeaud et Tunc, Tome I, n° 511; Rijckmans et Zwick, n° 532).

B 65 A l'opposé, il y a par contre des interventions qui n'ont aucun but curatif mais qui tentent seulement de remédier à des imperfections physiques naturelles et dont le résultat attendu relève principalement d'une certaine coquetterie. La question est ici beaucoup plus délicate. A l'origine, la jurisprudence a semblé vouloir interdire de manière absolue la chirurgie purement esthétique en décidant que si pareille intervention se révélait préjudiciable, la victime pouvait toujours se faire indemniser par le chirurgien (voir p. ex. Cass. Civ. Française 29 novembre 1920, Sirey 1921, I. 119; Dalloz 1924, I.103; Tribunal de la Seine 25 février 1929, Gazette du Palais, 1.424).

La jurisprudence belge n'a jamais eu à prendre attitude sur cette question.

Ce qui est certain cependant c'est qu'aujourd'hui la chirurgie esthétique est entrée dans les moeurs et que l'on admet sans difficulté qu'un médecin peut la pratiquer sans commettre de faute sur le plan déontologique. Nous croyons qu'il n'en commet pas davantage sur le plan civil ou sur le plan pénal, chaque fois que l'intervention de chirurgie esthétique peut au moins se justifier par des motifs psychologiques qu'il appartient au médecin d'apprécier.

3. *Expérimentation*

B 66 La règle du caractère nécessaire de l'intervention du médecin et du but curatif qu'elle doit présenter doit également conduire à condamner tout traitement ou intervention qui aurait exclusivement une fin expérimentale.

S'il est facile d'affirmer pareille règle, il est, par contre, beaucoup plus difficile de la confronter avec la réalité. L'expérimentation est, en effet, indispensable au progrès de la médecine dans l'intérêt de la société et il faut donc pouvoir définir quel est le juste milieu entre l'expérimentation permise et celle qui ne le serait pas.

Nous nous bornerons cependant à signaler simplement le problème parce qu'à notre connaissance la jurisprudence belge n'a jamais eu à se prononcer sur cette question. Aucune décision publiée à ce sujet n'existe. Un procès est actuellement en cours, pendant devant le Tribunal correctionnel de Charleroi où la question se pose mais la solution n'interviendra pas avant plusieurs semaines, sinon plusieurs mois. Il n'est donc pas possible d'en faire état actuellement.

Tout ce qu'il est permis de penser est que les solutions de la jurisprudence dans ce domaine devront s'inspirer toujours de la règle du caractère nécessaire de l'intervention du médecin et de son but curatif.

4. L'Euthanasie

B 67 Le rôle du médecin est de soigner et non de tuer. L'euthanasie ne peut donc être que condamnée aussi bien sur le plan de la déontologie médicale que sur celui du droit. Toute atteinte volontaire portée à la vie constitue, en effet, une infraction pénale. Il ne s'agirait même pas dans ce cas de coups et blessures volontaires mais sans intention de donner la mort mais bien d'homicide volontaire.

Mais le rôle du médecin est aussi de soulager son patient et il est évidemment des cas où le seul moyen de soulager la souffrance implique un raccourcissement de la survie du patient. Le droit n'a jamais fixé, à cet égard, de critères; la jurisprudence n'apporte aucune lumière sur ce point parce que dans les très rares cas où la question s'est posée sur le plan judiciaire c'était devant des cours d'assises (ainsi dans ce que l'on a appelé en Belgique "L'affaire du Softénon", un médecin a été poursuivi pour avoir apporté son aide à la décision de la mère d'un enfant anormal de tuer celui-ci). Mais les décisions des cours d'assises ne sont pas motivées et n'apportent donc aucun enseignement sur le plan de l'évolution du droit.

Nous nous bornerons donc à dire que si l'euthanasie est évidemment interdite en Belgique, chaque médecin doit apprécier selon sa conscience dans quelle mesure il peut porter aide à ses patients qui souffrent, pour alléger leurs derniers instants même si son intervention à cet égard est susceptible de raccourcir une survie dont le terme est malheureusement inéluctable.

V. Le consentement du malade

B 68 Le problème du consentement du malade à l'intervention est une des questions les plus délicates que soulève l'étude de la responsabilité médicale. Les solutions données par la doctrine et la jurisprudence, en droit belge, sont encore hésitantes et incomplètes et le problème paraît n'avoir jamais fait l'objet d'un examen approfondi tenant compte des principes qui gouvernent le contrat médical.

Il est assez curieux de constater que le problème de la nature et de la portée du consentement que le malade doit donner à l'intervention a en effet été beaucoup moins débattu dans la jurisprudence belge que dans la jurisprudence française. Et pourtant, compte tenu de l'attitude suivie par les médecins belges, qui estiment encore très souvent qu'ils ont le devoir de cacher la vérité à leurs malades, tout au moins dans des cas graves, on pourrait imaginer que les cas seraient nombreux où un malade invoquerait qu'il n'a pas donné son consentement libre et éclairé à l'intervention du médecin.

B 69 La question ne présente cependant d'intérêt que si elle se pose à l'état pur, c'est-à-dire dans l'hypothèse ou aucune faute dans l'exécution des soins ne peut être reprochée au médecin, le dommage causé par une telle faute étant indépendant du fait que le malade a ou non consenti aux soins. Il faut aussi que l'intervention du médecin ait été nécessaire parce que le dommage qui résulterait d'une intervention pratiquée sans nécessité serait avant tout la conséquence de la faute commise par le médecin en intervenant dans ces conditions.

L'exigence du consentement du malade à l'intervention du médecin n'est cependant pas contestée dans la doctrine ou la jurisprudence belge. Tout le monde est d'accord pour convenir que le médecin ne peut intervenir, ne peut donner ses soins à un patient sans avoir, au préalable, obtenu le consentement libre et éclairé de celui-ci. Mais si la règle n'est pas contestée, il faut constater que les décisions de jurisprudence qui not tranché véritablement le problème restent relativement rares.

B 70 Quelle est la justification de la règle?

Elle s'impose essentiellement comme une règle de respect de la liberté individuelle du patient; à ce titre elle relève donc de l'éthique de la profession. Elle implique en effet le respect par le médecin de la personnalité de son patient. Le médecin qui ne veille pas à recueillir le consentement libre et éclairé du malade, traite celui-ci comme un incapable et se substitue à lui dans les décisions qui le concernent.

L'examen du problème appelle l'analyse de plusieurs questions:

B 71 a) Pour être valable, le consentement du malade doit être donné librement et il doit être éclairé. L'exigence d'un consentement libre n'appelle guère de commentaire. Il va de soi que le malade ne doit pas être induit en erreur lorsqu'il donne son consentement; il ne faut pas non plus qu'une pression quelconque du médecin, d'un proche, d'un membre de la famille, soit exercée sur le malade à ce sujet.

B 72 Lorsqu'on dit que le consentement doit être éclairé, cela implique que le médicin doit informer son patient des risques auxquels l'expose le traitement ou l'opération qu'il lui conseille. Le patient ne peut pas consentir à quelque chose s'il ne sait pas à quoi il consent et il doit donc être informé de la justification de ce que le médecin lui propose comme traitement ou comme intervention. Mais il est évidemment très difficile de définir jusqu'où doit aller l'obligation du médecin de dire la vérité à son malade. La vérité que le médecin doit apporter ou patient est une vérité qui doit être acceptable pour celui-ci. Certes, le médecin a l'obligation d'informer son malade des risques normaux que présente l'intervention, à l'exclusion des risques qui ont un caractère tout à fait exceptionnel, mais il doit mettre cette vérité à la portée du patient pour que celui ci soit capable de l'accepter. Pour reprendre l'expression de Savatier, il faut qu'il s'agisse d'une vérité que le médecin rend accessible au malade. Ce que le médecin dit doit rester la vérité mais il faut surtout que cette vérité s'accompagne d'un climat psychologique que le médecin doit créer pour que le malade accepte de recevoir l'information.

B 73 La jurisprudence belge a précisé dans les termes suivants l'étendue des informations que le médecin doit donner à son patient: "il ne saurait être question d'imposer au praticien l'obligation de faire apparaître à son client toutes les conséquences défavorables possibles de l'intervention, même les plus rares et les plus hypothétiques au risque d'effrayer le patient et de le voir refuser à son plus grand dommage une intervention qui s'avère nécessaire" (Bruxelles 21 juin 1967, J. T. 1968, p 27) ou encore: "qu'en dehors des cas exceptionnels, tel le cas d'urgence, le médecin qui estime devoir appliquer une thérapeutique compartant des dangers sérieux ne peut y procéder qu'après avoir reçu de son patient un consentement libre et éclairé; que la patient a, en effet, le droit de se soumettre à un traitement dangereux ou de le refuser, droit qu'il ne peut exercer que s'il éclairé sur les conséquences de l'intervention qui lui est conseillée; que le consentement éclairé du patient n'implique pas toutefois la révélation complète du cas et une explication détaillée des dangers que comporte l'intervention préconisée, notamment les dangers les plus rares et les plus hypothétiques, pareille révélation pouvant être, d'ailleurs, de nature à compromettre le moral du malade et à l'amener à renoncer sans motif proportionné à une intervention utile à sa santé; que le praticien est tenu de faire connaître à son patient les dangers prévisibles et normaux de l'intervention envisagée; que par contre il n'a pas à lui révéler les dangers exceptionnels, c'est-à-dire ceux qui se réalisent rarement et qui sortent de l'ordinaire" (Liège 24 novembre 1971, Inédit).

B b) Le consentement doit être acquis en principe avant l'intervention. (Civ. Nice
74 16 janvier 1954, Dalloz J. 178). Il n'est pas donné en vue de n'importe quelle opération ou traitement mais pour une intervention bien déterminée. Ainsi le médecin supportera-t-il les risques s'il modifie, sans l'avis du patient, l'opération ou le traitement convenu (Nîmes 20 octobre 1953, JCP 54, 2.8222 et Note Clavel). Néanmoins, en cas d'urgence, le chirurgien a le devoir de procéder immédiatement à l'intervention et aucun reproche ne peut alors lui être fait sur le plan du consentement.

B Le consentement est alors présumé par la jurisprudence. Il en est de même si le
75 patient est incapable de manifester son consentement (enfant, dément, état comateux) et si l'urgence ne permet pas d'attendre qu'un des proches puisse être informé et consentir au traitement (cf. notre Traité de la responsabilité, Tome 1er, 1083; voir aussi Rijckmans et Zwig, n° 484 et 485).

B c) En principe le consentement à l'intervention doit émaner du patient lui-même et
76 non pas de tiers. Lorsqu'il s'agit d'un mineur, ses représentants légaux ou la personne sous l'autorité de laquelle l'enfant se trouve, sont qualifiés pour prendre la décision (Liège 30 juillet 1890, Pas. 1891, 2.78; Corr. Mons 2 avril 1936, RGAR n° 2182; Note Leclercq: "le médecin peutil opérer un enfant mineur sans le consentement du père?", J.T. 1949, p 317).

B On admet que si le malade est hors d'état de manifester sa volonté, le consente-
77 ment pourra émaner de ses représentants légaux ou de ses proches. Cette règle est souvent élargie dans la pratique, les médecins considérant facilement que le malade lui-même ne peut être consulté en raison de son état ni éclairé parce que la révélation de son mal lui serait néfaste. Nous pensons que c'est là une erreur de la part des médecins. La révélation due diagnostic à un tiers pour lui demander son consentement constitue en réalité la violation du secret professionnel à l'égard du patient (voir cependant le Code de déontologie français, décret n° 55, 1591 du 25 novembre 1955, qui dispose qu'une fois sa décision judicieusement arrêtée, le médecin doit s'efforcer de la faire exécuter et, d'autre part, qu'un pronostic rare peut légitimement être dissimulé au malade et qu'un pronostic fatal ne peut lui être révélé qu'avec la plus grande circonspection, tout en devant l'être à la famille, sauf interdiction du malade).

B La question de savoir par qui doit être donné le consentement peut être particu-
78 lièrement délicate en ce qui concerne les traitements dangereux ou interventions chirurgicales que doit subir une femme mariée. Les auteurs estiment, et nous partageons ce point de vue, que le médecin ne pourrait se contenter du consentement du mari lorsque la femme n'est pas hors d'état de manifester sa volonté (Lalou, Traité de la responsabilité civile, n° 773; Rijckmans et Zwig, Op. Cit. n° 487). Mais la question de savoir si, outre le consentement de la malade, le médecin doit aussi demander celui du mari est controversée. Certains l'affirment et soutiennent qu'il en est ainsi même si les époux sont en instance de divorce (Rijckmans et Zwig, Op. Cit. n° 487; Répertoire Pratique de Droit Belge, V. Art de guérir, n° 32), alors que d'autres prétendent que lorsque le patient est majeur et lucide et jouit de la plénitude de ses facultés mentales, il suffit de son autorisation sans que soit nécessaire celle de son conjoint.

B Nous pensons personnellement qu'il faut décider que lorsqu'une femme exige,
79 en raison de la nature de l'opération, que l'intervention qu'elle doit subir reste secrète, le médecin peut intervenir sans l'accord du mari. Il s'agit, en effet, d'une question touchant à la personnalité propre du malade. Il en est certainement ainsi

compte tenu de l'évolution récente de la législation belge en matière de capacité de la femme mariée.

B 80 d) A qui incombe la charge de la preuve du consentement? Est-ce au médecin qu'il appartient de prouver qu'il a obtenu le consentement de son patient ou à celui-ci de démontrer qu'il n'a pas consenti au traitement ou à l'intervention? La question a été sérieusement discutée dans la jurisprudence française (cf. Angers 4 mars 1948, Dalloz J. 298 et Note Savatier; cet arrêt considérait que pour être exonéré de toute responsabilité, le chirurgien devait démontrer que le malade avait consenti à l'opération. C'était l'opinion qui était à l'époque défendue par la doctrine française).

B 81 La Cour de Cassation de France a cependant cassé cette décision pour méconnaissance des règles de la preuve: le malade est demandeur à l'action en réparation; il doit donc prouver les éléments de la responsabilité du médecin et, en conséquence, le défaut de consentement (Civ. 29 mai 1951, Dalloz 1952, J. 53 et Note Savatier, JCP 51, 2. 6421 et Note Perrot, Gaz. Pal. 6.5. 1953, 41 et Note Nerson, JT 1951, p 533). La Cour de Cassation de France impose donc au malade de prouver qu'il n'a pas donné son consentement, preuve particulièrement difficile dans la mesure où il s'agit d'établir un fait négatif.

B 82 Certains auteurs ont critiqué cette solution de la Cour de Cassation de France. Savatier et Perrot, dans leurs notes précitées, considèrent tous deux que le problème a été mal posé par la Cour qui a oublié que toute atteinte à l'intégrité physique était en soi contraire à l'ordre social de telle sorte que le respect de la personne humaine impose au chirurgien de prouver la justification qui rend son intervention légitime et qui lui permet d'invoquer l'immunité dont il ne jouirait, selon ces auteurs, que dans le cadre due contrat qui implique le consentement du malade. Nous ne partageons pas ces critiques. Nous croyons que l'arrêt de la Cour de Cassation de France a adopté une solution correcte malgré une motivation sommaire. Il faut en effet appliquer ici les règles relatives à la charge des risques et à la preuve des conventions qui y sont relatives. D'une part, le malade nie qu'une convention a été conclue au sujet des risques, tandis que le médecin affirme le contraire. Comme en l'absence d'écrit, la preuve de la demande doit être faite par témoin ou présomptions, il faut se demander quelle est la première présomption qui s'impose au juge: c'est celle fondée sur le quod plerumque fit qui veut que normalement la médecin qui traite un malade le fasse avec son assentiment. Ce sera donc au demandeur qu'il appartiendra de renverser cette présomption.

e) Quelle est la portée de l'obligation pour un médecin de recueillir le consentement libre et éclairé de son malade ou, en d'autres mots, quelle est la conséquence du fait que le médecin serait intervenu sans avoir recueilli ce consentement?

B 83 On a soutenu qu'à défaut de consentement du malade le médecin perdait le bénéfice de l'immunité pénale dont il jouit en l'absence de toute faute d'imprudence et d'imprévoyance (cf. Hemard: Le consentement de la victime dans le délit de coups et blessures, Revue Critique 1939, p 293 et suiv.). Nous ne partageons pas cette manière de voir. Une faute par imprudence ou imprévoyance en relation de causalité nécessaire avec le dommage ne peut être déduite du seul fait que le médecin n'a pas demandé le consentement du malade. Certes, dans la mesure où un médecin interviendrait en portant atteinte à l'intégrité physique de son patient, non seulement sans avoir recueilli le consentement de celui-ci, mais en cas de refus exprès du malade de se soumettre à l'intervention, le médecin se rendrait coupable du délit de coups et blessures volontaires. Mais ce n'est pas sous cet aspect que le problème se pose généralement dans la jurisprudence puisque les espèces où le problème du consentement est traité révèlent toujours que la question est soulevée alors qu'aucune faute n'est reprochée au médecin et que le patient s'est volontairement soumis à l'intervention, mais qu'il conteste avoir été informé des risques de celle-ci.

B 84 Les auteurs français ont tendance à envisager le problème du consentement sous l'angle de la théorie générale de l'acceptation des risques en matière de responsabilité (cf. Lalou n° 343, 772 à 776; voir Mazeaud et Tunc, Tome 2, n° 1486 et suiv.). Ils considèrent dès lors que la question est de savoir si à côté de la faute du défendeur, la victime n'a pas commis aussi une faute ayant pour conséquence qu'elle doit supporter une part de responsabilité.

Le problème nous paraît cependant tout différent. Il ne se pose pas sous l'angle de la faute qu'aurait commise le malade en acceptant l'intervention mais bien sous celui de la situation du médecin qui, en l'absence de toute faute, intervient sans exiger le consentement du maladeou en passant outre son refus.

B 85 Pour la plupart des auteurs, le consentement du malade est une condition nécessaire de l'intervention du médecin, le défaut de consentement entraînant sa responsabilité en cas de dommage. Ainsi, selon Lalou, "en principe de médecin engage sa responsabilité quand il fait une opération dangereuse ou portant atteinte à l'intégrité corporelle – en dehors d'une nécessité absolue – sans le consentement du patient" (Traité n° 772; voir aussi Cass. française 8 novembre 1955, Dalloz 56, J. 3; JCP, 2, 9013 et Note Savatier).

B 86 L'analyse de cette jurisprudence nous paraît cependant révéler son caractère artificiel parce qu'aucune décision ne permet de déceler comment le défaut de consentement du patient pourrait être la cause du dommage. On a plutôt l'impression que le juge a voulu sanctionner une erreur de diagnostic qu'il estime non fautive mais qui a fait croire, à tort, à la nécessité de l'opération ou qui, à l'inverse, a empêché d'éclairer le patient sur la nécessité d'une intervention plus grave qui n'est apparue qu'en cours d'opération.

En s'efforçant de résoudre le problème de la portée du consentement en se plaçant sur le terrain classique de la responsabilité, il nous paraît que la jurisprudence aboutit à une impasse. Cette attitude conduit en effet à rechercher la faute et le lien de causalité entre cette faute et le dommage. Or, comment sera-t-il jamais possible de prouver, après l'intervention au cours de laquelle un risque s'est réalisé, que si le malade avait été bien informé, il aurait refusé son consentement?

B 87 Nous croyons, quant à nous, que ce n'est pas sur le terrain de la faute mais sur celui de la charge des risques que se situe la portée réelle du consentement du malade. En dehors de toute faute commise par le médecin, tout traitement et toute intervention sont susceptibles d'entraîner certains risques, les réactions de l'organisme humain présentant toujours une part d'incertitude et d'imprévision. En consentant à l'intervention, le patient accepte de supporter ces risques, tandis que le médecin qui agit sans le consentement du malade prend les risques à sa charge. Le médecin ne doit pas répondre des conséquences de l'acte médical malheureux quand le malade y a consenti, mais il perd le bénéfice de cette immunité en cas d'absence de consentement (voir dans ce sens: Desbois, Note sous Civ. Seine 16 mai 1935, DP 1936, 2, 9). Le consentement du malade est donc un élément du contrat qui se noue entre le médecin et son patient. En donnant son consentement libre et éclairé au traitement proposé ou à l'intervention suggérée, le patient accepte contractuellement d'en supporter les risques; si son consentement n'a pas été donné à cet égard, ces risques restent à charge du médecin.

B 88 A deux reprises au cours de ces dernières années, la jurisprudence belge a eu à se pencher sur le problème de la portée du consentement du malade. La solution qu'elle a apportée à la question est plus proche de celle de la jurisprudence française que de celle que nous préconisons.

Certes, dans la première espèce que nous analyserons ci-dessous, la Cour d'Appel de Bruxelles paraît avoir énoncé le principe d'une manière correcte en décidant que le médecin est tenu d'obtenir l'assentiment du malade "à peine de devoir supporter les risques de l'intervention", mais la Cour n'en a pas tiré les conséquences qui s'imposaient et lorsque la même affaire a été jugée ultérieurement par la Cour d'Appel de Liège, le débat a plus été placé sur le terrain de la faute que sur celui du consentement.

B 89 Dans le premier cas, il s'agissait d'une malade qui avait subi une alcoolisation du ganglion de Gasser pour soigner la névralgie du trijumeau dont elle souffrait; il en était résulté des conséquences graves entraînant une incapacité permanente de 45%, causée notamment par une paralysie de la face. Elle reprochait à son médecin de ne pas l'avoir éclairée sur les conséquences possibles de l'intervention qu'il lui avait conseillée. L'arrêt de la Cour d'Appel de Bruxelles fixe la règle d'une manière qui nous paraît tout à fait correcte lorsqu'il décide: "Qu'à peine de devoir supporter les risques de l'intervention, le médecin est tenu, avant de procéder à une intervention comportant des dangers sérieux, d'obtenir au préalable l'assentiment du malade et que, pour être valable, ce consentement doit être libre et éclairé". Le principe ainsi fixé, la Cour en précise également l'application en indiquant les limites à partir desquelles on doit considérer que le consentement est "libre et éclairé": "Qu'il ne saurait être question d'imposer au praticien l'obligation de faire apparaître à son client toutes les conséquences défavorables possibles de l'intervention, même les plus rares et les plus hypothétiques, au risque d'effrayer le patient et de le voir refuser à son plus grand dommage une intervention qui s'avèrerait nécessaire" (Bruxelles 21 juin 1967, J. T. 1968, p 27).

Dans le cas d'espèce la Cour de Bruxelles a décidé que les séquelles qui se sont réalisées étaient suffisamment exceptionnelles et imprévisibles pour que le médecin ne doive pas en informer particulièrement sa patiente; d'autre part, comme la malade avoit été envoyée chez le médecin spécialiste par son médecin traitant, la Cour a estimé que le médecin spécialiste pouvait considérer que le médecin traitant avait suffisamment renseigné la patiente quant aux différentes méthodes de traitement qui pouvaient être envisagées.

B 90 En ce qui concerne l'étendue des informations que le médecin doit donner à son malade, la Cour d'Appel avoit à résoudre un problème d'un intérêt particulier qui ne semble pas avoir été tranché dans la jurisprudence française jusqu'à présent: un certain nombre de risques des l'intervention étaient prévisibles tandis que le risque qui s'était réalisé dans le cas d'espèce pouvait être considéré comme ayant un caractère exceptionnel. Le médecin n'avait informé sa malade ni des uns, ni de l'autre. La Cour considère que dès lors que le risque qui s'est réalisé a un caractère exceptionnel, peu importe que le médecin n'ait pas informé sa patiente des risques qui avaient un caractère plus courant. Cela nous paraît une opinion critiquable: l'absence d'information au sujet des risques courants empêchait le contrat médical de se former valablement ou sujet de la prise en charge des risques de l'intervention. Dès lors, on ne pouvait pas supposer, même implicitement, que la malade avait également accepté de prendre en charge les risques exceptionnels de cette intervention. La solution adoptée par cet arrêt est d'autre part étonnante en ce qui concerne la dispense pour le médecin spécialiste de veiller personnellement à l'information de son malade, dès lors que celui-ci a été envoyé par un médecin généraliste, parce qu'il pouvait supposer que ce dernier avait veillé à donner à la malade les éclaircissements utiles.

B 91 Le contrat médical est évidemment un contrat intuiti personnae reposant sur la confiance du malade dans le médecin. Il nous paraît inconcevable qu'on doive admettre qu'un malade puisse se soumettre en pleine lucidité à l'intervention d'un chirurgien si, corrélativement, ce chirurgien n'a pas personnellement éclairé le malade dont il réclame le consentement. Comment, en effet, le médecin peut-il savoir si le consentement a été valablement éclairé alors qu'il n'aurait pas lui-même veillé à ce qu'il en soit ainsi? Comment peut-il savoir si, en réalité, le malade qui vient chez lui n'a pas été mal ou incomplètement informé s'il ne recueille pas lui-même le consentement de son patient? Il nous paraît que le médecin qui pratique une intervention a donc personnellement l'obligation de recueillir le consentement du malade et qu'il ne peut s'en remettre à ce sujet à ce qu'aurait fait ou dit un autre médecin non spécialisé dans ce domaine. Il doit à tout le moins vérifier que l'information du patient a été correcte.

B 92 La Cour d'Appel de Liège a eu à connaître de la même affaire après une première cassation pour défaut de réponse aux conclusions (Cass. 23 avril 1969). Puisque cette décision est inédite, qu'il nous soit permis d'en citer les passages essentiels:

Attendu qu'en dehors de cas exceptionnels, tels le cas d'urgence, le médecin qui estime devoir appliquer une thérapeutique comportant des dangers sérieux ne peut y procéder qu'après avoir reçu de son patient un consentement libre et éclairé; que le patient a, en effet, le droit de se soumettre à un traitement dangereux ou de le refuser, droit qu'il ne peut exercet que s'il est éclairé sur les conséquences de l'intervention qui lui est conseillée;

Attendu que le consentement éclairé du patient n'implique pas toutefois la révélation complète du cas et une explication détaillée des dangers que comporte l'intervention préconisée, notamment les dangers les plus rares et les plus hypothétiques, pareille révélation pouvant être, d'ailleurs de nature à compromettre le moral du malade et à l'amener à renoncer sans motif proportionné une intervention utile à sa santé;

Que le praticien est tenu de faire connaître à son patient les dangers prévisibles et normaux de l'intervention envisagée;

Que par contre, il n'a pas à lui révéler les dangers exceptionnels c'est-à-dire ceux qui se réalisent rarement et qui sortent de l'ordinaire;

Attendu qu'au surplus, ayant la préoccupation de réaliser les conditions les meilleures pour la santé de son patient, le médecin devra quant aux dangers prévisibles et normaux, formuler un avertissement tel que le patient ne puisse en éprouver une appréhension funeste et devra d'autre part, mettre en parallèle les dangers réels à assumer et l'utilité de son intervention.

B 93 Aucune décision belge n'avait formulé jusqu'à présent en termes aussi clairs et précis la nécessité pour le médecin de recueillir le consentement libre et éclairé de son malade en précisant en termes qu'on ne peut approuver l'étendue de l'avertissement qui doit être donné au malade.

L'arrêt recherche ensuite quels sont les risques que présentait l'intervention qui était conseillée à la malade pour déterminer parmi ces risques ceux qui avaient un caractère prévisible et dont la malade aurait dû être informés et ceux qui au contraire présentaient un caractère exceptionnel. L'arrêt ajoute ensuite:

B 94 Attendu qu'il faut considérer comme acquis que l'intimé n'a pas averti l'appelante du danger normal et fréquent de kératite, danger qui s'est réalisé (en même temps que s'étaient réalisés des risques beaucoup plus exceptionnels);

Attendu que dans les circonstances de la cause, cette abstention, en soi très regrettable, ne peut avoir pour effet de mettre à sa charge ce risque particulier de l'intervention et moins encore ceux dont il a été traité plus avant;

Attendu en effet qu'en raison, d'une part, des vives douleurs qu'éprouvait la patiente, douleurs restées rebelles malgré les injections de Benerva et qui justifiaient sans aucun délai une intervention radicale, et d'autre part, de l'appréhension éprouvée aussi par ladite patiente, qui se refusait à l'intervention sanglante, l'intimé a pu légitimement penser que le moral de sa patiente risquait d'être profondément atteint s'il lui expliquait la nature même de l'opération qu'il allait pratiquer et la séquelle – kératite – qui allait vraisemblablement s'en suivre à titre temporaire il est vrai; que cette révélation risquait d'entraîner dans le chef de la patiente, soit un refus hautement préjudiciable, soit une tension nerveuse particulièrement dangereuse pour le cours même de l'opération;

Attendu qu'ayant ainsi mis en parallèle d'un côté les souffrances auxquelles il fallait mettre fin sans retard, d'autre part le danger d'une kératite temporaire et sans douleur, l'intimé a pu, sans commettre une faute, procéder à l'alcoolisation avec l'accord de sa patiente sans l'avoir mieux éclairée sur les dangers inhérents à l'opération.

B 95 Il nous paraît que cette motivation ruine complètement les principes formulés par l'arrêt que nous avons cité plus haut. En effet, si l'on admet que dans tous les cas, le médecin peut librement juger que l'intérêt du malade est de ne pas l'avertir de l'intervention, pour ne pas provoquer soit un refus de la part du malade, soit une tension nerveuse, n'est-ce pas mettre complètement à néant l'obligation pour le médecin de recueillir le consentement libre et éclairé de son malade? Si l'on suit la thèse adoptée par l'arrêt, il faudrait en effet considérer que c'est le médecin que est seul juge des informations qu'il doit donner à son malade et qu'il est libre d'apprécier qu'il vaut mieux n'en donner aucune alors que c'est évidemment le malade qui peut seul décider, après avoir été éclairé par les médecins, s'il accepte ou non de se soumettre à l'intervention. Comment peut-on concilier cette motivation avec l'affirmation de la Cour que le patient "a le droit de se soumettre à un traitement dangereux ou *de le refuser,* droit qu'il ne peut exercer que s'il est éclairé sur les conséquences de l'intervention qui lui est conseillée".

B 96 Ces motifs de l'arrêt de la Cour d'Appel de Liège justifient une seconde critique dans la mesure où la Cour décide qu'en agissant sans avoir informé sa malade, le médecin a pu, *sans commettre une faute,* procéder à l'intervention. Ce n'est donc plus sur le terrain de la prise en charge des risques, indépendante de toute faute, que la Cour d'Appel de Liège se place, mais sur celui d'une faute dans l'exécution du contrat, que le médecin commettrait éventuellement en pratiquant l'intervention sans avoir recueilli le consentement éclairé du malade. C'est l'explication qui a souvent été adoptée par la jurisprudence française. Elle nous paraît cependant inexacte parce qu'elle conduit nécessairement à une impasse sur le plan de la causalité. Comment, en effet, peut-on affirmer que la faute que le médecin aurait commise en partiquant une intervention sans avoir recueilli le consentement de son malade serait la cause des risques qui se seraient réalisés pendant l'intervention, dans devoir supposer, ce qui ne trouve généralement aucun appui dans les faits, que s'il avait été complètement informé, le malade aurait nécessairement refusé de se soumettre à l'intervention.

B 97 Un pourvoi a été dirigé contre l'arrêt de la Cour d'Appel de Liège du 24 novembre 1971; il a été rejeté par l'arrêt de la Cour de Cassation du 4 octobre 1973. La motivation de l'arrêt est décevante en ce que la Cour de Cassation ne prend pas position d'une manière expresse sur la portée du consentement. Après avoir reproduit les motifs essentiels de l'arrêt entrepris, la Cour de Cassation exprime sa pensée dans les termes suivants:

Attendu qu'appliquant aux faits le principe dont il a *légalement* précisé la portée, l'arrêt décide, sans se contredire, qu'eu égard aux circonstances qu'il relève souverainement en fait, le défendeur avait obtenu l'accord de la demanderesse pour procéder à l'intervention, après lui avoir donné une information suffisante compte tenu de son état physique et moral.

B 98 Ce motif de la Cour de Cassation présente à la fois un aspect positif et un aspect négatif: un aspect positif dans la mesure où il déclare que l'arrêt de la Cour d'Appel de Liège a "légalement" précisé la portée du principe. C'est évidemment consacrer l'exactitude des principes énoncés dans la première partie de l'arrêt de la Cour d'Appel de Liège; un aspect négatif dans la mesure où la Cour de Cassation admet au moins implicitement la motivation du juge du fond lorsqu'il décide que le médecin peut considérer qu'en raison de l'état physique et moral du patient, il est préférable de ne pas lui révéler les risques de l'intervention. Un second moyen de cassation concernait plus particulièrement la question de la portée de l'absence de consentement en indiquant qu'il ne s'agissait pas d'un problème de responsabilité, mais d'une prise en charge des risques de l'intervention. Malheursement la Cour de Cassation n'examine pas le moyen. Elle rejette celui-ci "en constatant en fait ... que dans les circonstances de la cause, le défendeur avait pu procéder à l'alcoolisation du ganglion "avec l'accord de sa patiente" sans avoir à éclairer celle-ci spécialement quant au risque normal et prévisible d'une kératite temporaire et sans douleur", ce qui justifie légalement le dispositif de l'arrêt entrepris tant en ce qui concerne la conclusion du contrat médical qu'au point de vue de la responsabilité aquilienne.

Mais ici aussi en tout cas se dégage l'impression que la Cour de Cassation accepte la motivation donnée par la Cour d'Appel de Liège et nous pensons qu'il faut craindre dès lors que notre jurisprudence ne donne pas au problème de la nécessité de recueillir le consentement libre et éclairé du malade, sa véritable portée.

B 99 La seconde espèce a donné lieu à un jugement du Tribunal de Première Instance de Liège du 8 septembre 1975 (RGAR 1981, n° 10351), réformé par un arrêt de la Cour d'Appel de Liège du 23 avril 1980 (RGAR 1981, n° S 10294 et n° 10451)? Le pourvoi contre cet arrêt a été rejeté par l'arrêt de la Cour de Cassation du 8 octobre 1981 (RGAR 1983, 10590).

Le Tribunal de Première Instance comme la Cour d'Appel de Liège constatent que le médecin n'a pas dans le cas d'espèce recueilli le consentement libre et éclairé de sa patiente.

Le Tribunal de Liège s'exprime à cet égard dans les termes suivants: Attendu qu'avant d'entreprendre un traitement qui comporte des risques, tout médecin doit obtenir le consentement du malade après lui avoir fourni les éclaircissements nécessaires; qu'il s'agit là d'un principe essentiel attaché au respect de la personne humaine, au respect de son intégrité physique et au respect de la libre disposition d'elle-même; ...

Attendu qu'en l'espèce le devoir d'information était d'autant plus impérieux qu'à l'opposé de certaines interventions bien connues du grand public, les investigations très spécialisées auxquelles le défendeur devait se livrer n'avaient pour la demanderesse, comme pour tous les autres non initiés, qu'un contenu imprécisé, caché derrière des termes d'un vocabulaire médical rébarbatif...

B 100 Le Tribunal continue alors en considérant "qu'il échet d'examiner si la faute par omission commise par le défendeur (en ne recueillant pas le consentement) est en relation causale certaine avec le dommage; ... qu'à cet égard les parties demanderesses doivent démontrer que sans cette faute, le dommage ne se serait pas produit tel qu'il s'est réalisé; qu'autrement dit, dûment informée par le défendeur, la demanderesse ne se serait pas prêtée à l'examen litigieux; que les parties demanderesses restent en défaut de rapporter cette preuve même par présomption; qu'en effet si l'on met en présence, d'une part, la gravité des troubles cérébraux présentés par la patiente, l'inanité des investigations jusqu'alors entreprises et la nécessité d'un diagnostic certain, et, d'autre apart, les dangers inhérents à l'angiographie vertébrale demandée par les médecins de la demanderesse, il est à tout le moins douteux que cette dernière se soit refusée à cette recherche". Le Tribunal déboute donc la partie demanderesse.

B 101 La Cour d'Appel retient également l'erreur du médecin pour ne pas avoir recueilli le consentement de son patient mais interprète différemment les présomptions concernant la causalité:

Attendu qu'il ressort des éléments de la cause que l'appelante qui ne souffrait d'un syndrome vertigineux intense que depuis un certain nombre de semaines ... et dont rien ne permet de croire, contrairement à ce qu'affirme l'intimé, qu'elle craignait d'être atteinte d'une tumeur cérébrale évolutive, dûment avertie des risques réels des pratiques proposées et querellées en aurait pour le moins différé le recours éventuel et n'aurait donc pas subi le dommage tel qu'encouru, ces examens litigieux s'étant en l'occurence révélés d'ailleurs comme inutiles; qu'ainsi, sans la faute commise, le dommage ne se serait pas produit tel qu'il s'est réalisé; qu'en conséquence l'action des demandeurs originaires est fondée ...

B 102 L'arrêt de la Cour de Cassation intervenu dans cette affaire ne présente aucun intérêt sur le plan doctrinal. Le moyen de cassation invoquait uniquement un défaut de réponse aux conclusions et la Cour considère que ce moyen manque en fait.

Nous soulignerons que personnellement nous considérons que la motivation de l'arrêt de la Cour d'Appel de Liège reproduit ci-dessus, en ce qui concerne la causalité, ne paraît pas plus convaincante que celle du jugement. C'est par une affirmation purement arbitraire et en se substituant en réalité à la partie demanderesse que la Cour décide que celle-ci aurait au moins différé le recours éventuel à l'examen dommageable (le dommage aurait-il été autre si l'examen avait été fait à un autre moment?). L'argument que l'examen litigieux s'était en l'occurence révélé inutile est évidemment sans pertinence: l'inutilité de l'examen n'a pu apparaître qu'après l'exécution de celui-ci.

B 103 Ces deux décisions nous paraissent confirmer qu'en plaçant le débat sur le terrain de la responsabilité, au sens des articles 1382 et 1383 du Code civil, on en arrive fatalement à supprimer toute sanction efficace pour le médecin qui n'aurait pas obtenu le consentement éclairé de son malade. Le recherche de l'existence ou non d'un lien de causalité ne peut aboutir, dans ce cas, qu'à des solutions arbitraires qui ne sont pas de nature à respecter les droits fondamentaux de la personne du malade. Ce n'est pas sur le terrain de la faute que le problème trouvera sa solution mais bien sur celui de la prise en charge des risques.

VI. Causalité

B 104 La jurisprudence belge reste fidèle dans l'ensemble à la théorie de l'équivalence des conditions. Il n'y a pas de problème particulier qui se pose à cet égard en matière de responsabilité médicale, si ce n'est peut être en ce qui concerne le problème de la perte d'une chance.

Il est en effet fréquent que la faute du médecin a eu pour conséquence d'aggraver pour le patient le risque de décès ou de diminuer pour lui les chances de guérison. Lorsque l'on est en présence de cette situation, le problème peut être vu aussi bien sous l'angle de la causalité que sous l'aspect de l'étendue du préjudice.

Il semble résulter de la jurisprudence française que les cas sont de plus en plus fréquents où les tribunaux ont tendance à considérer que la faute du médecin a entraîné ainsi une perte de chance (Pour les développements de la jurisprudence française sur cette question, voir "Traité de la responsabilité civile" de Melle Geneviève Viney, Tome I. In: Traité de Droit civil par Jacques Ghestin: n° 278 à 284, p. 341 suiv. et n° 370 à 374).

B 105 Comme le souligne très exactement Mademoiselle Viney, l'objectif de cette jurisprudence est en fait d'assouplir pour la victime la charge de la preuve, tant du lien de causalité que du dommage.

B 106 La jurisprudence belge sur la question est moins abondante. Toutefois, la Cour de Cassation de Belgique s'est en tous cas prononcée dans un sens différent de la jurisprudence française, en considérant, sur le plan pénal, que si un médecin avait seulement fait perdre à sa malade une chance de survie, même si cette chance était de 90%, le juge du fond ne pouvait considérer que le lien de cause à effet entre le dommage et le dommage était établi, s'il n'indiquait pas pourquoi il fallait éliminer les 10% de risques de voir le décès survenir indépendamment de toute faute du médecin (Cass. 23 septembre 1974, RGAR n° 1976, n°9659, et note R.O. Dalcq). La Cour de Cassation de Belgique se plaçait ainsi sur le terrain de la preuve de l'existence du lien de causalité entre la faute et le décès et faisait application de la jurisprudence qui considère que, lorsque la faute constitue une infraction, il suffit pour le prévenu d'invoquer pour sa défense une allégation qui n'est pas dénuée de fondement pour qu'il incombe alors à la partie poursuivante de rapporter la preuve que cette allégation est inexacte.

B 107 Mais sur un plan plus pratique cela signifie-t-il que chaque fois que la faute sera considérée non pas comme ayant été la cause immédiate du dommage, mais seulement comme ayant fait perdre à la partie préjudiciée certaines chances de ne pas voir le dommage se produire, il faudrait nécessairement acquitter le prévenu et débouter la partie lésée de son action?

La réponse à cette question n'est pas donnée clairement, ni dans la jurisprudence, ni dans la doctrine belge.

Il nous paraît qu'il faut faire cependant ici une distinction entre les actions pénales et les actions civiles.

En matière pénale, on ne peut, à notre avis, assimiler aux infractions par imprudence, visées par les articles 418 et suivants du Code pénal, dispositions qui impliquent l'existence d'une lésion corporelle involontaire, le fait d'avoir fait perdre à une personne la chance de ne pas être tuée ou de ne pas être blessée. En d'autres mots, il nous paraît que la perte d'une chance n'est pas un élément constitutif de l'infraction et que dans les cas où il y aurait simplement perte de chance la juridiction pénale ne serait pas compétente. Par contre, sur le plan civil, la perte d'une chance de survie ou de guérison, ou la perte de la chance de ne pas être atteint d'une lésion corporelle, peut être évaluée comme un préjudice sur le plan économique et justifier dès lors l'allocation de dommages et intérêts.

VII. Charge de la preuve

B 108 La problème n'est pas propre à la responsabilité médicale mais des indications nécessaires ont été données ci-dessus, compte tenu du fait que la faute du médecin constitue le plus souvent une infraction pénale.

VIII. Experts

B 109 Dans tous les cas de responsabilité médicale les tribunaux désignent un ou des experts. Le plus souvent il s'agit d'un collège d'experts composé d'un médecin-légiste et de deux professeurs d'université. Comme indiqué ci-dessus, l'expertise n'est pas contradictoire lorqu'elle est ordonnée dans le cadre d'une instruction répressive; elle est, par contre, contradictoire dans les procédures civiles.

IX. Dommages

B 110 La réparation des dommages causés par une faute entraînant la responsabilité d'un médecin se fait selon le droit commun de la responsabilité. Le principe est la réparation intégrale du dommage qui comprend aussi l'indemnisation pour le pretium doloris et pour les différents dommages moraux que la victime peut encourir: préjudice esthétique, préjudice d'agrément, préjudice voluptatis, etc....

D. Responsabilité des cliniques, des assistants et des choses

I. La responsabilité du médecin du fait des choses qu'il emploie

B 111 Il n'existe pas dans le droit belge une principe général de responsabilité du fait des choses. Bien que l'article 1384, alinéa 1er du Code civil soit rédigé en Belgique de la même manière qu'en France, l'interprétation que lui donne la jurisprudence belge est sensiblement différente de celle que cette disposition a reçue en France.

On sait, en effet, qu'en France l'article 1384, alinéa 1er s'applique dès qu'il y a fait de la chose. Au début du siècle, la jurisprudence belge a été influencée par l'évolution de la jurisprudence française dans ce domaine et depuis 1904 la Cour de Cassation décide que la 1er alinéa de l'article 1384 édicte à charge du gardien d'une chose affectée d'un vice une présomption de responsabilité si le vice est la cause du dommage. C'est donc par l'exigence d'un vice, intrinsèque ou inhérent à la chose, que la jurisprudence belge se distingue à cet égard de la jurisprudence française. La différence est évidemment très importante sur le plan pratique. Les cas d'application de l'article 1384, alinéa 1er en Belgique sont beaucoup moins nombreux que les cas d'application de cette disposition en France puisque s'il est fréquent qu'une chose intervienne dans l'enchaînement des phénomènes qui conduisent à la réalisation d'un dommage, il est heureusement moins fréquent que le dommage soit causé par un vice de la chose.

B 112 Si l'on en croit l'analyse de la jurisprudence, l'hypothèse est particulièrement rare dans le cadre le la responsabilité médicale. Nous ne connaissons, en effet, pas de décision publiée sur la question. Un jugement inédit du Tribunal de Namur a cependant admis l'application de l'article 1384, alinéa 1er du Code civil en cas de vice d'un appareil à rayons X mais ce jugement a été réformé par un arrêt de la Cour d'Appel de Liège du 2 mars 1972, également inédit pour le motif que le vice de la chose n'était pas établi.

B 113 La doctrine a examiné le problème (cf. Répert. Prat. de Droit Belge, Verbo Responsabilité n° 923; notre traité de la responsabilité civile, Tome I, n° 1030 et suiv.).

D'un point de vue théorique, l'application de l'article 1384, alinéa 1er dans le cadre de la responsabilité médicale peut en effet soulever une difficulté.

Nous avons dit au début de cet exposé que le droit belge admettait le concours des responsabilités contractuelle et quasi-délictuelle dans les cas où la faute contractuelle constituait également une infraction pénale.

B 114 Or, dans l'hypothèse où la responsabilité du médecin pourrait être engagée sur le fondement de l'article 1384, alinéa 1er du Code civil, en tant que gardien d'une chose affectée d'un vice, par hypothèse il n'y aurait pas d'infraction pénale puisque la présomption de responsabilité édictée par l'article 1384, alinéa 1er peut se confondre avec la faute personnelle réprimée par les articles 418 et suiv. du Code pénal. Si l'on applique dès lors strictement les principes de notre jurisprudence en matière de concours des responsabilités, on devrait considérer que le concours des responsabilités est exclu dans l'hypothèse où la responsabilité du médecin ne pourrait être engagée qu'en sa qualité de gardien d'une chose affectée d'un vice. Dès lors, s'il existe effectivement un contrat entre le médecin et le patient, nous pensons que le patient ne pourrait pas se prévaloir à l'égard du médecin de l'article 1384, alinéa 1er. Il ne pourrait invoquer le vice de la chose comme cause de la responsabilité contractuelle du médecin que dans la mesure où l'on pourrait considérer qu'il y a une faute du médecin pour ne pas avoir pris toutes les précautions qui s'imposaient afin d'éviter de se servir dans l'exécution du contrat d'une chose affectée d'un vice.

B 115 Par contre si l'on se trouve dans une des hypothèses où il n'y a pas de contrat – relation administrative entre le patient d'un hôpital public et les médecins qui l'ont soigné, intervention d'urgence du médecin à l'égard d'un patient non conscient, etc. – rien n'empêcherait que la victime du dommage causé par le vice d'une chose se prévale à l'égard du gardien de cette chose de l'article 1384, alinéa 1er du Code civil. Il appartiendra alors d'apprécier en fait si le gardien est le médecin lui-même ou par exemple l'institution hospitalière.

II. Responsabilité des médecins du fait d'autrui

B 116 Sur le plan contractuel le médecin est responsable de ceux auxquels il a recours pour l'assister dans l'exécution de ses obligations contractuelles.

Sur le plan quasi-délictuel, le médecin peut également être responsable comme commettant dans le sens de l'article 1384, alinéa 3, de ses préposés qui auraient commis une faute dans l'exercice de leurs fonctions.

B 117 Ce deuxième cas est certainement le plus simple. La jurisprudence montre de nombreux exemples de cas où l'on a considéré que le médecin était responsable comme commettant au sens de l'article 1384, alinéa 3 du Code civil, des fautes commises par des infirmières, des assistants, des internes, et.... (cf. Rijckmans et Zwick, op. cit., n° 587 et suiv.; Dalcq, Traité de la responsabilité civile, Tome 1er, n° 1032; Corr. Mons 2 avril 1936, RGAR n° 2182; Liège 7 juillet 1942, Pas. 1943, 2, 15. Pour la jurisprudence française voir notamment les réf. citées dans notre Traité au n° 1032). La question peut cependant se poser sur le plan quasi-délictuel de savoir si c'est le médecin ou l'institution hospitalière qui est effectivement le commettant de ceux qui l'assistent. La question devra être analysée en fait dans chaque espèce; elle dépendra de l'indépendance du médecin par rapport à l'institution hospitalière et du point de savoir si la subordination des assistants existait à l'égard du médecin agissant à titre personnel ou s'il faut considérer que le médecin lui-même n'était que le préposé de l'institution et n'exerçait donc l'autorité que pour compte de celle-ci.

B 118 Cette dernière remarque est importante dans le cas des hôpitaux publics parce que l'on considère en effet que les médecins qui travaillent dans les hopitaux gérés pas les Centres Publics d'Aide Sociale sont des préposés de la personne morale (voir dans ce sens l'arrêt encore inédit rendu le 28 octobre 1982 par la 2e Chambre de la Cour d'Appel de Bruxelles).

Si l'on se place sur le terrain exclusivement contractuel, le principe est qu'un contractant est responsable vis-à-vis de l'autre partie au contrat, des fautes commises par ses aides ou ses assistants auxquels il recourt pour assurer l'exécution du contrat. La règle est générale en matière contractuelle. On n'imagine pas, par example, qu'un chef d'entreprise puisse invoquer qu'une faute a été commise par l'un de ses subordonnés pour justifier le retard dans la livraison d'une commande ou la circonstance que l'objet commandé soit affecté d'un vice. Sur le plan contractuel il reste évidemment tenu du respect de ses obligations.

B 119 Ainsi a-t-il été jugé en matière médicale que le chef de service pouvait voir sa responsabilité engagée lorsqu'il a permis à un autre médecin, jeune diplômé scientifique et non aguerri, de pratiquer une intervention dans des conditions qui ne permettaient pas au chef de service de prévenir une maladresse éventuelle de celui qui n'était en fait qu'un simple assistant travaillant sous sa responsabilité (Cour d'Appel de Bruxelles, 6 juin 1972. Pas. 1972, 2, 161. Voir aussi l'arrêt de la Cour de Cassation intervenu dans cette affaire: 16 mai 1974, Pas. 1974, 1, 967).

Une note sous l'arrêt de la Cour de Cassation précité rappelle que la doctrine considère que le médecin, lié au malade par un contrat médical, c'est-à-dire un contrat par lequel le médecin s'engage à traiter le patient avec une diligence et une prudence normales et à lui donner des soins conformes aux données de la science, est responsable du médecin qu'il a associé à son obligation. Il en découle notamment que le chirurgien est responsable de l'anesthésiste qu'il s'est choisi sans qu'il y ait un contrat direct entre le patient et cet anesthésiste. Le chirurgien doit répondre des fautes commises par le médecin-anesthésiste parce que celui-ci, par ses fautes, provoque l'inexécution de l'obligation d'opération consciencieuse et conforme aux données de la science assumée contractuellement par le chirurgien envers le malade (cf. Ambialet: "Responsabilité du fait d'autrui en droit médical"; voir aussi sur la question Leymarie: "Anesthésie et responsabilité civile des médecins en clientèle privée", JCP, Doctrine, 1974, n° 2630).

B 120 Cette solution est également confirmée par un arrêt de la Cour de Cassation de France du 18 octobre 1960 (Dalloz 1961, Jurisprudence, p 125; JCP 1960, 11 846 et note Savatier). Cet arrêt, après avoir évoqueé le principe que "le chirurgien investi de la confiance de la personne sur laquelle il va pratiquer une opération, est tenu, en vertu du contrat qui le lie à cette personne, de faire bénéficier celle-ci, pour l'ensemble de l'intervention de soins consciencieux, attentifs et conformes aux données de la science" ajoute "qu'il répond, dès lors, des fautes que peut commettre le médecin auquel il a recours pour l'anesthésie et qu'il se substitue en dehors de tout consentement du patient pour l'accomplissement d'une partie inséparable de son obligation".

B 121 Il faut souligner en conclusion de cet examen de la responsabilité des médecins du fait d'autrui qu'il n'existe pas dans la jurisprudence belge à proprement parler de responsabilité "de groupe". Sur le plan quasi-délictuel, le médedin est responsable du fait d'autrui par application de l'article 1384, alinéa 3, à condition que la personne dont il doit répondre ait commis une faute; sur le plan contractuel il est, comme indiqué ci-dessus, personnellement responsable vis-à-vis de son patient des fautes de ses aides et assistants. La responsabilité d'un "groupe" ou plus exactement d'une "équipe" médicale ne pourrait être envisagée dans notre jurisprudence que dans l'hypothèse où une faute aurait été commise par chacun des membres de l'équipe, ce qui pourrait alors entraîner leur condamnation in solidum à la réparation du dommage.

B 122 Ainsi dans un arrêt récent, la Cour d'Appel de Bruxelles, dans un cas où un accidenté, victime de fractures aux deux jambes a été atteint d'une gangrène gazeuse le 3ᵉ jour de son hospitalisation, la responsabilité successive du chirurgien qui est intervenu lors de l'arrivée du blessé à l'hôpital et qui a pratiqué la première intervention ainsi que celle du médecin de garde le samedi et le dimanche au cours desquels les signes de la gangrène gazeuse sont apparus (Bruxelles le 28 octobre 1982, inédit) ont été reconnues.

Il ne s'agit cependant pas d'une responsabilité conjointe des membres d'une équipe mais bien de fautes successives, s'échelonnant dans le temps, commises par des médecins ayant des responsabilités différentes au sein de l'institution.

III. Responsabilité des cliniques et hôpitaux

1. Le contrat d'hospitalisation

B 123 En principe, quand un malade est placé dans un établissement de soins, le contrat d'hospitalisation vient se juxtaposer au contrat médical dont l'obje est uniquement de soigner le patient.

On sait qu'en principe, le contrat médical n'impose au médecin qu'une obligation générale de prudence et de diligence ou, en d'autres termes, une obligation de sécurité indéterminée. En est-il encore de même lorsque le contrat médical se double d'un contrat d'hostpitalisation? Les obligations assumées par l'institution hospitalière sont-elles également des obligations de moyen ou n'y aurait-il pas ici une part d'obligation de résultat?

B 124 Certains auteurs ont souligné que le malade qui se confie à une clinique ou à un hôpital fait un abandon partiel de sa liberté et s'en remet en grande partie à l'institution du soin d'assurer sa sécurité. Ne faut-il pas en déduire que le patient est en droit d'attendre qu'aucun accident ne se produise, en telle sorte qu'il ne suffirait pas à l'institution hospitalière d'alléguer qu'elle a pris toutes le précautions nécessaires pour éviter les accidents? Si un accident survient, l'établissement hospitalier ne doit-il pas prouver, pour dégager sa responsabilité, que l'accident es dû à une cause étrangère (voir à cet égard Mazeaud et Tunc, Tome 1, n° 159, 2 et réf.)?

B 125 On peut certes admettre que les institutions hospitalières assument une obligation de sécurité, mais cela ne signifie pas qu'il s'agit nécessairement d'une obligation de résultat. Le contrat d'hospitalisation comporte des obligations multiples, certaines peuvent être des obligations de moyen, d'autres des obligations déterminées. Dans les grandes lignes, il semble qu'on puisse faire la distinction entre, d'une part, l'obligation assumée par l'institution hospitalière quant aux soins à donner (piqûres, exécution des prescriptions des médecins, soins généraux, etc....) et à cet égard la clinique n'est tenue, comme le médecin, que d'une obligation générale de prudence et de diligence, et, d'autre part, l'obligation de loger et de nourrir le malade, de mettre à sa disposition les appareils qu'exige le cas, la salle d'opération, etc. ... Si l'obligation de soins n'est qu'une obligation de moyen, l'obligation de garde qui implique l'obligation d'éviter les accidents, peut être une obligation de résultat. C'est en tout cas dans ce sens qu'une partie de la jurisprudence française s'est prononcée (voir not. Cass. fr. civ. 6 mars 1945, Dal; J., 217, Corr. Seine 21 novembre 1949, Gazette du Palais, 50, 1, 146).

La jurisprudence belge ne s'est pas prononcée explicitement sur la question, mais la doctrine se réfère à cet égard à l'enseignement de la jurisprudence française (voir Novelles, Tome V, I, n° 1130).

B 126 La jurisprudence française a spécialement fait appel à cette distinction entre les obligations de moyen et les obligations de résultat dans le contrat d'hospitalisation, lorsqu'il s'agit de soigner un débile mental ou un aliéné, parce que le but essentiel du contrat est alors d'assurer avant tout la sécurité du malade, même contre son gré. On a voulu parfois étendre la même règle aux autres cas d'hospitalisation, mais la majorité de la jurisprudence française considère qu'il ne s'agit alors que d'une obligation de moyen en dehors du cas des malades mentaux. La jurisprudence belge ne s'est guère prononcée sur la question, et ne paraît pas avoir eu l'occasion d'approfondir les obligations qui dérivent du contrat d'hospitalisation (voir cependant Civil Liège, 24 novembre 1952, Bull. Ass. 1953 p. 590; Beyens: "Responsabilité des établissements hospitaliers", Bull. Ass. 1965, p. 833).

B 127 Même lorsqu'il s'agit de malades mentaux, la jurisprudence belge n'a pas consacré l'existence d'une obligation de résultat en ce qui concerne la garde de ces malades. Elle exige toujours la preuve d'une faute pour retenir la responsabilité de l'institution (voir notamment Cour d'Appel de Bruxelles 14 avril 1953, RGAR 1953, n° 5211; Sentence arbitrale, Gand 29 mars 1929, RGAR 1929, n° 507; Cour d'Appel de Bruxelles 29 janvier 1964, Bull. Ass. 1965, p. 907).

La Cour d'Appel de Liège déclare, dans un arrêt de 1961, que l'obligation contractuelle d'une clinique envers le patient est une obligation de moyen et que la circonstance que la clinique s'est substituée, dans l'exécution de tout ou partie de ses obligations contractuelles, un personnel spécialisé, ne modifie en rien les principes de la responsabilité contractuelle (Liège 13 avril 1961, J. T. 1962, p. 62 et obs.).

B 128 Malgré le peu de décisions publiées, on peut donc dire que la jurisprudence belge n'ait pas consacré l'existence d'une obligation de résultat dans le chef des institutions hospitalières en ce qui concerne l'obligation de garde des malades, et cela même dans le cas où il s'agit de malades mentaux.

En ce qui concerne les soins médicaux qui rentrent dans les attributions du personnel attaché à l'établissement, médecins ou infirmières, l'on applique généralement les règles de la responsabilité médicale, la responsabilité de l'institution n'étant qu'une responsabilité du fait d'autrui (voir infra). A cet égard, la jurisprudence française s'est souvent demandé si l'obligation qui avait été mal exécutée ou qui n'avait pas été exécutée incombait en réalité au médecin traitant ou à l'institution de soins. La jurisprudence a décidé, à cet égard, que la distinction entre les soins médicaux qui incombent au médecin et les soins hospitaliers était une question de fait. Spécialement, lorsqu'une faute a été commise par une infirmière, on s'est interrogé sur la question de savoir si celle-ci pouvait être considérée comme la préposée du chirurgien ou du médecin qui avait ordonné telle ou telle prestation ou de l'institution de soins qui avait engagé l'infirmière. En ce qui concerne les soins post-opératoires, la jurisprudence a tendance à considérer que l'infirmière n'est pas la préposée du médecin, mais celle de la clinicque, tandis qu'elle serait, selon la jurisprudence française, la préposée du chirurgien pendant le temps de l'opération. Même cette solution nous paraît contestable aux yeux de la jurisprudence belge. Ce n'est pas parce que l'infirmière est placée sous l'autorité du chirurgien pendant la durée d'une intervention qu'elle cesse d'être la préposée de l'institution de soins qui l'a engagée et à l'égard de laquelle elle est liée par le contrat de louage de services.

B 129 On peut donc dire de manière générale que dans le cadre du contrat d'hospitalisation, la responsabilité contractuelle de l'institution ne sera jamais engagée que dans la mesure où l'on rapportera la preuve de l'existence d'une faute. La question se pose de savoir si, à côté de cette responsabilité contractuelle à base de faute, l'institution hospitalière ne peut pas avoir aussi engagé sa responsabilité sur base de la responsabilité du fait des choses (art. 1384, alinéa 1er du Code Civil). Mais nous pouvons renvoyer, à cet égard, à ce que nous avons dit à ce sujet à propos des médecins.

2. *Responsabilité du fait d'autrui dans le chef des hôpitaux privés*

B 130 Les hôpitaux privés sont normalement constitués en sociétés de droit commercial et jouissent, à ce titre, de la personnalité civile. Dans certains cas, on rencontre également des cliniques privées constituées sous la forme d'associations sans but lucratif, mais cela devient de plus en plus exceptionnel.

Le problème de la responsabilité du fait d'autrui des institutions de soins privées existe à l'égard du personnel para-médical comme à l'égard des médecins.

B 131 a) *Responsabilité du fait des infirmières et du personnel subalterne.* Il est incontestable que les infirmières et que le personnel para-médical doivent être considérés comme des préposés de l'institution de soins qui les a engagés. La responsabilité de cette institution sera donc engagée sur base de l'article 1384, aliéna 3 du Code civil pour toute faute commise par ces infirmières ou le personnel para-médical.

B 132 Sans doute pourrait-on invoquer ici également l'arrêt de la Cour de Cassation du 7 décembre 1973 précité, qui dit que la responsabilité quasi-délictuelle du préposé ou de l'agent d'exécution qui intervient pour exécuter une obligation contractuelle d'une partie ne peut être engagée que si la faute à lui imputée constitue la violation, non pas de l'obligation contractuelle, mais d'une obligation qui s'impose à tous. Cependant, cette règle reste théorique en l'espèce, puisqu'aussi bien la faute, dans ce domaine-ci, est pratiquement toujours constitutive d'infraction de coups et blessures involontaires ou d'homicide involontaire, et l'on considère donc bien qu'il s'agit de la violation d'une obligation qui s'impose à tous, ce qui permet l'application des règles de la responsabilité du fait d'autrui, fondée sur l'article 1384, aliéna 3 à côté de l'application des règles de la responsabilité contractuelle. Il faut cependant tenir compte ici de la loi du 3 juillet 1978 (loi relative au contrat de travail) dont l'article 18 dispose en effet: "en cas de dommages causés par le travailleur à l'employeur ou à des tiers dans l'exécution de son contrat, le travailleur ne répond que de son dol et de sa faute lourde. Il ne répond de sa faute légère que si celle-ci présente, dans son chef, un caractère habituel plutôt qu'accidentel". On doit en déduire que la responsabilité du commettant reste engagée à l'égard des tiers dans des cas où la responsabilité personnelle du préposé ne pourrait plus être retenue. Telle est, en effet la situation si le préposé, l'infirmière en l'espèce dans l'hypothèse qui nous occupe, commet une faute légère ayant un caractère accidentel et non habituel (cf. Cass. 18 novembre 1981, RGAR 1982, n° 10459; Bruxelles 1.4. 1981, RGAR 1982, n° 10460; Bruxelles 7 mai 1981, RGAR 1982, 10461 et observ.)

B 133 Toute faute commise par les infirmières dans l'exécution de leur mission est susceptible d'engager leur responsabilité (sous réserve de la loi du 13 juillet 1978) et celle du commettant comme civilement responsable. Les fautes que l'on rencontre le plus souvent dans la pratique sont de deux ordres:

- soit une mauvaise exécution des soins et de la surveillance après une intervention chirurgicale;
- soit une erreur dans le comptage des instruments ou des compresses, avec comme conséquence que l'on ne constate pas, à la fin de l'intervention, qu'une compresse ou qu'un instrument serait resté dans le corps du patient. Dans ce dernier cas, la jurisprudence considère que la faute résulte des circonstances elles-mêmes – res ipsa loquitur – mais la tendance de la jurisprudence est de retenir principalement, à cet égard, la responsabilité du chirurgien, en considérant que le comptage des compresses ou des instruments par l'infirmière de la salle d'opération se fait sous sa responsabilité et qu'il doit le contrôler. Cette vue des choses est peut-

être plus théorique que concrète, et il nous paraît personnellement certain qu'il y a lieu, en pareil cas, au moins de retenir la responsabilité personnelle de l'infirmière et donc de l'institution comme civilement responsable à côté de la responsabilité du chirurgien.

B 134 b) *Responsabilité de l'institution de soin du fait des médecins.* Le problème est évidemment ici de déterminer si le médecin est un préposé ou non au sens de l'article 1384, aliéna 3 du Code civil (cf. cidessus). Il est évident que, lorsque le médecin est effectivement un préposé, la responsabilité de l'institution de soins privée, qui imploie le médecin, peut être engagée, sur base de l'article 1384, aliéna 3, en sa qualité des commettant du médecin, mais il ne faut pas perdre de vue que, notamment pour échapper à cette responsabilité, les institutions des soins recherchent souvent des formules de mise à la disposition des médicins de locaux et de matériel, tout en soulignant l'indépendance complète du médecin dans l'organisation de ses prestations, ce qui conduit la jurisprudence à mettre en doute alors l'existence d'un lien de subordination. Il faut ajouter que, sur le plan pratique, la queestion a souvent perdu de son intérêt, dans la mesure où les médecins sont personnellement assurés pour les cas de mise en cause de leur responsabilité professionnelle.

3. Responsabilité du fait d'autrui des hôpitaux publics

B 135 La plupart des hôpitaux publics sont, en Belgique, gérés par les Centres Publics d'Aide Sociale, mais il existe cependant des cas où les hôpitaux son gérés soit par une province, soit par l'Etat (c'est le cas notamment pour les hôpitaux militaires).

Les Centres Publics d'Aide Sociale ont été créés par la loi du 8 juillet 1976. Ils sont les héritiers des anciennes Commissions d'Assistance Publique. En vertu de l'article 2 de la loi du 8 juillet 1976, les Centres Publics d'Aide Sociale sont des établissements publics dotés de la personnalité juridique. La loi dispose: "qu'ils remplacent les Commissions d'Assistance Publique et succèdent à tous leurs biens, droits charges et obligations". Il y a, en principe, un Centre Public d'Aide Sociale dans chaque commune du Royaume.

Avant d'examiner la responsabilité du fait d'autrui des Centres Publics d'Aide Sociale ou de toute autorité administrative qui aurait, dans sa responsabilité, la gestion d'un hôpital, il faut rappeler en quelques mots les principes qui régissent en Belgique la responsabilité des pouvoirs publics et des autorités administratives.

La Belgique se caractérise à cet égard par un système propre très différent de celui du droit français. En effet, tout le problème de la responsabilité des pouvoirs publics reste entièrement soumis, dans le système belge, au droit civil. Il n'y a aucune législation de principe en Belgique sur la responsabilité de l'Etat et de la puissance publique; la construction est de nature entièrement jurisprudentielle et a conduit à la soumission de l'administration aux règles de la responsabilité telles qu'elles découlent des articles 1382 et 1383 du Code civil.

B 136 C'est par un arrêt de la Cour de Cassation du 5 novembre 1920 que les principes essentiels de cette responsabilité ont été dégagés. Depuis 1920, de nombreux arrêts de la Cour de Cassation ont été amenés à préciser l'étendue de la compétence des autorités judiciaires dans le jugement des actes de l'administration. Dans un arrêt du 7 mars 1963, la Cour de Cassation a confirmé les solutions qui se dégageaient déjà de l'arrêt du 5 novembre 1920, et l'on peut dire que, depuis lors, la tendance de la jurisprudence des tribunaux judiciaires a été d'élargir sans cesse leur compétence dans le jugement des actes qui peuvent être reprochés à l'administration.

B 137 Certes, il existe en Belgique un Conseil d'Etat, mais la compétence de celui-ci est beaucoup plus limitée qu'en France, puisque le Conseil d'Etat n'est pas compétent pour apprécier la responsabilité de l'administration. Sans entrer dans les détails, on peut dire que le rôle essentiel du Conseil d'Etat sur le plan du contentieux est la compétence qui lui est reconnue par l'article 14 des Lois coordonnées du 12 janvier 1973, de statuer par voie d'arrêts sur les recours en annulation pour violation des formes soit substantielles, soit prescrites à peine de nullité, excès ou détournement de pouvoir, formés contre les actes et règlements des diverses autorités administratives ou contre les décisions contentieuses administratives.

Sans doute la loi reconnaît-elle aussi une compétence au Conseil d'Etat pour accorder la réparation d'un dommage exceptionnel, mais il s'agit d'une compétence qui a un caractère exclusivement résiduaire, puisque la loi dispose à cet égard en son article 11 que: "dans le cas où il n'existe pas d'autre juridiction compétente, la section de l'administration se prononce en équité par voie d'arrêt, en tenant compte de toutes les circonstances d'intérêt public ou privé, sur les demandes d'indemnité relatives à la réparation d'un dommage exceptionnel, moral ou matériel, causé par une autorité administrative".

B 138 Or, il est évident que, dans le domaine qui nous préoccupe ici, celui de la responsabilité des institutions de soins, il existe nécessairement, selon le système belge, une autre juridiction compétente: les tribunaux de l'ordre judiciaire sur base des articles 1382 et 1383 du Code civil. Le Conseil d'Etat ne joue donc ici aucun rôle sur le plan du contentieux de la réparation.

La soumission entière des autorités administratives aux règles du droit civil en matière de responsabilité entraîne donc l'application pure et simple des articles 1382 et 1383 du Code civil, avec comme conséquence que l'administration ou les autorités administratives – et tel est le cas des CPAS puisqu'il s'agit d'établissements d'utilité publique – sont responsables de la faute la plus légère qu'ils commettraient dans l'exercise de leurs attributions.

Cela signifie que les hôpitaux publics sont soumis entièrement aux mêmes règles de responsabilité que les hôpitaux privés, et répondent comme ceux-ci de toute faute qu'ils commettraient et qui constituerait une violation des articles 1382 et 1383 du Code civil.

B 139 La seule question particulière qui se pose est celle de la détermination du lien qui peut exister entre l'agent d'exécution et la personne morale de droit public qui l'emploie. Alors que, dans le domaine des hôpitaux relevant du droit privé, on considère le personnel médical ou para-médical comme des préposés auxquels on applique l'article 1384, aliéna 3 du Code civil, pour les hôpitaux publics il y a lieu de faire la distinction entre les organes et les préposés. On considère qu'est un organe de la puissance publique quiconque détient une parcelle du pouvoir de l'Etat, si subalterne que soit sa fonction, et exerce ce pouvoir au nom de l'Etat.

N'est donc un organe de l'Etat que celui qui exerce sous une forme quelconque le pouvoir qui est l'attribut de la personne morale et il ne la représente que dans la mesure où il s'identifie avec elle dans l'exercise de ce pouvoir. Lorsqu'une personne répond à ce critère et est considérée comme un organe, sa responsabilité personnelle reste engagée à l'égard des tiers sur base des articles 1382 et 1383, mais en même temps, elle engage directement la responsabilité de la personne morale sur base des mêmes dispositions.

B 140 Notre jurisprudence ne connaît donc pas la distinction qui existe dans d'autres droits entre la faute de service qui engagerait seulement la responsabilité de la personne morale sans mettre en cause la responsabilité personnelle de l'agent et la faute étrangère au service qui engagerait seulement la responsabilité personnelle de l'agent.

S'il y a faute d'un organe, la responsabilité de celui-ci est engagée en même temps que la responsabilité directe de la personne morale et ils peuvent être condamnés in solidum envers la victime du dommage. S'agissant d'une responsabilité directe de l'Etat, l'Etat n'est pas considéré comme civilement responsable du fait d'autrui; il ne peut donc pas être mis en cause dans les poursuites pénales, la condamnation du civilement responsable ne pouvant être prononcée par les juridictions pénales qu'à l'égard des personnes qui sont civilement responsables au sens de l'article 1384 du Code civil et non pas à l'égard des personnes directement responsables sur base de l'article 1382.

B 141 Mais si sont des organes tous ceux qui engagent à un titre quelconque la puissance publique, cela n'empêche pas aussi que la puissance publique puisse faire appel à des agents qui auront le caractère de préposés. Il en sera ainsi de tous ceux qui se trouvent dans une situation contractuelle à l'égard de l'Etat et qui exercent des fonctions qui ne leur permettent pas d'engager la puissance publique elle-même. Dans ce cas, il s'agira de préposés au sens de l'article 1384, aliéna 3 du Code civil et l'on estime généralement que tel est le cas des infirmières qui jouissent d'un statut contractuel envers l'administration et qui sont donc les préposées de celle-ci. Cette solution est cependant contestée par certains auteurs (voir Mast, note J.T. 1946, p. 505; Glineur et Rochet, Guide Pratique de l'Administration des Commissions d'Assistance Publique, n° 549).

B 142 La question est beaucoup plus délicate en ce qui concerne les médecins dépendant des hôpitaux publics. La nature de leurs relations avec le Centre Public d'Aide Sociale reste controversée. Pour certains, les médecins des hôpitaux publics ne sont pas des organes et doivent être considérés comme des préposés parce que le contrat par lequel la Commision d'Assistance Publique ou le Centre Public d'Aide Sociale engage un médecin constituerait une convention particulière, fondée sur le droit commun, et non une convention d'ordre administratif, avec la conséquence que le médecin ne détenant aucune parcelle de la puissance publique, n'est pas un fonctionnaire investi d'un caractère public quelconque, et n'est donc pas un organe de la Commision (voir dans ce sens, Civ. Bruxelles 28.1. 1961, Pas. 1963, III, 27; Rev. Crit. Jur. Belge 165, p. 120 et suiv., avec Note Goossens et Monfils).

B 143 La Cour d'Appel de Bruxelles, dans un arrêt tout récent et non encore publié, rendu par la 2ᵉ Chambre, le 28 octobre 1982, s'exprime à cet égard dans les termes suivants:

> les médecins dont la responsabilité a été ci-dessus retenue, ne sont pas des organes du Centre Public d'Aide Sociale ... car ces médecins, dont les activités ne diffèrent en rien de celles de leurs confrères du secteur privé, ne détiennent aucune parcelle de la puissance publique conférée à cet organisme et n'ont pas davantage le pouvoir de l'engager contractuellement; qu'il ne peut suffire que ces médecins se trouvent, vis-à-vis du Centre Public d'Aide Sociale, dans une situation règlementaire; qu'eu égard à l'indépendance dont ces médecins disposent sur le plan purement médical, il serait d'ailleurs excessif de considérer – conformément à la théorie de l'organe – que les fautes commises par eux sur ce plan seraient des fautes du Centre Public d'Aide Sociale lui même;
>
> que l'indépendance à laquelle il vient d'être fait allusion n'empêche pas, en revanche, que les médecins de l'Institut médico-chirurgical de ... soient placés sous la subordination du Centre Public d'Aide Sociale de cette localité, ainsi qu'il ressort de nombreuses dispositions de cet institut ...

B 144 Cet arrêt considère donc que les médecins d'un Centre Public d'Aide Sociale ne sont pas des organes, au sens où la jurisprudence belge entend cette qualification, ce qui aurait pour conséquence que la faute des médecins engagerait directement la responsabilité des pouvoirs publics; il considère donc qu'ils sont des préposés au sens de l'article 1384, aliéna 3 du Code civil, le Centre Public d'Aide Sociale pouvant alors être déclaré responsable comme commettant.

Nous pensons, contrairement à cette jurisprudence, que les médecins participent à l'imperium dans la mesure où ils donnent leurs soins dans les Centres Publics d'Aide Sociale, tout comme un instituteur participe à l'imperium dans la mesure où il donne son enseignement dans une école de l'Etat. Nous croyons donc qu'il serait logique de considérer les médecins dépendant des Centres Publics d'Aide Sociale comme des organes des établissements publics qui les emploient.

4. Assurances

B 145 Il n'y a, en droit belge, aucune obligation pour un médecin de couvrir sa responsabilité professionnelle par une assurance. Il n'existe donc aucune législation à cet égard.

En pratique, tous les médecins qui travaillent à titre individuel souscrivent auprès d'une compagnie d'assurance privée une assurance du type "assurance de la responsabilité professionnelle". Dans beaucoup de cas la couverture est plafonnée à des montants relativement peu élevés (3 ou 5 millions de francs belges) les médecins ne réalisant pas toujours l'étendue de leur responsabilité et l'importance des dommages et intérêts auxquels ils peuvent être condamnés. Pour prendre un exemple, on peut signaler que récemment dans un cas de tétraplégique victime d'un accident, l'ensemble des indemnités allouées par le tribunal a dépassé 43 millions de francs belges. Il existe cependant sur le marché de l'assurance la possibilité pour les médecins de couvrir leur responsabilité civile de manière illimitée.

Lorsqu'il s'agit de travail en groupe dans un cadre privé (polyclinique, clinique, etc. . . .) la situation peut être variable en ce sens que l'assurance peut être souscrite au profit de tous les médecins qui travaillent dans l'institution par cette institution elle-même ou elle peut l'être individuellement par chacun des médecins, ce qui reste probablement le cas le plus fréquent.

Dans le cas des hôpitaux dépendant des CPAS l'obligation de s'assurer est plus ou moins imposée aux médecins à titre individuel, encore que dans certains cas l'assurance est souscrite par l'intermédiaire d'une union professionnelle (voir p. ex. à Bruxelles l'Union Professionnelle des Médecins travaillant dans les hôpitaux dépendant des CPAS de Bruxelles).

Généralement aussi, les médecins stagiaires, internes, étudiants, qui travaillent dans les hôpitaux universitaires voient leur responsabilité couverte sur base d'une police d'assurance souscrite à leur profit par l'université dont ils dépendent.

England

I. Kennedy

Contents

A. Bases of the System of Medical Care

I. Ethical Basis of Medical Care

GB 1 In matters of ethics, doctors see themselves as following the Hippocratic tradition. Until recently medical ethics was not widely studied and was thought to consist in two fundamental propositions, do good and do no harm. A strong commitment to confidentiality was seen as flowing from these injunctions. Doctors received little or no education as to what doing good or avoiding harm may mean. Largely, they saw medical ethics as the obligation to act as they thought right, an essentially paternalistic approach.

No detailed attempt was made to particularise the general principles or explore how to resolve tensions between them. There is still no comprehensive Code of Ethics except for the British Medical Association's *Handbook of Medical Ethics* (1980), which is of extremely limited value because of its excessively general nature. Various International Codes are regarded as important in the relevant areas, e.g. the Declaration of Helsinki and Tokyo concerning experiments on human subjects, and the Declaration of Hawaii concerning the proper uses of psychiatry. Also certain municipal codes have been developed in special areas, e.g. the Medical Research Council Guidelines on experiments, the British Paediatric Association's Guidelines on experiments on child subjects and the Royal Colleges' Codes of Practice on Transplantation and the Declaration of Death.

Within the past few years, there has been a growth of interest in medical ethics, more among non-doctors than doctors. It has been urged that medical students should be properly educated in the subject. There is some evidence that this is slowly beginning to happen. It has also been urged that the Hippocratic tradition must be supplemented by the insights of moral philosophers specialising in ethics. In particular, attention has been drawn to the importance of respect for autonomy as a central ethical principle, carrying with it the notions of informed consent, respect for truth-telling and promise-keeping and respect for a patient's dignity. Equally, a commitment to justice has come to be seen as a central ethical principle, demanding, for example fairness and equality in dealing with patients and allocating resources.

GB 2 This growth of interest in medical ethics is slowly affecting the way medical education is organised. Within the next 5 years it is likely that most medical students will receive a formal grounding in ethics, and that the Hippocratic tradition will be modified to take account of other ethical principles. This is in keeping with a trend generally towards consumerism whereby the patient has to be seen more as an equal partner in the enterprise of health than as a passive recipient of care. And, of course, this trend may also affect the way the law develops.

II. Private or State-Organised Systems of Medical Care

1. Private

GB 3 Private systems of medical care provide a service which is additional to that available under the National Health Service. Therefore, anyone who opts for private care opts to pay for that which he could receive without payment, or with a low, non-market-related, payment. The Report of the Royal Commission on the National Health Service (HMSO, Cmnd 7615, 1979) devotes a chapter to private care. The most pertinent sections are as follows:

GB 4 18.3 Private practice is an imprecise term. It may include:

registered private hospitals, nursing homes and clinics, some of which also treat NHS patients on a contractual basis;

private practice in NHS hospitals, including treatment of private in-patients (in pay beds), out-patients and day-patients;

private practice by general medical practioners, general dental practitioners, and other NHS contractors, including opticians and pharmacists, who provide NHS services but usually also undertake retail or other private work;

private practice outside the NHS undertaken by medical and dental practitioners, and other staff such as nurses, chiropodists and physiotherapists, who are qualified for employment in the NHS but choose to work wholly or partly outside it;

treatment undertaken by other practitioners not normally employed in the NHS, such as osteopaths and chiropractors.

GB 5 18.4 Private hospitals and nursing homes are required to register with health authorities under the Nursing Homes Act 1975 (in Scotland the Nursing Homes Registration (Scotland) Act 1938 and in Northern Ireland the Nursing Homes and Nursing Agencies Act (Northern Ireland) 1971). The total number of private hospitals and nursing homes registered, and the number of beds they contain, is shown in Table 18.1.

Table 18.1 (UK 1977)

	Institutions	Beds
England	1110	30457
Wales	45	986
Scotland	84	2847
Northern Ireland	10	256
UK Total:	1249	34546

18.5 There is no formal distinction between private hospitals and nursing homes. Their beds are approved by health authorities for use by four broad categories of patient – medical, surgical, mental health and maternity – but these classifications are not exclusive and some beds are approved for more than one purpose. About 73% of the beds shown in Table 18.1 were for medical patients, 15% for surgical, 11% for mental health, and 2% for maternity.

GB 6 18.6 Of the institutions referred to in Table 18.1, 117 were private hospitals with facilities for surgery, 31 of these being run by religious orders and 44 by other charitable or non-profit making organisations. They concentrate on "cold" (elective) surgery.

Although no comprehensive figures are available, 88% of the patients treated in the largest group of private hospitals (the Nuffield Nursing Homes Trust) in 1977 received surgical treatment...

GB 7 18.7 Beds approved for medical patients are used mainly for the convalescence, rehabilitation and care of the chronically sick and elderly. The great majority of these patients are elderly. They receive nursing care and any necessary medical attention is often provided under the NHS by local GPs in the same way as it is for people living in their own homes. Such nursing homes are distributed thoughout the country, but there are concentrations in coastal areas, such as Kent, Sussex, Devon and North Wales. There is no doubt that many patients in private nursing homes would otherwise need care in NHS hospitals or local authority accommodation, or would make heavy demands on community services.

GB 8 18.8 Private hospitals and nursing homes may treat NHS patients on a contractual basis and there are currently about 4,000 beds in the private sector occupied by NHS patients under the care of NHS doctors, about 0.8% of the total beds available to the NHS.

GB 9 18.9 . . . The disparities between one hospital and another in premises and facilities and in general atmosphere were at least as great as the variations to be found within the NHS. We were not able to judge the quality of medical and nursing care provided, but in some the standard of accommodation was higher than that normally provided by the NHS. Others seemed to offer no advantages over the NHS except a room to oneself, and in some cases not even that. There are of course substantial variations in the cost of private hospitals, but we did not always find that the most expensive hospitals offered the best facilities.

18.10 People turn to the private sector for a number of reasons. One is for the privacy of a single room. Illness is usually distressing and some patients prefer to be alone in their discomfort. Others may wish as far as possible to continue to conduct their day-to-day business and may require privacy and access to a telephone. The convenience of being able to book a date for admission to suit business or personal commitments is obviously important to many people . . . Others may seek private treatment to reduce the time they have to wait for an out-patient appointment or in-patient treatment, particularly where cold surgery is involved. Another reason is to guarantee seeing a particular consultant.

GB 10 18.11 Since the passing of the Abortion Act 1967 (which does not apply in Northern Ireland) most abortions have been performed in private clinics and nursing homes. In 1978 121,754 abortions were performed on women resident in the UK, and 28,015 on non-resident women. About half the abortions on resident women, and nearly all those on non-resident women, were performed privately. Sixty registered private nursing homes were approved under the Abortion Act, of which 19 were regarded as specialising in abortions . . .

GB 11 18.14 Consultants who undertake private practice may, if facilities are available, admit their private patients to designated private beds (pay beds) in NHS hospitals or as day patients, or see them as outpatients. Not all NHS hospitals have pay beds and the number of pay beds and the proportion of consultants undertaking private practice has been falling for many years . . .

GB 12 18.15 Under half of all NHS consultants work part-time. While there may be a few who work part-time for other reasons, the great majority do so because they want to undertake private practice. However, the opportunities for private practice vary according to specialty and locality . . . In England and Wales in 1978 only about 15% of consultants in the major surgical specialties had whole-time contracts, while about 90% of those in pathology, geriatrics and mental handicap worked whole-time in the NHS. Over 69% of consultants in the Northern region had whole-time contracts, compared with under 40% of those in the Thames regions.

18.16 Up-to-date information on consultants' earnings from private practice is not available, but figures for 1971/72 published by the Doctors' and Dentists' Review Body showed that part-time consultants on average derived about one third of their income from private practice. In current terms, this would represent about £ 6,000 per annum . . .

18.18 A certain amount of non-NHS work, mainly for public authorities may be undertaken by consultants who hold whole-time NHS contracts and are not eligible to undertake private practice as defined in their terms and conditions of service. This includes examinations and reports for industrial injuries or court purposes. For most consultants, earnings from this source are probably very small.

GB 13 18.19 General medical and dental practitioners are free to accept as much private work as they wish, subject to it not interfering with their NHS obligations. Probably almost all general medical practitioners undertake work, such as examinations and certificates for insurance or employment purposes, for which they charge a fee. For the majority, income from this and from private treatment of patients will represent a very small part of their total earnings. In 1971/72 about two per cent of general practitioners' income was derived from hospital, local authority and non-NHS public sector work, and about six per cent from private practice.

18.20 Private practice by general dental practitioners is more substantial. In 1977 some 11% of their time was spent on work other than in the general dental service, probably mainly on private practice. The evidence we have received has expressed concern at the tendency for general dental practitioners to restrict their NHS practices to concentrate on private practice or provide only some forms of treatment on the NHS.

GB 14 18.21 About 50% of private patients treated in NHS pay beds or receiving acute treatment in private hospitals are covered by provident associations. Altogether there were some 1.12 million subscribers to provident schemes in 1978, of whom 869,000 were members of group schemes. Subscriptions often cover more than one person and in 1978 a total of 2.39 m people were covered. The total number of subscribers rose in 1978 after remaining fairly steady in recent years, but within the total, group subscriptions have tended to increase and individual subscriptions to fall. As might be expected, such evidence as there is suggests that most individual subscriptions are taken out by older members of the community and people with relatively high incomes. The proportion of private patients from overseas is not known, but except in some of the larger private hospitals in London is probably small.

GB 15 18.22 The overall scale of private practice in relation to the NHS is small. In England about two per cent of all acute hospital beds and six per cent of all hospital beds are in private hospitals and nursing homes. The proportions in the rest of the United Kingdom are lower. In 1976 about four per cent of "acute" patients, and about seven per cent of surgical patients, were treated in private hospitals. However, about 50% of abortions on women normally resident in the UK were performed in the private sector, and private nursing homes make a significant contribution to the long-term care of the elderly.

GB 16 18.23 A recent estimate put expenditure on private health care in the UK in 1976 at £134 million. This figure excluded most expenditure on abortions and on long-term care in nursing homes (neither of which is normally covered by private health insurance), and on private general medical and dental care. Information from the Family Expenditure Survey for 1976 suggested that total expenditure on private health care was of the order of £200 million. This compares with the total NHS expenditure in 1976 of £6,249 million, and on this basis the private sector accounted for about three per cent of total expenditure on health care in the UK in that year...

18.32 Under the NHS Acts, health ministers may designate beds in NHS hospitals for use by private patients. The patients are required to pay the full cost of accommodation and services provided by the hospital. Fees for medical treatment are paid directly to the consultant concerned. Pay beds have always constituted a small proportion of total NHS beds, and their number was declining before the Health Services Board started work in 1976. Tables 18.3 and 18.4 show this trend.

Table 18.3 Pay Beds in NHS Hospitals: UK 1956–1979

	1956	1965	1970	1976	1979
England	5723	5534	4353	4150	2666
Wales	106	91	68	60	39
Scotland	929	614	328	234	114
Northern Ireland	430	–	376	415	149
UNITED KINGDOM	7188	6239	5125	4859	2968

Table 18.4 Pay Beds as a percentage of total beds in NHS hospitals: Great Britain 1965–1976

	1965	1970	1976
England	1.25	1.02	1.07
Wales	0.30	0.26	0.25
Scotland	1.00	0.52	0.39

18.33 The number of patients treated in pay beds has also declined from a peak in 1972, as Table 18.5 shows. Average daily occupancy by private patients of paybeds in the UK was 1,762 (45.6%) in 1977.

Table 18.5 Patients Treated in Pay Beds: England and Wales 1950–1977

1950	1966	1971	1972	1973	1974	1975	1976	1977
78274	101696	114856	120274	116272	113221	97641	94323	93877

GB 17 More up-to-date figures are available from *Social Trends*, published by the Government's Central Statistical Office (HMSO 1983). In 1980 3200 beds in NHS hospitals were allocated to private patients. Approximately 98000 private patients were treated in NHS hospitals, and 153000 were treated privately as out-patients. By 1980 the number of beds available in registered nursing homes and private hospitals had risen to 33000. It is not possible to obtain information on the number of patients treated during that year in these private institutions. The number of abortions carried out was approximately 100000. In addition there may have been up to 400000 other patients treated in private institutions. This is at best a rough estimate based upon a comparison with use of NHS hospital beds which was in the order of 11% of the population, such that if there are approximately 4.1 million subscribers to private care, the hospital bed use may be around 500000. It should be noted that private care does not extend at all to primary care; it is exclusively concerned with acute hospital care and long-stay nursing care.

GB 18 The overall scale of private practice in relation to the NHS remains small. In England in 1980 only about 6% of all hospital beds were in private hospitals and nursing homes. According to *Social Trends* (1983) the proportion of private patients treated in NHS pay beds or receiving acute treatment in private hospitals who are covered by provident associations remains around 50%. The provident associations are non-profit organisations. There are three main associations – British United Provident Association, Private Patients Plan and Western Provident Association – which between them account for 98% of the provident movement's subscription income. Other profit-making insurance schemes are now seeking to enter the market, particularly American-based hospital companies. By the end of 1981 over 4 million people, about 7% of the population of the U.K., were covered by medical insurance: an increase of 13% over 1980. In 1980 there was an increase of 27% and in 1979 of 16%. In 1966 there were 1.5 million subscribers. There is now evidence to suggest that the dramatic increase in numbers has stopped as premium charges have increased to keep pace with inflation. Many insurance contracts cover dependents also, such that the average number of persons covered is 2.2 per contract. Group membership is common, usually linked to employment or occupation. In 1981, 48% of subscribers had their subscription paid by their employer.

In 1981, people in provident schemes paid £195 million in total for private medical care, of which the provident associations paid 90%. The average subscription in 1981 was £108 but by 1983 it had risen to almost £200.

2. *The National Health Service: The State-Organised System of Medical Care*

GB 19 The principal system of medical care is that which is provided by the state-operated National Health Service. All residents are eligible for its services. It provides a comprehensive range of services ordinarily associated with health care, and is part of the larger Social Services system of the Welfare State. Overall political responsibility for the NHS rests with the Minister of Health. He is a junior Minister in the Department of State concerned with Health and Social Services, the DHSS. The Secretary of State at the DHSS, the political head of the Department, is a member of the Cabinet. The administration of the Health Service is largely delegated by central government to a two-tier administrative system as regards the hospital and community health services and to local health authorities as regards general practitioner services, as will be outlined in detail below. The Secretary of State remains responsible to Parliament for the operation of the NHS as a whole and decides on national policy.

GB 20 The annual cost of the NHS for the U.K. as a whole is put at £14000 million (1982 figures). The money is raised by general taxation, which produces 88% of the total finance; 9.5% of the cost is met by national insurance contributions paid by employers and employees and about 2% by charges on prescriptions, the rest coming from such sources as the sale of land.

GB 21 The basic source of law concerning the National Health Service is now the National Health Service Act, 1977, which consolidates all previous laws since the establishment of the NHS by the National Health Service Act, 1946.

Section 1 of the 1977 Act provides that:

1.–(1) It is the Secretary of State's duty to continue the promotion in England and Wales of a comprehensive health service designed to secure improvement –
(a) in the physical and mental health of the people of those countries, and
(b) in the prevention, diagnosis and treatment of illness, and for the purpose to provide or secure the effective provision of services in accordance with this Act.
(2) The services so provided shall be free of charge except in so far as the making and recovery of charges is expressly provided for by or under any enactment, whenever passed.

By Section 2, the Secretary of State has power

2.–(a) to provide such services as he considers appropriate for the purpose of discharging any duty imposed on him by this Act; and
(b) to do any other thing whatsoever which is calculated to facilitate, or is conducive or incidental to, the discharge of such a duty ...

By Section 3,

3.–(1) It is the Secretary of State's duty to provide throughout England and Wales, to such extent as he considers necessary to meet all reasonable requirements –
(a) hospital accommodation;
(b) other accommodation for the purpose of any service provided under this Act;
(c) medical, dental, nursing and ambulance services;
(d) such other facilities for the care of expectant and nursing mothers and young children as he considers are appropriate as part of the health service;
(e) such facilities for the prevention of illness, the care of persons suffering from illness and the after-care of persons who have suffered from illness as he considers are appropriate as part of the health service;
(f) such other services as are required for the diagnosis and treatment of illness.

GB 22 It will be seen that Section 3 requires the Secretary of State to provide the various services "to such extent as he considers necessary to meet all *reasonable* requirements" (my emphasis). In the case of *R v. Secretary of State for Social Services, ex. p. Hincks,* 1979 (unreported case, Court of Appeal), four patients who were dissatisfied with the inadequacies of the service they had received commenced legal proceedings against the Secretary of State alleging breach of Section 3. The Court of Appeal dismissed the action. The main reason given was that the level of services available was a consequence of the finance made available. "It was for Parliament to decide how much money should be allowed to the NHS", writes Finch, in his book *Health Services Law,* p. 37, (Sweet and Maxwell 1981). Once Parliament had decided, it was for the Secretary of State to use his discretion as to how financial resources were to be used. Only if the Secretary of State had acted so as to frustrate the policy of the Act or as no reasonable minister would act could his decisions on resources be challenged by the courts.

GB 23 By the Health Services Act, 1980, the administration of the NHS is organised on a Regional level and then on a District level. There are 14 Regions, each of which contains at least one University Medical School. The population of a Region varies between two and five million people. The Chairman and members of the Regional Health Authority are appointed by the Secretary of State, and the membership includes non-medical as well as medical representatives. The responsibility of the Regional Health Authority is to identify the need for services and provide them whenever they call for regional, i. e. wide-range, planning.

GB 24 The District Health Authority is the operational authority within the NHS and is in charge of the day-to-day running of the health services. Each district has a population varying from 200000 to 500000 people. As Finch writes (*Health Services Law,* p. 9), "Within each district a single district medical committee represents all family doctors and specialist hospital staff in the district. It is the committee's job to coordinate the medical aspects of health care throughout the district." District management teams are "responsible for coordinating most of the operational services of the NHS ... The team has the job of reviewing the community's needs for health care and the provision of services within the district ..."

GB 25 Hospital medical staff, in almost all cases, are employed under a contract of employment with the relevant District, or occasionally Regional, Health Authority. The contract may be for full-time or for part-time service within the NHS.

GB 26 General practitioners are not employed by the NHS authorities. General practice is organised differently. Each District Health Authority, or ocassionally combinations of Districts, is under a statutory duty, by virtue of the Health Services Act 1980, to establish a Family Practitioners Committee (FPC.) for the relevant District. This Committee contracts for the services of general practitioners within its area. In the words of Section 29 (1) of the National Health Service Act 1977, "It is every ... Authority's duty, in accordance with regulations, to arrange as respects their area with medical practitioners to provide personal medical services for all persons in the area who wish to take advantage of the arrangements." The contract between the doctor and the FPC is one *for services,* that is, the doctor contracts with the Committee to provide all necessary and appropriate services to patients who register as patients with the doctor. There is no contractual nexus between the individual patient and the doctor. Most general practitioners contract with the FPC to provide a 24-hour service, although ordinarily in group practices each doctor in turn will cover for the others during the night. Sometimes, and not uncommonly in larger cities, commercially organised deputising services will cover for the doctor, although it remains the obligation of the doctor to ensure that the service is adequate. FPCs and Health Authorities have the power to supervise and control the use of deputising services, and to withdraw approval if the service is unsatisfactory.

All Health Authorities and Family Practitioner Committees are under a duty to consult professional standing advisory committees, created by the Secretary of State, according to Section 8 of the Health Services Act 1980. These committees constitute a system of advice and consultation whereby health professionals can be heard and can influence planning and decisions at all levels of the NHS.

GB 27 Finally, provision has been made since 1973 (by the National Health Service Reorganisation Act) for representation of the "consumer" in the administrative structure. The Secretary of State had the duty of creating Community Health Councils for each area, and since 1980, for each new District Health Authority. They exist to represent the views of the "consumer", the patient, to the Authority. Each council has about 20–30 members, half nominated by local government councils, a further third by voluntary organisations involved in health services, and a sixth by Regional Health Authorities. Among the duties of the Councils are informing the public about local services and proposing changes or developments in them, monitoring the services and representing public opinion to Health Authorities. Councils have limited powers and depend for their effectiveness on cooperation with the local Health Authority, which is not always forthcoming. In particular they have no right of access to meetings of Family Practitioner Committees, nor do they have the resources to undertake the research necessary to discover attitudes and responses to existing services. Their only real power lies in mobilising public opinion through their annual reports.

GB 28 The legal status of Health Authorities with the NHS was considered in the case of *Pfizer Ltd. v. Ministry of Health* [1965] A.C. 512. This case decided that the NHS and all the relevant Health Authorities are administering a Crown service. The implications of this in constitutional law terms are several, one of the most important being that they are not bound by any Parliamentary legislation unless the Act expressly applies to the Crown. Other implications include, for instance, special rules concerning contracts of employment and certain procedural rules.

III. Number of Doctors in Private Practice, in Clinics and in State Agencies

GB 29 In 1981 the National Health Service in England consisted of:

32142 – hospital medical staff
1437 – hospital medical locum staff
2883 – community health service medical staff
14 – community health service locum medical staff
24359 – general medical practitioners

As regards private practice, as has been seen, about 45% of hospital consultants (the highest grade of appointment) work part time for the NHS, usually for the purpose of engaging in private work. This means about 5100 of the NHS hospital medical staff also work in the private sector. Some general practitioners do occasional private practice; indeed, most do some sort of private work, e.g. examinations for insurance purposes, but the work represents a relatively insignificant proportion of their total work time and income.

The number of doctors working in private practice with no connection with the National Health Service cannot be ascertained but is thought to be very small.

IV. Number of Treatments in Private Practice, Clinics, etc.

GB 30 *In The NHS,* in 1980 there were, according to *Social Trends* (1983), 5670000 admissions to hospital in England. A further 7942000 new patients were seen and 35243000 people in total received out-patient care in hospitals. There were in addition 9221000 accident and emergency cases treated as out-patients, which involved a total of 1053000 people receiving care.

As for treatment by general practitioners within the NHS, it is not possible to discover a precise number of treatments. The *Royal Commission on the NHS* speaks of 200 million contacts between patients and general practitioners each year. This seems high and is not supported by evidence. An analysis of figures in *Social Trends* (1983) suggests that there are at least 50 million treatments a year. This is deduced from two sources of data. First, in 1981, according to *Health and Personal Social Services Statistics* (published by the Government Statistical Service, HMSO, 1982), there were 300 million prescriptions for drugs made out by general practitioners and on average each person received six prescriptions per year, suggesting that at least 50 million treatments were given, though the figure may be higher. Second, *Social Trends* indicates that in its survey approximately 5000000 people saw their doctor during the period under review and on average in a year each would see his doctor eight times, producing a total of 40 million treatments.

GB 31 The number of treatments carried out in private systems of medical care has already been considered above under Sect. A. II. 1. ,

B. Claims and Court Cases

GB 32 It has to be said at the outset that there is no formal source of information on the extent of medical malpractice claims or on the outcome of such claims. Any figures which are published relate to personal injury claims and litigation generally and there is no separate reference to medical malpractice. The Defence Societies who insure doctors against claims and offer advice and legal assistance do not, as a matter of policy, disclose to the public the number of claims made against doctors, nor the number of settlements made or claims resisted through litigation. The basis for the policy must be that it is not good for the public to know the extent of malpractice claims, even though at the same time the Medical Defence Union, the largest medical defence society, has recently complained in its 1982 *Annual Report* of a "significant increase" in claims made and compensation paid out.

GB 33 Perhaps it is appropriate here to explain briefly the status and role of the Defence Societies. There are three in the United Kingdom, the Medical Defence Union, the Medical Protection Society and the Medical and Dental Defence Union of Scotland. It is these societies which indemnify their members against awards of damages made against them. Most doctors belong to one or other of the Societies; indeed, doctors employed in NHS hospitals must as a term of their employment belong to one or subscribe to an insurance arrangement approved by the Government. The Societies provide for the defence of members sued for negligence, pay compensation awarded to patients who suffer damage through negligence (and attendant legal costs) and, equally important, provide general advice and guidance of a medico-legal nature. The annual subscription remains low, although it has increased considerably in the past 5 years, and is at present about £180. A proposal was made in 1977 to introduce an insurance-based professional indemnity scheme which would have introduced differential rates of premium for different specialities. The proposal was rejected. The Defence Societies are limited companies registered under the Companies Act. They are not, despite their activities, subject to the regulatory provisions of the Insurance Companies Act 1974. This is because the societies have other functions besides the provision of indemnity, in particular the giving of advice. Furthermore, members do not have a contractual right to indemnity: it is conditional on the agreement of the society's governing body, even though, in practice, the societies do respond to all requests for assistance from members.

GB 34 The latest data on claims which are reliable are those found in the *Report of the Royal Commission on Civil Liability and Compensation for Personal Injury,* Cmnd 7054, HMSO, 1978, vol. 2. Chapter 9, for example, contains valuable information on medical negligence claims, but some of it is 10 years out of date. Wherever possible, this information has been brought more up to date, but it must be made clear that much of what follows is, at best, a less than completely educated estimate. (References to the *Report* hereafter in this section will be to volume 2, unless otherwise stated, and will be indicated by page and paragraph number.)

I. Claims

GB 35 It will be assumed that a claim means a claim involving an allegation of a breach of the doctor's legal duty, rather than merely a complaint without recourse to law.

In 1975, based on information supplied by the medical defence societies to the Royal Commission on Civil Liability, there were 500 claims of negligence referred to legal advisers (p. 66, para. 237). This figure does not include claims made only against a Health Authority rather than the doctor employed by the Authority, but the Royal Commission concludes that 500 "represents the majority of claims brought." At most, it is suggested there would have been 15–20 claims brought only against the Health Authorities; the *Report* speaks of "relatively few claims" (p. 67, para. 241). The figure of 500 (or 515) represents claims brought in the United Kingdom, i. e. including Scotland, so some reduction has to be made for the figure for England. Perhaps, however, it is appropriate to return to the figure of 500, the number of claims brought in Scotland offsetting claims brought only against Health Authorities. Finally, it should be noted that this figure includes claims against dentists also, although these are not thought to be very many. A discount of 20 may be appropriate, producing a figure for 1975 of approximately 480 legal claims against doctors.

GB 36 The *Report* notes (p. 66, para. 236) that the proportion of injuries as regards which legal claims are brought is "appreciably lower" in the case of medically induced injuries than other classes of injury, e. g. injuries at work or injuries caused by motor vehicles. The percentage of *all* personal injuries which result in claims was put at about 7.2% (vl. 1, p. 24, para. 78). It is not possible to assess how many injuries *could* have given rise to a tort claim, since, as the *Report* points out (p. 66, para. 234), many of the 13 000 injuries it identifies as having been caused in 1973 as a consequence of medical or surgical care, and the 24 000 injuries caused by the adverse effects of medicines, were not caused as a consequence of negligence, and so, as the law exists in England, would not give rise to a legal claim.

GB 37 As has been noted, the Defence Societies have suggested that there has been a "significant" increase in the number of claims over in past 5 years. The word "significant" may perhaps be understood to mean that the number of claims has more than doubled. This is a view which has gained some support, although no evidence exists to support it. It would mean that by 1982 there were approximately 1100 legal claims in England (but see later on this point).

GB 38 It should be noticed that a number of other mechanisms exist to deal with complaints within the NHS which may reduce the number of legal claims, in that the aggrieved person may not wish to engage in litigation if he has received some explanation and/or apology and his need for extra financial assistance is satisfied by the social security system. As the *Report* points out, the compensation for all kinds of personal injury gained as a consequence of tort litigation represents only a quarter of the total amount of compensation gained from all sources, especially the social security system (vol 1, p. 12, para. 44).

GB 39 An examination of these other complaint mechanisms demonstrates that, for whatever reason, the number of complaints, over and above legal claims, is still very low, given the number of contacts between doctor and patient each year. In 1981, according to *Health and Personal Social Services Statistics,* 1982, the General Medical Services Committee of the Family Practitioners Committees in England received only 706 formal complaints, only 122 of which were found by the Committee to be justified. In the hospital service about 1% of hospital patients made written complaints. The Ombudsman, or Parliamentary Health Service Commissioner, received 686 complaints (647 in 1982), of which, incidentally, 80% were judged to be outside his jurisdiction. One-third of the rejections were based on the fact that the complaint involved the exercise of clinical judgement, and only a limited number on the basis that a legal remedy may have been available in the courts and had not been pursued (see *Medico-Legal Journal,* 51/1983, 12–14).

II. Kinds of Claim and Cause of Injury

GB 40 The claims cover the whole spectrum of medical treatments and vary from minor to major injury. Examples of the type of claims can be taken from the *Annual Report of the Medical Defence Union,* 1980. Reference is made to

1. Surgical operations which are not performed with proper care, in which the wrong operation is carried out (e.g. on the wrong leg), in which foreign material is left in the body and after which the wound becomes infected.
2. Failures in diagnosis
3. Procedures not carried out with due care, such as injections or laparoscopy
4. Failures of equipment, such as X-ray equipment
5. Complications following anaesthesia performed without proper care
6. Errors in the prescribing of drugs

III. Average Amount of Claims

GB 41 Since in English law the amount of compensation to be awarded is for the court to decide, the claimant itemises any costs which have already accrued and claims them as special damages (see Sect. C.I) and then asks the court to award general damages in the sum judged to be his entitlement. Thus, there is no average amount of money claimed in formal legal proceedings, although sums previously awarded in similar cases will serve as the basis for negotiations about possible settlements. The words "average amount of claims" will here be understood to mean the average amount of money awarded by a court as a consequence of litigation.

According to the *Report of the Royal Commission on Civil Liability,* the average amount paid per claim was £ 8000 in 1977 (p. 66, para. 238). This is eight times the average amount paid out for all tort claims for personal injury and death. Examination of the *Annual Reports* of the Medical Defence Union indicates that the total amount of damages awarded against doctors has tripled between 1977 and 1982. This increase could be explained simply on the basis that there are almost three times as many claims and three times as many successful claims. Of the 500 claims brought in 1975, 175 were successful (p.66, para. 238). If this were the case the average amount would remain at £ 8000. It is very likely, however, that the average has increased because of two factors in particular: inflation, which was as high as 25% in 1979/80 and, less important, a change in the law which increased the amount of damages an injured person could get, by allowing him to recover compensation for loss of future earnings calculated on the basis of his pre-accident life expectancy.

This makes the evidence hard to interpret and understand. It *must* be the case that average awards of damages have increased for the reasons just given. But if they have, then numbers of claims *and* the *total* amount of damages cannot *both* have tripled since 1977, assuming the same success rate of claims. If they had, the average payment would be the same. There is, however, no doubt about the total amount of damages since this is a matter of public record in the financial statements of the Defence Societies. Thus the number of claims cannot have increased as significantly as is asserted. If the average award of damages has increased from £8000 in 1977 to £16000 in 1982 (a conservative estimate in the light of inflation) then the number of claims must be revised. Assuming an estimated increase from 480 claims in 1975 to 550 in 1977 (which is in line with the increase in total damages awarded), it would mean that there will have been 811 claims in 1982. As regards the range of damages awards, by 1982 the highest awards were in the region of £350000–£400000, while, obviously, some were very low, just a few hundred pounds.

IV. Settlements

GB 42 The Defence Societies declare that they have a strict policy of never settling a case where it is possible to offer a valid defence, even if it may be cheaper to do so. They therefore do not have a policy of paying off nuisance claims. The reason they give is that their primary concern is the reputation of the particular doctor.

GB 43 According to the figures in the *Report,* of the 500 claims made in 1975, compensation was paid in 175, in 170 of which the compensation was paid in the form of a settlement out of court (p.66, para. 238). Thus, in virtually all cases, about 97%, in which compensation was due, it was paid after the claim was made, without the need to go to court.

It will be clear, however, from the above figures that only about 36% of the claims led to any payment of compensation. As the *Report* observes, this is "a much lower proportion than for other personal injury claims" (p.66, para. 238). Indeed, the proportion of *all* personal injury claims including medical claims which result in some payment is 86%, the proportion being 78% in the case of claims arising out of injuries at work and 96% in the case of motor vehicle claims.

V. Cases in Court

GB 44 A relatively small number of the claims which are made result in a hearing in Court. The very great majority are either settled or abandoned. As the *Report* shows, of the 500 claims brought in 1975 in the United Kingdom, only 25, or 5%, proceeded to trial (p.66, para. 238). While this is a small proportion, it is nonetheless five times greater than the proportion of claims for all personal injuries which proceed to trial, i.e. only 1% of *all* personal injury claims are disposed of by the Court. Medical malpractice claims therefore are much more likely to end in litigation than any other claim, and when they are litigated, the 1975 figures show that of the 25, only 5, or 20%, resulted in an award of damages, whereas 20 resulted in a finding of no liability. This contrasts sharply with the finding (p. 25, para. 85) that the percentage success rate for the plaintiff in all personal injury claims was 75%. The explanation for this may lie in the difficulties of proof of fault and of causation of injury which the plaintiff faces in medical malpractice claims as compared with other personal injury claims, together with, perhaps, a greater reluctance of judges to find a professional person liable, when he can be given the benefit of the doubt.

GB 45 The plaintiff in medical claims faces another diffculty in that, as the *Report* notes (p. 67, para. 242), "at all stages, medical negligence cases took longer than other personal injury cases. The average interval between the date of injury and the date when the claim was disposed of was nearly 5 years, compared with 3 to 4 years for all personal injury claims." Thus, it is not surprising that, "most of the people ... who received tort payments spent at least some of the money on the repayment of debts incurred during their incapacity and on general living expenses. Only a small proportion invested any" (p. 21, para. 72).

There is no reason to believe that there has been any change in the figures since 1975, except that, if anything, the average delay in receiving payment on a contested claim is probably greater.

C. Responsibility for Negligence

I. Criminal Responsibility

GB 46 There is no special regime of criminal law, whether statute or case law, which applies specifically to doctors. They are subject to the provisions of the criminal law in precisely the same fashion as are the rest of the community.

Ordinarily, the English criminal law is concerned with *intentional* conduct rather than with negligence. There is an intermediate state of mind, recklessness, which occasionally may cause someone to be liable (as will be seen later). Clearly, the doctor who intentionally harms his patient is liable in criminal law, as soon as it can be shown that his intention was in fact to harm or injure the patient. The ordinary rules of criminal law then apply and these can be ascertained from any standard work on criminal law, e.g. *Criminal Law,* 4th edn, Smith and Hogan, Butterworth, 1978.

GB 47 There are, however, two cases concerning intentional conduct which do have significant medico-legal importance and ought to be noted. They are, incidentally, two out of the very, very few criminal law cases concerning doctors specifically in the practice of medicine. They concern, in effect, the relationship between intention and neglect in the care of a patient. The first, *R v. Bodkin Adams* (1953 Criminal Law Review, 365), incorporated into English law the doctrine of double effect in the treatment of the dying patient. The court (Devlin J.) decided that it was lawful to administer pain-relieving drugs to such a patient even when it was probable that the dosages necessary to relieve the pain would also accelerate the patient's death. If the doctor could show that his primary and principal intention was to relieve pain, then he was not guilty of the crime of homicide, even though death ensued as a consequence of his treatment. If, however, the doctor intended to kill the patient, this would be murder. Further, if he intended, by prescribing drugs, to assist his patient to commit suicide, this also would be a crime, aiding and abetting a suicide, contrary to Section 2 of the Suicide Act, 1961.

GB 48 The second case is *R v. Arthur* (unreported, November 1981). This case raised the troubling question of the legal duty of the doctor to a baby who is born severely handicapped. Dr. Arthur, after consulting the parents of a new-born baby boy with Down's Syndrome, indicated in the notes governing the care of the baby, that he should receive "nursing care only". The baby died after 63 hours. Dr. Arthur was charged originally with the murder of the baby, but the charge was subsequently reduced to attempted murder. In his directions to the jury, the judge, in English law, must state what the law is and pose the legally relevant questions which the jury must answer on the facts. Mr. Justice Farcquharson directed the jury that there were circumstances in which in law a doctor was entitled to "conduct a holding operation", to wait and see whether a severely disabled baby would rally and prosper, or whether it would die. He called this second alternative, "letting nature take its course". What this appears to mean is that the legal duty of the doctor, in the treatment of the severely handicapped new-born baby (and very probably also in the case of the terminally ill of any age), can consist in allowing the baby to die, rather than using all available technical means to try to sustain life.

Unfortunately, it is not entirely clear from the case what degree of disability the baby must be suffering from (what, in other words, its quality of life must be), nor what other criteria, if any, have to be satisfied. It seems clear that the degree of disability must be very considerable, probably incompatible with the baby's having any prospect of flourishing as a human being. The difficulty is that the baby in the *Arthur* case was merely suffering from Down's syndrome. In the case of *Re B (a minor)* (1981) W. L. R. 1421, the Court of Appeal had decided 7 months previously that a baby born with Down's syndrome and duodenal atresia ought to be operated upon to save her life, despite the fact that the parents and attending doctors were prepared to allow her to die. Clearly, the cases are hard to reconcile. Perhaps the most helpful observation is to say that the criminal law now accepts in principle the proposition that a doctor may in the exercise of his duty to his patient, allow the patient to die, but the precise circumstances in which the doctor may do so are still not entirely clear, beyond asserting that there must be evidence of severe disability.

1. Negligence

GB 49 As Smith points out (*Criminal Law,* p. 74), "there are very few crimes in English law in which negligence is the gist (basis) of the offence. Manslaughter is the most conspicious example, and, indeed, the only serious crime in this category. Generally, in serious crimes, intention or recklessness is required as to the central features of the offence".

Thus, as regards negligent conduct, a doctor may only be criminally liable if death occurs as a consequence of his negligence. It is not a crime to cause non-fatal injuries by negligence, or even gross negligence, though, of course, it may give rise to civil liability.

Where the death of a patient does occur as a consequence of the doctor's conduct, he may be guilty of manslaughter in one of two forms:

GB 50 1) Killing through gross negligence: while according to Smith (*Criminal Law,* p. 317) "It is well settled that the ordinary negligence which will suffice for civil liability is not enough" for criminal liability, there is some doubt as to what degree of negligence *is* enough. The answer seems to be gross negligence, as was asserted by Lord Hewart in the case of *R v. Bateman* [(1925) 19 Cr. App. Rep. 8], which concerned the negligent treatment of a patient by a doctor which caused the patient's death. It also seems to follow that the precise meaning of *gross* negligence cannot be stated. Instead, as Smith puts it, "the jury must say whether the negligence is bad enough to attract criminal liability" (*Criminal Law,* p. 319). What must be foreseeable so as to hold the defendent liable is, it seems, the death of the person, and foreseeability of injury not amounting to death will probably not suffice. It will be no surprise to learn that there have been very few cases of a medico-legal nature involving this type of manslaughter.

GB 51 2) Killing recklessly: the one case which is of medico-legal significance under this heading is the case of *R v. Stone and Dobinson,* [1977] Q. B. 354. The court decided that where the defendants had taken upon themselves the duty to take care of someone else who was ill and helpless, they were guilty of manslaughter if, by their conduct, they showed a reckless disregard for that person's health such that she died. It was not necessary, the court added, that the defendents should necessarily have foreseen the possibility of death or serious injury. It would follow from this that if a doctor acted similarly, in reckless disregard for the health of a patient who was in his care and unable to care for himself, and the patient died, he could be guilty of manslaughter.

GB 52 It is, perhaps, important to notice in any survey of the criminal law, as it affects doctors, that ordinarily in English Law a person may not be liable for omissions, for failing to act. As Smith puts it, "the common law very rarely punished omissions" (*Criminal Law,* p. 74). The common law imposes on a person a duty to act so as to prevent harm to another, so that a failure to do so would bring criminal liability, only when there is some kind of special relationship between the two parties, such as parent and child, guardian and child, or schoolteacher and pupil. Ordinarily, there is no such relationship between a doctor and the general public. It follows that a doctor may not be criminally liable for failing to assist an injured person, provided that injured person is not at the moment receiving a course of treatment, i.e. provided there is no immediate nexus of doctor and patient. This general statement is subject to limited qualification. A doctor can be guilty of a crime in failing to act and take care of another in the following situations:

GB 53 1. Where the person, at the time in question, is a patient of the doctor and currently receiving a course of treatment and the failure to act is in respect of matters concerning that course of treatment. For example, if a doctor was treating someone with antibiotics for an infection, and that person was involved in a road accident which the doctor witnesses, the doctor would not normally be criminally liable for failing to render assistance. The doctor could, on the other hand, be liable if, instead of being involved in a road accident, his patient was about to engage in some activity which posed risks to his or others' physical safety. If the doctor knew, or ought to have known, that the antibiotics could impair his patient's ability to carry out the activity, and if he did nothing to warn the patient and as a consequence someone was injured, the doctor would be cirminally liable. Another example would be if a person were brought into the emergency department of a hospital needing medical assistance. The facts that the casualty department is open and a doctor is on duty mean that a special relationship exists, obliging the doctor to act. If he failed to do so and the person suffered further injury or harm, which could be shown to have been caused by the failure to treat, the doctor would be guilty of a crime, whether common assault, causing grevious bodily harm, or manslaughter. He would be liable if he acted with intent to bring about these consequences or was grossly negligent.

GB 54 2. Where the doctor is under a duty by contract to offer care to a person and fails to do so, he may be criminally liable for any further harm he may cause to that person. In *R v. Pitwood* (1902) 19 TLR 37, a gate-keeper failed to close the gate at a railway crossing and someone was killed when struck by a train. By agreeing contractually to close the gate and then failing to do so through gross negligence, the gatekeeper was convicted of manslaughter. The fact that the contractual duty was owed to someone other than the person killed was of no significance. A general practitioner within the NHS contracts with the local Family Practitioner Committee to provide a 24-hour service of care to patients on his register. It would follow, although there do not appear to be any cases on the point, that a doctor who failed to go to the medical assistance of a patient would be criminally liable if the patient suffered further harm or died as a consequence, provided an intent to cause such harm, or gross negligence, could be shown.

GB 55 Furthermore, it is not always realised that a general practitioner is obliged by law, in the event of an emergency, to render medical assistance, when so requested, to anyone needing it in his area of practice, regardless of whether the person is one of his registered patients or not. Any failure to carry out this obligation which resulted in further injury or death to any person could attract criminal liability. For, if a doctor can be liable for failing to carry out a contractual duty, *a fortion* he will be liable if he fails to carry out one imposed by statute. Finally, what has been said concerning failure to carry out contractual duties could theoretically apply to doctors in private practice whose relationship with their patients is governed by the terms of the contract. It is most unlikely, however, that such a doctor would enter into an agreement with his patient which could carry any possibility of criminal liability.

II. Criminal Procedure

GB 56 There are no special features of criminal procedure which make medico-legal cases any different from any other case. The pre-trial and trial process is the same whether the defendent is a doctor, an electrician or a housewife. Details of criminal procedure can be gained from Archbold, *Criminal Pleading, Evidence and Practice,* 1982.

III. Civil Responsibility

GB 57 Under this heading it will be helpful to examine the general principles of private law which regulate the doctor–patient relationship. All that follows afterwards in Sects. C. IV–C.X is, in effect, a selection principles outlined in this section, rather than separate areas.

The two areas of private law to be considered are torts and contract. In fact it is tort law, and now almost exclusively the tort of negligence, which is involved. The law of contract plays a very, very small part in English medical law.

1. Contract

GB 58 It is the universal view of legal commentators that there is no contract between a patient and a doctor who works within the NHS, whether the doctor be a general practitioner or on the staff of a hospital. Thus, contract law has no role to play in the vast majority of contacts between doctors and patients. Where a patient receives treatment privately then contract is relevant. It must be added, however, that the existence of a contract between the patient and the doctor does not mean that the law of tort is inoperative. Any duty of care in tort is *additional* to any contractual duties which are owed.

GB 59 Obviously, the precise duties owed by a doctor engaged in private practice will depend on the precise terms of the contract. Whatever obligations are expressly undertaken must be carried out. Thus if the doctor agreed to attend on a patient or to perform an operation himself, then a patient could claim at least nominal damages if he failed to do so. Equally, if a doctor offered his patient what amounted to a guarantee that treatment, e.g. cosmetic surgery, would produce a specific result, then he would be in breach of contract if it did not produce this result, even if the patient was otherwise not harmed. Again, the patient would be entitled to at least nominal damages, if not more. Clearly, it is unusual in the extreme, and foolhardy given the uncertainties intrinsic in all medical treatment, to offer such a guarantee. One area of medical practice where this becomes important is treatment concerned with reproduction, particularly sterilization operations. Ordinarily, the doctor does not expressly promise that the patient will become sterile but only that he will use his best endeavours to ensure that the patient becomes sterile.

GB 60 In addition to express promises, the law will imply certain terms into a contract for medical treatment. The significant implied term is that the doctor will exercise all reasonable care and skill in his treatment of the patient. This is the same obligation as the one imposed on the doctor by the law of tort. Thus, the same considerations determine the nature of the duty and whether it has been breached, and will be considered further in reference to the law of tort.

2. Tort

Battery

GB 61 Any intentional touching of one person by another which is harmful or offensive is a tort, the tort of battery, unless the touching is consented to. Thus, the common law treats any contact between doctor and patient as prima facie unlawful unless the patient, or someone competent to act for him, consents, or is incapable of consenting by virtue, for example, of unconsciousness. A person who successfully proves the tort of battery is entitled to damages without the need to prove harm or damage; the harm is assumed since the tort exists to protect the physical integrity of each person. Admittedly, the damages will be only nominal in such a case. Furthermore, because battery is a tort committed with intention, rather than negligence or carelessness, the defendent will ordinarily not be insured against it, as most insurance agreements do not offer cover in the case of intentional wrongdoing.

The tort of battery, therefore, has a considerable potential in theory for inhibiting the conduct of doctors. In practice, however, it is now almost never encountered. This is because a patient's consent to treatment, even in the most general form, has been recognised as preventing any claim. Only when a doctor treats his patient without any consent whatsoever, in circumstances in which, in law, the patient is competent to give consent, is the tort of battery now alleged. In all other circumstances, a patient wishing to claim damages against his doctor will base his claim on the tort of negligence. And, of course, insurance cover does exist for harm caused by inadvertent conduct, which is what negligence consists of in most cases.

Negligence

GB 62 Negligence is now the single most important form of tort liability in English law. It provides the means whereby a person injured by someone else's careless conduct can recover damages. To succeed in any action in negligence the plaintiff must show that he was owed a duty of care by the defendant, that the defendant by his conduct was in breach of this duty and that, as a consequence of the breach, the plaintiff suffered damage. This damage must not only have been caused by the defendant's breach of duty, but also must be within the range of damage for which the law is prepared to hold anyone responsible, the formal test being that the defendant is liable for all damage which could reasonably have been foreseen at the time of the breach of duty. There are two so-called defences recognised by the law, though neither is in strict theory a defence. The first is called contributory negligence, established by the Law Reform (Contributory Negligence) Act, 1945. This does not defeat the plaintiff's claim, but allows the court to reduce the amount of damages awarded to the plaintiff, if it is judged that the plaintiff was in part responsible for the harm he suffered. The second is voluntary assumption of risk and is now only very rarely soccessful if pleaded. It allows the defendant to escape liability completely by showing that the plaintiff agreed to accept the risk involved in the defendant's conduct. To that extent, it is not a defence since it really constitutes a denial that the defendant owed the plaintiff any duty because the plaintiff absolved him of his duty to behave with due care. Clearly, neither of these two defences play any significant role in medical negligence.

Perhaps it will be helpful to note three particular aspects of the tort of negligence as they apply to medical negligence. Other aspects will then be considered in Sects. C. IV–C.X. Reference will be made to the work of Jackson and Powell, *Professional Negligence,* particularly Chap. 6 (Sweet and Maxwell, 1982).

GB 63 **I. Duty.** Like other professionals, the doctor is not obliged in law to achieve success in all cases. He must only act with reasonable care and skill. This is his legal duty the moment he undertakes to treat a patient. The legal duty requires him to maintain an abstract standard of care which is always the same in law, the standard of the reasonably competent doctor with similar experience and responsibility, working under similar conditions. While the standard of care is constant, the *quantum* of care which must be exercised will vary with the particular case. It will, therefore, ordinarily be a matter of expert evidence as to what a reasonably competent doctor would have done in the particular case in question.

There are numerous cases which illustrate these points. For example, in *Bolam v. Friern Hospital Management Committee* [1957] 1 WLR 582, 586, McNair J. stated that, "The test is the standard of the ordinary skilled man exercising and professing to have that special skill. A man need not possess the highest expert skill; it is well, established law that it is sufficient if he exercises the ordinary skill of an ordinary competent man exercising that particular art." And in *Hunter v. Hanley,* 1955 S.C. 200, 206, Lord Clyde summed up the law by saying, "to establish liability . . . where deviation from normal practice is alleged, three facts require to be established. First of all it must be proved that there is a usual and normal practice; secondly . . . that the defender has not adopted that practice; and thirdly [and this is of crucial importance] . . . that the course the doctor adopted is one which no professional man of ordinary skill would have taken if he had been acting with ordinary care."

GB 64 Although the *quantum* of care which has to be exercised in a particular case depends on the facts of that case, the courts do have regard to a number of general principles. Some of the more important principles ought to be mentioned. One is that, since negligence is a fault-based tort, the level of skill and care will be determined by reference to the state of knowledge at the time when the procedure complained of was carried out. In *Roe v. Minister of Health* [1954] 2 Q. B. 66, a procedure inducing spinal anaesthesia using an anesthetic in glass ampoules, stored in phenol solution, was carried out in 1947 but the trial did not take place until 1953. In 1951 it had been established that the procedure carried certain risks, namely that the ampoules could let in phenol through invisible cracks. The Court of Appeal made it clear that the doctor was to be judged by reference to the state of knowledge in 1947 and was not negligent. Denning L.J. made it clear that if the risks had been ignored after 1951, the doctor would have been negligent. This last point is important because it illustrates the fact that it is part of a doctor's duty to remain up-to-date with the literature and keep pace with medical developments.

GB 65 Another principle is that the doctor's conduct should be judged by reference to his experience and qualifications. In *Junor v. McNicol* (The Times, March 26, 1959) the Lord Chancellor stated that the amount of care expected of the doctor was that she "display the care and skill of a prudent qualified house surgeon, it being remembered that such a position was held by a comparative beginner." The obvious corollary of this principle is that a doctor should not attempt to carry out any treatment which is beyond his competence or experience, not should a senior doctor expect or require him to do so.

GB 66 A further principle which the courts are anxious to assert is that not every mishap which occurs as a consequence of medical treatment gives rise to a cause of action. This is because medicine is by definition a risk-creating enterprise and sometimes risks will become realities, despite the best skill and care of the doctor. As Ormerod L.J. said in *Williams v. North Liverpool Hospital Management Committee* (The Times, January 17, 1959), "There are risks inherent in most forms of medical treatment, and anaesthetics is certainly no exception. All one can ask of a practitioner is that he sould keep these risks to the minimum to which reasonable skill and reasonable care can reduce them. If he does this, no injury which occurs, however serious, will be actionable."

GB 67 As has been said, in determining the relevant *quantum* of care, the court considers what is general and approved practice. This means that expert evidence must be heard. Furthermore, in all but the most exceptional circumstances, expert evidence will not only be heard but accepted. The consequence is, of course, that the court in effect allows the medical profession to set its own level of what is reasonable care and skill. What this means is that if a doctor's conduct conforms with the general and approved practice of the profession or some responsible body of informed opinion within the profession, he will not be negligent. And, conversely, if he departs from this practice, he will be negligent. In the *Bolam* case mentioned earlier, there were opposing schools of thought within the medical profession as to the proper procedure to be used when administering electro-convulsive therapy. Some believed that muscle-relaxing drugs should be used, others that they should not be, and there was a similar difference of opinion on the value of restraining the patient. The court decided that all the various views, though different, could responsibly be held. Thus, it was decided that a doctor who did not use relaxing drugs nor restrained his patients was not necessarily negligent, even though the patient suffered injuries as a consequence.

Jackson, in *Professional Negligence,* argues that, "in exceptional circumstances, a medical practitioner would be held negligent, despite acting in accordance with the general and approved practice." While it is true that the court remains the only arbiter of the legal standard of care, there do not appear to be any English cases in which the court has substituted its view of appropriate care in the face of expert evidence.

As regards departure from approved practice, as has been said, this will ordinarily amount to negligence. The doctor may avoid liability by showing there were good reasons for the way he behaved, e.g. he found himself in an emergency or he was anxious to try out a new procedure. This second example is important since all novel procedures would otherwise be ipso facto negligent if harm resulted. The doctor is not negligent if in all the circumstances the novel procedure, or experiment, was justified in that it was, or was thought to be, a better treatment than existing ones, it had been tested as extensively as possible beforehand and the patient accepted that he was to receive such a treatment.

GB 68 **2. Breach of Duty.** Obviously, if the duty of the doctor is to comply with the legal standard of care as applied to the particular case, the plaintiff in any action alleging negligence must show that the doctor was in breach of his duty, i.e. failed to live up to the required standard.

GB 69 Jackson, in *Professional Negligence* (p. 227 ff.) discusses breach of duty under seven headings, each of which illustrates how the general principles apply in practice:

1. Failure to prevent illness, for example where a factory medical officer failed to protect workers against the known risks of industrial disease, or where a doctor failed to prevent the spread of infectious diseases.
2. Failure to attend or examine a patient, for example, where a doctor on duty in a hospital's casualty department failed to examine men who came to the hospital complaining of pains and vomiting, as in the well-known case of *Barnett v. Chelsea and Kensington Hospital Management Committee* [1969] 1 Q. B. 428. Nield J. stated that it was the duty of a hospital casualty officer to see and examine all patients who presented themselves in the casualty department.
3. Wrong diagnoses, as, for example, where a doctor fails to diagnose fractured bones after an accident.
4. Errors in the course of treatment, as, for example, where an injection is incorrectly administered or surgery improperly carried out. In *James v. Dunlop* (1931) 1 B. M. J. 730 a surgeon failed to remove all the swabs at the end of an operation and was found to have breached his duty.
5. Failure of communication between hospitals or doctors, where, for example, a patient is transferred from one hospital or doctor to another. In *Coles v. Reading and District Hospital Management Committee* (The Times, January 30, 1963) a patient was seen in one hospital but not given an anti-tetanus injection after crushing his finger in an accident. He was told to attend another hospital immediately, but it was not made clear why, nor was the particular need for an anti-tetanus injection explained. He did not attend the second hospital, and, although he later saw his own doctor, he died of tetanus. The hospital and the doctor were found negligent, Sachs J. emphasising how important it was to maintain proper communication between doctors and hospitals, rather than just relying on the patient.
6. Failure to warn or explain treatment. This will be more fully considered later under the heading of informed consent.
7. Failure to look after mentally disturbed patients. An example is the well-known case, *Selfe v. Ilford and District Hospital Management Committee* (The Times, November 26, 1970), in which doctors failed to supervise properly a suicidal patient. The patient, because of inadequate supervision, was able to leave his ward on the ground floor and climb onto a roof from which he threw himself, in an attempt at suicide, and suffered serious injuries.

Perhaps two further points ought to be made in this general survey of breach of duty. The first concerns omissions. As has been seen in the discussion of criminal law liability, the law imposes no obligation on anyone to act on behalf of another, without there being a special relationship between them. There is, therefore, no duty to rescue, and, conversely, there is no liability for failing to act. A doctor ordinarily is not in a special relationship with other people. Only when he begins a course of treatment with a patient does he owe a duty to that patient, on the basis of his undertaking to look after the patient. Thereafter, an omission causing injury is as much a breach of duty as a commission. One particularly important way in which the doctor-patient relationship can be created in law, is when a person walks into an accident and emergency department seeking help. Any failure to treat the person on the part of the doctor on duty would be a breach of his duty to that person, since by having available the accident department, the injured person has relied on the implied representation that help will be made available to him.

The second point is that, very occasionally, a breach of duty may affect someone other than the patient who is owed the duty. If a pregnant woman is the patient and as a consequence of the doctor's breach of his duty to her the baby is born disabled, then, since 1976, the baby can recover damages. At common law, no duty was owed to the *nasciturus*. Under the Congenital Disabilities (Civil Liability) Act, 1976, a remedy is given to the baby, but it must be for breach of the duty owed to the mother. There is still no duty owed to the unborn child; its action is derivative.

GB 70 **3. Proof of Breach of Duty.** As in any other case, the patient as plaintiff must bring evidence sufficient to persuade the court that the doctor was in breach of his duty. But in medical negligence cases, the patient is often at a disadvantage because he may not know what treatment he received or how the injury he suffered came about. This is particularly true in the case of surgery, where the patient is unconscious during the operation and cannot know what was done. In such a case, proving what thc doctor did, so as to provc that it constitutcd a breach of duty, could present an insurmountable hurdle.

GB 71 To aid the patient, and prevent his case from failing *in limine,* use may be made of the doctrine of *res ipsa loquitur.* This is a doctrine of the law of evidence which provides that where the treatment "is shown to be under the management of the defendant or his servants, and the accident is such as in the ordinary course of things does not happen if those who have the management use proper care, it affords reasonable evidence, in the absence of explanation by the defendants, that the accident arose from want of care," Erle C.J., in *Scott v. London and St Katherine Docks,* 1865 3 H. & C. 596.

Thus, the patient must show that the treatment was under the management and control of the defendant and that what happened does not ordinarily happen without negligence. This latter requirement causes difficulties in medical negligence, since, as has been seen, not every mishap is the result of negligence. So, if medical evidence establishes that what happened to the patient can, and sometimes does, happen without there being any negligence, the patient cannot invoke the doctrine. In the well-known recent case of *Whitehouse v. Jordan* (1981) 1 WLR 246, it was conceded by Counsel for the plaintiff that *res ipsa loquitur* could not be pleaded, since a child may suffer brain damage during birth, particularly after a "trial by forceps", without there being any lack of due care on the part of the doctor.

GB 72 Where there are a number of doctors and others responsible for the treatment of the patient and no-one is exclusively in control of the treatment, the patient may sue the hospital as being vicariously liable and ivoke the doctrine in support, as was decided in the case of *Cassidy v. Ministry of Health* (1951) 2 K. B. 343. As the doctrine makes clear, it is always open to the defendant to rebut the inference of negligence which is created. This he can do by introducing evidence that the patient's injury was explicable on another basis which did not amount to a breach of duty, or, at least, was just as likely to have been caused without negligence as by negligence.

GB 73 One issue on which there is still some misunderstanding among lawyers concerns the procedural implications of successfully pleading *res ipsa loquitur.* Jackson asserts that it shifts the burden of proof even though he also states that it raises only an inference of negligence. If it were to shift the burden of proof, it would, of necessity, create a presumption of negligence, albeit a rebuttable presumption. What lawyers and courts fail to distinguish is the difference between the burden of proof and the evidential burden (the burden of adducing evidence). Strictly speaking, *res ipsa loquitur* merely casts on to the defendant the burden of introducing evidence to rebut a prima facie case. But very often the courts have spoken of it as shifting the burden of proof, such that if the defendant remains silent, the court *must,* not may, find against him. This probably now represents the legal position, i.e. this is the view courts will adopt, even though it is theoretically unsatisfactory.

IV. Informed Consent

1. Battery

GB 74 As has been seen, a doctor may be liable for the tort of battery if he treats a patient without consent. Ordinarily consent can be implied by the fact that the patient presents himself for treatment or examination. But in certain circumstances, particularly as regards some invasive procedure, express consent will be required, as consent cannot properly be implied. If consent is to be express, there is no legal requirement that it be in writing, but this provides the best evidence. Consent involves both the voluntary agreement of the patient to be treated and the possession of sufficient information about what is proposed to make the consent real. Obviously, therefore, if the consent to treatment is gained through deceit or some form of duress, then the doctor is liable in battery. Equally, if the doctor treats the patient in a way differently from what was consented to, this is battery. For example, as Finch reports (*Health Services Law,* p. 245) a women in 1969 successfully sued a doctor who carried out a procedure to sterilise her while performing a Caesarian section. She had agreed to the latter but not the former. For the consent to be informed, a patient should given enough information to enable him or her, in broad terms, to understand what the treatment involves. The information need not, however, be particularly detailed nor need it contain any warnings about risks which may be involved. A general consent is enough. Clearly, this means that the tort of battery offers insufficient protection to the patient. For this and other reasons, a claim of battery is rarely encountered in medical law. It should be noticed, however, that even though a general consent is thought to be enough to defeat a claim for battery, some general consent forms used in hospitals may not meet even this limited legal standard. In the very recent and important case of *Chatterton v. Gerson* (1980) 3 W.L.R. 1003, Bristow J. discussed the forms commonly signed by patients in hospitals who were about to be operated upon, which use such words as, "I agree to undergo (the particular operation) the effect and nature of which have been explained to me". Such a form, he suggested, would be no defence to an action based on trespass to the person (battery) if no explanation had in fact been given. The consent would have been expressed "in form only, not in reality".

GB 75 Obviously the law only calls for consent in circumstances in which the patient is legally competent to give consent. The unconscious patient, the immature child and the mentally disabled are legally incompetent and any need for their consent can be dispensed with. In such circumstances, the consent of the parent or legal guardian will be required, except in the case of an emergency, when consent is ordinarily implied. A more detailed discussion of proxy consent will be offered under the heading of negligence, which will be considered next.

GB 76 Finally, a word should be said about refusal of consent by a patient. Just as a doctor may not treat without consent, so he must not treat, or continue to treat, if the patient withholds consent. This is so, provided the patient is legally competent to make such a decision, even if the refusal may threaten the life of the patient. In *R v. Blaue* (1975) 2 W.L.R. 1411, an 18-year-old girl was attacked and suffered knife wounds. She was a Jehovah's witness and refused blood transfusions which could have saved her life. She died and her attacker was convicted of her murder. The case appears to be good authority for arguing that the doctor must respect her refusal of treatment and did no wrong in so doing, since otherwise the chain of causation between the attack and the death would have been considered as broken. In the case of parents who refuse treatment on behalf of their children, the law adopts a different posture. Such refusal need only be respected if in all the circumstances it is in the child's best interests, judged objectively, to do so. Clearly, if the child will die or suffer injury if not treated, it is not in his best interests to refuse treatment. In such a case, the doctor is entitled in law to proceed without consent and regardless of the refusal.

2. Negligence

GB 77 Why, it ought to be asked, is the law concerned with informed consent in the context of medical treatment? The answer must be that the law values highly the idea of respect for each person's autonomy. A feature of this respect for autonomy is that a person ought to be allowed to make his own decisions for himself unless very good grounds exist. The reason for allowing him to do so is, of course, because it is assumed that each person of mature mind is the best judge of his own interests. To make decisions for someone when he is capable of deciding for himself, to purport to be the best judge of his interests, is to act paternalistically and to undermine respect for autonomy. This is the theory. It serves as a good starting point from which to evaluate the law of informed consent in the tort of negligence and whether it measures up to the theory which underlies its existence.

GB 78 A preliminary point to note is that a patient who wishes to base a complaint on lack of informed consent will now ordinarily have to sue in negligence rather than battery. This is the effect of the judgement in *Chatterton v. Gerson,* in which Bristow J. concluded that, ".... once the patient is informed in broad terms of the nature of the procedure which is intended, and gives her consent, that consent is real, and the cause of action on which to base a claim for failure to go into risks and implications is negligence, not trespass (battery)". The implications of this are many, not least the need to prove all the necessary ingredients of the tort of negligence. In particular, the patient must prove he has suffered harm as a consequence of a breach of the duty to inform. In a battery action, there is no need to prove damage as a prerequisite for recovering damages.

In negligence, the law speaks of a duty, imposed on the doctor, to inform his patient of the nature and consequence of the proposed treatment so as to allow the patient to make a considered decision whether to have the treatment or not. In particular, the law requires the doctor to infirm his patient adequately of the risks inherent in the treatment. It must be noticed, of course, that this duty is in addition to the duty to act competently. Here the patient is saying that, even though the doctor behaved with all due care in his treatment, he is still in breach of duty. To succeed in an action against the doctor, the patient must show not only that there was a failure adequately to inform him, but also that, if he had been so informed, he would not have agreed to have the treatment. There are therefore two parts to the doctrine, each equally important.

GB 79 The first part involves the information to be given, and note that it is the doctor's duty to ensure that the patient is informed, not the patient's obligation to seek information. As regards ordinary, standard treatment, the patient must be informed of the risks, consequences and implications of the treatment, but, as Jackson points out (*Professional Negligence,* p. 235), "there is not a duty to warn a patient of every risk involved in his treatment, however remote". Jackson refers to the view of Bridge J., in *O'Malley-Williams v. Board of Governors of the National Hospital for Nervous Diseases* (1975) 1 B.M.J. 635, that "if the risk was relatively remote, then there (are) obvious disadvantages in warning a patient". It must be that the doctor must warn of *material* risks. But, the question then becomes, who is the judge of what is material? There are at least three options; what a reasonable doctor regards as material, what a reasonable patient may think and what the actual patient thinks. English law at present follows the first option, as is made clear in *Chatterton v. Gerson.* Clearly the third option is the most likely to ensure respect for autonomy, which is the alleged aim of the legal doctrine, but it is not chosen. The second option, a hybrid notion which has gained favour in the United States is also rejected. Bristow J. in *Chatterton v. Gerson* puts the English law very simply; "The duty of the doctor is to explain what he intends to do, and its implications, in the way a careful and responsible doctor in similar circumstances would have done". Thus, English law allows the medical profession to set the standard for what information a patient ought to be given. This is a long way from respect for autonomy. It reflects the paternalism of the medical profession and the view of the courts, if not the rest of the community, that the best judge of the patient's interests is the doctor. It reflects the view advanced by Woodhouse J. in the leading New Zealand case of *Smith v. Auckland Hospital Board* (1964) N.Z.L.R. 241, on which so many English lawyers have relied, that „the scope of the duty to advise was governed by the practice of competent and prudent doctors".

GB 80 The second part of the doctrine is the need for the plaintiff to show that if proper information had been given, he would not have consented to the treatment. This is a matter of evidence for the court to weigh but it is important to notice that the court will tend to judge the patient's evidence and attitude by reference to what is reasonable, what a reasonable patient would do. To this extent, the idiosyncratic patient may fail to persuade the court that he would not have gone ahead with the treatment, even if a reasonable person would have done.

GB 81 The next aspect of the doctrine to notice is that ordinarily it is the particular patient's consent, and no-one else's, which is of importance for the law. There are, however, exceptions to this prinicple which apply when the patient is legally incompetent to give consent of any kind. As has been seen, the child, the unconscious person and the mentally disabled cannot in law give consent. The policy behind this is, of course, one of protecting the capacity for autonomous decision of such individuals, by preventing them from making decisions contrary to their best interests when not capable of making considered judgements. As regards the child, English law is not entirely clear but the balance of opinion is that the relevant criterion is not the age of the child, but his capacity to understand the nature and consequences of the proposed procedure. Clearly, the younger the child, the stronger the presumption against his having the relevant capacity. By S. 8 of the Family Law Reform Act, 1969, a child over the age of 16 is presumed capable of consenting, and so is owed by the doctor the duty to gain informed consent. But this does not mean that the child under 16 cannot consent, and, indeed, as has been said, the opposite can be true depending on the circumstances. As for the mentally disabled, it must not be assumed that someone who is mentally ill or handicapped is ipso facto incapable of giving consent. It depends on the particular circumstances, on whether the person is lucid at the relevant time; if he is, he is owed the duty of gaining informed consent. Clearly, the information must be imparted in a way which is understandable, but this is true in all cases, not just in the case of the mentally disabled. As for the unconscious patient, clearly no duty exists and consent in all its forms can be assumed by the doctor.

When a patient is legally incompetent, it has already been noticed that his parent or legal guardian may consent on his behalf. In the context of informed consent, the duty of the doctor is perhaps slightly more strict than usual. Since the parent or legal guardian may only act in the best interests of the patient, or, at the least, not against his interests, it is arguable that the doctor must give a greater amount of information than he would normally give, so as to enable a considered evaluation to be made of the patient's interests.

GB 82 Perhaps the most significant exception to the doctor's duty to obtain informed consent consists in the principle of the "therapeutic privilege". By this, English law absolves the doctor of his duty if, in the circumstances, he judges it would not be in the patients' interests to inform him of the risks and consequences of the proposed treatment. Obviously, this principle, if interpreted widely, can completely engulf the doctrine of informed consent and the law's commitment to respect for autonomy. It is, however, very strongly entrenched in English law, as the words of Bristow J. in *Chatterton v. Gerson* indicate, "In what he says any good doctor has to take into account the personality of the patient, the likelihood of the misfortune, and what in the way of warning is for the particular patient's welfare". In *Bolam v. Friern Hospital Management Committee,* McNair J. stated that, "you may well think that when dealing with a mentally sick man and having a strong belief that his only hope of cure is E.C.T. treatment, a doctor cannot be criticised if he does not stress the dangers which he believes to be minimal involved in the treatment". Jackson endorses this view (*Professional Negligence,* p. 237) when he writes, "If the doctor plays down the risks, because he reasonably believes that this is in the best interests of the patient, and if he is thereby acting in accordance with the practice of the profession (or some part of the profession) then he is not negligent".

The justification for this view lies in the so-called ethical principle that the doctor should seek to avoid doing harm to the patient *(primum non nocere).* The difficulty is that it is the doctor who becomes the judge of what is harmful, rather than the patient and the patient is thereby robbed of autonomy, while the law endorses the unwarranted exercise of paternalism by the doctor. For, depending on how the doctor or his colleagues define what might be psychologically harmful to the patient, to that extent they can avoid the doctrine of informed consent. Indeed, in one case,

Hatcher v. Black (The Times, July 2, 154), Denning L.J. went so far as to suggest that, not only may a doctor withhold the truth, he may even lie to his patient without being in breach of his duty. A surgeon told his patient that she would not lose her voice as a consequence of a proposed operation. He knew that there was, in fact, some risk of this happening. Jackson remarks approvingly (*Professional Negligence*, p. 238), "He did this for her own good, because it was of vital importance that she should not worry."

GB 83 Finally, it should be pointed out that where the proposed treatment is outside the range of ordinary treatments, the duty of disclosure of risks is greater. Thus, if what is proposed is cosmetic or non-essential treatment or if the treatment is experimental, the doctor must take particular care in explaining all the material risks and implications.

V. Causation

GB 84 To recover compensation the plaintiff must always prove that it was the defendant's conduct which caused the damage suffered. This is equally true in contract and in tort law. But causation in English law has, in fact, two meanings. The first is the obvious one, namely factual causation, that in fact the defendant's breach of contract or breach of duty caused the harm suffered. To establish factual causation, two alternative tests are used, either the "but for" test or the "substantial factor" test. The "but for" test merely means that the plaintiff will succeed if he can show that "but for" the defendant's conduct, the damage would not have happened. Where, however, there may be more than one factual cause, the plaintiff can still succeed in his action if he can show that the defendant's conduct was a "substantial factor" in producing the resulting harm.

A well-known example of factual causation in medical law is the case of *Barnett v. Chelsea and Kensington Hospital Management Committee*. In that case, it was decided that a hospital casualty officer was in breach of duty in not examining a man who came to the accident department. But, nonetheless, the doctor was not found to be liable in negligence because his breach of duty did not cause the man's death. This was because it was established that the man was suffering from acute arsenic poisoning when he first presented himself and would have died in any case, even if the doctor had examined him, because by the time the doctor had discovered the cause of his illness it would have been too late to prevent him from dying.

GB 85 The second aspect of causation is often called legal causation, or remoteness. The plaintiff must also persuade the court that the damage he suffered was not too remote. Although this is presented as an issue of causation, it is, in reality, really a question of *responsibility*. The question for the court is whether the defendant should be held responsible for the damage, even though he caused it. This is clearly a matter of policy, of value judgement, not of causation. In the law of tort the test now adopted by the courts is that a defendant is liable for all damage of the type that could have been foreseen by a reasonable person at the time when the defendant breached his duty, *The Wagon Mound* (1961) A.C. 388. Once the type of damage is judged to be foreseeable, the extent of the damage is irrelevant, such that the defendant is liable for all of it. This is the so-called egg-shell skull rule, whereby the defendant must take his victim as he is, and if he happens to have a weaker constitution or a particular susceptibility, then this is too bad for the defendant. The test employed in contract law is virtually the same although it is expressed somewhat differently. The party in breach of contract is liable for all damage reasonably foreseeable als flowing from the breach, at the time the contract was made.

The lack of cases on legal causation in medical law may suggest that it does not pose major problems.

VI. Burden of Proof

GB 86 The burden of proof in medical law cases, whether in contract or tort, is the same as that which applies in the general law. The plaintiff must persuade the court that his case is more likely to be true; he must, in other words, have the balance of probabilities in his favour. Putting it another way, he must persuade the court that it is at least 51% likely that his evidence, establishing the various legal elements necessary for his case, is true. If the court finds the arguments or evidence equally balanced, there must be a judgement for the defendant.

GB 87 As has been said, the burden is always upon the plaintiff. The defendant may merely deny the plaintiff's case and "put him to proof", make him persuade the court. The one exception to this may be when the plaintiff invokes the doctrine of *res ipsa loquitur*. This, in the view of many, shifts the burden of proof on to the defendant, although, as has been said, this is theoretically unsound.

VII. Experts

GB 88 In litigation in English law experts appear as witnesses, either for the plaintiff or the defendant. This is a natural consequence of the adversary process of litigation whereby each side's argument is tested before an impartial court which has to be persuaded of the strength of the plaintiff's case. There is no system of court experts, appointed by the court rather than appearing as partisan witnesses for the parties. Thus, in medical negligence cases, which always call for expert evidence on, for example, *quantum* of care or causation, the litigation often becomes a "battle of experts". The recent case of *Whitehouse v. Jordan* provides a good illustration. There were four leading obstetricians called to give evidence, two for the plaintiff and two for the defendant. In addition, another distinguished Professor of Obstetrics prepared a report and the defendant doctor and his colleague both also gave evidence. The difficulties the courts had with the evidence is illustrated by the fact that until the case reached the House of Lords, the highest court, two judges had accepted the plaintiff's case and two the defendant's case. In the House of Lords, all five judges preferred the defendant's evidence.

Proposals have been made to establish some form of court-appointed expert evidence in medical negligence litigation, but these have not received and support, either from Parliament or from the Lord Chancellor's office, which is responsible for keeping the law of procedure under review.

VIII. Access to Records

GB 89 The significant issues as regards medical records, in the context of medical litigation, are to whom do the records belong and who may gain access to the information contained in them. Clearly, an answer to the first question will also provide a partial answer to the second.

When the doctor is engaged in private practice, ordinarily the notes and records he makes will be his property. When the private care includes, as it usually does, hospital care, there may be other notes and records, e.g. of nursing care, of tests carried out or drugs given, and of X-rays, which are the property of the hospital involved. When the patient is treated within the NHS, whether in hospital or by a general practitioner, all records of treatment are the property of the Secretary of State at the Department of Health and Social Security. They are Public Records by virtue of the Public Records Act, 1958.

From this brief statement concerning ownership of medical records, it can be seen that a patient has no prima facie right in law to claim or even to see the records and notes relating to his care. Some doctors do show patients the notes that are kept, but this is not based on any legal claim, but on the doctor's view of good medical practice.

GB 90 But, just as a patient ordinarily has no legal right to access to the medical notes and records concerning him, neither does anyone else, subject to the circumstances described below. So, it may be helpful to note first how the law regulates improper disclosure of information and then in what circumstances disclosure can be authorised or ordered by law.

There is universal agreement that information gained from a patient is and must be regarded as confidential. This is a fundamental principle of medical ethics. It is also agreed that confidential information may not be divulged without the permission of the patient (the patient can always, of course, waive his rights). This is because the ethical commitment of the doctor is to keep his promises to his patient, and one of the central promises is the promise to keep confidence. If the doctor acts in breach of this ethical principle and cannot show a good reason to justify doing so, such as one of the reasons to be considered later, he will be disciplined by his professional colleagues. But this is only at the level of medical ethics. Does the patient have any legal remedy or recourse for unjustified disclosure of confidential information?

GB 91 The English law on breach of confidence is still rather underdeveloped in terms of the protection it gives to parties harmed by such breaches. If the patient is receiving private care, then there will be a contract between him and the doctor. This will contain a term, express or implied, that there shall be no unjustified disclosure. If there is a breach of this term, then the patient will have a remedy for breach of contract and will recover some monetary compensation. And if the breach is merely threatened but has not yet taken place, the patient may ask the court to restrain the doctor from disclosing the information through the device of the legal remedy of injunction.

GB 92 The law is by no means as easy to state if the patient is treated within the NHS. Here it will be a matter of tort law rather than contract. There is general agreement that a patient may apply for an injunction to restrain disclosure which is about to take place. And by Lord Cairns' Act, 1858, a court can always award damages instead of an injunction. There is less agreement about whether he can recover *dam-*

ages for unjustified disclosure, since there is doubt whether English law fully recognises a tort of breach of confidence. Probably, the better view is that there would now be a remedy in tort in the form of damages if a doctor or hospital disclosed confidential information without justification. The plaintiff would have to prove that he was harmed in some way, but it would be enough if he showed nervous shock or financial loss. It should be made clear that there is no legal authority which completely supports this view. The Law Commission proposed in 1974 that a tort of breach of confidence should be created by statute, but no action has been taken. Two more recent cases, both of great importance, suggest the emergence of the tort, *British Steel Corporation v. Granada Television Ltd.* (1980) 3 W.L.R. 774 and *Schering Chemicals v. Falkman Ltd.* (1981) 2 W.L.R. 848.

GB 93 The second matter to be discussed is under what circumstances persons other than the owners can have access to the information contained in medical notes and records. The principal basis on which this may occur is when the doctor or hospital is required or compelled by law to disclose the information. Neither the doctor nor the hospital enjoy any legal privilege to withhold confidential records or notes, if ordered to disclose them by a court. Equally, when called as a witness in any case a doctor cannot claim any legal privilege from disclosure and, therefore, must disclose information if asked for it, even if the information is gained in the strictest confidence. This is always subject to the supervision of the Court, since a judge will only require a doctor to answer such a question if it is considered necessary in the interests of justice. Failure to comply with the instructions of the judge will mean that the doctor is in contempt of court and liable to be punished. Sometimes, when a doctor feels that he is about to be asked for information he acquired in confidence, he will ask for the direction of the judge. If the judge then says that he must answer, this is seen by the doctor as excusing him from his ethical obligation to keep silent.

GB 94 Then there are certain circumstances in which public law rules require disclosure. For instance, a doctor must inform the responsible medical officer in the District of certain infectious diseases which his patients may have contracted. Also, under the Road Traffic Act, 1972 S. 168, a doctor must give information to the police about his patient if he believes the patient has been involved in a road traffic accident. These are merely examples of the more general ethical principle that the duty to keep secret a patient's confidences is always subject to the doctor's overriding obligation to society as a whole. This would justify the doctor in, for example, advising the licensing authority if a patient who knew he was susceptible to attacks of unconsciousness persisted in driving a motor vehicle, particularly a vehicle such as a taxi or bus.

GB 95 So far, the justified or authorised disclosures have been to persons other than the patient. The question now to be considered is whether a doctor or hospital can be compelled by law to allow access to notes and records containing confidential material to the patient. The context in which this arises is principally one in which the patient is bringing or is contemplating bringing an action against the doctor or hospital.

Where a patient has begun proceedings against the doctor or hospital, he is entitled to have access to all documents relevant to the case, and will be enabled to do so during that stage of pre-trial procedure known as Discovery. By Order 24 of the Rules of the Supreme Court, *Supreme Court Practice,* Sweet and Maxwell, 1982, any party to an action may have acces to documents in the power or possession of any other party to the action which are relevant to the action. Usually, such discovery of documents is by agreement. If there is no agreement, the court has power to order discovery (the production and exchange of documents), and back that order with appropriate sanctions. By Order 24 Rule 3, the court "may order any party to a cause .... to make and serve on any other party a list of documents which are or have been in his possession, custody, or power relating to any matter in question in the cause, ... and may at the same time or subsequently also order him to make and file an affidavit verifying such a list and to serve a copy thereof on the other party". A party can also require another to file an affidavit stating whether a specified document is, or has at any time been, in his possession, power or custody and if it is not, when he parted with it and what has happened to it. Once the list of documents is complete, the party can then inspect the documents. It is, of course, open to a party to plead that he ought not to disclose certain documents on the grounds of privilege, but as has been seen, confidential material in medical notes and records attracts no such privilege and must be disclosed.

GB 96 An important development took place in 1970 by virtue of the Administration of Justice Act. By S. 32, a party to any proceedings in respect of a claim for personal injuries or in respect of a person's death may obtain an order for discovery and disclosure of documents against someone who is not a party to the action. The purpose of this provision is to enable a party to have access, for example, to hospital notes or records, when the hospital itself is not being sued. The provision caused much consternation among doctors, who abjected to a patient having access to the information in the records and notes. They complained that it could inhibit them in what they wrote. The courts tried to limit disclosure only to the patient's legal or medical advisers but this was rejected by the House of Lords in the case of *McIvor v. Southern Health and Social Services Board* (1978) 1 W.L.R. 757. Parliament then responded to the view of the medical profession and in the Supreme Court Act, 1981, S. 34 disclosure is limited to the patient's medical and/or legal advisers. Breach of this limitation by these advisers would be a contempt of court.

Since the Administration of Justice Act, 1970, a person *contemplating* litigation in respect of personal injuries has also been able to gain access to documents in the possession of the party against whom he may bring an action. This Act was passed with particular reference to claims for personal injury arising out of alleged medical negligence. The aim was to allow the records and notes to be disclosed so that the patient's advisers could determine whether a claim could indeed be made. This would, it was argued, lead to a saving of time and money, since many claims proved groundless and if the patient could be told this before an action was begun, this would be beneficial to all. By S. 31 of the Administration of Justice Act, 1970, a patient who is a „likely party to an action for personal injuries or in respect of the death of any person", can obtain discovery as if the action had already commenced. But as in the case of S. 32 noted earlier, the discovery and disclosure, since the Supreme Court Act, 1981, S. 33, will only be to the patient's legal advisers or any medical or other professional advisers. It will not, therefore, be to the patient himself.

IX. Damages

GB 97 As has been seen, it is an essential prerequisite in the tort of negligence that harm or damage is suffered before damages can be claimed. This is not so in the case of the tort of battery or if the action is brought in contract. In both such actions, at least nominal damages will be recovered on proof of the battery or breach of contract.

Otherwise, under all three heads of liability the same range of harm or injury, arising out of medical malpractice, will be compensated. Thus, a patient as plaintiff can recover damages if he suffers injury, financial loss (either consequential upon the injury or separate from it), or nervous shock or upset. In the tort of negligence there may even be liability if nervous shock is suffered by the close relative of a patient, if the relative witnesses the harm suffered by the patient as a consequence of the hospital's or doctor's negligence and is sufficiently badly shocked by this. The relative must show that he suffered at least some recognised psychiatric illness or some physical illness.

It is important to notice that the courts have recently refused to compensate two particular kinds of harm. In the first case, *McKay v. Essex Area Health Authority* (1982) 2 All E.R. 771, the court refused to allow a child plaintiff damages on the grounds that he had been born disabled because of the conduct of the doctor who attended his mother in pregnancy. The child was disabled because the mother had contracted rubella in early pregnancy. The child's argument was that the mother should have been advised to have an abortion. This is the action which has been called an action for „wrongful life" in the United States. The court dismissed the action, on the grounds that to allow it would be against public policy, since it could never be said that being born was damage or harm which the law should compensate. In the second case, *Undale v. Bloomsbury Area Health Authority* (The Times L.R., February 18, 1983), the court dismissed a mother's claim for damages based on the fact that she had become pregnant and given birth to a child after a sterilization procedure had been negligently performed. She was seeking damages to cover the extra costs of raising the child. The court awarded her damages for her own inconvenience, pain and suffering and loss of earnings caused by the pregnancy, but said that the birth did not constitute harm or damage, but rather was a blessing, and so no damages would be awarded.

Once the patient as plaintiff can show harm recognised as being compensated in law, then damages will be awarded. There are no special rules of damages which are specifically applicable to medical negligence. The law applied is the ordinary law of damages. What follows, therefore, is merely an outline of the general law of damages.

GB 98 Perhaps the most helpful starting point would be to refer to the brief description of damages for personal injury contained in the *Report of the Royal Commission on Civil Liability,* vol. 1, p. 23.

> Damages for pecuniary loss relate to additional expenses and loss of income up to the date of the award and for the future; and the broad principle is that the court should award the injured party such a sum of money as will put him in the same position as he would have been if he had not sustained the injuries .... To replace lost future income, the established method is to award such a sum as, when suitably invested, will over the relevant period, by receipt of interest and dividends and drawings from capital, provide annually the amount of the lost income. Grave problems at present arise in seeking to apply this method realistically in face of the uncertainties as to future rates of inflation, of taxation on investment income and of interest and dividends.
>
> Damages for non-pecuniary loss relate to pain and suffering, nervous shock, mental distress, loss of faculty, disfigurement, inconveniences, and discomfort, loss of enjoyment of life .... No sum of money could be exact compensation for non-pecuniary loss, because no sum of money could restore or be a true aquivalent for the lost sight, hearing, limb, power of movement or capacity to enjoy life. The trial judge ... can award only such sum of money as appears fair and reasonable and in line with comparable awards.
>
> GB 99 In the case of fatal injury, damages ... may be sought on one or both of two bases. First, the representatives of the deceased's estate may claim on behalf of the estate under any of the heads that would have been available to the deceased had he not died .... Secondly, the dependants of the de-

ceased have a statutory right of action for damages for loss of their dependency. This right of action is confined to pecuniary loss.

GB 100 This general outline can be supplemented by noticing certain points in greater detail. In an action for personal injuries, pecuniary damages will cover financial loss already incurred, such as lost earnings, cost of transport for visits by relatives, and cost of medical expenses. It should be noted that the law allows a plaintiff to recover the cost of private medical care, incurred as a consequence of the defendant's breach of duty, even though care under the NHS was available. As regards earnings which have been lost already, the plaintiff must give credit for half of certain benefits he has received from the social security system in the 5 years since the accident. This is one of the few occasions when the tort system takes account of the existence of the social security system, which, as has been seen, compensates far more victims of personal injury than the tort system. The benefits which must be brought into account include sickness benefits, invalidity benefit, non-contributory invalidity pension, injury benefit, disablement benefit, unemployment benefit, supplementary benefit, and care under the NHS if the plaintiff will be supported in a hospital for the rest of his life. Other "collateral benefits" are not to be deducted in calculating lost erarnings, such as charitable payments, contributory pension payments, state retirement pension and mobility allowance. It is a common complaint that there is no coherent policy as regards collateral benefits or the relationship between the tort system and the social security system. The *Report of the Royal Commission on Civil Liability* recommended that virtually all benefits received from the social security system paid as the result of the injury suffered should be offset, but Parliament has not as yet taken any such action. Interestingly, it was not recommended that benefits which did not come from social security should be deducted, meaning that the admittedly rare person who is insured against personal injury would still recover twice.

It should be pointed out that since the decision in *Pickett v. British Rail Engineering Ltd.* (1978) 3 W.L.R. 955, the period for which the plaintiff can recover damages for loss of future earnings is the period of his pre-accident life expectancy, even though he may not now live that long. This period is often called "the lost years". Before the case was decided, the law had been that he could recover only for post-accident life expectancy. This worked injustice in that, if he had died in the accident, his dependants, as will be seen, would recover as damages a sum aquivalent to their dependency and, probably, in the case of a wife, for life. But if he did not die, but only lived a few years, he would recover damages only for that reduced period and when he died, his dependants would be left without benefit from the tort system.

Since the Administration of Justice Act, 1969, and Order 29 Rule 11, Rules of the Supreme Court, a court may make an order awarding interim damages to the plaintiff, pending final resolution of the claim. This takes place in circumstances where the defendant admits liability but contests the amount of damages due to the plaintiff. In some ways, this makes the plaintiff's life somewhat easier, since, as has been seen, he may have to wait up to 5 years before his claim is decided by the courts. But it only applies when the defendant does not contest liability. If the defendant denies the claim, the plaintiff must rely on social security payments. Ultimately, if his action is successful, he will be paid interest on the loss he has suffered already, whether pecuniary or non-pecuniary, since he has been kept from having the money. He will not, however, receive interest on future loss, since that loss has not yet been sustained. The rate of interest is half the short-term interest rate current at the time.

GB 101 As regards non-pecuniary damages, the range of heads under which these damages can be awarded has already been noted. The normal approach to quantifying these damages, used by courts and by legal advisers in negotiating settlements, is to follow the prevailing "tariff" or standard award, reported in the law reports, for the same or similar injuries, allowing increases for such factors as inflation. A comprehensive survey of damages awards is available to legal practitioners in Kemp and Kemp, *The Quantum of Damages,* which is revised and kept up to date through the use of supplements. Pain and suffering is merely one head of non-pecuniary damage. Only those victims of personal injury may recover it who are conscious of pain. Thus, a person who is so injured as to be unconscious cannot recover damages under this head, though he may do so under most of the other heads of non-pecuniary loss. A recent change in the law on pain and suffering damages is contained in S.I of the Administration of Justice Act, 1982. This abolishes the right to damages for loss of expectation of life, but allows the court in assessing a person's damages for pain and suffering to "take account of any suffering caused or likely to be caused to him by awareness that his expectation of life has been reduced". As regards non-pecuniary damages in general, the *Report of the Royal Commission on Civil Liability,* vol. 1, p. 26 states that, "more than half of the total amount paid out under the present tort system is for non-pecuniary loss. In the biggest claims, compensation for future loss of earnings plays a larger part and the proportion of non-pecuniary loss is lower".

GB 102 One very recent development which must be noted is contained in S. 6 of the Administration of Justice Act, 1972. This provides, for the first time in English law, that a court may award damages in the form of periodic payments. Hitherto damages could only be awarded as a lump sum and this attracted particular criticism in the *Report of the Royal Commission on Civil Liability.* It was as a consequence of the *Report's* recommendations that S. 6 was enacted. It is not yet possible to state how this provision will operate in practice, since rules have yet to be issued, S. 6 being only an enabling provision.

GB 103 When a person dies as a result of negligence, there are two available actions, as has been seen. Both were created by statute. The estate may recover damages by virtue of the Law Reform (Miscellaneous Provisions) Act, 1934. The dependants of the deceased recover under the Fatal Accidents Act, 1976.

As regards damages available to the estate, the Administration of Justice Act 1982 has made certain changes in the law. No damages are available, as has been seen, for loss of expectation of life, nor are damages for loss of income recoverable by the estate for the "lost years", the pre-accident life expectancy of the deceased. In all other respects except for the recovery of funeral expenses, damages recoverable are the same as in an ordinary personal injuries action. The aim of the statute is to recover for the estate that which was lost as a consequence of the accident between the time of the accident and death. Clearly, if death is instantaneous or follows soon after the accident, the amount of money recovered is very small.

The action on behalf of the dependents seeks to provide money for the future, after the injured person has died. Reference has already been made to how, in outline, the money is calculated. Clearly, if there is a spouse and children the periods of dependency will differ and thus the damages awarded will also vary. The Administration of Justice Act, 1982 varies the list of dependants entitled to recover, particularly so as to include a person living as husband or wife of the deceased, and illegitimate children as well as the usual persons such as siblings, grandparents and aunts and uncles. The dependant must show that not only is he legally entitled, as being on the list, but that he was also *in fact* dependent on the deceased.

GB 104 Two further provisions of the Administration of Justice Act, 1982 warrant attention. The first is the creation of a head of damage called bereavement, which is available to the spouse or parents of the deceased. Previously English law had no action for a *solatium* but this provision comes close to this. The money recoverable is a fixed sum of £ 3500. Secondly, the Act provides in S. 4 that "benefits which have accrued or will or may accrue to any person from his estate or otherwise as a result of his death shall be disregarded". The effect of this is that any damages which a dependent may receive from the estate will not be deducted from his damages as a dependent under the Fatal Accidents Act. This represents a departure from the previous state of the law.

X. Limitation Period

GB 105 This area of law has undergone important changes very recently in England and ought therefore to be mentioned in any review of medical negligence. The limitation period within which actions must be commenced is now 3 years in the case of an action for personal injuries, by virtue of S.11 of the Limitation Act, 1980. But the period begins on the date when the cause of action accrued or on "the date of knowledge", if later. Since, normally, the action accrues when the damage is done, this alternative time is of great importance. Jackson, in *Professional Negligence*, offers a helpful outline of the law, which is summarised here.

"Date of knowledge" is defined in S.14 as the date on which the plaintiff first knew

a) that the injury in question was significant; and
b) that the injury was attributable in whole or in part to the act or omission which is alleged to constitute negligence ... or breach of duty; and
c) the identity of the defendant; and
d) if it is alleged that the act or omission was that of a person other than the defendant, the identity of that person and the additional facts supporting the bringing of an action against the defendant.

For the purposes of these provisions a person knows something when he ought reasonably to have observed or ascertained it. As Jackson points out, it is sub-paragraph (b) which is most important in the case of medical negligence. Even though a person may realise that treatment has not succeeded or gone well, it may not be until he has consulted another doctor that he discovers it may have been due to negligence. Since the Act, the limitation period may only begin at that point.

When the claim is made in respect of the death of someone under the Fatal Accidents Act, 1976, the limitation period (again 3 years) runs from the date of death or the "date of knowledge of the person for whose benefit the action is brought". If the claim is made on behalf of the estate, the period runs from the date of death or "on the date of the personal representative's knowledge", if later. In both of these cases, it is a precondition that the deceased died before the expiry of the period within which he could have maintained an action.

GB 106 Clearly, therefore, the new law is more generous in allowing injured parties to bring actions in medical negligence, particularly those who allege they were injured as a consequence of the use of drugs, the effects of which only show after a considerable time has passed. But there is a further provision, S.33 of the Limitation Act,

1980, which allows the court a discretion, in any event, to disapply the time limits in circumstances in which the plaintiff or the defendant may be prejudiced by the operation of them. As regards the plaintiff, once he has shown that he has suffered some prejudice, the courts have indicated that they will exercise their discretion generally and not just in exceptional cases. This is of particular advantage to plaintiffs in medical negligence cases since it allows the courts to permit them to bring their actions after the expiry of the normal limitation periods. On the other hand, given the seriousness of negligence cases to the reputation of a doctor, the court may refuse to exercise its discretion if there is strong evidence that the doctor will be prejudiced thereby. In particular, the court is authorised by S.33(3) to consider the insurance position of the parties involved.

D. Clinics, Personnel, Equipment

I. Need for Guidelines

GB 107 This subject does not appear to have any relevance in English law, except to say that if a patient were injured because a technician, nurse or doctor had improperly used some machine or equipment, the hospital would be liable in negligence, unless proper measures had been taken to ensure that the person was competent and qualified to use the machine. This may involve, for example, training, or the use of warning notices. There is no formal legal rule requiring them in all circumstances, but their absence may be prima facie evidence of negligence.

Perhaps the position of the Department of Health and Social Security within the NHS should, however, be noted. The Department issues Circulars from time to time to Health Authorities, outlining Departmental policy. In a Circular H.M. (73)9, issued in 1973, the Department required Health Authorities to report immediately any incidents arising from defects in medicinal products, supplies and equipment which led to injury, and any situations of potential danger which arose. The Department stressed the importance of this, so that other Health Authorities could all be warned and appropriate action taken. It is an open question, not yet litigated before the courts, whether the Department could be liable in negligence if, having received such a report, it failed to bring it to the attention of other authorities and as a consequence a patient suffered harm.

II. Responsibility of the Clinic for Doctors. Vicarious Liability

GB 108 For the purposes of English law these two matters can properly be considered together under the general heading of Vicarious Liability.

Vicarious liability is a form of joint liability in that both the person who committed the tort and the person vicariously liable for him may be liable. It is also a form of strict liability in that there is no requirement that the person vicariously liable should have behaved negligently even if the tort complained of requires proof of negligence by the person who actually committed it.

It is normal to think of vicarious liability in terms of the liability of an amployer for his employee. To this extent, English cases have sometimes concerned themselves with the minutiae of the contractual relationship between the person committing the tort and the person (or body) being sued vicariously, to discover whether it is an employment contract. It is probably more helpful to think of vicarious liability in terms of the liability of a person (or body) who has undertaken responsibility for some task and then has delegated it to an agent. Nonetheless, for the most part, the courts still draw a distinction between a contract of service, which is regarded as the classic employment contract and which brings with it the possibility of vicarious liability, and a contract for services, whereby a person is regarded as an independent contractor and there is no question of vicarious liability. The law is appropriately unclear concerning the criteria necessary for vicarious liability, because this form of liability reflects, in essence, a mechanism in modern law whereby an injured third party can proceed against a party who will have funds through insurance to meet his claim, ordinarily the employer rather than the employee. But, at the same time, the ability of the person to recover compensation should not depend so much on the detailed contractual relationship between the other tow parties. Rather it should depend, as has been said, on the undertaking of responsibility by one and the subsequent delegation to the other.

Interestingly, it is in medical law, and particularly in the area of liability of hospitals for medical staff, that this more liberal approach to vicarious liability can be found.

1. Within the National Health Service

The Hospital or Health Authority

GB 109 From the middle 1940s onwards, the courts began to decide that the liability of a hospital for the negligence of a member of the medical staff should not depend on whether he was a part-time doctor or a consultant who also had a private practice, or even was a visiting doctor. In a series of important cases the court widened the scope of liability. In *Gold v. Essex County Council* [1942] 2 K.B. 293, the hospital authority was held liable for the negligence of a radiographer. In *Cassidy v. Minister of Health* [1951] 2 K.B. 343, the hospital authority was held liable for the negligence of all medical staff who had treated the plaintiff during his operation, such that the doctrine of *res ipsa loquitur* could be relied upon. In *Roe v. Minister of Health* [1954] 2 Q.B. 66, as has been stated, a patient was injured when phenol seeped through cracks in ampoules containing injectable anaesthetic, and the Court of Appeal, though it found that there was no negligence on the part of the anaesthetist, decided that if there had been negligence, the hospital authority would have been liable. This was a most significant decision, since the anaesthetist's contract was clearly not one of employment. The case represented the abandonment by the courts of the outdated "control test", whereby vicarious liability depended on the employer being able to control what job had to be done and how it was done.

GB 110 Since these cases, it has become accepted law that the Health Authority (no longer the hospital authority) will be liable vicariously for any negligence committed by medical staff while in the course of their duties. As Denning L.J. put it in *Roe v. Minister of Health,* "I think that the hospital authorities [Health Authorities] are responsible for the whole of their staff, not only for ... doctors but also for the anaesthetists and the surgeons. It does not matter whether they are permanent or temporary, resident or visiting, whole-time or part-time ... The reason is because, even if they are not servants, they are the agents of the hospital to give the treatment." Indeed, Jacob in *Speller's Law Relating to Hospitals,* 6th edn, Lewis, 1978, p. 258, asserts that, "Apparently no hospital authority under the National Health Service Act 1946 (and subsequent Acts), when sued for the negligent ... acts of a consultant or other member of its medical staff in the course of his duties has ever pleaded non-responsibility." Jacob is, of course, right to mention that the member of the medical staff must be acting in the course of his duties before there can be vicarious liability. But this requirement has been interpreted widely in other non-medical cases even to include unauthorised conduct, and it does not appear to have been the subject of litigation in medical cases.

GB 111 There appears to be only one exception to this general principle concerning the vicarious liability of NHS hospitals. This, as Denning L.J. put it in *Roe*, "is the case of consultants or anaesthetists selected and employed by the patient himself." This would apply to the patient in an NHS hospital who was in fact a private patient, who had contracted with a doctor to care for him privately. In such a case the consultant would be liable in contract and/or negligence, and may himself be vicariously liable for any staff he employs who may be negligent. The Health Authority would remain liable vicariously for the negligence of any member of its staff who was also involved in the patient's treatment as support staff.

GB 112 In addition to the Health Authority's vicarious liability, it may also be primarily liable for negligence in its corporate capacity. The Health Authorities are charged by statute with administering hospitals and included in their responsibilities is the duty to exercise reasonable care in the administration, staffing and organisation of the hospital. Breach of this duty would give rise to a claim for damages. In *Collins v. Herts. County Council* [1947] 1 K.B. 598, the hospital was found primarily liable in that the provision made for storing dangerous drugs was inadequate. In *Jones v. Manchester Corporation* [1952] 2 Q.B. 852, a hospital board was found to have acted negligently in allowing a doctor of only 5 months' experience to administer an anaesthetic by injection. Indeed, in *Cassidy v. Minister of Health* [1951] 2 K.B. 343, Denning L.J. extended this primary liability very far indeed: "... authorities who run a hospital ... are in law under the self same duty as the humblest doctor; whenever they accept a patient for treatment, they must use reasonable care and skill to cure him of his ailment." There is some doubt whether the hospital's, and thus the Health Authority's, primary liability extends quite this far, but nonetheless, when a patient suffers harm not as a consequence of the negligence of a particular doctor but as a result of bad administration or an unsafe system of work, he may well succeed in recovering damages from the Health Authority.

GB 113 Finally, as regards the vicarious liability of hospitals, it will be recalled that the liability is joint liability. The member of the medical staff is also liable. The question then arises as to which of the two defendants should pay the damages. Since 1954 this has been solved by reference to an agreement contained in a Department of Health Circular, H.M. (54) 32. By that Circular the Department implicitly acknowledges that the Health Authorities are vicariously liable for the negligence of members of the medical staff, of whatever rank and whatever their contractual relationship. The Circular, which represents an agreement between the doctors' Defence Societies and the Department, stipulates that any compensation paid to the plaintiff should be apportioned between the doctor and the Health Authority as agreed privately between them, or, in the absence of such an agreement, in equal shares.

The General Practitioner

GB 114 As has been seen, the relationship between the general practitioner and the Family Practitioner Committee is one governed by a contract for services. The general practitioner is specifically and definitely not the employee of the FPC, but is an independent contractor. This was the basis on which doctors were persuaded to join the NHS in 1946 and it has not changed since. It follows that there is no governmental group or body which can be vicariously liable for the negligence of a general practitioner. There may, however, be circumstances in which vicarious liability can exist. If the general practitioner works in a group with other general practitioners and the group is a partnership in law, then the partnership, as a legal entity, can be liable vicariously for any negligence in the performance of his duties. Of course, if the general practitioner or the partnership (if he is a member of a group practice which is a partnership) employs other staff such as nurses, physiotherapists or receptionists, then they may be liable vicariously for any negligence these employees may commit while carrying out their duties.

2. *Within Private Medical Care*

GB 115 The proprietors of a private nursing home or hospital, or if it is incorporated, the appropriate incorporated body, are vicariously liable for any negligence of medical staff employed by them. This was illustrated by the case of *Powell v. Streatham Manor Nursing Home* [1935] A.C. 243, in which the nursing home was liable for the negligence of two nurses in inserting a catheter which punctured the patient's bladder. Normally, of course, the patient has a separate contractual arrangement with his doctor who has medical privileges at the nursing home or hospital, and in such circumstances there would be no question of vicarious liability. This can be illustrated by the case of *Urry v. Bierer and Another* (The Times, July 15, 1955). A patient sued his surgeon and the proprietors of the private nursing home because of injury suffered when a swab was left in his body after an operation. The surgeon was judged to have been negligent and so was the theatre nurse who was employed by the nursing home. Thus, the surgeon was made personally liable for half of the damages and the proprietor vicariously liable for the other half.

III. Group Liability

GB 116 As had been seen, doctors may be liable in negligence as individuals, and if several of them were all negligent in their treatment of a particular patient, each would be liable for the damage which it could be shown he caused. If the injury the patient suffered was caused by the combined actions of several doctors, each of the doctors would be liable individually for the full amount of the damage. This is known as several liability. But, alternatively, all of the doctors would be jointly liable. This means that the patient need only claim against one doctor or may claim against all. If he claims against only one and recovers all of his damages, he may not, of course, bring any claim against the others as his claim is exhausted. The doctor from whom he recovers may, on the other hand, either bring in the other doctors as joint defendants, or subsequently claim contribution from them in separate proceedings, under the Law Reform (Married Women and Tortfeasors) Act 1935, or under the Civil Liability (Contribution) Act, 1978, if the damage occurred after 1 January 1979, and the obligation which was breached was undertaken on or after the same date. If the action is brought against all jointly, then the court awards damages against each defendant, having regard to his culpability and the extent to which his conduct caused the injury complained of.

The only other context in which group liability may have any meaning in English law is when the Health Authority, or the private hospital, or the general practitioner's group partnership may be liable, but this has already been examined as it is properly a matter of vicarious liability.

IV. Responsibility for Medical Equipment

GB 117 When a patient is injured as a consequence of the use of some equipment during his treatment, two questions arise: Under what circumstances may someone be legally liable for the injury and who would be liable.

There is no strict products liability in English law, nor is there likely to be in the near future. The bases of possible liability are, therefore, the law of contract or of tort. Contract law can immediately be disregarded in the circumstances under examination. The patient has no contract with the suppliers or manufacturers of the machine and consequently has no remedy in contract law. Nor is there any question of the patient benefitting from any contractual provisions contained in the contract of purchase or lease of the equipment, as English law, for the most part, will not enable a third party to avail himself of contractual promises made in a contract between two other parties, since the contract is *res inter alios acta*.

GB 118 Thus, the only relevant area of law is the law of tort. And within tort law, it is almost exlusively the tort of negligence to which the patient must look for a remedy. One claim could be that the equipment was defective due to the manufacturer's negligence. To succeed in this action, the patient must prove that the equipment was not only defective and that the defect caused his injury, but also that the defendant was in breach of his duty to take reasonable care because the injury suffered was a foreseeable consequence of the defect. Clearly, the need to show breach of duty, or fault, is a major difficulty facing any injured patient. The law is clearly stated in the famous judgment of Lord Atkin in *Donoghue v. Stevenson* [1932] A.C. 562, and has remained basically the same ever since. He stated that, "A manufacturer of products, which he sells in such a form that he intends them to reach the ultimate consumer in the form in which they left him with no reasonable possibility of intermediate examination, and with the knowledge that in the absence of reasonable care in the preparation or putting up of the products will result in an injury to the consumer's life or property, owes a duty to the consumer to take that reasonable care."

GB 119 Besides the difficulties of proving that the defect arose because of the defendant's fault, the plaintiff may be met by four defences. The first is that the equipment was misused. This will excuse the manufacturer, but may expose someone else to liability, as will be seen. Secondly, the manufacturer may show that the equipment was used when it was known to be defective, again perhaps shifting liability onto another. Thirdly, the namufacturer may show that there was a "reasonable possibility of intermediate examination", again avoiding liability by shifting it to another. Finally, the maufacturer may show that the defect was a "design defect" and given the state of knowledge at the time of manufacture, he exercised all reasonable care.

GB 120 In the light of these possible defences, the patient may have a second claim. It would be based on the fact that there was a "reasonable possibility of intermediate inspection" of the equipment before usage, but that possibility was ignored or the inspection which took place was carried out without due care; in other words, there was negligence in inspection. Those liable for such negligence would be those who were responsible for carrying out the inspection, or ought reasonably to carry it out. This could be, on rare occasions, a distributor of the equipment. Ordinarily if it arose it would be the doctor or technician who would be liable and, of course, the Health Authority or the proprietors of the private clinic who would be vicariously liable. The Health Authority could even be liable primarily as having an unsafe system of care.

GB 121 The third possible claim in negligence could be based not on the faulty nature of the equipment, but on the fact that it was negligently operated or maintained. Here the patient again could sue the same parties as already mentioned, either primarily or vicariously, on proof that the negligent operation or maintenance caused his injury.

Although these principles are clear enough, there seems to be a lack of reported cases in which they have been applied.

E. Insurance Schemes

I. Social Insurance Obligation

GB 122 What will be considered here is the network of benefits available to the victims of personal injuries quite apart from the tort system. Reference has already been made to the NHS, its system of funding and who is entitled to use it (see Sect. A. II). In addition to the system of comprehensive medical services, there is the rest of the social security system which provides benefits in cash and supporting social services. Approximately one-third of all public expenditure is spent on all of these benefits combined. Less than 6% of this expenditure goes to the victims of personal injuries, through one benefit or another. The rest is expended on unemployment benefit, state pensions, sickness benefits and so on. The whole scheme of the modern welfare state was established originally in the various Acts of legislation in the 1940s, the National Insurance Act, 1946, the National Insurance (Industrial Injuries)Act, 1946, the National Assistance Act, 1948, the Family Allowances Act, 1945 and the National Health Service Acts, 1946 and 1949. Since then, of course, these Acts have been amended and changed but the framework remains. Perhaps the most significant additions have been the creation of a scheme for the compensation of the victims of criminal injuries, by the creation in 1964 of the Criminal Injuries Compensation Board, and the Chronically Sick and Disabled Persons Act, 1970, which makes provision for additional benefits and services for the chronically sick and disabled.

GB 123 With the exception of compensation for criminal injuries, which is still a matter of discretion for the Board, there being no right in law to such compensation, all of the rest of the benefits are recoverable on proof that the relevant criteria are met and usually on proof of need. At any one time, the *Report of the Royal Commission on Civil Liability* estimated in 1978, 20 million social security benefits, pensions and allowances are being received. The revenue to meet these expenses is gained either from general taxation or, in the case of national insurance, from contributions levied on employers, employees and the self-employed.

As regards compensation paid for personal injury, the *Report of the Royal Commission on Civil Liability* showed the following statistics for 1976:

Total aggregate value of all compensation payments	£ 827 m
Social security	421 m
Occupational sick pay	125 m
Occupational pensions	5 m
Private insurance (excluding life insurance)	51 m
Criminal imjuries compensation	17 m
Other forms of compensation (e. g. rent and rate rebates, charities)	6 m
Tort	202 m

It is significant to note that the administration costs of the social security system are about 12% of the total benefits paid in the case of industrial injury and disablement benefit, and the total cost of administering all the systems of providing social security benefits for injured people is about 11% of the value of the payments. This is in stark contrast to the costs of administering the tort system, which are approximately 85% of the value of the tort compensation payments made. Of these operating costs of the tort system, about 40% represents the cost of insurers handling claims and general administration, and the rest are commissions paid by insurers to brokers and agents (20%), legal fees (20%) and profit (20%).

GB 124 A particular feature of the social security system is the way in which the structure for compensating the victims of industrial injuries has remained intact since its creation in 1946, apart from some changes in the method of financing and an erosion in the so-called "industrial preference" whereby the Welfare State legislation as originally designed gave preferential treatment to the victims of industrial injuries as regards the level of compensation recoverable. Compensation is based not on loss of earnings but on loss of faculty, and degree of disablement is assessed by Boards, using a scale from 20% to 100% in steps of 10%. Payment is then calculated by reference to a benefit scale reviewed annually. Degree of disablement is assessed by comparison with the faculties enjoyed by a healthy person of the same age as the claimant. Compensation is now paid, in lower amounts, to those whose disablement is less then 20%. The disablement benefit is a somewhat basic, and fairly low sum of money. In addition, any claimant who can show that as a consequence of his injury he has lost the opportunity to pursue his regular occupation and has a diminished earning capacity is entitled to special hardship allowance, which constitutes an increase in the disablement allowance and is designed to offset the loss he has suffered. Originally intended only in cases of real hardship, this allowance is now a significant feature of the industrial injury benefit scheme and is paid to about 70% of all victims of industrial injuries. There is in addition a short-term industrial injury benefit scheme for those injured and temporarily unable to work.

GB 125 Some idea of the range and complexity of the cash and other benefits available under the social security system can be gained from the following list of some of the available benefits, which contains only general headings and no details. Though some are not immediately related to the fact that someone has been injured, they in fact may be so, since once injured and thereby incapacitated, a person may qualify for others:

Attendance allowance: Cash benefit for serverely disabled who need to be looked after.

Death grant: Cash grant on the death of someone who has contributed to social security or spouse or child of someone who has done so.

Earnings-related supplement: Intended to augment the benefits paid, e.g. to someone too ill to work. The benefit is means tested.

Industrial injuries benefits: Includes industrial death benefits, industrial disablement benefit, unemployability supplement, hospital treatment allowance, industrial injury benefit.

Invalid care allowance: Intended to compensate one capable of working who stays at home to look after a disabled relative. It is not available to married women.

Invalidity benefit: A pension and an allowance if the person becomes chronically sick.

Mobility allowance: For severely disabled adults unable to walk.

Non-contributory invalidity pension: Intended for those who do not qualify (because of non-contribution) for invalidity benefit, but cannot work through illness or disablement.

Sickness benefit: Payable for incapacity for work because of illness or disablement. Only available to employed or self-employed contributors.

Supplementary benefit: A non-contributory benefit which is means tested.

Widows, benefits: Includes an allowance, and a pension.

Certain of these benefits cannot be paid at the same time. The general principle is that if a person is entitled to more than one, only the higher benefit will be paid, if it is to deal with the same problem.

II. Additional Private Insurance

GB 126 This has already been referred to fully in Sect. A. II.

III. Pre-emptive Insurance Schemes

GB 127 If this heading refers to schemes of first party insurance which are compulsory by law, then there are no such schemes.

France

J. Penneau

Table des matières

A. Principes déontologiques fondamentaux

I. Bases éthiques

F 1 Les principes déontologiques fondamentaux de la médecine française sont contenus dans le Code de Déontologie médicale, préparé par le Conseil National de l'Ordre des Médecins et promulgué par décret. Le Code de Déontologie en vigueur résulte d'un décret en date du 28 juin 1979. En outre, un certain nombre de ces principes ont été réaffirmés par la loi (3 juillet 1971), à l'article L. 257 du Code de la Sécurité Sociale.

Les principes sont les suivants:

F 2 **1. Respect de la vie et de la personne humaine**

Ce principe, énoncé dans sa géneralité à l'article 2 du Code de déontologie est repris dans une série d'autres dispositions interdisant au médecin de pratiquer l'euthanasie, de favoriser ou cautionner une atteinte à l'intégrité physique ou mentale ou à la dignité d'une personne privée de liberté, lui imposant notamment de porter assistance à toute personne en péril, d'assurer la continuité des soins, d'être le défenseur de l'enfant malade.

F 3 **2. Libre choix du médecin par le malade**

Ce principe est énoncé à l'article 6 du Code de Déontologie et à l'article 257 du Code de la Sécurité Sociale. Il faut signaler que certaines clauses d'exclusivité stipulées par les cliniques au bénéfice de médecins qui y exercent, sont de nature à rendre son application délicate, voire incertaine.

F 4 **3. Liberté de prescription du médecin**

Il s'agit ici aussi, d'un principe énoncé à la fois par le Code de Déontologie (article 9) et par l'article L. 257 du Code de la Sécurité Sociale. Ce principe est cependant limité. D'une part, les médecins sont tenus, au regard de la Sécurité Sociale, dans toutes leurs prescriptions, d'observer dans le cadre de la législation et de la réglementation en vigueur, la plus stricte économie compatible avec l'efficacité du traitement (C. Séc. Soc., art. L. 258). D'autre part, le médecin doit s'interdire dans les investigations ou les interventions qu'il pratique, comme dans les thérapeutiques qu'il prescrit de faire courir au malade un risque injustifié (C. Déont., art. 18 et 19).

De la même manière, si en vertu du principe d'universalité du diplôme tout médecin est habilité à pratiquer tous les actes de diagnostic, de prévention et traitement, nul ne doit, sauf circonstances exceptionnelles, entreprendre ou poursuivre des soins, ni formuler des prescriptions, dans les domaines qui dépassent sa compétence ou ses possibilités (C. Déont., art. 17).

F 5 **4. Indépendance professionnelle**

Il résulte de l'article 10 du Code de Déontologie que le médecin ne peut aliéner son indépendance sous quelque forme que ce soit. D'une autre manière, l'article L. 257 du Code de la Sécurité Sociale proclame la liberté d'installation du médecin. De principe déontologique d'indépendance professionnelle est rappelé dans diverses autres dispositions du Code de Déontologie visant les associations ou sociétés de médecins, les cabinets de groupe et l'exercice salarié de la médecine. Il est, en outre, à l'origine de l'interdiction faite à tout médecin d'employer, pour son compte, dans l'exercice de sa profession, un assistant, sauf circonstances exceptionnelles, et de l'interdiction de faire gérer son cabinet (C. Déont., art. 65 et 66).

F 6 **5. Respect du secret professionnel**

Le secret professionnel, institué dans l'intérêt des malades, s'impose à tout médecin dans les conditions établies par la loi (C. pénal, art. 378); il couvre tout ce qui est venu à la connaissance du médecin dans l'exercice de sa profession, c'est-à-dire non seulement ce qui lui a été confié, mais aussi, ce qu'il a vu, entendu ou compris (C. Déont., art. 11). Ce principe est également visé par l'article L. 257 du Code de la Sécurité Sociale. Le médecin doit, en outre, veiller à ce que les personnes qui l'assistent dans son travail soient instruites de leurs obligations en matière de secret professionnel et s'y conforment (C. Déont., art. 12); de la même manière, il doit protéger contre toute indiscrétion les documents et fiches cliniques concernant ses malades et faire en sorte qu'à l'occasion de publications scientifiques, l'identification des malades ne soit pas possible (C. Déont. art. 13).

F 7 Tout médecin, lors de son inscription au tableau, doit affirmer devant le Conseil Départemental de l'Ordre qu'il a eu connaissance du Code de Déontologie et s'engager sous serment et par écrit à le respecter (C. Déont., art. 89). Les dispositions de ce code s'imposent à tout médecin inscrit à un tableau, à tout médecin exécutant un acte professionnel dans les conditions prévues à l'article L. 356-1 du Code de la Santé Publique, ainsi qu'à tout étudiant en médecine effectuant un remplacement ou assistant un médecin dans le cas prévu à l'article 65 du même Code de Déontologie (C. Déont., art. 1er, al. 1er). Le respect de ces règles est assuré par la menace de sanctions disciplinaires dont le prononcé est de la compétence des conseils Régionaux de l'Ordre des Médecins, sous le contrôle de la section desciplinaire du Conseil National et du Conseil d'Etat.

II. Système privé ou géré par l'Etat

F 8 En principe, l'exercice de la médecine relève en France du statut privé, qu'il s'agisse – dans le plus grand nombre de cas – d'un exercice libéral, ou d'un exercice salarié, voire d'un exercice mixte (libéral et salarié, dans une proportion variable selon les situations). Il n'existe pas de système national de santé géré par l'Etat.

F 9 Cependant, il faut tenir compte de l'incidence d'une part des structures relevant du secteur public, d'autre part de la législation sociale et du système conventionnel qu'elle impose.

Il existe en effet des structures de soins relevant du secteur public, de nature très variée, mais représentées essentiellement par les hôpitaux publics et les dispensaires gérés par les différentes collectivités publiques. Le personnel médical de ces établissements a la qualité d'agents publics et relève, à ce titre, du droit administratif (infra, C, III, B). Il faut signaler, également, que les établissements privés d'hospitalisation peuvent être admis, sous certaines conditions et selon certaines modalités, à participer au service public hospitalier; cependant, il semble que ce régime n'est pas de nature à soustraire les établissements – tout au moins en ce qui concerne notamment la responsabilité – au statut de droit privé.

F 10 En ce qui concerne l'incidence des lois sociales, l'article L. 261 du Code de la Sécurité Sociale dispose que les rapports entre les Caisses Primaires d'Assurance Maladie et les médecins sont définis par une convention conclue entre la Caisse Nationale de l'Assurance Maladie des Travailleurs Salariés et une ou plusieurs des organisations syndicales nationales les plus représentatives de médecins pour l'ensemble du territoire. L'article L. 261 précise, notamment, que cette convention détermine les obligations des Caisses Primaires d'Assurance Maladie et des médecins, et qu'elle fixe les tarifs des honoraires et frais accessoires dus aux médecins par les assurés sociaux en dehors des cas de dépassement autorisés par la convention.

La convention nationale actuellement en vigueur a été approuvée par l'arrêté du 5 juin 1980 (J. O., N. C., 6 juin). Elle met à la charge des médecins un certain nombre d'obligations en matière sociale, dont l'inobservation peut être sanctionnée par la mise hors convention, sous le contrôle d'organismes paritaires établis par le texte. Il est certain qu'il y a là une limite au caractère libéral, par principe, de l'exercise de la médecine en secteur privé.

Enfin, il faut encore signaler que la convention fixe impérativement le tarif des honoraires, et que si l'article L. 257 du Code de la Sécurité Sociale affirme le principe du paiement direct des honoraires au médecin par le malade, il existe de nombreuses hypothèses d'application du système du tiers payant.

III. Nombre de médecins dans le secteur libéral, publique et en cliniques

F 11 Il résulte d'une étude effectuée par le Conseil National de l'Ordre des Médecins qu'au 1er janvier 1981, 125981 médecins étaient inscrits au tableau dont 1660 outremer, soit 124321 médecins métropolitains. Sur ces médecins inscrits au tableau, 113000 environ exercent la profession médicale. En 25 ans, le nombre des médecins s'est accru de 195%.

D'une statistique établie par le Conseil de l'Ordre en juillet 1980, il résulte que dans le secteur public, les femmes représentent 21% des médecins en exercice, la proportion étant légèrement plus élevée pour l'exercice spécialisé. Mais dans le secteur libéral, selon une étude établie par la Caisse Nationale d'Assurance Maladie des Travailleurs Salariés (C. N. A. M.), en 1981, la proportion de femmes n'est que de 11,6%. On relevait également au 1er janvier 1981 que 34% des médecins en exercice étaient âgés de moins de 35 ans.

F 12 Selon les statistiques établies par le Conseil National de l'Ordre des Médecins, au 1er janvier 1981, la répartition entre les modes d'exercice était la suivante:

– Exercice libéral exclusif . . . . 44070, soit 39%
– Exercice hospitalier exclusif . . . . 16385, soit 14,5%

- Salariat exclusif .... 14577, soit 12,9%
- Exercice hospitalier et libéral .... 15820, soit 14%
- Exercice hospitalier et salariat .... 3390, soit 3%
- Exercice libéral et salariat .... 17967, soit 15,9%

Le total des médecins salariés, à temps complet ou partiel, y compris les médecins hospitaliers à exercice exclusif, était donc de 34352.

Sur 100 médecins déclarant avoir un exercice libéral lors de leur inscription au tableau, 6 pratiquent exclusivement en clinique, 58 ont un cabinet personnel, et 36 travaillent dans des groupes ou des associations. Ce dernier pourcentage s'élève à 41, 6% parmi les médecins âgés de 35 à 44 ans et à 43,9% parmi les médecins de moins de 35 ans qui sont attirés par cette forme d'exercice.

F 13 Selon l'étude précitée de la C. N. A. M., la répartition des médecins libéraux selon les spécialités exercées est la suivante:

– Omnipraticiens	58,0%
– Anesthésie	2,8%
– Appareil digestif	1,5%
– Cardiologie	2,9%
– Chirurgie	4,8%
– Dermatologie	2,0%
– Gynécologie obstétrique	4,3%
– Médecine interne	1,0%
– Néphrologie	0,1%
– Neurologie Neuropsychiatrie Psychiatrie	4,7%
– Neuro-chirurgie	0,1%
– Opthalmologie	3,6%
– Pédiatrie	3,1%
– Pneumologie	0,9%
– Radiologie	3,9%
– Rééducation fonctionnelle	0,5%
– Rhumatologie	1,6%
– Stomatologie	1,5%
– Urologie	0,3%

Une étude récente de la C. N. A. M. répartissait les praticiens actifs (omnipraticiens effectuant plus de 1200 actes annuels; spécialistes effectuant plus de 600 actes annuels) de la manière suivante:

Spécialistes	Nombre de praticiens actifs				Variation annuelle (78–81)	Variation annuelle (80–81)
	1978	1979	1980	1981		
Omnipraticiens	32835	35290	37205	39211	+ 6,1	+ 5,4
Anesthésistes	1513	1582	1676	1727	+ 4,5	+ 3,0
Cardiologues	1683	1803	1924	2040	+ 6,6	+ 6,0
Chirurgiens	2476	2537	2586	2652	+ 2,3	+ 2,6
Dermato-vénéréologues	1074	1191	1316	1430	+10,0	+ 8,7

Spécialistes	Nombre de praticiens actifs				Variation annuelle (78–81)	Variation annuelle (80–81)
	1978	1979	1980	1981		
Radiologues	2391	2547	2650	2774	+ 5,1	+ 4,7
Gynéco-obstétriciens	2434	2653	2896	3138	+ 8,8	+ 8,4
Maladie appareil digestif	827	878	928	998	+ 6,5	+ 7,5
Médecine interne	470	475	469	471	+ 0,1	+ 0,4
Neuro-chirurgiens	29	26	31	30	+ 1,1	− 3,2
Oto-rhino-laryngologistes	1580	1629	1665	1703	+ 2,5	+ 2,3
Pédiatres	1817	1928	2015	2108	+ 5,1	+ 4,6
Pneumologues	548	554	564	582	+ 2,0	+ 3,2
Rhumatologues	918	983	1046	1093	+ 6,0	+ 4,5
Ophtalmologues	2256	2461	2601	2742	+ 6,7	+ 5,4
Urologues	183	189	185	187	+ 0,7	+ 1,1
Neuro-psychiatres	1216	1216	1200	1168	− 1,3	− 2,7
Stomatologues	894	943	969	964	+ 2,5	− 0,5
Rééducation réadaptation fonctionnelle	285	294	306	331	+ 5,1	+ 8,2
Neurologues	42	57	74	87	+27,5	+17,6
Psychiatres	677	875	1072	1315	+24,8	+22,7
Néphrologues	22	42	51	63	+42,0	+23,5
Total médecins actifs	56170	60153	63429	66814	+ 6,0	+ 5,3
Pour mémoire: Total médecins	67567	71976	75821	78647	+ 5,2	+ 3,7
Actifs/Total	0,83	0,84	0,84	0,85		

IV. Nombre de traitements en cabinet privé, en clinique et dans le secteur public

F 14 Il n'existe pas, actuellement, de recensement permettant de connaître pour l'ensemble des médecins exerçant en France le nombre d'actes pratiqués en ville, en clinique et dans le secteur public. Des renseignements précis ne sont disponibles que pour le secteur libéral.

Si l'on prend, à partir des documents disponibles, une première vue très globale des choses, incluant le secteur privé et le secteur public, il apparaît qu'en 1979 la consommation médicale finale se répartissait de la manière suivante: hospitalisations 49,9%, soins ambulatoires 30,2%, biens médicaux (pharmacie, lunetterie, orthopédie) 19,9%[1]; en 1980, les chiffres étaient respectivement les suivants: 50,2%, 29,7%, et 20,1%[2].

F 15 En ce qui concerne l'hospitalisation, le secteur privé représente un tiers des dépenses qui y sont observées, mais ceci ne signifie pas que seulement un tiers des malades sont soignés en secteur privé. En effet, compte tenu des coûts plus élevés des traitements pratiqués dans le secteur public (pour des raisons diverses ne tenant pas non plus uniquement à la gravité des cas traités, mais aussi à des problèmes de gestion), il n'y a pas parallélisme entre les proportions respectives des dépenses et du

[1] La consommation médicale finale en 1979, CREDOC, 1980.
[2] La consommation médicale finale en 1980, CREDOC, 1981.

nombre d'actes pratiqués. On peut donc tenter de moduler ces premiers chiffres par la répartition respective des lits: 181650 pour le secteur privé, 399000 pour le secteur public, et par la répartition des journées d'hospitalisation: 56826 pour le secteur privé, 110420 pour le secteur public[3]. Cependant, ces derniers chiffres eux-mêmes doivent être utilisés avec prudence, car le coefficient d'utilisation des lits du secteur privé est plus important – par l'effet d'une rotation plus accélérée des patients – que celui du secteur public; l'importance respective du nombre d'actes exécutés n'est donc certainement pas proportionnelle à la répartition respective des lits ou des journées d'hospitalisation.

F 16 *Dans le secteur libéral,* une étude a pu être effectuée sur l'activité des médecins – exerçant en ville et en clinique – relativement au nombre d'actes pratiqués, à partir des tableaux statistiques d'activité des praticiens (T. S. A. P.) établis par les caisses de sécurité sociale. Cette étude a été établie par la Caisse Nationale de l'Assurance Maladie à partir des données fournies par l'ensemble des organismes de sécurité sociale et traitées par le système informatique national inter-régimes[4]. Cette étude, elle-même, n'est cependant pas exhaustive, puisque les données retenues concernent uniquement les praticiens dénommés "actifs", c'est-à-dire ceux dépassant un certain plancher fixé à 1200 actes annuels pour les omnipraticiens et 600 actes annuels pour les spécialistes. Il s'agit cependant d'une très importante proportion des médecins libéraux, puisque sur un total de 67567 médecins pris en compte par l'étude en 1978 et 78647 en 1981, on relève un nombre de médecins "actifs" de 56170 en 1978 et 66814 en 1981, dont 32835 omnipraticiens en 1978 et 39211 omnipraticiens en 1981.

A partir de ces données, on relève

F 17 **1. Nombre de consultations (en milliers)**

- un total en 1978 de 142225 et en 1981 de 165332;
- 98461 soit 69,2% de ces consultations ont été effectuées par des omnipraticiens en 1978; 114827 soit 69,5% en 1981;
- Parmi les 30,8% en 1978 et 30,5% en 1981 des consultations effectuées par les spécialistes, les plus forts pourcentages sont le fait: des ophtalmologistes (6,2% en 1978 et 6% en 1981), des gynécologues obstétriciens (4,7% et 4,8%), des pédiatres (3,5% et 3,6%), des chirurgiens (3% et 2,8%).

F 18 **2. Nombre de visites (en milliers)**

- un total des 66018 en 1978 et de 72793 en 1981;
- 64513 soit 97,7% de ces visites en 1978 et 71232 soit 97,8% en 1981 ont été effectuées par des omnipraticiens;
- pour le pourcentage restant, 876 soit 1,3% en 1978 et 990 soit 1,4%en 1981 sont le fait des pédiatres et le surplus de 1% en 1978 et 0,8% en 1981 se répartit entre les autres spécialistes.

F 19 **3. Nombre d'actes en K** (actes techniques: anesthésie, chirurgie, explorations diverses, etc. . . .) (en milliers):

- un total de 32707 en 1978 et de 40256 en 1981;

[3] Projection des dépenses de santé en 1985, CREDOC, 1979.

[4] Le secteur libéral des professions de santé en 1981, T. II, Activité, Caisse Nationale de l'Assurance Maladie des Travailleurs Salariés, 1982

- 11851 en 1978 et 13036 en 1981 de ces actes en K sont réalisés par des omnipraticiens;
- le reste de 20856 et de 27221 est le fait des spécialistes;
- cependant, le coefficient moyen des actes en K réalisés par les omnipraticiens et les spécialistes est profondément différent: de l'ordre de K 6 pour les omnipraticiens, K 15 pour les spécialistes médicaux et K 40 pour les spécialistes chirurgicaux;
- il en résulte que la répartition des actes en K – observée non plus en nombre d'actes, mais en coefficients appliqués – était en 1981 pour les omnipraticiens de 13,9%, pour les anesthésistes de 11,1%, pour les chirurgiens de 17,5%, pour les gynécologues accoucheurs de 8,3%, pour les oto-rhino-laryngologistes de 6,2%, pour les stomatologistes de 4,9%, pour les radiologues de 5,2%, pour les cardiologues de 13%, pour les autres spécialistes de 20,1%.

F **4. Nombre d'actes en Z** (actes de radiologie) (en milliers):

20 – un total de 22531 en 1978 et de 25403 en 1981;

- 15687 en 1978 et 18775 en 1981 de ces actes ont été réalisés par des radiologues, pour un coefficient moyen Z 20; 1030 en 1978 et 1020 en 1981 par des gastro-entérologues pour un coefficient moyen Z 27; 645 et 607 par des pneumo-phtisiologues pour un coefficient moyen Z 12; 780 et 847 par des rhumatologues pour un coefficient moyen Z 17; enfin 1582 et 1141 par des omnipraticiens, ainsi que 2807 et 2933 par d'autres spécialistes pour un coefficient moyen Z 8.

B. Réclamations et procédures judiciaires

I. Plaintes contre médecins, cliniques du secteur privé et public, genre de plaintes, causes d'accidents, nombre moyen de plaintes, règlements amiables

F 21 Il n'existe pas actuellement – des travaux sont en cours sur ce point – de statistiques précises permettant de répartir les réclamations présentées aux compagnies d'assurances à l'encontre des médecins, des cliniques ou des établissements publics pris chacun isolément.

F 22 Seules sont actuellement disponibles des études présentant des statistiques globales d'une part, et des études portant sur les réclamations, toutes origines confondues, mais essentiellement pour le secteur libéral, d'autre part, présentées au Sou Médical, en coassurance avec la Mutuelle d'Assurances du Corps Sanitaire Français.

En ce qui concerne tout d'abord les *déclarations de sinistres* faites par les assurés, le Sou Médical fait état en 1979 d'une déclaration pour 86 adhérents, en 1980 d'une pour 74 et en 1981 d'une pour 78.

En 1981, sur 93203 adhérents membres des professions de santé dont 73141 médecins, le Sou Médical, en coassurance avec la Mutuelle d'Assurances du Corps Sanitaire Français enregistrait[5]

- *en médecine générale:* 93 accidents pour 32973 assurés,
- *en anesthésie:* 120 accidents dont 41 décès et 10 séquelles neurologiques graves, pour 2538 assurés,
- *en chirurgie:* 158 déclarations dont 27 décès et 4 amputations pour 2479 assurés,
- *en gynécologie:* 14 accidents dont 2 décès, une perforation interne avec péritonite,
- *en obstétrique:* 57 accidents dont 15 décès maternels, 11 décès d'enfants et 9 cas de troubles neurologiques importants pour 753 assurés,
- *en opthalmologie:* 43 déclarations dont 29 erreurs dans la prescription de verres correcteurs, mais 2 pertes d'un oeil après intervention,
- *en oto-rhino-laryngologie:* 36 accidents,
- *en radiologie:* 58 accidents dont 5 décès par allergie ou perforation intestinale et 9 complications vasculaires ou neurologiques définitives,
- *en cardiologie:* 6 déclarations dont une septicémie mortelle après pose d'un pacemaker,
- *en gastro-entérologie:* 11 déclarations,
- *en pneumologie:* 5 déclarations dont un pneumothorax après fibroscopie, une hémorragie mortelle et un décès au cours d'une ponction pleurale,

---

[5] Husson, rapport d'activité pour 1981, Concours Médical, n. 41, 6. 11. 82

- *en psychiatrie:* 27 déclarations dont 15 suicides ou tentatives de suicide, 3 morts subites inexpliquées,
- *en rhumatologie:* 6 déclarations dont un accident septique après injection locale de corticoïdes,
- *en physiothérapie:* 8 déclarations,
- *en dermatologie:* 7 déclarations,
- *en phlébologie:* 12 déclarations dont 2 ischémies artérielles,
- *en stomatologie:* 25 déclarations,
- *en biologie:* 10 déclarations.

F 23 Sur les 1194 sinistres déclarés en 1981, le secrétaire général du Sou Médical notait[6] que 870 accidents pouvaient être classés graves ou très graves. A la date de rédaction du rapport, 156 réclamations avaient été présentées à la mutuelle, 128 assignations devant les juridictions civiles avaient été diligentées et 147 plaintes avaient été portées devant les juridictions répressives.

En ce qui concerne la progression des dossiers ouverts, en 1944, le Sou Médical avait eu à connaître de 35 réclamations; en 1954: 123; en 1964: 254; en 1972: 338; en 1979: 445. Dans un article publié en 1975[7], cette mutuelle notait qu'entre 1944 et 1970, le nombre de dossiers suivis avait été multiplié par près de 15, alors que le nombre d'adhérents n'avait augmenté que de 2,3. En 15 ans, les réclamations avaient donc sextuplé.

Sur 348 dossiers portant sur des dommages corporels, clos en 1979, 183 l'ont été sans suite et 75 ont fait l'objet d'un règlement amiable.

Sur une moyenne des trois dernières années, le Sou Médical relevait récemment que sur 100 réclamations 60 ne comportent pas de suites et 18 sont réglées amiablement.

Cette statistique est nettement plus pessimiste que celle établie en 1980 par l'Association Générale des Sociétés d'Assurances contre les accidents et alimentée par 33 sociétés spécialisées ou non dans le risque médical (mais portant, bien évidemment, sur celui-ci). Il résulte, en effet, de cette étude[8] que pour la période allant du 1er juin 1970 au 1er juin 1980, sur 5788 dossiers définitivement clos, 3334 soit 57,6% ont été classés sans suite, et 1965 soit 33,9% ont fait l'objet d'un règlement amiable avant toute assignation.

II. Procédures judiciaires

F 24 Selon de rapport d'activité du Sou Médical de 1979, sur les 348 dossiers clos au cours de cette année, 69 affaires ont trouvé leur aboutissement devant la juridiction civile avec 18 condamnations et 51 rejets de la demande; 15 affaires se sont terminées devant la juridiction pénale avec 8 non-lieu, 4 relaxes et 3 condamnations. Pour les dossiers clos en 1981, il est indiqué qu'une affaire sur quatre s'est terminée devant une juridiction, et qu'une condamnation sur trois litiges a été prononcée.

Sur la moyenne établie sur les trois dernières années, le Sou Médical indique que sur 100 réclamations, 22 ont donné lieu à un contentieux judiciaire, dont 13 devant

[6] Rapport précité
[7] Concours Médical 1975. 601
[8] Rapport Mac Aleese, Revue Hospitalière de France, n. 335, nov. 1980

une juridiction civile et 9 devant une juridiction répressive. Sur les 13 affaires portées devant la juridiction civile, on relève 4 condamnations et 9 rejets de la demande. Sur les 9 affaires portées devant la juridiction répressive, on note 4 abandons de la procédure (transactions ou classement sans suite), 3 non-lieu, 1 relaxe et 1 condamnation.

F 25 D'une manière plus précise, et moins pessimiste, la statistique précédemment signalée de l'Association Générale des Sociétés d'Assurances contre les accidents fait ressortir les chiffres suivants: sur les 5788 dossiers 1er juin 1970 au 1er juin 1980) clos au 1er juin 1980, 489 donnent lieu à une procédure judiciaire, soit 8,5%; sur ce nombre (la statistique ne précise pas les proportions respectives des procédures civiles et des procédures pénales), 183 affaires ont abouti à une condamnation à des dommages-intérêts et 306 affaires ont été suivies de non-lieu, déboutés ou désistements en cours d'instance.

Ainsi, si l'on reprend l'ensemble de cette statistique (adde: supra I), sur 2148 affaires ayant donné lieu à versement de dommages-intérêts, on a abouti à cette solution au terme d'une action judiciaire dans 8,5% des cas, et au terme d'un règlement amiable dans 91,5% des cas.

F 26 Mais il faut noter, par ailleurs, que la voie pénale est plus fréquemment choisie en cas d'action judiciaire. Ainsi, de 7,6% de ce contentieux en 1966, le pourcentage des actions présentées devant les juridictions répressives s'est élevé à 14% en 1976[9].

Une enquête limitée à un sondage intéressant 10 des 29 Cours d'Appel métropolitaines (Aix-en-Provence, Chambéry, Douai, Limoges, Lyon, Orléans, Paris, Rennes, Riom et Toulouse) et portant sur la période 1970–1980, a été récemment réalisée par le Ministère de la Justice.

Les résultats de cette enquête portent sur 62 affaires pénales concernant 75 médecins et 94 affaires civiles concernant 96 médecins. Sur le total de 171 médecins mis en cause, la spécialité de 149 d'entre eux est connue et se répartit de la manière suivante: 50 chirurgiens, 16 anesthésistes, 16 gynécologues accoucheurs, 19 généralistes et 11 psychiatres.

F 27 Concernant 59 décisions pénales rendues, 41 ont eu pour origine une constitution de partie civile et 12 une action du Ministère Public (6 ne sont pas indiquées); 22 relaxes ont été prononcées pour 37 condamnations. Pour 57 d'entre elles, par rapport à la décision de première instance, la décision a été aggravée dans 10 cas par la Cour d'Appel, diminuée dans 19 cas, et maintenue dans 28 cas.

Concernant 77 décisions civiles rendues, on relève 34 condamnations et 34 rejets de la demande. Sur ces 77 décisions, 13 ont aggravé la décision rendue en première instance, 16 l'ont diminuée, 48 l'ont confirmée.

---

[9] Rapport Mac Alesse précité

C. Responsabilité dans les cas d'imprudence

I. Responsabilité pénale

F Les articles 319, 320 et R. 40, 4° du Code Pénal, réprimant l'homicide et les blessures
28 par imprudence, sont applicables au médecin, à l'occasion des dommages corporels qu'il cause par sa faute dans l'exercice de sa profession comme à tout citoyen[10]. A cet égard, le médecin exerçant dans le secteur public ne bénéficie d'aucune immunité (sur sa situation - différente - au regard de la responsabilité civile: infra, III, B).

F Depuis 1912, la jurisprudence affirme, d'une manière constante, le principe de
29 l'identité des fautes civile et pénale[11]: "la faute pénale des articles 319 et 320 du Code Pénal, décide la jurisprudence, comprend tous les éléments de la faute civile". Et de fait, en raison de la généralité des termes d l'article 319 (et R. 40, 4°) du Code Pénal qui vise tout "maladresse, imprudence, inattention, négligence, ou inobservation des règlements", toute faute, même la plus légère - comme c'est le cas pour la responsabilité civile (infra, III, A) – est de nature à engager la responsabilité pénale du médecin du chef de blessures ou homicide par imprudence, dès lors qu'elle a causé un dommage corporel au patient. Il est donc inutile de dresser ici un tableau de ces différentes fautes: on se reportera à celui qui est fait dans la rubrique responsabilité civile (infra, III, A, 4).

F Cependant, par application du droit commun, à condition que la cause soit mé-
30 diate et certaine, le délit n'est réalisé que s'il existe une relation de cause à effet entre la faute relevée à l'encontre du médecin et la lésion corporelle ou le décès

A cet égard, on aurait pu craindre que la jurisprudence civile sur la perte de chances de survie ou de guérison (infra, V, B) fasse reculer, par contamination, l'application de ce principe dans le domaine de la responsabilité pénale du médecin. Mais la jurisprudence a constamment rappelé, ces dernières années, que l'existence du lien de causalité doit être certaine entre la faute et les blessures ou le décès pour que le délit soit réalisé[12].

F Cependant, l'autorité de la chose jugée au criminel sur le civil ne s'exerçant qu'à
31 l'égard de ce qui a été nécessairement et certainement décidé par la juridiction répressive, une décision de relaxe, fondée sur l'absence de lien de causalité entre la faute reconnue et le décès du patient, n'empêche pas la juridiction civile, saisie ultérieurement, de statuer sur la relation de causalité susceptible d'exister entre la faute et la chance de survie perdue, cette perte de chance constituant un préjudice distinct du décès lui-même[13] (infra, IX).

---

[10] crim. 28 mai 1891, Bull. crim. n° 121. - 16 avr. 1921, D. P. 1921. 1. 84
[11] civ. 18 déc. 1912, S. 1914. 1. 249, note Morel; D. 1915. 1. 17, note Sarrut
[12] crim. 9 janv. 1979, J. C. P. 1980. II. 19272, note Chabas - 7 janv. 1980, Gaz. Pal. 1980. 2. 696
[13] civ. 1°, 24 Mars 1981, D. 1981, 545, note Penneau

F 32 De cette jurisprudence, on peut certainement rapprocher la décision selon laquelle le fait de ne pas avoir renseigné le malade, ni recueilli son consentement avant une intervention, justifiée mais non indispensable, ne constitue qu'une faute civile et ne saurait tomber sous le coup de l'article R. 40, 4° du Code Pénal[14]. En effet, sauf circonstances exceptionnelles, le défaut de renseignement n'est pas en relation de causalité certaine avec le dommage corporel survenu ultérieurement. Tout au plus est-il à l'origine d'une perte de chances tenant à l'impossibilité où le malade a été mis de pouvoir refuser l'intervention ou la faire exécuter dans d'autres conditions; l'infraction n'est donc pas réalisée.

F 33 En ce qui concerne la responsabilité pénale au sein d'un groupe ou d'une équipe médicale ou chirurgicale, la jurisprudence a clairement décidé que, si chacun ne répond, en principe, des conséquences pénales que des seules fautes qu'il a personnellement commises dans son domaine spécifique de compétence, il est des zones de collaboration où une diligence commune doit s'exercer, sous peine du mise en cause de la responsabilité pénale de chacun. Ainsi, le choix du mode d'anesthésie, sa mise en œuvre, la surveillance de l'état cardio-vasculaire de l'opéré, les modalités et la mise en œuvre de la réanimation sont du domaine exclusif de l'anesthésiste-réanimateur, de telle sorte que le chirurgien – qui n'a, par ailleurs, qu'une compétence relative en de comaine – puisse se consacrer entièrement à l'acute chirurgical. Il n'en reste pas moins que le chirurgien, chef de l'équipe, doit se préoccuper, au titre de la surveillance générale du traitement, de savoir si les examens préopératoires ont été exécutés et si, en fonction du déroulement de l'opération et des aléas, les moyens de surveillance et de réanimation adéquats ont été mis en œuvre; à défaut, sa responsabilité pénale est engagée[15] (sur la responsabilité à l'intérieur du groupe: infra, D. III).

F 34 Il faut enfin signaler que la prescription de l'action publique est de 3 ans (prescription de droit commun applicable aux délits). Cependant, le point de départ de la prescription est non pas la date où l'acte médical a été réalisé, mais celle où existe le décès ou l'incapacité, éléments constitutifs des infractions prévus par les articles 319, 320 et R. 40, 4° du Code Pénal[16].

II. Procédure pénale

F 35 La procédure applicable à l'action en responsabilité pénale exercée à l'encontre d'un médecin est soumise aux règles communes et ne présente aucune spécificité. Cependant, la constitution de partie civile du patient entraîne certaines conséquences particulières qu'il importe de préciser.

F 36 L'article 2 du Code des procédure pénale permet à toute victime d'une infraction pénale d'exercer son action civile – c'est-à-dire l'action tendant à la réparation du dommage – devant les juridictions répressives, parallèlement à l'action publique. Mais encore faut-il, pour que l'action civile soit recevable, que le dommage résulte d'une infraction. Or, en matière médicale, il résulte le plus souvent de la violation

---

[14] crim. 17 nov. 1969, Gaz. Pal. 1970. 1. 49.

[15] Toulouse, 24 av. 1973, Gaz. Pal. 1973. 1. 401, note Doll, sur renvoi par crim. 22 juin 1972, J. C. P. 1972.II.17266, note Savatier

[16] D'une manière générale: ch. mixte, 26 fév. 1971, D. 1971. 241, concl. Lindon

d'une obligation contractuelle (infra, III, A, 1). On aurait donc pu penser que l'action civile du patient est irrecevable. Cependant, la jurisprudence répressive s'est prononcée pour la recevabilité de l'action civile:

Attendu que si la responsabilité médicale est en principe une responsabilité contractuelle, il en est autrement lorsque le manquement à ses obligations commis par le médecin présente le caractère d'une imprudence ou d'une négligence constitutive de l'infraction prévue et réprimée par l'article 319 du Code Pénal; qu'en ce cas il y a lieu à l'application de la loi pénale, la cause de la responsabilité résultant nécessairement du délit retenu à la charge du prévenu, la victime du délit, partie civile, étant recevable en son action devant la juridiction répressive, conformément aux dispositions des articles 2 et 3 du Code de procédure pénale[17].

F 37 Il faut observer, au demeurant, que la constitution de partie civile met automatiquement en mouvement l'action publique[18]. A cet égard, bien que les juridictions répressives soient normalement incompétentes pour accorder une indemnisation à l'occasion d'un préjudice causé par un acte médical accompli en secteur public – les juridictions administratives étant seules compétentes à cet effet (infra, III, B) –, le patient peut néanmoins se constituer partie civile devant elles, à seule fin de mette en mouvement l'action publique[19].

F 38 Si l'on tient alors compte de la conjonction du principe de l'autorité de la chose jugée au criminel sur le civil et du principe, signalé précédemment (supra, I) de l'identité des fautes civile et pénale, on mesure combien devient inconfortable la situation du médecin.

En effet, dans l'exercice de sa profession, toute "maladresse, imprudence, inattention, négligence ou inobservation des règlements" (Code Pénal, art. 319., supra I) est nécessairement de nature à causer un préjudice corporel à son patient; celui-ci, par sa seule volonté, peut l'attraire devant les juridictions répressives et ainsi mettre l'action publique en mouvement. Le juge répressif (au moins pour le secteur privé) risque alors de voir son jugement troublé par l'alternative suivante: ou bien il nie la faute si celle-ci ne lui semble pas de nature à justifier une sanction pénale, mais en même temps il prive le patient de toute possibilité d'indemnisation; ou bien il admet la faute, contre son sentiment, à seule fin d'indemniser la victime[20].

III. Responsabilité civile

F 39 La responsabilité civile découlant de l'imprudence ou de la négligence du médecin est régie par des règles différentes selon que l'acte médical a été accompli dans le secteur libéral ou dans le secteur public.

1. Dans le secteur libéral

F 40 Dans le secteur libéral, l'action en réparation doit être exercée devant les juridictions de l'ordre judiciaire. La doctrine et la jurisprudence assignent à la responsabi-

[17] Crim. 12 déc. 1946, J. C. P. 1947. II. 3621, note Rodière
[18] ibid. – crim. 16 avr. 1921 précité
[19] crim. 22 mai 1959, J. C. P. 1959. II. 11 162. – 4 juill. 1973, Bull. crim. n° 315
[20] Sur ces problèmes: Penneau, faute civile et faute pénale en matière de responsabilité médicale, P. U. F. 1975. – Plus généralement: Pirovano faute civile et faute pénale, L. G. D. J. 1966.

lité médicale une nature contractuelle dans l'immense majorité des cas, et ce n'est que dans certaines situations particulières que la nature extracontractuelle de cette responsabilité est retenue. Cependant, dans l'un et l'autre cas, l'obligation (ou le devoir) du médecin est très généralement de moyens, et seulement par exception de résultat. Il en résulte une conception unitaire de la faute.

F **Nature contractuelle de la responsabilité civile du médecin**

41 Depuis un arrêt de la Chambre Civile de la Cour de Cassation en date du 20 mai 1936[21], la jurisprudence décide en principe "qu'il se forme entre le médecin et son client un véritable contrat... que la violation même involontaire de cette obligation contractuelle est sanctionnée par une responsabilité de même nature, également contractuelle."

Cette analyse apparaît conforme à la réalité des choses. Le médecin est en effet en situation d'offre (de pollicitation). Et lorsque le patient s'adresse au médecin pour solliciter ses soins, il accepte cette offre; un contrat prend naissance. Il s'agit d'un contrat essentiellement personnel, continu, synallagmatique, normalement à titre onéreux, et de nature civile. Il reste cependant difficile de faire entrer ce contrat dans la nomenclature classique, et on le qualifie généralement de sui generis.

Par exception, cependant, un tel contrat n'existe pas dans certaines situations où la nature extracontractuelle de la responsabilité médicale doit être affirmée.

F **Nature extracontractuelle de la responsabilité du médecin**

42 La nature extracontractuelle de la responsabilité du médecin peut être relevée dans différentes situations où sont en cause les relations du médecin, tant à l'égard du patient qu'à l'égard des tiers.

F *A l'égard du patient*

43 En premier lieu, il est certain que la responsabilité du médecin est de nature délictuelle lorsque le contrat est nul par illicité de son objet, par exemple dans le cas d'une expérimentation dangereuse non justifiée par un but thérapeutique, ou dans le cas où serait pratiquée une mutilation inutile. Il en serait de même – par défaut d'accord de volonté – si un acte médical était pratiqué contre la volonté du patient.

Egalement, tous les dommages survenus en dehors du cadre contractuel envisagé par les parties relèvent de la responsabilité extracontractuelle.

Surtout la responsabilité encourue par le médecin qui donne ses soins à une personne inanimée ou à un incapable ou dont on ne peut joindre le représentant légal est de nature extracontractuelle, faute d'accord de volonté. Et, dans cette hypothèse, ce n'est que dans des cas exceptionnels que l'on pourrait rejoindre le terrain contractuel par le recours aux règles de la gestion d'affaires.

F D'une manière plus générale, à chaque fois que le consentement du patient fait
44 défaut, la responsabilité ne peut être qu'extracontractuelle. Il en serait ainsi, par exemple, de la substitution d'un médecin à un autre, pour l'accomplissement d'un acte médical, sans le consentement du patient.

Cependant, il a été jugé que certaines circonstances peuvent faire admettre que le malade a donné à son médecin un mandat tacite en vue de passer contrat avec le spécialiste dont l'intervention se révèlerait nécessaire[22].

---

[21] D. P. 1936, 1, 88, concl. Matter, Rapport Josserand, note E. P

[22] civ. 1°, 27 mars 1979, D. 1980. Inf. Rap. 167, obs. Penneau

F 45 Appartiennent également au domaine extracontractuel les situations où la relation entre le médecin et le patient est imposée par une règlementation légale ou administrative. Il en est ainsi, notamment, pour les médecins du travail et les médecins conseils de la sécurité sociale. Ici, l'absence totale de tout choix du praticien par le patient à qui le contrôle est imposé exclut tout accord de volonté, donc tout aspect contractuel. En outre, le recours aux règles de la stipulation pour autrui, parfois proposé doit être écarté. En effet, l'employeur ou l'organisme de sécurité sociale, lorsqu'il contracte avec le médecin, entend non pas stipuler pour autrui, mais bien remplir ses obligations légales.

F 46 Enfin, il résulte d'une jurisprudence constante des juridictions répressives que

> si la responsabilité médicale est en principe une responsabilité contractuelle, il en est autrement lorsque le manquement à ses obligations commis par le médecin présente le caractère d'une imprudence ou d'une négligence constitutive de l'infraction prévue et réprimée par l'article 319 du Code Pénal; qu'en ce cas, il y a lieu à l'application de la loi pénale, la responsabilité découlant nécessairement de la constatation du délit retenu à la charge du prévenu[23].

Ceci signifie, au plan de la responsabilité civile, que dans l'hypothèse où l'action civile de la victime est portée devant les juridictions répressives parallèlement à l'action publique (sur ce point, supra C. II), la responsabilité est nécessairement de nature extracontractuelle.

F 47 *A l'égard des tiers*

La responsabilité du médecin pour le préjudice causé aux tiers par l'exécution de l'acte médical est nécessairement du nature extracontractuelle. Ainsi en est-il, bien évidemment, du dommage causé par le chirurgien, avec un instrument qu'il manie, à son assistant, ou du dommage causé à un tiers en conséquence de la rédaction imprudente d'un certificat médical.

D'une manière plus remarquable, il faut noter que lorsque les héritiers du patient décédé réclament réparation du préjudice personnel (par ricochet) qu'ils ont subi du fait de décès, ils se présentent comme des tiers au contrat médical, et leur action est nécessairement de nature extracontractuelle. Ceci soulève, d'ailleurs, de délicats problèmes pour la mise en œuvre de la responsabilité du fait des choses inanimées (infra, D, IV).

F 48 **La nature de l'obligation (ou du devoir) du médecin**

Quelle que soit la nature de la responsabilité médicale, telle qu'elle peut être déterminée à l'aide des critères précédemment analysés, il reste à déterminer la nature de l'obligation (en matière contractuelle) ou du devoir (en matière extracontractuelle) mis à la charge du médecin. Ici encore existent un principe et certaines exceptions (très limitées en réalité). En principe, le médecin est tenu d'une obligation de moyens et par exception d'une obligation de résultat.

F 49 *Le principe: l'obligation de moyens*

En même temps qu'elle affirmait, dans l'arrêt précité de 1936, le caractère en principe contractuel de la responsabilité médicale, la Cour de Cassation définissait la nature de l'obligation du médecin: "... l'engagement, sinon bien évidemment de guérir le malade, ce qui n'a d'ailleurs jamais été allégué, du moins de lui donner des soins ... consciencieux, attentifs et, réserve faite de circonstances exceptionnelles, conformes aux données acquises de la science".

---

[23] crim. 12 déc. 1946, D. 1947.94; J. C. P. 1974. II. 3621, note Rodière

Cette formule n'a plus varié, sauf à un terme près: on se réfère actuellement plus volontiers aux données actuelles – et non plus acquises – de la science. Elle fait en tout cas entrer l'obligation du médecin dans la catégorie des obligations de moyens. Et d'une manière générale, si l'on élargit la définition au domaine extracontractuel, c'est d'un devoir de moyens que le médecin est tenu à l'égard de son patient.

F 50 Il ne peut, en effet, en être autrement: tout acte médical comporte une part irréductible d'aléa qui interdit de mettre à la charge du médecin – sauf volonté contraire clairement exprimée par celui-ci – l'obligation ou le devoir d'obtenir tel résultat déterminé relativement à l'état de santé de son patient.

La jurisprudence a cependant marqué des hésitations dans certains domaines particuliers, tels la chirurgie esthétique et l'art dentaire.

En matière de chirurgie esthétique, la jurisprudence dominante semble avoir désormais admis que l'obligation du praticien – n'étant pas essentiellement différente de celle contractée par tout autre chirurgien, en raison de l'aléa inhérent à tout acte chirurgical – est bien une obligation de moyens. Cependant certaines juridictions du fond marquent encore certaines hésitations et semblent marquer une préférence pour l'obligation de résultat sans l'exprimer d'une manière expresse[24]. Il conviendrait sons doute, en ce domaine, de faire plus clairement la distinction entre ce qui relève de la chirurgie esthétique proprement dite et la chirurgie plastique réparatrice.

F 51 Dans le domaine de l'art dentaire, depuis 1967, la Cour de Cassation, brisant une jurisprudence contraire des juridictions du fond, affirme que les soins proprement dits relèvent de l'obligation de moyens. En revanche, la solution a été confuse jusqu'à une date récente en ce qui concerne la fourniture de prothèses dentaires. Cependant, par un arrêt du 3 avril 1979[25], la Cour de Cassation semble s'être prononcée définitivement pour l'obligation de moyens.

F *L'obligation de résultat*

52 Les hypothèses où le médecin est tenu d'une obligation de résultat sont extrêment réduites.

Il n'est certes pas douteux que lorsqu'un médecin promet à un patient de l'examiner ou de pratiquer une intervention chirurgicale à un moment déterminé, il contracte une obligation de résultat. Et si le patient subit un préjudice du fait de l'abstention du médecin, celui-ci ne pourra dégager sa responsabilité que si cette abstention est due à une cause étrangère.

Cependant, le domaine essentiel où on peut relever à la charge du médecin une obligation de résultat est celui des examens de laboratoire courants (groupe sanguin, numération formule sanguine, dosage d'urée, cholestérol, glycémie, etc. ...). Ce type d'examen ne présentant, en l'état actuel de la science et des techniques, aucun aléa, un résultat exact peut être exigé du médecin; il sera responsable du seul fait de l'inexactitude du résultat. Il s'ensuit, bien évidemment, que toutes les fois où les difficultés de l'examen laissent subsister une marge d'incertitude, l'obligation reste de moyens[26].

F 53 L'autre domaine où le médecin est tenu d'une obligation de résultat est celui de la transfusion sanguine. La jurisprudence semble imposer une obligation de résultat à

[24] La responsabilité civile en matère de chirurgie esthétique, sous la direction de Fr. Chabas, Annales de la Faculté de Droit de Sceaux, 1977, p. 9 et s., not. p. 43 et s.

[25] civ. 1°, 3 avr. 1979, D. 1980. Inf. Rap. 170, obs. Penneau; Rev. trim. dr. civ. 1980. 122, obs. Durry

[26] civ. 1°, 4 janv. 1974, Bull. civ. I, n° 4; Rev. trim. dr. civ. 1974 822, obs. Durry

l'égard du *donneur*[27]. En outre, en ce même domaine, l'article 667, al. 4 du Code de la Santé Publique établit une responsabilité sans faute à l'égard du donneur ayant subi un préjudice du fait d'une modification des caractéristiques de son sang, faite préalablement au prélèvement. Mais il faut noter qu'à l'égard du *receveur,* l'obligation reste de moyens (en réservant, bien entendu, les opérations de détermination du groupe sanguin qui appartiennent au domaine de l'obligation de résultat).

F **La faute**

54 Puisque, si l'on met à part le domaine très réduit des obligations de résultat, le médecin n'est tenu que d'une obligation ou d'un devoir de moyens, sa responsabilité – quelle que soit sa nature, contractuelle ou extracontractuelle – ne peut être retenu qu'en présence d'une faute prouvée.

Par transposition d'un principe général, la faute médicale peut être définie comme la défaillance que n'aurait pas présentée un médecin normalement compétent et diligent en agissant dans les mêmes circonstances. Il y a donc lieu de se référer à un standard et de comparer la conduite effectivement suivie à celle qui aurait dû l'être. En cas d'insuffisance par rapport au standard, la faute peut être affirmée.

Il faut préciser que pour construire le standard, on tient compte, en principe, d'une catégorisation professionnelle évidente, c'est-à-dire que l'on prend pour standard un bon professionnel de même catégorie et de même rang que celui dont on examine la conduite: omnipraticien, spécialiste, etc....

F Ceci étant, c'est un principe du droit de la responsabilité médicale que toute faute
55 du médecin, même la plus légère, est de nature à engager sa responsabilité[28].

Dans cette optique, constituent des fautes de nature à engager la responsabilité du médecin, les manquements aux devoirs de prudence banals (le chirurgien impotent qui opère, le chirurgien qui opère le membre droit au lieu du membre gauche, le médecin qui délivre une ordonnance sans donner des explications suffisantes à son patient).

A plus forte raison, dans un domaine voisin, constitue une faute toute violation par le médecin d'un devoir d'humanisme médical. Ainsi en est-il: du défaut d'infor mation du patient (sur ce point: infra, IV); du refus de soins à un malade en péril (infra, F, I); de l'abandon d'un malade antérieurement pris en charge sans que la continuité des soins soit assurée, ou alors qu'elle est assurée dans de mauvaises conditions[29]; de la substitution d'un autre praticien au mépris du libre choix du patient et en dehors de toute urgence[30]; de la mise en œuvre d'interventions dangereuses non nécessaires à la sauvegarde de la santé du patient[31].

F C'est cependant la faute technique qui pose les problèmes les plus délicats. On ne
56 peut reprendre dans le cadre limité de cette étude les différentes catégories de fautes techniques[32]. Il ne peut s'agir ici que de donner quelques exemples destinés à illustrer les difficultés principales qui se sont révélées.

On trouve parfois, en jurisprudence, des formules affirmant que "le médecin reste maître de son diagnostic" ou bien "qu'une erreur de diagnostic ne constitue

---

[27] Paris 12 mai 1959 et 26 janv. 1960, D. 1960. 305, note Savatier. Rennes 14 avr. 1977, D. 1978. Inf. Rap. 36, obs. Larroumet

[28] Req. 21 juill. 1862, S. 1862. 1. 818. – civ. 1°, 30 oct. 1963, D. 1964. 81 note Savatier

[29] Pau, ler mai 1900, D. P. 1902. 2. 33. – civ. 29 oct. 1963, Gaz Pal. 1964. 1. 124.

[30] Civ. 1°, 21 nov. 1978, D. 1980. Inf. Rap. 170, obs. Penneau

[31] Lyon, 27 juin 1913, D. P. 1914. 2. 73, note Lalou. – crim. ler juill. 1937, S. 1938. 1. 193, note Tortat

[32] Pour un tableau complet: R. Savatier, J.-Cl Responsabilité Civile, fasc. XXX. – Penneau, Rep. civ. Dalloz, V° Médecine

pas par elle-même une faute professionnelle". En réalité, il faut bien voir qu'ici la jurisprudence entend affirmer que l'élément essentiel permettant de qualifier la conduite du médecin est constitué non par l'erreur elle-même, qui est indifférente, mais par la démarche technique qui a conduit au diagnostic posé; et la faute n'apparaît qu'en cas de défaillance commise à l'occasion de cette démarche[33].

F 57 D'une manière générale, tout défaut de diligence dans le choix du traitement ou sa mise en œuvre est constitutif d'une faute technique engageant la responsabilité du médecin. Ainsi, le médecin serait en faute s'il mettait en œuvre un traitement sans avoir préalablement fait pratiquer les examens nécessaires[34], de la même manière s'il négligeait une thérapeutique indispensable, par exemple de pratiquer une injection de sérum antitétanique en présence d'une plaie enfractueuse ou survenue dans un terrain tétanigène[35]. Toute imprudence, également, est de nature à engager la responsabilité du médecin: ainsi la cadence opératoire trop rapide acceptée par un anesthésiste, ou son remplacement imprudent en cours d'une anesthésie[36].

La maladresse constitue également une faute technique engageant la responsabilité du médecin[37].

F 58 Pour apprécier, dans chaque situation concrète, quelle était la conduite souhaitable, les magistrats se réfèrent fréquemment aux usages. Ceux-ci constituent, en effet, de la manière la plus immédiate, les données acquises ou actuelles de la science que le médecin doit mettre en œuvre. A ce titre, il est en principe décidé que le respect d'un usage établi est exclusif de toute faute[38] et qu'à l'inverse le médecin qui ne suit pas un tel usage commet une faute[39].

Cependant, ce principe n'est pas absolu. D'une part, il a été jugé que lorsqu'un procédé a dépassé le stade de l'expérimentation et qu'il est suffisamment connu et employé, le praticien peut le choisir s'il l'estime le meilleur; cette solution est nécessaire si l'on ne veut pas stériliser l'évolution des techniques médicales. D'autre part, on ne saurait reprocher à un médecin d'utiliser une technique délaissée, aux dires des experts, non en raison d'accidents, mais pour le motif que les patients ne l'acceptent pas sans appréhension[40].

F 59 Il faut surtout relever que certaines décisions semblent indiquer que les magistrats se réservent de déclarer fautive la conduite conforme à un usage établi s'ils le considèrent imprudent ou insuffisamment diligent[41].

En réalité, il apparaît, surtout à l'époque contemporaine, à travers de nombreuses décisions, que la jurisprudence procède souvent à une appréciation trop absolue des devoirs du médecin, ce qui la conduit à la rendre débiteur d'une diligence générale qui n'est à la mesure ni des réalités concrètes de son activité, ni des possibilités humaines.

Ainsi en est-il, par exemple en ce qui concerne les dommages causés par l'oubli de compresses dans une plaie opératoire. Un tel oubil est constamment déclaré fau-

---

[33] Civ. 1°, 4 nov. 1964, Gaz. Pal 1965. 1. 43. – Grenoble, 4 nov. 1946, D. 1947. 79. – Angers, 4 mars 1947, D. 1948. 298, note Savatier

[34] Req. 21 juill. 1947, D. 1947. 486. – civ. 1°, 2 févr. 1960, J. C. P. 1960. II. 11571

[35] Trib. civ. Valenciennes, 26 déc. 1930, Gaz. Pal. 18 août 1931. – Paris, 10 févr. 1954, D. 1954. 257

[36] Angers, 11 mars 1971, D. 1973. 82, note Savatier. – Civ. 1°, 11 juill. 1978, D. 1978. Inf. Rap. 442

[37] Civ. 1°, 15 nov. 1955, D. 1956. 113. – Civ. 1°, 19 juin 1962, Bull. civ. I, n. 316

[38] Paris, 17 oct. 1963, D. 1964 somm. 15. – Civ. 1°, 9 mai 1967, Bull. civ. I, n. 161

[39] Civ. 1°, 15 janv. 1957, D. 1957. 161. – civ. 1°, 9 juill. 1963, D. 1964. 39

[40] Civ. 1°, 13 mai 1959, D. 1959 somm. 107

[41] Paris, 25 avr. 1945, D. 1946. 190, note Tunc. – Paris, 26 avr. 1948. 272. – Civ. 1°, 27 janv. 1970, J. C. P. 1970. II. 16422, note Rabut

tif, quelles que soient les difficultés concrètes de l'intervention (notamment champ opératoire complexe, très hémorragique, etc. . . .).

F 60 De la même manière, la jurisprudence, en matière médicale, est attirée par l'utilisation de la faute virtuelle: en présence d'un dommage qui lui semble par trop anormal, elle déclare qu'il n'est pas possible qu'une faute n'ait pas été commise[42]. A ce courant appartiennent sans doute les décisions retenant assez systématiquement la responsabilité du chirurgien, à qui on reproche de n'avoir pas surveillé la manière dont le patient était placé sur la table d'opération, en cas de paralysie nerveuse postopératoire par compression[43]. On établit alors, non que le défendeur a commis telle faute précise, mais qu'il n'a pas pu ne pas en commettre une; on mesure le degré d'incertitude et d'arbitraire d'une telle démarche qui, à vrai dire, a été condamnée en un autre domaine (transport bénévole) par la Cour de Cassation[44].

2. Dans le secteur public

F 61 La physionomie de la responsabilité (civile) médicale y est très particulière.

En premier lieu, il n'existe pas plus de lien contractuel entre le patient et le médecin qu'il n'en existe entre le patient et le service. Le patient est placé à l'égard du service dans une situation légale et règlementaire et c'est au regard de cette situation que le médecin, remplissant ses obligations statutaires, donne see soins.

En second lieu, le médecin, collaborant à l'exécution du service public, est dans la situation juridique d'un agent public, même s'il n'exerce qu'à temps partiel au sein du service public (tout au moins pour ce temps d'exercice). Il en résulte que c'est, en principe, la responsabilité du service qui va être directement mise en cause: le service fait écran entre le patient (usager du service) et le médecin (agent du service) dont la responsabilité personnelle ne peut pas être recherchée.

F 62 Enfin, en raison de cette situation, la compétence pour connaître de l'action en réparation appartient aux tribunaux administratifs[45]; ce sont donc, ici, les règles propres ou droit administratif qui vont s'appliquer[46].

Ces règles imposent de distinguer les cas où le dommage dont la réparation est demandée a pour origine un acte médical de ceux où il a pour origine un acte de soins ou de fonctionnement du service.

Si le dommage est la conséquence d'un acte médical[47], la responsabilité ne peut être retenue qu'en présence d'une faute lourde, alors qu'une faute simple suffit lorsqu'un acte de soins ou de fonctionnement du service est en cause.

Cependant, ce schéma a été modifié par l'évolution jurisprudentielle récente. En effet, en raison de la difficulté éprouvée par les patients pour prouver la faute lourde lorsqu'est en cause en acte médical, la jurisprudence admet d'une part assez facilement que l'organisation du service est en cause, et d'autre part, dans certains cas particuliers, que la faute peut être présumée.

---

[42] Civ. 1°, 28 juin 1960, J. C. P. 1960. II. 11 787, note Savatier. – 19 juin 1962, Bull. civ. I, N. 316. – 12 nov. 1968, J. C. P. 1968. IV. 208

[43] Aix, 10 nov. 1953, D. 1954. 11. – Lyon, 13 févr. 1961, D. 1961. 634

[44] Ch. Mixte, 20 déc. 1968 (Zaroukian), D. 1969. 37, concl. Schmelck

[45] Trib. conflits, 25 mars 1957, Chilloux et Isaac Slimane, D. 1957. 395, concl. Chardeau. – Ass. plén 18 févr. 1963, J. C. P. 1963. II. 13 454, note Pépy

[46] Montador, la responsabilité des services publics hospitaliers, Berger-Levrault, 2e éd. 1979. – Penneau, la responsabilité médicale, Sirey, 1977, n. 202 et s.

[47] Sur la définition de celui-ci: Cons. d'Etat, 26 juin 1959, Rouzet, D. 1960. 112, note Robert. – Penneau, op. cit., n. 224 et s.

F 63 Dès que l'hésitation est permise, le juge administratif préfère affirmer que le dommage n'est pas imputable à l'activité propre du médecin, mais au mauvais fonctionnement du service auquel il appartient. Une faute simple suffit alors à engager la responsabilité de l'administration. Une décision très typique est celle où l'accident causé par une injection sclérosante de varices a été rattaché non à l'acte médical, mais au mauvais fonctionnement du service[48].

Dans d'autres hypothèses où aucune faute précise ne peut être relevée à l'origine du dommage et où cependant le résultat du séjour à l'hôpital est par trop anormal ou inexplicable au regard des données acquises de la science, le Conseil d'Etat décide que ce dommage révèle l'existence d'une faute dans l'organisation ou le fonctionnement du service[49]. Il y a là l'affirmation d'une présomption de faute; mais conservant, malgré tout, à la responsabilité le fondement de la faute, le Conseil d'Etat se réserve une marge d'appréciation très notable qui lui permet d'examiner chaque cas particulier en fonction de ses caractéristiques.

F 64 En principe, on l'a dit précédemment, les règles de droit administratif applicables imposent d'exercer l'action en réparation à l'encontre du service public, celui-ci faisant écran entre le patient et le médecin. Dans certaines hypothèses particulières, cependant, la responsabilité civile personnelle de ce dernier peut être mise en cause.

Il en est ainsi, d'une part, lorsque l'acte médical a été exécuté en clinique ouverte ou dans le secteur privé d'un médecin plein temps (sur ces situations, infra, D. II).

La responsabilité civile personnelle du médecin peut être directement engagée (devant les juridictions de l'ordre judiciaire) d'autre part, en cas de commission d'une faute personnelle détachable des fonctions. On entend par là soit une faute commise en dehors du service, soit une faute commise à l'occasion du service, mais qui s'en détache par son exceptionnelle gravité qui se situe bien au-delà de la faute lourde: une expérimentation sans intérêt thérapeutique, l'abandon d'un malade anesthésié au cours d'un incendie, le refus réitéré d'un chirurgien de garde de se déranger pour examiner un malade.

Cependant, dans le cas où la foute personnelle ainsi commise n'est pas dépourvue de tout lien avec la service, le patient peut choisir d'exercer son action en réparation soit à l'encontre du service devant la juridiction administrative, soit à l'encontre du médecin devant la juridiction de l'ordre judiciaire[50]. Mais si l'action est exercée contre le service, celui-ci dispose d'une action récursoire à l'encontre de son agent.

IV. Information et consentement

F 65 Le médecin est tenu, à l'égard de son patient, d'un devoir d'information, et il ne peut intervenir que sous réserve d'avoir obtenu son consentement.

[48] Cons. d'Etat, Dlle Bey, Rec. Lebon, p. 165
[49] Cons. d'Etat, 23 juill. 1974, Dame Champion, Rec. Lebon, p. 459
[50] Conseil d'Etat, 18 déc. 1953, Fresnais, Gaz. Pal. 1954. 1. 60

1. Information du patient

Certes, le médecin n'est pas tenu de révéler au patient le pronostic exact de son affection (C. Déont. art. 42), mais il doit, en revanche, l'informer en toute circonstance des conséquences de la thérapeutique ou de l'examen proposés.

C'est au patient lui-même que, normalement, l'information doit être donnée. Cependant, en cas d'incapacité de droit, elle doit être donnée au représentant légal de l'incapable (en même temps qu'au patient, dans toute la mesure de la faculté de discernement de celui-ci mineur proche de la majorité, période de lucidité de l'incapable, etc. . . .). En cas d'incapacité de fait, c'est aux proches parents que l'information doit être procurée; mais dans certains cas, à la famille indifférente, on pourrait préférer un étranger qui s'occupe du patient avec affection.

F 66 On admet que, dans les circonstances habituelles, l'information ainsi fournie ne peut être ni d'une exacte regueur scientifique, ni d'un contenu exhaustif. Il faut, en effet, tenir compte des capacités intellectuelles du sujet et de données psychologiques.

D'une part, l'information peut être simple et approximative à condition d'être intelligible et loyale. Ainsi, l'expression "sinusite" a pu être légitimement utilisé pour faire comprendre à un malade qui n'aurait pas eu l'intelligence du terme "mucocèle", la nature de son affection[51].

F 67 D'autre part, la jurisprudence décide d'une manière constante que le médecin n'est tenu, en principe, d'informer ses patients que des seuls risques normalement prévisibles au moment où a été entrepris le traitement ou l'exploration. Ainsi, le chirurgien pratiquant une radiculographie au méthiodol (ayant entraîné une paraplégie) n'a pas commis de faute en n'avertissant pas sa patiente des risques que présentait cet examen dès lors qu'à cette époque les accidents dus au produit se comptaient sur les doigts de la main[52].

Il existe cependant des cas où l'information doit être totale et porter sur tous les risques, même les plus exceptionnels.

F 68 La jurisprudence en décide ainsi dans le domaine de la chirurgie esthétique où le patient doit être averti de l'intégralité des risques que lui fait courir l'intervention projetée[53]. Mais sans doute la rigueur de l'exigence ainsi posée doit-elle être limitée à la chirurgie esthétique au sens strict, par opposition à la chirurgie réparatrice où la règle compréhensive de principe doit rester applicable.

La législation sur les prélèvements d'organes (infra, F. III) impose au médecin un très strict devoir d'information qui doit porter "sur toutes les conséquences prévisibles d'ordre physique et psychologique du prélèvement ainsi que sur les répercussions éventuelles de ce prélèvement sur la vie personnelle, familiale et professionnelle du donneur. Elle porte, en outre, sur les résultats qui peuvent être attendus de la greffe par le receveur" (décret n° 78.501, 31 mars 1978, art. 1er).

En matière d'interruption volontaire de grossesse pour motif personnel de la mère, le médecin doit informer la femme "des risques médicaux qu'elle encourt pour elle-même et pour ses maternités futures, et de la gravité biologique de l'intervention qu'elle sollicite" (C. santé publ., art. L. 162.3).

---

51 Civ. 1°, 21 févr. 1961, J. C. P. 1961. II. 12129, 2e esp., note Savatier

52 civ. 1°, 23 mai 1973, Gaz. Pal 1973.2.885, note Doll. – Comp. civ. 1°, 6 mars 1979, D. 1980. Inf. Rap. 170, obs. Penneau

53 civ. 1°, 17 nov. 1969, D. 1970. 85. – Civ. 1°, 22 sept. 1981 et Lyon 8 janv. 1981, D. 1982. Inf. Rap. 274, obs. Penneau

F 69 Il faut, en outre, noter que le devoir d'information ne prend pas uniquement place avant l'acte médical, et qu'il ne cesse pas nécessairement avec l'achèvement de celui-ci. Ainsi, un chirurgien a pu être déclaré en faute pour n'avoir révélé ni au malade, ni à son médecin traitant, qu'il avait laissé en place, en cours d'intervention, un fragment d'appendice pour des raisons techniques par ailleurs irréprochables[54].

F 70 En toute hypothèse, à supposer qu'un mensonge du praticien envers son malade puisse se justifier, ce ne peut être que dans le but de cacher la gravité du mal (C. Déont., art. 42). Commettrait une faute le médecin qui dissimulerait sciemment un élément favorable pour inciter son patient à suivre un traitement qu'il juge indispensable[55].

Quant à la nature de la faute réalisée par le défaut d'information, il a été jugé qu'il ne peut s'agir, dans la mesure où l'intervention est justifiée, que d'une faute civile, et non d'une infraction à l'article R. 40 du Code Pénal[56].

2. *Consentement du patient*

F 71 Il est de jurisprudence constante qu'indépendamment de la condition tenant au but thérapeutique poursuivi, seul le consentement du malade permet, en principe, au médecin d'agir.

Les personnes dont le consentement doit être recueilli sont celles, mentionnées précédemment, à qui l'information doit être procurée.

En raison de la relation de confiance qui doit nécessairement exister entre le patient et son médecin, il est de tradition en France que le consentement soit donné oralement[57]. Mais, par ailleurs, il a été jugé que si le malade refuse de laisser procéder à un examen indispensable, le médecin doit, pour dégager sa responsabilité, faire constater le refus par écrit[58].

F 72 Cependant, le principe de l'oralité du consentement disparaît dans certaines circonstances particulières.

Ainsi, pour les prélèvements d'organes, le consentement est: soit constaté dans un acte dressé par le Président du Tribunal de Grande Instance s'il s'agit d'un organe non régénérable (décret n° 78.501, 31 mars 1978, art. 2, al. 2), soit donné dans un écrit établi par le donneur et contresigné par un témoin en cas d'organe régénérable (art. 2, al. 2). En outre, pour le mineur, le consentement doit être confirmé par l'avis d'une commission, constaté dans un procès-verbal (art. 5 à 7).

De même, lorsqu'après les consultations prescrites par la loi, la femme confirme sa demande d'interruption de grossesse, le médecin doit lui demander de consigner cette confirmation par écrit (C. santé publ., art. L. 162. 5).

F 73 Il existe des difficultés sur le point de savoir si le chirurgien doit interrompre et reporter l'intervention de manière à recueillir le consentement du patient s'il découvre, en cours d'intervention, une lésion ignorée ou plus importante que prévue et dont le traitement risque de laisser subsister des séquelles. Un certain nombre de décisions émanant de juridictions du fond se prononcent pour l'affirmative. D'autres, plus nombreuses, et plus réalistes, décident que le chirurgien doit poursuivre l'inter-

---

[54] Paris, 11 mars 1966, J. C. P. 1966. II. 14716, note Savatier
[55] civ. 1°, 28 déc. 1954, D. 1955. 249, note Savatier
[56] civ. 1°, 17 nov. 1969, J. C. P. 1970. II. 16507, note Savatier
[57] R. Savatier, Impérialisme médical sur le terrain du droit, D. 1952. chr. 157
[58] civ. 1°, 7 nov. 1961, D. 1962. Somm. 71

vention s'il juge que c'est médicalement la meilleure solution. La Cour de Cassation se prononce en ce sens[59].

Il est enfin des cas où le médecin peut agir en dehors de l'expression d'un quelconque consentement par le patient. Il en est ainsi, en cas d'urgence, lorsque le malade est hors d'état de manifester sa volonté et qu'il n'est pas pourvu de représentant légal ou qu'on ne peut joindre celui-ci. Mais en toute hypothèse, le médecin doit alors s'efforcer d'obtenir l'assentiment des proches parents du malade (C. Déont., art. 7 et 43).

La loi, elle-même, peut apporter des limites à la liberté du patient en lui imposant de subir un acte médical. Il en est ainsi, par exemple, pour les vaccinations, le traitement des maladies vénériennes, etc ...

V. Causalité

F 74 S'il reste, bien entendu, toujours nécessaire de relever l'existence d'un lien de causalité entre la faute et le dommage pour engager la responsabilité du médecin, la jurisprudence atténue grandement cette exigence en se référant à la notion de perte de chances de guérison ou de survie.

1. Nécessité d'un lien de causalité

F 75 Classiquement, la jurisprudence se montrait très rigoureuse quant à la constatation du lien de causalité entre la faute du médecin et le dommage subi par le patient, lien de causalité dont l'existence certaine devait nécessairement être relevée pour permettre de retenir la responsabilité[60].

Dans cette optique, il a été jugé que le médecin ne pouvait être déclaré responsable lorsque l'inexécution de son obligation résultait d'une faute personnelle du malade que le praticien ne pouvait ni prévoir, ni éviter[61], notamment en cas de fausse affirmation du patient sur l'existence d'un traitement antérieur[62].

D'une manière plus discutable, dans une espèce où un malade avait fait un choc mortel à la suite de l'injection simultanée d'une ampoule de vitamine B, et d'une ampoule de thiodacaïne, la responsabilité du médecin a été écartée, faute de certitude du lien causal, devant l'impossibilité par les experts de déterminer si le choc avait pour origine l'un ou l'autre produit[63].

Il n'en reste pas moins qu'il suffit qu'on trouve, parmi les causes dont la conjonction a occasionné le dommage, une faute du médecin pour que celui-ci soit tenu de réparer l'intégralité du dommage, sous la réserve du recours qu'il pourra exercer ultérieurement contre les coresponsables[64].

Le recours à la notion de perte de chances de survie ou de guérison modifie considérablement les règles précédentes.

---

[59] civ. 1°, 11 mars 1966, D. 1966. somm. 79. – Civ. 1°, 27 oct. 1982, inédit

[60] civ. 1°, 10 juill. 1962, D. 1963. somm. 4. – Civ. 1°, 25 mai 1971, J. C. P. 1971.II.16859. – Civ. 1°, 26 janv. 1970, D. 1970. somm. 87

[61] civ. 1°, 18 déc. 1956, D. 1957.231

[62] civ. 1°, 21 févr. 1967, J. C. P. 1967.IV.51

[63] civ. 1°, 26 janv. 1966, J. C. P. 1966.IV.35

[64] Angers, 24 janv. 1951, D. 1951. 210

2. Perte de chances de survie ou de guérison

F 76 Depuis 1965, la jurisprudence civile décide d'une manière constante que le médecin, qui fait perdre par sa faute une chance de guérison ou de survie à son patient, engage sa responsabilité[65]. Encore faut-il, cependant, qu'il soit établi qu'au moment de l'intervention médicale ou chirurgicale, le malade possédait encore une chance de survie et qu'il soit exclu que le processus de mort eût déjà été engage[66].

Pour une partie de la doctrine, bien que la jurisprudence pose la question en terme de préjudice: perte de chances (sur ce point, infra IX), elle la résoud en réalité sur le terrain de la causalité où elle se situe véritablement. En effet, la faute est certaine, et il en est de même du préjudice puisque le patient est invalide ou décédé; on ne voit pas comment un hypothétique préjudice représenté par la chance perdue pourrait être isolé du préjudice final (l'invalidité ou le décès) qui l'absorbe entièrement: imaginerait-on un seul instant que la chance perdue puisse être indemnisée pour elle-même si le préjudice final ne se réalisait pas? Dès lors, la seule inconnue est la cause du préjudice: la faute ou l'état pathologique du patient; en effet, si on connaissait cette cause avec certitude, il faudrait ou exonérer totalement le médecin ou le condamner à réparer l'autre dommage représenté par le décès ou l'invalidité. Or, la jurisprudence se contente, dans cette situation de prononcer une condamnation partielle par rapport au montant du dommage résultant de l'invalidité ou du décès[67].

F 77 Cette opinion est confortée, en outre, si l'on observe que la responsabilité du médecin reste engagée alors que "la cause même du décès, survenu à un moment où l'anémie et l'infection étaient en voie de guérison, est demeurée inconnue"[68].

On notera que cette jurisprudence, qui fait produire des effets juridiques à une causalité aléatoire, ne permet au médecin de dégager totalement sa responsabilité qu'en prouvant une cause étrangère à son activité. Elle est ainsi susceptible de modifier fondamentalement la nature de l'obligation médicale[69].

3. Causalité et responsabilité pénale

F 78 On aurait pu craindre que la jurisprudence civile relative à la perte de chances de survie ou de guérison contamine la jurisprudence pénale. Il n'en a rien été: la chambre criminelle a constamment rappelé, ces dernières années, que l'existence du lien de causalité entre la faute et les blessures ou le décès doit être certaine pour que le délit de blessures ou d'homicide par imprudence soit réalisé, et qu'en toute hypothèse, la perte d'une chance n'entre pas dans la définition de celui-ci[70].

---

[65] civ. 1°, 14 déc. 1965, J. C. P. 1966.II.14753, note Savatier. – Civ. 1°, 27 mars 1973, D. 1975.595, note Penneau. – Civ. 1°, 2 mai 1978, D. 1978. Inf. rap. 408, obs. Larroumet; J. C. P. 1978. II. 18839, note Savatier

[66] civ. 1°, 25 mai 1971, J. C. P. 1971. II. 16859, 3° esp.

[67] civ. 1°, 27 mars et 2 mai 1978 précités. – Savatier, Une faute peut-elle engendrer la responsabilité d'un dommage sans l'avoir causé, D. 1970. chr. 123. – Penneau, note précitée, D. 1973. 595

[68] civ. 1°, 25 mai 1971, J. C. P. 1971. II. 16859, 1° esp

[69] Chabas, Vers un changement de nature de l'obligation médicale, J. C. P. 1973. I. 2541

[70] Crim. 9 janv. 1979, J. C. P. 1980. II. 19272, note Chabas. – Crim. 7 janv. 1980, Gaz. Pal. 1980. 2. 696

VI. Charge de la preuve

F 79 Dans toute la mesure où le médecin est tenu d'un devoir de moyens, la charge de la preuve incombe au patient. Il en est ainsi tant en ce qui concerne la faute que le préjudice ou le rapport de causalité.

1. Preuve de l'information et du consentement du patient

La jurisprudence décide d'une manière constante depuis un arrêt de la Cour de Cassation en date du 29 mai 1951[71] que c'est au patient de rapporter la preuve que le médecin, soit ne l'a pas informé, soit est intervenu sans son consentement. Cette jurisprudence est constante.

On rappelle qu'en France il n'est pas d'usage de constater le consentement par un écrit (supra IV). Le patient peut donc faire la preuve du défaut d'information ou de consentement par tout moyen. La jurisprudence se fonde sur l'ensemble des circonstances; il faut noter quelle admet difficilement que le patient apporte la preuve dont il a la charge.

2. Preuve de la faute technique

F 80 Ici encore, il appartient au patient, créancier de l'obligation de moyens du médecin, d'apporter la preuve de la faute technique. Le juge ne peut se contenter d'éléments par trop aléatoires ou conjecturels[72] (sur l'incidence de la faute virtuelle, voir cependant supra, III).

En pratique, il est souvent nécessaire de diligenter une expertise (infra, VII) pour constater la faute.

3. Preuve du lien de causalité

F 81 Conformément au principe général, c'est au malade d'établir le lien de causalité entre la faute et le dommage.

On rappelle, cependant, que dans la mesure où la jurisprudence relative à la perte de chances de guérison ou de survie se satisfait d'un lien de causalité aléatoire (supra, V), il existe une présomption de causalité que le médecin ne peut détruire qu'en apportant la preuve qu'une cause étrangère à son activité est seule à l'origine du dommage.

D'une manière générale, il faut enfin noter que la preuve juridique, ici comme en tout autre domaine, est une notion relative. Il ne s'agit jamais d'une preuve mathématique; et en de multiples circonstances, le patient, qu'il s'agisse du défaut de consentement, de la faute ou de la causalité, accumulera un tel faisceau de présomptions que le médecin ne pourra s'en tenir à une attitude passive; il devra alors, lui aussi, concourir à la preuve, c'est-à-dire apporter les éléments permettant de contrôler l'exactitude de sa diligence.

---

[71] D. 1952. 53, note Savatier; D. 1953. 1. 41, note Nerson; J. C. P. 1951. II. 6421, note Perrot

[72] civ. 1°, 4 avr. 1973, D. 1973. somm. 79. – Civ. 1°, 12 mai 1964, D. 1964; somm. 112

VII. Experts

F 82 Il est extrêmement fréquent que l'examen ou l'approfondissement de questions techniques imposent au juge de recourir à l'avis d'un technicien. Celui-ci peut être chargé, en matière civile, selon la complexité de la question technique, soit de procéder à des constatations, soit de fournir au juge une consultation, soit de réaliser une expertise. En matière pénale, seule l'expertise est visée.

En toute hypothèse, le technicien (l'expert) est un auxiliaire de la justice, chargé d'éclairer le juge sur une question de fait qui échappe à la compétence de celui-ci. A travers l'expertise, le juge ne doit pas déléguer à l'expert d'attributions de caractère juridique, et l'expert ne trouve dans sa mission aucun pouvoir qui lui permette de donner une appréciation juridique sur la situation dans laquelle il intervient. Cependant, dans le domaine de l'acte médical, l'aspect technique et l'aspect déontologique sont fréquemment imbriqués, sinon confondus, et cette confusion explique la tendance naturelle, et fréquemment observée, qui pousse le juge à élargir illégalement la mission de l'expert[73], et inversément l'expert à empiéter sur le domaine juridique.

L'expertise en matière de responsabilité médicale est confrontée à d'autres difficultés.

F 83 En matière pénale, les experts sont choisis en principe parmi les personnes figurant soit sur la liste établie par le bureau de la Cour de Cassation, soit sur les listes dressées par les Cours d'Appel (C. Pénal, art. 157). En matière civile, le choix est en principe libre (N. C. pr. civ., art. 232); en fait, les experts sont souvent choisis sur ces mêmes listes. Les personnes y figurant présentent des garanties indiscutables de science. Mais, comme on l'a écrit, "le danger de l'expert dont la science force le respect de tous, mais dont la carrière est totalement vouée soit à l'enseignement, soit à des recherches de laboratoire est aussi à redouter"[74]. Et, de fait, il paraît difficile au médecin expert dont toute la carrière s'est déroulée uniquement en milieu hospitalo-universitaire, d'apprécier à sa juste mesure la situation où se trouvait tel médecin de médecine générale exerçant en ville. Pourtant, à travers l'expertise, on lui demande précisément de dire ce qui se fait habituellement ou ce qui aurait dû se faire dans ces circonstances concrètes qu'en réalité il ne connaît pas ... Aussi serait-il souhaitable de généraliser, dans le domaine civil, la coexpertise (qui est de règle en matière pénale lorsque l'expertise porte sur le fond de l'affaire) et d'organiser cette coexpertise de manière à ce que l'un des experts appartienne très précisément à la catégorie et au milieu professionnel exact du praticien dont il examine la conduite. C'était l'une des propositions faite par la commission sur la responsabilité médicale formée en 1978 par le Garde des Sceaux à la demande du Ministre de la Santé et présidée par Monsieur le Conseiller Mac Aleese. A ce jour, cette proposition est restée lettre morte.

F 84 Une autre difficulté est inhérente à la faculté donnée au juge, en matière pénale (par le jeu de l'intime conviction), et en matière civile (N. C. pr. civ., art. 246), de ne pas suivre l'avis de l'expert. Le juge n'est pas lié par les constatations ou les conclusions du technicien. Et l'on rencontre, en effet, un nombre non négligeable de décisions où le juge rejette l'avis de l'expert, ou tout au moins statue à l'encontre des conclusions techniques de celui-ci. Il existe, notamment en matière civile, un nombre sensiblement égal de décisions statuant dans l'un ou dans l'autre sens.

---

73 Vouin, le juge et son expert, D. 1955. chr. 131

74 Hannequart, la responsabilité pénale de l'ingénieur, Liège, 1959, n. 222

On a pu se demander "s'il est bien logique que le juge sollicite les conclusions de l'expert en raison de sa propre incompétence et se réserve en même temps la faculté de ne pas les suivre"[75]. Cependant, il faut reconnaître que cette liberté est justifiée par la transposition que le juge opère nécessairement du domaine technique au domaine juridique pour pouvoir utiliser le rapport d'expertise. Au cours de cette transposition, le juge doit tenir compte de l'ensemble des éléments qu'il a rassemblés, et pour apprécier les données techniques qui lui sont soumises, il doit les confronter à l'aspect déontologique qui leur est inhérent. Mais cette justification de la liberté du juge par rapport à l'avis du technicien en indique les limites: si le juge n'est pas tenu de suivre l'avis de l'expert, ce n'est pas parce qu'il peut nier directement un avis qu'il demande, précisément en raison de son incompétence; c'est parce que, au cours de la transposition qu'il opère du domaine technique au domaine juridique, d'autres éléments interviennent qu'il doit prendre en considération sur le terrain du droit où il est seul compétent. Le partage doit alors être le suivant: sur le strict terrain du fait technique, où le juge est, en règle générale, totalement incompétent, la compétence de l'expert s'impose; mais sur le terrain du droit, la compétence du juge reprend toute sa plénitude, et le rapport d'expertise ne devient que l'un des multiples éléments sur lesquels le juge fonde sa décision.

VIII. Accès aux dossiers

F 85 Les règles régissant l'accès aux dossiers et aux documents sont différentes en matière pénale et en matière civile.

Dans le domaine pénal, au cours de l'enquête préliminaire et au cours de l'instruction, il peut être procédé à une saisie de dossier à laquelle le médecin ne peut pas faire échec (C. pr. pén., art. 56 et 97). Cependant, des mesures tendant à la protection du secret professionnel doivent être respectées (circ. 17 févr. 1961, pour l'application de l'art. 56); notamment il est d'usage - ce n'est pas obligatoire - de ne procéder à la saisie qu'en présence d'un membre de l'Ordre des Médecins. Ces règles s'appliquent tant au secteur libéral qu'au secteur hospitalier.

F 86 Dans le domaine civil, les choses sont plus complexes. A l'occasion d'un procès civil, en effet, la procédure de saisie de dossier ne peut pas être utilisée. C'est donc dans le cadre d'une expertise que le juge confiera au technicien la mission de consulter le dossier médical. A cet égard, le juge dispose d'un pouvoir d'injonction pour obliger la partie qui détient un élément de preuve à produire celui-ci (N.C. pr. civ., art. 11. - C. Civil, art. 10). Mais ce pouvoir d'injonction ne s'exerce sans réserve qu'à l'égard des parties: les tiers pourraient invoquer un empêchement légitime, (N.C. pr. civ., art. 11 et 141) et le secret professionnel pourrait constituer un tel empêchement.

Il faut noter, en outre, que des dispositions légales et règlementaires précisent les conditions dans lesquelles les établissements d'hospitalisation publics sont tenus de communiquer le dossier des malades, hospitalisés ou reçus en consultation externe, au médecin choisi par ces malades (Loi 31 déc. 1970, art. 28. - D. 7 mars 1974, art. 3 et 4). Le Conseil d'Etat, en application de ces dispositions, a récemment affirmé le droit du patient (ou de ses ayants-droit) à faire mettre à la disposition du médecin

[75] Vouin, chr. préc., D. 1955. 131

qu'il désigne son dossier hospitalier; par la même décision, il a été précisé que le patient lui-même ne peut pas obtenir cette mise à disposition, mais seulement le médecin désigné[76].

IX. Dommages; douleurs et souffrance

F 87 Le préjudice indemnisable en matière des responsabilité est de nature extrêmement variée et ne comporte dans une première approche aucune spécificité: il peut s'agir aussi bien d'un dommage moral que d'un dommage directement économique: frais médicaux et pharmaceutiques exposés, manque à gagner résultant de l'incapacité temporaire ou définitive de travail.

Il reste cependant, d'une manière plus spécifique, à savoir, dans chaque cas particulier, si le préjudice est certain et quelle est son intensité, compte tenu d'une éventuelle invalidité préexistante, toute question de causalité étant par ailleurs résolue. La jurisprudence tient en effet compte de l'invalidité antérieure pour déterminer le quantum d'invalidité imputable à l'activité médicale, par hypothèse fautive. C'est un problème d'expertise.

Mais la question devient plus difficile s'il s'agit de décider si, lorsque le bienfait qui résulte d'un traitement et le préjudice causé par ce même traitement se situent dans deux domaines corporels différents, on doit tenir compte du premier pour évaluer le second. Par exemple, une séance d'électrochocs guérit le malade de sa dépression nerveuse, mais occasionne, par la faute du médecin, une fracture d'un membre. La Cour de Lyon a admis la compensation entre le bienfait et le préjudice, la comparaison de ces deux éléments permettant "seule de fixer l'étendue et la somme du préjudice à réparer"[77].

F 88 La jurisprudence précédemment évoquée (supra V) sur la perte de chances de survie ou de guérison renouvelle d'une certaine manière le problème du préjudice en matière de responsabilité médicale. En effet, les décisions qui retiennent la responsabilité du médecin sur le fondement de la perte de chances de survie ou de guérison que son activité a fait subir au malade, se placent sur le terrain du préjudice (et non sur celui de la causalité comme la logique y inviterait: supra, V, B). La chance perdue constituerait un préjudice autonome, distinct du décès ou de l'invalidité. Il y aurait ainsi deux préjudices: la chance perdue et le décès ou l'invalidité, et deux liens de causalité: l'un reliant la faute à la chance perdue, l'autre reliant cette même faute au décès ou à l'invalidité; plus encore, l'incertitude sur le lien causal entre la faute et le décès ou l'invalidité n'empêcherait pas d'admettre l'existence du lien causal entre la faute et la chance perdue: l'autorité de la chose jugée au pénal sur le premier n'empêcherait pas la juridiction civile de statuer sur le second et d'indemniser le préjudice spécifique représenté par la chance perdue[78]. Reste à savoir comment on peut isoler et déterminer cette chance perdue indépendamment du préjudice pénal, le décès ou l'invalidité; l'indemniserait-on en l'absence du préjudice final? Cela semble douteux, et pourtant la même chance aurait été perdue.

---

[76] Cons. d'Etat, 22 janv. 1982, D. 1982. 291, conc. Genevois

[77] Lyon, 17 nov. 1952, J.C.P. 1953.II.7541, note (approbative) Savatier

[78] Civ. 1°, 24 mars 1981, D. 1981.545, note Penneau

D. Cliniques, équipement et personnel

I. Nécessité de directives

F 89 En raison du principe déontologique formel selon lequel l'indépendance du médecin doit être respectée en toute circonstance, les cliniques sont sans pouvoir ni compétence pour donner ou imposer des directives aux médecins, même dans l'hypothèse où ceux-ci ont un statut de salarié.

Le seul domaine où les cliniques peuvent intervenir est celui de l'activité administrative.

De la même manière, pour tout ce qui concerne l'accomplissement par les auxiliaires médicaux d'actes qui ne peuvent être exécutés que sur prescription médicale, ce personnel ne peut recevoir de directives que des médecins de la clinique; la clinique n'est, ici encore, compétente que pour l'organisation matérielle et administrative du service.

Ce sont les règles qui gouverneront la mise en œuvre de la responsabilité du fait d'autrui (infra, V).

II. Responsabilité de la clinique pour ses médecins

F 90 Si l'on met à part l'exercice en secteur public où le service répond des dommages causés par l'activité médicale au sein de l'hôpital public (supra, C, III), en principe, la responsabilité du médecin exerçant en clinique privée lui reste personnelle, quel que soit son statut, libéral ou salarié. Il y a une raison impérieuse à cette solution: le monopole réservé par la loi aux médecins pour l'exercice de la médecine[79].

En raison de ce monopole, la clinique ne peut prendre d'obligation directement relative à l'acte médical lui-même. Cette obligation ne peut naître qu'entre le médecin et le malade et la responsabilité de sa mauvaise exécution ne peut incomber qu'au médecin. Au surplus, le principe déontologique imposant le respect absolu de l'indépendance technique du médecin impose cette solution.

F 91 Cependant, il a parfois été jugé, par des décisions anciennes, que la responsabilité contractuelle de la clinique du fait du médecin pouvait être engagée, et cette solution a été récemment reprise à l'encontre d'un centre mutualiste qui a été déclaré responsable de la faute commise par un chirurgien dentiste qui y travaillait[80]. Par

---

[79] R. et J. Savatier, Auby et Péquignot, Traité de droit médical, Libr. techn. 1957, n. 253, 42 et 417. – Penneau, note sous civ. 1°, 5 déc. 1978, D. 1980.353

[80] Paris, 22 avr. 1980, D. 1981. Inf. Rap. 251, obs. Penneau

ailleurs, la même solution a été souvent retenue dans le cadre de la médecine du travail à l'encontre de l'employeur du médecin[81]. En tout cas, le fondement du principe marque ses limites.

D'une part, en cas de salariat du médecin, la clinique répond du dommage causé par le médecin à l'égard des ayants-droit du patient lorsque ceux-ci se présentent comme des tiers, c'est-à-dire lorsqu'ils réclament réparation du préjudice subi par ricochet du fait du décès de leur auteur. Il y a là application des règles de la responsabilité délictuelle du fait d'autrui: par application de l'article 1384, al. 5[82].

F 92 D'autre part, la clinique répond de son fait personnel, relativement au médecin: faute dans le choix du médecin (par exemple, elle confie les anesthésies à un médecin non qualifié), faute dans la mise à disposition du médecin des moyens et des conditions nécessaires à un exercice convenable de son activité. Mais bien entendu, dans ces hypothèses, la responsabilité personnelle du médecin peut également être retenue in solidum avec celle de la clinique.

III. Responsabilité en équipe

F 93 L'exercice en équipe ou au sein d'un groupe pose des problèmes spécifiques liés essentiellement à la définition des rapports existant d'une part entre les médecins du groupe et d'autre part entre ceux-ci et les malades.

Dans certains cas, la nature contractuelle de la relation établie entre le patient et le médecin est évidente. Il en est ainsi à l'égard du prestataire principal de l'acte médical, par exemple dans la relation entre le patient et le chirurgien.

Dans d'autre cas, le contrat est moins évident, mais il existe le plus souvent: ainsi entre le patient et l'anesthésiste. Bien entendu, si préalablement à l'anesthésie le praticien n'examinait pas le malade et s'il le voyait pour la première fois au moment de pratiquer l'anesthésie, le caractère contractuel de leur relation ne pourrait pas être retenu (au demeurant, du seul fait de pratiquer une anesthésie sans examen préalable, l'anesthésiste commettrait une faute de nature à engager sa responsabilité quasi délictuelle).

F 94 Dans d'autres hypothèses, l'existence d'un contrat semble pour le moins douteuse: ainsi en est-il pour la prestation d'un anatomo-pathologiste, d'un hémobiologiste, d'un radiologue intervenant à la demande du chirurgien en cours d'intervention.

Cependant, même dans ces situations, des circonstances particulières pourraient être relevées, qui seraient de nature à faire admettre que le malade a donné à son médecin un mandat, au moins tacite, en vue de passer un contrat avec le spécialiste dont l'intervention se révèlerait nécessaire[83]. La situation pourrait alors revenir dans le cadre contractuel. On voit donc que certaines situations sont délicates à qualifier.

F 95 Mais, en toute hypothèse, à supposer ce premier point réglé, persistera toujours le problème de la responsabilité du chef de l'équipe. Doit-on considérer que son contrat est toujours prééminent et qu'ayant – dans la plupart des cas – introduit les

---

[81] Soc. 8 déc. 1960, D. 1961.314. – 25 avr. 1963, Bull. civ. IV, n. 353. – Rouen, 6 oct. 1964, J. C. P. 1965.II.14139, note Savatier

[82] R. et J. Savatier, Auby et Péquignot, op. cit., n. 322

[83] Civ. 1°, 27 mars 1979, D. 1980. Inf. rap. 167, obs. Penneau

membres de l'équipe, il doit répondre contractuellement de leurs actes? Doit-on, au contraire, décider que l'indépendance professionnelle de chaque médecin et la délimitation de plus en plus précise de leurs compétences respectives fait obstacle à une telle solution?

A cet égard, bien qu'il s'agisse d'un secteur en constante évolution, il semble que la jurisprudence ait dégagé un corps de principes systématisables autour des trois axes suivants.

1. Le malade a contracté avec chacun des médecins

F 96 Lorsque le malade a contracté avec chacun des médecins, chacun de ceux-ci reste responsable des seules fautes qu'il a personnellement commises; notamment, le chirurgien ne peut pas être tenu pour responsable des fautes commises par l'anesthésiste: celui-ci a contracté une obligation personnelle et indépendante. Il a ainsi été décidé qu'ayant relevé que le malade avait assigné à la fois le chirurgien et le médecin anesthésiste, l'un et l'autre sur le fondement de la responsabilité contractuelle de l'article 1147 du Code Civil pour des négligences qu'il reprochait à chacun d'eux, la Cour d'Appel, en retenant la seule responsabilité du médecin anesthésiste, a nécessairement admis qu'un contrat médical était intervenu entre celui-ci et le malade et qu'ainsi le chirurgien ne s'était pas substitué le médecin anesthésiste en dehors de tout consentement du malade[84].

2. Le chef de l'équipe a, seul, contracté avec le malade

F 97 Lorsque le chef de l'équipe a seul contracté avec le malade, il répond contractuellement des dommages causés par la faute de tout membre de l'équipe. Il répond ainsi de la faute du tiers - aide ou substitut - qu'il a introduit dans l'exécution du contrat; notamment, le chirurgien répond des fautes commises par le médecin auquel il a eu recours pour l'anesthésie et qu'il se substitue, hors de tout consentement du patient, pour l'accomplissement d'une partie inséparable de son obligation: il est le commettant de l'anesthésiste[85].

3. Indépendance technique et domaine d'action commun

F 98 La rigueur des deux schémas précédents peut être modifiée par la prise de conscience et l'affirmation de la spécificité de l'acte d'anesthésie réanimation d'une part; par la mise en évidence de domaines où, nécessairement, les actions des praticiens se recoupent ou se superposent et impliquent une étroite collaboration d'autre part.

C'est ainsi qu'il a été jugé que

"la surveillance de l'état cardio-vasculaire de l'opéré incombe essentiellement au médecin anesthésiste réanimateur, mais que l'anesthésie et la réanimation ne constituent pas une fin en soi, qu'elles concourent à un but commun à l'anesthésiste et au chirurgien, à savoir une exécution correcte de l'acte opératoire et la guérison du malade; qu'elles restent auxiliaires par rapport à l'intervention

[84] Civ. 1°, 27 mai 1970, J. C. P. 1971.II.16833, note Savatier
[85] Civ. 1°, 18 oct. 1960, J. C. P. 1960.II.11846, note Savatier

curative et que la conduite et l'organisation générale de l'opération appartiennent au chirurgien qui règle la durée de celle-ci et le choc qu'elle fait subir au patient en fonction des nécessités opératoires; qu'il doit exister entre eux une intime collaboration, le chirurgien prenant les décisions principales auxquelles l'anesthésiste doit constamment s'adapter, ce qu'il ne peut faire que sur les instructions du chirurgien; attendu qu'en l'espèce le chirurgien ayant pris la décision d'opérer malgré l'état déficient de la malade, qui certes permettait l'intervention mais nécessitait des précautions particulières, avant le devoir impérieux de s'assurer dès avant l'acte opératoire que l'anesthésiste réanimateur connaissait cet état et avait pris ses précautions en ce qui concerne notamment la réanimation pré-opératoire; qu'ayant constaté, en cours d'opération, que celle-ci serait plus longue qu'il n'était prévu, il avait également le devoir, même si l'état cardio-vasculaire de la malade ne paraissait pas inquiétant, de demander à son anesthésiste l'installation d'une perfusion destinée à compenser la perte de volume sanguin qu'il a, au surplus, sous-estimée[86]".

C'est-à-dire clairement que, bien que l'anesthésiste ait un domaine d'action parfaitement distinct et indépendant, le chirurgien, chef de l'équipe, n'en a pas moins un devoir de surveillance générale dont l'inobservation engage sa responsabilité personnelle.

4. Sociétés civiles professionnelles

F 99 Les médecins peuvent désormais constituer entre eux des sociétés civiles professionnelles (Loi 29 nov. 1966. – Décret d'application, 14 juin 1977). Le point capital est que ces sociétés sont censées, juridiquement, exercer elles-même la médecine (par l'intermédiaire, bien entendu, des associés).

Certes, il est précisé que la responsabilité de chacun des associés demeure personnelle à l'égard des malades pour les actes qu'il accomplit (Décret, art. 1°, al. 3) et la loi dispose que chacun des associés répond sur l'ensemble de son patrimoine des actes professionnels qu'il accomplit (L., art. 16, al. 1°). Les schémas classiques semblent donc applicables, et ils le sont, en effet, en première intention.

Cependant, d'une part, on l'a dit, juridiquement, c'est la société et non les associés qui exerce la médecine; d'autre part, la société est déclarée solidairement responsable avec chacun des associés des conséquences des actes professionnels qu'ils accomplissent (L., art. 16, al. 2).

Il faut noter, en outre, que soit la société, soit les associés doivent obligatoirement contracter une assurance de responsabilité professionnelle (L., art. 16, al. 3).

IV. Responsabilité pour le matériel

F 100 Il ne fait pas de doute que le médecin est responsable du choix défectueux ou du mauvais entretien de son matériel s'il en résulte un dommage pour son patient. Il ne s'agit que de l'application des principes généraux régissant la responsabilité médicale: le médecin est responsable de toute faute.

Le problème posé par l'utilisation du matériel est celui de savoir si l'on peut appliquer, en matière de responsabilité médicale, la présomption de responsabilité du fait des choses inanimées que la jurisprudence a déduite des termes de l'article 1384, al. 1° du Code Civil. Il faut distinguer la situation du malade, de ses héritiers et des tiers.

---

[86] Toulouse, 24 avr. 1973, Gaz. Pal. 1973.1.401, note Doll; rendu sur renvoi par crim. 22 juin 1972, Gaz. Pal. 1972.2.757, note Doll, après Cassation de Montpellier 5 mai 1971, J. C. P. 1971.II.16783

1. A l'égard du malade

F 101 Il est maintenant acquis en jurisprudence que, dans toute la mesure où le médecin est lié à son patient par un contrat, le principe du non cumul des responsabilités contractuelle et délictuelle interdit d'appliquer l'article 1384, al. 1° du Code Civil lorsqu'un instrument ou une machine (ou plus généralement une chose dont le médecin a la garde: médicament, rayons X, etc.) est intervenu dans la réalisation du dommage.

Puisque l'exclusion de l'article 1384, al. 1° est fondée techniquement sur la nature contractuelle de la relation existant entre le médecin et le patient, on devrait décider qu'il redevient applicable lorsque l'acte médical dommageable est accompli en dehors de tout lien contractuel. En effet, dans une telle situation, les règles régissant la responsabilité délictuelle et quasi délictuelle – donc l'article 1384, al. 1° du Code Civil – redeviennent applicables sous aucune restriction.

Il n'existe, sur ce point, aucune jurisprudence, et c'est un point controversé en doctrine. On a pu notamment soutenir que l'acte médical est entouré d'un "climat d'ordre public" qui procure au médecin régulièrement habilité à exercer son art une immunité relative imposant de ne retenir sa responsabilité qu'en présence d'une faute prouvée, même lorsqu'il emploie un instrument[87].

Ce point de vue peut sembler confirmé par la jurisprudence la plus récente rendue à l'égard des héritiers du malade décédé.

2. A l'égard des héritiers

F 102 Il ne fait, bien entendu, pas de doute que, lorsque les ayants-droit d'un malade décédé se présentent en qualité d'héritiers continuateurs de la personne du défunt ayant contracté avec le médecin, le recours à l'article 1384, al. 1° du Code Civil est exclu.

En revanche, lorsque ces mêmes ayants-droit réclament réparation du préjudice personnel qu'ils ont subi par ricochet, la solution est moins certaine, et la jurisprudence hésite; ce sont, en effet, alors, en principe des tiers.

Dans une première décision, très largement critiquée, la Cour de Cassation avait rejeté le pourvoi formé contre un arrêt ayant appliqué l'article 1384, al. 1°, dans une telle situation, le décès du malade ayant été causé par l'explosion, restée inexpliquée, d'un appareil d'anesthésie[88].

Cependant, quelques années plus tard, la Cour de Cassation rejetait le pourvoi formé contre un arrêt qui avait, au contraire, débouté de son action, fondée sur l'article 1384, al. 1°, un héritier réclamant réparation du préjudice personnel qu'il avait subi du fait du décès d'un malade occasionné par l'injection d'un produit de contraste pratiquée par une radiographie; la motivation doit être notée:

> Attendu qu'ayant relevé qu'il n'avait été ni invoqué, ni établi que le méthiodol, utilisé par le praticien, était affecté d'un vice propre, et déclaré que l'injection de ce produit par le médecin constituait un acte médical, à l'occasion duquel aucune faute n'avait été commise, la Cour d'Appel a, par ces seuls motifs, nécessairement écarté l'application de l'article 1384, al. 1° du Code Civil et légalement justifié sa décision[89].

---

[87] R. et J. Savatier, Auby et Péquignot, Traité de droit médical, Lib. techn. 1956, N. 324
[88] Civ. 1°, 1er avr. 1968, D. 1968.653, note Savatier; J. C. P. 1968.II.15547 note Rabut
[89] Civ. 1°, 25 mai 1971, D. 1972.534, note Penneau; Gaz. Pal. 1971.2.696, note Doll

Cette motivation semble indiquer que, même dans le cas où la règle du non cumul des responsabilités contractuelle et délictuelle ne peut pas jouer, l'existence d'une immunité propre à l'activité médicale ne permettrait d'appliquer l'article 1384, al. 1° au médecin qu'en apportant la preuve soit d'un vice de la chose, soit d'une faute dans son emploi, son entretien ou sa conservation. Une telle solution est, à l'évidence, profondément dérogatoire au droit commun.

3. A l'égard des tiers

F 103 A l'égard des tiers, penitus extranei, l'article 1384, al. 1° reprend tout son empire. Ainsi, il a été décidé que lorsqu'un chirurgien blesse son assistant avec l'instrument qu'il manie pour l'exécution de l'intervention en cours, sa responsabilité est engagée sur le fondement de l'article 1384, al. 1° [90].

V. Responsabilité pour le personnel

F 104 Le médecin exerçant dans une clinique (ou plus généralement à l'intérieur d'une structure collective ayant une personnalité juridique), fait nécessairement appel au personnel de cette clinique pour accomplir la plupart des actes médicaux. Une des fonctions essentielles du personnel de la clinique est, précisément, d'assister les médecins. Il en résulte que ce personnel est alors, à l'occasion des actes médicaux auxquels il participe sous l'autorité d'un médecin de la clinique, intégré à l'équipe médicale. Plus précisément, la jurisprudence décide qu'il devient le préposé occasionnel du médecin à l'autorité duquel il est soumis; le médecin en devient donc juridiquement responsable. Il s'agit, au demeurant, d'une responsabilité contractuelle du fait d'autrui – et non fondée sur l'article 1384, al. 5 du Code Civil – dans toute la mesure où le dommage est causé à un malade uni au médecin par un contrat.

F 105 Ainsi, le médecin anesthésiste est-il le commettant occasionnel de l'infirmière de la clinique qui l'assiste pendant les anesthésies. Cependant, la manifestation la plus nette et parfois la plus excessive de la responsabilité du médecin, du fait des auxiliaires médicaux mis à sa disposition par la clinique, concerne le chirurgien. En effet, la jurisprudence le déclare responsable, en toute circonstance, des actes accomplis en sa présence à l'intérieur du bloc opératoire par les auxiliaires médicaux fournis par la clinique[91]. Par sa généralité, cette solution est excessive. En effet, s'il est logique que le médecin reste responsable des actes infirmiers qui ne peuvent être accomplis par un auxiliaire médical que sous sa surveillance ou même en sa présence, la solution devient excessivement artificielle lorsqu'il s'agit par exemple du branchement d'un appareillage électrique[92].

Beaucoup plus réaliste apparaît la décision ayant fait la distinction entre les actes qui, participant directement de la technique chirurgicale, sont exécutés "soit

---

[90] Civ. 29 déc. 1947, D. 1948.127
[91] Civ. 1°, 15 nov. 1955, D. 1956.113, note Savatier
[92] Paris, 15 juin 1954, D. 1954.649

par le médecin lui-même, soit par des tiers assistants et infirmiers, notamment sous sa surveillance et sur ses prescriptions spéciales" et les actes qui "sans rapport direct avec cette technique, constituent les soins courants et simples relevant du service hospitalier"[93]. Malheureusement, dans son principe, cette solution semble isolée.

E. Systèmes d'assurance

I. Sécurité sociale obligatoire

F 106 Il existe en France un système de sécurité sociale obligatoire pour tous les salariés qui relèvent selon leur statut, soit du régime général, soit des régimes spéciaux encore assez nombreux[94], ainsi que pour les travailleurs non salariés.

Les rapports entre les caisses d'assurance maladie et les médecins sont définis par une convention conclue entre la Caisse Nationale de l'Assurance Maladie des travailleurs salariés et une ou plusieurs des organisations syndicales nationales les plus représentatives de médecins pour l'ensemble du territoire (C. Séc. Soc., art. L. 261).

Cette convention entre en vigueur après approbation par arrêté ministériel. Dès cet instant, elle est applicable à l'ensemble des médecins. Sont cependant exclus de son champ d'application: les médecins qui ont choisi selon les modalités prévues de se placer en dehors des dispositions conventionnelles et les médecins que la Caisse Primaire d'Assurance Maladie a décidé de placer hors de la convention pour violation des engagements prévus par celle-ci. La convention d'une part détermine les obligations des Caisses Primaires d'Assurance Maladie et des médecins, d'autre part fixe les tarifs des honoraires et frais accessoires dus aux médecins par les assurés sociaux en dehors des cas autorisés par la convention (C. Séc. Soc., art. L. 262). La convention actuellement en vigueur a été approuvée par un arrêté interministériel du 5 juin 1980[95].

F 107 Le système de sécurité sociale tel qu'il existe en France n'influe en aucune manière sur les règles régissant la responsabilité du médecin telles qu'elles ont été précédemment décrites.

Cependant, la mise en œuvre de la réparation peut en être perturbée. D'une part se pose le problème de savoir si les prestations de sécurité sociale et les dommages-intérêts versés par l'auteur du dommage peuvent se cumuler; d'autre part, on peut hésiter sur le caractère indemnitaire ou non de certaines prestations sociales.

Sur le premier point, la réponse de principe est négative. Il résulte clairement des textes, tant généraux que spéciaux, applicables[96] que le cumul des prestations accordées par la législation sociale avec les dommages-intérêts dus par le responsable est prohibé, dans la mesure où un tel cumul permettrait l'allocation de sommes supérieures au montant intégral du dommage subi. La victime ne conserve donc le droit d'agir contre le responsable de son dommage que dans la mesure et pour la partie du dommage qui n'est pas couverte par les prestations résultant de la législation sociale. Pour la fraction compensée par les prestations sociales, les droits de la

---

[94] J. J. Dupeyroux, Droit de la Sécurité Sociale, Dalloz, 8e éd., 1980

[95] J. O. 6 juin

[96] Viney, Traité de droit civil, la responsabilité: conditions, L. G. D. J. 1982, n. 286

victime sont transmis à l'organisme social qui peut agir en remboursement contre le responsable.

F 108 Cependant, depuis la loi du 27 décembre 1973 modifiant les articles L. 397 et L. 470 du Code de la Sécurité Sociale, ce principe du non cumul n'est pleinement applicable qu'en ce qui concerne la réparation de l'incapacité physique (dans la limite, on l'a dit, des prestations versées). Désormais, en effet, il est interdit à la Sécurité Sociale d'exercer son recours sur "la part d'indemnité de caractère personnel, correspondant aux souffrances physiques ou morales endurées par la victime et au préjudice esthétique et d'agrément", pas plus que sur la part d'indemnité correspondant au préjudice moral des ayants-droit. Par conséquent, la réparation des préjudices moraux, au sens large, reste toujours distincte, et la réparation correspondante est cumulable avec les prestations sociales.

F 109 A l'égard de ces dernières, il faut encore préciser (c'est le second problème précédemment signalé) que la règle du non cumul ne s'applique que dans la mesure où les prestations sociales ont pour effet de réparer le dommage dont se plaint la victime. Celles qui n'auraient pas cet effet peuvent parfaitement se cumuler avec les dommages-intérêts. D'où l'intérêt de la distinction des prestations sociales indemnitaires ou non indemnitaires. La prise en charge ou le remboursement des frais entraînés par les soins médicaux, par exemple, a, d'une manière évidente, un caractère indemnitaire; il est plus délicat d'en décider pour le versement d'une pension de reversion ou de retraite. Au terme d'hésitations nombreuses, la jurisprudence a finalement opté pour une conception assez large de la notion des prestations indemnitaires[97].

F 110 Il faut enfin signaler que l'on s'interroge sur la possibilité pour les organismes sociaux d'exercer à l'encontre du responsable une action directe à l'effet de recouvrer les sommes correspondant aux prestations non indemnitaires. Cette possibilité a été reconnue dans certains régimes spéciaux (E. D. F., S. N. C. F.); la jurisprudence semble rester beaucoup plus réservée pour la Sécurité Sociale[98].

II. Assurance privée supplémentaire

F 111 Dans la conception la plus classique, l'assurance privée, susceptible d'intervenir dans le domaine examiné, est l'assurance couvrant la responsabilité civile du médecin. Très récemment, un contrat original visant à assurer l'indemnisation des dommages causés par une intervention chirurgicale a été proposé aux patients.

L'assurance de responsabilité civile est purement facultative, en principe, pour le médecin. En fait, la quasi totalité des médecins est assurée. Ces assurances sont, pour la plupart, contractées auprès d'organismes spécialisés dans ce domaine, et dont certains ont la forme de mutuelles. Il faut noter une augmentation très importante du montant des primes depuis une quinzaine d'années; cette augmentation est particulièrement marquée dans les secteurs "sensibles": la chirurgie et l'anesthésie-réanimation.

F 112 Par exception au caractère seulement facultatif de l'assurance de responsabilité médicale, les sociétés civiles professionnelles de médecins ou leurs membres doi-

---

97 Viney, op. cit., n. 330. – J. Mestre, La subrogation personnelle, L. G. D. J. 1980, n. 562 et suiv.

98 Viney, op. cit., n. 331

vent obligatoirement contracter une telle assurance (loi n. 66-879 du 29 nov. 1966, art. 16; Décret n. 77-636 du 14 juin 1977, art. 56).

Conformément au droit commun des assurances, l'assurance de responsabilité médicale couvre tous les dommages causés par l'activité du médecin, dans la mesure où le risque n'a pas été exclu par la convention des parties, à l'exception, en toute hypothèse, des dommages causés intentionnellement.

Depuis 1981, une compagnie d'assurances (Yorkshire) propose aux patients un contrat - le contrat prisme - dont l'objet spécifique est de les garantir contre les dommages - décès et invalidité - pouvant résulter d'une intervention chirurgicale, moyennant une prime fixée actuellement à 1‰ du capital assuré. Il faut préciser que dans une formule collective, le contrat d'assurance peut être souscrit par un établissement hospitalier au profit des malades qui y seront traités.

F 113 Ce contrat a la nature d'une assurance de personnes. A ce titre, le bénéficiaire des prestations peut cumuler celles-ci avec les dommages-intérêts dus par les responsable du dommage (C. assurances, art. L. 131-12). Ce cumul interdit, en revanche, tout recours de l'assureur à l'encontre du responsable. La situation de celui-ci n'est donc pas modifiée, mais celle de l'assuré est améliorée. Un des arguments avancés à l'appui du lancement de ce contrat par ses promoteurs consiste à affirmer que le patient, indemnisé rapidement par l'assurance (le contrat prisme) hésitera à agir contre le médecin. Rien n'est moins sûr, et l'on peut répondre que les sommes ainsi perçues permettraient, au contraire, d'engager dans de meilleures conditions économiques l'action en responsabilité contre le médecin[99].

III. Systèmes d'assurance

F 114 Au cours des quinze dernières années, des études ont été faites en France sur la possibilité ou l'opportunité de créer un fonds de garantie, groupant obligatoirement tous les médecins exerçant, et destiné à indemniser automatiquement les dommages *causés* par l'activité médicale[100].

Il faut reconnaître qu'en ce domaine, les problèmes posés par la causalité sont extrêmement difficiles, et que le coût d'un tel système a encore été insuffisamment exploré.

Malgré deux propositions de loi déposées en 1977, l'une par la majorité, l'autre par l'opposition, aucune réalisation concrète, en ce domaine, n'a encore abouti.

---

[99] Sur ce contrat, V. Silvestri, le contrat Prisme (Protection des risques médicaux), Mémoire D. E. S. S. Assurances, Paris II, 1982

[100] Tunc, La responsabilité civile du médecin, 2e Congrès international de morale médicale, Paris 1966, T. I, p. 23 et suiv. L'assurance: "tout risques médicaux". In: Le médecin face aux risques et à la responsabilité, Fayard, 1968, p. 161 et suiv. Penneau, Faute et erreur en matière de responsabilité médicale, 2e partie, L. G. D. J. 1973

F. Situations spéciales

I. Cas urgents

F 115 L'article 63, al. 2 du Code Pénal unit d'un emprisonnement de trois mois à cinq ans et d'une amende de 360 F à 20000 F ou de l'une de ces deux peines seulement quiconque s'abstient volontairement de porter à une personne en péril l'assistance que, sans risque pour lui ni pour les tiers, il pouvait lui prêter soit par son action personnelle, soit en provoquant un secours.

Cette disposition est applicable au médecin comme à tout autre citoyen. Il faut cependant reconnaître que le médecin possède une aptitude particulière à assister les personnes qu'une circonstance pathologique place, en raison de l'urgence, en situation de péril. En outre, l'article 4 du Code de Déontologie médicale dispose qu'un médecin qui se trouve en présence d'un malade ou d'un blessé en péril, ou informé qu'un malade ou un blessé est en péril, doit lui porter assistance ou s'assurer qu'il reçoit les soins nécessaires.

Le problème essentiel posé par l'application de ces dispositions est de savoir dans quelle mesure et de quelle manière le médecin peut opérer un tri parmi les appels "urgents" qui lui parviennent.

F 116 La jurisprudence décide d'une manière certaine que le médecin n'est pas obligé de se déplacer – tout au moins dans l'instant – en présence d'un appel urgent. Il lui appartient d'apprécier, sous le seul contrôle de sa conscience et des règles de sa profession, l'utilité et l'urgence de son intervention[101]. Cependant, le médecin ne doit prendre sa décision qu'après s'être très soigneusement informé de l'état de la personne auprès de qui on lui demande de se rendre. Le délit sera constitué si le médecin refusait son concours sans s'être préalablement assuré que le péril dont on l'a averti ne requérait pas son intervention immédiate[102].

Il en résulte que si l'interrogatoire auquel il procède laisse un doute au médecin, celui-ci doit se déplacer pour vérifier la situation exacte. A cet égard, il a été jugé qu'un médecin avait pris une mesure dilatoire équivalente à une abstention en ordonnant des remèdes sans se rendre auprès du malade, alors que la relation de signes extérieurs impressionnants, à supposer qu'ils aient pu laisser au praticien un doute sur la constance et l'importance du péril, lui imposaient de visiter la jeune malade, même si son père ne l'avait pas sollicité[103].

Cependant, la jurisprudence reconnaît au médecin le droit à une certaine marge d'erreur dans les renseignements recueillis ou dans l'état constaté, à condition que cette erreur ne soit pas grossière[104].

---

[101] Crim. 31 mai 1949, J. C. P. 1949.II.4985, note Magnol
[102] Crim. 21 janv. 1954, J. C. P. 1954.II.8050, note Pageaud
[103] Crim. 15 mars 1961, J. C. P. 1961.II.12226
[104] Crim. 15 mars 1961, précité. – Crim. 26 nov. 1969, Gaz. Pal. 1970.1.82

F 117 En outre, l'alternative indiquée par la loi – porter assistance soit par son action personnelle, soit en provoquant un secours – n'autorise pas un choix arbitraire de l'agent, et la jurisprudence décide qu'il faut mettre en œuvre le moyen commandé par les circonstances, voire, le cas échéant, les deux[105]. A cet égard, il est cependant évident que le médecin appelé simultanément auprès de deux patients en état de péril doit pouvoir choisir celui auprès duquel il interviendra; mais il tout aussi évident qu'il doit, en même temps, provoquer un secours auprès du second; à cet égard, les organisations professionnelles de permanence des soins ont un intérêt de première importance.

F 118 Les causes de justification du refus prévues par les textes ne jouent qu'exceptionnellement au profit du médecin. La seule circonstance envisageable semble être le cas où le médecin, lui-même malade, courrait un risque sérieux en se rendant à l'appel. En tout cas, une simple fatigue ne justifierait pas le refus, et encore moins s'il s'agissait d'un médecin de garde[106].

Sans doute, le Code de Déontologie permet-il au médecin de refuser ses soins ou de se dégager de sa mission pour des raisons professionnelles ou personnelles. Mais cette faculté n'est ouverte que sous réserve, précisément, de l'urgence, et à condition que son exercise ne nuise pas au malade (C. Déont., art. 39, 55 et 56). A cet égard, il a été jugé qu'un médecin ne saurait invoquer les règles déontologiques de sa profession pour refuser de se rendre au chevet d'une malade qui l'avait précédemment abandonné au profit d'un confrère, alors que cette malade présentait une très grave crise analogue à celles pour lesquelles il l'avait précédemment soignée, ultime crise dont elle était morte[107].

Mais, à l'inverse, le médecin qui s'est heurté au refus obstiné et même agressif de son patient de suivre une thérapeutique adéquate ne saurait, bien évidemment, être condamné pour refus d'assistance[108].

Enfin, il faut signaler que le Code de Déontologie précise qu'un médecin ne peut pas abandonner ses malades en cas de danger public, sauf ordre formel donné par une autorité qualifiée, conformément à la loi (C. Déont., art. 40).

II. Soins intensifs

F 119 Les soins donnés dans les unités de soins intensifs ne sont soumis, au chapitre de la responsabilité du médecin, à aucune disposition particulière.

Tout au plus peut-on penser que la jurisprudence examinerait avec les aménagements qui conviennent la conduite du médecin dans ces situations particulières.

On peut noter en outre que dans ces circonstances l'affirmation de l'existence d'un lien de causalité entre la faute éventuelle du médecin et le préjudice subi par le malade peut s'avérer particulièrement délicate, compte tenu de la situation pathologique souvent irrémédiable que l'on traite. Cependant, c'est un domaine où la jurisprudence sur la perte de chances de survie ou de guérison (supra, C, V) peut trouver à s'appliquer.

---

[105] Crim. 26 juill. 1954, D. 1954.666. – Nancy, 27 oct. 1965, D. 1966.30, note Lorentz
[106] Crim. 17 févr. 1972, D. 1972.375
[107] Crim. 20 févr. 1958, D. 1958.534
[108] Crim. 3 janv. 1973, D. 1973.220

III. Transplants et transplantation

F 120 Les transplantations d'organes, qui réalisent une atteinte volontaire à l'intégrité corporelle, posent de délicats problèmes. Leur licéité est certainement justifiée chez le receveur par le but thérapeutique poursuivi, mais au regard du donneur, l'hésitation pourrait être grande.

Le législateur est heureusement intervenu pour aplanir certaines difficultés.

1. Dispositions de portée générale

Une loi du 22 décembre 1976 complétée par un décret d'application du 31 mars 1978 et une circulaire du 3 avril 1978, règlemente, d'une manière générale les prélèvements d'organes faits soit sur une personne vivante à des fins thérapeutiques, soit sur le cadavre à des fins thérapeutiques ou scientifiques. Il faut observer qu'en fait, la grande majorité des prélèvements d'organes à fin thérapeutique sont réalisés sur le cadavre.

F 121 **Prélèvement sur la personne vivante**

Ces prélèvements ne peuvent être effectués que dans un but thérapeutique (Loi, art. 1°) et ne peuvent donner lieu à aucune contrepartie pécuniaire, mais seulement au remboursement des frais qu'ils occasionnent (Loi, art. 3). Les règles sont différentes pour le donneur majeur et le donneur mineur.

Donneur majeur

Le prélèvement peut être effectué sur toute personne majeure jouissant de son intégrité mentale, à condition qu'elle y ait librement et expressément consenti (Loi, art. 1ier). Mais ce consentement ne peut être donné qu'après que l'intéressé ait été informé par le médecin responsable du service où le prélèvement doit être effectué, ou par un médecin délégué par lui, de toutes les conséquences prévisibles d'ordre physique ou psychologique du prélèvement, ainsi que des répercussions éventuelles de celui-ci sur sa vie personnelle, familiale, ou professionnelle; le donneur doit, en outre, être informé des résultats qui peuvent être attendus de la greffe pour le receveur (Décret, art. 1°). Ce consentement peut être rétracté à tout moment sans formalité (Décret, art. 2, al. 3).

Lorsque le prélèvement porte sur un organe non régénérable, le consentement du donneur est exprimé devant le Président du Tribunal de Grande Instance. L'acte est dressé par écrit et signé par le magistrat et le donneur. Il est transmis au directeur de l'établissement où le prélèvement doit avoir lieu; la minute est conservée au greffe du tribunal (Décret, art. 2, al. 1).

Lorsque le prélèvement porte sur un organe régénérable, le consentement est constaté dans un écrit sans forme particulière, émanant du donneur et contresigné par un témoin. Il est conservé par le directeur de l'établissement hospitalier où le prélèvement doit avoir lieu (Décret, art. 2, al. 2).

F 122 *Donneur mineur*

Un prélèvement d'organe en vue d'une transplantation ne peut être effectué chez un mineur que s'il s'agit d'un frère ou d'une soeur du receveur (Loi, art. 1, al. 2).

Le prélèvement ne peut être opéré qu'après avoir recueilli un double consentement: d'une part celui du représentant légal du mineur dans les conditions précédemment décrites pour le majeur (Loi, art. 1, al. 2. – Décret, art. 3 et 4) d'autre part l'autorisation d'un comité qui se prononce après avoir examiné toutes les conséquences prévisibles du prélèvement tant physiques que psychologiques (Loi, art. 1°, al. 2. – Décret, art. 5 à 7).

En outre, l'avis du mineur doit être recueilli toutes les fois que cela est possible, et son refus devra toujours être respecté (Loi, art. 1^{ier}. – Décret, art. 7).

F **Prélèvement sur le cadavre**

123 Les prélèvements sur le cadavre peuvent être effectués sur le majeur à des fins thérapeutiques ou scientifiques, sur le mineur seulement à des fins thérapeutiques (Loi, art. 2) et dans des établissements spécialement autorisés (Décret, art. 12 et suiv.). Le décret donne également des précisions sur les modalités et la procédure de constatations de la mort (art. 20 et 21. – Circ., chap. V).

Dans la plupart des cas, c'est à partir de tels prélèvements que les greffes d'organes sont réalisées.

F *Prélèvement sur le majeur*

124 Ici, le consentement est présumé par la loi qui autorise les prélèvements sur tout cadavre d'un majeur n'ayant pas fait connaître son refus de son vivant (Loi, art. 2, al. 1^{ier}). Cependant, cette présomption ne s'applique qu'au majeur capable avant son décès (Décret, art. 10, al. 2).

Cependant, toute personne a la possibilité de faire connaître son refus, par tout moyen (Décret, art. 8, al. 1^{ier}). A cet effet, un registre est tenu à la disposition des personnes hospitalisées, et les témoignages de toute personne, notamment des membres de la famille et des proches sont reçus (Décret, art. 9). Ce refus doit être respecté (Loi, art. 2, al. 1^{ier}).

F *Prélèvement sur le mineur*

125 Ces prélèvements, qui ne peuvent avoir lieu qu'à des fins thérapeutiques, sont soumis à l'autorisation du représentant légal du mineur (Loi, art. 2, al. 2). Cette autorisation doit être donnée par écrit et est consignée dans le registre précédemment mentionné (Décret, art. 11).

Il faut noter, d'une manière générale, que tout prélèvement sur le cadavre doit donner lieu à un compte-rendu détaillé de l'intervention et des constatations faites sur l'état du corps et des organes prélevés, à d'évidentes fins médico-légales éventuelles. Il est de même précisé que si les circonstances ayant entraîné la mort sont telles que, dans l'intérêt de la preuve, le cadavre est susceptible d'être soumis à un examen médico-légal, le médecin doit s'abstenir de tout prélèvement qui peut rendre aléatoire la preuve des causes du décès. Mais si le prélèvement doit être effectué dans un but thérapeutique, la nécessité de secourir la vie doit prévaloir sur toute autre circonstance (Décret, art. 22. – Circ. chap. IV).

2. Dispositions particulières à certains prélèvements

F *Les prélèvements de cornée* sur le cadavre, en vue d'une kérotoplastie, sont autorisés

126 par une loi du 7 juillet 1949 qui en règle les modalités.

Ces prélèvements peuvent être effectués sans délai et sur lieu même du décès, à condition que le défunt ait légué ses yeux par disposition testamentaire à un établissement public ou à une œuvre privée pratiquant ou facilitant la pratique de cette opération.

Le même texte précise que le décès devra être constaté par deux médecins selon des procédés reconnus vablables par le Ministre de la Santé, et qui devront établir cette constatation par un procès-verbal indiquant la date et l'heure du décès, ainsi que les procédés utilisés.

Le prélèvement et l'utilisation thérapeutique du sang humain, du plasma et le leurs dérivés sont régis par les articles L. 666 à L. 677 du Code de la Santé Publique et les textes réglementaires pris pour leur application.

IV. Mort, volonté de vivre, euthanasie

F 127 Il est certain qu'en droit français l'euthanasie envisagée – dans un sens dérivé par rapport au sens exact du terme: mort calme et exempte de souffrances, obtenue naturellement grâce à l'emploi de substances calmantes et de stupéfiants – comme le moyen de procurer la mort au malade pour abréger ses souffrances, reste un délit: celui d'homicide volontaire sous sa plus haute qualification pénale des articles 295 et 296 du Code Pénal. Ce qui justifie, en effet, au regard du droit pénal, l'action du médecin n'est nullement le consentement du malade[109] – à supposer que celui-ci ait sollicité l'euthanasie –, mais la poursuite d'un but thérapeutique. On doit cependant remarquer qu'en fait les organes de répression font preuve d'une grande mansuétude[110].

F 128 Cependant, indépendamment de l'incrimination pénale toujours possible, le médecin reste soumis aux prescriptions du Code de Déontologie: "le médecin doit s'efforcer d'apaiser les souffrances de son malade. Il n'a pas le droit d'en provoquer délibérément la mort" (C. Déont., art. 20).

Un problème voisin est posé par la poursuite d'un traitement au-delà de toute raison chez une personne en état de coma dépassé. Le médecin ici, est autorisé, sinon en devoir de cesser les soins.

Dans le même domaine, il faut noter qu'une proposition de la loi tendant à accorder le droit à l'adulte sain d'esprit de refuser tout traitement n'ayant pour résultat que de retarder le décès immédiat ou inéluctable a été repoussée par le Sénat le 7 mai 1980.

V. Expérimentation et expérience médicale scientifique

F 129 Il faut distinguer deux sortes d'expérimentation[111]. L'une, dite expérimentation physio-pathologique, consiste à créer de toutes pièces, chez un sujet sain, une lésion

---

[109] Crim. 1er juill. 1936, S. 1938.1.193, note Tortat

[110] Robert, Rapport travaux de l'Association H. Capitant, Le corps humain et le droit, p. 471 et suiv., Dalloz, 1977

[111] Laget, Expérimentation et médecine. In: Le médecin face aux risques et à la responsabilité, p. 314 et suiv. Fayard, 1968

ou un état pathologique que l'on estime, à tort ou à raison, impossible à reproduire chez une espèce animale autre que l'homme. Elle est unanimement condamnée.

L'autre, dite expérimentation d'exploration, ne vise "en rien à créer un phénomène pathologique, mais simplement à l'étudier par les techniques les plus poussées et les plus récentes, ceci en soumettant les organes atteints à des stimulations diverses, afin de comprendre et apprécier par les réponses obtenues dans quelle mesure le processus morbide a troublé le fonctionnement normal"[112]. Le jugement porté sur cette forme d'exploration est plus nuancé, et on s'accorde à en admettre la licéité dans la mesure où sont respectés les principes posés par la déclaration de Nuremberg du 19 août 1947 et la déclaration d'Helsinski en 1964, modifiée par la déclaration de Tokyo de 1975[113].

F 130 Les règles applicables à l'expérimentation des médicaments (C. Santé Publ., art. 605, 6°) sont contenues dans les articles R. 5117 à R. 5144 du Code de la Santé Publique. On indiquera seulement ici que les experts sont soumis à une procédure d'agrément par le Ministre de la Santé (C. Santé Publ., art. L. 605, 2° et R. 5119), et que le responsable de la mise sur le marché d'un médicament doit, en même temps qu'il demande une expertise, informer le ministre de la santé des principales caractéristiques de cette expertise (C. Santé publ., art. R. 5126).

F 131 Le Code Déontologie, pour sa part, interdit les investigations ou les interventions font courir au malade un risque injustifié (art. 18). L'emploi sur un malade d'une thérapeutique nouvelle ne peut être envisagé qu'après les études biologiques adéquates, sous une surveillance stricte, et seulement si cette thérapeutique peut présenter pour la personne un intérêt direct (art. 25. – Voir également art. 30 et 31).

Il faut noter, enfin, qu'aux termes de l'article 7 du pacte international relatif aux droits civils et politiques (New-York, 19 déc. 1966), applicable en France qui l'a publié le 1er février 1981 (Décret 29 janv. 1981), il est interdit de soumettre une personne, sans son libre consentement, à une expérience médicale scientifique. Une telle pratique est assimilée par le texte à la torture ou à l'application de peines ou de traitements cruels, inhumains ou dégradants.

La jurisprudence, quant à elle, décide que l'expérimentation sour l'homme n'est licite que si elle est justifiée par l'intérêt du patient[114]. Il faut, en outre, que toutes les précautions aient été prises et que le consentement éclairé du patient ait été obtenu[115].

---

[112] Laget, op. cit., p. 315

[113] Sur ces points: Rouzioux, Les essais de nouveaux médicaments chez l'homme, annexes III à V. Masson, 1978

[114] Crim. 2 août 1950, D. 1951.581, note Mimin. – 19 déc. 1957, S. 1958.41. – Douai, 16 mai 1936, D. H. 1936.435

[115] Req. 28 janv. 1954, D. 1955, note Carbonnier

Germany

E. Deutsch
H.-L. Schreiber
B. Lilie

Inhaltsverzeichnis

Abkürzungsverzeichnis

AFG	Arbeitsförderungsgesetz
AG	Amtsgericht
AMG	Arzneimittelgesetz
AtomG	Atomgesetz
AVG	Angestelltenversicherungsgesetz
BDSG	Bundesdatenschutzgesetz
BGB	Bürgerliches Gesetzbuch
BGBl	Bundesgesetzblatt
BGH	Bundesgerichtshof
BGHSt	Amtliche Sammlung der Entscheidungen des BGH in Strafsachen
BGHZ	Amtliche Sammlung des BGH in Zivilsachen
BMÄ	Bewertungsmaßstab Ärzte
BSG	Bundessozialgericht
BVerfG	Bundesverfassungsgericht
BVerfGE	Amtliche Sammlung der Entscheidungen des Bundesverfassungsgerichts
BVerwG	Bundesverwaltungsgericht
DRiZ	Deutsche Richterzeitung
E-Go	Ersatzkassengebührenordnung
GG	Grundgesetz
GOÄ	Gebührenordnung für Ärzte
JA	Juristische Arbeitsblätter
JR	Juristische Rundschau
JuS	Juristische Schulung
JW	Juristische Wochenschrift
JZ	Juristenzeitung
LK	Leipziger Kommentar zum StGB
LM	Lindenmaier/Möhring, Nachschlagewerk des BGH
MedR	Medizinrecht
MMW	Münchner Medizinische Wochenschrift
NJW	Neue juristische Wochenschrift
NStZ	Neue Zeitschrift für Strafrecht
OLG	Oberlandesgericht
Rdnr.	Randnummer
RGBl	Reichsgesetzblatt
RGRK	Reichsgerichtsräte – Kommentar
RGSt	Amtliche Sammlung der Entscheidungen des Reichsgerichts in Strafsachen
RGZ	Amtliche Sammlung der Entscheidungen des Reichgerichts in Zivilsachen

RVO	Reichversicherungsordnung
SGB	Sozialgesetzbuch
SK	Systematischer Kommentar zum StGB
StGB	Strafgesetzbuch
StPO	Strafprozeßordnung
VersR	Versicherungsrecht
ZPO	Zivilprozeßordnung
ZStW	Zeitschrift für die gesamte Strafrechtswissenschaft

A. Grundlagen der medizinischen Versorgung

I. Recht und ärztliche Ethik

D 1 Die Fragen der medizinischen Verantwortlichkeit zeigen in besonderem Maße, daß die Entscheidung rechtlicher Fragen nicht allein von rein juristischen Gesichtspunkten bestimmt wird[1]. Mit der rechtlichen Verantwortlichkeit des Mediziners ist die Beurteilung seines Handelns unter ethischen Gesichtspunkten untrennbar verknüpft. Während heute die Tendenz überwiegend dahin geht, das Recht von der Moral zu trennen und ihm weitgehende Eigenständigkeit zuzusprechen[2], ist nach allgemeiner Ansicht das Arztrecht durchgehend von ethischen Prinzipien geprägt. Das Bundesverfassungsgericht hat kürzlich in einem Grundsatzbeschluß zur Arzthaftung die Thesen Eberhard Schmidts zustimmend zitiert: „Die Standesethik steht nicht isoliert neben dem Recht. Sie wirkt allenthalben und ständig in die rechtlichen Beziehungen des Arztes zum Patienten hinein. Was die Standesethik vom Arzt fordert, übernimmt das Recht weithin zugleich als rechtliche Pflicht. Weit mehr als sonst in den sozialen Beziehungen der Menschen fließt im ärztlichen Berufsbereich das Ethische mit dem Rechtlichen zusammen“[3]. Im gleichen Sinne hat Laufs formuliert: „Die verbindlichen Verhaltensnormen des Rechts zeigen sich von der Arztethik geprägt und in sie eingebettet“[4].

D 2 Recht und Ethik haben beide den gleichen Gegenstand, nämlich das richtige Verhalten der Menschen zueinander. Lange Zeit galten beide als weitgehend deckungsgleiche Teile einer einheitlichen Sollensordnung für das menschliche Verhalten. Die materialen Fragen nach den Inhalten des rechten Handelns wurden unter dem gemeinsamen Namen des Naturrechts behandelt[5]. Im Zeitalter der Religionsspaltungen und -kriege sowie unter dem Einfluß der Aufklärung zerbrach diese Einheit. Es begann eine nicht mehr aufhörende Uneinigkeit über die Grundlagen und die Einzelgebote der Ethik, der bis heute immer wieder beschriebene „Pluralismus der Moralen“. Das Recht als Basis für das friedliche Zusammenleben der unterschiedlichen Glaubens- und Moralrichtungen gewann damit zunehmend Eigenständigkeit.

---

[1] Vergleiche Kurzrock (1978) Medizin: Ethos und soziale Verantwortung, passim.

[2] Engisch (1971) Auf der Suche nach der Gerechtigkeit, S. 84ff; Dreier (1981) Recht und Moral, S. 181ff. m.w.N.

[3] Bundesverfassungsgericht, Neue Juristische Wochenschrift 1979, 1925 (1930); Eberhard Schmidt (1957) Der Arzt im Strafrecht, 2. Auflage, S. 2.

[4] Laufs (1980) Recht und Gewissen des Arztes, S. 3. Vgl. auch Engisch (1977) Konflikte, Aporien und Paradoxien bei der rechtlichen Beurteilung der Sterbehilfe, S. 309f.

[5] Welzel (1962) Naturrecht und materiale Gerechtigkeit, S. 11ff; Schreiber (1966) Der Begriff der Rechtspflicht, S. 7ff.

Staatliche Ordnung bestimmte nun das Recht[6]. Das führte zu seiner Verselbständigung gegenüber dem Recht. Es kann aber keine Rede davon sein, daß das Recht damit prinzipiell streng von der Ethik getrennt worden sei. Der moderne Verfassungsstaat verbindet vielmehr beide in den Inhalten seines positiven Rechts, seinen Institutionen und Prozeduren, etwa den Grundrechten, den vielfältigen Kontrollen der staatlichen Gewalt. Rechtliche Regelungen besitzen nicht nur auf dem Gebiet des Arztrechts durchweg ethische Inhalte. Das Recht stellt, um eine Formel Georg Jellineks aufzunehmen, insofern ein „ethisches Minimum" dar, als es einen Teil elementarer, für das menschliche Zusammenleben unbedingt notwendiger ethischer Normen aufnimmt[7]. Andererseits ist das Recht nach dem Wort Gustav Schmollers insofern ein „ethisches Maximum" als es die Einhaltung und Durchsetzung seiner Gebote weitgehend durch Zwang garantiert und damit praktisch einen höheren Durchsetzungs- und Verbindlichkeitsgrad als lediglich ethische Regeln aufweist. Es ist danach durchaus legitim, bei Rechtssetzung und Rechtsanwendung ethisch und damit zugleich rechtlich zu argumentieren. Das gilt in besonderer Weise auch vom Arztrecht. Es zeigt sich durchgängig von der Arztethik inhaltlich bestimmt[8].

D 3 Die Zahl der speziellen rechtlichen Regeln für den ärztlichen Bereich ist nur gering. Es gibt nur wenige, einzelne Vorschriften, in denen die ärztlichen Pflichten konkret und im Besonderen ausgeprägt sind, wie z.B. bei der Schweigepflicht. Sonst muß für die rechtliche Beurteilung ärztlichen Handelns meist auf allgemeine rechtliche Regeln und Prinzipien mit wenig scharf umrissenen Konturen zurückgegriffen werden. Die speziellen Fragen ärztlicher Verantwortlichkeit können meist nicht unter Berufung auf spezielle, für sie geltende Einzelnormen, sondern nur in komplizierter Abwägung allgemeiner Rechtsgrundsätze, die in ihrer Auslegung von ethischen Prinzipien bestimmt sind, beantwortet werden. In ihrer Weite und relativen Unbestimmtheit sind sie häufig nur Transferformeln, Verweisungen auf ethische Prinzipien.

Ethische Fragen betreffen das gesamte Spektrum ärztlicher Tätigkeit. Diagnose und Therapie sind ebenso betroffen wie die medizinische Forschung. Daß gerade die Forschung ohne ständigen Rückgriff auf ehtische Grundsätze im Hinblick auf ihre Grenzen nicht auskommen kann, zeigt sich auch daran, daß sog. „Ethikkommissionen", von denen später noch näher die Rede sein wird, allenthalben bei der Beurteilung von Forschungsvorhaben eingeschaltet sind.

D 4 Welche Ethik soll aber für das Medizinrecht und die Fragen der ärztlichen Verantwortlichkeit maßgeblich sein?

Weitgehende Einmütigkeit besteht dahin, daß es keine besondere ärztliche Standesethik geben kann. Die ethischen Maßstäbe einer speziellen Gruppe, auch wenn diese besondere Sachkenntnis besitzt, können nicht ohne weiteres für alle verbindlich sein. Wie Wachsmuth zutreffend ausgeführt hat, gibt es weder ein spezifisches ärztliches Gewissen, noch eine eigene ärztliche Ethik quasi als Reservat[9]. Es kann nur ehtische Fragen des ärztlichen Berufes geben; für sie gilt kein besonderer Maßstab, sie nehmen an der allgemeinen ethischen Problematik teil.

D 5 Angesichts des schon erwähnten ethischen Pluralismus, des Streites der verschiedenen Moralen kann nicht die spenitische Ethik eines Standes oder einer Gruppe

---

[6] Vergleiche zum ganzen näher Schreiber (1982) Recht und Ethik – am Beispiel des Arztrechts, Festschrift für Dünnebier, S. 633 ff.

[7] Georg Jellinek (1908) Die sozialethische Bedeutung von Recht, Unrecht und Strafe, S. 45.

[8] Schreiber (1982) Recht und Ethik am Beispiel des Arztrechts, Festschrift für Dünnebier, S. 636 f.

[9] Wachsmuth, Chirurg 1976, S. 471 ff; vgl. Groß, Hilger, Kaufmann, Scheuerlen (Hrsg.), Ärztliche Ethik (1978); Schreiber, Chirurg 1980, S. 412.

maßgeblich sein. Vielmehr können im Arztrecht nur die allgemeinen Grundsätze der sog. „Sozialmoral" herangezogen werden. Darüber ist ein Bestand überwiegend anerkannter Ansichten über das ethisch Richtige zu verstehen. Dabei kann es nur um elementare sittliche Prinzipien gehen, wie z. B. die Anerkennung jedes einzelnen als Person, das Recht auf Leben, körperliche Unversehrtheit und Selbstbestimmung, die Verpflichtung, die Rechte der anderen zu respektieren[10]. Als besondere, elementare Leitkonstanten medizinischer Ethik, die sich in vielen Kulturen und Traditionen finden und die auch heute Geltung beanspruchen können, hat Seidler folgende Sätze zusammengefaßt: Das Wohl des Kranken voranstellen, das Leben erhalten, dem Kranken nicht schaden, die Würde des Menschen achten, vertrauenswürdig sein[11].

D 6 Diese Grundsätze besitzen hohen Allgemeinheitsgrad, sie bedürfen der Konkretisierung für die einzelnen Lebensbereiche. Sie sind keine feste, gleichbleibende Größe. Wie das Recht ist die ärztliche Ethik dem Wandel der Anschauungen unterworfen. Auch ohne ausdrückliche Gesetzesänderung nimmt das Recht über Generalklauseln, Sorgfaltsmaßstäbe und durch Veränderungen der Auslegung gewandelte ethische Anschauungen in sich auf.

II. Medizinisches Versorgungssystem

D 7 Die Aufgabe der medizinischen Versorgung der Bevölkerung in der Bundesrepublik Deutschland teilen sich in erster Linie öffentliche und private Krankenhäuser, niedergelassene Ärzte und staatliche Einrichtungen wie die Gesundheitsämter.

1. Heilberufe

D 8 Die eigentliche medizinische Betreuung liegt primär in der Hand der *Ärzte*. Zur Ausübung des ärztlichen Berufes, gleichgültig in welchem Bereich, ist die Erteilung der „Approbation" erforderlich.[12] Ihr geht nach der Approbationsordnung[13] ein Medizinstudium von mindestens 6jähriger Dauer voraus, wobei die Studenten im letzten Studienjahr eine praktische Ausbildung in Krankenanstalten erfahren. Werden die ärztlichen Prüfungen erfolgreich abgelegt, besteht ein Anspruch auf Erteilung der Approbation. Wird der Arzt freiberuflich tätig, spricht man von Niederlassung. In der Bundesrepublik Deutschland sind nur etwa 40% der Ärzte als Niedergelassene in freier Praxis tätig. Der approbierte Arzt kann sich zum Spezialisten[14] weiterbilden, indem er mehrere Jahre in dem bestimmten Bereich arbeitet und den Nachweis über Inhalt und Umfang der Weiterbildung erbringt. Die Spezialisierung führt dazu, daß der Betreffende berechtigt ist, die entsprechende Fachbezeichnung zu führen, aber auch dazu, daß er grundsätzlich nur in seinem Fach tätig werden darf.

---

10 Vergleiche dazu Henkel (1977) Einführung in die Rechtsphilosophie, S. 70ff.
11 Seidler (1982) Ethische Probleme in der Pädiatrie, S. 45f.
12 § 2 Bundesärzteordnung in der Fassung vom 14. 10. 77, BGBl I, S. 1885ff.
13 In der Fassung v. 3. 4. 79, BGBl I, S. 425ff.
14 Die Bezeichnung „Facharzt" wird heute auf Betreiben der Ärztekammern nicht mehr verwendet.

Alle Ärzte gehören als Pflichtmitglieder den Landesärztekammern an, deren Hauptaufgaben darin bestehen, Berufsordnungen zu erstellen, die Erfüllung der ärztlichen Berufspflichten zu überwachen und die Fortbildung der Ärzte zu fördern.[15]

D 9 Zur Patientenbehandlung werden neben den Ärzten auch *Heilpraktiker* tätig. Zwar sollte durch das Heilpraktikergesetz vom 17.02. 1939[16] die sog. Kurierfreiheit abgeschafft werden. Wesentliche Bestimmungen dieses Gesetzes sind jedoch mit dem in Art. 12 GG garantierten Grundrecht der Berufsfreiheit unvereinbar.[17] Trotz entgegenstehender gesetzlicher Regelung gibt es heute Heilpraktikerschulen, deren Absolventen als Heilpraktiker zugelassen werden. Die Ausübung der Heilkunde ist damit nur approbierten Ärzten und zugelassenen Heilpraktikern erlaubt.[18]

Es sind alle Antragsteller zuzulassen, die einige Grundvoraussetzungen erfüllen:[19] Sie müssen das 25. Lebensjahr vollendet haben, deutsche Staatsangehörige, sittlich zuverlässig und frei von Sucht und körperlichen sowie geistigen Schwächen sein. Die Erlaubnis kann nur versagt werden, wenn der Betreffende eine Gefahr für die Volksgesundheit darstellt. Ein Nachweis fachbezogener Kenntnisse ist jedoch nicht erforderlich. Das bedeutet, daß praktisch doch Kurierfreiheit besteht.[20]

D 10 Die Tatsache, daß Personen auf medizinischem Gebiet tätig werden dürfen, deren Kenntnisse nicht überprüft worden sind, wird als sehr problematisch empfunden.[21] Daran ändert auch die Tatsache nichts, daß dem Heilpraktiker bestimmte Tätigkeiten verboten sind, etwa Geburtshilfe und das Verschreiben von Medikamenten.

Schwierigkeiten bereitet in diesem Zusammenhang die Abgrenzung des Begriffes Heilkunde von handwerklich selbständigen Berufen wie beispielsweise Optikern und Orthopädiemechanikern. Hier stellt die Rechtsprechung[22] darauf ab, ob die betreffende Tätigkeit Gefahren für die Gesundheit von Patienten mit sich bringt, denen nur durch ärztliches Fachwissen vorgebeugt werden kann.

D 11 Den Ärzten steht bei der medizinischen Versorgung das *nichtärztliche Personal* zur Seite.

In Arztpraxen werden vorwiegend Arzthelferinnen beschäftigt, deren Beruf als Lehrberuf anerkannt ist. Die angehende Arzthelferin hat eine zweijährige Ausbildung zu absolvieren, an deren Ende eine Prüfung vor der Ärztekammer steht.[23]

Krankenpfleger(innen) und Kinderkrankenpfleger(innen), die in Krankenanstalten tätig werden, werden in einem dreijährigen Lehrgang an besonderen Pflegeschulen ausgebildet. Voraussetzung ist eine abgeschlossene Realschulausbildung. Die Ausbildung, die in praktischen und theoretischen Bereichen erfolgt, wird durch eine Prüfung vor einem staatlichen Prüfungsausschuß abgeschlossen.[24]

Die Anforderungen an die Ausbildung als Krankenpflegehelfer(in) sind geringer. Es genügt der Nachweis einer abgeschlossenen Grundschulausbildung als Zulassungsvoraussetzung; die Ausbildung erstreckt sich nur über ein Jahr.[25]

---

15 Hamm (1979) Allgemeinmedizin, S. 21.
16 RGBl I, S. 251.
17 Bockelmann NJW 1966, 1145 ff.; Narr (1983) Ärztliches Berufsrecht, Rdnr. 21 ff.
18 Zusammenfassend Deutsch (1983) Arztrecht und Arzneimittelrecht, Rdnr. 26.
19 BVerwG NJW 1957, 841
20 Bockelmann, NJW 1966, 1149; Narr (1983) Ärztliches Berufsrecht, Rdnr. 24.
21 Vergleiche Narr (1983) Ärztliches Berufsrecht, Rdnr. 21, 25; Deutsch (1983) Arztrecht und Arzneimittelrecht, Rdnr. 26.
22 BVerwG NJW 1966, 1187, 1189.
23 Hamm (1979) Allgemeinmedizin, S. 42.
24 Krankenpflegegesetz in der Fassung vom 4. 5. 72, BGBl I 753.
25 Hahn, NJW 1981, 1982.

Medizinisch-technische Laboratoriumsassistenten(innen) und medizinisch-technische Radiologieassistenten(innen) haben eine abgeschlossene Realschulausbildung nachzuweisen. Die beruflichen Ausbildungslehrgänge dauern jeweils 2 Jahre.[26]

2. *Versorgungseinrichtungen*

D 12 Die medizinische Versorgung wird einmal von den freiberuflich Tätigen, den sog. *niedergelassenen Ärzten* gewährleistet. Sie können ihre Praxis allein oder, wie in letzter Zeit häufig bevorzugt, als Gemeinschafts- bzw. Gruppenpraxis betreiben. In aller Regel werden sie nichtärztliches Personal zu ihrer Hilfe einstellen.

Neben den niedergelassenen Ärzten sorgen die *Krankenanstalten* für die medizinische Betreuung der Bevölkerung. Krankenanstalten können auf privatrechtlicher und auf öffentlich-rechtlicher Grundlage betrieben werden. Träger der öffentlich-rechtlich organisierten Krankenhäuser können sein: der Bund, die Länder, Städte, Gemeinden und Gemeindeverbände. Die Verpflichtung zur Errichtung und Unterhaltung von Krankenanstalten ist gesetzlich nur an wenigen Stellen ausdrücklich geregelt. Auf Bundesebene finden sie sich im Bundesseuchengesetz[27] und im Geschlechtskrankheitengesetz[28]. Den Gemeinden und Gemeindeverbänden ist eine solche Verpflichtung im Krankenhausfinanzierungsgesetz[29] nicht auferlegt worden, ergibt sich aber aufgrund öffentlich-rechtlicher Grundsätze aus ihrer Einordnung als Selbstverwaltungspflichtaufgabe (Aufgabe des eigenen Wirkungskreises).

Eine große Zahl von Krankenhäusern wird von karitativen und christlichen Organisationen betrieben, die geschichtlich zu den Begründern der „Hospitäler" gehören.[30] Das Vermögen dieser „freigemeinnützigen Krankenhäuser" ist zweckgebunden. Nicht so das Vermögen privater Krankenanstalten, die von einem privaten Besitzer oder Pächter geführt werden und die einer besonderen Konzession bedürfen,[31] auf deren Erteilung bei Erfüllung der Mindesterfordernisse ein Rechtsanspruch besteht.

Schließlich tragen auch *staatliche Stellen* das medizinische Versorgungssystem. Auch hier sind Ärzte tätig, so im öffentlichen Gesundheitsdienst, im gewerbeärztlichen Dienst, im Versorgungswesen, in der Sozial- und Arbeitsverwaltung.

3. *Vergütung ärztlicher Leistungen*

D 13 Die Art der ärztlichen Vergütung hängt zunächst davon ab, ob der Arzt als frei praktizierender einzelne Leistungen vergütet erhält oder als angestellter bzw. beamteter Arzt ein festes Gehalt bezieht. Die ambulante Versorgung wird ganz überwiegend in freien Praxen erbracht. Ein frei praktizierender Arzt kann, indem er als Belegarzt die ärztliche Behandlung stationär untergebrachter Patienten vornimmt, teilweise im Krankenhaus tätig sein. Auch diese Leistungen erhält er einzeln vergütet. Abge-

---

26 Adam (1973) Modernes Krankenhaus, S. 97f.

27 § 37 Abs. 5 Bundesseuchengesetz (Fassung vom 18. 8. 79, BGBl I, S. 2262).

28 Fassung vom 23. 7. 53 (BGBl I, S. 700).

29 Gesetz zur wirtschaftlichen Sicherung der Krankenhäuser und zur Regelung der Krankenhauspflegesätze in der Fassung vom 21. 12. 79 (BGBl. I, S. 2388).

30 Adam, Modernes Krankenhaus, S. 19.

31 § 30 Gewerbeordnung in der Fassung v. 1. 1. 78 (BGBl I, S. 97).

sehen von den Belegärzten sind die Krankenhausärzte fest angestellt und erhalten feste Bezüge bzw. werden als Beamte besoldet. Ihre Leistung wird dann mit dem vom Krankenhaus erhobenen Pflegesatz abgegolten. Unter Umständen können sie besondere stationäre Leistungen gesondert vergütet erhalten und in beschränktem Umfang an der ambulanten Versorgung teilnehmen.

Die jeweils maßgebliche Gebührenordnung für eine Vergütung in der ambulanten Versorgung bestimmt sich danach, ob für die Kosten eine RVO-Krankenkasse[32], eine Ersatzkasse, der anzugehören die Versicherungspflicht in einer RVO-Krankenkasse „ersetzt", oder der Patient selber aufzukommen hat. Im letzteren Fall kann der Patient die Kosten erstattet bekommen, wenn er sich bei einer privaten Krankenversicherung versichert hat oder, wie es bei den Beamten der Fall ist, einen Anspruch auf Beihilfe gegenüber seinem Dienstherrn hat.

D 14 **Kassenarztsystem**

In der öffentlich-rechtlichen Krankenversicherung (RVO- und Ersatzkassen, Seekrankenkasse sowie die für Bergleute zuständige Bundesknappschaft), zusammenfassend als „gesetzliche Krankenversicherung" bezeichnet, wird den Versicherten ärztliche Behandlung regelmäßig als Sachleistung gewährt. Der Versicherte erhält gemäß § 188 RVO von seiner Krankenversicherung einen Krankenschein, der ihn berechtigt, sich auf Kosten der Krankenversicherung in ärztliche Behandlung zu begeben. Abgesehen von Notfällen hat der Versicherte aber gemäß § 368d I RVO einen Arzt zu wählen, der der Kassenärztlichen Vereinigung angehört (KV). Die KV ist eine Körperschaft des öffentlichen Rechts, die die Verpflichtung hat, die kassenärztliche Versorgung in ihrem Bezirk sicherzustellen. Die KV muß Ärzte, die die Zulassungsvoraussetzungen (gemäß § 368a RVO insbesondere Approbation und Vorbereitungszeit) erfüllen, als Kassenärzte zulassen; vom Vorliegen eines Bedarfs darf die Zulassung seit der Entscheidung des Bundesverfassungsgerichts in BVerfGE 11, 30 (48) aus dem Jahre 1960 nicht mehr abhängig gemacht werden. Krankenhausärzte können nur dann zur kassenärztlichen Versorgung zugelassen werden, wenn sie in leitender Stellung tätig sind oder wenn sie besondere Untersuchungs- und Behandlungsmethoden erbringen, wobei in beiden Fällen noch gemäß § 368a VIII RVO die Notwendigkeit ihrer Zulassung zur Gewährleistung einer ausreichenden Versorgung der Versicherten hinzutreten muß. Der zugelassene Kassenarzt ist zur Behandlung von Kassenpatienten berechtigt, aber auch verpflichtet (§ 368a IV RVO). Der Kassenarzt reicht die Krankenscheine, in die er die Gebührenziffern der jeweils einschlägigen Gebührenordnung einträgt, bei der KV ein und erhält von der KV sein Honorar, während die KV sich die Leistungen von den Krankenkassen vergüten läßt. Sowohl im Verhältnis Arzt – KV, als auch im Verhältnis KV – Krankenkasse wird heute auf der Basis der Einzelleistungen abgerechnet. Die von den Kran-

---

[32] Unter RVO-Kassen versteht man die Orts-, Betriebs- und Innungskrankenkassen sowie die bei den Landwirtschaftlichen Berufsgenossenschaften gem. § 44 I des Gesetzes zur Weiterentwicklung des Rechts der gesetzlichen Krankenversicherung (Gesetz über die Krankenversicherung der Landwirte) vom 10. 8. 1972 (BGBl I S. 1433), zuletzt geändert durch Gesetz vom 13. 4. 1984 (BGBl I S. 601), gebildeten Landwirtschaftlichen Krankenkassen. Für diese Krankenkassen gilt das Kassenarztrecht der §§ 368 ff. RVO vom 19. 7. 1911 in der Fassung der Bekanntmachung vom 15. 12. 1924 (RGBl I S. 779), zuletzt geändert durch Gesetz vom 13. 4. 1984 (BgBl I S. 610). Die RVO gilt bis zu ihrer Einordnung in das Sozialgesetzbuch (SGB) als dessen besonderer Teil gem. Art. II § 1 Nr. 4 SGB I vom 11. 12. 1975 (BGBl I, S. 601). Soweit Ärzte als sog. Vertragsärzte der Ersatzkassen tätig werden, ist hingegen der Arzt/Ersatzkassenvertrag vom 20. 7. 1963, Stand vom 1. 3. 1984 maßgeblich, der aber weitgehend ähnliche Regelungen trifft und im folgenden nicht gesondert zitiert wird.

kenkassen an die KV gemäß 368f RVO zu zahlende sog. Gesamtvergütung könnte gemäß § 368f II RVO statt nach Einzelleistungen auch nach einem anderen System, z. B. nach der Zahl der Behandlungsfälle (Fallpauschale), berechnet werden, doch ist die Berechnung der Gesamtvergütung nach Einzelleistungen seit Ende der 60er Jahre das durchweg praktizierte System.

Der Kassenarzt wird mit seiner Zulassung in ein öffentlich-rechtliches System einbezogen, er gehört aber nicht zum öffentlichen Dienst im Sinne von Art. 33 V GG. Weder zu den Krankenkassen, noch zur KV steht der Arzt in einem Dienstverhältnis. Er ist vielmehr Mitglied der genossenschaftlich organisierten KV, die ihm gegenüber Disziplinarbefugnisse besitzt. Zu den Krankenkassen hat der Kassenarzt keine unmittelbaren Rechtsbeziehungen.[33]

Die Rechtsbeziehungen zwischen Ersatzkassen, Kassenärztlichen Vereinigungen und Kassenärzten sind ähnlich ausgestaltet, insbesondere bedarf die Teilnahme an der Versorgung der Ersatzkassenmitglieder ebenfalls der Zulassung durch die KV. Seit 1977 können Ärzte und Zahnärzte zur Versorgung von Versicherten der gesetzlichen Krankenkassen und der Ersatzkassen nur gleichzeitig zugelassen werden, wie sich aus § 525c I RVO ergibt.

D 15 Für die Behandlung der Ersatzkassenpatienten gilt die Gebührenordnung E-GO (Ersatzkassen-Gebührenordnung), die zwischen der Kassenärztlichen Bundesvereinigung, dem Zusammenschluß der regionalen Kassenärztlichen Vereinigungen auf Bundesebene, und den (Bundes-)Verbänden der Ersatzkassen ausgehandelt wurde. Ansonsten ist in der öffentlich-rechtlichen Krankenversicherung der BMÄ (Bewertungsmaßstab für kassenärztliche Leistungen) anzuwenden (vgl. § 368g IV RVO). Der BMÄ wird gemäß § 368i VIII RVO von einem Ausschuß festgesetzt, der mit Vertretern der betroffenen Krankenkassen und der Kassenärztlichen Bundesvereinigung paritätisch besetzt ist, und der, wenn keine Einigung erzielt wird, gemäß § 368i IX RVO um unparteiische Mitglieder erweitert wird. E-GO und BMÄ unterscheiden sich nicht in der Numerierung und Bezeichnung der einzelnen Leistungen, wohl aber gibt es unterschiedliche Abrechnungsbestimmungen. Die E-GO setzt einen bestimmten DM-Betrag für eine Leistung fest. Demgegenüber drückt der BMÄ gemäß § 368g IV Satz 2 RVO nur das wertmäßige Verhältnis der abrechnungsfähigen ärztlichen Leistungen durch einen Punktwert aus.[34]

D 16 Der Kassenarzt darf nur solche Leistungen erbringen und verordnen, die nach den Regeln der ärztlichen Kunst zweckmäßig und ausreichend sind (§ 368e RVO). Es besteht eine persönliche Verantwortlichkeit des Arztes für die Wirtschaftlichkeit seines ärztlichen Handelns. Verletzt der Kassenarzt diese Pflicht, kann sein Honorar insoweit gekürzt werden, als seine Behandlung als unwirtschaftlich anzusehen ist; darüber hinaus kann er für unwirtschaftliche Verordnungen in Regreß genommen werden.[35] Die Feststellung der Unwirtschaftlichkeit kann nicht nur durch Ein-

---

[33] Siehe zu dieser Stellung des Kassenarztes: BVerfGE 11, 30 (39); Laufs (1978a) Arztrecht, Rdnr. 13; Schneider (1983) Kassenarztrecht, S. 168ff.; Tiemann u. Tiemann (1983) Kassenarztrecht im Wandel, S. 302; Krauskopf u. Siewert (1980), Kassenarztrecht, S. 28ff.

[34] Zu den Gebührenordnungen siehe: Schaub, Münchner Kommentar § 612 Rdnr. 216; Wezel u. Liebold (1983) Handkommentar, S. 25; zusammenfassend Narr (1983) Ärztliches Berufsrecht, Rdnr. 984ff.; Häußler et al. (1984) Die kassenärztliche Tätigkeit, S. 275ff.

[35] Zur Wirtschaftlichkeitsprüfung, die ihre Grundlage in § 368n V RVO findet, im einzelnen aber durch Satzungs-, Vertrags- und Richterrecht bestimmt wird: Häußler et al. (1984), Die kassenärztliche Tätigkeit, S. 193ff.; Baader (1983) Honorarkürzung, S. 1ff.; Tiemann u. Tiemann (1983) Kassenarztrecht im Wandel, S. 407ff.

zelfallprüfungen, sondern auch anhand von Statistiken erfolgen.[36] Die Überwachung der Wirtschaftlichkeit obliegt Prüfgremien, die von den Kassenärztlichen Vereinigungen errichtet werden und denen in gleicher Zahl Vertreter der Krankenkassen und der Ärzte angehören (§ 368n V RVO). Bei Stimmengleichheit gibt die Stimme des Vorsitzenden, der jährlich wechselnd von den Krankenkassen und den Kassenärzten gestellt wird, den Ausschlag.

Der Kassenarzt ist gegenüber dem Patienten gem. § 368d IV RVO zur Sorgfalt nach den Vorschriften des bürgerlichen Vertragsrechts verpflichtet. Nach einer neuen Entscheidung des Bundessozialgerichts[37] sind die zur Überwachung der Wirtschaftlichkeit gebildeten Gremien der KV auch verpflichtet, einer Krankenkasse einen Regreßanspruch gegenüber dem Kassenarzt zuzuerkennen, wenn dieser durch einen Behandlungsfehler bei der Krankenkasse zusätzliche Kosten verursacht hat. Im entschiedenen Fall hatte der Kassenarzt durch einen Fehler bei einer ambulant durchgeführten Behandlung die Notwendigkeit einer Krankenhausbehandlung verursacht. Für die dadurch der Krankenkasse entstandenen Kosten hat nach der Auffassung des Bundessozialgerichts die Krankenkasse einen Regreßanspruch gegen den Kassenarzt, der von den Prüfinstanzen der KV festzustellen ist und der öffentlich-rechtlicher Natur ist. Demgegenüber konnte die Krankenkasse bisher solche Ersatzansprüche lediglich auf einen Anspruch des Patienten stützen, der durch gesetzlichen Forderungübergang gemäß § 116 SGB X (früher § 1542 RVO) auf sie übergegangen war und der gemäß § 368d IV RVO nach bürgerlichem Recht zu beurteilen ist.

Das zum Kassenarztsystem Ausgeführte gilt im wesentlichen auch für die Kassenzahnärzte, die Kassenzahnärztlichen Vereinigungen angehören.

Privatversicherungen

D 17 Im Gegensatz zu den Krankenkassen bieten die Privatversicherungen die unbeschränkte Arztwahl, weitgehende Ungebundenheit des Arztes hinsichtlich Behandlung und Verordnung und erheblich höhere Liquidationssätze.[38]

Während die gesetzlichen Krankenkassen nur für die ärztlichen Leistungen zahlen, die über das zur Wiederherstellung der Gesundheit gebotene Maß nicht hinausgehen, besteht für den privat behandelnden Arzt die Möglichkeit, die Gebühr frei zu vereinbaren. Bei der Festsetzung der Kosten durfte er sich früher auch an den Einkommens- und Vermögensverhältnissen des Patienten[39], den örtlichen Gegebenheiten und u. U. an seiner eigenen Qualifikation orientieren[40]. Auch der privatbehandelnde Arzt ist bei der Liquidation nicht völlig frei. Seine Vergütung ist durch Verordnung, die Gebührenordnung für Ärzte (GOÄ) vom 12.11. 1982 (BGBl. I, S. 1522ff.) geregelt.[41] Für die nach dem 1.1. 1983 abgeschlossenen Verträge verbleibt dem Arzt die Möglichkeit, die Gebühr zwischen dem Einfachen und dem Dreieinhalbfachen des in der Anlage zur GOÄ aufgeschlüsselten Gebührensatzes festzulegen. Eine Überschreitung des 2,3fachen Satzes ist dabei nur statthaft, wenn die Besonderheiten des konkreten Behandlungsfalles dies rechtfertigen (§ 5 II Satz 3 GOÄ) und der Arzt dies auf der Rechnung schriftlich begründet (§ 12 II Satz 2 GOÄ).

---

[36] Siehe nur BSG MedR 1984, S. 74.
[37] BSG MedR 1984, S. 31.
[38] Lüke (1970) Koexistenz von gesetzlichen und privaten Krankenversicherungen, S. 132
[39] OLG Nürnberg, NJW 1964, 1184.
[40] Laufs (1978 a) Arztrecht, Rdnr. 30 FN 37.
[41] Hierzu Borchmann NJW 1983, 315ff.; Weißauer MedR 1983, 2.

Für Verträge vor dem 31.12.1982 gilt die GOÄ vom 18.3.1965 (BGBl. I, S. 89).

Für Zahnärzte findet die besondere Gebührenordnung vom 18.3.1965 (BGBl I, S. 123) Anwendung.

Um den privaten Patienten davor zu schützen, daß er eine vom Arzt verordnete Behandlung nicht ersetzt bekommt, trifft den Arzt eine Hinweispflicht darauf, daß die betreffende Maßnahme von der Privatversicherung nicht getragen wird. Eine Verletzung dieser Pflicht führt zum Schadenersatz aus positiver Forderungsverletzung.[42]

Staatliche Beihilfe und freie Heilfürsorge

D 18 Beamte, Angestellte im öffentlichen Dienst und Pensionäre sowie deren Familienangehörige erhalten im Krankheitsfall eine staatliche Beihilfe. Das gilt sowohl für Privatversicherte wie für Kassenpatienten. Im Falle einer Mitgliedschaft in einer gesetzlichen Krankenversicherung deckt die Beihilfe den Teil der Krankheitskosten ab, den die gesetzliche Krankenversicherung nicht erstattet. In der privaten Krankenversicherung sind für beihilfeberechtigte Versicherte besondere Tarife geschaffen worden, die ebenfalls nur das durch die Beihilfe nicht abgedeckte Kostenrisiko erfassen[43].

Bestimmte Gruppen von Beamten (z. B. Beamte des Polizeivollzugsdiensts) sowie die Soldaten der Bundeswehr haben gegenüber ihrem Dienstherrn einen Anspruch auf freie Heilfürsorge, also auf unentgeltliche Behandlung im Krankheitsfall. Für ihre Familienangehörigen haben diese Beamten und Soldaten einen Beihilfeanspruch, wie er zuvor für den übrigen öffentlichen Dienst beschrieben wurde.

III. Grunddaten

D 19 Dem Bericht über die Inanspruchnahme und Verantwortlichkeit der im medizinischen Versorgungssystem Tätigen sollen einige Grunddaten vorangestellt werden, um einen besseren Einblick in die Bedeutung der behandelten Fragen zu gewähren.

D 20 Ende 1980 gab es im Bundesgebiet 569169 in bundesrechtlich geregelten Berufen des Gesundheitswesens tätige Personen mit staatlicher Prüfung. Die Gesamtzahl der berufstätigen Ärzte in der Bundesrepublik Deutschland betrug am 31.12. 80[44] 139431, 2,7% mehr als im Jahre 1979. Setzt man diese Zahl ins Verhältnis zur Einwohnerzahl, so hatte jeder Arzt durchschnittlich 442 Einwohner zu betreuen. Die Zahl der Ärzte war auf die verschiedenen Tätigkeitsbereiche folgendermaßen verteilt: 46,8% waren in Krankenhäusern tätig, 44,5% in freier Praxis und 8,7% in Verwaltung und Forschung. Sie arbeiteten etwa je zur Hälfte auf dem Gebiet der Allgemeinmedizin und in besonderen Fachbereichen. Von den insgesamt 46,3% Spezialisten bildeten die Internisten mit 27,1% die zahlenmäßig stärkste Gruppe. Es folgten die Gynäkologen mit 11,3% und die Chirurgen mit 11%.

D 21 Etwa 90% der Behandlungen erfolgten ambulant. Bereits im Jahre 1977 betrug die Zahl der ambulanten Behandlungsfälle in der gesetzlichen Krankenversicherung mehr als 244 Mio. Der größte Teil, 46,8%, entfiel auf Allgemeinärzte, 11,8%

[42] BGH VersR 1983, 443.

[43] „Wahltarife in der Krankenversicherung" S. 50f. Anhang S. 14.

[44] Amtliche Statistik, Das Krankenhaus 1982, 239ff.

auf Internisten, 7,1% auf Frauenärzte und 4,6% auf Kinderärzte. Auch wenn man die Zahl der stationären Behandlungen hinzunimmt, so tragen die Allgemeinmediziner mit 42,5% die Hauptlast der Behandlungsfälle.

Für die Behandlungskosten treten in mehr als 90% der Fälle gesetzliche Krankenkassen oder Ersatzkassen ein.[45] Etwa 5% der Patienten sind durch die Mitgliedschaft in einer privaten Krankenversicherung allein oder durch den Arbeitgeber oder Dienstherrn versichert. Der Patientenanteil, der über keinerlei Versicherungsschutz verfügt, beträgt etwas mehr als 1%[46].

Die Höhe der Versicherungsprämien hängt zunächst von der Versicherungsart ab. Bei der privaten Krankenversicherung richtet sie sich grundsätzlich nach dem Eintrittsalter und dem Umfang der Leistungen, der vom Patienten selbst bestimmt werden kann. Bei den gesetzlichen Krankenkassen und Ersatzkassen richtet sich die Höhe der Prämien nach dem Einkommen. Sie liegt zur Zeit durchschnittlich bei 11,9%.

---

[45] Weyers (1978) Gutachten, A 52.

[46] Weyers (1978) Gutachten, A 53.

B. Medizinische Verantwortlichkeit und Verfahren

I. Anlässe für Schadenersatzforderungen

D 22 In der Bundesrepublik Deutschland existiert keine umfassende Statistik über die medizinische Verantwortlichkeit. Das mag unter anderem dadurch bedingt sein, daß der Aufschlüsselung der Behandlungsfehler und ihrer Ursachen bisher wenig Bedeutung beigemessen worden ist. Lediglich eine Reihe punktueller Untersuchungen gibt Aufschluß über die Geltendmachung von Ansprüchen wegen fehlerhafter Behandlung. Der Aussagewert dieser Statistiken ist nicht unproblematisch, insbesondere im Hinblick auf die gerade im medizinischen Bereich bestehende Schwierigkeit der Verallgemeinerung von Sachverhalten. Darüber hinaus ist die Dunkelziffer nicht bekannt gewordener Behandlungsfehler umstritten und vermutlich beträchtlich. Zu berücksichtigen ist auch, daß die Daten sich in erster Linie in den Statistiken der Haftpflichtversicherer finden, die größtenteils behauptete Ansprüche von Patienten enthalten und nicht solche, die Gegenstand einer gerichtlichen Entscheidung waren. Immerhin lassen sich einige Grundtendenzen aufzeigen.

D 23 Die Geltendmachung von Schadenersatzansprüchen wegen Fehlbehandlungen im medizinischen Bereich ist in den letzten 2 Jahrzehnten generell erheblich gestiegen.[47] Im Hinblick auf die Wirkungsbereiche der behandelnden Ärzte ist festzustellen, daß es durchaus nicht ausschließlich oder ganz überwiegend die operativ tätigen Ärzte sind, die in Anspruch genommen werden. Vielmehr sind auch die Allgemeinmediziner und Internisten zu einem nicht geringen Prozentsatz beteiligt.[48] Hier wirkt sich augenscheinlich aus, daß die operativen Behandlungen zwar mit größeren Risiken behaftet sind, die übrigen Behandlungen jedoch von der Anzahl her weit überwiegen. Nach dem Zahlenmaterial der Haftpflichtdokumentationsstelle für Ärzte über eine in den Jahren 1969–1977 durchgeführte Untersuchung ergab die Aufteilung der gemeldeten Haftpflichtfälle auf die einzelnen Fachrichtungen für die Chirurgie einen Prozentsatz von 15,9%, die Allgemeinmedizin einen Anteil von 14,0%, auf die innere Medizin entfielen 9,9% und die Gynäkologie 9,8%.[49] Bei der Auswertung derselben Statistik wurde festgestellt, daß der Anteil der Fehler im Therapiebereich den der Diagnosefehler bei weitem überstieg. Auf Diagnosemängel wurden nur 11,9% der festgestellten Schäden zurückgeführt. Dieses Ergebnis wird durch anderes Zahlenmaterial bestätigt.[50] Als Diagnosefehler ist hauptsächlich das Übersehen von Frakturen festgestellt worden. Ein großer Teil der

---

47 Reichenbach, VersR 1981, 808; Deutsch, NJW 1978, 1658.

48 Herbrand (1981) Arzthaftpflichtschäden, S. 109.

49 Herbrand (1981) Arzthaftpflichtschäden, S. 109. Das Zahlenmaterial bezieht sich auf die Untersuchung von 4375 Fällen, in denen 5436 Schadensursachen registriert wurden.

50 Reichenbach, VersR 1981, 808 gibt den Anteil der Therapiefehler mit 15% an.

Vorwürfe fehlerhafter Behandlung bezieht sich auf Injektionsschäden. Einer Anschlußuntersuchung der Haftpflichtversicherer der Ärzte läßt sich derzeit eine Tendenz zur Zunahme der Fehlervorwürfe bei der Diagnostik entnehmen. Eine mögliche Erklärung hierfür stellen die erhöhten Anforderungen der Rechtsprechung an die Aufklärung vor diagnostischen Eingriffen dar.[51]

II. Verfahrensarten und Beteiligte

D 24 Die Geltendmachung und Durchsetzung vermeintlicher Ansprüche wegen medizinischer Fehlbehandlung kann verschiedene Wege nehmen. In der Regel spielen mehrere Verfahren zusammen.

1. Außergerichtliche Erledigung

D 25 Die Haftpflichtversicherungen der Ärzte und Kliniken leisten auch ohne Einschaltung von Gerichten, Staatsanwaltschaften oder Gutachter- und Schlichtungsstellen in zahlreichen Fällen Schadenersatzzahlungen.[52] Auch wenn es sich hierbei um überwiegend eindeutige Fälle ärztlichen Fehlverhaltens handelt, werden doch auch Problemfälle reguliert, so daß durchaus eine außergerichtliche Vergleichsbereitschaft der Versicherer konstatiert werden kann.[53] Generell stellt jedoch auch die außergerichtliche Geltendmachung von Schadenersatzansprüchen den Patienten vor das Problem, einen Behandlungsfehler nachweisen zu müssen. Bezüglich dieses Nachweises und seiner Regulierungschancen überhaupt ist er damit auf das Urteil eines Arztes als Privatgutachter angewiesen. Die Beurteilung durch einen unbeteiligten Arzt ist in den sog. ärztlichen Gutachter- und Schlichtungsstellen institutionalisiert worden. Diese werden als Alternative zur Durchsetzung von Ansprüchen mit Hilfe der staatlichen Gerichtsbarkeit verstanden.[54]

2. Verfahren vor Gutachter- und Schlichtungsstellen

D 26 Diese Verfahren werden oft alternativ zu Gerichtsverfahren verwendet.[55] Beide Einrichtungen dienen demselben Ziel, wenn auch die Arbeitsweise geringfügig differiert.[56] Die sog. Schlichtungsstellen basieren auf einem Vertrag zwischen dem HUK-Verband und den jeweiligen regionalen Ärztekammern. Ihre Tätigkeit mündet regelmäßig in einen Vorschlag an den Haftpflichtversicherer, ob ein Schaden reguliert werden soll. An dem Verfahren können lediglich Ärzte teilnehmen, die bei

[51] Reichenbach, VersR 1981, 809.

[52] Zu näheren Angaben vgl. Matthies (1984) Schiedsinstanzen, S. 174.

[53] Matthies (1984) Schiedsinstanzen, S. 174f.

[54] Bodenburg u. Matthies, VersR 1982, 729; Henschel (1980) Aufgabe und Tätigkeit der Schlichtungs- und Gutachterstellen, S. 50ff.

[55] Zum Verhältnis zu Gerichtsverfahren vgl. Deutsch (1983) Arztrecht und Arzneimittelrecht, Rdnr. 185; Matthies, VersR 1981; 1099.

[56] Umfassend zur Zielsetzung und Organisation Henschel (1980) Aufgaben und Tätigkeit der Schlichtungs- und Gutachterstellen, S. 50ff.; Matthies (1984) Schiedsinstanzen, S. 112ff.

einem Mitglied des HUK-Verbandes haftpflichtversichert sind. Dagegen beruhen die Gutachterstellen oder Gutachterkommissionen auf einem Statut der jeweiligen Ärztekammer und können für alle Verfahren in deren Bezirk tätig werden. Ihr Ziel ist die Erstellung eines ärztlichen Gutachtens über die ärztliche Behandlung, das als Entscheidungshilfe für das weitere Vorgehen des Patienten dienen soll. Entsprechend werden die 3–5 ehrenamtlichen Mitglieder der Gutachterkommission vom Vorstand der Ärztekammern berufen. Ein Mitglied ist Jurist, zumeist führt er den Vorsitz. Zu den Kommissionsmitgliedern gehört in der Regel ein Arzt aus dem betroffenen Fachgebiet. Die Kommissionen der Schlichtungsstellen setzen sich aus einem juristischen und – mit regionalen Unterschieden – aus mehreren ärztlichen Mitgliedern zusammen.[57] Bei der Mehrzahl der Verfahren genügt schon das Votum einer Rumpfkommission (2–3 Mitglieder).

D 27 Das Verfahren wird durch einen Antrag des Patienten oder des Arztes eingeleitet und nur mit Zustimmung des anderen Beteiligten durchgeführt. Dazu werden die vorhandenen (Kranken-) Unterlagen zur Erstellung eines Gutachtens durch den Sachverständigen beigezogen, der auch die Möglichkeit hat, den geschädigten Patienten persönlich zu untersuchen. Die Hauptvorteile liegen darin, daß das im Vergleich zu einem gerichtlichen Rechtstreit relativ einfache Verfahren schneller abgeschlossen werden kann. Dazu ist es kostenfrei, mit Ausnahme etwa anfallender Anwaltskosten, die der Betreffende selbst zu tragen hat.[58] Von den Versicherern wird regelmäßig eine Kostenpauschale eingefordert. Als Schwäche des Verfahrens wird einmal empfunden, daß Kausalitätsfragen häufig nicht gänzlich aufgeklärt werden, was für ein etwa nachfolgendes Zivilverfahren Beweisprobleme mit sich bringen kann. Darüber hinaus äußern sich die Gutachterstellen nur zum Haftungsgrund und nicht zum Haftungsumfang, so daß dem Verfahren häufig noch eine Auseinandersetzung über die Höhe des Schadenersatzanspruches folgt.

Damit ist eine der beiden Fallgruppen angesprochen, in denen es trotz Einschaltung einer Gutachter- oder Schlichtungsstelle zu einem Zivilverfahren kommt. Zur anderen Fallgruppe gehören die Streitigkeiten, in denen der Patient mit der Beurteilung durch die betreffende Stelle nicht einverstanden ist. Weder Arzt noch Patient ist an die Feststellung einer Einigungsstelle gebunden.[59] Für einen nachfolgenden Zivilrechtsstreit bleibt allerdings die für den Anspruch auf Schmerzensgeld wichtige deliktische Verjährung gem. § 852 Abs. 1 BGB von 3 Jahren zu beachten. Waren Arzt und Krankenhausträger an dem Verfahren vor der Kommission beteiligt, so ist der Anspruch des Patienten gem. § 852 Abs. 2 BGB gehemmt,[60] andernfalls müßte ein Verzicht auf die Einrede der Verjährung erwirkt oder rechtzeitig Klage erhoben werden. Die Stellungnahme der Gutachter- oder Schlichtungsstelle kann in den Prozeß als Parteivorbringen eingeführt werden.

D 28 Bejaht eine Einigungsstelle einen Behandlungsfehler, werden die Schadenersatzansprüche des Patienten in aller Regel außergerichtlich befriedigt.[61] Die Zahl der Verfahren, die zugunsten der Patienten entschieden werden, ist von Stelle zu Stelle verschieden, liegt jedoch nunmehr bei etwa einem Drittel.[62] Dies spricht für eine hohe Objektivität der Beurteilung, da von Patienten vor ordentlichen Gerichten an-

---

[57] Henschel (1980) Aufgaben und Tätigkeit der Schlichtungs- und Gutachterstellen, S. 50 ff., 202.
[58] Weyers (1978) Gutachten, A 50.
[59] Franzki u. Franzki (1981) Arzthaftungsprozeß, S. 178; Doms, NJW 1981, 2492.
[60] BGH NJW 1983, 2075; Franzki u. Franzki (1981) Arzthaftungsprozeß, S. 179; Eberhardt NJW 1983, 2615 f.; Matthies, VersR 1981, 1099 f.
[61] Doms, NJW 1981, 2489.
[62] Bodenburg u. Matthies, VersR 1982, 731.

gestrengte Verfahren nur in etwa 10% der Fälle zu ihren Gunsten entschieden werden. Über die Hälfte der Klagen wurden abgewiesen und die übrigen Verfahren mit Vergleichen beendet.[63]

Die Arbeit der Gutachter- und Schlichtungsstellen nimmt zu. Das hängt unter anderem damit zusammen, daß sich die Patienten zur Klärung ihrer Erfolgschancen in einem Zivilverfahren mehr und mehr dieses Mittels bedienen, unter Zurückdrängung eines anderen bislang häufig genutzten Weges, nämlich der Einleitung eines Strafverfahrens durch Erstattung einer Strafanzeige gegen den behandelnden Arzt.

3. *Zivilverfahren*

D 29 In den letzten Jahren ist trotz Einrichtung der Gutachter- und Schlichtungsstellen die Zahl der Zivilverfahren zur Geltendmachung von Schadensersatzansprüchen angestiegen.[64] Eine repräsentative Untersuchung über die gerichtliche Durchsetzung von Haftpflichtansprüchen liegt nicht vor. Weyers (1978, A 39) hat jedoch anläßlich seines Gutachtens zum 52. Deutschen Juristentag Zahlenmaterial zusammengetragen, anhand dessen sich zumindest eine Tendenz aufzeigen läßt. Er geht davon aus, daß jährlich mindestens 2500–3000 Ansprüche zu Recht geltend gemacht werden. Wie bereits angeführt, werden die Mehrheit der gerichtlich geltend gemachten Ansprüche abgewiesen und nur 10% voll zugesprochen. Hiervon weichen die Angaben über Klagen in Arzthaftungssachen vor dem Spezialsenat des Oberlandesgerichts Celle insofern ab, als dort ⅔ aller Klagen ganz oder teilweise Erfolg gehabt haben sollen.[65]

D 30 Die Höhe der geltend gemachten Ansprüche ist in den letzten Jahren ebenfalls gestiegen. Schadenersatzforderungen von über DM 100000,– sind heute nicht mehr selten. Freilich sind Schadenersatzsummen, die wie in den Vereinigten Staaten von Amerika in eine Größenordnung von 1000000 US $ reichen, unter den hiesigen Voraussetzungen nicht zu erwarten.[66]

Die Ansprüche werden in aller Regel vom Geschädigten bzw. seinen Hinterbliebenen geltend gemacht.[67] In der Beklagtenposition befindet sich in mehr als der Hälfte aller Fälle der Arzt allein. Es folgen dann Klagen gegen Arzt und Krankenhausträger gemeinsam. Weniger häufig wird ausschließlich der Krankenhausträger verklagt. Klagen gegen medizinisches Hilfspersonal sind selten.[68]

Die mit der Durchführung eines Zivilverfahrens verbundenen Anwalts- und Gerichtskosten richten sich nach dem Streitwert der Sache, der wiederum von der Höhe der Schadenersatzforderung abhängt. Bei einem Streitwert bis zu DM 10000,– beliefen sich nach der Untersuchung Weyers beispielsweise die Verfahrenskosten in erster Instanz für den Unterliegenden durchschnittlich auf DM 2070,–.[69]

Die Prozeßdauer betrug in dem von Weyers untersuchten Fallmaterial ca.

---

[63] Weyers (1978) Gutachten, A 37 ff.; Bodenburg u. Matthies, VersR 1982, 731; Reichenbach, VersR 1981, 809.

[64] Deutsch u. Geiger (1981) Medizinischer Behandlungsvertrag, S. 1072; Deutsch (1983) Arztrecht und Arzneimittelrecht, Rdnr. 95.

[65] Bericht der Hannoverschen Allgemeinen Zeitung v. 27.2.1979.

[66] Deutsch u. Geiger (1981) Medizinischer Behandlungsvertrag, S. 1073; Deutsch, NJW 1978, 1658.

[67] Weyers (1978) Gutachten, A 41.

[68] Weyers (1978) Gutachten, A 42.

[69] Weyers (1978) Gutachten, A 49.

4–6 Jahre.[70] Damit dauert die Bearbeitung dieser Ansprüche im Vergleich zu anderen Haftpflichtansprüchen überdurchschnittlich lange,[71] ein Aspekt, unter dem den Verfahren vor den Gutachter- und Schlichtungsstellen besondere Bedeutung zukommt.

4. Bedeutung des Strafverfahrens

D 31 Der Patient, der sich durch eine medizinische Behandlung in seinen Rechten verletzt fühlt, hat die Möglichkeit, gegen den Behandelnden Strafanzeige zu erstatten. Bei einfacher und fahrlässiger Körperverletzung gemäß §§ 223, 230 StGB[72] muß der Verletzte innerhalb von 3 Monaten Strafanzeige nach §§ 77 d, 232 StGB stellen, wenn nicht die Staatsanwaltschaft ein besonderes öffentliches Interesse an der Strafverfolgung bejaht. Damit wird regelmäßig ein Ermittlungsverfahren gegen den Betroffenen ausgelöst, das gemäß §§ 160, 161 StPO[73] von Amts wegen durchgeführt wird. Allerdings verbleibt der Staatsanwaltschaft für die fahrlässige, einfache und gefährliche Körperverletzung nach §§ 230, 223, 223 a StGB die Möglichkeit, den Patienten, ohne ein solches Ermittlungsverfahren durchzuführen, auf die Privatklage gem. § 347 Abs. 1 Nr. 4 StPO zu verweisen.[74] Im Rahmen eines solchen Privatklage- bzw. staatsanwaltlichen Ermittlungsverfahrens und dem sich möglicherweise anschließenden Strafverfahren werden die tatsächlichen Umstände der Behandlung geklärt.

D 32 Aufgrund der Vorschriften der §§ 94 f. StPO besteht die Möglichkeit, Krankenakten als Beweismittel zu beschlagnahmen. Darüber hinaus können zur Beurteilung der Behandlung aus medizinischer Sicht Sachverständigengutachten eingeholt werden. Damit erhält der Patient als Begleiteffekt des Strafverfahrens eine kostenlose Überprüfung seiner Aussichten, zivilrechtliche Schadenersatzansprüche geltend zu machen. In letzter Zeit geht jedoch die Tendenz dahin, die strafrechtliche Verfolgung auf die eklatanten Fälle zu beschränken.[75]

---

70 Weyers (1978) Gutachten, A 47.

71 Herbrand (1981) Arzthaftpflichtschäden, S. 110.

72 Strafgesetzbuch i.d.F. v. 2. Januar 1975, BGBl I, S. 1 ff. zuletzt geändert am 8. 12. 1981, BGBl I, S. 1329.

73 Strafprozeßordnung i.d.F. v. 7. Januar 1975, BGBl I, S. 129 ff., zuletzt geändert am 8. 12. 1981, BGBl I, S. 1329

74 Peters (1981) Strafprozeß, S. 544.

75 Deutsch u. Geiger (1981) Medizinischer Behandlungsvertrag, S. 1076.

C. Haftung für Behandlungsfehler

I. Strafrechtliche Verantwortlichkeit

D 33 Wegen eines Fehlers bei der Behandlung des Patienten kann der Arzt bzw. der sonst im medizinischen Versorgungssystem Tätige mehrfach zur Verantwortung gezogen werden. Er kann zivilrechtlich auf Schadenersatz in Anspruch genommen werden und sich strafrechtlich Sanktionen sowie standesrechtlichen Maßnahmen ausgesetzt sehen. Ob sich Straf- und zivilrechtliche Haftung nebeneinander realisieren, hängt im wesentlichen vom Verhalten des Geschädigten ab. Rechtlich sind sie weitgehend parallelisiert im Sinne der angestrebten Einheit der Rechtsordnung. Unterschiede finden sich da, wo die verschiedenen Funktionen des Haftungs- und des Strafrechts zutage treten.

Dem Strafrecht kommt in erster Linie die Aufgabe zu, durch die Sanktionierung eines bestimmten umschriebenen Verhaltens auf den einzelnen ebenso wie die Allgemeinheit in der Weise einzuwirken, daß künftige Straftaten vermieden werden. Nicht Spezial- und Generalprävention, sondern Kompensation für den erlittenen Schaden ist dagegen Aufgabe des Zivilrechts.

Das Strafrecht arbeitet ebenso wie das zivile Deliktrecht mit Erfolgstatbeständen.[76] Ein generell unerwünschtes Verhalten wird umschrieben, dessen Verwirklichung als „tatbestandsmäßig" angesehen wird. Für eine Haftung muß hinzukommen, daß das Verhalten widerrechtlich und nicht im Einzelfall durch besondere Umstände gerechtfertigt war. Schließlich muß das Verhalten dem Handelnden auch vorwerfbar und nicht ausnahmsweise entschuldigt sein.[77]

D 34 Für die ärztliche Tätigkeit kommen in erster Linie die Delikte der fahrlässigen Körperverletzung (§ 230 StGB) und der fahrlässigen Tötung (§ 222 StGB) in Betracht. Eine Körperverletzung begeht nach der gesetzlichen Definition derjenige, der „einen anderen körperlich mißhandelt oder an der Gesundheit beschädigt". Ob ein ärztlicher Eingriff als Körperverletzung anzusehen ist, wird seit langem heftig diskutiert. Die ständige Rechtsprechung[78] geht davon aus, daß regelmäßig der Tatbestand der Körperverletzung verwirklicht ist, weil in die körperliche Unversehrtheit eingegriffen wird, und hält diesen Eingriff erst aufgrund der vom Patienten erteilten Einwilligung oder mutmaßlicher Einwilligung für gerechtfertigt. Von seiten der Ärzteschaft und des überwiegenden Teiles der Literatur wird dagegen vorgebracht, daß der lege artis durchgeführte Heileingriff schon tatbestandlich keine Körperverletzung darstellen könne, da die Heilbehandlung gerade die Wiederherstellung der Ge-

---

[76] Deutsch (1983) Arztrecht und Arzneimittelrecht, Rdnr. 186ff.

[77] Welzel (1969) Strafrecht, S. 137ff.

[78] RGSt 25, 375, 377ff.; BGHSt NJW 56, 1106, 1107; BGHSt 11, 111, 112; BGHSt 16, 309.

sundheit bezwecke.[79] Innerhalb dieser Meinung herrscht jedoch im einzelnen Streit, welche Forderungen an den Heileingriff zu stellen sind. So wird unter anderem vorgeschlagen, nur die mißlungene Behandlung als tatbestandsmäßig anzusehen.[80] Nach dieser Lösung wäre das ärztliche Handeln nicht erst mit dem „Makel" der Körperverletzung behaftet, und es käme auf die Rechtfertigung, etwa durch die Einwilligung des Patienten, nicht mehr an. Das Problem liegt freilich in der Feststellung einer fehlerhaften Behandlung. Andere stellen auf die Kunstgerechtheit des Heileingriffs ab. Ist dieser von Heilungstendenz getragen und kunstgerecht durchgeführt, so ist er selbst bei Mißlingen tatbestandsmäßig keine Körperverletzung.[81]

D 35 Der Umschreibung fehlerhaften Handelns im medizinischen Bereich kommt eine doppelte Funktion zu. Zum einen dient sie dem Schutz des Patienten, der sich auf die Einhaltung bestimmter Regeln verlassen und für den Fall der Nichtbeachtung den Betreffenden zur Verantwortung ziehen kann. Zum anderen schützt sie auch die Angehörigen des Gesundheitswesens in ihrer Handlungsfreiheit durch Festlegung der Haftungsschwelle. Welches Verhalten nun als fehlerhaft anzusehen ist, bildet eine der schwierigsten Fragen des Arztrechts.[82] Hier gilt es einerseits den medizinischen Möglichkeiten gerecht zu werden und übersteigerte Erwartungen der Patienten zurückzudrängen, andererseits das erforderliche Maß an Sorgfalt zu bestimmen, auf dessen Einhaltung der Patient vertrauen darf. Lange Zeit ist auf den Begriff des Kunstfehlers zurückgegriffen worden.[83] Dieser wird jedoch sehr unterschiedlich verstanden und definiert.[84] Das hängt einmal damit zusammen, daß sich die Regeln der ärztlichen „Kunst" bzw. der medizinischen Wissenschaft schwer feststellen lassen, zum anderen mit dem Problem der rechtlichen Einordnung. Fraglich ist daher, ob der Terminus „Kunstfehler" überhaupt Anwendung finden sollte.[85]

D 36 In einem umfassenden Sinn ist ein Kunstfehler das nach dem Stand der Medizin unsachgemäße und schädigende Verhalten des Arztes, also ein Verstoß gegen die allgemein anerkannten Grundsätze der ärztlichen Wissenschaft.[86] Wo solche allgemein akzeptierten Regeln nicht oder noch nicht gelten, kommt nach dieser Definition ein Kunstfehler als Regelverstoß nicht in Betracht, wohl aber eine Sorgfaltspflichtverletzung. Kunstfehler und Fahrlässigkeit sind also zu unterscheiden.[87] Auch wenn der Arzt zur Behandlung nach den Regeln der medizinischen Wissenschaft verpflichtet ist, so stößt die Verwendung des Terminus „Kunstfehler" im übrigen schon deshalb auf Kritik, weil sich das Verständnis des Wortes Kunst gewandelt hat und heute Mißverständnisse hervorrufen kann.[88] Stattdessen bietet sich der Ausdruck „Behandlungsfehler" an, wie er nunmehr vom BGH auch häufiger verwendet wird.[89]

---

[79] Schönke, Schröder, Eser (1982) StGB, § 223; Rdnr. 30, 32; Erhardt, Dtsch. Ärztebl. 1972, S. 71; Hirsch, LK 3 ff., vor § 223.
[80] Bockelmann (1968) Strafrecht des Arztes, S. 67 ff.; Maurach u. Schroeder I, 85.
[81] Engisch ZStW 58, 5; Schmidt (1939) Der Arzt im Strafrecht, S. 69 ff.; Welzel (1969) Deutsche Strafrecht, S. 289.
[82] Schreiber, Arztrecht 1980 a, 298.
[83] So schon Rümelin (1913) Haftung im klinischen Betrieb S. 6.
[84] Bodenburg (1983) Der ärztliche Kunstfehler, S. 5 ff.; Deutsch, NJW 1976, 2291.
[85] Schreiber, Med. Sachverständ. 1976, 73; Dotzauer, Dtsch. Ärztebl. 1976, 3025 ff.; Deutsch, NJW 1976 2291.
[86] Laufs (1978 a) Arztrecht, Rdnr. 154; BGH NJW 1953, 257; Deutsch, NJW 1976, 2291.
[87] Laufs (1978 a) Arztrecht, Rdnr. 154; Bockelmann (1968) Strafrecht des Arztes, 86 f.; Deutsch, NJW 1976, 2291 f.
[88] Wachsmuth, Krankenhausarzt 1975, Heft 9.
[89] Deutsch, NJW 1976, 2291; Bodenburg (1983) Der ärztliche Kunstfehler, S. 5 m.w.N.

D 37 Strafbarkeitsvoraussetzung ist der Nachweis tatbestandsmäßigen, rechtswidrigen und schuldhaften Verhaltens. Für die Tatbestandsverwirklichung muß ein bestimmtes Verhalten – Handeln oder Unterlassen – für den Verletzungserfolg beim Patienten ursächlich geworden sein. Im strafrechtlichen Sinne besteht ein Kausalzusammenhang dann, wenn das Verhalten nicht hinweggedacht werden kann, ohne daß der Erfolg entfiele.[90] An einem tatbestandsmäßigen Handeln fehlt es daher bereits, wenn nicht das Verhalten des Handelnden, sondern ein „schicksalhafter Verlauf"[91] zum Eintritt der Verletzung und des Schadens geführt hat. Ein Unterlassen kann nur dann eine Strafbarkeit begründen, wenn für den Betreffenden eine Handlungspflicht besteht. Diese kann sich für den Arzt insbesondere aus dem durch die Behandlungssituation begründeten Behandlungsvertrag ergeben. An der Kausalität zwischen dem verletzenden Unterlassen und dem Verletzungserfolg fehlt es etwa dann, wenn selbst bei Vornahme der unterlassenen Handlung der Verletzungserfolg mit an Sicherheit grenzender Wahrscheinlichkeit eingetreten wäre.[92] In der Praxis wird in Fällen der Nichtbehandlung übrigens häufig auf den Tatbestand der unterlassenen Hilfeleistung ausgewichen.

D 38 Eine Verantwortlichkeit scheidet auch dann aus, wenn das Verhalten im Einzelfall gerechtfertigt ist. Als Rechtfertigungsgründe kommen in erster Linie die Einwilligung des Patienten, die sog. mutmaßliche Einwilligung sowie der rechtfertigende Notstand gem. § 34 StGB und die rechtfertigende Pflichtenkollision in Betracht. Zu den Voraussetzungen einer wirksamen Einwilligung wird unter dem Gesichtspunkt der Aufklärung noch im einzelnen einzugehen sein. Eine Rechtfertigung unter Notstandsgesichtspunkten erlaubt bei einer nicht anders abwendbaren Gefahr die Opferung eines Rechtsguts, wenn das dadurch gestützte Interesse das beeinträchtigte wesentlich überwiegt. Eine rechtfertigende Pflichtenkollision dagegen liegt vor, wenn der Arzt nur einem von 2 Patienten helfen kann und den anderen vernachlässigen muß. Derjenige, der nur eine von 2 gleichwertigen Handlungspflichten erfüllen kann und erfüllt, ist gerechtfertigt.[93]

D 39 Liegt ein Rechtfertigungsgrund nicht vor, so kommt es auf die Vorwerfbarkeit des Verhaltens an. Zur Haftung führen sowohl vorsätzliche wie fahrlässige Fehlbehandlungen. Die Fahrlässigkeit ist als entscheidendes Haftungsmerkmal anzusehen, in das die Anforderungen an ein mit geltendem Recht zu vereinbarendes Verhalten einfließen. Fahrlässig handelt derjenige, der die gebotene Sorgfalt in vorwerfbarer Weise verletzt.[94] Der Fahrlässigkeitsbegriff enthält eine objektive wie auch eine subjektive Komponente. Darüber, ob beide Komponenten zusammenkommen müssen, um einen „Kunstfehler" zu begründen, herrscht Uneinigkeit. Die Frage ist, ob der Begriff des „Kunstfehlers" vom Verschulden des Arztes abhängig ist oder nicht.[95] Mit dieser Frage hängt untrennbar die weitere Frage zusammen, wann ein ärztlicher „Kunstfehler" vorliegt, ob es sich um einen Verstoß gegen die allgemein anerkannten Regeln der ärztlichen Wissenschaft („lex artis") handeln muß oder ob auch andere ärztliche Fehler erfaßt sind. Nach überwiegender Ansicht wird als „Kunstfehler" nur der Verstoß gegen die allgemein anerkannten Regeln verstan-

---

90 RGSt 44, 244; Schönke, Schröder, Lenckner (1982) StGB, Vorbem. §§ 13 ff., Rdnr. 73.

91 Deutsch (1983) Arztrecht und Arzneimittelrecht, Rdnr. 197.

92 Schönke, Schröder, Stree (1982) StGB, § 13 Rdnr. 61; J. Baumann (1977) Strafrecht, 246 ff.; RGZ 75, 50.

93 Schönke, Schröder, Lenckner (1982) StGB, Vorbem. §§ 32 ff., Rdnr. 73; Küper, JuS 1971, 476.

94 Schönke, Schröder, Cramer (1982) StGB, § 15 Rdnr. 117, 122 ff.; Welzel (1969) Deutsche Strafrecht, S. 129 ff.; Stratenwerth (1981) Strafrecht, Rdrn. 300 ff.

95 Schreiber, Med. Sachverständ. 1976, 72.

den.[96] Die anerkannten Regeln der ärztlichen Wissenschaft, auf die im einzelnen noch einzugehen sein wird, bergen freilich die Gefahr in sich, den Arzt einer starren Bindung zu unterwerfen.[97] Eine Festlegung des Arztes auf bestimmte Behandlungsmethoden, die im Extremfall auf einen Stillstand der Medizin hinauslaufen könnte, ist nach der Rechtsprechung nicht zu befürchten.[98] Der Arzt ist vielmehr in der Wahl seiner Behandlungsmethoden frei. Wendet er eine besondere, nicht anerkannte Heilmethode an, so muß er jedoch deren Erfolgsaussichten mit denjenigen der anerkannten Methoden vergleichen und die Behandlung wählen, die für den Patienten den größeren Erfolg verspricht und die geringsten Gefahren mit sich bringt.[99]

D 40 Eine Ausdehnung des Kunstfehlerbegriffes über den Verstoß gegen die generellen Regeln hinaus und ein Abheben auf den Einzelfall würde zu einer Prüfung der Sorgfaltwidrigkeit führen. Gerade das erscheint wünschenswert, da die oben bereits angeschnittene Frage, ob „Kunstfehler" und Verschulden notwendig zusammengehören, zu verneinen ist. Nicht jeder „Kunstfehler" impliziert ein Verschulden.[100] Wird ein Verstoß gegen die anerkannten Regeln der ärztlichen Wissenschaft festgestellt, so muß sich die Prüfung anschließen, ob das Verhalten des Arztes als im Rechtssinn fahrlässig anzusehen ist. Zu dem objektiven Moment der Verletzung der im Verkehr erforderlichen Sorgfalt tritt beim strafrechtlichen Fahrlässigkeitsbegriff eine subjektiv-individualisierende Komponente hinzu, die individuelle Vermeidbarkeit des Erfolges für den konkreten Täter.[101] An der Vorwerfbarkeit kann es beispielsweise dann fehlen, wenn der Arzt bei Ausübung seines Berufes einen Fehler begeht, der auf eine von ihm nicht verschuldete Überbelastung zurückzuführen ist. Er kann sich jedoch nicht darauf berufen, ihm persönlich sei eine bestimmte neue Behandlungsmethode nicht bekannt, sofern von ihm zu erwarten war, daß er sich die entsprechenden Kenntnisse aneignet.

Wie nicht jeder ärztliche „Kunstfehler" auf ein Verschulden des Arztes zurückzuführen ist, stellt umgekehrt auch nicht jede ärztliche Sorgfaltspflichtverletzung einen „Kunstfehler" dar. Dort, wo sich noch keine festen wissenschaftlichen Regeln gebildet haben,[102] kann auch kein Verstoß dagegen festgestellt werden.

D 41 Danach ist der Kunstfehlerbegriff derzeit äußerst problembeladen. Für den Bereich des Strafrechts kommt ihm schon deshalb besondere Bedeutung zu, weil im Hintergrund die Strafsanktion steht. Um den Besonderheiten des ärztlichen Berufes Rechnung zu tragen, ist zu erwägen, ob bestimmte Verhaltensweisen von vornherein aus der Strafbarkeit herausgenommen werden sollten. So könnte im Hinblick auf die Körperverletzungsneigung des ärztlichen Berufes die Strafdrohung auf grobe Fahrlässigkeit bzw. Leichtfertigkeit beschränkt werden. Ebenso könnten Aufklärungspflichtverletzungen aus dem Verletzungstatbestand herausgenommen werden.[103]

---

[96] BGHZ 8, 138; Deutsch (1963) Fahrlässigkeit und erforderliche Sorgfalt, S. 134f.; Laufs (1978a) Arztrecht, Rdnr. 154.

[97] Bockelmann (1967) Der Arzt im Strafrecht, S. 40f.

[98] RGSt 67, 12, 21; BGH NJW 1962, 1780.

[99] BGH NJW 1968, 1181.

[100] BGHZ 8, 138, 140; Schmidt (1939) Der Arzt im Strafrecht, S. 139.

[101] Rudolphi et al. (1983) SK StGB Anhang zu § 16 Rdnr. 6ff.; Schönke, Schröder, Cramer (1982) StGB § 15 Rdnr. 124a.

[102] Zur Regelbildung in der Medizin vgl. Deutsch et al. (1983) Verbindlichkeit der medizinisch-diagnostischen und therapeutischen Aussage, passim; Neuhaus (1980) Pluralität in der Medizin, passim.

[103] Deutsch (1983) Arztrecht und Arzneimittelrecht, Rdnr. 196; Schreiber, Arztrecht 1980, 298.

II. Strafverfahrensrecht

D 42 Die Durchführung des Strafverfahrens dient allein dem Zweck der Sanktionierung strafrechtlich relevanten Verhaltens. An anderer Stelle[104] wurde bereits darauf hingewiesen, daß die Einleitung eines Ermittlungsverfahrens durch eine Strafanzeige häufig nur bezweckt, einen zivilrechtlichen Schadenersatzprozeß vorzubereiten.[105] Ein derartiges Vorgehen nutzt das der Strafprozeßordnung zugrundeliegende Offizial- und Inquisitionsprinzip und den Umstand, daß die Staatsanwaltschaft bei Privatklagedelikten wie der Körperverletzung das öffentliche Interesse an der Strafverfolgung bejahen kann (§ 376 StPO). Danach erfolgt die Ermittlung des als strafbar in Betracht kommenden Sachverhalts durch Polizei, Staatsanwaltschaft und Gericht von Amts wegen. Die den Täter be- oder entlastenden Umstände sind zu erforschen, ohne daß es eines Zutuns des Geschädigten bedarf.

Zentrale Bedeutung kommt hier natürlich den ärztlichen Krankenunterlagen zu. Sie können Aufschluß geben über den Gesundheitszustand des Patienten bei Behandlungsübernahme, die ärztliche Diagnose, die folgenden ärztlichen Maßnahmen sowie den Krankheitsverlauf. Die Krankenunterlagen stehen jedoch der Ermittlungsbehörde bzw. dem Gericht nicht ohne weiteres zur Verfügung. Zum einen sind sie das gedankliche Produkt ihres Verfassers, zum anderen handelt es sich um persönliche Daten des Patienten.

D 43 Der Patient ist vor der Weitergabe seiner Krankendaten durch den Arzt bzw. das Krankenhaus rechtlich in mehrfacher Weise geschützt. § 203 StGB stellt unter bestimmten Voraussetzungen die unbefugte Offenbarung eines fremden Geheimnisses unter Strafe. Als Geheimnis ist namentlich ein zum persönlichen Lebensbereich gehörendes Geheimnis zu verstehen; hierzu zählen insbesondere Krankendaten. Die Offenbarung ist dem im Gesundheitswesen Tätigen dann untersagt, wenn ihm das Geheimnis in seiner Eigenschaft als Arzt, Zahnarzt usw. anvertraut oder sonst bekannt geworden ist. Darüber, welchen Zweck § 203 verfolgt, gehen die Auffassungen auseinander. In erster Linie soll es der Individualschutz sein.[106] Daneben werden auch Interessen der allgemeinen Gesundheitspflege genannt, die ein Vertrauen des Patienten auf die Geheimhaltung seiner Krankendaten erfordern.[107]

Ein Schutz von Patientengeheimnissen ergibt sich daneben auch aus den verfassungsrechtlichen Grundsätzen der Unantastbarkeit der Menschenwürde und des allgemeinen Persönlichkeitsrechts (Art. 1 und 2 GG). Sie weisen dem Patienten die ausschließliche Verfügungsgewalt über seine Imtimsphäre zu.[108] Schließlich ergibt sich zum Schutz des Patienten die Verschwiegenheitspflicht des Behandelnden aus der zum Patienen bestehenden vertraglichen Beziehung.[109]

D 44 Die Weitergabe medizinischer Daten durch den Arzt kann jedoch erlaubt oder sogar geboten sein. So führt eine Reihe von Mitteilungspflichten zur Durchbrechung der ärztlichen Schweigepflicht.[110] Des weiteren kann eine Interessenabwägung zu einer Benachrichtigung Dritter führen, etwa der Straßenverkehrsbehörden,

---

[104] Siehe oben S. 22 f.
[105] Schreiber, Arztrecht 1980, 298.
[106] Mösl in LK, § 300, Anm. 1; Samson in SK, Rdnr. 1 § 201.
[107] Schlund, JR 1977, 269.
[108] OLG Celle, NJW 1965, 362.
[109] B. Lilie (1980) Medizinische Datenverarbeitung, S. 113.
[110] So unterliegt eine Reihe von Krankheiten der Meldepflicht.

wenn die Gefahr besteht, daß ein Fahruntüchtiger am Straßenverkehr teilnimmt.[111] Schließlich ist die Offenbarung von Krankendaten dann erlaubt, wenn der Patient den Arzt von seiner Schweigepflicht entbunden hat.[112]

D 45 Der strafrechtlich sanktionierten Schweigepflicht entspricht als prozessuales Korrelat das Zeugnisverweigerungsrecht des § 53 Abs. 1 Nr. 3 StPO.[113] Das letzte Glied in der Kette zur Gewährleistung des Vertrauensverhältnisses zwischen Arzt und Patient bildet § 97 StPO.[114] Diese Vorschrift erklärt die Krankenunterlagen für beschlagnahmefrei, wenn der Arzt, in dessen Gewahrsam sie sich befindet, in dem Verfahren als Zeuge in Betracht kommt.

Eine andere Situation ist dann gegeben, wenn der Arzt sich in der Rolle des Beschuldigten befindet. In diesem Fall dürfen die Krankenunterlagen beschlagnahmt werden, ohne daß Arzt oder Patient dies verhindern können.[115] Die Beschlagnahme erfolgt in aller Regel bereits durch die Staatsanwaltschaft und nicht erst durch das Gericht. Sie ist bereits dann zulässig, wenn hinreichender Verdacht auf eine strafbare Handlung besteht. Die beschlagnahmten Krankenunterlagen stellen später eine wesentliche Grundlage für das Gutachten des ärztlichen Sachverständigen dar.

D 46 Eine Verurteilung kann nur dann erfolgen, wenn nachgewiesen werden kann, daß der Behandlungsfehler die Voraussetzungen eines Straftatbestandes erfüllt. Beweiserleichterungen wie im zivilen Schadenersatzprozeß gibt es nicht; der Angeklagte ist im Zweifel freizusprechen.[116]

III. Zivilrechtliche Haftung

D 47 Äußerlich der strafrechtlichen Verantwortlichkeit ähnlich setzt die zivilrechtliche Haftung des Arztes einen zurechenbaren Behandlungsfehler voraus. Allerdings genügt für den Ersatzanspruch eine objektive Zurechenbarkeit. Damit tritt die zivilrechtliche Haftung früher und unter erleichterten Bedingungen ein als die strafrechtliche. Für den Behandlungsfehler kann der Arzt unter 2 rechtlichen Gesichtspunkten zur Verantwortung gezogen werden.

D 48 Arzt und Patient schließen, ausdrücklich oder konkludent, einen Vertrag, der sich auf die medizinische Versorgung bezieht und für beide Seiten eine Reihe von Rechten und Pflichten begründet. Deren Inhalt hängt unter anderem davon ab, welcher Art der geschlossene Vertrag ist. Im Regelfall wird davon ausgegangen, daß es sich bei dem Arztvertrag um einen sog. Dienstvertrag gemäß den §§ 611 ff. BGB handelt. Dieser Vertrag ist auf die Erbringung ärztlicher Leistungen gerichtet, ohne daß ein konkreter Arbeitserfolg geschuldet wird. Diese Konstruktion berücksichtigt, daß dem Arzt nicht das Risiko aufgebürdet werden kann, den Gesundheitszustand des Patienten tatsächlich zu verbessern.[117] So wird oft eine Heilung des Patienten gar nicht möglich sein, etwa wenn es nur noch darum geht, die Leiden eines terminal Kranken zu lindern. Der geschuldete Erfolg ist dagegen typisches Merkmal des

---

111 BGH NJW 1968, 2288.
112 Laufs (1978 a) Arztrecht, Rdnr. 145.
113 Laufs (1978 a) Arztrecht, Rdnr. 134.
114 H. Lilie, Dtsch Ärztebl 1982, 62.
115 Müller-Dietz (1965) Die Beschlagnahme von Krankenblättern, S. 49.
116 Franzki (1981) Behandlungsfehler, S. 106.
117 Laufs (1978 a) Arztrecht, Rdnr. 20; Söllner, Münchner Kommentar, § 611 Rdnr. 44.

Werkvertrages gemäß den §§ 631 ff. BGB. Auch ein derartiger Vertrag kann ausnahmsweise vorliegen, wenn sich, wie im Falle der Herstellung einer Zahnprothese, ein geschuldeter Erfolg tatsächlich bestimmen läßt.[118]

Auch der Kassenpatient schließt mit dem Kassenarzt einen zivilrechtlichen Vertrag ab (§ 368 d Abs. 4 RVO).[119] Die Beziehung Krankenhaus – Kassenpatient ist entsprechend ausgestaltet.[120] Im Falle einer Vertragsverletzung steht dem Patienten ein eigener Schadenersatzanspruch gegenüber dem Arzt zu.

D 49 Werden Schadenersatzansprüche aus einer Krankenhausbehandlung hergeleitet, so kann sowohl der Arzt wie auch der Krankenhausträger Anspruchsgegner sein. Hier können verschiedene Vertragsarten vorliegen. Zunächst kann ein sog. totaler Krankenhausaufnahmevertrag abgeschlossen werden. Aufgrund dieses Vertrages ist das Krankenhaus zur Erbringung sämtlicher im Zusammenhang mit der medizinischen Versorgung des Patienten stehenden Leistungen verpflichtet. Hierzu gehören Heilbehandlung, Unterkunft und Pflege.[121] Gesonderte Vertragsbeziehungen zum behandelnden Arzt bestehen nicht.[122] Beim sog. gespaltenen Arzt-Krankenhaus-Vertrag bestehen zweierlei Vertragsbeziehungen. Der Krankenhausarzt schuldet dem Patienten die Heilbehandlung, während das Krankenhaus verpflichtet ist, alle übrigen notwendigen Leistungen der Krankenhausversorgung zu erbringen.[123] Solche Verträge werden in erster Linie von Privatpatienten abgeschlossen; ferner kommen sie in Betracht bei sog. Belegkrankenhäusern, die niedergelassenen Ärzten Krankenhausbetten zur Verfügung stellen. Seltener sind sog. totale Krankenhausaufnahmeverträge mit Arztzusatzvertrag, bei dem der Patient mit dem Arzt zusätzliche Dienste vereinbart. Der neben dem Vertrag mit dem Krankenhausträger abgeschlossene Vertrag mit dem behandelnden Arzt verpflichtet diesen unmittelbar und gibt ihm gleichzeitig die Möglichkeit der gesonderten Berechnung seiner Leistungen.

D 50 Eine Verpflichtung zum Ausgleich des durch einen Behandlungsfehler entstandenen Schadens durch den jeweils Haftpflichtigen besteht dann, wenn sich aus der vertraglichen Beziehung ergebende Pflichten nicht oder schlecht erfüllt worden sind. Man spricht in diesem Fall von Leistungsstörungen. Dabei kann die zu erbringende Leistung unmöglich geworden sein, wie etwa im Falle einer Fehldiagnose im Rahmen eines ausschließlich auf die Diagnose bezogenen Vertrages. Es kann auch eine sog. positive Vertragsverletzung vorliegen, die durch die Verletzung allgemeiner Vertragspflichten charakterisiert ist.[124] Danach ist der Arzt für die Behandlungsfehler schadenersatzpflichtig, die ihm schuldhaft unterlaufen sind und zu einem Schaden geführt haben.[125]

D 51 Neben der Vertragspflicht trifft den Arzt die allgemeine Rechtspflicht, dem durch ihn betreuten Patienten nicht an Körper oder Gesundheit zu schaden. Diese Verpflichtung bezeichnet eine allgemein zwischen allen Personen bestehende Rechtsbeziehung, die jeder zu beachten hat. Sie ergibt sich aus dem deliktischen Rechts-

---

118 BGH NJW 1975, 305.

119 BGH NJW 1980, 1452 f.; Soergel, Siebert, Kraft (1980) Bürgerliches Gesetzbuch, Vorbem. 95 vor § 611; Deutsch (1983) Arztrecht und Arzneimittelrecht, Rdnr. 29.

120 BGH, VersR 1960, 371; OLG Frankfurt VersR 1982, 1051; Laufs (1978 a) Arztrecht, Rdnr. 18.

121 Bappert (1980) Das Vertrags- und Haftungsrecht des Arztes, S. 34; Soergel/Siebert/Kraft (1980) Bürgerliches Gesetzbuch, Vorbem. 96 vor § 611.

122 Uhlenbruck, NJW 1964, 432.

123 BGH NJW 1962, 1763; BGH NJW 1975, 1463; 1465; Uhlenbruck, NJW 1964, 431; Laufs (1978 a) Arztrecht, Rdnr. 18.

124 Deutsch (1983) Arztrecht und Arzneimittelrecht, Rdnr. 96; Söllner, Münchner Kommentar, § 611, Rdnr. 64.

125 Giesen (1981) Arzthaftungsrecht, S. 5.

schutz gemäß den §§ 823 ff. BGB. Danach ist, wer vorsätzlich oder fahrlässig das Leben, den Körper, die Gesundheit, die Freiheit, das Eigentum oder ein sonstiges Recht eines anderen widerrechtlich verletzt, dem anderen zum Ersatz des daraus entstehenden Schadens verpflichtet. Diese Tatbestände des Haftungsrechts sind rechtsgutorientiert. Haftungsgrund ist die Verletzung der genannten Rechtsgüter, im konkreten Fall des Körpers oder der Gesundheit des Patienten. Die Verletzungen müssen rechtswidrig und schuldhaft erfolgt sein, damit es zu einer Haftung kommt. Dabei ist widerrechtlich jede Verletzung eines fremden Rechts oder Rechtsguts, die nicht ausnahmsweise von einem Rechtfertigungsgrund getragen ist. Schuldhaftes Handeln liegt, da Vorsatz zu vernachlässigen sein dürfte, dann vor, wenn die Verletzung fahrlässig erfolgt ist.

D 52 Ist der behandelnde Arzt Beamter im staatsrechtlichen Sinn, dann haftet er deliktisch nach § 839 BGB für Amtspflichtverletzungen, auch wenn er beim sog. gespaltenen Arzt-Krankenhaus-Vertrag im Bereich seines Eigenliquidationsrechts tätig wird.[126] Zur Amtspflicht gehört dabei die Beachtung der ärztlichen Sorgfaltspflichten.[127]

D 53 Beide Haftungen, die vertragliche und die außervertragliche, bestehen nebeneinander, so daß der Arzt nach vertraglichen wie auch deliktischen Grundsätzen zur Verantwortung gezogen werden kann. Die Kumulation der Haftung ist insbesondere deshalb relevant, weil sich ein Anspruch auf Schmerzensgeld für den Patienten gemäß den §§ 253, 847 Abs. 1 BGB nur aus unerlaubter Handlung ergibt.[128] Des weiteren ist die Anwendbarkeit deliktischer und vertraglicher Vorschriften nebeneinander für die Frage der Verjährung von Bedeutung. Während ein Anspruch aus unerlaubter Handlung gemäß § 852 BGB nach 3 Jahren verjährt, beträgt die regelmäßige Verjährungsfrist des § 195 BGB, der auf Ansprüche aus Vertragsverletzung anzuwenden ist, 30 Jahre. Schließlich kommt das Zusammenspiel der vertraglichen mit der deliktischen Haftung im Bereich der Gehilfenhaftung zum Tragen, worauf noch gesondert eingegangen wird.

Die Begriffe Rechtswidrigkeit, Verschulden und Schaden stimmen in beiden Bereichen weitgehend überein. In beiden Fällen ist Hauptvoraussetzung der Haftung die Feststellung eines Behandlungsfehlers. Freilich führt der unterschiedliche Zweck der beiden Haftungen, wie bereits erörtert (s. S. 237 ff.), zu unterschiedlichen Schutzbereichen.

D 54 Für die Zurechnung einer Verletzung und eines Schadens ist sowohl für die Haftung aus Vertrag wie auch aus unerlaubter Handlung das Verschulden wesentliche Voraussetzung. Da der Arzt nicht eine erfolgreiche Behandlung, etwa im Sinne einer Heilung schuldet, kann auch das Fehlschlagen der ärztlichen Behandlung nicht Haftungsgrund sein. Regelmäßig gibt es nicht einmal den Anschein des Verschuldens ab. Vielmehr ist darauf abzustellen, ob der Behandelnde unter dem Standard der medizinischen Wissenschaft, dessen Einhaltung von ihm erwartet wird, geblieben ist.[129] Eine Gefährdungs- bzw. Erfolgshaftung wäre für die Berufshaftung des Arztes nicht sachgerecht. Zwar ist die ärztliche Tätigkeit mit Gefahren verbunden, diese werden jedoch nicht vom Arzt an den Patienten herangetragen, sondern liegen im Bereich des Patienten.[130]

---

126 BGH MedR 1983, 104, 106 f.; grundsätzlich zur Haftung für Amtspflichtverletzung Baur u. Hess (1982) Arzthaftpflicht, S. 39 ff.

127 BGH NJW 1974, 1422, 1424.

128 Larenz (1981) Schuldrecht II, S. 680; Heck (1929) Schuldrecht, S. 56.

129 BGHZ 8, 138, 140; Laufs (1978 a) Arztrecht, Rdnr. 154 ff.

130 Deutsch, Festschrift für von Caemmerer, S. 329; Weyers (1978) Gutachten, A 91.

D 55 Fahrlässig handelt gemäß § 276 Abs. 1 Satz 2 BGB, wer die im Verkehr erforderliche Sorgfalt außer acht läßt. Sorgfalt bedeutet in diesem Zusammenhang sowohl äußere wie auch innere Sorgfalt.[131] Mit der ersteren ist die Einhaltung des Standards der medizinischen Wissenschaft bezeichnet. Mit der inneren Sorgfalt hingegen ist auf die Person des Arztes abgestellt. Sie betrifft auch das Erkennenmüssen der von ihm einzuhaltenden äußeren Sorgfalt. So handelt unsorgfältig im Sinne fehlender innerer Sorgfalt, wer einen Patienten infolge Unaufmerksamkeit, Übermüdung oder selbst verschuldeter körperlicher Unfähigkeit unsachgemäß behandelt.

Die erforderliche Sorgfalt wird von mehreren Faktoren beeinflußt. Ihr normativer Charakter ergibt sich daraus, daß auf diejenige Sorgfalt abgestellt wird, die nach den Umständen geboten ist; der eingerissene Schlendrian führt nicht zu einer Minderung der Anforderungen.[132] Der soziale Bezug wird dadurch hergestellt, daß der Arzt nur das „im Verkehr" Erwartete zu leisten hat, das heißt soviel, wie ein anderer Arzt an seiner Stelle zu leisten hätte. Schließlich erscheint die Sorgfalt insofern objektiv typisiert, als der Standard eines bestimmten Verkehrskreises maßgeblich ist, also derjenige eines Arztes desselben Fachgebietes oder eines Allgemeinmediziners. Maßgeblich ist der Stand der medizinischen Erkenntnis im Zeitpunkt der Behandlung.[133] Unzureichende Fähigkeiten entschuldigen hier nicht; umgekehrt ist der Arzt verpflichtet, auch seine besonderen Fähigkeiten einzusetzen.[134] Danach ist diejenige Sorgfalt maßgeblich, die der Verkehr von einem ordentlichen, pflichtgetreuen durchschnittlichen Arzt bzw. Spezialisten in der konkreten Situation erwartet.[135]

D 56 Die Fehlleistungen im medizinischen Bereich lassen sich auf mehrfache Weise gliedern. Zum einen kann nach den Arten der vorkommenden Behandlungsfehler unterschieden werden, zum anderen ist eine Einteilung nach der rechtlichen Beurteilung des Behandlungsfehlers möglich. Das Feld der ärztlichen und klinischen Fehlleistungen ist entsprechend der Vielfalt der Arbeit im medizinischen Bereich weit. Eine grobe Einteilung kann zunächst vorgenommen werden in Fehlleistungen im ärztlichen und in Fehlleistungen im allgemeinen Bereich.[136] Zu den allgemeinen gehören etwa Fehler bei der Organisation, wie Informationserfassung und -übermittlung. Zu den ärztlichen sind die verschiedenen Arten der Abweichung vom einzuhaltenden medizinischen Standard zu zählen.

D 57 Eklatant ist die medizinische Fehlleistung meist in den Fällen der Nichtbehandlung. Eine behandlungsbedürftige Krankheit wird übersehen, oder der Arzt ist zur Behandlung nicht zur Stelle. Die Untätigkeit stellt sich in diesen Fällen als Unterlassen trotz Handlungspflicht dar.[137] Sodann kann der Fehler darin liegen, daß die Therapie vom wissenschaftlichen Standard negativ abweicht. Hierher gehören in erster Linie die Fälle unsorgfältiger Behandlung. Ein Gipsverband wird nicht kontrolliert, so daß es zu entzündlichen Prozessen oder dem Absterben von Körperteilen kommt; eine Spritze wird nicht fachgerecht gesetzt; ein Knochenbruch wird

---

131 Deutsch (1963) Fahrlässigkeit und erforderliche Sorgfalt, S. 95 f.

132 Deutsch (1983) Arztrecht und Arzneimittelrecht, Rdnr. 100; Baur u. Hess (1982) Arzthaftpflicht, S. 25; BGH NJW 1953, 257; Protokolle zum BGB II 598, 604.

133 Giesen, JZ 1982 a, 353; Hanau, Münchner Kommentar § 276 Rdnr. 155 f.; Laufs (1978 a) Arztrecht, Rdnr. 156 ff.

134 Heck (1929) Schuldrecht, S. 76 ff.; Engisch (1930) Untersuchungen über Vorsatz und Fahrlässigkeit, S. 355; BGH VersR 1967, 775, 777.

135 Laufs (1978 a) Arztrecht, Rdnr. 158; Deutsch (1963) Fahrlässigkeit und erforderliche Sorgfalt, S. 117 ff.

136 Rümelin (1913) Haftung im klinischen Betrieb, S. 14 ff.

137 BGH VersR 1977, 644

übersehen.[138] Vom Stand der medizinischen Wissenschaft wird auch das Maß der zulässigen Behandlung bestimmt. Auch hier kommt es auf den Zeitpunkt der ärztlichen Maßnahme an. Ist etwa die verabreichte Dosis zu hoch, so ist der Handelnde ersatzpflichtig.[139] Unterlaufen dem Arzt bei der Behandlung sonstige Fehler, läßt er etwa Fremdkörper im Operationsgebiet zurück, so wird von einem begleitenden Fehler gesprochen.[140] Schließlich kann eine medizinische Fehlleistung in Form eines Informationsmangels vorliegen. Der Arzt genügt seiner gegenüber dem Patienten bestehenden Verpflichtung nicht allein durch fachgerechte Vornahme der bloßen Behandlung. Er hat dem Patienten vielmehr regelmäßig die nötigen Anweisungen zu geben und ihn über die Behandlung zu informieren. So ist es seine Aufgabe, auf die Wirkungsweise und ggf. Nebenwirkungen eines verordneten Arzneimittels hinzuweisen[141] und dem Patienten entsprechende Vorsichtsmaßnahmen anzuraten, etwa das Autofahren während der medikamentösen Behandlung zu unterlassen.

D 58 Eine Haftung kann sich auch auf Fehler gründen, die nicht typisch für die ärztliche Tätigkeit sind, sondern in anderen Berufsgruppen ebenso vorkommen können. Hier sind zunächst allgemeine Fehlleistungen zu nennen, wie beispielsweise die Verwechslung des zu amputierenden Beines und das Nichtachten auf persönliche Gegenstände während der Operation des Patienten. Mängel können auch im organisatorischen Bereich liegen. Die Zusammenarbeit einer größeren Anzahl von Personen, insbesondere im Krankenhaus, erfordert eine Regelung der Arbeitsteilung. Zuständigkeit und Verantwortungsbereiche sind jeweils zu bestimmen. Für die Erfüllung bestimmter Dienstpflichten sind Regeln aufzustellen, deren Einhaltung den ordnungsgemäßen Behandlungsablauf sichern soll.[142] Sie betreffen angesichts des ärztlichen Ermessensspielraums jedoch in erster Linie Verwaltungsvorgänge. In welchem Umfang über den eigentlichen ärztlichen Bereich hinaus eine Art Fürsorgepflicht gegenüber dem Patienten besteht, läßt sich nicht im einzelnen abstecken. Zu denken ist etwa an eine Verpflichtung des Arztes, den Patienten über den durch seine Krankenkasse nicht übernommenen Kostenanteil zu unterrichten.[143].

D 59 Von der Art der Fehlbehandlung im tatsächlichen Sinne ist deren rechtliche Einordnung zu unterscheiden. Hier läßt sich ebenfalls eine Einteilung in Gruppen vornehmen. Da hier die Ordnung unter einem anderen Gesichtspunkt erfolgt, entsprechen sich die einzelnen Gruppen nicht; vielmehr kann jeder Realtypus zu einem der im folgenden genannten Legaltypen in Verbindung gesetzt werden.

D 60 Von einleitender Fahrlässigkeit oder von einem sog. Übernahmeverschulden spricht man dann, wenn der Behandelnde aufgrund eines persönlichen Defizits nicht genügend in der Lage ist, die übernommene Behandlung fachgerecht durchzuführen.[144]

Dem Betreffenden wird in diesen Fällen vorgeworfen, seine persönlichen Grenzen nicht erkannt bzw. aus dieser Erkenntnis nicht den Schluß gezogen zu haben,

---

138 Kleinewefers, Dtsch Arztebl 1978, 52.
139 OLG München, VersR 78, 285.
140 Deutsch (1983) Arztrecht und Arzneimittelrecht, Rdnr. 106.
141 BGH NJW 1970, 511; BGH NJW 1981, 511; Deutsch (1983) Arztrecht und Arzneimittelrecht, Rdnr. 65.
142 BGH VersR 1960, 19.
143 BGH JZ 1983, 443; AG Köln, NJW 1980, 2756.
144 Rabel (1904) Haftpflicht des Arztes, S. 11; Weyers, Gutachten (1978) A 17; OLG Stuttgart VersR 1977, 846.

die Behandlungsübernahme abzulehnen. Demjenigen, der nicht über die erforderlichen Fachkenntnisse verfügt, wird zugemutet, auf einen Kollegen zu verweisen. Dasselbe gilt, wenn während der Behandlung Komplikationen auftreten, die der Arzt nicht beherrscht; wird eine Krankenhausbehandlung erforderlich, so hat er den Patienten unverzüglich einzuweisen.[145]

D 61 Die Fahrlässigkeit im Zivilrecht ist gruppenbezogen. Die erforderliche Sorgfalt wird nach Verkehrskreisen bestimmt. Verlangt wird die üblicherweise von der betreffenden Berufsgruppe zu erwartende Umsicht.[146]

D 62 Besondere Bedeutung kommt der groben Fahrlässigkeit beim schweren Behandlungsfehler zu. Nach ständiger Rechtsprechung liegt grobe Fahrlässigkeit dann vor, wenn die erforderliche Sorgfalt in ungewöhnlich großem Maße verletzt worden und das ungeachtet geblieben ist, was in diesem Fall jedem hätte einleuchten müssen.[147] Das ist dann der Fall, wenn ärztliche (diagnostische oder auch therapeutische) Grundregeln außer acht gelassen werden. Hierzu gehört das Vergessen einer Röntgenaufnahme, der Immunisierung gegen Tetanus, das Unterlassen eines Schwangerschaftstests bei einer jüngeren Frau vor einer Unterleibsoperation.[148] Die Feststellung grober Fahrlässigkeit führt hinsichtlich der Schadensfolge zu einer Beweislastumkehr. Hierauf wird später noch im einzelnen eingegangen werden.

D 63 Neben der zivilrechtlichen Verantwortlichkeit gegenüber dem Patienten nimmt das Bundessozialgericht eine öffentlich-rechtliche Haftung des Kassenarztes für Kosten an, die der Krankenkasse durch einen Behandlungsfehler entstehen, z. B. für die Kosten eines durch den Arzt verursachten Krankenhausaufenthalts. Die Prüfgremien der Kassenärztlichen Vereinigung haben in einem solchen Fall einen Regreßanspruch der Krankenkasse gegenüber dem Kassenarzt festzustellen.[149]

IV. Einwilligung nach Aufklärung

D 64 Im Rahmen des Arzt-Patient-Verhältnisses wird zunehmend das in Artikel 2 Abs. 1 Grundgesetz geschützte Selbstbestimmungsrecht in den Vordergrund gerückt. So wird es auch als Ausgangspunkt für die ärztliche Aufklärung gesehen.[150] Das Recht auf körperliche Unversehrtheit verbietet jede, auch die indizierte und fachgerecht ausgeführte Maßnahme am Patienten ohne dessen Zustimmung. Diese setzt jedoch ausreichende Kenntnisse über Art, Sinn und Zweck der beabsichtigten medizinischen Maßnahmen voraus. Zu einer wirksamen Einwilligung durch den Patienten bedarf es daher seiner Unterrichtung durch den Mediziner.

Der Aufklärung des Patienten und den damit verbundenen Fragen wurde und wird besondere Bedeutung beigemessen. In diesem Zusammenhang wird eine Fülle

---

[145] OLG Celle, VersR 1981, 684 f.; Baur u. Hess (1982) Arzthaftpflicht, S. 24.

[146] Hanau, Münchner Kommentar, § 276 Rdnr. 88; Deutsch (1963) Fahrlässigkeit und erforderliche Sorgfalt, S. 117 ff.; Laufs (1978 a) Arztrecht, Rdnr. 158.

[147] BGHZ 10, 74; BGH VersR 1959, 371.

[148] Deutsch, NJW 1978, 1658.

[149] Hierzu BSG MedR 1984, 31 und oben Rdnr. 16.

[150] Wachsmuth u. Schreiber, Arzt Krankenhaus 1981, 75; Brenner (1983) Arzt und Recht, S. 28; Kern u. Laufs (1983) Die ärztliche Aufklärungspflicht, S. 9.

von Problemen erörtert. Gefragt wird nach der richtigen Aufklärungsart, dem Umfang der Aufklärung, den Besonderheiten bei bestimmten Personengruppen, den Anforderungen an die Einwilligungserklärung im einzelnen und nach der Beweislast.

D 65 Die Aufklärung des Patienten hat zweierlei zu leisten. Sie muß einerseits den rechtlichen Anforderungen gerecht werden und andererseits für den Patienten tragbar sein. Wie schon an anderer Stelle (s. S. 232) ausgeführt, stellt auch die kunstgerecht und fehlerfrei durchgeführte ärztliche Behandlung tatbestandlich eine Körperverletzung sowie eine unerlaubte Handlung dar. Will der Arzt gerechtfertigt sein, bedarf er grundsätzlich der Einwilligung seines Patienten. Die durch die Tatbestandsmäßigkeit indizierte Rechtswidrigkeit wird durch die nach Aufklärung erteilte Einwilligung ausgeschlossen.[151] Aufklärung und Einwilligung müssen jeweils auf die konkrete Maßnahme abgestellt sein. Die Einwilligung ist kein Rechtsgeschäft.[152] Bei Minderjährigen hängt die Einwilligungsbefugnis von ihrer Einsichtsfähigkeit ab, die aber nicht mit der bürgerlich-rechtlichen Geschäftsfähigkeit oder der strafrechtlichen Zurechnungsfähigkeit zusammenfällt. Sie bedeutet vielmehr „die von Fall zu Fall vom Arzt zu prüfende Reife und Fähigkeit, die Tragweite des ärztlichen Eingriffs für Körper, Beruf und Lebensglück zu bemessen".[153] Von Bedeutung für die Einwilligungsbefugnis sind v.a. auch Schwere und Dringlichkeit des Eingriffs. Die Einwilligung eines Minderjährigen zu einer Operation ist danach rechtswirksam, wenn er nach seiner geistigen und sittlichen Reife Bedeutung und Tragweite des Eingriffs und seiner Gestattung abzuwägen vermag.[154] Bei Jugendlichen unter 14 Jahren wird die eigene Einwilligung regelmäßig durch die des gesetzlichen Vertreters ersetzt.[155] Anders als ein handlungsfähiger Patient hat der gesetzliche Vertreter aber nicht die Möglichkeit, sich auch für eine objektiv verfehlte Behandlungsmethode einzusetzen.[156] Über eine medizinisch unvertretbare Weigerung des gesetzlichen Vertreters darf sich der Arzt bei unaufschiebbaren Maßnahmen hinwegsetzen.[157]

D 66 Die Einwilligung des Patienten kann ausdrücklich oder in schlüssiger Form, etwa dadurch erteilt werden, daß sich der Betreffende in die Behandlung eines Arztes begibt. Die Einwilligungserklärung ist jederzeit widerruflich. Ist der Patient aufgrund von Bewußtlosigkeit oder sonstiger Willensunfähigkeit nicht in der Lage, der Behandlung selbst zuzustimmen und kann kein Pfleger mehr bestellt werden (§ 1910 Abs. 2 BGB), so kommt die sog. mutmaßliche Einwilligung in Betracht. Sie wird insbesondere bei dringenden ärztlichen Eingriffen und bei Operationserweiterungen bedeutsam. In Anlehnung an § 683 BGB, der die berechtigte Geschäftsführung ohne Auftrag regelt, wird danach gefragt, ob die ärztliche Behandlung im objektiven Interesse des Patienten erfolgt und ob sie seinem wirklichen oder mutmaßlichen Willen entspricht.[158] Davon, daß die Maßnahme im objektiven Interesse des Patienten liegt, kann bei medizinischer Indikation regelmäßig ausgegangen und das

---

151 Tempel, NJW 1980, 690; Mertens, Münchner Kommentar, § 823 Rdnr. 373.
152 BGHZ 29, 33; BGH NJW 1972, 335; Gitter, Münchner Kommentar vor § 104 Rdnr. 94.
153 Laufs (1978 a) Arztrecht, Rdnr. 83; Engisch (1970) Heileingriff, S. 14 m.w.N., vgl. auch Deutsch (1983) Arztrecht und Arzneimittelrecht, Rdnr. 266.
154 BGHZ 29, 33; vgl. auch BGHSt 12, 379.
155 Kern u. Laufs (1983) Die ärztliche Aufklärungspflicht, S. 29.
156 BGH MedR 1983, 25, 27.
157 Mertens, Münchner Kommentar, § 823 Rdnr. 452; Laufs (1978 a) Arztrecht, Rdnr. 83.
158 Mertens, Münchner Kommentar, § 829 Rdnr. 454; Kern u. Laufs (1983) Die ärztliche Aufklärungspflicht, S. 25.

subjektive Einverständnis gleichfalls angenommen werden. Voraussetzung ist jedoch, daß der Behandelnde alles getan hat, den Willen des Patienten zu ermitteln, etwa durch Befragen von nahen Angehörigen.

Die ausdrücklich oder schlüssig erteilte oder die mutmaßliche Einwilligung sind, außer im Falle der gesetzlich zugelassenen Zwangsbehandlung,[159] unabdingbar für den Ausschluß der strafrechtlichen und der deliktischen Verantwortlichkeit. Entsprechend schließt die wirksame Einwilligung auch eine Verletzung des Behandlungsvertrages aus, aufgrund dessen der Arzt ebenfalls zur Aufklärung des Patienten verpflichtet ist.[160]

D 67 Die Aufklärung kann einmal die Krankheitsdiagnose, sodann den Behandlungsverlauf und schließlich die Behandlungsrisiken betreffen. Die Mitteilung der Diagnose ist meist Voraussetzung für die weitergehende Unterrichtung des Patienten. Bei der Verlaufsaufklärung gilt es, dem Patienten die Behandlungsmöglichkeiten sowie die damit jeweils verbundenen Gesundheitsfolgen aufzuzeigen. Allerdings darf der Arzt bei gleich erfolgversprechenden und üblichen Vorgehensweisen unterstellen, daß der Kranke die Wahl seiner Erfahrung überläßt.[161] Durch die Risikoaufklärung muß der Patient darüber unterrichtet werden, in welchem Maße ein Fehlschlagen des Eingriffs wahrscheinlich ist und mit welchen Folgen er in diesem Fall zu rechnen hat.

D 68 Der Aufklärungsumfang ist von einer Reihe von Faktoren abhängig. Hier kommt dem Arzt die Aufgabe zu, den von ihm behandelten Patienten möglichst genau einzuschätzen. Das gilt für dessen gesundheitlichen und psychischen Zustand ebenso wie für dessen Aufnahmefähigkeit und -willen. Zudem hat der Arzt zu berücksichtigen, daß er es nicht mit einem generell verständigen Menschen, sondern mit einem Patienten in einer konkreten Leidenssituation zu tun hat.[162] Einigkeit besteht darüber, daß der Patient grundsätzlich über die wesentlichen Züge der Behandlung, das damit verbundene Risiko und den Verlauf aufzuklären ist. Hinsichtlich darüber hinausgehender Einzelinformationen wird die Auffassung vertreten, die weitere Aufklärung dem Nachfragen des Patienten zu überlassen.[163] Diesem Vorschlag wird im wesentlichen entgegengehalten, daß die Minimalaufklärung dem Patienten keine ausreichende Entscheidungsgrundlage biete. Der Arzt hat zudem zu beachten, daß eine situationsbedingte Befangenheit den Patienten davon abhalten kann, Umstände zu erfragen, obwohl sie ersichtlich für ihn von Interesse sein können.[164] Ein Zuviel an Aufklärung wird andererseits häufig dort betrieben, wo der Arzt zur ergänzenden Information des Patienten Aufklärungsbroschüren einsetzt. Die beiden Extreme zeigen, daß dem Patienten zuwenig wie auch zuviel zugemutet werden kann. Es haben sich allgemein anerkannte Richtpunkte zum Aufklärungsumfang gebildet. So muß bei einem dringend indizierten Eingriff die Aufklärung nicht so umfassend ausfallen wie bei einem aufschiebbaren.[165]Auf ein sehr geringes Risiko braucht nur am Rande eingegangen zu werden,[166] während sich die Instruktionspflicht bei der Wahl einer Außenseitermethode erhöht.[167] Bei allgemein bekannten

---

[159] Etwa die Zwangsernährung nach § 101 Strafvollzugsgesetz; vgl. Deutsch, NJW 1978, 1659.
[160] Erhardt, Dtsch Ärztebl 1972, 71; Deutsch (1983) Arztrecht und Arzneimittelrecht, Rdnr. 39, 92.
[161] BGH NJW 1982, 2121.
[162] Schreiber, Arztrecht 1980a, 299.
[163] BGH, VersR 73, 244ff.; Weißauer (1981) Stufenaufklärung S. 31 f.
[164] BGH NJW 1980, 633, 635.
[165] BGH VersR 1980, 1145; BGH NJW 1981, 1319; Schreiber, Internist (Berlin) 1983, 185.
[166] OLG Düsseldorf VersR 1977, 725; Kern u. Laufs (1983) Die ärztliche Aufklärungspflicht, S. 92.
[167] BGH VersR 1978, 41.

Eingriffen kann sich der Arzt mit dem Hinweis auf die Gefährlichkeit einer jeden Operation begnügen,[168] auch berufliche Vorkenntnisse oder Erfahrungen aus früheren Eingriffen mindern den Aufklärungsumfang.[169]

D 69 Verzichtet der Patient auf die Aufklärung, muß ihm gleichwohl mitgeteilt werden, daß ein Eingriff notwendig ist und welche Folgen eine Nichtbehandlung haben kann. Lehnt der Kranke bei akuter Lebensgefahr die rettende Operation ab, so erweitert sich die Pflicht dahin, die nächsten Angehörigen zu informieren, damit diese auf den Patienten einwirken können.[170] Nicht berücksichtigt wird dabei jedoch, daß die Zurückweisung ärztlicher Hilfe auf sittlich achtenswerten Gründen beruhen kann.[171]

D 70 Grundsätzlich ist der Arzt zur Aufklärung über die Behandlung, den Verlauf und die Risiken, oft auch unter Angabe der Diagnose, verpflichtet. Es gibt jedoch auch Fälle, in denen eine Aufklärung zu einer übermäßigen psychischen Belastung des Kranken, zu einer Erhöhung des Risikos eines Heileingriffs oder gar zu einer Gefährdung Dritter führen kann. In diesen Fällen kann eine Aufklärung aufgrund des sog. therapeutischen Privilegs entfallen oder eingeschränkt werden.[172] Der BGH hat sich zu diesem Problemkreis sehr zurückhaltend geäußert. Auch er hat jedoch anerkannt, daß in dem besonderen Fall, daß die mit der Aufklärung verbundene Eröffnung der Natur des Leidens zu einer ernsten und nicht behebbaren Gesundheitsschädigung des Patienten führen würde, ein Absehen von der Aufklärung gerechtfertigt sein kann.[173] Es ist jedoch bekannt, daß auch eine schonende Risikoaufklärung bei besonders gefährdeten und labilen Patienten das bewirken kann, was man eine „sich selbst verwirklichende Prophezeihung" nennt.[174] So ist es nicht ausgeschlossen, daß sich ein besonders labiler Patient, der an einem schweren Herzkranzgefäßschaden leidet, derart über ein mögliches, wenn auch äußerst geringes tödliches Risiko eines Heileingriffs aufregt, daß er einen tödlichen Herzanfall erleidet. In solchen Fällen ist der Arzt berechtigt, die Warnung zu unterlassen.[175] Sehr fraglich ist die Behandlung des Falles, daß ein besonders labiler Patient durch den Hinweis auf eine nicht unerhebliche Nebenfolge in seiner Entschlußkraft so beeinträchtigt wird, daß er eine dringlich angezeigte medizinische Behandlung zu seinem Schaden unterläßt.[176] In extremen Fällen kann jedoch auch hier bei Gefahr einer psychotisch unverständigen Ablehnung der Behandlung eine Unterlassung der Aufklärung gerechtfertigt sein.[177]

D 71 Daß bei der Aufklärung nicht von einem Regelfall ausgegangen werden kann, sondern auf den einzelnen Patienten einzugehen ist, zeigt sich besonders deutlich, wenn die Person des Patienten oder die Art der Behandlung gesteigerte Anforderungen an den Arzt stellt. So ist bei der Aufklärung von Ausländern in besonderem Maße, etwa durch Rückfragen, zu kontrollieren, ob die Information verstanden

---

168 BGH NJW 1980, 633; BGH NJW 1983, 333.

169 Zusammenfassend Laufs (1978 a) Arztrecht, Rdnr. 74 ff.

170 BGH MedR 1983, 29.

171 Geiger, JZ 1983, 153; Laufs, NJW 1983, 1347.

172 Deutsch, NJW 1980, 1306; Linzbach (1980) Informed Consent, S. 67 (zum amerikanischen Recht). Engisch (1970) Ärztliche Aufklärungspflicht, S. 26.

173 BGHZ 29, 176, 182 ff.; BGH NJW 1972, 335, 337; OLG Hamm NJW 1976, 1157.

174 Vgl. Deutsch, NJW 1980, 1306.

175 Rabel (1904) Haftpflicht des Arztes, S. 36; Linzbach (1980) Informed consent, S. 71; Mertens, Münchner Kommentar, § 823 Rdn. 438; vgl. auch Laufs (1978 a) Arztrecht, Rdnr. 81.

176 Deutsch (1978 a) Arztrecht, Rdnr. 87; Engisch (1970) Ärztliche Aufklärungspflicht, S. 26; Mertens, Münchner Kommentar, § 823 Rdnr. 438.

177 Deutsch, NJW 1980, 1307; Mertens, Münchner Kommentar, § 823 Rdnr. 438.

worden ist. Besondere Behandlungsarten, wie etwa eine Transplantation, machen in der Regel eine besonders ausführliche Aufklärung erforderlich.

D 72 Die Beweislast für die erfolgte Aufklärung trägt im Zivilprozeß der Arzt.[178] Das hat die Rüge von Aufklärungspflichtverletzungen zu einer Art Nebengleis zum Behandlungsfehlerprozeß werden lassen.[179] Kann der Patient den ärztlichen Behandlungsfehler nicht nachweisen, stützt er seinen Schadenersatzanspruch auf die Verletzung der Aufklärungspflicht. Das hat dazu geführt, daß die Ärzteschaft teilweise versucht, das Risiko dadurch auf den Patienten zurückzuverlagern, daß dieser überaus umfassend aufgeklärt wird. Als Vehikel hierfür dienen zunehmend Aufklärungsbroschüren, die den Patienten vor einem Gespräch mit dem Arzt die „Basisinformation" über den geplanten Eingriff zukommen lassen sollen (sog. Stufenaufklärung).[180] Diese Aufklärungsbroschüren enthalten teilweise sämtliche denkbaren Komplikationen, überfordern dadurch den Patienten intellektuell und psychisch und können allenfalls dazu führen, diesen zur Behandlungsverweigerung zu bewegen. Ärztliches Fach- und Erfahrungswissen ist ohnehin dem Laien nur schwer zu vermitteln; die formularmäßige Aufklärung des Kranken ist hierzu wenig geeignet. Sie wird oft an die Grenze der Übermaßaufklärung und damit der Verletzung der Fürsorgepflicht durch den Arzt reichen. Sie berücksichtigt zudem zuwenig die Besonderheiten des einzelnen Behandlungsverhältnisses sowie die Möglichkeit des Patienten, auf Informationen durch den Arzt zu verzichten. Das Wort sollte daher am Anfang der ärztlichen Heilbehandlung stehen.[181]

D 73 Die Aufklärung hat durch einen Arzt zu erfolgen, der freilich nicht die Behandlung selbst vornehmen muß. Die Informationen sind zu einem Zeitpunkt zu erteilen, der dem Patienten einerseits Gelegenheit läßt, das Erklärte zu verstehen und zu verarbeiten, andererseits aber nicht so früh liegt, daß der Patient in unnötige Gewissensqualen gestürzt wird.[182]

Die Einwilligung bedarf übrigens keiner besonderen Form. Sie wird jedoch häufig unter Beweissicherungsaspekten schriftlich zu erteilen sein. Ein Vermerk in der Krankenakte reicht als Grundlage für einen Anscheinsbeweis ebenfalls aus.[183]

Im Strafverfahren muß der Arzt wegen des Grundsatzes „in dubio pro reo" freigesprochen werden, wenn das Fehlen einer Einwilligung nach Aufklärung nicht nachgewiesen werden kann.

V. Kausalität

D 74 Die Verantwortlichkeit des Arztes erfordert eine Verknüpfung zwischen der ihm als Sorgfaltspflichtverletzung angelasteten Handlung bzw. Unterlassung und dem eingetretenen Erfolg, die Kausalität. Im Hinblick auf die unterschiedlichen Funktionen des Strafrechts und des zivilen Haftungsrechts ist der Kausalitätsbegriff in beiden Bereichen nicht deckungsgleich.

---

178 RGZ 68, 431; BGH NJW 1978, 587 f.; Mertens, Münchner Kommentar, § 823 Anm. 460.

179 Schreiber, Niedersächsisches Ärztebl 1978, 120; Laufs (1978 a) Arztrecht, Rdnr. 67.

180 Weißauer, Langenbecks Arch Chir 1977, 471 ff.

181 Kern u. Laufs (1983) Die ärztliche Aufklärungspflicht, S. 46; Wachsmuth u. Schreiber, Chirurg 1982 a, 595.

182 Deutsch, NJW 1979, 1907; Kern u. Laufs (1983) Die ärztliche Aufklärungspflicht, S. 41.

183 Mertens, Münchner Kommentar, § 823 Rdnr. 460.

D 75 Strafrechtlich wird nach der sog. Äquivalenztheorie geurteilt, d.h. die Handlung des Arztes ist dann als Ursache des Erfolges anzusehen, wenn sie nicht hinweggedacht werden kann, ohne daß der Erfolg entfiele.[184] Die Handlung muß Conditio sine qua non des Erfolges sein.

Die Haftung für das Unterlassen einer gebotenen Handlung setzt voraus, daß eine Handlungspflicht des Arztes bestand, deren Erfüllung den Erfolg vermieden hätte. Eine solche Handlungspflicht, die auch als Garantenpflicht bezeichnet wird, ergibt sich etwa aus der Übernahme der Behandlung wie auch aus der Übernahme des Notdienstes.[185] Unabhängig von dieser Garantenstellung trifft den Arzt die allgemeine Rechtspflicht zur Hilfeleistung gemäß § 323 c StGB.[186] Auch bei der Kausalitätsprüfung im Fall des Unterlassens wird der tatsächliche einem hypothetischen Kausalverlauf gegenübergestellt.[187] Fragte man bei der Handlung des Arztes danach, ob diese hinweggedacht werden kann, ohne daß der Erfolg entfällt, so wird nunmehr geprüft, ob der Erfolg ausbleibt, wenn man die unterlassene Handlung hinzudenkt. In diesem Fall wird dem Unterlassenden die Nichtverhinderung des Erfolges zugerechnet.[188]

D 76 Welchen Verlauf die Ereignisse ohne das durch den Arzt gesetzte Verhalten genommen hätten, läßt sich jedoch gerade im Bereich der Medizin oft nur schwer beurteilen. Für die Kausalität wird bisher einhellig der Nachweis gefordert, daß der Erfolg durch ein anderes Verhalten mit an Sicherheit grenzender Wahrscheinlichkeit hätte vermieden werden können.[189] Ein neueres Urteil des BGH[190] hat dazu Anlaß gegeben, diese Anforderungen erneut zu überdenken. Zu entscheiden war ein Fall, in dem eine Patientin nach einer Blinddarmoperation eine sich ausbreitende Bauchfellentzündung entwickelt hatte. Trotz klassischer Symptome wurde sie weder ausreichend untersucht noch nachbehandelt und starb schließlich trotz Intensivbehandlung in einer anderen Klinik. Der Sachverständige konnte den für den Tod ursächlichen Zusammenhang zwischen dem pflichtwidrigen Unterlassen und dem Tod des Patienten nicht mit „an Sicherheit grenzender Wahrscheinlichkeit"[191] bejahen; er verwies darauf, daß dieser juristische Begriff für die Medizin nicht brauchbar sei, da es dort derartige Wahrscheinlichkeiten nur ganz selten gebe. Das Gericht hat daraufhin entschieden, es genüge für die Strafbarkeit wegen fahrlässiger Tötung, daß der Tod mindestens um einen Tag früher eingetreten sei, als es ohne das pflichtwidrige Unterlassen der Fall gewesen wäre. Die Entscheidung zeigt, daß das vom Gutachter erwartete Wahrscheinlichkeitsurteil der Tatsache nicht gerecht wird, daß sich Reaktionen des lebenden menschlichen Organismus nicht exakt vorausbestimmen lassen. Die strenge Anwendung der Formel von der an Sicherheit grenzenden Wahrscheinlichkeit hätte umgekehrt die unbefriedigende Folge, daß die strafrechtliche Haftung für unterlassene Erfolgsabwendung auf solche Fälle beschränkt wäre, in denen die Behandlung mit an Sicherheit grenzender Wahrscheinlichkeit Erfolg verspräche. Zur Problemlösung läßt sich zunächst an die Risikoerhöhungslehre[192] denken, nach deren Grundsätzen für den tatbestandsmäßigen

---

184 RGSt 44, 230, 244; BGHSt 1, 332, 333; 7, 112, 114.
185 Zum Streit über die Pflicht zur Übernahme im Notdienst, vgl. Laufs (1978 a) Arztrecht, Rdnr. 43.
186 Ausführlich dazu Schewe (1980) Hilfeleistungs- und Behandlungspflichten, S. 49ff.
187 RGSt 75, 324, 327; Welzel (1969) Strafrecht, S. 212.
188 RGSt 63, 392, 393; 75, 49, 50; BGHSt 6, 1, 2; NJW 1979, 1258.
189 RGSt 51, 127; 75, 324, 326ff.
190 BGH NStZ 1981, 218 mit Anm. Wolfslast.
191 Schreiber u. Wachsmuth, NJW 1982, 2096.
192 Roxin, ZStW 74, 411.

Erfolg bereits gehaftet wird, wenn nur das Risiko für dessen Eintritt erhöht wurde. Dieser Gedanke läßt sich jedoch insofern nicht mit dem geltenden Recht vereinbaren, als er gegen den Grundsatz „in dubio pro reo" verstößt und fahrlässige Verletzungsdelikte zu Gefährdungsdelikten macht.[193] Der Gedanke, die Anforderungen an den Nachweis, daß die Pflichtverletzung für den Tod ursächlich war, zu vermindern, ist mit dem nach geltendem Recht erforderlichen Schuldnachweis nicht zu vereinbaren. Die in der zitierten BGH-Entscheidung erhobene Frage nach der möglichen Lebensverlängerung bietet insofern keine echte Problemlösung, als dem medizinischen Sachverständigen seine Beurteilung kaum erleichtert wird. Vorgeschlagen wird daher, auf die „einen vernünftigen Zweifel ausschließende Überzeugung" des ärztlichen Sachverständigen abzuheben.[194] Diese Formel schafft eine gemeinsame Entscheidungsgrundlage für den Sachverständigen und den Richter.

D 77 Das Zivilrecht begnügt sich mit der Feststellung der naturgesetzlichen Verbindung zwischen Verletzungshandlung und Verletzungserfolg nur bei der Haftungsbegründung, da für die Zurechnung eines Verhaltens regelmäßig Verschulden notwendig ist.[195] Bei der Frage nach der Haftungsausfüllung, also der nach dem Umfang des zu ersetzenden Schadens wird zudem Adäquanz verlangt, d. h. daß der Schaden im Wahrscheinlichkeitsbereich des Verhaltens liegt.[196] Adäquatkausal ist ein Verhalten dann, wenn im Wege einer objektiven nachträglichen Betrachtung festgestellt werden kann, daß mit dem Eintritt des Schadens nach allgemein menschlicher Lebenserfahrung vom Standpunkt eines kundigen Dritten aus gerechnet werden konnte.[197] So scheidet Adäquanz etwa nach einer Körperverletzung aus, wenn ein deshalb hinzugezogener Arzt einen weiteren, schweren Behandlungsfehler begeht.[198] Weitere Voraussetzung für die Ersatzpflicht ist, daß die Einbuße im Schutzbereich der Norm liegt,[199] also durch die Einhaltung der ärztlichen Sorgfalt hätte verhindert werden können.

Die Probleme im Bereich der Kausalität sind außerordentlich vielfältig. Angedeutet seien nur die Fragen mehrfacher Kausalitäten, der Unterbrechung des Kausalzusammenhangs, sog. überholender Kausalität und des rechtmäßigen Alternativverhaltens, auf die hier im einzelnen nicht eingegangen werden kann. Schwierig ist es in manchen Fällen, den Kausalitätsnachweis zu führen. Das gilt insbesondere für Spätschäden, die dem Verhalten des Arztes zugerechnet werden sollen.

VI. Beweislast

D 78 Die Haftpflicht des Arztes setzt voraus, daß der Verletzte jeweils in der Lage ist, den von ihm behaupteten Behandlungsfehler zu beweisen. Im Zivilrecht gilt grundsätzlich, daß derjenige die Anspruchsvoraussetzungen darzulegen und zu beweisen hat,

---

193 Schröder in LK, § 16 Rdnr. 190.

194 Schreiber u. Wachsmuth, NJW 1982, 2098; Laufs, NJW 1983, 1348; ablehnend: Scholl, NJW 1983, 319f.

195 Huber, JZ 1969, 678f.; Deutsch (1976) Haftungsrecht I, S. 141.

196 Erman u. Sirp, § 249, Rdnr. 24; Deutsch (1976) Haftungsrecht I, S. 142.

197 RGZ 78, 270, 272; BGHZ 7, 198, 204; BGH NJW 1972, 904, 905; Larenz (1982) Schuldrecht I, S. 362f.

198 RG JW 11, 754; Esser u. Schmidt (1976) Schuldrecht I 2, § 33 III.

199 Grunsky, Münchner Kommentar, vor § 249 Rdnr. 45.

der daraus Ansprüche herleiten will. Er trägt dann das Risiko der Beweislast, d.h. die Gefahr, den entsprechenden Nachweis nicht führen zu können. Sie verwirklicht sich, wenn die Behauptungen von der Gegenseite bestritten werden beim „non liquet", wenn nämlich ein Umstand trotz Zuhilfenahme sämtlicher möglicher Beweismittel nicht aufgeklärt werden kann.[200]

D 79 Wird Klage wegen eines Behandlungsfehlers erhoben, so hat der Patient sämtliche Haftungsvoraussetzungen zu beweisen, die ärztliche Fehlbehandlung, ihre Ursächlichkeit für die Schädigung, das Verschulden des Arztes sowie den eingetretenen Schaden.[201] Die erforderlichen Nachweise zu erbringen, ist besonders im Bereich des Arztrechts oft schwierig. Der Patient verfügt in der Regel nicht über Sachkenntnisse und kann auch keine Zeugen beibringen, so daß er häufig in Beweisnot gerät.[202]

D 80 Stützt der Patient seine Klage darauf, fehlerhaft oder gar nicht aufgeklärt worden zu sein, so trägt jedoch der Arzt die Beweislast dafür, seine Aufklärungspflicht in vollem Umfang erfüllt zu haben.[203] Diese Beweislastverteilung erklärt sich daraus, daß, wie bereits ausgeführt, der ärztliche Heileingriff dogmatisch als Körperverletzung qualifiziert wird, dessen Rechtswidrigkeit erst durch die Einwilligung des Patienten ausgeschlossen wird. Kann der Arzt den Nachweis der Aufklärung nicht erbringen, so haftet er für den gesamten Schaden, der durch den mangels Einwilligung rechtswidrigen Eingriff entstanden ist.[204]

D 81 Die Beweisprobleme des Patienten werden dadurch vermindert, daß ihm in bestimmten Fällen Beweiserleichterungen zugute kommen. Hierbei handelt es sich zum einen um den sog. Beweis ersten Anscheins (Prima-facie-Beweis), zum anderen um die Beweislastumkehr, beides nicht speziell auf den Arzthaftpflichtprozeß zugeschnittene, sondern allgemeine beweisrechtliche Instrumente.[205]

D 82 Beim Anscheinsbeweis kann der Patient, dessen Gesundheitsschädigung feststeht, darlegen, daß die eingetretene Verletzung typischerweise ihre Ursache in einem Behandlungsfehler hat. Vorausgesetzt ist also jeweils ein typischer Geschehensablauf, bei dem nach allgemeiner Lebenserfahrung oder nach den Erfahrungssätzen der Medizin von einer bestimmten Ursache auf eine bestimmte Wirkung oder umgekehrt von einer bestimmten Wirkung auf eine bestimmte Ursache geschlossen werden kann[206] So läßt beispielsweise eine hochgradige Verbrennung nach einer Behandlung mit Röntgenstrahlen den Schluß auf eine zu hohe Dosierung der Röntgenstrahlen und damit auf einen Behandlungsfehler zu.[207] Bleibt nach einer Operation eine Arterienklemme in der Bauchhöhle zurück, ist ebenfalls prima facie ein Fehler des Arztes anzunehmen.[208] Der Prima-facie-Beweis gilt sowohl im Bereich vertraglicher als auch deliktischer Haftung.[209] Er wirkt sowohl als vorläufig erleichterter Nachweis des Behandlungsfehlers selbst, wie auch der Kau-

---

200 BGH NJW 1973, 2208; Ermann u. Sirp § 249 Rdnr. 126.
201 BGH NJW 1978, 1681, 1682; BGH VersR 1981, 730, 732; Bäumgärtel u. Wittmann, JA 1979, 114; Mertens, Münchner Kommentar, § 823 Rdnr. 412.
202 BVerfGE NJW 1979, 1925; Franzki (1982) Die Beweisregeln im Arzthaftungsprozeß, S. 31 ff.
203 BGH VersR 1981, 677, 678; Dunz, Aktuelle Fragen zum Arzthaftungsrecht, S. 49; Laufs (1978 a) Arztrecht, Rdnr. 192.
204 BGH VersR 1980, 68.
205 BVerfG NJW 1979, 1925; Thomas u. Putzo (1982) Zivilprozeßordnung, Anm. 7 vor § 284 ZPO.
206 BGH LM Nr. 25, 26 zu § 286 (C) ZPO; BGH NJW 1978, 2032; Franzki (1982) Beweisregeln, S. 46 ff.; Laufs (1978 a) Arztrecht, Rdnr. 189.
207 Giesen, JZ 1982 b, 453; Gaisbauer, VersR 1981, 816.
208 Kleinewefers, Dtsch Ärztebl 1982, 52.
209 BGH LM Nr. 28 zu § 286 (C) ZPO.

salität und des Verschuldens.[210] Der festgestellte Sachverhalt muß dabei unter Verwendung allgemeiner oder besonderer Erfahrungssätze zur vollen Überzeugung des Gerichts führen.[211]

D 83 Der Arzt kann den Anscheinsbeweis durch den Nachweis erschüttern, daß ein atypischer Geschehensablauf vorliegen könnte.[212] Dazu reicht es allerdings nicht, bloß eine fernliegende theoretische Möglichkeit darzutun, vielmehr muß er Tatsachen nachweisen, aus denen sich im konkreten Fall die ernsthafte Möglichkeit eines anderen Verlaufs als des nach der allgemeinen Lebenserfahrung zu erwartenden ergibt.[213]

D 84 Eine echte Beweislastumkehr tritt ein, wenn ein grober Behandlungsfehler von seiten des Arztes vorliegt. In diesem Fall wird die Kausalität der fehlerhaften ärztlichen Maßnahme für den eingetretenen Schaden unterstellt. Der Arzt muß nunmehr beweisen, daß trotz seines Fehlers der Schaden nicht auf sein Verhalten zurückzuführen ist,[214] was ihm in den seltensten Fällen gelingt.[215]

Der BGH hat den Versuch unternommen, dem Begriff des groben Behandlungsfehlers die notwendigen Konturen zu verleihen. Ein solcher soll dann vorliegen, wenn das Verhalten des zu beurteilenden Arztes bei Anlegung des für einen Mediziner geltenden Ausbildungs- und Wissensmaßstabes nicht mehr verständlich und verantwortbar erscheint, weil ihm ein „solcher Fehler schlechterdings nicht unterlaufen darf". Als Beispiel nennt das Gericht die grundlose Abweichung von Standardmethoden bei einem eindeutigen Befund.[216]

D 85 Als wertungsmäßige Grundlage der Beweislastumkehr wird von der Rechtsprechung die erforderliche „gerechte Interessenabwägung" gesehen.[217] Der Arzt habe durch seinen Behandlungsfehler eine Situation geschaffen, in der sich nicht erkennen lasse, wie sich der Gesundheitszustand des Patienten bei sachgerechter Behandlung entwickelt hätte. Es sei daher näherliegend, ihn mit dem Beweisrisiko zu belasten als den Patienten.[218] Die Rechtsprechung, die in der Literatur im wesentlichen Zustimmung gefunden hat,[219] verlangt für die Beweislastumkehr die Geeignetheit des Behandlungsfehlers zur Verursachung des aufgetretenen Gesundheitsschadens,[220] über die in der Regel nur ein Sachverständiger wird Auskunft geben können. Steht aufgrund der Beweislastumkehr erst einmal die Verletzung der Sorgfalt fest, dann kann für gewöhnlich auch auf die Mißachtung der inneren Sorgfalt geschlossen und Verschulden bejaht werden.[221]

D 86 Eine Beweislastumkehr hinsichtlich des ärztlichen Verschuldens an der eingetretenen Gesundheitsverletzung kommt grundsätzlich nicht in Betracht. Eine Ausnah-

---

210 Franzki u. Franzki (1981) Der Arzthaftungsprozeß, S. 184; Deutsch (1983) Arztrecht und Arzneimittelrecht, Rdnr. 167.

211 BGH NJW 1962, 31; BGH NJW 1966, 1264.

212 BGHZ 6, 1969; Deutsch (1983) Arztrecht und Arzneimittelrecht, Rdnr. 167; Franzki (1982) Beweisregeln, S. 49.

213 Vgl. RGZ 159, 235, 239; BGHZ 6, 169; RGRK-Alff, vor § 249, Rdnr. 30; Soergel u. Zeuner, § 823 Rdnr. 362.

214 BGH MedR 1983, 108; BGH NJW 1983, 333 f.

215 Franzki u. Franzki (1981) Der Arzthaftungsprozeß, S. 184.

216 BGH NJW 1983, 2080, 2081.

217 RGZ 171, 171; BGH NJW 1959, 1583, 1584.

218 BGH NJW 1967, 1508.

219 Soergel/Zeuner, § 823, Rdn. 359; Staudinger/Schäfer, § 823; Rdnr. 130 vor § 823; Deutsch, VersR 1977, 104; Uhlenbruck, NJW 1965, 1062; ablehnend: Musielak (1975) Die Grundlagen der Beweislast im Zivilprozeß, S. 171.

220 BGH VersR 1981, 954.

221 Baumgärtel u. Wittmann, JA 1979, 117.

me wird von der Rechtsprechung jedoch in den Fällen gemacht, in denen die Gesundheitsschädigung dem beherrschbaren Bereich der technischen Vorbereitungen für eine sachgemäße und gefahrlose Behandlung zuzurechnen ist.[222] Im Bereich vertraglicher Haftung trägt der Arzt gem. § 282 die Beweislast, wenn der Fehlschlag der ärztlichen Behandlung seine Ursache in einem Fehler eines bei der Behandlung verwendeten technischen Gerätes hat, wenn etwa ein funktionsanfälliges Narkosegerät eingesetzt wird, das bei der Behandlung ausfällt, so daß der Patient schwere Gehirnschädigungen erleidet.[223] Er muß dartun und beweisen, daß weder ihn noch seinen Erfüllungsgehilfen ein Verschulden an dem Fehler trifft.[224]

D 87 Beweiserleichterungen zugunsten des geschädigten Patienten „bis hin zur Umkehrung" der Beweislast[225] werden von der Rechtsprechung auch in den Fällen gewährt, in denen der Anspruchsgegner der beweisbelasteten Partei eine anfangs mögliche Beweisführung vereitelt. Hat der beklagte Arzt bei einer Operation einen Tupfer in der Wunde vergessen und wirft er ihn bei der Zweitoperation nach der Entfernung aus der Wunde fort, so liegt eine schuldhafte Vereitelung der Beweisführung vor.[226] Entsprechendes gilt für die Nichtvorlage von Röntgenaufnahmen im Prozeß durch den Arzt.[227]

Für den Arzt besteht, worauf noch eingegangen werden soll, eine Pflicht zur Dokumentation des Behandlungsverlaufs. Unterläßt er solche Aufzeichnungen und ist deshalb der Verlauf der Krankheit nicht nachvollziehbar, so geht dieses Versäumnis beweisrechtlich zu seinen Lasten.[228] Ausgedehnt wird diese Rechtsprechung auch auf den Fall, daß eine spätere Rekonstruktion deshalb ausscheidet, weil in „ungewöhnlichem Ausmaß einfachste Diagnose- und Kontrollbefunde zum Behandlungsgeschehen" nicht erhoben worden sind.[229]

VII. Gutachter

D 88 Läßt sich eine Arzthaftpflichtfrage nicht außergerichtlich, etwa in Gutachter- oder Schlichtungsstellen klären, so wird ein Gericht zur Entscheidung hierüber angerufen. In dem Arzthaftungsprozeß, der von Juristen, also medizinischen Laien entschieden wird, spielt der ärztliche Sachverständige eine wesentliche Rolle. Vom Richter bestellt, dient er als Beweismittel. Ihm kommt die Stellung eines unabhängigen Gehilfen des Gerichts zu. In dieser Eigenschaft besteht seine Hauptaufgabe darin, bestimmte Ausgangstatsachen aufgrund der Erfahrungssätze seines Wissensgebietes zu beurteilen.[230] Seine Stellungnahme ist für das Gericht nicht bindend. Vielmehr hat es sie auf ihre Überzeugungskraft und ggf. eine etwa vorhandene Vor-

---

222 BGH NJW 1978, 1683; zustimmend Franzki (1982) Beweisregeln, S. 39.
223 BGH JR 1978, 372.
224 BGH VersR 1982, 161; Franzki (1982) Beweisregeln, S. 39.
225 BGHZ 72, 133, 134; BGH NJW 1978, 2338; Franzki (1982) Beweisregeln, S. 93 m.w.N.; Deutsch (1983) Arztrecht, Rdnr. 169.
226 BGH LM Nr. 2 zu § 282 ZPO.
227 BGH NJW 1963, 369.
228 BGH NJW 1978, 2337; BGH NJW 1983, 332 m. Anm. Matthies; Brenner (1983) Arzt und Recht, S. 203; Deutsch (1983) Arztrecht und Arzneimittelrecht, Rdnr. 204.
229 BGH NJW 1983, 333 f.
230 Schreiber (1981 b) Aufgaben und Probleme, S. 232; Laufs (1978 a) Arztrecht, Rdnr. 207.

eingenommenheit des Gutachters zu überprüfen.[231] Praktisch hält sich das Gericht freilich häufig an das Urteil des Sachverständigen, da ihm in der Sache selbst die Fachkenntnisse fehlen, und beschränkt daher seine Beurteilung auf die Frage, ob der Sachverständige als zuverlässiger Vertreter seines Faches anzusehen ist.

D 89 Die gesetzlichen Grundlagen zum Beweis durch Sachverständige finden sich in der Zivilprozeßordnung in den §§ 402 ff. und in der Strafprozeßordnung in den §§ 72 ff., deren Inhalt im großen und ganzen übereinstimmt. Das Gericht entscheidet nach pflichtgemäßem Ermessen darüber, ob ein Sachverständiger hinzugezogen werden soll oder ob es sich selbst die nötige Sachkunde zutraut. Die Auswahl der Sachverständigen ist Sache des Gerichts, ebenso deren Zahl. So kann bei zwei voneinander abweichenden Gutachten ein dritter Gutachter hinzugezogen werden, der dann nicht als eine Art Obergutachter fungiert, sondern dem prinzipiell derselbe Rang zukommt wie den anderen beiden Gutachtern. Häufig wird ein auswärtiger Arzt gewählt, weil dieser u. U. unbefangener über ein etwaiges Fehlverhalten eines Kollegen urteilt.

D 90 Approbierte Ärzte sind regelmäßig zur Gutachtenserstattung für das Gericht verpflichtet. Ein Aussageverweigerungsrecht besteht jedoch aus denselben Gründen, die einen Zeugen von seiner Aussagepflicht befreien. In Betracht kommt in erster Linie die ärztliche Schweigepflicht, etwa wenn der Gutachter den Patienten früher selbst ärztlich behandelt hat.[232] Auch im Falle der arbeitsmäßigen Überlastung des Gutachters haben die Gerichte übrigens die Möglichkeit, diesen nach freiem Ermessen von seiner Verpflichtung zur Gutachtenerstellung zu entbinden.[233]

Das zunächst schriftlich erteilte Gutachten wird vor Gericht im Zivilverfahren in aller Regel erläutert; im Strafverfahren ist dies vorgeschrieben.

D 91 Während nach der Rechtsprechung des Bundesgerichtshofs der Sachverständige nur bei Vorsatz für ein unrichtiges Gutachten einzustehen haben soll,[234] hat das Bundesverfassungsgericht diese Haftung auf grobe Fahrlässigkeit erweitert.[235] Geht man jedoch richtigerweise von Art. 34 Grundgesetz, § 839 BGB aus, dann haftet der Staat anstelle des Gutachters[236] und kann wegen der meist vereinbarten Haftungsbeschränkung nur bei Vorsatz beim Sachverständigen Rückgriff nehmen.

VIII. Einsicht und Herausgabe von Krankenunterlagen

D 92 Seit langem gehört zu den wesentlichen Bestandteilen ärztlicher Tätigkeit die Anfertigung von Aufzeichnungen hierüber. Einer der unbestrittenen Zwecke ist der, die flüchtigen Daten festzuhalten und eine Gedächtnisstütze für spätere Behandlungen herzustellen. Die den Patienten betreffenden Unterlagen waren stets nur einem beschränkten Personenkreis zugänglich. Das entspricht der ärztlichen Schweigepflicht, deren Grundlage in der Medizin als Ars muta gesehen wird. Der Patient gibt dem Arzt Einblick in sehr persönliche Angelegenheiten und vertraut darauf, daß diese nicht zur Kenntnis Dritter gelangen.[237]

---

[231] BGH NJW 1980, 2751; Deutsch (1983) Arztrecht und Arzneimittelrecht, Rdnr. 180.

[232] Kühne, JZ 1981, 647

[233] Deutsch (1983) Arztrecht und Arzneimittelrecht, Rdnr. 177.

[234] BGHZ 62, 54.

[235] BVerfGE NJW 1979, 305 ff.

[236] Deutsch (1983) Arztrecht und Arzneimittelrecht, Rdnr. 181.

[237] B. Lilie (1980) Medizinische Datenverarbeitung, S. 52 f.; Deutsch (1983) Arztrecht und Arzneimittelrecht, Rdnr. 199.

Die ursprüngliche Sicht ärztlicher Aufzeichnungen allein als Gedächtnisstütze des Arztes wurde nach und nach zugunsten einer patientenfreundlicheren Betrachtensweise aufgegeben. Mittlerweile ist die Niederlegung von Krankendaten als Standes- sowie als Rechtspflicht anerkannt.[238] Sie ergibt sich als Nebenpflicht aus dem Behandlungsvertrag und umfaßt sämtliche behandlungsrelevanten Daten wie Anamnese, Diagnose, Behandlung und deren Verlauf. Zu dokumentieren ist jede einzelne Maßnahme; von besonderen Eingriffen wie Operationen sind Protokolle anzufertigen. Die Dokumentation muß richtig und vollständig sein, d.h. sie muß u.U. auch Tatsachen enthalten, auf die später ein Kunstfehlervorwurf gestützt werden kann. Das bedeutet jedoch nicht, daß der Arzt sich selbst eines Fehlers bezichtigen muß.[239]

D 93 Werden Krankenunterlagen nicht nur im Interesse des Arztes, sondern auch des Patienten erstellt, so hat der Patient grundsätzlich auch das Recht, Einblick in die Unterlagen zu nehmen. Diese Betrachtungsweise hat sich erst seit kurzem in der Rechtsprechung verfestigt.[240] Die Grundlage dieses Anspruchs sieht der Bundesgerichtshof in einer vertraglichen Nebenpflicht, die sich aus „dem durch grundrechtliche Wertung geprägten Selbstbestimmungsrecht und der personalen Würde der Patienten"[241] ergibt, eine Formulierung, die darauf hindeutet, daß das Einsichtsrecht auch nicht durch eine Klausel in einem Formularvertrag ausgeschlossen werden kann.[242]

Das Einsichtsrecht wird aber nicht umfassend gewährt. Es bezieht sich nur auf Aufzeichnungen „über naturwissenschaftlich objektivierbare Befunde und auf Behandlungsfakten, die die Person des Patienten betreffen",[243] wie z.B. Angaben über die Medikation, ein EKG oder Operationsberichte. Der weitere Inhalt der Krankenakte, etwa eine Aufzeichnung des persönlichen Eindrucks oder eine aufgegebene Verdachtsdiagnose braucht dem Patienten nicht eröffnet zu werden.[244] Auch aus § 26 BDSG,[245] wonach der Betroffene Auskunft über die zu seiner Person gespeicherten Daten verlangen kann, ergeben sich keine weiteren Rechte, ebensowenig wie aus § 810 BGB, dem Einsichtsrecht in eine im fremden Besitz befindliche Urkunde.

Die Auswahl zwischen den verschiedenen Teilen der Akte bleibt dem Arzt trotz der damit verbundenen Mißbrauchsgefahr überlassen, die aus einem drohenden Behandlungsfehlerprozeß resultiert. Befürchtet der Patient Nachteile, so kann er nur eine neutrale ärztliche Vertrauensperson einschalten.[246] In der Literatur ist deshalb vorgeschlagen worden, Krankenakten in dualer Form zu errichten, d.h. sie in einen einsichtsfreien und einen dem Patienten verschlossenen Teil aufzuspalten.[247]

D 94 Das Einsichtsrecht kann aus besonderen therapeutischen Gründen ausgeschlossen sein,[248] oder wenn, wie im Bereich der Psychiatrie, notwendig subjektive Bewer-

---

238 BGHZ 72, 132, 137; H. Lilie, Chirurg 1980c, 55; Wasserburg, NJW 1980, 670; Hohloch, NJW 1982, 2580.

239 Gubernatis, JZ 1982, 363f.

240 BGH NJW 1983, 328.

241 BGH NJW 1983, 328, 329; s. auch Stürner, NJW 1979, 1230; Franzki, DRiZ 1978, 258.

242 Deutsch (1983) Arztrecht – Arzneimittelrecht, Rdnr. 211ff.; s. auch H. Lilie (1980) Ärztliche Dokumentation, S. 166ff.

243 BGH NJW 1983, 328, 329.

244 BGH NJW 1983, 328, 329f.; Hohloch, NJW 1982, 2584; vgl. auch Ahrens, NJW 1983, 2609.

245 Bundesdatenschutzgesetz v. 27. Januar 1977, BGBl I, S. 201.

246 BGH NJW 1983, 328, 330.

247 H. Lilie (1980) Ärztliche Dokumentation, S. 187ff.

248 BGH NJW 1983, 330, 331; Deutsch (1983) Arztrecht und Arzneimittelrecht, Rdnr. 212.

tungen im Vordergrund stehen, die das Verhältnis des Behandelnden zu seinem Patienten betreffen, so daß der Arzt seinerseits schutzwürdig erscheint.[249]

D 95 Ein besonderes Problem bildet das Einsichtsrecht der Angehörigen eines verstorbenen Patienten. Wenn es um die Klärung von Schadenersatzansprüchen geht, erhält das Einsichtsrecht eine vermögensrechtliche Komponente, die es rechtfertigt, den Anspruch nach § 1922 BGB auf die Erben übergehen zu lassen.[250] Da die ärztliche Schweigepflicht aber mit dem Tod des Patienten bestehen bleibt (§ 203 Abs. 4 StGB), muß der Arzt den Angehörigen eine Offenlegung verweigern dürfen, wenn diese Ablehnung dem geäußerten oder mutmaßlichen Willen des Verstorbenen entspricht. Die Verweigerung wird aber bei einem Verdacht auf Behandlungsfehler nur die Ausnahme bilden und dem Arzt eine Darlegung seiner Gründe abverlangen.[251]

IX. Schadenersatz und Schmerzensgeld

D 96 Der Schadenersatzanspruch gegen den Arzt kann auf vertraglicher Grundlage wie auf unerlaubter Handlung beruhen. Unterschieden wird zwischen dem Ersatz materieller und immaterieller Schäden.

Der materielle Schaden wird nach der sog. Differenzhypothese festgestellt, d. h. durch Vergleich des tatsächlich eingetretenen Vermögensstandes mit der Vermögenslage, die ohne das schädigende Ereignis bestehen würde.[252] Die Feststellungen werden dabei durch § 287 ZPO erleichtert, der bei festgestelltem Haftungsgrund eine Schätzung des entstandenen Schadens durch das Gericht zuläßt.

Ein etwaiges Mitverschulden des Patienten ist gem. § 254 BGB zu berücksichtigen. Damit ist die Obliegenheit des Patienten bezeichnet, am Heilungsbemühen des Arztes mitzuwirken. Wird sie verletzt, vermindert sich der Schadenersatzanspruch des Patienten. Die Herbeiführung der Behandlungsbedürftigkeit fällt jedoch nicht in den Schutzbereich des Mitverschuldens.[253]

D 97 Ein in letzter Zeit besonders eingehend diskutierter Fall von Verschlechterung der Vermögenslage des Patienten bildet der sog. Familienplanungsschaden ("wrongful birth"). Ehemann oder Ehefrau hat sich operativ sterilisieren lassen und die Ehefrau wird gleichwohl wegen unsachgemäßer Ausführung der Sterilisation schwanger. Es hat einige Zeit in Anspruch genommen, bis man sich mit dem Gedanken vertraut gemacht hat, den Arzt für den Unterhalt des Kindes heranzuziehen. Mittlerweile besteht Einigkeit darüber, daß er den Mindestregelunterhalt zu zahlen hat, auch wenn die Eltern nach ihren Lebensumständen höheren Unterhalt gewähren müssen.[254] Bei der Betrachtung des Schadens ist besonders zu berücksichtigen, daß die Eltern in diesen Fällen für den Arzt erkennbar den eingetretenen Schaden gerade vermeiden wollen. Nehmen die Eltern die Möglichkeit, einen Familienplanungsschaden etwa durch Freigabe ihres Kindes zur Adoption abzuwenden nicht wahr, kann dies nicht als Mitverschulden im Sinne von § 254 gewertet werden.[255]

---

249 BGH NJW 1983, 330, 331; H. Lilie (1980) Ärztliche Dokumentation S. 178f.
250 BGH NJW 1983, 2627ff.
251 BGH NJW 1983, 2630.
252 BGHZ 27, 181, 183f.; Erman u. Sirp, § 249 Rdnr. 8.
253 BGH VersR 71, 1123; Deutsch (1983) Arztrecht und Arzneimittelrecht, Rdnr. 158.
254 BGHZ 76, 259; OLG Celle NJW 1978, 1688; OLG Karlsruhe, NJW 1979, 599; a. A. OLG Frankfurt NJW 1983, 341 (nicht rechtskräftig).
255 BGHZ 76, 259, 264.

D 98 Ein Sonderproblem wird unter dem Stichwort "wrongful life" diskutiert. Dem Bundesgerichtshof lag unlängst die Frage vor, ob der Arzt, dem eine schwere Schädigung des noch ungeborenen Kindes infolge einer Rötelninfektion der Mutter unbekannt geblieben war, für den durch die Behinderung bedingten Mehraufwand einzustehen hat. Die Gefahr der Schädigung des Ungeborenen hätte den Wunsch der Mutter auf Unterbrechung der Schwangerschaft gerechtfertigt (§ 218a Abs. 2 Ziff. 1 StGB). Das Gericht bejaht in Übereinstimmung mit der Literatur einen vertraglichen Anspruch der Eltern wegen Unterlassens der indizierten Diagnose, wobei der Ehemann in den Schutzbereich des Behandlungsvertrages eingeschlossen ist.[256] Einen eigenen Anspruch des Kindes lehnt der Bundesgerichtshof dagegen ab. Vertragliche Pflichten gegenüber dem Ungeborenen habe der Arzt nicht verletzt, weil das Recht zum Schwangerschaftsabbruch der Mutter nur in ihrem eigenen Interesse gewährt werde. Deliktische Ansprüche scheitern, weil der Arzt keine Ursache für die Gesundheitsschädigung des Kindes gesetzt hat. Die Alternative zwischen Leben mit Behinderungen und Nichtleben stellt zudem keinen rechtlich faßbaren Schaden dar.[257] Kritisiert wird an der Entscheidung, daß sie den eigentlich Geschädigten – insbesondere nach dem Ableben seiner Eltern – wirtschaftlich schutzlos stellt.[258]

D 99 Neben dem materiellen Schaden kann im Falle der unerlaubten Handlung der immaterielle Schaden zu ersetzen sein. Der Schmerzensgeldanspruch ergibt sich aus § 847 Abs. 1 BGB. Danach soll der geschädigte Patient für die Schäden, die keine Vermögensschäden sind, eine billige Entschädigung in Geld verlangen können. Der Schadenersatz hat hier 2 Funktionen: den Ausgleich und die Genugtuung.[259] Zwar besteht Einigkeit, daß ein Ausgleich für Beeinträchtigungen im psychischen und physischen Bereich nicht wirklich gewährt werden kann, jedoch sollen dem Verletzten zumindest andere Annehmlichkeiten zuteil werden.[260] Ein Schmerzensgeld in der Genugtuungsfunktion ist freilich nur in Fällen schweren Verschuldens angebracht.

Die Höhe des Schmerzensgeldes richtet sich nach den jeweiligen Umständen des Einzelfalles. Hierbei finden das Maß der Beeinträchtigung, die erlittenen Schmerzen und bleibenden Entstellungen ebenso Berücksichtigung wie der Grad des Verschuldens des Verpflichteten und die wirtschaftlichen Verhältnisse beider Teile. Auch der regelmäßig bestehende Versicherungsschutz seitens des Verpflichteten fällt ins Gewicht.[261] Das Schmerzensgeld kann sowohl als einmalige Geldleistung als auch in Form einer Rente gewährt werden. Die gezahlten Schmerzensgeldbeträge reichen von einigen tausend bis zu mehreren hunderttausend Mark; die Höchstbeträge sind freilich sehr viel seltener zu zahlen.

Nach Rechtsprechung und herrschender Lehre werden Fehler bei der Einholung der Einwilligung und der Aufklärung des Patienten den Behandlungsfehlern gleichgestellt. Hat also der Arzt ohne wirksame Einwilligung, etwa wegen unterlassener oder unzureichender Aufklärung, einen Eingriff vorgenommen und hat sich das aufklärungsbedürftige Risiko verwirklicht, so muß der Arzt den vollen Ersatz des entstandenen Schadens und ein Schmerzensgeld leisten. Diese Rechtsfolge ent-

---

[256] BGH NJW 1983, 1371, 1372f.; Fischer, NJW 1981, 1991; Schünemann, JZ 1981, 574.

[257] BGH NJW 1983, 1371, 1373f.

[258] Deutsch, JZ 1983, 451; Fischer, JuS 1984, 434.

[259] BGHZ 18, 149; Mertens, Münchener Kommentar, § 847 Rdnr. 2; Deutsch (1976) Haftungsrecht I, S. 471ff.

[260] BGH VersR 1976, 660, 661.

[261] BGHZ 18, 149; Deutsch (1976) Haftungsrecht I, S. 476.

spricht der Behandlung der verletzten Aufklärungspflicht in der Praxis als subsidiärer Haftungsgrund für den zwar vermuteten, aber nicht voll nachgewiesenen ärztlichen Fehler.

D. Kliniken, medizinisches Gerät, Hilfspersonal

I. Notwendigkeit von Richtlinien

D 100 In Krankenhäusern wirken bei der Heilung des Patienten eine Vielzahl von Ärzten und Angehörigen nichtärztlicher Pflegeberufe zusammen. Sie arbeiten nicht automatisch reibungslos Hand in Hand, vielmehr muß für das fehlerlose Zusammenwirken Sorge getragen werden. Die Verwantwortung hierfür liegt bei der Leitung bzw. dem Träger der Klinik. Sie haben die sach- und vertragsgemäße medizinische Versorgung der Patienten zu gewährleisten und die hierfür erforderlichen Anordnungen bzw. Anweisungen zu treffen.[262]

Die Regelung der Zuständigkeit für bestimmte Arbeitsbereiche hat zum einen die Aufgabe, das Funktionieren des Klinikapparats zu gewährleisten. Zum anderen wird dadurch gleichzeitig eine Verantwortungsstruktur geschaffen, die im Falle eines Fehlers in der Patientenbehandlung auf den Haftpflichtigen hinweist. Die Richtlinien schaffen damit Klarheit für sämtliche Beteiligten: die Klinik, den Arzt und den Patienten.

Die Regelungen können ganz verschiedene Bereiche betreffen. Das kann einmal die Organisation der Arbeitsabläufe sein, zum anderen auch die eigentliche Patientenbehandlung, wobei jedoch zu beachten ist, daß in das ärztliche Ermessen nicht eingegriffen werden darf. Häufiger Gegenstand von Dienstanweisungen für Ärzte ist die Aufklärung der Patienten. Gerade die typischen Probleme und Gefahren sollten es sein, für die von seiten der Klinik eine Regelung getroffen wird.

II. Haftung bei Arbeitsteilung im Ärzteteam

D 101 Die moderne Medizin erfordert, insbesondere aufgrund der zunehmenden Spezialisierung, mehr denn je die Arbeitsteilung. Bei der Zusammenarbeit ärztlicher Mitarbeiter untereinander oder mit Angehörigen medizinischer Assistenzberufe stellt sich die Frage nach der Verantwortlichkeit für die jeweiligen Tätigkeitsgebiete bzw. Tätigkeiten.[263]

Hier soll zunächst ein Blick auf die Arbeit im Ärzteteam geworfen werden. Sie kann sehr vielgestaltig sein. Sie beginnt schon beim Zusammenwirken von Anästhesist und Facharzt, beispielsweise Anästhesist und Chirurg bei einer Operation.

---

262 BGH VersR 1957, 408; BGH VersR 1960, 19.
263 Westermann, NJW 1974, 579 ff.

D 102 Das typische dieser Art der Zusammenarbeit liegt darin, daß es zwischen den Ärzten an einer Nachordnung fehlt. Jeder Mitwirkende ist, wie auch sonst, für sein eigenes Handeln verantwortlich. Die Frage geht nun dahin, ob sich die Verantwortlichkeit des einzelnen Arztes auch auf die übrigen beteiligten Ärzte erstreckt. Diese Frage wird grundsätzlich verneint.

Im zivilrechtlichen Bereich wird insbesondere auf die Gleichrangigkeit der Mitwirkenden verwiesen, aufgrund deren sich ein Einstehen für das Verschulden eines Gehilfen bzw. vermutetes eigenes Verschulden verbiete. Diese Formen der Zurechnung sind dem Strafrecht fremd, das individualisierend nach der Schuld des einzelnen fragt. Hier ist jedoch, ebenso wie im Zivilrecht, der Maßstab der objektiv erforderlichen Sorgfalt von wesentlicher Bedeutung.[264] Würde hier wie sonst auf Vorhersehbarkeit und Vermeidbarkeit des möglichen ärztlichen Fehlers abgehoben, so würde dies zu einer sehr weitgehenden Haftung führen. Daher sollen die Sorgfaltspflichten durch den Vertrauensgrundsatz begrenzt werden[265] – insoweit befinden sich Straf- und Zivilrecht in Übereinstimmung. Ausgangspunkt ist die Erwägung, daß jeder sich prinzipiell auf die Einhaltung der Sorgfaltspflichten durch die anderen verlassen können muß. Geschützt ist hier das gerechtfertigte begründete Vertrauen in die Qualifikation der Mitwirkenden. Dieses Vertrauen hat freilich seine Grenze dort, wo sich bei der Zusammenarbeit zeigt, daß die erforderliche Qualifikation gerade nicht vorhanden ist oder konkret ein augenfälliger Fehler begangen wird. Hier darf sich der Beobachter nicht darauf zurückziehen, seine eigenen Aufgaben fachgerecht zu erfüllen, sondern ist zu einem entsprechenden Hinweis bzw. zum Eingreifen verpflichtet.[266]

D 103 Probleme können jedoch daraus entstehen, daß positive wie auch negative Kompetenzkonflikte der Mitarbeiter der einzelnen Fachrichtungen auftreten. Schließt ein Patient einen gespaltenen Arzt-Krankenhaus-Vertrag mit einem Chirurgen ab, so kann sich dieser auch auf andere liquidationsberechtigte Ärzte erstrecken, die an der Operation beteiligt sind.[267] Der Patient kann hier in Beweisnot geraten, wenn sich nicht klären läßt, wer ein bestimmtes Verhalten hätte setzen bzw. unterlassen müssen. Insoweit ist eine Regelung der Verantwortungsbereiche von besonderer Bedeutung. Zur Lösung der genannten Grenzfälle wird einmal eine gesamtschuldnerische Haftung aller beteiligten Ärzte und zum anderen eine Verantwortlichkeit des Leiters der Behandlungseinheit erwogen.[268]

III. Einstehen für das Verhalten Dritter

D 104 Im Fall des Zusammenwirkens mehrerer Personen bei der medizinischen Versorgung von Patienten kann derjenige, der sich dabei der Hilfe eines anderen bedient, sich dessen Verhalten nach bürgerlichem Recht zurechnen lassen müssen. Hier gilt der Grundsatz des Respondeat superior, d.h. der Übergeordnete haftet für Fehler

264 Schreiber, Langenbecks Arch. Chir. 1981 a, 583.
265 BGH NJW 1980, 649 f.; Schönke u. Schröder (1982) Strafgesetzbuch, § 15 Rdnr. 151.
266 BGH NJW 1980, 649, 650; Carstensen u. Schreiber (1981) Arbeitsteilung und Verantwortung, S. 171.
267 Narr (1983) Ärztliches Berufsrecht, Rdnr. 1-893.
268 Uhlenbruck, NJW 1972, 2205; Westermann, NJW 1974, 582 f.; ablehnend Narr (1983) Ärztliches Berufsrecht, Rdnr. 893 f.

und Verschulden des Nachgeordneten.[269] Die Haftungskonstellationen können hier sehr verschieden sein. Sie reichen von der Verantwortlichkeit des Krankenhausträgers für einen an leitender Stelle tätigen Arzt bis hinunter zur Haftung eines Arztes für das Fehlverhalten einer Hilfsperson, sei es bei der Arbeit im Krankenhaus, sei es bei der Behandlung in der Praxis eines niedergelassenen Arztes.

D 105 Der Übergeordnete kann für den Fehler eines Gehilfen sowohl aufgrund eigenen Verschuldens wie auch aufgrund angerechneten Fremdverschuldens haften. Als eigenes Verschulden des Übergeordneten, z. B. des Klinikträgers bzw. übergeordneten Arztes, kommt eine Sorgfaltspflichtverletzung bei der Auswahl, der Überwachung und der Organisation der Arbeit seiner Untergebenen in Betracht.[270] Ein Auswahlverschulden liegt beispielsweise vor, wenn eine für eine bestimmte Tätigkeit ungeeignete Person eingestellt wird;[271] ein Fehler bei der Überwachung wird z. B. darin gesehen, daß der Übergeordnete einen suchtmittelabhängigen Untergeordneten weiterarbeiten läßt; von einem Organisationsfehler schließlich spricht man, wenn Arbeits- bzw. Zuständigkeitsbereiche nicht ausreichend geregelt sind.[272] Hat der Nachgeordnete rechtswidrig einen Patienten verletzt, so wird das eigene Verschulden des Übergeordneten nach § 831 BGB vermutet. Der Übergeordnete hat dann zwar die Möglichkeit, sich durch den Nachweis zu entlasten, er habe sorgfältig gehandelt bzw. die Verletzung wäre auch bei sorgfältigem Verhalten entstanden, der Entlastungsbeweis gelingt jedoch höchst selten. Er wird dadurch eingeschränkt, daß der nachgeordnete Arzt aus arbeitsrechtlichen Gründen einen Freistellungsanspruch haben kann.[273]

D 106 Der Übergeordnete kann auch unbedingt für das Verschulden eines Nachgeordneten einzustehen haben. So verhält es sich im Bereich der Vertragspflichten. Das Verschulden des sog. Erfüllungsgehilfen führt zu Schadenersatzpflicht des Übergeordneten gemäß § 278 BGB. Allerdings gilt diese Norm nur für Vermögensschäden. Wird der Fehler von einem Krankenhausvorstand oder Chefarzt begangen, so hat der Klinikträger hierfür gemäß § 31 BGB einzustehen. Hierbei handelt es sich um die Zurechnung des Verhaltens sog. verfassungsmäßig berufener Vertreter. Danach hat der Krankenhausträger gemäß §§ 31, 89 BGB für die Chefärzte einzustehen, die selbständig tätig werden, Aufgaben an Oberärzte oder Assistenten delegieren, den Hilfskräften Arbeit zuweisen und sie überwachen. Wesentlich ist, daß der Betreffende weisungsfrei ist. Eine Entlastungsmöglichkeit des Krankenhausträgers besteht hier übrigens nicht.[274]

D 107 Für nachgeordnete Ärzte wird gemäß § 278 BGB aus Vertrag und gemäß § 831 BGB außervertraglich gehaftet.

Die Personen der Verantwortlichen hängt jedoch davon ab, welche Vertragsgestaltung vorliegt. Beim gespaltenen Arzt-Krankenhaus-Vertrag wird der nachgeordnete Arzt als Erfüllungs- und Verrichtungsgehilfe des selbstliquidierenden Chefarztes tätig, wenn er nicht eine vom Krankenhaus zu erbringende Aufgabe wahrnimmt.[275]

In der Haftung für Angehörige der medizinischen Hilfs- und Pflegeberufe ist da-

---

269 Heck (1929) Schuldrecht, S. 81 ff.

270 Mertens, Münchener Kommentar, § 823 Rdnr. 466; Deutsch (1983) Arztrecht und Arzneimittelrecht, Rdnr. 124.

271 OLG Hamm VersR 1980, 291.

272 BGH NJW 1980, 650, 651.

273 Laufs (1978 a) Arztrecht, Rdnr. 186; Palandt/Putzo, § 611 Anm. 14b ee.

274 BGHZ 5, 321, 325; BGH NJW 1980, 1901 f.

275 BGH MedR 1983, 104, 106; Mertens, Münchener Kommentar, § 831 Rdnr. 31.

nach zu unterscheiden, ob jeweils eigene oder übertragene Aufgaben erfüllt werden. Die eigenen Pflichten bestehen je nach Aufgabenbereich in der Krankenpflege, der Ausführung der vom Arzt angeordneten Maßnahmen und im Bereich der medizinisch-technischen Assistenzberufe in der Laborarbeit.

D 108 Probleme ergeben sich häufig im Bereich der sog. übertragenen Aufgaben. Viel diskutiert ist hier die Frage, inwieweit Injektionen, Infusionen und Blutentnahmen auf Krankenpflegepersonal delegiert werden dürfen. Hier ist von folgendem auszugehen: Auch für das Zusammenwirken zwischen Arzt und medizinischem Hilfspersonal gilt der Vertrauensgrundsatz,[276] der freilich eine Reihe von Einschränkungen erfahren muß. Hier sind besondere Kriterien dafür entwickelt worden, wann das Vertrauen des Arztes als legitim zu betrachten ist. Den Arzt treffen hier besondere Sorgfaltspflichten. Dazu gehört zunächst die Auswahlpflicht. Der Arzt hat die auszuführenden Arbeiten nur solchen Personen zu übertragen, die eine fehlerfreie Ausführung der Verrichtung erwarten lassen.[277] Ist eine Injektion erforderlich, so spricht der sog. „Spritzenschein" für die erforderliche Qualifikation zu deren Verabreichung. Darüber hinaus hat der Arzt die Hilfspersonen ordnungsgemäß zu unterrichten. Die Instruktionspflicht erfordert eine umfassende Information über die durchzuführende Arbeit.[278] Von vornherein auszuschließen sind Fehler wie die Verwechselung des Arzneimittels oder Unklarheiten hinsichtlich dessen Dosierung. Den Arzt trifft auch die Pflicht zur Überwachung des Gehilfen bei der Ausführung seiner Tätigkeit. Das Ausmaß der Überwachung hängt von Qualifikation und Zuverlässigkeit des Gehilfen ab.[279] Stichproben werden häufig genügen. Mit der Kontrollpflicht schließlich hat der Arzt den Erfolg der angeordneten Hilfstätigkeit zu überwachen, beispielsweise die Wirkung einer verabreichten Spritze. Die Vornahme von Injektionen, Infusionen und Blutentnahmen ist grundsätzlich Sache des behandelnden Arztes und darf nur in geringem Umfang auf Pflegepersonal übertragen werden. Unter den oben genannten Voraussetzungen darf jedoch etwa eine intramuskuläre Injektion auch dem Pflegepersonal übertragen werden.[280]

Die Regelungen des am 1. Januar 1982 in Kraft getretenen Staatshaftungsgesetzes[281] kommen nicht zum Tragen, da das Bundesverfassungsgericht das Gesetz wegen fehlender Ermächtigungsgrundlage für nichtig erklärt hat.[282]

IV. Haftung für medizinisches Gerät

D 109 In der modernen Medizin werden zunehmend technische Geräte eingesetzt.[283] Sie können sowohl die Diagnose wie auch die Therapie fördern. Hierzu gehören beispielsweise Operations-, Beatmungs- Röntgengeräte, Bestrahlungsanlagen und Dialyseeinrichtungen. Besondere Bedeutung hat der Einsatz medizinisch-technischer Geräte in der Intensivmedizin.

---

[276] BGH MDR 1983, 104, 106; Mertens, Münchener Kommentar, § 831 Rdnr. 31.
[277] Carstensen u. Schreiber (1981) Arbeitsteilung und Verantwortung, S. 173.
[278] Schönke, Schröder, Cramer (1982) StGB, § 15 Rdnr. 152.
[279] Hahn, NJW 1981, 1984.
[280] Vergleiche dazu Narr (1983) Ärztliches Berufsrecht, Rdnr. 890.
[281] vom 26. Juni 1981 (BGBl. I, S. 553).
[282] BVerfG NJW 1983, 25 ff.
[283] Anna et al. (1980) Medizintechnische Geräte im Krankenhaus, passim.

Werden bei der Patientenbehandlung Geräte eingesetzt, so besteht prinzipiell die Pflicht des Verwenders, sich über deren Funktionsweise umfassend zu unterrichten.[284] Das ist mit zunehmender Kompliziertheit und Zahl der verschiedenen technischen Geräte schwieriger geworden. Andererseits werden aufgrund der größeren Gefährlichkeit die Sorgfaltsanforderungen erhöht.

D 110 Im Bereich der Haftung für das Versagen medizinischer Geräte gilt nach wie vor, jedenfalls formell, das Verschuldensprinzip. Gehaftet wird für den Einsatz unzureichend ausgebildeten bzw. angeleiteten Personals sowie für die Fehler des Bedienungspersonals beim Einsatz der Geräte.[285]

Eine Gefährdungshaftung ist für diesen Bereich bislang noch nicht eingeführt, die Rechtsprechung arbeitet jedoch mit einer Umkehrung der Beweislast. So kam es in einem vom Bundesgerichtshof entschiedenen Fall[286] zu einem Narkosezwischenfall: Sauerstoffmangel führte zu einer schweren Gehirnschädigung des Patienten. Sie war dadurch verursacht worden, daß ein Verbindungsschlauch des Narkosegeräts abgeklemmt war. Der Krankenhausträger wurde dafür haftbar gemacht, daß das Gerät nicht funktioniert habe. Die daraus zu schließende Sorgfaltswidrigkeit des Personals war nicht widerlegt worden.

Auch die Einführung einer Gefährdungshaftung für medizinisch-technische Geräte wird empfohlen.[287] Solange es jedoch an einer gesetzlichen Regelung fehlt, sind die Fälle aus dem Haftungsbereich des Arztes ausgenommen, die auf Konstruktions-, Instruktions- oder Fabrikationsfehler des Geräteherstellers zurückgehen.[288] Vom behandelnden Arzt kann zwar erwartet werden, daß er nur Geräte verwendet, die den Erkenntnissen der medizinischen Wissenschaft entsprechen und von Fachpersonal bedient werden, daß er die genaue Beachtung von Bedienungsanweisungen kontrolliert und das Funktionieren der Apparate überprüft und überwacht. Das Risiko nicht erkennbarer Herstellungsfehler kann ihm aber nicht aufgelastet werden. Hierfür kommt lediglich die Produzentenhaftung in Betracht.[289] Die Neufassung des Gerätesicherheitsgesetzes vom 13.8. 1979 für medizinisch-technische Geräte[290] enthält eine weitgehende Ermächtigung für Regelungen zum Zwecke des Gefahrenschutzes und zur Funktionssicherheit im Interesse von Leben und Gesundheit.

D 111 Für die Verhängung einer strafrechtlichen Sanktion ist der Nachweis schuldhaften Verhaltens erforderlich. Hier wird wie im zivilrechtlichen Bereich die regelmäßige Überprüfung und Wartung durch dafür zuständige Techniker, der Einsatz geschulten, spezialisierten Personals, die genaue Beachtung von Bedienungsanweisungen und die Funktionskontrolle verlangt.

---

[284] Gaisbauer, VersR 1981, 816; Deutsch (1983) Arztrecht und Arzneimittelrecht, Rdnr. 141.
[285] OLG Nürnberg, VersR 1970, 1061.
[286] BGH JZ 1978, 275.
[287] Deutsch (1983) Arztrecht und Arzneimittelrecht, Rdnr. 142.
[288] Baumgärtel u. Wittmann, JA 1979, 118; Deutsch (1983) Arztrecht und Arzneimittelrecht, Rdnr. 143.
[289] OLG Düsseldorf NJW 1978, 1693.
[290] BGBl I, 1432ff.

E. Versicherungssysteme

I. Sozialversicherungspflicht

D 112 In der Bundesrepublik Deutschland ist der weitaus überwiegende Teil der Bevölkerung in die Sozialversicherung aufgenommen.[291] Neben dem Ausgleich der Risiken innerhalb der Gemeinschaft der Versicherten dient die Sozialversicherung insbesondere auch dem sozialen Ausgleich.[292] Der Rahmen der Sozialversicherung erstreckt sich von der Einkommens- über die Gesundheits- und Berufshilfe bis zur Hilfe zur Vermeidung bzw. Beseitigung von Arbeitslosigkeit, wobei die Gesundheitshilfe im Vordergrund steht.[293]

Sozialrechtliche Vorschriften, die sich im wesentlichen im Sozialgesetzbuch (SGB), in der Reichsversicherungsordnung (RVO), Im Angestelltenversicherungsgesetz (AVG) und im Arbeitsförderungsgesetz (AFG) finden, müssen sich in besonderem Maße an bestimmte verfassungsrechtliche Normen orientieren. Hierbei handelt es sich v. a. um die Unantastbarkeit der Menschenwürde (Art. 1 GG), das Recht auf freie Persönlichkeitsentfaltung, Leben und körperliche Unversehrtheit (Art. 2 GG), die Gleichberechtigung der Geschlechter (Art. 3 GG), den Schutz von Ehe und Familie (Art. 6 GG) sowie die demokratische und soziale Rechtsstaatlichkeit der Bundesrepublik Deutschland (Art. 20 I GG, 28 I GG) und den Eigentumsschutz (Art. 14 GG).[294]

D 113 Die hier im wesentlichen interessierende gesetzliche Krankenversicherung ist eine Pflichtversicherung. Es wird ein Rechtsverhältnis auf öffentlich-rechtlicher Grundlage zwischen Versicherten und Versicherungsträgern sowie ggf. Arbeitgebern geschaffen. Dieses beinhaltet die Verpflichtung zur Beitragsleistung von seiten des Versicherten, der im Gegenzug ein Anrecht auf Leistungen erwirbt.[295] Die gesetzliche Krankenversicherung hat neben den Pflichtversicherten auch freiwillig Versicherte und sog. Formalversicherte.[296]

1. Versicherungspflichtige

D 114 Der Kreis der Versicherungspflichtigen ergibt sich aus § 165 RVO und speziellen Rechtsvorschriften, wie z. B. § 2 KVLG und §§ 1 f. SVBG).[297] Er umfaßt insbesonde-

---

[291] Jung (1982) Recht auf Gesundheit, S. 183; Jäger (1977) Sozialversicherungsrecht, S. 23; Wannagat (1977) § 1 SGB, Rdnr. 2 ff.

[292] Jäger (1977) Sozialversicherungsrecht, S. 24 f.; Schulin (1981) Soziale Entschädigung, passim.

[293] Jäger (1977) Sozialversicherungsrecht, S. 24; Bley (1980) Sozialrecht, S. 24.

[294] Jäger (1977) Sozialversicherungsrecht, S. 26 f.; Bley (1980) Sozialrecht, S. 39 ff.

[295] Albrecht (1977) Versicherungspflicht, S. 13 f.; Bley (1980) Sozialrecht, S. 104.

[296] Siehe hierzu Bley (1980) Sozialrecht, S. 105 ff.; Jäger (1977) Sozialversicherungsrecht, S. 91.

[297] Gesetz über die Krankenversicherung der Landwirte; Gesetz über die Sozialversicherung Behinderter.

re Personen, die gegen Arbeitsentgelt (Arbeiter und Angestellte) oder zu ihrer Berufsausbildung beschäftigt werden; Behinderte, die in geschützten Einrichtungen beschäftigt werden; Rentner ab Rentenantrag; Teilnehmer an berufsfördernden Maßnahmen der Rehabilitation; eingeschriebene Studenten staatlich anerkannter Hochschulen sowie Praktikanten, die nicht familienversichert sind; selbständige Landwirte und Altenteiler; Hausgewerbetreibende und andere Selbständige; Bezieher von Arbeitslosengeld, Arbeitslosenhilfe oder Unterhaltsgeld.[298]

Die Normierung einer Versicherungspflicht sorgt dafür, daß die Versicherung trotz relativ geringer Kosten mit großem Nutzen wirtschaften kann.[299] Ohne eine solche Pflichtversicherung, die die Kosten auf einen großen Teil der Bevölkerung verteilt, wäre eine entsprechend effektive Arbeit nicht möglich.

2. *Versicherungsfreiheit*

D 115 Dennoch ist nicht ausnahmslos jedermann versicherungspflichtig. Ausnahmen von der Pflichtversicherung ergeben sich kraft Gesetzes oder auf Antrag des Berechtigten. Nicht der Versicherungspflicht unterliegen im wesentlichen Beamte, Richter und Geistliche; Berufssoldaten und Soldaten auf Zeit; Personen mit geringfügiger Beschäftigung oder geringfügigen selbständigen Tätigkeiten sowie geringfügig entlohnter und auch kurzfristiger Beschäftigung.[300]

Auch ist eine Befreiung von der gesetzlichen Krankenversicherung möglich, wenn ein Versicherter eine Vollversicherung, die ggf. auch seine Familienangehörigen einschließt, bei einem privaten Krankenversicherungsunternehmen[301] abgeschlossen hat.[302]

3. *Versicherungsberechtigung*

D 116 Es besteht die Möglichkeit, durch freiwilligen Beitritt oder freiwillige Fortsetzung der Versicherung einer gesetzlichen Krankenversicherung anzugehören. Folgende Personengruppen können sie in Anspruch nehmen:[303] versicherungsfreie unselbständig Beschäftigte; Familienangehörige des Arbeitgebers, sofern sie ohne Arbeitsverhältnis im engeren Sinn und unentgeltlich in seinem Betrieb tätig sind; Gewerbetreibende und andere Betriebsunternehmer; ehemalige Soldaten auf Zeit sowie Polizeivollzugsbeamte im Grenzschutz bei einer Aus- oder Weiterbildung nach Ende der Dienstzeit; aufgrund geringeren Einkommens versicherungsfreie Angestellte als Berufsanfänger binnen 3 Monaten nach Aufnahme der Beschäftigung, auch frühere Arbeiter.

---

298 Hierzu Albrecht (1977) Versicherungspflicht, S. 21; Jäger (1977) Sozialversicherungsrecht, S. 45 ff.; Jung (1982) Recht auf Gesundheit, S. 187 ff.

299 Albrecht (1977) Versicherungspflicht, S. 13.

300 Bley (1980) Sozialrecht, S. 117 ff.

301 Wozu auch Ersatzkassen nicht zählen, s. Albrecht (1977) Versicherungspflicht, S. 17.

302 Albrecht (1977) Versicherungspflicht, S. 16.

303 Siehe Jäger (1977) Sozialversicherungsrecht, S. 57 (auch zum folgenden); Bley (1980) Sozialrecht, S. 121.

Eine weitere Voraussetzung für die Berechtigung zum freiwilligen Beitritt besteht darin, daß das jährliche Gesamteinkommen der oben genannten Personengruppen 75% der Beitragsbemessungsgrenze der Rentenversicherung im Bruttobetrag nicht übersteigen darf.

4. Entstehung der gesetzlichen Krankenversicherung

D 117 Die gesetzliche Krankenversicherung wurde in Deutschland bereits im Jahre 1883 mit dem Gesetz betreffend die Krankenversicherung der Arbeiter eingeführt. Dieses Gesetz war das erste von 3 Arbeiter(pflicht)versicherungsgesetzen, mit denen die soziale Lage insbesondere der Arbeiterschaft gebessert werden sollte, die sich durch die Industrialisierung in der zweiten Hälfte des vorigen Jahrhunderts gebildet hatte. Im Jahre 1884 folgte das Unfallversicherungsgesetz und im Jahre 1889 das Gesetz betreffend die Invaliditäts- und Altersversicherung.

In der Krankenversicherung bestand Versicherungspflicht für die gegen Lohn oder Gehalt Beschäftigten in bestimmten Arten von Betrieben, so in Bergwerken, Fabriken und Hüttenwerken, und um ein letztes Beispiel zu nennen, auch im Handwerk. Für die Beiträge hatten, wie es bis heute der Fall ist, Arbeitgeber und Arbeitnehmer jeweils anteilig aufzukommen. Der von der gesetzlichen Krankenversicherung erfaßte Personenkreis, der heute, wie schon erwähnt, über 90% der Bevölkerung ausmacht, blieb anfänglich noch unter 10% der Bevölkerung.[304] Ausgeweitet wurde im Laufe der Entwicklung aber nicht nur die Versicherungspflicht und -berechtigung, sondern auch das zu gewährende Leistungsangebot.

Während man schon früher, z.B. in Preußen,[305] eine Krankenversicherungspflicht für bestimmte Personengruppen gekannt hatte, war die Einführung des (Sach-) oder Naturalleistungsprinzips durch das Krankenversicherungsgesetz von 1883 etwas grundsätzlich Neues. Nach diesem Prinzip, das bis heute gilt, hat die Krankenkasse dem Versicherten nicht seine Kosten zu ersetzen, sondern es sind ärztliche Behandlung, die Versorgung mit Medikamenten wie auch Krankenpflege in natura zu gewähren. Da sich der Versicherte folglich mit der Abrechnung nicht zu befassen hat, wird ihm der Zugang zu diesen Leistungen vereinfacht. Im Naturalleistungsprinzip liegt aber auch die Wurzel für die an Spannungen und Konflikten reiche Herausbildung des oben (Rdnr. 14ff.) beschriebenen Kassenarzt- und Abrechnungssystems.[306]

II. Private Versicherung

Im Bereich der privaten Krankenversicherung gibt es vier Versicherungsarten:

D 118 1) Die Krankheitskostenversicherung: Sie bezieht sich auf die Kosten der ärztlichen Behandlung (einschließlich notwendiger Operationen), notwendiger Krankenhausaufenthalte, gesetzlich eingeführter Vorsorgeprogramme, ärztlich ver-

---

[304] Ausführlich zum Ganzen: Peters u. Mengert (1984) Handbuch der Krankenversicherung, S. E 19ff.

[305] Peters u. Mengert, a.a.O., S. E 14.

[306] Ausführlich Sauerborn (1953) Die Entwicklung des Kassenarztrechts, S. 1ff.

schriebener Medikamente und Verbandmittel, Heil- und Hilfsmittel sowie Zuschüsse zu den Kosten für Zahnbehandlung und Zahnersatz. Ferner werden als sonstige Leistungen eine Wochenhilfe sowie eine begrenzte Zusatzleistung für den Todesfall gewährt.[307]

Versicherungstechnisch versteht man unter Krankheit eine behandlungsfähige und behandlungsbedürftige Abweichung von der Gesundheit. Es gilt nicht der weite Krankheitsbegriff der WHO, sondern entscheidend ist, daß nach medizinischer Anschauung der normale Stand der Gesundheit nicht vorhandenen ist und eine Behandlungsbedürftigkeit vorliegt. Die Krankheit stellt ein objektives Geschehen dar: vorausgesetzt sind die Erkenntnisse der Medizin und der Sprachgebrauch des täglichen Lebens.[308]

Die Wahl des Arztes steht dem Versicherungsnehmer unter den in der Bundesrepublik Deutschland approbierten Ärzten frei, auch kann ein zugelassener Heilpraktiker konsultiert werden.[309]

D 119 2) Die Krankentagegeldversicherung, mit deren Abschluß der Versicherungsnehmer seinen krankheitsbedingten Verdienstausfall auszugleichen sucht.

D 120 3) Die sonstige selbständige Teilversicherung, die die übrigen Teilrisiken erfaßt. Hierunter fallen z. B. die Krankenhauskostenversicherung, bei der der Versicherer Krankenhaus- und Arztkosten in tarifmäßiger Höhe erstattet und die Operationskostenvereinbarung.

D 121 Der Versicherungsschutz beginnt grundsätzlich mit dem vertraglich vereinbarten Zeitpunkt, nicht jedoch vor Abschluß des Versicherungsvertrags oder Ablauf der Wartezeiten. Er ist grundsätzlich ausgeschlossen für Krankheiten, die objektiv bereits vor Versicherungsbeginn oder Beendigung der Wartezeit bestanden, wobei die Möglichkeit besteht, Rückfälle von Krankheiten, die vor Vertragsabschluß bestanden und deren Behandlung beendet ist, gegen Beitragszuschlag in den Versicherungsschutz aufzunehmen.[310]

Die allgemeine Wartezeit beträgt 3 Monate, wobei eine Verlängerung, Verkürzung oder gar ihr Wegfallen zulässig sind.[311] Für einige Krankheiten und Leistungen – Entbindung, Psychotherapie, Zahnbehandlung, Zahnersatz und Kieferorthopädie – besteht eine 8monatige Wartezeit.[312] Auch ist die Möglichkeit gegeben, eine gewisse Selbstbeteiligung des Versicherungsnehmers festzulegen.[313]

Auf der anderen Seite existiert eine Beitragsrückerstattung, d. h. der Versicherungsnehmer, der während eines Kalenderjahres keine bzw. nur bis zu einer bestimmten Höhe Versicherungsleistungen in Anspruch genommen hat, erhält etwa 2–6 Monatsprämien zurück. Auf dem Wege der Beitragsrückerstattung wird die Geltendmachung aufwendiger Bagatellschäden vermieden.[314]

Die Höhe des Versicherungsbeitrags und der zu gewährenden Leistungen ergibt sich aus dem Tarif, der dem Versicherungsvertrag zugrundeliegt. Der Versiche-

---

307 Richter (1980), Privatversicherungsrecht, S. 333; Büchner (1977), Individualversicherung, S. 99; Deutsch (1984), Versicherungsvertragsrecht, Rdnr. 233.

308 Vergleiche Deutsch (1984) Versicherungsvertragsrecht, Rdnr. 234; Bley (1980) Sozialrecht, S. 154.

309 Richter (1980) Privatversicherungsrecht, S. 333.

310 Büchner (1977) Individualversicherung, S. 101.

311 §§ 13 Nr. 1 der Allgemeinen Versicherungsbedingungen der privaten Krankenversicherung (AVK), 3 Nr. 1 der Musterbedingungen des Verbandes der privaten Krankenversicherung (MBKK); Richter (1980) Privatversicherungsrecht, S. 335.

312 Büchner (1977) Individualversicherung, S. 101.

313 Büchner (1977) Individualversicherung, S. 101.

314 Büchner (1977) Individualversicherung, S. 102.

rungsnehmer hat hier die Wahlmöglichkeit zwischen den verschiedenen angebotenen Tarifen. Es gibt ferner dynamische Tarife, die sich den steigenden Behandlungskosten anpassen. Ehepartner und Kinder können in die Versicherung einbezogen werden.

III. Ersetzung der Haftung durch Versicherung

D 122 Die Arzthaftung ist Berufshaftung und folgt somit, wie auch die Haftung anderer Berufsgruppen, dem Verschuldensprinzip.[315] Die Beweislast für das ärztliche Verschulden trägt im Prozeß der Patient und begegnet dabei, wie oben (s. S. 248 ff.) ausgeführt, erheblichen Schwierigkeiten. Aufgrund dieser Tatsache hat man nach Wegen gesucht, die Position des Patienten zu verbessern. Hierzu werden die Einführung einer Gefährdungshaftung für Behandlungsunfälle, eine Beweislastumkehr bei schlechtem Ausgang der Behandlung und die Annahme einer Pflicht des Arztes zur Herstellung eines bestimmten Erfolges vorgeschlagen.[316]

Grundlegend diskutiert wird auch die Ergänzung bzw. Ersetzung der Haftung des Arztes durch Abschluß einer Versicherung zugunsten des Patienten. In der Literatur werden insbesondere 2 Systeme diskutiert. Es handelt sich einerseits um das schwedische Modell, das die private Versicherung neben die Arzthaftung stellt, und andererseits um das neuseeländische Modell; hier besteht eine öffentlich-rechtliche Versicherung anstelle der Arzthaftung.

1. Patientenversicherung nach schwedischem Modell

D 123 Das schwedische Modell läßt sich aus deutscher Sicht folgendermaßen skizzieren:[317] Nicht verschuldete Schäden, die aus der Heilbehandlung resultieren, werden durch die Versicherung gedeckt. Das Gesundheitsrisiko, daß eine Krankheit selbständig entsteht oder sich eine behandelte Krankheit weiterentwickelt, liegt beim Patienten. Trifft den Arzt oder seinen Gehilfen ein Verschulden, so trägt dieser das Risiko und es greift in der Regel seine Haftpflichtversicherung[318] ein.

Die Versicherung erfaßt alle Fälle, in denen physische Körperschäden die unmittelbare Folge von Behandlungen, Untersuchungen und anderen mißlungenen Heilmaßnahmen sind. In den Versicherungsvertrag ist häufig eine Vielzahl von Personen aufzunehmen, etwa die gesamte jeweilige Patientenschaft einer chirurgischen Abteilung eines Krankenhauses oder sämtliche Patienten des Krankenhauses. Abgeschlossen würde der Vertrag zwischen dem oder den Versicherer(n) und der für die Heilbehandlung verantwortlichen Person (leitender Arzt und/oder Krankenhaus).

---

[315] Deutsch (1978) Medizin und Forschung vor Gericht, S. 14f.; Deutsch VersR 1980, 201; Deutsch VersR 1982, 305; Ahrens-Udsching, NJW 1978, 1667.

[316] Baumann, JZ 1983, 170f.; Deutsch, VersR 1980, 201 m. w. N.

[317] Vergleiche Klingmüller, VersR 1980, 695.

[318] Sie deckt das Haftungsrisiko des Arztes nicht wie im besprochenen Modell das Behandlungsrisiko des Patienten; hierzu Dinslage, VersR 1981, 311.

2. *Patientenversicherung nach neuseeländischem Modell*

D 124 In Neuseeland ist eine Patientenversicherung öffentlich-rechtlicher Natur eingeführt worden. Ihr gegenüber ist die Arzthaftung subsidiär, d.h. bei Eingreifen der Versicherung können keine Klagen mehr gegen den Arzt oder das Krankenhaus wegen Fahrlässigkeit erhoben werden, zumindest nicht, wenn ein Behandlungsfehler gerügt werden soll, der durch die Versicherung erfaßt wird.[319] Erfaßt werden die Personenschäden, die durch Unfälle im Krankenhaus oder im Rahmen einer ärztlichen Behandlung, sog. „medical misadventures" oder „medical mishaps", entstanden sind. Die Einführung der allgemeinen Unfallversicherung gegen Personenschäden erfolgte, um Ungleichbehandlungen von Unfallopfern auszuschalten. Bisher waren diejenigen benachteiligt, die kein Verschulden nachweisen konnten, während in den anderen Fällen die Arzthaftpflicht eingriff und der Verletzte eine Entschädigung erhielt. Dem neuen Modell zufolge ist das Verschulden unerheblich. Jedoch ist an die Stelle des Verschuldens und der Zurechnung die Kausalität bzw. die überwiegende Wahrscheinlichkeit getreten, d.h. der behauptete Schaden muß auf einem Unfall beruhen. Besondere Probleme ergeben sich in diesem Zusammenhang daraus, daß man eine Verschlechterung oder Nebenwirkung häufig dem Handeln des Arztes oder dem Fortschreiten der Krankheit zuordnen muß.[320]

Als wesentliche Haftungsgruppen nach dem neuseeländischen Modell sind zu nennen: Eingriffsfehler, das Auftreten besonders seltener Nebenwirkungen, das Versagen medizinischer Geräte.[321]

3. *Ablösung der Arzthaftung durch Versicherung*

D 125 Ob es sinnvoll wäre, die Arzthaftung durch Versicherung abzulösen, erscheint zweifelhaft.[322] Sowohl nach dem schwedischen als auch nach dem neuseeländischen Muster werden der bisherige Standard der medizinischen Wissenschaft, die Fahrlässigkeit und die erforderliche Sorgfalt durch die Frage nach der Kausalität ersetzt.[323] Insoweit unterscheidet sich das Kerngebiet der Arzthaftung beim Versicherungssystem kaum vom herkömmlichen Haftungsmodell.

---

319 Deutsch, VersR 1980, 201 ff.
320 Weyers (1978) Gutachten, A 73; Deutsch, VersR 1980, 202.
321 Deutsch, VersR 1980, 203.
322 Baumann, JZ 1983, 175; Steffen, 52. DJT, I 20 f.
323 Deutsch (1976) Haftungsrecht, S. 17 f.; Deutsch, VersR 1980, 205; Deutsch, VersR 1982, 307.

F. Sondersituationen

I. Notfall

D 126 Das Arztrecht kennt aufgrund der Vielfalt medizinischer Vorkommnisse eine ganze Reihe von Situationen, die einer besonderen rechtlichen Betrachtung bedürfen. Hierzu gehört die Notfallsituation.

Eine allgemeingültige Definition des Notfalls läßt sich nicht bilden, jedoch gibt es einige Charakteristika, die den Notfällen gemeinsam sind. Da ist die Plötzlichkeit des Eintretens, die Überraschung der Betroffenen, deren Unvorbereitetsein und schließlich die Unvorhersehbarkeit der konkreten Notfallsituation.[324] Wesentlich ist, daß angesichts dieser Umstände die Sorgfaltsanforderungen an den Arzt nicht dieselben sein können wie im Normalfall.[325] Hier muß der Tatsache Rechenschaft getragen werden, daß der Eingreifende nicht die Möglichkeit hat, sich auf den Zwischenfall gezielt vorzubereiten. Daher läßt sich aus der Tatsache, daß einem ärztlichen Helfer im Notfall ein Fehler unterläuft oder daß er über kein ausreichendes Instrumentarium verfügt, nicht bereits auf die Außerachtlassung der im Verkehr erforderlichen Sorgfalt schließen.

D 127 Zu unterscheiden ist zunächst die primäre und die sekundäre Notfallsituation. Im Falle des primären Notfalls befindet sich der Patient noch nicht in ärztlicher Behandlung, während dies beim sekundären Notfall so ist. Beim primären Notfall, beispielsweise einem Verkehrsunfall, wird der Nothelfer dadurch privilegiert, daß der zivilrechtliche Haftungsmaßstab herabgesetzt ist. Dadurch soll vermieden werden, daß ein Helfer aus Sorge, sich haftbar zu machen, von der Hilfeleistung Abstand nimmt. Umgekehrt droht demjenigen eine strafrechtliche Sanktion, der bei Unglücksfällen, gemeiner Gefahr oder Not keine Hilfe leistet, obwohl dies erforderlich und ihm den Umständen nach zuzumuten, insbesondere ohne erhebliche eigene Gefahr und Verletzung anderer wichtiger Pflichten möglich ist (vgl. § 323 c StGB). Die Herabsetzung der Sorgfaltsanforderungen im zivilrechtlichen Bereich gemäß § 680 BGB gilt auch für den Mediziner.[326] Er hat als Helfer am Unfallort nur die ihm nach den Umständen möglichen Behandlungsmaßnahmen durchzuführen; freilich wird man insoweit auch ärztliche Hilfe verlangen können. Da § 680 BGB zusätzlich eine Beschränkung auf grobe Fahrlässigkeit vornimmt, ist der Fahrlässigkeitsmaßstab praktisch doppelt gemindert.[327] Bezweckt die Geschäftsführung im

---

[324] Deutsch (1983) Arztrecht und Arzneimittelrecht, Rdnr. 225; Narr (1983) Ärztliches Berufsrecht, Rdnr. 1166.

[325] Schreiber, Niedersächsisches Ärztebl. 1978, 119.

[326] Staudinger u. Nipperdey (1975) § 677 Rdnr. 17; Seiler, Münchener Kommentar, § 677 Rdnr. 2; Rümelin (1913) Haftung im klinischen Betrieb, S. 9.

[327] Deutsch (1983) Arztrecht und Arzneimittelrecht, Rdnr. 228; Rabel (1904) Haftpflicht des Arztes, S. 79ff.

Sinne des § 680 BGB die Abwehr einer drohenden dringenden Gefahr, so greift die Privilegierung dieser Vorschrift ein. Entsprechendes gilt in der Notfallsituation auch im vertraglichen Bereich.[328]

D 128 Im Hinblick auf den Haftungsmaßstab bzw. die strafrechtliche Verantwortlichkeit ist besonders zu berücksichtigen, ob der Arzt unvorbereitet zu einem Unfall hinzukommt oder ob er ärztlichen Notfall- oder Bereitschaftsdienst versieht, an dem teilzunehmen er verpflichtet ist.[329] Er hat sich dann in Ausübung dieses Dienstes zur Hilfeleistung bereitzuhalten und etwaigen Notrufen zu folgen.[330] Von ihm wird verlangt, auf eventuelle Zwischenfälle vorbereitet zu sein, eine Minimalausrüstung bereitzuhalten und diese bedienen zu können.

Die Bereitstellung lebensrettender personeller und sachlicher Mittel liegt im Falle der Behandlung im Krankenhaus im Rahmen der Organisationspflicht. Gerade hier kann es dann zu einer Pflichtenkollision des Arztes kommen, wenn beispielsweise keine genügende Anzahl von Geräten zur Behandlung der Patienten vorhanden ist. In diesem Bereich lassen sich keine bindenden Regeln aufstellen. Vielmehr wird man es in erheblichem Umfang dem Ermessen des Arztes überlassen müssen, wie er vorgeht. Die Grenze dürfte freilich im Verbot der Willkür hinsichtlich der Auswahl der Patienten liegen.[331]

D 129 Bei der Behandlung im Krankenhaus treten auch die sog. sekundären Notfälle auf, in denen während einer Behandlung eine unvorhersehbare Überraschungssituation eintritt.[332] Hier ist es insbesondere das Problem der Aufklärung und Einwilligung, mit dem der behandelnde Arzt konfrontiert wird. Oft wird es weder die Zeit noch die Möglichkeit geben, den Patienten über die beabsichtigte Maßnahme zu unterrichten. Entsprechend sind die Anforderungen zu mindern. Das gilt insbesondere dann, wenn die ärztliche Maßnahme besonders dringlich ist.[333] Beim Bewußtlosen wird die Einwilligung in die ärztliche Maßnahme vermutet. Probleme bereitet immer wieder die Operationserweiterung. Prinzipiell hat der Arzt eine solche vorauszusehen, den Patienten darauf aufmerksam zu machen und prophylaktisch dessen Zustimmung einzuholen. Läßt sich das Erfordernis einer Operationserweiterung nicht voraussehen, so bestimmt sich die Erforderlichkeit der Einwilligung zum einen nach der Dringlichkeit des Eingriffs, zum anderen nach der Zumutbarkeit der Unterbrechung der Anästhesie. Während man bei lokaler Betäubung dem Patienten regelmäßig eine Befragung zumuten wird, kommt es bei der Vollnarkose darauf an, ob die Operationserweiterung dringend und unaufschiebbar ist; in diesem Fall ist sie notfalls ohne Aufklärung unter dem Aspekt der mutmaßlichen Einwilligung vorzunehmen.[334]

---

[328] Lippert, NJW 1982, 2093.
[329] § 20 der Berufsordnung für die deutschen Ärzte.
[330] Laufs (1978 a) Arztrecht, Rdnr. 42; Häußler et al. (1984) Die kassenärztliche Tätigkeit, S. 91 ff.
[331] Vergleiche zu dem Problembereich Küper, JuS 1971, 474 ff.; Krey, JuS 1971, 248 ff.
[332] Deutsch (1983) Arztrecht und Arzneimittelrecht, Rdnr. 225; Rümelin (1913) Haftung im klinischen Betrieb, S. 9 ff.
[333] BGH VersR 1982, 771, 772.
[334] OLG Frankfurt NJW 1981, 1322; Kern u. Laufs (1983) Die ärztliche Aufklärungspflicht, S. 130.

II. Intensivbehandlung

D 130 Eine Reihe von medizinisch, juristisch und ethisch schwierigen Problemen bringt die sog. Intensivbehandlung mit sich.[335] Hierbei kann es sich zum einen um die Pflege des Patienten nach operativen Eingriffen auf sog. Wachstationen handeln, zum anderen um die Pflege von Patienten, die dauernder Betreuung bedürfen. Hier werden an den Arzt und das Pflegepersonal besondere Sorgfaltsanforderungen gestellt, da gerade dieser Patientenkreis auch ein gesteigertes Maß an Aufmerksamkeit erfordert. Der Arzt ist in mehrfacher Weise gefordert. Er hat es mit Patienten in einem besonders kritischen Gesundheitsstadium zu tun und muß in der Regel mit einer komplizierten medizinischen Apparatur umgehen.

D 131 Für die Intensivbehandlung ist, wie für jede andere ärztliche Behandlung auch, die Einwilligung des Patienten erforderlich.[336] Diese wird in der Regel als generelle gegeben, d.h. nicht jede einzelne ärztliche Maßnahme ist erneut zustimmungspflichtig.

Dem Patienten steht es natürlich frei, die Intensivbehandlung abzulehnen. Er kann dies in verschiedener Form tun. Er kann die Situation gedanklich vorwegnehmen und seinen Willen schon zu einem früheren Zeitpunkt schriftlich niederlegen, er kann aber auch in der konkreten Situation seine Vorstellungen und Wünsche äußern. Ist die Erklärung früher aufgesetzt worden, so spricht man vom sog. Patiententestament.[337] Darin ist festgelegt, ob und in welcher Form eine Intensivbehandlung erfolgen soll, daß beispielsweise in einem hoffnungslosen Krankheitsstadium lebensverlängernde Maßnahmen unterbleiben sollen. Wesentlich ist hier, daß auch in diesem Fall der aktuelle Wille des Patienten maßgeblich ist. Der Arzt hat daher, soweit möglich, zu überprüfen, ob der früher geäußerte Wille auch im konkreten Augenblick noch gelten soll.[338]

Zum Problemkreis der Intensivbehandlung gehört ganz wesentlich die Frage, wann der Arzt die Behandlung beenden darf, etwa indem er eine lebenserhaltende Maschine abstellt. Damit ist übergeleitet zum Problemkreis der Sterbehilfe im weiteren Sinne.

III. Sterbehilfe

D 132 Gerade die Intensivbehandlung durch moderne medizinische Geräte hat das Problem der Sterbehilfe aktualisiert.[339] Mit Sterbehilfe ist hier nicht etwa der Bereich der sog. Euthanasie bezeichnet. Es besteht Einigkeit darüber, daß eine aktive Sterbehilfe grundsätzlich unzulässig ist.[340]

---

335 Vergleiche Deutsch (1983) Arztrecht und Arzneimittelrecht, Rdnr. 233; Laufs (1978a) Arztrecht, Rdnr. 97ff.

336 Deutsch (1983) Arztrecht und Arzneimittelrecht, Rdnr. 233.

337 Uhlenbruck, Ther Ggw 1980, 1374; Deutsch (1983) Arztrecht und Arzneimittelrecht, Rdnr. 233.

338 Palandt/Keidel, § 1937 Anm. 6; Uhlenbruck, NJW 1978, 569; Deutsch (1983) Arztrecht und Arzneimittelrecht, Rdnr. 235; gegen die Verbindlichkeit des Patiententestaments: Spann, MedR 1983, 15f.

339 Vergleiche dazu Deutsch (1983) Arztrecht und Arzneimittelrecht, Rdnr. 234ff. m. w. N.; Brenner (1983) Arzt und Recht, S. 79ff.

340 Schönke, Schröder, Eser (1982) StGB, Vorbem. §§ 211ff. Rdnr. 24ff. m. w. N.; Laufs (1978a) Arztrecht, Rdnr. 100.

Vielmehr geht es insbesondere um die Fragen: Ist es erlaubt, einem unheilbar kranken Patienten zur Schmerzlinderung Medikamente zu verabreichen, wenn dadurch gleichzeitig eine Lebensverkürzung bewirkt wird? Darf der Arzt von technisch möglichen Mitteln zur Lebensverlängerung absehen, wenn dadurch nur eine kurzfristige, mit erheblichen Leiden verbundene Lebensverlängerung zu erreichen wäre? In diesem Bereich ist der Arzt auf Entscheidungshilfen in besonderem Maße angewiesen. In allen Situationen verläßliche, verbindliche Regeln lassen sich sicher nicht aufstellen. Hilfreich sind jedoch die zu diesem Problemkreis aufgestellten Richtlinien.

D 133 Die Bundesärztekammer hat sich hierbei eng an eine Schweizer Vorlage angelehnt.[341] Umfassender und aussagekräftiger noch ist die Resolution zur Behandlung Todkranker und Sterbender der Deutschen Gesellschaft für Chirurgie.[342] Ihrer besonderen Bedeutung wegen soll sie im Wortlaut wiedergegeben werden:

Resolution zur Behandlung Todkranker und Sterbender
– Ärztliche und rechtliche Hinweise –

Im Grenzbereich zwischen Leben und Tod hat der Arzt nicht selten zwischen verschiedenen Handlungsmöglichkeiten abzuwägen. Die folgenden Hinweise nehmen ihm die eigene Verantwortung nicht ab. Sie wollen ihm vielmehr helfen, Entscheidungen für den Kranken zu treffen, die sowohl mit dem ärztlichen Ethos als auch mit den rechtlichen Erfordernissen in Einklang stehen.

Ärztliches Wirken soll menschliches Leben erhalten und Leiden lindern. Angesichts des unausweichlichen und kurz bevorstehenden Todes kann Lebensverlängerung nicht unter allen Umständen Ziel ärztlichen Handelns sein.

I. Entscheidungsbereich
Zum Tode führen kann

1. plötzliches Versagen einer oder mehrerer vitaler Funktionen aus bis dahin tatsächlicher oder scheinbarer Gesundheit,
2. plötzliches Versagen einer vitalen Funktion im Verlauf einer zwingend zum Tode führenden Krankheit,
3. Fortschreitender biologisch pathologisch bedingter Kräfteverfall.

II. Therapeutische Grundsätze

1. Unter den genannten Bedingungen (I) ist grundsätzlich alles zur Lebenserhaltung und Leidensminderung Notwendige zu tun. Bei ungewisser Prognose muß die Behandlung immer und auch dann begonnen bzw. fortgesetzt werden, wenn mit irreparablen Schäden zu rechnen ist.
2. Bei manchen zum Tode führenden Erkrankungen steht die notwendige Leidensminderung so stark im Vordergrund, daß die Möglichkeit einer Lebensverkürzung als Nebenwirkung in Kauf genommen werden darf.
3. Maßnahmen zur Lebensverlängerung dürfen beendet werden, wenn bei einer unausweichlich in kurzer Zeit zum Tode führenden Krankheit die vitalen Funktionen des Zentralnervensystems, der Atmung, der Herzaktion und des Kreislaufs offensichtlich schwer beeinträchtigt sind und der fortschreitende allgemeine Verfall nicht aufzuhalten ist oder nicht beherrschbare Infektionen vorliegen. In solchen Fällen sollte der Arzt Komplikationen nicht mehr über das Maß, das die Leidensminderung erfordert, behandeln.
   Entscheidend ist dabei der Umfang der ärztlichen Behandlungspflicht, nicht die rechtliche Einordnung als Handeln oder Unterlassen.
4. Bei schweren angeborenen Mißbildungen Neugeborener darf eine Behandlung unterbleiben oder abgebrochen werden, wenn wegen schwerer Beeinträchtigung vitaler Funktionen offensichtlich keine Lebensfähigkeit besteht.
5. Auch der Kranke, dem sonst nicht mehr geholfen werden kann, hat unbedingten Anspruch auf eine seinen menschlichen Grundbedürfnissen entsprechende ärztliche Betreuung und Pflege. Die medikamentöse Behandlung von Schmerz, Angst und Unruhe soll sich allein nach der Not des Kranken richten.

---

[341] Richtlinien für Sterbehilfe, Schweizer Ärzteztg 1977, 691.
[342] Beilage zu Mitt Dtsch Ges Chir 1979, Heft 3.

III. Der Wille des Kranken

1. Der erklärte oder aus der Gesamtheit der Umstände zu entnehmende Wille des Kranken auf Erhaltung des Lebens mit allen verfügbaren Mitteln ist im Rahmen des ärztlichen Möglichen maßgebend.
2. Bei einsichts- und willensfähigen Kranken soll der erklärte Wille, sich nicht mehr oder nur noch eingeschränkt behandeln zu lassen, respektiert werden. Jedoch sind – insbesondere krankheitsbedingte – Einschränkungen der Einsichts- und Willensfähigkeit zu berücksichtigen. Ärztliche Aufgabe ist es, gegebenenfalls dem Kranken zu helfen, eine Behandlungsverweigerung aus Resignation zu überwinden.
3. Bei Bewußtlosen, nicht Einsichtsfähigen oder zulässigerweise nicht voll Aufgeklärten soll sich die Behandlung nach dem vernünftig verstandenen Interesse und dem mutmaßlichen Willen des Kranken richten. Hierfür ist seine gegenwärtige Situation entscheidend. Frühere Äußerungen auch gegenüber nahestehenden Personen können dabei nur Anhaltspunkte sein. Im Zweifel soll nach den zuvor (II) entwickelten Grundsätzen gehandelt werden.
4. Besteht für den Kranken ein gesetzliches Sorgeverhältnis, so handelt der Sorgeberechtigte an seiner Stelle, sofern er nicht offensichtlich gegen die wohlverstandenen Interessen des Kranken entscheidet.

IV. Lebensbeendigung

Direkte Eingriffe zur Lebensbeendigung sind ärztlich und rechtlich unzulässig, auch wenn sie vom Kranken verlangt werden. Dem ärztlichen Auftrag widerspricht auch die aktive Mitwirkung bei der Selbsttötung, zum Beispiel durch Überlassung von Tötungsmitteln. Eine grundsätzliche sittliche Wertung der Selbsttötung soll damit nicht verbunden sein.

V. Menschliche Betreuung

1. Todkranke und Sterbende bedürfen bis zu ihrem Ende der besonderen Zuwendung und persönlichen Betreuung. Sie verlangen nach menschlicher Nähe und Fürsorge. Ihnen sollte die Vereinsamung durch räumliche und seelische Isolierung erspart bleiben.
2. Im Grenzbereich zwischen Leben und Tod stellt sich die Aufklärungsproblematik anders als sonst vor ärztlichen Maßnahmen. Der wahre Zustand soll dem Kranken insoweit eröffnet werden, als es nach den persönlichen Umständen erforderlich und menschlich tragbar erscheint. Die volle Wahrheit kann inhuman sein. Der Arzt muß insbesondere abwägen, ob die Mitteilung der Wahrheit im Einzelfall erforderlich ist, um dem Kranken notwendige Entscheidungen zu ermöglichen. Nahestehende Personen sollen unterrichtet werden, soweit es geboten und tunlich erscheint.

VI. Unheilbarkeit und Verantwortung

Die Verantwortung trägt der behandelnde Arzt. Sie ist nicht teilbar. Kollegiale Beratungen können hilfreich sein.

D 134 Der Arzt sieht sich hier zwischen 2 Pflichten: Einerseits hat er das menschliche Leben zu erhalten, andererseits qualvolles Leiden zu vermeiden. Hinsichtlich der zuerst angeschnittenen Frage, ob es dem Arzt gestattet ist, schmerzlindernde Medikamente zu verabreichen, auch wenn dadurch als Gegenwirkung eine gewisse Lebensverkürzung eintritt, besteht weitgehende Einmütigkeit.[343] Die Frage wird durchweg positiv beantwortet. Hier erscheint es als das größte Übel, einen unheilbaren Erkrankten längeren Qualen auszusetzen; um das zu vermeiden, darf eine eventuelle Lebensverkürzung in Kauf genommen werden.

Noch schwieriger zu beantworten ist die Frage nach der Beendigung lebenserhaltender Maßnahmen. Allein auf die technischen Möglichkeiten abzustellen, ist ebenso unbefriedigend wie unzureichend. Ebenso wie dem Wunsch des Patienten nach Lebensverlängerung mit allen verfügbaren technischen Mitteln nachzukommen ist, muß sein entgegengesetzter Wille, die Zeit der Qualen zu verkürzen, Berücksichtigung finden. Äußerste Vorsicht ist jedoch geboten, wenn mit dem sog. mutmaßlichen Willen oder der Auffassung von Angehörigen gearbeitet werden soll.[344] Dabei

[343] Schönke, Schröder, Eser (1982) StGB, Vorbem. §§ 211 ff. Rdnr. 26; Schreiber Beitr Gerichtl Med 1975, 38.

[344] Vergleiche Laufs (1978 a) Arztrecht, Rdnr. 101 f.

darf nicht aus dem Auge verloren werden, daß maßgeblich stets nur die Interessen des Patienten sein dürfen. Wann der Arzt nun seine Behandlung einstellen darf, weil der Patient klinisch tot ist, hängt von der Definition des Todeszeitpunkts ab. Während ursprünglich vom Herz-Kreislauf-Tod ausgegangen worden ist, erscheint dieses Kriterium heute als überholt. Mit Hilfe medizinischer Geräte wie der Herz-Lungen-Maschine ist es gelungen, vitale Lebensfunktionen zu ersetzen. Als entscheidend wird daher heute der sog. Hirntod angesehen.[345] Für dessen Feststellung ist eine Reihe fester Kriterien entwickelt worden,[346] an denen sich der Arzt orientieren kann. Der Begriff des Hirntodes ist nicht nur für die Frage des Abschaltens medizinischer Geräte, sondern auch für die Explantation von Bedeutung.

IV. Transplantation und Transplantate

D 135 Die Organspende gehört zu den Themen, die in jüngster Vergangenheit besondere Beachtung gefunden haben. Der Versuch, den Bereich gesetzlich zu regeln, ist vorläufig gescheitert. Weder der Gesetzesentwurf der Bundesregierung noch der des Bundesrats sind verabschiedet worden. Der Hauptgrund ist darin zu sehen, daß im Streit um die sog. Widerspruchs- oder Zustimmungslösung bislang keine Einigkeit erzielt werden konnte.

Die gegenwärtige Rechtslage gibt keine festen Regelungen über die Zulässigkeit an die Hand. Relativ unproblematisch ist noch der Bereich der sog. Lebendspende. Hier richtet sich die Zulässigkeit einer Transplantation nach den sonst geltenden Regeln über die Zulässigkeit des Eingriffs in die Person.[347] Die Spende vom Toten ist hingegen erheblich problembefrachteter. Zu klären ist hier, welchen Einfluß der Organspender auf das hat, was mit seinem Körper nach seinem Tode geschieht. Die Behandlung dieses Problems wird dadurch noch schwieriger, daß hier eine ganze Reihe von Emotionen mitschwingen. Da ist einmal die Angst des Sterbenden, er werde vorzeitig „aufgegeben", da eines seiner Organe gebraucht werde. Häufig besteht auch der Wunsch, unversehrt, d. h. mit sämtlichen Organen und Körperteilen, beerdigt zu werden.

D 136 Im strafrechtlichen Bereich ergibt sich der Schutz des Leichnams lediglich aus § 168 StGB, der die Störung der Totenruhe unter Strafe stellt. Die Vorschrift greift aber nach ganz überwiegender Auffassung deshalb nicht ein, weil sich der Leichnam in den hier behandelten Fällen im Gewahrsam des Krankenhauses befindet, so daß der vorausgesetzte Gewahrsamsbruch nicht vorliegt.[348] Im übrigen erfaßt auch der Schutzzweck des § 168 StGB nicht die Explantation.

Zivilrechtlich wirkt das Persönlichkeitsrecht des Verstorbenen noch nach seinem Tode fort.[349] Das bedeutet, daß sein Wille auch nach seinem Tode noch zu berücksichtigen ist. Den Angehörigen kommt insoweit lediglich das Totensorgerecht zu. Sie haben bei ihrer Entscheidung den Willen des Verstorbenen zu berücksichtigen.

D 137 Danach bedarf die Organentnahme in jedem Falle einer Rechtfertigung. Hierfür

---

345 Vergleiche Deutsch (1983) Arztrecht und Arzneimittelrecht, Rdnr. 238 f. m. w. N.
346 Dtsch Ärztebl 1982, Heft 14, S. 45; Laufs (1978 a) Arztrecht, Rdnr. 189.
347 Laufs (1978 a) Arztrecht, Rdnr. 87 f.; Deutsch u. Fischer, Mitt. Klin. Nephrol. 1973, 65.
348 Schönke, Schröder, Lenckner (1982) StGB, § 168, Rdnr. 6.
349 BGHZ 50, 133.

kommen einmal die Sozialadäquanz, dann die Zustimmung des Verstorbenen bzw. seiner nächsten Angehörigen und schließlich der Notstand in Betracht. Als sozialadäquat wird man die Zufügung kleinster Verletzungen ansehen, beispielsweise die Entnahme von Gehörknöchelchen. Darüber hinausgehende Eingriffe können jedoch durch die Sozialadäquanz nicht mehr gerechtfertigt werden.[350]

Eine Organentnahme ist auch dann ohne Zustimmung des Verstorbenen bzw. seiner Angehörigen zulässig, wenn eine solche Zustimmung nicht eingeholt werden kann und die Voraussetzungen des rechtfertigenden Notstandes vorliegen. § 34 StGB erfordert hier eine Abwägung der kollidierenden Rechtsgüter. Die Transplantation ist dann gerechtfertigt, wenn Leben oder Gesundheit des Empfängers höherwertiger sind als die Interessen des Spenders. Dieser Interessenkonflikt ist häufig nicht leicht zu lösen. Dem Überlebensinteresse stets den Vorrang einzuräumen, erscheint unbefriedigend. Sich zugunsten des Lebenden zu entscheiden, fällt dann leichter, wenn lediglich die Angehörigen die Einwilligung verweigern. Hat jedoch der Verstorbene selbst die Einwilligung versagt, so ist sein Selbstbestimmungsrecht zu respektieren.[351] § 34 StGB verlangt über die Güterabwägung hinaus, daß die Transplantation das einzige Mittel zur Abwendung der gegenwärtigen Gefahr für den Empfänger sein muß. Hier kann nun argumentiert werden, daß es an der Gegenwärtigkeit bei der Transplantation meist fehle. Es ist jedoch zu berücksichtigen, daß eine Gefahr nicht nur im Falle einer krisenhaften Zuspitzung vorliegen kann, sondern durchaus auch bei Intensivierung einer eingetretenen Schädigung droht.[352] Noch nicht abschließend geklärt ist die Frage der Spende zugunsten einer Organbank. Ist ein gespendetes Organ etwa für Eurotransplant bestimmt, wird man nach dem bisherigen Instrumentarium häufig eine gegenwärtige Gefahr und damit einen rechtfertigenden Notstand verneinen müssen.

D 138 An dieser Stelle sollte das in diesem Rahmen häufig angesprochene Problem der Kommerzialisierung erwähnt werden. Wenn die Diskussion auch noch nicht abgeschlossen ist, so läßt sich doch sagen, daß die Organspende nicht finanziell honoriert wird. Einem Handel mit Organen soll vorgebeugt werden. Entsprechend werden Körperteile wie Organe vor der Trennung vom Körper als dessen Bestandteil und Teil des Persönlichkeitsrechts angesehen und nach der Trennung vom Körper als Res extra commercium behandelt.

D 139 Um im Bereich der Transplantation mit klaren Regelungen arbeiten zu können, ist von medizinischer Seite ein Transplantationsgesetz gefordert worden. Dem Entwurf der Bundesregierung liegt das sog. Widerspruchsmodell zugrunde, während nach dem Entwurf des Bundesrats eine ausdrückliche Zustimmung des Spenders erforderlich ist.[353] Die Widerspruchslösung wird von medizinischer Seite favorisiert, unter anderem deshalb, weil dadurch eine größere Anzahl von Transplantaten erzielt wird. Gegen diese Lösung ist insbesondere eingewandt worden, es werde mit einem Trick gearbeitet und die Trägheit der Bevölkerung ausgenutzt.[354] Darüber hinaus könne das Schweigen wie regelmäßig nicht als Einwilligung interpretiert werden. Bedenken sind auch gegen die Eintragungspflicht im Personalausweis geäußert worden, da das behördliche Verfahren mit zu vielen Problemen belastet sei und die persönliche Entscheidung nicht jederzeit revidiert werden könne.

---

[350] Laufs (1978a) Arztrecht, Rdnr. 91; Deutsch (1976) Haftungsrecht I, S. 231.
[351] Wolfslast, MMW 1982, Nr. 5, 106; Laufs (1978a) Arztrecht, Rdnr. 91.
[352] Schönke, Schröder, Lenckner (1982) StGB, § 34, Rdnr. 12.
[353] Beide abgedruckt in der Bundestags-Drucksache 8/2681.
[354] Linck, ZRP 1975, 251; Carstens (1978) Organtransplantation, S. 122.

Bei der Zustimmungslösung nun muß der Spender von sich aus aktiv werden. Da sich der Gesunde selten Gedanken über die Möglichkeit der Organspende macht, wird hierdurch die Transplantatgewinnung stark eingeengt.

Daher ist neben der Zustimmung des Spenders auch diejenige seiner Angehörigen zu berücksichtigen. Freilich haben die Angehörigen ihr Totensorgerecht im Sinne des Verstorbenen auszuüben. Bei dieser sog. erweiterten Zustimmungslösung ist eine Ausweiseintragung nicht erforderlich.[355] Danach ist gleichgültig, wie der Spender seine Zustimmung dokumentiert. Liegt keine Willensäußerung des Verstorbenen vor, ist der Eingriff mit Einwilligung der Angehörigen zulässig.[356]

Dieser Vorschlag entspricht dem Status quo. Seine Festschreibung in einem förmlichen Gesetz brächte allerdings eine zusätzliche Sicherheit für die transplantierenden Ärzte.

V. Wissenschaftliche Experimente und therapeutische Versuche am Menschen

1. Grundsätze

D 140 Eine medizinische Behandlung ist nicht bereits deshalb ein Experiment, weil ihr Ausgang nicht sicher ist. Dies ist in der Regel auch bei Standardbehandlungen der Fall. Die Charakterisierung als Versuch ergibt sich vielmehr daraus, daß die Behandlung auf die Gewinnung einer Standardbehandlung (beim sog. investigativen Versuch auf deren Diskreditierung) gerichtet ist.[357]

Innerhalb des Experiments unterscheidet man 2 Gruppen:

1. den therapeutischen oder Heilversuch, der der Heilung des Patienten dient;
2. das rein wissenschaftliche Experiment, das die Gesundheit des Probanden nicht aktuell fördert.

Beim therapeutischen Experiment ist zwischen Vorteil und Gefahr für den Patienten abzuwägen, beim wissenschaftlichen Experiment ist der Vorteil für die Allgemeinheit gegen die Gefährdung des Probanden zu stellen.[358]

D 141 Kontrollierte klinische Therapiestudien sind dadurch gekennzeichnet, daß zumindest 2 unterschiedliche Therapieformen im Hinblick auf ein bestimmtes Ergebnis angewandt werden. Die in die Studie integrierten Probanden werden ihrer Gruppe mit Hilfe einer Randomisierung zugeteilt, um künstlichen Zufälligkeiten vorzubeugen;[359] sie werden während der Dauer des Experiments beobachtet. In dem vor Beginn der Untersuchung angefertigten Protokoll werden Studienziel und Fragestellungen sowie zu prüfende Hypothesen fixiert. Enthalten sind ferner Kriterien für die Auswahl der Probanden, Angaben zu deren Aufklärung sowie über das

---

[355] Pichlmayr u. Schreiber (1979) Stellungnahme zur derzeitigen Bedeutung der Organ- und Gewebetransplantationen im Zusammenhang mit der geplanten gesetzlichen Regelung der Transplantation, S. 10f.

[356] Leipold, Münchener Kommentar, Einleitung § 1922, Rdn. 5.

[357] Laufs (1978a) Arztrecht, Rdnr. 230; Deutsch (1983) Arztrecht und Arzneimittelrecht, Rdnr. 314; Deutsch, VersR 1978, 289f.

[358] Laufs (1978b) Die klinische Forschung nach deutschem Recht, 3ff.

[359] Fischer (1979) Medizinische Versuche am Menschen, S. 5; Deutsch (1983) Arztrecht und Arzneimittelrecht, Rdnr. 314.

anzuwendende Dokumentationsverfahren und die Methodik der statistischen Auswertung.[360] Eine kontrollierte klinische Versuchsstudie darf nur durchgeführt werden, wenn die zu untersuchende Fragestellung noch nicht geklärt ist, um den Patienten die nach den Umständen beste Therapie zukommen zu lassen.[361] Häufig wird der kontrollierte klinische Versuch in Form eines sog. Blindversuchs vorgenommen, d.h. den Probanden ist nicht bekannt, ob sie zur Testgruppe oder Kontrollgruppe gehören, die entweder die Standardbehandlung erhält oder keiner Behandlung unterzogen wird. Möglich ist auch die Durchführung eines Doppelblindversuchs. Hier wissen sowohl der behandelnde Arzt/Versuchsleiter als auch der Patient/Proband nicht, ob letzterer zur Test- oder Kontrollgruppe gehört.[362] Dies wird durch Einschaltung einer weiteren Person ermöglicht, welche die Einteilung vornimmt.[363] Eine besondere Form des Doppelblindversuchs stellt das „cross-over" dar: Die Probanden wechseln zwischen den Gruppen.[364] Sofern die Einwilligung des Patienten vorliegt, ist nicht davon auszugehen, daß kontrollierte klinische Studien, insbesondere Doppelblindversuche, per se als mögliche Körperverletzung oder gar Totschlag anzusehen sind.[365]

Grundsätzlich gilt, daß bei Durchführung einer kontrollierten klinischen Studie die Verhütung von Schäden ebenso relevant ist wie der sich aus ihr unter Umständen ergebende Nutzen.[366]

D 142 Ein Patient, der an einer kontrollierten klinischen Studie teilnehmen soll, muß zuvor seine Einwilligung gegeben haben. In diesem Zusammenhang ist problematisch, welchen Umfang die vorhergehende Aufklärung haben sollte, um eine eigenverantwortliche freie Entscheidung zu ermöglichen. Verständlicherweise erwartet ein Patient die optimale Behandlung durch den Arzt und wird häufig durch den Gedanken abgeschreckt, der Arzt selber wisse nicht genau Bescheid und behandle ihn als Versuchsperson.[367] Wie bei der Aufklärung allgemein ist auch hier auf den einzelnen Probanden und zusätzlich auf die Art der durchzuführenden Studie abzustellen. Dennoch ist als Mindestmaß an Aufklärung zu fordern, daß der Betreffende über den neuen Behandlungsweg und seine besonderen Risiken aufzuklären ist sowie über eine evtl. Randomisierung und die Folgen.[368] Dies ist sowohl beim therapeutischen als auch beim wissenschaftlichen Versuch erforderlich.[369]

D 143 Die Einwilligung hat grundsätzlich durch den Probanden zu erfolgen. Bei Kindern muß der informierte gesetzliche Vertreter zustimmen. Anzumerken ist, daß die Anforderungen an Versuche, die an Minderjährigen vorgenommen werden sollen, besonders hoch sind.[370] Insbesondere darf das Risiko nur gering sein. § 40 AMG[371]

---

360 Michaelis, Dtsch Med Wochenschr. 1982, 1947.
361 Michaelis, Dtsch Med Wochenschr. 1982, 1948.
362 Laufs (1978a) Arztrecht, Rdnr. 239; Deutsch (1983) Arztrecht und Arzneimittelrecht, Rdnr. 314.
363 Samson, NJW 1978, 1183.
364 Deutsch (1983) Arztrecht und Arzneimittelrecht, Rdnr. 314; Fischer Medizinische Versuche am Menschen, S. 53.
365 Samson (1979) NJW 1978, 1186f.; anders Fincke (1977) Arzneimittelprüfung, strafbare Versuchsmethoden, S. 82ff.
366 Gross (1979) Notwendigkeit und Ethik klinisch-therapeutischer Prüfung von Arzneimitteln, S. 17; Laufs (1978a) Arztrecht, Rdnr. 236.
367 Michaelis, Dtsch Med Wochenschr. 1982, 1949.
368 Kern u. Laufs (1983) Die ärztliche Aufklärungspflicht, S. 146; Deutsch, Arztrecht und Arzneimittelrecht, Rdnr. 319.
369 Deutsch, Jur Blätter 1982, 423.
370 Deutsch, Jur Blätter 1982, 23.
371 Arzneimittelgesetz vom 24. 3. 1976, BGBl I, 2445ff.

verbietet Versuche an Kindern, wenn diese, um das jeweilige Ergebnis zu erhalten, auch an Erwachsenen vorgenommen werden könnten.

Eine weitere Sondergruppe stellen psychisch Behinderte dar. Durch § 40 AMG werden Versuche an jeglichen Anstaltsbewahrten verboten. Andererseits aber erscheint es vernünftig, Versuche außerhalb der Arzneimittelprüfung an psychisch Behinderten dann zuzulassen, wenn diese sich auf die spezielle psychische Behinderung beziehen.

Die dritte relevante Sondergruppe schließlich bilden die Gefangenen. Ihre Beteiligung an klinischen Experimenten wird durch das AMG verboten, jedoch ist wohl davon auszugehen, daß es zulässig sein sollte, einen Heilversuch auch an Häftlingen durchzuführen, sofern diese ihre Einwilligung gegeben haben.[372]

D 144 Die Zulässigkeitsvoraussetzungen des wissenschaftlichen nichttherapeutischen Experiments verlaufen zum therapeutischen im wesentlichen parallel.[373] Vorausgesetzt ist eine valide wissenschaftliche Fragestellung, d. h. die Antwort darf nicht bereits sicher und nicht unerreichbar sein. Zulässig ist nur ein maßvolles Risiko, d. h. es muß für die Versuchsperson ein angemessenes Verhältnis zwischen Vorteil und Gefahr bestehen.[374] Besonderes Gewicht liegt auf der Einwilligung des Probanden. Sofern auch nur eine entfernte Gefahr einer Verletzung des Körpers, der Gesundheit oder des Persönlichkeitsrechts besteht, liegt die Entscheidung darüber, ob das Risiko eingegangen werden darf und soll, beim Probanden. An dessen Aufklärung sind gerade beim wissenschaftlichen Versuch besondere Anforderungen zu stellen, da dieser dem Probanden keinen gesundheitlichen Vorteil bringt. Der Proband ist umfassend zu unterrichten, insbesondere über den Umfang des von ihm eingegangenen Risikos. Grundliegenden Einfluß hatte hier die Thorotrastentscheidung des BGH aus dem Jahre 1956,[375] die die Zulässigkeitsmerkmale erstmalig ausarbeitet.

2. *Rechtsquellen*

D 145 Regelungen, die medizinische Versuche am Menschen betreffen, finden sich für die Arzneimittelprüfung zunächst in §§ 40 f. AMG von 1976. Sie betreffen unter anderem die Vertretbarkeit von Versuchen, sowie den informed consent und die Anforderungen an den leitenden Arzt (s. S. 258 ff.).

Neben internen Dienstanweisungen sind im übrigen der Nürnberger Codex und die Deklaration von Helsinki – revidiert in Tokio 1975 – zu nennen. Der Nürnberger Codex stellt in 10 Punkten Grundsätze für die biomedizinische Forschung auf, die modernen Erfordernissen nur zum Teil entsprechen. Es fehlt eine Unterscheidung zwischen wissenschaftlichen und therapeutischen Versuchen; die Festlegung, daß bei Versuchen mit möglicherweise letalem Ausgang die Zulassung davon abhängen kann, daß der Versuchsleiter sich als Proband zur Verfügung stellt, ist zweifelhaft. Ferner ist die Forderung, daß die Versuchsperson geschäftsfähig sein muß, zu starr. Die revidierte Deklaration von Helsinki vermeidet diese Fehler und verlangt zusätzlich die Vorlegung der Versuchsprotokolle an eine bestehende Ethik-

372 Deutsch (1978) Medizin und Forschung vor Gericht, S. 48.

373 Vgl. Leipziger Kommentar (1980) § 226 a Rdnr. 47; Schönke, Schröder, Eser (1982) StGB, § 223 Rdnr. 50, Deutsch (1983) Arztrecht und Arzneimittelrecht, Rdnr. 323.

374 Giesen, Int Comp Law Q 1976, 180.

375 BGHZ 20, 61.

kommission.[376] Auch sie läßt jedoch Haftungs- und Versicherungsbestimmungen vermissen.[377]

3. *Ethikkommissionen*

D 146 In Anlehnung an eine Entwicklung in den USA[378] gibt es auch in der Bundesrepublik Deutschland seit einigen Jahren Kommissionen, deren Aufgabe es ist, auf Antrag des Versuchsleiters medizinische Experimente am Menschen auf ihre rechtliche und ethische Zulässigkeit hin zu untersuchen, wobei der Schutz des Probanden/Patienten im Vordergrund steht.[379] Wesentlich für die Entstehung der Kommissionen war insbesondere auch die revidierte Deklaration von Helsinki. Eingerichtet werden die Kommissionen, die in der Regel unter der Bezeichnung Ethikkommissionen oder ethisch-medizinisches Komitee fungieren, an Forschungsinstituten, Universitäten, Kliniken, in der Industrie und bei Ärztekammern. Man unterscheidet zwischen 3 Formen dieser Kommissionen.[380]

1. Zunächst die heute nicht mehr bedeutsame Kollegen- bzw. Vorstandskontrolle. Da hier der Versuch durch Kollegen bzw. den Vorstand überwacht wird, verstoßen diese Gremien mangels Unabhängigkeit gegen die revidierte Deklaration von Helsinki.
2. Ferner kennt man die sog. paritätische Kommission, die Assistenten und ärztliches Hilfspersonal einbezieht.
3. In der sog. übergreifenden Kontrolle schließlich, die sich durchgesetzt hat, gehören den Ethikkommissionen sowohl Forscher und Ärzte der den Versuch durchführenden Institution als auch externe Ärzte, Forscher sowie Juristen, Pfarrer oder Patienten an.

Die Aufgabe der Ethikkommissionen besteht in der Gewährleistung des Probandenschutzes. Ferner hat sie die mittelbare Aufgabe, Institut und Forscher vor Ansprüchen zu bewahren. Unter diesem Aspekt empfiehlt sich die Einrichtung von Ethikkommissionen zur Prüfung einzelner Vorhaben, um die Erfüllung der Organisationspflicht der betreffenden Institution zu gewährleisten. Die Kommission sollte keine Ratschläge für den Ablauf der Studie geben, sondern die rechtlichen und ethischen Voraussetzungen der biomedizinischen Forschung am Menschen bewerten.

4. *Haftung*

D 147 Als Haftungsgrundlage bei Experimenten gilt § 823 Abs. 1 BGB, der eine Verschuldenshaftung normiert, bzw. Art. 34 GG in Verbindung mit § 839 BGB bei Amtspflichtverletzungen. Ferner sind 2 Gefährdungshaftungstatbestände von Bedeutung, und zwar § 26 V AtomG und § 84 AMG. § 26 V AtomG findet auf wissenschaftliche Versuche mit radioaktiven Stoffen und Strahlen Anwendung, und § 84 AMG ist dann von Bedeutung, wenn erprobte Arzneimittel Versuchsbestandteil sind, die ein unvertretbares Maß an Nebenwirkungen hervorrufen.[381]

---

[376] Revidierte Deklaration von Helsinki I Ziff. 2; Deutsch, NJW 1978, 573; Laufs (1978 a) Arztrecht, Rdnr. 236; Eberbach (1982) Humanforschung, S. 17.

[377] Deutsch, JZ 1980, 291.

[378] Hierzu Bork, NJW 1983, 2056 ff.; Deutsch (1983) Arztrecht und Arzneimittelrecht, Rdnr. 335.

[379] Eser u. Koch, Dtsch Med Wochenschr 1982, 443.

[380] Hierzu Deutsch, NJW 1981, 615.

[381] v. Bar u. Fischer, NJW 1980, 2735.

In Betracht kommt ferner eine Aufopferungshaftung. Hier muß der Verletzte der Forschung ein Sonderopfer gebracht haben. Dies ist nicht der Fall, wenn er zugleich Begünstigter des Versuchs ist, wie in der Regel bei therapeutischen Experimenten.[382]

Eine weitere Haftungsgrundlage bildet § 40 I Nr. 8, III AMG 1976. Hier wird eine Ablösung der Haftung durch eine sog. Probandenversicherung vorgeschrieben, die in der Höhe von zumindest 0,5 Mio. DM abzuschließen ist. Sie greift in Fällen ein, in denen im Verlauf eines klinischen Versuchs ein Mensch getötet oder verletzt wird. Dies gilt auch dann, wenn kein anderer für den Schaden haftet. § 40 I Nr. 8, III AMG findet gemäß der Verweisung in § 41 AMG auch bei Heilversuchen und nicht nur bei wissenschaftlichen Versuchen Anwendung.[383] Zu erwägen ist ferner, z. B. bei der Prüfung eines bereits zugelassenen Arzneimittels, der Abschluß einer „Analogprobandenversicherung".[384]

D 148 Als Haftpflichtige kommen in Betracht die Forschungseinrichtungen bzw. der Forschungsleiter; die Anstellungskörperschaft bei der Amtshaftung; der Träger des Forschungsprogramms; sehr eingeschränkt auch Forschungsförderungsinstitutionen und Mitglieder von Forschungskontrollausschüssen, für die aber unter bestimmten Voraussetzungen ein Freistellungsanspruch in Erwägung zu ziehen ist.[385]

---

[382] v. Bar u. Fischer, NJW 1980, 2735.
[383] v. Bar u. Fischer, NJW 1980, 2735.
[384] Granitza, PharmaR 1982, 49.
[385] Deutsch (1983) Arztrecht und Arzneimittelrecht, Rdnr. 329; v. Bar u. Fischer, NJW 1980, S. 2837.

Literatur

Adam W (1973) Modernes Krankenhaus, 2. Aufl. Köln

Ahrens H-J (1983) Ärztliche Aufzeichnung und Patienteninformation – Wegmarken des BGH. NJW S 2609 ff.

Ahrens H-J, Udsching P (1978) Heimliche Ablösung der Arzthaftung durch gesetzliche Unfallversicherung? NJW S 1666 ff.

Albrecht G (1977) Die Versicherungspflicht in der Krankenversicherung, 5. Aufl. St. Augustin

Alff R, Balthaus W, Weber R (1976) Das Bürgerliche Gesetzbuch mit besonderer Berücksichtigung der Rechtsprechung des Reichsgerichts und des Bundesgerichtshofes, Kommentar, 12. Aufl. Berlin New York

Anna O, Hartung C, Klie H (1980) Medizintechnische Geräte im Krankenhaus. Fachtagung Krankenhaustechnik, Hannover 1980

Baader E (1983) Honorarkürzung und Schadensersatz im Kassenarztrecht. Springer, Berlin Heidelberg New York Tokio

Bappert L (1980) Arzt und Patient als Rechtsuchende. Das Vertrags- und Haftungsrecht des Arztes in Grundsatzentscheidungen bundesdeutscher Gerichte 1969–1980, 1. Aufl. Reinbek bei Hamburg

Bar C von, Fischer G (1980) Haftung bei der Planung und Förderung medizinischer Forschungsvorhaben. NJW S 2734 ff.

Baumann H (1983) Arzthaftung und Versicherung. JZ S 167 ff.

Baumann J (1977) Strafrecht, allg. Teil, 8. Aufl. Bielefeld

Baumgärtel G, Wittmann A (1979) Die Beweislastverteilung im Arzthaftungsprozeß, JA S 113 ff.

Baur U, Hess R (1982) Arzthaftpflicht und ärztliches Handeln. Basel Wiesbaden

Bley H (1980) Sozialrecht, 3. Aufl. Frankfurt a. M.

Bockelmann P (1966) Das Ende des Heilpraktikergesetzes. NJW S 1145 ff.

Bockelmann P (1967) Der Arzt im Strafrecht. In: Ponsold (Hrsg) Lehrbuch der gerichtlichen Medizin, 3. Aufl. Stuttgart, S 40 ff.

Bockelmann P (1968) Strafrecht des Arztes. Stuttgart

Bodenburg R (1983) Der ärztliche Kunstfehler als Funktionsbegriff zivilrechtlicher Dogmatik. Göttingen

Bodenburg R, Matthies K-H (1982) Ärztliche Gutachter- und Schlichtungsstellen – Theorie und Praxis eines Modells. VersR S 729 ff.

Borchmann M (1983) Die neue Gebührenordnung für Ärzte. NJW S 315 ff.

Brenner G (1983) Arzt und Recht. Stuttgart New York

Büchner F (1977) Grundriß der Individualversicherung, 8. Aufl. Karlsruhe

Bundesminister für Arbeit und Sozialordnung (1980) Forschungsbericht: Wahltarife in der Krankenversicherung. Bonn

Carstens T (1978) Das Recht der Organtransplantation. Frankfurt/M

Carstensen G, Schreiber H-L (1981) Arbeitsteilung und Verantwortung, In: Arzt und Patient zwischen Therapie und Recht. Stuttgart, S 167 ff.

Deutsch E (1963) Fahrlässigkeit und erforderliche Sorgfalt. Köln

Deutsch E (1976) Haftungsrecht, Bd 1: Allgemeine Lehren. Köln

Deutsch E (1978) Medizin und Forschung vor Gericht. Heidelberg Karlsruhe (Schriftenreihe der Juristischen Studiengesellschaft Karlsruhe, H 135)

Deutsch E (1983) Arztrecht und Arzneimittelrecht. Springer, Berlin Heidelberg New York

Deutsch E (1984) Versicherungsvertragsrecht. Karlsruhe

Deutsch E, Fischer G (1973) Die rechtlichen Voraussetzungen der Organtransplantation. Mit Klin Nephrol S 63 ff.

Deutsch E, Geiger M (1981) Medizinischer Behandlungsvertrag. Gutachten und Vorschläge zur Überarbeitung des Schuldrechts, Bd II. Köln, S 1049 ff.

Deutsch E, Kleinsorge H, Scheler F (1983) Verbindlichkeit der medizinisch-diagnostischen und therapeutischen Aussage. Stuttgart New York
Dinslage KH (1981) Patientenversicherung – Alternative zur Arzthaftpflicht. VersR S 310 ff.
Doms T (1981) Die ärztlichen Gutachterkommissionen und Schlichtungsstellen. NJW S 2489 ff.
Dotzauer G (1976) Warum ist der Begriff „Kunstfehler" irreführend? Dtsch Ärztebl S 3025 ff.
Dreier R (1957) Recht und Moral. In: Dreier R (Hrsg) Recht, Moral, Ideologie. Frankfurt a. M.
Eberbach WH (1982) Die zivilrechtliche Beurteilung der Humanforschung. Frankfurt/M. Bern
Eberhardt L (1983) Verjährungsfragen im Arzthaftpflichtrecht. NJW S 2613 ff.
Engisch K (1930) Untersuchungen über Vorsatz und Fahrlässigkeit. Berlin
Engisch K (1971) Auf der Suche nach Gerechtigkeit. München
Engisch K (1957) Konflikte, Aporien und Paradoxien bei der rechtlichen Beurteilung der Sterbehilfe. In: Festschrift für Eduard Dreher zum 70. Geburtstag, S 309 ff.
Engisch K (1970) Heileingriff und ärztliche Aufklärungspflicht. In: Engisch K, Hallermann (Hrsg) Die ärztliche Aufklärungspflicht aus rechtlicher und ärztlicher Sicht. Köln Berlin Bonn München
Erhardt HE (1972) Der Arzt im Spannungsfeld von Medizin, Ethik und Recht. Dtsch Arztebl S 70 ff.
Erman W (1981) Handkommentar zum Bürgerlichen Gesetzbuch, 7. Aufl, Bd 1. Münster
Eser A, Koch H-G (1982) Zum rechtlichen Wert von Ethik-Kommissionen. Dtsch Med Wochenschr S 443 ff.
Esser J, Schmidt E (1976) Schuldrecht, 6. Aufl, Allgemeiner Teil, Bd I, Teilbd 2. Heidelberg Karlsruhe
Fincke M (1977) Arzneimittelprüfung, strafbare Versuchsmethoden. Heidelberg
Fischer G (1979) Medizinische Versuche am Menschen. Göttingen
Fischer G (1981) Schadensersatz wegen unterbliebener Abtreibung. NJW S 1991 f.
Fischer G (1984) „Wrongful Life": Haftung für die Geburt eines behinderten Kindes. JuS S 434
Franzki D (1982) Die Beweisregeln im Arzthaftungsprozeß. Berlin
Franzki H (1978) Arzthaftung – ein neues Aufgabenfeld für den Gesetzgeber? DRiZ S 257
Franzki H (1981) Der operativ tätige Arzt in seiner zivil- und strafrechtlichen Verantwortung für Behandlungsfehler aus der Sicht der Rechtsprechung. In: Hymmen R, Ritter U (Hrsg) Behandlungsfehler – Haftung des operativ tätigen Arztes. Erlangen
Franzki H, Franzki D (1981) Der Arzthaftungsprozeß, In: Arzt und Patient zwischen Therapie und Recht. Stuttgart, S 177 f.
Gaisbauer G (1981) Zur Haftung des Arztes für Bestrahlungsschäden. VersR S 815 ff.
Geiger M (1983) Anmerkung zum BGH-Urteil vom 26. 10. 1982 – 1 StR 413/82. JZ S 153
Giesen D (1976) Civil Liability of physicians and new methods of treatment and experimentation. Int Comp Law Q S 180
Giesen D (1981) Arzthaftungsrecht, 1. Aufl. Bielefeld
Giesen D (1982 a) Arzthaftungsrecht im Umbruch (I). Der ärztliche Behandlungsfehler in der Rechtsprechung seit 1974. JZ S 345 ff.
Giesen D (1982 b) Arzthaftungsrecht im Umbruch (III). Beweisrechtliche Probleme in der Rechtsprechung seit 1974. JZ S 448 ff.
Granitza A (1982) Haftung und Versicherung bei der klinischen Prüfung. Pharma-Recht S 48 ff.
Gross R (1979) Notwendigkeit und Ethik klinisch therapeutischer Prüfung von Arzneimitteln
Gross R, Hilger HH, Kaufmann W, Scheuerlen PG (1978) Ärztliche Ethik. Symposium, Köln, 1. 10. 1977. Stuttgart New York
Gubernatis G (1982) Zur Offenbarungspflicht bei ärztlicher Fehlbehandlung. JZ S 363 ff.
Häußler S, Liebold R, Narr H (1984) Die kassenärztliche Tätigkeit, 3. Aufl. Springer, Berlin Heidelberg New York Tokio
Hahn B (1981) Zulässigkeit und Grenzen der Delegierung ärztlicher Aufgaben. NJW S 1977 ff.
Hamm H (1979) Allgemeinmedizin, 2. Aufl. Stuttgart
Heck P (1929) Grundriß des Schuldrechts. Tübingen
Henkel H (1957) Einführung in die Rechtsphilosophie. 2. Aufl. München
Henschel V (1980) Aufgabe und Tätigkeit der Schlichtungs- und Gutachterstellen für Arzthaftpflichtstreitigkeiten. Frankfurt/M
Herbrand B (1981) Arzthaftpflichtschäden. Hymmen R, Ritter U (Hrsg) In: Behandlungsfehler – Haftung des operativ tätigen Arztes. Erlangen
Hohloch G (1982) Ärztliche Dokumentation und Patientenvertrauen. NJW S 2577 ff.
Huber U (1969) Normzwecktheorie und Adäquanztheorie. JZ S 677 ff.
Jäger H (1977) Sozialversicherungsrecht und sonstige Bereiche des Sozialgesetzbuches, 8. Aufl. Berlin
Jellinek G (1908) Die sozialethische Bedeutung von Recht, Unrecht und Strafe, 2. Aufl. Berlin

Jung E (1982) Das Recht auf Gesundheit. München
Kern BR, Laufs A (1983) Die ärztliche Aufklärungspflicht. Springer, Berlin Heidelberg New York
Kleinewefers H (1982) Ärztliches Verhalten und seine Rechtsfolgen. Dtsch Arztebl S 51 ff.
Klingmüller E (1980) Zu den Plänen einer neuartigen Patientenversicherung nach schwedischem Muster in der Bundesrepublik Deutschland. VersR S 694 ff.
Krauskopf D, Siewert J (1980) Das Kassenarztrecht, 3. Aufl. St. Augustin
Krey V (1971) Grundfälle zu den Straftaten gegen das Leben. JuS S 248 ff.
Kühne H (1981) Die begrenzte Aussagepflicht des ärztlichen Sachverständigen vor Gericht nach §§ 53 I Nr. 3 StPO, 203 I Nr. 1 StGB. JZ S 647 ff.
Küper W (1971) Noch einmal: Rechtfertigender Notstand, Pflichtenkollision und übergesetzliche Entschuldigung. JuS S 474 f.
Kurzrock R (1978) Medizin: Ethos und soziale Verantwortung. Berlin
Larenz K (1981) Lehrbuch des Schuldrechts. 12. Aufl, Bd 2, Bes Teil. München
Larenz K (1982) Lehrbuch des Schuldrechts. 13. Aufl, Bd 1, Allg Teil. München
Laufs A (1978 a) Arztrecht. 2. Aufl. München
Laufs A (1978 b) Die klinische Forschung nach deutschem Recht. Karlsruher Forum S 3 ff.
Laufs A (1980) Recht und Gewissen des Arztes. In: Heidelberger Jahrbücher Bd XXIV
Laufs A (1983) Die Entwicklung des Arztrechts 1982/83. NJW S 1345 ff.
Leipziger Kommentar zum Strafgesetzbuch (1980) 10. Aufl, Bd 1, §§ 1 ff. Berlin New York
Lilie B (1980) Medizinische Datenverarbeitung, Schweigepflicht und Persönlichkeitsrecht im deutschen und amerikanischen Recht. Göttingen
Lilie H (1980) Ärztliche Dokumentation und Informationsrechte des Patienten. Frankfurt/M
Lilie H (1980 c) Ärztliche Dokumentationspflicht und Informationsrecht des Patienten. Chirurg S 55 ff.
Lilie H (1982) Beschlagnahme von Krankenunterlagen beim Arzt. Dtsch Arztebl S 61 ff.
Linck J (1975) Vorschläge für ein Transplantationsgesetz. ZRP S 249 ff.
Linzbach M (1980) Informed consent. Frankfurt/M Bern
Lippert H-D (1982) Rechtsprobleme bei der Durchführung von Notarzt- und Rettungsdienst. NJW S 2089 f.
Lüke D (1970) Koexistenz von gesetzlicher und privater Krankenversicherung im System der sozialen Sicherheit. Wirtschafts- und sozialwiss Dissertation, Universität Köln
Matthies K-H (1981) Probleme der Verjährung bei Anrufen einer ärztlichen Gutachter- oder Schlichtungsstelle. VersR S 1099 ff.
Matthies K-H (1984) Schiedsinstanzen im Bereich der Arzthaftung: Soll und Haben. Berlin
Michaelis J (1982) Kontrollierte klinische Therapiestudien. Dtsch Med Wochenschr S 1947 ff.
Müller-Dietz H (1965) Die Beschlagnahme von Krankenblättern im Strafverfahren. Freiburg
Münchener Kommentar zum Bürgerlichen Gesetzbuch (1978–1982) Bd 1–7. Rebmann K, Säcker F-J (Hrsg) München
Musielak H-J (1975) Die Grundlagen der Beweislast im Zivilprozeß. Berlin New York
Narr H (1983) Ärztliches Berufsrecht, 2. Aufl. Köln (Stand Oktober 1983)
Neuhaus GH (1980) Pluralität in der Medizin. Frankfurt/M
Palandt O (1983) Bürgerliches Gesetzbuch, 43. Aufl. München
Peters H u. Mengert G (1984) Handbuch der Krankenversicherung, Teil II/1, 17. Auflage (Loseblatt, Stand Mai) Stuttgart
Peters K (1981) Strafprozeß, 3. Aufl. Heidelberg Karlsruhe
Pichlmayr R, Schreiber H-L (1979) Stellungnahme zur derzeitigen Bedeutung der Organ- und Gewebetransplantation im Zusammenhang mit der gesetzlichen Regelung der Transplantation. (unveröffentlicht)
Rabel E (1904) Die Haftpflicht des Arztes. Leipzig
Reichenbach M (1981) Arzthaftpflicht aus der Sicht des Versicherungsmediziners. VersR S 807 ff.
Richter A (1980) Privatversicherungsrecht. Stuttgart
Roxin C (1962) Pflichtwidrigkeit und Erfolg bei fahrlässigen Delikten. ZStW 74: 411 ff.
Rudolphi H-J, Horn E, Samson E, Schreiber H-L (1983) Systematischer Kommentar zum StGB, 3. Aufl, Bd 1: Allg Teil. Frankfurt/M
Rudolphi H-J, Horn E, Samson E, Schreiber H-L (1984) Systematischer Kommentar zum StGB, Bd 2: Bes Teil.
Rümelin M (1913) Haftung im klinischen Betrieb. Tübingen
Samson E (1978) Zur Strafbarkeit der klinischen Arzneimittelforschung. NJW S 1182 ff.
Sauerborn (1953) Die Entwicklung des Kassenarztrechts. Die Ortskrankenkasse, S 293 ff.
Schaefer H (1982) Ärztliche Ethik aus der Sicht des Naturwissenschaftlers. In: Ethische Probleme in der Pädiatrie. München, S 34 ff.

Schewe G (1980) Ärztliche Hilfeleistungs- und Behandlungspflichten. In: Der Arzt im Labyrinth der Gesetze. Bad Nauheim
Schlund GH (1977) Zu Fragen der ärztlichen Schweigepflicht. JR S 265 ff.
Schmidt E (1939) Der Arzt im Strafrecht. Leipzig
Schmidt E (1957) Der Arzt im Strafrecht. In: Ponsold A (Hrsg) Lehrbuch der gerichtlichen Medizin, 2. Aufl. Stuttgart
Schneider G (1983) Kassenarztrecht. Köln Berlin Bonn München
Schönke A, Schröder H (1982) Strafgesetzbuch, 21. Aufl. München
Scholl C (1983) Sicherheit und Wahrscheinlichkeit – statistische, medizinische und juristische Aspekte. NJW S 319 ff.
Schreiber H-L (1966) Der Begriff der Rechtspflicht. Berlin
Schreiber H-L (1975) Euthanasie. Beitr gerichtl Med 33: 37 ff.
Schreiber H-L (1976) Abschied vom Begriff des ärztlichen Kunstfehlers, Med Sachverständ S 71 ff.
Schreiber H-L (1978) Rechtliche Beurteilung ärztlicher Sorgfaltspflichten. Niedersächsisches Ärztebl S 117 ff.
Schreiber H-L (1980 a) Behandlungsrisiko und Arzthaftung. Arztrecht S 297 ff.
Schreiber H-L (1980 b) Notwendigkeit und Grenzen einer rechtlichen Regelung ärztlicher Tätigkeit. Chirurg 51: 411 ff.
Schreiber H-L (1981 a) Strafrechtliche Verantwortlichkeit bei Arbeitsteilung in der Chirurgie, insbesondere im Verhältnis zwischen niedergelassenem Arzt und Arzt im Krankenhaus. Langenbecks Arch Chir 355: 583 ff.
Schreiber H-L (1981 b) Aufgaben und Probleme des chirurgischen Sachverständigen im Arzthaftungsprozeß. In: Heberer G, Schweiberer L (Hrsg) Indikation zur Operation, 2. Aufl. Springer, Berlin Heidelberg New York, S 31 ff.
Schreiber H-L (1983) Die Patientenaufklärung in juristischer Sicht. Internist (Berlin) S 185 f.
Schünemann H (1981) Schadensersatz für mißgebildete Kinder bei fehlerhafter genetischer Beratung? JZ S 574 ff.
Schulin B (1981) Soziale Entschädigung als Teilsystem kollektiven Schadensausgleichs. Köln Berlin Bonn München
Seidler E (1981) Ethische Probleme des chirurgischen Handelns. Therapiewoche 31: 2270 ff.
Seidler E (1982) In: Müller H, Olbing H (Hrsg) Ethische Probleme in der Pädiatrie. München
Soergel H-T, Siebert W (1980) Bürgerliches Gesetzbuch, Bd 3: Schuldrecht, 11. Aufl. Stuttgart Berlin
Spann W (1983) Das „Patiententestament". MedR S 13 ff.
Staudinger J von (1975) Kommentar zum Bürgerlichen Gesetzbuch, Bd 2: Recht der Schuldverhältnisse, 11. Aufl. Berlin
Stratenwerth G (1981) Strafrecht, 3. Aufl, allg Teil. Köln Berlin
Stürner R (1979) Entwicklungstendenzen des zivilprozessualen Beweisrechts und Arzthaftungsprozeß. NJW S 1225 ff.
Tempel O (1980) Inhalt, Grenzen und Durchführung der ärztlichen Aufklärungspflicht unter Zugrundelegung der höchstrichterlichen Rechtsprechung. NJW S 609 ff.
Thomas H, Putzo H (1982) Zivilprozeßordnung, 12. Aufl. München
Tiemann B u. Tiemann S (1983) Kassenarztrecht im Wandel. Berlin
Uhlenbruck W (1964) Typische Formen des Krankenhaus-Aufnahmevertrages. NJW S 431 ff.
Uhlenbruck W (1965) Beweisfragen im ärztlichen Haftungsprozeß. NJW S 1057 ff.
Uhlenbruck W (1972) Die ärztliche Haftung für Narkoseschäden. NJW S 2201 ff.
Uhlenbruck W (1978) Der Patientenbrief – die privatautonome Gestaltung des Rechts auf einen menschenwürdigen Tod. NJW S 566 ff.
Uhlenbruck W (1980) Zur rechtlichen Verbindlichkeit des sog. Patiententestaments. Ther Ggw S 1374
Wachsmuth W (1975) Zur Begriffsbestimmung und Problematik des sogenannten „Kunstfehlers". Krankenhausarzt S 422 ff.
Wachsmuth W, Schreiber H-L (1981) Der unheilvolle Weg in die defensive Medizin. Arzt Krankenhaus 2: 75 ff.
Wachsmuth W, Schreiber H-L (1982 a) Die Stufenaufklärung – ein ärztlich und rechtlich verfehltes Modell. Chirurg S 594 ff.
Wachsmuth W, Schreiber H-L (1982 b) Sicherheit und Wahrscheinlichkeit – juristische und ärztliche Aspekte. NJW S 2094 ff.
Wannagat G (1977) Sozialgesetzbuch, Kommentar. Köln Berlin
Wasserburg K (1980) Die ärztliche Dokumentationspflicht im Interesse des Patienten. NJW S 617 ff.

Weißauer W (1977) Aufklärungspflicht des Chirurgen. Langenbecks Arch Chir 345: 471 ff.
Weißauer W (1981) Das Konzept einer Stufenaufklärung. In: Hymmen R, Ritter U (Hrsg) Behandlungsfehler - Haftung des operativ tätigen Arztes. Erlangen
Weißauer (1983) Die neue Gebührenordnung für Ärzte - Tendenzen, Kompetenzen, Interpretationen. MedR S 2 ff.
Welzel H (1962) Naturrecht und materiale Gerechtigkeit, 4. Aufl. Göttingen
Welzel H (1969) Das deutsche Strafrecht, 11. Aufl. Berlin
Westermann HP (1974) Zivilrechtliche Verantwortlichkeit bei ärztlicher Teamarbeit. NJW S 577 ff.
Weyers H-L (1978) Empfiehlt es sich im Interesse der Patienten und Ärzte ergänzende Regelungen für das ärztliche Vertrags- (Standes-) und Haftungsrecht einzuführen? In: Verhandlungen des 52. Deutschen Juristentages, Wiesbaden 1978, Bd I: Gutachten. München
Wezel H, Liebold R (1983) Handkommentar, Bewertungsmaßstab für kassenärztliche Leistungen (BMÄ 78), Ersatzkassengebührenordnung (E-GO), amtliche Gebührenordnung für Ärzte (GOÄ). Sankt Augustin (Loseblatt, Stand: 1. 4. 1983)
Wolfslast G (1982) Transplantation ohne Gesetz? MMW S 105 ff.

Greece

N.S. Fotakis
in Cooperation with
M. Augustianakis
S. Flogaitis
L. Kotsalis
A. Siogas-Sakkas

Inhaltsverzeichnis

Vorbemerkung

GR 1 Dieser Bericht umfaßt die heute in unserem Land gültigen Regelungen bezüglich der ärztlichen Verantwortlichkeit und der dazugehörigen Themen, wie sie von der Kommission festgelegt wurden.

Die Gliederung des Materials wurde aufgrund des Diagramms mit dem Oberbegriff „Medical Responsibility in Western Europe" vorgenommen, das uns vom Vorsitzenden der Kommission überlassen wurde.

Wir haben uns mit der möglichst vollständigen Wiedergabe des heute Gültigen begnügt, ohne auf Diskussionen und Kommentare aus medizinischer und juristischer Sicht einzugehen.

Gleichfalls haben wir uns auf die Anführung der vorherrschenden Rechtsprechung und die Angabe der grundlegenden griechischen Bibliographie beschränkt. Unser Bestreben lag nicht in der vollen Ausschöpfung weder der einen noch der anderen, weil dadurch die Darstellung der in unserem Land vorherrschenden juristischen Theorie und Praxis nicht vollständiger geworden wäre.

GR 2 In Griechenland gibt es heute die Tendenz zu radikalen Änderungen auch auf dem Gebiet des Gesundheitswesens und der medizinischen Fürsorge. Die diesbezüglichen Anstrengungen befinden sich in unterschiedlichen Phasen der Reformierung und der gesetzlichen Konzipierung durch Kommissionen des zuständigen Ministeriums.

Da ich der Meinung bin, daß der Gegenstand des vorliegenden Berichts ausschließlich die gesetzlich gültigen und praktisch angewandten Regelungen und nicht die noch im Gespräch befindlichen Revisionen sind, auch wenn einige davon als Gesetzentwurf vorliegen (der allerdings im Parlament noch nicht diskutiert wurde und folglich noch nicht seine endgültige Fassung erhalten hat), haben wir uns über die Darstellung des heute Gültigen nicht hinausbewegt. Sollte es später erforderlich sein, können nachträglich Ergänzungen des Berichts erstellt werden[1].

Den eingangs genannten Wissenschaftlern, die an der Materialsammlung und Erstellung des Berichts mitgewirkt haben, möchte ich auch an dieser Stelle meinen Dank für ihre Zusammenarbeit aussprechen.

Für die sorgfältige Arbeit und Hilfsbereitschaft der Sekretärin Fräulein S. Willer bin ich zu Dank verpflichtet.

N. S. Fotakis — Februar 1984

[1] Eine solche nachträgliche Ergänzung stellen die Ausführungen zum sog. Nationalen Gesundheitssystem (Teil A, Abschnitt V) dar. Der diesbezügliche Gesetzentwurf wurde dem Parlament während der Sommerpause 1983 vorgelegt, diskutiert und verabschiedet und ist seit 2 Monaten Gesetz.

Die im Gesetz enthaltenen Bestimmungen werden ohne Zweifel die Auffassungen bezüglich der ärztlichen Verantwortlichkeit beeinflussen, wie übrigens auch aus der Diskussion im Parlament zu ersehen war. Aus diesem Grund hielt ich diesen Nachtrag für wichtig.

A. Grundlagen der ärztlichen Versorgung

I. Ethische Grundlage der medizinischen Versorgung

1. Der Ärztliche Berufskodex

GR 3 Die Pflichten des Arztes[2] in Griechenland basieren im wesentlichen auf den Überlieferungen der griechischen Antike, besonders auf den Lehren des Hippokrates[3], und außerdem indirekt auf den Lehren der christlich-orthodoxen Kirche[4]. Aus diesen Quellen entspringen hauptsächlich die – geschriebenen oder ungeschriebenen – Gesetze, die die ethische Grundlage für das Wirken des Arztes in Griechenland bilden.

Für die juristische Regelung des Themas sorgt hauptsächlich der *Ärztliche Berufskodex,* der seit dem 25.5./6.7. 1955 in Kraft ist, vom panhellenische Ärzteverband verfaßt wurde und dessen Verordnungen für die Ärzte bindend sind.

GR 4 Die ersten 6 Artikel des Kodex befassen sich mit den „allgemeinen Pflichten des Arztes", zu denen eine „gebührende, tadellose und ehrenhafte Lebensführung und die gewissenhafte und gesetzestreue Ausübung des ärztlichen Amtes" gehören. Im besonderen bestimmen sie, daß der Arzt sich seine wissenschaftliche und berufliche Unabhängigkeit erhalten muß, nicht in illegaler Weise mit Apothekern oder anderen Berufszweigen zusmmenarbeiten darf, die öffentliche Eigenwerbung jeder Art zu vermeiden hat, sich jeder Tätigkeit zu enthalten hat, die den Eindruck von „Schwindel, Betrug, Hintergehung oder Ausnutzung seiner Patienten" erwecken könnte, keine Titel verwenden darf, die er nicht auf legale Weise erworben hat, und nicht Methoden, Heilverfahren, Medikamente und Heilmittel anzuwenden hat, die nicht anerkannt sind, daß er nicht in unerlaubten Wettbewerb zu treten hat, vom ärztlichen Honorar keine Vermittlungsgebühr abzweigen und Provisionen weder gewähren noch empfangen darf. Im Gegenteil muß der Arzt untadelige Beziehungen zu seinen Kollegen, den Angehörigen der sekundär-medizinischen Berufen sowie den Behörden unterhalten.

GR 5 Die Pflichten des Arztes gegenüber dem Patienten werden durch die Art. 7–18 bestimmt. Die Fürsorge des Arztes für den Kranken muß „unbegrenzt" sein. Außerdem beschränkt der Arzt seine Visiten auf das notwendige Maß, ermöglicht die Einberufung eines Konsiliums, akzeptiert einen Arztwechsel, wobei er seinem Nachfolger die Arbeit erleichtert, wenn der Kranke es wünscht oder wenn er selbst dessen Behandlung abbrechen will. Es werden außerdem die Fälle festgelegt, in denen der Arzt die ärztliche Hilfeleistung nicht verweigern kann (Notfälle, übernommene Verpflichtungen, Aufträge von Behörden, humanistische Pflichterfüllung).

---

[2] Siehe Katsas (1940).
[3] Kouzis (1929); Lipourli (1972).
[4] Archimandritou-Matthopoulou (1980, S. 153 ff.).

GR 6 *Die ärztliche Schweigepflicht:* Vorbehalte für ihre Wahrung und die Bedingungen für die Erstellung ärztlicher Atteste, in denen sie verletzt wird, werden in Art. 15 behandelt, während in Art. 18 betont wird, daß „die strenge Wahrung des ärztlichen Berufsgeheimnisses" eine Pflicht ist, die der Arzt „unbeirrbar" einzuhalten hat. Der Arzt wird von dieser Verpflichtung befreit, wenn eine Kontrolle oder Prüfung durchgeführt oder ein Sachverständigengutachten erstellt wird, jedoch nur „gegenüber deren Auftraggebern und ausschließlich auf den Gegenstand des Auftrags beschränkt"[5].

GR 7 Die Art. 16–18 regeln seine Zusammenarbeit mit jeder Art von Organisationen, Institutionen oder Dienststellen öffentlichen oder privaten Rechts und sein Vertragsverhältnis mit diesen, das durch die Kollektivverträge bestimmt ist, wogegen ihm Sonderabmachungen ohne Einschaltung des Berufsverbandes untersagt sind.

GR 8 Die Art. 19–35 befassen sich mit den sozialen und beruflichen Beziehungen der Ärzte untereinander, in Fällen von Meinungsverschiedenheiten, Zusammenarbeit, Austausch, vorübergehender Vertretung bei Abwesenheit eines Kollegen und bei dringenden Krankheitsfällen. In keinem dieser Fälle darf die Verdrängung des Kollegen angestrebt werden. Gleichzeitig werden die Einberufung, Zusammenkunft und Durchführung von Konsilien behandelt, Richtlinien erstellt über die vorübergehende Zusammenarbeit eines Arztes mit einem Fachkollegen, so daß auf keiner Seite dem Berufskodex widersprechende Verhaltensweisen möglich sind, und über die Zusammenarbeit von Ärzten mit Heilstätten, Krankenanstalten und Labors. Endlich wird bestimmt, daß es dem Arzt nicht erlaubt ist, gleichzeitig als Apotheker oder Zahnarzt zu arbeiten, auch wenn er das entsprechende Diplom erworben hat.

Der Arzt darf außer seinem ärztlichen Amt nicht gleichzeitig eine andere berufliche Tätigkeit ausüben, „sofern dadurch die gewissenhafte medizinische Arbeit behindert oder die Würde des Arztberufes verletzt wird" (Art. 2, § 2). Wenn dies nicht gegeben ist, darf der Arzt auch auf nichtmedizinischen Gebieten beruflich aktiv werden.

GR 9 Die Art. 36–45 regeln die ärztliche Honorarfrage und legen fest, in welchen Fällen der Arzt berechtigt oder verpflichtet ist, ein reduziertes Honorar zu kassieren oder seine Dienste unentgeltlich anzubieten, ohne daß dies den Versuch des unerlaubten Wettbewerbs gegenüber seinen Kollegen bedeutet. Es wird klar geregelt (Art. 43), daß „das Pauschalhonorar zum Ziele der Verkürzung oder besseren Wirksamkeit der Therapie verboten ist". Dieses Verbot gilt nicht für Operationen, Entbindungen oder sonstige „Spezialbehandlung" in Krankenanstalten.

Ebenfalls wird die Honorierung jedes Arztes für den Fall, daß die Behandlung das Werk mehrerer Ärzte ist, festgelegt wie auch bei Überweisung eines Kranken an einen anderen Arzt.

GR 10 Der Art. 46 behandelt die Pflichten des Arztes gegenüber dem Ärzteverband, und in Art. 47 wird die Pflicht des Arztes zur Einhaltung der Verordnungen des Kodex betont, wobei Überschreitungen die disziplinarische Verfolgung des Arztes nach sich ziehen.

Im Gesetzentwurf für das Nationale Gesundheitssystem sind Verordnungen enthalten, die Fragen der ärztlichen Pflichterfüllung berühren, die die nicht freiberuflich tätigen, sondern in der Regel im Angestellten- oder Vertragsverhältnis stehenden Ärzte betreffen. Wie wir jedoch weiter oben ausgeführt haben, beschränken wir uns in diesem Bericht auf die geltenden Regelungen und befassen uns nicht mit Gesetzentwürfen.

---

[5] Siehe auch Philippides (1952, S. 97 ff., besonders S. 103–104).

2. *Berufskodex des Apothekers*

GR 11 Die Pflichten des Apothekers sind erfaßt im Kgl. Dekret vom 20./27.9. 1955 „über Inkraftsetzung eines Kodex über die Pflichterfüllung des Apothekers in Griechenland". Es wurde abgeändert und ergänzt durch das Kgl. Dekret 747 vom 29.10./ 12.11.1960.

Der Apotheker wird auf sein Amt vereidigt und muß in jedem Fall den hohen Anspruch seiner Mission und die Heiligkeit des Zweckes, dem er sich verpflichtet hat – der Volksgesundheit zu dienen – aufrechterhalten. Es ist ihm untersagt, einen anderen Beruf auszuüben, der mit der Würde des Apothekeramtes unvereinbar ist..

GR 12 Der Apotheker hat ein öffentliches Amt inne. Er muß sich allen Kranken widmen, dem Kranken, der sich in unmittelbarer Gefahr befindet, jede Hilfe zuteil werden lassen, und ist verpflichtet, seinen Beitrag zum Werk des öffentlichen Gesundheitswesens zu leisten.

Er darf seine Apotheke nicht ohne vorherige schriftliche Erlaubnis der Behörde schließen. Er muß sein Amt persönlich ausüben und seine Gehilfen selbst bei jeder pharmazeutischen Tätigkeit überwachen. Das Rezepturbuch ist geheim und die Öffentlichmachung seines Inhalts ist verboten.

Der Apotheker muß stets sein Berufsgeheimnis wahren, außer in den Fällen, die das Gesetz ausnimmt, und er darf grundsätzlich keine Handlungen begünstigen, anraten oder durchführen, die gegen die guten Sitten verstoßen.

II. Private oder staatlich organisierte ärztliche Versorgung

GR 13 In Griechenland ist die ärztliche Versorgung weder verstaatlicht, noch ist sie völlig privater Initiative überlassen. Der Staat hat ein Krankenhausnetz im ganzen Land eingerichtet und parallel dazu die privaten Aktivitäten auf dem Gebiet der gesundheitlichen Fürsorge gesetzlich geregelt.

Unsere Gesetzgebung behandelt, in groben Zügen gesagt, die Krankenanstalten, die Gesundheitszentren (Polikliniken), die Gesundheitsämter und die privaten Kliniken und Laboratorien.

1. *Öffentliche Krankenanstalten*

GR 14 Als grundlegendes Gesetz für die öffentlichen Krankenanstalten des Landes gilt das Zwangsgesetz 965/1937 (Reg. Anz. A 476) „über die Organisation der staatlichen Krankenhäuser und Heilstätten". Dieses Gesetz wurde fast vollständig durch das Gesetzesdekret 2592 vom 17./18.9. 1952 „über die Organisation der medizinischen Fürsorge" ersetzt. Dieses wurde seitdem jedoch viele Male reformiert (z.B. durch den Beschluß des Ministers für Soziale Dienste Nr. Z1a/23179/1973 „über die Funktionen, Zuständigkeiten etc. der Verwaltungsräte der Krankenanstalten", Ges.Dekr. 31/1974 „über die Zusammensetzung der Verwaltungsräte der Krankenanstalten", Ges. 699/1977 „über die Zusammensetzung der Verwaltungsräte der Krankenanstalten", Beschluß des Ministers für Soziale Dienste Nr. A3/10693/1977 etc.).

Gemäß Ges.Dekr. 2592/1953 sind die Krankenanstalten, die unter dieses Gesetz fallen, öffentliche Körperschaften. Mittels eines Kgl. Dekrets (jetzt Präsidialdekrets), erlassen auf Vorschlag des Ministers für Soziale Dienste, können unter dieselben Verordnungen auch die kommunalen Krankenhäuser durch Beschluß ihrer Verwaltungsräte, die Universitätskrankenhäuser durch Beschluß ihres Senats, und auch juristische Personen des privaten Rechts, von Berufsverbänden unterhaltene oder andere Institutionen privater Initiative durch Beschluß ihrer Vorstände oder gesetzlichen Vertreter gestellt werden.

Die Krankenanstalten werden durch einen Verwaltungsrat geleitet, dessen Organisation und Funktionen häufig geändert wurden. Sie haben eine besondere finanzielle Grundlage und Verwaltung, die aus Mitteln der öffentlichen Hand gespeist werden.

2. Gesundheitszentren (Polikliniken)

GR 15 Gesundheitszentren (Polikliniken) sind durch Art. 15 des Zwangsgesetzes 965/1937 „über Organisation der staatlichen Krankenhäuser und Heilstätten" vorgesehen und durch das Kgl. Dekret vom 15./22.1. 1940 „über Gründung und Organisation öffentlicher Polikliniken" eingerichtet. Dieses Dekret wurde geändert und ergänzt durch das Kgl. Dekret vom 8./8.9. 1950.

Es handelt sich um Zentren, in denen jeweils folgende Dienststellen eingerichtet sind:

a) Direktion und Verwaltung.
b) Abteilung für öffentliche Hygiene.
c) Abteilung für Mutterschafts- und Säuglingshygiene.
d) Ärztliche Abteilung, in der gewöhnlich folgende Fachrichtungen vertreten sind: Allgemeinmedizin, Chirurgie, Station für Tuberkulosebekämpfung, Geschlechtskrankheiten, Augenheilkunde, HNO-Spezialisten, Zahnärzte.
e) Laborabteilung mit mikrobiologischen, chemischen und Röntgenlabors.

Die Polikliniken sind bestimmt für alle Volksschichten, sie sind aber vorwiegend Zentren für die ärztliche Versorgung von Mittellosen.

Die Abteilung für öffentliche Hygiene beschäftigt sich mit der Vorbeugung und Bekämpfung der Infektionskrankheiten. Die Abteilung für Mutterschaftshygiene unterhält auch eine Schwangerschaftsberatung.

Die Polikliniken werden von einem Amtsarzt geleitet.

3. Gesundheitsämter

GR 16 Die Gesundheitsämter wurden aufgrund des Art. 16 § 17 des Ges. Dekr. 2592/1953 „über Organisation der medizinischen Fürsorge" vorgesehen und organisiert durch das Kgl. Dekret vom 27.3./22.4. 1954 „über die Gründung und Funktionen staatlicher Gesundheitsämter", das durch Gesetz 3950/1959 und Gesetz 1076/1980 reformiert und ergänzt wurde.

Kommunale Gesundheitsämter wurden im ganzen Land eingerichtet zum Zweck der ausreichenden medizinischen Versorgung der Landbevölkerung. Ihre Aufgabe kann zum einen als hygienepolitisch, zum anderen als medizinisch-krankenpflegerisch beschrieben werden.

Die hygienepolitische Aufgabe liegt in der Umwelthygiene, der Bekämpfung der Infektionskrankheiten, der Kontrolle von Lebensmitteln und deren Verkaufsstätten, der Sozialhygiene und der Aufklärung. Die medizinische und pflegerische Aufgabe besteht in der medizinischen, pflegerischen und pharmazeutischen Versorgung in der Praxis und im Hause, der Ersten Hilfe und der rechtzeitigen Einlieferung von Kranken, die sofortiger chirurgischer Eingriffe bedürfen, in die allgemeinen Krankenhäuser.

Jedes Gesundheitsamt wird von einem Arzt geleitet.

4. Private Krankenanstalten

GR 17 Das Kgl. Dekret 349 vom 23.5./8.6.1962 „über Reform und Ergänzung der Verordnungen über Privatkliniken, -labors und -zahnarztpraxen" stellt die gesetzgeberische Grundlage der Organisation der privaten Gesundheitsversorgung dar.

Die Gründung von Privatkliniken ist nicht möglich ohne vorherige Genehmigung des Ministeriums für Soziale Fürsorge. Voraussetzung für die Gewährung der Genehmigung ist das Vorhandensein eines selbständigen Gebäudes in gesunder Umgebung oder eines entsprechenden Gebäudeplanes. Die Inbetriebnahme der Klinik setzt ebenfalls eine besondere Genehmigung des Ministeriums für Soziale Fürsorge voraus. Die Gründungsgenehmigung und die Betriebsgenehmigung wird für eine oder mehrere medizinische Fachrichtungen erteilt, wobei das Gesetz konkrete Vorgaben macht, deren Einhaltung erforderlich ist.

Von der verwaltungstechnischen Leitung der Klinik, die demjenigen zusteht, auf dessen Namen die Genehmigung ausgestellt ist, unterscheidet sich die medizinische Leitung, die von einem Arzt der geeigneten Fachrichtung ausgeübt wird.

Die privaten Krankenanstalten werden unterteilt in Kliniken für: Allgemeinmedizin, Gynäkologie und Geburtshilfe, Kardiologie, Pädiatrie, Chirurgie, Urologie, Augenheilkunde, HNO-Krankheiten, Orthopädie, Thoraxchirurgie, pädiatrische Chirurgie, plastische Chirurgie, Neurochirurgie, Neurologie, Psychiatrie oder Neuropsychiatrie, Kinderpsychiatrie, Lungenheilstätten (Sanatorien), und in allgemeine und gemischte Privatkliniken (die gemischten Privatkliniken sind die, die außer der eigentlichen medizinischen Fachrichtung auch über Abteilungen für verwandte Fachrichtungen verfügen; in der allgemeinen Privatklinik sind die wesentlichen medizinischen und chirurgischen Abteilungen vorhanden).

Spezielle Bestimmungen bestehen in bezug auf die Regelung der internen Funktionen privater psychiatrischer Kliniken (Beschluß des Gesundheitsministeriums Nr. 62 (b) 3312 vom 12.6./1.7.1974).

Vom Gesetzgeber wird besondere Sorge getragen, was die medizinische Versorgung der Kranken, ihre Einlieferung und Entlassung, die Krankenhausapotheke, die pflegerische Betreuung und die sekundärmedizinischen Dienstleistungen betrifft, so daß das besonders heikle Thema der psychiatrischen Therapie ordnungsgemäß geregelt wird.

GR 18

III. Anzahl der Ärzte in Privatpraxen, Kliniken und Behörden sowie Anzahl der Behandlungen in privaten Praxen, Kliniken etc.

GR 19 Von den geforderten Angaben gehen einige aus den nachfolgenden Tabellen (Tabelle 1 und 2) hervor, die der jährlichen Ausgabe statistischer Daten des griechischen Staates für das Jahr 1980 entnommen sind. Zahlenmaterial bezüglich der Gewährung ärztlicher Leistungen in Privatpraxen und Privatkliniken können wir nicht beibringen, obwohl die private Aktivität auch auf diesem Sektor in Griechenland immer noch eine bedeutende Rolle spielt.

GR 20 **Tabelle 1.** Krankenanstalten, Betten, Ärzte und Pflegepersonal nach Fachrichtungen (1980)

Fachrichtung der Krankenanstalten	Krankenanstalten	Bettenzahl	Ärzte	Hebammen	Pflegepersonal	
					Absolventen von 1- bis 3jährigen Fachschulen	Angelernte Kräfte
Gesamt	700	60067	12653	1691	8592	8371
Allgemein	303	27681	7863	915	5530	3562
Gemischt	74	3471	566	75	257	513
Krebskrankheiten	3	1125	463	24	307	269
Haut- und Geschlechtskrankheiten	2	335	90	3	22	24
Kardiologie	1	20	1	–	–	2
Infektionskrankheiten/Leprastationen	2	823	121	–	67	29
Gynäkologie/Geburtshilfe	125	4147	1256	585	246	828
Neurologie/Psychiatrie	60	13057	643	46	445	1857
Orthopädie	11	2194	434	1	601	483
Urologie	1	22	1	–	1	7
Ophthalmologie	14	281	48	1	21	35
Innere Krankheiten	18	843	119	4	56	124
Pädiatrie	11	1907	498	22	553	214
Tuberkulose	9	2694	393	–	418	227
Chirurgie	40	1107	115	12	56	138
HNO-Krankheiten	26	360	42	3	12	59

GR 21 **Tabelle 2.** Krankenbewegungen nach Fachrichtungen der Krankenanstalten (1980)

Fachrichtung der Krankenanstalten	Krankenanstalten	Pflegetage	Krankenzugang	Bettenausnutzung je 100 Betten	Abgang durch Tod
Gesamt	700	15031627	1134250	69	27963
Allgemein	303	6864503	720417	68	21602
Gemischt	74	697781	67050	55	461
Krebskrankheiten	3	342211	20298	83	804
Haut- und Geschlechtskrankheiten	2	68245	3592	56	13
Kardiologie	1	6389	285	88	1
Infektionskrankheiten/Leprastationen	2	131980	5277	44	119

Tabelle 2. Fortsetzung

Fachrichtung der Krankenanstalten	Krankenanstalten	Pflegetage	Krankenzugang	Bettenausnutzung je 100 Betten	Abgang durch Tod
Gynäkologie/Geburtshilfe	125	809190	130222	53	763
Neurologie/Psychiatrie	60	3773512	24169	96	881
Orthopädie	11	611465	29900	76	497
Urologie	1	1590	188	20	–
Ophthalmologie	14	36640	3053	36	–
Innere Krankheiten	18	182817	8854	59	475
Pädiatrie	11	459492	70336	66	522
Tuberkulose	9	884141	27920	90	1705
Chirurgie	40	131315	14191	32	114
HNO-Krankheiten	26	30356	8498	23	6

IV. Das System der Gewährung medizinischer und pflegerischer Leistungen nach dem neuen Gesetz über das „Nationale Gesundheitssystem"

GR 22 Im August 1983 legte die Regierung der Feriensektion des Parlaments den Gesetzentwurf über das „Nationale Gesundheitssystem" – NGS (Ethniko Systima Ygeias – ESY) vor, das die bis heute gültigen Bestimmungen grundlegend ändert. Die Realisierung des NGS und die fundamentalen Änderungen auf den Gebieten der medizinischen und pflegerischen Versorgung, die sich daraus ergeben, stellen eines der Hauptziele der Regierungspolitik über die sog. sozialistische Umformung der griechischen Gesellschaft dar und gehörten zu den hauptsächlichen Versprechungen im Wahlkampf.

GR 23 Der Gesetzentwurf, Frucht langwährender Studien, Überarbeitungen, Reformierungen und Modifizierungen im zuständigen Ministerium, traf auf radikalen Widerstand und scharfe Kritik der konservativen Oppostionspartei, sowohl im Hinblick auf die Grundsätze, von denen er ausgeht, als auch auf Lösungen von Teilgebieten, die er vorsieht. Wie mehrfach während der Aussprache betont wurde, hielt auch die Opposition die Revision des Gesundheitswesens im Lande für erforderlich; es lagen sogar bereits vorbereitete Studien vor, und versuchsweise Änderungen waren veranlaßt worden, allerdings basierend auf anderen Prinzipien und auf andere Lösungen ausgerichtet.

Vorbehalte zu vielen Punkten wurden ebenfalls von seiten der Kommunistischen Partei formuliert. Trotzdem wurde der Gesetzentwurf – mit geringfügigen Modifizierungen – in einem verhältnismäßig kurzen Zeitraum von der Feriensektion des Parlaments verabschiedet und ist seitdem Gesetz.

Die Aufnahme seiner charakteristischen Merkmale und Bestimmungen ist folglich an dieser Stelle angezeigt.

GR 24 Unter den grundlegenden Prinzipien des NGS sind, wie wörtlich aus dem Einführungsantrag des Gesetzentwurfes hervorgeht, folgende:

1. Die Gesundheit ist ein gesellschaftliches Gut, das nicht den Profitgesetzen unterliegt.
2. Jeder Bürger, unabhängig von seiner gesellschaftlichen und wirtschaftlichen Stellung und seinem Wohnort, hat dasselbe Recht auf gleiche und hochwertige medizinische Betreuung und soziale Fürsorge.

3. Der Schutz der Gesundheit im Sinne der beiden vorgenannten Artikel unterliegt ausschließlich der Verantwortung des Staates"[6].

GR 25 Zur Änderung der Situation der Dienstleistungen auf dem Gebiet des Gesundheitswesens, die laut Einführungsantrag heute charakterisiert werden durch

a) die Verkommerzialisierung der Gesundheit und
b) die institutionalisierte Vorherrschaft der Privatinitiative[7],

wird im Gesetzentwurf die Einführung des „Nationalen Gesundheitssystems" verankert, dessen richtungsweisende Achsen sind[8]:
1. Dezentralisierung – gesellschaftliche Kontrolle,
2. einheitlicher Rahmen für die Entwicklung und Funktionen von Gesundheitsdiensten – einheitliche Programmierung – gleiche Verteilung,
3. Entwicklung der medizinischen Versorgung ersten Grades,
4. vollständig und ausschließlich im NGS beschäftigte Ärzte.

GR 26 Von den Bestimmungen des Gesetzes wollen wir hier folgende anführen:

Das Land wird in gesundheitsdienstliche Regionen aufgeteilt, deren Anzahl, Grenzen und jeweiliger Sitz durch Präsidialdekret, aufgrund von Vorschlägen des Ministers für Gesundheit und Fürsorge und Befürwortung des zentralen Gesundheitsrats festgelegt werden (Art. 2, §§ 1, 2).

In jeder gesundheitsdienstlichen Region wird ein *regionaler Gesundheitsrat* gebildet, der
a) die Aufsicht und Kontrolle über das System der Gewährung medizinischer Dienstleistungen innehat und
b) die Verantwortung für die Überwachung der funktionellen Leistungen des Systems und für die Realisierung der Gesundheitsprogramme in seinem Bereich, gemäß dem „übergeordneten Programm" und der generellen Koordination des *zentralen Gesundheitsrats,* übernimmt.

GR 27 Im 14köpfigen regionalen Gesundheitsrat sind Abgeordnete der örtlichen Ärzte-, Zahnärzte- und Apothekerverbände vertreten sowie der Verbände des sonstigen Pflegepersonals, der Universität, der regionalen Selbstverwaltung, der Arbeiterzentren, der gewerkschaftlichen Berufsverbände und der landwirtschaftlichen Verbände der Region, der Ausbilder der höheren und elementaren Berufsausbildung, je 1 Abgesandter des Ministeriums für Gesundheit und Fürsorge und des Ministeriums für Sozialversicherung und „2 Personen mit besonderen wissenschaftlichen und sozialen Verdiensten auf dem Gebiet der Gesundheitsversorgung, die vom Minister für Gesundheit und Fürsorge bestimmt werden" (Art. 4, § 1).

Die regionalen Gesundheitsräte unterstehen dem zentralen Gesundheitsrat und sind den Bezirksräten übergeordnet.

GR 28 Die von der öffentlichen Hand, den Versicherungsorganisationen und den Kassen gewährte medizinische Versorgung wird unterteilt in: „ersten Grades (außerhalb der Krankenhäuser) und zweiten Grades (innerhalb der Krankenhäuser)". Erstere wird von den *Gesundheitszentren,* deren Gründung das Gesetz über das NGS vorsieht, von ihren regionalen Arztpraxen und den Ambulanzen der Krankenhäuser, letztere von den Krankenhäusern übernommen (Art. 5, § 1).

GR 29 *Krankenhäuser* werden nur in Form von juristischen Personen des öffentlichen Rechts gegründet (Art. 6, § 1). Die sonstigen bereits gesetzmäßig gegründeten und

---

[6] Einführungsantrag, S. 1.
[7] Ebendort, S. 4.
[8] Ebendort, S. 5.

funktionierenden Krankenpflegeinstitutionen werden innerhalb bestimmter Zeiträume in öffentlich-rechtliche Körperschaften umgewandelt, mit nur sehr geringen Ausnahmen. Die Krankenhäuser der Hochschulen und des Militärs, die von den Bestimmungen des Art. 6 ausgenommen sind, sind bereits öffentlich-rechtliche Institutionen (Art. 6, §§ 2, 3, 4, 5, 6).

Wir haben folglich eine Vereinheitlichung der gesetzlichen Grundlagen der Krankenpflegeanstalten vorliegen, die mit Inkrafttreten des Gesetzes staatlich werden: Die Gründung von Krankenhäusern mit anderen Rechtsformen (d.h. außer der der juristischen Person des öffentlichen Rechts) und der Gebrauch der Bezeichnung „Krankenhaus" von Privatkliniken ist verboten (Art. 6, § 1).

GR 30 Gleichzeitig mit der Umwandlung aller Krankenanstalten in juristische Personen des öffentlichen Rechts sieht das Gesetz vor, daß ihre Oberaufsicht vom Ministerium für Gesundheit und Fürsorge ausgeübt wird, unabhängig von dem Träger, dem sie angehören, mit der einzigen Ausnahme der Militärkrankenhäuser (Art. 7, § 1). Die Aufsicht über die Krankenanstalten wird ausgeübt durch 5köpfige Aufsichtsräte, denen Vertreter der regionalen Selbstverwaltung, der Ärzteschaft und des sonstigen Personals des Krankenhauses, des Ministeriums für Gesundheit und Fürsorge und des regionalen Gesundheitsrats, dem das Krankenhaus unterstellt ist, angehören (Art. 7, §§ 1, 2).

Gleichartig ist auch die Zusammensetzung der Verwaltungsräte, von denen die Leitung der Krankenhäuser übernommen wird (Art. 9, § 2). Die Krankenhäuser werden unterschieden

- nach ihrer Tätigkeit in allgemeine Krankenhauser (bestehend aus Kliniken für mehrere verschiedene Fachrichtungen) und in spezielle Krankenhäuser (die nur ein Fachgebiet haben),
- nach ihrer geographischen Lage und dem Gebiet, das sie versorgen, in regionale Krankenhäuser (die ihren Sitz am Hauptort der gesundheitsdienstlichen Region haben) und in Bezirkskrankenhäuser (die in der Hauptstadt des jeweiligen Regierungsbezirks angesiedelt sind) (Art. 8, §§ 1, 2).

GR 31 Auf Einzelheiten der Organisation und der Untergliederung der Krankenhäuser werden wir nicht weiter eingehen. Wir führen nur an, daß die Dienstleistungen des Krankenhauses unterteilt werden in ärztliche, pflegerische und administrative (Art. 10, § 2) und daß die ärztlichen Leistungen in folgende Fachbereiche untergliedert sind: innere Medizin, Chirurgie, Labormedizin, Psychiatrie, Sozialmedizin (Art. 11, § 1).

In jedem Fachbereich wählen die Ärzte und übrigen Wissenschaftler außer den in der Facharztausbildung befindlichen alle 3 Jahre einen Direktor aus den leitenden Ärzten der dem Fachbereich zugehörigen Abteilungen (Art. 11, § 4).

Schließlich ist das Vorhandensein einer wissenschaftlichen Kommission aus 5 Mitgliedern vorgesehen, die Ärzte des Krankenhauses sind und die von den Ärzten, auszubildenden Ärzten und dem übrigen wissenschaftlichen Personal der medizinischen Dienststelle des Krankenhauses gewählt werden. Wenn dort eine Universitätsklinik integriert ist, geht eines der Mitglieder dieser wissenschaftlichen Kommission unbedingt aus dieser Klinik hervor (Art. 12, § 1). Die wissenschaftliche Kommission beurteilt die wissenschaftliche Arbeit der medizinischen Dienststelle, die Ausrüstung des Krankenhauses, die Ausbildung der Ärzte, die sie auch überwacht, ihre Leistungen etc. (Art. 12, § 2).

GR 32 Eine Neuerung stellen die von dem Gesetz vorgesehenen sog. *Gesundheitszentren* dar, die erstmalig eingeführt werden, wenn sie auch schon in vorhergehenden Entwürfen zur Reformierung des Gesundheitswesens in unserem Lande geplant waren.

Laut Art. 14 „werden in jedem Regierungsbezirk Gesundheitszentren eingerichtet, als dezentralisierte organisatorische Einheiten der Krankenanstalten des Bezirks, und regionale Arztpraxen als dezentralisierte Einheiten der Gesundheitszentren“ (§ 1). Die Gesundheitszentren haben eine Vielzahl von Aufgaben und Zuständigkeiten in ihrem Gebiet – die medizinische Behandlung, die Vorsorge, die Sozialmedizin, die Erforschung von Infektionskrankheiten, die Hygieneaufklärung (Art. 15, § 1), die, wenn es notwendig ist, mit Beschluß des zuständigen Ministers und Kenntnisnahme des zentralen Gesundheitsrates erweitert werden können (§ 2).

Die Gesundheitszentren sind organisatorisch und verwaltungsmäßig den Krankenhäusern unterstellt, mit denen sie in direkter wissenschaftlicher, medizinischer, ausbilderischer und funktioneller Verbindung stehen (Art. 19, § 1).

In diesen Zentren arbeiten

a) Ärzte der Fachrichtungen der entsprechenden Bereiche der Krankenhäuser und
b) Hausärzte, die dem Fachbereich für innere Medizin der Krankenhäuser angehören.

GR 33 Die Koordination der wissenschaftlichen Funktionen des Gesundheitszentrums hat ein Arzt mit dem Dienstgrad des Direktors, der von den Ärzten des Zentrums gewählt wird (Art. 17, §§ 1, 2).

Als Folge der Gründung der Gesundheitszentren werden die verschiedenen Institutionen der medizinischen Versorgung ersten Grades im Lande (Polikliniken, Arztpraxen etc.), welchem Träger sie auch angehören, abgeschafft. Ausgenommen sind die Gesundheitsstationen und die landwirtschaftlichen Arztpraxen (Art. 16, § 1).

Wie die medizinische Versorgung zweiten Grades, so wird auch die ersten Grades folglich von Institutionen des Ministeriums für Gesundheit und Fürsorge übernommen.

GR 34 Für die psychiatrische Behandlung im besonderen sind vorgesehen:

a) Zentren für psychische Gesundheit,
b) psychiatrische Abteilungen in allgemeinen Krankenhäusern und
c) spezielle psychiatrische Krankenhäuser.

Zweck der ersteren sind „die sozialpsychiatrische Fürsorge, die beratende Funktion innerhalb der Gemeinde und die Aufklärung, die Vorbeugung, die Therapie und die Beratung bei der Rehabilitation und der Wiedereingliederung des Kranken in die Gesellschaft“. Die Zentren für psychische Gesundheit, zu denen ebenfalls die medizinisch-pädagogischen Stationen und die Einrichtungen teilweiser – bei Nacht oder bei Tag arbeitender – medizinischer Versorgung gehören, sind den Krankenhäusern unterstellt, mit denen sie – wie auch mit dem psychiatrischen Krankenhaus ihres Bezirks – eng zusammenarbeiten.

Die psychiatrischen Abteilungen der allgemeinen Krankenhäuser leisten kurzfristige medizinische Versorgung, während die Kranken, die langfristiger Behandlung bedürfen, an das spezielle psychiatrische Krankenhaus überwiesen werden (Art. 21, §§ 1, 2, 3, 4).

GR 35 Gleichfalls gibt es im Gesetz Bestimmungen über die Beratungsstellen für Familienplanung (Art. 22) und ebenfalls über die Organe der Durchführung biomedizinischer Forschung und Gremien für die Methoden zur Beurteilung, Auswahl, Finanzierung etc. von Forschungsprogrammen (Art. 23).

GR 36 Eine weitere Neuerung des Gesetzentwurfes, die lebhafte Reaktionen, Zweifel und Diskussionen hervorrief, ist die Einführung von *Ärzten des Nationalen Gesundheitssystems*.

Wie im Gesetz bestimmt wird, „werden die Positionen des ärztlichen Personals der Krankenhäuser jeder Form und der Gesundheitszentren gemäß den Verordnungen dieses Gesetzes, außer denen der Militärkrankenhäuser und der Universitätskliniken, eingerichtet als Positionen von Ärzten mit voller und ausschließlicher Beschäftigung" (Art. 24, § 1). Praktisch ist hierin die Gesamtheit der Ärzte, die an Krankenanstalten arbeiten, eingeschlossen, denn, wie wir gesehen haben, werden die Kliniken jeder Art umgewandelt in Krankenhäuser, d. h. öffentlich-rechtliche Institutionen, und alle Arztpraxen und ähnliche Einrichtungen in Gesundheitszentren.

Wie in der Folge definiert wird, „sind diese Ärzte festangestellte öffentliche Bedienstete, und es ist ihnen verboten, die Medizin als freien Beruf oder jegliche andere Beschäftigung auszuüben, außer denen, die mit schriftstellerischen oder künstlerischen Betätigungen zu tun haben, und jegliches andere öffentliche oder private Amt innezuhaben" (Art. 24, § 2).

Hiermit wird der Status der großen Mehrheit der Ärzte in den festangestellter öffentlicher Bediensteter umgewandelt. Von der Verbeamtung der Ärzte sind praktisch nur die an Privatkliniken arbeitenden und diejenigen, die die Medizin privat und freiberuflich ausüben, ausgenommen. Wenn man davon ausgeht, daß mit dem neuen Gesetz die Verkleinerung oder sogar das Verschwinden dieser beiden Gruppen angestrebt wird, ist das offensichtliche Ziel des Gesetzgebers also der Arzt als festangestellter öffentlicher Beamter.

Ob diese Umwandlung zum Nutzen der Ärzte und v. a. der Gesundheit des griechischen Volkes sein wird, ist eine brennende Frage, der von einer großen Anzahl Ärzte, weiten politischen Kreisen, aber auch von den Griechen allgemein mit zumindest großen Vorbehalten, wenn nicht mit völliger Verneinung begegnet wird.

GR Betrachten wir jedoch die Bestimmungen des neuen Gesetzes hierzu etwas näher:
37 Im Ministerium für Gesundheit und Fürsorge wird eine Berufsgruppe von Ärzten des NGS gebildet, und zwar nach Krankenhäusern, Gesundheitszentren und regionalen Arztpraxen unterteilt, die eingestuft werden in Positionen von Direktoren, Oberärzten A und Oberärzten B und Assistenzärzten (Art. 25, §§ 1, 2, 3). Ausdrücklich wird festgelegt, daß „an allen Krankenhäusern gemäß § 1 des Art. 24 dieses Gesetzes und an allen, die als juristische Personen des öffentlichen oder privaten Rechts fungieren, außer den Universitäts- und Militärkrankenhäusern, ausschließlich Ärzte der Gruppe des NGS arbeiten, die in Übereinstimmung mit den Bestimmungen dieses Gesetzes eingestellt werden, und in der Facharztausbildung befindliche Ärzte. Die Einstellung von Ärzten unter anderen Dienstverhältnissen ist verboten" (Art. 25, § 4).

Wenn man das Vorhergesagte in Betracht zieht, und besonders die Bedeutung der Begriffe „Krankenhaus" nach diesem Gesetz und „Gesundheitszentrum", wird deutlich, daß in Krankenanstalten des Landes, welcher Natur auch immer, ausschließlich und in allen Rangstufen beamtete Ärzte arbeiten.

Bezüglich der Fähigkeiten und der Verfahren zur Stellenbesetzung von Ärzten muß erwähnt werden, daß für die Auswahl der Kandidaten neben der Vordienstzeit, der wissenschaftlichen Arbeit, der wissenschaftlichen Aktivität und der Lehrtätigkeit des Arztes ein Kriterium auch der „hervorzuhebende gesellschaftliche Beitrag und die gesellschaftliche Aktivität" (Art. 27, § 4, Abs. a) darstellt, welche die Laufbahn des Kandidaten charakterisieren. Dieses letzte Auswahlkriterium rief Widerstände und Verdächtigungen hervor, denn es ist kein medizinisches Kriterium und kann in jedem Einzelfall auf vielfältige Weise ausgelegt werden. Trotzdem blieb es Bestandteil des Gesetzes.

GR 38 Positiv sind die Bestimmungen des Gesetzes, die auf die Ermutigung der Ärzte hinzielen, ihre Berufung in „unfruchtbare und problematische" Gebiete des Landes anzustreben, die in A- und B-Kategorien unterteilt werden. Um den Kandidaten die Arbeit an Krankenhäusern und Gesundheitszentren in diesen Gebieten attraktiv zu machen, werden mit diesem Gesetz „besondere wirtschaftliche, dienstliche und moralische Anreize" (Art. 27, § 10) geschaffen. Gleichfalls positive Ansätze gibt es in den Bestimmungen über die Beurteilung der Ärzte und ihre Aufstiegsmöglichkeiten in der Gruppe des NGS (Art. 27, §§ 11, 12, Art. 28), wobei jedoch „die besonderen Bewertungskriterien, das Verfahren und jede andere diesbezügliche Einzelheit durch Beschlüsse des Ministers für Gesundheit und Fürsorge in Übereinstimmung mit dem zentralen Gesundheitsrat festgelegt werden" (§ 11).

Daß diese Kriterien nicht im Gesetz verankert sind, kann unter bestimmten Bedingungen einen bedeutenden Nachteil für den Mechanismus der Bewertung und der Entwicklung der Ärzte in der Gruppe des Nationalen Gesundheitssystems darstellen.

GR 39 Die Bestimmungen über die „Disziplinargerichtsbarkeit" der Ärzte des NGS, Art. 34, interessieren hier am meisten. Diese wird ausgeübt

a) durch den Verwaltungsrat des Krankenhauses,
b) durch den regionalen Disziplinarausschuß und
c) durch den zentralen Disziplinarausschuß (§ 1).

Die *regionalen Disziplinarausschüsse* bestehen aus dem Präsidenten des betreffenden regionalen Gesundheitsrats, einem der Präsidenten der Disziplinarausschüsse der Ärzteverbände der gesundheitsdienstlichen Region und einem Landgerichtspräsidenten der Region.

Der *zentrale Disziplinarausschuß,* der seinen Sitz in der Hauptstadt hat, besteht aus dem Präsidenten des zentralen Gesundheitsrats, dem Präsidenten des höchsten Disziplinarausschusses des Ärzteverbandes des Landes, einem Berufungsrichter eines Verwaltungsgerichts und einem Berufungsrichter der zivilen Gerichtsbarkeit, die durch den Justizminister bestellt werden, und einem von der Vollversammlung ernannten Mitglied des zentralen Gesundheitsrates. Wir haben also in den Disziplinarausschüssen ein Nebeneinander von Richter und Arzt, und im zentralen Disziplinarausschuß sogar einen Vertreter sowohl des Verwaltungsgerichts als auch der zivilen Gerichtsbarkeit.

GR 40 Die Disziplinarvergehen (Art. 35, § 1) sind

a) die Ausübung eines freien oder anderen Berufes;
b) die Annahme von Honoraren für ärztliche Dienstleistungen;
c) die passive Bestechlichkeit;
d) die Annahme von Schenkungen von Vermögenswerten;
e) die Zusammenarbeit mit Ärzten, die freiberuflich tätig sind, oder mit Privatkliniken;
f) die Ausnutzung der Position für die Interessenwahrnehmung des Arztes selbst oder eines Dritten;
g) die Überschreitung von Regeln des Ärztekodex;
h) die unvollkommene oder nicht ausreichende Erfüllung seiner Pflichten;
i) die ungerechtfertigte Enthaltung von der Erfüllung seiner Pflichten, entweder durch Verweigerung oder durch Verzögerung der Gewährung seiner Leistungen;
j) die ungleiche Behandlung von Kranken oder das ungehörige Verhalten ihnen gegenüber;
k) unziemliches Verhalten gegenüber den Bürgern, Vorgesetzten und sonstigen Angestellten;

l) das nicht rechtzeitige Abfassen von Berichten;
m) die Verletzung der auferlegten Schweigepflicht;
n) die Benutzung von Informationen, die aus dem Dienst stammen, um sie für sich oder Dritte gewinnbringend zu verwerten;
o) die aufgrund von schlechter Behandlung entstandene Beschädigung von Gegenständen, die der öffentlichen Hand gehören;
p) die Pflichtverletzung gemäß dem Strafrecht;
q) die Nichteinhaltung von Bestimmungen dieses Gesetzes und von Anordnungen, denen das Krankenhaus unterliegt.

GR 41 Unter den Disziplinarstrafen sind enthalten (§ 2): Schriftlicher Verweis, Geldstrafen, zeitweiser Entzug des Rechtes auf Kandidatur für eine höherrangige Position für 1–5 Jahre, endgültige Entlassung und Entzug der Erlaubnis zu Berufsausübung, zeitweilig bis zu 2 Jahren oder endgültig.

GR 42 Die Bestimmungen über die Fortbildung der Ärzte – es ist vorgesehen, daß die Ärzte des NGS alle 5 Jahre eine vorgeschriebene Mindestzahl (80) von weiterbildenden Vorlesungen belegen müssen (Art. 41) – sind ohne Zweifel ein weiteres positives Element des neuen Gesetzes, das jedoch das Problem nur anreißt, während der Gesetzgeber sich viel intensiver und detaillierter damit beschäftigen müßte, da es sich um ein sehr ernstes und komplexes Thema handelt.

GR 43 Was die Privatkliniken betrifft, wird von dem neuen Gesetz die Beschränkung ihrer Entwicklung und Minderung ihrer Bedeutung im Gesamtsystem der Gewährung medizinischer und pflegerischer Dienste im Lande angestrebt, offensichtlich mit dem Ziel der allmählichen Beschneidung und Ausmerzung der Privatinitiative auf diesem Gebiet und ihres Ersatzes durch den Staat.

Der Raum, der von der privaten medizinischen Betreuung eingenommen wird, ist in Griechenland immer noch sehr bedeutend aufgrund der Schwäche der öffentlichen Krankenversicherungsträger, die Bedürfnisse des Landes selbst zu decken.

Der Gebrauch des Begriffes „Krankenhaus“ durch Privatkliniken ist verboten (Art. 6, § 1). Die Gewährung medizinischer Leistungen durch letztere, die mit Ausgaben der öffentlichen Hand oder der Versicherungsorganisationen und Kassen öffentlich- oder privatrechtlicher Natur, die teilweise oder ganz vom Staat finanziert werden, verbunden ist, ist nur nach besonderer Übereinkunft der Klinik mit der öffentlichen Hand, der Organisation oder der Kasse erlaubt, die durch einen Beschluß des Ministers für Gesundheit und Fürsorge und des jeweils zuständigen Ministers nach Zustimmung des zentralen Gesundheitsrates genehmigt werden muß (Art. 5, § 2). Schließlich wird betont, daß „nach Inkrafttreten dieses Gesetzes die Gründung oder Erweiterung des Bettenpotentials privater Kliniken verboten ist“ und „daß die Aktien privater Kliniken, die die Gründungserlaubnis in Form einer Aktiengesellschaft haben, obligatorisch Namensaktien sein müssen“ (Art. 6, § 7).

GR 44 Ähnlich sind die Tendenzen bezüglich der privaten Ausübung des Arztberufes. Auch hier wird die Beschränkung und schließlich fast völlige Ausmerzung der Privatinitiative angestrebt. Die Ärzte des Nationalen Gesundheitssystems sind vollständig und ausschließlich im öffentlichen Dienst beschäftigte Beamte, wie es im Art. 24, § 2 erläutert wird, und wie wir bereits weiter oben gesehen haben[9].

[9] Zum Art. 24 wurde von einem Parlamentarier der Regierungspartei anläßlich der Aussprache gesagt: „Mit den Verordnungen dieses Artikels wird die grundlegendste Einrichtung des Gesetzentwurfes eingeführt, und es wird der Begriff des Arztes in vollständigem und ausschließlichem Be-

GR 45 An Krankenhäusern jeglicher Rechtsform und in den Gesundheitszentren, die gemäß den Bestimmungen dieses Gesetzes zu gründen sind, ist die Arbeit nur den Ärzten des NGS erlaubt, die vom Gesetz zu vollständiger und ausschließlicher Beschäftigung verpflichtet sind. Ausgenommen sind die Universitäts- und Militärkrankenhäuser.

Die Einstellung von Ärzten mit jeglichem anderem Arbeitsverhältnis, wie sie bis heute bestanden, ist nun verboten (Art. 24, § 4).

Wenn dann noch in Betracht gezogen wird, daß die Militärkrankenhäuser öffentliche Institutionen sind und die Universitätskrankenhäuser juristische Personen des öffentlichen Rechts, so geht aus der Formulierung des § 4 des Art. 25 hervor, daß in den Krankenanstalten kein Raum bleibt für die private Ausübung medizinischer Aktivitäten, welcher Art auch immer.

Die sehr seltenen Ausnahmen, die vom neuen Gesetz zugelassen sind (gewisse spezielle Fälle von Krankenanstalten, „die gegründet worden sind durch Testament oder Schenkung, die ausdrücklich gegenteilige Anweisungen enthalten, und die mit Beschluß des Gesundheitsministers subventioniert werden können" – Art. 6, § 4) sind ohne praktische Bedeutung und ändern nicht die Situation, die die Verstaatlichung der Medizin und die Verbeamtung der Ärzte anstrebt.

GR 46 Verstaatlichung der Gesundheitsdienste und Verbeamtung der Ärzte auf der einen, Ausschaltung der privaten Aktivität und Initiative auf diesem Feld auf der anderen Seite waren die hauptsächlichen Gründe, weshalb die Oppositionspartei erklärte, daß sie gegen die Ziele des Gesetzentwurfes über das Nationale Gesundheitssystem sei und daß sie dagegen stimmen werde[10]. Diese negative Einstellung solle, wie von den Referenten betont wurde, nicht bedeuten, daß das bis heute gültige Gesundheitssystem des Landes nicht der Veränderung und der Verbesserung bedürfe – das Gegenteil sei der Fall –, sondern daß die radikalen Änderungen, die der Gesetzentwurf verfolge, und die Grundsätze, die den Ausgangspunkt dafür bilden, mit ihrer Unbeugsamkeit und Absolutheit, die das ganze System charakterisierten, ihn unhaltbar und unrealisierbar machen, und seine Inkraftsetzung negative Folgen haben werde. Außerdem entspreche er nicht den wirtschaftlichen Möglichkeiten des Landes, während gleichzeitig die Vergütungen für die Wissenschaftler, die „vollständig und ausschließlich" im Gesundheitssystem beschäftigt sind, „übertrieben niedrig" seien.

Die Realisierung des Systems, so wurde betont, hätte sehr unangenehme Konsequenzen, nicht nur für die Volksgesundheit, sondern auch für die Wirtschaft des Landes.

Die Beurteilung der einzelnen Artikel des Gesetzentwurfes durch die Oppositionspartei und die Hervorhebung negativer Gesichtspunkte, die durch sie vorgenommen wurde, sollen hier nicht ausführlicher behandelt werden.

Die Kommunistische Partei – dritte Partei im Parlament – akzeptierte die Prinzipien des NGS, übte jedoch Kritik an Teilaspekten und Bestimmungen des Gesetzentwurfes, die nach Meinung der Referenten zur Folge hätten, daß die versuchte Verstaatlichung der Medizin und Verbeamtung der Ärzte nicht absolut sei und so

---

schäftigungsverhältnis geprägt. Es handelt sich um den Artikel, der die Gestalt des Gesetzentwurfes bestimmt." Sitzungsprotokolle der Feriensektion des Parlaments, Sommer 1983, Sitzung 49, S. 1820.

[10] Sitzungsprotokolle der Feriensektion des Parlaments, Sommer 1983. Sitzungen 38–54, s. besonders Sitzungen 38 (S. 1405 ff.), 40 (S. 1461 ff.), 41 (S. 1490 ff.), 42 (S. 1552 ff.), 43 (S. 1586 ff.), 44 (S. 1626 ff.), 45 (S. 1660 ff.), v. a. 49 (S. 1821, 1822 ff.), 50 (S. 1883 ff.).

im ganzen System Inkonsequenzen und Brüche aufträten[11]. Trotz der Vorbehalte zu Teilbereichen wurde jedoch dafür gestimmt.

GR 47 Die praktische Anwendung des Nationalen Gesundheitssystems wird natürlich Änderungen mit sich bringen, auch was die bis jetzt gültigen Regelungen bezüglich der ärztlichen Verantwortung betrifft, und zwar nicht nur in bezug auf die administrative Seite, wo sich zwangsläufig direkte Änderungen ergeben. Die Verstaatlichung des Gesundheitswesens und die Verbeamtung des Arztes mit der Verpflichtung seiner „vollständigen und ausschließlichen Beschäftigung" werden außerdem mit sich bringen, daß nicht nur die administrativen, sondern auch die sonstigen juristischen (straf- und zivilrechtlichen) Auswirkungen seiner Handlungen schwerwiegender werden. Die Tendenz ist vorhanden und kam indirekt bereits zum Ausdruck, als während der Aussprache über den Gesetzentwurf von der Fachreferentin der Kommunistischen Partei die Verfassung eines neuen ärztlichen Berufskodex unter besonderer Berücksichtigung der ärztlichen Verantwortlichkeit gefordert wurde[12]. Dieser Antrag wurde nicht weiterverfolgt, wenn auch die Rednerin ihn wiederholte. Das Thema steht jedoch im Raum.

GR 48 Aus diesen Gründen war es notwendig, auf den Gesetzentwurf zum Nationalen Gesundheitssystem einzugehen, der bereits zum Gesetz erhoben wurde, zumal die Absicht besteht, daß er im Laufe der nächsten Jahre zum Rahmen für die Gewährung medizinischer und pflegerischer Dienstleistungen in unserem Lande wird, was fundamentale Änderungen des geltenden Systems und mit Sicherheit dann auch Auswirkungen auf die Verantwortlichkeit des Arztes zur Folge haben wird.

---

[11] Sitzungsprotokolle der Feriensektion des Parlaments, Sitzung 38, S. 1408–1409, 44, S. 1637, 49, S. 1836 u. a.

[12] Ebendort, Sitzung 49, S. 1836.

B. Klagen und Verfahrensgang

I. Patientenklagen gegen Ärzte, Kliniken und Behörden, Klageart, Schadensursache, durchschnittlicher Streitwert der Klagen, Anzahl der Entscheidungen

1. Inhalt und Art des Anspruchs

GR 49 Der Anspruch des Patienten gegenüber dem Arzt ist grundsätzlich auf die Einhaltung der Verpflichtungen des letzteren gerichtet, wie sie sich aus dem beiderseitigen Vertrag, falls er besteht, und den entsprechenden gesetzlichen Bestimmungen ergeben.

Die Verpflichtung des Arztes, die hauptsächlich in der sorgfältigen Anwendung der therapeutischen Mittel besteht, also die Sorgfaltspflicht des Arztes[13], kann entweder aus einem Vertrag hervorgehen oder auch außerhalb oder unabhängig davon bestehen, wie wir weiter unten noch sehen werden.

Die Nichterfüllung dieser Verpflichtungen durch den Arzt oder ihre mangelhafte Erfüllung erzeugt einen Schadenersatzanspruch des Patienten, der entweder sekundär sein kann – im Falle der Verletzung einer eingegangenen Verpflichtung des Arztes (die sich aus einem Vertrag ergeben kann) – oder primär, wenn sie ohne ein oder unabhängig von einem eingegangenen Schuldverhältnis des Arztes entsteht (Anspruch aus unerlaubter Handlung).

2. Ansprüche aus einem Vertragsverhältnis

GR 50 Die Pflichten und Rechte der Ärzte werden im Detail durch die bürgerliche und strafrechtliche Gesetzgebung, die besonderen Kodizes der Ausübung des ärztlichen Berufes und die beruflichen Vorschriften und Gewohnheiten geregelt. Ein Vertrag des Arztes mit dem Patienten, wenn er besteht, bezieht sich gewöhnlich zumindest implizit auf die allgemeinen Verpflichtungen des Arztes, die lediglich durch die Art der Krankheit spezifiziert und konkretisiert werden.

Schuldhafte Handlungen von Ärzten stellen daher keine Übertretung von Pflichten dar, die aus abgeschlossenen Verträgen hervorgehen und die außerdem nicht genau definiert werden können, sondern hauptsächlich Übertretungen von Gesetzen und Berufsgewohnheiten. In den Fällen jedoch, wo eine Person die Verpflichtung übernimmt, einer anderen eine wie auch immer geartete Leistung zukommen zu lassen, ist diese Verpflichtung vertraglich, auch wenn sie ihr nur durch die beruflichen Vorschriften auferlegt wird.

---

[13] Siehe Abschn. C.III.3 (S. 319 ff.).

So kann die Existenz der vertraglichen Verantwortung des Arztes nicht angezweifelt werden, zumal auch unter den Verbindlichkeiten, die aus einem Vertrag hervorgehen, die Beachtung der Berufsgewohnheiten enthalten sein kann.

Wenn der Arzt die von der medizinischen Wissenschaft angezeigte Behandlung nicht angewendet oder die Krankheit fahrlässig diagnostiziert hat, entsteht seine Verpflichtung zum Schadenersatz aus dem Vertragsbruch, sofern die Heilung sich verzögerte oder der Patient sich einer zwecklosen und nicht gerechtfertigten Therapie unterziehen mußte[14].

Was die juristische Bedeutung des Vertrages zwischen Arzt und Patienten betrifft, aus dem entsprechende Rechte und Pflichten hervorgehen, müssen wir grundsätzlich 2 Fälle unterscheiden:

GR 51 a) Die ärztliche Leistung wird privaten Patienten gewährt.
In diesem Fall werden die Leistungen kraft einer ausdrücklichen oder schweigenden Vereinbarung zwischen dem Arzt und seinem Vertragspartner erbracht, der der Kranke, dessen Familie oder ein vom Kranken bevollmächtigter Dritter sein kann. In der Regel wird die Vereinbarung nicht schriftlich abgefaßt, was jedoch ihre Gültigkeit nicht beeinträchtigt.

GR 52 b) Die ärztlichen Leistungen werden aufgrund von Vereinbarungen mit Institutionen, Handelsgesellschaften, Genossenschaften etc. gewährt.
Es handelt sich um Fälle, in denen der Arzt z. B. mit einer Klinik einen Vertrag abschließt, um den dort behandelten Patienten seine Leistungen zukommen zu lassen, oder mit einer Handelsfirma, um ihre Arbeiter und Angestellten ärztlich zu betreuen. Auch in diesem Fall ist das Bestehen eines Vertragsverhältnisses, das gewöhnlich sogar schriftlich festgelegt ist, nicht anzuzweifeln[15].

Hier muß jedoch unterschieden werden zwischen dem Vertrag des Arztes mit dem Patienten, wenn er abgeschlossen wird, und dem Vertrag zwischen Arzt und Klinik oder zwischen dem Kranken und der Institution.

GR 53 Der ärztliche Vertrag stellt ein beiderseitiges Versprechen im Sinne des bürgerlichen Rechts dar. Er wird abgeschlossen zwischen dem Arzt und seinem Patienten oder dessen Vertreter und bedingt gegenseitige Leistungen der Vertragspartner. Zu den Pflichten des Patienten gehört es, dem Arzt das vereinbarte Honorar zu zahlen; dagegen steht die Leistungsverbindlichkeit des Arztes[16]. Die konkrete Form des Vertrages hängt von den Umständen ab.

GR 54 Er hat den Charakter eines Dienstvertrages, wenn die ärztlichen Leistungen für einen bestimmten oder unbestimmten Zeitraum gegen ein vereinbartes Honorar gewährt werden[17]. Sofern der Arzt verpflichtet ist, die Anweisungen des Auftraggebers bezüglich des Zeitraums der Zurverfügungstellung seiner Dienste zu befolgen, sich ihm während der gesamten vertraglichen oder gesetzlichen Arbeitszeit zur Verfügung zu halten, an einem Ort, der von ihm bestimmt wird, und sich vom Auftraggeber bezüglich der Einhaltung dieser Verpflichtungen überwachen zu lassen, besteht ein abhängiges Dienstverhältnis.

Den Charakter des Dienstverhältnisses kann der Vertrag haben, den der Arzt mit

---

[14] Siehe auch Kotsianos (1977, S. 55–56); Toussis (1973, S. 507).

[15] Zu der Unterscheidung s. auch Kotsianos (1977, S. 25).

[16] Siehe auch Kotsianos (1977), S. 30); zum Gegenstand der ärztlichen Leistung s. Abschn. C.III, S. 317 ff.

[17] Kavkas u. Kavkas (1974, 1975, S. 475 ff.); Toussis (Areopag 768/54); Zepos (1965), S. 322, Bem. 3 a); Agallopoulou (1958, S. 51); Kotsianos (1977, S. 25–26); Areopag 707/71, Nom. V. 20.305/138/61, Epitheorisis Ergatikou Dikaiou 1961.588 / 40/63, Nom. V. 12.376 (in Griechisch).

einer Klinik, einem Krankenhaus, einem Fabrikbesitzer oder Unternehmen, das eine große Zahl von Personal beschäftigt, verbindet; schwerlich wäre aber die Vereinbarung eines Arztes mit seinem Patienten, die hier hauptsächlich interessiert, so zu beschreiben.

GR 55 Wenn der Arzt die Erfüllung lediglich einer Leistung übernimmt (z. B. einer Operation, einer bestimmten Therapie), hat die zwischen ihm und dem Patienten abgeschlossene Vereinbarung den Charakter eines Werkvertrages[18].

Die Rechtswissenschaft definiert, daß es sich um einen Werkvertrag handelt, wenn

a) ein persönliches Abhängigkeitsverhältnis besteht, ohne daß der Arzt verpflichtet ist, unter der Anweisung und Aufsicht des Auftraggebers zu handeln,
b) die Vertragschließenden weniger die Gewährung der Leistung als das Ergebnis im Auge haben[19]. Bei einem Vertrag über Behandlung und medizinisch-pharmazeutische Betreuung zwischen Arzt und Kranken, die als eine Einheit zu betrachten sind, wird ebenfalls die Gewährung von pflegerischen und medizinischen Leistungen, die als Werkvertrag charakterisiert wurde, als bestimmender Teil betrachtet[20].

GR 56 In der früheren Rechtsordnung des byzantinisch-römischen Rechts wurde das Rechtsverhältnis zwischen Arzt und Patienten als Auftragsgeschäft angesehen[21]. Dies entsprach der damals herrschenden Auffassung von den ärztlichen Dienstleistungen, denen man keinen käuflichen Wert zumaß, die also nicht materiell honoriert werden konnte, so daß die Vergütung des Arztes nicht den Gegenwert hierfür darstellte, sondern eine Leistung, die man ihm als Zeichen des Respekts und der Dankbarkeit für seine Tätigkeit zukommen ließ. Die heutige Rechtsauffassung hat diese veralteten Vorstellungen jedoch grundlegend geändert. Die Arbeit, gleich ob geistig oder körperlich, als edelster Ausdruck der Selbstdarstellung des Menschen, wird vor dem Gesetz auf dasselbe Niveau gestellt. Der Arzt stelle keine Ausnahme dar. Wie jeder Mensch ist auch er bestrebt, aus seiner Arbeit Nutzen zu ziehen. Die Anerkennung der in Auftrag gegebenen Arbeit als Bestandteil des Auftrages zur Durchführung ohne Entgelt durch das BGB Art. 713 stellt ein weiteres Argument gegen die Charakterisierung des Verhältnisses Arzt/Patient als bezahltes Auftragsgeschäft dar[22].

3. Geschäftsführung ohne Auftrag

GR 57 Häufig leistet der Arzt seine Dienste spontan einer Person, die aufgrund ihres Gesundheitszustands nicht in der Lage ist, ihr Einverständnis ausdrücklich oder schweigend zu erklären. Folglich kann von einem Vertrag nicht die Rede sein, da die Zusammenführung zweier unterschiedlicher Willenserklärungen zum Zweck der Herstellung einer rechtlichen Vereinbarung nicht gegeben ist. In diesem Fall müssen wir akzeptieren, daß das Verhältnis, das zwischen Arzt und Kranken geschaffen wird, unter den Begriff Geschäftsführung ohne Auftrag (BGB 730ff.) fällt[23].

[18] Kavkas u. Kavkas (1974, S. 480); Kotsianos (1977, S. 27–28).
[19] LG Athen 4578/51, Epitheorisis Ergatikou Dikaiou, 1951.1168 (in Griechisch).
[20] LG Korinth 87/62, Efimeris Ellinon Nomikon 29.707 (in Griechisch); LG Trikala 12/67, Non Dikaion 23.558 (in Griechisch).
[21] Appellationsgericht Athen: 2849/37, Dikastiki 10.108 / 192/36, Dikastiki 8.553 / 1516/11, Themis 1913.315 / 862/1906, Themis 1906.625 (in Griechisch).
[22] Siehe auch Kotsianos (1977, S. 28).
[23] Kavkas u. Kavkas, (1974, BGB 730–735, S. 3ff.); Zepos, (1965, § 24); Kotsianos (1977, S. 29).

Der Arzt hat also gemäß BGB Art. 733 seine ärztliche Hilfeleistung zu gewähren, bis es möglich ist, daß der Patient selbst sich wieder mit seinen Angelegenheiten befassen kann. Unzeitgemäßes und vorzeitiges Verlassen des Kranken begründet den Anspruch auf Wiedergutmachung des möglicherweise dadurch verursachten Schadens.

Der Arzt hat das Recht, die Begleichung seines Honorars gemäß BGB Art. 738 zu verlangen, sofern er in animo recipiende, mit dem „Vorbehalt der Vergütung" gehandelt hat, zumal seine Handlung mit der Ausübung seines Berufes in Zusammenhang steht[24].

4. Ansprüche aus unerlaubter Handlung

GR 58 Wie bereits festgestellt[25], wird der Gegenstand der Verpflichtung des Artztes nicht nur durch seinen Vertrag mit dem Patienten bestimmt, sondern auch durch das Gesetz und die Berufsgewohnheiten.

Es gibt sogar Fälle, in denen kein Vertrag mit dem Patienten oder dessen Vertreter besteht (z. B. bei Geschäftsführung ohne Auftrag).

In allen diesen Fällen kann sich außer der möglichen Haftung des Arztes aus der Nichteinhaltung einer eingegangenen Verpflichtung und daraus folgender Schadenersatzforderung des Patienten auch ein möglicher selbständiger Schadenersatzanspruch (primärer Art) aus unerlaubter Handlung (BGB 914ff.) ergeben. Der Arzt, der sich nicht in jedem Fall nach den grundlegenden Prinzipien der medizinischen Wissenschaft und der Berufserfahrung richtet, wozu er durch das Gesetz und hauptsächlich durch die betreffenden Verordnungen des Zwangsgesetzes 1565/39 und des Kgl. Dekrets vom 25.5./6.7. 1955 verpflichtet ist, macht sich strafbar, was die direkte und selbständige Verpflichtung zum Schadenersatz gegenüber dem Geschädigten zur Folge hat.

Dies kann der Fall sein, wenn der Arzt während der Anwendung einer Therapie oder während eines chirurgischen Eingriffs fahrlässig dem Patienten eine körperliche Verletzung oder eine Schädigung des Organismus zufügt oder wenn er durch ein nicht indiziertes Arzneimittel, das er verordnet hat, den Zustand des Kranken verschlimmert oder bei ihm körperlichen Schaden verursacht[26].

5. Anspruchskonkurrenz

GR 59 Es ist möglich, daß dieselben Tatsachen zum einen eine Übertretung der gewöhnlich durch Vertragschließung eingegangenen Verpflichtungen des Arztes darstellen, zum anderen aber auch den Tatbestand des Delikts begründen. In diesem Fall besteht eine Anspruchskonkurrenz zugunsten des Geschädigten, der berechtigt ist, selbst zu bestimmen, welchen davon er zur Wiedergutmachung des Schadens geltend machen will – den Anspruch aus Vertragsverletzung oder die Forderung aus dem Delikt[27].

---

[24] LG Samos, 142/73, Dikastiki 1974.42 (in Griechisch); Kotsianos (1977, S. 29).

[25] Siehe S. 306 und Abschn. C.

[26] Siehe Abschn. C.III; siehe auch Toussis (1973, S. 511); Kotsianos (1977, S. 54–55); Kavkas u. Kavkas (1975, S. 731 ff.).

[27] Zur Konkurrenz generell s. Balis (1961, § 139, S. 364); Georgiadis (Diki 6, S. 43 ff.); Areopag 967/73, Nomikon Vima 22.505 (in Griechisch).

Der Betroffene kann jedoch auch beide gleichzeitig geltend machen, ohne daß die Geltendmachung des einen die des anderen ausschließt.

Allerdings zieht die Befriedigung des einen Anspruchs die Aufhebung des anderen nach sich, außer wenn der Anspruch, der nicht erfüllt wurde, über den anderen hinausgeht. In diesem Fall bleibt der über die erste Forderung hinausgehende Teil bestehen[28].

6. *Folgen der Unterscheidung*

GR 60 Die Herkunft des Anspruchs des Geschädigten - aus Verletzung eingegangener Verpflichtungen oder aus einem Delikt - hat gewisse Folgen; wir bringen nachstehend die Wichtigsten davon[29].

a) Die Haftung des Arztes aus Verletzung einer eingegangenen Verpflichtung ist sekundär, während die Delikthaftung primär ist[30].
b) Wenn auch prinzipiell in bezug auf die Beweislast des Gläubigers zwischen vertraglicher und strafrechtlicher Haftung des Schuldners unterschieden wird, wird dieser Unterschied bei der ärztlichen Verantwortlichkeit, bei der der Arzt gewöhnlich die Pflicht zur sorgfältigen Anwendung von Mitteln hat, nur im Falle der Verpflichtung zum Ergebnis aufrechterhalten[31].
c) Bezüglich der Verjährung fallen die Ansprüche aus Delikthaftung unter eine besondere Frist (BGB 937), während diejenigen aus Verträgen nach 20 Jahren (BGB 249) oder nach der im betreffenden Vertrag festgelegten Frist verjähren. Wenn die Forderung aus dem Vertrag verjährt ist, wird der Geschädigte sie folglich aus dem Delikt beanspruchen und umgekehrt.
d) Zur Zuständigkeit des Gerichts s. weiter unten[32].
e) Der Verzug des Schuldners bei Verbindlichkeiten aus einem Rechtsgeschäft entsteht in der Regel durch die Mahnung (BGB 340, Ausnahme BGB 341), bei Verbindlichkeiten aus einem Delikt durch seine Begehung (vgl. BGB 934).
f) Zur unterschiedlichen Regelung der Haftung mehrerer Personen durch das Gesetz s. Abschn. D.III[33].

7. *Ansprüche des Patienten gegenüber Privatkliniken, Krankenversicherungsträgern etc.*

GR 61 Wenn der Arzt seine wissenschaftlichen Dienste in Kliniken, Krankenhäusern, Krankenversicherungsträgern etc. zur Verfügung stellt, kann der Patient auch gegen die Institution vorgehen, wenn diese für die Fehlleistungen der Ärzte, die sie beschäftigt, haftet (s. Abschn. D. II, S. 337 ff.)

---

[28] Kavkas u. Kavkas (1975, S. 691 ff.); Michailidis - Nouaros (1937, S. 674), Kotsianos (1977, S. 73); s. auch LG Athen 3994/50, Themis 1950.841.

[29] Siehe auch Balis (1973, § 170, S. 339 ff.); Kavkas u. Kavkas (1975, S. 691 ff.); Kotsianos (1977, S. 71 ff.).

[30] Siehe auch weiter oben, S. 306.

[31] Siehe Abschn. C. VI, S. 329 ff.

[32] Siehe Abschn. B II, S. 311.

[33] Siehe S. 340 f.

II. Rechtsweg

GR 62 Außer in den Fällen von Rechtsstreitigkeiten aus der Leistung abhängiger Arbeit zwischen Arbeitnehmern und Arbeitgebern[34] und zwischen Sozialversicherungsorganisationen und ihren Versicherten[35], die als arbeitsrechtliche Streitigkeiten (ZPO 663, Fälle 1–5) verhandelt werden, werden die Differenzen, die sich aus der Gewährung von ärztlichen Leistungen ergeben, in regulären Verfahren verhandelt.

Zuständiger Gerichtsstand ist außer dem der allgemeinen Gerichtsbarkeit des Beklagten (ZPO 22) auch das Gericht, in dessen Bezirk sich der Ort des Zustandekommens des Rechtsgeschäfts oder der Erfüllung der Leistung befindet, wenn es sich um Vertragsverletzung (ZPO 33) handelt. Wenn es um Ansprüche aus unerlaubter Handlung geht, die noch dazu den Charakter der strafbaren Handlung hat, ist der Gerichtsstand der Ort des Begehens der strafbaren Handlung[36].

GR 63 Für den Fall, daß die unrechtmäßige Handlung, die dem Arzt zur Last gelegt wird, gleichzeitig ein Delikt nach dem bürgerlichen und dem Strafrecht darstellt, kann der Geschädigte die Klage auf Wiedergutmachung und finanzielle Entschädigung (aufgrund immateriellen Schadens oder seelischer Beeinträchtigung) entweder beim zuständigen Zivilgericht erheben oder sie beim Strafgericht führen, das über die strafbare Handlung verhandelt (StPO 63).

Der Geschädigte hat ebenfalls die Möglichkeit, falls er es wünscht, die Zivilklage, die er bereits beim Zivilgericht angestrengt hat, an das Strafgericht zu leiten, sofern vom ersteren noch kein abschließendes Urteil gefällt wurde (StPO 66).

Wenn ein Strafverfahren gegen den Arzt anhängig ist, dessen Ausgang Auswirkungen auf die Beurteilung des Rechtsstreits hat, über den ein Zivilgericht verhandelt, kann dies von Amts wegen oder auf Antrag der Gegenpartei die Vertagung der Verhandlung verfügen, bis das Strafverfahren unwiderruflich abgeschlossen ist (ZPO 250)[37].

---

34 Siehe S. 307, Fußnote 17.
35 Siehe Abschn. D.II. S. 337 ff.
36 Siehe auch Kotsianos (1977, S. 72).
37 Siehe auch Kotsianos (1977, S. 145–146).

C. Haftung für Fahrlässigkeit

I. Strafrechtliche Haftung

1. Allgemeines

GR 64 Der Arzt fällt unter die Verordnungen des Strafgesetzbuches, wenn er fahrlässig den Tod eines Menschen verursacht oder wenn er aus Fahrlässigkeit bedeutende Verletzungen oder Schäden an der Gesundheit einer Person herbeiführt (Art. 302 und 314 StGB).

Voraussetzung für die Anwendung dieser Verordnungen ist das Vorhandensein von *Fahrlässigkeit* jedweder Art (Art. 28 StGB).

Auf jeden Fall jedoch muß eine Kausalität zwischen der Handlung bzw. der Unterlassung des Arztes und des eingetretenen Ergebnisses in Form der Tötung oder Körperverletzung bestehen.

Es besteht der Grundsatz der *Handlungsäquivalenz* der *Unterlassung* gemäß Art. 15 StGB (unechte Unterlassungsstraftaten). Der Arzt hat eine besondere gesetzliche Pflicht, das Eintreten des Ergebnisses zu verhindern, die aus der freiwilligen Übernahme der Verpflichtung zum Schutz des Lebens hervorgeht (Vertrag).

Für die Bestimmung der Fahrlässigkeit gemäß Art. 28 StGB wird zuerst untersucht, ob der Täter die erforderliche Sorgfalt walten ließ *(objektives Kriterium),* d. h. die Sorgfalt, die nach den allgemeinen Erfahrungswerten der durchschnittliche normale Mensch anwenden kann, wenn er im gleichen sozialen Umfeld und unter den gleichen subjektiven Umständen wie der Täter handelt, z. B. der durchschnittliche Chirurg, Kardiologe etc. Wenn festgestellt wird, daß er diese Sorgfalt walten ließ, wird nicht weiter untersucht, ob er mit der Sorgfalt, die er selbst hätte anwenden können *(subjektives Kriterium),* gehandelt hat.

Das subjektive Moment wird also immer nach Feststellung des Beitrags des objektiven Moments untersucht und stets zugunsten des Täters verwendet, nie zu seinem Nachteil.

Auf diese Weise läuft derjenige, der über außergewöhnliche Fähigkeiten verfügt, nicht Gefahr, gerade aufgrund dieser Fähigkeiten in Nachteil zu geraten.

Es ist möglich, daß die Fahrlässigkeit des Täters in der Tatsache besteht, daß er die Durchführung einer Handlung übernommen hat, ohne dafür die erforderlichen Fähigkeiten zu besitzen (Tatunterlassung).

Nach der herrschenden Auffassung hat der Irrtum bei der Diagnose einer Krankheit im Prinzip nicht die Haftung des Arztes zur Folge.

Rechtsprechung

GR 65 Verurteilung der Leiterin einer Anästhesieabteilung, die die Narkose eines Patienten einem Anästhesisten übertrug, der keine Berufserfahrung hatte, wegen fahrlässiger Tötung, weil sie es *unterließ,* ihn gleichzeitig persönlich ständig zu beaufsichtigen und ihm Beistand zu leisten (Poinika Chronika 1975, S. 628 (griechisch)).

Strafrechtlich nicht wegen Fahrlässigkeit haftbar zu machen ist der Arzt, der sich, obwohl er jede Sorgfalt angewandt hat, bei der Diagnose geirrt hat, oder der, obwohl er die Krankheit korrekt diagnostizierte, *eines* der von der Wissenschaft als gleichwertig anerkannten Heilverfahren angewandt hat, das jedoch im konkreten Fall versagt hat.

Eine solche Haftung des Arztes bestünde nur, wenn sie auf einem Irrtum beruhte, der den *elementaren* Regeln der Wissenschaft widerspricht [Appellationsgericht Larissa, 28/63, Poinika Chronika, Zusammenfassung der Strafrechtsprechung 1963–72 (griechisch), S. 377].

GR 66 In unserem Strafgesetzbuch sind Verordnungen enthalten, die sich speziell mit der (strafrechtlichen) Haftung der Ärzte befassen.

2. Abtreibung (Art. 304 StGB)

Die ungeborene Leibesfrucht wird als „Träger des menschlichen Potentials, des menschlichen Wesens" betrachtet; im Gegensatz zum geborenen oder in der Geburt befindlichen Leben jedoch hat sie keinen absoluten, sondern einen relativen Wert, daher ist auch ihr strafrechtlicher Schutz relativ[38].

Gesetzlich erlaubte Schwangerschaftsunterbrechungen (Rechtfertigung des Unrechtscharakters der Tat) sind nach unserem Recht:

Die medizinisch indizierte Abtreibung (Art. 304, § 4 StGB)

GR 67 Voraussetzungen:

a) Die Fortsetzung der Schwangerschaft oder die bevorstehende Entbindung bedeuten *Lebensgefahr* oder eine schwerwiegende und dauernde *Schädigung der Gesundheit* der Schwangeren.
Mit dem Gesetz 821/78, Art. 5, § 3, Abs. b wird hinzugefügt, daß die Schwangerschaftsunterbrechung bis zur 12. Woche einschließlich erlaubt ist in Fällen der Gefahr für die psychische Gesundheit der Mutter, die von einem Psychiater in einer Krankenanstalt des öffentlichen Rechts festgestellt wird.
So genügt jegliche psychische Störung, auch von leichter und vorübergehender Art, unter der Bedingung, daß die Abtreibung innerhalb der ersten 3 Monate der Schwangerschaft vorgenommen wird.

b) Die Gefahr ist „anderweitig nicht abzuwenden". Sie muß nicht unbedingt akut sein.

c) Die Abtreibung muß durch einen Arzt erfolgen. Wenn sie nicht durch einen Arzt vorgenommen wird, sondern z. B. durch eine Hebamme, kann der Art. 25 StGB über den Notfall, der das Unrecht aufhebt, angewandt werden.

d) Die Notwendigkeit der Abtreibung muß durch das Attest eines anderen Arztes bestätigt sein.

e) Wie bei jedem anderen medizinischen Eingriff, der im Interesse dessen vorgenommen wird, der sich ihm unterzieht, muß die Einwilligung der Schwangeren

---

[38] Androulakis (1974, S. 88).

vorliegen; wenn diese nicht dazu in der Lage oder unfähig dazu ist, muß die Einwilligung der Personen vorliegen, die mit ihrer Pflege beauftragt sind.

Es sind also 2 Fälle medizinischer Indikation der Abtreibung vorgesehen: 1) innerhalb der ersten 3 Schwangerschaftsmonate mit weit auszulegenden Voraussetzungen (Ges. 821/78, Art. 5, § 3, Abs. b) und 2) nach den ersten 3 Monaten, wobei Art. 304, § 4 StGB Anwendung findet.

Die ethisch indizierte Abtreibung (Art. 304, § 5 StGB)

GR 68 Voraussetzungen:

a) Die Empfängnis ist zurückzuführen auf ein Sittlichkeitsverbrechen gemäß ausdrücklicher Gesetzesverordnung.
b) Die Abtreibung hat durch einen Arzt zu erfolgen.
c) Das Einverständnis der Frau, an der sie vollzogen wird, ist erforderlich.

Die genetisch indizierte Abtreibung

GR 69 Sie wird in der Verordnung zu Art. 5, § 3, Abs. a des Gesetzes 821/78 behandelt. Voraussetzungen:

a) Die Feststellung schwerwiegender Anomalien des Embryos, die die Geburt eines pathologischen Säuglings zur Folge hätten, mit Hilfe der modernen prognostischen Kontrollmaßnahmen (perinatale Diagnose).
b) Die Abtreibung hat innerhalb der ersten 5 Schwangerschaftsmonate zu erfolgen. Nach dem 5. Monat kann sie unter den Bedingungen des Art. 304, § 4 StGB (medizinische Indikation) geschehen.
c) Sie muß von einem Arzt vorgenommen werden.
d) Die Einwilligung der betroffenen Frau muß vorliegen[39].

GR 70 An dieser Stelle ist ein Exkurs zum Thema „Beginn des menschlichen Lebens" angebracht.

Nach *Choraphas* beginnt die Geburt „mit dem Austritt" des Körpers oder eines Körperteils des Kindes aus dem Mutterleib, da sich erst dann dem die Tötung Durchführenden das Bild des Menschen, der geboren wird, zeigt[40].

Nach *Gaphos* und *Bouropoulos* beginnt die Geburt mit dem Eintritt der Geburtswehen, wenn diese ohne längere Unterbrechungen zum Austritt des Embryos aus dem Mutterleib führen (die weitgehend vorherrschende Auffassung)[41].

Es ist jedoch richtig, wenn wir akzeptieren, daß die Geburt und mit ihr das Menschsein unabhängig von Symptomen von dem Zeitpunkt an beginnen, in dem jener natürliche Ablauf in Bewegung gesetzt wird, der nach der Lehre der Wissenschaft von der Geburtshilfe ohne Unterbrechung zur Vollendung der Geburt führt. In der Praxis heißt das: sobald die Gebärende in der Entbindungsanstalt bleiben muß. Als Beginn der Geburt bezeichnen wir auch den Beginn der Einleitung des Kaiserschnitts.

Dabei versteht sich jedoch, daß der Beginn des menschlichen Lebens nicht gegeben ist, wenn der Eingriff zu einer Zeit stattfindet (z. B. im 6. Monat), in der es zweifelhaft ist, ob das Kind lebend geboren wird, oder wenn es generell zu früh geboren wird[42].

---

39 Mangakis (1981, S. 263 ff.).
40 Choraphas (1962, S. 127).
41 Gaphos (1963 b, S. 5); Bouropoulos (1960, S. 462).
42 Androulakis (1974, S. 20 ff., besonders S. 22).

Rechtsprechung

GR 71 Ein eindeutiges Zeichen für den Beginn der Geburt besteht erst, wenn ein Körperteil des Neugeborenen aus dem Mutterleib hervortritt (Appellationsgericht Larissa, 60/78, Vorschlag des Staatsanwalts Al. Florou, Poinika Chronika, 1978, S. 737 (griechisch)).

3. Verletzung des Berufsgeheimnisses (Art. 371 StGB)

GR 72 Die Schweigepflicht wird dem Arzt sowohl durch Art. 371 StGB als auch durch Art. 23 des Zwangsgesetzes 1565/1939 „über den Kodex zur Ausübung des Arztberufes" auferlegt. Aber sogar im berühmten Hippokratischen Eid ist die ärztliche Schweigepflicht formuliert.

Vom Gesetzgeber wird eine Definition des Berufsgeheimnisses nicht geliefert. Folglich muß der Arzt jede Krankheit vertraulich behandeln.

Für das Vorliegen eines strafrechtlichen Delikts gemäß Art. 371 StGB sind arglistige Täuschung und Kenntnis über die Vertraulichkeit und darüber, daß der Arzt nicht das Recht hat, sie zu brechen, erforderlich.

Die Straftat gilt als begangen mit der Mitteilung des Berufsgeheimnisses an Dritte. Strafbar kann aber auch die Unterlassung sein, z. B. die Duldung, daß eine dritte Person Kenntnis des Geheimnisses erhält, wenn die erforderlichen Maßnahmen zu dessen Schutz nicht getroffen wurden[43].

GR 73 § 4 des Art. 371 StGB nennt die Rechtfertigungsgründe. Voraussetzung für die Rechtfertigung ist: Die Verletzung muß stets zu nachstehenden Zwecken erfolgen

a) der gesetzlichen oder moralischen Pflichterfüllung. Durch besondere Rechtsverordnungen ist der Arzt zu bestimmten Mitteilungen verpflichtet, z. B. Deklarierung jeder Geburt, Ausstellung des Totenscheins etc.,

oder

b) dem Schutz des gesetzlichen oder sonst gerechtfertigten wichtigen Interesses der Öffentlichkeit oder seiner selbst oder auch eines Dritten, z. B. zur Sicherstellung der Rettung einer Person, die unschuldig vor Gericht steht und zu einer hohen Strafe verurteilt werden könnte.

Die Pflicht oder das Interesse, die die Verletzung der Schweigepflicht gebieten, müssen in concreto von übergeordnetem gesellschaftlichem Wert sein[44].

Die Verletzung muß das einzige Mittel zum Schutz der übergeordneten Pflicht oder Interessen sein[45].

Kein Beitrag zum Fortschritt der medizinischen Wissenschaft (wissenschaftliche medizinische Veröffentlichungen) rechtfertigt die Verletzung der Bestimmungen des StGB über die Schweigepflicht[46].

4. Ärztlich-chirurgische Eingriffe

GR 74 Die ärztlichen Eingriffe sind i. allg. nicht durch das Gesetz geregelt, mit Ausnahme der Transplantationen, für die ausdrücklich vorgesehen ist, daß sie, sofern die ge-

---

[43] Kotsianos (1977, S. 71).
[44] Mangakis (1981, S. 272).
[45] Mangakis (1981, S. 272).
[46] Kotsianos (1977, S. 83).

setzlichen Bestimmungen eingehalten werden, keine Unrechtshandlung darstellen, unter Vorbehalt der Verordnungen über die Verletzung der Sorgfaltspflicht, Art. 38, 302 und 314 StGB (s. auch weiter unten Gesetz 821/78). Im Strafgesetzbuch sind außerdem die Bestimmungen für medizinische Eingriffe an Strafgefangenen niedergelegt (s. auch weiter unten Stellungnahme Staatsanwalt Stamatis).

GR 75 Die medizinischen Eingriffe erzeugen Probleme in bezug auf die Erfüllung des Tatbestandes der Körperverletzung, da in unserem Strafrecht (Art. 308, § 2 StGB) *die Einwilligung des Verletzten nur für die Rechtfertigung der einfachen und leichteren,* nicht jedoch der gefährlichen und schwereren Körperverletzung gilt.

GR 76 Die Auffassung von *Choraphas,* daß medizinische Eingriffe gerechtfertigt seien „als dem wahren Interesse des Operierten dienend", hat man aufgegeben[47].

Die *neueren Ansichten* sind geteilt. Die eine Richtung stimmt dafür, daß der Tatbestand der strafbaren Handlung nicht erfüllt ist; nach der anderen ist er zwar erfüllt, wird aber gerechtfertigt durch den *sozialadäquaten* Charakter der Handlung, oder, in schweren Fällen, aufgrund des *erlaubten Risikos.* Für beide Gründe ist selbstverständlich das Vorhandensein der tatsächlichen oder vermuteten Einwilligung des Patienten oder seiner Aufsichtspersonen Voraussetzung.

In der Wissenschaft überwiegt die Auffassung, daß der chirurgische Eingriff lege artis durch den Arzt keinesfalls den Tatbestand der strafbaren Handlung der Körperverletzung erfüllt, weil eine Handlung, die der Gesundheit dient, nicht als Verletzung der Gesundheit dargestellt werden kann, oder eine angezeigte Behandlung als körperliche Mißhandlung im Sinne des Art. 308 StGB. Diese Ansicht, die unabhängig von der Einwilligung des Kranken gilt, setzt die Möglichkeit der Bestrafung des Arztes voraus, der ohne Einverständnis handelt, wegen Eingriffs in die persönliche Freiheit des Patienten.

Das Fehlen einer solchen Straftat in unserer Gesetzgebung jedoch läßt in der Praxis lediglich die Anwendung der Unrechtsaufhebung zu[48].

GR 77 Grundvoraussetzungen für das Erlaubtsein eines ärztlichen Eingriffs sind folgende:

1. Der Eingriff ist medizinisch notwendig.
2. Er wird lege artis vorgenommen.
3. Er erfolgt in der Regel mit Einwilligung des Patienten.

Rechtsprechung

GR 78 Über nicht erfolgreiche chirurgische Eingriffe:

Es wird anerkannt, daß der *Vertrag* zwischen Arzt und Patienten zum Gegenstand nicht das Erzielen eines konkreten therapeutischen Ergebnisses hat, sondern die Aufwendung jeglicher Sorgfalt, Bemühung und Einsicht aufgrund der *geltenden* Grundlagen der ärztlichen Kunst und Wissenschaft zur Erzielung dieses Ergebnisses (Stellungnahme Staatsanwalt LG Athen 4820/72, Poinika Chronika, Zusammenfassung der Strafrechtsprechung 1963–72 (griechisch), S. 379).

Kriterium für den statthaften medizinischen Eingriff am menschlichen Körper ist sein *objektives* Ausgerichtetsein auf Erhaltung und Bewahrung, aber auch im weitergehenden Sinne auf Nutzbarmachung der Möglichkeiten des menschlichen Lebens (dieselbe Stellungnahme).

---

[47] Choraphas (1978, S. 220).
[48] Psarouda-Benaki (1972).

II. Strafverfolgung

GR Unsere Strafprozeßordnung sieht keine besonderen Verfahrensarten für Ärzte vor.
79 Es wird das reguläre Strafverfahren angewandt.

III. Zivilrechtliche Haftung

1. Begriffsbestimmung und Voraussetzung der Haftung

GR Die Haftung einer Person beinhaltet i. allg. alle Folgen (Sühnemaßnahmen), die
80 diese Person aufgrund einer eigenen – im Ausnahmefall auch fremden – Handlung im Falle der Verletzung eines gesetzlichen Anspruchs, d. h. eines Anspruchs, der durch das Gesetz geschützt ist, zu tragen hat. In einem Schuldverhältnis wird als Haftung das wirksamste Element der Schuld bezeichnet, das nämlich die Verpflichtung zwingend macht.

Praktische Bedeutung erwirbt die Haftung des Schuldners in Fällen von nicht frewilliger Erfüllung seiner Verpflichtungen. Sie kann sich dann auf 2 Weisen darstellen: Entweder durch Erzwingung der Anerkennung der eingegangen Verpflichtung durch den Schuldner, d. h. durch Erfüllung der ursprünglichen Leistung, oder durch die Möglichkeit des Gläubigers, sich auf andere Weise zu befriedigen, wenn die Erfüllung der ursprünglichen Verpflichtung durch den Schuldner nicht mehr möglich ist. Im zweiten Fall liegt eine Umwandlung der ursprünglichen Verpflichtung in eine sekundäre vor (auf Entschädigung), die ebenfalls zwingend ist[49].

Die Voraussetzungen für zivilrechtliche Haftung (sofern sie nicht freiwillig übernommen wird) sind objektiv und subjektiv. Die ersteren basieren grundsätzlich auf einer unrechtmäßigen Handlung, d. h. auf einem Gesetzesbruch. Dieser kann entweder aus der Nichteinhaltung der Verpflichtung aus einer eingegangenen Schuld (gewöhnlich Vertrag, BGB 355 ff.) des Schuldners bestehen, oder aus einer Gesetzesübertretung (Haftung aus unerlaubter Handlung, BGB 914), oder auch aus einer Verletzung der Grundsätze des guten Glaubens (vorvertragliche Haftung, BGB 198) etc.

GR Der anfängliche Unrechtscharakter der Handlung kann nachträglich aufgehoben
81 werden, wenn sog. Rechtfertigungsgründe bestehen (Notwehr, Einwilligung des Opfers etc.).

Die subjektiven Voraussetzungen sind die Zurechnungsfähigkeit und das Verschulden. Letzteres ist außerdem zum einen Voraussetzung für die Schaffung von (primärer) Schuld und Haftung, wie bei der Delikthaftung und Haftung aus Vorverträgen, und zum anderen für die Umwandlung der primären Schuldpflicht (die unabhängig von einem Verschulden entstand) in eine sekundäre Haftung zum Schadenersatz, wie in Fällen von Forderungsverletzung (BGB 335 ff.)[50].

---

[49] Siehe Abschn. B. I, S. 306 ff., (besonders Punkt 5), S. 309 f.; Stathopoulos (1978–79, S. 31–32).
[50] Siehe auch Stathopoulos (1978–79, S. 137 ff.).

2. Gegenstand der (vertraglichen) Verpflichtung des Arztes

GR 82 Da, wie aus obigem hervorgeht, die zivilrechtliche Haftung des Arztes eine illegale Handlung voraussetzt, die auch die Nichterfüllung einer bestehenden Schuld (meistens einer vertraglichen Verpflichtung) sein kann, muß an diesem Punkt der Gegenstand der vertraglichen Verpflichtung des Arztes untersucht werden, d.h. worin seine Leistung besteht.

Der genaue Inhalt der vertraglichen Verpflichtung des Arztes ergibt sich nicht nur aus dem Vertrag zwischen Arzt und Patient, sondern auch aus den Gesetzesverordnungen und dem Berufsethos. Besonders die diesbezüglichen Verordnungen des Zwangsgesetzes 1565/39 „über den Kodex der Ausübung des Arztberufes" und des Kgl. Dekrets vom 25.5./6.7.1955 „über den Kodex der ärztlichen Pflichten" stellen einen allgemeinen Rahmen dar, der die ärztlichen Dienstleistungen umreißt und für jeden Fall gültig ist. Diese Verordnungen ergänzen also eine mögliche vertragliche Regelung und gelten unabhängig davon, ob die Vertragspartner diese Bestimmungen in ihrem Vertrag vorgesehen haben.

So ist der Arzt verpflichtet, mit Eifer, Gewissenhaftigkeit und Hingabe seinen medizinischen Beitrag zu leisten, gemäß den fundamentalen Grundsätzen der ärztlichen Wissenschaft und aufgrund der erworbenen Berufserfahrung und unter Beachtung der gültigen Verordnungen über den Schutz der Kranken und die Erhaltung der Gesundheit (Art. 24, Zwangsgesetz 1565/39).

GR 83 Der Arzt übernimmt prinzipiell nicht die Verpflichtung, den Kranken zu heilen, er garantiert nicht die Wirksamkeit der angewandten Therapie oder den Erfolg der Operation, die er durchführt.

Seine Verpflichtung besteht darin, daß er gewissenhaft und sorgfältig alle notwendigen Bemühungen unternimmt, die die Grundlagen der medizinischen Wissenschaft erfordern und die von den Berufsgewohnheiten diktiert werden, d.h. lege artis zu handeln und diese Bemühungen ständig fortzusetzen, nachdem er die Behandlung übernommen hat[51].

GR 84 Gegenstand des Arztvertrages ist also die Anwendung einer Heilbehandlung durch den Arzt und nicht die Heilung des Patienten. Die Verpflichtung des Arztes ist eine Verpflichtung der Mittel und nicht des Erfolges, d.h. die Verpflichtung zur Anwendung therapeutischer Mittel und nicht zur Erzielung eines Resultats.

Andernfalls würde die Ausübung des Arztberufes tatsächlich unmöglich sein, da die Ärzte immer für das Mißlingen einer Therapie oder den Tod ihrer Patienten verantwortlich gemacht werden könnten[52].

GR 85 In einigen Fällen jedoch wird der Arzt mit der Erfolgsschuld belastet. Das Kriterium für die Unterscheidung kann in der Art der Tätigkeit des Arztes gefunden werden:

Wenn seine Tätigkeit nur im Bereich seiner Wissenschaft liegt, ist seine Verpflichtung als Schuld der Mittel anzusehen. Wenn dagegen seine Aktivität ausschließlich den Regeln der Technik unterliegt, z.B. der Funktion einer Maschine, ist seine Verpflichtung eine Ergebnisschuld. Wenn die wissenschaftliche Aktivität des Arztes sich daher auf Laborarbeiten beschränkt, die bei den heutigen Errungenschaften der Technik keinerlei Spielraum für Irrtümer erlauben, ist der Gegenstand des Arztvertrages das Erzielen des konkreten Resultats[53].

---

[51] Siehe auch S. 319ff.; siehe auch Kavkas u. Kavkas (1974, S. 462ff.); Toussis Areopag 768/54, Nomikon Vima 3.189; Efemeris Ellinon Nomikon, S. 302; (1973, S. 507); Kotsianos (1977, S. 30ff.).

[52] Sakka (1972); Toussis Areopag 768/54; Kotsianos (1977, S. 31).

[53] S.a. Kotsianos, St., wie ob., S. 316.

Erfolgsverpflichtung ist auch die Pflicht, den Patienten zu schützen, wenn der Arzt moderne Geräte, die häufig gefährlich sind, einsetzt, oder er dem Patienten solche Geräte überläßt, die für seine Behandlung bestimmt sind.

Das gleiche gilt auch für Krankenanstalten, die die Verpflichtung übernehmen, das Leben des Patienten zu schützen, zuweilen auch gegen seinen Willen, wie es bei Geistesgestörten der Fall sein kann[54].

GR 86 Bei den Schuldverhältnissen, die sich auf ein bestimmtes Ergebnis, das der Schuldner zu erzielen hatte, richten, ist prinzipiell zu unterscheiden, ob das Ergebnis erfolgreich war oder nicht.

Im ersten Fall ist die Sorgfalt, die der Arzt bei der Erfüllung seiner Aufgabe gezeigt hat, nicht von Interesse. Im zweiten Fall jedoch wird untersucht, ob er unter den tatsächlichen Bedingungen bei der Erfüllung der Leistung die Sorgfalt angewandt hat, die er hätte aufwenden müssen, d. h. ob er sich schuldig gemacht hat[55].

GR 87 Im Normalfall jedoch, wo die Verpflichtung der Mittel besteht, beschränkt sich diese Verpflichtung des Arztes nicht einfach auf die Anwendung von Behandlungsmethoden, sondern es wird deren sorgfältige Anwendung gefordert[56].

So wird die erforderliche Sorgfalt zum Inhalt seiner Vertragsschuld, mit dem Ergebnis, daß die Vernachlässigung der Sorgfaltspflicht eine unrechtmäßige Handlung darstellt. Folglich ist das Verhalten des Arztes, der die Regeln seiner Wissenschaft nicht beachtet, die ein gewissenhafter Kollege kennen und einhalten kann, ungesetzlich.

Im wesentlichen ist dieses Verhalten gesetzwidrig, weil es „Fahrlässigkeit" beinhaltet, d. h. dem Verhalten widerspricht, das ein durchschnittlicher, verstandesbegabter Mensch, der dem gleichen beruflichen Kreis angehört wie der Täter, hätte zeigen müssen. So decken sich schließlich die hier angewandten Kriterien mit jenen, die als Maßstab auch für die Fahrlässigkeit als Grad des Verschuldens herangezogen werden (BGB 330, Abs. b).

GR 88 Das Verbot des fahrlässigen Verhaltens durch das Gesetz bedeutet seine Zuordnung zur gesetzwidrigen (unerlaubten) Handlung. Bejahung des Verschuldens in diesem Sinne bedeutet damit auch Bejahung der Gesetzwidrigkeit und umgekehrt.

Dieselbe Handlung (das fahrlässige Verhalten) beinhaltet sowohl Gesetzwidrigkeit als auch schuldhaftes Verhalten. Dies ändert jedoch nichts an der Tatsache, daß nach unserem Recht beide Voraussetzungen – die objektive und die subjektive – gegeben sein müssen. Sie werden lediglich durch dieselbe Handlung erfüllt[57].

3. Inhalt der ärztlichen Sorgfaltspflicht

GR 89 Nachdem wir festgestellt haben, daß die Fahrlässigkeit des Arztes Bestandteil sowohl seiner gesetzwidrigen Handlung als auch seines Verschuldens ist, muß untersucht werden, was der Gegenstand der Sorgfalt des Arztes ist und worin folglich seine Fahrlässigkeit besteht.

Die Frage der Verantwortlichkeit des Arztes gehört nicht zu jenen, die leicht zu beantworten sind. An der Lösung dieses Problems besteht höchstes öffentliches Interesse, nicht nur im Hinblick auf die Entwicklung größeren Verantwortungsbewußtseins und größerer Sorgfalt von seiten der Ärzte, sondern auch umgekehrt aufgrund

---

[54] Kotsianos (1977, S. 283).

[55] Siehe auch Toussis (1973).

[56] Siehe besonders Art. 13 u. 24 des Zwangsgesetzes 1565/39 und Art. 1, §§ 1, 7 und 9 des Kgl. Dekrets vom 25. 5./6. 7. 1955.

[57] Siehe auch Stathopoulos (1978–79, S. 163 ff.).

des psychologischen Drucks, den eine ständig drohende Gefahr der Haftbarmachung auf die Ärzte ausüben würde, was sich zu Lasten der Patienten selbst auswirken würde, wenn nämlich zu den nicht geringen Schwierigkeiten, die die Ärzte zu bewältigen haben, auch noch hinzukäme, daß sie ihren Beruf nicht mehr in Ruhe ausüben könnten[58].

Das Studium der in Kraft befindlichen Gesetzgebung jedenfalls führt zu dem Schluß, daß nirgendwo speziell durch Gesetzesverordnung festgelegt ist, worin das konkrete Verschulden des Arztes über die allgemeinen Verordnungen über Schuldhaftigkeit hinaus besteht[59].

Das BGB bestimmt, daß „Fahrlässigkeit" gegeben ist, „wenn die bei Rechtsgeschäften erforderliche Sorgfalt nicht angewandt wird" (BGB 330, Abs. b).

GR 90 Bei der Einschätzung der Verantwortung des Schuldners, d. h. seines im Widerspruch zum Gesetz stehenden Verhaltens, hilft in bedeutendem Umfang die Gewohnheit. Je nach dem Maße ihrer Verbreitung stellt sie sogar eine bestimmende Weisung für den Richter dar, sofern die Forderungen der Rechtsgeschäfte den Grad der Aufmerksamkeit und Sorgfalt festlegen.

Die Rolle, die die Gewohnheit spielt, ist im heutigen Leben sehr bedeutend, besonders bei Gewohnheiten des Berufes oder der Technik.

Die Gewohnheit jedoch, die der Richter grundsätzlich zu erforschen hat, vermindert nicht die Freiheit seiner eigenen Einschätzung. Der Richter kann immer ihre Zugrundelegung verweigern, wenn er befindet, daß sie der Vernunft und Logik entgegensteht[60].

GR 91 Das Maß, nach dem beurteilt wird, ob das Verhalten des Beschuldigten fahrlässig oder sorgfältig war, ist das Verhalten des durchschnittlichen, vernünftigen und gewissenhaften Menschen. In einer Welt allerdings, in der die Arbeitsteilung und die Spezialisierung der Leistungen des Schuldners ständig zunehmen, muß sein Verhalten das von einem Spezialisten im konkreten Fall zu erwartende sein.

Der Begriff des „vernünftigen Familienoberhauptes" (laut BGB der Maßstab für die erforderliche Sorgfalt bei Rechtsgeschäften) verändert sich je nach den Berufen. In unserem Fall gilt das Verhalten des vernünftigen und gewissenhaften Arztes derselben Fachrichtung, der unter denselben Bedingungen wie der zu richtende Arzt handelt.

Dieser Maßstab ist objektiv, d. h. unabhängig von den persönlichen Eigenschaften oder Leistungen des bestimmten Arztes; er richtet sich im Gegenteil nach den Eigenschaften und Leistungen der gesamten Fachgruppe, zu der auch der zu Beurteilende gehört[61]. Der Arzt also, dessen wissenschaftliches Niveau unter dem Durchschnitt der anderen Ärzte liegt, ist zivilrechtlich verantwortlich, wenn er einen Fehler begeht, der durch seine unzureichenden Kenntnisse begründet und bei einem durchschnittlichen Arzt nicht zu rechtfertigen ist. Der außergewöhnlich und überdurchschnittlich fähige Arzt dagegen wird nicht haftbar gemacht, wenn er einmal hinter seinen gewöhnlichen, vergleichsweise hohen Leistungen zurückbleibt und einen Fehler macht, den auch ein durchschnittlicher Arzt nicht hätte vermeiden können[62].

---

[58] Siehe auch Frangos Efemeris Ellinon Nomikon 6.233.

[59] Siehe auch Toussis Areopag 768/54; Nomikon Vima 3.190; Tsivanopoulos Areopag 56/1902. Themis 14, S. 370.

[60] Toussis (1973, S. 508–509); Zepos Nomikon Vima 21, S. 3–4.

[61] Zepos Nomikon Vima 21, S. 3; Toussis (1973, 509–510); Stathopoulos (1978–79, S. 159); Frangos Efimeris Ellinon Nomikon 6, S. 345; s. auch Areopag-Entsch. 1274/77, Efimerida Ellinon Nomikan 45, 323; nach der zu beurteilen ist die Sorgfalt die angewandt wird im „Wirkungskreis und Beruf des Schuldners".

[62] Stathopoulos (1978–79, S. 161).

GR 92 Natürlich kann, wie bereits weiter oben ausgeführt wurde, die Festlegung des Maßstabs, der das Verhalten des vernünftigen und gewissenhaften Arztes bestimmt, sich nicht auf Gebräuche und Gewohnheiten stützen, die zum Nachlassen der Sorgfalt tendieren, wenn diese Gewohnheiten und Gebräuche – selbst wenn sie von der Mehrzahl der Ärzte praktiziert werden – jedem Anspruch der Vernunft, Sorgfalt oder Vorsorge entgegenstehen[63].

Weiterhin ist die Verantwortung des Spezialisten größer, aufgrund seiner Spezialisierung auf ein Fachgebiet der Medizin, der offiziellen Titel, die er innehat und verwendet, und des Vertrauens, das er genießt[64].

GR 93 Bezüglich der Definition der ärztlichen Sorgfalt wird allgemein von der Theorie[65] und der Rechtsprechung[66] anerkannt, daß der Arzt verpflichtet ist, seinen medizinischen Beitrag nicht nur, wie es BGB Art. 330 bestimmt, nach dem Maßstab der Sorgfalt bei Rechtsgeschäften zu leisten, sondern mit Eifer, Gewissenhaftigkeit und Hingabe, gemäß den Grundsätzen der medizinischen Wissenschaft und der erworbenen Erfahrung, und daß er alle geltenden Bestimmungen zum Schutz der Kranken und zur Erhaltung der Gesundheit (Art. 24 Zwangsgesetz 1565/39) zu beachten hat.

Der Arzt hat die Pflicht, jegliche erforderlichen Maßnahmen gemäß den Grundlagen der Wissenschaft anzuwenden, von denen er Kenntnis haben muß, in Einklang mit den Berufsgewohnheiten und theoretischen und praktischen Kenntnissen, die die Ausübung seines Berufes erfordert[67].

Wenn er aus Oberflächlichkeit oder Unkenntnis von Dingen, die er notwendigerweise wissen müßte, vorgegebenen Grundsätzen und elementaren Regeln der Medizin oder anerkannten zeitgemäßen Methoden nicht gefolgt ist, ist er haftbar für die Wiederherstellung des Schadens, den er angerichtet hat[68].

GR 94 Die Nichtbefolgung bestimmter Anweisungen an sich stellt keine Schuld dar. Eine gewisse Urteils- und Handlungsfreiheit bei der Ausübung seiner Wissenschaft ist selbstverständlich. Gemäß ausdrücklicher Verordnung des Kgl. Dekrets (Art. 2, § 1) ist es dem Arzt nicht erlaubt, seine wissenschaftliche und berufliche Unabhängigkeit, die er stets als das wertvollste Gut des Arztes einwandfrei und unangefochten aufrechterhalten muß, zu opfern.

So braucht sich ein Krankenhausarzt in gewissen Situationen nicht an die Weisungen des Oberarztes zu halten, wenn nämlich seine Studien und seine persönliche Erfahrung ihm auferlegen, in voller Freiheit, wenn auch im Rahmen der Berufsgewohnheiten und der Grundlagen der Wissenschaft, zu beurteilen, ob die Ausführung einer bestimmten Weisung des Oberarztes sinnlos oder gefährlich ist.

Der Arzt kann sich auch nicht auf Weisungen oder Befehle berufen, wenn diese den Forderungen der Wissenschaft widersprechen[69].

---

[63] Siehe oben, S. 320, und Zepos Nomikon Vima 21.3–4.

[64] Toussis Efimeris Ellinon Nomikon 13.302; s. auch Entscheidung Appellationsgericht Thessaloniki 1212/73.

[65] Siehe oben, S. 35 u. 36 mit entsprechenden Quellenangaben.

[66] Areopag 768/54, Namik. Vima 3.189 / 251/74, Neon Dikaion 31.116; LG Ath. 22722/62 Efimer. Ell. Namik. 30.166, Namik. Vima 12.215; LG Piraeus 2516/61, Ell. Dik. 2.811 (Elliniki Dikaiosyni-griechisch) LG Ath. 4349/78, Ell. Dik. 1978. 294.

[67] Siehe auch Toussis Areopag 768/54, Nomikon Vima 3.189, (1973, S. 510); Zepos Nomikon Vima 21.4.

[68] LG Ath. 22722/62 wie oben; Appellationsgericht Larissa 28/63, Armenopoulos 17.433, Poinika Chronika 13.177; Aeropag 166/63, Poinika Chronika 13.357.

[69] Toussis (1973, S. 513).

4. Nähere Definition der Sorgfaltspflicht

GR 95 Die allgemeine Regel der Haftung des Arztes für jedes Verschulden, die während unserer Ausführungen zum allgemeinen Kriterium der erforderlichen Sorgfalt umgewandelt wurde, wird ergänzt und konkretisiert durch die diesbezüglichen Verordnungen des Zwangsgesetzes 1565/39 (besonders Art. 13 ff.) und des Kgl. Dekrets vom 25.5./6.7.1955.

Nachstehend werden die wichtigsten Fälle behandelt, in denen das Thema Haftung des Arztes zum Tragen kommt:

GR 96 Der Arzt haftet grundsätzlich für unterlassene Hilfeleistung. Dieses Delikt kann sich auf 2 Weisen darstellen:

a) Der Arzt wird zum ersten Mal zu einem Kranken gerufen und kommt der Aufforderung nicht nach.

b) Er hört auf, einen Kranken zu besuchen, mit dessen Behandlung er begonnen hat, obwohl er noch nicht geheilt ist[70].

GR 97 Laut Gesetz[71] hat jeder Arzt, ohne die Gewährung seines Beistands von der sofortigen Bezahlung abhängig zu machen, ärztliche Hilfe zu jeder Tages- und Nachtzeit bei plötzlichen, gefährlichen oder schweren Erkrankungen und Unfällen zu leisten, außer wenn Gründe bestehen, die sein Entbinden von dieser Pflicht rechtfertigen, oder wenn die Hilfe von einem leichter erreichbaren anderen Arzt geleistet werden kann[72].

Die Verpflichtung des Arztes, nicht ohne rechtmäßigen Grund die Behandlung, die er begonnen hat, zu unterbrechen, versteht sich im Rahmen des Bestehens eines Vertrages[73].

GR 98 Der Arzt ist ebenfalls verantwortlich, und das ist der wichtigste Fall seiner Haftung, für Fehler bei der Diagnose einer Krankheit oder bei ihrer Behandlung, die auf Fahrlässigkeit, Verletzung oder Unkenntnis von Regeln der Medizin oder auf Fehlen medizinischen Wissens, das er ergänzen muß, beruhen[74].

Als fahrlässig wird außerdem das Verhalten des Arztes betrachtet, wenn er dem Patienten nicht geraten hat, sich in ein Krankenhaus zu begeben, um die erforderliche Pflege und Vorsorge zu genießen, obwohl er wußte, daß diese am Behandlungsort des Kranken unmöglich zu erhalten waren[75].

GR 99 Der Chirurg ist haftbar für Fehler während des Eingriffs, z. B. wenn er aus Fahrlässigkeit Fremdkörper im Körper des Kranken hinterlassen hat[76]. Seine Pflichten erstrecken sich jedoch auch über den Operationssaal hinaus, und er ist auch für Handlungen oder Unterlassungen vor oder nach dem chirurgischen Eingriff verantwortlich. Er ist zwar nicht verpflichtet, die korrekte Einrichtung des Krankenhausgebäudes, in dem er operiert, zu kontrollieren, er muß jedoch überprüfen, ob die Art der Installationen und die für ihren Betrieb zur Verfügung stehenden Mittel evtl. zu Befürchtungen für postoperative Infektionen Anlaß geben[77].

---

70 Katsas (1940, S. 209 ff.).

71 Art. 25 Zwangsgesetz 1565/39; s. auch Art. 9 und 13, Kgl. Dekret vom 25.5./6.7.1955.

72 Zu den Notfällen s. Abschn. F.I, S. 346 f.

73 Kotsianos (1977, S. 24); s. auch Art. 10 u. 13, Kgl. Dekret vom 25.5./6.7.1955.

74 Katsas (1940, S. 217 ff.); Zepos Nomikon Vima 21.3; Toussis (1973, S. 510 ff.); s. auch Appellationsgericht Larissa 28/63, Anm. 17.443, Poinika Chronika 13.177; LG Athen 22722/62 / Areopag 251/74, Nomik. Vima 22.1260; LG Piraeus 2516/61; LG Athen 4349/78.

75 LG Athen 22722/62.

76 Zepos Nomikon Vima 21.3.

77 Areopag 768/54, Nomik. Vima 3.189; s. Toussis Areopag 768/54, wie oben; Zepos Nomikon Vima 21.3.

Der Arzt ist weiterhin haftbar, wenn er ein falsches Rezept ausgestellt oder ein unwahres oder falsches Gesundheits- oder Krankheitsattest abgegeben hat[78].

Unter bestimmten Voraussetzungen ist der Arzt verpflichtet, dem Patienten eine Untersuchung oder auch Behandlung bei einem fachlich spezialisierten Kollegen zu empfehlen, wenn die Art oder Schwere der Krankheit dies erfordern[78].

Der Arzt, der die von einem Kollegen begonnene Behandlung eines Patienten fortsetzt, muß die notwendigen Informationen anfordern[79].

GR 100 Außerdem wurde bestimmt, daß der Arzt, der ohne therapeutische Notwendigkeit und nur aus ästhetischen oder kosmetischen Gründen einen Eingriff vornimmt, auch mit Röntgenstrahlen, die zwar wissenschaftlich anerkannt, jedoch nicht völlig ungefährlich sind, haftbar ist für jeden Schaden, den der Behandelte erlitten hat, auch wenn er nicht fahrlässig herbeigeführt wurde, weil seine Verantwortung allein aus der Tatsache hervorgeht, daß er einen als chirurgisch zu betrachtenden Eingriff vornahm, ohne daß eine Krankheit im eigentlichen Sinne vorlag[80].

An anderen Stellen werden im folgenden noch weitere, speziellere Verpflichtungen des Arztes angeführt, die seine allgemeine Sorgfaltspflicht ergänzen, wie z. B. Pflichten bezüglich der Information des Kranken und der Sicherstellung der informierten Einwilligung (s. Abschn. C.IV), die Schweigepflicht (Abschn. C.VIII), die des sorgfältigen Gebrauchs medizinischer Instrumente (Abschn. D.IV), wie auch Pflichten, die sich auf Notfälle (Abschn. F.I), Transplantationen (Abschn. F.III), Experimente (Abschn. F.V) u. a. beziehen.

5. *Entlastende Klauseln*

GR 101 Aus den Gesetzesverordnungen, die die Sorgfaltspflicht, die Pflicht der Berufsausübung lege artis etc. behandeln, kann der Ausschluß jeglicher entlastender Klauseln entnommen werden.

Die Verordnungen der Art. 24, 25 des Zwangsgesetzes 1565/39, die dem Arzt (mit bestimmten Ausnahmen, bei denen seine Weigerung gerechtfertigt ist, Art. 25, § 2) die Pflicht zur gewissenhaften ärztlichen Hilfe gemäß den Grundsätzen der medizinischen Wissenschaft auferlegen, müssen so als von öffentlicher Bedeutung angesehen werden, besonders in Verbindung mit den Bestimmungen des BGB Art. 330ff., daß ihre eigenmächtige Nichtbeachtung aus privaten Gründen nicht gerechtfertigt werden kann[81].

IV. Einwilligung nach Aufklärung

GR 102 Aus dem Recht der Persönlichkeit, das die Existenzberechtigung, das Recht auf freie Entfaltung und auf Respektierung jedes Menschen schützt, entspringt auch das Prinzip der Unverletzlichkeit des menschlichen Körpers[82].

In Anwendung dieses Prinzips, das in allen zivilisierten Ländern allgemeine Anerkennung fand, ist jede Tätigkeit eines Arztes, mit der er einem Kranken Hilfe leistet oder das Recht erwirbt, seinen Körper zu berühren, nur mit der Einwilligung des Patienten möglich.

---

78 Zepos Nomikon Vima 21.351.
79 Kotsianos (1977, S. 71).
80 LG Athen 4010/65, Efimeris Ellinon Nomikon 32.365.
81 Stathopoulos (1978–79, S. 184).
82 Gasis (1973, § 44 II); Zepos u. Michailidis-Nouaros (1971).

Dies gilt bezüglich chirurgischer und jeder anderen Art von Eingriffen, die die natürliche Unversehrtheit des Menschen angreifen[83].

Die Voraussetzung der Einwilligung des Patienten in Fällen, wo ein Vertrag zwischen Arzt und Patient besteht, versteht sich von selbst. Unabhängig davon ist jedoch das Fehlen der Zustimmung des Patienten im Grunde Fehlen der Rechtmäßigkeit der Behandlung oder des Eingriffs, so daß, wenn das Fehlen der Einwilligung tatsächlich bewiesen ist, dies zur Haftbarmachung des Arztes führt, die sich durch den Eingriff in die persönliche Freiheit oder durch den Angriff auf die Persönlichkeit oder sonstige Angriffe, je nach Art des Falles, begründen kann[84].

GR 103 Im Kgl. Dekret von 25.5./6.7. 1955 „über den Kodex der ärztlichen Pflichten" sind viele Verordnungen enthalten, die die Pflicht des Arztes zur Respektierung der Persönlichkeit und der Freiheit des Patienten beinhalten.

Der Arzt schuldet der Ehre und der Persönlichkeit des Menschen unbedingte Achtung. Es ist kein nicht angezeigter therapeutischer oder operativer Eingriff oder Versuch erlaubt, der das Gefühl der persönlichen Freiheit und den freien Willen von Patienten, die geistig gesund sind, beeinträchtigen kann (Art. 8, Abs. a).

Die Häufigkeit der Arztbesuche und die Anregung oder Empfehlung zur ärztlichen Untersuchung müssen nicht nur durch die Schwere der Krankheit, sondern auch durch den Willen des Kranken oder seiner Angehörigen nach geeigneter Belehrung durch den Arzt gerechtfertigt sein (Art. 10).

GR 104 Ebenfalls ist der Arzt verpflichtet, die Einberufung eines Konsiliums zu ermöglichen, wenn der Patient oder seine Angehörigen es fordern (Art. 11), der Familie die Freiheit der Wahl zu überlassen (Art. 27, § 2) und die Wünsche des Kranken bei der Auswahl von Sanatorien, Laboratorien oder Krankenanstalten zu achten (Art. 31, ed.b) etc.

GR 105 Im Zwangsgesetz 125/67 „Strafvollzugsgesetzbuch zur Vollstreckung von Strafen und Sicherheitsmaßnahmen" (Art. 152) ist vorgesehen, daß besonders an Häftlingen medizinische oder chirurgische Eingriffe diagnostischer, therapeutischer oder prophylaktischer Art nicht ohne deren freie und unerzwungene Einwilligung erlaubt sind (Art. 102, § 6).

Es gibt jedoch Fälle, wo der Arzt auch ohne die Einwilligung des Patienten zur Behandlung oder zum Eingriff schreiten kann. Dies ist nach allgemeiner Auffassung besonders dann erlaubt, wenn:

GR 106 a) Eine ernste Gefahr das Leben des Kranken bedroht und der ärztliche Eingriff sofort erfolgen muß[85]. Wenn es sich um den Schutz der Gesundheit oder der körperlichen Unversehrtheit handelt, ist die Prioritätsfrage zweifelhaft[86].

Von der Rechtsprechung unterstützt[87] wird jedoch auch die Ansicht, daß, auch wenn die Therapie vom Arzt als dringend notwendig für die Abwendung einer möglichen Lebensgefahr angesehen wird, der ärztliche Eingriff am menschlichen Körper, welcher Art auch immer, ohne die Zustimmung des Patienten verboten ist, mit Ausnahme lediglich der nachstehenden Fälle b) und c).

In jedem anderen Fall darf der Arzt nur die Mittel der Überzeugung und wis-

[83] Siehe auch Areopag 541/58, Nomikon Vima 7.1961; LG Korfu 23/57, Efimeris Ellinon Nomikon 24.727; LG Thessaloniki 161/70, Poinika Chronika 20.299.

[84] Zepos Nomikon Vima 21.5.

[85] Stellungnahme Staatsanwalt am Areopag 24/69, Nomik. Vima 18.234, Poinika Chronika 20.57, Stellungnahme Staatsanwalt am Landgericht Athen 17/76, Poinika Chronika 26.507.

[86] Nach der Stellungnahme des Staatsanwaltes Areop. 24/69 ist er erlaubt, nach Stellungnahme Staatsanwalt Landgericht Athen 17/76 ist Einwilligung erforderlich.

[87] Areopag 541/58, Nomikon Vima 7.61.

senschaftlichen Belehrung einsetzen, um den Kranken umzustimmen, um seine Einwilligung zur von den Umständen angezeigten Therapie zu erlangen[88].

GR 107 b) Der Kranke in den Zustand der Bewußtlosigkeit geraten ist, der die rechtzeitige Erklärung seiner Zustimmung ausschließt[89].

Das Zwangsgesetz 125/67 (Art. 102, § 6) regelt, daß besonders bei einem Häftling, wenn dieser aufgrund seines Gesundheitszustands nicht in der Lage ist einzuwilligen, der ärztliche Eingriff nur zum Zwecke der Heilung oder Erhaltung seiner Gesundheit erlaubt ist, und sofern er von einem fähigen Arzt ausgeführt und der gewöhnliche Behandlungsweg beschritten wird.

c) Der Eingriff kraft besonderer Gesetze aus Gründen öffentlichen Interesses ist auch gegen den Willen der Person erlaubt[90].

d) Der Arzt kann Bluttransfusionen auch gegen den Willen des Patienten oder der mit seiner Pflege beauftragten Personen durchführen[91].

e) Der Arzt kann bei Minderjährigen auch gegen den Willen der gesetzlichen Vertreter handeln, wenn ein Gerichtsbeschluß zwecks legaler Aufhebung der Weigerung beantragt wird[92].

GR 108 Wenn der Kranke *nicht in der Lage* oder *unfähig* ist, einzuwilligen, ist die Einwilligung der Personen, die mit seiner Pflege beauftragt sind, erforderlich.

Wenn diese nicht zugegen sind und die Verzögerung des Eingriffs eine ernste Gefahr für die Gesundheit oder das Leben des Patienten verursacht, kann der Arzt aufgrund der *vermuteten* Einwilligung handeln.

Der Eingriff gegen den Willen des Patienten oder der Personen, die mit seiner Pflege beauftragt sind, ist erlaubt:

a) Wenn die Weigerung auf offensichtlichem Selbstmordwillen beruht oder auf offensichtlicher Unbildung oder auf Aberglauben des Patienten, und die Unterlassung des Eingriffs ernste Folgen für seine Gesundheit oder sein Leben nach sich ziehen würde;

b) wenn die Weigerung der Personen, die mit seiner Pflege betraut sind, aus offensichtlicher Unbildung, Aberglauben oder Böswilligkeit herrührt[93].

Religiöse Überzeugungen, die gewisse medizinische Eingriffe, z. B. die Bluttransfusion, verbieten:

GR 109 Diese Besonderheit ist für den Arzt *nur* in den Fällen zu achten und folglich bindend, wo der Eingriff an *der Person* vorgenommen wird, die ihre *Einwilligung verweigert*. (Es kann jedoch nicht akzeptiert werden, daß religiöse Überzeugungen eines Menschen entscheidend das Schicksal eines anderen bestimmen, auch wenn dieser andere sich unter seiner Aufsicht befindet.)[94]

Stellungnahme des Staatsanwalts am Appellationsgericht Piräus K. Stamatis (1938/1978):

Ein ärztlicher chirurgischer Eingriff kann nicht ohne die Einwilligung des Patienten vorgenommen werden. Dieser Grundsatz ist ausdrücklich in Art. 102, § 6 des Strafvollzugsgesetzbuches verankert, soweit es Häftlinge betrifft. Er kann daher nur in

---

[88] Siehe Abschn. F.I, S. 91 ff.
[89] Areopag 541/58, wie oben; Zepos u. Michailidis-Nouaros (1971, S. 100).
[90] Areopag 54/58, wie oben.
[91] Stellungnahme Staatsanwalt am Areopag 24/69, Namik. Vima 18.234, Poinika Chronika 20.57.
[92] Landgericht Thessalomiki 161/70, Poinika Chronika 20.299.
[93] Mangakis (1981, S. 253); Katsantonis (1970, S. 68 ff.).
[94] Mangakis (1981, S. 254).

Ausnahmefällen, z. B. bei Infektionskrankheiten, Selbstmord, Hungerstreik etc., durchbrochen werden (Art. 102, § 7 Strafvollzugsgesetzbuch).

Der § 7 des Art. 102 erhält wegen der Natur der Dinge Rechtsgrundsatzcharakter mit erweiterter Gültigkeit, d. h. er gilt entsprechend allgemein für alle Patienten.

GR 110 *Auszug aus dem Strafvollzugsgesetzbuch, Art. 102*

§ 6: Ärztliche oder chirurgische Eingriffe an Häftlingen diagnostischer, therapeutischer oder prophylaktischer Natur sind nicht ohne die freie und unerzwungene Einwilligung derselben erlaubt. Wenn der Häftling aufgrund seines Gesundheitszustands die Einwilligung nicht geben kann, ist der Eingriff nur zum Zwecke der Therapie oder der Prophylaxe seiner Gesundheit erlaubt, und sofern er von einem fähigen Arzt vorgenommen und der gewohnte Behandlungsweg eingehalten wird.

§ 7: Ein Eingriff am Körper eines Häftlings gegen seinen Willen ist nur erlaubt, wenn sein Leben oder seine Gesundheit aufgrund von länger als 24stündiger freiwilliger Enthaltung von der Nahrungsaufnahme gefährdet sind, und zur Abwendung der Gefahr bei Infektionskrankheiten oder Epidemien. Im ersten Fall wird künstliche Zwangsernährung durchgeführt, im zweiten Fall Zwangsimpfung, außer wenn eine medizinische Kontraindikation es verbietet.

Rechtsprechung

GR 111 Wenn bei Minderjährigen die ausdrückliche Ablehnung der gesetzlichen Vertreter besteht, der Durchführung notwendiger medizinischer Eingriffe an ihnen zuzustimmen, kann der Arzt, außer in Ausnahmefällen, nicht aus eigenem Antrieb handeln, sondern es muß unter diesen Umständen die *Intervention der Justizbehörden* zur gesetzesmäßigen Aufhebung der vorgebrachten Weigerung beantragt werden[95].

In besonders dringenden Ausnahmefällen kann der Arzt einschreiten, indem er den erforderlichen Eingriff und die das Leben oder die Gesundheit des Kranken rettende Bluttransfusion auch *gegen den Willen des Erziehungsberechtigten* vornimmt.

Hier wird der Schuldcharakter der Handlung aufgehoben, sofern sie der wissenschaftlichen Ausübung des Arztberufes angemessen ist, kraft des Prinzips der *übergeordneten Interessen.*

Die Verordnungen des Kgl. Dekrets vom 15.6./6.7. 1955 „über den Kodex der ärztlichen Pflichten" stehen dem nicht entgegen. Der Arzt kann also eine Bluttransfusion vornehmen, aber nur zu therapeutischen, und nicht zu experimentellen oder kosmetischen Zwecken[96].

Stellungnahme des stellvertretenden Staatsanwalts am Appellationsgericht Athen Kaninias (1976)[97]

GR 112 Die Einwilligung ist nicht erforderlich, und ihre Verweigerung wird nicht in Betracht gezogen, wenn eine anders nicht abwendbare Gefahr das Leben des Kranken bedroht, weil die Erhaltung des Lebens von *absolutem,* der *Gesundheit* und der *körperlichen Unversehrtheit* jedoch von *relativem Wert* sind.

Wenn ein Konflikt besteht zwischen der Pflicht, das Leben zu retten, und der Pflicht der Respektierung der Persönlichkeit im Namen der Achtung und der Würde des Menschen (Art. 2, Verfassung), muß der Konflikt zugunsten des Lebens, der physischen Existenz des Menschen, entschieden werden.

GR 113 Damit die Einwilligung gesetzlich gültig ist, sind erforderlich:

a) eine Person, die fähig ist, sie zu erteilen. Diese Fähigkeit wird nach grundsätzlichen Kriterien beurteilt und muß weder mit der Geschäftsfähigkeit des bürgerlichen Rechts noch mit der Zurechnungsfähigkeit des Strafrechts übereinstimmen.

---

95 Entscheidung LG Thessaloniki 161/70, Poiniki Namologia, S. 379.

96 Stellungnahme des Staatsanwalts am Areopag 24/62. Poiniki Namologia, S. 379 (griechisch).

97 Poinika Chronika 1976.507.

b) die Kenntnis der Bedeutung des Eingriffs, d. h. die Einwilligung muß ernsthaft sein.

Diese Kenntnis ist in der Regel gegeben, nachdem die Aufklärung dessen, der einzuwilligen hat, über die Natur des Eingriffs und die voraussichtlichen medizinischen, psychischen und sozialen Folgen, die er nach sich ziehen kann, erfolgt ist. Hierin sind nicht die Folgen enthalten, die „atypisch" und deshalb nicht wahrscheinlich sind, die Folgen oder Nebenwirkungen, die in der Regel erfolgreich bekämpft werden, oder die Gefahren, bei denen die Wahrscheinlichkeit ihres Auftretens statistisch begrenzt ist[98].

GR 114 Der Arzt muß das Recht des Kranken zur Selbstbestimmung, sein Recht auf persönliche Freiheit, auch seine Persönlichkeit, respektieren; er handelt daher nur dann rechtmäßig, wenn die Nichtverletzung des Rechts zur Selbstbestimmung etc. sichergestellt ist, d. h. die Einwilligung des Patienten gegeben ist.

Der Arzt hat folglich die Pflicht, den Kranken zu belehren, um ihm zu ermöglichen, selbst zu entscheiden, und nicht lediglich die Entscheidung des Arztes zu akzeptieren.

Natürlich ist der ausdrückliche oder schweigende Verzicht auf das Recht zur Aufklärung bezüglich des Eingriffs möglich, z. B. wenn der Kranke besonderes Vertrauen zu seinem Arzt hat.

GR 115 Der Arzt muß also den Patienten oder seine Umgebung detailliert, soweit ihre Bildung und geistige Verfassung es erlauben, über den wissenschaftlichen Teil der Bewältigung des Problems unterrichten, d. h. der Arzt muß Informationen über die Bedingungen, unter denen die Therapie stattfindet, geben und, wenn es sich um einen Eingriff handelt, über die Gründe und die Natur der Operation Kenntnis geben, wie auch über das Ergebnis, das erwartet werden kann, und die Gefahren, die damit verbunden sind[99].

Zur Sorgfalt des Arztes muß also auch die Verpflichtung gehören, seine Patienten zu informieren und nicht durch sein Schweigen den Eindruck der Unzugänglichkeit seines Metiers zu verstärken, wenn von ihm Erklärungen gefordert werden können[100].

Umfang und Grenzen der Aufklärung

GR 116 Von der Wissenschaft und der Rechtsprechung wird die Auffassung vertreten, daß der Arzt die Angaben bekanntzugeben hat, die der durchschnittliche, vernunftbegabte Patient wissen muß, um eine Entscheidung zu treffen, allerdings unter der Voraussetzung, daß der jeweilige Patient dem Arzt nicht eindeutig zu verstehen gibt, daß er das Bedürfnis hat, über das durchschnittliche Maß hinaus informiert zu werden[101].

GR 117 Besonders bei Transplantationen (Ges. 821/78) wird bestimmt, daß die schriftliche Einwilligung des Spenders erst nach vorhergegangener detaillierter Belehrung über die möglichen Folgen der Organentnahme, besonders über die medizinischen, sozialen und psychologischen Folgen, sowie über die Bedeutung, die die Verpflanzung für den Empfänger hat, abgegeben wird (Art. 5, § 1 c).

---

98 Mangakis (1981, S. 254).

99 Kotsianos (1977, S. 150); Katsas (1940, S. 241); Zepos u. Michailidis-Nouaros (1971, S. 99); Stathopoulos (1978–79, S. 160); s. auch LG Ath. 4010/65, Efimeris Ellin. Nomikon 32.365; Verordn. Staatsanwalt Thess. 25/72, Anm. 26.467 / Stellungsnahme Staatsanwalt Appellationsgericht Piraeus 1938/78, Poinika Chronika 28.459.

100 S. auch Stathopoulos (1978–79, S. 60).

101 Psarouda-Benaki (Poinika Chronika 1974, S. 641 ff.).

GR 118 Im Falle, daß die Aufdeckung von Informationen für einen bestimmten Kranken verhängnisvoll ist, befindet sich der Arzt im Konflikt zwischen der Pflicht der Respektierung der Persönlichkeit des Kranken und der Pflicht der Erhaltung seiner physischen und psychischen Gesundheit.

Es wird akzeptiert, daß er, geleitet von seinem Gewissen, seiner Vernunft und der Einschätzung der kollidierenden Pflichten, die Wahl der nach seiner Ansicht übergeordneten Pflicht trifft[102].

Diese oben genannte Regel gilt jedoch nicht absolut. Ihre Anwendung hängt von der Beurteilung der tatsächlichen Umstände jedes konkreten Falles ab, immer mit dem Maßstab und der Richtschnur dessen, was für den Patienten am besten ist.

Wenn z. B. die vollständige Entdeckung der Wahrheit die Moral des Kranken auf das ungünstigste beeinflussen würde, die wiederum ein unerläßlicher Faktor für den erfolgreichen Ausgang der Operation ist, oder wenn sie seine Angehörigen derart in Angst versetzt, daß die Gefahr der Verhinderung einer erforderlichen Operation besteht, hat der Arzt das Recht, sich bei seinen Ausführungen über die Risiken der Therapie weniger klar und entschieden auszudrücken und sogar bestimmte Angaben zu verheimlichen.

GR 119 Wenn der Arzt eine etwaige Komplikation für wahrscheinlich hält, hat er die Pflicht, sowohl den Patienten als auch seine Umgebung darauf hinzuweisen. Wenn es sich aber um ein hypothetisches Risiko handelt, um eine Gefahr, die zwar besteht, jedoch erfahrungsgemäß selten eintritt, ist er absolut nicht verpflichtet, ihnen seine Befürchtungen mitzuteilen.

Häufig ist absolute Aufrichtigkeit in diesen Fällen eher nachteilig als von Vorteil, da sie evtl. den Kranken in einen Zustand der Furcht versetzt, der den Erfolg der Therapie aufs Spiel setzen kann[103].

V. Kausalität

GR 120 Bei der Ergebnisschuld stellt die Kausalität, oder anders der kausale Zusammenhang, der die Handlung oder Unterlassung mit dem Ergebnis verbindet, ein Element der Straftat dar.

Die Untersuchung des Bestehens einer Kausalität in concreto bezieht sich stets mit größter Sorgfalt auf das konkrete Verhalten, das der bestimmte Täter an den Tag legte, und auf das konkrete Ergebnis, auf die Zeit, den Ort und die Art und Weise, mit der es eintrat.

In unserem Strafrecht herrscht die Theorie der Conditio sine qua non vor. Diese Theorie erweitert den Kausalitätszusammenhang zwar sehr, dies bedeutet aber nicht unbedingt auch Anerkennung der strafrechtlichen Haftung, da für die Begründung dieser Haftung außerdem die Tatbestandsmäßigkeit des konkreten Verhaltens und erst recht die Schuld des Täters erforderlich ist.

Zur Strafbarkeit wegen eines erfolgsqualifizierten Deliktes ist heute gemäß Art. 29 griechisches StGB Fahrlässigkeit in bezug auf die Herbeiführung des weiteren Erfolges erforderlich.

So werden die unangenehmeren Konsequenzen vermieden, zu denen die Conditio-sine-qua-non-Lehre führen würde, daß nämlich für die höhere Strafbarkeit wegen des weiteren Erfolges das bloße Kausalitätsvorliegen ausreicht.

102 Psarouda-Benaki (Poinika Chronika 1974, S. 641 ff.).

103 Kotsianos (1977, S. 151–152); Zepos Nomikon Vima 21.5–6.

Im Falle der sog. doppelten Kausalität (z. B.: Jemand gibt einem anderen Gift, genug um ihn innerhalb weniger Stunden zu töten. Aber auch eine weitere Person gibt ihm Gift, das ihn ebenfalls kurzfristig töten kann), wird Kausalität angenommen, wenn jede einzelne Handlung getrennt, ohne Berücksichtigung der anderen, nicht hinweggedacht werden kann, ohne daß zugleich der Erfolg entfiele.

Schließlich, wenn das Verhalten in einer Unterlassung besteht, kann man den Kausalzusammenhang zwischen der Unterlassung und dem Erfolg nur annehmen, wenn wir uns vorstellten, daß – falls die gebotene Handlung geschehen wäre, die nicht geschah – der konkrete Erfolg mit an Sicherheit grenzender Wahrscheinlichkeit nicht eingetreten wäre[104].

GR 121 Um die Klage gegen den Arzt auf Leistung von Schadenersatz durchzusetzen, ist der Kläger verpflichtet, nicht nur die strafbare Handlung oder das Delikt der Unterlassung des Arztes und den hervorgerufenen Schaden zu beweisen, sondern auch die Kausalität zwischen beiden, d. h. das Bestehen eines kausalen Zusammenhangs[105].

Kausalität besteht, wenn die Tatsache, die den Schaden verursacht hat, „geeignet" ist (Causa adaequata), erfahrungsgemäß und unter den gegebenen Umständen den Schaden als Resultat hervorzurufen.

Um aufgrund dieser Theorie das Vorhandensein von Kausalität zu akzeptieren, genügt nicht einfach die Feststellung, daß die Handlung der Person eine der Bedingungen für das Eintreten des Resultats darstellte, sondern es muß sich um eine Bedingung handeln, die beim gewöhnlichen Verlauf der Dinge das Ergebnis hervorrufen konnte.

Für die Beantwortung dieser Frage wird als Maßstab das Urteil eines vernünftigen Menschen herangezogen, das sich auf alle allgemein bekannten Tatsachen sowie auf die, die dem Täter im besonderen bekannt waren, stützt[106].

VI. Beweislast

GR 122 Bezüglich der Beweisführung besteht die allgemeine Regel, daß jede Partei verpflichtet ist, die tatsächlichen Geschehnisse, die zur Unterstützung ihres Antrages herangezogen werden, zu beweisen (ZPO 338).

So muß im Falle der Delikthaftung des Arztes derjenige, der seinen Anspruch auf das Verschulden des Arztes begründet, hierfür, wie auch für den Schaden, der entstanden ist, den Beweis erbringen. Der Patient kann sich nicht damit begnügen zu beweisen, daß seine körperliche Unversehrtheit Schaden erlitten hat, und zwar nach einem operativen Eingriff, um daraus allein eine Haftung des Arztes abzuleiten, nur weil der Schaden Folge einer Handlung sein kann, die dem Arzt zugeschrieben wird. Es muß folglich das Vorhandensein eines Fehlers, d. h. einer gesetzwidrigen Handlung, bewiesen werden[107].

GR 123 Wenn jedoch zwischen Arzt und Patient ein Vertragsverhältnis besteht, könnte auf den ersten Blick die Ansicht vertreten werden, daß es ausreicht, wenn der Patient das Vorhandensein des Vertrages und des Schadens beweist, und daß der Arzt,

---

104 Mangakis (1981, S. 171).

105 Areopag: Entsch. 88/57, Poinika Chronika 8.241 / 153/65, Poinika Chronika 15.427 / 47/71, Poinika Chronika 21.299; LG Athen 22722/62, Efimeris Ellinon Nomikon 30.166, Nomik. Vima 12.216; LG Piraeus 2516/61, Ell. Dik. 2.811; LG Athen 4349/78, Ell. Dik. 1978.294.

106 Zepos (1955, S. 279); Litzeropoulos (Erm. AK, Nr. 39); Stathopoulos (1978–79, S. 263 ff.).

107 Kotsianos (1977, S. 282).

der auf Leistung von Schadenersatz verklagt wird, den Beweis erbringen muß, daß er seinen Pflichten ordnungsgemäß nachgekommen ist, um von seiner Verantwortung befreit zu werden. Dies wäre richtig, wenn der Arzt im Vertrag die Verpflichtung zur Heilung des Patienten übernehmen würde; wir haben jedoch bereits festgestellt (Abschn. C. III. 2, S. 35), daß dies nicht der Inhalt des Arztvertrages ist. Er ist durch den Vertrag lediglich verpflichtet, dem Kranken gewissenhaft und mit Sorgfalt den erforderlichen Beistand gemäß den Grundlagen der Medizin zu leisten, d. h. er hat eine Sorgfaltspflicht und keine Erfolgspflicht.

Wenn sich der Patient also gegen den Arzt wendet, genügt es nicht zu beweisen, daß die Therapie nicht die zu erwartenden Resultate erbrachte oder daß die Krankheit sich verschlechtert hat oder der Kranke gestorben ist. Gefordert wird der Beweis, daß der Arzt seiner oben beschriebenen Verpflichtung nicht nachgekommen ist und daß der hervorgerufene Schaden aus Fahrlässigkeit, mangelnder Umsicht, Unwissenheit oder Unerfahrenheit des Arztes entstanden ist.

Der Patient hat zu beweisen, daß die Behandlung des Arztes nicht die gebührende war, d. h. er hat die Schuldhaftigkeit des Arztes unter Beweis zu stellen.

Der Kläger ist also nicht von der Last befreit, den Beweis für das nicht vertragsgemäße Verhalten zu erbringen, da er das Gesetzwidrige darin zu beweisen hat, und das kann lediglich durch das Verhalten selbst begründet sein. Wenn es ihm gelingt, ist es für den beschuldigten Arzt unmöglich zu beweisen, daß er nicht schuldig ist, da sein Verschulden gleichzeitig in der Gesetzwidrigkeit besteht[108].

GR 124 Ob also die Haftung des Arztes aus dem Vertrag hervorgeht oder außerhalb des Vertrages besteht, die Beweislast ist dieselbe. Seine Haftung entspringt in jedem Fall aus der Verletzung seiner Sorgfaltspflichten, die ihm aufgrund seiner sozialen Funktion auferlegt sind. Da er aber verpflichtet ist, die notwendige und erforderliche Fürsorge anzuwenden, liegt es beim Patienten, die Schuld des Arztes zu beweisen[109].

GR 125 Wir müssen jedoch die Fälle ausnehmen, in denen die Verpflichtung des Arztes nicht einfach in der Anwendung therapeutischer Maßnahmen liegt, wie es i. allg. der Fall ist, sondern in denen die Erfolgsverpflichtung gegeben ist[110].

In diesen Fällen genügt von seiten des Geschädigten der Beweis des Schadens, der ihm entstanden ist, und der Kausalität zwischen der Handlung des Arztes und dem Schaden, ohne daß dessen Verschulden bewiesen werden muß[111].

GR 126 Im Strafprozeß wird das System der *moralischen Beweisführung* oder der *freien Einschätzung* des Beweismaterials durch den Richter angewandt.

Im Gegensatz zum Zivilverfahren, wo die Beweisführung allein bei den Parteien liegt, werden im Strafprozeß dem Richter eigene Initiative und Freiheit der Beurteilung zugebilligt, und die Beweisführung ist seine *Hauptaufgabe,* zu der die Parteien lediglich beitragen.

Im Rahmen des Strafverfahrens wird außerdem die *elementare Wahrheit* untersucht, auf die sich das richterliche Urteil stützt, das den Forderungen der wahren Gerechtigkeit entsprechen muß.

Der Strafrichter untersucht jeden Hinweis, der seiner Auffassung nach Einfluß auf die Erkennung der Schuld und auf die Ermittlung des Maßes der Verantwortung des Beschuldigten haben kann[112] (Art. 239, § 2, 354, § 2, 351 StPO).

---

[108] Zepos Nomikon Vima 21.2; Kotsianos (1977, S. 282); Stathopoulos (1978–79, S. 165); Toussis Areopag 768/54, Nomik. Vima 3.191.

[109] Zepos Nomikon Vima 21.2; Toussis (1973, S. 513); Kotsianos (1977, S. 283).

[110] Siehe Abschn. C.III.2, S. 318.

[111] Siehe auch Kotsianis (1977, S. 282 ff.).

[112] Gaphos (1966, S. 101).

Es gibt nur wenige Ausnahmen vom System des moralischen Beweises, z. B. liegt in Art. 299, § 2 StGB die Beweislast, daß er „im Zustand geistiger Umnachtung" gehandelt hat, beim Angeklagten.

VII. Gutachter

GR 127 Damit der Richter die Verantwortlichkeit des Arztes feststellen kann, muß dessen Schuld bewiesen werden, andernfalls wird der beklagte Arzt freigesprochen. Der Beweis für das ärztliche Verschulden jedoch ist schwer zu erbringen, und der Richter kann nicht immer eine klare Vorstellung über das haben, was im komplizierten Krankheitsverlauf des Klägers und bei der Behandlung des Arztes geschieht.

Da also er selbst die erforderlichen wissenschaftlichen Kenntnisse oder die Erfahrung im konkreten Fall, den er zu beurteilen hat, nicht besitzt, muß er zwangsläufig auf Sachverständige zurückgreifen[113]. Laut ZPO Art. 368 kann das Gericht einen oder mehrere Sachverständige bestimmen, wenn es sich seiner Auffassung nach um Fragen handelt, zu deren Begreifen spezielle Kenntnisse der Wissenschaft oder der Technik erforderlich sind; und es ist verpflichtet dazu, wenn dies von einer Partei gefordert wird und seiner Ansicht nach diese speziellen Kenntnisse erforderlich sind. Wenn das Gericht Sachverständige bestellt, kann jede Partei jeweils einen Sachberater (ZPO 391) hinzuziehen.

Heutzutage vergrößert sich, wegen des Fortschritts in den Naturwissenschaften, die Bedeutung des Sachverständigengutachtens als Beweismittel ständig, und es kann behauptet werden, daß das Zurückgreifen darauf sich im Falle von medizinischen Auseinandersetzungen geradezu als zwingend erforderlich erwiesen hat.

GR 128 Die Sachverständigen, Personen mit speziellen Kenntnissen der medizinischen Wissenschaft und ärztlichen Kunst, sind verpflichtet zu klären und festzustellen, ob die Dienste des Arztes gemäß den Grundlagen der modernen Wissenschaft geleistet wurden oder ob er gegen eine elementare Regel seines Berufes verstoßen hat, müssen aber davon absehen, in Diskussionen über den Wert der wissenschaftlichen Theorien oder medizinischen Methoden zu verfallen, über die das Gericht nicht zu urteilen hat[114].

In der Praxis belasten die Mediziner ihre Kollegen nur, wenn das Verschulden offenkundig ist, da es außer den wissenschaftlichen Gegebenheiten für die Entwicklung einer Krankheit oder den Verlauf einer Therapie auch variable Faktoren oder Einzelheiten gibt, die ihrer Aufmerksamkeit entgangen sein können.

So geben die Sachverständigen manchmal einem Gefühl der Solidarität („esprit de corps") nach und berufen sich auf die sehr verbreitete, aber falsche Auffassung, daß der Arzt nur für schwere Fehler haftet, mit dem Ergebnis, daß sie, obwohl sie ein Verschulden festgestellt haben, den Arzt von jeder Verantwortung freisprechen[115].

In solchen Fällen kann das Gericht, indem es sich auf die Feststellungen der Sachverständigen stützt, dem Arzt trotz ihrer Stellungnahme den Fehler anlasten und ihn verurteilen[116]. Ohnehin wird das Gutachten der Sachverständigen vom Gericht nach eigenem Ermessen bewertet (ZPO 387).

Der Richter muß jedoch vermeiden, sich von den Schlußfolgerungen des Sach-

---

[113] Zepos Nomikon Vima 21.5; Toussis (1973, S. 512).
[114] Siehe auch Kotsianos (1977, S. 284); Zepos Nomikon Vima 21.5.
[115] Toussis (1973, S. 512); Kotsianos (1977, S. 285); Zepos Nomikon Vima 21.5.
[116] Siehe auch Kotsianos (1977, S. 285).

verständigengutachtens zu entfernen, da die Gefahr besteht, daß er, obwohl er keine Fachkenntnisse hat, seine persönliche Überzeugung einbringt, die im Gegensatz zur Meinung des Gutachters steht und dadurch manchmal sogar schweren Irrtümern erliegen kann.

GR 129 Es gibt natürlich auch Fälle von ärztlichem Verschulden, deren Verständnis keine besonderen Kenntnisse der Medizin erfordert. Dies kommt vor, wenn durch Fahrlässigkeit des Arztes, der dem Patienten eine zu heiße Wärmeflasche auflegte, bei diesem Verbrennungen auftraten, wenn bei der Operation im Körper des Operierten Reste von Verbandmaterial, Watte oder kleine medizinische Instrumente verblieben, wenn der Chirurg seine Hände nicht ausreichend desinfizierte und dem Operierten eine Krankheit übertrug u.a.

Hier hat der Richter, wenn eine solche Unterlassung festgestellt wird, keine Schwierigkeit, sich auf sein eigenes Wissen zu stützen. Bei Fragen, die jeder Mensch mit gewöhnlicher Bildung sicher zu beurteilen vermag, ist eine Gutachterbefragung nicht erforderlich[117].

GR 130 Auch im Strafprozeß, wenn die genaue Erkennung und Beurteilung einer Tatsache spezielle Kenntnisse der Wissenschaft oder Technik erfordert, *können* die Untersuchungsbeamten oder das Gericht von Amts wegen oder nach Antrag der Parteien oder des Staatsanwalts die Einholung von Gutachten anordnen (Art. 183 StPO). Die Entscheidung darüber liegt folglich ausschließlich im Ermessen des Gerichts.

GR 131 Das Gutachten wird in der Regel von einem im Gesetz besonders dafür vorgesehenen Institut erstellt; lediglich wenn dies nicht möglich ist oder in anderen Ausnahmefällen wird es von 2 oder mehreren Sachverständigen, die vom Gericht anhand einer besonderen Liste, die jedes Jahr erstellt wird, bestimmt werden, abgegeben (Art. 184, 185 StPO).

Das Amt des Sachverständigen ist obligatorisch, sofern der dazu Bestellte öffentlicher Bediensteter ist oder die Wissenschaft, Technik oder den Beruf, deren Kenntnis für die Erarbeitung des Gutachtens erforderlich ist, rechtmäßig ausübt. Die Nichtausübung des Amtes wird mit Disziplinarstrafen belegt.

Das Gutachten des Sachverständigen wird in der Regel schriftlich erstellt und vom Richter nach *eigenem Ermessen* bewertet.

GR 132 Die Strafprozeßordnung erkennt die Einrichtung des „Sachberaters" an, unter teilweiser Anerkennung des Gutachtens der Gegenpartei (Art. 204 StPO).

Die Sachberater werden vom Beklagten, dem Zivilkläger und dem zivilrechtlich Verantwortlichen auf eigene Kosten bestellt und unter jenen ausgewählt, die die Fähigkeit haben, als Gutachter tätig zu sein.

Sie werden im speziellen Fall bestellt, und auch nur zum Verhör über eine Straftat, zu dem ein Gutachten herangezogen wird.

Diese Einrichtung wird scharf kritisiert, und ihre Abschaffung wird von allen Seiten gefordert.

Das psychiatrische Gutachten

GR 133 In der angewandten Rechtsprechung ist das Phänomen zu beobachten, daß Gutachten von psychiatrischen Sachverständigen, selbst wenn sie einmütig abgefaßt sind, vom Gericht nicht anerkannt werden und der Angeklagte verurteilt wird, obwohl die Psychiater ihn als schuldunfähig deklarierten.

Das Mißtrauen der Richter gegenüber den psychiatrischen Sachverständigen ent-

---

[117] Toussis (1973, S. 512); Kotsianos (1977, S. 284).

springt v. a. den Meinungsverschiedenheiten, die zwischen ihnen und den Sachberatern auftreten, die mit mindestens ebenbürtiger Wissenschaftlichkeit das genaue Gegenteil vertreten.

Solange jedoch der Schuldanspruch gilt, muß der Täter, der nicht schuldfähig ist, freigesprochen werden, gleichgültig, welche Tat er begangen hat.

Das psychiatrische Gutachten *müßte verbindlich* angeordnet werden und dürfte nicht bedingt sein, wenn Anzeichen für die Schuldunfähigkeit oder verminderte Schuldfähigkeit des Angeklagten bestehen, besonders dann, wenn der betreffende Antrag von der Verteidigung gestellt wird und nicht die Absicht der Verzögerung der Verhandlung oder Verfälschung des Beweismaterials deutlich wird.

GR 134 Bei dem geltenden System treten im Gerichtssaal Psychiater als Zeugen auf, mit der Folge, daß der Art. 223, § 1 StPO umgangen wird, indem sie persönliche Urteile über ihre Erinnerung an die Tatsachen zu Protokoll geben.

Ihre Glaubwürdigkeit ist daher zweifelhaft, nicht nur, weil sie ihren Auftraggeber zu befriedigen suchen, sondern auch, weil ihre Beobachtungen sich auf oberflächliche Untersuchungen des Angeklagten stützen (kurzer Besuch am Ort der Inhaftierung).

So wird auch die Bestimmung des Art. 191 StPO umgangen, weil – während der Ausschluß eines Gutachters, der Anzeichen von Befangenheit erkennen läßt, möglich ist – diese Möglichkeit nicht vorgesehen ist, wenn dieselbe Person als Zeuge auftritt.

Richtiger ist die Auffassung, daß der Sachverständige nicht einfach ein persönliches Beweismittel darstellt, sondern als Gehilfe des Gerichts fungiert[118].

Das Gutachten des Sachverständigen *darf nicht nach Ermessen* bewertet werden. Der Richter kann nicht einfach ein Gutachten, besonders ein einstimmiges, ignorieren, sondern er ist verpflichtet, mindestens Stellung dazu zu nehmen und seine Ablehnung zu begründen.

Tatsache ist, daß in den Art. 34 und 36 StGB Begriffe der psychiatrischen Terminologie gebraucht werden. Bei den Voraussetzungen für die Unzurechnungsfähigkeit wurde das *gemischte System* eingeführt:

Die Diagnose der biologischen oder beschreibenden Bedingungen ist Sache der Psychiater, während die Diagnose der der psychologischen oder bewertenden Bedingungen nach der vorherrschenden Meinung Sache des Richters ist.

Das Eingreifen des Psychiaters in richterliche Gesetzauslegungen ist jedoch unvermeidlich, wenn rechtliche Begriffe mit psychiatrischem Inhalt verwendet werden. Deshalb liegt letztendlich die Anwendung des Gesetzes und mit ihr das Schicksal des Angeklagten vollständig in der Einschätzung des Gutachters[119].

VIII. Zugang zu Aufzeichnungen

GR 135 Dieses Thema hat 2 Seiten:

1. Bezüglich des Kranken selbst ist es eng verbunden mit seinen Rechten auf Information und mit den Vorbehalten, die weiter oben im Rahmen der informierten Einwilligung formuliert wurden[120].

---

[118] Fotakis (1973, S. 344 ff.).
[119] Androulakis (1973, S. 321 ff.).
[120] Siehe Abschn. C. IV, S. 323 ff.

2. Im Hinblick auf Dritte gilt die ärztliche Schweigepflicht, die in den diesbezüglichen Gesetzesverordnungen vorgesehen ist[121].

Von zivilrechtlicher Seite ist diese Verpflichtung des Arztes eingegliedert in die Gesamtheit seiner Pflichten, die aus seinem Verhältnis mit dem Patienten hervorgehen, und ihre Verletzung kann zur zivilrechtlichen Haftung des Arztes führen, sofern auch die übrigen Vorbedingungen erfüllt sind.

GR 136 *Art. 209 StPO:* Der Arzt, der gerichtlich als Zeuge aufgerufen ist, kann grundsätzlich seine Aussage nicht verweigern.

Art. 212 StPO: Die Ärzte dürfen bezüglich des ihnen während der Ausübung ihres Berufes Anvertrauten (d. h. nicht nur, was ihnen unter dem Siegel der Geheimhaltung übermittelt wurde, sondern auch was sie während der Ausübung ihrer Arbeit „gesehen, gehört oder verstanden" haben) unter Androhung der Aufhebung des Verfahrens nicht verhört werden, weder im Vorverfahren, noch in der Hauptverhandlung, außer wenn besondere Gesetze sie zur Auskunft gegenüber den Behörden verpflichten.

Sie müssen jedoch der Untersuchungsbehörde unter Eid erklären, daß sie die ärztliche Schweigepflicht verletzen würden, wenn sie aussagen würden; die Falschaussage wird wie Meineid bestraft[122].

IX. Schadenersatz, Schmerzensgeld

GR 137 Als Schaden wird jede Verletzung angesehen, die den materiellen oder immateriellen Gütern einer Person zugefügt wird, d. h. jede unzuträgliche Veränderung. Die Verletzung von Gütern, die einen finanziellen Wert (Geldwert) haben, wird als Vermögensschaden bezeichnet, während die Verletzung von nichtmateriellen Gütern, wie z. B. des Lebens, der Gesundheit, der Freiheit, der Ehre etc., die aus der körperlichen, seelischen oder sozialen Unversehrtheit der Person hervorgehen, einen immateriellen Schaden darstellt[123].

GR 138 Häufig hat die Beeinträchtigung solcher ethischen Werte natürlich gleichzeitig wirtschaftliche Auswirkungen. Z. B. steht die Beeinträchtigung der Gesundheit (Verletzung) auch mit Kosten für die Heilung oder mit Lohnausfall für den Verletzten etc. in Verbindung, die einen Vermögensschaden darstellen.

So ist letztendlich der Vermögensschaden jeder Schaden, der für den Geschädigten in Geldwert zu berechnende Folgen hat. Als immaterieller Schaden wird dagegen genau der Schaden angesehen, der nicht in Geld zu messen ist[124].

In Fällen der Beeinträchtigung eines ethischen Gutes einer Person, die auch Auswirkungen auf sein Vermögen hat, stellen die Forderung auf Ersatz des Vermögensschadens zum einen und der darüber hinausgehende Anspruch aus immateriellem Schaden 2 selbständige Positionen dar[125].

GR 139 Nach dem geltenden Recht, wird der Vermögensschaden voll ersetzt (BGB 298), während nichtmaterieller Schaden nur in den Fällen finanziell befriedigt werden kann, die das Gesetz vorsieht (BGB 299). Diese Beschränkung in der Wiedergutma-

---

[121] Siehe Art. 23, Zwangsgesetz 1565/39; Art. 15, 18, Kgl. Dekret vom 25. 5./6. 7. 1955; Art. 10 u. 11, Gesetz 3310/55 „über Bekämpfung der Geschlechtskrankheiten etc."

[122] Siehe oben, Art. 371 StGB, S. 29.

[123] Stathopoulos (1978–70, S. 247).

[124] Siehe Entscheidung Areopag 444/64, Nomikon Vima 12.1075 und Entscheidung Areopag 355/65, Nomikon Vima 14.228.

[125] Siehe Entscheidung Areopag 273/66, Nomikon Vima 14.1135.

chung des immateriellen Schadens ist durch die Schwierigkeit bei der Bestimmung des Ausmaßes der Entschädigung zu erklären, die grundsätzlich in Geldwert geleistet wird (BGB 297); in Fällen eines immateriellen Schadens, der nicht in Geldwert zu berechnen ist, aber auch aus der Furcht vor überhöhten Entschädigungssummen[126].

GR 140 Es gibt 3 Verordnungen im BGB, die finanzielle Befriedigung für immateriellen Schaden vorsehen: Art. 932 (unerlaubte Handlung), Art. 59 (Angriff auf die Persönlichkeit) und Art. 1453 (Scheidung, sofern der Grund in einem schweren Angriff auf den schuldlosen Gatten besteht).

In den anderen Fällen schließt das Gesetz die nicht finanzielle Wiedergutmachung, d.h. die Behebung des immateriellen Schadens in natura, zwar nicht aus, aber wegen der Natur der Dinge ist dies gewöhnlich nicht möglich[127].

GR 141 Eine Art des immateriellen Schadens stellt auch die seelische Beeinträchtigung dar, d.h. der seelische Schmerz, den eine Person aufgrund des Angriffs auf eines ihrer Güter oder das eines anderen, mit dem er verbunden ist, z. B. eines Verwandten, empfindet[128]. Die Wiedergutmachung der seelischen Beeinträchtigung des Geschädigten selbst wird auch im Rahmen der Befriedigung seines immateriellen Schadens mit berücksichtigt. Die Entschädigung für seelische Beeinträchtigung Dritter ist vom BGB Art. 932, Abs. 3 nur bei unerlaubten Handlungen gestattet; besonders die finanzielle Entschädigung bei Tötung einer Person kann von der Familie des Opfers nicht gerichtlich eingeklagt werden. Die Befriedigung der seelischen Beeinträchtigung Dritter wird vom BGB also anstatt der Entschädigung an das Opfer anerkannt, und nicht parallel dazu[129].

GR 142 Der Schadenersatz beinhaltet, außer der Minderung des vorhandenen Vermögens des Gläubigers (positiver Schaden), auch den entgangenen Gewinn, d.h. den Gewinn, der wahrscheinlich beim gewöhnlichen Verlauf der Dinge oder unter den besonderen Umständen und speziell aufgrund der getroffenen Vorbereitungsmaßnahmen zu erwarten ist (BGB 298).

Es wurde die Auffassung vertreten, daß die Haftung des Arztes auch den entgangenen Gewinn beinhaltet (z. B. vereitelte Absicht beim Verstorbenen, über sein Erbe zu verfügen), den in diesem Fall die Erben des Verstorbenen fordern könnten[130].

Es wurde jedoch befunden, daß der Arzt nicht haftbar ist für den entgangenen Gewinn einer Prostituierten, die von der Ausübung ihres Berufes wegen des falschen Gutachtens eines Arztes, der ihr eine Geschlechtskrankheit bescheinigte, Abstand nahm[131].

Der durch ein Verbrechen Geschädigte hat das Recht, Zivilklage gegenüber dem Strafgericht auf Entschädigung und Ersatz oder auf Befriedigung aus immateriellem Schaden oder seelischer Beeinträchtigung zu erheben (Art. 63 StPO).

---

126 Stathopoulos (1978–79, S. 249).
127 Siehe auch Litzeropoulos (a. a. O., § 299, Nr. 10); Stathopoulos (1978–79, S. 250).
128 Stathopoulos (1978–79, S. 251) kontra: Tsitsopoulos Efimeris Ellinon Vima 44,27 ff.
129 Stathopoulos (1978–79, S. 251); s. Entsch. Areopag 180/65, Nomikon Vima 14.65 und 501/74, Nomikon Vima 22.1326.
130 Siehe Frangos Efimeris Ell. Vima 6.234.
131 Amtsgericht Volos 292/62, Nomikon Vima 10.829.

D. Kliniken, medizinisches Gerät, Hilfspersonal

I. Notwendigkeit von Richtlinien

GR 143 Die neue griechische Regierung hat die Bildung eines „zentralen Gesundheitsrates", eines neuen beratenden Organs, geplant und organisiert.

Er untersteht dem Ministerium für Gesundheit und Fürsorge und ist verantwortlich für Fragen des gesamten Gesundheitssystems, d.h. aller Einrichtung zur Vorbeugung und Heilung von Krankheiten des Landes.

Dieses Organ wurde durch das Gesetz 1278 vom 31.8.1982 (Regierungsanzeiger 105) gegründet und gibt dem Bedürfnis nach Vereinheitlichung der Planung und Programmierung des Gesundheitswesens in unserem Land Ausdruck.

GR 144 1. Seine beratenden Funktionen betreffen die Bestimmung der grundsätzlichen Ziele und Richtungen und generell die Reformierung der nationalen Strategie im Hinblick auf das Gesundheitswesen.

Er nimmt ebenfalls Stellung zu Fragen der laufenden Politik, soweit sie Gesundheitsthemen betrifft, und nimmt teil am Verfahren der Programmierung, deren Ablauf er überwacht.

Er kontrolliert die Realisierung der Reformprogramme und empfiehlt Korrekturmaßnahmen.

Außer den rein beratenden Aktivitäten hat der zentrale Gesundheitsrat (K.E.S.Y.) auch Entscheidungsgewalten, die ihm für den Fall bewahrt bleiben, daß die Regierung beschließt, die Verwaltung des Gesundheitswesens im Lande zu dezentralisieren und durch Gesetz regionale Gesundheitsräte zu bilden. In diesem Fall hat der K.E.S.Y. die Aufsicht über die Koordination und Kontrolle dieser Räte sowie die beratende Zuständigkeit für die Verteilung der Haushaltsmittel unter den regionalen gesundheitsamtlichen Bezirken des Landes.

Der K.E.S.Y. ist ebenfalls Organ der Konzentration der staatlichen Kräfteverteilung.

In ihm sind alle Zuständigkeiten vereinigt, die bisher auf eine Reihe von Gremien und Ausschüssen der gebietlichen und sachlichen Selbstverwaltung verteilt waren, wie z.B. den höchsten Gesundheitsrat, den nationalen Rat für Krebsforschung, das spezielle Gutachtergremium für die Ausübung des Berufes der Psychologen, der Kommission für Genetik und Familienplanung etc.. Die Arbeit all dieser früheren Kommissionen wird von jetzt an von Arbeitsgruppen, Sonderkommissionen und Beratern übernommen, auf Antrag des Exekutivkomitees und durch Beschluß des Ministeriums für Gesundheit und Fürsorge.

GR 145 2. Die vom Gesetz vorgesehene Zusammensetzung des K.E.S.Y. hat zum Zweck die rechtmäßige Vertretung aller gesellschaftlichen Gruppierungen oder der betroffenen Personen in ihm:

Er besteht aus 3 Vertretern des panhellenischen Ärzteverbandes, aus einem Vertreter der griechischen Zahnärztevereinigung, des panhellenischen Apothekerverbandes, des Zentralverbandes der Gemeinden und Kommunen Griechenlands, des allgemeinen Gewerkschaftsverbandes (GSEE), der Vereinigung der gewerkschaftlichen Berufsverbände der Landwirte, der nationalen Vereinigung der Gewerbetreibenden Griechenlands, der Technikerinnung (TEE), des griechischen Chemikerverbandes, des griechischen Verbandes der Biologen und des Verbandes der griechischen Physiker.

Er enthält ebenfalls je einen Vertreter der medizinischen Fakultäten, der zahnmedizinischen Fakultäten und der pharmazeutischen Fakultäten der Hochschulen unseres Landes, und einen Vertreter des öffentlichen Dienstes, der von der Dachgewerkschaft des öffentlichen Dienstes dazu bestimmt wird, einen auf dieselbe Weise ernannten Vertreter des Pflegepersonals aller Krankenanstalten des Landes, einen Vertreter der Gesundheitsdienste der Streitkräfte, 2 leitende Beamte des Gesundheitsministeriums, den Direktor der Sozialversicherungsanstalt (Idryma Koinonikon Asphaliseon, IKA), den Direktor der landwirtschaftlichen Versicherungsanstalt (Organismos Georgikon Asphaliseon, OGA) und den Präsidenten des staatlichen Arzneimittelkontrollabors (Kratikon Ergastirion Elengchou Pharmakon, KEEF).

Gleichfalls sind vertreten 3 Mitglieder mit besonderer wissenschaftlicher und sozialer Aktivität auf dem Gebiet der Dienstleistungen im Gesundheits- und Fürsorgewesen, die vom Minister für Gesundheit und Fürsorge ernannt werden.

Das Plenum des K. E. S. Y. wählt ein fünfköpfiges Exekutivkomitee, das für die Realisierung seiner Beschlüsse zuständig ist.

II. Haftung der Klinik für Ärzte

GR 146 Im Falle, daß der Arzt seine ärztliche Dienstleistung einer Klinik oder einem Krankenhaus gewährt, ergibt sich die Frage der Haftung der Anstalt für Fehler des Arztes.

Damit jedoch eine Haftung der Anstalt besteht, muß der Arzt als Erfüllungsgehilfe oder Verrichtungsgehilfe angesehen werden. Die diesbezüglichen Verordnungen des BGB sind in den Art. 334, der die Haftung des Geschäftsherrn aus Verschulden des Erfüllungsgehilfen in Fällen von Nichteinhaltung einer eingegangenen – in der Regel vertraglichen – Schuld, und Art. 922, der die Haftung aus unerlaubter Handlung des Verrichtungsgehilfen regelt, enthalten.

Nach beiden Artikeln ist die Haftung des Geschäftsherrn stets objektiv, d. h. sie liegt, auch ohne sein eigenes Verschulden, in der Überwachung des Erfüllungs- oder Verrichtungsgehilfen[132].

GR 147 Die hauptsächlichen Merkmale der Bestellung zur Verrichtung (Erfüllung) sind:

a) Verrichtung oder Erfüllung der Angelegenheiten des Geschäftsherrn in seinem Namen und für seine Rechnung.
b) Abhängigkeit von den Weisungen des Geschäftsherrn bei der Verrichtung oder Erfüllung[133].

Das Merkmal der Abhängigkeit wird hauptsächlich für die Haftung aus uner-

---

132 Zepos (1955, § 29, III, 3); Stathopoulos (1978–79, S. 207); Kotsianos (1977, S. 48 ff.).
133 Kotsianos (1977, S. 49).

laubter Handlung (BGB 334) gefordert, während für die Haftung aus Nichterfüllung einer eingegangenen Verpflichtung (BGB 334) eine gewisse allgemeine Aufsicht des Erfüllungsgehilfen durch den Geschäftsherrn ausreicht[134].

GR 148 Um festzustellen, ob obige Merkmale auf das Verhältnis zwischen Klinik oder Krankenhaus und Arzt anzuwenden sind, müssen wir grundsätzlich 2 Seiten der Tätigkeit des Arztes unterscheiden:

a) die technische Ausübung seines Berufes und
b) die organisatorische Seite seiner Tätigkeit[135].

Bezüglich des zweiten Teils seiner Tätigkeit gibt es keinen Zweifel, daß der Arzt bei der Erfüllung seiner vertraglichen Verbindlichkeiten Anweisungen ausführen muß und unter Aufsicht gestellt werden kann. So ist z. B. der Arzt, der im Dienste einer Klinik steht, verpflichtet, sich an die Richtlinien der Anstalt zu halten, die den Rahmen bestimmt, in welchem er sich zu bewegen hat (Anwesenheitszeiten und -dauer, Visiten etc.). Es gibt also beim Organisatorischen der ärztlichen Tätigkeit die Möglichkeit, ihn als Erfüllungs- oder Verrichtungsgehilfen zu betrachten und die diesbezüglichen Bestimmungen anzuwenden, soweit ihre Voraussetzung erfüllt ist, d. h. die Botmäßigkeit des Erfüllungs- oder Verrichtungsgehilfen gegenüber dem Geschäftsherrn, die darin besteht, daß dieser Weisungen oder Anordnungen zur Ausübung der übertragenen Dienste erteilt und jener sie zu beachten verpflichtet ist.

Daraus ergibt sich die Haftung der Klinik, wenn der Arzt sich schuldig macht, indem er seine Verpflichtungen, die aus seinem Einstellungsvertrag hervorgehen, nicht oder nicht gebührend erfüllt[136].

GR 149 Bezüglich der technischen Ausübung seines Berufes jedoch braucht der Arzt von niemandem Anweisungen zu befolgen. Es ist ihm im Gegenteil nicht erlaubt, seine wissenschaftliche und berufliche Unabhängigkeit, die er stets unversehrt und uneingeschränkt als sein wertvollstes persönliches Gut bewahren muß, zu opfern (Art. 2, Kgl. Dekret, wie oben).

Folglich ist seine Unabhängigkeit, was die Auswahl und Dauer der Behandlung etc. betrifft, absolut.

Trotz des bestehenden Dienstverhältnisses mit der Klinik, dem Krankenhaus etc. genießt er bei der Ausübung seiner Pflichten die volle Freiheit der wissenschaftlichen Beurteilung bei der Diagnose der Krankheit und der Behandlung des Kranken und unterliegt keinerlei Weisungen[137].

Es gibt also in diesem Teil der Tätigkeit des Arztes keine Abhängigkeit von der Klinik, deren Vorhandensein nach der herrschenden Auffassung für die Begründung der Verantwortlichkeit des Dienstherrn zumindest bei der Haftung aus unerlaubter Handlung erforderlich wäre (BGB 922).

Da aber die Entlastung der Klinik etc. nicht dem Willen des Gesetzes entspricht und das Bestehen auf dem Merkmal der Unabhängigkeit in der Formulierung der diesbezüglichen Verordnungen keine befriedigende Basis findet, wird die Ausweitung des Begriffs der Abhängigkeit befürwortet[138] oder sogar seine Abschaffung, als

---

[134] Zepos (1955, § 29, III, 1, S. 159, 1965, § 31, II, 1 a); Michailidis-Nouaros (Erm. AK, 334, Nr. 15 ff.); s. aber Stathopoulos (1978–79, S. 211 ff.), wonach in keinem Fall das Abhängigkeitselement gegeben sein muß, sondern die Tätigkeit des Erfüllungsgehilfen im beruflichen, unternehmerischen oder sozialen Wirkungsbereich des Geschäftsherrn ausreicht.

[135] Zur Unterscheidung s. Kotsianos (1977, S. 49 ff.).

[136] Siehe auch Kotsianos (1977, S. 49 ff.).

[137] Siehe auch Kotsianos (1977, S. 49).

[138] Siehe z. B. Kavkas u. Kavkas (1974), BGB 922, § 3 A.

Voraussetzung für das Verhältnis der Bestellung zur Verrichtung (Erfüllung), und seinen Ersatz durch den Begriff des Wirkungskreises und der Risiken des Geschäftsherrn[139].

GR 150 Wer den Arzt benutzt, um seine ärztlichen Leistungen anzubieten, muß verantwortlich sein (ganz besonders wenn er selbst Arzt ist), selbst wenn er nicht in jedem Einzelfall dem Arzt besondere Weisungen für die Ausübung seiner Arbeit gibt. Der Kranke, der sich zur Therapie an eine Privatklinik oder ein Krankenhaus wendet, wird sich so in gewisser Weise sicher und beruhigt fühlen, daß ihm die angezeigte Behandlung durch fähige und geeignete Ärzte zuteil wird, da erwartet werden kann, daß die Anerkennung der Haftung der Anstalten zur Folge hat, daß deren Leiter oder die davon profitierenden Unternehmer mit Umsicht und Sorgfalt an die Auswahl ihrer Ärzte gehen und die Einstellung unerfahrener oder unzulänglicher Kräfte vermeiden werden.

Es wäre außerdem auch ungerecht, wenn die Kliniken, Sanatorien, Krankenhäuser etc. von der Arbeit der Ärzte in Form von Behandlungshonoraren etc. profitieren, auf der anderen Seite aber für die Kunstfehler der Ärzte, die vielleicht wirtschaftlich nicht in der Lage sind, den Schaden an dem Kranken wiedergutzumachen, nicht haften[140].

Anders sieht es natürlich aus, wenn der Kranke, der in einer Krankenanstalt aufgenommen wird, einen bestimmten Arzt wählt, der nicht zum Personal der Anstalt gehört, in welchem Fall diese für dessen ärztliche Fehler nicht haftet.

GR 151 Im Falle des Arztes, der in den Diensten eines Schiffes steht, um den kranken Passagieren und Besatzungsmitgliedern seine ärztlichen Leistungen zukommen zu lassen, wurde befunden, daß, da auch der Arzt unter den Begriff der Besatzung fällt, die Haftung des Schiffseigentümers nach Art. 278 Handelsgesetz auch unerlaubte Handlungen des Arztes während der Ausübung aller seiner Pflichten beinhaltet, und zwar unabhängig davon, ob die schuldhafte Handlung oder Unterlassung, die den Schaden hervorrief, einen wissenschaftlichen Irrtum darstellt, für den Haftung des Arztes besteht[141].

GR 152 In den Fällen, wo die Krankenanstalt eine juristische Person ist, gestaltet sich ihre Haftung wie folgt:

1. Wenn der Geschäftsherr eine juristische Person des privaten Rechts ist, wird die Haftung seiner satzungsgemäßen Organe von BGB Art. 71 bestimmt.
   Für die Handlungen oder Unterlassungen anderer Personen, die vom gesetzlichen Vertreter zur Verrichtung (Erfüllung) seiner Angelegenheiten bestellt wurden, d.h. Personen, die nicht satzungsgemäße Organe sind, sondern ihre Handlungsgewalt (ihre Position) durch den Willen der satzungsgemäßen Organe erhalten, haftet der gesetzliche Vertreter aufgrund der allgemeinen Verordnungen des BGB Art. 334, § 1 und Art. 922.
2. Die Haftung der Organe des Staates und der juristischen Personen des öffentlichen Rechts wird durch die Art. 104–106 Einführungsgesetz zum BGB geregelt. Was die Handlungen und Unterlassungen betrifft, die auf Rechtsverhältnisse des privaten Rechts zurückzuführen sind, gilt das über die juristischen Personen pri-

---

139 Stathopoulos (1978–79, S. 212, 220).

140 Kavkas u. Kavkas (1974), BGB 922; Kotsianos (1977, S. 50–51); s. auch Stathopoulos (1978–79, S. 201); Entsch. LG Athen 2722/62, Neon Dikaion *19*.59, Efimeris Ellin. Nomik. *30*.166; Entsch. LG Athen 1269/57, Efimeris Ellin. Nomikon *1968*.416.

141 LG Piraeus 2516/61, Ell. Dik. *2*.811 (Elliniki Dikaiosyni – griechisch).

vaten Rechts Gesagte, und es werden die Verordnungen des BGB Art. 334, § 1 und Art. 922 angewandt[142].

GR 153 Zwischen Ärzten und Sozialversicherungsanstalt (IKA) wurde bestimmt, daß hier nicht das Verhältnis Geschäftsherr – Verrichtungsgehilfe (Erfüllungsgehilfe) besteht.

Aus der Gesamtheit der Verordnungen des Gründungsaktes der IKA-Gesellschaft 6298/34, Art. 26, in Verbindung auch mit den geltenden Bestimmungen für Krankheit und gesundheitliche Fürsorge, gewährt die IKA den Versicherten nicht direkt die erforderliche ärztliche Fürsorge, die ausschließlich und allein Ärzte unter staatlicher Kontrolle, die ihren Beruf rechtmäßig ausüben, gewähren können, sondern sie interveniert mittelbar und stellt den versicherten Kranken einen Arzt zur Verfügung, der seinen medizinischen Beitrag leistet, womit die Verpflichtung der Institution aus dem Versicherungsvertrag erschöpft ist.

In diesen Fällen können die behandelnden Ärzte während der medizinischen Behandlung der Versicherten nicht als Erfüllungs-/Verrichtungsgehilfen der Institution angesehen werden, die damit für etwaige wissenschaftliche Irrtümer der Ärzte nicht haftet, außer wenn ihr Unterlassung bei ihrer Auswahl angelastet werden kann[143].

Für Ärzte der IKA jedoch, die in organisatorische Positionen, als Vertrauensärzte oder Amtsärzte, versetzt oder ernannt werden, und die gemäß Art. 21 der Regelung der Gesundheitsfürsorge der Institution im festen Angestelltenverhältnis stehen, ist die IKA unzweifelhaft aufgrund dieses Artikels für durch sie angerichtete Schäden haftbar, außer ihrer Haftung, die aus Art. 105 Einführungsgesetz (BGB) hervorgeht[144].

III. Haftung im Ärzteteam

GR 154 Die Haftung von mehr als einem Schuldner in den Schuldverhältnissen aus einem Rechtsgeschäft ist, wenn die Leistung teilbar ist, im Zweifelsfall auch teilbar (BGB 480).

Die Schuld aus einem Delikt ist dagegen ein Gesamtschuldverhältnis, wenn der Schaden aus gemeinschaftlicher Handlung entstand, oder wenn für denselben Schaden gleichzeitig mehrere Personen verantwortlich sind, oder wenn unter mehreren, die gleichzeitig oder nacheinander gehandelt haben, nicht genau feststellbar ist, wessen Handlung den Schaden verursacht hat (BGB 926).

GR 155 Bei einem Operationsteam ist, wenn die Ärzte, die daran beteiligt sind, direkte Verträge mit dem Patienten abgeschlossen haben, ihre Haftung von der des Chirurgen unabhängig, mit dem Ergebnis, daß er entsprechend von ihren Handlungen entlastet ist.

In der Mehrheit der Fälle werden die Ärzte jedoch vom Chirurgen direkt für die Ausführung des Eingriffs, dessen Leitung er übernimmt, ausgewählt. Der Chirurg

---

[142] Balis (1973, § 19 und 20); Kavkas u. Kavkas (1975, S. 802); AG Athen 16/49, Themis 1949.468 (Appellationsgericht); AG Athen 1710/51, Efimeris Ellinon Nomikon *1952*.133; LG Athen 9781/51, Efimeris Ellinom Nomikon *1952*.328.

[143] LG Athen 9706/40, Themis *51*.644; Areopag 78/41, Efimeris Ellin. Nomik. *8*.147, Themis *55*.329; Stellungn. Raktivan, Themis *56*.810; kontra: Appellationsgericht Athen 2075/40, Efiermis Ell. Nomik. *8*.148, Themis *55*.331.

[144] Siehe auch Kotsianos (1977, S. 52–53).

ist dann haftbar für die Fehler, die seine Helfer begehen (BGB 334 und 922), wodurch die persönliche Haftung der Mitarbeiter aus unerlaubter Handlung jedoch unberührt bleibt (BGB 914). Wenn die Voraussetzungen des BGB Art. 926 eintreffen, kann sich so bei der Delikthaftung eine Gesamtschuld aller Ärzte, die dem Operationsteam angehören, ergeben[145].

Im Falle der Haftung des behandelnden Arztes und des Röntgenologen ist letzterer nicht verantwortlich für den Schaden, der aus einer kontraindizierten Therapie entstand, wenn seine Rolle sich auf die Ausführung von Weisungen des behandelnden Arztes beschränkt, da es sich um einen Auftrag an ein ausführendes Organ handelt und er außerdem nicht in der Lage ist, die Zweckmäßigkeit der angewandten Therapie zu beurteilen.

Persönliche Haftung entsteht, wenn er die Röntgentherapie in fehlerhafter Weise durchführt, wenn er Geräte in schlechtem Zustand verwendet oder wenn er die Grenzen des Auftrags überschreitet, den ihm der behandelnde Arzt erteilt hat.

Der Arzt, der seinem Patienten empfiehlt, sich an einen bestimmten Röntgenologen zu wenden, ist nur haftbar zu machen, wenn dieser nicht die erforderlichen Eigenschaften für einen fähigen und gewissenhaften Arzt innehat. Ein einzelner Fehler, den der Röntgenarzt begangen hat, schafft keine Haftung auch des behandelnden Arztes[146].

GR 156 In den Verordnungen des Sonderteils unseres Strafgesetzbuches erscheint die Straftat fast immer als Werk eines einzelnen Menschen. Wenn aber die Straftat das Ergebnis gemeinschaftlicher Anstrengungen mehrerer Personen ist, wird von Mitschuld an der Straftat gesprochen, die eine besondere Erscheinungsform des Verbrechens darstellt.

So behandelt das StGB mit den Verordnungen des Sonderteils die Strafwürdigkeit des natürlichen Täters, und mit seinen Verordnungen des allgemeinen Teils (Art. 45–49) erweitert es die Strafwürdigkeit auch auf bestimmte, ausdrücklich festgelegte Arten von Mitschuld.

Der Richter hat folglich die Möglichkeit, die Bedeutung des Beitrags eines jeden Mittäters grundlegend zu bewerten und die entsprechende Strafe zu verhängen.

IV. Haftung für medizinisches Gerät

GR 157 Der Arzt ist haftbar, wenn er veraltete oder fehlerhafte Instrumente oder Geräte eingesetzt hat, durch die der Tod oder die Verletzung des Patienten verursacht wurde[147].

So besteht auch ärztliche Haftung, wenn er ungereinigte Instrumente oder Spritzen benutzt hat, die nicht sterilisiert wurden, und durch die der Patient mit einer Krankheit infiziert wurde[148].

Ebenfalls ist der Röntgenarzt verantwortlich, wenn er Geräte in schlechtem Zustand benutzt[149].

---

145 Kotsianos (1977, S. 196 ff.); Kavkas u. Kavkas (1975, S. 875 ff.).
146 Kotsianos (1977, S. 225).
147 Zepos Nomikon Vima 21.4 ff.
148 Kotsianos (1977, S. 254); Katsas (1940, S. 319); s. auch Areopag-Entscheidung 768/54, Nomikon Vima 3.189.
149 Kotsianos (1977, S. 225).

V. Haftung für assistierende Personen

GR 158 Viele Ärzte (Chirurgen, Röntgenologen etc.) werden während der Ausübung ihres Werkes von anderen Personen unterstützt, sei es von approbierten Ärzten, sei es von cand. med., Krankenschwestern u. a..

So werden bestimmte Handlungen von anderen Personen ausgeführt, die, wenn sie auch nicht die für die Hauptleistung, so doch für die zweitrangigen Dienste die erforderlichen Kenntnisse haben.

Soweit die Ärzte unter die Bestimmungen der allgemeinen Rechtsprechung fallen, gelten zuerst auch für sie die Art. 334 und 933 BGB über die Bestellung zur Verrichtung (Erfüllung), wenn die betreffenden Voraussetzungen und Bestimmungen erfüllt sind[150].

GR 159 Im besonderen:

1. Wenn der Arzt, der die Behandlung oder Operation durchführt, die Krankenschwester oder den Assistenten ausgewählt hat und honoriert (z. B. der Leiter der Klinik oder des Krankenhauses), so kommen die Bestimmungen über die Bestellung zur Verrichtung (Erfüllung) voll zur Anwendung. Folglich haftet der Arzt für den Schaden, den seine Mitarbeiter während ihrer Tätigkeit am Behandelten gesetzwidrig angerichtet haben, außer wenn es sich um approbierte Ärzte oder diplomierte Krankenschwestern handelt. Aber selbst dann muß genau festgestellt werden, ob er die für den Einzelfall erforderlichen Anweisungen gegeben hat und bei ihrer Ausführung seine Aufsichtspflicht nicht verletzt hat.
   Wenn die Mitarbeiter, und besonders die, die direkt bei einem Eingriff assistieren (Anästhesisten, Assistenten etc.) und die der Arzt ausgewählt hat, nicht diplomiert waren, wird der Arzt als verantwortlich angesehen für jedes Ungemach, das den Patienten aus ihrer fehlerhaften Handlung getroffen hat. Im Falle, daß auch Delikthaftung der Mitarbeiter besteht, kann sich der Arzt in gemeinschaftlicher Schuld mit ihnen befinden[151].

GR 160 2. Wenn es sich um Krankenhäuser oder Kliniken handelt, wo die Einstellung der Assistenten und Krankenpfleger durch deren Leitung erfolgt und diese Personen unter Aufsicht der Direktion stehen, ist der Arzt nicht haftbar für Fehler, die sie begehen, außer wenn er unterlassen hat, die geeigneten Weisungen zu erteilen und aus der Unterlassung dem Patienten der Schaden entstand, oder wenn er die Weisungen gegeben hatte und ihre Ausführung in keiner Weise überwacht hat. Die Entlastung des Arztes und die Haftung der Helfer in den obigen Fällen erzeugt Haftung auch der Leitung der Klinik oder des Krankenhauses, die sie in ihren Diensten hatten.
   Gleichfalls verantwortlich ist der Arzt, wenn er, obwohl er die Unzulänglichkeit eines ihm Untergebenen feststellt, dessen Entfernung aus den Diensten nicht rechtzeitig fordert[152].

GR 161 3. Wenn das Hilfspersonal, wie Krankenschwestern und ähnliches Personal, nicht vom Arzt, sondern von seinem Patienten oder dessen Familie engagiert und honoriert wird, sind diejenigen für die Unfähigkeit des Personals verantwortlich,

---

[150] Siehe auch Kotsianos (1977, S. 261 ff.); Katsas (1940, S. 338 ff.); Toussis (1973, S. 513); Frangos Efimeris Ellinon Vima 6.234; s. auch Areopag 768/54, Efimeris Ellin. Nomikom *22*.26; LG Athen 4010/65, Efimeris Ell. Nomikon *32*.365.

[151] Kotsianos (1977, S. 261); Katsas (1940, S. 340).

[152] Siehe auch Kotsianos (1977, S. 262); Katsas (1940, S. 338–340).

die es eingestellt haben. Damit der Arzt jedoch von seiner Verantwortung befreit wird, muß er beweisen, daß er die notwendigen Anweisungen erteilt hat, die der Helfer nicht befolgte, oder daß dieser die Behandlung aus eigener Initiative anwandte.

Auch muß er, wenn er die berufliche Unzulänglichkeit der Hilfsperson, die ihm von der Familie des Kranken zugeteilt wurde, erkannt hat, rechtzeitig ihren Austausch fordern, unter Angabe des Grundes für sein Anliegen. Wenn seine Vorschläge nicht befolgt werden, muß er von der Behandlung zurücktreten, um eine mögliche Haftbarmachung zu vermeiden[153].

GR 162 In den obigen Fällen 2. und 3. kann der Arzt, und besonders der Chirurg, nicht als Geschäftsherr des Hilfspersonals, das ihm vorübergehend und befristet von der Leitung der Klinik, an der er den operativen Eingriff durchführt, oder von seinem Patienten, den er zu Hause operiert, zur Verfügung gestellt wird, betrachtet werden.

Die Tatsache allein, daß eine Krankenschwester für die Dauer einer Operation unter die Leitung des Arztes gestellt wird, genügt nicht, um ihr die Eigenschaft des Erfüllungs-/Verrichtungsgehilfen zu verleihen. Für die Zeit, in der sich das Pflegepersonal unter seiner Kontrolle befindet, ist der Chirurg jedoch für die Fehler, die aus seinen besonderen (falschen oder unvollständigen) Weisungen entstehen, die er der Krankenschwester oder den Assistenten gegeben hat, verantwortlich, so wie er ebenfalls für Fehler haftet, die durch seine persönliche Verletzung der Sorgfaltspflicht oder durch Mangel an der erforderlichen persönlichen Aufsichtspflicht verursacht werden.

Es ist aber nicht möglich, von ärztlicher Verantwortung bei der rein pflegerischen Fürsorge zu sprechen, die die Krankenschwester nicht unter der Aufsicht oder nach den Weisungen des Chirurgen leistet[154].

[153] Kotsianos (1977, S. 261); Katsas (1940, S. 340).

[154] Kotsianos (1977, S. 262); s. auch Kavkas u. Kavkas (1975, S. 800); zum Begriff des „zufälligen Geschäftsherrn".

E. Versicherungssysteme

I. Sozialversicherungspflicht

GR 163 Die soziale Pflichtversicherung ist in Griechenland noch nicht auf einer einheitlichen Basis organisiert. Die Sozialversicherung, der Versicherungsträger und der Inhalt der Versicherung unterscheiden sich, je nach Berufszugehörigkeit des Arbeitenden.

Wenn auch die Versicherungen vieler Berufszweige im Anfang das Ergebnis privater Initiative waren, muß heute darauf hingewiesen werden, daß der Bereich der Sozialversicherung inzwischen gesetzlich geregelt ist.

Jede Branche hat ihren eigenen Versicherungsträger. Die drei bedeutendsten Versicherungsträger in einem Land wie Griechenland mit großem Anteil an landwirtschaftlicher Bevölkerung, aber auch einer umfangreichen Verwaltung, sind: die Versicherung des öffentlichen Dienstes, die Sozialversicherungsanstalt IKA und die landwirtschaftliche Versicherungsorganisation.

Im Versicherungsträger des öffentlichen Dienstes sind alle Beamten sowie die Angestellten der öffentlichen Körperschaften, Anstalten und Stiftungen des öffentlichen Rechts pflichtversichert; sie alle gehören derselben Versicherungsorganisation an.

Die IKA wurde als die größte Anstalt der sozialen Pflichtversicherung des Landes vor dem 2. Weltkrieg gegründet und durch das Zwangsgesetz 1946/1952 neu organisiert, das in seiner zweiten Fassung als Gesetz 2113/1952 „über die Sozialversicherungen" ratifiziert und erlassen wurde. Seitdem wurde dieses Gesetz bis heute viele Male geändert und ergänzt.

Der Versicherungsschutz der IKA erstreckt sich auf Fälle von Krankheit, Mutterschaft, Invalidität, Unfälle, Altersversorgung und Arbeitslosigkeit und erfaßt hauptsächlich die Personen, die im Hauptberuf abhängige Arbeit gegen Entlohnung leisten, unabhängig von der speziellen Natur (öffentlichen oder privaten Rechts) des Dienstverhältnisses, sofern sie nicht einem anderen Versicherungsträger angehören.

Es muß dazu gesagt werden, daß sich diese Versicherungsorganisation mehr und mehr auch auf andere Kategorien von Arbeitnehmern erstreckt.

Die Versicherung der oben angeführten Personenkreise bei der IKA ist *obligatorisch,* und ihre Nichtregistrierung oder die Nichtabführung der Versicherungsbeiträge durch den Arbeitgeber stellen ein schweres strafrechtliches Delikt dar.

GR 164 Die andere große Gruppe der Versicherten, die Landwirte, genossen erstmals durch das Gesetz 3487/31 vom 31.12. 1955 „über die Sozialversicherung der Landwirte" eine Versicherungsvorsorge, die durch die Schaffung der OGA (Gesetz 4169/13 vom 18.5. 1961) „über die landwirtschaftliche Sozialversicherung" und durch den Gesetzesdekret 4440/12 vom 12.11. 1964 „über die Änderung und Ergänzung der Verordnungen des Gesetzes 3487/1955" begründet wurde; diese Gesetze wurden seitdem viele Male modifiziert und ergänzt.

Die OGA ist eine Versicherungsorganisation, die durch Beiträge aller Griechen, nicht nur der Landwirte, unterhalten wird, und deren Zweck in der Leistung von Versicherungsschutz bei Krankheit, Mutterschaft und Altersversorgung der Landbevölkerung besteht.

Zur Vervollständigung der unzureichenden Leistungen auf dem Gesundheitssektor an die Landbevölkerung wurde vom Gesetz die Einrichtung von landärztlichen Zentren erster und zweiter Klasse im ganzen Land vorgesehen (die früheren öffentlichen landärztlichen Zentren des Gesetzes 3487/1955).

Es gibt außerdem ein organisiertes System kostenloser pharmazeutischer Versorgung der Landbevölkerung (s. z. B. Beschluß des Ministeriums für Soziale Dienste A2c/2828 vom 1./17.6. 1978 „über kostenlose Abgabe von Arzneimitteln an die Landbevölkerung").

GR 165 Zusammenfassend sei bemerkt, daß die vielfache Spaltung des Systems der Sozialversicherung im Lande nach Berufszweigen kein gerechtes System der Sozialversicherungspflicht gewährleistet, sondern Unterschiede zwischen guten und schlechten Sozialversicherungsträgern schafft.

Die OGA ist die Organisation, die anstrebt, jeden Griechen, der zu keiner der anderen Versicherungsgruppen gehört, aufzunehmen.

Es ist aber von der heutigen griechischen Regierung eine besondere Regelung für die Leistung der Pflichtversicherung für alle Griechen oberhalb einer bestimmten Altersgrenze angekündigt worden.

II. Zusätzliche private Versicherung

GR 166 Die private Versicherung, besonders die Zusatzversicherung, ist frei und fällt unter die Bestimmungen des Versicherungsrechts.

III. Haftpflichtversicherungsmöglichkeiten

GR 167 Ausführungen zu diesem Thema sind, zumindest gegenwärtig, nicht möglich.

F. Spezialfragen

I. Notfall

GR 168 Der Arzt ist grundsätzlich verpflichtet, erste ärztliche Hilfe zu jeder Tages- und Nachtzeit bei plötzlichen etc., gefährlichen oder schweren Krankheiten und Unfällen zu leisten, ohne die Hilfeleistung von der sofortigen Bezahlung abhängig zu machen, außer wenn es Rechtfertigungsgründe zu seiner Entlastung gibt oder wenn die Hilfe auch von einem anderen leichter erreichbaren Arzt geleistet werden kann[155].

Was die dringenden chirurgischen Eingriffe betrifft (z. B. bei Verkehrsunfällen), wird akzeptiert, daß, wenn der Kranke nicht in der Lage ist, seinem Willen Ausdruck zu geben und seine nächsten Verwandten nicht zugegen sind, der Arzt das Recht und die Pflicht hat, jede Aktivität (z. B. Bluttransfusion, Herzmassage) oder sogar jeden Eingriff (z. B. Amputation) in Angriff zu nehmen, die durch die Umstände und die Regeln der Medizin angezeigt sind[156].

GR 169 Wenn direkte Gefahr für das Leben oder die Gesundheit des Kranken besteht, geht daraus für den Arzt eine sofortige und dringende Notwendigkeit der Einschätzung gegensätzlicher Interessen hervor: zum einen die Rettung des Kranken aus Lebensgefahr oder Gefahr für die Gesundheit, zum anderen die Respektierung des Rechts auf Selbstbestimmung.

Bezüglich der Resultate der Abwägung besteht jedoch keine Einhelligkeit. Gemäß der einen Auffassung muß der ärztliche Eingriff sofort erfolgen, wenn eine ernste Gefahr das Leben oder die Gesundheit des Kranken bedroht, und die Abwendung der Gefahr darf nicht durch das Zögern des Arztes, das durch die fehlende Einwilligung des Kranken oder der mit seiner Pflege betrauten Personen bedingt ist, aufs Spiel gesetzt werden[157].

Die andere Auffassung ist, daß der ärztliche Eingriff nur erlaubt ist, wenn er die Rettung des Lebens zum Ziel hat, während die Einwilligung des Patienten erforderlich ist, wenn es sich nur um den Schutz seiner Gesundheit oder körperlichen Unversehrtheit handelt[158].

Es wird auch die Ansicht vertreten, daß jeglicher ärztliche Eingriff, welcher Art auch immer, am menschlichen Körper ohne die Zustimmung des Patienten verboten ist, auch wenn die Therapie vom Arzt für die Abwendung einer bevorstehenden

---

[155] Art. 25 Zwangsgesetz 1565/39; s. auch Art. 13, 24 und 25 Kgl. Dekr.; s. auch Appell.ger. Nafplion 188/57 (Beschl.) Poinika Chronika *8*.107. Areopag 387/60, Ell. Dik. 2.150.

[156] Zepos u. Michialidis-Nauaros (1971, S. 100); s. a. Areopag 541/58, Nomikon Vima *7*.61; s. Abschn. C.IV, S. 49.

[157] Stellungn. Staatsanw. am Areopag 24/69, Nomik. Vima *18*.234, Poinika Chronika *10*.57; s. auch Art. 102, § 7, Zwangsgesetz 125/67, bezüglich der Häftlinge.

[158] Stellungn. Staatsanw. LG Ath. 17/76 Poinika Chronika *26*.507.

Todesgefahr als dringend und notwendig befunden wird. Er ist nur in Ausnahmefällen erlaubt, wenn der Patient im Zustand der Bewußtlosigkeit ist, der die rechtzeitige Erklärung seiner Zustimmung ausschließt, oder aus Gründen öffentlichen Interesses kraft besonderer Gesetze[159].

GR 170 In dringenden Fällen, und besonders wenn die anderen erforderlichen Mittel fehlen, kann der Arzt zu einer Behandlung „auf gut Glück" schreiten[160].

Wenn eine erwiesene und unabwendbare therapeutische Notwendigkeit besteht, sind außerdem Eingriffe erlaubt, die als Ergebnis die Behinderung der Fortpflanzungsfähigkeit oder die Gefährdung des Lebens zur Folge haben[161].

II. Intensivpflege

GR 171 Zum gegenwärtigen Zeitpunkt gibt es hierüber nichts Berichtenswertes zu sagen.

III. Transplantation und Transplantate

GR 172 Aus dem Prinzip der Unantastbarkeit des menschlichen Körpers[162] entspringt auch der Grundsatz des Verbots der Verfügung über den Körper, nach dem der menschliche Körper kein Handelsobjekt ist[163]. Als Körperteil gelten auch die hinzugefügten Teile oder Transplantate, d.h. die künstlichen oder fremden Teile, die untrennbar mit ihm verbunden wurden (wie z.B. künstliche Zähne oder Knochen, Nieren oder ähnliches), nicht aber die, die entfernt werden können (wie künstliche Gebisse, Beinprothesen etc.), die als Sachen angesehen und als solche geschützt werden.

Auch entfernte Teile oder Elemente des menschlichen Körpers, wie Knochen, Blut etc., werden als Sachen betrachtet, und ihr Austausch gilt als im Einklang mit den guten Sitten (BGB Art. 178).

Die Leiche dagegen, wie auch das Skelett nach der Verwesung, sind keine Sachen, solange das Gedenken an den Verschiedenen bewahrt wird[164].

GR 173 In Anwendung des Verbots der Verfügung über den Körper wird allgemein anerkannt, daß jede Vereinbarung, mit der jemand seinen Körper, ein Organ oder ein Glied zur Verfügung stellt, ungültig ist (außer bei den entfernbaren Teilen, die als Sachen betrachtet werden)[165].

Als Ausnahmefall ist jegliche Gabe und Spende biologischer Substanz zum Zweck der medizinischen Diagnose, der Heilung einer anderen Person oder der wissenschaftlichen Forschung statthaft, jedoch nur, wenn sie unentgeltlich und gemäß den gesetzlichen Voraussetzungen (Gesetz 821/1978, Art. 2, § 1) geschieht.

Unsere ethische Rechtsauffassung duldet keine Verträge oder Angebote über den

---

159 Areopag 54/58, Nomikon Vima 7.61.
160 Zepos Nomikon Vima 21.4ff.
161 Art. 9 Kgl. Dekret vom 25.5./6.7.1955.
162 Siehe Abschn. C.IV, S. 48ff.
163 s.a. Zepos u. Michailidis-Nouaros (1971, S. 100).
164 Gasis (1973, S. 36).
165 Zepos u. Michailidis-Nouaros (1971, S. 100).

Handel mit Organen oder Gliedern des menschlichen Körpers, die auf Gewinn ausgerichtet sind und aus denen materieller Nutzen entsteht[166].

GR 174 Gesetz 831/78 „über die Entnahme und Transplantation biologischer Substanzen menschlichen Ursprungs" enthält:

- Die Verordnungen dieses Gesetzes werden angewandt bei der Entnahme von Zellen, Geweben, Organen und anderen biologischen Substanzen menschlichen Ursprungs vom Spender zum Zwecke der Einimpfung oder der Verpflanzung beim Empfänger, unter der Voraussetzung, daß sie auf dessen Heilung oder auf die Förderung der wissenschaftlichen Forschung abzielen. Als Entnahme gilt auch die Entnahme biologischer Sekrete menschlichen Ursprungs (Art. 1, § 1).
- Es ist jedoch möglich, daß die Anwendung der Verordnungen dieses Gesetzes durch Präsidialdekret auf bestimmte der oben genannten biologischen Substanzen oder auf bestimmte der oben genannten medizinischen Tätigkeiten beschränkt wird, sofern neuere Erkenntnisse und wissenschaftliche Grundlagen es erfordern (Art. 1, § 2).
- Die Bestimmungen des Gesetzes 821/78 werden nicht angewandt auf den *Empfang* und die *Transfusion von Blut,* auf die *Verpflanzungen von Embryos,* auf die *Entfernung* und *Transplantation von Fortpflanzungsorganen,* auf die Verwendung von *Ovula und Sperma* und auf die Autotransplantationen (Art. 1, § 3). Ebenfalls gelten sie nicht im Falle, daß eine Obduktion (Nekrotomie) an einer Leiche im Auftrag der zuständigen Behörde durchgeführt wird, zum Zwecke der Abfassung eines offiziellen gerichtsärztlichen Berichts (Art. 8).

Allgemeine Grundsätze, die für Transplantationen gelten, sind der *Schenkungscharakter* der Gabe der biologischen Substanz (jedes Entgelt ist verboten), die *Anonymität* des Spenders und des Empfängers und die *Verpflichtung,* daß sie in *Spezialkrankenhäusern,* deren Betrieb bestimmte Voraussetzungen erfüllen muß, durchgeführt werden (Art. 2, 3 und 4).

GR 175 Der bedeutendste Fall von erlaubter Gabe oder Spende biologischer Substanz ist die Transplantation, die unterschieden wird in Überpflanzungen vom lebenden Menschen oder von Leichen.

1. Transplantationen vom lebenden Spender[167]

Die Entnahme biologischer Substanz vom Spender ist erlaubt, wenn folgende Voraussetzungen erfüllt sind:

a) Sie muß zum Zweck der Therapie desselben oder einer anderen Person geschehen (Art. 5, § 1, a).

b) Sie muß mit der freien und informierten Einwilligung des Spenders erfolgen. Es ist hierzu die detaillierte Belehrung durch den Arzt über die möglichen Folgen der Entnahme und besonders über die medizinischen, sozialen und psychischen Auswirkungen sowie auch über die Bedeutung, die sie für den Empfänger hat, erforderlich (Art. 5, § 1, c).

   Diese Einwilligung hat folgende Merkmale:
   - Sie ist eine persönliche Handlung, die aus dem freien und eindeutigen Willen des Spenders entspringt.
   - Sie ist eine unentgeltliche Handlung, die vom Geist des Altruismus und der

[166] Zepos u. Michailidis-Nouaros (1971, S. 101).
[167] S. Art. 5 ff. Gesetz 821/78 und Zepos u. Michailidis-Nouaros (1971, S. 105 ff.).

menschlichen Solidarität inspiriert ist[168] und darf nicht zum Zweck des Gewinns oder des Erhaltes von Gegenwert erfolgen.
- Sie ist ein frei widerruflicher Akt[169].

c) Die biologische Substanz ist von einer Person zu empfangen, die zu Rechtsgeschäften fähig ist, weil die hierfür wesentliche freie und informierte Einwilligung von einer volljährigen und voll geschäftsfähigen Person abgegeben werden muß[170]. Nur in Ausnahmefällen ist die Entnahme auch von Personen mit beschränkter Geschäftsfähigkeit gestattet (Art. 5, § 2, b u. c).
d) Die Einwilligung muß schriftlich mit Beglaubigung der Unterschrift durch die zuständige Polizeibehörde oder durch notarielle Urkunde oder Abgabe der Erklärung im Buch der Krankenanstalt, wo die Entnahme vorgenommen wird, gegeben werden. Die schriftliche Form ist erforderlich, weil die Spende ein sehr schwerwiegender Akt ist, der bedeutende Folgen haben kann[171].
e) Die Entnahme darf keine ernste Gefahr über die, die in der Entnahme der Substanz liegt, hinaus für das Leben oder die Gesundheit des Spenders darstellen (Art. 5, § 1, e), außer wenn sie im konkreten Fall durch die Motivation des Spenders, die verwandtschaftliche Beziehung zum Empfänger und die medizinischen Erfordernisse gerechtfertigt ist (Art. 5, § 2, f)[172].
f) Sie muß in vom Gesetz dafür vorgesehenen Anstalten erfolgen nach allen angezeigten und erforderlichen Voruntersuchungen des Spenders und des Empfängers und sofern aufgrund zuverlässiger wissenschaftlicher Kriterien die Annahme durch den Organismus des Empfängers erwartet werden kann (Art. 5, § 1, d und f).

GR 176 In bestimmten Fällen ist eine Abweichung von obigen Voraussetzungen gestattet, wie z. B. bei Transplantationen zu Zwecken der wissenschaftlichen Forschung, oder wenn sie für autoimmunologisch verwandte Personen bestimmt sind, sofern natürlich die besonderen Voraussetzungen, die das Gesetz vorschreibt (Art. 5, § 2), erfüllt sind[172].

Die Kosten der Entfernung der biologischen Substanz werden vom Empfänger getragen; wenn dieser während der Krankheit versichert und die Transplantation als gebotene Heilbehandlung vorgesehen ist, trägt die Versicherungsanstalt die Kosten[172].

Im Falle schließlich, daß der Spender oder vorgesehene Spender nach der Entfernung oder während der Voruntersuchungen einen unvorhersehbaren Schaden erleidet, steht ihm Ersatz durch seinen Versicherungsträger oder, wenn er nicht versichert ist, aus einem Sonderfonds des Gesundheitsministeriums zu (Art. 6).

---

168 Zepos u. Michailidis-Nouaros (1971, S. 106).
169 Art. 5, § 1(b), Ges. 821/1978; s. auch Zepos u. Michailidis-Nouaros (1971, S. 106).
170 Art. 5, § 1(a) des o. e. Gesetzes „über die Entnahme und Transplantation biologischer Substanzen menschlichen Ursprungs".
171 Art. 5, § 1(c) Gesetz 821/78. s. auch Ausnahmen Art. 5, § 2(d); Zepos u. Michailidis-Nouaros (1971, S. 108).
172 Diese Hinweise beziehen sich auf die Artikel des Gesetzentwurfes vom 7. 10. 1982 „über die Entnahme von Gewebe und Organen menschlichen Ursprungs zum Zwecke der Transplantation" des Ministers für Gesundheit und Fürsorge, den wir seiner Bedeutung wegen aufgenommen haben (S. 101 f.).

2. Transplantation nach dem Ableben des Spenders[173]

GR 177 Dieser Fall der Transplantation hat den Charakter einer Notoperation, die sofort innerhalb eines sehr begrenzten Zeitraums nach dem Tod des Spenders erfolgen muß[174].

Sie ist erlaubt, nachdem der klinische Tod des Spenders, wie vom Gesetz vorgesehen, festgestellt wurde (Art. 7, § 1), und

a) wenn der Verstorbene vor seinem Ableben keine gegensätzliche Willenserklärung abgegeben hat oder eine solche aufgrund seiner religiösen oder philosophischen Überzeugungen vermutet wird (Art. 7, § 2, a). Wenn über den Wunsch des Spenders Zweifel besteht, ist die Einholung der Zustimmung seiner nächsten Verwandten gestattet.
b) wenn nicht die Gefahr besteht, daß ein erforderliches gerichtsärztliches Gutachten behindert wird (Art. 7, § 2).

Kriterien für den Tod[175]

GR 178 Als tot im Sinne der Anwendung des Gesetzes 821 wird eine Person angesehen, wenn bei ihr durch 2 Ärzte, die mindestens 5 Jahre Berufspraxis haben, von denen einer Neurologe ist, und die nicht dem Transplantationsteam angehören dürfen, aufgrund der gebräuchlichen und unangezweifelten wissenschaftlichen Methoden das Vorhandensein von Anzeichen – unabhängig von Zeitpunkt und Dauer ihres Auftretens – festgestellt wird, die das endgültige (unwiderrufliche) Aussetzen der Funktion des zentralen Nervensystems bedeuten. Als zwingend erforderlich müssen also gegeben sein:

a) Aussetzen der Bewegungen (automatische und bewußte),
b) Aussetzen der Reflexe, besonders der Hornhaut,
c) Trübung und Fehlen jeglicher Reaktion der Pupille auf starke Lichtreize,
d) Atemstillstand nach experimenteller Unterbrechung der künstlichen Sauerstoffzufuhr, sofern die Person sich so lange darunter befindet, daß automatische Atembewegungen aufgrund der Ansammlung von Kohlendioxyd hervorgerufen würden,
e) hirnelektrische Stromstille.

GR 179 Die künstliche Verlängerung der Funktion bestimmter Organe oder Systeme kann nicht die Feststellung des Todes nach obigen Kriterien in Zweifel stellen.

Die Entfernung wird in speziellen Krankenanstalten durchgeführt; nur ausnahmsweise, wenn der Tod gewaltsam oder plötzlich ist, kann sie unter bestimmten Bedingungen am Ort des Ablebens vorgenommen werden (Art. 10).

Der Arzt muß nach jeder Handlung an der Leiche die äußeren morphologischen Charakteristika wiederherstellen (Art. 14).

Jede geschäftsfähige Person, die wünscht, ihren Körper nach dem Tod für medizinische Zwecke zur Verfügung zu stellen, kann diesen Wunsch schriftlich[176] erklären, indem sie sich an eine Polizeibehörde wendet und verlangt, daß in ihrem Personalausweis der Vermerk „Organspender" aufgenommen wird (Art. 13).

Ausdrücklich vorgesehen ist, daß die Entnahmen, die Einimpfungen und Verpflanzungen keine unerlaubten Handlungen darstellen, unter Vorbehalt der Ver-

---

[173] Siehe Art. 7 ff. Gesetz 821/78; Zepos u. Michailidis-Nouaros (1971, S. 108 ff.).
[174] Zepos u. Michailidis-Nouaros (1971, S. 108 ff.).
[175] Art. 9 des oben genannten Gesetzentwurfs (s. Fußnote 170).
[176] Siehe auch Gesetzentwurf v. 7. Okt. 1982 über Transplantationen.

ordnungen über die Verletzung der Sorgfaltspflicht, Art. 28, 302 und 314 StGB (Art. 15).

Für die Übertretungen der Gesetzesverordnungen schließlich werden verschiedene Strafen angedroht (Art. 16).

GR 180 Nur 4 Jahre nach Inkrafttreten des Gesetzes 821/78 wurde seine Modifizierung für notwendig befunden, weswegen ein neuer Gesetzentwurf für Transplantationen eingebracht wurde.

Der *Gesetzentwurf* „Entnahme und Transplantation menschlicher Gewebe und Organe" – grundsätzliche Änderungen oder Neuerungen:

- Mit Art. 3, § 3 wird die Verpflichtung der Krankenanstalt, in der sich der Tote befindet, eingebracht, bei Feststellung der Möglichkeit der gesetzmäßigen Entnahme von Transplantaten direkt die nächste Transplantationsanstalt zu benachrichtigen.
- In Art. 4 werden die Voraussetzungen für die Gründung, Erhaltung einer Betriebsgenehmigung und die Bestimmungen der Funktionen von *Banken für Gewebetransplantationen* definiert.

1. Die Entfernung von Geweben von *Minderjährigen* ist streng untersagt, außer der Entnahme von Knochenmark, die für den minderjährigen Spender keinerlei Gefahr bedeutet und gleichzeitig die einzige Lösung ist, das Leben des Empfängers zu retten, wobei Spender und Empfänger in jedem Fall Geschwister sein müssen (Art. 5, § 2).
2. Die Kosten für die Entfernung trägt die Versicherungsanstalt des Empfängers; wenn er *nicht versichert* ist, werden die Kosten aus den Sonderfonds des Ministeriums für Gesundheit und Fürsorge gedeckt (Art. 6).
3. Die Überlassung des Körpers nach dem Tode zu therapeutischen oder wissenschaftlichen Zwecken kann auch nach mündlicher Erklärung geschehen (Art. 7, § 1).
4. Mit dem Eintreten des Todes kann die Entnahme von Geweben und Organen auch erfolgen, wenn die Funktion bestimmter Organe, außer dem Gehirn, mit künstlichen Mitteln aufrechterhalten wird (Hirntod) (Art. 7, § 2). (Die Aufzählung des geltenden Art. 9 wird also unterlassen.)
5. Der Hirntod wird von dem für den Kranken verantwortlichen Arzt oder seinem Vertreter, einem Neurologen und einem Anästhesisten bescheinigt. Der Arzt, der dem Transplantationsteam angehört, nimmt nicht daran teil (Art. 7, § 3).

IV. Tod, Lebenswille, Sterbehilfe

1. Tod

GR 181 Früher war das Kriterium für den Tod der „unwiderrufliche Atem- und Kreislaufstillstand". Die Fortschritte in der Chirurgie der Herztransplantation und die Notwendigkeit der Verwendung von Transplantaten, die im Augenblick ihrer Entnahme noch funktionieren, erforderten die Abschaffung dieses Kriteriums.

Die moderne Medizin neigt zur Annahme des Kriteriums des „unwiderruflichen Erlöschens der Hirnfunktion"[177].

---

[177] Androulakis (1974, S. 22ff.).

Im Strafrecht ist es richtig, daß die beiden Kriterien kombiniert wurden. Wir akzeptieren folglich das Eintreten des Todes,

a) wenn unwiderruflich der Atem und die Blutzirkulation stillstehen und ihre künstliche Wiederherstellung entweder ausgeschlossen ist oder die dazu erforderlichen Geräte lediglich fehlen, und

b) wenn obige Funktionen zwar *künstlich* aufrechterhalten werden, und zwar so, daß mit Entfernung der betreffenden Geräte ihr Aussetzen unverzüglich eintritt, aber die Funktion des Gehirns unwiderruflich erloschen ist[178].

Folglich befindet sich der am Leben, dessen Lungen und Herz aus eigener Kraft funktionieren, obwohl keine hirnelektrischen Ströme im EEG festzustellen sind[178].

Bezüglich der Kriterien des Todes bei Transplantationen s. weiter oben (Gesetz 821/78, Art. 9 u. Gesetzentwurf v. 7. 10. 82, Art. 9).

2. *Euthanasie*

GR 182 Es stellt sich das Problem, ob die Tötung, die aus Gründen der Euthanasie begangen wird, eine unerlaubte Handlung darstellt, oder ob sie durch den Art. 300 StGB erfaßt ist, der die „Tötung mit Einwilligung" regelt und der dem § 216 deutsches StGB entspricht.

„Euthanasie" ist die *Abkürzung des Todeskampfes dessen, der unter Qualen stirbt.* Sofern die Abkürzung des Todeskampfes auch Abkürzung des Lebens darstellt, erfüllt die Euthanasie unzweifelhaft die objektive Grundlage der Tötung.

Der Unterschied der Euthanasie zur „Tötung mit Einwilligung" liegt in der Tatsache, daß im zweiten Fall eine „ernsthafte und beharrliche Forderung des Leidenden" besteht, der unheilbar krank ist; für die Euthanasie sind diese Bedingungen nicht vorgesehen.

Nach Choraphas ist die Euthanasie eine Handlung, die zum wahren Wohl des Sterbenden vorgenommen wird und folglich den Unrechtscharakter der Tötung aufhebt[179].

Diese Meinung steht jedoch – nach anderen Ansichten – dem *absoluten* Charakter des Schutzes des menschlichen Lebens entgegen, weswegen akzeptiert werden muß, daß die Euthanasie generell kein Rechtfertigungsgrund für das Unrecht der Tötung darstellt, sondern daß die Umstände jedes konkreten Falls im einzelnen untersucht werden müssen.

Nach Kanatsios wird die Frage der Euthanasie durch Art. 300 StGB geregelt[180].

Nach Katsantonis ist Art. 300 StGB für die Euthanasie nicht relevant[181].

Richtiger ist, wenn wir annehmen, daß viele Fälle von Euthanasie unter die Regelung des Art. 300 StGB fallen, weil Strafmilderungsgründe, wie sie bei der Tötung des *„unheilbar Kranken"* für vorsätzliche Tötung vorgesehen sind, a fortiori für die Tötung des *Sterbenden* gelten müssen.

GR 183 Wir müssen von folgendem ausgehen:

a) Das aktive Verhalten, das auf die Erlösung dessen, der stirbt, von den Schmerzen hinzielt (z. B. Gabe von Narkotika), stellt keine Tötung dar, sofern es lediglich *wahrscheinlich* zur Kürzung des Lebens beigetragen hat. Hier gilt der Grundsatz: In dubio pro reo.

---

178 Androulakis (1974, S. 22 ff.).
179 Choraphas (1978, S. 214).
180 Kanatsios (1955).
181 Katsantonios (1956, S. 237).

b) Wenn die Verkürzung des Lebens unanfechtbar ist, begeht der Täter, da ihm Arglist zumindest theoretisch unterstellt werden kann, eine vorsätzliche Tötung (Art. 299 StGB), oder, wenn die Voraussetzungen erfüllt sind, eine Tötung mit Einwilligung (Art. 300 StGB).

c) Wenn der Arzt unterläßt, das Leben des Sterbenden für eine Zeit durch die Anwendung geeigneter medizinischer Methoden zu verlängern, wird akzeptiert, daß er keine besondere gesetzliche Verpflichtung nach Art. 15 StGB zum Eingreifen hat, sondern das Recht, die Entwicklung der Dinge ihrem natürlichen Lauf zu überlassen, natürlich unter der Voraussetzung, daß weder der Kranke selbst noch seine Angehörigen die Verlängerung seines Lebens von ihm gefordert haben.

d) Im Falle, daß der Arzt bei dem Sterbenden bereits ein Gerät eingesetzt hat, um sein Leben zu verlängern, das nach Entfernen des Geräts unverzüglich zu Ende gehen würde, unterscheiden wir, ob die Hirnfunktion aufgehört hat – womit die Handlung an einem Toten ausgeführt wird und folglich strafrechtlich nicht von Belang ist – oder ob das Gehirn noch funktionierte, womit eher eine vorsätzliche Tötung begangen wird, wenn auch in diesem Fall angenommen wird, daß das Verhalten des Arztes die Unterlassung der weiteren Aufrechterhaltung des angegriffenen Organismus mit Hilfe des Geräts bedeutet, so daß das unter c) Angeführte gilt[182].

3. *Tötung mit Einwilligung (Art. 300 StGB)*

GR 184 Voraussetzungen:

a) „... aufgrund der ernsthaften und beharrlichen Forderung des Leidenden",
Forderung bedeutet etwas mehr als einfache Einwilligung; der Titel des Artikels ist daher ungenau formuliert. Zwischen der Entscheidung und Ausführung zum einen und der Forderung zum anderen muß ein objektiver kausaler Zusammenhang bestehen (aufgrund der ... Forderung). Die Tötung muß der Forderung im wesentlichen entsprechen, was Art und Zeitpunkt betrifft.
Ernsthaft ist die Forderung, wenn sie dem wahren Willen dessen, der sie stellt, entspricht und im vollen Bewußtsein der Folgen erklärt wurde.
Beharrlich bedeutet, daß sie ausdrücklich gestellt wurde und wiederholt darauf bestanden wird, besonders auch nach Eintreten des psychischen Zustands, der durch die Schmerzen hervorgerufen wird und der das Aussprechen der Forderung begünstigt. Es muß also der Täter anfangs die Tötung verweigern, und er darf erst nach dem wiederholten Bestehen auf der Forderung nachgeben.

b) ... aus Mitleid für den unheilbar Kranken".
Unheilbar krank bedeutet, daß die Art der Krankheit objektiv im konkreten Fall Mitleid für den Fall der Fortsetzung des Lebens des Leidenden rechtfertigt und den Todeswillen daher verständlich macht.
Tötung „aus Mitleid" ist kein rein subjektives Argument, sondern es besteht aus einem objektiven (den Mitleid rechtfertigenden Zustand) und einem subjektiven Faktor (das Gefühl des Mitleids als Tatmotiv)[183].

---

[182] Androulakis (1974, S. 25 ff.).
[183] Androulakis (1974, S. 55 ff.).

V. Experimente, Medikamententests

1. Experimente

GR 185 Aus dem Prinzip der Unantastbarkeit des menschlichen Körpers und dem Verbot seiner Zurverfügungstellung folgt auch, daß der Mensch nicht als Versuchsobjekt benutzt werden darf, d. h. zum „Versuchsmenschen" wird, und daß die Behandlung oder der chirurgische Eingriff, die der Arzt nicht zur Erleichterung des Kranken, sondern zu Experimentierzwecken unternimmt, verurteilt werden müssen[184].

Der Arzt schuldet der Ehre und der Persönlichkeit des Menschen absoluten Respekt, und es ist kein nicht erforderlicher chirurgischer Eingriff oder Versuch statthaft, der das Empfinden der persönlichen Freiheit und den Willen des geistig gesunden Patienten verletzt (Art. 8 a, Kgl. Dekret).

Gleichfalls untersagt ist das experimentelle Herbeiführen einer Krankheit zur wissenschaftlichen Forschung oder die Verlängerung oder Verschlimmerung einer Krankheit zu Versuchszwecken (Art. 8 c).

GR 186 Es besteht also eine Haftung des Arztes, der Versuche an Menschen unternimmt, sofern ein Schaden entstanden ist, selbst wenn die Therapie oder der Eingriff in Übereinstimmung mit allen Regeln der ärztlichen Kunst vorgenommen wurde. Diese Haftung wird vergrößert, wenn nicht die erforderlichen Sorgfaltsmaßnahmen getroffen wurden, und sie wird nicht gemildert, selbst wenn der Arzt aus Uneigennutz und im Geiste der wissenschaftlichen Forschung gehandelt hat[185].

Erlaubt ist jedoch die Entnahme von Gewebe, Organen oder Gliedern von Leichen und ihre Verwendung für die wissenschaftliche Forschung und Ausbildung, wenn die gesetzlichen Voraussetzungen, die auch für Transplantationen gelten[186], erfüllt werden, oder wenn der Körper nach dem Tod gespendet wurde[187].

Als Ausnahme erlaubt das Gesetz unter bestimmten Voraussetzungen die Entfernung biologischer Substanz zum Zweck der wissenschaftlichen Forschung auch vom lebenden Menschen, wenn die Entnahme den Charakter der einfachen Körperverletzung hat, die guten Sitten nicht verletzt werden und die Entnahme der biologischen Substanz von einer Leiche nicht möglich oder sinnvoll ist[188].

GR 187 Von den Experimenten unterscheiden sich die neuen Heilverfahren. Diese stellen Methoden und Eingriffe dar, die der Heilung des Menschen nützen und folglich in jedem Fall zur Diagnose, Heilung oder Prophylaxe einer Krankheit oder zur Behebung einer körperlichen Mißbildung geschehen, obwohl die Wirkung und die Ergebnisse dieser Methoden oder Eingriffe aufgrund der bisherigen Erfahrungen nicht ausreichend vorhergesehen werden können. Das Testen neuer Heilmethoden ist nicht untersagt, wenn diese die Heilung des Kranken oder seine Erleichterung von Schmerzen zum Ziel haben. Es kann sogar behauptet werden, daß es dem Arzt auferlegt ist, sie mit Einwilligung des Kranken anzuwenden, sofern dieser unter Aufwendung der traditionellen Heilverfahren nicht gerettet werden und die Anwendung der neuen therapeutischen Methode als die einzige verbliebene Wahrscheinlichkeit seiner Rettung gelten kann.

---

[184] Siehe auch Kotsianos (1977, S. 165).
[185] Siehe auch Kotsianos (1977, S. 166–167).
[186] Art. 7, § 1, Gesetz 821/78; s. Abschn. F. III, S. 347 ff.
[187] Art. 13 Ges. 821/78.
[188] Art. 5, § 2 (a) Gesetz 821/78.

Wenn der Arzt auch auf dem Gebiet der medizinischen Behandlung Neuerungen einsetzen kann, hat er dennoch nicht die uneingeschränkte Freiheit, völlig unüberlegte und riskante Wagnisse einzugehen. Indem er ein neues und gefährliches Verfahren ausprobiert, muß er die Bestimmungen beachten, die für die Anwendung der gefährlichen Therapien gelten. Besonders muß er die bewußte Einwilligung des Kranken sicherstellen und v. a. seine Überwachung auf das äußerste Maß verstärken. Andernfalls trifft ihn bei Versagen schwere Verantwortung[189].

2. *Medikamententests*

GR 188 Die fehlenden Produktionsmöglichkeiten von Arzneimitteln in unserem Lande führten zu dem auf den ersten Blick befremdenden Phänomen, daß es für lange Zeit keine gesetzliche Handhabe für Opfer von experimentellen Arzneimitteltests gab. Durch das Gesetz 5607/1932 „über Kodifizierung und Ergänzung der pharmazeutischen Gesetzgebung", Art. 29 ff., wurde erstmalig die Regulierung der Einrichtung und des Betriebes der Herstellung pharmazeutischer Produkte (nicht der experimentellen Erprobung der Arzneimittel) unternommen. Bis dahin war das einzige Problem, das die Gesetzgebung eines technologisch noch nicht entwickelten Landes wie Griechenland beschäftigte, nicht die industrielle Herstellung, sondern die Herstellung der Arzneimittel nach ärztlichem Rezept in den Apotheken.

Für das Gesetz 5607/1932 bestand ausreichender Schutz für die Fertigung von Arzneimitteln, wenn das Labor eine Betriebsgenehmigung hatte, die vom Gesundheitsminister erteilt wurde, nach Stellungnahme des höchsten Gesundheitsrats und unter der Bedingung, daß es von einem Chemiker oder Apotheker mit den gesetzlich vorgeschriebenen Qualitäten geleitet wurde, der außerdem keine Apotheke, Arzneimittelhandlung oder Pharmagroßhandlung führte oder eine andere öffentliche oder private Position innehatte.

GR 189 Diese Gesetzgebung wurde im Laufe der Zeit viele Male modifiziert und ergänzt, sie betrifft aber keinesfalls genau unser Thema. Im selben Kapitel wurden besonders die Importe von Arzneimitteln behandelt, und hauptsächlich für die Beteiligung des Apothekers Sorge getragen (z. B. Gesetzesdekret 604/1970 „über Modifizierung und Ergänzung der Verordnungen der Arzneimittelgesetzgebung", Beschluß des Gesundheitsministers Ph.G.9/6030/1969 „über die Regelung der Importabwicklung von Arzneimitteln allgemein und von Ärztemustern", Beschluß des Gesundheitsministers Nr. 51/6140/1972 „über biologische Reagenzien").

GR 190 Nach und nach stellte der Handel mit Kosmetika und diätetischen Arzneimitteln ein besonderes gesundheitliches Problem dar, und der Staat ergriff die Gelegenheit, einzuschreiten und die gesamte Gesetzgebung über den Handel mit pharmazeutischen Produkten zu modifizieren (Gesetzesdekret 96/1973 „über den Handel mit pharmazeutischen, diätetischen und kosmetischen Produkten im allgemeinen"). Wiederum jedoch war Hauptanliegen des Gesetzgebers der Handel und nicht die Erprobung des Arzneimittels.

Auf jeden Fall müssen lokal hergestellte oder importierte Präparate auf ihrer Verpackung die genaue Zusammensetzung der Wirkstoffe und deren offizielle Bezeichnungen tragen.

Ein großer Schritt voran wurde getan mit dem Beschluß des Gesundheitsministers Nr. A6A/6887/1978 „über Festlegung der Unterlagen für die Gewährung von Zirkulationsgenehmigungen und deren Verlängerung für pharmazeutische, diäteti-

---

189 Kotsianos (1977, S. 169); s. auch Zepos Nomikon Vima 21.4.

sche und kosmetische Produkte". Heute werden aufgrund dieses Beschlusses u. a. folgende Unterlagen für die Erteilung der Zirkulationsgenehmigung dieser Produkte gefordert: detaillierte Beschreibung der angewandten Analysenmethode des Produkts sowie eine eidesstattliche Erklärung über jede mögliche Nebenwirkung, die es hervorrufen kann, und der Kontraindikationen.

GR 191 Die bis heute letzte Kodifizierung der betreffenden Gesetzgebung geschah durch 2 gemeinsame Beschlüsse der Ministerien für Industrie und Energie und für Soziale Fürsorge Nr. A6/629 vom 31.7. 1979/17.1. 1980 (Regierungsanzeiger B42) „über Festlegung der Erfordernisse der Fertigung und Kontrolle pharmazeutischer Produkte" und Nr. A6/2880 vom 5.6./29.8. 1980 (Regierungsanzeiger B 828) „über Regelungen zur richtigen Produktion und Kontrolle kosmetischer Produkte".

Auch diese Beschlüsse beschäftigen sich allerdings nicht mit der *Abwicklung von Prüfungen und Experimenten mit Arzneimitteln,* weil der Gesetzgeber weiß, daß die griechische Pharmaindustrie nicht die Möglichkeiten der eigenen Herstellung medizinisch-pharmakologischer Formeln (Typen) hat, die eine pharmazeutische Forschung erfordern würde.

Die griechischen Pharmahersteller erhalten die Formeln fertig aus dem Ausland und wenden sie lediglich in ihren Laboratorien an. Dieses Vorgehen scheint der Gesetzgeber in seinen Beschlüssen zu berücksichtigen, und so bewältigt und regelt er lediglich dieses Problem.

GR 192 Das allgemeine Produktionsmuster muß die Herstellung immer derselben Menge des Produkts vorgeben. Es muß ebenfalls mit Kopien im Archiv des für die Fabrik Verantwortlichen vorhanden sein. Die Herstellung und Kennzeichnung der Erzeugnisse müssen mit Sorgfalt kontrolliert werden, so daß ihre Übereinstimmung mit den Prototypen sichergestellt ist; und nur diejenigen, die die Voraussetzungen erfüllen dürfen, zirkulieren. Zu diesem Zweck gibt es in jedem Labor eine Kontrollabteilung.

Die Kontrollabteilung muß eine vollständige technologische Ausstattung unabhängig von den anderen Abteilungen haben. Sie ist der Geschäftsführung direkt unterstellt und wird von einem Wissenschaftler mit besonderen Qualitäten geleitet. Diese Abteilung ist beteiligt an der Erstellung des Produktionsplans und überwacht die Anwendung und Kontrolle der Methoden in allen Stadien. Zu diesem Zweck gibt sie detaillierte Anweisungen heraus, in bezug auf

a) Vorbereitung und Ausführung der Analysen,
b) Annahme oder Ablehnung von Rohstoffen, halbfertigen Erzeugnissen, loser und fertiger Ware, Verpackungsmaterial und zurückgesandter Fertigware,
c) Beurteilung der Eignung der Lagerbedingungen von Rohstoffen, Halbfertigerzeugnissen, loser Ware und Fertigware,
d) detaillierte Beschreibung der Herstellungsmethode und Vorsichtsmaßnahmen, die während der Herstellung zu treffen sind,
e) erforderliche Einrichtungen und Richtlinien für ihre Reinigung,
f) Beschreibung der Kontrolle in jedem Stadium der Fertigung und des fertigen Produkts,
g) Anweisungen und Vorsichtsmaßnahmen, die während der Lagerung des halbfertigen, losen oder fertigen Erzeugnisses zu beachten sind,
h) Beschreibung des endgültigen Behälters, der Außenverpackung, der Kennzeichnungen, des Instruktionsblattes (Gebrauchsanweisung) etc.

Besonders jedoch kontrolliert die Kontrollabteilung die Identität, Gültigkeit, Qualität, Reinheit und Stabilität der Rohstoffe, Halbfertigerzeugnisse, losen und fertigen Ware und der Packmittel und bestimmt die Verfalldaten.

Gleichartige Verordnungen bestehen auch für die Produktion von Kosmetika.

G. Kritische Beurteilung

GR 193 Wenn wir das Vorhergehende aus der Sicht des Mediziners rückblickend betrachten und zusammenfassen, sehen wir, daß in Griechenland Gesetze, Verordnungen und Gerichtsurteile einen Komplex bilden, der die Grenzen der Verantwortlichkeit des Arztes und die Konsequenzen – strafrechtlicher, zivilrechtlicher und administrativer Art – seiner Fehler oder Fehlschläge bestimmt. Diese Grenzen sind eng, und es gibt Anzeichen dafür, daß sie noch enger werden.

Davon unabhängig ist die Tatsache, daß die Griechen vergleichsweise selten gegen ihren Arzt vor Gericht gehen, und auch nur in Fällen grober Fehler oder Fahrlässigkeit.

Das engmaschige Netz der Gesetze jedoch ist vorhanden, und die Tendenz, daß es sich weiter zusammenzieht, besteht.

Die Frage ist, ob sich diese Bestrebungen schließlich zum Nutzen des Kranken auswirken oder nicht. Ich glaube das letztere. Der Arzt kann nicht erfolgreich arbeiten unter dem Damoklesschwert, das in Form eines sehr engmaschigen und erdrükkenden Komplexes juristischer Konsequenzen über ihm hängt, die seine Handlungen, wenn sie nicht von Erfolg gekrönt sind, nach sich ziehen. Dies kann seine Aktivität nur lähmen, die von ihrer Natur her auf die Erfordernisse und Besonderheiten des jeweiligen Falles individuell abgestimmt wird und folglich – mehr oder weniger – von den ausgetretenen Pfaden abweichen muß, damit der bestmögliche Erfolg erzielt wird.

Wenn der Arzt mit dem Gespenst der juristischen – zivilrechtlichen oder strafrechtlichen – Konsequenzen seiner Aktivitäten leben und handeln muß, ist es nur natürlich, daß er diese in der Regel auf die Grenzen des Festgelegten beschränkt und sie nicht an die Erfordernisse und Eigenheiten des einzelnen Falles, dem er gegenübersteht, anpaßt. Diese Beschränkung seines Wirkens allerdings wird den Arzt – zumindest wahrscheinlich und nach seinem Ermessen – im Falle seiner nachträglichen gerichtlichen Beurteilung schützen, sie ist jedoch ohne Zweifel nicht zum besten des Patienten. Leider können wir das Thema an dieser Stelle nicht weiter ausführen und unsere Ansichten besser belegen.

Schlußfolgerung

GR 194 Die gesetzliche Überwachung des Arztes stärker werden zu lassen, indem wir ihm weitergehende zivil- oder strafrechtliche Auswirkungen seiner erfolglosen Handlungen auferlegen, ist einfach, aber es ist nicht die Lösung des Problems, denn es hat nicht unbedingt eine Verbesserung der Bemühungen des Arztes zur Folge. Vielleicht wird es sogar zum gegenteiligen Ergebnis führen.

Das Finden eines goldenen Mittelweges zwischen einem übertrieben umfänglichen Komplex gesetzlicher Regelungen bezüglich der Haftung des Arztes, der seine Aktivität lähmt oder auch nur beschränkt, und einer übermäßigen Milde, die ihn im wesentlichen unkontrolliert ließe, muß in der Zukunft das Ziel des Gesetzgebers in

Griechenland sein. Dieser Weg, in Verbindung mit Maßnahmen, die auf die Entwicklung des ärztlichen Verantwortungsgefühls bereits während des Studiums und die ständige Verbesserung des wissenschaftlichen Niveaus des Arztes hinzielen, ist, so meine ich, der weitaus richtigere zum Wohle des Patienten.

Literatur

Agallopoulou C (1958) Arbeitsrecht (in Griechisch).

Androulakis NK (1973) Der Psychiater als Sachverständiger im Strafprozeß (in Griechisch). Poinika Chron 321 ff.

Androulakis NK (1974) Strafrecht, spezieller Teil, Heft A (in Griechisch). Athen

Archimandritou-Matthopoulou E (1980) Die Bestimmung des Menschen, Athen 15. Aufl (in Griechisch).

Balis G (1973) Allgemeine Grundsätze des Zivilrechts, Heft B/1 (in Griechisch). Athen

Bouropoulos A (1960) Kommentar zum StGB, Bd B (in Griechisch). Athen, S 462

Choraphas N (1978) Strafrecht, 9. Aufl, Athen (in Griechisch).

Choraphas N (1962) Allgemeine Grundsätze des Strafrechts, 5. Aufl (in Griechisch).

Fotakis NS (1973) Bemerkungen zur Anwendung der Art. 34 und 36 StGB aus der Sicht des psychiatrischen Sachverständigen (in Griechisch). Poinika Chron 344 ff.

Frangos I Kommentare zur Entscheidung des Appellationsgerichts Bordeaux (31.10. 38) (in Griechisch). Efimeris Ellinon Nomikon 6: 233

Gaphos E (1963) Strafrecht, spezieller Teil, Bd D (in Griechisch). Athen

Gaphos E (1966) Strafprozeßordnung, 6. Aufl, Heft A (in Griechisch).

Gasis AA (1973) Allgemeine Grundsätze des Zivilrechts, Heft B/1 (in Griechisch). Athen

Georgiadis A Anspruchskonkurrenz beim Zusammentreffen von Vertragshaftung und Delikthaftung (in Griechisch). Diki 6: 43 ff.

Kanatsios G (1955) Die Tötung auf Verlangen (in Griechisch). Thessaloniki

Kaninias S (1976) Stellungnahme 1976 (in Griechisch). Poinika Chron 507 ff.

Katsantonis A (1956) Die Menschentötung auf Verlangen nach dem neuen StGB (in Griechisch). Poinika Chron 237

Katsantonis A (1970) Die medizinischen therapeutischen Eingriffe und die Bedeutung der Einwilligung des Patienten (in Griechisch). Poinika Chron 68 ff.

Katsas G (1940) Grundriß ärztlicher Standesregeln, 3. Aufl (in Griechisch). Athen

Kavkas K, Kavkas D (1974) Schuldrecht, Sonderteil, Bd A (in Griechisch). Athen

Kavkas K, Kavkas D (1975) Schuldrecht, Sonderteil, Bd B (in Griechisch). Athen

Kotsianos S (1977) Die ärztliche Verantwortlichkeit (in Griechisch). Thessaloniki

Kouzis AP (1929) Geschichte der Medizin (in Griechisch). Athen

Lipourli DD (1972) Hippokratische Medizin (in Griechisch). Thessaloniki

Litzeropoulos A Erm. AK (Kommentar zum griechischen BGB) § 279–300 (in Griechisch).

Mangakis G-A (1981) Strafrecht, 2. Aufl, Allgemeiner Teil (in Griechisch). Athen

Michailidis-Nouaros G (1937) Vertragshaftung und Delikthaftung (in Griechisch). Archion Idiotikou Dikaiou 4: 674

Michailidis-Nouaros G Erm. AK (Kommentar zum griechischen BGB) § 334 (in Griechisch).

Philippides TT (1952) Der Bruch der Schweigepflicht (in Griechisch). Poinika Chron 97

Psarouda-Benaki A (1972) Kommentar zur Entscheidung Nr. 19/72 des Appellationsgerichts Thessaloniki (in Griechisch). Poinika Chron 315

Psarouda-Benaki (1974) Die ärztliche Pflicht zur Aufklärung des Patienten als Voraussetzung seiner Einwilligung (in Griechisch). Poinika Chron 641

Sakka A (1972) Relation von Mitteln und Resultat (in Griechisch). Arch Nomologias 510

Stamatis K (1978) Stellungnahme 1938/78 (in Griechisch). Poinika Chron 460

Stathopoulos MP (1978–79) Allgemeines Schuldrecht (in Griechisch). Athen

Statistical Yearbook of Greece 1981 (1982) National statistical service of Greece (in Griechisch-Englisch). Athen, pp 93, 99

Toussis A Kommentar zur Entscheidung des Appellationsgerichts von Paris/25.4. 1945 (in Griechisch). Efimeris Ellinon Nomikon 13: 302

Toussis A (1973) Der Verstoß gegen den Berufskodex. Festschrift für P. Zepos (in Griechisch). Xenion 3: 507
Toussis A Stellungnahme im Areopag 768/54 (in Griechisch). Nomikon Vima 3: 189
Tsiranopoulos D Stellungnahme im Areopag 56/1902 (in Griechisch). Themis 14: 370
Zepos P (1955) Schuldrecht, Bd I: Allgemeiner Teil (in Griechisch). Athen
Zepos P (1965) Schuldrecht, Bd II: Spezieller Teil (in Griechisch). Athen
Zepos P Die Verantwortlichkeit des Arztes (in Griechisch). Nomikon Vima 21: 1
Zepos P, Michailidis-Nouaros G (1971) Les incidences du progrès de la médicine sur la droit civil.

Anmerkung: Bei den Abkürzungen BGB, StGB u. ä. handelt es sich stets um die griechischen Gesetze, soweit nicht ausdrücklich anders vermerkt.

Italy

F. Busnelli
M. Zana

Contents

Abbreviations

Arch. circolaz.	Archivio giuridico della circolazione e dei sinistri stradali
Arch. civ.	Archivio civile
Arch. resp. civ.	Archivio della responsabilità civile
Arch. ric. giur.	Archivio di ricerche giuridiche
Cass. civ.	Cassazione civile
Cass. civ. Sez. un.	Cassazione civile Sezioni unite
Cass. pen.	Cassazione penale
Cass. pen. Mass.	Cassazione penale Massimario
Cass. sez. un.	Cassazione sezioni unite
C. D.	cosid dettola (= 'so called")
Cod. civ.	Codice civile
Cod. deont.	Codice di deontologia
Cod. pen.	Codice penale
Cod. proc. civ.	Codice di procedera civile
Cod. proc. pen.	Codice di procedura penale
Cost.	Costituzione
Difesa soc.	Difesa sociale
Dir. Giur.	Diritto e giurisprudenza
Dir. pr. ass.	Diritto e pratica dell'assicurazione
D. Lu. C. P. S.	Decreto Luogotenenziale del Capo Provvisorio dello Stato
D. M.	Decreto Ministeriale
D. P. R.	Decreto del Presidente della Repubblica
Foro it.	Foro italiano
Gazz. Uff.	Gazzetta Ufficiale
Giur. it.	Giurisprudenza italiana
Giur. it. Mass.	Giurisprudenza italiana Massimario
Giur. mer.	Giurisprudenza di merito
Giur. tosc.	Giurisprudenza toscana
Giust. civ.	Giustizia civile
Giust. civ. Mass.	Giustizia civile Massimario
Giust. pen.	Giustizia penale
Mon. trib.	Monitore dei tribunali
Pret. Frascati, sent. istrutt. pen.	Pretura Frascati, sentenza istruttoria penale
R. D.	Regio Decreto
Resp. civ. prev.	Responsabilità civile e previdenza
Riv. it. dir. pen.	Rivista italiana di diritto e procedura penale
Riv. it. med. leg.	Rivista italiana di medicina legale
Riv. it. prev. soc.	Rivista italiana di previdenza sociale

Riv. pen.	Rivista penale
Scuola pos.	Scuola positiva
sent.	sentenza
S. S. N.	Servizio Sanitario Nazionale
Temi nap.	Temi napoletana
T. U.	Testo Unico
UU. SS. LL.	Unità Sanitarie Locali

A. Bases of the System of Medical Care

I. Ethical Basis of Medical Care

1 The fundamental aim of the medical profession can surely be described as the protection of good health, which is declared in the Italian code and in the constitutional charter itself to be a "fundamental right of the individual and an interest of the community" (art. 32).

Since the object of medical activity is man, who has "inviolable rights" (art. 2, Cost.), of which good health is one, doctors – and also legislation – must show "respect for the human person" (art. 32, 2nd clause, Cost.) "both as an individual and in the social structures in which his personality develops", through the "fulfilment of the duties of political, economic and social solidarity" (art. 2, Cost.).

The scope of the doctor's task is therefore not limited to the individual sphere, but includes the broad perspective of man in his integral character; not limited to the static "contemplation" of sickness, but projected into a dynamic vision of the person in perpetnal fulfilling of himself.

2 These values are now realizid (at least tendentially) in the health reform plan outlined by the law of 23 December 1978, no. 883, instituting the "Servizio Sanitario Nazionale".

This plan, not by chance, adopts in its articles 1 and 2 the "principles" and the "aims" inherent in art. 32 of the Constitution. These are the values that inspired the ancient rules of medical professional deontology, which – according to the definition in art. 1 of the current deontological code – are "the complex of the principles, rules and traditions which every doctor should observe and by which he should be inspired in practising his profession".

3 It should be pointed out immediately that this code, approved by the Consiglio Nazionale degli Ordini on 7 January 1978, does not have a legally binding value in the Italian system, as similar codes do in other systems, so that a violation of it can generally lead only to the imposition by the Consiglio dell'Ordine of thoes disciplinary sanctions which are provided for in art. 40 of the D. P. R., 5 April 1950, no. 221 ("regulation for the effecting of D. LU. C. P. S., 13 September 1946, n. 233 on the re-establishment of the 'Ordini' of the medical professions and for the discipling of the practice of the professions themselves"). These sanctions are: "1) warning, consisting of warning the offender not to repeat the offending act; 2) censure, which is a declaration of reproof for the offence committed; 3) suspension from the practice of the profession for a period of 1 to 6 months; 4) striking off from the roll".

In particular, the "suspension" can be achieved by law, up on a declaration of the Consiglio degli Ordini, *ex* art. 43, cod. deont., in cases specially provided for that involve conduct also violating criminal rules.

I 4 This demonstrates one of the many points of contact between deontological rules and regulations in the state code. The link between the two can be found in a wide range of possibilities.

In some cases a deontological rule simply repeats a criminal law regulation, one example being the disclosure of professional secrets, which is covered by art. 622 of the cod. pen. and arts. 10–15 of the cod. deont. More often, however, deontological rules prescribe explicitly types of conduct implicit in the wider concept of professional diligence, which – as will be better illustrated below – constitutes the basic criterion for evaluating the responsibility (civil and/or criminal) of the professional person.

On this point, the rules contained in Title III of paragraph VI of the cod. deont., relating to the "general rules of conduct" (arts. 23–32), serve as examples. They identify some typical aspects of the more general obligations of "correctness" (art. 1175, cod. civ.) and of "diligence" (art. 1176, cod. civ.), provided for by the civil code as abstract models of reference in the carrying out of the service.

I 5 Moreover, by virtue of a verdict of the Corte di Cassazione a Sezioni riunite (the case in point in fact concerued the medical profession), jurisprudence has long recognised the applicability to "relationships having a service of intellectual work as their object" of the "rules of the c. d. professional deontology, the formulation, expression and application of which are referred to the single professional categories" (Cass., Sez. un., 9 March 1965, n. 375 in *Foro it.*, 1965, I, 1040).

However, this applicability is, so to speak, indirect: either through the abovementioned reflection of the rules in the general clauses or, as is very often the case, by their automatic insertion in the intellectual services contract stipulated by the professional person in dealings with his client, as customary clauses, *ex* art. 1340 of the cod. civ. ("the customary clauses are understood in the contract unless they are not wanted by the parties"): this can occur for example, with the modalities relating to the professional honorarium, provided for in arts. 53–58 of the cod. deont., and recalled, even though indirectly, in art. 2233 of the cod. civ.

II. The Organisation of the Medical Care System

I 6 The medical care organisation in Italy is currently in a period of profound transformation from the "sistema mutualistico" to the "Servizio Sanitario Nazionale" (S. S. N.), set up by the law of 23 December 1978, n. 833.

On the basis of the constitutional principle of the protection of the right to good health mentioned above, this law solemnly affirms that the fundamental aims of the S. S. N. are „the promotion, maintenance and restitution of the physical and psychic good health of the whole population without distinction according to individual and social conditions" (art. 1).

The stated intent is to achieve concrete realisation of this constitutional principle and no longer attribute to it only the reductive, significance of a simple "general orientation towards the protection of *public* health by means of appropriate forms of public medical assistance", which is perhaps still the prevalent jurisprudential and doctrinal interpretation (cf. Trib. Genoa, 30 May 1974 and App. Genoa, 17 July 1975, both in *Resp. civ. prev.*, 1975, 431. The topic is summarised in Poletti di Teodoro, *Il diritto alla salute dallo Stato liberale alla riforma sanitaria,* in *Il diritto alla salute,* edited by F. Busnelli and U. Breccia, Zanichelli, Bologna, 1979), In a recent fundamental pronouncement, the Corte di Cassazione a Sezioni Unite (sent. 8 October 1979, n. 3172, in *Foro it*, 1979, I, 2304) recognised that "health, before and beyond being an object of care and intervention on the part of the general community is firstly, unconditionally and absolutely protected as a way of being of the human person", given that "art. 2 of the Constitution serves to better define both the content and the type of the protection" which is that typical "of the subjective right, nay, of the absolute right".

17 From the overturning of the traditional structure, the reform law could not but draw a series of inferences regarding the extent, the diffusion and the modalities of health care, formulating new principles and aims.

In the light of the link between art. 32 and art. 2 of the Constitution (cf. Sect. A.I), health care can no longer be limited to an "action of the State aimed at preventing and repressing damage to the human organism which can derive from a state of illness, where illness is meant as an unhealthy pathological process". Alongside the necessity of treating existing illnesses, another need emerges and assumes pre-eminent importance in the reform law – that of protecting healthy individuals *from* sickness (preventive health care) in all living and working environments, and of aiding the functional and social recovery of disabled individuals (rehabilitative care).

In more general terms, the need to respect the principle of both formal and concrete equality, sanctioned by art. 3 of the Constitution, forms the basis for the change-over from fragmentary and disorganic legislation on health (a source of innumerable unjustified acts of discrimination between one citizen and another) to a single legal framework aimed at assuring health conditions and guarantees which are the same "for all the population, making no distinctions on grounds of individual or social conditions" (art. 1, 3rd clause).

18 The institutional characteristics of the new services can be briefly summarised as follows:

1. Complete "welfare cover" for the entire population
2. Comprehensive services, in that all the structures and services which perform acts of prevention, treatment and rehabilitation and which were previously under the competence of numerous different bodies (hospital bodies, insurance bodies, local or provincial authorities, consortiums of local organisations, etc.) are now included in the S. S. N.
3. Integrated services, which must be managed in a unified fashion since they all come under the competence of a single administrative authority
4. Territorial decentralisation: the running of the services must be carried out on a territorial basis, this task having been delegated to the local authorities ("Comuni") who exercise their competence through the "Unità Sanitarie Locali" (UU. SS. LL.) defined (*ex* art. 15, Law 833/1978) as "operative structures of the *Comuni*"
5. Homogeneity of the welfare services over the whole territory, in accordance with the constitutional principle of the equality of citizens (sanctioned by art. 3, Cost.)
6. Coordination with the social services which, at least until the effecting of a global reform in the specific sector concerned, remain directly managed by the local bodies or by other bodies or organisations.

Prevention, treatment and rehabilitation services are carried out by the UU. SS. LL., which use doctors employed by them or external self-employed doctors who have convention agreements, stipulated by their "nationally more representative" trade union organisations (these doctors are known as "convenzionati"), with the Government, the regions and the "Associazione Nazionale dei comuni italiani", and made executory by the Decreto del Presidente della Repubblica, *ex* art. 48, Law 833/1978.

I 9 Medical aid is also given – in the same forms provided for services performed by the S. S. N. state structures – by private clinics and institutions having regional convention agreements, *ex* arts. 43 and 44, Law 833/1978).

It is interesting to note that – according to unofficial data (published in *Difesa soc.,* 1979, 1, 84) – about a year after the health reform law came into force, 96% of private clinics had already stipulated conventions of this type. This is the more significant in the light of the fact that, according to the same source, private care institutions in central and southern Italy (the regions where they are most widespread) represent 9.79% of the entire hospital network.

I 10 Medical aid is provided to citizens with the assurance of "the right to the free choice of doctor and of place of treatment within the objective limits of the health services organisation" (art. 19, clause II, Law 833/1978).

The UU. SS. LL. draw up lists of the "convenzionati" doctors, from which the citizen makes his choice: at present, according to the provisions of the conventions operating for general practitioners and paediatricians, the ratio of *medico di fiducia* and patients is fixed at a maximum of 150 patients to each general practioner and 800 patients to each paediatrician.

The conventions referred to also provide for a service of "emergency night and holiday first-aid stations", in order to assure domiciliary visits in emergency cases at times when the *medico di fiducia* is not bound to act. There are significant legal problems as regards the conduct of the doctors attached to this service, particularly judgement – often made on the basis of simple indications supplied on the telephone by the person requesting assistance – of the actual urgency of the call. Failure of the doctor to intervene could constitute a crime of "omission or refusal of acts of office" (art. 328, cod. pen.) or "omission of aid" (art. 593, cod. pen.) (cf. Sect. C.I).

I 11 In the current transitional phase from the old to the new structures it is practically impossible to obtain sufficiently reliable statistical data on the health organisation: Official data concerning hospitals, private clinics and the number of doctors operating in the public and private health care sectors refer to the situation before the reform of Law 833/1978 was set in motion. However, for the purposes of this paper, the data compiled by the Istituto Central di Statistica, now updatad to the years 1979/1980, may be useful.

In brief, the data given in Tables 1–4, taken from the *Compendio statistico italiano,* 1982, show that the Italian hospital network in 1980 was composed of 1829 care institutes (of which 629 were private) with a total of 547078 beds. 10306417 patients were admitted to hospitals for a total of 139327644 days stay, and 68951 doctors and 227050 auxiliary health service workers (professional and general nurses, head nurses and child welfare workers) served in these institutes.

According to data taken from the general census of the Italian medical population, conducted by the Federazione Nazionale degli Ordini dei Medici (published in *Difesa soc.,* 1979, 3, 84), on 30 Juni 1978 there were 143695 doctors in Italy; the general ratio of doctor to population was 1:394.

Table 1: Situation in medical institutes and patient movements by region. 1979.*

Regioni	Situatzione Degli Istituti A Fine Anno				Movimento Dei Ricoverati				
			Personale sanitario a di assist.		Degenti		Dimessi		Giornate di degenze migliala
	Istitut	Postiletto	Medico	Sanitario ausiliario	Presenti al l'genaio	Entrall	Usciti	Deceduti	
Piemonte	186	45268	5150	16170	23851	695173	675878	20488	10986
Valle d'Aosta	1	682	114	410	430	15111	14744	410	185
Lombardia	218	83300	10384	35001	46827	1566895	1544484	25264	21972
Trentino-Alto Adige	40	9247	789	3741	5323	156398	152381	4228	2423
Bolzano-Bozen	20	3863	286	1305	1959	74326	72413	2037	909
Trento	20	5384	503	2436	3364	82072	79968	2191	1514
Veneto	121	57328	5170	23512	30158	920300	894156	27114	14010
Friuli-Venezia-Giulia	34	16396	1970	7898	9185	287652	276619	10868	4331
Liguria	69	21724	2355	8884	12202	370713	358339	12888	5814
Emilia-Romagna	156	44050	5307	19869	24433	800823	778966	22185	11874
Toscana	111	38398	4542	18044	18813	689140	673994	14414	9606
Umbria	24	7344	1141	3357	2884	151296	148830	2339	1700
Marche	81	19345	1959	6687	8183	313742	308186	5821	4346
Lazio	213	48561	7933	20020	25613	803452	780423	21789	13342
Abruzzi	38	13863	1483	5052	6658	239841	237311	2978	3485
Molise	9	1973	344	612	862	50600	50400	212	462
Campania	153	40304	6938	17908	17862	764324	758203	6870	10180
Puglia	117	37256	4257	14873	16454	727589	723132	4400	9537
Basilicata	15	4884	452	1997	2074	78175	77750	354	1167
Calabria	65	14623	1988	5412	6471	312802	310724	1902	3824
Sicilia	159	37965	5215	12343	17829	723493	720965	3217	9264
Sardegna	42	12106	1460	5060	6477	223016	220101	3382	3154
Total	1832	554595	68951	227050	282589	9890535	9705586	191121	141861
Nord-Centro	1234	391621	46814	163593	207902	6770695	6607000	167806	100591
Mezzogiorno	598	162974	22137	63457	74687	3119840	3098586	23315	41071

Table 2: Public and private institutes, beds, patients and days of stay in hospital. 1980.*

Regioni	Pubblici							
	Generali				Specializzati			
	Istituti	Postiletto	Degenti	Giornate di degenza	Istituti	Posti-letto	Degenti	Giornate di degenza
Piemonte	77	25843	540378	6383846	29	7665	108786	1675680
Valle d'Aosta	1	605	15456	170141	–	–	–	–
Lombardia	108	55477	1368216	14715478	20	5135	75896	1447589
Trentino-Alto A	19	6521	140710	1611600	4	670	8404	173022
Bolzano-Bozen	9	2968	61292	670057	1	210	4769	52234
Trento	10	3583	79418	941543	3	460	3635	120788
Veneto	69	42639	826053	9915961	7	2386	34749	596522
Friuli-Venezia G	19	12736	250886	3310312	6	1609	32554	346448
Liguria	34	13798	305103	3761992	8	3309	49291	828815
Emilia-Romagna	77	28914	649738	7587392	11	4104	63380	1220550
Toscana	56	28225	608876	6706077	10	2382	36572	550804
Umbria	18	6651	143759	1526920	–	–	–	–
Marche	53	13177	252710	2746008	8	2154	31597	441457
Lazio	81	29868	623539	7972401	16	3238	48482	746627
Abruzzi	21	8949	215086	2238006	2	347	2594	78823
Molise	6	1785	47872	425161	–	–	–	–
Campania	48	21173	542894	5124003	8	4861	92949	1225982
Puglia	67	25829	666321	6556945	13	3649	46619	675887
Basilicata	11	3195	74182	775670	1	98	1644	20920
Calabria	25	8995	244618	2150609	6	1102	9641	289703
Sicilia	73	22867	571139	5334156	20	5923	105155	1188466
Sardegna	19	7422	181155	1748512	9	1597	21375	385386

Regioni	Pubblici							
	Generali				Specializzati			
	Istituti	Postiletto	Degenti	Giornate di degenza	Istituti	Posti-letto	Degenti	Giornate di degenza
Italia	862	364469	8268691	90761190	178	50229	769688	11892681
Nord-Centro	592	264254	5725424	66408128	119	32652	489711	8027514
Mezzogiorno	270	100215	2543267	24353062	59	17577	279977	3865167

* From *Compemdio statistico italiano*, 1982.

Table 3: Public and private institutes, beds, patients and days of stay in hospital. Year 1980.*

Regioni	Segue Pubblici							
	Psichiatrici				Totale			
	Istituti	Postilet-to	Degenti	Giornate di degenza	Istituti	Postilet-to	Degenti	Giornate di degenza
Piemonte	7	5194	4746	1160680	113	38702	653910	9220206
Valle d'Aosta	–	–	–	–	1	605	15456	170141
Lombardia	15	7224	14390	2149126	143	67836	1458502	18312193
Trentino-Alto A	2	776	1470	231297	25	7967	150584	2015919
Bolzano-Bozen	1	130	141	20069	11	3308	66202	742360
Trento	1	646	1329	211228	14	4659	84382	1273559
Veneto	14	7126	10781	1876727	90	52151	871583	12389210
Friuli-Venezia G	2	1211	2396	385397	27	15556	285836	4022157
Liguria	2	1845	3711	665837	44	18952	358105	5256644
Emilia-Romagna	15	5375	11372	1495687	103	38393	724490	10303629
Toscana	7	4079	7078	1235687	73	34686	652528	8492588
Umbria	1	305	340	87720	19	6956	144099	1614640
Marche	5	1930	2445	465953	66	17261	286752	3653418
Lazio	5	2096	2849	607826	82	35002	874870	9326854
Abruzzi	2	1698	2447	385081	25	11194	220127	2701910
Molise	–	–	–	–	6	1785	47872	425161
Campania	8	6161	6831	1447706	64	32195	842674	7797691
Puglia	1	750	1018	255762	81	30228	713958	7488594
Basilicata	–	–	–	–	12	3293	75826	796590
Calabria	2	1216	1894	462057	33	11313	256153	2902369
Sicilia	6	5054	6925	1505658	99	33844	683219	8028280
Sardegna	3	1612	2133	609255	31	10631	204663	2643153
Italia	97	53852	42828	14907456	1137	458550	9121205	117581327
Nord-Centro	75	37161	61578	10341937	786	334067	6276713	84777579
Mezzogiorno	22	16691	21348	4565519	351	134483	2844492	32783748

Table 4: Public and private institutes, beds, patients and days of stay in hospital. Year 1980.*

Regioni	Privati				Totale Generale			
	Istituti	Postilet-to	Degenti	Giornate di degenza	Istituti	Postilet-to	Degenti	Giornate di degenza
Piemonte	50	5602	72228	1419880	163	44304	726138	10640086
Valle d'Aosta	–	–	–	–	1	605	15456	170141
Lombardia	72	10876	188938	3183870	215	78712	1647440	21496063
Trentino-Alto A	15	1142	15290	339052	40	9109	165874	2354971
Bolzano-Bozen	9	539	9444	153330	20	3847	75646	895690
Trento	6	603	5846	185722	20	5262	90228	1459281
Veneto	32	3952	61146	1013900	122	56103	932729	13403110
Friuli-Venezia G	7	824,	17229	268618	34	16380	303065	4290775

Regioni	Privati				Totale Generale			
	Istituti	Postilet-to	Degenti	Giornate di degenza	Istituti	Postilet-to	Degenti	Giornate di degenza
Liguria	24	1540	25712	397959	68	20492	383817	5654603
Emilia-Romagna	54	6094	118812	1757101	157	44487	843302	12060730
Toscana	38	3188	59837	983957	111	37874	712363	9476525
Umbria	5	290	7657	65192	24	7246	151756	1679832
Marche	15	1984	31789	602152	81	19245	318541	4255570
Lazio	132	13992	158187	3983046	214	48994	833057	13309900
Abruzzi	13	2206	29089	759235	38	13400	249216	3461145
Molise	3	214	3716	61387	9	1999	51588	486498
Campania	94	8508	174957	2337705	158	40703	817631	10135396
Puglia	34	7801	44545	1923652	115	38029	758503	9412246
Basillicata	2	1560	2778	337662	14	4853	78604	1134252
Calabria	33	3170	76206	969231	66	14483	332359	3871600
Sicilia	57	4014	88374	956489	156	37858	751593	8984749
Sardegna	12	1571	28722	406299	43	12202	233385	3049452
Italia	892	78528	1185212	21766317	1829	547078	10306417	139327644
Nord-Centro	444	49484	756825	14014727	1230	383551	7033538	98792306
Mezzogiorno	248	29044	428387	7751590	599	163527	3272879	40535338

* from *Compendio statistico italiano*, 1982

B. Claims and Court Cases Regarding Medical Care

I 12 In the course of the research for this paper, it has proved extremely difficult to elaborate a summarised view of court cases regarding medical care. No sufficiently reliable statistical studies have been made on the significance or types of the cases in progress or of those that have arisen in recent years. In addition, there is a widespread tendency to conceal any negotiations conducted out of court between the victims of damages caused by medical activity or their heirs and insurance companies in order to reach settlements which will terminate the legal action (or, in the more serious cases, limit the penal consequences for the doctors accused in criminal trials, owing to renunciation by the damaged party of the request for a "civil party compensation settlement").

We thus decided to conduct our research through analysis of objektively significant jurisprudential facts published in specialised reviews and concerning particular cases of medical responsibility. The cases in point will constantly be referred to in the text of this paper.

C. Responsibility for Negligence

I. Criminal Responsibility

13 The criminal acts which most often occur in carrying out a medical activity in terms of damage done to the patient, are included in Title XIII of Book II of the penal code, in the paragraph on "crimes against the person": homicide (arts. 575, 589), personal injury (arts. 582, 590), omission of aid (art. 593) and private violence (art. 610).

In homicide and personal injury, the objective element of the criminal case in point – human life in the former and physical and psychic integrity of the person in the latter – is highlighted by the case histories of judicial actions regarding medical responsibility, which will be included in this paper. The psychological element of the crime (art. 43, cod. pen.) should then be analysed. In particular, negligence must be considered, given that the hypothesis of a purposeful intention of damaging conduct on the part of the doctor is of marginal importance and in any case not relevant to this topic.

14 Omission of aid and private violence will be considered separately; the latter, in particular, constitutes an aspect of the wider problem of consent to medical treatment.

According to art. 43 of the penal code, "the crime ... is one of negligence, or is not premeditated, when the event, even if foreseen, is not desired by the agent and occurs as a result of remissness, imprudence or lack of skill, or of the non-observance of law, regulations, orders or disciplines". The affirmation of unintentional responsibility in the exercise of a medical activity is therefore translated as professional negligence in the various forms defined in the above law.

15 The law has always shown, and still shows, an extremely cautious attitude towards medical activity, and particularly the doctor. However, it is possible to identify some fundamental trends in the application of the general criteria. For many years it was maintained that "professional negligence of the medical worker should be considered with a broad-minded attitude and with understanding, both because obligatory methods of examination and treatment do not exist in medicine and because errors of evaluation and judgement are inevitable in medical art". Negligence was thus recognised only in instances of "patent violation of the common diligence elementary to the average level of culture and ability of one entitled to exercise the medical profession", or "commonplace transgression of the rules governing that art". Negligence, in other words, was recognisable only in cases of "inexcusable error" (cf. Cass. pen., 17 October 1952, in *Giust. pen.*, 1953, II, 503; Cass. pen., 17 January 1959, in *Resp. civ. prev.*, 1959, 406; Ass. Florence, 23 June 1961, in *Resp. civ. prev.*, 1962, 385; Cass. pen., 29 March 1963, *ivi*, 1963, 542; Cass. pen., 4 May 1965, in *Riv. pen.*, 1967, II, 153; Cass. pen., 26 January 1968, in *Cass. pen. Mass.*, 1969, 1077).

16 Subsequently, in a sentence of the *Cass. pen.*, 21 October 1970 (in *Temi*, 1974, 15), these somewhat generic criteria were more precisely formulated; it was, in fact, declared that "on the theme of the evaluation of responsibility for crime by negligence committed in the exercise of the medical profession, the criminally important error is only that deriving from serious negligence, referred to in art. 2236 of the civil code, which can be found in excusable error deriving from non-application of general and indispensable knowledge relative to the profession, or of the minimum required ability and technical skill in the use of manual and instrumental means employed, or finally from the lack of prudence and diligence indispensable in one exercising the medical profession".

17 It is worth remembering (the matter will be closely axamined in a more relevant section) that article 2236 of the civil code, on the question of the civil responsibility of the professional person, establishes that "if the service implies the solution of especially difficult technical problems, the worker is not responsible for damages except in the case of fraudulent intention or serious negligence". This rule, considered generally applicable in a civil suit "both in the contractual and extracontractual fields" (Cass. civ., Sez. un. 6 May 1971, n. 1282 in *Giur. it.*, 1971, I, 1, 1396), was adopted as a fundamental criterion even for professional criminal responsibility, and interpreted in the sense that all actions that can be linked to the various categories of negligence defined in art. 43 of the penal code – which were referred to in the decision above (Cass. pen., 21 October 1970) and can be summarised as negligence for lack of skill, for imprudence or for remissness – are penally significant only if serious (cf. Cass. pen., 4 February 1972, in Resp. civ. prev., 1973, 248).

18 The defect of stating the problems of professional responsibility in this way was pointed out by the Constitutional Court (judgement n. 166 of 28 November 1978 in *Gazz. Uff.* of 5 December 1973, n. 314) when called upon to give its opinion on the matter of constitutionality in relation to art. 3, Cost., of arts. 42 and 589, cod. pen., "in the part in which these agree that in the evaluation of professional negligence the judge may attribute criminal importance only to particular types of levels of negligence" (cf. ordinanza of Trib. of Varese, 12 July 1971. The Constitutional Court, in fact, while considering justified the derogation from the general rule of criminal responsibility for negligence, inferable from arts. 589 and 42 (*rectius*, 43), cod. pen., in relation to art. 2236, cod. civ., emphasised that

> such exemption or limitation of responsibility does not lead to an admission that, alongside the minimum skill required, only a minimum of prudence or diligence is sufficient.
>
> In fact it should be recognised that, while for the former the indulgence of the magistrate's decision is directly proportional to the difficulty of the task, for the latter two forms of negligence, every decision must be marked by criteria of normal severity.

The Constitutional Court thus showed its agreement with the criticism formulated in doctrine of the tendency referred to above, concluding that the formula of art. 2236, cod. civ., limiting professional responsibility only to serious negligence, does not apply to all types of negligence but only to negligence related to the level of skill, the logic behind this exception being to increase the technical discretion of the professional person where particularly difficult problems are involved, the solution of which involves a high risk of failure.

19 It was also made clear that the favourable treatment of art. 2236, cod. civ., does not apply to both prudence and diligence in the strict sense, both remaining ruled "as before under civil law, by the general rule of art. 1176, cod. civ., which requires an average level of diligence and admits responsibility also for slight negligence".

It can be deduced that "the greater the difficulty of the task, the more indulgent should be the magistrate's decision on the skill of the agent, but the more severe that on the diligence and prudence displayed by the same" (Crespi, *La "colpa grave" nell'esercizio dell'attività medico-chirurgica,* in *Riv. it. dir. pen.,* 1973, 255/260; Crespi, *Il grado nella colpa nella responsabilità professionale del medico-chirurgo,* in *Scuola pos.,* 1960, 484).

The trend outlined above was followed by prevailing law, so that it can now be accepted – though a variety of different expressions are used in the various cases – that "on the matter of negligence on the part of one exercising a medical profession, the judgement of the judge should be particularly broad when the accusation involves lack of skill, which is important from a criminal standpoint only when the behaviour is incompatible with the minimum culture and experience expected from one entitled to exercise the medical profession. If on the other hand the accusation of negligence consists of remissness or imprudence, the judge's decision should be made according to normal and generally applied criteria" (Cass. pen., 18 October 1978, in *Cass. pen. Mass.,* 1981, 548 – Conform., cf. Cass. pen., 12 May 1977, in *Giur. it.,* 1978, II, 294; Cass. pen., 13 December 1977, in *Cass. pen. Mass.,* 1980, 1561; Cass. pen., 11 January 1978, *ivi,* 1980, 1570; App. Venice, 29 April 1981, in *Riv. it. med. leg.,* 1982, 249; Cass. pen., 11 September 1981, in *Riv. pen.,* 1982, 312).

20 Finally, nevertheless, the Court of Cassation explicitly denied the applicability of art. 2236, cod. civ., to the criminal field, opening the door to what seems a different (but certainly not new) orientation in evaluating the negligence of the doctor. With its decision of 22 October 1981 (*in Riv. it. med. leg.* 1982, 485), the Court, while confirming that the "existence or otherwise of professional negligence on the part of the doctor must be evaluated with liberality and understanding", specified that "owing to the peculiarities of the exercise of the medical art in general and those of the circumstances of particular cases", this evaluation should still fall "within the range of the criteria dictated by art. 43, cod. pen., for the recognition of negligence".

21 It went on to state that "in no case can it be maintained that art. 2236, cod. civ., a regulation manifestly aimed at disciplining a case in point relative to the obligation of indemnity, can be extended to the penal system to determine a hypothesis of non-punishability for acts committed with average or slight negligence".

This pronouncement seems to signal a return to statements already made in the past, according to which "the delimitation of the responsibility of one exercising the medical profession for an error committed by the same in the course of the practice of his professional activity should not be related in criminal law to a certain level of negligence, but should be established according to the nature and characteristics of the activity performed, duly taking into account the aims and the inherent risks, and therefore liberally evaluating the behaviour of the doctor" (Cass. pen., 17 April 1971, in *Cass. pen. Mass.,* 1978, 1669).

22 Within this alternation of contrasting trends, the one recurrent factor in respect of medical responsibility in criminal jurisprudence is therefore the "broadmindedness and understanding" suggested to the judge as a fundamental criterion in evaluating the conduct of the operator. This is, however, a criterion to which judges – and particularly first judges – at times do not refer, judgements seeming to be inspired by a certain severity.

On this point, a significant decision was passed by the Appeal Court of Milan (7 January 1977, in *Giur. it.,* 1978, II, 294), according to which "the discretion of the surgeon in choosing the form of an operation is not insusceptible to control in a criminal suit"; thus once a certain operating technique has been chosen, "it is legitimate to expect, of the person who actually carries out the operation, particular rigour both in the operating process and in the capacity to foresee the occurrence of possible complications, and thus to cope with them at the opportune time". It is also significant that the court referred to "dutiful regard for human life" as "a theme for which even the most sophisticated scientific schools have a duty to maintain the maximum respect at all times, even when their adherents wish to claim the right to choose the method they consider preferable for the accomplishment of their task".

According to art. 593 of the Penal Code, a crime of omission to aid is committed
23 by "whoever, finding a child of less than ten years of age abandoned or confused, or any other person incapable of caring for himself owing to mental or physical illness, old age or other cause, fails to advise the authorities immediately" (1st clause); or by whoever, "finding a human body which is or seems inanimate, or an injured or otherwise endangered person, fails to give necessary assistance or to advise the authorities immediately . . ." (2nd clause).

The application of this rule has in the past given rise, and indeed continues to give rise to, interpretive conflict, above all in relation to the *"vexata quaestio"* of the refusal of assistance in urgent cases by a doctor not bound by duties of office or service (for in this case, the doctor, whether operating in the public sector or "concenzionato", should answer for the more serious crime of "failure in or refusal of acts of office", *ex.* art. 328, cod. pen.) and not even bound to the fulfilment of a contractual obligation.

In the absence of a regulation governing the case of a patient who, through refus-
24 ing the assistance of one or more doctors, becomes more seriously ill or dies, the law has, in various cases, attibuted different meanings to the text of art. 593, and in particular to the term "finding", referred to in the 2nd clause.

The terms of the problem are clearly summarised in two judgements made by the criminal Cassation, one shortly after the other, which present the two interpretations already formulated and in force in the previous penal Code (art. 382, the formulation of which is not substantially dissimilar to the current art. 593).

According to the Cass. pen., 14 December 1977 (in *Giust. pen.,* 1979, II, 126), "the crime which is defined in art. 593 is applicable to whoever has been informed that in the immediate vicinity there is a person in danger – who it is not necessary to encounter materially – and thus also to the privately practising doctor who, urgently called upon to assist a man struck by sickness, refuses to give assistance to the sick man".

Less than 2 months later, the same section of the Cass. pen. (sent. 31 January
25 1978, in *Giust. pen.,* 1979, II, 189) interpreted the rule in a restrictive manner, making statements exactly opposite to those just cited: "where a doctor who happens to be in a railway station, informed of the arrival within only a few minutes of a train on which there is a person struck by an illness and in need of assistance, refuses to wait to give professional aid, the crime of failure to assist cannot be brought to bear, since the criminally sanctioned obligation applies only when the agent meets with, and thus comes directly into material contact with, the object of the finding by means of his own sensory organs".

No doubt is expressed, however, on the applicability of the same regulation if the doctor were to witness the occurrence which is the cause of the current condition of the person in need of aid, or when the latter is taken by third parties to where the doctor is located (cf. Chiodi, *Omissione di soccorso e rifiuto di assistenza urgente da parte del medico nella giurisprudenza della Cassazione,* in *Riv. it. med. leg.,* 1980, 254).

26 Finally it should be noted that an interpreter could obtain little help from the deontological code, since the only regulation which seems applicable to the case in point is art. 8, regarding ",urgent services". This regulation states that "the doctor, independently of his function or specialisation, must, in any place or circumstance, give emergency treatment to a person in immediate danger for whom it is not possible to assure other aid in time". It is clear that the exact interpretation of this provision – leaving aside its non – binding value – also poses many problems.

II. Criminal Procedure

27 Judgements of (criminal) medical responsibility do not present any particular procedural aspects in the Italian code. The competence of the deciding body is in each case assigned to the criminal jurisdiction organs following the distribution established in arts. 29–32 of the code of criminal procedure. The fact that the crime may be committed in the exercise of functions of a doctor working in the state structure, in a private structure, or in private practice does not affect competence on the matter.

Crimes for which the doctor can be charged and which come under the competence of the Court of Assises – a collegial organ composed of two magistrates and six popular judges – are voluntary homicide (art. 575, cod. pen.) and instigation or assistance to suicide (art. 580, cod. pen.); the former has little relevance (or none, as observed above) while the second is closely related to the problems of euthanasia (cf. Sect. F.IV).

As regards the other criminal hypothesis, already mentioned, the competence is shared , *ex* arts. 30 and 31, between the "Tribunale" and the "Pretore", according to the type of punishment "established by law for each committed or attempted crime" (art. 32, cod. proc. pen.).

The only judge of legitimacy is, in the last analysis, the criminal Cassation, which can be called upon to intervene – when the first two levels of jurisdiction, so-called "of merit", have been exhausted – in cases of non-observance or erroneous application of criminal law, of the exercise by the judge of powers reserved by law to other state bodies, and of failure to observe regulations established by the code of criminal procedure on penality of nullity, inadmissibility or decadence (art. 524, cod. proc. pen.).

28 As regards the modalities of effecting the criminal judgement, the circumstance in which the agent is arrested "in the flagrancy of the crime" can assume particular importance, when the agent is intending as "flagrant the crime which is currently being committed". On the basis of this definition, art. 327, cod. proc. pen., specifies that "he who is caught in the act of committing the crime is in a state of flagrancy" (clause II) and considers in a state of flagrancy also "one who, immediately after the crime, is pursued by the forces of law, by the wronged party or by other persons, or who is surprised with things or traces which would seem to indicate that he had committed the crime shortly before" (clause III). In these cases, "if special investigations are not necessary", the "most immediate judgement" can be applied (art. 502, cod. proc. pen.) in order to bring the matter to a conclusion in a shorter time than that required by "the ordinary forms". In any case, there remains the possibility to "replace the most immediate judgement with the ordinary proceedings"

where the presuppositions for the former are not recognised (art. 504, cod. proc. pen.).

III. Civil Responsibility

I 29 The basic criteria for evaluating medical responsibility are not expressly provided for in the positive code, but derive from the doctrinal and jurisprudential elaboration of the concept of professional negligence on the basis of the coordination between arts. 1176 and arts. 1218 and 2043 of the civil code regarding contractual and extracontractual responsibility respectively.

I 30 This distinction does not lead to significantly different results as far as the burden of proof is concerned (cf. *Sect.* C.VI).

I 31 It does, however, affect the prescription regime since action on indemnity follows the general rule *ex* art. 2946, cod. civ. (10 years) in the first case, while in the second case action can no longer be proposed after 5 years from the day of the occurrence which caused the damage (art. 2947, cod. civ.).

I 32 It should be noted that indemnity for damages "is limited to the damages which could be foreseen at the time the obligation arose" only in the case of contractual responsibility. In the general lines of the system, cases in which the doctor damages the patient during treatment specifically requested by the latter – that is in the effecting of the so-called treatment contract – are distinguished from those in which the doctor behaves in the absence of a previous agreement (e.g. assistance to a subject who is unconscious) or outside the limits previously foreseen; in any case, that is, in which there is no expressed (or tacit) demonstration of will to undergo the treatment.

I 33 Art. 1176 cit. establishes that "in fulfilling the obligation the debtor should employ the diligence of a father", specifying, in the second clause, that in "the fulfilment of the obligations inherent to the exercise of a professional activity, diligence should be evaluated according to the nature of the activity exercised". Conversely, non-diligent behaviour defines the grounds for negligence, along with case by case decisions on whether the negligence comes under the heading of technical skill or of prudence and diligence in the strict sense.

I 34 In any case, negligence constitutes one of the conditions for the obligation to indemnify damages which may have been done.

In the case of a previous agreement this obligation arises from art. 1218, cod. civ. ("the professional person who does not carry out exactly the service due is held to indemnify the damage unless he can prove that the non-fulfilment or delay was determined by the impossibility of performing that service owing to causes not ascribable to himself"); in the absence of a previous agreement the obligation derives from art. 2043, cod. civ., according to which "any act of fraudulence or negligence which causes unjust damage to others obliges he who committed the act to indemnify the damage".

I 35 Leaving aside those aspects inherent to the burden of proof, which will be discussed below, the criteria of responsibility are uniformly considered under a concept of negligence, by which is meant, in a first approximation, the absence of diligence. Thus in both the hypotheses outlined, the limit of 'serious negligence" provided for in art. 2236 – dictated on the theme of the responsibility of one exercising an intellectual profession in the fulfilment of an (intellectual) services contract stipulated with the client – is considered applicable when the services imply "the solution of particularly difficult technical problems" (cf. Trib. Turin, 5 March 1958, in *Arch. resp. civ.*, 1958, 478; App. Florence, 20 September 1966, in *Giur. tosc.*, 1967, 435; Cass. civ., Sez. un., 6 May 1971, n. 1282 cit.). Such circumstances exist only "when the specific case is extraordinary or exceptional, such that it has not been adequately studied in medical science nor experimented in practice (if it is not actually unknown), or when medical science has proposed and debated different and incompatible diagnostic, therapeutic and surgical techniques, from which the doctor chooses" (Cass. civ., 21 December 1978, n. 6141, in *Giur. it.*, 1979, I, 1, 953; cf. Cass., 29 March 1976, n. 1132, in *Giur. it.*, 1977, I, 1, 1980; Cass., 18 April 1978, n. 1119, in *Resp. civ. prev.*, 1978, 591).

36 This interpretation of the particular difficulty of technical problems (art. 2236, civil code) is now invariably used by the civ. Cassation after the decision of 18 June 1975 n. 2439 (in *Giur it.*, 1976, I, 1, 953), which, it seems, has given the doctrine its most complete expression, following some pronouncements which had already established certain particular aspects (cf. Cass. civ., Sez. un., 9 March 1965, n. 375, cit.; Cass. civ., 13 October 1972, n. 3044, in *Resp. civ. prev.*, 1973, 97).

Previously, referring, for example, to the surgeon, art. 2236 was in fact considered applicable (perhaps more realistically) "not only to the special and delicate responsibility of the surgeon in common operations, but to any service requiring great skill and capacity" (Cass. civ., 6 December 1951, n. 2754, in *Resp. civ. prev.*, 1952, 353).

37 It should, however, be specified that the limitation referred to in the regulation under discussion is applied, on the basis of the now established tendency towards a unitary definition of negligence (civil and criminal), to professional negligence in the strict sense, that is, to the lack of technical skill, following the trend very clearly marked in the previously mentioned decision of the Constitutional Court (n. 166 of 28 November 1973). This means that conduct characterised by carelessness or imprudence is in every case the responsibility of the professional person, according to the criterion of slight negligence; in fact whenever such conduct arises in services involving the solution of particular technical problems, it precludes any evaluation of the "special difficulties" of the same (Cass. civ., 19 October 1968, n. 337 in *Giur. it. Mass.*, 1968, 1213).

38 Moreover, it has been asserted – denying the applicability of the attenuating circumstances of art. 2236 in this case – that the professional person who has taken on a task which is "excessive in relation to his possibilities must, by virtue of the common regulations regarding responsibility, answer for the more serious responsibility of his failure to employ the criteria of diligence and prudence in deciding to assume such an obligation" (App. Trieste, 16 April 1964, in *Arch. resp. civ.*, 1964, 317: The case concerned the careless use of a ward X-ray apparatus, which provoked radio-dermatitis lesions in the patient. An analogous case concerned the use of an unsuitable portable X-ray apparatus with reulsting radio-dermatitis lesions, cf. Cass. civ., 21 April 1977, n. 1476 in *Arch. civ.*, 1977, 734). In particular the doctor should "know his own possibilities and abstain from operations requiring particular technical equipment and a specific qualification of specialisation. In this case his duty is limited to that of suggesting to the patient that he should turn to someone of that specialisation, of pointing out the seriousness of the illness and administering the common emergency remedies suggestes by medical science for the specific case. Thus the general practitioner who, having ascertained a state of serious anaemia in the patient, administers cardiotonics, orders an immediate search for blood plasma and

urges a consultation with the hospital director is not responsible for negligence by remissness" (Cass. pen., 6 June 1961, in *Resp. civ. prev.*, 1961, 611). Likewise, it has been maintained that "having consented to the dismissal of a patient from the clinic ... when a pathological state serious enough to require appropriate treatment and continuous medical observation persists" constitutes serious negligence on the part of the surgeon (App. Rome, 11 February 1959, in *Arch. Ric. Giur.*, 1960, II, 488).

39 As to the choice of the treatment to be carried out, the affirmation of the greatest discretion on the part of the doctor is recurrent in jurisprudence, which has indicated limits of choice to be: totally unlike the limits when a method or technique selected by rules which can be considered established in the choice and in practice.

It is in particular specified that "in the field of surgery, serious negligence cannot be ascribed to the choice made by the operator to employ a certain method which is among those previously experimented with alternate results and judged in conflicting manners by single authors or the various schools but not rejected by the standard of current scientific progress" (Cass. civ., 13 October 1972, n. 3044 cit.).

40 On this latter point, the Cassation recently seems to have adopted more severe criteria of judgement with reference to the hypothesis under which several "operating techniques" are proposed as possible, distinguishing between methods to be followed in performing a surgical operation and the appropriate means of preventing the occurence of postoperative complications. The operator's freedom of choice was in fact limited to the former, while for the latter "the ignorance of all remedies which are not unknown to the science and practice of medicine" was considered incompatible with the level of knowledge and training necessary to the exercise of the medical profession (Cass. civ., 8 March 1979, n. 1441, in *Giur. it.*, 1979, I, 1, 1494).

41 The point of greatest interest in the complex evaluations regarding the professional responsibility of the doctor would seem to be the qualification, in concrete terms, of the technical problems of "special difficulty" that the professional person must face, *ex* art. 2236, cod. civ.

At times the negligence of the operator is so obvious that this qualification assumes secondary relevance in pronouncing responsibility; thus it has been stated that "the ill-considered, hasty removal of a healthy organ, mistakenly considered sick, constitutes serious negligence on the part of the surgeon who performed the operation, who must answer under civil law both for want of normal diligence in fulfilling his obligation (art. 1176, cod. civ.), and, when some special technical problem has to be solved, also under the provisions of art. 2236, cod. civ." (App. Naples, 12 October 1955, in *Resp. civ. prev.*, 1957, 391). It has also been pronounced that "as regards professional responsibility linked to the technical solution of especially difficult problems, the omission of an operative phase included in the selected therapy constitutes serious negligence whatever its usefulness" (Cass. civ., 6 June 1972, n. 1756, in *Giur. it.* 1973, I, 1, 1376: In this particular case, the damaged person underwent an operation to correct a club foot, but the operation did not have the result hoped for. Negligence on the part of the doctors was found in the phase of the effecting of therapy, and in particular in the fact that the therapy was not completed.)

42 More often, however, a careful evaluation of all the circumstances of a particular case is necessary in order to apply the regulation under study. This evaluation involves not only assessment of the technical problems themselves – using the criteria previously stated – but above all their relation to the patient's condition and to the technical means available to the surgeon.

Several significant decisions exemplify this practice. It has been maintained that the following do not involve the solution of particularly difficult technical problems:

1. Intravenous injections, "all the more so when the subjective condition of the patient is not exceptional", so that "the surgeon is responsible for damages caused by having injected caustic liquid outside the vein" (Cass. civ., 15 June 1954, n. 2016, in *Resp. civ. prev.*, 1955, 199).
2. A saphenectomy (Trib. Milan, 14 October 1963, *ivi*, 1964, 92: In this case the femoral artery was resected instead of the internal saphenal vein)
3. Surgery for a groin hernia in a normal subject, "particularly if carried out by a qualified surgeon and in a perfectly equipped clinic" (App. Florence, 20 September 1966, cit.)
4. "Blood reducting of a inguinal hernia" and "plastic surgery in the groin region, as well as the procedure of asepsis of the operating theatre and of the instruments" (Trib. Casale Monferrato, 6 July 1966, in *Resp. civ. prev.*, 1968, 622)
5. Electic shock treatment (Cass. civ. 15 December 1972, n. 3616, *ivi* 1973, 243: In this particular case, the doctor's responsibility was upheld for a double fracture of the humerus caused by excessive muscle contraction provoked in the patient by the force of electric current in an electric shock treatment carried out without the appropriate caution)
6. Partial thyroidectomy (Cass. civ., 18 April 1978, n. 1845, *ivi* 1978, 591: In this case, no particular difficulties arose in performing the operation, nor were there unexpected or difficult complications
7. Treatment for narcosis (App. Milan, 12 December 1980, n. 1702, in *Arch. civ.*, 1981, 47).

It is, however, more difficult to find judgements which have recognised the "spe-
43 cial difficulty" of the problems a doctor faces. Among such cases are judgements relating to:

1. The use of X-rays as aesthetic therapy to destroy superfluous hair (Cass., 6 December 1951, n. 2754, in *Resp. civ. prev.*, 1952, 353: In the case in point, the radiologist had not suspended the treatment in spite of obvious signs of contra-indications due to the extreme sensitivity of the patient)
2. Action during a laborious childbirth (Cass. civ., 28 April 1961, n. 961, in *Foro. it.*, 1962, I, 510: In this case the doctor's responsibility was not upheld since it was shown in expert tests that one act of remissness of which he was accused had not been committed)
3. Resection of the rectum (App. Milan, 16 October 1964, in *Temi*, 1964, 350)
4. A histological examination of the lymph node biopsy (Trib. Milan, 7 April 1966, in *Temi*, 1967, 298)
5. Thyroidectomy (Trib. Verona, 22 April 1972, in *Giur. it.*, 1974, I, 2, 974: In the case in point, expert controls had shown that "the isolation of the node proved remarkably difficult owing to its adhesions and its latero-posterior extension"
6. Therapy on an oesophageal perforation and consequent mediastinal affection (a recent case in a criminal court – App. Venice, 29 April 1981, in *Riv. it. med. leg.*, 1982, 249)

IV. Informed Consent

44 The principle of the voluntary nature of medical treatment was stated for the first time in general terms in ordinary legislation, and with significant immediacy, by the law of 13 May 1978, n. 180, specifically concerning "voluntary and obligatory medical examinations and treatment". Art. I, clause 1 established that "medical examinations and treatment are voluntary". It should be noted that Art. II, clause 2 of the same law established that its own articles I–9 were provisionally applicable until the health reform came into force.

The content of law n. 180 – interpreting new criteria of medical treatment and referring particularly to psychiatric aid – and, *in primis,* the principle stated above, were then combined in arts. 33, 34, 35 and 64 of the law of 23 December 1978, n. 833, which instituted the "Servizio Sanitario Nazionale".

45 Thus the necessity for the consent of the patient to any medical treatment or examination seems to be a definitive rule, sanctioned in peremptory terms in a first nucleus of basic norms, following more or less explicit statements made in previous laws referring to specific matters in the medical field (cf. law of 22 December 1975, n. 685, on rules on drugs and psychotropes; in particular, art. 95).

In practice, this necessity is accepted without significant uncertainty, leaving aside isolated expressions of legitimate doubt from a purely juridical aspect, according to which "if, in particularly serious cases, the doctor considers it appropriate not to inform the patient of the seriousness of the situation, the consent of the sick person's family and the non-opposition of the patient are sufficient" (App. Milan, 16 October 1964, in *Foro. it.,* 1965, I, 1083).

46 Some sentences, however, do not conform completely with the spirit of the constitutional provisions and the positive system outlined above. According to these sentences, the will expressed in requesting medical treatment is sufficient to justify any medical examination and treatment carried out on the patient, particularly where such operations or examinations are considered of little risk, as in the following cases:

1. Cass. Sez. un. civ., 9 March 1965, n. 375, cit: Here the responsibility of the doctors was not accepted for bone damage to a patient in a psychiatric hospital as a consequence of "electrotherapy" carried out without the use of "myorelaxants" and "without the specific consent of the patient, or, in his stead, of his relatives", taking into account the "generic consent to internment in hospital"
2. Cass. civ. 18 April 1966, n. 972, in *Foro. it.* 1966, I, 1532: "for surgery involving the use of normal means of suture, it is not necessary that the patient expresses his explicit consent, that implicit in undergoing the operation being sufficient"
3. Cass. civ., 25 July 1967, n. 1950, in *Resp. civ. prev.,* 1968, 243: In the case in point the doctor had performed a cerebral angiograph for diagnostic verification without the prior consent of the patient, who was left totally blind in the left eye.

47 In the light of the regulative standards referred to above, there does tend to be a distinction between consent as an expression of will which is indispensable in the establishment of a "treatment relationship", and consent with regard to a single medical act, which can be defined as an instrument of control of lawfulness and correctness in the practice of the relationship itself and thus as a source of responsibility for the medical operator (Bruscuglia, in *Commentario alla legge 13 maggio 1978, n. 810,* in *Le nuove leggi civili commentate,* 1979, 179).

This responsibility can take a concrete form, at a criminal level, in the crime of "private violence" (art. 610, cod. pen.: "whosoever, with the use of violence or threat, compels others to do, endure or omit some thing is punished ...") or in the crime provided for by art. 613, cod. pen. ("state of incapacity caused by means of violence"), by which "whosoever puts a person in a state of incapacity to understand or to will ('La capacità di intendere o volere'), without the consent of that person, by means of hypnotic or wakeful suggestion, the administration of alcoholic or drugging substances or by any other means" is punishable.

48 It should be noted that when danger to the safety of the person derives from the suppression of consciousness or will, this is punishable even if the person consented to that suppression, unless it was carried out "with a scientific objective or one of treatment, by a person practising a medical profession" (art. 728, cod. pen.). This is the only regulation in the criminal code which explicitly provides for the patient's consent to a treatment carried out by a doctor. The crime is one of danger; if damage to the safety of the person derives, the contravention is still upheld under the crime of manslaughter (art. 589, cod. pen.) or that of unpremeditated injury (art. 590, cod. pen.), which has already been discussed. The regulation does not, however, seem to apply to any type of medical treatment (even if dangerous), being extremely restricted by the factual requirements. At most, there are judgements that support the obligation to request the patient's consent based on the level of risk involved in the operation (cf. Cass. civ., 18 June 1975, n. 2439, cit.; Cass. civ. 29 March 1976, n. 1132, cit.). On the other hand, the code of medical deontology, previously referred to, forbids the doctor to "undertake any medical act which involves a risk to the patient without the valid consent of the sick person ..." (art. 39).

49 The same factor can affect the form as well as the content of the consent: It is admitted that, in general, consent can "be shown to the doctor by tacit behaviour" (Cass. civ. 26 March 1981, n. 1773 in *Arch. civ.*, 1981, 544), behaviour, that is, "which reveals in a precise and unequivocal manner" the patient's intention to undergo the treatment proposed to him (Cass. civ., 6 December 1968, n. 3906, in *Resp. civ. prev.*, 1970, 390); but it is stated that "as the risk involved in the clinical examinations and acts of treatment increases, particularly when these include destructive surgery on compromised parts, the consent must take on a clearly expressed form and an increasingly specific content relative to the particular treatment which it is intended to carry out" (Pret. Frascati, sent. istrutt. pen., 28 December 1971; in *Arch. resp. civ.*, 1972, 884).

According to an increasingly more clearly defined trend, it is the risk involved which seems to be the important factor in the obligation to inform the patient so as to obtain conscious consent.

50 It is in fact required that the patient be made aware a) "of the effective nature of the illness and of the dangers the surgical act may involve" (Cass. civ., 6 December 1968, n. 3906, cit.); b) "of the dangers inherent in the operating act, pointing out also the possible related effects on the patient's ability to lead a normal life" (Cass. civ., 26 March 1981, n. 1773, cit.); and c) "of the effective scope of the operation with regard to its gravity, to the possible ensuing effects, and to possible difficulties, complications and foreseeable risks which are likely to lead to an undesirable result", so that patient himself may decide "between the opportuneness of going ahead with the operation, given reasonable expectations of success, and the need to omit it, given a lack of foreseeable advantages and in any case, certain undesirable results" (Cass. civ., 12 June 1982, n. 3604, in *Giust. civ. Mass.*, 1982, 1211).

51 It is, however, specified that this obligation "should draw its main lines from the deontological principles, on the basis of which the doctor should adapt his behaviour according to the nature and urgency of the operation, the psychic conditions and level of culture of the patient and any other factors which circumstances suggest" (Cass. civ., 6 December 1968, n. 3906, cit.). This statement seems to interpret in a very specific manner the *ratio* of the reference to "respect for the human person" in art. 32 of the Constitution.

V. Causation

52 Article 40 of the criminal code establishes that "no one can be punished for a fact provided for by the law as a crime if the damaging and dangerous event on which the existence of the crime depends, is not a consequence of his action or omission"; this link of material causation is not excluded, according to art. 41, by the concurrence of preexisting or simultaneous causes, nor by those which occur unexpectedly, even if independent of the action or omission of the offender" (1st clause), unless in the case of unexpectedly occurring causes, these are "alone sufficient to determine the event" (2nd clause).

As regards civil responsibility, the regulations seem more imprecisely formulated. Art. 2043, cod. civ., provides for "any intentional or unpremeditated fact which causes injust damage to others ...", and art. 1223, cod. civ., considers "the loss suffered" by the damaged person and the "lost gain" in quantifying the damage, in that they are "an immediate and direct consequence" of the damaging fact.

53 A doctrinal debate exists on the exact significance which should be attributed to causation, a debate which largely centres on the following diverse theories:

1. The theory of the *conditio sine qua non,* or of the "equivalence of the conditions" (according to which "cause" is any condition without which the event would not have come about, whence the action of man is a cause of the event when the event would not have occurred without it);
2. the theory of the "just cause" (according to which any and every condition of the event cannot be called a "cause" from the point of view of the law, but only that which, in general, is fit to cause it – which has, that is, the relative incapacity in *astratto,* on the basis of *id quod plerumque accidit*);
3. The theory of the "efficent cause" (according to which the "cause", unlike the "condition" and the "occasion" is only the antecedent which has a relation of positive production and of intimate dependence with the desired effect)

54 Jurisprudence has attempted to lend a more specific meaning to the regulative expressions (*ex.* art. 2043, cod. civ.; arts. 40 and 41 cod. pen.), stating that:

to ascertain whether human conduct is or is not a cause, in the juridical sense, of a certain event, it is necessary to establish a comparison between the consequences which – according to a judgement of *ex ante* probability – it could have provoked and the actual consequences provoked, in the sense that if these consequences were not desired, nor were they predictable and avoidable, the relationship of causation between the human behaviour and the event is to be excluded because it has been broken by the unexpected occurrence of a fortuitous coincidence. Thus, for the subsistence of the link of material causation, the existence of a sequential relation between the antecedent (intentional or unintentional behaviour) and the consequent fact (event) is not sufficient; it is necessary that, in every case, this relation integrates the extremes of a constant sequence according to a calculation of statistical regularity, by which the event appears to be anormal consequence of the antecedent (Cass. civ., 3 June 1980; in *Riv. it. med. leg.*, 1982, 270).

55 In particular, it has been maintained that "for medical operations, the relation of causation to the event should be recognised adopting a criterion of considerable probability, that is of clinical referability of the event to the action or omission of the doctor, and not one of absolute certainty" (App. Venice, 29 April 1981, cit.), and that in the presence of unexpected causes, *ex* art. 41, cod. pen., this relation is excluded not only when an autonomous series of causes has occurred in relation to which the precedents *tamquant non essent*, but also when the series of causes not connected with the defendant's actions becomes related to these in an exceptional, atypical and unpredictable manner". This criterion has been followed by, among others:

1. Cass. pen., 17 February 1964 (in *Resp. cov. prev.*, 1964, 581): In the case in point, it was stated that "the inexact diagnosis and the related unsuitable treatment are not sufficient to break the causal link between the action and the event", since they represent non-exclusive causes, but causes which contributed to produce the event itself.
2. Cass. pen., 16 November 1965 (dep. 18 June 1966, ined.): In this case the first judges had ascertained that a woman had died from circulatory failure following an abdominal operation – laparotomy – during which "a large laparotomic patch" had been found in the ansa of the small intestine, left in the cavity in the course of a previous abdominal operation, and had upheld the responsibility of the surgeon who had carried out the first operation, affirming that any inquiry into the professional conduct of the second surgeon was superfluous, since it was certain that the causal relation between the action of the first surgeon and the event had never been broken.
3. Cass. pen., 27 January 1976 (dep. 9 June 1976, ined.): In this case, death was caused by incorrect blood transfusions on the part of the doctor, who had erred unintentionally in identifying the blood group. These transfusions were necessitated by an error made by the surgeion in an osteosynthesis operation on the victim.
4. Cass. pen., 13 December 1977 (in Riv. pen., 1978, 825).

56 The following are further examples of significant decrees on the matter:

- It has been stated that a causal connection does exist between the conduct of the doctor who, "knowing that his patient is incompatible (for reasons considered valid rather than capricious) with a certain form of anaesthesia", and participating at an operation, does not advise the surgeon of this intolerance, and the patient's death "occurs for no other reason" (Cass. pen. 17 January 1959, in *Resp. civ. prev.*, 1959, 629).
- "The pronouncement of a judge of merit who considered that a causal relation did exist between the very serious injuries to a patient provoked by an intravenous injection performed by a nurse during the course of an operation, and the conduct of the head physician who, although not participating in the operation, had followed and allowed the constant abusive practice of having a nurse carry out intravenous injections (authorising it tacitly in the case under examination), is correctly motivated and not censurable in Cassation" (Cass. civ., 14 December 1968, n. 3977, in *Foro it.*, 1969, I, 1209).
- "The omission of a preliminary laboratory investigation before an appendectomy does not lead to the upholding of (slight) negligence on the part of the operating doctor, if there are symptoms of peritonitis in progress and if the death can be traced the postoperative shock, an accidental and unpredictable fact" (App. Naples, 22 July 1969, in *Dir. Giur.* 1969, 664).

VI. Burden of Proof

57 The problem of the probatory activity of the parties on trial is fundamentally one of civil cases. In criminal cases, given the principle of the "official character of the criminal trial" (art. 1, *cod. proc. pen.:* "the penal action is public ..."), it is the role of the *Pubblico Ministero* – or of the *Pretore* when the crime comes under his competence – to initiate and carry out the law suit (art. 74, cod. proc. pen.) and, therefore, to seek every element of evidence. It should be noted that "the limitations relative to evidence established under civil law are not observed in criminal procedure, excepting those regarding the state of the person" (art. 308, cod. proc. pen.). This confirms the principle of the unlimited freedom of the criminal judge as far as evidence is concerned. The faculty of private parties or their defending counsel "to present written records or petitions to the judge or *Pubblico Ministero* at any state or level of the proceding" is recognised (art. 145, cod. proc. pen.; in particular, cf. arts. 304 *bis*, 3rd clause; 304 *quater*, 4th clause; 372, 2nd clause).

58 The perspective of the civil trial is completely different. The civil trial ist mostly initiated on the petition of private subjects in order to obtain the protection of their rights, according to the "principle of request" (art. 99, cod. proc. civ.: Whoever wishes to validate a right in court should make a request to the competent judge) and brought to a conclusion by the constant impetus of the parties. The burden of supplying evidence for the facts they allege falls on these parties, according to the criterion established *ex* art. 2697, cod. civ. ("Whoever whishes to validate a right in court must prove the facts on which that right is based. Whoever claims the ineffectiveness of these facts or objects that the right has been altered or cancelled must prove the facts on which the exception is based").

59 On the subject of professional responsibility the division of the burden of proof is strongly conditioned by the assertion of the particular nature of the professional person's obligation – obligation "of means" or obligation of conduct, mentioned above. Given that the non-fulfilment of professional services "cannot always be inferred from the failed result, but should be evaluated according to the standard of the duty of diligence" (Cass. civ., 12 December 1962, n. 3329, in *Resp. civ. prev.*, 1963, 282; Cass. civ. 12 September 1970, n. 1386, in *Giust. civ.*, 1971, I, 627), the client is required to prove that the professional person's behaviour is marked by lack of skill and/or remissness.

60 Thus, a rule identical to that sanctioned by art. 2043, cod. civ., for extracontractual responsibility comes to be applied to contractual responsibility, *ex* art. 1218, cod. civ., namely proof of the professional person's negligence is required (Cass. civ., 21 December 1978, n. 6141, cit. cf. Trib. Rome, 28 March 1978, in *Giuer. mer.*, 1980, 326; Cass. civ., 17 June 1975, n. 2439, cit.; Cass. civ., 7 November 1974, n. 3403, in *Giust. civ. Mass.*, 1974, 1486; Cass. civ., 2 August 1973, n. 2230, in *Giust. civ.*, 1973, I, 1864; Cass. civ., Sez. un., 9 March 1965, n. 375, cit.).

More specifically, it has been asserted that "the doctor can be condemned for contractual responsibility towards the patient only when the latter demonstrates that the doctor has not carried out the promised activity, or that he has carried it out without due professional diligence; faced with such proof and in order to deny the responsibility, the doctor can demonstrate that this derived from the impossibility of the services for reasons not ascribable to himself" (App. Florence, 29 August 1963, in *Foro. it.*, 1964, I, 1484: In the case in point, the doctor's responsibility for a perforation of the uterus which occurred during a scraping was denied, because the patient did not prove that an error was committed in the use of the means advised by medical science for this type of operation).

61 It is thus incumbent on the patient to prove the remissness of the doctor, and, in more concrete terms, "the specific omissions or insufficiencies of the activity performed" (Cass. civ. 17 March 1981, n. 1544, in *Giust. civ. Mass.*, 1981, 600; App. Naples, 6 April 1982, n. 549, in *Arch. civ.*, 1982, 740: In this case, the doctor's negligence was considered not sufficiently proven, and therefore excluded, in a case of a patient complaining of thrombophlebitic syndrome following the drawing of blood from a vein of his right leg).

62 However, the tendency illustrated above cannot be considered uncontested: given the probative difficulties the patient meets with, evidence from the latter of a worsening with respect to previous conditions of health has sometimes been considered a sufficient basis for a presumption of inadequate and non-diligent performance of the professional service (Trib. Milan, 30 May 1960, in *Temi,* 1960, 521, and App. Milan, 17 February 1961, *ivi,* 1962, 609: In these two verdicts, referring to the same case, the failure to produce an effective dental prosthesis was considered sufficient evidence of professional negligence, even though in the particular case the client had claimed an unsuitable technical service. In another case – Cass. civ., 15 December 1972, n. 3616, in *Foro it.* 1973, I, 1474 – the doctor's responsibility was inferred from the "exceptional seriousness of the fracture", caused by electric shock treatment, which was inflicted in "an unusual manner" and led the technical consultants verdict to a negative conclusion for the claimants: *res ipsa loquitur*".)

63 Only recently, however, has this logical schema of reasoning been formulated with ample justification in a verdict by the civil Cassation (21 December 1978, n. 6141, cit.), which seems to lay the grounds for a new orientation on the subject. This is all the more significant in the light of other verdicts, and even after that under study, of the same Cassation Court, which affirm that "any presumption of negligence is extraneous" to the service owed by a professional person and particularly a surgeon (cf. Cass. civ., 28 September 1968, n. 3011, in *Giust. civ. Mass.*, 1968, 1581; Cass. civ., 19 July 1979, n. 3978, *ivi* 1979, 1749).

VII. Experts

64 A doctor can be called upon to act as a technical collaborator of the judge in a civil (art. 61 ff., cod. proc. civ.) or criminal (art. 314 ff., cod. proc. pen.) trial. In his position as an expert he may incur responsibility for, among other possibilities provided for in the criminal code, "false expert opinion" if he expresses "false opinions" or states "facts not conforming to the truth" (art. 373, cod. pen.).

65 As regards the aspects which are of particular interest to this study, that is, those concerning the attitude of the doctor-expert called upon to give his opinion in a decision on the professional responsibility of another doctor, it should be pointed out (cf. Fornari, *Qualche nota sugli accertamenti peritali in tema di responsabilità professionale del medico,* in *Riv. it. med. leg.* 1980, 5) how, in this type of decision, the strictly technical aspects prevail over other elements – such as evidence from witnesses, comparisons, on-the-spot investigations etc. –, which at most contribute to convincing the judging body of the correctness of a certain decision: hence the preference for the task of expert to be entrusted to a forensic doctor. The special training

and experience of the latter guarantees a greater understanding between judge and expert, given the differences in language, experience and methodology between "jurist" and "clinical doctor".

66 A not infrequent complaint is that the judges refer to the expert problems which are too generic, or which are linked to the outcome of the proceedings and can hardly be solved on a technico-biological plane.

At other times the expert or college of experts is called upon to express its judgement on the basis of insufficient documentation, often consisting only of the clinical chart (cf. *Sect.* C. VIII), which alone is inadequate (leaving aside defects arising from its incomplete compilation) for the comprehension of all the concurrent factors necessary to acquire an exact view of the particular case of responsibility being examined.

67 Finally, the tendency to regard the pure and simple anatomico-pathological data, where available, as determining is the object of justified criticism. Even in seemingly simple cases, the results of an autopsy can be misleading if they are not co-ordinated with all the other elements of the case. If the autopsy is conducted late, then as well as interpretive uncertainties due to the scarcity of the available clinical data, the expert also has to consider the validity of the interpretation of the morphological findings.

Because of these problems, it is difficult to distinguish between the doctor-expert's inevitable difficulties in co-ordinating with the judge, and his unquestionable tendency to adopt an attitude (even though dissimulated) of solidarity towards his medical colleagues.

VIII. Access to Records

68 The traditional source of information on the health of the patient is the "clinical chart". This constitutes the record of the diagnostic and therapeutic activity carried out on the patient within the hospital or private care institute. In particular – according to art. 24, D. M., 5 August 1977, relative to the technical requisites of private care institutes – this chart should record the personal particulars of the patient, the diagnosis on admittance to hospital, the family and personal case history, the findings upon examination, laboratory and specialised tests, the definitive diagnosis, the therapy, the results and the after-effects.

69 The head of the department is responsible for the correct compilation and safekeeping of the charts, *ex* art. 7, D. P. R., 27 March 1969, n. 128. This poses problems about the obligation to fill in the charts which are still unsolved. The task is usually delegated to the doctor in charge of the case, with the exception of notes, which can be made by qualified nurses according to the D. P. R., 14 March 1974, n. 225.

The compilation of the hospital chart also poses quite serious problems of professional ethics in cases where the patient is affected by an illness having an unfavourable prognosis. In such cases it is a widespread practice not to reveal to the patient the seriousness of his condition in order to avoid provoking negative psychological reactions. Moreover, this practice is explicity justified by the professional deontological code (art. 30, cod. deont), which states that "an unfavourable prognosis may be concealed from the patient . . ." (cf. also *Sect.* C. IV).

70 However, obliterations or "indications not conforming to the truth" – even if for limited periods and considered opportune by the doctor in charge of the case – are

very strictly limited by criminal law. Failure to draw up the clinical chart properly can constitute grounds for the crime of "omission or refusal of acts of office" (art. 328, cod. pen.) or of "ideological falsehood committed by a public officer in public acts" (art. 479, cod. pen.).

The hospital chart is in fact unanimously considered a "public act" (cf. Cass. pen., 30 May 1975, commented upon by Merusi-Bargagna, *"La cartella clinica"*, Giuffrè, Milan, 1978), although sometimes the rigidity of this categorisation is attenuated in the affirmation that the statements made on the chart by the surgeon "have no value as evidence" and still less limit the free opinion of the judge "concerning the modalities of the operation, in a lawsuit of which the object is the same surgeon's responsibility for negligence" (Cass. civ., 18 June 1975, n. 2439, cit.).

71 The law of 23 December 1978, n. 833, setting up the S. S. N., provides for new "instruments of information" (art. 27), among which a "national health booklet", in which the U. S. L. should write down – and update whenever necessary – "the main characteristic data on the health of the patient". These data "are strictly concealed as professional secrets". The law, moreover, provides that the booklet be "kept by the interested party or by his guardian" and that it can be required "only by the doctor, in the exclusive interest of protecting the holder's health".

72 The regulation has the clear intention of protecting the confidentiality of any type of medical treatment, following a tendency already evident in the law of 22 December 1975, n. 685 on the use of drugs and psychotropic substances. Article 95 recognises the faculty of whoever undergoes diagnostic examinations and therapeutic and rehabilitative treatment to "benefit in the anonymity of the relationships with the medical centres and institutes, surgeries, doctors, social workers and all the authorised staff". It is "their right that their health cards do not contain personal particulars and other data which are sufficient identify, them".

73 There is, however, no suitable regulation guaranteeing the confidential nature of medical data stored on computerised systems. This is a particularly serious shortcoming in the event – ever more frequent with the extension of centralised medical information systems – of patient data banks which gather information from different treatment centres. In this case, access to records is open to an ever greater number of operators.

74 It should be said that the automatic analysis of information in the medical field has not yet reached significant proportions in Italy, particularly as regards the diagnostic and therapeutic sectors. The present situation reveals some notable uncertainties. The language, for example, is limited to the use of few Italian and many Anglosaxon terms (or, in the latter case, more or less brutal derivations of such terms), while unified hospitals fileing schemes are still at an experimental stage.

On this theme, a new type of hospital file, precodified to allow rapid electronic analysis of information, has been prepared in the Ospedali Riuniti di Roma (cf. Calcopietro, *Rilevazione dei dati sanitari*, in *Ospedali d'Italia*, 1979, 45). This type of documentation proposes to relate the patient's illness to numerous factors, such as eating and drinking habits, type of work or activity, the use of contraceptives and other drugs, personal and family case histories, abnormal haematological values, etc. Such files will also allow the analysis of all possible clinical operations on the patient and the possible responses to various treatments. Calcopietro also reveails that a pilot experiment of this kind is being carried out in the obstetrics department of the S. Giacomo Hospital.

75 An investigation published in 1975 and carried out with the collaboration of the Institute of Information Analysis of the Consiglio Nazionale delle Ricerche

Table 5 Activities carried out in hospital data processing centres by region. (Baldini-Gattai, op. cit.)

Regione	Ospedall		Amministrativa		Statistica		Farmaci		Diete	
	Censiti	Risposto	C. mecc.	C. elet	C. mecc.	C. elet.	C. mecc.	C. elet.	C. mecc.	C. elet.
Piemonte	149	60	9	9	1	0	0	0	0	0
Valle d'Aosta	2	1	1	0	0	0	0	0	0	0
Lombardia	202	94	16	20	2	8	0	2	0	0
Tretino Alto Adige	26	14	1	4	0	1	0	0	0	0
Veneto	97	58	5	7	1	1	0	0	0	0
Friuli Venezia Giulia	30	18	4	4	0	3	0	1	0	2
Liguria	57	30	2	12	0	3	0	1	0	0
Emilia Romagna	118	54	5	12	0	5	0	1	0	1
Toscana	96	51	9	9	0	3	1	2	0	0
Umbria	26	15	1	1	1	0	0	0	0	0
Marche	76	32	3	4	0	1	0	1	0	1
Lazio	85	36	3	5	1	1	0	1	0	0
Abruzzo	26	10	3	0	0	0	0	0	0	0
Molise	6	4	1	0	0	0	0	0	0	0
Campania	63	25	1	8	0	5	0	0	0	0
Puglia	79	50	4	3	0	0	0	0	0	0
Basilicata	10	4	0	0	0	0	0	0	0	0
Calabria	23	11	0	3	0	1	0	0	0	0
Sicilia	103	38	4	2	0	0	0	0	0	0
Sardegna	27	10	0	2	0	0	0	0	0	0
Italia	1301	615	72	105	6	32	1	9	0	4

	Mov. to degenti		Analisi cliniche		Diagnosi		Referti		Altre	
	C. mecc.	C. elet.	C. mecc.	C. elet.	C. mecc.	C. elet.	C. mecc.	C. elet.	C. mecc.	C. elet.
Piemonte	0	0	0	0	0	0	0	0	0	0
Valle d'Aosta	0	0	0	0	0	0	0	0	0	0
Lombardia	0	1	0	3	0	1	0	2	0	5
Trentino Alto Adige	0	1	0	0	0	1	0	0	0	0
Veneto	0	0	0	0	0	0	0	0	0	2
Friuli Venezia Giulia	0	3	0	0	0	0	0	0	0	2
Liguria	0	0	0	0	0	0	0	0	0	0
Emilia Romagna	0	1	0	0	0	1	0	2	0	3
Toscana	1	4	0	2	0	0	0	0	1	0
Umbria	1	0	0	0	0	0	0	0	0	0
Marche	0	1	0	0	0	0	0	0	0	0
Lazio	0	1	0	1	0	1	0	1	0	0
Abruzzo	0	0	0	0	0	0	0	0	0	0
Molise	0	0	0	0	0	0	0	0	0	0
Campania	0	0	0	5	0	0	0	0	0	0
Puglia	0	0	0	0	0	0	0	0	1	0
Basilicata	0	0	0	0	0	0	0	0	0	0
Calabria	0	0	0	0	0	0	0	0	0	1
Sicilia	0	0	0	0	0	0	0	0	0	0
Sardegna	0	0	0	0	0	0	0	0	0	0
Italia	2	12	0	11	0	4	0	5	2	13

dell'Università di Pisa (Baldini-Gattai, *Indagine conoscitiva sull'informatica negli ospedali italiani,* in *Ospedali d'Italia,* 1975, II) offers a sufficiently precise view of the use of computers in the public structures. Of 1301 hospitals submitted to a census, 615 (47.3%) answered the questionnaire provided. The questionnaire was prevalently designed to identify data analysis centres, the organisation of medical archives and the activities carried out in them. The results of this enquiry showed that the number of operating electronic centres in Italian hospitals (110) was 23% greater than the number of mechanical data processing centres, and 75% more electronic units were planned than new mechanical systems.

Table 5 shows the distribution of activities in the data processing centres. Of all the activities carried out in the mechanical centres, those automated were practically limited to administrative and statistical functions, while the same functions in the electronic data processing centres tended – though still on a very small scale in absolute terms – towards more complex activities, particularly regarding the technical health sectors. The investigation confirmed a greater development of the latter activities in certain regions (Lombardy, Emilia-Romagna, Tuscany) which are technically more advanced in the use of computer systems in medicine.

According to more recent estimations (cf. Manacorda, *Informatica, sanitaria,* Feltrinelli, Milan, 1979, 269), approximately 290 hospitals use computers. Of these about 130 have their own unit while the others pay for the use of computers supplied by external services or have formed consortiums with other hospitals or public bodies for the centralised use of electronic processing units. The applications are mostly in administration and accounting (80% of installations); 60% of automated hospitals process out-patient statistics and the related accounting records. Patient files are stored electronically in 40% of hospitals using computers, and laboratory analysis data in 15% with general purpose computers (60%–70%, counting laboratory analysis with mini-computers).

IX. Damages; Moral Injury

I 76 In the light of the principles sanctioned by the frequently mentioned art. 32 of the Constitution, the problem of compensation for injury to persons is now considered in a much broader perspective, than was the case with the traditional, limited view, which was based on the distinctly patrimonialistic criteria of art. 1223, cod. civ., and considered only the *damnum emergens,* consisting of expenses (medical, medicinal and accessories) incurred by the injured person, and the *lucrum cessans,* deriving from the possible loss of income from work.

I 77 In reality, the harmful consequences of the physical disablement or the damage to health considered per se cannot be ignored. For a very long time in Italy, conceptual independence, and even the very existence of this category of personal injury, was not considered, the result being that at times disconcerting conclusions were reached. As an example, the decision of a court called upon to evaluate the physical damage suffered by a 78-year-old man in a road accident is worthy of note:

In the case of the human person, the property – the endangering of which constitutes the basis of the right to compensation – is not the organism itself but its capacity to work. But if this capacity presupposes the existence of the human organism, the latter can certainly exist without the former: *that is to say that men without any value can exist.* This is the case for those who, because of old age, illness or other cause, are totally inept to perform any profitable occupation" (Trib. Florence, in *Arch. resp. civ.*, 1969, 30).

78 However, prevailing law has always felt the need to admit compensation even for injury to persons which does not cause an effective loss of income from work. To this end it has resorted to various devices, "imagining" a loss in earnings mechanically deduced from a hypothetical reduction of working capacity, or "inventing" conceptual categories of doubtful consistency, such as damage to the ability to lead a normal life and aesthetic damage.

Moreover, with the aim of avoiding arbitrary evaluation of damages when a decision is entrusted exclusively to the discretional opinion of the judge, *ex* art. 1226, cod. civ., these matters are in the last analysis more or less directly referred to the c. d. tabular method. This is considered "the most reliable and sure parameter for a realistic quantitative determination" (App. Florence, 16 February 1979, in *Resp. civ. prev.*, 1979, 356), though it is still based on consideration of the physical efficiency of the injured person in relation to his income from work.

79 This method is founded on the presupposition that, when an individual suffers physical disablement, the indemnifiable damage should not be linked directly to the damage to health, but to the consequent violation of the economic interests of the individual concerned, particularly in relation to "lost earnings". These "lost earnings" are usually determined by entrusting the official technical consultant with the task of calculating the hypothetical percentage of incapacity to work, which he does using pre-established medico-legal tables based on abstract and artificial notions like the general (or specific) working capacity. It is then left ot the judge simply to quantify the current value of the (hypothesised) reduction of lifelong revenue consisting of income from work.

80 In practice, certain solutions are clearly unjust, as well as contrary to art. 3, Cost.; one has only to consider how, if two individuals with different incomes from work suffer the same disability, they will receive very different sums of compensation (cf. Trib. Genoa, 25 May 1974 in *Giuer. it.*, 1975, I, 2, 66; Trib. Genoa, 15 December 1975, in *Foro it.*, 1976, I, 2002).

Only recently, both in doctrine (e. g. Busnelli, *Diritto alla salute e tutela risarcitoria* in *Tutela della salute e diritto privato,* Giuffrè, *Diritto e problemi contemporanei* n. 2, Milan, 1978, 515) and in jurisprudence (apart from the above-quoted Genoese jurisprudence; cf., among other significant verdicts, Trib. Pisa, 10 March 1979, in *Resp. civ. prev.*, 1979, 356), has there been an initiative to requalify all types of personal injury which could compromise a person's health, considered per se, and to create a single category – "damage to health" (or "biological damage"). This new category is designed to absorb the pseudocategories of damages previously referred to, with the aim of guaranteeing an indemnifying protection of health by restoring or maintaining the "social dignity" (art. 3, 1st clause, Cost.) of the injured person.

81 This principle has now been endorsed by the Constitutional Court, which has solemnly stated that the eligibility for indemnifcation of injuries to persons "cannot be limited to the consequences of the health damage affecting the ability to produce revenue but should also cover the facts of the violation of the right to health, considered as an autonomous juridical situation, independent of any other circumstance or consequence" (sent. n. 88 of 26 July 1979 in *Resp. civ. prev.*, 1979, 698). Finally, the new category has also received the endorsement of the Cassation Court, according to which "the C. D. biological damage should be considered eligible for indemnification even if it does not affect the capacity to produce revenue, and, in fact, inde-

pendently of this, as disablements of the latter type should be indendently compensated" (Cass. civ., 6 June 1981, n. 3675, in *Foro it.*, 1981, I, 1884).

82 However, two very delicate problems remain to be solved: the determination of the regulative datum to which compensation for damage to health should be referred, and the determination of the criteria for the evaluation of biological damage.

The first of these problems is substantially that of distinguishing between damage to health and moral injury, given the widespread tendency to include the former in the sphere of the latter. This problem assumes particular importance in the light of the Italian civil code's limitation of the eligibility to compensation for moral injury – or, to use the precise terminology of art. 2059, for "non-patrimonial injury" – to "cases established by the law", and among these cases almost the only hypothesis taken into consideration is that of illicit facts which constitute a crime (cf. art. 185, clause II, cod. pen.: "any crime which has caused patrimonial or non-patrimonial damage obliges the offender and the persons who are responsible for his action under civil law to indemnify the damage caused").

83 In order to exclude the category of damage to health from the sphere of applications of art. 2059 – on which hangs, by the way, a question of constitutional legitimacy (ord. Trib. Genoa, 8 October 1979, in *Resp. civ. prev.*, 1980, 112) – the most recent doctrine (cf. Busnelli, op. cit.; idem, *Il problema della valutazione dei danni alla salute*, in *Resp. civ. prev.*, 1981, 127) has attempted to explain two characteristic features which serve to distinguish damage to health from moral injury, placing the former within the wider sphere of art. 2043, cod. civ. It has been pointed out that this concerns firstly, damages projected into the future and which tend to be permanent, and secondly, those which do not belong to the *genus* of feelings or sentiments, but can be evaluated with objective criteria.

84 In any attempt to solve the second of the problems mentioned above, two clearly defined jurisprudential tendencies clash.

Genoese jurisprudence has formulated a criterion for evaluating damage to health, which, in order to arrive at a settlement "in exactly the same terms for all persons, excepting the consideration of their age", considers "injuries to health, if permanent, as if they had a negative influence on the total lifelong income, the yearly amounts of which are considered equal to the average national *pro capita* income" (cf. Trib. Genoa, 15 May 1974, in *Giur. it.*, 1974, I, 2, 54; Trib. Genoa, 20 October 1975, in *Resp. civ. prev.*, 1976, 466).

85 Another jurisprudential trend leaves more room for discretion in the equitable evaluation of damage to health; indeed in some cases it seems to border on the purely arbitrary, without any guiding criterion; cf. Trib. Rome, 11 April 1981, in *Arch. civ.*, 1982, 277, which recognised that it is impossible to disregard altogether "a differentiated evaluation of damage, since it is the only just way, even in cases of identical psycho-physical disablement, to allow a case by case adaptation of the indemnity to the concrete situation of the damage". From these premises arose the need to establish a "minimum threshold" of compensation, which was determined as three times the total social pension, *ex* art. 4, clause III of the law of 26 February 1977, n. 39. This was laid down in respect of civil responsibility relative to motor cars but has been considered susceptible to cautious generalisation, retaining, in every case, the possibility of "corrective" measures, entrusted to the prudent opinion of the judge, aimed at an equitable consideration of the peculiar nature of the specific case (Trib. Pisa, 10 March 1979, cit.; Trib. Pisa, 11 Februar 1978, in *Resp. civ. prev.*, 1979, 572). However, the problem remains open and requires a legal solution.

D. Clinics, Machines and Employees

I. Responsibility of the Clinic for Doctors

86 To the responsibility of the doctor for his own actions can be added the responsibility of the hospital or care institute where he works.

It is necessary to distinguish cases which concern a state hospital from those which concern a private clinic or care institute or an establishment run by a private (natural or legal) person. In the latter case, a contractual relationship for treatment services is usually established: this means that the director is responsible for the act of negligence of the doctor of whom he has made use to fulfil his own obligation. Since every act of negligence in the carrying out of this treatment constitutes a non-fulfilment of the obligation, the provisions laid down in art. 1228, cod. civ., apply: "unless the interested parties wish differently, the debtor is responsible also for acts of fraudulence or negligence committed by third parties of whom he makes use to fulfil his obligation".

87 The responsibility of the clinic or care institute is, however, excluded if the service owed by them consists solely of putting their premises, equipment and auxiliary personnel at the disposal of an external doctor, while the medico-surgical treatment constitutes the object of a different contract stipulated directly by the client with that doctor (cf. Trib. Florence, 20 September 1966, cit.). If, however, the doctor, though not an employee of the care institute, is bound to it and not to the client by an independent work relationship, the care institute is responsible for his actions because for the client it is the only other party in the treatment contract, while the doctor is an auxiliary of the institute.

88 The solution adopted in jurisprudence and in doctrine regarding the responsibility of the doctor working in the public structures is more complex. It should be noted that before the regulation laid down by the recent health reform, there were no provisions on this matter. Neither the hospital law of 12 February 1968, n. 132, nor the relative decree bringing about the legal status of employees of hospital bodies (D. P. R., 27 March 1969, n. 130) directly regulated the question of responsibility. Thus, the regulating reference point remained art. 28, Cost., which states that "the civil servants and employees of the State and of public bodies are directly responsible under criminal, civil and administrative law for acts committed in violation of rights. In such cases, civil responsibility extends to the State, and the public bodies".

On the basis of the fact that, according to the general principles of administrative law which are valid for all state employees, the abstract existence of an employee's offence constitutes an unignorable presupposition – even if motivated for different reasons (theory of the "organic relationship"; theory of the bond of commission, etc.) – for the affirmation of the public administration's responsibility, it was maintained that it was not possible to separate, on an abstract plane, the hospital administration's responsibility from that of the doctor (cf. Cass. civ., 29 July 1967, n. 1950, cit.; Cass. civ., 21 April 1977, n. 1476, cit.; Cass. civ., 5 January 1979, n. 31, in *Giur. it.*, 1979, I, 1, 954). It was stated that the same limitations of responsibility enjoyed by the doctor, *ex* art. 2236, cod. civ., should be considered applicable to the hospital administration (cf. Cass. civ., Sez. un., 6 May 1971, n. 1282, cit.; App. Milan, 21 September 1976, n. 1831, in *Mon. Trib.*, 1977, 632; Cass. civ., 21 December 1978, n. 6141, cit., in motivazione. *Contra,* Trib. Verona, Sez. pen., 25 September 1978, in *Giur. mer.*, 1978, 390).

I 89 The system of responsibility which arose from the three-sided relationship public body-doctor-patient thus came to be divided in the following manner: In the case of medical services implying the solution of particularly difficult technical problems, if only slight negligence on the part of the doctor was ascertained and no abstract offence existed under art. 2236, cod. civ., no responsibility, even of the hospital body, was to be assumed. In all other cases, however, the patient could summon to appear in court for damages both the doctor, for extracontractual responsibility (cf., recently, Cass. civ., 24 March 1979, n. 1716 in *Giust. civ.*, 1979, I, 1440), and the hospital body, for contractual responsibility ("the accepting of the patient into the hospital, for admittance or for an out-patient visit, constitutes the conclusion of a professional work contract": Cass. civ., 24 March 1979, n. 1716, cit.; cf., Cass. civ. 4 June 1979, n. 3158, in *Giust. civ. Mass.*, 1979, 1368; Cass. civ., 21 December 1978, n. 6141, cit.). If the public body lost a case, it could bring an action for compensation from the doctor before the *Corte dei Conti.*

I 90 With the issue of the D. P. R., 20 December 1979, n. 761 on the "legal status of the employees of the Unità Sanitarie Locali", in accordance with the provision contained in art. 47 of the law of 23 December 1978, n. 833, setting up the S. S. N., the situation appears destined to change quite significantly.

Article 28, 1st clause of the decree provides that "on the matter of responsibility, the regulations in force for civil servants stated in the Decreto del Presidente della Repubblica, 10 January 1957, n. 3, apply to the employees of the Unità Sanitarie Locali". According to the regulation referred to, civil servants are called upon to be directly responsible towards third parties, along with the public administration, if, in the exercise of their functions, they cause unjust damage to others (art. 22, T. U., cit.), meaning the violation of a subjective right committed intentionally or through serious negligence (art. 23). Thus, in the case of the proven existence of slight negligence, the employee is exempted from responsibility towards third parties for the offence committed, but the compensation action can be brought against the state administration. If the administration loses the case, it can start indemnification proceedings against the employee responsible, in the *Corte dei Conti,* which can then charge all or only a part of the ascertained damage to the employee (art. 22, clause 2, 18 and 19 T. U.) (cf., however, Sect. E).

I 91 In the light of these specific legal references, and anticipating the legal applications of the same, it seems clear that the previous system of responsibility has been modified in some significant ways.

First of all, it no longer seems possible to resort to art. 2236, cod. civ., since the T. U. of 1957 constitutes a special derogative law in relation to the general principles of administrative law: The statement regarding the possibility of applying the limitations contained in the regulation *also* to the hospital body was made on the basis of these principles.

Secondly, the hospital doctor must be considered exclusively as a civil servant and no longer as a professional person, as far as civil responsibility is concerned.

Thus he will no longer be called upon to answer for slight negligence, even in the rendering of normally difficult services. When fraudulence or serious negligence is ascertained, the system remains unchanged.

Finally, the patrimonial interests of the patient appear better protected, since, as explained above, he can bring action against the health administration even in cases where, under the previous system, the limitations on responsibility provided for in art. 2236, cod. civ., applied.

II. Group Liability

I 92 The general tendencies in resolving problems regarding teamwork are not unambiguous in doctrine. They can be summarised on the one hand in the increased diligence expected of the doctor – in that specific research is required to ascertain if and to what extent the doctor can foresee and therefore prevent imprudent, remiss or unskilful conduct from others participating in the medico-surgical activity (cf. Crespi, *La responsabilità penale nel trattamento medico-chirurgo con esito infausto,* Palermo, 1955) – and on the other hand in the statement that the rule of conduct the doctor should follow, and thus the criterion on which he will then be judged, can be described in principle "as a methodical trust in the correct and appropriate conduct of those who collaborate with him in the medico-surgical activity" (Marinucci-Marrubini, *Profili penalistici del lavoro medico-chirurgo in équipe,* in *Temi,* 1968, 217).

I 93 The different ways of seeing the problem can be reduced to the preference for solutions deriving from the logic, in the one case, of responsibility for the acts of others and, in the other, of the limitation of the responsibility of the individual collaborators in the team for and within the limits of their specific tasks.

Some indications can be found, at the legal level, which refer to that situation of teamwork which is typical of medico-surgical activity in the hospital environment, and these indications seem, though indirectly, to support the second of the tendencies mentioned above. In the hospital environment three types of relationship can schematically be formed: between doctors and auxiliaries, between doctors and doctors in the hierarchical structure of the same department, and between doctors and doctors of the same level in the hierarchy but in different departments and therefore having different professional qualifications.

The relationships between doctors and auxiliary staff are, for the most part, specified by legal standards: the duties and competences of professional and general nurses are listed, most recently in the previously mentioned D. P. R., 14 March 1974, n. 225, which updated the previous legislation contained in R. D., 2 May 1940, n. 1310.

I 94 The criterion on which this regulation is based appears to be that of making a clear distinction between the tasks which the auxiliary can perform autonomously and those which may be performed only "on prescription and under medical control".

It can therefore be maintained that when the nurse acts within these established limits he is to be considered fully responsible for any possible damage done to the patient, while the doctor must be called upon to answer for such damage when he arbitrarily allows auxiliary staff to perform acts of his exclusive competence, or when he does not sufficiently control the actions of the auxiliaries. It was thus decided – under the regulation *ex* R. D. 1310/1940, cit. – that, since the performing of an intravenous injection is "reserved only to doctors and not also to nurses, . . . the doctor who had the intravenous injection performed by a nurse is responsible for the resulting damage to the patient" (Trib. Padova, 9 July 1963, in *Resp. civ. Prev.*, 1964, 202; the principle was confirmed in a suit of legitimacy by Cass. civ., 14 December 1968, n. 3977, cit.). It should, however, be specified that intravenous injections can now be practised by professional nurses, *ex* art. 2, 3rd clause, D. P. R., 255/1975, cit., even though "only in hospital organisations and university clinics, and on the specific indication of the doctor responsible for the department".

As to relationships between doctors and doctors operating in the same working
95 group and linked by hierarchical relationships, such as head physician – assistant head – general assistant, these are defined by the D. P. R., 27 March 1964, n. 128, "Internal Regulations in the Hospital Services", which is still to be considered valid on this particular point in the absence of provisions in the recent health reform legislation.

It is established that the head physician of each department or service, among other things "is responsible for the patients, defines the diagnostic and therapeutic criteria which should be followed by other doctors in the department, himself carries out the diagnoses and treatments which he decides not to entrust to his collaborators, formulates the definitive diagnosis . . ." (art. 7, 3rd clause). Thus, the head physician is left the broadest discretion of choice on both the indications for therapy and the effecting of the same. Criminal and/or civil responsibilities can derive from this, or at least contributory responsibility along with that of he who directly caused the damaging event, in every case where inadequate evaluation of the capacities of the individual co-workers or inadequate critical vigilance over their activities can be recognised (cf. Trib. Florence, 25 May 1981, in *Arch. civ.*, 1981, 685).

In his turn, the assistant head physician "collaborates directly with the head physician in fulfilling the tasks attributed to the latter; he is responsible for the sections entrusted to him, and co-ordinates the work of the general assistants, . . . he deputises for the head physician when the latter is absent, otherwise occupied or in emergency cases" (art. 7, 6th clause).

The regulations thus establish binding criteria of conduct, and also – since they
96 concern hierarchical relationships within public structures – pose delicate problems, on the lawfulness an and limits of inspection and intervention by the subordinate in certain activities which regard his superior. The solution to such problems can prove very significant even in the case of teamwork in the private structures, as there too a team leader must be recognised, within each of the various departments, as having the tasks of co-ordinating the activities of his collaborators and supervising the work they carry out.

Without claiming to resolve this complex problem completely, a non-rigid application of art. 51, cod. pen. – according to which the fulfilment of a duty excludes he who carried out the order from punishment, as long as the carrying out of the order does not constitute grounds for a crime – can be considered to imply that the assistant head and the general assistant cannot refuse to co-operate with the head physician or to follow his orders, as long as it is not fully obvious (beyond any limit allowed by respect for technical discretion) that effecting the order constitutes a criminal act (cf. Cass. pen., 7 June 1959, in *Mass. pen.*, 1960, 350: in the case in point, the doctor on duty at a first-aid station was ordered, by the head surgeon, not to give a child who had been bitten by a snake an antiophidic serum injection immediately; as a result of the delay in administering the serum, the patient died).

I 97 The third complex of relationships which is relevant in medico-surgical teamwork is that involving doctors of the same or different hierarchical levels but having different professional qualifications.

The relationship between surgeon and anaesthetist is worthy of particular consideration, in the light of the tasks assigned to the latter by art. 1, 2nd clause of the law of 9 August 1954, n. 653. The importance of this regulation can be fully understood when it is considered that until it came into force, the doctor performing the anaesthesia was deprived of any autonomous qualification; the anaesthetist was considered a collaborator subordinate to the head surgeon. However, it should be noted that, even then, there was a tendency to keep distinct the responsibility for injury to the patient attributable to the anaesthetist's negligence, particularly with reference to the preoperative phase. It had been stated that "the operating surgeon is not obliged to control the preparatory activities of the operation, which are entrusted to the auxiliary medical personnel". Among these activities was "the dosage of anaesthetic solutions" (Cass. pen., 25 October 1955, in *Resp. civ. prev.*, 1956, 359), and "in the case of death by suffocation, of a child undergoing an operation for narcosis, caused by vomiting due to the action of the ether after the omission of the cautionary measure of not having the child swallow food for a due period prior to the operation, the omission of this cautionary measure cannot be blamed on the surgeon as an element for the crime of manslaughter" (Cass. pen., 14 July 1955, *ivi*, 1956, 362).

I 98 In the case of conflicting opinions on decisions concerning the operation between the surgeon and the anaesthetist, the current tendency is to distinguish according to the moment at which the conflict arises. In the pre-operative phase, when an operation is indispensable to saving the patient's life, it is recognised that the risk from anaesthesia – and therefore the possible responsibility of the anaesthetist should the outcome be unfavourable – must be evaluated according to the provisions of art. 54, cod. pen. ("a person who has committed a crime because forced to do so by the need to save himself or others from an existing danger of serious personal injury is not punishable when the danger was neither voluntarily caused nor otherwise avoidable by himself, as long as the crime is proportionate to the danger"). In a situation like this, therefore, it is considered that the surgeon's decision should prevail if the anaesthetist hesitates in making a judgement on the very high risk.

The legal expression according to which the anaesthetist "expresses his own motivated opinion on the patient's condition in relation to the anaesthetic treatment" tends to be attributed different value in cases of surgical treatment undergone by choice, when, that is, there is no *quoad vitam* necessity, but only *quoad valetudinem* advice without any particular urgency. In these cases there would seem to be no doubt that a possible contraindication to the operation pointed out by the anaesthetist should prevail over a purely surgical indication (cf. Marinucci-Marrubini, op. cit.).

I 99 In any case, except for the observation of complications strictly related to the surgical measures, it is considered that the greater responsibility for everything concerning the maintenance of vital equilibria, both during the operation and in the immediate postoperative phase, falls on the anaesthetist. It has been stated that "for the patient's death caused by a prolonged obstruction of the respiratory passages due to an accumulation of mucus and liquids of gastric origin, the responsibility falls on the anaesthetist who left the clinic immediately after the operation, since supervising the patient during his reawakening and adopting remedies for the effects of the anaesthetic lie within his competence" (Trib. Naples, 24 March 1964, in *Temi nap.*, 1964, II, 267).

III. Responsibility for Medical Machines

100 The problem of responsibility for damage done by medical machines has principally been tackled from the point of view of medical activity, thus reflecting on the level of technical skill and/or diligence shown by the operator using the machine. From this point of view, the patient's compensatory protection can be considered inversely proportional to the dangerousness of the machine used, as the doctor can invoke an attenuation of responsibility *ex* art. 2236, cod. civ., on the basis of the "particular difficulty" of the technical problems faced in using the machine.

101 However, there is a regulation in the Italian code which, if suitably interpreted, can consitute the precise datum on which the patient can base a compensation request independently of the operator's conduct (or in the absence of any conduct by the operator). Article 2050, cod. civ., in fact provides that "whoever causes damage to others in carrying out an activity which is, in itself or because of the nature of the means used, dangerous, is responsible for indemnification, unless he proves that he has adopted all suitable measures to avoid the damage". It seems clear – even allowing for objections that medical activity is not "dangerous" in that it aims to protect the patient's health (cf. Cattaneo, *Alcune questioni in tema di responsabilità professionale,* in *Temi,* 1967, 2991; idem, *La responsabilità medica nel diritto italiano,* in *La responsabilità medica,* Record of the conference held in Pisa at the Scuola superiore di Studi universitari e Perfezionamento, Giuffré, Milan, 1982, 16) – that the abstract dangerousness of the "means used" cannot be denied, particularly in the case of extremely high technology machines. Some examples could be (a) nuclear magnetic resonance apparatus, (b) the new "insulin doser" using a calculated programme, and, more generally, (c) the use of computers in medicine, both for diagnostic and therapeutic purposes. The same comments could also apply to apparatus used in radiology and radium therapy.

102 Recourse to the above-mentioned regulation and to art. 2051, cod. civ. ("everyone is responsible for damage caused by things in his care, unless a matter of chance can be proved") – which is applicable above all to the medical structures within which the damage is done – would allow the compensation to be shifted to the plane of the objectively evident risk (or in any case, that which can be fairly well estimated). The compensation now depends on a verdict on the doctor's acts, which leads to its payment in most cases. Even in practical terms, it is extremely difficult for the creditor of the indemnification to prove redeeming circumstances (either the adoption of "all suitable measures to avoid the damage" or "chance").

The applicability of these regulations has been proposed, though for different reasons, in doctrine (cf., among others, Ruffolo, *Sull'applicazione dell'art 2050 all'attività sanitaria,* in *La responsabilità medica,* cit. 89), with perhaps its strongest supportes being forensic doctors: cf. Pontrelli, *Danno alla persona da responsabilità medica: nuovi indirizzi (colpa lieve? nofault?),* in *Riv. it. med. leg.*, 1980, 467), but to date it has been decisively denied in jurisprudence.

The Cassation Court has, in fact (with very debatable reasoning), explicitly affirmed that "Art. 2050, cod. civ., regards dangerous activities generically and does not apply to those which legisaltion specifically provides for, so that the activity which is the object of services due from the professional person (a surgeon in the case in point) to his client falls exclusively under the provisions of art. 2236, cod. civ." (Cass. civ., 28 September 1968, n. 3011, cit.; Cass. civ., 10 July 1979, n. 3978, cit.).

IV. Vicarious Liability

103 The most significant instances of vicarious liability in medical practice have been described in the outline on group liability within medical structures (Sect. D.III). For the most part, it s a question of specific cases for which the law holds the doctor responsible for the consequences of his collaborators' actions as regards compensation for damages done to the patient.

It is worth emphasising that this responsibility takes effect only from a civil standpoint, and criminal consequences of the actions of other agents cannot be charged to the doctor, under the constitutionally guaranteed principle (art. 27, 1st clause, Cost.): "criminal responsibility is personal".

More generally, the principles governing vicarious responsibility which conern the subject under study are dictated by arts. 1228 and 2049, cod. civ., referring to contractual and extracontractual responsibility respectively.

104 In the former case, the first of the quoted regulations (art. 1228) provides that "unless the interested parties wish differently, the debtor is responsible also for acts of fraudulence or negligence committed by third parties of whom he makes use to fulfil his obligation". This regulation must be referred to when the professional makes use of the services of "assistants and auxiliaries" to carry out the job he has taken on: Such circumstances should come about "under his own direction and responsibility" and only when this type of collaboration is "allowed by the contract or by customary practice" and is not "oncompatible with the object of the service" (art. 2232, cod. civ.).

In respect of extracontractual responsibility, art. 2049, cod. civ., provides (in outdated but substantially binding terms) that "masters and other employers are responsible for damages caused by the illicit actions of their servants or employees committed in exercising the duties assigned to them".

On the basis of these principles, the doctor is to be held responsible for the actions of nurses employed by him, as well as those of assistants and auxiliaries of whose services he disposes, within the limits established with the client.

In order for art. 2049 to apply, and for constancy in jurisprudence, the "employee" must have acted on a request by, and on account of, the "employer", but it is not considered necessary that there be a causal connection between the entrusted task and the damaging event; it is sufficient that there be a simple relation of the "necessary occasion" (cf. Cass. civ., 4 January 1980, n. 20, in *Giust. civ. Mass.*, 1980, 10; Cass. civ., 22 September 1979, n. 4895 *ivi,* 1979, 2178), in the sense that the event was made possible or in any case facilitated by the fulfilling of the task (cf. Cass. civ., 13 January 1981, n. 294, in *Foro it.*, 1981, I, 1325).

E. Insurance Schemes

105 In Italy, the only form of insurance for injuries caused to the patient by medical activities is that currently constituted by voluntary civil responsibility insurance policies taken out by doctors or hospital bodies.

There seem to be no signs of a change of tendency in this sector of civil responsibility, towards the adoption of a social security system. In fact, legislation appears to tend in precisely the opposite direction. The provision of art. 28 (clause II), D. P. R., 20 December 1979, n. 761, cit., seems significant on this matter; it states that "the UU. SS. LL. *can* (not *must*) guarantee their employed staff, by means of appropriate civil responsibility insurance policies, against consequences of legal action brought by third parties, including the legal expenses relative to their activities". The regulation makes previously obligatory insurance cover – both for hospital bodies and for the employed staff, *ex* art. 29, D. P. R., 27 March 1969, n. 130, cit. – optional.

106 The system now depends exclusively on the initiative of the parties, according to the rules of free contracting, and is governed by the general regulations of arts. 1882 ss., cod. civ.

It is easy to deduce that this implies a lesser guarantee for the injured patient for two reasons: Firstly, this form of insurance presupposes the proved civil responsibility of the doctor or of the hospital body, and the hurdles of a judical affirmation of responsibility must therefore be overcome, with all the inherent difficulties of proving the psychological element and the causal relation. Secondly, it should be considered that insurance companies tend towards a restrictive application of such insurance over, in attempts not to pay out for lack of skill or incapacity on the part of the doctor.

One significant point seems to be the discrepancy between the jurisprudential interpretation and the practical application of the "general conditions of civil responsibility insurance against third parties" (pertaining to the responsibility of hospital bodies) and of the "general conditions of civil responsibility insurance for the medical professions" (pertaining specifically to the responsibility of doctors practising the profession independently), which are uniformly laid down by insurance companies.

107 One specific example refers to the prerequisite of the non-voluntary nature of the damage *("involontarietà del danno")* for which the insured party is held responsible – a prerequisite stated in article 1 of both the sets of conditions: There is a distinct difference between the interpretation given by jurisprudence, i. e. that only premeditated civil offences should be excluded from insurance cover (conforming to the system outlined by arts. 1900 and 1917, cod. civ.), thus attributing no relevance to the various "levels or types" of negligence (cf. Cass. civ., 9 July 1966, n. 1819, in *Foro it.,* 1966, I, 1689; Cass. civ., 8 September 1970, n. 1352, in *Mon. Trib.,* 1970, 1094; Cass. civ., 17 November 1976, n. 4270, in *Foro. it.,* 1976, I, 2798), and the interpretation supported by the insurers, who have tried on many occasions to place certain forms of negligent conduct not specifically provided for in the policy into the cate-

gory of the so-called abnormal risk, thus considereing them not to be covered by the insurance guarantee. The Cassation Court, however, has several times denied the existence of "abnormal risk" as an independent category (cf. Cass. civ., 14 January 1971, n. 55, in *Giur. it.*, 1971, I, 1, 1757; Cass. civ., 29 January 1973, n. 285 in *Giust. civ.*, 1973, I, 582; Cass. civ., 4 May 1977, n. 1678, in *Arch. circolaz.*, 1977, 581).

The voluntary nature of medical responsibility insurance also involves limitations
108 of the area of protection of the injured party which can, in the last analysis, be ascribed to reasons of a "structural" character.

The insurer's obligation towards the insured party – in the absence of provisions in derogation of the normal contract mechanisms which can be inferred *ex* art. 1917, cod. civ. – is independent of the insured party's obligation towards the injured person (cf. Cass. civ., 28 February 1972, n. 602 in *Giust. civ. Mass.*, 1972, 321; Cass. civ., 27 April 1973, n. 1149, *ivi*, 1973, 610; Trib. Pisa, 22 November 1977, in *Dir. prat. ass.*, 1978, 134), making it impossible for the latter to bring direct legal action against the insurer. This type of legal action is provided for *ex* law of 24 December 1969, n. 990, for civil responsibility in relation to automobile traffic.

Furthermore, a not insignificant quantity of damages caused by particular types
109 of therapy or by the use of certain instruments is excluded from the insurance cover provided for in the above-mentioned "general conditions", and forms the object of special policy conditions established in clauses which, if accepted, generally involve a significantly higher premium. These clauses usually appear more frequently in policies for general practitioners and surgeons than in those for hospital structures; thus while art. 3 of the "general conditions" for the former excludes guarantees for all damages caused by the use of instruments for electric shock therapy, diathermy and electrotherapy, the same damages are covered by art. 13 of the integrative special conditions of the "general conditions for hospitals, university clinics and specialised care institutes".

The increasingly frequent use of these clauses has recently induced the Cassation Court to change its opinion on their nature and function in the context of insurance contracts. In contrast to the previous tendency according to which these clauses were in line with the content of the insurance guarantee and would thus identify the object of the contract (cf. Cass. civ., 29 November 1973, n. 3288, in *Giust. civ. Mass.*, 1973, 1703; Cass. civ., 11 July 1975, n. 2756, *ivi*, 1975, 1291; Cass. civ., 28 June 1978, n. 3217, *ivi*, 1178, 1314), it has been affirmed that they "make the assumption of the risk by the insurer practically inoperative, or very difficult to operate" and in the end amount to "an exclusion or delimitation of this responsibility, concluded in other agreements", and that they therefore require special written aproval, *ex* art. 1341, clause II, cod. civ. (Cass. civ., 7 February 1979, n. 816, in *Resp. civ. prev.*, 1979, 780).

Finally, it should be noted that the (above-mentioned) art. 28, D. P. R. 761/1979,
110 certainly does not contribute to the protection of the patient's health through its provisions which, according to the most reliable interpretation to date, exclude the public body's compensatory action against the doctor for the sums paid out to the injured person as indemnification, "except in cases of serious negligence or fraudulence". Given the reluctance of jurisprudence to recognise the psychological element as significant in specific cases of medical responsibility, the provision amounts to a substantial "de-responsibilization" of the operator in clear contrast not only with the optional character of civil responsibility insurance provided for in the regulation, but also with the *ratio* of the system of medical care outlined in the health reform law.

F. Special Situations

I. Emergencies

111 Problems related to the doctor's intervention in emergency situations can be only sketchily outlined in this paper, since the responsibility profiles involved are too vast and far reaching for a detailed study.

Firstly, it should be remembered that a refusal to assist can constitute "omission of aid" when the presuppositions *ex* art. 593, cod. pen., exist (cf. *Sect.* C.I.3), or possibly a more serious crime when, for example, the doctor is on duty in an emergency station (*ex* art. 328, cod. pen.) because of his special function within the public health structure (cf. *Sect.* A.II.2).

Civil law provisions are not so specific on this matter of first aid, giving rise to numerous problems which recent doctrine attempts to solve, referring to, among other things, the institution of business management *ex* arts. 2028 ss., cod. civ. (D'Amico, *Il soccorso privato,* ESI, Camerino, 1981. In jurisprudence, cf. Trib. Milan, 27 February 1969, in *Riv. it. prev. soc.,* 1970, 1021).

112 Secondly, very difficult problems arise in relation to consent to treatment in emergency conditions and the attendant considerable ethical implications. In the light of the regulative criteria referred to above (cf. *Sect.* C.IV) and the particular nature of such situations, two hypothetical categories should be distinguished.

When the patient is conscious and in a condition to give valid consent, there seems no doubt – on the basis of these general principles – that the doctor must respect a possible refusal of treatment; if he does not do so, he could also be held criminally responsible (of *Sect.* C.IV). When, on the other hand, the doctor ascertains that the patient is unconscious (or conscious but not of lucid mind), it is considered that the *ratio* of the protection of the "right to life", which the Italian juridical order guarantees above all, must prevail (cf. *Sect.* F.IV): The criterion of the urgency of intervention is considered sufficient to justify the treatment "whatever may be the result" (cf. Cass. civ., 25 July 1967, n. 1950, cit.; Cass. civ., 18 June 1975, n. 2439, cit.; Cass. civ., 29 March 1976, n. 1132 cit.). In such cases, the regulation relative to the "state of necessity" is applicable both in a civil court (art. 2045, cod. civ.) and in a criminal court (art. 54, cod. pen.); it is described in both articles with identical formulae as the "necessity to save oneself or others from any existing danger of serious personal injury".

113 The code of medical deontology (cf. *Sect.* A.I) provides that "the doctor, whatever his function or specialisation, must, in any place or circumstance, give emergency treatment to a person in immediate danger for whom it is not possible to assure other urgent assistance" (art. 8). This regulation justifies certain ethical and professional worries, particularly when the doctor is faced with a refusal of treat-

ment, given for reasons of religious faith. The most frequent such cases today are those involving Jehovah's witnesses who, following the precepts of their religion, refuse blood transfusions for themselves and for theird under-age children.

It should be noted that the most recent Italian legislation on medical treatment considers the patient's consent completely valid in all cases in which he shows a full awareness of the treatment concerned. Thus, hypothetically, the doctor could carry out the necessary treatment on the consent of an under-age patient even against the wishes of the parents. In practice, the now widespread tendency when parents refuse the treatment is to request authorisation from the tutelary judge before carrying out blood transfusions on minors, when this treatment is considered urgent and necessary for the patient's health: this, on the basis of the powers conferred on the tutelary judge by art. 333 cod. civ., when the parents' conduct appears "detrimental to the child" (cf. recently, Pret. Catanzaro, decr. 13. January 1981, in *Giust. civ.*, 1981, I, 3098).

II. Transplants

114 The subject of transplants for therapeutic purposes is governed under Italian law by a series of regulations which necessarily distinguish between taking parts from a living person and taking them from a dead body. The necessity for such a distinction arises from the restrictions laid down in art. 5, cod. civ., on "deeds of disposition of one's own body", in that they are specifically forbidden "when they cause a permanent diminution of physical integrity, or are otherwise against the law, public order or public morality".

In spite of its setting, this regulation has been considered generally applicable even in criminal law (cf. Antolisei, *Manuale di diritto penale,* I, Giuffré, Milan 1975, 228; Cass. pen. 24 April 1968, in *Foro. it.,* 1969, II, 635) in order to reach a more precise definition of the limits of validity of the "consent of he who has the right" (art. 50, cod. pen.: "whoever damages or endangers a right with the consent of the person who effectively disposes of that right is not punishable"), with particular reference to the lawfulness of deeds of disposition of the body which affect the subject's physical integrity.

115 The legislation has shown its agreement with this interpretation, considering art. 5, cod. civ., to be valid only unless derogated explicitly by another regulation. Thus the law of 26 June 1967, n. 458, on "kidney transplants between living persons" (still the only type of organ transplant permitted from/to living persons) opens with a clear statement along these lines: "in derogation from the prohibition of art. 5, cod. civ., a person may freely dispose of a kidney for purposes of transplant between living persons" (art. 1, clause I). The transplant is allowed when the donor is either a parent, child, brother or sister of the patient (art. 1, clause II); other relatives or persons outside the family can consent to donate their kidneys only when the patient does not have those relatives or when none of them is suitable or available (art. 1, clause III). The deed of disposition of the kidney is then carefully checked by the judicial authorities who, having ascertained the existence of the necessary conditions and the freedom to consent and on the basis of a specific medical report (art. 3), can authories (or deny with a justifed decree) the effecting of the transplant (art. 2).

I 116 Transplants involving the taking of a part from a dead body are regulated by the law of 2 December 1975, n. 644 ("discipline on the taking of a part from a dead body for purposes of therapeutic transplant, and regulations on the taking of hypophysis from a dead body for the production of extracts for therapeutic use") and by the regulations on the effecting of the transplants contained in the D. P. R., 16 June 1977, n. 409.

The whole subject has been covered organically in this law, transforming the previously existing legislation on the taking of parts from a dead body, from a "closed" (various provisions made from 1957 onward permitted single acts of the taking of a part, case by case) to an "open" system allowing all parts to be taken from a dead body except the encephalon and genital and reproductive glands (art. 1, law 644/1975).

I 117 The solutions adopted with reference to the problem of determining the "point of death" (cf. *Sect.* F.IV) and to consent to the explant are of particular importance.

It should immediately be specified that any positive wish expressed by the interested party to donate parts of his body is irrelevant: The taking of parts is generally allowed unless "the subject explicitly denied his assent prior to his death". The explant is not allowed when there is written opposition "from the non-separated spouse, or if there is no spouse, from children not under 18 years of age, or, in the absence of these, from the parents, following the formal proposal of the doctor responsible for the explant operation . . ." (art. 6, clause II). It is easy to see how this regulation, in its understandable attempt to reconcile often contrasting needs – the protection of the health of persons needing healthy organs, and the relatives' tendency to wish to avoid mutilations of the body – creates difficulties in its own application, difficulties which cannot be resolved in time to allow the transplant to be effected.

III. Death and Euthanasia

I 118 The ascertaining of death in the current state of medical science give rise to problems linked to contrasting requirements, and which could not even have been imagined some time ago. On the one hand, the progress achieved in reanimation techniques suggests waiting for certain thanatological phenomena before proceeding to verify death; on the other hand, the increasingly frequent use of parts of the dead body for therapeutic transplant purposes urges the most rapid possible verification of the death of the patient from whose body a part will be taken. It is this conflict which Italian legislation has tried to resolve by dictating two distinct rules regarding the verification of death.

I 119 According to the first rule, which is of a general nature, the task of ascertaining death is entrusted to a particular doctor (nominated by the mayor), who should generally perform his examination "not before 15 hours after the death" (art. 4, D. P. R. 21 October 1975, n. 803, regarding the "regulations of mortuary police").

The second rule refers to cases in which a dead person's body is intended for operation to remove a part. In such cases, the above-mentioned law 644/1975 provides that the verification of death be carried out "by means of a continuous electrocardiogram survey for no less than twenty minutes, and the ascertaining of the absence of spontaneous respiration for two minutes after suspending artificially induced respiration, and of the absence of both spontaneous and provoked brain activity". These procedures should be carried out by "a college of three doctors of whom one is an expert in cardiology and one an expert in electroencephalography" (art. 3). The doctor who is to perform the explant cannot be one of the college.

Specific rules are given for verification of death for subjects "affected by primitive cerebral injuries and subjected to reanimation" (art. 4). In such cases, the college of doctors which is to verify death must be composed "of one forensic doctor, one anaesthetist-reanimator and one neurologist who is an expert in electroencephalography" (art. 5).

120 There is, however, no exception, to "the obligation of the doctors in charge of the case, when heart beats cease, to carry out all operations suggested by science and technical knowledge to save the life of the patient" (art. 3).

The above specification appears indicative of the attitude of Italian legislation to the problem of the death of humans: its intention is to protect the life of the individual as far as possible. The protection provided for in criminal law in these cases, in favour of the life and the physical integrity of the individual, is further confirmation that this intention is so strong as to overcome any other order of values, including the possible wish to die expressed by the subject himself. This emphases the indisposable nature, under Italian law, of the "right to life", which is moreover, coherent with the intransigence of art. 5, cod. civ., for deeds of disposition of the body (cf. *Sect.* F.III).

121 Whoever causes the death of a man with the latter's consent (art. 579, cod. pen.: "homicide of the consenting person") is, in fact, punishable, though with a more mild punishment than that for premediated murder, as is "whoever provokes others to suicide, or encourages another's intention to commit suicide, or in some way facilitates the suicide", even if the suicide does not actually take place, "but if a serious or very serious personal injury derives from the attempted suicide" (art. 580, cod. pen., "instigation of or aid to suicide").

Every form of "euthanasia" is therefore to be considered against the *ratio* as well as the letter of Italian law. The same attitude, is moreover, to be found in the code of medical deontology, which establishes that "in no case should the doctor, even if requested by the patient or by his relatives, act in any way which is likely to shorten the life of a sick person". The doctor may, however, in the case of sicknesses of a certain and imminent unfavourable prognosis in spite of treatment, limit his services "to moral assistance and to the prescription and carrying out of therapy likely to spare the patient useless suffering" (art. 40).

IV. Experimentation

122 Experimentation on the human person gives rise to very complex problems. There are no general rules governing the matter under Italian law, so these problems must be studied in the light of the general principles already described, taking into account the first regional laws which have recently begun to tackle the subject.

Firstly, experimentation can be considered permissible only when it is carried out to benefit the health of the patient and is within the limits imposed by respect for the person (*ex* art. 32, Cost.).

Secondly, it seems that, in every case, the patient's consent must be taken into account (cf. *Sect.* C.IV), and his consent can only be considered valid within the limits established by art. 5, cod. civ. (cf. *Sect.* F.III), and when there are no doubts about his capacity "to understand and to will" *(intendere e volere)*.

123 On the first point, the reg. law of Lombardy, 20 June 1975, n. 97, seems to have made a move, in declaring the use of new diagnostic and therapeutic methods permissible only where they "conform to the aims of hospital treatment and where they do not prove contrary to every citizen's right to health" and in explicitly prohibiting "any treatment, practice or prolongation of stay in hospital which is not indicated and justified by the specific needs the patient being treated" (art. 1).

The scope of the legality of the treatment is thus limited to so-called therapeutic experimentation in which, unlike pure or scientific experimentation, the immediate aim is to cure the patient's illness.

The above law does not mention the consent of the patient subjected to treatment, so that, from this point of view, its legitimacy can be doubted (*ex* art. 117 Cost.), particularly in light of the now explicitly ratified principles of the health reform law 833/1978.

124 The reg. law of Tuscany, 25 August 1978, n. 59, on the other hand, does respond to this basic requirement. It concerns "the study of drugs in man" and aims to discipline clinico-pharmacological experimentation in specific cases, considering the "ultimate aim of treatment" and in any case "the respect for the constitutional right to health" (art. 1 lett. A).

This law in fact provides for a rigorous verification of the "physical, psychological and social conditions of the patients", intended to establish beforehand if they "are such as to allow the expression of free consent" (art. 3, lett. C). Furthermore, "any patient to whom it is proposed to undergo experimentation must be adequately informed of the aims and possible risks of the experimentation, taking into account his level of culture, his age and his psychological situation" (art. 7, lett. A). In any case, "the experimentation is not permissible on under-age persons without the explicit and united authorisation of the parents or of the guardian; on prisoners; on pregnant women, with the exception of drugs aimed at treating the pathology of pregnancy; or on patients whose physical or psychological conditions do not allow the request for consent, or in any case do not guarantee its free expression" (art. 3, lett. C).

125 The law also contains indications on the method which should be followed in the experimentation of a new drug or treatment. It specifies that "it should be carried out with the aim of making a comparison with the most effective drug or treatment already in use for the specific therapy, or with previously used drugs and treatments, so that no patient is left without a valid therapy. In no case should the failure to treat a patient with a drug known to be effective, constitute a risk for the patient" (art. 7, lett. C).

Bibliography

AA. VV., (1982) La responsabilità medica, Atti del Convegno svoltosi a Pisa presso la Scuolo Superiore di Studi Universitari e Perfezionamento. Giuffrè, Milan

Avecone P (1981) La responsabilità penale del medico. Vallardi, Padua

Baldina, Gattai A (1975) Indagine conoscitiva sull'informatica negli ospedali italiani. Ospedali d'Italia

Bernabei P, Cirinei G, Zolo P (1980) L'Unità sanitaria locale, NIS, Rome

Bruscuglia L (1979) Commentario della legge 13 maggio 1978, no. 180, Accertamenti e trattamenti sanitari volontari e obbligatori. Le nuove leggi civili commentate

Bruscuglia L, Busnelli FD, Corasaniti A (1979) Commentario della legge 23 dicembre 1978, Istituzione del Servizio Sanitario Nazionale. Le nuove leggi civili commentate

Busnelli FD, Breccia U (eds) (1978) Tutela della salute e diritto privato. Giuffrè, Milan. Diritto e problemi contemporanei, vol 2)

Busnelli FD, Breccia U (eds) (1979) Il diritto alla salute. Zanichelli, Bologna

Busnelli FD (1981) Il problema della valutazione del danno alla salute. Resp. civ. prev.

Calcopietro M (1979) Rilevazione dei dati statistici sanitari. Ospedali d'Italia

Cattaneo G (1958) La responsabilità del professionista. Giuffrè, Milan

Cattaneo G (1967) Alcune questioni in tema di responsabilità professionale. Temi

Chiodi V (1980) Omissione de soccorso e rifiuto di assistenza urgente da parte del medico nella giurisprudenza della Cassazione. Riv. it. med. leg.

Crespi A (1955) La responsabilità penale nel trattamento medico-chirurgico con esito infausto. Palermo

Crespi A (1960) Il grado della colpa nella responsabilità professionale del medico-chirurgico. Scuola positiva

D'Amico P (1981) Il soccorso privato. ESI, Camerino

De Vincentiis G, Zangani P (1968) Sulla liceità e i limiti della sperimentazione sull'uomo. Giust pen

Giusti G (1982) L'eutanasia. Cedam Padua

Introna F (1955) La responsabilità professionale nell'esercizio delle arti sanitarie. Cedam, Padua

Istituto Centrale di Statistica (1982) Compendio Statistico Italiano. Rome

Lega C (1974) Le libere professioni intellettuali. Giuffrè, Milan

Manacorda PM (1979) Informatica sanitaria. Feltrinelli, Milan

Mantovani F (1974) I trapianti e la sperimentazione umana nel diritto italiano e straniero. Cedam, Padua

Marinucci G, Marrubini G (1968) Profili penalistici del lavoro medico-chirurgico in équipe. Temi

Merletti R (1982) Servizi sanitari e tecnologie elettroniche. NIS, Rome

Merusi F, Bargagna M (1978) La cartella clinica. Giuffrè, Milan

Norelli GA, Dell'Osso G (1980) Codice deontologico e deontologia medica. Giuffrè, Milan

Ponticelli PG (1982) Professione e impiego nel Servizio Sanitario Nazionale. Il Mulino, Bologna

Pontrelli E (1980) Danno alla persona da responsabilità medica: nuovi indirizzi (colpa lieve? no fault?). Riv it med leg

Riz R (1979) Il consenso dell'avente diritto. Cedam, Padua

Ruffolo U (1982) Sull'applicazione dell'art. 2050 c. c. all'attività sanitaria. In La responsabilità medica

Zana M (1981) La responsabilità del medico nello screening coagulativo. Resp civ prev

Zana M (1981) La responsabilità civile del medico. Giuffrè, Milan

Netherlands

H. J. J. Leenen
J. K. M. Gevers

Contents

A. Bases of the System of Medical Care

I. Ethical Basis of Medical Care

NL 1 Health law rests on two pillars, viz. the right to health care and men's right to self-determination. The first one is by its very nature a social human right, the latter one an individual human right. The purpose of individual rights is to protect an area of individual freedom from state and society, whereas social rights deal primarily with participation in societal goods. In order to implement the right to health care – a societal right – a system of health care services and provisions has been built up. The right to self-determination is an expression of human autonomy and forms an indefeasible asset of human existence. Because of self-determination, men can be held responsible; without it, guilt would be a meaningless word. We will bypass questions concerning biological, psychological and environmental determinants which set a limit to self-determination nor will we go into the question of how far the individual's right to self-determination is restricted through his living in society among other individuals. Suffice it to say that in legal matters the concepts of responsibility and guilt play a role. This implies that law presupposes the possiblity of self-determination, although it is acknowledged that in some cases, external or internal constraints may (considerably) reduce room for free choice. The societal limitation of the right to self-determination is a consequence of, inter alia, the need for a just distribution of available resources, the rights of other individuals, the prevention of harm to others or to society and the protection of the general interest. Because individual human rights have a more absolute and fundamental character than social rights, restrictions of those rights should be kept to a minimum and should always be based on a solid argumentation.

NL 2 The right to health care entails inter alia a right to expert care and a right to availability of care to all. The right to expert care means public authorities should see to it that the work of physicians, nurses and other health professionals meets high standards and that the tasks and responsibilities of those professional groups do not conflict. This presupposes a coherent system of arrangements for training and quality control. Similar arrangements should exist for the supervision of services offered by hospitals, nursing homes and other health care institutions. That health care is to be within reach of every citizen means equal access to the arrangements provided for. This in turn, implies that the geographical dispersal of hospitals and professionals should be adequate and just and furthermore and that no citizen should be kept from using health care facilities on financial grounds. The latter calls for a removal of financial barriers to the use of health care. If one wants to safeguard geographical attainability of arrangements of a similar quality, planning and statutory regulation of the provision of health care services are indispensable. Financial attainability requires arrangements for the payment of health care services either by the state or by means of social insurance funds, so as to enable everybody to make use of those services to an equal extent, irrespective of income. The right to health care entails that the attainability of health care is guaranteed by law to all citizens, which requires at least some degree of statutory regulation.

NL 3 During the years after the Second World War, attention in many countries was directed towards the development of the health care system and the progressive realization of the right to health care. Nowadays, however, the emphasis seems to have shifted towards man's right to self-determination. This development is clearly reflected in the quest for a more equal relationship between professionals and patients and in the formulation of patient's rights. Endeavours to widen the scope of self-determination can currently be observed in many spheres of social life. One may expect the desire for self-determination to be relatively strong whenever people find themselves in a situation of dependency. In particular, the case of ill health, which makes people vulnerable and dependent, will lead to a wish to maintain as much freedom as possible.

Illness does not change man's legal status. This holds also for mental illness, at least as long as the patient is not committed to a mental hospital by a judge. This is tantamount to presuming, as is generally the case in legal matters, that patients can make their own decisions unless the contrary can be shown to be true. In medical practice, doctors are sometimes inclined to take a different starting point: in their view, the patient has no voice, and it is up to him to prove that he is able to decide for himself. Self-determination means that man takes his lot into his own hands; this right underlies the rights to information and of consent to treatment. Self-determination is to be taken in both a negative and a positive sense, whereby 'positive' and 'negative' are contingent on predominant social and cultural values. That which is considered negative in a given society can be positive for a certain individual. As long as he does not encroach upon the rights of others, the individual should be free to make his own choices, even if society cannot appreciate them. This is especially true in the private sphere. If one does not accept 'negative' self-determination, one does not accept the right to self-determination at all. The essence of freedom is that society does not interfere with the citizen's private life and enables him to shape his own life. A society which would allow only for 'positive', conformist choices does not respect the right to self-determination.

NL 4 The right to health care and the right to self-determination form the basis of the legal position not only for the patient but also for health care institutions and professionals. The complementary nature of both rights leads to the conclusion that health care should not infringe upon man's freedom but should aim instead at enlarging the possibility of self-determination. When medical examination and treatment temporarily result in an impairment of freedom (e.g. operations, confinement to one's bed), the restrictions should not be more extensive than strictly necessary for the restoration of self-determination. Thus, the rights to care and to self-determination form basic principles that should guide both the users and the suppliers of health care.

II. Private or State Systems of Medical Care

NL 5 The Netherlands does not have a national health service. The health care system is basically private in character. However, the market mechanism of supply and demand have been considerably mitigated by social insurance funds as well as state supervision of and legislation on the delivery of health care. Later on we will discuss the social security system (see Sect. E). Suffice it here to say that 70% of the Dutch population is insured under the *Ziekenfondswet* (Sickness Fund Act) – most of them compulsorily – while the entire population is covered by the *Algemene Wet Bijzondere Ziektekosten* (General Act on Special Sickness Expenses).

NL 6 As for state supervision, it should be noted that for a long time interference of the legislator and public authorities with the health care system has been rather limited. Whereas national health inspection and a system of cooperation and advice by health councils were set up under statutory law (Health Act), private organizations were left to cover other aspects of health care. Since the beginning of the 1960s, however, this reserve has gradually disappeared. The need for conscious planning of health care services and for effective control of cost developments has become evident nowadays, especially since economic growth has stagnated and an ever larger portion of national income is being spent on the quasi-autonomous expansion of the health care system. The *Wet Ziekenhuisvoorzieningen* (Hospital Act of 1971) was a large step towards more state control. This act, relating to procedures for the establishment of new hospitals and hospital departments, was preceded by the *Wet Ziekenhuistarieven* (Hospital Tariffs Act of 1965). Since then, completely new, comprehensive legislation encompassing the whole field of medical care has been in preparation. This has resulted in a *Wet Tarieven Gezondheidszorg* (Health Care Tariffs Act I, 1980) and in a *Wet Vorzieningen Gezondheidszorg* (Health Care Provisions Act, 1982).

III. Number of Doctors in Private Practice, Clinics and State Agencies

NL 7 By 1980, there were more than 25000 doctors in the Netherlands, the largest single group of which consisted of about 9000 specialists. General practioners, including those in training as general practioners, number 6000. Of the remaining 10000 physicians, 2500 were working in the field of social medicine and about 700 in public administration, the latter group being employed by state, provincial or municipal authorities.

The large majority of general practitioners and specialists work as self-employed professionals in private practice, with many specialists practising in private clinics and hospitals. There is a growing tendency, however, for specialists working in hospitals to be employed by those institutions. A similar but far less significant development is taking place among general practitioners due to the growing number of group practices and health centers.

IV. Number of Treatments

NL 8 There are no data available on an annual basis concerning the exact number of treatments taking place in private practice, hospitals, etc. As the sector of hospitals would seem to be the most important source of patient claims based on medical malpractice, we will give some data on the size of this sector.

The following data, published annually by the National Hospital Institute, relate to 1980. In this year, there were 231 hospitals with a total of 73 500 beds. The number of admissions was 1 600 000, and the number of nursing days 22 300 000. Medical staff in hospitals amounted to 4200.

B. Claims and Court Cases

I. Claims of Patients Against Doctors, Clinics and State Agencies, Kind of Claims, Cause of Injury, Average Amount of Claims, Number of Settlements

NL 9 The information on number and type of patient claims made against doctors or their employees is very limited in the Netherlands. The available information originates from only two sources: official publication of judicial sentences in court reports and the annual account of the M. A. R., an agency set up by private insurance companies in the Netherlands to deal specifically with medical liability cases.

The latter source reveals that in 1981, 163 cases were presented to the insurance companies. In 50% of those cases, liability was established and a settlement was being negotiated; 35% of the claims were dismissed because liability could not be established; the other 15% were still under examination at the time of publication of the account. The insurance companies did not publish any information on either the cause of injury or the average amount of damages.

One must be aware of the fact that, because of social security systems (see Sect. E. I), many costs are paid by social security, and therefore very often no other compensation is needed or even possible through other sources.

II. Court Proceedings

NL 10 The number of published court cases is very small. This is partly due to the fact that only a limited number of those cases find their way into the official reports. But apart from that, the absolute number of court cases involving medical malpractice seems to be rather low and will certainly not exceed several dozen a year. The literature on the subject of medical malpractice often points out that the patient is often unable to prove negligence. In a number of cases, he may not even be aware of a failure on the part of the doctor. If the patient can substantiate his claim, a settlement with the insurance company is usually reached. Consequently, only a small minority of cases result in court proceedings.

This is not to say that the courts do not play an important role in the field of liability for medical malpractice. The few court cases published over the last 20 years have attracted much attention in both the legal and the medical professions. In developing certain rules of medical responsibility, the judiciary has probably paved the way for a considerable number of settlements between victims and insurance companies.

Finally, several authors on the subject expect a certain increase in the number of claims and settlements during the coming years. Such a rise in malpractice cases would be the result of a growing awareness of patient rights and a greater readiness to claim compensation for harm caused by a doctor.

C. Responsibility for Negligence

I. Criminal Responsibility

NL 11 Criminal law is relevant to the problem of medical responsibility only to the extent that medical malpractice falls under the punishable acts explicitly stated in the Dutch Penal Code or in other penal provisions. Which regulations are of importance for the possible penal consequences of harm caused by a doctor to a patient? We will limit ourselves to the most relevant provisions of the Penal Code:

- Exposing others to ionizing radiation or contaminating them with radioactive substances
- Selling merchandise harmful to life or health
- Abandoning a person in need of immediate help
- Violation of professional secrecy
- Unlawful deprivation of liberty
- Unlawful coercion to do or to omit something
- Murder and homicide
- Ill-treatment and infliction of bodily injury
- Negligent bodily injury or death
- Selling adulterated drugs
- Dereliction of duty to give assistance to a person in a state of immediate peril to his life

Most of these provisions are used against doctors only very seldom.

NL 12 More frequent are penal cases regarding abortion, euthanasia and the abetting of suicide. The circumstances under which these acts, when committed by a doctor in the course of his work, are to be considered unlawful is still largely a controversial question. Only in the case of abortion has at least a temporary armistice been reached since the adoption of the Abortion Act some years ago. This act has not yet come into force, however, and it remains to be seen how it will function in practice, given the fact that it is in every respect a product of political compromise. As for euthanasia and assistance to suicide, the courts have decided that as bug as special conditions are met, these acts are not punishable. A State Committee has been established to study the law concerning these act.

NL 13 In judging alleged criminal behaviour of doctors, the courts are inclined to restrict themselves to a 'marginal' review, which is to say, they refrain from giving a judgment on the justifiability of the doctor's decisions or acts as such, restricting themselves instead to the question of whether, all circumstances taken into account, he could reasonably arrive at his decision. For instance, if a doctor does not keep his professional secret after having noted that a child has been mistreated by its parents, the court will respect his professional autonomy as long as his behaviour seems to be defensible and he has been careful in making his decision. Especially in cases of euthanasia and cooperation in suicide, carefulness in decision-making has been considered a very important (though not a sufficient) condition of impunity by the courts.

II. Criminal Procedure and Disciplinary Courts

NL 14 In order to establish criminal liability, three conditions must be met: first of all, it must be proved that a punishable act that coming under a statutory penal regulation has been committed; this punishable act must be unlawful not only according to the wording of the regulation but in its very character; and thirdly, it is required that the doctor be subject to blame for his behaviour. The first condition means that the act corresponds to the description of the punishable act given in the penal provision; the different elements of this legal description must obtain. Punishable acts can be either crimes or contraventions. In general, the latter are of a less serious nature; very often, punishment of them is less severe than in the case of crimes.

The second condition has to do with the fact that an act which corresponds to the description given in a criminal regulation is not always punishable. For instance, it is unlawful to put a knife in somebody's back; nevertheless, this is a daily occurrence in a hospital operating room. In such cases, there is only a formal and not a substantive transgression of the law; there is no 'material unlawfulness'. The doctrine of 'lack of material unlawfulness' is based on the presupposition that the criminal regulation presumes the act in question is in itself contrary to the rules of law. But this need not be the case. For medical practice to remain lawful, even if contrary to the wording of a penal provision, the following conditions must be fulfilled:

- The act must rest on a medical indication and must be oriented towards a concrete purpose of medical treatment.
- The act must be performed according to the state of the art.
- The act must not be performed before the patient has given his 'informed consent'.

The third condition – that the doctor is at blame because of his behaviour – implies that the doctor could have avoided the unlawful act, had he so willed. To establish guilt in criminal cases, serious fault or negligence must be proved; a light form of negligence is not sufficient. This is one of the reasons why criminal law only plays a marginal role with respect to health care in general and in medical malpractice in particular.

NL 15 It also explains the need for another form of jurisdiction by means of which the behaviour of medical professionals can be reviewed more effectively. In the Netherlands, judicial review of medical practice is regulated under the *Medische Tuchtwet* (Medical Discipline Act of 1928). Because of the very important role played by medical disciplinary courts in formulating legal norms relating to the medical profession, we will pay more attention to this form of judicial review than to the subject of criminal proceedings discussed above.

NL 16 The purpose of the Medical Discipline Act is to safeguard the quality of medical care and to maintain professional standards of skill and care with regard to the patient. Most patients are unable to judge professional skills; those skills have to be reviewed by experts. This is why doctors as well as lawyers participate in disciplinary courts. In addition to physicians, dentists, midwives and pharmacists fall under the jurisdiction of those courts; this holds for all those belonging to the profession, irrespective of whether they actually work with patients. There are five disciplinary courts, located in Amsterdam, The Hague, Groningen, Zwolle and Eindhoven. The Central Medical Disciplinary Court, a board of appeal, has its seat in The Hague. The norms applied by the courts to review medical practice are:

- The undermining of confidence in the medical profession
- Negligence resulting in serious harm to the patient
- Evidence of serious ignorance in the practice of the profession

In most sentences of the disciplinary courts, one will find the norm 'undermining of confidence', which has become the central touchstone. This norm covers not only positive acts but also dereliction of duty. The following disciplinary measures can be imposed by the courts: warning, reproof, a fine up to a maximum of *f*10000, a ban on practising the profession for a period of up to 1 year, or denial of the right to practise the profession.

The medical disciplinary courts are composed of representatives of the medical professions, but their president and secretary are lawyers.

NL 17 A dispute is brought before a court by a written complaint. Such a complaint may be lodged by anybody directly interested (for example patients, parents on behalf of children, or children on behalf of parents), the board of an institution which employs the professional or for which he works, and the inspector of health care. After the complaint has been received by the court, the president will proceed to a preliminary examination to determine among ofther things whether the complainant was entitled to lodge the complaint. If the complaint is obviously groundless or insignificant, it can be dismissed by the court without further examination. If the case is tried, there will usually be an exchange of written documents to prepare the session of the court. The court collects all information it considers necessary. The doctor whose practice gave rise to the complaint must be invited to be present at the session. If he appears, he must be heard. The court can also oblige him to appear if it so desires. Witnesses and experts summoned by the court must obey the summons. The trial ends with a sentence, which is then sent to the complainant and to the doctor concerned, to the medical inspection and to the secretary of the Central Medical Disciplinary Court. If not made public, sentences are secret.

NL 18 Appeal can be lodged to the Central Medical Disciplinary Court against the decision when the sentence holds a warning or a reproof. In case a fine is imposed or practice of the profession is denied, appeal has to be directed towards the *Gerichtshof* (which is a general court of appeal in civil and criminal procedure). If a measure is imposed, the complainant is not allowed to appeal. The medical disciplinary courts decide whether the case is to be tried in a public session and whether the sentence is to be made puclic. In the latter case, the names of the complainant, the patient and witnesses are left out. The courts can also decide not to make public certain parts of the sentence. Furthermore, they can order that the sentence be made public, in which case names, addresses and other personal data are left out. Up to the present, however, the courts have only made a limited use of the power of proclamation.

NL 19 In recent years, this system of disciplinary review of medical practice has come under public discussion. For example, one argument holds that the system should be abolished because a doctor, like any other citizen, may be held liable under penal law and that sentencing by a disciplinary court should not protect him from criminal proceedings. Penal law and disciplinary law, however, exist side by side. But since a criminal conviction requires serious fault or negligence, penal law can only protect the patient to a limited extent. Abolishment of the system of disciplinary law would mean that an important instrument for reviewing medical practice would disappear. One would expect such a proposal to come from the medical profession rather than those who want to safeguard the interests of the patient. As a matter of fact, however, most often it is the latter who advocate the abolishment of medical disciplinary law. One further argument in favor of the existing system is that the complainant is a party to the dispute and can personally bring the case before the court. Under criminal law, it is not the complainant but the public prosecutor who is a party to the trial and who has discretionary power to prosecute or not. In disciplinary law, every complaint must be examined.

Those who are against medical disciplinary law argue that the objectivity of medical professionals reviewing the acts of their colleagues is questionable. It is hard to prove or disprove this allegation on purely factual grounds. However, those sentences that have been published do not show much generosity towards colleagues. Moreover, one should realize that the members of the disciplinary courts are appointed by the Crown. In criminal proceedings, the necessary expert knowledge is obtained by means of expert testimony. In many criminal cases, the judge relies heavily on the opinion of those experts. A discussion among several experts under the guidance of a jurisprudent president, such as occurs in a medical disciplinary court, would seem to lead to a more valid judgment than the hearing of a single expert. A further argument against the existing system of medical disciplinary courts has to do with the non-public character of their jurisdiction. In cases where the above-mentioned possibilities of disclosure are not used, disciplinary courts may indeed withdraw from public criticism, but they cannot screen themselves from the complainant. Apart from that, publicity in criminal proceedings and publicity in disciplinary proceedings cannot be compared in all respects. In criminal proceedings, the public prosecutor selects his own cases, while disciplinary courts must examine all complaints. Selection by the prosecutor protects the defendant not only from insignificant complaints, but also from publicity about such complaints. Like every other citizen, a doctor has the right to be spared unnecessary scandal. In the second place, it should be noted that relatively few complaints actually result in a disciplinary measure. Starting from the assumption that the disciplinary courts do their work well (and there is no reason to suppose otherwise), this means that doctors are often wrongly accused – that is to say, 'wrongly' in the sense of the Medical Discipline Act. Complete publicity would mean that unjust complaints would also be disclosed. Furthermore, in many cases intimate data about the patient are brought before the court. One may well ask whether the complainant would always prefer a public trial. If not, it is conceivable that patients would refrain from lodging a complaint for fear of having intimate personal information disclosed during the court session. Publicity is in the interest of public control, not in the interest of the complainant who is present (often with his counsel) at the session. One also wonders whether the participants in the court session (complainant, defendant, witnesses and experts) would speak as freely during a public session as they do behind closed doors.

As mentioned earlier, the disciplinary courts have made little use of their power to examine the case in a public session or to pronounce their decision in public. In our opinion, the arguments mentioned above do not hold to the same degree in all cases. Certainly, there are cases in which the courts can proceed with less reserve than they customarily do now. In any case there is no good reason why the decisions of the courts cannot be published afterwards, leaving out information which might serve to identify the persons involved. This would allow for more public control of the working of disciplinary courts. Moreover, medical disciplinary law might then have a greater preventive impact because doctors would have a clearer notion of the norms applied by the disciplinary courts.

III. Civil Responsibility

NL 20 Civil liability arises when an obligation is not fulfilled. Obligations originate either from a contract or from tort. Theoretically, one can distinguish between two types of obligations: 'result' obligations and 'effort' obligations. The latter sort of obligations only imply that the debtor must exert himself to attain a certain goal; in the former, the debtor must bring about a certain result. The large majority of medical interventions are not based on a 'result obligation'. The doctor cannot guarantee that the contemplated goal will be reached; he cannot compel nature. Goal attainment also depends on the physical constitution and reactions of the patient; yet, neither the human body nor the human mind function according to fixed rules. There is a relation between individual factors and the effects of a medical treatment. When does a doctor meet his obligations? A general answer is to be found in the so-called 'professional standard': the doctor must act with care according to prevailing medical standards; he must apply those remedies which are reasonably adequate in light of the concrete treatment goal; and he must show the skills of the average skilled physician of the same category working in the same circumstances. Deviation from the professional standard is to be considered as a fault in the practice of the profession. As indicated above, however, one has to distinguish between fault and risk. Faultless application of a perfect method of treatment does not necessarily lead to the desired result. The normal risks of medical treatment do not result in civil liability of the doctor, except in particular circumstances.

NL 21 Civil, criminal and disciplinary liability may go together. As a result of one act, a doctor may be summoned before the civil court, the criminal court and the disciplinary court. In practice however, depending on the seriousness of the case and the special requirements for establishing criminal liability, either criminal or disciplinary proceedings are started. Very often, the public prosecutor will leave the case to the disciplinary courts. As medical intervention will take place in the context of a contract between patient and doctor (or the employer of the doctor), deviation from the professional standard normally implies a breach of contract. However, is possible for the disputed act only to represent a tort, as when the fault is made after the patient has been brought into the hospital in a state of unconsciousness, or when third persons are prejudiced by the doctor's lack of care.

Negligence in the fulfillment of contractual obligations and tort can go together: the same fault may form both a breach of contract and a tort. In one sense, though, the concept of 'tort' is more limited than the concept of 'breach of contract': it is possible for one of the parties to the contract not to meet his obligation without a tort being committed. For instance, if a doctor does not specify the bill in spite of a request from his patient, he fails to meet his contractual obligations, but there is no tort.

NL 22 In jurisprudence the relationship between a doctor and a patient who seeks the help of the doctor is generally interpreted as a contractual relationship. This interpretation is the most plausible one, since an agreement regarding medical assistance has all the features of a normal contract and there is no reason to exclude it from contract law. Even if there is no explicit referral to contractual rules, one may presume that both partners have concluded a contract. In other words, law normally presupposes the existence of a medical contract. With respect to medical contracts, one should draw a distinction between with contracts of patients with general practitioners and contracts with specialists. In general, the contractual relationship with the general practitioner has a more or less lasting character, whereas a contract with a specialist will be temporary. One registers with a general practitioner even if one does not need medical care at that moment. Patients falling under a sickness fund must do this through the fund in order to quality for any future payments. In this case, the contract is directed at the availability of medical assistance as well as at the assistance itself as soon as it is needed. This is the intention of both partners, an intention that is underlined by the annual fee paid by sickness funds to general practitioners on behalf of the patients. The patient enters into a durable relationship with the general practitioner. The contract is concluded for an indefinite period, and in general, it entails only conditional obligations for the doctor because the existence of direct obligations depends on future and uncertain events, namely the patient's request to help. The contract does not expire when the medical aid has been given; it continues to exist and produces ever new obligations.

With a specialist, the situation is different. The contact between a patient and a specialist is directed at the treatment of a specific disease. After treatment has been given, the contract expires. Usually, a patient will not register with a specialist as long as he does not need help. Therefore, the sickness fund does not pay an annual fee to the specialist for each patient but instead, pays for every action or intervention undertaken by the specialist on behalf of the patient.

According to the new civil code[1], for a contract to exist at least four conditions must be fulfilled:

- The partners to the contract must be entitled to enter into legal relationship with each other; Dutch law knows special rules regarding the legal competence of minors and of the mentally ill.
- There must be an action of the will on both sides, i.e. offer and acceptance.
- There should be no conflict with good morals or with the requirements of public order.
- The object of the contract must be determinate: it should be clear to both partners what the agreement is about.

NL 23 Although the idea that the relationship between patient and doctor forms a contract has been generally accepted in the legal literature, it has hardly been worked out in detail. The 'Commissie Rechten van de patient' (a national advisory committee on the rights of patients, set up by the Central Council for Health Care) has submitted certain proposals regarding the content of the medical contract. In other respects, the substance of the medical contract has to be derived on the basis of custom, reasonableness and equity. The following elements can be distinguished:

- Medical aid of good quality; if a doctor does not display the carefulness and skill that may be expected from the average physician of the same category in the same circumstance, he does not fulfil his contractual obligations.

[1] In this section and the following ones, we have followed the new Civil Code, which will modify the existing law to a certain extent. The Code has been passed by parliament already, and its coming into force can be expected in the near future.

- Safeguarding the patient's rights; the duty of the doctor to respect the self-determination of the patient is also grounded in the medical contract. The patient's rights include the right to information, the right not to be treated without previous consent, the right to refuse treatment, the right to confidentiality and privacy.
- Adequate organization of medical practice; a doctor is obliged to organize his work so that the patient is able to make use of his services. These requirements will vary according to the type of work done by the physician. In general, one can say that a doctor who has concluded a contract with a patient must see to it that continuous assistance is available and attainable, if necessary, through a substitute. Thus as long as he attends a patient, a surgeon must see to it that the patient can reach him, for instance, in case of a sudden deterioration of the situation. The general practitioner must enable the patient to reach him or his substitute, and one of them must be available to examine the patient at the patient's home, if required. Arrangements providing for substitution or replacement form an essential element of the medical contract.
- Adequate registration of patient data; the doctor should record the relevant information concerning diagnoses, treatment, prescriptions, etc. in the patient's file.

Apart from the obligations mentioned so far, the doctor has a number of other obligations. If he treats patient's belonging to a sickness fund, he may be expected to comply with the sickness fund regulations. He should always limit the costs of his treatment as much as possible. Finally, the basis of the contract allows the patient to expect the doctor to help him in gaining access to other medical facilities, for instance, admission to a nursing home.

NL 24 The doctor has not only duties but also the following rights:

- Professional autonomy; it is up to the doctor to determine which treatment is the just one; a patient cannot force him to act in conflict with the general standard of care.
- Freedom to refuse a certain act because of conscientious objections. If a doctor makes such objections, he is not obliged to perform the act in question, even though the medical contract does not terminate. It remains the doctor's duty, however, to give all other assistance asked for and to refer the patient to another physician for additional advice concerning the act he himself has objected to.
- Right to a fee; the main obligation of the patient is to pay the physician's fee or, if he is insured against medical expenses, to do everything necessary to make the insurance fund or company pay the doctor.

The patient is not obliged to comply with the advice given by the doctor or to undergo examination or treatment. One should make a distinction between the willingness of the patient to enter into a contract with the doctor and his consent to a given medical treatment. Moreover, the presumption that the medical contract would oblige the patient to subject himself to a certain therapy would come into conflict with the right of bodily integrity recently laid down in the Dutch Constitution. That does not alter the fact that the contract requires the patients act 'with reasonableness and fairness' in his part. If he has no legal duty to subject himself to the therapy proposed by his doctor, the latter may at least assume that the patient is willing to cooperate. When the patient does not want to follow the advice or prescriptions of the doctor, he should tell him so.

If the doctor can be blamed for not meeting his obligations, the patient can bring action against him for breach of contract and demand compliance with the terms of the contract. Another possibility is to sue the physician for damages.

NL 25 Specialists working in a hospital may either be employees of the hospital or may work there on the basis of a contract of admittance. In the latter case, the specialist practises his profession for his own account, although he is subject to the rules of the hospital. Regarding treatment given by specialists employed by the hospital, the patient concludes an agreement with the hospital. If he is attended by an 'admitted' specialist, he enters in a contractual relationship with the specialist himself. In the latter case, there is an additional contract with the hospital concerning nursing and hospital care.

In the hospital contract one should distinguish between clinical and polyclinical medical assistance. If medical aid is limited to the polyclinic, the clinical part of the hospital contract does nit apply, of course.

The hospital contract contains the following obligations:

- Provision of board and lodging, nursing and hospital care
- Assistance to doctors examining or treating patients
- Use of diagnostic and therapeutic facilities
- Safety which refers for example to the use of dangerous apparatuses (such as protection from ionizing radiation); to protection from accidents during examination and treatment (for instance, injury inflicted during transport in the hospital or by a fall from the operating table), during nursing (a fall out of bed); to the hospital building (as in case of fire); to protection from possible aggressive acts of fellow patients (liability of the hospital due to harm caused by a patient to other patients will only arise to the extent that the hospital can be blamed for insufficient supervision, for example, if it can be established that the hospital should have taken into consideration the possibility of such acts)
- Provision of drugs
- Observance of patient rights
- Obligations relating to the organization of services, of which an important aspect is the continuity of service and the availability of assistance if needed at an inexpected moment; other obligations relate to the storage and careful preservation of patient data
- Other obligations, including the medical contract, the hospital's obligation to limit costs as much as possible and to specify bills and the duty to provide information to third persons on request of the patient.

NL 26 So far, we have paid extensive attention to one of the two basic sources of civil liability, i.e. breach of contract. Now, we will turn briefly to the other source, namely, tort. Later, certain aspects of tort liability will be worked out in more detail (see for instance Section C.V on 'causation' and section D.V on 'vicarious liability').

The legal rules relating to tort can be found in the Civil Code. As stated before, the patient has to sue the doctor for tort, if there is no contract between them. When there is a normal contractual relationship, most often the patient can choose between an action based on breach of contract and an action based on tort. The latter option is conditional only on the question of whether the harmful act would have formed a tort had it taken place outside of a contractual relationship.

For a tort to be established, the following requirements must be fulfilled:

- Unlawfulness; here, we may refer to what has been said about the obligations of a doctor under a medical contract. In most cases, a breach of contract will also form a tort. Here, the so-called 'professional standard' is also of paramount importance: if a doctor does not act as carefully as required by prevailing medical standards, if he does not display the skill of the average doctor of the same category in the same circumstances or if he does not apply a remedy which is reasonably adequate in light of the treatment goal to be achieved, he may be sued in tort, provided the other requirements for tort have been met.

- Relativity, meaning an obligation to pay damages can only arise if the written or unwritten rule that has been broken is aimed at protecting those interest of the patient that actually have been hurt.
- Fault or negligence; it must be noted, however, that for tort liability to arise, it is not always necessary for the actor to be blamed personally. Sometimes, liability is considered as a risk inherent in his profession or undertaking (examples are the liability of the hospital for employees and the liability of the manufacturer of defective drugs).
- Damages (see Sect. C. XI)
- A causal nexus between act and damage (see Sect. C. V)

IV. Informed Consent

NL 27 The right of the patient to information is intimately related to the right not to be treated without previous consent. It is obvious that one cannot argue about a medical act when one is not adequately informed about it. In general, consent without information is not valid. Therefore, it is of crucial importance that doctors inform patients about their situation, the prospects for treatment and the therapy to be adopted. In spite of the relationship between 'information' and 'consent', expressed in the terms 'informed consent', information and consent do not completely coincide. First of all, consent may go without information, for instance in case of first aid after road accidents, when consent of the victim to medical attendance may be presumed. In the second place, very often the duty to inform the patient has a wider scope than the duty to obtain consent: after the patient has given his informed consent to an operation, for example, the doctor must keep him informed about the results of the operation, the prospects for recovery, the rules to be followed by the patient, etc. Thirdly, sometimes the duty to inform may be more restricted than is generally required with regard to valid consent to treatment, namely when the doctor has good reason to withhold information in the perceived interest of the patient (therapeutic exception).

NL 28 In the field of health care, the provision of information does not only take place within the relationship between doctor and patient; suffice it to refer to the broad stream of information springing from organized health education and popular medical literature. These forms of information will not be considered here. Furthermore, we will direct ourselves to the legal aspects of information: it is not our intention to explain how information should be given or which psychological factors should be taken into account.

The duty to inform the patient implies that if the patient is referred to another doctor and enters into a new contractual relationship with him, the second doctor also has a duty to provide information. If the first physician (e.g. a general practitioner) does not delegate treatment (completely) to the second one, he remains (partly) responsible for the information of the patient. If the patient is referred to a specialist who limits himself to an examination of the patient and reports to the general practitioner, it is up to the latter to inform the patient. Because the use of modern treatment methods very often entails involvement of several professionals with the therapy, it is of the utmost importance that clear arrangements exist as to who is to give which information to the patient; the starting point should be that the doctor under whose treatment the patient has put himself bears the final responsibility.

Sometimes doctors refrain from giving information referring to the confidence reposed on them by the patient; this argument the wrong, however. It is inherent in the relation between doctor and patient that the patient may feel assured that he will be adequately informed. Silence can result in loss of confidence. If a serious fact is kept from the patient and he happens to get informed about it in another way, for instance through the reactions of other people or through the therapy adopted, he may loose his confidence in the doctor. The same may happen in case of a sudden deterioration of his health. Silence on the part of the doctor is often due to impotence, for instance the inability to inform a patient of unfavourable prospects. Communication with the patient is not always easy, but legally one may require that a doctor is capable of it, even in difficult circumstances. Since the legal exceptions to the duty to inform the patient are very limited (see below), a doctor must be sufficiently skilled to communicate bad news to the patient. The acquisition of those skills should be part of his normal training.

NL 29 The patient's right to information consists of two parts: he has a right to be informed about his situation without having to inquire after it, and he has a right to an answer to his questions. In general, the questions of the patient should be answered, unless there are serious reasons not to do so. This right to an answer entails first of all that one listens and reacts to the patient's question. A doctor does not have the right to pass over a question from the patient. In the second place, the right to an answer encompasses the right to truth. It may be that at a given moment a patient wants to know something, whereas the doctor follows his own strategy of information and does not want to give the message immediately. In that case, the doctor will have to tell the truth, unless he has serious reasons not to do so. But if he prefers to conceal the truth, the burden of proof is on him: he must be able to justify his behaviour, i.e. show that harm would have been inflicted to the patient. In that case he may not tell the truth; but he always has the duty to listen and to react to the questions of his patients.

There are two exceptions to the duties to inform the patient and to tell him the truth. First of all, those duties do not exist when the therapy is based on keeping certain information from the patient, viz. in case of administration of placebo drugs. If a doctor were obliged to inform the patient about this medicine, the effect aimed at could never be reached. Secondly, there is a basic rule that a doctor should never do harm to his patient. This rule entitles the doctor to withhold information. He has to be as careful in communicating with the patient as in his medical treatment. The doctor may refrain from telling the truth, for example, if he has good reasons to believe that complete information would bring the patient in a state of emotional disturbance and would prevent him from taking sound decisions, or even that the information would put the patient in such a psychic state that his health would be prejudiced (therapeutic exception). But there is no valid ground to hold back information if telling the truth would hamper the doctor's work or would result in a refusal of treatment.

Apart from the exceptions mentioned above, the patient is entitled to be fully informed by the doctor. Of course, a patient may give up his right. Sometimes a patient does not want to be burdened with information about his illness and surrenders completely to his medical attendant. However, the starting-point should be that the patient wants to be informed, and not that a patient is only to be informed when he has shown to be able to shoulder the truth. In legal matters, every patient is considered to be competent unless the contrary has been proved. For the rest, sometimes doctors seem to underestimate the potential therapeutic effect of information; often patients show a greater willingness to cooperate with their medical attendant after having been informed. If medical intervention forms a threat which one must learn to handle, one should at least be informed about it.

NL 30 In general, the information should encompass the diagnosis, the choice of therapy, the means adopted (inclusive of the involvement of other professionals), the experience of the doctor with the treatment in question, the direct and indirect risks, the pain and hindrance to be expected, the advantages of the treatment, the possible alternatives to it, the prognosis and the effects and side-effects of drugs. Not all possible side-effects of the therapy adopted need to be mentioned but the patient should be informed about the possible consequences that are very serious, even if their appearance is improbable. For the rest, the doctor should refrain from burdening the patient with information about side-effects of a low incidence and from making it unnecessarily difficult for him to give or withhold his consent to treatment. There is no need to communicate to the patient what is of minor importance. The extent to which the doctor should provide information depends also on the character of medical intervention: in case of a cosmetic operation which is not strictly necessary, one must mention more risks than in case of an unavoidable operation. For instance, in case of sterilisation the advantages and disadvantages should be explained as much as possible, but before an inevitable and complicated operation one may limit oneself to the most important hazards. Truth in informing patients does not consist of telling every detail known about a certain disease, but in providing the patient with such knowledge that he is able to make a sound decision. Complicated technical procedures, hardly understandable to a layman, do not need to be explained, but one must tell the patient what is going to happen to him. He should also be informed about the risks of not being treated. If the doctor adopts an unusual treatment and deviates from normal practice, he should tell the patient; the same holds, of course, when the patient cooperates in an experiment. The extent of the doctor's duty to inform may also depend on the situation. In urgent circumstances it may actually be impossible to provide sufficient information. Sometimes specific circumstances will give rise to more extensive information than would normally be the case. When a doctor knows, for instance, that his patient is about to contract large debts, this may be a reason to inform him without delay. Maybe the patient would have preferred not to commit himself to heavy financial obligation had he known his medical situation.

NL 31 Sometimes during an operation a new ailment is discovered, which requires immediate intervention. Generally speaking, an extension of the operation is unproblematic, when such a discovery was foreseeable and the extension of the operation has been discussed previously with the patient. It is impossible, however, to inform a patient about unforeseeable events; for the question as to the need for informed consent in this situation see below. Apart from medical information in a strict sense (diagnosis, treatment etc.) the doctor must inform the patient about the costs of treatment, about the name and identity of those who attend him, about cooperation with other professionals and about ways of reference at least as far as this is important to the patient. The patient should also be informed about the internal rules of the hospital or nursing home.

NL 32 As said before, information and consent to treatment are intimately related. Consent cannot go beyond the frontier where information ends. Even the most excellent expert knowledge of the doctor cannot replace the will of the patient. Not seldom, doctors are inclined to equate the medical indication with the perceived interest of the patient, but a patient may have other interests, or perceive his interests in a different way. It is up to the patient to dispose of his own health. Exceptions to this principle must be circumscribed very strictly and must be founded on solid grounds. In other words, the doctor does not have an independent right to treatment.

It is the duty of the medical attendant to ask previous consent to treatment. A hospital may require that the physicians working there comply with this duty, because otherwise it would admit transgressions of criminal and disciplinary law within its walls. With respect to consent, the question may arise as to what extent the patient, given his actual situation, is able to determine his will. The supposition should be that the patient is competent to do so. Only if it can be clearly shown that this is not the case can one presume incompetence. However, one must be very careful. If the patient's capacity to make decisions is reduced, his consent should still be asked, as least as far as possible. Even if he has hallucinations or finds himself in a serious depression, it may be possible to consult him about his treatment.

NL 33 A different situation exists when the patient is no more able to give his consent, e.g. in the final stage of a fatal illness. In that case one cannot presume consent concerning vital decisions, for instance euthanasia; the medical attendant should only provide such medical care as is usual in similar cases and as would be required by a reasonable patient in similar circumstances. When a doctor foresees that his patient will find himself in such a situation he has to consult with the patient in good time about the decisions to be taken after the patient has lost his capability to agree or to disagree, or about who may represent him at that moment. In general, third persons (family members) cannot replace the patient in giving consent to a treatment. Relatives cannot exercise the right of self-determination of the patient. For instance, they cannot refuse permission for an unconscious patient to be treated. Maybe a doctor will consult family members to see whether they can help him to find out what the patient would have decided, but this does not mean they have a decisive voice. If a mentally ill patient is under guardianship, the doctor can consult with the guardian.

NL 34 Consent is only valid for the specific medical act for which it has been given. When a doctor expects that other ailments will show up during an operation, he should inform the patient in order to enable him to give or to withhold his consent to further treatment, but when he discovers an unexpected and serious defect during an operation which requires immediate intervention, treatment is allowed if a reasonable patient in similar circumstances would have agreed to it. This is not a sufficient condition, however. Other conditions are if any delay would be to the detriment of the patient and if a new operation would be very burdensome. Another factor has to do with the seriousness of the intervention: if it has far-reaching consequences, like infertility, consent may not be presupposed, as stated by the Medical Disciplinary Court at The Hague (7th December, 1972). In that case the doctor argued that the patient had reposed full confidence in him; however, the court did not accept his defence. According to the court, the confidence of the patient relates predominantly to the technical skills of the doctor; it does not empower him to decide on behalf of the patient. When during a certain treatment another treatment turns out to be necessary and the patient cannot be consulted, the doctor may reach a decision on the basis of reasonableness, starting from the average patient in similar circumstances.

NL 35 The content of consent coincides more or less with the content of information, described above. Since he gives consent to his medical attendant, the patient must be consulted when treatment is taken over by another physician or when other doctors are involved. However, it is reasonable to presuppose that consent to an operation implies consent to the assistance of an aneasthesist. The doctor would be wise to record consent, mentioning date, time and place. This may be important in case of doubt as to whether a patient has given his consent. Consent is not valid when treatment is unlawful, for example a cosmetic operation to change the identity of a criminal. Fault or negligence will not be justified by consent of the patient to the therapy.

NL 36 Contrary to the United States, for instance, the use of written forms of consent in the Netherlands is rare. Therefore, it is all the more important to record consent in the patient's file. If one wants to use forms – which can be sensible in case of a very hazardous treatment and are to be recommended in the case of experiments on human beings – one should realize that a signature on a form does not suffice. The patient's signature is not a substitute for informed consent. Information remains necessary for the consent to be valid. If signed without sufficient information, a form does not protect a doctor from civil or criminal liability.

What has been said so far does not imply that consent must be asked for every treatment. For instance, it is possible to limit oneself to providing information and to assume the patient's consent. This is the case with routine treatment. If a patient has given his informed consent to an operation, one does not need explicit permission for all those acts which normally precede the operation, such as injections. Sometimes, one may derive consent from the patient's behaviour: if somebody presents himself at a polyclinic with a deep wound, it is reasonable to presume that he agrees to have it sutured. However, as soon as treatment is more intensive, informed consent must be obtained. When a woman arrives at a hospital to give birth to a child, one does not need her explicit consent to give assistance; this is different, however, in the case of a caesarean section. In general, a doctor should be careful while presupposing consent, the more so as the burden of proof in this respect is on him. If the patient brings a civil action against him alleging that there has been no informed consent, it is the doctor who has to prove that the patient did agree to the therapy adopted.

NL 37 Mere passivity on the part of the patient does not equal consent, because often a patient does not dare to say anything. Required is a willingness to subject to treatment. Readiness to enter a hospital is not the same as consent to treatment, because valid consent can only be given after sufficient information. When the patient has been provided with complete information prior to his admission to the hospital, this may be different. Consent may be presupposed when a patient is in a state of unconsciousness. In that instance, a doctor is allowed to act according to his professional standard according to ordinary practice. In case of doubt, he should ask himself what an average, reasonable patient in the same circumstances would decide. In an urgent case where the patient is not fully conscious, such as after a road accident, the same rule applies. A difficult problem is the question of whether to give medical aid to an unconscious suicide patient. Since an attempt at suicide often represents a cry for help, one has to presume that the unconscious person would consent to treatment. This presupposition is no longer valid, of course, once a patient declares that he does not want any assistance, or when he has attempted suicide several time before.

Consent given by a patient can be revoked by him. Furthermore, when a form has been signed, the doctor may not ignore a change of mind on the part of the patient. There is only one exception to this: a medical treatment which cannot be interrupted without serious consequences may be completed. Before treatment is started, however, the patient can always refuse to submit to it. If he dies as a consequence of such a refusal, this is sometimes called 'euthanasia'. This is not a correct term, however. The doctor did not act; yet he did not omit anything, because he was under no duty to do anything. He was not even entitled to treat the patient. This is not to say that the patient may be left without any care (food, alleviation of pain, etc.). Neither may he be forced indirectly to comply with the therapy adopted by the doctor, for instance, through threatened dismissal from the hospital.

V. Causation

NL 38 When a patient brings a tort action against a doctor, a doctor's employee or a hospital, he will succeed only if he can prove that a causal nexus exists between the tort and the damage. The concept of 'causality' should be taken as a juridical concept, with a content differing from other disciplines such as medicine. With respect to the concept of causality, jurisdiction in the Netherlands adhered for a long time to the so-called theory of 'adequate causation'. This theory asserted that only conditions which are through their nature generally able to bring about the produced effect or at least to favour its coming into existence or objectively to enlarge the possibility of its production may be considered a 'cause'. The theory of 'adequate causation' has been dismissed by the Netherlands' highest and most authoritative court, the Supreme Court. It has been replaced by the theory of reasonable imputability. The latter doctrine has also been laid down in the new Civil Code, viz. in article 6.1.9.4. This article says that the only damage to come into consideration for compensation is that which relates to the event giving rise to the liability of the debtor in such a way that it can be imputed to him as a consequence of this event, after taking into account the nature of his liability and of the damage caused.

VI. Burden of Proof

NL 39 When harm has been caused to a patient, it will often be hard for him to prove that this harm was a consequence of fault or negligence on the part of the doctor. Largely, this problem of proof is due to the fact that in general a doctor only has 'obligations of effort' (see above, Sect. C. III) and does not guarantee a certain result. The patient has to prove that the doctor did not exert himself sufficiently. In case of negligence it is assumed that a patient has to prove that the doctor did not fulfil his obligations: with respect to an 'obligation of result' he can confine himself to stating that the result was not obtained and he does not even need to show who made the mistake; with respect to an 'obligation of effort', however, the patient must shoulder the complete burden of proof.

NL 40 In the field of health care, not seldom the patient does not have the factual information needed for proof. This lack of information has been one of the arguments for a form of risk-liability with respect to defective products. In general, the persons and institutions providing health care services do have the information regarding the medical acts performed and therefore the evidence, from which the factual course of events can be derived. Often the information in question is hardly or not accessible to the patient. This is because of this generally weak position in health care and with the fact that sometimes doctors hide behind their professional secrecy to keep information from the patient. But the duty to professional secrecy does not apply to the relation between the doctor and the patient by informing him should he keep silent. A doctor should not use his duty to professional secrecy to withhold information from a patient who needs data to substantiate a claim before a court, certainly not if this claim is directed against the doctor himself. If a doctor does not want to inform the patient out of fear that this information will cause harm to his health, he can inform the patient's counsel, who, after consultation with the doctor or another physician, can decide what course of action to take with respect to the patient. Apart from this exception a doctor must provide his patient with all the medical data or produce these data in the course of legal proceedings when the patient asks for them. This doctrine, developed in the juridical literature, is confirmed in recent judicial decisions. In one of them (President Rechtbank Amsterdam 26 April 1979) the judge ordered a hospital to hand a copy of the medical data concerning treatment and of the nursing record to the representative of the patient, stating that "good faith in the execution of the contract between hospital and patient implies that when a patient takes a hospital to court the hospital should provide the patient or his representative with the records concerning medical treatment and hospital care, at least in principle." If the patient made a mistake in the interpretation of the records (this was the hospital's defence), the hospital and the doctor concerned would have ample opportunity to show that the patient was wrong in drawing his conclusions, said the judge.

NL 41 Given the weak position of patients in civil actions against doctors, there is often reason to alleviate the burden of proof for the patient. This can be reached by shifting the burden of proof totally to the doctor or the hospital, but this is not satifactory either, because it may be that the physical condition of the patient has deteriorated without any fault or negligence on their part. A better solution would be a gradual shift of burden of proof according to the degree to which there is reason to presuppose that the doctor may be blamed for an negative result of medical treatment. The factual situation may give rise to such a presumption. If that which has happened during treatment is very unusual, a serious presumption may be established, with the doctor having to make it clear that what happened did not result from an unlawful act on his part, but from another cause (res ipsa loquitur). Examples are: amputation of the wrong leg, an instrument being left in the body of the patient after an operation. When the result of medical treatment is less usual, in this view it is up to the doctor to show that he has acted according to his professional standard and he cannot be blamed for the negative result.

NL 42 Another situation exists when a patient does not succed in substantiating his claim because of lack of cooperation of the doctor. That might be a reason for the judge to shift the burden of proof to the doctor and to presume fault or negligence sooner than he would have done if the relevant information had been available to the patient. Also, the technical and organisational complexity of the treatment situation may form a reason for a shift of burden of proof.

NL 43 In the context of compensation for bodily injury, doctors sometimes withhold information from the patient, arguing that the insurance company does not allow them to admit fault or negligence. However, a doctor who provides factual information to the injured person does not act contrary to the conditions in the insurance policy. This opinion is widely shared by insurance companies.

Finally, it should be noted that there is a growing recognition of an unconditional right of direct access to records (see Sect. VIII below). Such a right will be helpful to a patient in finding out whether there is sufficient ground to sue the physician or the hospital for damages.

VII. Experts

NL 44 In order to reach a sound decision in malpractice cases, a court will often rely on the opinion of experts. Experts play a role in different forms of jurisdiction. In civil law the 'report of experts' is regulated under the Code of Civil Procedure. Experts may be consulted at the request of one of the parties or by the court at its own initiative. If an expert does not accept his appointment, another expert is appointed in his place. Once the appointment is accepted and the oath taken, the expert must carry out his task; if not, the judge may sentence him to pay damages. Also, in administrative proceedings, a doctor may be asked to give his expert opinion. When a medical disciplinary court calls an expert he is under an obligation to obey.

NL 45 In criminal proceedings, one should distinguish between a witness-expert and an expert. An expert communicates to the court "what his knowledge tells him concerning the questions that have been submitted to him", whereas a witness limits himself to "communication of those facts and circumstances he has observed or experienced himself". At first sight, this distinction seems to be clear, but on second thoughts it is not, since an expert often needs observations to form an opinion. For instance, in case of fatal injury, the doctor acts as a witness when he describes the wounds, but as an expert when he explains why these wounds caused the victim's death. In practice, in order to circumvent the problem of distinguishing between witnesses and experts, the expert also takes the oath of a witness (witness-expert). The expert may be appointed at the request of the accused or of the public prosecutor or at the court's own initiative. The accused has a right to a second opinion of another expert. In criminal proceedings everybody appointed as an expert is under in obligation to execute his taks; if not, he may be prosecuted. Moreover, he can be sworn to secrecy.

NL 46 The expert gives his advice to the court; the court decides. Therefore, an expert should not be disappointed when the judge does not follow his advice. Moreover, it is possible that this has nothing to do with the authority of the expert or the quality of his report. Finally, an expert should realize that in a court session the different actors play a certain role. When a counsel tries to attack the expert he will do so because it is his role to question all information which is unfavourable to his client. The judge, however, has to take into account all evidence, including the report of the expert. A witness-expert should base himself on facts and he should make a distinction between factual events and the conclusions drawn from those events. He should not suggest a greater certainty than is justified by his expert knowledge. Furthermore, he should realize that in legal proceedings a much greater value may be attached to his opinion than is deserved. It is important that he makes clear on which criteria his conclusions are based, that he refrains from moral and subjective judgments and confines himself strictly to the field of his competence.

The expert should give an independent opinion. He is not the adviser of the public prosecutor; it is not for him to take position for or against one of the conflicting parties, nor to take a fellow doctor under his protection.

In case of medical examination of the defendant, the position of the (witness-)expert with respect to the person under examination is problematic. The latter finds himself in a delicate situation; it is possible that he cooperates in collecting evidence against himself. The position of the (witness-)expert and the function of the examination, as well as the nature of his reporting, must be made very clear to the defendant. There should be no ambiguity left as to the results of the examination that can be reported. If the person under examination does not want an important fact to be reported the expert should ask to be discharged, because he has to remain objective.

NL 47 Confidentiality of information is an important aspect of medical reporting to courts. It is obvious that complete secrecy cannot be realized, but this is not to say that during court session more information about the defendant may be disclosed than is strictly necessary. The same holds in criminal proceedings; also the accused has a right to privacy. Third persons involved with the case have a similar right. For instance, if the accused has told something about the extra-marital relations of his father or his mother, this should not be made public, apart from the fact that such factual details very often have not been subjected to verification.

Another aspect of confidentiality is that data of the report are not to be used for another end. Finally, the expert should take care not to play other roles with respect to the person under examination; he should not act like an attendant psychiatrist for example, since this might bring both the defendant and the expert in a difficult situation.

VIII. Access to Records

NL 48 During the last 5 years the accessibility of medical records has been an important issue in health law. A right to access to records was acknowledged by the National Health Council in its 1978 report on the confidentiality of medical and psychological data; this right was not unconditional, however. When access to his record might cause harm to the patient's mental or physical health, access could be limited to his proxy, the patient himself being denied direct inspection of the records. In a more recent official report – the report of the committee on the rights of patients established by the Central Council on Health Care – there is a tendency to renounce this condition and to give the patient the right of direct access to his record under all circumstances. So far there is no statutory right of access to records, whether direct or indirect, but there are several court decisions relating to this question. In one decision a hospital was ordered to give the patient's counsel access to medical records (see above, Sect. C. VI); in several other decisions doctors were ordered to provide the patient with a copy of X-ray photographs.

NL 49 The right to access to records applies not only to data collected in the sphere of medical treatment, but to all other collections of medical data, such as social insurance records and examination records. Personal working notes taken by doctor are generally excluded from the right of access to records.

A draft of a Privacy Law is under preparation; in this law the principle of access to records will be included.

IX. Damages; Pain and Suffering

NL 50 As to damage resulting from breach of contract or tort, one should distinguish between material damage and other prejudice. The latter, immaterial damage, can only be compensated as far as the law allows for it. Often, the borderline between material and immaterial damage is not clear. Material damage relates to compensation for loss of wealth, immaterial damage to an enlargement of the victim's wealth because he is idemnified for other prejudice than loss of wealth. When damage which at first sight seems to be immaterial can be translated in terms of loss of wealth, it is considered to be material. When in case of bodily injury during holidays abroad, extra expenses have to be made for nursing en route, those extra expenses are considered to form material damage. The same applies to the expense of educating a child disabled as a result of a road accident. When a motor mechanic looses three fingers of his right hand, this is material damage, because he is unable to exercise his profession; if the same thing occurs to a professor, immaterial damage is inflicted, because he can continue his work. A right to equitable compensation for immaterial damage exists in three cases:

1. When it was the intention of the defendant to inflict immaterial damage, for instance by destroying something unimportant in itself, but with a great emotional value to the owner
2. In case of bodily injury, encroachment upon somebody's honour or good reputation or another violation of his personal rights, for instance infringements of his privacy
3. Encroachment upon the good name of the deceased, for instance through disclosure of secrets after his death

NL 51 Material damage encompasses financial loss, reasonable expenses to prevent or limit damage or to establish damage and liability etc. In general, compensation will be financial compensation, but on request of the plaintiff other forms are possible, such as redress of grievances. Compensation may consist of periodical payments. So, when fault or negligence on the part of a doctor lead to loss of earning capacity on the part of his patient, the court may put him under an obligation to contribute periodically to the patient's livelihood. If a patient dies as a result of fault or negligence, compensation must be paid to his family in case of loss of income; apart from that funeral expenses must be paid. If it is hard to assess damages exactly, the court may estimate them. Compensation can be moderated if full compensation would lead to unacceptable consequences. Various factors are of importance in this context, like the ability of both parties to bear financial loads and the question as to whether the damage is covered by an insurance. In the field of health care one may expect an insurance covering both contractual and tort liability. The court cannot moderate compensation below the level covered by the insurance policy.

NL 52 Sometimes, the patient also derives some advantage from the harmful event. This should be taken into account when the damage is assessed. Should the judge take into account benefits derived from a private accident insurance, effected by the patient himself? In 1969 the Dutch Supreme Court answered in the negative, at least with respect to an insurance entitling the victim to a fixed amount in case of injury. If the private insurance provided for periodical disability benefits, one may assume the situation to be different. Social insurance benefits must be taken into account by the judge when fixing the amount of compensation. This relates both to claims based on the Sickness Fund Act and to claims based on the Special Sickness Expenses Act.

NL 53 Another factor relevant to the amount of compensation is the victim's own fault or negligence, which may lead to reduction of compensation. When a doctor is sued for damages, he can defend himself by alleging that the damage is a result of the fact that the patient did not comply with his advice or did not present himself for further treatment in due time. Also, mistakes made by those for whose behaviour the patient is responsible can reduce the amount of compensation; an example is the doctor's defence that the damage has been enlarged by an infection because the relatives of the patient have not bandaged his wound very well.

NL 54 According to a general principle of law the victim is under a strict obligation to restrict the damage as much possible. Does this imply that he has to submit to medical treatment? Here one should distinguish between two categories of medical acts. In general, the defendant will not have to pay for the damage resulting from the plaintiff's refusal of an ordinary treatment, to which a reasonable person in simular circumstances would have given his consent. If somebody has his arm broken as a result of somebody else's fault or negligence and he refuses to have it set, the extra damage arising from this situation is his own fault. A less unambiguous situation exists when the victim has submitted to normal treatment, but he could – in the defendant's opinion – reduce the damage still further by subjecting himself to other medical acts. In such a case, one cannot always require that the victim agrees to those acts. To a certain extent it depends on the nature of medical treatment. Very often an extra operation will be an unreasonable burden to the victim, but the administration of an inoffensive medicine which accelerates his recovery will not. Another factor is the number of times that the patient has submitted to examinations and treatments; at a given moment the victim can say that he has done everything reasonable to limit damage and that no further cooperation may be expected from him, even if in itself the treatment required is not far-reaching. The court will have to decide in each case what is reasonable given the concrete circumstances.

D. Clinics, Machines and Employees

I. Need for Guidelines

NL 55 In general, as said before (see above, Sect. C. III), there is no doubt as to which principles can be applied to the problem of medical responsibility. Apart from the specific disciplinary regime laid down in the Medical Discipline Act, doctors come under criminal law like every other citizen, and the applicability of the general rules of civil liability to medical examination and treatment goes undebated. Those general rules of civil liability have been worked out into more detail by legal doctrine and jurisdiction. There is a large amount of legal literature on a number of questions arising both inside and outside the field of health care, such as the liability of employers for their employees, the liability for defective machines and tools and the liability for persons used by the debtor in order to fulfil his obligations. Theoretically, the legal doctrine developed in reply to those questions also covers the problems that may arise with respect to the civil liability of doctors. On the other hand, very often, especially when doctors are working in hospitals applying highly developed techniques and collaborating closely with other professionals, the situations which give rise to liability are very complicated and have their own particular characteristics. Therefore, in practice the accepted general doctrine does not always give a satisfactory answer to the specific problems arising in the field of medical responsibility.

In which cases can a hospital be held responsible instead of, or as well as, the doctor working in it? Who is liable for defective machines? Against whom may the patient bring a legal action: When a nurse working under supervision of a doctor causes harm to him, or when he is operated on by a team of experts and a serious mistake is made? Concerning such questions there certainly is a need for further guidelines. To a limited degree, answers can be found in the legal literature and in court decisions specifically dealing with medical responsibility. Below, in Sects. II–V, we will give a survey of the prevailing doctrine.

II. Responsibility of the Clinic for Doctors

NL 56 There are two different bases on which a specialist may work in a hospital or clinic. He may be an employee of the hospital, or he may be admitted by the hospital to work there on his own account. In the former case, he will have concluded a contract of employment with the hospital; in the latter, a contract of admission exists between the two parties. The difference between the two situations has certain consequences for the relation between the patient and the doctor. If the doctor is employed by the hospital it is the hospital which contracts with the patient, not only with respect to nursing, board and lodging etc., but also with respect to medical examination and treatment. In that case there is no contractual relationship between the patient and the doctor, but between the patient and the latter's employer. From a legal point of view, a situation in which all specialists (and all other professionals) working in a clinic are employees of the clinic would be most favourable to the patient, because then in case of breach of contract he could always direct himself to the hospital and in case of tort he could bring an action both against the hospital and against the individual doctor as a consequence of whose fault or negligence he had been injured.

NL 57 If there exists only a contract of admission between specialist and clinic, things are different. The hospital is only liable to the extent it does not meet the obligations arising from the hospital contract (nursing, board and lodging etc.), while the specialist alone remains responsible for medical examination and treatment. Although theoretically the distinction between the obligations laid down in the hospital contract and in the medical contract is very clear, in practice it is often hard to say who is liable when a mistake has been made. When for instance an independent specialist cooperates with a nurse employed by the hospital and the nurse makes a mistake while carrying out the orders of the specialist, it is not always clear who can be sued by the patient.

NL 58 It is in particular this problem of responsibility in situations of cooperation (between doctors, nurses and other professionals, but also between 'admitted' doctors and 'employed' doctors in the same hospital) which has led several authors to propose a central liability of the clinic for all acts within its walls. This would be a great help to the patient. In the present situation he may easily go astray once he tries to take legal action, especially if he has to do this with a team consisting of professionals with various legal positions and responsibilities. Moreover, in certain circumstances a central liability of the hospital would make it easier for a patient to prove fault or negligence. Finally, concentration of liability with the hospital seems to be a logical consequence of the factual development of hospitals to medical centres, which form wellintegrated units and in which the patient has gradually become more a patient of the hospital than of the 'admitted' specialist.

III. Group Liability

NL 59 To a growing extent medical examination and treatment are carried out by interdisciplinary teams. Differences as to the degree of responsibility between team members do not exclude the existance of a medical team, stated the Dutch Supreme Court (HR 31-5-1968, NJ 1968, 323). This decision concerned a complicated operation, carried out by a professor in medicine who was leading the operation as a surgeon, three physicians who acted as his assistants and a qualified operation nurse. According to the court, the operation was a question of teamwork between all these cooperating experts, each of them qualified for his own task; the fact that the medical assistants and the operation nurse were obliged to follow the surgeon's directives did not alter the case. A team is a form of 'horizontal' cooperation, in which every participant has his own task and his own responsibility.

In cases of teamwork it is very hard for a patient to succeed in an action agianst those who have attended him. On the one hand, the 'leader' of the team cannot be sued for a mistake made by one of the team-members, because each member has his own responsibility. On the other hand, he cannot sue the team, since under Dutch law a group cannot be liable and the liability of participants in a team is always a personal one. It is obvious that central liability of the hospital (see above, Sect. D. II) would provide an effective remedy in such situations.

IV. Responsibility for Medical Machines

NL 60 A distinction should be made between responsibility for machines used to meet contractual obligations and extra-contractual responsbility for machines. When the debtor chooses inadequate means to fulfil his contractual obligations he is liable for all consequences of his choice (for instance harm caused by defective tools or machines), unless this would be unreasonable, taken into account the character of his obligation, the prevailing practice and the other circumstances. This rule, laid down in article 6.1.8.3 a of the new Civil Code, means that the old rule, according to which the debtor was always liable for the machines used to carry out his task, has been abandoned. The possibility of avoiding this responsibility is stated in very general terms, however, and it remains to be seen how the concept of 'reasonableness' will be dealt with by the courts. The reduction of the debtor's responsibility for machines is partly due to the emergence of the concept of products liability: when the manufacturer of defective products can be sued for damages without too much difficulty, there is less reason to burden the debtor with an unconditional liability for machines. Liability of the manufacturer is never a complete substitute for liability of the debtor, however. If the accident in which the patient was injured was caused by wear and tear or by lack of maintenance of the machine by the hospital, it is the hospital which is responsible.

NL 61 It is assumed that whoever uses a medical machine has a duty to check it, at least to see whether it functions properly. The use of computers in health care complicates the problem of responsibility for machines. As far as the computer itself is concerned, one may assume the liability of the manufacturer, but it is possible that not the hardware but the software brought about the mistake. Wrong programming may lead to communication of wrong laboratory results or to mistakes in medical records. Especially when the data relate directly to an individual patient or provide other information which is usually relied upon by the doctor, a defect in the computer or its program can have injurious consequences for the patient. The situation is different of course, if the computer does not provide information of which the correctness is taken for granted. The debtor is liable himself in case of wrong interpretation of data produced by a computer.

The responsibility for implanted devices, such as pacemakers, is of growing importance. It is the manufacturer who is liable for the product itself, but the doctor should check its proper functioning. Furthermore, he must comply with the directives given by the manufacturer. A special problem arises when an implanted object causes certain reactions in the human body or when chemical substances in the body affect its functioning. Other difficulties may result from the fact that an implanted object is not taken away in due tome. This can be a mistake of the doctor.

Finally, sometimes medical machines are modified by doctors or employees of the hospital. The manufacturer cannot be held liable for the effects of such modifications. The person who changes a machine is responsible for the consequences of his action. The same holds for a doctor who uses a modified machine to carry out his contractual obligations, if the modification causes harm to the patient.

NL 62 The extra-contractual liability for machines is regulated by article 6.3.2.5 of the new Civil Code. The possessor of a machine known to be particularly hazardous when it is defective is liable if it causes damage, unless tort liability would not have existed even if he had been fully aware of the hazard. This last exception takes liability away from a possessor who knows the risks, but cannot prevent harm, for example because of a statutory regulation. It is not required that the risk itself is known exactly, but only that the machine is particularly dangerous if it does not meet certain standards. It is not clear how the wording 'particularly dangerous' should be interpreted, but whatever interpretation one adopts, in general medical machines will come under this category.

If machines, dangerous substances, buildings etc. are used in an undertaking, the (head of the) undertaking is liable for them. In this case it is irrelevant whether the undertaking or its head is owner, possessor, hirer or tenant. The same holds for machines taken on lease by an undertaking. Hospitals and clinics can be considered undertakings. Otherwise they would not be responsible for those machines they do not posses, but only hold. In case of an explosion in a hospital laboratory for instance, the injured person does not have to find out which machine or substances caused the explosion and whether the hospital did possess them, he can bring an action against the hospital as an undertaking. In case of products liability the hospital will have recourse to the manufacturer; sometimes it may have recourse to the person letting or leasing the machines.

V. Vicarious Liability

NL 63 Article 6.1.8.3 of the new Civil Code regulates the liability for persons assisting the debtor. According to this regulation the debtor is responsible for the acts of persons used by him to fulfil his contractual obligations *(Erfüllungsgehilfe)* to the same degree as he is responsible for his own acts. Whether the auxiliary is a subordinate or not, is not relevant. The behaviour of persons used to carry out obligations is a risk for the debtor. He cannot defend himself by saying that he had ordered the auxiliary to be careful and to prevent accidents. Contractual liability does not entail liability for subordinates who were not used to carry out the contract.

NL 64 When liability for auxiliaries is not based on contract, but on tort (extra-contractual liability), one should distinguish between subordinates and non-subordinated auxiliaries. Liability for subordinates is regulated by article 6.3.2.2., which says that when a subordinate causes harm, the person to whom he is subordinated is responsible. Two requirements need to be established, however. In the first place, the mistake must have been made more probably by the order to carry out the task. Secondly, the subordinate's principal must have a say over those acts from which the damage resulted, and if he is an individual person (and not a corporation) the subordinate must be working in the prosecution of the principal's trade or profession. When the auxiliary is not a subordinate, the principal is liable if he has given an order and the work has been done in the prosecution of his trade or profession. Liability of the principal may also arise when other persons used by the auxiliary to carry out certain tasks make a mistake.

E. Insurance Schemes

I. Social Insurance Obligation

NL 65 In the Netherlands social insurance plays an important role in the compensation of harm caused by medical malpractice. This is not because social insurance law contains special provisions regulating the legal consequences of mistakes made by doctors or other health care professionals. There are two general social security arrangements that are relevant to patients injured in the course of medical examination or treatment. The first regards social insurance against sickness expenses, the second concerns loss of income resulting from unfitness for work on medical grounds. These forms of social insurance are important, not only because most of the damage caused in malpractice normally consists of loss of income and sickness expenses, but also because both types of insurance are for the great part compulsory. Therefore in certain respects every citizen is insured under these arrangements.

NL 66 Sickness expenses are on the one hand covered by the Ziekenfondswet (Sickness Fund Act), on the other by the Algemene Wet Bijzondere Ziektekosten (General Act on Special Sickness Expenses). The first act provides for a compulsory insurance for all empolyees below a certain wage level. Below a certain income level, self-employed persons may participate on a voluntary basis. In the third place, old people are insured unless their income is too high. At present, about 70% of the Dutch population are insured under the Sickness Fund Act. The sickness funds are obliged to accept every self-employed or aged person who meets the conditions laid down in the Act. Nobody can be refused because he forms an excessive risk for a fund. Under the act, not only the persons mentioned above are insured, but also their families. Everybody insured has the same rights to medical care. The sickness funds do not pay the insured persons for their expenses, but they conclude cooperation agreements with general practitioners, hospitals, pharmacists and other providers of health care. All these 'cooperators' undertake to give help to patients registered with a sickness fund. In other words, the insurance entitles the insured to goods and services in kind (in nature), not to financial compensation. The patient can direct himself immediately to the doctor, the clinic, etc., who are paid directly by the sickness funds. The patient insured under the Sickness Fund Act has a right to ordinary care and treatment as specified in the regulations adopted under the Act. In practice, he is entitled to all forms of medical care, except those treatments and medicines which are not usual or which are not covered by the Act.

The General Act on Special Sickness Expenses was adopted in 1967 in order to insure all citizens against the cost of very expensive forms of health care. Originally the act was called the Act on Heavy Medical Risks. It covers, inter alia, admission to a nursing home, hospital stay for more than a year, admission to clinics for mentally deficient persons or for the physically disabled, etc. To a degree a financial contribution may be required from the patient. Because no general act laying down an emcompassing national health care insurance exists in the Netherlands, gradually other arrangements have been brought under the act, especially those for which an adequate source of financing was hard to find, for example immunization programs. So, at least in certain respects, the General Act on Special Sickness Expenses has developed into a national health care insurance.

The provisions of the General Act are carried out by the sickness funds, the private insurance companies and the sickness funds for civil servants. The Act is implemented in the same way as the Sickness Fund Act: it entitles every citizen to health care services in kind; hospitals and clinics are directly paid for the help they render to the patient.

NL 67 There are three social insurance laws concerning loss of income: the Ziektewet (Sickness Act), the Wet op de Arbeidsongeschiktheidsverzekering (Act on Work Disability Insurance) and the Algemene Arbeidsongeschiktheidswet (General Work Disability Act). The first contains a compulsory insurance for everybody working under a contract of employment. In case of illness or disability which makes the employee unfit for his own work, he is entitled to a benefit of 80% of his normal wages (very often the other 20% are compensated by the employer). If he does not recover within a year, he comes under the Act on Work Disability Insurance.

This Act compensates those employees who are unfit for work for more than a year on medical grounds. The benefit paid unter the Act does not relate to a fixed percentage of the employee's earnings, but varies according to the degree of disablement. In order to assess disability, the insured person has to submit to medical examination. There is a direct relation between the percentage of his disablement and the percentage of his former wages, paid out as a benefit, the maximum benefit being 80% of former earnings. The self-employed are insured on less favourable conditions. During the first year of illness they are not insured at all; in case of emergency they can only fall back on the Algemene Bijstands Wet (Social Assistance Act), which provides for a minimum payment to those without sufficient means of subsistence. After a year of sickness or disability they are entitled to a benefit under the General Work Disability Act; however, its conditions are more restrictive and its benefits are more limited than those applying to employees.

When a patient claims damages in a malpractice case the court will take into account the compensation received either in kind or in money from social insurance funds. Actually, a patient can only succeed in an action against a doctor or a hospital with regard to damages not covered by social insurance, for instance compensation for pain and suffering, or (partial or complete) compensation for loss of income when the patient is self-employed.

This is not to say that a doctor or a hospital cannot be forced to pay for the damage covered by social insurance; the sickness funds and other social insurance funds have recourse to those who can be held responsible for illness or disability of an insured person.

II. Additional Private Insurance

NL 68 Some patients take additional private insurance, in particular when they are not insured against sickness expenses under the Sickness Fund Act or against loss of income during the first year of illness under the General Act on Special Sickness Expenses.

NL 69 As far as they are not entitled to compensation through their own insurance company, they might try to bring an action against a doctor or a hospital in case of malpractice. It may then be very important whether the doctor or the hospital is insured against damage caused in the execution of their profession or their undertaking. Under Dutch law no obligation exists to insure against the consequences of wrongful medical acts, neither for doctors nor for clinics, but in fact many doctors and practically all clinics are insured against claims for damages. Most of them have joined a special medical insurance, brought into existence by a group of insurers. Some years ago, a number of Dutch insurance companies realized that each of them dealt with far too few malpractice cases to gain expert knowledge and experience in such cases. Moreover, the number of hospitals insured by each company was too small to guarantee positive financial results and to spread the risks. Finally, each company was forced to set up its own machinery to handle the cases, which sometimes took many years. For all these reasons the companies mentioned previously joined their forces and established the Medische Aansprakelijkheidsrisico's Groep (Insurance Group for Medical Liability Risks, 1977), based on mutual reinsurance. This means that all damages are paid for by all insurers of the group, each for a certain part. The 16 insurance companies participating in the group communicate directly with the insured and the victim; the group remains in the background. But in fact, it is the group which plays a central role: it organizes the reinsurance, determines the premium and the uniform policy and assists the individual insurers in malpractice cases. The policy offered by the group contains the clauses of an ordinary liability insurance, adapted, however, to the specific needs of hospitals and of those working there. An important feature is that a hospital can take an insurance for all those working within its walls, even if they are not under a contract of employment. In practice, this leads to similar results as a central liability of the hospital for all medical acts: the patient no longer needs to find out who made the mistake, because he can always address himself to one and the same insurance company.

The insurance group issues annual records and information brochures. It is interesting to read in them, that there is a rather large time-lag between the moment that harm was caused and the notification to the insurers of the injurious incident. More than 25% of the notifications in 1978 related to incidents in 1977, and on average, notification took place 7 months later. One of the participants in the group discovered that every year a number of incidents from at least 4 previous years were notified to his company. In one case, the notification came 11 years later.

III. Preemptive Insurance Schemes

NL 70 In the Netherlands there is no insurance which insures every patient against harm suffered in the course of medical examination or treatment, irrespective of fault or negligence. If it is true that up to now harm inflicted upon patients is only compensated in a limited number of cases, such a no-fault insurance would improve the position of the victim considerably. One might expect more claims and more successful claims for damages; to a large extent costs of medical malpractice would be shifted from the victim to the providers of health care and, in the last resort, to everybody who pays for their services. As a no-fault insurance might lead to an increase in prices of health care, certain limits of the conditions and the amount of compensation might turn out to be necessary. In that case, probably many more claims would result in compensation, but not always in full compensation of material damage and of pain and suffering.

In the foreseeable future such a form of insurance is not to be expected in the Netherlands. The idea of a no-fault insurance of patients has been suggested in the legal literature, but so far has received little support. Most authors advocate changes in the existing liability system to improve the position of the patient, like a reversal of the burden of proof or establishment of a central liability of hospitals. In the meantime, the hospital insurance described above (Sect. II) has brought a temporary solution, be it a partial one.

References

Court decisions from 1 – 1 – 1977 onwards are published in the Tijdschrift voor Gezondheidsrecht (Samsom). Further references can be found in the two books by Leenen.

1. Asser, Serie Burgerlijk Recht
2. Drion Onrechtmatige Daad Kluwer, Deventer
3. de Geneesheer en het recht (1968) Kluwer, Deventer
4. Leenen H (1978) Rechten van Mensen in de Gezondheidszorg. Samsom, Alphen aan den Rijn
5. Leenen H (1981) Gezondheidszorg en Recht. Samsom, Alphen aan den Rijn
6. van Maenen N (1976) De medisch specialist in het algemeen ziekenhuis. Kluwer, Deventer
7. Michiels van Kessenich J (1982) Beroepsfouten. Tjeenk Willink
8. van der Mijn W (1982) Beroepenwetgeving in de gezondheidszorg. Kluwer, Deventer
9. Rang J (1976) Gezondheidsrechtspraak. Kluwer, Deventer
10. Rang J (1977) Rechtspraak Medisch Tuchtrecht 1930–1976. Kluwer, Deventer
11. Sluyters B (1974) Medische aansprakelijkheid in Amerika en Nederland. Serie Medisch Recht, Kluwer, Deventer
12. Verzamelde Deeladviezen betreffende de rechten van patienten (1982) Nationale Raad voor de Volksgezondheid

Norway

P. Lødrup
J. Brunsvig

Contents

Abbreviations

LoR:	Lov og Rett
Helsinkideklarasjonen:	Declaration concerning biomedical research comprising human beings adopted by the World Medical Federation in Helsinki in 1964, revised in 1975.
NOU:	Norges Offentlige utredninger (Norwegian Official Reports)
Ot. prp.:	Odelsting proposition
RG:	Rettens Gang (Norwegian Appeal Court Case Reporter) Rt. Norsk Retstidende (Norwegian Supreme Court Case Reporter)
TfR:	Tidsskrift for Rettsvitenskap (Norwegian Law Journal)

A. Basis of the System of Medical Care

I. Introduction

N 1 An ever increasing share of society's resources is being used for development and operation of health services. It is considered an essential aim of the welfare state to ensure that health services are adequately developed to cover the demands of the population, are fairly distributed and maintain an adequate professional standard. Taking into account the steadily growing demand for such services and the changes they are continuously undergoing, due inter alia to differences in the composition of age groups, the realisation of these aims may from time to time appear difficult.

Public responsibility for health services means that health care activities are subject to public control and are also largely operated by public bodies. Responsibility for health services in Norway is assigned to regional and central public bodies. Health personnel, such as doctors and physiotherapists, are nevertheless allowed to have their private practice. Health services are mostly publicly financed.

II. Organisation of Health Services

N 2 There has been a recen change in the organisational structure of health services in Norway. Now the main responsibility for health services rests with the municipal administrations, cf. Act of 19 November 1982, No. 66, sect. 1–1. They shall among other things ensure that medical, nursing and physiotherapy services are established.

Whereas the major part of the resources once went to the operation of health institutions, priority will now be given to the primary health services in hopes of a better utilization of resources. This aim has become increasingly necessary due to the economic recession of recent years. Another factor in this connection is that sicknesses caused by changes in life style have become more widespread. There has also been an increase in the demand for services on the local level on account of the growing number of old people.

According to the Act on Hospitals of 19 June 1969, No. 57, sect. 2, cf. sect. 1, the responsibility for the organisation and running of specialized health services such as hospitals and other institutions, medical specialists etc. rests with the joint municipal administration of the county.

The financial responsibility for these services also basically rests with the municipal and county administrations, but a major part of the expenditure is covered by annual contributions from a public fund, i. e. the National Insurance (cf. the Act on Municipal Health Services sects. 5–1 and 5–2 and the Act on Hospitals sects. 10–12).

The Directorate of Public Health, under the Ministry of Health and Social Affairs, is the supervisory body for health services (see Act on Municipal Health Services sect. 6–3, Act on Hospitals sects. 3,2 i. f. and 18.1, Act on the Medical Profession of 13 June 1980 No. 42 sect. 24. See also Ot. prp. 1981/82 No. 66 p. 36 and 1983/84 No. 33 p. 2). The supervision is partly taken care of by publicly appointed county medical officers. They shall ensure that the statutes and regulations applying to the health services are observed and that an adequate professional standard is maintained. In addition, the county medical officers offer advice and guidance as regards organisation and operation of the health services. The position of the Directorate of Public Health as supervisory body also means that the Directorate shall receive complaints, for instance if the standard is being questioned.

III. Extent of the Health Services

N 3 As of 1 January 1980, 173000 persons, or 9% of the working population, were employed in the health services. The number had gone up by 100000 from 1970, but the increase in the number of man-years was somewhat lower inter alia on account of a reduction of working hours.

In 1980 aggregate public and private financial resources spent on health services were NOK 17 billion. Of the total public consumption of NOK 53.4 billion, 11.5 billion, or 21%, was needed to cover health services expenditure. In 1970 the proportion was only 14% (The Central Bureau of Statistics, *Social Review* 1983 pp. 144–145). As of 20 February 1981 there were 8311 doctors in active practice in Norway. Of these, 3059 were employed in health service outside institutions (primary health service) and 4299 doctors were employed in institutions. Another 329 were employed by public administration or in the military service and 400 were engaged in teaching and research. 225 doctors belonged to other occupational groups.

N 4 The primary health service is part private and part public. In 1981 there were a total of 875 publicly employed district medical officers and doctors serving their compulsory terms in the districts. These take care of certain public functions, for instance by acting as head of local health authorities, but they also undertake traditional treatment of patients. Some general practitioners are employed by the municipal authorities, because in many places health services have suffered from an insufficient financial foundation for general practitioners. Moreover, several municipalities have wanted to employ doctors in order to improve preventive medicine.

Most health institutions are operated by the county authorities. (see Act on Hospitals of 19 June 1969 No. 54, sect. 2.) Thus, doctors working in institutions are public officials.

It is difficult to estimate the exact number of consultations, but the number of patients admitted to institutions is an indication. In 1980 a total of 655000 patients were treated in health institutions; 570000 of these went into general hospitals. The total number of days of care of in – patients was a little below 16.3 million, 5.7 million of which in general hospitals (*Norwegian Official Statistics, Health Institutions* 1980).

The figures regarding health services outside institutions are even less certain. In 1975 a study based on interviews showed that in the course of a two-week period there had been 120 contacts in the form of visits to or by a doctor outside of institutions per 1000 persons (calculated on the basis of the *Norwegian Official Statistics* A894, 1975, Table 90). This indicates that in the course of one year the aggregate number of such contacts should be somewhat in excess of 10 million.

IV. Patient's Rights

1. The Right to Become a Patient

N 5 As the resources available for health services are limited while the demand is virtually without limits, deciding who shall receive medical treatment must be a question of priorities.

A person requiring *immediate medical assistance* has a legal entitlement to treatment. This follows from Act on Mental Health Care of 28 April 1961 (P.H.), No.2, sect.2, Act on Hospitals etc. of 19 June 1969 (S), No.57, sects.1 and 6 and Act on the Medical Profession of 13 June 1980 (L.), No.42, sect.27.

As far as *other medical assistance is concerned,* the rules are rather vague and it is important therefore to note which procedural rules apply to preferences between different patients or groups of patients.

Health services personnel in private practice must be presumed to have no contractual duty unless there is a demand for immediate medical assistance. Legal commentators have maintained, however, that for instance L. sect.24 on the duty to show proper medical conduct may have an impact on unwarranted refusal to receive a patient arriving within the doctor's surgery hours [Kjønstad in *Lov og frihet (Law and Freedom),* Oslo 1982, p.593].

N 6 The demands on *public health services* are, however, much stricter. But the right to become a patient has been established in relation to certain kinds of services only.

According to the new Act on Municipal Health Services of 19 November 1982 (H.K.) No.66 sect.2–1, everybody is entitled to necessary medical assistance in the municipality where he or she resides or stays temporarily. According to the prelegislative works this claim is limited by the economic capacity of the municipality and the availability of medical personnel and facilities.

Consequently, in practice the legal claim for medical assistance has a limited scope. Moreover, H.K. sect.2–1 only covers the so-called primary health services. There are no rules entitling people to treatment in institutions or to other kinds of specialised health services.

N 7 The procedural rules applying to the distribution of health services will therefore be of considerable importance to the individual's chances of receiving medical treatment. It is presumed that the general procedural rules relating to public administration contained in the Act on Administration of 10 February 1967 are not applicable. What presumably must be applicable are general principles of administrative law on objectivity and equal treatment. This means, among other things, that before deciding who shall be admitted to a health institution, information must be collected as to which patients will be affected and how to choose between the patients in question. The principles applying to procedures do not, however, offer much guidance regarding criteria for the selection. Examples of criteria are: (a) the queuing principle, and judging (b) who is sickest, (c) who has the best chance of recovery or (d) who represents the heaviest burden on the family.

Basically, the professional management of the institution has a free hand within the scope of the principles on objectivity and equality. There may be limitations, however, following from regulations or instructions issued by the health authorities or the management of the institution.

In conclusion one may say that it is difficult to form concrete criteria for selection. The patients would be in a better legal position if clearer procedural rules were established to deal with preferences concerning people wanting medical treatment. Apart from the principles of objectivity and equality, it is difficult for individuals to invoke legal provisions to support their claim to become a patient.

2. The Right to Demand or Refuse Special Treatment

N 8 In order to make a kind of treatment legal, patients must as a main rule give their consent. In special cases, however, treatment may be administered without consent, although the precondition is that the treatment is legitimate according to the rules on emergency. The demand for consent has been discussed in more detail in the paragraph on doctors' liability.

The patient can not normally demand a certain form of treatment, only that the treatment be appropriate. By conscientious use of consent the patient will to some extent be in a position to influence the planned treatment. In L. sect. 25 third paragraph it is laid down that the doctor shall as far as possible allow the patient to take part in the treatment.

3. The Patient's Right to Information

N 9 According to L. sect. 25 third paragraph, the doctor shall give patients the information they ought to have on their state of health and the treatment. Further mention of the provision is found in the paragraph on doctors' liability.

4. Access to Records

N 10 The general belief used to be that case reports, X-ray pictures etc. were the property of the hospital or the general practitioner, and the established practice was that no one outside the hospital staff had access to the case reports without the consent of the chief surgeon of the department in question.

The legal situation in this area was changed by a Supreme Court decision in 1977, Rt. 1977 p. 1035. The Supreme Court ascertained that the question of access to the case reports was not regulated by statute. But the court found that general legal norms implied that patients have a right to see their case reports.

The decision was largely based on a blancing of interests. It was underlined that, because of the special character and contents of the case report, it might be of decisive significance to the individual's actual and legal position to be able to become acquainted with the recorded information. Furthermore, a right for patients of access to information was also considered to conform with the tendency in democratic society towards entitling all people to see what is recorded about them in public registers etc. An important factor was also that access to their records would enable patients to correct misunderstandings that might stem from the doctor who wrote the report, whereas barring access to information could give rise to a suspicion that the doctor was being protected from the patient's finding out about any mistakes which the doctor has committed. This would affect the trust between the doctor and the patient.

Among arguments against the right of inspection can be mentioned that the case report may contain information which it would be unwise to reveal to the patient. It was also stated that, because of the professional language of such case reports, they might be rather incomprehensible to the patient, and a right of inspection might mean that other ways of writing the reports would have to be found. But the court found that these objections were not decisive as regards the patient's right of inspection.

At present the patient's right of inspection is contained in L. sect. 46: "A patient is entitled to see his own case report with appendices, unless the doctor, of regard to his health or to his relationship with his family or other persons close to him, deems it inadvisable to let him see it or parts of it".

N 11 It appears from the pre-legislative works that judging whether it is advisable or not to let patient's see their case report depends on a discretionary assessment by the doctor. Among relevant factors mentioned are the patient's character and religious belief as well as physical and mental condition. It is stressed that knowing the contents of a case report may have an adverse affect on the patient, especially in cases of mental illness.

According to sect. 46, exemption from the right of inspection is also made for information which it is inadvisable to let patients see out of respect for their relations with their family or other persons close to them. The pre-legislative works mention inter alia information provided by the patient's relatives which he knows nothing about or which he does not want anyone to know. The patient's relationship with people to whom he is emotionally attached may also suffer if he finds that the person concerned for instance has told the doctor about the patient's peculiarities, abuse of drugs etc.

If the patient's request for inspection is refused, he may under L. sect. 46, second paragraph, ask that the case report be made known to a representative appointed by him. The underlying reasons are that one hopes to avoid the suspicion that the doctor is keeping information from the patient without power to do so, and that the system is supposed to have a favourable effect on the relationship between doctor and patient. According to L. sect. 46, second paragraph, the doctor may reject a representative if there is reason to fear that the person concerned is not going to act loyally and with discretion.

5. Health Personnel and the Duty of Confidentiality

N 12 In their work, health personnel often have access to personal and sensitive information concerning patients and their families. Out of respect for privacy such information should not as a rule be passed on. In order to establish the necessary confidence between doctor and patient, it is important that the patient be quite sure that the doctor shall not divulge information given in confidence. Otherwise people might not risk going to see a doctor or they might withhold important information. Consequently, a wide obligation to confidentiality must be imposed on health personnel.

N 13 However, consideration must also be given to public health. Among other things, cases of infectious diseases must be reported to the health authorities. An unconditional confidentiality may also cause difficulties for reasearch and teaching. Moreover, in order to provide the courts with the best possible basis for their decisions, confidentiality must not be without exception.

N 14 The main provision concerning confidentiality is contained in L. sect. 31. According to this rule, the doctor is obliged to observe confidentiality and prevent the passing on of information on personal matters or on sickness to others. Confidentialy also applies to other personal matters which may come to the doctor's knowledge. There are limitations relating to cases where the law says the doctor is not bound to secrecy or where, for other special reasons, it must be considered justified to provide information subject to secrecy. Similar rules are contained in H. K. sect. 6–6, S. sect. 16, Act on Psychologists of 9 March 1973 No. 13, sects. 6 etc.

A doctor's observance of confidentiality does not concern information given to the doctor during talks with or examination of the patient only. It also applies to information which the doctor has got from reading the case history of the patient. Nor is a direct patient/doctor relationship a condition. Doctors must also observe secrecy as regards information obtained by reading another patient's journal in order to find background information for treatment of their own patients.

In addition to information on people's health and physical condition, confidentiality also applies to "other personal matters". According to the pre-legislative works this means for instance facts concerning the life history of the patient and facts found by the doctor when calling on the patient at home.

Confidentiality not only means that doctors shall keep the information private, they also have a positive duty to keep outsiders from seeing the case records, X-ray photos, films etc. concerning the patient.

N 15 There are, however, a number of limitations to the requirement of confidentiality. First, secrecy is not necessary where the patient consents to the passing on of information, L. sect. 32, first paragraph. A second limitation applies when the doctor has a statutory duty to divulge information, as for instance according to sect. 18–2 of the National Insurance Act of 6 June 1966, No. 12, dealing with information required by the social security bodies to find out whether the person in question is entitled to benefits. A third limitation follows from L. sect. 34, first paragraph, on the right to provide information to other health personnel where this is of significance to the patient. But the patient may ask the doctor not to pass on the information. According to the pre-legislative works, the patient may demand that information which is not necessary in regard to examination or treatment not be divulged. The requirement of confidentiality is also limited for information used in research or for teaching purposes, but then the information must be unidentifiable, cf. L. sect. 36. Nor can the confidentiality requirement prevent a doctor appearing as an expert from providing the information required, L. sect. 33. Further exemptions from the requirement follow from the doctor's duty to inform the health authorities of cases of epidemic or infectious diseases, cf. L. sects. 39–42.

V. Ethical Basis of Medical Care

N 16 The Medical Association has prepared rules on medical ethics containing guidelines for the performance of medical services. Complaints of breach of these rules are handled by the Medical Board's Council for Ethical Conduct, and the decisions of the Council are binding on the members. A doctor who refuses to accept a decision made by the Council is considered as having resigned from the association. Moreover, the central board of the association has the power of excluding a member who has behaved in a manner which is inconsistent with membership in the association.

The significance of the internal discipline of the Medical Association was assessed during the preparation of the new Act on the Medical Profession, and in this connection it was maintained that the scope of the sanctions which the association has at its disposal is rather limited. For instance, a doctor who expects to be excluded from the association may resign, and even this rather severe sanction has no effect on the right to continue medical practice.

VI. Regulation of the Medical Profession

1. Authorization and Licence

N 17 According to the definition in sect. 1 of the Act on the Medical Profession of 13 June 1980 no. 42, the concept "medical doctor" comprises persons having authorization, licence or border licence. In order to become authorized, a person must pursuant to L. sect. 2, have a medical degree and have been through a compulsory term as house physician at a hospital. At present this term is one and a half years. Besides, the person in question must have given a promise in writing stating that he "solemnly declares to perform the duties of the medical profession guided by his honour and conscience." A further condition is that there are no circumstances that might warrant a revocation of the authorization under L. sect. 8 (see Par. 20). A person who satisfies the terms of the act has an unconditional right to an authorization.

N 18 A person who does not satisfy the requirements for obtaining an authorization may get a licence under L. sect. 3. A licence is a more or less comprehensive right to practise as a medical doctor, a right which the Ministry of Social Affairs may confer on the basis of a discretionary evaluation of the qualifications of the applicant. Such licence may for instance be granted to students, house physicians serving their compulsory term, doctors with exams that are not accepted by Norwegian authorities, or doctors having lost their authorization due to old age or unfitness. Licences may be given on such conditions or with such limitations as are considered requisite in each separate case. When assessing whether a licence is to be granted, weight should be attached to factors such as the medical degree, serving of the compulsory term, the conduct of the applicant, the absence of causes for revocation etc.

N 19 The term "border licence" refers to the right held by a public medical officer in a Finnish or Swedish district bordering on Norway to practise in the adjacent Norwegian medical districts, cf. L. sect. 4. The right to practise as a doctor on the Norwegian side of the border is connected to the office and no application to the Ministry is needed. The background for this arrangement is that in the border regions there are large thinly populated areas with inadequate communications, making it difficult for the individual country to develop a satisfactory medical service.

2. *Forfeiture of the Right to Practise as a Doctor*

N 20 Under the Act of 22 May 1902 No. 11, Act on the Entry into Force of the Penal Code, sect. 10, public officials who for some considerable time appear to be unfit to perform the duties inherent in their office may be *dismissed by court decision*. This also applies where other requirements or prescribed terms for holding the office are not satisfied. Suspension of the office of a public medical officer does not automatically entail revocation of the person's authorization or licence. In practice, it happens very seldom that public officials are dismissed, but the importance of the provision is presumed to lie in the fact that holders of offices choose to resign to avoid having such a case tried before the courts.

N 21 L. sect. 8 contains provisions on the *revocation of authorization and licence*, i. e. deprivation on an administrative basis of the right to practise as a doctor. L. sect. 8, first paragraph states that revocation may be decided

> where doctors are unfit to carry out their duties on account of serious mental disturbances, physical or mental debility, long absence from the profession, the use of alcohol, narcotics or other drugs with similar effects, gross lack of professional knowledge, unethical practice or conduct not worthy of a doctor.

According to this provision, the basic condition is that the doctor is unfit to practise medicine. According to the pre-legislative works this means that the person in question is not able to treat patients or to take care of their and the public's interests in a satisfactory and safe manner.

The decision on whether to revoke a licence shall be based on a discretionary assessment by the Ministry concerned. The conditions vary according to the kind of practice carried out by the doctor.

One example of a mental defect which may warrant revocation of the right to practise as a medical doctor is the debility often resultung from old age, which could make a doctor unfit to take proper care of patients. The pre-legislative works say that intervention is necessary only where doctors do not draw the consequences of their state of health, but perform medical work for which they are unfit.

The question of revocation due to physical debility is dealt with according to the same principles. Some physical defects may warrant giving the doctor a limited licence.

As regards "the use of alcohol, narcotics or other drugs with similar effects", it is stressed in the pre-legislative works that the decisive factor is not the extent of the abuse *per se*, but whether the use of such drugs has reduced the person's capabilities of adequately performing the duties of a medical doctor.

N 22 "Gross lack of professional knowledge" implies a need for the doctor to keep informed of the latest developments in medicine. According to the pre-legislative works, the person who makes no efforts to maintain knowledge acquired and who does not keep up with the most important innovations within medical science may be deprived of the right to practise as a medical doctor. It is also a lack of professional knowledge when doctors practise in fields or at levels where they are not competent. The law demands that every doctor shall be in possession of the knowledge and the experience required to ensure an adequate performance of duties. The formulation of the demand for professional knowledge in the act entails that this is not often cited as a cause for losing a licence.

"Unethical practice" comprises a number of different circumstances, the commom feature of which is that the doctor has behaved in contravention of the current standards of good medical practice. The pre-legislative works mention as examples: "gross lack of hygiene and order, economic and sexual exploitation of patients, bluffing with miracle cures and drugs, unjustified advertising and competition, negligence and inconsideration, gross abuse of confidential information, unjustified prescription of drugs ..." etc. It is also emphasised that only cases of repeated actions or circumstances not in accordance with good medical practice are considered unjustified.

N 23 The last alternative in L. sect. 8, first paragraph, is that an authorization or licence may be revoked where "conduct unworthy of a doctor" has been shown. The pre-legislative works presuppose that the courts shall have sole jurisdiction concerning decisions on the forfeiture of the right to practise as a medical doctor as a penal sanction. A finding by the court that such loss of right should not be enforced must be accepted by the health authorities. On the other hand, a penalty imposed must apparently be taken into account where other circumstances necessitate an assessment of whether a licence or an authorization should be revoked. If a doctor abuses alcohol and shows unsuitable conduct, a conviction of for instance street fighting or driving while under the influence of alcohol must count at the assessment. Consequently, weight is attached not only to unjustified conduct while performing duties as a doctor. The underlying reason is that people will not have the necessary confidence in a doctor who for instance commits embezzlement or causes bodily harm to someone, nor would it seem appropriate for the doctor to carry on in practice.

N 24 Gross violation of duties pursuant to the Act on the Medical Profession does not necessarily imply that the doctor is unfit for medical practice. The pre-legislative works mention as an example a doctor who consistently fails to keep proper records or to report as required. It has been necessary, therefore, to mention this alternative specifically. The precondition for revocation is that the doctor consistently has violated those duties, the fulfilment of which is important seen from society's point of view.

N 25 L. sect. 6 lays down an age limit of 75 years for obtaining an authorization or a licence. However, doctors who are past 75 may still be granted a licence with a time limit provided they can prove they are still able to practise medicine. Requiring a proof makes it easier to spot cases where doctors are no longer capable of carrying out their work in a satisfactory manner. Experience shows, among other things, that a number of doctors past the age of 70 make out many more prescriptions for narcotics than do younger doctors.

Where there is good reason to believe that a revocation is called for, the Ministry is empowered under L. sect. 9 to *suspend an authorization or a licence*. The reason for the rule is that it may prove necessary to prevent a doctor from continuing to practise during the period when the question of revocation is being considered.

It appears from L. sect. 11 that a decision on revocation may be appealed to the courts for trial. Consequently, the courts' right of trial is not limited to application of the law and the procedure, such as otherwise is the case in administrative matters.

3. The Relationship with Other Groups Engaged in the Treatment of Sick People

N 26 L. sect. 1, second paragraph, lays down that only a person holding a licence, an authorization or a border licence may be called a doctor. Nor must other persons use other job designations which are apt to convey the impression that the person in question is a doctor. Thus, persons who are not medical doctors are not allowed to call themselves doctor of natural healing, doctor of health foods, etc.

L. sect. 16, first paragraph, stresses that a person who is a doctor pursuant to sect. 1 has the right to practise medicine. L. does not, on the other hand, give doctors a sole right to treat sick people. The limitations to the right of other persons to treat sick people are contained in the Act on Limitations of the Right of a Person Who Is Not a Norwegian Doctor or Dentist to Treat Sick People of 19 June 1936 No. 9, the so-called act on Unqualified Practising (the Quack Act, abbr. K.). Under K. sect. 3 no persons other than doctors are allowed to apply drugs requiring a prescription, to undertake surgical treatment or to administer complete or local anestethic. Only doctors may treat epidemic or infectious diseases subject to special public attention. This also applies to tuberculosis, venereal diseases, cancer, diabetes, dangerous anemias and struma (K. sect. 4). Persons having resided in Norway for less than 10 years, having served a prison sentence, or who are vagrants are entirely banned from treating sick people (K. sect. 5). As will be seen, this act contains considerable limitations as regards the right of persons other than medical doctors to treat sick people.

N 27 The application of K. is general, thus covering different groups, from healing preachers and "doctors of natural healing" to chiropractors, homeopathists, health personnel who without legal authority undertake treatment of sick people, and persons who are dentists or doctors, but who have neither authorization nor licence.

During the drafting of the new Act on the Medical Profession, there was some debate as to whether doctors should have a monopoly on all forms of medical practice. Those who were in favour of such a rule maintained that otherwise patients would be exposed to the hazards of unskilled treatment. One of the arguments against such a monopoly was that it interfered too much with human freedom. In this context it was also underlined that people ought to be allowed to seek the aid and cures they believe in. Reference was also made to the fact that in some cases quacks may be able to help their patients and that they, by using different methods, might gain experiences that would benefit traditional medicine. Furthermore, due to the rules of the National Insurance, quacks do not represent any significant competition to doctors of medicine.

It is also maintained that as a main rule sick people are not obliged to undergo examination and treatment by a doctor. People do to some extent have a duty to ensure that children and other people who are unable to take care of themselves get the medical aid they need. A corresponding duty rests with public authorities who are responsible for children, old people, soldiers, prisoners etc.

B. Claims and Court Cases

N 28 The registered number of injuries to patients is very small. The Directorate of Health annually receives between 200 and 300 complaints about doctors, but this also includes complaints concerning medical ethics. Therefore, the number of complaints concerning malpractice is somewhat lower.

It is not possible to find the exact number of liability cases pending against doctors and hospitals, but a fair guess is between 10 and 15.

C. Liability for Negligence

I. Criminal Liability

N 29 A number of penal provisions set limits for the acts doctors may perform. Doctors do not, however, very often commit offences when treating their patients.

1. Offences Against Life, Body and Health

N 30 The Penal Code of 22 May 1902 No. 10, sect. 229 imposes penalties on a person causing harm to someone else's body or health (bodily harm).

The second alternative of sect. 229 concerns those who render somebody helpless or unconscious etc. Examples are injection with drugs affecting central parts of the muscular system, thus immobilizing the patient, and the use of anesthethics or hypnosis respectively.

The wording of sections 229 and 231 covers many of the acts undertaken by a doctor in connection with examination and treatment, such as surgery. Quite obviously, the purpose of the provisions has not been to affect such acts. It is necessary, therefore, to define the *boundaries of legal intervention by the doctor.*

N 31 If the *medical indications* warranting the operation are present and the *patient has given his consent,* there seems to be no reason to characterize the act as causing bodily harm.

An explicit statement by the patient that he or she does not want an operation must be respected by the doctor. But there are exemptions for cases where the patient's life is in danger. This follows inter alia from the duty to help, subject to penal sanctions, contained in sect. 387 No. 1 of the Penal Code, in cases where there is "an obvious and imminent danger to the patient's life". An example is attempted suicide. Professor Bratholm [in *Strafferett og samfunn (Penal Law and Society)* p. 184] seems to be a bit more restrictive, stating that the doctor must respect the standpoint of a patient who refuses medical treatment, even if this means that the patient dies. (See also Blom in *Lov og Rett* 1973 p. 367). The only exemption Bratholm makes is where the patient is mentally deranged and this has influenced the patient's decision. If the doctor were to carry out the operation despite the patient's wish, this must, says Andenæs (in: (b) p. 46), be regarded as a violation of the integrity of the body, and as such comes within the more lenient provision of sect. 228 concerning bodily harm.

N 32 The guidelines mentioned presuppose that the operation is carried out of consideration for the patient's health. If, on the other hand, it is done for *research purposes,* the pertinent provisions are the general rules of sects. 228 et seq., and according to sect. 235, first paragraph, the act is exempt from punishment only if the patient has consented to the experiment. Consent cannot be said to have been obtained unless the patient has been thoroughly informed about the experiment and is capable of judging the consequences of consenting. (See Andenæs (b) pp. 47–48). There is a further limitation inasmuch as sect. 235 of the Penal Code does not imply exemption from punishment in cases of gross bodily harm, cf. sect. 239. Even if consent were obtained, one must not carry out experiments involving the risk of grave danger to the patient. (See Blom in *Lov og Rett* 1973 p. 377).

N 33 A person who intentionally *causes the death of another person* is quilty of manslaughter under sect. 233 of the Penal Code. The provision also covers omission where, for instance, nothing is done to stop profuse bleeding in an injured person. The provision has not been applied in connection with medical activities, but there was a case recently where the manager of a nursing home was convicted of having killed more than 20 patients by using a drug which paralysed the muscles.

N 34 It is easier to imagine that a doctor may *cause injuries to a patient by negligence.* A person who negligently harms the body or health of another person may be sentenced to maximum 3 years of imprisonment under sect. 238.

If a doctor *negligently has caused the death of a patient,* he may be sentenced to maximum 3 years of imprisonment. Where there are aggravating circumstances, the maximum penalty is 6 years.

It has been said that the demands as to proper conduct in relation to these penal provisions are not so strict according to Norwegian court practice. (Andenæs). In medical activities, the act causing injury had a useful purpose, and normally the patient will have consented to the act. It must therefore be a rather serious case if contravention of sects. 238 or 239 of the Penal Code is alleged.

There is one case in our court practice where a doctor gave a sedative containing morphia to a patient who was in an advanced state of intoxication (Rt. 1977 p. 639). The combined poisoning caused the death of the patient. As the doctor well knew that the patient was a heavy consumer of alcohol, it was considered grossly negligent not to examine whether he had drunk some alcoholic beverage prior to having the injection. The doctor was sentenced to 8 months unconditional imprisonment according to sect. 239 to the Penal Code and was also deprived of the right to practise medicine (see Sect. 8).

In cases of surgery or the testing of drugs for research purposes etc., where the aim has not been to cure the patient, violation of sects. 238 or 239 may result more often. Nor can the consent of the patient be decisive in such cases. Section 235 of the Penal Code is applicable only in connection with some violations done with intent. The reason is that in the event of negligent acts, consent has been given to the act that may involve a risk of injury only and not to the injury itself. (See Andenæs (b) p. 65 and Bratholm p. 181).

2. *Illegal Abortions*

N 35 According to sect. 245 of the Penal Code, performing abortions where there are no legal indications is subject to punishment according to the Act of 13 June 1975 No. 50. The main rule contained in sect. 2 of the act is that women have a right to decide for themselves whether an abortion shall be carried out provided it is done before the expiry of the twelfth week of the pregnancy. Sect. 245 of the Penal Code may become applicable where an abortion is carried out at a later date, and a board has found that the special medical or social indications required are absent. The maximum penalty under sect. 245 is 3 years imprisonment unless there are particularly aggravating circumstances. The provision is not so much in use now due to the more liberal abortion laws introduced in 1978.

3. Violation of the Duty to Render Assistance

N 36 According to sect. 387 No. 1 of the Penal Code, everyone is obliged to offer help where someone's life is in obvious and immediate danger, for instance after a road accident. Doctors will as a rule have a wider duty to assist than most other people because of their medical expertise. Violation of sect. 387 is punishable by fines or imprisonment up to 3 months.

Under the Act of 13 June 1980 No. 42, sect. 27, doctors are subject to a special duty of assistance. It is wider than the one contained in the Penal Code, the condition being that the doctor "must presume that medical assistance is urgently needed". Consequently, it is not a condition that the patient's life be in danger. The duty to render assistance will be discussed in more detail in the paragraph on liability. Violation of this act is subject to a penalty of fines or imprisonment of maximum 3 months.

4. Malpractice

N 37 Sect. 157 No. 2 of the Penal Code applies to doctors who in carrying out their medical duties apply a treatment which is not suitable for curing or counteracting the disease. The doctor must also be aware of the fact that the patient's life or health is in danger. The maximum penalty is 6 years. If substantial injury is caused to the patient, the minimum penalty is one year of imprisonment.

An example from Norwegian court practice is a doctor who was charged with having treated a patient with cardiac infarct in a fashion that, on account of complications which arose, was characterized by some experts as fatal and not in accord with proper medical practice (Rt. 1968 p. 959). In the Supreme Court the majority found that sect. 157 No. 2 of the Penal Code is applicable only to a form of treatment which is totally inappropriate as regards the disease concerned, and the decision of the Appeal Court was therefore reversed. The provision is thus of small practical significance.

N 38 Sect. 25, cf. sect. 53, of the Act on the Medical Profession has a far wider scope. Paragraph 1 of sect. 25 reads: "A doctor is obliged to perform his activities in a proper way".

The provision must be regarded as a legal standard, the substance of which must depend on the customary practice of the average doctor at any time. A reservation is nevertheless made for the fact that customary practice may imply a certain carelessness. In that case the matter may still be considered inappropriate in relation to sect. 25.

The concept of malpractice does for instance cover a lack of hygiene and order, financial or sexual exploitation of patients, bluffing with miracle cures and drugs, prescription of drugs not suitable for the disease concerned etc.

A penalty may be imposed even where the negligence has not been gross, nor is it dependent on whether the doctor has received a previous admonition.

5. Violation of the Act on Drugs

N 39 The Act on Drugs of 20 June 1964 No. 5, Chapter VI contains provisions concerning the production and sale of narcotics etc. These are general provisions and they also regulate the doctor's use and supply of narcotics.

According to sect. 21, third paragraph of this act, sale and supply of narcotics etc. are allowed only for medical and scientific use and in pursuance of regulations issued under sect. 20. Sect. 22, first paragraph lays down that possession or use of narcotics is not allowed unless they are legally available.

Violation of the Act on Drugs is punishable. The maximum penalty as regards the provisions on narcotics is 2 years (sect. 43, second paragraph). For serious crimes involving drugs the maximum penalty is 15 years.

An example from our court practice is a psychiatrist who used drugs, bought in the illegal market, for the treatment of some of his patients (Rt. 1972 p. 1161). With reference to sect. 42, second paragraph, cf. sects. 20 and 21, third paragraph, he was sentenced to one year of imprisonment, 90 days of which were made unconditional, and his right to practise medicine was suspended for two years according to sect. 29 No. 2 of the Penal Code.

6. False Medical Certificates and Unwarranted Use of Social Insurance

N 40 Sect. 189 of the Penal Code applies to the person who makes a false statement in a medical certificate concerning circumstances which the certificate is supposed to prove. The provision thus deals with a certain form of fraud. Only such acts committed with intent are subject to punishment (cf. sect. 40 of the Penal Code). The maximum penalty is 1 year of imprisonment, but where the certificate has been made out with a view to gaining a profit or in order to hurt someone, the penalty may be as much as 3 years imprisonment.

N 41 During the period of total ban on alcohol in Norway, the provision was made applicable to doctors who made out prescriptions for alcoholic beverages to patients who did not need them.

A more recent case is where a doctor made out incorrect prescriptions in the name of a patient in order to get hold of amphetamine for himself. For this he was sentenced to 120 days imprisonment, 30 days of which were made unconditional (Rt. 1972 p. 685). It is also assumed that sect. 189 of the Penal Code may be applicable to the issue of unfounded sick notes.

A doctor who, acting against his better judgment, gives incorrect information or suppresses information of significance to rights or duties under the National Insurance Act of 17 June 1966 No. 12 may be fined. The provision is applied only if the matter is not subject to a more severe penalty, see e.g. sect. 189 of the Penal Code.

Sect. 18–6 of the National Insurance Act might be applicable where the doctor issues badly founded certificates to be used by the patient when applying for social insurance. The provision must also be applicable to abuse on the part of the doctor in the form of unwarranted medical examinations and treatments that entitle the patient to larger payments under the social insurance.

7. Breach of Confidentiality

N 42 Sect. 144 of the Penal Code deals with the secrecy imposed on doctors and their assistants. The provision applies to people who "illegally disclose secrets".

The term illegally means that punishment cannot be imposed where there are general exemptions from punishment, such as where consent has been obtained from the person whom the information concerns. Furthermore, the breach of confidentiality must be unjustifiable in order to be punishable. This means inter alia that under certain circumstances secrecy has to be set aside where the interests of society are involved.

N 43 The term "secrets" only implies that the secrecy does not extend to factual or obvious circumstances, such as saying that a person is fat, or old or lame. In a decision by the Supreme Court Interlocutory Appeal Board it was ascertained that a doctor was subject to secrecy regarding the identity of a patient who had named a woman as the source of venereal infection (Rt. 1955 p. 191).

The secrecy only covers information "confided to the doctor by virtue of his position". Legal commentators assume that confiding does not only apply to information directly provided by the patient, but also to what the doctor otherwise might find out about the patient's state of health. If a doctor is asked for medical advice on a private social occasion, it will not always be right to say that he acts in his capacity as a doctor. In that case, the "consultation" is not covered by the legal secrecy.

Sect. 144 of the Penal Code applies only to intentional violation of the secrecy, cf. sect. 40 of the Penal Code. Breach of secrecy is punishable with fines or imprisonment up to 6 months (sect. 144 of the Penal Code).

The secrecy imposed on doctors is also regulated by L. sect. 31, cf. sect. 53. It appears from sect. 31 that a doctor is obliged to observe confidentiality and shall prevent others from obtaining information on people's state of health. Confidentiality further applies to other personal circumstances which doctors become aware of in the course of their practice.

Breach of the Act on the Medical Profession is punishable, according to sect. 53, with fines or imprisonment of up to 3 months.

8. A Special Form of Punishment: Suspension of the Right to Practise Medicine

N 44 Where demanded by general considerations, a person who has been found guilty of a punishable act may forfeit the right to hold a position or carry out an activity, according to sect. 29 No. 2 of the Penal Code.

Such forfeiture may result where a person by punishable conduct has proven unfit to perform duties, for instance as a doctor. Norwegian court practice contains a case where a doctor was found guilty of manslaughter because he had administered an injection of morphia to a patient who was heavily intoxicated, causing the death of the patient due to a combination of poisonings. The doctor's right to practise medicine was suspended forever (Rt. 1977 p. 639).

Such forfeiture may also be the outcome where *it is feared that the person in question will abuse his position*. Consideration was given to this factor in a case where a psychiatrist was deprived of the right to practise as a doctor for 2 years because he had used illegally procured narcotics in his treatment of some patients. He maintained among other things that he should be allowed to disregard the drug laws for emergency reasons (Rt. 1972 p. 116).

Suspension of such rights may also be imposed where the position or the practice demands a special degree of public trust. This applies especially to medical practice. There was a case where a general practitioner was found guilty of having performed two abortions in contravention of the current legislation. The punishment was suspension of the right to practise medicine for two years. It was taken into account that he had offended the public's general confidence in a doctor's integrity and his observance of the law (Rt. 1970 p. 739).

A decision as to whether to apply sect. 29 of the Penal Code depends on a discretionary assessment. Such punishment shall be imposed only where justified by weighty reasons. And in court practice regard has been given to the effect a suspension of rights is going to have on the person charged. (See e.g. Rt. 1970 p. 739.)

Suspension may be forever, or for a definite period up to 5 years.

II. Civil Liability

1. Introduction

N 45 The main conditions for liability are that (a) an injury has occurred, (b) the conditions for making the tortfeasor liable exist and (c) there is causality between the injury and the conduct of the tortfeasor, that is, the tortious act of omission.

Negligence (culpa) on the part of the tortfeasor is one basis for liability. In addition to a tortfeasor, for instance a doctor, being made liable due to negligence, negligence also gives rise to vicarious liability pursuant to the Act on Damages of 13 June 1969 No. 26, sect. 2–1. According to this provision, a hospital may be held liable for errors committed by a doctor employed by that hospital. Most cases on negligence from insurance practice and court practice are about claims against hospitals according to the rules on vicarious liability. Moreover, strict liability has developed through court practice in Norwegian law. A hospital or a general practitioner will probably be liable regardless of fault in the event of injuries to a patient caused by technical failure. (See statements in Rt. 1978 p. 482 and Rt. 1980 p. 1299.)

2. Negligence

(a) Negligence in General

N 46 Basically, the concept of negligence means that the tortfeasor may be blamed for not having satisfied the demands of proper conduct applying to situations of the kind in which the injury occurred.

A significant fact would be whether the tortfeasor acted in contravention of the law or of regulations. The activities of doctors in some areas are regulated by such provisions. When assessing the degree of care, the only relevant rules are those obliging doctors to act differently from how they actually did, and whose purpose is to protect the patient against injuries of the kind which actually occurred. Violations of the provisions of L. that are of a purely administrative character will of course not be taken into account. In practice, written rules are less important in cases concerning the liability of doctors. Such rules are rarely considered as having a definite substance affecting a decision on blame in concrete cases of injuries.

N 47 A factor of far greater impact is medical practice in connection with examination and treatment of diseases or injuries that are subject to legal assessment. Statements by medical experts play a central part in cases of doctor's liability. And yet, the fact that the doctor has followed general practice in the field in question is not absolutely decisive. There have been some cases of so-called court cnesorship of medical practice, where the court has found that general medical practice does not always come up to the desired standard of care.

The ethical code of the Medical Association is also relevant to the assessment of care, but it rarely says anything about how the doctor ought to have acted when the concrete injury was caused.

Legal practice is the most important source of law when defining the question of negligence. Because circumstances in the cases of injuries vary so much, the conclusion in one case is rarely applicable to other cases. The reasonings of the court are frequently of a general character, however, and these have been further developed in legal theory. Liability has to a large extent been developed through interaction between the courts and legal theory.

N 48 Among the most important of such general considerations is the potential of the act to cause injury. In cases of liability for doctors an assessment is made of whether the doctor's conduct is likely to result in an injury and of the extent of such injury. If there is a possibility of considerable injury, the demands on care are strict. Since the conduct of the doctor will often substantially affect the patient's life and health, this factor will often make itself felt in cases on medical liability.

Another significant factor is the doctor's chances of understanding the extent of injury likely to be caused and his possibilities of prevention.

Regard must also be given to the victim. The injury potential of an act will be affected by the injured party's ability to understand the risk of injury and on this basis take possible precautions to avoid injury. Because patients usually have little knowledge of medical matters, they can hardly be expected to do anything to reduce the risk of injury. If, on the other hand, the patient by his conduct consciously has increased the risk of injury, this may be a relevant factor in the assessment of negligence. This may for instance be the case where the patient by suppressing information or by simulating has misled the doctor in making a diagnosis.

N 49 The conduct of doctors acting within their field of medicine will be assessed on the basis of their special qualifications.

Where a person performs professional activities, as for instance medicine, his conduct will be assessed against the background of his special qualifications. Professional liability applies to performers of liberal professions, that is doctors, dentists, lawyers, engineers, architects etc. A characteristic feature of these professions is that the person's advisory services, possibly also physical services, are part of his trade and performed on the basis of his special knowledge. Consequently, the performance is of a highly qualified and intellectual character. A person accepting assignments pertinent to his profession must satisfy the demands on professionally qualified performance of the standard accepted within the profession. His conduct will be appraised in relation to a professional norm. Thus, a doctor will become liable if he has not satisfied the demands as to professionally adequate conduct that must be made on an ordinarily competent doctor. A doctor must therefore accept stricter standards of care than would a professionally unqualified person, who might, for instance harm somebody when treating a small wound.

The stricter demands on the standard of care are justified by the theoretical knowledge and professional experience which especially qualify a doctor to prevent injuries. Attention must also be paid to the fact that the object of the expert's treatment is not qualified to assess whether the services meet the standard.

N 50 The substance of professional liability is dependent on the kind of life situations, tasks etc. pertinent to the different professions. It is difficult therefore to set general guidelines for assessment of the standard of care. The claim for professional qualifications does give some indications, however. First, it is not sufficient for the professional persons to have had the necessary qualifications when they started their activities. They are also obliged to keep up to date with the developments within their own sphere. Second, they must be able to define the limits to their professional competence. Where an assignment presupposes knowledge and experience which the expert does not have, he is duty bound to refuse the assignment, or possibly to refer it to a better qualified person. Third, the expert must necessarily carry out the accepted assignments in a professionally adequate manner.

An assessment of whether the conduct of the tortfeasor was appropriate is undertaken on the basis of these factors and on the basis of the conditions existing when the tortfeasor could have acted differently in order to prevent injury. The standard of care in case of such professional liability will be stricter than where unqualified persons happen to cause injury in connection with treatment, for instance when treating a small wound.

(b) The Competence of the Doctor

N 51 L. sect. 14 contains the authority to approve doctors as *specialists* within a limited field of medicine. Approval will be given if the doctor satisfies the requirements of specialist training and has been practising in this field for a certain number of years. The system of specialists is thus based on the claim for special competence within a limited sector of medicine. It is presupposed that the person in question is in possession of greater knowledge and experience in that particular field than a general practitioner.

In consequence legal practice has established a special duty of care for specialists when practising within their own area. This view was emphasised as early as in Rt. 1919 p. 1. The doctor had declared a person to be mentally ill and had demanded that he be committed to a mental hospital after cursory examinations and a diagnosis which hardly was in accord with psychiatric theory. In the decision, by which he was acquitted, it was said inter alia that the doctor in question could not be expected to posses the same knowledge and understanding of this field of medicine as could a specialist in psychiatry.

Similar views were adopted in a case in RG 1959 p. 592, where the State was found liable in relation to a recruit whom military medical officers had deemed to be fit for combat although he suffered from tuberculosis of the lungs. The medical officers were judged to have acted negligently "also if one bears in mind that the medical examination was not undertaken by specialists, but by younger doctors, probably without much experience."

It seems natural and reasonable to make stricter demands on the standard of care where specialists are concerned, as they must be expected to be better able, when acting within their specialised field, to prevent injuries than would a general practitioner. Patients have reason to expect expert treatment from a doctor who has chosen to appear as a specialist, and this will often be decisive for their choice of doctor.

N 52 The requirements for qualification as a doctor also comprise a *duty to keep one's medical knowledge up-to-date*. It says in L. sect. 8 that a licence or an authorization may be revoked "if the doctor is unfit to practise medicine because of a gross lack of professional knowledge". This also applies to the person who does nothing to maintain acquired knowlege or to keep posted on new developments in medicine.

Revocation of an authorization or a licence is a severe measure and may have grave consequences for the doctor concerned. Therefore, a less serious breach for the duty to keep up-to-date may lead to liability. Some guidance may be found in the ethical code of the Medical Association, sec. 2: "A doctor shall maintain his knowledge and shall see that he renews it all the time."

The question of the duty of doctors to keep informed about the developments in medicine has been the subject of many court cases. Among more recent cases may be mentioned Rt. 1951 p. 950. A district medical officeer was deemed liable for his treatment of a fractured leg which ended in gangrene. It was underlined that the doctor, considering the diagnosis he had made and the subsequent progress of the disease, ought to have sent the patient to hospital. When assessing the degree of care it was taken into account inter alia that in the opinion of the court the doctor had not attempted to keep informed of the developments in his profession. It says on p. 953: "I finally mention the statements of the experts to the County Court that ... A's ... knowledge i. a. as regards modern treatment of fractures was rather inadequate."

N 53 Provisions and practice indicate to a limited extent only what is required of a doctor as regards keeping up-to-date. In our opinion the requirement must among other things depend on the possibilities of and incentives for keeping abreast of new scientific results. If a new form of treatment has been discussed in scientific literature and possibly also at post-training courses arranged by the Medical Association, one must demand that doctors practising in that special field be acquainted with the method.

The duty to keep informed must also be viewed in relation to the extent to which a new method of treatment will increase the possibility of curing a disease as compared to the traditional method. If, for instance, a new drug would greatly increase the possibility of preventing cardiac infarct, this should be a special incentive for the doctor to find out about the drug. Likewise, it must be considered important if a new form of treatment involves a reduction of the danger to the patient's health, for instance by having less side-effects than the medical products previously used for the same ailment. If, however, the old and the new method involve approximately the same risks or have the same curative effect, there is no reason to demand that dotors aquaint themselves with the details of the new method, unless they should want to apply it for other reasons. In this case, however, there would be no causality between a potential injury and the doctor's lack of knowledge about the new medicine.

N 54 Yet another factor is the nature of the disease. It is particularly important that the doctor have a thorough knowledge of the methods of examination and treatment to be applied in cases of diseases involving considerable hazards to the patient's life and health, or which treaten large groups of people, such as epidemic diseases. The risk of injury is considerably smaller if the doctor for instance lacks knowledge about new methods for fighting the common cold.

The duty to keep posted on the developments in medicine must also be viewed in relation to the doctor's field of activity. Doctors cannot be obliged to acquaint themselves with developments in a sector of medicine with which they do not expect to be confronted in their practice. In that event there is no risk of injuries. The rapid and extensive development of medical science make it almost impossible for a doctor to keep abreast of all available information. Moreover, the duty to keep especially informed within the field where a doctor normally practises has also been emphasized in the motives of L. There may on the other hand be new general developments which all practising doctors should know about.

The use of methods which are regarded as obsolete by the large majority of doctors is not necessarily due to failure by the doctor to keep sufficiently informed. In some cases an assessment of the patient's state of health may justify the use of methods of examination and treatment which normally are considered out of date. A general deterioration of a patient's condition may for instance mean that a traditional medical treatment involves less risk than surgery, which otherwise is regarded as being more effective.

The conclusion must be, therefore, that it is not sufficient for a doctor to be in possession of the required qualifications at the time he gets his licence or authorization or his approval to practise as a specialist, but he must also keep informed on the developments within his field of medicine.

N 55 Furthermore, doctors have a duty to assess the scope of, and thus also the limits to, their professional competence. If proper diagnosis, satisfactory examinations or treatment presuppose knowledge and experience which a doctor does not have, that doctor must refer the patient to more qualified treatment, for instance by a specialist or in a hospital. *The duty to recognise one's professional limitations* appears inter alia from the ethical code of the Medical Association, sect. 5: "Where examination or treatment requires methods not mastered by the doctor, he shall ensure that the patient recieves appropriate treatment if at all possible."

In court practice doctors have in several cases been held liable because they have used methods of treatment regarded as being outside their competence (Rt. 1962 p. 994, RG 1965 p. 303 and RG 1981 p. 655, see Pars. 57–58, 67).

Whether a doctor shall be regarded as qualified to handle a case must primarily be viewed against the background of whether he had been trained as a specialist in that area, for instance by attending the courses of the Medical Association, or whether the case came within the doctor's specializiation. Another relevant factor is previous practice generally, for instance whether the doctor has worked in a hospital department dealing with similar diseases, or has been responsible for treating a similar case. Circumstances such as state of health, fatigue, influence of alcohol etc. may also affect the assessment of whether the doctor is regarded as qualified to undertake the treatment in the individual case.

N 56 The qualifications mentioned must be viewed in relation to the nature and severity of the case, which are naturally central factors when assessing negligence. In Rt. 1962 p. 994, it was taken into account that the doctor had undertaken surgery in an "awkward region", and had thus taken on a job beyond his qualifications. This was a case where a resident doctor had operated on a tumour and had injured one of the facial nerves, which resulted in muscular paralysis. The court decided that the doctor had been guilty of negligence by undertaking such an operation on his own.

Another important factor at the assessment must be how serious the case appeared to the doctor judging from visible symptoms, the patient's explanations etc. This factor came clearly to light in a case in RG 1980 p. 848. A pregnant woman was admitted to a hospital because of severe hemorrhage. This was presumed to be due to an abortion, and a curettage was performed. Later it turned out that the women was still pregnant, and the child she bore had a wound on its temple which left a permanent scar and also reduced mobility of the muscles close to one eye. The court found that there was causality between the surgical operation and the injury to the child, but the doctors at the hospital were not deemed to have acted negligently. In determining the quantum of care, the court stated:

Nor is it deemed negligent not to have summoned the chief surgeon in connection with the operation. Reference is made to what has been stated previously, i.e. that the doctors at the Halden hospital had every reason to believe that this would be a relatively simple and uncomplicated operation, which also a less experienced doctor might have carried out on his own.

N 57 A precondition for not presuming negligence on the part of the doctor must also be that he has implemented the measures required with a view to the risk of injuries. The doctor must have carried out the necessary examinations and made a proper diagnosis on the basis of existing symptoms. It can be no excuse for the doctor that a superficial examination showed no indications of the serious condition of the patient.

The doctor has not only a duty to assess whether he has the necessary qualifications when the treatment commences. Subsequent examinations or developments of the disease may oblige the doctor to ensure that the patient gets more qualified help. In Rt. 1951 p. 950 the judge said:

Like the courts of lower instances, I find that ... A ... is considerably to blame because he did not on March 28 – after having removed the plaster and noted the complications that had occurred – demand that the boy be admitted to hospital or recieve the attention of a competent doctor.

In Rt. 1962 p. 994 it was similarly maintained that the surgeon should at any rate have summoned the chief surgeon when he became aware of the complications that were going to arise.

N 58 Another important factor when assessing the standard of care is the doctor's possibilities of finding more qualified help. An illustrative case is reported in RG 1981 p. 655. A small boy had broken his arm. During the treatment in the hospital complications arose in the form of irregularities in the blood circulation, which resulted in a 50% disablement of his hand and arm. The court found that the injury was due to inadequate treatment in hospital. Among the circumstances to which weight was attached were (a) that the doctor might have found instructions regarding the treatment required by looking through the literature in the hospital library, (b) that he might have sought the advice of some of his colleagues or (c) that he might have sent the patient to another hospital where he would have received a more suitable treatment.

Normally, an important issue will be whether the patient ought to have been referred to or sent where he could receive better treatment. This must be assessed on the basis of the qualifications and facilities of the alternative doctor. (See Rt. 1951 pp. 950–952.)

N 59 Another factor is how much time there was to find out if more qualified treatment was available. In the case of an acute disease the patient's state of health may be such that he cannot be transferred for instance to a larger hospital. In Rt. 1962 p. 994 it was underlined that an operation did not necessarily have to take place immediately. Therefore, in the opinion of the court, the doctors had ample time to prevent injuries by ensuring that the treatment was carried out by a more qualified person.

If the doctor finds that he is not competent to provide satisfactory treatment, his duty of care will normally not be limited to discontinuing the treatment. He must as a rule make active efforts to ensure that the patient receives proper treatment.

In special cases the doctor who is present may have to assume that the risk of injuries is greater if he has to wait for more qualified help than if he should decide to undertake an operation for which he is not qualified. In that case the doctor cannot be considered as having been negligent if he chooses to treat the patient himself. In some cases the doctor may even have a duty to start treatment for which he does not consider himself qualified.

(c) The Basis for the Relationship with the Patient

N 60 A patient/doctor relationship usually begins when a patient comes to see a doctor at his surgery. The question of the doctor's duty to render assistance arises primarily where he is called out to a sick or injured person or accidentally comes upon a person who needs help, for instance in case of a road traffic accident. The doctor may become liable if he fails to help a patient and he or she sustains injuries because of inadequate assistance.

L. offers some guidance as regards the standard of proper conduct in this connection. Sect. 27 reads: "A doctor is obliged to offer as quickly as possible the help he is capable of giving where, according to the information at hand, he must assume that medical aid is urgently required." The wording of the act implies that the disease or injury in question must be comparatively serious to justify medical assistance.

The conduct of the doctor must be assessed primarily on the basis of the information available on the patient's state of health. A Norwegian court case concerns a young man who became ill in the evening and died the following day of infectious cerebrospinal meningitis. The doctor was contacted in the morning, but he found that the information he had about the symptoms did not necessitate a call. The disease was a rare one, and the symptoms were much like those of German measles or measles. The doctor was not judged to be liable. The court emphasised among other things that the information given to the doctor did not seem to indicate that the patient's life was in danger and that he needed immediate help (The Gulating Court of Appeal, decision of 13 June 1975, reported by Nygaard p. 402).

In addition to the symptoms of the patient, regard must also be given to the following factors when assessing the need for medical assistance: the patient's age, general condition, previous case history, the ability of the person asking for assistance to explain and evaluate the condition of the patient etc.

N 61 According to L., it is not necessary for the doctor to have been asked to render assistance. The pre-legislative works state that it suffices "that a doctor by virtue of his experience and training must assume that assistance is needed." An example is a road traffic accident where the doctor sees someone lying on the ground.

L. sect. 27 states that the doctor is obliged to help "as quickly as possible". A doctor who has other assignments needing attention first cannot be blamed for not having rendered assistance. On the other hand, it must be considered negligent to carry on with ordinary surgery after having become aware of a serious accident right outside the office.

According to L. sect. 27, second paragraph, the duty to offer immediate help ceases "if the doctor has sufficient excuse or knows that assistance will be rendered by another doctor in time." Consequently, a doctor is not exempted from his duty even if the disease in question does not come within his ordinary field of practice, and the doctor cannot therefore refuse to help because he does not think he is qualified or sufficiently experienced to deal with the case. The situation will be different, however, where qualified and effective assistance can be obtained in time. The doctor may also be relieved of his duty to render assistance if he is unwell or overworked.

There is reason to believe that the assessments on which such a comparatively new act as the Act on the Medical Profession has been based will be considered important when defining the concept of negligence on this point.

N 62 One special question is whether the duty to render assistance is greater for a doctor who has treated the same patient before. Sect. 4 states: "With the exception of the cases mentioned above (immediate assistance), a doctor has a right to refuse to treat a patient provided the patient has a reasonable possibility of getting assistance from another doctor." There are no special rules aiming at the case where a doctor/patient relationship has been established already.

One factor that speaks in favour of an extended duty to render assistance is that a doctor who has knowledge of the patient's case history, general state of health etc. is placed in a better position to prevent injuries. Regard should also be given to the fact that the patient considers the doctor as an adviser in medical questions and expects one's own doctor to help whenever the need arises. But the factors mentioned do not in any way justify the establishment of a clearly increased duty to help in relation to the doctor's own patients. If a patient who previously has been treated for various children's diseases breaks a leg, his own doctor must naturally be able to refer him to the emergency service, provided help is available there.

It may be a different question where the patient's need for help is linked to an ailment which the doctor has examined and treated before, because then the doctor will have a better chance of preventing injuries. The problems of the patient may e.g. be due to the prescribed medicines not having had the anticipated effect or having had unexpected side effects.

N 63 A patient does not always go to see a doctor to seek advice for a specific medical problem. Some people want a routine check, for instance as part of an industrial health service, some may want a medical certificate for taking part in a sports event, to get a driving licence or to apply for a job. A medical certificate may also be needed in connection with a court case or with claims for social security benefits under the national insurance scheme.

N 64 Questions of whether the patient is entitled to compensation may arise if the doctor can be blamed for not having discovered that the patient suffered from a serious illness and that the harmful effects of the illness were worse than they would have been had the disease been discovered during the examination. A claim for compensation may also arise for instance where a person does not get a job for which he has applied due to an incorrect medical certificate. However, as mentioned before, the duty is limited to the cases where the doctor's conduct has resulted in injuries.

A special feature of such consultations is that, due to the purpose of the consultation, the doctor may often not have any incentive to make a more thorough examination to find out whether the patient suffers from a certain disease.

The duties of a doctor in connection with medical certificates are regulated by L. sect. 30: "A doctor has a duty to be careful, exact and objective when issuing a medical certificate. He must base the contents on an examination which is sufficiently thorough to conform to the purpose." As the purpose of the provision is to ensure that the contents of the certificate are reliable, it is of little relevance when assessing whether the patient is entitled to compensation because of a serious illness which was not discovered at the consultation.

Danish commentators have assumed that a patient cannot claim compensation for losses arising from the fact that a serious disease was not discovered in connection with the issue of a medical certificate. However, there may be reasons why liability should not be excluded in such cases. The possibility of incurring liability might make doctors aware of the necessity of thorough examinations. Due to the system of compulsory insurance for doctors a possible liability would not be too burdensome for the doctor. Considering the purpose of the examination, however, there is no cause for the doctor to count on such injuries occurring. Liability will arise only in the more serious cases.

The quantum of care will of course vary according to its purpose. When issuing a medical certificate to a person who wants a driving licence, the only aim will be to find if the person suffers from some serious disease that may affect the ability to drive a car. As for other examinations with a special purpose, for instance to locate the effects of a previous ailment as a basis for granting national insurance benefits, the doctor cannot normally be required to concentrate on finding other possible symptoms in the patient.

N 65 And yet, there may in our opinion be cases where the symptoms are so obvious and indicate such a grave disease that the doctor's failure to undertake a closer examination or to refer the patient for further examination or treatment may amount to negligence. For instance, if the doctor examines the patient's back because he complains of breathing difficulties and pains, and finds reason to suspect that the patient suffers from a grave heart disease, it must be the doctor's duty to inform the patient. And as stated above, when assessing the standard of care, attention must be paid to the nature and strength of the symptoms as well as to the purposes of the examination and the relevance of the disease in this connection. If the disease is believed to affect the patient's capacity to perform the work applied for, and the application is the reason for wanting a medical certificate, then discovery of the disease is more likely than if the disease had nothing to do with the purpose of the medical examination. Among other factors to take into account are how much time the doctor had and whether through a previous treatment of the patient there was a special basis for discovering the disease.

The conclusion is therefore that in special cases compensation may be claimed for inadequacy of the examination in connection with the issue of a medical certificate. For liability to be established, however, there must be comparatively clear indications that the patient was suffering from a rather serious illness.

N 66 A special question is the significance as regards liability of a doctor's advice given on a private social occasion, at an accidental meeting or in a doctor's advice column in a weekly. Foreign commentators have maintained that the doctor's liability proper applies only where doctors have performed their professional duties. A decisive factor is presumed to be whether a doctor/patient relationship could be said to exist considering the situation at the time when the advice was given.

A similar problem was discussed in the pre-legislative works on the Act on Compensation of 1969. There it is underlined, in connection with the informative and advisory activities of the authorities in relation to vicarious liability, that even if the adviser has not made express reservations "the underlying presumption in such situations will often be that he who receives the advice must take the risk – if following the advice should prove to have unfortunate effects. It may for instance be a piece of advice given offhand without time for further consideration and free of charge" (Ot. prp. 1965–1966 No. 48 p. 61).

According to Norwegian law it is significant whether, considering the external circumstances when the advice was given, a doctor/patient relationship has been established where the doctor has placed his professional qualifications at disposal.

If, for instance, someone asks the doctor's advice when meeting him accidentally in the street, the advice cannot be expected to be so professionally well-founded as it would have been during an ordinary consultation at the doctor's surgery, where he could make a proper examination etc. Sometimes the doctor chooses to play down the problem or to give a non-committal answer because he wants to be tactful or to avoid frightening the patient unnecessarily. These cases cannot be assessed in terms of liability in the same way as where the doctor appears as performer of his professional duties.

(d) The Nature of the Disease or Injury

N 67 As mentioned before [Sect (b) above], *stricter standards of care are required* in cases of grave injuries or diseases. The reason is that where the ailment is a serious one, the risk of causing injuries due to a misjudgment is particularly great. In Rt. 1951 p. 950 (reported in Para. 52 above) it is stated that the doctor, after having made a diagnosis demanding a hazardous treatment, ought to have shown exceptional care as regards both the treatment and the subsequent check. Similar views are expressed in Rt. 1963 p. 659, which also concerned the treatment of a fractured leg that resulted in grave injuries due to gangrene. In consideration of the patient's complaints about pains and obvious symptoms of irregular circulation, the doctors were judged to have acted negligently by not removing the plaster at an earlier stage. The Supreme Court underlined that the hazards of encasing a limb in plaster were well known and that in such circumstances patients needed more careful supervision (Rt. 1963 p. 659).

The hazards involved due to the seriousness of the injury were also a central issue in RG 1981 p. 655. A boy had fractured an arm, and during the subsequent treatment in the hospital defects arose in his circulation resulting in a 50% disablement of the forearm and hand. The treatment was regarded as inadequate. The court attached special weight to the statements by experts that it was well-known that the risk of blocking the bloodstream to the forearm is considerable in injuries of this kind. Consequently, the doctor in charge ought to have been particularly alert.

In the court decisions cited above the risk of injuries is a combination of the risk inherent in the ailment and the risk connected with the treatment applied. Yet great care is obviously required even if it is a question of one of these risks only. Normally, the extent of the risk will be closely connected with the seriousness of the injury or the disease.

N 68 In the case of an ailment that endangers the patient's life or where there is a risk of permanent ill-health, one may have to *accept the use of more hazardous methods of examination and treatment* than normal. As to the choice of examination technique, one must balance the possible consequences of not being able to define the disease and implement appropriate treatment on the one hand against the possible unfortunate consequences of the hazardous examination technique on the other. As regards therapeutic methods, the doctor must determine whether the risk of harmful side effects of a drug is reasonably proportionate to its presumed alleviating or therapeutic effects.

The importance of the gravity of a disease for the assessment of whether to apply an insecure therapeutic method was a central issue in the court decision reported in Rt. 1935 p. 1090. A patient suffering from syphilis of the nerves had been treated with tryparamide injections, resulting in considerable deterioration of the patient's eyesight. It appears from the decision that the doctor was aware of this possible side effect, but regarded the patient's condition as being so serious that he had to take the chance. The opinion of the doctor was accepted by the Supreme Court.

N 69 On the other hand, a disease or injury representing a very small threat to the patient's life or health cannot justify the use of a hazardous method. This was a central issue in the assessment of negligence in the case reported in RG 1959 p.150. A patient received X-ray treatment for warts. Because of an excessive dose of X-rays the patient's hand suffered burns and was permanently injured. The court was in doubt, but found that the doctor had not acted negligently. The doubt arose from the fact that this was a relatively small injury. In the court's opinion, the implications was that X-ray doses that might involve the smallest risk of injury must not be used.

Similar views were adopted in the case in RG 1962 p.542. Without undertaking examinations before deciding on treatment, a doctor had tested injections of bininuretane against sciatica. The treatment made the patient unfit for work. The majority of the court found that the doctor's conduct had been negligent in that he had not investigated properly whether the drug should be used for that specific disease before starting the treatment. It was also underlined that the patient only suffered from ordinary sciatica, and the doctor had therefore no cause to use a new and untried technique.

(e) Objective Circumstances Concerning the Patient

N 70 In many cases objective circumstances in relation to the patient affect the standard of care. Attention will be paid to circumstances which the patient cannot directly control, even if his age or general condition often will be taken into account. An allergy or the patient's general state of health may act as counter-indications in relation to the therapy which would normally be prescribed for that special disease or injury.

N 71 **Age.** In some cases account has been taken of the patient's age. (See Rt. 1981 p.728 and Rt. 1956 p.96.) Older people and children may be less resistant than the average person and cannot always be expected to react rationally when subjected to unpleasant examination methods or therapy. The risk of injury may therefore be greater than normal, and consequently the doctor must show special care when treating such patients.

This factor was stressed in Rt. 1981, p.728. A patient had a lymph gland removed from his throat at the outpatients' department of a hospital. During the operation a nerve was injured with subsequent paralysis of the trapezius muscle. A decisive factor in the assessment of negligence was whether the doctor ought to have given the patient, who was only 11 years old, a full anaesthetic. The court maintained that full anesthesia is often necessary when treating small children, as they do not always understand what is going on and may not have the necessary self-control. Nevertheless, the court found that the doctor's decision in this case was justifiable. A minority of two judges held that the operation had warranted a full anaesthetic considering the age of the patient and the size of the lymph gland.

The age of the patient was also considered significant in Rt. 1956 p.96. A young man had contracted tuberculosis of the lungs from his brother. Despite a check showing that he had passed from negative to positive, some time elapsed before the health service took a sedimentation test and X-rayed him. The patient maintained that because of the delay the disease had been prolonged and had become worse. A statement by an expert which was submitted to the court of appeal pointed out that a person of his age was particularly susceptible to tuberculosis. And yet the health service doctors were held not to have acted negligently, as the patient showed no signs of tuberculosis and his general condition was good. This view was also adopted by the Supreme Court.

N 72 **The General Condition of the Patient.** The general condition of the patient will also to some extent determine what kind of examinations shall be undertaken or which kinds of therapy should be used. If, for instance, a patient who is being treated for a fractured leg is overweight and suffers from heart disease, the risk of complications that would arise in connection with surgery may be so great as to make this treatment inadvisable.

N 73 **Environment and Heredity.** Attention may have to be paid to the patient's environment and hereditary characteristics in order to choose examination methods and make a diagnosis at an early stage of the disease. In the court decision referred to above on a claim for compensation by a patient who had contracted tuberculosis (Rt. 1956 p. 96), these factors were part of the assessment of whether the doctor's conduct had been appropriate. Because persons living close to the patient had been infected with tuberculosis, the risk of his having contracted the disease was larger than usual. The social conditions under which he was living did, on the other hand, affect his resistance to the disease.

Social conditions are also significant in deciding whether to discharge a person from a hospital. The risk of injuries as a consequence of too early a discharge will be greater than normal for a patient whose housing conditions are bad, or who cannot count on any help from family or others during convalescence. Still, there must be a limit to how far the doctor must go in investigations of this kind. Acquiring reliable information on such conditions may be a difficult and time-consuming task, and for reasons of privacy there is a limit to how far the doctor may go to investigate social conditions.

(f) The Doctor's Working Conditions

N 74 One important factor when assessing the standard of care is the conditions under which the doctor was working. In the pre-legislative works to L. sect. 25 on proper medical practice, it is stressed that the requirement of proper medical conduct reflects a standard, the substance of which depends on the circumstances. For instance, the proper standard demanded in a small hospital with modest equipment is lower than in a large hospital with better facilities. The working conditions must also be considered when judging whether a doctor has behaved properly in relation to the rules on liability. This view has inter alia been expressed in Rt. 1951 p. 950. A doctor was sentenced to pay damages for maltreatment of a fractured leg, the result of which was gangrene. It was stated that due regard must be given to the difficult conditions under which a doctor in a rural district works. Yet the court found that not too much weight should be attached to these conditions, as the doctor's conduct was regarded as negligent in not having admitted the boy to a hospital at an earlier stage, something he might have done without too much difficulty.

N 75 **The Time Which the Doctor Had Available.** Very often the doctor will not have sufficient time for examination and treatment of a patient. In addition to the doctor's being generally pressed for time, the state of the patient will often require immediate action to save the patient's health or life.

Lack of time is a factor taken into account when assessing the degree of negligence, and may be considered as a point in favour of a doctor charged with negligence, since circumstances beyond his control have made it more difficult for the doctor to prevent injuries.

The significance of work pressure regarding the demands that may be made on the negligent person was underlined inter alia in Rt. 1980 p. 1299. A women who had suffered injuries to a nerve in her arm during an operation had claimed damages. When assessing the conduct of the nurse who administered the anaesthetic it was stated:

The person responsible for the anaesthetic shall watch the arm. However, this nurse has a number of other and important duties, and as such injuries are very rare, and even more so where the arm has been placed in a proper position, this must be said to be a detail. During the crucial period the nurse in question may have had to pay attention to other and more important tasks.

On these grounds the court found that the nurse could not be blamed for what had happened. The same kind of grounds must be applicable to a doctor who is working under heavy pressure.

This factor was also taken into account in RG 1956 p. 475. A doctor who worked on mass radiography at a diagnosis centre had waited for some time to summon people suspected of having tuberculosis for a check. One man who had caught tuberculosis claimed damages for the loss sustained by not having received treatment at an earlier stage. The court found that the doctor could not be blamed because an excess amount of work had made it impossible for him to undertake the control at an earlier date. In addition to his work at the diagnosis centre he worked as a general practitioner and was also the supervisory medical officer at a home for patients with tuberculosis. The doctor's large amount of work was due to the general inadequacy of the medical services, and besides, he was the only lung specialist in the area. The court also stressed that the doctor had made his difficult situation quite clear to his superiors.

The last statement implies that a doctor has a duty to avoid, as far as possible, working under such difficult conditions. A general practitioner in a district where there is a sufficient number of doctors who receives many more patients a day than what is usual – for instance to earn more money – is not likely to succeed in invoking heavy work pressure as an excuse in a liability case.

N 76 Special attention will be paid to the pressure of time and work when assessing whether a doctor displays sufficient care in an emergency. If only one or a limited number of doctors are available in case of a disaster, it must be considered adequate that they undertake only superficial examinations and preliminary treatment in order to help as many of the victims as possible.

N 77 On the other hand, a doctor who has plenty of time for examination and therapy is expected to show greater care. In Rt. 1962 p. 994 the court stated: "An important basis for the assessment of the conduct of the doctors in the hospital is that no immediate operation was needed, and that this also was what the doctors had found." The court stressed that the operation might have been postponed until another, more qualified, doctor was available, and that there had been plenty of time to transfer the patient to another hospital for surgery.

N 78 **Unexpected Sickness or Injury.** The assessment of negligence may also be affected if the need for medical aid arises unexpectedly, for instance where a doctor arrives on the scene of a traffic accident. If the doctor had been warned about the nature of the accident, he or she would have been able to reduce the risks by taking along the necessary equipment, avoiding alcoholic drinks etc.

On the other hand, stricter demands must be made on a doctor on duty, who must be prepared to act on short notice.

N 79 **The Place of Consultation and the Facilities Available.** The possibility of avoiding injuries in medical practice may to a large extent depend on the technical facilities, drugs and assistance available. These factors will often have considerable influence on the assessment of the standard of care. The available facilities were a central issue in the case in Rt. 1960 p. 429, where a man who had caught tuberculosis during his military service did not succeed with his claim for damages against the state. When assessing whether the doctor had shown negligence by not discovering the disease at an earlier stage, special attention was paid to his difficulties in X-raying the recruits. Considering the small number of X-ray units in the armed forces and in the district otherwise, the Supreme Court found that the doctor's conduct had been appropriate.

The fact that due to inadequate equipment a doctor is unable to undertake a thorough examination or treatment cannot always be taken into account. There are certain minimum requirements regarding the equipment a doctor and a hospital must have. A doctor on duty in a district with a system of alternate duty cannot excuse poor conduct by claiming a lack of such ordinary aids as a stethoscope or bandages.

If he necessary aids are not available, the question arises whether the doctor should transfer the patient to a place with better facilities. The problem is whether the doctor realizes that proper examination and treatment cannot be provided under the existing circumstances, and that therefore it would be better to send the patient to a hospital.

N 80 The seriousness of the illness must also have considerable influence on the standard of care. In Rt. 1951 p. 950 the court emphasized that, according to the doctor's diagnosis, the fractured leg ought to have been treated with traction and under anesthesia, and that the case should preferably have been referred to a hospital. Similar ideas were voiced in RG 1970 p. 215. A patient had received serious wounds from X-ray treatment in a hospital. The court found that the doctors could not be blamed, but the hospital was deemed to be liable for having established inadequate routines for X-ray treatment. As to whether the patient ought to have been transferred to a larger hospital, the court was of the opinion that, even if the injury was small, it should still have undergone conventional treatment. It was therefore not considered negligent of the doctor not to have transferred the patient to the larger hospital.

When judging whether the patient ought to have been transferred to another place for treatment, court practice has also taken into account whether the transport would be too much of a risk for the patient because of its duration or because of a difficult transport situation (Rt. 1951 pp. 950–952 and RG 1970 pp. 215–219). The question must of course also be viewed in light of the quality of the facilities and the medical staff where the patient shall receive treatment. (See Rt. 1951 pp. 950–952.)

Moreover, financial circumstances must also be taken into account. It appears from L. sect. 28 that it is the duty of the doctor to ensure that no unnecessary expenses are incurred either for the health services or for the patient. But, according to L. sect. 28, second paragraph, the efforts to economise must not affect proper care of patients. This factor will therefore seldom be relevant, though it should be kept in mind that a doctor who is unsure of a diagnosis cannot always take every possible precaution by sending all patients with a pain in their tummy to the hospital in order to find out whether they suffer from appendicitis or cancer.

(g) The Use of Technical Equipment

N 81 Technical equipment is being used increasingly in medical examination and treatment. A report on medical apparatus and instruments mentions the belief that on an average one person dies or is seriously injured each month within the health service because of human or technical failure (NOU 1982:8 p.47). The following presentation shall deal with the question of whether the doctor may become liable in connection with the use of technical equipment or by not using such equipment where this was possible.

As for the question of whether a special kind of technical equipment should have been used, central issues will be the nature and gravity of the disease. If the patient's health or life is in danger, the doctor is obliged to use every technique available when examining or treating the patient. In critical cases treatment may have to be initiated immediately, with no time to make thorough examinations first.

N 82 Another factor is the risk involved in applying the equipment. In RG 1938 p.717, a claim for compensation was filed by a person whose eye had been injured by a splinter of glass. An infection resulted and some time later the eye had to be removed. The court found that the doctor had acted negligently in not having the eye X-rayed on the basis of the symptoms that were present. It was also underlined that in such a case an X-ray examination "is a painless and quickly executed examination involving no risk, and that it was the special examination which seemed most natural." If use of technical equipment represents a risk of injury, this risk must be balanced against the possible benefits of using the equipment.

N 83 Yet another factor is the availability of the equipment needed. If the capacity is inadequate, it will be necessary to choose from among those who are waiting for treatment or examination. Limited availability of equipment was considered a significant factor in Rt. 1960 p.429. A man had caught tuberculosis while doing his military service, and it was asked whether the doctor had acted negligently in not having the man X-rayed at an earlier stage. The court attached weight to the lack of X-ray equipment and of medical specialists in that district, and the doctor was not considered to be liable.

N 84 Another problem is whether injuries occurring during application of the equipment may be due to the doctor's negligence. An assessment must be made on the basis of the possible cause of the injury, the two most common cases of which are injury due to incorrect use of the equipment and injury due to technical failure.

Injuries due to incorrect use of the technical equipment may occur because the examination or treatment has been carried out contrary to ordinary practice. In such a case the doctor may become liable if he has given incorrect, vague or insufficient instructions, or if he himself has made a mistake in using the equipment. An example is the case cited in RG 1956, p.45, where a doctor in a hospital worsened a patient's skin disease by using excessive X-ray doses at too short intervals. The doctor was judged to have acted negligently. Liability may also arise where the doctor leaves the handling of technical equipment to unqualified staff, or does not check that instructions are being followed.

According to legal practice, the standard of care will be somewhat different where injuries result from complications that may be said to be inherent in the methods of examination and treatment per se. The standard is especially affected by factors that are not easily controllable or that are subject to discretion. This point has been stressed in Rt. 1978 p.482, where an injury was caused by X-ray treatment. The court underlined that the adjustment of the apparatus was up to the discretion of the doctor and that the difficulties in adjusting the machine so as to avoid injuries were known. For this reason no liability was imposed. The court found that there may in such cases be circumstances that are not easy to check and where one cannot talk of mistakes, and that, even if a mistake can be ascertained, there must be a certain margin before liability can be established (Rt. 1978, p. 482).

N 85 In the other *main group* of cases are injuries due to technical failure. The causes of the injury may lead here as well to liability for the doctor.

The first question is whether the doctor's maintenance of the equipment has been good enough. The doctor might for instance have discovered a potential risk due to wear and tear. In RG 1951 p. 348 a dentist's patient was injured when an X-ray machine broke and hit the patient on the head. One of the arguments against imposing liability was that the dentist on several occasions had called in representatives of the supplying firm to check the machine.

Then, the doctor may be held to have acted negligently by not ensuring that the equipment is being properly maintained or kept clean.

Third, it may be asked whether the doctor ought to have taken the risk of mistakes into account when deciding on the method of examination or treatment. This question was posed in RG 1959 p. 150, another case of injury caused by X-raying. Here the court found that the doctor's omission did not warrant liability.

When assessing whether a doctor has acted negligently when using technical equipment, consideration will be given to his knowledge of the equipment and how it works. A significant factor will be whether the doctor worked in a department where technical medical equipment was being used all the time so that the doctor had the opportunity of seeing how it worked and how it should be used. No excessively strict demands can normally be made in this respect due to rapid technical developments and a lack of proper training. Nonetheless, recent information on the large number of accidents in connection with the use of such equipment as, for example, electro-medical aids, may entail that a doctor cannot as a matter of course cite in his favour that he knew nothing about the risks involved in their use.

N 86 Another problem is the frequently undefined relationship of responsibility between doctors and technically trained staff in health institutions, which depends to some extent on the administrative organization of the various departments and institutions (NOU 1982:8 pp. 21 and 22). If the relationship of responsibility has not been established by virtue of instructions or other means, the professionally responsible doctor may as a rule assume accountability for the equipment. On the other hand, one must porbably be a bit more lenient as regards the demands on the doctor's knowledge and supervision of the proper standard of the equipment.

When assessing whether the doctor has used technical equipment with sufficient care, one must also ask whether there were circumstances particularly warranting a check of the equipment, for instance where previous occurrences indicated technical defects.

(h) Specific Duties Relating to Cooperation Between Doctors and Others on Examination and Treatment

N 87 Nowadays treating patients is often done as teamwork, particularly in hospitals. However, in the primary health service, too, cooperation between doctors or between doctors and other health personnel is becoming more widespread, especially because of the specialization in health services. New groups of health personnel have emerged with special qualifications in separate areas. Moreover, the limited number of doctors and financial considerations imply that less serious injuries and diseases must be treated by the patients themselves or their families, perhaps in consultation with a doctor.

It appears from L. sect. 17, first paragraph, that the doctor may make use of other health personnel "to the extent possible taking into account the qualifications of the personnel, the nature of the tasks, the instruction provided and the control carried out." Corresponding guidelines must apply where the treatment has been left to the patient or family.

In many areas, for instance where hospital treatment is concerned, long-term practice may provide guidelines as to what tasks the doctor may safely assign to others.

When assessing negligence, considerable weight must be attached to the relation between the education and experience of the assistants and the nature of the tasks. (For health personnel, this appears from L. sect. 17.) Where some tasks are concerned, specially trained health personnel may be even better qualified than the doctor.

Where the patient or family assist in the treatment, account must be taken of their ability to describe symptoms and to understand and carry out the doctor's instructions. The doctor must for instance decide whether contact over the telephone will provide sufficient basis for evaluating the patient's condition and possibly making a diagnosis. In the case reported in Rt. 1914 p. 913 the doctor had ordered by telephone that the plaster be taken off the leg to prevent gangrene. The family of the patient had taken this to mean that the plaster should be opened in part only. The doctor was not found to be liable. The court found that such a simple task might be left to the family, and the Supreme Court agreed. It was also emphasized that the doctor had to presume that there had been an improvement because he heard nothing more from the patient's family. In our opinion, it is doubtful whether the court would have arrived at this result today. The decision must be viewed against the background of the difficulties of transportion and the need not to incur too great expense for the patient, which was more significant then than it is today. Besides, greater demands would probably be made today as to the care to be shown on this point. When a doctor suspects that a complication as serious as gangrene may arise, it must be his duty to check the patient's condition himself, or to ensure that the patient is placed under proper care – normally by admitting him to hospital. In the case reported in Rt. 1951 p. 950 (see Para. 80), the assistant's ability to aid the doctor was also assessed, and the Supreme Court stated: "Otherwise he left the control to the grandfather, who had no qualifications for safely taking care of that."

N 88 Moreover, the doctor's work pressure may count when assessing whether it was safe to assign tasks to other people. If there are too few doctors in a district or within the special sector of medicine, leaving some tasks to less qualified health personnel will, according to L. sect. 17, be more easily acceptable. Likewise, a doctor who has other and more pressing tasks cannot be blamed for leaving the practical examination or treatment to the patient's family. But if the work pressure was of short duration, one may aks whether it would be considered negligent of the doctor not to have visited the patient at a later date.

N 89 Yet another factor that counts in determining whether it was right to assign tasks is the degree to which the doctor instructed and controlled the assistants. (See L. sect. 17 first paragraph.) The risk of the assistants causing injuries will be reduced if the doctor gives exact instructions as to what the assistants shall check and, moreover, monitors that the instructions are being followed.

When delegating tasks, the doctor's primary duty must be to give instructions on how to carry out the treatment, how to recognize a deterioration in the patient's condition and what the assistants should do if the situation worsens. A second duty may be to go see the patient in order to check that the situation has not deteriorated and that instructions are being followed.

The use of assistants may also give rise to questions of whether the doctor was right in basing diagnosis and treatment on information and evaluations given by others. In these cases the assessment of negligence will depend to a large extent on the same considerations as apply to the question whether it was wrong to delegate tasks to an assistant.

N 90 The qualifications of the assistant in relation to the nature of the task is also a central issue. A chief surgeon must for instance keep special control of and give detailed instructions to doctor's who have just finished their training and have no previous experience with the kind of work concerned. This point was underlined in Rt. 1962 p. 994. In this case the chief surgeon knew what kind of operation the senior resident was going to undertake, and that he lacked experience in this kind of surgery. It says in the decision: "If the chief surgeon left the hospital without saying where he could be reached quickly, this is in itself a circumstance involving liability."

Normally a doctor may, without incurring liability, rely on results of laboratory tests and information from other doctors without checking them personally. There is no reason to check whether the assistant has acted within his competence. There may still be exceptions, for instance if the assistant previously has showed inability to carry out his work, e. g. due to old age, mental instability etc. In such a case it may be a question whether the doctor should give more detailed instructions or undertake a more thorough control than usual. The doctor has a similar incentive to check test results if they are incompatible, or if there are other indications of human or technical failure.

N 91 The significance of the patient's condition and the nature of the treatment has also been stressed in legal practice. In Rt. 1916 p. 673 a complaint had been filed by a patient who had got an infection because of a drainage tube that had been left after an operation. On the basis of the expert statements the court found that the introduction of a drainage tube was such a small operation and that the danger of it slipping into the medium region was so negligible that there had been no cause for the chief surgeon to give further instructions to the doctor who took over the treatment. The case reported in RG 1964 p. 498 is illustrative in this connection. The patient was an epileptic and had been placed in private care. During an epileptic fit he assaulted and hurt a man. It was considered as negligence on the part of the doctors in the hospital not to have given instructions that the patient be kept under supervision. Regard was given to the condition of the patient, including the fact that he had shown signs of agression on several previous occasions.

N 92 Basically, subordinate doctors in health institutions are *obliged to follow instructions given by their superiors,* who are presumably better qualified doctors. Failure to follow such instructions may give rise to liability. The duty is established under the organization of the health care system and may also be established by the instructions for the position.

On the other hand, the subordinate relationship means that as a rule a subordinate doctor in an institution cannot be held liable if he has followed the instructions given by a superior, even if this should result in injuries. Exceptions must be made, however, where the instructions are obviously wrong. The doctor carrying out the treatment will then be in a position to realise the detrimental effects of following the advice on examination and treatment, and in such a case has therefore a duty to act independently using his own professional judgment.

Where the subordinate doctor with good reason doubts the professional appraisal of a case and fears that the prescribed examination or treatment may harm the patient, it is his duty to communicate his doubt to his superior. A subordinate doctor who sticks to instructions will not normally be held liable. There may nevertheless be exceptions if the procedure involves considerable risk for the the patient. When judging whether the subordinate doctor acted with sufficient care, the risk of injury in case of alternative treatment or no treatment at all must be taken into account. Attention must further be paid to whether the subordinate doctor had reason to believe that the superior doctor made a proper professional assessment, or whether the instructions seemed arbitrary, judged for instance by the conduct of the superior. Due to the obligation to follow instructions from a superior, a subordinate doctor may be considered to have acted negligently only in very exceptional cases.

(i) Economic Considerations

N 93 L. sect. 29 says that doctors in their work shall ensure that no unnecessary expense is incurred nor time wasted in relation to the patient, the National Insurance and others. The second paragraph contains the obvious limitation that saving of time and money must not be allowed to adversely affect the professional standard. The code of ethics of the Medical Association contain similar provisions in sects. 15 and 16, but there are no detailed guidelines as to the standard of care.

Under Norway's well-developed social security system the patient's expenses in connection with examination and treatment will normally be comparatively small. No one will listen to a doctor, therefore, who claims to reject expensive medical technique *out of respect for the patient's finances.*

Where *public expense* is concerned, however, there may be limitations to the measures that the doctor can put into effect. The capacity of the health service system is limited, whereas there is an almost unlimited demand for many kinds of health services. Therefore, when determining what kind of examination or treatment ought to be undertaken, it must be kept in mind that the allocation of resources is an important part of medical activites.

N 94 When assessing the standard of care, weight must be attached to the extent to which the patient's disease, as it appears to the doctor, seems to involve a risk of serious injury or discomfort. Another significant factor is of course whether use of the method in question is likely to improve the patient's condition. The doctor must then appraise these factors in relation to the capacity and the expense involved in the examination and treatment techniques in question. Thus, financial considerations entail that doctors cannot for instance send all their patients to be X-rayed in order to completely safeguard themselves or their patients.

When choosing which patients ought to be given a complicated treatment, specialists will quite often be the only ones with sufficient qualifications for determining who is most in need of treatment, or which patient has the best chance of benefiting from the treatment. Therefore, a general practitioner cannot easily maintain that he omitted to send a patient to the hospital to avoid public expense.

L. sect. 29, second paragraph shows that the central factor must be appropriate treatment of the patient. Stressing financial considerations when deciding what kinds of examination or treatment to apply will rarely be correct. When it is a question of admitting someone to a hospital, the primary consideration must be the welfare of the patient and not the capacity of the hospital, when for instance it is feared that a patient may become long-term due to the lack of nursing home capacity.

(j) The Significance of the Patient's Consent

N 95 The basic rule is that the patient has a right to decide whether to undergo medical examination and treatment. Even if there are factors indicating the necessity of examinations or treatment, it would not be correct to proceed without the voluntary agreement of the patient given on the basis of proper information. The patient's right of self-determination appears both from legal practice, for instance in Rt. 1962 p. 983, where the patient was not obliged to consent to an operation even if it would have led to a substantial reduction of the economic loss to be compensated by the tortfeasor following a traffic accident, and in RG 1954 p. 601, where damages were imposed because the patient's consent to an operation had not been obtained, and from legal commentators, for instance Andenæs (b) p. 46 and Bratholm p. 184. The rule also seems to have been observed in medical practice (see "Report from the Medical Association", Council for Medical Ethics, *The Journal of the Medical Association* 1979 No. 13 p. 671). For some cases the duty to obtain consent is statutory (see for instance Act on Transplantations etc. of 9 February 1973 No. 6).

The basis for requiring consent is respect for personal integrity, which implies a right to decide about one's own body. The rule must be viewed in light of the fact that medical examination and treatment often involve surgery and also may have effects that may be regarded as injury. Most medical procedures involve a more or less remote chance of injury, as for instance in treatment with drugs.

Legal practice shows that doctors may be held liable if they do not comply with the duty to obtain the patient's consent. In RG 1954 p. 601 a woman had been admitted to a hospital to have one of her toes straightened out. The chief surgeon ordered amputation of the toe, and the patient was not informed. As there had been nothing to prevent obtaining the consent of the patient, the court of appeal held the conduct of the chief surgeon to be illegal and therefore negligent. That liability may arise in such cases has also been presupposed in a number of other court decisions (see Rt. 1981 p. 728, RG 1953 p. 585, Appeal Court decision in Rt. 1962 p. 994 and RG 1981 p. 707).

N 96 The doctor's duty to obtain the consent of the patient before starting examination or treatment gives rise to several problems pertaining to tort law. The most important are: (a) What kind of information is the patient entitled to? (b) What are the duties of the doctor when the patient is unable to consent to the necessary examination or treatment? (c) When is consent considered to have been given? (d) What shall be the legal effects of the patient's consent?

In order that no liability shall arise in connection with the consent, the patient must understand what he has consented to. It is the duty of the doctor therefore to ensure that the patient is informed of his medical condition and of the necessity of examination and treatment. The patient must also have *information* about the nature of the suggested examination and treatment and the risk of injuries involved. (See the Court of Appeal decision in Rt. 1963 p. 994.)

When assessing whether sufficient information has been provided, due regard must be paid to the risk of injury involved in the suggested examination and therapy. If there is a very low risk, there is no need for the doctor to say anything about it. (See RG 1953 p. 585.) One must also take into account the risk of frightening the patient unduly. Such fear may undermine the possibilities of recovery, and it may also make a patient refuse treatment out of fear of injuries that are not very likely to occur.

However, where it is obvious, or at any rate very probable, that the examination or therapy will entail consequences that, viewed separately, would be considered injuries, a doctor will normally be regarded as having acted negligently who does not say anything about the dangers in advance. A clear example of this is the amputation case in RG 1954 p. 601.

Somewhere between these extremes are the cases where there are certain potential risks, but where it is not known whether these will materialize in the concrete case. In our view, the patient's rights to have control over his own body must be taken into account, considering that the possibility of injury is not too remote. It is difficult to draw detailed guidelines on this point, as in these cases there will be much room for discretion.

N 97 Moreover, the risks involved in not implementing the proposed examination or therapy must also be kept in mind. The patient's mental state is significant, including his possible reactions to being told how serious his condition is and what measures are necessary. But if the patient is mentally prepared for the truth, it must be of benefit to him to be asked for an opinion. In the case of grave diseases, decisions as to therapeutic methods will have considerable effect on the future life situation of the patient.

Where therapeutic measures are not strictly necessary for medical reasons, the doctor must be obliged to provide complete information on the treatment and its possible consequences. This applies to treatment of a purely cosmetic kind, where it is entirely up to the patient to decide.

Another factor is the patient's condition. The doctor is obliged to assess whether the mental state of the patient is strong enough to stand the strain of being informed of the gravity of the disease, the measures required and the risk of injuries. This view has been strongly emphasised by legal commentators.

The fact that the patient must not be made to worry unnecessarily implies that the doctor should not as a rule say anything about doubts in connection with the choice between various therapeutic measures. Having to take part in such a decision may prove too much of a burden for the patient. Moreover, the patient depends, due to a lack of medical knowledge, especially on the discretion of the doctor on this point. The patient might also lose some confidence in the doctor. But a patient who is mentally strong and able to appraise the problem in a matter-of-fact manner should be made aware of such doubts, especially if one possible method of treatment is substantially more hazardous than the alternative methods.

Yet another factor is time. If the patient's life is in danger, the doctor cannot be expected to inform him of the measures required before starting treatment. In critical cases the doctor may on the contrary be considered to have acted negligently by not beginning treatment immediately. On the other hand, consideration for the patient's integrity entails that no doctor can maintain that due to work pressure there was no opportunity of informing the patient before starting examination or treatment.

The nature of the examination or treatment affects the question of consent. If the methods contemplated have not, or have to a very small extent only, been tried on patients before, the doctor must provide more detailed information than in the case of traditional methods. There is a lot of uncertainty about the potential risks connected with new methods. It is important, therefore, that the patient be allowed to take part in the decision on whether or not to continue the traditional treatment.

As seen from the above, conflicting considerations make themselves felt regarding the extent of the information which the doctor is obliged to provide on examination and therapy. Therefore the doctor must be presumed to have a wide discretion in this respect.

In addition to the question of what kind of information the doctor must provide, comes the requirement that the information be given in a manner which the patient can understand and which enables him to assess his situation. The doctor must therefore avoid the use of professional terminology unless there is reason to believe that the patient will understand.

N 98 Sometimes the condition of the patient may make it *impossible or unreasonably difficult to obtain consent,* for instance in cases of complete or partial unconsciousness. If the patient's life is in danger or there is a risk of permanent injury, the necessary examination and treatment will normally be considered justified on the basis of *negotiorum gestio.* If the patient's life is in immediate danger, the doctor will also have a right to act according to sec. 387 of the Penal Code. (See Andenæs (b) p. 45 and "Report from the Council for Medical Ethics of the Medical Association", *Journal of the Norwegian Medical Association,* 1979 No. 13 p. 672).

As mentioned above, patients must understand what they have consented to, if the consent is to have legal effects. Minors, mentally handicapped persons etc. will frequently not be able to understand the information given by the doctor or to assess the information in a sensible way. As regards consent to punishable acts, Andenæs (a) p. 199 says: "To make consent effective, the consenting person must have reached such a degree of maturity as to enable him to understand the implications of the act and to assess its significance ... Corresponding principles apply where the patient suffers from mental illness or deficiency." Such guidelines must also be applied when judging the legal significance of such consent under tort law.

If the patient is not able to give legally binding consent, one may ask whether the doctor is obliged to obtain the consent of the guardian or relatives of the patient.

Where minors are concerned, the right and duty to the parents to make decisions for the child according to the Children Act of 4 April 1981 No. 7, sect. 30, must be presumed to apply also to consent to medical treatment. Sect. 30 of this act says that those having parental responsibility "have a right and a duty to make decisions for the child in personal matters" within the scope following from the child's right to take part in such decisions and to make decisions alone. When interpreting sect. 30, some regard must be paid to L. sect. 26 which regulates the doctor's right and duty to inform the relatives of the patient on the patient's condition and the treatment administered. It appears from sect. 26, second paragraph that where patients between the ages of 12 and 16 are concerned, information shall as a rule be given to both the patient and the family, unless the patient, for reasons which the doctor believes ought to be respected, wishes certain information to be withheld from parents or relatives. Thus, minors may have a right to decide for themselves as regards medical questions.

As for persons who are declared *legally incapable,* the Act on Guardianship of 22 April 1927 No. 3, sect. 39, second paragraph lays down that if such a person "is unable to take proper care of himself, then the guardian shall do so." This must mean that the decision as to consent to medical treatment must be made by the guardian if the patient is unable to form a sensible opinion in the matter.

Apart from these specific instances, legislation contains no rules saying that the qualification to consent to treatment of somatic diseases may rest with persons other than the patient. Apart therefore from the cases mentioned, the doctor is not obliged to obtain the consent of the family even if the patient is unable to take a stand. Yet it is obvious that for ethical reasons, the doctor should be prepared to pay due regard to the advice from the patient's family. In many cases the doctor will also be obliged to inform them of the condition of the patient, according to L. sect. 26.

In summary, a doctor cannot be obliged to attach decisive weight to the opinions of the family when judging what kind of methods to apply in cases other than those regulated by law.

N 99 Finally, some comments should be made as to *when consent may be said to have been given*. To start with, the question of whether the patient has consented to examination and treatment must depend on an interpretation of statements by the patient or of the patient's conduct in general. There are no formal requirements as regards such consent, except for transplantations which require the written consent of the donor. (See Act on Transplantations etc. of 9 February 1973 No. 6, sect. 1.) On the basis of legal practice, written consent is now also required in connection with artificial insemination.

It has been maintained by some that when the patient has gone to see a doctor or has gone into hospital of his own free will, this must naturally be regarded as consent to ordinary treatment. In order to establish a dispositive act, such as a consent by patients, it seems natural to demand that they possess knowledge of the methods to which they subject themselves and the hazards involved. When patients are admitted to the hospital it is not always known what they suffer from, nor is it therefore known what kind of examinations and treatment will be required. In our opinion, therefore, consent to any such method cannot be considered as having been given merely by the patient's calling on a doctor or going into the hospital. An exception must probably be made for such a small matter as taking the patient's temperature, which is routine for most hospital patients. This practice is generally known, and one can hardly imagine a patient who would object to this. Nor does the question of respect for personal integrity have to come into this picture.

Nonetheless, Norwegian law goes quite far when it comes to accepting implied consent to examination and treatment. This tendency may be observed in the case reported in RG 1977 p. 10 regarding a claim against a dentist for alleged faulty treatment. As regards the claim for consent, it is stated:

> The court must base its findings on the fact that Mrs. A had been told that relief was necessary and can hardly believe that she accepted this without further explanation. The court especially points out that the treatment had been going on for a long time and that she never asked about the purpose of it all, nor had she, when she saw the first occlusion on June 27, made any objection. B (the dentist) must under the present circumstances assume that she consented to what was being done, and the court finds that he cannot be blamed for that.

Normally it does not seem necessary to demand an expressly voiced consent, only that patients be informed of what kinds of examination and treatment they may expect, and that they are presumed to agree unless they object. (See Bratholm p. 185.) In our opinion such an informal rule is a very good thing. A strong emphasis on the demand for consent and its significance may frighten the patient unnecessarily. This also speaks against introducing a demand for written consent in connection with ordinary medical treatment. The formal requirements are not so important in this respect. The patient will normally be occupied with the illness and the measures required. To demand consent in writting may also easily become an empty formality. Written consent is no guarantee that the patient has been given the necessary information and has understood what has been agreed to. When claiming written consent proof has indeed been secured that consent actually has been given, but this should not in my opinion be of much significance.

N 100 As far as the legal effects of consent are concerned, tort law has traditionally considered valid consent to the injurious act as establishing freedom from liability. This means that the tortfeasor, due to the consent of the injured person, will not be liable even if the conditions for compensation are present.

Below follows a discussion of whether consent to medical examination or treatment always leads to the doctor being freed from liability.

First, one should ask whether there are restrictions regarding the individual's right to dispose over his body, in which case consent to certain acts would not be valid. In tort law theory it is presumed that nobody has a right to consent to grave bodily injury. On account of the purpose of examination or treatment this limitation cannot apply to the patient's right to consent to medically justified measures. In many cases the patient's disease may necessitate measures which, viewed separately, would amount to serious bodily harm. If, on the other hand, the doctor implements the measures primarily for research purposes, the right to consent must be limited to measures that cannot involve serious bodily harm.

Even if the doctor has complied with the duty to obtain consent, there remains the question of whether the consent means only that the examination or treatment may be legally undertaken, or whether the consent must also be interpreted as a general waiver of the right to claim compensation for possible harmful consequences. In principle, the legal effects of the consent depend on an interpretation of the statement or the patient's conduct in other respects. One special factor in this connection is that in most cases the patient is not qualified to judge the doctor's professional assessment. Thus consent cannot relieve the doctor of professional liability as regards the justification of examination or treatment or with respect to the implementation of such measures. Even where the consent is based on extensive information on the planned treatment and the hazards involved, there will be no freedom from liability if the proposed method was not medically indicated or was not implemented in a professionally appropriate manner.

The conclusion must be, basically, that consent implies a waiver of the right to claim compensation for possible harmful consequences of the measures. If the doctor is considered to have complied with the duty of information, the question whether or not the patient was informed about the risk of injury cannot be decisive. In cases where the doctor did not provide information about the risk of injury, this information was withheld out of consideration for the patient. However, even where informed consent has been given, the doctor will be liable for possible injuries that may be attributed to negligent conduct.

N 101 To make the picture complete, it should be mentioned that even if the duty to obtain consent has not been complied with, liability will not always arise. First, quite often the patient will not sustain any loss because of the failure to comply with that duty. An example is a member of Jehovah's Witnesses who receives a blood transfusion against his wish during an operation. Second, the demand for adequate causality between the negligent conduct and the injury may result in the lapse of the claim for demages. For instance, there will be no causality if it can be presumed that the patient would have consented had he been informed about the impending examination or treatment.

(k) Experimentation and the Use of Untraditional Methods

N 102 Special considerations make themselves felt where the doctor wants to apply unusual methods of examination or treatment. If the consequences of applying the method in question have not been established, there will be a risk, of unknown magnitude, of harmful effect. On the other hand, experimentation will often be the only way of making progress in medical science. If traditional methods have not brought the desired results, it will also be in the interest of the patient to try something new. On this basis it must in some cases be possible to apply methods which have not previously been completely tried out. But of course, extraordinary care must be shown out of respect for the patient.

As regards *cases where the purpose of employing the new method is to obtain a curative or alleviating effect,* consent must be obtained according to the principles outlined above. As said before, there seems to be every reason for the doctor, when applying untraditional methods, to provide more thorough information on the method and its presumed effects than would otherwise be necessary. Out of respect for the patient's mental condition it should not be an absolute demand that the patient be made aware of the method being untraditional, but normally it should be done.

Concerning the question of whether it is justified to use a certain method, the code of ethics of the Medical Association, sects. 6 and 7, offers some guidance: "A doctor must not use methods which unnecessarily expose the patient to danger. When testing new methods, the well-being of the patient must always be kept in mind." Sect. 7 states that the methods used must have a medical foundation in scientific research or in sufficient experience.

The presumed effects of the method and the potential risks involved will therefore be central issues in the assessment of care. This is also stressed in the *Helsinki Declaration on Biomedical Research Concerning Human Beings, Part I,* points 4 and 5. The doctor will have some means of assessing the risk if the method has been used before in other patients, and some guidance may also be found in experiments conducted on animals. Even if the method is not scientifically founded, long experience in using it may provide sufficient basis for judging the curative or possible harmful effects. The code of ethics of the Medical Association (sect. 7) seems to presume that this must be a satisfactory basis for applying the method. On the other hand, it may be regarded as unjustified for instance to choose a method based on nature medicine if more recent research indicates that such a method involves a considerable risk of injuries compared to its curative effect.

Where the doctor has no basis on which to judge the effects of the method from previous experiments or other scientific material, use of the method is not so easily acceptable. (See the *Helsinki Declaration I* point 1.) The uncertainty as regards the potential harmful effects of the method will be too great, if for instance a doctor, on the basis of personal and less well-founded theories, applies strong drugs to diseases that do not come within the traditional field of application for the drugs in question.

N 103 Another important factor when assessing the standard of care is the gravity of the disease. If it involves serious danger for the patient, the doctor will be justified in applying more hazardous methods than in less serious cases. (See the paragraph on the gravity of the disease above.) This is especially so if the doctor previously has tried in vain all the usual methods for curing the case. If, on the other hand, the disease does not involve any risk of serious injury, prolonged stay in hospital etc., the application of unknown and risky methods is more likely to be considered unjustifiable. (See RG. 1959 p. 150 and RG 1962 p. 542.)

N 104 In legal practice, one of the factors which also has been taken into account when judging the justification of an untraditional method is the qualifications of the doctor in that special field. In Rt. 1935 p. 1090 it was stressed that the doctor in question was a specialist, and that therefore special weight must be attached to his opinion as to the choice of method. The doctor's knowledge of the technique used was also assessed in RG 1959 p. 150. In this case X-ray treatment of warts had resulted in permanent injury to the patient's hand. In his testimony the doctor stated that he had used X-ray treatment of warts on several earlier occasions, and that the results had always been satisfactory. In this case he had therefore chosen to try a stronger X-ray dose than usual, as this technique had been recommended in a scientific book. He had also discussed the treatment with one of his colleagues. The court held that the doctor ought to have undertaken more thorough investigations particularly because he had deviated to some extent from the technique recommended in medical literature. The court was in some doubt but found that the doctor had not acted negligently.

In some fields medical experts seem to disagree as to which methods should be applied to a definite ailment. In such cases a doctor will not be held to have acted negligently by using a method which is accepted in some medical quarters, although criticized in others. Legal commentators too have maintained that a doctor must have the right to choose a controversial method if it is accepted by some experts.

In conclusion one may say that in considering whether the use of an untraditional method is justified, the potential risks of the method must be balanced against the hazards involved in using alternative methods or possibly doing nothing at all.

N 105 In cases where the patient is subjected to *experimentation,* that is, when the purpose of applying the new method is not primarily to achieve a curative or alleviating effect, special considerations come into the picture. As the patient in these cases is not in need of the examination or treatment in question, protection against the risk of injury is of particular importance. The risk of using the method is not justified by its useful effects on the patient.

As the experiment is not carried out directly in the interest of the patient, the general limitations of the right to consent must apply. According to sect. 235, second paragraph of the Penal Code, consent to "considerable injury to body or health" does not exempt from liability. According to sect. 9 of the Penal Code, the term "considerable injury" comprises among other things injury resulting in grave impairment of the senses, lameness, protracted illness etc. These are consequences which the patient has no right to accept. The limitations in this respect must also be presumed to affect the patient's position under tort law. One factor favouring this interpretation is that in the Act on Transplantations of 9 February 1973 sect. 1, the right to operate on the donor is subject to limitations similar to those contained in sect. 235, second paragraph of the Penal Code. As the former provision also covers operations, which, though of an undoubtedly useful purpose, are not undertaken in the interest of the patient concerned, there are many reasons why the right to consent to measures as part of medical research should similarly be subjected to limitations.

N 106 Experimentation on patients requires that they be informed to a high degree on the procedure. The doctor must provide complete information on the implementation and the potential hazards. (See the *Helsinki Declaration Part I* point 9.) The information must also include any possible curative effects of the experiment. Moreover, the patient must be told that the method is applied primarily as part of an experiment. (See Kjønstad in the *Report to the 29th Nordic Meeting of Jurists* Part I p. 148.) No limitation of the duty of information out of respect for the mental condition of the patient is acceptable in this case. A potential participant in an experiment who would suffer from being told about the method and its effects must in our opinion not participate.

The patient's need for protection implies that the doctor must show a high degree of care in checking that the patient has comprehended the substance of the information regarding the experiment and is able to judge the information in a sensible way. These requirements must be satisfied before the patient's consent can exempt the doctor from liability.

Consideration for the patient requires great care when assessing whether implementation was justified and whether the technique used was professionally acceptable. Therefore, the doctor must check in advance as far as possible the effects which the experiment may have on the patient. Since the purpose is not to effect a cure, shortage of time cannot be used as an excuse for not examining the patient thoroughly or for not having a proper scientific foundation for the procedure.

Moreover, out of respect for the patient, the effects of the experiment must be under strict control and the experiment must be discontinued as soon as harmful effects emerge other than those to which the patient has consented. (See *Helsinki Declaration Part I* point 3.)

(l) The Duty To Inform the Patient Beyond Information Pertaining to the Question of Consent

N 107 In L. sect. 25, third paragraph it is stated that the doctor "shall give each patient the information he ought to have on his state of health and treatment." (Similar demands are contained in the code of ethics of the Medical Association sect. 13.) Therefore, judging which information the individual patient is entitled to is primarily a concern of the doctor.

There are a number of items of information that must be taken into account as far as tort law is concerned. Firstly, it may be necessary to tell the patient what kind of symptoms to pay attention to and possibly tell the doctor about. One example is detrimental side effects of drugs.

N 108 Secondly, patients may need information on things they should do or avoid doing. An example is that the patient may be in need of medical advice on what to eat and how to live, and that observation of such rules may influence the development of the disease. It may also be important to be informed about the effects of drugs, for instance whether it is harmful to drink alcohol when undergoing a cure.

N 109 The question in how much detail the patient should be informed depends on a discretionary judgment of the condition of the patient. There is, of course, no use giving patients more information than they can be expected to comprehend. Where it is doubted how much a patient will understand, for instance due to senility or some mental deficiency, the doctor should at least try. The duty of information may also be limited by the fact that completely informing a patient on his state of health may bring on mental problems. Moreover, similar reactions may be anticipated where patients are told of possible unpleasant side effects of drugs. It is particularly unfortunate if the patient at an early stage of an illness were to be deprived of the hope of complete recovery. On the other hand, the need for motivating the patient to acquiesce in the treatment may indicate that detailed information should be given. This may be necessary if patients for instance have to undergo painful physiotherapy to train their muscles.

Another central factor is the nature and gravity of the disease. As far as drugs are concerned, special regard must be paid to potential complications as well as to the strength and nature of possible side effects. This requires special attention where the patient is known to be allergic, or if unfortunate consequences may arise from using prescribed drugs in combination with other medical products the patient may use.

N 110 In order that the duty of information shall serve its purpose, the doctor must use terms which the patient can understand. The information must also be given in a considerate manner so avoid frightening the patient unduly.

It is stated in the pre-legislative works to L. sect. 25, third paragraph that the doctor does not have to inform the patient personally, when sufficient and correct information is supplied by someone else, for instance a nurse or the family of the patient.

(m) Possible Injuries Arising at Various Stages of the Procedure

N 111 So far the presentation has concentrated on various factors that may influence the standard of care. In the following we shall deal with the various stages of the doctor's treatment of the patient. We shall discuss the most important problems and deal with the separate issues that may arise. It is also possible with the significance of some factors may vary according to which stage of the procedure we are dealing with. In practice, the doctor/patient relationship is usually not separable in clearly different stages, but a separation seems serviceable in order to clarify special or typical problems.

N 112 **Prophylactic Work.** A doctor's duty to carry out prophylactic work may be statutory, for instance as imposed by the Act on Tubercular Diseases of 8 May 1900, sect. 4. For some doctors, e.g. publicly employed medical officers, a special duty to carry out such work may follow from instructions for the post or agreement.

Liability may arise if the doctor can be blamed for the fact that *a disease was not discovered in connection with a general check of the patient's condition.*

The doctor may also be liable if he *did not implement adequate measures against the spreading of infectious diseases.* According to the Act on Tubercular Diseases, the Act on Venereal Diseases of 12 December 1947 and L. sect. 39, second paragraph on epidemic and infectious diseases, every doctor is obliged to report cases of such diseases to the health authorities. However, these rules must be viewed as administrative regulations and as such they have very little bearing on the duty of care. The doctor may, on the other hand, become liable if he does not comply with the duty to advise and instruct the infected persons and their families in order to limit the danger of further infection. Such instructions may range from banning sport arrangements involving physical exertion for persons who may be exposed to infection, to disinfection of the person's house and clothing.

N 113 **Examination and Diagnosis.** As regards examination, the doctor may become liable by using *a technique involving an unreasonable risk* of injury compared to the gravity of the patient's ailment. If, however, the method employed was suited to ailments of a similar nature, the doctor is not likely to be considered as having acted negligently on this point. The choice of method often depends on the doctor's discretion. One important factor when assessing the degree of care is the alternative methods available and what kind of risks these involved.

N 114 A second question pertaining to examinations is whether *all necessary examinations have been undertaken.* Judging whether a doctor ought to have been more thorough in his examinations must be done on the basis of the pathological picture at the time of establishment of the relationship with the patient. It may also be, however, that later developments of the disease indicate that the doctor should have carried out fresh examinations. Another significant factor is the choice of treatment. In some cases the doctor ought to find out whether the patient has some kind of allergy that may increase the risk of injuries.

The question of whether adequate examination had been undertaken was the subject of a court case. In Rt. 1956 p.96 a man who had caught tuberculosis of the lungs alleged that the disease became worse and was protracted due to inadequate conduct on the part of the local health authority.

The City Court ascertained that the patient had undergone the examinations usually carried out in such cases, and that there had been no circumstances to indicate that the ordinary examination technique had been inadequate in this special case. On this basis the court found that the local health authority and the doctors had not acted negligently. This view was also adopted by the Appeal Court and the Supreme Court.

N 115 The next question may be whether the *examinations were carried out in an appropriate manner.* An example of inadequate examination is the case where a doctor confines himself to checking X-ray pictures covering only obviously injured areas. This would for instance make it impossible to find out whether a leg had been broken in several places. The demands on care in this respect will probably be comparatively strict, as such an examination would be made contrary to the ordinary procedure in such cases, which latter would have made it easy to prevent the injury.

N 116 The question of whether the doctor has made a *proper diagnosis* is a special one. The standard of care must necessarily be influenced by the fact that medicine is not an exact science. Determining the nature of the ailment is a decision subject to the doctor's discretion and to some degree to intuition based on experience. Even if a diagnosis objectively appears to be incorrect, this is not necessarily due to negligence on the part of the doctor.

Liability may arise, however, where the symptoms are so clear that any doctor working within that area should be able to make a correct diagnosis. And even if the doctor cannot be blamed for not having made a correct diagnosis the first time, the subsequent development of the disease may imply that its nature ought to have been established.

The diagnosis also includes an evaluation of whether the disease may be of a more serious character than indicated by the symptoms. An example of such a case is cited in RG 1981 p.655. A boy had broken his arm. During his stay in hospital complications arose leading to a medical disablement of 50% of the right forearm and hand. On the basis of expert statements the court found that, some time after he had been admitted to hospital, there were evident symptoms of disruption of the bloodstream to the arm. There was no pulse and the arm was rather cold. Besides, he had strong pains and the sensitiveness was reduced. The doctor ought to have taken the necessary precautions, and his conduct was held to be negligent.

N 117 **Treatment.** A fundamental demand as regards proper treatment is that the method applied be *suited to provide a curative or analgesic effect* on the disease which the patient was supposed to suffer from. In RG 1962 p.542 a patient was awarded compensation for injuries caused by incorrect treatment of sciatica. The doctor had injected quinine-uretane and the court stated in this connection: "It seems strange that it has not been possible to present medical literature, journals or articles where the drug has been recommended for use against sciatica. It also seems strange that it has not been possible to find journals showing that the drug has been applied . . ." The court found, therefore, that the doctor acted negligently in using the drug without undertaking closer examinations. Actually, the doctor was considered to have used a form of treatment that was not suited to sciatica.

There is a strong case demanding a strict standard of care in the question of whether the method of treatment applied could produce an analgesic or curative effect. When the doctor has made the diagnosis, it will normally not be much of a problem to find out which method is suited to the individual case. If the doctor fails to make sure that the method to be applied is appropriate, injuries may be anticipated.

N 118 When *choosing between various, suitable methods of treatment,* a comparison of the presumed effects of the different methods will of course be a central issue. Moreover, the potential hazards involved in the methods must be assessed in relation to the gravity of the disease, the general condition of the patient etc. One example is the appraisal in Rt. 1981 p. 728 of whether the doctor acted negligently in using a local anaesthetic only:

The point in this connection is, as far as I understand, that a small child will not be able to understand the situation or to show the necessary self-control. The question of whether to apply a full anaesthetic must be a matter of judgment taking into account the age of the child, the extent of the operation and the general condition of the patient.

Thus, the choice of treatment depends on a discretionary, professional appraisal where a number of factors need to be considered. Consequently, negligence is not easily established in this connection.

Even if the doctor cannot at first be blamed for the choice of treatment, indications may appear during the procedure that the treatment chosen was not the best possible for that special patient. A doctor who then fails to make the required changes may be considered to have acted negligently.

N 119 Liability may also arise where *treatment commenced too late*. Firstly, the doctor may have overlooked the symptoms indicating the patient's need for treatment. Secondly, the cause may be that the doctor was not quite sure what kind of treatment would be best in that special case. Thirdly, the doctor may not have been sure whether the ailment was sufficiently serious to warrant treatment. One example may be a case of high blood pressure, where the doctor hesitates to start treatment because of possible harmful effects or in the hope that the condition would improve without the use of drugs.

When assessing the standard of care, weight must be attached to whether the doctor's failure to commence treatment is due to inadequate examination or not being able to make a diagnosis (see Paras. 113–116 on examination and diagnosis above). One may also ask whether the doctor was qualified for handling cases of the nature in question (see the paragraph on the doctor's qualifications). The nature and gravity of the illness or injury as well as the risks involved in the treatment are central factors when judging when treatment should have commenced. Seeing that the decision to start treatment depends on the doctor's assessment of various considerations, a doctor will probably not be held to have acted negligently in this connection.

N 120 On the other hand, liability may arise because the doctor is considered as not *having carried out the treatment in a proper way.*

Firstly, the doctor may be blamed for not having taken the necessary precautions with a view to preventing injuries in connection with the treatment. For instance in the event of operations, radiation treatment etc., the doctor may be blamed for not having checked the patient's identity, or the place and nature of the treatment. Another example is where the doctor has failed to make sure that no surgical instruments have been left inside the patient. Inefficient control of whether the technical equipment works satisfactorily or whether the requisite aids are available may also result in liability. In some cases, however, such duties may rest with persons other than the doctor concerned. (See Paras. 87–92 on special duties where the doctor works together with others on the examination and treatment, and Paras. 81–86 on the use of technical equipment.) In the event of treatment with drugs, injuries may arise if the doctor chooses the wrong medicine or the wrong dose. If this is because the doctor has failed to read the label etc., it will normally be considered negligent. (See Rt. 1963 p. 161. In this case the doctor was not convicted although he had failed to read the instructions on a bottle of pills. The doctor read the instructions printed on the cardboard box which contained the bottles and was delivered by the chemist, but these instructions appeared to be wrong.) If an injury is due to medicine not being consistent with the specifications on the packing, there will as a rule be no liability for the doctor (see Rt. 1903 p. 379). There may be exceptions where it would seem natural for the doctor to check the contents because the smell, consistency, colour etc. were not as they were supposed to be.

When assessing whether the doctor has taken the necessary precautions in order to avoid injuries, the practical and financial difficulties involved in preventing the injury may be of considerable significance. Regard must also be given to the time which the doctor had to carry out the necessary control measures etc.

Most liability cases seem to stem from injuries resulting from treatment. Examples are wounds caused by too powerful X-raying and injuries as a consequence of disturbances of the blood supply in connection with setting fractured arms and legs in casts. Normally, medical practice and theory will indicate how the different diseases and injuries should be handled, and therefore it should not be too difficult for the doctor to prevent such injuries. Failure to acquire the knowledge required or to observe the normal practice in the cases concerned will lead to injuries. The standard of proper care will thus be relatively strict where the treatment required is a routine one. However, where more serious and complicated injuries and diseases are concerned, the choice of treatment may depend on a number of discretionary assessment and decisions, for instance as regards complicated surgery. Even if the court finds that, objectively, the doctor is to blame, it will not usually be considered as negligence.

N 121 Even if the doctor cannot be blamed for the planning and implementation of a treatment, there may then arise indications during the procedure of potential injuries, to which the doctor ought to react. An example is where during the treatment unexpected symptoms emerge or where the patient complains of lasting pain. In Rt. 1963 p. 659 putting a fractured ankle into a plaster cast resulted in disturbed circulation and subsequent serious injury to the patient's foot. The Supreme Court found that the treatment initiated when the patient was admitted to hospital could not be criticized. But the question was whether later developments ought to have brought about changes in the treatment. It was stated:

It appears from the case sheet that during the night after having been admitted, the patient complained of strong pains in his foot and that in the morning the patient's toes were "blue and difficult to move". With reference to expert statements in the Supreme Court I base my findings on the fact that this was a general warning of serious defects in the circulation system. I further maintain that the defective circulation in this case must be regarded as a consequence of a too tight plaster cast and that the situation demanded a radical loosening of the cast.

Therefore, the doctors' failure to do so immediately was considered to impose liability.

N 122 **Follow-up of the Treatment and Controlling the Development of the Patient's Condition.** After implementation of treatment, the doctor will often be considered to have a duty to check the developments of the patient's condition. He should for instance verify that the treatment has had the expected curative or analgesic effect. It may also be necessary to check that the potential risks inherent in the disease or in the method of treatment do not materialise (see RG 1959 p. 592, Rt. 1914 p. 913, Rt. 1951 p. 950 and Rt. 1963 p. 659). If doctors do their checking properly and in time, they will in many cases be able to prevent or limit the injury.

The doctor may also have to instruct others taking part in the treatment or the patient as to necessary precautions or symptoms they must be aware of (see Rt. 1914 p. 913 and Rt. 1916 p. 673).

It may also be a question of whether the doctor terminated the treatment or the follow-up too early, for instance by discharging the patient from the hospital before his condition had become stable.

When assessing the standard of care, the risks of injuries inherent in the disease and in the treatment will be central issues (see Rt. 1916 p. 673, Rt. 1951 p. 950 and Rt. 1963 p. 659). Another central factor to be taken into account is to which extent the doctor may count on assistants or the patient to be able to take the necessary precautions (see Rt. 1914 p. 913 and Rt. 1951 p. 950). Moreover, regard must be given to the the doctor's work pressure (see RG 1956 p. 475).

3. Vicarious Liability

N 123 The general rule on vicarious liability in the Act on Compensation of 13 June 1969 No. 26, sect. 2–1 also applies to private and public owners of hospitals. According to this provision, the owner is liable for "... injury caused with intent or negligently during the employee's performance of work or assignments for his employer". Liability presupposes injury caused by negligent conduct on the part of the hospital staff. The question of whether the employee has acted negligently is decided according to guidelines similar to those applying to doctor's liability above. This means that the hospital and the doctor having caused the injury are jointly and severally liable.

According to sect. 2–1 of the Act on Compensation, when assessing liability consideration shall be given "to the demands that may reasonably be made on the activities or the service by the injured person". Therefore, being able to point out the negligent person is no condition for establishing negligence (anonymous errors). This also applies where several mistakes have been made or where there are several negligent acts which, when viewed separately, do not warrant liability, but when added together must be said to incur liability (cumulative errors). This will be the case for instance where inadequate routines have been set up for the use, handling and maintenance of the technical equipment or as regards instructions to or control of the staff, and it is not possible to prove how these routines came into being.

An important factor when assessing the standard of care will be the financial resources available for running of the hospital. Public appropriations are subject to censorship by the courts to a limited extent only. In legal practice weight has also been attached to the nature of the instructions when assessing what demands may be made on the activities (see Rt. 1981 pp. 728–738).

N 124 According to the Act on Compensation sect. 2–1 No. 3, the term employee comprises "... anyone carrying out work or assignments in the service of an employer."

This means that the hospital is also liable for mistakes made by the chief surgeon or the management of the institution.

On the other hand, a borderline must be drawn against the employer's own acts. The differentiation is not very important, seeing that the top public bodies may still become liable if decisions are made resulting in impairment of the conditions at the institution with ensuing injuries.

The vicarious liability contained in sect. 2–1 is limited to damage caused "during the employee's carrying out of work or assignments for the employer". One problem in this connection is the liability where a publicly employed doctor receives private patients, for instance at the outpatients' department of a hospital. This liability must depend on the contract between the hospital and the doctor. Where it has been agreed that the doctor shall have the assistance of the hospital staff, it is presumed that mistakes committed by the staff normally must be regarded as having been committed in the service of the hospital (see RG 1953 p. 389). The hospital must probably also be liable where the doctor acts negligently when treating private patients at the outpatients' department of the hospital. In relation to the patient, the doctor's work will normally appear as part of the services of the hospital.

A general practitioner may also become liable under sect. 2–1 of the Act on Compensation if a doctor's receptionist, a physical chemist etc. acts negligently and causes injuries. The claim that there must be an employer/employee relationship implies that the doctor will not be liable for mistakes made at an independant physiotherapist's or a medical laboratory. For the same reason a doctor will not be liable for errors committed by an assistant if both have the same employer, for instance a hospital.

4. Strict Liability

N 125 In Norwegian law a comparatively wide scope of strict liability has developed through legal practice.

Where the tortfeasor cannot be blamed for the injury, attribution of the loss must naturally be done on the basis of a balancing of interests. It is presumed that the owner of an activity involving a risk of injuries is the natural bearer of the loss because the activity is usually run in his interest, e.g. he usually gets the earnings etc.

When placing the loss, regard is usually given to which of the parties are in the best financial position to carry the loss. As a rule the owner or operator of some kind of activity may consider a possible liability as an operational expense and include it in the price of the products of the firm. The loss may also be neutralized if the owner has taken out liability insurance.

N 126 The next question is to which extent the considerations mentioned apply to the activities carried out by health institutions and general practitioners. In case of personal injuries, the social insurance will cover a normal loss, but the patient may be in need of cover of an economic loss which exceeds the payments under social insurance.

The need for financial management is hardly a significant one within our health system. To institutions and persons whose task it is to promote people's health, a threat of liability is hardly needed to ensure that measures be taken to prevent injuries. Seen from society's point of view, our health services system would not benefit from being hampered by too severe liability rules. However, the possibility of liability arising may nevertheless lead people to become more aware of the risk of injuries inherent in the various kinds of equipment. These are factors which health personnel traditionally have had little knowledge of, and which seem to lie a bit outside their usual sphere of interest.

The health system is primarily run for the benefit of the patients. It is the patient's illness or injury which has made it necessary for him to get in touch with the medical institution. Activities carried out by doctors and hospitals may be characterised as hazardous partly because the patient's ailment often brings with it a risk of injury. This risk is also linked to a large extent to the fact that medicine is an empirical science. Medical activities must consequently be considered as hazardous because causation, possible complications connected with many ailments and so on are not known. Therefore it will not always be natural to regard the hospital or the doctor as being in the best position to carry the loss ensuing from an injury.

The opportunity of protection against liability may, on the other hand, speak in favour of strict liability for doctors and health institutions. Medical activities are known to cause injuries, and therefore insurance plans have been established to cover such losses. One cannot expect all members of society to insure themselves against injuries, and it seems more natural, therefore, that the ones to take out insurance against injuries to patients be doctors and health institutions.

Summing up, one may say that the considerations speaking in favour of strict liability are not making themselves felt in medical practice.

N 127 In addition to the considerations mentioned above, the courts have in decisions on strict liability attached weight to whether the injury was the result of a special and enduring risk which was typical of the object or activity concerned. Another significant factor has been whether the injury was due to technical failure.

In legal practice concerning the liability of doctors and hospitals, the patient has been granted compensation without fault where the injury has been caused by technical defects (see RG 1969 p. 150, where a defective X-ray machine gave out too large a dose of radiation, and RG 1951 p. 348, where a dentist's X-ray machine broke and hit a patient on the head). Some Supreme Court decisions seem to have presupposed that a hospital is strictly liable for injuries due to technical defects (see Rt. 1978 pp. 482–487 and Rt. 1980 pp. 1299–1305).

On the other hand, the Supreme Court has held that the non-statutory strict liability does not apply to hospitals in cases other than where the injuries are caused by technical failure (Rt. 1978 p. 482, maintained in Rt. 1980 p. 1299). A more comprehensive strict liability has to be introduced by way of legislation, and there seems to be no need for that at present.

5. *Experts*

N 128 In compensation cases involving doctors and hospitals the advice of experts is often sought. This is natural, seeing that a clarification of causality and an assessment of the conduct of the doctor or the hospital require medical expertise in addition to purely legal competence. In practice experts therefore make statements both on the actual facts in connection with the injury and on the question of whether the doctor or hospital has acted with sufficient care.

In the majority of cases the courts accept the expert assessments, but a number of the court decisions show clearly that the courts undertake independent evaluations. A typical example is Rt. 1963 p. 161. Furthermore, there is no doubt about the fact that the courts are not bound by the expert statements as regards the degree of care.

The court decision in RG 1970 p. 215 concerns a case where a permanent practice which had developed at a number of hospitals was characterized as negligent notwithstanding the experts' opinion that the practice must be considered adequate.

6. Burden of Proof

N 129 The basic principle in Norwegian law is free assessment of evidence. In the Act on Procedure in Civil Disputes of 1915 it is stated in sect. 183: "Where not otherwise laid down by statute, the court shall, following a conscientious trial of the entire proceedings and the production of evidence, decide which facts shall constitute the grounds for the decision". This means that where no special considerations make themselves felt, the judge shall base his findings on the most probable testimony. Consequently, where the judge finds assertion A to be more likely than assertion B, A shall be the basis. In tort law this implies that the person who has suffered the injury must prove that there is causality between the act which caused the injury and the injury that occurred.

The application of this rule has given rise to several problems. The fact that the duty to produce proof of what actually happened rests on the victim does not say anything definite about how strong this burden of proof is.

One thing is certain, however: If the judge finds that the probability of causality equals the probability of non-causality, the alleged tortfeasor must be acquitted. But how preponderant must the probability of causality be for the victim to have complied with the burden of proof? The terms used by the courts to describe the burden of proof required of the victim vary to some extent. However, in recent court practice the formulation seems to be that, in order to comply with the burden of proof, "there must be a reasonable preponderance of probability". The case in Rt. 1974 p. 1160 is illustrative in this respect. A woman had died and her husband and two children claimed damages on the grounds that the use of the contraceptive "Anovlar" had been the cause of the death. After comprehensive assessment of the various facts of the case the Supreme Court summarized its view: "No reasonable preponderance of probability that may justify a claim for damages against the producer of the contraceptive exists."

N 130 In certain cases it is possible that the burden of proof may be reversed, for instance where claims for damages are made against doctors and hospitals. Where the potential tortfeasor has been in the best position to secure information on the case, the failure to do so may imply that the burden of proof will rest on the alleged tortfeasor. The idea is that doubt about the facts of the case should affect the party who ought to have secured the required proof in time and who also has had the opportunity of doing so. Moreover, the burden of proof will be imposed on the alleged tortfeasor in cases where he obviously has been to blame.

7. Damages, Pain and Sufferings

N 131 If the general conditions for liability have been fulfilled, the injured person is entitled to full compensation for any financial loss, see the Act on Compensation of 1969, sect. 3–1. This implies a right to reimbursement of all expenses in connection with the injury, loss of income and also loss of future earnings. The amounts which the injured person may receive from the national insurance or under some pension scheme shall be deducted from the compensation amount.

N 132 Damages for non-pecuniary loss can be awarded to a limited extent only. Compensation for pain and suffering may be awarded according to the Act on Compensation of 1969 sect. 3–2. The condition for obtaining such compensation is that the injured person has sustained a permanent bodily injury. The calculation of the damages is to some extent linked to medical tables prepared for compensation for industrial injuries. A guideline in this respect is the amount a person would receive as compensation for an industrial injury plus one third. In practice this means that a younger person who is 100% disabled will be compensated for non-pecuniary loss by about NOK 300000.

Generally, compensation for non-pecuniary loss may also be awarded where the tortfeasor has acted with intent or gross negligence, see sect. 3–5 of the Act on Compensation. As the basis for liability in this case is rather limited, however, this provision is of little practical significance.

If the injured person dies, his dependants are entitled to compensation for the loss of provider. Basically, the loss of provider shall be compensated so as to ensure maintenance of the living standard of the survivors. But their possiblities of supporting themselves shall be taken into account, see the Act on Compensation sect. 3–4. No compensation for pain and suffering is awarded in these cases, but compensation for non-pecuniary loss under sect. 3–5 may be granted.

III. Social Insurance

N 133 The rules on financial support in connection with illness, physical defects, loss of provider etc. are found in the National Insurance Act (F) of 17 June 1966 No. 12. A patient who has suffered injuries due to malpractice may claim benefits under a number of the general rules of the social insurance legislation.

The National Insurance is administered by an independent body, The National Insurance Institution, and is financed by contributions by members and employers and by state and local budgetary appropriations, see F sect. 16–1.

1. National Insurance Coverage of Expenses Incurred Through Medical Treatment

N 134 Basically, the patient's expenses for medical aid are covered by insurance pursuant to F sect. 2–2, first paragraph. The patient has to pay a small share, however, the amount of which is stipulated by regulations.

The expenses involved are covered partly by national insurance and partly by the local administration of the district where the patient resides, F sect. 2–3 (cf. the Act on Hospitals of 19 June 1969 No. 57 sects. 11 and 12). Therefore, the patient does not have to pay for staying in a hospital or other health institutions.

According to F sect. 2–5, the National Insurance also covers part of the expenditure for physiotherapy, vital medicines etc.

2. National Insurance Coverage of Loss of Income

N 135 Cessation of income due to illness or permanent disablement entitles the patient to sickness benefit or disablement benefit.

The main condition for receiving sickness benefit is that the earnings of the insured person have cased because he has become "completely disabled due to illness", F sect. 3–2, first paragraph. As regards the demands on disablement, an assessment based on occupational disablement is usually sufficient in case of brief sickness. The term sickness comprises physical as well as mental ailments.

The main condition for getting a *disablement pension* is that the earning capacity is "permanently reduced by at least one half due to sickness, injury or defect", F sect. 8–3, first paragraph. There must thus be a medical cause for the disablement. Physical as well as mental ailments qualify a person for disablement pension. The act is based on a concept of occupational disablement. It is thus not sufficient that the insured person can no longer carry out his previous occupation.

According to F sect. 8–3, a further condition is that work training or rehabilitation has been attempted. The legislator's intention was that disablement pension shall be granted only where it is not possible for the disabled person to engage in any kind of work. The reason is that for the individual it will normally be more satisfactory to earn an income, and that seen from a socio-economic point of view, rehabilitation is cheaper than a permanent disablement pension.

N 136 Among other benefits can be mentioned that a patient who suffers from a permanent injury etc. is entitled to a *basic benefit* under F sect. 8–2a in order to cover to some extent extra expenses incurred by the injury. If there is a need for attendance or care, such expenses may be covered by an assistance benefit under F sect. 8–2b.

At the death of the patient the dependents will quite often be entitled to a *pension* or other form of benefit under Chapter 10 of the National Insurance Act.

According to F sect. 10–5, the surviving spouse is entitled to a pension provided the marriage has lasted for at least 5 years, or provided the spouses have common children or the surviving spouse has the care of the children of the deceased.

A condition is that the surviving spouse was married to the deceased at the time of death. Long-lasting unmarried cohabitation does not qualify for such pension (Knoph p. 689). The limit concerning the duration of the marriage is also without exception.

Survivor's pension is only paid to persons under 67 years of age, F sect. 10–1, first paragraph. Older surviving spouses get old age pension.

A divorced surviving spouse may also get a survivor's pension, but the decision is based on an assessment of equity, according to F sect. 10–6.

Where one or both parents are dead, a child pension is granted until the child reaches the age of 18, F sect. 10–11 No. 2. If the child is still in education and both parents are dead, the pension will be awarded until the child reaches the age of 20.

Among other benefits in connection with the death of a patient is an *assistant benefit* granted to the surviving spouse to cover expenses entailed by the care of common children according to F sect. 10–2. A surviving spouse in need of education or training in order to be able to maintain himself may also receive a transitional benefit under F sect. 10–3 to cover such expenses.

IV. Insurance Plans

1. The Hospital Owner's Insurance

N 137 The existing insurance system for hospitals covers only liability under the general provisions on compensation.

Insurance companies have proposed the introduction of a system of patients' insurance under which injuries caused during medical treatment and covered by the insurance shall be compensated on a basis of strict liability.

The proposed system would primarily cover injuries caused by inadequate treatment arising from a wrong diagnosis. The problem with the diagnosis would have to be due either to information collected by examinations carried out by means of technical apparatus being incorrect, or to symptoms that have been observed not being interpreted in conformity with generally accepted medical theory and practice.

Next, the insurance would cover injuries which have occurred in connection with operations or other forms of treatment because the technique chosen was not the correct one, judged from the condition of the patient. There would be exemptions for complications which are a natural consequence of the treatment, for instance after an operation. There would be further exemptions for injuries due to harmful properties inherent in a drug, such as side effects. On the other hand, the insurance would cover injuries due to the patient becoming infected in connection with examination, treatment or nursing.

The patient insurance would also cover injuries stemming from an accident, for instance a fire in the hospital (see NOU 1980:29 pp. 250 and 252). The insurance would consequently cover loss arising from most of the unexpected events that are not attributable to the illness or the injury.

N 138 Calculation of the compensation would be made on the basis of ordinary rules of tort. The kinds of loss are: expenses in connection with the illness, loss of earnings, loss as a consequence of permanent disablement, rehabilitation costs, loss of future earnings and loss of provider. In addition, compensation may be granted for non-pecuniary loss by a maximum amount of NOK 10000 (NOU 1980:29 p. 250).

It has been proposed to limit the liability of the insurance companies to NOK 30 million per insurance year and NOK 10 million per case of injury, regardless of the number of claims. The individual injured person could claim a maximum of 2 million in compensation (NOU 1980:29 p. 252).

N 139 The proposed insurance system would not cover health services outside of institutions.

There has been some debate on the question of whether the patient insurance ought to be introduced for health institutions in general.

One of the objections to the introduction of such insurance systems and, by the way, against the general right to claim compensation, has been that normally the National Insurance will provide sufficient cover of loss of income resulting from injuries. Some believe it is not fair that some groups of injured persons be entitled to coverage in addition to the benefits under the National Insurance because the event causing the injury is covered by an insurance plan, or because the conditions for claiming compensation have been satisfied in the case in question. (See Kjønstad in *Trygd og erstatning ved personskade* pp. 95–96.) It has, on the other hand, been argued that the trend towards more insurance tends to provide an increasing number of groups of injured persons, such as victims of traffic accidents, industrial accidents etc., with complete insurance cover under voluntary or compulsory insurance schemes. Moreover, it is widely believed that injured persons must be able to expect some form of reaction or compensation after an unexpected injury has occurred. It should be kept in mind that people sustaining injuries usually are thought of with compassion, and patients are often considered to be a weak group in need of special support. On the other hand, the idea that people's sense of justice demands some form of reaction or retaliation against the tortfeasor is not being backed to the same extent if, as is the case here, the tortfeasor's insurance company carries the loss.

Another objection against insurance cover on the basis of strict liability is that, because of the difficult financial situation of the health institutions, money should be used for curative measures rather than for insurance premiums. In insurance quarters it has been maintained that insurance premiums will after all constitute only a very small of the aggregate operational expenses of the Institutions.

N 140 Among arguments in favour of the patient insurance plan it has been maintained that such a plan would do away with the problems patients have in seeking compensation. Very often it has appeared difficult to prove that the injury has occurred under circumstances warranting liability. This is because the patient often has limited resources and lacks the professional knowledge needed to establish the cause of the injury. Moreover, a law suit will often be an unpleasant experience for a patient. Sometimes health institutions also seem rather reluctant to admit that they have been wrong. Under the patient insurance system, the procedures would be much simpler.

Another argument has been that spending a lot of time and energy to find the cause of an injury that has already occurred in connection with treatment is a waste of society's resources. Such retrospective investigations will not help much in improving medical knowledge.

It has also been maintained that hospital staff will be more apt to report unexpected cases of injury when the liability shall no longer depend on neglect. Systematic reporting of unexpected injuries may tend to improve the prophylactic efforts.

Finally, it has been presumed that the relationship of trust beween patients and health institutions and their staff will not suffer as it may do under a liability suit where the main issue usually is whether a member of the staff has acted negligently when treating the patient.

2. The Doctor's Insurance

N 141 Under L. sect. 5 the Ministry of Social Affairs has decided that doctors are obliged to provide security for the liability that may occur in connection with their work, to a maximum of NOK 2 million per accident. In practice this is done by way of insurance. It has been maintained by some that the practical significance of the system for the patients is not very great. Usually, the problem for the patient is to prove that there is basis for liability. Once this has been established, recovery of the compensation is usually no problem.

Bibliography

Andersen, Kristen: Skadeforvoldelse og erstatning, Oslo 1976.
Andenæs, Johs. (a) Alminnelig strafferett, 2. ed. 1974.
Andenæs, Johs. (b) Av strafferettens spesielle del, 2. ed. 1974.
Bjørnsson, Jon: Legers ansvar, TfR 1953 pp. 51 et seq.
Blom, Knut: Legeetikken og loven, LoR 1973 pp. 360 et seq.
Bratholm, Anders: Strafferett og samfunn, Oslo 1980.
Brunsvig, Per: Konstruksjonsansvar ved bygging av skip, Arkiv for sjørett, vol. 13, Oslo 1973.
Brunsvig, Jørgen: Culpaansvar for leger, Jussens Venner 1983, No. 8/9.
Hagstrøm, Viggo: Culpaansvar, 3. ed., Oslo 1981.
Hellner, Jan: Skadeståndsrätt, 3. ed., Stockholm 1976.
Jørgensen and Wanscher: Professionelt ansvar i skandinavisk ret, Juristen 1967 pp. 524 et seq.
Kjønstad, Asbjørn: Rapport fra det 29. nordiske juristmøtet part 1, pp. 142 et seq.
Pasienters rettigheter in Lov og frihet pp. 587 et seq., Oslo 1982
Trygd og erstatning ved personskade, 1977
Sosialretten i Knophs Oversikt over Norges Rett, 8. ed., 1981 pp. 719 et seq.
Krav om samtykke fra forsøksperson/pasient ved medisinsk forskning, LoR 1983 pp. 403 et seq.
Lødrup, Peter: En del spørsmål vedrørende produktansvaret, Institut for privatretts stensilserie No. 4, Oslo 1973
Erstatningsberegningen ved personskader, Oslo 1980
Nygaard, Nils: Skade og ansvar, 2. ed., Bergen 1980
Tiedemand-Petersson, Bengt: Lægeansvar, Frederikshavn 1960 Tidsskrift for Den norske lægeforening 1979 No. 13 pp. 666 et seq.
Beretning fra Den norske lægeforenings råd for legeetikk.

Pre-legislative documents etc.
NOU 1976:1 Legers og tannlegers rettigheter og plikter
NOU 1980:29: Produktansvaret
NOU 1982:2: Kontroll av medisinsk teknisk utstyr
Ot.prp. 1965/66 No. 48: Om lov om skadeserstatning i visse forhold
Ot.prp. 1972/73 No. 1: Om lov am endringer i erstatningslovgivningen m. v.
Ot.prp. 1979/80 No. 1: Om lov om leger og om lov om tannleger
Ot.prp. 1981/82 No. 36: Om lov om helsetjenesten i kommunene
Ot.prp. 1983/84 No. 33: Om lov om statlig tilsyn med helsetjenesten
St.meld. 1976/77 No. 32: Rettssikkerneten i sosialog helseinstitusjoner

Portugal

J. Figueiredo Dias
J. Sinde Monteiro

Contents

Abbreviations

Bol. Min. J.	Boletim do Ministério da Justiça
Col. Jur.	Colectânea de Jurisprudência
Proc. Ger. Rep.	Procuradoria Geral da República
Rabelsz.	Zeitschrift f. ausl. u. int. Privatrecht, begr. von *Ernst Rabel*
Rev. Dir. Est.	Revista de Direito e Estudos Sociais
Rev. Gén. Ass. Resp.	Revue Génerale des Assurances et des Responsabilités
Rev. Leg. Jur.	Revista de Legislação e Jurisprudência

A. General Aspects

I. Present Situation in Respect of Claims and Court Cases

P 1 The number of lawsuits in Portugal dealing with the civil and criminal liability of doctors is extremely small. This situation is not, however, unique to the medical sector; rather it also pertains to other areas of professional liability (lawyers, architects, bankers etc.). To use Christian von Bar's[1] terminology, we may say that, in practice, Portugal has not yet attained the "democratisation of professional liability" *("Demokratisierung der Berufshaftung").*

P 2 On the other hand, the Portuguese Civil Code itself is relatively new (it only came into force on 1 June 1967). Given the small number of jurisprudential cases, which is in any case characteristic of small countries (except in respect of specific sectors like road accidents), there are as yet no fixed attitudes in jurisprudence regarding many aspects of liability; this allows for a relatively large range of doctrinal divergence.

P 3 Nonetheless, there has been increasing interest in problems of medical professional liability, this being reflected not only in an increasing number of lawsuits whose verdicts are not all published (even so, in the last 5 years we have knowledge of no more than half a dozen lawsuits, all for small amounts[2]; note that two of them, one curiously brought to court by a British subject, reached the Supreme Court[3]) but equally in a greater number of doctrinal studies on the problem[4], in press items on voluntary indemnity payments by public hospitals[5], and in enquiries into "accidents" occurring in such hospitals[6].

---

[1] Christian von Bar, *Unentgeltliche Investitionsempfehlungen im Wandel der Wirtschaftsverfassungen Deutschlands und Englands,* RabelsZ 44 (1980), pp. 455–485

[2] The typical case of "technical error" which has implied civil condemnation (obligation to compensate) involves strange objects being left in the patient's body. See the sentence ("Acórdão") of Rel. Coimbra, 20.10. 1978, Col. Jur., year 3 (1978), pp. 1162–1167, and the sentence of the Supreme Court of Justice, 26.11. 1980, Boletim Min. J. no. 301, pp. 404–407. In the first case, the amount of the compensation, at present values, was nearly £ 500; in the second it was £ 1500 (see also footnote 5)

[3] See the sentence referred to in footnote 2 and also the sentence of "Tribunal de Conflitos", 5.11. 1981, in Bol. Min. J. no. 311, pp. 195–216

[4] Especially: F. M. Oliveira SÁ, *Acerca da responsabilidade profissional em Medicina,* in O Médico, 1966, 753: 376–382, and *A responsabilidade Médica, nomeadamente no campo da contracepção,* Coimbra Médica, 1971, pp. 871–902; José C. Moitinho de Almeida, *A responsabilidade civil do médico e o seu seguro,* sep. da Scientia Iuridica, Braga, 1972; Joaquim S. Carneiro, *Responsabilidade da administração hospitalar,* Rev. Dir. Est. Soc., XIX (1972), 123–307; António S. H. Gaspar, *A responsabilidade civil do médico,* Col. Jur. year 3 (1978), 335–355; Jorge P. Amaral, *A responsabilidade profissional dos médicos e enfermeiros,* Coimbra, 1983

[5] A report published in "Jornal de Notícias", 4 May 1982, stated that a hospital in Oporto proposed compensation of 3 400 000 escudos to a patient

[6] The latest cases we have note of are the death of a child as a consequence of gangrene arising from a bone fracture and the death of a patient by electrocution during an operation due to malfunctio-

P 4 It seems probable that the enormous expansion of social security during the past decade will contribute to modifying the mentality of the Portuguese population, who, in this domain, have sought little redress. As pointed out by David-Constant à propos the relationship between civil liability and social security: "social security reinforces the conviction that all corporal injury has to be compensated; because it gives guarantees to growing numbers of people covered by social security, on the part of those not covered by social security it seems to exacerbate the innate need for security and makes them determined to seek satisfaction through the only mechanism open to them: civil liability"[7]. At present it appears, however, that the dominant feeling of the Portuguese population on suffering in jury, even when this directly affects their own person and not only their estate (as in the typical case of medical liability), is resignation, and not the demand for redress from the respondent.

Worth stressing, too, is the fact that the new Penal Code (based on a project by Prof. Dr. Eduardo Correia) only came into force on 1 January 1983. Innovative in many respects, it contains norms directly related to the professional liability of doctors, which will be analysed in Sect. C.

II. Principles of Medical Ethics

P 5 Practising the medical profession depends on membership of the Portuguese Medical Association, whose statute was approved by Decree Law 282 of 5 July 1977.

A distinguishing feature among the essential aims of the Association enunciated in the Statute is "striving for the establishment and constant improvement of the National Health Service ...".[8] The agencies of the Association include the "National Council for the National Health Service" (art. 83; art. 84, in its turn, refers to the "National Council for the Practice of Free Medicine")[9]. We said distinguishing feature, because it is thus clear that the Association is not an institution exclusively defending the interests of private medicine.

P 6 Although one must be a member to practise the medical profession, the Association is not the only instrument representing and defending the interests of the medical profession. Given the principle of trade union freedom, which is guaranteed by the Constitution (art. 59 of the Constitution of the Portuguese Republic), the creation of medical trade unions would have to be recognized. Furthermore, the Constitution clearly establish that "public bodies" ("associations publiques"), which include the Professional Associations, "cannot carry out functions pertaining to

---

ning of an electrical instrument used to cut a bone. Both cases happened in hospitals in the north of the country

7 S. David-Constant, *L'influence de la Sécurité Sociale sur la Responsabilité Civile,* in Mélanges offerts à René Savatier, Paris, 1965, p. 235 ff., p. 243

8 Prior to this the aim is mentioned of "supporting medical ethics, deontology and professional qualifications, in order to ensure and oblige respect for the right of the users to qualified medicine" [art. 6, a].

9 Although we think it is exaggerated to state that, as in the opinion ("Parecer") no. 2/78 of the Constitutional Commission (reported by Jorge Miranda), "... in this way, the Association cuts the last link with the defence of the interests of private medicine ..." (in *Pareceres da Comissão Constitucional,* 4th volume, Lisboa, 1979, p. 151 ff., no. 16)

syndical associations" (art. 267, no. 3)[10], which essentially means that it is beyond the Association's scope to decide on strike action by doctors[11] – an instrument of pressure on the public powers which has been effectively used in the past. A doctors' strike could thus only be called by the unions or in accordance with the other terms established by the Law[12].

P 7 In deontological matters, the Statute prescribes that the "National Council of Medical Deontology be responsible for supervising the strict observance of deontological norms which traditionally regulate medical ethics ..." (art. 79). In accordance with what is prescribed in art. 80, this Council elaborated a Deontological Code of the Portuguese Medical Association which was approved by the Plenary of the Regional Councils in 1981, and which, as far as we know, was only published in the Journal of the Portuguese Medical Association (Revista da Ordem dos Médicos).

1. The Deontological Code: Its Juridical Value

P 8 Even in the way this code (not published in the Official Government Journal) was approved seems to support the thesis of some authors that the deontological norms are primarily intended for internal effectiveness to be administered by the medical profession itself.

We do not intend to deny in toto the juridical value of these norms despite the fact that the revocation of the legal disposition which had formerly regulated this matter was carried out using a technical process which, to say the least, was far from classic[13].

P 9 The norms will be of great interest for the concretion of the general clauses of civil law, such as the criteria of negligence (onc has only to think of the "duty of scientific updating and training" which applies to doctors – art. 11 of the Code). They will also greatly help judges to reach decisions on what constitutes unlawful medical conduct. It even seems to us that they can be considered "protection laws" *("Schutzgesetze")* for the purposes of art. 483, no. 1, of the Civil Code (this because these norms are laws in the material sense). Their use furthermore demonstrates the purpose of the interpretation and integration of the "medical contract".

But it seems to us that they should not, in principle, be considered juridical norms on parity with, for example, those contained in the Civil Code. They are primarily aimed at doctors themselves, namely for the purposes of applying disciplinary sanctions for violation of precepts contained in the code. This seems to us to be the correct juridical focal point of the norms contained in the Deontological Code.

Principles of Medical Deontology

P 10 Of the five areas of the Deontological Code (general clauses; the doctor in the service of the patient; the doctor in the service of the community; relationship between doctors; relationship between doctors and third parties), we shall concentrate only

---

[10] Cf. "Parecer" quoted in footnote 9, no. 15, and resolution no. 11/78 of the "Conselho da Revolução", a) (Diário da República, 1st series, no. 22, 26. 1. 1978)

[11] Cf. a "Parecer" of the Proc. Ger. Rep. (ined.), reported by Rui V. M. Simões

[12] As there is still no published statutory law providing for the exercise of the right to strike in the Civil Service, it is considered that the regulations valid to private persons and institutions are applicable „as long as they are adjusted to the disciplinary rules of the Civil Service" ("Parecer" quoted in footnote 11, no. 2)

[13] See article 122 of the Constitution and the "Parecer" of Proc. G. Rep., Bol. Min., no. 321, 193–199

on those general principles regarding civil liability with the exception of those specifically studied in Sect. C[14].

P 11 *The principle of doctors' independence* is emphasised in art. 4. This independence is not only technical but also deontological. In accordance with it, the doctor cannot be subject to guidance from those not belonging to the medical profession in the execution of his clinical functions. This (specified in no. 2) does not prevent the existence of legitimately established institutional technical hierarchies, but means that in no circumstances may a doctor be constrained to intervene medically against his will (cf. arts 36 and 139).

P 12 *Scientific updating and training* is emphasised among the "general duties" (art. 11: "The doctor should ... endeavour to continually update his scientific knowledge and his technical training").

As to the quality of services rendered, the general principle is that, whenever attending a patient, every doctor is implicitly obliged to "render the best care within his scope ... in full respect for his dignity and that of mankind" (art. 29). Also sanctioned is the idea of *respect for qualification and competence,* – thus the doctor should, when he deems fit, request the collaboration of another doctor or send the patient to a doctor who he considers more qualified (art. 32; cf. art. 114 as to the duty to recommend specialists).

P 13 In the chapter referring to the doctor's responsibility to the community, under the heading "Responsibility" it is stated (art. 93) that "the doctor should take into consideration his social responsibilities in the exercise of his legitimate right to independence in the orientation of care and the choice of therapy, adopting an attitude of responsibility in the global health costs". With the proviso of the doctor's independence, this expresses the principle that the doctor should always bear in mind the idea of economy of health expenses, which are to a large extent financed by the whole community.

P 14 Though undoubtedly correct, it seems to us that this principle should have been sanctioned more frankly and openly by the Deontological Code, in the form of a real *duty to prescribe economically.* We think, too, that instead of the generic proviso of the independence of the doctor (an idea which is sufficiently stressed in other precepts of the code), it would have been preferable to call for a more objective element like "efficiency of treatment".

It is no less true today than formerly that *"le corps médical doit avoir conscience qu'abuser sur le plan de dépenses c'est priver d'autres malades, et peut-être beaucoup d'autres, des soins indispensables"*[15], and, underlined by the doctors themselves, we see that this chapter of the Deontological Code is far from familiar to the profession[16].

Nonetheless, though it could perhaps have been expressed in a better way (it is never excessive to stress this aspect of a doctor's responsibility to the community), the idea of a duty to economise on prescriptions is explicitly welcomed. Also in this chapter reference is made to the *"duty ... to objectively communicate all cases of frau-*

---

[14] With regard to the importance of deontology to a complete and perfect exercise of the profession, see F. Peiró, *Deontologia médica,* transl. by L. G. Álvares Ribeiro, r[th] edition, Braga, 1966, pp 17–18

[15] Blondel, Brocard, Carlotti, Lhermitte, Sait-Martin, *La responsabilité sociale, économique et civique du médicin,* in Deuxième Congrès International de Morale Médicale, vol. I, Paris, 1966, p. 205 ff., p. 220

[16] J. R. Debray, *Le Malade et son Médecin.* Flammarion, 1965, apud op. and loc. quoted in the previous note

dulent attitudes or grave incompetence in medical practice which come to one's knowledge, to the Association, agreeing to testify in eventual subsequent proceedings" (art. 97, no. 1).

P 15 Despite the generic terms in which the precepts are written (Art. 99 begins with the words: "Every doctor charged with the duty of serving as an expert ..."), it is clear that none of them considers the possibility of a doctor acting as an expert in a judicial proceeding in which the defendant is another doctor.

Stressing that in these circumstances the doctor continues to be subject to the precepts of the Deontological Code (art. 99), which should be independent from the body which has mandated him and those he has to assess (art. 100), no. 2 of art. 102 states that "if in the course of his enquiry he discovers an unsuspected disease, a possible diagnostic error, or an important symptom as useful indication to the course of treatment which might not have been taken into consideration by the doctor, he should communicate this in confidence to the latter, in the best way he deems adequate".

P 16 Nevertheless, this note of "confidentiality" is obviously inadequate in the case of judicial expert appraisal when the defendant is a doctor. One can say – and accurately – that the Deontological Code did not specifically foresee this situation in which general laws would have to be applied, and which would involve a break in professional solidarity.

But it is no less true that professional solidarity, in this and other liberal professions, has its limits; the document in question itself recognises this (cf. the duty to inform the Association in the case of grave incompetence or fraudulent attitudes), as do the codes of foreign congeneric associations, perhaps in even more explicit terms[17]. On the other hand, knowing that his is one of the classic bones of contention between doctors and jurists, even being responsible for deviations from the normal principles of law of evidence (due to the lack of confidence that expert reports merit in the courts)[18], it would not have been amiss for the Deontological Code to foresee this situation in order to regulate more closely fidelity to scientific truth (which is certainly not incompatible with the "prudent and sober manner" in which the final medical expert's report should be written, in accordance with the terms of no. 3 of art. 105).

P 17 In this way any conflict of conscience which were to occur in these circumstances would be resolved. That is one of the functions of a deontological code – above all, of a code like that of the Portuguese Medical Association, which does not limit itself to establishing great principles but rather, on the contrary, goes into quite minute detail in its regulations.

2. *Disciplinary Responsibility*

P 18 As regards the disciplinary responsibility of doctors, two aspects have to be distinguished: Firstly, *professional disciplinary responsibility,* which all doctors are subject

---

[17] No. II. of the new American Medical Association Ethics Code: "a physician shall deal honestly with patients and colleagues, and strive to expose those physicians deficient in character or competence, or who engage in fraud or decetion", apud D. Giesen, *Arzthaftungsrecht/medical malpractice law,* Bielefeld, 1981, 455

[18] H. L. Weyers, *Empfiehlt es sich, im Interesse der Patienten und Ärzte ergänzende Regelungen für das ärztliche Vertrags-(Standes-) und Haftungsrecht einzuführen?,* Gutachten A für den 52. Deutschen Juristentag, München, 1978, 36

to, and which relates to violations of deontological precepts or regulations of the Medical Association; therefore, of those acts can compromise the authority or discipline of the institution (the Medical Association), and the practice of medicine, in which case the violation of merely professional interest. Secondly, *administrative disciplinary responsibility,* which those doctors integrated in the public services are subject to, and which relates to violations of the so-called official duties in which the damage caused by the civil servant to the regular functioning of the service of which he is a part[19].

P 19 At the moment, we are only interested in talking about professional disciplinary responsability. As for administrative disciplinary responsibility, we would merely say that the "Doctors' Statute", applicable to all doctors who work in the public services[20], clearly states in art. 8, no. 2, that doctors covered by the Statute are subject to the disciplinary regime of civil servants and agents of Central, Regional and Local Authorities[21].

P 20 Violations of duties deriving from the Statute of the Medical Association, the Deontological Code and other regulations of the Medical Association (art. 73, no. 1 of the Statute of the Medical Association) constitute disciplinary infractions.

On the regional level, disciplinary competence is supervised by the "Regional Disciplinary Councils" (art. 71; art. 72 specifies that the Regional Disciplinary Council, composed of five members triannually elected, be assisted in its duties by a juridical assessor), and on the national level by the "National Council of Discipline" (composed of two members from each Regional Disciplinary Council and the President of the Medical Association – art. 67), which functions as an appellate against decisions made at the regional level (art. 68, no. 1).

P 21 The disciplinary sanctions foreseen in the Statute of the Medical Association are as follows: warning, reprehension (censura), suspension (upto 5 years maximum) and expulsion (art. 74).

In accordance with the enactment in art. 69, the "Disciplinary Statute of Doctors" was approved in 1981 and published in the Journal of the Medical Association, no. 8 (August) 1981.

Disciplinary Statute of Doctors

P 22 Just as in relation to the Deontological Code (cf. Sect. A.II.I), but this time with greater reason, we have some reservations with respect to the procedures adopted for the revocation of legal precepts which formerly regulated this field.

No doubt the Disciplinary Statute is of interest primarily to doctors themselves, and which, from a point of view which is not strictly legalistic, does not repugn but on the contrary concedes to the Medical Association some self-governing power[22]. But it must not be forgotten that in some aspects implicated by the disciplinary responsibility of the doctor (since sanctions of suspension and expulsion are possible, this does not merely appear in its functional guise, but preponderantly as a person

---

19 J. Calvet de Magalhães, *A responsabilidade Penal do Médico,* Coimbra, 1945, 22–23; S. Carneiro (see footnote 4), 138–141

20 Decree Law no. 373/79, 8 September

21 Disciplinary Statute of the Servants and Agents of Central Administration, approved by the Decree Law no. 191-D/79, 25 June

22 On the juridical nature of the Associations ("Ordens"), see "Parecer" quoted in foot note 9; nowadays, cf., however, article 115, no. 5 of the Constitution

tout court (the very freedom to practise one's profession is at stake)[23]. Besides, if the typification, which is not exhaustive in any case, of sanctions appears in the Statute of the Medical Association, the qualification of infractions which determine its application (as well as aggravating circumstances) is framed in the Disciplinary Statute. It thus seems that we should apply in full the observation made in the preamble of Decree Law 282/77, no. 8, that "... revocation of the previous statute, approved by the Decree Law, would always have to be undertaken through legislative means".

P 23 Leaving this aside, and merely looking at the essential point of the principles contained in the Disciplinary Statute of Doctors, we will begin by referring to the fact that according to the terms of no. 1 of art. 3, the Medical Association's disciplinary jurisdiction is exclusive when pertaining to deontological infractions[24].

The Disciplinary Statute goes on to state that "... persons having direct interest in the reported facts" (art. 8) can intervene in the proceedings, the prescribed limit for disciplinary proceedings being "... three years as from the date of knowledge of the infraction, or five years from the date of its inception." If penal illegality simultaneously exists, the delay of prescription for criminal procedure will remain applicable, if it is longer (art. 10).

P 24 Besides the normal disciplinary process (Chaps. II and VI deal with "institution of proceedings", "indictment and defence", "disciplinary verdict" and "appeal"), the Disciplinary Statute foresees some other special procedures, namely *Enquiry* "when the infraction is unsubstantiated, the infractor unidentified, or even when it is necessary to clarify the facts reported" (art. 58), and *Syndication* when "it reparts the medical, public or private institutions, all the necessary cooperation being offered by the respective medical boards as well the competent managerial organs" (art. 60). Sections II and III of Chap. VII further regulate the revision and rehabilitation procedures (which can be limited to the practice of certain medical acts; art. 12).

P 25 There is recourse to ordinary courts against disciplinary verdicts which apply sanctions of suspension and expulsion, because art. 70 of the Statute of the Association, which generically only permits recourse to decisions proffered by the National Council of Discipline to the administrative tribunal, is considered anticonstitutional[25].

III. Organisation of the Health System

P 26 The subject of the organisation of medical care has given rise to particularly strong controversy, and one cannot say that the precise model for the Portuguese Health System has been definitely decided upon.

We will allude to constitutional principles in this area and the most recent legislative developments.

---

[23] Cf. J. C. Vieira de Andrade, *Direito Constitucional – Direitos Fundamentais,* Coimbra, 1977 (mimeographed), p. 234

[24] This disciplinary liability can, of course, coexist with other forms of liability: no. 2 of art. 3 of the Disciplinary Statute recognizes this, though stressing its independence

[25] In this matter, Resolution no. 11/78 (no. 10), which considered art. 70 of the Statutes of the Association partly unconstitutional, seems to be supported by the declaration of vote of Judge L. Nunes de Almeida

1. Constitutional Principles

P 27 The right to health protection (as well as the duty to support and promote it) is proclaimed in that part of the Constitution of the Republic referring to fundamental rights and obligations, and specifically in art. 64 of Chap. II (Social Rights and Duties), integrated in the subdivision dealing with economic, social and cultural rights and duties.

Distinguished as a practical means of fulfilling this is the "creation of a universal, general and free National Health Service ..."[26]. This task falls primarily on the state which should provide a service that will "(a) guarantee access of all citizens, irrespective of their economic status, to medical, preventative and curative care and rehabilitation; (b) guarantee rational and efficient medical and hospital cover for the whole country".[27]

2. Legislative Developments

P 28 The Law of the Foundations of the National Health Service, approved on 15 September 1979, covers "all the integrated aspects of health care, comprising the promotion and vigilance of health, prevention of disease, diagnostics and treatment of the sick, and medical and social rehabilitation".[28]

According to the terms of art. 7, access to the National Health Service is free "without prejudice to the establishment of diversified moderating charges tending to rationalise the services rendered". Article 8 recognises the users' freedom in choosing the person responsible for rendering health services, and art. 9, on their relationship with the services, guarantees respect for their dignity and safeguards their privacy.

P 29 In art. 14, health care is divided into primary and differentiated care (art. 16). The former covers the prevention of disease and the promotion of health care and ambulatory care, including general practice; maternity and family planning services; school and geriatric services (including domiciliary services); specialist care (namely in ophthalmology, stomatology, otorhinolaryngology and mental health); hospitalisation which does not require differentiated care; complementary diagnostic and therapeutic measures, including rehabilitation; and nursing care, including domiciliary visits.

Differentiated care comprises hospitalisation and "ambulatory acts" for diagnostic, therapy and out-patient specialist consultations.

P 30 In many of its aspects this Law needed to be regulated. It was anticipated in art. 65, no. 1 that the government would elaborate the necessary laws for its execution within 6 months. However, various vicissitudes, directly connected to political events, were encountered. Thus towards the end of 1979 various decrees were published with the aim of concretising and putting the law into practice; these were later revoked in 1980[29].

---

[26] First part of article 64, no. 2, where a wide conception of health is accepted, similar to that adopted in the preamble of the Constitution of the World Health Organization. See J. M. Auby, *Le Droit de la Santé*, Paris, 1981, 11, and L. Cayolla da Motta, *O "Direito à Saúde"* and *"Sistemas de Saúde", O Médico*, no. 1433 (15. 2. 1979), pp. 283–288

[27] a) and b) of art. 64, no. 83

[28] Art. 6, no. 2, of Law no. 56/79, 15 September

[29] See Decree Law no. 81/80, 19 April

The time limit for the publication of the decrees was extended, and on 8 August 1981 the National Assembly of the Republic approved a law giving the government authority to alter the legislation on the National Health Service with the revocation of Law 56/79[30].

Finally, on 29 June 1982, a Ministry of Social Affairs Decree Law was published, institutionalizing the regional administration of health care and revoking Law 56/79 in that which concerns the organisation, functioning and status of personnel (from art. 18)[31].

3. Characteristics of the National Health Service: Medical Career Structure: Public and Private Medicine

P 31 As stated in Sect. A. III, the model of the National Health Service cannot be said to be absolutely defined. Some legislative developments are quite recent and it is difficult to anticipate their exact consequences. Other aspects (like some concerning hospital organization) are still in need of legislative treatment, and due to the fact that this subject is very sensitive to political developments, one cannot discount the possibility that further alterations will take place.

P 32 There are deep divergences between the Government and the Medical Association as to the form of health services to be adopted, the most essential of which can be perceived through the document entitled "Report of the Parity Commission on the Conclusions of the Meeting of the Ministry of Social Affairs with the Medical Association on April 23, 1982", published in the Journal of the Medical Association, no. 6 (June) 1982 (it must, however, be noted that the commission's mandate was restricted to the calculation of the cost of the two models studied).

The association's model fundamentally supports so-called conventionalised medicine (though within the framework of a mixed system which does not exclude the normal functioning of the state hospital and public health networks). The doctor who accepts the conventionalised regime would have the right to remuneration for his medical intervention according to terms to be agreed on. Besides this, despite the existence of "convention", the Association defends the patient's right to opt for a "non-conventionalised" doctor, the State reimbursing the corresponding fees for the medical service concerned according to the conventionalised scheme[32].

The Ministry of Social Affairs supports a model primarily founded on civil service cadres, though it accepts, on a complementary basis, recourse to conventional doctors and, in exceptional cases, reimbursement. Special emphasis is placed on the career of the general practitioner practising in "health centres".

In practice, the Ministry of Social Affairs' model seems to prevail (the reasons invoked are of an economic rather than an ideological nature).

P 33 In August 1982 a diploma defining the regime of the medical career structure was approved[33]. This diploma anticipates the following schemes of work:

a) Full-time (36 hours per week)

b) Extended full-time (45 hours per week)

c) Exclusivity scheme (which implies the impossibility of exercising any other professional functions unauthorised by the Law)

---

[30] Law no. 17-A/81, 8 August

[31] Decree Law no. 254/82, 29 June

[32] For further details see "Relatório" quoted 5–7

[33] Decree Law no. 310/82, 3 August

d) Part-time
e) Permanent availability (besides full-time service, this implies the obligation to render service whenever solicited)

Full-time service is considered the general scheme (art. 9). In its turn, the recognised medical career structures are as follows:

a) Career in Public Health
b) Career in general practice
c) Hospital career (art. 13)

P 34 Just looking at perhaps the most salient feature – institutionalising the career of the general practitioner – we see that the general practitioner is defined as "a professional qualified to render primary care to individuals, families and, on a large scale, defined populations which are entrusted to him, exercising his intervention in general terms and continuity of care, personalising his relationship with his patients; the socio-medical information and integration, according to the objectives of the National Health Service" (Art. 20, no. 1).

According to the law, the personalisation of the relationship with the patients will be promoted by entrusting to each doctor a defined population of not less than 1500 users, nominally designated in lists. The principle of voluntary enrolment of the user (who can change his doctor) is respected, and the doctor has the right to refuse the enrolment of any patient on technical or deontological grounds (art. 20, no. 3).

P 35 It is still too early to assess the practical results of the application of this law. Given the large number of medical graduates in recent years, it seems probable that many of them will be integrated into the new medical career structure in a quasi-exclusive regime (note that doctors working part-time cannot hold management posts), thus paying the way for a Health Service model primarily based on personnel from the civil service[34].

The health system prior to 1974 was profoundly different, to a large extent being based on the "Provident Fund", which was organised by branches of economic activity among whose other social security aims was the provision of medical assistance. The doctors, almost always working part-time, often combined work in their private practices with work in public hospitals[35]. Dissatisfaction with the Provident Fund system, which was characterised by a depersonalised doctor–patient relationship, was general[36]. In 1974 a Decree Law in 1974 transferred the medico-social services of the Provident Fund institutions to the Office of the Secretary of State for Health[37]. Today the whole population has the right to the general health cover scheme, this system being virtually exclusively financed by the State Budget[38].

P 36 Difficulties of coordination between primary health care and differentiated and hospital care can be observed, which the new Regional Health Administrations must seek to resolve.

Perhaps as one of the consequences of the rather depersonalised doctor– patient relationship which still exists today (opinions differ as to whether the situation will change or not), the doctor, in order to satisfy the user, has a tendency to prescribe

---

[34] Besides, this is the model presented in art. 15 of Law no. 56/79

[35] F. Costa e Sousa, *A Experiência da Medicina Socializada em Portugal,* Revista da Ordem dos Médicos, no. 9 (September) 1982, 11–15, 13

[36] Costa e Sousa (ibid.), p. 12

[37] Decree Law no. 589/74, 6 November; see also Portaria no. 431/76, 20 July

[38] A. Sampaio, A. C. de Campos, *Serviços de Saúde em Portugal, Uma Reflexão Crítica,* in O Médico, vol. 96, no. 1517 (25. 9. 80), p. 488 f., 1. 1.; Costa e Sousa (op. cit.), 13, 2nd col. and 14, 1st col.

examinations and excessive amounts of medication, which is why medication and complementary therapeutic appliances account for an exaggerated percentage of health costs[39]. This has led to the adoption of unpopular measures, namely "moderating taxes" with respect to the prescription of medication and use of services[40].

P 37 It seems to exist a tendency to limit the existing "conventions" for auxiliary means of diagnosis and therapy, as well as those referring to surgical services and conventional hospitalization[41]. However, in the field left by the official services to private medicine, the system of reimbursement in relation to numerous groups of the population (about 20%), especially civil servants, has been maintained.[42].

P 38 As regards hospital organisation, the "Hospital Statute" and the "General Regulation for Hospitals", approved in 1968[43], are still valid, except for alterations made in posterior legislation.

In accordance with the Hospital Statute, the hospital organisation "constitutes a coordinated and functionally integrated unitary system, composed of general and specialised establishments and services of curative medicine and rehabilitation directly dependent of the Ministry of Health and Welfare which belong to the State and other public entities, as well as charities and other private institutions" (art. 1, no. 1).

Article 12 considers the hospital organisation's activities to be of public interest. Article 14 expressly states that the action of hospital establishments and services is simultaneously medical and social (the social action envisaging establishing a relationship between personal and family needs and the cases of illness, with the objective of taking treatment and the return of the sick to the social medium into account).

P 39 The rehabilitation of patients, be it physical or psychic, should normally be started in these services which are predominantly curative (art. 15).

The teaching hospitals should be organised in such a way as to assure the Faculties of Medicine the necessary conditions for teaching and research (art. 16, no. 1).

Hospital assistance should not only take the form of treatment, but also the rehabilitation of the sick (art. 20, a).

Depending on their geographical location, hospitals are classified as central, regional, or subregional; the scheme of services is classified as general or specialised, and the administration, as official or private. The official hospitals are administered by the State and the private hospitals by charities and other private welfare institutions[44].

P 40 As to responsibility for medical assistance, patients can be public or private; private patients are those who, covered by the legal and regulary dispositions, choose their own physician. Private patients can be admitted to private rooms, have consultations and receive diagnostic and therapeutic measures, on the basis of a timetable established by the administration and as long as the normal functioning of the hospital is not prejudiced[45].

---

39 A. Sampaio, A. C. de Campos (ibid), 1.2. d); F. Costa e Sousa (op. cit.), p. 14

40 Costa e Sousa ibid

41 Costa e Sousa (op. cit.), p. 15.

42 Ibid.

43 Decree Law no. 48357, 27 April 1968 and Decree Law no. 48358, the same date

44 Art. 1, no. 2 and art. 7 of the General Regulation for Hospitals

45 Art. 67, art. 32, no. 15, of Decree Law no. 310/82 allows physicians integrated in the hospital career structure to use the hospital equipment to assist private patients and persons treated free of charge

Article 69 of the General Regulations for Hospitals states that "patients in private rooms who have not been recommended by an authorised doctor, may choose one from those doctors working in the hospital, according to terms to be agreed on".

P 41 Outstanding among the most recent developments in this matter are Decree Law 357/82, of September 6, which grants the National Health Service Administrative and financial autonomy, and Decree Law 398/82 of September 22, which institutionalises the "Department of Health Studies and Planning", which is simultaneously a central department of the National Health Service and a sectorial department of the National Board of Planning, and which covers the following services:

a) Board of planning
b) Board of research
c) Board of statistics
d) International technical cooperation division
e) Administrative division
f) Centre of documentation and information (art. 1).

4. Conclusion

P 42 As for statistics, with regard to "Human Health" they are published by the National Institute of Statistics (in Portuguese and French), where one can find detailed data on personnel (pp. 3–8), health establishments (pp. 11–16) and the activities of health establishments (pp. 19–35).

We must add that the most recent data we have at our disposal point to there being 23 000 doctors for a population of approximately 10 million inhabitants (Costa e Sousa, cited in footnote 35).

B. Civil Responsibility

I. General Principles of Civil Responsibility

P 43 With regard to extracontractual (tortious) liability, the Civil Code of 1967 establishes the principle of fault, that is: "independently of fault, there is only a duty to compensate in those cases specified by law" (art. 483, no. 2). However, the Code does admit some cases of presumption of fault (cf. arts. 491–493 concerning the liability of persons obliged to someone's vigilance, damage caused by buildings or other works and damage caused by objects, animals or activities) and some cases of strict (risk) liability (art. 499 ff. concerning vicarious liability, the State and other "public collective bodies", liability and damage caused by animals, accidents caused by vehicles and damage caused by electrical or gas fittings).

P 44 The principle of fault is also applicable in respect of contractual liability, it being the duty of the debtor to prove that default or imperfect performance did not result because of his fault (art. 799, no. 1 – presumption of fault). As to the criteria for the appraisal of fault, art. 799, no. 2 refers to those of extracontractual area (art. 487, no. 2).

P 45 The standard of the law is abstract with regard to not only diligence (standard of skill) but also professional capacity (knowledge). Nonetheless, some external circumstances must be taken into account, in particular whether the doctor is a specialist and the place of practice[46].

P 46 Different articles of the Civil Code regulate the two kinds of liability. Contractual liability is governed by art. 798 ff. in the chapter referring to the performance or breach of contract. Tortious liability by contrast, is considered in the chapter on the sources of obligations, art. 483 ff. (as a matter of fact only in this case is the liability, so to speak, the autonomous source of an obligation because only with tort does a juridical relationship arise between the subjects), although the legislator has included some mixed *Tatbestände*.

Some common features of contractual and tortious liability (including causality, the calculation of compensation and the forms this can present) are regulated in the chapter on the "kinds of obligation" (duty of compensation – art. 562 ff.).

This systematisation gives rise to some problems regarding the relationship between the two branches of civil liability.

---

[46] J. M. Antunes Varela, *Das Obrigações em Geral,* vol. 1 (4th edn.), Coimbra, 1981, p. 492 ff.; M. I. Almeida Costa, Direito das Obrigações (3rd edn.), Coimbra, 1979, p. 388

II. Relationship Between Contractual and Extracontractual Liability

1. Concurrence Between the Two Forms of Liability?

P 47 Although in Portuguese law there is not such marked variation between the two kinds of responsibility as in other juridical systems, some differences do exist. Besides the above-mentioned presumption of fault in the field of contractual liability, there are important differences in the prescription (art. 309 and 498: 3 years for an action in tort and 20 years for an action in contract) and joint tortfeasons (in the extracontractual field, art. 497 establishes the principle of solidarity). There are also differences in respect of vicarious liability: in both cases the defendant may be liable for the actions of persons he uses in the performance of an act; however, in the field of tortious liability, he will be liable only if there is a relationship of "commission" (the authority to give orders or instructions – arts. 500 and 800).

P 48 The same event can simultaneously constitute a breach of contract and a tort: this is so, for example, when a surgeon leaves a scalpel inside a patient. There then arises the problem of knowing whether the plaintiff may invoke simultaneously those rules of contract and tort which are most suitable to his case.

In a negative sense one might suppose that if the parties concerned come to an agreement this means that as regards the relationship between them they desire only those rules that regulate the contract to be valid. The specific discipline of the contract would absorb the more general regime of the law. But in the opposite direction, one could argue that the fact of them having come to an agreement should in no case be interpreted as meaning that they want to relinquish the protection that, as a rule, the law ensures them[47]; *a minore ad maius* can even be told that the general prohibition of prejudicing somebody's rights is invididualised and confirmed by the contractual duty which aims at the same purpose.

P 49 The Civil Code does not have any specific rule for solving this problem of the concurrence of liabilities. Comparative law shows us the existence of different patterns[48]. We think that, given the non-existence of a precept which specifically states the opposite, concurrence of liabilities should be accepted as the "natural solution"[49].

Nevertheless, this solution can only be accepted with some restrictions. First of all, there are not two distinguishable actions but a single action that may be based on different norms (*Anspruchsnormenkonkurrenz* and not, *tout court, Anspruchskonkurrenz,* to use K. Larenz's terminology[50]) and a single *causa petendi.* Besides, the action in tort may have to be restricted where the existence of contractual liability depends on serious fault or where an exemption clause has been agreed upon. Finally, the shorter delay in prescription of an action in contract might have to be extended to the extracontractual field[51].

---

47 A. De Cupis, *Il Danno* (3rd edn.), Milano, 1979, no. 15

48 See Tony Weir, *Complex Liabilities,* Int. Encycl. Comp. Law, vol. XI, chapter 12, and V. Schlechtriem, *Vertragsordnung und außervertragliche Haftung,* Frankfurt, 1972

49 In French law there are special grounds for not adopting this solution, mainly the fact that in contract the creditor must always put the debtor in delay. The use of an action in tort may so be seen as an unfair method to avoid or substitute this duty. See J. Carbonnier, *Droit Civil,* vol. IV, *Les Obligations* (10th edn.), Paris, 1979, no. 113

50 K. Larenz, *Lehrbuch des Schuldrechts,* vol. II (12th edn.) 689–690

51 Erwin Deutsch, *Haftungsrecht,* Vol. 1, *Allgemeine Lehren,* Köln, Berlin, Bonn, München, 1976, p. 83

In practice this problem has not been encountered because actions are usually based *either* in contract *or* in tort.

2. Damages; Pain and Suffering

P 50 The general principle is that, natural restitution not being possible, "... the pecuniary compensation is the result of the difference between the patrimonial situation of the damaged at the latest date that can be considered by the court, and the situation he might have been in by that time if the damages had not existed (art. 566, no. 2; see also no. 1 and art. 562)[52]. Yet, opening the way for an exception to the principle of total compensation, a precept included in the section on tortious liability says that "when liability is based in negligence, the compensation may be fixed, equitably, at a smaller amount than what would correspond to the caused damages, since the degree of the agent's culpability and his economic situation as well as that of the damaged and other circumstances of the case may justify this" (art. 494).

P 51 The principle that regulates the assignment of compensation for "non-patrimonial damages" (usually called "moral damages") is also included in this chapter. The law takes into account the fact that non-patrimonial damages, by virtue of their gravity, deserve the protection of the law (art. 496, no. 1). When fixing the compensation, the circumstances, already mentioned in art. 494 should be taken into account, emphasising the doctrine that the gravity of the damage should be measured on an objective basis[53].

P 52 Since the principle of concurrence of liabilities is accepted, the problem of application of these principles to the area of contractual liability, about which there is no doctrinal consensus, loses some of its interest. Even so – and the very conclusion that there is concurrence of liabilities is arguable – we think it deserves study because the two fields do not correspond at all (even for procedural reasons).

Having explained the systematisation of these subjects in the Civil Code, we think that, in principle, those rules should not be applied to contractual liability. If the legislator had wished those solutions to be applicable in this field, he would have introduced the rules concerned within the common rules. Or, as in the Code of Obligations of Switzerland (art. 99, no. 3), he would have asserted clearly this direction, besides the practice adopted by our Code concerning the criteria for the appraisal of fault.

P 53 Yet this does not seem to us to have to lead necessarily to an "all or nothing" solution. Taking for granted, as seems to us correct *de lege ferenda,* that the law wanted those solutions to apply only to extracontractual liability, the existence of a lacuna can be accepted under exceptional circumstances. That is, it can be accepted that if the law had foreseen some exceptional cases, it would have foreseen for them the same regulation, applying those rules by analogy[54].

As regards, medical malpractice (and most probably our courts[55]), we have few doubts that it constitutes precisely one of the groups of cases in which compensation for non-patrimonial damages should be accepted in contractual liability[56].

---

52 It's a concrete and not an abstract criterion of the evaluation of the damage. See Pereira Coelho, *O Problema da Causa Virtual,* Coimbra, 1955, p. 251 ff.

53 A. Varela, cited in footnote 46, p. 532.

54 This is possible because these rules are not (in our opinion) "exceptional norms"

55 The sentence of the Supreme Court of Justice, 26.11.80, Bol. Min. J. no. 301, 404–407, allowed a compensation for moral damage, even without discussing this question.

56 See F. J. Braschos, *Der Ersatz immaterieller Schäden im Vertragsrecht,* Köln, 1979

III. Access to Records

P 54 The problem of access to medical records is of special relevance in the pre-procedural period, when the patient concerned aims to find out through examination of the records whether or not a violation of *leges artis* has occurred.

Firstly it must be noted that art. 80 of the Deontological Code is clear in establishing that "the doctor, whatsoever the statute may be to which his professional action has to be subjected, has the duty and the right to record, carefully, clinical observations of the patients under his responsibility, preserving them from any indiscretion, according to the rules of professional secrecy".

P 55 There are thus no doubts as regards the existence of the "duty of documentation"; doubts only concern its exact limits, a matter with which we are not going to deal. Here we only wish to point out that the language used (vis-à-vis the careful recording of clinical observations) suggests that all the important events concerning diagnosis and therapeutics must be recorded.[57]

1. Access to Medical Records During the Course of the Trial

P 56 If access to medical records is requested prior to a pending lawsuit, the general rules of the Code of Civil Procedure are applicable. The party that intends to make use of a document in possession of the other party applies for the latter to be notified to produce it within the specified period (art. 528, no. 1). It is of interest that if the notified person fails to produce the document, "the court will interpret freely his behaviour for purposes of evidence (art. 529; we will come back to this point later, see Sect. B. IV).

2. Access to Medical Records Outside the Courts

P 57 First of all it must be asked whether as a result of the medical contract (12) there is a duty to enable access to records. For some years the theory of a so-called complex obligational relationship" has been pacifically accepted[58]. According to this theory the duties of "prestation" stand out in the obligational relationship (contractual relationship), but there are other duties of behaviour, all of which have a unity of aim (the purpose of the contract), becoming linked in an organic way[59].

P 58 There are also "lateral duties" *(Nebenpflichten)* "... in order to achieve the complete fulfilment of the interests aimed at the complex obligational relationship"[60] which may remain even after the extinction of the contractual relationship (e.g. duties of cooperation with the other party) and whose breach may give rise to a duty of compensation[61]. These duties can be directly grounded in the principle of good faith[62] whenever they are not based in a contractual clause or a statutory norm.

Does, then, a lateral duty exist in respect, of access to the medical records? *Quid*

---

57 "Contract of service" – art. 1154 of civil code.
58 Since the study of C. A. Mota Pinto, *Cessão da Posição Contratual,* Coimbra, 1970
59 C. A. Mota Pinto, *Direito das Obrigações,* Coimbra, 1973, p. 58 ff.
60 Rui de Alarcão, *Direito das Obrigações,* Coimbra, 1983, p. 67
61 M. Pinto, op. cit., 63; R. de Alarcão, ibid, p. 64
62 R. de Alarcão, op. cit., p. 67 and p. 107 ff.

iuris? In principle we think so. Good faith imposes that the doctor or the medical institution which dealt with the patient, even *post contractum finitum,* places at his disposal the necessary documentation so that he can ascertain whether "the best care" (art. 29 of the Deontological Code) was rendered to him.

P 59 We say only in principle, because we must avoid abuses of and prejudices against the normal practice of medical activity, which might arise if the doctor were to be continuously exposed to demands of this kind.

A doctor will only be obligated to allow access to the records as far as good faith demands; such access will especially be justified if there are objective indications of a serious interest on the part of the patient.

P 60 As a practical rule, we think it will be legal for the doctor to deny access to medical records unless the request is made by the patient's lawyer. Obviously this is not intended to mean that the doctor cannot refuse the lawyer examination of the documents. The mediation of the lawyer is nothing but an advisable precaution, the minimum requirement for the assumption of the existence of a serious interest on the part of the patient.

The lawyer is obliged by his own deontology not to comply with a demand of a client which aims to fulfil a mere caprice. And, in what concerns professional deontology, the Lawyers' Association ("Ordem dos Advogados") gives us a very good example on giving a detailed report in the review (Revista da Ordem dos Advogados) of the judgements given in disciplinary matters, offering the readers the possibility of knowing the use it makes of "may-must" (pouvoir-devoir) which is conferred to him by law.

3. Statutory Duty to Allow Access to Medical Records

P 61 Independently, in the chapter on the kinds of obligation, the Civil Code regulates the obligation to "information", "exhibition of objects" and "presentation of documents". According to art. 573 "the obligation to provide information exists whenever the subject of a right has a reasonable doubt about its existence or its content and someone else is in a position to provide the necessary information". In its turn, art. 575 says that the preceding article, art. 574 (which essentially states that the examination of information is justified when it is necessary to verify the existence or the content of the right and the defendant has no reasonable motive for refusing it), can be extended, with the necessary adaptations, to cover documents, "since the requester has juridical interest in their examination".

P 62 A comparative analysis of art. 575 with the corresponding paragraph in the German Civil Code (§ 810, BGB), which, until a short time ago did not allow to decide positively the present problem[63], shows us that the precept of the Portuguese Civil Code is much wider and more permissive[64].

We think that according to the above articles it is possible to justify access to records. The duty is not only a lateral obligation derived from a medical contract but also a statutory duty resulting directly from the law, independently of the contract.

---

[63] Weyers, cited in footnote 18, pp. 14–15

[64] See Pires de Lima, A. Varela, *Código Civil Anotado,* vol. I (3rd edn., with the collab. of M. H. Mesquita), Coimbra, 1982, pp. 588 to 560; Vaz Serra, *Exibição de coisas ou documentos,* Bol. Min. J. no. 77

4. Public Hospitals

P 63 The principles described above will be applicable to the public hospitals if the existence of their contractual liability (private law) is accepted (see Sect. B.V.2).

IV. Causation and Burden of Proof

P 64 Comparative law shows that the structure of medical law largely has a casuistic basis. There isn't that casuistic among us, we will have to confine ourselves to the exposition of general principles.

Regarding the link of causality, the doctrine of adequate causality is accepted by us and we do not see it as necessary to expound it in detail. The burden of proving the link of causality falls on the plaintiff, while the burden of proving the fault falls on the plaintiff in extracontractual liability and on the defendant (debtor) in contractual liability[65].

P 65 However, as the doctor's obligation is an obligation of "means" (even if we have to accept that the doctor may promise a result), it has already been claimed that the burden of proof falls on the plaintiff (creditor)[66].

We do of course agree, that the nature of the obligation will influence the distribution of the burden of proof; only can be accepted, by absurd, that the patient, to obtain compensation, has only to prove the non-obtainment of a result, i.e. the non-recovery of health.

The nature of the obligation, here as in other areas of professional liability, leads us to accept that the patient must prove objectively that "the best care" possible was not rendered to him, this being a breach of contract[67].

P 66 Such proof is admittedly very difficult to achieve. In any case, it is very different having to prove the existence of objective elements of medical malpractice than having to prove that the doctor, in those circumstances, might and ought have acted in a different way.

The doctor will be in a much better situation to prove that these circumstances did not occur.

It therefore seems more correct to impose upon him the burden of that proof.

In the appraisal of evidence the judge may take into account the so-called judicial presumptions (arts. 369 and 351 of the Civil Code), i.e. the judge may infer from a known fact an unknown fact – deductions that are suggested by "the axioms of experience, the common good sense of probability, the principles of logic, or human intuition"[68].

P 67 When an injury exists that according to medical experience must be attributed to a certain error of treatment, the existence of this error of treatment must be presumed, the doctor being free to prove that there was an atypical course of events.

---

65 A. Varela, cited in footnote 46, p. 516

66 M. de Almeida, cited in footnote 4, p. 11; cf. F. Pessoa Jorge. *Ensaio sobre os pressupostos da Responsabilidade Civil,* Lisboa, 1968, pp. 133–134

67 Henriques Gaspar, cited in footnote 4, pp. 344–345.

68 P. Lima, A. Varela, op. cit., p. 310. For a German translation of the precepts of the civil code concerning liability law, see M. von Lillienskiold, *Aktuelle Probleme des portugiesischen Delikts- und Schadensersatzrechts,* Bonn (mimeogr.), 1975

This "proof by presumptions", which is quite near to the German *prima facie Beweis* and the Anglo-Saxon doctrine of *res ipsa loquitur*[69], is to be used prudently in this field because of the necessity of real and serious proof. Nevertheless, the concept of technical error is a "normative concept" and not a purely medical one. The principle of proof by presumptions is being affirmed internationally with progressive clarity because of the generalised suspicion concerning expert reports by doctors (a regrettable tendency, but one well justified by experience)[70].

As stated above, if the person who is notified that he must produce a document (the term "document" is used in a wide sense, including, for example, medical records) fails to do so, the judge will interpret his behaviour freely. In practice this may lead to an inversion of the burden of proof. Anyhow, whenever one of the parties has made "faultly impossible the proof to the other part" in the general terms of the civil law (art. 344 of the Civil Code), there is a real inversion of the burden of proof.

V. Responsibility of Public Hospitals and Private Clinics

1. Extracontractual Responsibility of Public Hospitals

P 68 There is no doubt that the criteria for establishing whether or not liability exists for medical acts performed in public hospitals are exactly the same as those in respect of private clinics. Only the question remains of whether the action should be brought to judicial courts or to administrative courts, which depends on the classification of medical acts as private or public administration acts. In principle the first solution would seem advisable to use, as a medical act is basically similar wherever it may be practiced (art. 36 of the Deontologic Code) – i. e. the reasons that can justify the specialised competence of the administrative courts are not present except in special cases (such as in military hospitals[71]) or when the liability doesn't result of a medical act in a restricted sense.

Nevertheless, both the Statute of the Doctor (Decree Law no. 373/79, art. 8, no. 3) and the Law of the National Health Service (Law no. 56/79, art. 12) preferred the second solution: The action must be brought in the administrative court and only against the public administration.

P 69 The doctor is generally not liable personally but only by the means of a right of regress of the hospital institution. This right of regress presupposes that he acted with a level of diligence manifestly inferior to that demanded by his duties (art. 2, no. 2, of the Decree Law no. 48 051, of 21 November 1967).

He is personally and directly liable only if he acts intentionally or goes beyond his functions. In this case the action must be brought to judicial courts.

It is possible that some legislative changes will occur in this matter, either through

[69] See J. H. King, Jr., *The Law of Medical Malpractice*, St. Paul, Minn. 1977, p. 110 ff. and W. Lacerda Panasco, *A responsabilidade civil, penal e ética dos médicos*, Rio de Janeiro, 1979, p. 3 (quoting S. A. Strauss)

[70] D. Giesen, cited in footnote 17, pp. 273–275

[71] Sentence of the "Tribunal de Conflitos", 5. 11. 1981, Bol. Min. J. 311, p. 195 ff.

adaptation to the constitutional principles[72] or to prevent some inconveniences of the present regulation, which attributes judicial competence to two branches of the courts.

2. *Contractual Liability of Public Hospitals*

P 70 We will begin by putting the question *de iure condendo*. Taking into account the present interests, which will be the best solution: to accept the contractual liability of public hospitals, or not to do so? *Quid iuris?*

The contract seems to us much more appropriate to a relationship of trust, as is typical between patients and the health service. Treatment in public hospitals has become a mass phenomenon. The contract, as a special relationship between two partners, personalizes this kind of social relation[73].

Tort law aims to regulate relationships between strangers. On the other hand the contract is more favourable to the interests of the injured party, it, being sufficient to consider the example of access to records (see Sect. B. III. 4).

As this solution is the best *de iure condendo*, we should not accept it only if there are strong reasons *de iure condito;* indeed there are not[74].

P 71 Once more comparative law shows us different models. We do not think that the French one, which privileges contractual liability, is the best, although this has also been the solution of our courts up until now[75]. Perhaps a mistake has been made in this matter. We propose that the hospital should be held responsible, rather than the doctors, unless they practice privately within the hospital. There are two juridical grounds for this solution: the concept of adhesion contract[76] and the "contractual relationship of fact" *(faktische Schuldverhältnisse)*[77].

3. *Contractual and Extracontractual Liability in Private Clinics*

P 72 On the contractual level, the clinic is liable for all the acts of the personnel who work in it in the performance of their duties. Thus, if the clinic has doctors in its service for the treatment of clients who directly go to it, it is contractually liable for their acts. However, if it is managed by people not belonging to the medical profession, it will not be held extracontractually responsible, because this liability presupposes a "relation of commission" (the position of issuing orders and instructions) which cannot exist between a layman (as master) and a doctor (as servant).

Even when acting under the orders of a doctor not on the clinic's staff, the paramedical personnel do not lose their status as servants of the clinic[78].

---

72 Vaz Serra, Rev. Leg. Jur., year 110th, pp. 313–320 and 322–323

73 E. Deutsch, *Medizinischer Behandlungsvertrag,* in *Gutachten und Vorschläge zur Überarbeitung des Schuldrechts,* vol. II, p. 1051 ff.

74 Articles 8, no. 3, of the Decree Law no. 373/79, and 12 of Law no. 56/79 concerns only extracontractual liability and not contractual liability

75 S. Carneiro, cited in footnote 4, pp. 162–163, 172–173

76 M. de Almeida, cited in footnote 4, pp. 26–27

77 R. de Alarcão, cited in footnote 60, pp. 125–129

78 M. de Almeida, op. cit., p. 21

VI. Vicarious and Group Liability

P 73 By contract, the doctor is liable for the acts of the persons he uses in the performance of his duties, as for his own (art. 100, no. 1 of the Civil Code). So, for instance, in the case of a patient contracted only by the surgeon, the latter is responsible for the damage caused by any member of the surgical team, including the anaesthetist.

In tort, there is also a strict liability of the master, given the fact that the servant acted at fault and under his authority (art. 500 of the Civil Code). Usually the anaesthetist is not a servant of the surgeon. Anyway, it seems reasonable that a doctor can be a servant of another doctor.

If a doctor obliges the client to enter a certain clinic (mainly for surgical intervention), it seems fair to make him liable for the acts of the clinics personnel, when integrated in the rendering of medical care[79], and even for acts alien to his activities, when they are attributable to the "fault of the organisation" *(Organisationsverschulden)*. The doctor who recommends a clinic is implicitly obliged to answer for its bad organisation, which will often be recognizable through reading the guidelines.

The case of public hospital liability is of little interest with regard to the problems of group liability. The plaintiff can only bring an action against the establishment itself, without needing to identify the injurer. The individualisation of liability is only of interest to the hospital for exercising the right ro recover costs from the doctor[80].

1. Exemption Clauses

P 74 The contractual parties may not exclude the liability for their own acts, but they may do so in the case of vicarious performance since there is no breach of duties of public order (art. 800, no. 2, of the Civil Code). Because in the area of the professional responsibility of doctors almost all duties are of this nature, there is little room for the valid stipulation of exemption clauses[81].

VII. Responsibility for Medical Equipment

P 75 There is a presumption of fault in the case of damages caused in the course of an activity which is dangerous by its nature or by the nature of the means used (art. 493, no. 2 of the Civil Code). When, as is usual, in the course of a medical treatment or surgical intervention, dangerous objects or instruments are employed, there is such a presumption.

Also in the contractual area, we accept the idea of an "obligation de sécurité" in what concerns the objects or instruments used.

---

[79] M. de Almeida, op. cit., p. 19; H. Gaspar, cited in footnote 4, p. 351

[80] S. Carneiro, op. cit., p. 236

[81] H. Gaspar, op. cit., p. 351; M. de Almeida, op. cit., pp. 22–23

VIII. Informed Consent

P 76 This subject is treated in Sect. C. II. 4. a with reference to precepts contained in the new Penal Code.

Given the principle of the unity of juridical order, it does not seem to us possible to be more exigent in the area of civil law than in criminal law. We will limit ourselves to referring to the principal rules of civil law pertaining to this area.

The Civil Code sanctions in art. 70, no. 1, a "general right of personality"; all voluntary limitation of the exercise of personality rights is null if it be contrary to the "principles of public order" (art. 81, no. 1).

On the other hand, voluntary limitation, when legal, is always revocable, although with the obligation of indemnity for the prejudice caused to the legitimate expectations of the other party (art. 81, no. 2). Besides this "authorising consent", constitutive, in Orlando de Carvalho's terminology, of a juridical compromise *sui generis*[82], civil law further refers to (art. 370, no. 1) what the same author calls "tolerant consent" (art. 340, no. 1). This does not exclude unlawfulness when the consent is contrary to the legal prohibition or *"bonnes moeurs"* (art. 340, no. 2). Lastly, article 340, no. 3, states: "injury is regarded as consented to when it takes place through the injured person's intent and according to his presumable agreement".

P 77 In surgical intervention for another person's or for general benefit, a more rigorous clarification of consent must be demanded than in surgical interventions benefitting the person himself, the onus of proof of consent falling on the doctor in any case[83]. Conseni must also be more rigorous in aesthetic than in curative interventions[84].

There are no requisites for legal forms of consent. Though we do not intend to take a definite position in this respect, we would not oppose the law formulating such requisites when it comes to interventions connected with a serious risk to life and health (as it does in relation to business related merely to problems of estate).

IX. Experts

P 78 Since the appraisal of a doctor's civil liability is asked for, the court should ask for an expert's report of the Medical Association[85].

Independent from this, according to the general principles expressed in the Code of Civil Procedure (art. 649), the judge may, in the final audience, ask for the presence of an expert who will explain the technical questions.

---

[82] Orlando de Carvalho, *Teoria Geral da Relação Jurídica,* Coimbra, 1970, p. 41
[83] O. de Carvalho, ibid., pp. 46–47
[84] Ibid.
[85] Art. 29 of Decree Law 32171, of 29. 7. 1942

X. Insurance Schemes

1. Social Insurance Obligation

P 79 Free access of all citizens to the National Health Service is guaranteed on a non-contributory basis (if this can be stated despite the existence of moderating taxes). Besides this, the overwhelming majority of the population is covered by obligatory social security schemes.

Rather than discuss these schemes, which are not of special interest from the point of view of comparative law, it is worth referring to the fact that a draft Foundation Law of Social Security is ready, which aims to integrate existing diverse private schemes into the general scheme, including all the civil service social security schemes. This proposal presupposes special circumstances, above all with regard to administration in the face of work accidents (see Sect. B. XI. 1).

2. Liability Insurance

P 80 Obligatory liability insurance does not exist, and facultative insurance is very unusual.

According to the policy of one insurance company, excluded from insurance guarantees are: injuries resulting from a voluntary aesthetic surgical operation; injuries resulting from organ transplants and/or grafting; and injury resulting from medicamentous and/or operative experiments.

One should in the meantime note that in the face of liability of doctors exercising professional functions in the public services, the State, in practice, functions as an insurer of the doctor's liability, whose only answer is through the right of appeal, which presupposes gross negligence.

XI. Replacement of Liability by Insurance Protection

P 81 We treated this subject at some length in a study entitled "Liability for Fault, Strict Liability, Accident Insurance"[86]. Below is a brief outline of the essence of our arguments in that study.

It is an accepted fact that the social security legislation tends to protect all people against the material consequences of inability to work by virtue of personal damage sustained in accidents, competing with civil liability in a field which was traditionally exclusively occupied by the latter. It thus appears to be an urgent task to rethink these diverse sources of compensation in the sense of creating a global scheme in which the role that each of them fulfils, not only in the short but also in the long term, is clearly defined[87]. This is one of the functions of juridical policy[88].

---

[86] Jorge Sinde Monteiro, *Responsabilidade por culpa, responsabilidade objectiva, seguro de acidentes*, in *Estudos sobre a responsabilidade civil*, Coimbra, 1983

[87] See René Savatier, *Comment repenser la conception française actuelle de la responsabilité civile?*, Paris, 1968

[88] See Claude du Pasquier, *Introduction à la Théorie Générale et à la Philosophie du Droit* (4th edn.), Neuchatel, 1967, p. 163

The example of New Zealand only represents one such model which will not be followed in all its aspects. The solutions we present – starting from the concrete situation in Portugal – are based on two props: accidents and sickness. We believe that the payments to which people should have a right in the case of physical disability should, in principle, be the same in both cases, but it would be preferable to distinguish them for the purposes of organisation.

1. Accidents

P 82 In Portugal (as in Belgium)[89] work insurance is still a private liability insurance and, curiously, is the principal source of profit for the insurance companies. This situation seems socially unsuitable (moreover, the Portuguese insurance companies were nationalised in 1975), but demonstrates that it is possible to develop an insurance system in economically acceptable terms which for practical purposes is quite similar to those existing in European countires (there are even those who talk of a "larval form" of social security). It is indeed thinkable to extend the same system (eventually transforming insurance into an authentic accident insurance) to another type of accident, namely traffic accidents.

Naturally the aims of the social security require some control by the State. The creation of a common compensation body might be useful, above all for payments for permanent disablement.

2. Sickness

P 83 The sector of sickness would be an area reserved for classic social security[90]. This is in some way the state of the question in Portugal, since social security only exists for professional sickness. In this sector the regime applicable to professional sickness would be extended, making this a regime for general disability.

To put a system like this into action, the introduction of a relatively long waiting period, perhaps 30 days, would be indispensable[91]. In relation to this period, income maintenance would be achieved via the continued payment of salaries or wages.

3. The Role of Civil Liability

P 84 Actions for liability, though limited to cases of gross fault, would be maintained for the compensation of damages not reparable automatically.

With respect to work accidents[92], we believe the best system would probably be

---

[89] S. David-Constant, *Le dommage corporel au carrefour des techniques d'indemnisation*, Rev. Gén. Ass. Respo., 1979, 101

[90] See H. Groutel, *Le transfert de la sécurité sociale aux compagnies d'assurances de la gestion des accidents de la circulation*. Droit Social, 1980, pp. 61–64

[91] Terence G. Ison, *Accident Compensation, A Commentary on the New Zealand Scheme*, London, 1980, pp. 41–45, 188–189

[92] We expressed some reservations concerning the substitution of liability by insurance protection in the field of medical malpractice (work cited in footnote 86, p. 224). See also J. Sinde Monteiro,

that in force in Italy (demand for penal condemnation)[93], it being reasonable to accept the action for liability, as in France and Germany, in cases of *"dolus"*, the limit of what seems practicable to us being the demand for gross and inexcusable fault (the closest solution to Swiss law)[94].

We thus do not oppose liability substitution by insurance, as long as the action for liability in cases of gross fault subsists. That the doctor answers only in cases of gross fault can be justified by Penneau's idea of the inherent risk of medical activity, which to a large extent is regardless of who practises it[95]. In any case, it seems to us that the ideas of fault and individual responsibility should not be completely set aside.

Reparação dos danos em acidentes de trânsito, Um estudo de direito comparado sobre a substituição da responsabili dade civil por um novo seguro de acidentes de trânsito, Coimbra, 1974, p. 156 ff.

93 F. Nonato Busnelli, *Riflessioni sul "Projet Tunc" per una riforma del sistema di indemnizo delle vittime della strada,* Responsabilità Civile e Previdenza, 1981, pp. 301 ff., 312

94 Cf. François Gilliard, in *Pour une loi sur les accidents del la circulation,* sous la direction de André Tunc, Paris, 1981, pp. 233 ff.

95 Jean Penneau, *La Responsabilité Médicale,* Paris, 1977, pp. 305–308

C. Criminal Responsibility

I. Introduction

P 85 We should now consider medical professional activity from the point of view of the Portuguese Penal Law or, more precisely, the possibility of penal liability of the physician in Portugal for actions directly related to the exercise of his profession. The exposition of this matter – which, in order to be completely and perfectly clear, would require a depth and precision not possible here – presents specific difficulties.

P 86 These difficulties arise in part from the fact that, in this matter and in our country, there is a deep and ancient divide between what could with great accuracy be called the "law in the book" and the "law in action". Although doctrinal speculation has long tried to determine precisely the presuppositions of criminal liability of physicians in their professional practice, very few cases have come to court and those that have do not, enable us to consider the existence of a national jurisprudence on the subject[96]. Daily experience unfortunately shows that this lack of cases cannot be considered as sign of strict obedience by the physician to the regulations of penal law, to which their professional activity is submitted. It is rather a consequence of the social conviction, still prevalent, that the physician's professional decisions and actions should, in principle, not be considered capable of making him juridically responsible but only of causing moral and deontological (disciplinary) liability[97]. This is the reason why the authorities of criminal investigation and indictment (Police, Public Attorney) are almost always against initiating criminal proceedings in this field, and why the victims or their legal representatives most reluctantly complain officially of torts committed by physicians in the exercise of their profession[98].

P 87 The difficulties of the present exposition, however, are greater for another reason. On 1 January 1983 a new Penal Code came into force[99], replacing the old Code of 1852 (revised in 1886). Although prior to 1983 doctrinal speculation on medical

[96] See the collection of the most important jurisprudencial cases on this matter, in: Jorge P. Amaral, *A Responsabilidade Profissional dos Médicos e Enfermeiros. A Responsabilidade das Administrações Hospitalares*. Coimbra, 1983. The number of the collected criminal cases does not come close to ten! The same is true of the collection compiled by J. Silva Carneiro, "Responsabilidade da Administração Hospitalar", in *Revista de Direito e Estudos Sociais*, XIX, p. 123 ff.

[97] Cf., on this matter, J. Figueiredo Dias, "O Problema da Ortotanásia: Introdução à sua Consideração Jurídica", in: *As Técnicas Modernas de Reanimação. Conceito de Morte. Aspectos Médicos, Teológico-Morais e Jurídicos*, Porto, Ordem dos Advogados, 1973, p. 35

[98] This is very strange, especially because Portuguese Law makes indictment by the Public Attorney compulsory: by the police authorities, as to all the crimes of which they are informed; and by civil servants, as to the crimes of which they are informed during or because of the exercise of their duties (Code of Penal Procedure, art. 7)

[99] Decree Law no. 400/82, 23 September

penal law had been based practically upon the general principles of penal law (in addition to the already mentioned lack of jurisprudence, the old Code contained almost no regulations specifically related to medical practice), the legal situation has now changed radically. In fact, the new Penal Code expressly regulates such problems as the criminal relevance of surgery, and medical treatment (with and without the patient's consent), abortion and artificial insemination, omission and refusal of medical care, violation of professional and functional secrecy, false health certificates and alteration of analyses and prescriptions, and the interdiction of practising as a doctor due to a crime involving a serious violation of professional duties. Therefore a new normative complex has been created within which the interpreter will naturally find it difficult to move, as such a complex is deeply innovative compared with the former doctrine and jurisprudence.

P 88 However, positive effects in respect of the criminal liability of physicians in Portugal are to be expected following the introduction of the new Penal Code, i.e. greater awareness of citizens about the convenience of informing the formal authorities of social control about any torts inflicted on them, greater willingness of the organs of penal prosecution to initiate proceedings, and greater courage of the courts to check and define, *in concreto*, the presuppositions of criminal liability of medical practice. Nevertheless, this should not make us fear either a "cold war" between physicians and judges or the fact that physicians may consider the possibility of their juridical and criminal liability as an offence against their profession. Since the patient has the right to be treated by a physician of whom penal law can demand full liability, it is also the physician's interest – or, as Hegel says, it is "his right" – that the legal system should not restrain but, on the contrary, should stimulate the improvement of his sense of responsibility[100].

P 89 We have just explained the reasons why the following parts of our chapter will be almost exclusively a systematic interpretation of those provisions of the new Portuguese Penal Code directly related to the problem of juridical – criminal liability of medical practitioners. Based on them, we will consider in turn the exercise of the medical profession, the juridical duty to treat, the juridical duty to professional secrecy and medical intervention from the point of view of criminal law. Within the latter theme we will pay special attention to arbitrary medical intervention (carried out without the patient's informed consent) and medical intervention which violates *leges artis*. We will afterwards mention some specific problems, namely therapeutic abortion, sterilisation, artificial insemination, transplantation and euthanasia. Finally we will briefly refer to the problem of compensation of losses and damages related to a criminal conviction.

---

[100] See Figueiredo Dias, op. cit., p. 37, and J. Calvet de Magalhães, *A Responsabilidade Penal do Médico*. Coimbra, A. Arnado, 1945, p. 13ff.

II. General Questions

1. The Exercise of the Profession

P 90 Until the new Penal Code came into force, the most important legal provisions for the medical profession were contained in art. 12 of Decree Law no. 32171, 29 July 1942. According to this rule, "anyone who, without suitable qualification, practises observation or treatment of people by any method or means aiming at the cure of morbid or anhealthy conditions or any other action connected with the medical profession as well as anyone who assumes the responsibility of any of the actions described in this article incurs the penalty of § 2 of article 235 of the Penal Code", i.e. 6 months to two years imprisonment and a corresponding fine. According to article 12 of this Decree Law, only those who have the suitable scientific qualification (diploma in medicine), have registered it according to the requirements of the law and have joined the Medical Association ("Ordem dos Médicos") are considered "suitably qualified". The only legally admitted exception to this restriction of all medical actions to the properly qualified doctor was "any kind of assistance in emergencies and whenever it is not possible to get medical care" (art. 12, § 4).

P 91 This legal provision, although apparently simple and adequate, was in reality the most unsatisfactory. Statutory law itself had to recognise that "freedom to heal" could not be wholly eliminated and that much substantially medical practice should be permitted to non-physicians, namely medical assistants, such as nurses, midwives, oculists, orthopedists, prosthesis mechanics, dentists, chemists, druggists and herbalists etc.[101]. And jurisprudence, in spite of maintaining a high level of rigidity in this matter, could not help but recognise that in certain cases medical practice by other people, even when wholly unqualified and, excepting urgent cases should not imply criminal responsibility – namely cases when the actions had no profit-making motive, but had rather been undertaken by virtue of friendship, charity, humanitarism or altruism[102], or even whenever the practice of those actions did not show a certain habitualness on the part of the agent![103].

P 92 The introductory law of the new Penal Code, in art. 6-2, expressly revokes art. 12 of the Decree Law no. 32171, depenalising the "illegal exercise of medicine". This does not mean that medicine may be practised by anyone. On the one hand the Statute of the Medical Association (Decree Law no. 282/77, 5 July) states in arts. 8 and 9 that the exercise of medicine depends on joining the Medical Association, which requires, in turn, the degree in medicine. On the other hand, as will be explained in more detail later, every medical action carried out by *someone not legally authorised* is considered a "corporal offence" (or, in appropriate circumstances, as homicide),

---

[101] Cf. Decree Law no. 32171, art. 13 ff. See also the various laws regulating the exercise of some of the professions mentioned in the text, e.g. Decree Law no. 29931, 15 September 1939 (nurses) and Decree Law no. 48547, 27 August 1968 (chemists). Regarding all these matters, see Correia das Neves, *Violação do Sigilo Médico e Exercício Ilegal da Medicina. Estudo de Direito Criminal*, Beja, 1963

[102] See the sentences *("acórdãos")* of the Relação do Porto, 3 April 1964, and Relação de Lisboa, 26 July 1967 *(Jurisprudência das Relações*, 3, pp. 575 and 694)

[103] According to this, see the sentence of the Supreme Court of Justice, 15 October 1969 (*Boletim do Ministério da Justiça*, 190, p. 246). See, for more indications of jurisprudence, M. Maia Conçalves, *Código Penal Português*, 6th edn, Coimbra, Almedina, 1982, p. 414 ff.

which will not imply criminal liability of the agent only if it is within the scope of any general justification or exculpatory cause.

P 93 It seems we should therefore conclude that the criminal situation of medical practice and of the exercise of the medical profession is nowadays far more adjusted to the conditions of the evolution of social life, especially to those concerning the progressive democratisation and specialisation in the pursuit of scientific activities. Although the medical profession did not lose the position achieved by the special capacity of its members, it is now certain that not every therapeutic action or treatment *latu sensu* is exclusively reserved to physicians and that the practice of those actions does not automatically give rise to juridical-criminal liability for non-physicians.

2. The Duty to Treat

P 94 According to art. 276 of the new Penal Code, which replaces art. 250 of the former code (significantly changing its presuppositions and penalty), "the physician who refuses assistance in a case where life is brought into danger or where there is a serious injury to the physical integrity or health of someone which cannot be otherwise removed" is punishable. This statement forms the basis of the *juridical duty,* and, in fact, the *criminal duty,* of a doctor to administer treatment. In other circumstances, he is absolutely free to give or refuse treatment on a contractual basis[104] directly established between the physician and the patient or between the latter and the health institution where the former works. An exception might exist in respect of the special legal provisions of public law, which cannot be investigated here. It is a fact that art. 219 of the Penal Code in force imposes a *duty to assistance* "in cases of serious necessity, namely those caused by a disaster, accident, public calamity or other situation of common danger where the life, health, physical integrity or freedom of someone is put at risk". However, this is no more than a *general* duty to assistance which has nothing to do with *medical* assistance and falls upon *anyone* who has the possibility of removing such danger.

P 95 Anyway, can it be concluded from this that, except for the case provided for in art. 276 of the Penal Code, no juridical duty to treat implying criminal sanctions fall upon the doctor? Not in the least. According to art. 10-2 of the Penal Code, "the commission of a result by omission is punishable when a juridical duty to avoid that result falls upon the omission's author". And Portuguese doctrine has long agreed that the acceptance of a patient by a doctor produces for the latter a juridical duty (position of guarantor) to avoid any event causing damage to the health or life of the former[105]. In our opinion, it is enough that this acceptance is a factual relation of care assumed by the physician before the patient which can bring about their social and existential proximity. This allows us to conclude that at the basis of the criminal

---

[104] This is confirmed by the applicable rules of the Deontological Code of the Medical Association, namely arts. 8 and 29. It must be stressed that these rules are not juridically strong enough to change the terms and the scope of criminal liability of the physician, because, on the one hand, they are not, "formal law" (Constitution, arts. 29 and 168-1 c), and, on the other hand, they are earlier than the new Penal Code.

[105] For general information on the problem of the liability of the agent in the case of commission by omission, cf. Beleza dos Santos, *Lições de Direito Penal,* Coimbra, 1930, p. 225 ff.; and Eduardo Correia, *Direito Criminal* (I) (with the collaboration of Figueiredo Dias), Coimbra, Almedina, 1963, p. 300 ff. Some information is also provided by Cavaleiro de Ferreira, *Direito Penal* (I), Lisboa, Verbo, 1981, p. 245

relevance of commission by omission there is, ultimately, a requirement of solidarity rather than the existence of a juridically binding contract[106].

3. *Professional Secrecy*

P 96 Article 7 of Decree Law no. 32171 specifically made provision for the crime of violation of the duty to professional secrecy on the part of the doctor, laying down both the scope of the secrecy and the causes which justify its disclosure. Notwithstanding this – and in spite of the help that it was thought one could get, in dubious cases, from complementary provisions of the Statutes of the Medical Association (1956 and 1977) and from the present Deontological Code of the Association – jurisprudence displayed marked hesitation in determining the presuppositions of the criminal liability arising from the disclosure of confidential information[107].

Article 7 was itself expressly revoked by the introductory law of the new Penal Code. This law does not regulate specifically disclosures of confidential information by physicians but integrates them into the general incrimination for violation of the professional duty to secrecy (art. 184, among the "crimes against privacy") or, more specifically (when the physician is a civil servant: article 433), for violation of the duty to secrecy by civil servants.

P 97 In the terms of article 184, "anyone who, without fair justification or the informed consent of the person it concerns, discloses or takes advantage of a secret whose knowledge arises from his condition, work, profession or art, when such disclosure or advantage can cause damage to the State or to a third party, will be punished with imprisonment for up to 1 year and a fine of up to 120 days earning ...". Thus, it becomes clear that it is not the disclosure of any facts which the physician knows because of and in the exercise of his profession (as, for example, is provided for in art. 71-1 of the Deontological Code of the Medical Association) that is punishable, but only the disclosure of those which are *secret*[108]. As *secret* facts, we should consider the facts that are only known by a restricted number of people and whose knowledge by a larger number can threaten, from any reasonable perspective, a private or even public interest (in this case, the interest of the community in the physician's secrecy). This is why it is considered that even the death of the patient does not relieve the physician of his duty to secrecy.

P 98 The most important factor that justifies the breach of the duty to secrecy is the patient's consent. But it is not the only one. Article 185 of the Penal Code states that the breach of professional secrecy will not be punishable when the secret is disclosed in the fulfilment of a considerably superior juridical duty[109] or with the aim of serving a legitimate public or private interest when, considering the conflicting

---

[106] On this matter see Figueiredo Dias, *O Problema da Consciência da Ilicitude em Direito Penal,* (mimeographed), Coimbra, 1975, pp. 161, 166 ff.

[107] The sentence ("Acórdão") of Relação de Lisboa, 25 October 1968, is an example of this hesitations, apud Jorge P. Amaral (cited in footnote 96), p. 114 ff. Cf. on this matter, within the legislative context referred in the text, Correia das Neves (cited in footnote 1); Eduardo Correia (cited in footnote 105), II, p. 110, and the Report of Procuradoria Geral da República, 24 June 1943 (*Boletim Oficial do Ministério da Justiça,* 3, p. 366)

[108] As art. 7 of Decree Law no. 32171 clearly expressed

[109] This restricts the general requirements of justification of the collision of duties (art. 36), as such requirements would be fulfilled if the duty of secrecy and the conflicting duty had an *equal value.* See, in this sense, M. Maia Gonçalves, *Código Penal Português Anotado,* Coimbra, Almedina, 1983, p. 209

interests and the duty to supply information which, according to the circumstances, are imposed upon the agent, one may consider it is an appropriate way of achieving that objective.

In order to be punishable, the violation of the duty to secrecy must occur, in terms of art. 184, without *fair justification ("justa causa")*.

P 99 It might seem that the Code, in this part, set down what Portuguese doctrine calls a "redundant mention of lawlessness" ("menção redundante da ilicitude") without any autonomous content[110], a mere allusion to the nonexistence of consent. However, this does not seem to be true. As a matter of fact, we face here a real "special element of lawlessness" *("elemento especial da ilicitude")* or a "characteristic of the juridical duty", meaning that consent may not be enough to justify the disclosure of secrets, as the maintenance of secrecy may be not only in the patient's interest but also in the interest of other people, e. g. the patient's spouse, or even in the public and general interest.

In opposition to what Decree Law no. 32171 stated, the new Penal Code considers that the crime of violation of the duty to secrecy is a public crime and so the charge is independent of the complaint of the person offended against. This seems strange, as it is not the solution given by the Code with respect to most crimes against privacy and to the violation of secrecy by civil servants, which, in a way, represents a *qualified* crime.

4. Medical Intervention from the Point of View of Criminal Law

P 100 Before the new Penal Code came into effect, the prevailing doctrine and jurisprudence almost unanimously agreed that any medical treatment or operation should be considered a "corporal offence". The fact that the doctor was not punishable arose, then, from some justification for his action. The previous Penal Code stated in art. 29-4 that the consent of the offended justified the action only in the cases specified by law, omitting any reference to "corporal offences", and so the opinion at that time was that the justification for medical treatment really lay in the exercise of a right (art. 44-4) – the physician's right to undertake medical practice – which, nevertheless, necessarily implied, according to the deontological regulations themselves, the consent (real or presumed) of the patient or of someone on his behalf[111].

P 101 Anyway, many doubts arose about the dogmatic accuracy of such a position and its accordance with the reality of life[112]. On the one hand special stress was laid on the great distortion of the most elementary feelings of reality and justice in the analysis of the social meaning of the physician's conduct, which, to use the expression of Binding, allowed us to compare the "surgeon to the cut-throat"! On the other hand stress was also placed on the unacceptable implication that a corporal offence – indeed, an intentional ("dolosas") "corporal offence" – was being committed by the doctor who saved a patient's life when the operation or treatment took place without his consent or the physician who did not thoroughly inform the patient, as

[110] Regarding these elements in general, see Figueiredo Dias (cited in footnote 106), 1978, p. 472 ff.

[111] See J. Calvet de Magalhães (cited in footnote 100), p. 27 ff., Beleza dos Santos, *Obstáculos à Ilicitude e à Culpabilidade* (mimeographed lessons), Coimbra, 1949, p. 149 f.; Cavaleiro de Ferreira, *Lições de Direito Penal*, Lisboa, 1940, p. 253 f.; Faveiro, Araújo, *Código Penal Português*, 3rd edition, Coimbra, Coimbra Editora, 1960, p. 182; M. Maia Conçalves (cited in footnote 103), p. 565

[112] Cf. Eduardo Correia (cited in footnote 105), II, pp. 34 and 109; Figueiredo Dias (cited in footnote 97), p. 41 f.

the efficacy of consent presupposes, or censurably mistook the scope or limits of that duty to inform[113].

P 102 Undoubtedly admitting the decisive value of these difficulties and objections, the new Penal Code radically changed the criminal perspective within which medical actions should be seen. And so – lending no importance to the distinction widely made nowadays e.g. in some of West German doctrine[114], between actions carried out successfully and actions which did not attain the expected therapeutic objective – article 150 of the Code states that medically indicated treatment is not, in principle, a corporal offence. It is necessary that such treatment and operations (a) are medically indicated (i.e. as the law expresses it "that, according to the knowledge and to the experience of medicine, appear appropriate"), (b) are "carried out, in accordance with *leges artis,* by a physician or any other person legally qualified", and (c) have a therapeutic objective in its widest sense, i.e. are undertaken "in order to prevent, diagnose, heal or alleviate a disease, a suffering, an injury or physical weariness, or a mental disease".

P 103 In contrast, the following actions will be considered corporal offences: (a) actions in fields still not considered within the knowledge and experience of medicine (mostly actions not yet sufficiently tested), even when they are carried out in a scientifically and technically faultless way; (b) actions not carried out by a physician or an other legally authorised person (nurse, obstetrician, dentist, etc.) or actions carried out by a physician or another legally authorised person but technically or scientifically badly performed; (c) actions whose ultimate objective neither immediately nor mediately can be related to therapeutics taken in its widest sense, e.g. *purely* cosmetic operaiions[115], or actions exclusively for purposes of study or experimentation. Justification arises only from the *eventual* relevance, in the general terms, of a concrete cause of justification, i.e. the consent of the offended or the state of necessity ("estado de necessidade").

Informed Consent

P 104 Medical practice is not typically a "corporal offence", yet it is a *discretionary practice* when it is carried out without the patient's informed consent and represents a crime against his freedom, punishable with imprisonment up to 3 years and a fine of up to 120 days earning (art. 158, no. 1). The effective consent will not, however, be necessary in two cases, since consent is *presumed* (according to the text of the law, this is so if "there are not any circumstances enabling us to conclude safely that the consent would be refused"): (a) when consent could be obtained only with the postponing of the intervention, which would imply danger to life or other serious danger to body or health; and (b) when consent was given for a treatment or operation different from the one carried out but this treatment or operation was strongly suggested by the knowledge and experience of medicine as a means to avoid danger to body or health (art. 158-2). Consequently, it is not punishable when, for example, a practitioner acts in order to save an inconscient suicide or, through necessity or for convenience, enlarges the operative field after beginning an operation or treatment

---

[113] In detail, Figueiredo Dias (ibid.), p. 355 f., 427 f., 431

[114] Cf., among others, P. Bockelmann, *Strafrecht des Arztes,* Stuttgart, Thieme, 1968, p. 67

[115] Formely, the idea that so-called aesthetic surgery was not included in the concept of medical intervention *qua tale* was widely spread: see, for example, Calvet de Magalhães (cited in footnote 101), p. 49 ff. and also Maia Gonçalves (cited in footnote 103), p. 565. Nowadays it is beyond doubt that many of these operations simultaneously have a therapeutic objective *latu sensu* – in the sense accepted by art. 150 of the Penal Code

(art. 158-3). This regulation does not raise difficulties with respect to the fulfilment of duties related to epidemics, contagious diseases, compulsory vaccination and similar cases. But it has raised some difficulties in relation to examinations of defendants in criminal procedure[116] and, especially, to the treatment of prisoners on hunger-strike[117].

P 105 Consent will be effective – in terms of art. 159 of the Penal Code – only "when a patient has been thoroughly informed about the nature, scope and possible consequences of the treatment, except when this implies the explanation of circumstances which could, if known by the patient, disturb him in a way that could put in danger the aimed objective". This has a series of consequences which we should briefly describe.

P 106 First, in principle only the patient can give his consent. However, although article 159 appears as a "special rule" compared to artcile 38-3 (where the requirements for the efficacy of consent are generally defined), it seems that some requirements should be retained from the latter article, such as that the person who gives the consent must be more than 14 years old and possess the necessary discretion to judge and appreciate the significance of the consent at the moment he gives it. If these requirements of real consent are not fulfilled, one could think that everything would fall into presumed consent. But this does not seem to be the best solution and so – and only then – the capacity to give consent should be given to the *legal representative* of the minor or incapable[118].

P 107 Second, the efficacy of consent presupposes, according to article 38-2, the formation of a "serious, free and clear will" by the person who gives consent. Article 159 provides for a definition of what is a *clear* will, providing for this question in more exigent and different terms than those in art. 43 of the Deontological Code of the Medical Association[119]. As a matter of fact, the only reason for relieving the physi-

---

116 The case which strongly impressed public opinion was the refusal of the defendent charged with the attempted murder of Pope John Paul II in Fátima (May 1982) to cooperate during the investigations into his mental faculties which the Court of Ourem had demanded. The legal rule is still the rule of art. 178 of the Code of Penal Procedure, according to which "nobody can refuse any examination ... when it is required in order to prepare the procedure in a lawsuit, the judge being able to execute his orders, eventually using force ..." This legal rule – apart from having a dubious constitucionality, at least relative to examinations that, when carried out against the defendant's will, may infringe upon his moral and physical integrity (Constitution, art. 25-1) – is in marked contrast with art. 105-1 of the Deontological Code of the Medical Association, according to which "the physician-expert should always abstain whenever the individual formally refuses the examination"

117 In fact, art. 127-1 of the Prison Reform (Decree Law no. 265/79, 1 August, with the alteration introduced by Decree Law no. 49/80, 22 March) states that "medical examinations, treatments or feeding can only be imposed coercively on prisoners when their lives or health are put in great danger". Again this rule – whose constitutionality is, by virtue of the fact pointed out in the previous footnote, even more dubious than the case taken into consideration – is in contrast with art. 58-1 of the already mentioned Deontological Code: "when a prisoner refuses to take food, the doctor, having checked that this prisoner understands the consequences of his attitude and has become aware of them, should not take the initiative or participate in actions taken in order to feed him artificially and coercively, even if the prisoner's life is in imminent danger"

118 Doctrine and jurisprudence have stated this, at least until now: cf. Maia Gonçalves cited in footnote 103, p. 565

119 According to this article: 1. "The prognosis and diagnosis should, in principle, be revealed to the patient. However, the physician may not do so for reasons of conscience"; 2. "A fatal prognosis may be revealed to the patient only when the advisable precautions are taken, that is to say, when having a precise knowledge of his temper and of his moral character. Anyway, as a rule it should be revealed to the next of kin whom the physician chooses, unless the patient has previously forbidden it or has named someone else to whom it should be disclosed"

cian of his duty to give a complete explanation or, in other words, for limiting the physician to what can be told to the patient without jeopardising the envisaged objective, is the *risk related to the therapeutic objective* in its wider sense.

Third, the is no reason to change the general rules of consent, namely in what relates to the absence of a specific *form* in order for the consent to be effective and to the *revocability* of granted consent up until the moment of the execution of the operation or treatment (art. 38-2).

P 108 We should stress, finally, that if consent has been given but the physician acts ignoring it, he will be punished for the crime of attempted arbitrary medical action[120] (art. 38-4). If consent has not been given but, due to a negligent error, the physician considers the requirements regarding it to have been fulfilled, the penalty will be imprisonment up to 6 months and a fine of up to 50 days earnings. This corresponds entirely with the general way in which the Penal Code deals with the error of the requirements of justification (art. 16-2)[121], but art. 158-4 had to state it expressly as it had not been foreseen that negligence related to arbitrary medical action would be punishable.

In conclusion, we wish to remark that the crime of arbitrary medical action is what Portuguese doctrine calls a *semi-public ("semi-público") crime*[122], i.e. a crime whose procedure depends on *complaint* by the offended party or by whoever is legally able to make it.

The Violation of Leges Artis

P 109 As we have already stated, art. 150 of the Penal Code demands that a medical intervention should be undertaken "in agreement with the *leges artis* "in order not to be considered a "corporal offence"[123]. This seems to suggest that whenever the operation or treatment carried out disagrees with medical art, it will always be a "corporal offence". However, this will happen only when the operation appears to "cause an offence (injury) to the body or health of somebody" – this is the definition of "corporal offence" given by the Code (article 142-1 and 143 *in principio*).

P 110 Therefore, if no offence to the body or health of the patient arises from the *error artis,* the behaviour of the physician will not be criminally punishable (with an exception to the attempt, which is punishable). If such an offence arises, the doctor will be punishable and it must be distinguished whether there was intention *("dolo")* or negligence. In the first case – intention – it must be determined whether it was a simple "corporal offence"[124], a serious one[125], if it was undertaken with intention of danger *("dolo de perigo")*[126], qualified by the result[127], privileged[128] or by poi-

---

[120] For the general justification of this solution, see Figueiredo Dias (cited in footnote 106), p. 17 ff. of *Aditamentos*

[121] On this matter in detail, see Figueiredo Dias (ibid.) p. 415 ff.

[122] See Figueiredo Dias, *Direito Processual Penal,* I, Coimbra, Coimbra Editora, 1974, p. 120 ff.

[123] Of course the Code did not – and it should not – take a stand on the purely dogmatic-systematic question of knowing whether the intervention is not considered a corporal offence because it is not regarded as battery or because it appears lawful. Anyway, it must be recognised that the Portuguese expression *"não se consideram ofensas corporais"* ("are not considered corporal offences") points to the first conclusion

[124] Article 142 – imprisonment for up to 2 years or fine up to 180 days earnings. The criminal procedure depends on the complaint

[125] Article 143 – 1–5 years imprisonment

[126] Article 144 – 6 months to 3 years imprisonment

[127] Article 145 – 6 months to 8 years imprisonment

[128] Article 146 – 1 month to 2 years imprisonment

soning[129]. In the second case – negligence[130] – the judge can release the physician from the penalty if a disease or incapacity to work for more than 8 days has not resulted from the offence.

P 111 There is nevertheless one case where violation of *leges artis* can be punished even when it does not definitely cause an offence against the body or health of someone; namely whenever, in the terms of the art. 150-2, a "danger to the body, health or life of the patient" arises from an intentional *("dolosa")* violation of the *leges artis*. This is a demonstration of the rigour of the Penal Code with respect to activities which, being vital to life in community, should be carried out in strict obedience to the *leges artis,* attending to the high probability of risk for people caused by the incorrect exercise of such activities.

P 112 It is clear that malpractice is not, in principle, justified by the consent given to the medical intervention: It can justify it only if the informed consent expressly includes the (incorrect) way of undertaking the intervention and if it can be considered that it does not, in the terms of the art. 149, offend against "good customs" *("bons costumes")* (to determine this, one must taken into consideration the "motives and objectives of the agent or of the person offended against, as well as the means employed and the foreseeable scope of the offence").

III. Specific Questions

1. Therapeutical Abortion

P 113 Wherever medical intervention involves *interruption of pregnancy*[131], we face special difficulties in determining its criminal relevance. The *Project of the Penal Code of Eduardo Correia* (1966), upon which the new code is based, proposed in art. 152 the non-penalisation of interruption of pregnancy according to some medical indications whenever the interruption was the "only way of removing a danger of life or a serious and irreversible injury to the health or physical and mental integrity of the pregnant woman". This moderate solution to the problem – wider, anyway, than the solution provided in art. 50-3 and 51 of the Deontological Code of the Medical Association[132] – was generally considered reasonable and bound to impel the situation in a country like Portugal, with a very strong Catholic tradition, towards progress[133]. Many people thought that one should go further, completely abdishing penalisation of the interruption of pregnancy carried out during the first month and adding, for

[129] Article 147 – 2–12 years imprisonment

[130] Article 148 – imprisonment for up to 1 year and fine up to 100 days earnings. The criminal procedure depends on the complaint

[131] Regarding what follows, see Figueiredo Dias, "Nouvelles tendences de politique criminelle au Portugal", *Archives de Politique Criminelle* 6, 1983

[132] Where the problem appears to be regulated on the basis of the well-known theory of the "indirect volunteer", supported by the official Catholic doctrine. About this doctrine – from a critical point of view (correct, according to Penal Law) – see, among others, P. Bockelmann, "Das Problem der Zulässigkeit von Schwangerschaftsunterbrechung", *Universitätstage 1964,* Berlin, de Gruyter 1964, p. 225 ff.

[133] Cf. Boaventura Santos, "L'interruption de la grossesse sur indication medicale dans le droit penal portugais", *Boletim da Faculdade de Direito de Coimbra,* XLIII, 1967, p. 143 ff. and, more recently, Costa Andrade, "O Aborto Como Problema de Política Criminal", *Revista da Ordem dos Advogados,* 40, 1980

the second and third months, some indications other than the physician's, chiefly because one should bear in mind that, in this matter, the social process of selection appears with special intensity – unofficially one speaks of 100000 abortions per year in Portugal, although the annual number of cases that come to court has not surpassed seven in the last decade (!) – and falls upon the socially and economically poorest strata of the population[134].

P 114 Nevertheless, ignoring all these appeals, the new Penal Code continued to penalise voluntary interruption of pregnancy in any form, even when supported by medical advice. The impunity of abortion can only arise from a general reason for the exclusion of lawlessness or guilt, especially, the state of necessity *("estado de necessidade")*. And this represents a regression in relation to the former Portuguese Code of 1886, which, in a certain interpretation, would not punish so-called therapeutic abortion[135].

2. Sterilisation

P 115 Sterilisation has a different status! The new Penal Code does not expressly incriminate it. One should therefore consider that whenever sterilisation can be considered a medical intervention, in the terms and to the effects of articles 150 and 158 of the Penal Code, it is subject to the specific statutory law providing for the medical intervention which we tried to outline above. When sterilisation is not in that concept – namely whenever there is, *in concreto,* no therapeutic objective – the medical action will be a typical "corporal offence". Anyway, it can as a rule, be justified by consent. As the Penal Code refuses to be the tutor of morality, or at least of some morality, sterilisation will not as a rule be considered an offence against "good customs" *("bons costumes")*[136].

3. Artificial Insemination

P 116 The already mentioned Project of Eduardo Correia considered, in article 257-2, that artificial insemination should be punishable when carried out in a married woman with her consent but without the consent of her husband, and the use of a third party's semen was seen an aggravating circumstance. However, because of the principle, accepted without alteration by the Code, which states that the role of Penal Law is to protect juridical interests and not moral conceptions[137], and also because it was recognised that there is an insurmountable contradiction between the fact that volunteer artificial insemination is punishable whereas adultery is not, volunteer artificial sterilisation is not penalised in the new Penal Code[138].

---

134 Essentially in this sense was a proposal for a Law presented in the Parliament in January 1982 by the Portuguese Communist Party, which was rejected

135 Article 358, § 4 of the Penal Code from 1886. In the sense of the interpretation referred to in the text, Boaventura Santos (cited in footnote 133), p. 177 ff.

136 In this sense, see also Costa Andrade, "O Consentimento do Ofendido no Novo Código Penal", *Revista da Ordem dos Advogados* 43, 1983. Strongly restrictive about what is related to what it calls "irreversible sterilisation", is art. 55-1 of the Deontological Code of the Medical Association

137 Regarding this in detail, see Figueiredo Dias (cited in footnote 131)

138 More restrictive is art. 54-5 of the Deontological Code of the Medical Association, according to which "artificial insemination as a means to treat matrimonial sterility is lawful, in agreement with the applicable juridical rules". Maia Gonçalves (cited in footnote 103), p. 570, defended the proposition – in the face of the old Code – that artificial insemination without the husband's consent could be a crime of injury ("injúria")

4. *Euthanasia*

P 117 In Portugal the approach to euthanasia is provided for without the use of special legislation. Everyone agrees that, in principle, the physician's duty to help and to treat lasts until the moment of death and that the criteria of cerebral function and so-called biological death are the determinants of that moment[139]. But we cannot immediately conclude that every form of euthanasia is homicide[140]. Undoubtedly, causing death to those whose "lives are not worth living", e.g. patients suffering from incurable mental diseases, is a crime of homicide. It has been generally accepted that the same rule should be apply to the cases of "merciful death" *("morte misericordiosa"),* i.e., death caused by the physician to a patient in agony suffering of an incurable disease, in a way other than abandoning him to the natural development of the disease. A different opinion has been supported, nevertheless, in respect of "medical aid to die" when the patient is in a process that, according to human knowledge and a reasonable judgement about medical prognosis, will irreversibly lead to death. In this case, medical aid to die is surely lawful, whenever it does not shorten the natural period of life. On the other hand, the physician is not obliged to extend the life of a patient beyond the natural period, except when that is expressly required by the patient. The case when medical aid to die implies shortening the natural period of life is dubious. The tendency is to consider that such an action is not homicide whenever it implies nothing but the use of indispensable means to prevent the patient experiencing cruel agony – except, of course, if there are reasons to believe that this is not the will of the dying person.

5. *Transplants and Transplantations*

P 118 There is special legislation which allows the removal of organs and tissues from the deceased for purposes of transplantation. The Decree Law no. 553/76, 23 July, allows such removal when it is performed immediately after death, as certified by two doctors who do not belong to the team performing the transplant and, then, by that medical team itself. The removal[141] will be criminally punishable only if it is done (a) without the certificate of death in the specified terms; (b) when it is known that the deceased had expressed opposition to it, or (c) when a suspicion of crime as the probable cause of death has been expressly communicated.

This is, in fact, an extraordinarily favourable regulation for transplantation. But we can ask whether it has not gone too far, as only the *known and expressed opposition* of the deceased can prevent the removal, the will of the family or of any other people who may have the right upon the body being completely irrelevant in the absence of *expressed permission* of the deceased.

---

[139] Mostly after the fundamental study of Oliveira Sá, *Cronotanatognose – Contribuições para o seu Estudo Médico-Legal,* Coimbra, 1966. About this question, see the collection quoted in footnote 97

[140] On what follows, see Figueiredo Dias (cited in footnote 97), p. 40 ff.

[141] According to art. 9 of Decree Law no. 553/76

IV. Relationship Between the Civil and the Criminal Action

P 119 This section on the criminal liability of the physician will end by considering a former peculiarity of Portuguese Law which, though having general scope, assumed decisive relevance in this matter: According to articles 29ff. of the Code of Penal Procedure, the demand for compensation for losses and damages emerging from a crime had – with some exceptions – to be pursued through criminal procedure. Thus a *system of adhesion* of civil action to criminal procedure was established; this system went as far as to make compulsory the arbitration of compensation for losses and damages to the person offended against in a case involving criminal condemnation, even when such compensation had not been demanded[142].

As a consequence, the prevailing Portuguese doctrine and jurisprudence stated that in these cases the criteria used to determine *whether* compensation should be demanded and *how much* should be demanded had a criminal rather than a civil nature, and that, because of this, the compensation, arbitrated in criminal procedure, would not constitute *res judicata ("caso julgado")* to civil jurisdiction, although it could be corrected when there was damage susceptible to civil compensation that hat not been taken into account by the criminal court[143].

The new Penal Code, however, has stated in article 128 that "the compensation for losses and damages emerging from a crime is regulated by civil law". Therefore, the procedural system of adhesion is maintained but the criteria and the criminal nature of the compensation arbitrated in criminal procedure are not. On the other hand, art. 129 states that "special legislation will ensure, through the creation of social insurance, compensation which cannot be statisfied by the delinquent". While such legislation does not exist, the court can confer to the injured person – if he requires it and up to the limits of the inflicted damage – the objects of the crime confiscated in favour of the State, the product of their sale or other sums paid or transferred to the State or even the amount of the fine.

---

[142] In detail on this system, see Figueiredo Dias (cited in footnote 106), p. 539ff.

[143] With other bibliographical indications, concordant and discordant, see Figueiredo Dias, *Sobre a Reparação de Perdas e Danos Arbitrado em Processo Penal,* Coimbra: Almedina, 1963

Scotland

J. W. G. Blackie

Contents

A. The Bases of Medical Care

I. System of Medical Care

Sc 1 There has been no attempt by the courts in Scotland to formulate general principles which underly the law as it relates to medicine as a whole. Certain general ethical principles, such as a right to self-determination and a right to privacy, may perhaps be discerned behind certain legal rules. However, these rarely emerge clearly and do not amount to a general theoretical basis, nor is there a written constitution on which such a general theory could be based. On the other hand, there is considerable interest in academic legal circles, which has produced a small literature written from Scottish universities. This has, however, owing to the apparent limitation in the Scottish legal materials, concentrated on analysing material from other jurisdictions and considering its general relationship to ethical issues, and some of it is expressly written for the general reader rather than the Scottish lawyer [e. g. McLean & Maher: *Medicine, Morals And The Law* (1983)].

Sc 2 The provision of health care is almost entirely carried out by the National Health Service. Because this has a statutory basis [now contained in the National Health Service (Scotland) Act 1978], there are rights in public law to health care. Certain rights also arise to care from local authorities, for example under some provisions of the Menthal Health (Scotland) Act 1960. There is a basic statutory duty on the Secretary of State for Scotland to "promote in Scotland a comprehensive and integrated health service designed to secure (a) improvement in the physical and mental health of the people of Scotland, and (b) the prevention, diagnosis and treatment of illness" [1978 Act section 1 (1)]. This service is required to be free of charge, although certain charges, e. g. for prescriptions, as authorised by statute, may be made [section 1 (2)]. The statute sets out in some detail the nature of the services to be provided. It also establishes an administrative structure of Health Boards to administer the services in different parts of the country. There are 15 of these. The population in the areas covered varies greatly, from 70000 in the Islands Health Board to 750000 in the Lothian Health Board. The Act also establishes a Common Services Agency for the Health Service throughout the country. This is responsible amongst other things for the ambulance service, the blood transfusion service and a central legal service.

Sc 3 Because the duties of the Secretary of State and his powers derive from statute, court action could be taken by a member of the public in respect of them. Actions to ordain the carrying out of a statutory duty must be taken in the higher court, the Court of Session. Where, however, the matter is a question of the distribution of resources within the system, there would effectively only be liability if the Secretary of State had not acted *bona fide*. There is a specific provision in the Act which requires that for an action against the Health Boards to succeed in respect of the effects of a decision on matters of policy or of the performance of administrative acts, there must be shown a failure to act *bona fide* (section 101; *McGinty* v. *Glasgow Victoria Hospitals Board* 1951 S.C. 200). Administrative and quasi-judicial decisions are subject to review by an action of declarator in the Court of Session. There is no difference in the legal principles from those of English law (*Hamilton District Council v. Brown* (House of Lords) 1983 S.L.T. 397 per Lord Fraser of Tullybelton at 414).

Sc 4 Where a power is exercised by the Secretary of State, a Health Board or the Common Services Agency, an action of damages may be pursued by an injured person if there is negligent exercise in the executive implementation of the activity undertaken. On the other hand, if what is complained of is something done at the planning stage in considering whether or not to exercise the power, or to what extent to exercise it, there is only liability for damage resulting if the discretion was not exercised *bona fide* or what was done was *ultra vires.* A case by parents of an allegedly vaccine-damaged child has been dismissed as irrelevant insofar as it alleged that in publishing material designed to encourage the vaccination of children the Secretary of State had negligently given an unbalanced picture of the risks involved. Because the publication of such literature was made possible under a power contained in section 42 of the Act, the decision as to what to publish was held to be one at the planning stage and so it would have been necessary for the parents to plead a case on the basis that publication had been done in a way that was not *bona fide* or was *ultra vires* of the power. (*Bonthrone v. Secretary of State and Others,* Unreported 10 October 1981 per Lord Grieve).

II. The Extent and Distribution of Medical Treatment

Sc 5 Because the National Health Service is administered on a separate basis in Scotland from the rest of the United Kingdom, detailed statistics are separately available for the state-organised provision of health care in Scotland as a separate unit within the United Kingdom. There are some differences in details of the provision from that in England and Wales. However, the pattern is generally the same, and accordingly a number of useful sources of information deal with the United Kingdom as a whole. Reference in particular should be made to the material derived from the Report of the Royal Commission on the National Health Service (H.M.S.O. Cmnd. 7615, 1979) in the study of the position in England by Professor Kennedy. On occasion Scottish material is omitted from general studies published by the government, doubtless for reasons of administrative convenience. An example of this is the information on private practice in the general survey, *Social Trends* (1983). Statistical information on the limited amount of private provision outlined below has been obtained directly from the Independent Hospital Group.

Sc 6 The following information relating to National Health Service provision is in the main derived from *Scottish Health Statistics 1981,* published in May 1983 by the Information Services Division of the Common Services Agency for the Scottish Health Service. The information as to the number of hospitals is drawn from the volume covering 1980, these figures not having been published for 1981.

The population of Scotland at 30.6.81 was 5 149 500. It is virtually static and has been so for 20 years. The health of the community is generally speaking relatively poor by the standards of many developed countries. On certain indicators it is significantly worse than in England. This appears to be due to different habits of life rather than to any difference in the provision of services. For example, cirrhosis of the liver resulting in death is twice the rate for the United Kingdom as a whole, and cerebrovascular deaths are about one-third higher.

Sc 7 There are 339 National Health Service hospitals. Of these, 14 are acute teaching hospitals and 31 are other acute hospitals with over 50 beds. There are 20 mainly acute non-teaching hospitals and 16 partly acute non-teaching hospitals. These last three figures indicate a relatively higher proportion of small hospitals than is the case in England and Wales, but the tendency is to larger units. There are four maternity teaching hospitals. Fifty-six hospitals deal with mental disorders. The total number of hospital beds is 60397, a fall of around 9% since 1960; the present figure is 1173 per 100000 of the population. Although the number of beds has fallen since 1960, the number of treatments has risen markedly. The number of discharges from hospitals, excluding psychiatric cases, amounted to 792572 in 1981 compared with 561284 in 1960. There has been an even greater rise than the average in obstetric discharges. It is notable, too, that the increased demand on hospital services has also included a rise in attendances at clinics for outpatients; these rose by 20% between 1965 and 1981. The number of admissions to mental hospitals and psychiatric units rose by 30% between 1965 and 1980, although owing to a large increase in discharges into the community the number of residents fell during the period from 19992 to 15933.

Sc 8 There are 238 private beds in National Health Service hospitals. In addition there are 1021 amenity beds where patients pay for the privilege of single room. The private hospital system is very small compared to that of the National Health Service. In addition to the private beds in National Health Service hospitals, there are 562 beds for acute cases and 2132 beds for non-acute cases. Dealing with acute cases are 11 private hospitals and dealing with non-acute cases are 64 private hospitals. Most of these private hospitals are small, with around 30 beds or less, although one has 292 beds. Statistics are not available for the throughput in the private sector, but it is growing with regard to acute cases, and a new private general hospital is about to be opened in Glasgow. Up to the present it has generally been considered that the incidence of private practice is lower than in England and that this is a desirable state of affairs.

Sc 9 Measured in terms of whole-time job equivalents, the number of medical and surgical staff in National Health Service hospitals is 4973. Of these, 1788 are on the consultant grade and a further 576 on lower senior grades. The total number of nursing staff, measured on the same basis, is 55708.

The primary non-hospital health care service is provided by 3023 general practitioners, to which figure must be added 29 assistants and 295 trainees. While figures are not available for the number of consultations with general practitioners, an estimate was made in the *General Household Survey* (1980) of the number of visits made per person to general practitioners in the year. This gave the average number of consultations per year as four for males and five for females. Although these general figures are the same as they are for England and Wales, a detailed breakdown suggests a usage amongst middle-aged people at a rate rather higher than that in England and Wales. The size of general practitioners' lists varies considerably, but the majority have between 1500 and 2500 patients. The precise figures are: 0–1499 patients 15.6%; 1500–1999 patients 45.1%; 2000–2499 patients 29.3%; 2500–2999 patients 7.2%. Most general practitioners operate in partnerships, the sizes of which vary considerably. Single practitioners account for 11%, 15.3% of practices have two partners, 22.8% have three, 22.2% have four and 28.8% have five or more.

There are 1360 health visitors and 1762 district nurses. Both of these professions provide ancillary medical services in the home in association with the work of general practitioners.

Primary dental care is provided by 1327 general dental practitioners. Use of dental services, as of medical services in general, has shown an increase. Between 1965 and 1981 the number of courses of dental treatment rose by 53%.

The number of treatments by general practitioners on a private basis is probably almost nil, although a significant amount of private dentistry takes place. There are probably no doctors who operate solely within the private sector, although there are some dentists who do so.

Sc 10 It is not uncommon to encounter assertions that the nature of health care provision in Scotland is in some subtle way different from that in England and that this influences the doctor-patient relationship. Notwithstanding the fact that empirical social research might demonstrate some differences, care is required with such assertions, which may not be based on objective fact. For example, an assertion has been made that there are better relations with general practitioners because there are no health centres (*The Influence of Litigation on Medical Practice,* proceedings of a Conference of the Royal Society of Medicine 16–18 May 1977, ed. Wood). This statement is, and was when it was made, demonstrably wrong; Scotland does have health centres (SSHD: *Health In Scotland* 1980 p. 15).

B. Claims and Court Cases

I. The Extent and Levels of Claims and Court Cases

1. The Number of Claims and Court Cases

Sc 11 As in England, reliable accurate information as to the number of claims for damages, the success rate, the amounts paid and their mode of disposal is unfortunately unobtainable. Making a relatively accurate guess is perhaps even more difficult than in England and Wales, because the statistical sample is much smaller and accordingly subject to random changes. The population of the country is about one-tenth that of England and Wales. One would expect, therefore, that figures in the region of one-tenth of those for England and Wales would be correct, unless there is a very significantly different incidence of claims in Scotland. It is sometimes suggested that the incidence of claims per patients in Scotland is lower than it is in England and Wales (see e.g. *The Influence of Litigation on Medical Practice,* proceedings of a conference of the Royal Society of Medicine 16–18 May 1977, ed. Wood, pp. 34–35). The only material that gives any factual support to this belief is the figure for the number of cases in court in Scotland in 1974 as contained in the *Report of the Royal Commission on Civil Liability and Compensation for Personal Injury,* Cmnd. 7054, H.M.S.O. 1978, Volume 2 p. 178 para. 579. This indicates that medical negligence claims amounted to only 0.4% of all personal injury cases in the courts in Scotland in that year, which was only about two-thirds of the rate for England and Wales. However, there are a number of factors which make the conclusion of a lower incidence of claims in Scotland very doubtful. The figures in the Royal Commission *Report* are so low (recording only two cases) that the sample is not statistically significant. Furthermore, there are grounds for suspecting that owing to certain procedural peculiarities a number of cases did not get into these statistics. It does not come anywhere near the number suggested as a guess in informal discussion with the Central Legal Office for the Scottish Health Service. In addition owing to the fact that in Scotland a relatively detailed case has to be pled in the initial summons, which brings the case to court (see *Report* p. 170 para. 559), and the fact that solicitors receive relatively less good remuneration if the claim is settled after going to court, the relationship between the number of claims made and the number of cases in court may not be the same as in England and Wales. It is in fact probably the case that there is little difference in the rate of claims within the United Kingdom.

Sc 12 The defence societies, which cover doctors, operate on a United Kingdom basis and, indeed, are involved in parts of the British Commonwealth. The experience of the Medical Protection Society is that there is no real difference between Scotland and England, but the impression persists. It is not even possible to draw precise conclusions as to Scotland alone from the material available from the Medical and

Dental Defence Union of Scotland, since, although membership is open only to graduates of Scottish medical schools, a large proportion of these practise outside Scotland. However, the experience of this body may be particularly relevant to the position in Scotland. Subscription rates are very slightly lower than in some of the other defence societies; they were raised for those with more than 4 years practice from £125 for 1982 to £175 for 1983. The experience of of this body is that in any one year, 1%–2% of their membership are involved in claims of some sort, and in 1981–82 they observed a significant rise of perhaps as much as 50%. The membership is 13805, which on this basis means that the number of claims will be between 138 and 276. If the same percentages are applied to the total number of doctors practising in Scotland, which is in the region of 8000, the number of claims will be between 80 and 160 in the country in any one year. Following the experience of the Medical and Dental Defence Union of Scotland, 75% of these will be against hospital doctors, and there are very few claims Health Boards which do not also involve a claim against a doctor. The lower figure of 80 would be roughly in line with the figure produced by extrapolating from the data for England and Wales analysed by Professor Kennedy in his study of the position there, taking into account the different size of population. There are some grounds, however, for thinking that the number may possible be in excess of this lower figure and perhaps nearer the higher figure of 160. The Medical and Dental Defence Union of Scotland estimates that about 4% claims made are taken to court. This would produce, in the light of the numbers of doctors in Scotland, around six cases per year. Informal information from the Central Legal Office of the Scottish Health Service suggests that there may be as many as 20 cases raised in court in any one year. While this guess may be an over-estimate, the figure would appear to be more than six.

2. *Size of Awards and Settlements*

Sc 13 The *Report* of the Royal Commission estimated that the average United Kingdom award at January 1977 prices wass £8000 (p.66 para.238). The median award in personal injury cases in general appears to have been lower than in England and Wales, although the sample of out of court settlements that was used was different. At 1974 prices the median award was £875 in Scotland compared to £1155 in England and Wales [p.180 para.583 (Scotland), p.175 para.564 (England and Wales)]. This difference may be reflected in awards in medical cases as in other types of personal injury case. Should this be so, it is possibly because of different earnings levels of Scottish litigants associated with a different social structure and a consequent effect on the size of an award of damages representing loss of earnings. Some part may be played by a tendency for Scottish judges to make somewhat low awards for *solatium* (pain and suffering etc.), although English awards are officially taken into account.

3. *Conclusion*

Sc 14 In summary, one can perhaps say tentatively that the number of claims made has risen somewhat, that awards have simply kept pace with inflation and that relative to the size of the population Scottish experience does not differ greatly from experience in England and Wales. However, the implications of the fact that there is a perception that it does differ may be as important for the study of medical responsibility as the reality. The general picture seems to be in line with the most recent published analysis of amounts paid out by the three defence bodies as calculated from their accounts, which shows that the global amount paid rose from £ 1 million in 1974 to £ 5 million in 1980 but that "when these totals are adjusted for inflation and the rise in membership the increase is much less – average annual increase of 7% over the last six years" (W. Duncan Murray: *Increasing Litigation: The Size of Settlements in Professional Negligence.* The Lancet, May 8 1982, p. 1063).

II. Court Proceedings Etc.

1. Civil

Sc 15 There are two levels of civil court in Scotland. The lower level is a local court, the Sheriff Court, which sits in 49 centres throughout Scotland. These courts are divided among six areas known as Sheriffdoms. Appeals from the Sheriff Court can bc taken first to the senior judge of the Sheriffdom, the Sheriff Principal, and from there to the Inner House of the Court of Session in Edinburgh. The higher court of first instance is the Court of Session, which sits only in Edinburgh. Appeals are from a single judge to the Inner House, with a ultimate right of appeal to the House of Lords. No medical law case in modern times has been appealed from Scotland to the House of Lords. There is no monetary limit on the jurisdiction of the Sheriff Court in damages for breach of obligations, whether founded on contract or on delict. Accordingly, its jurisdiction in medical negligence cases is co-equal to that of the Court of Session. The decision as to forum is accordingly one for the pursuer's advisers. It appears that most medical cases are in fact heard in the Court of Session. Jury trials in civil cases are not available in the Sheriff Court. Although in theory they are available in the Court of Session, as discussed below, they do not now take place in medical cases.

2. Investigatory Mechanisms

(a) Fatal Accident Inquiries

Sc 16 When a death occurs, the public prosecutor, the Lord Advocate, in fact acting through the Procurator Fiscal service (see para. 21) may initiate a Fatal Accident Inquiry under the terms of the Fatal Accidents And Sudden Deaths Inquiry (Scotland) Act 1976. He is not required to do this, which contrasts with the situation when death occurs in the course of the deceased's employment or in legal custody [section 1 (1) (a)]. The general power to initiate an inquiry covers deaths which are "sudden, suspicious or unexplained or have occurred in circumstances such as to give rise to public concern". If the relatives press for an inquiry, it will in practice take place. The inquiry is held before the Sheriff, who since 1976 has sat without a jury. The proceedings are civil proceedings despite the active involvement of the public prosecutor (section 5). They are public, and close relatives of the deceased and anyone else directly involved must be given notice [Fatal Accidents and Sudden Death Inquiries (Scotland) Regulations 1977]. The basic task of the Procurator Fiscal is to bring evidence with regard to the circumstances of the death [section 4 (3)]. In addition, any person who can satisfy the Sheriff that he has an interest can also bring evidence. The procedure is required to be "as nearly as possible" similar to that "applicable in civil proceedings". Accordingly, there may be examination of witnesses not only by the Procurator Fiscal, but for example on behalf of the Health Board, the medical staff and the relatives. The determination of the Sheriff must deal with the factual circumstances of the death. In addition, it is possible if "established to his satisfaction" for him to make a determination as to reasonable precautions that might have avoided the death and as to any defects in the system of working which led to the death [section 6 (1)]. It is normal for the Sheriff not to make findings indicating negligence unless asked to do so on behalf of the relatives. The Sheriff's determination is not admissible in subsequent civil or criminal proceedings (section 5), but it is taken very seriously by the parties' advisers.

(b) Determination of the Medical Services Committee and National Health Service Tribunal.

Sc 17 An allegation that a general practitioner has failed to „render to his patient all proper and necessary treatment" in terms of the National Health Service (General Medical and Pharmaceutical Services) (Scotland) Regulations 1974, S.I. 194 No. 506 Regulation 9 (1) can be made for consideration by the Medical Services Committee, a body of doctors and laymen set up under National Health Service (Service Committees and Tribunal) (Scotland) Regulations 1974, S.I. 1974 No. 504. The complaint must be made within 6 weeks of the incident. It goes first to an administrative official of the Health Board, who refers it to the Committee. If he refuses to do so there is a right of appeal to the Secretary of State. The complaint cannot cover misdiagnosis or negligence, but can cover a failure to treat at all. The powers of the Medical Services Committee are to reprimand, to recommend the withholding of a sum of money from the doctor's earnings or to suggest that his name be removed from the list of doctors practising under the Health Board. If this last recommendation is made the matter has to be referred to the National Health Service Tribunal, which consists of a legally qualified chairman and two doctors. Only at this stage is legal representation possible, and the Health Board will be legally represented to put the case against the practitioner.

(c) Complaints to the General Medical Council

Sc 18 All doctors working within the National Health Service are required to be registered with the General Medical Council. The council has powers to discipline doctors for "serious professional misconduct". It operates on a United Kingdom basis. Reference is made to the Report for England.

(d) Ombudsman: The Health Service Commissioner

Sc 19 The office of Health Service Commissioner for Scotland is held by the Health Service Commissioner for England. His powers are basically the same as in England taking out account of the different administrative structure of the Scottish Health Service [National Health Service (Scotland) Act 1978 sections 90–97]. Reference is made to the Report for England.

3. Criminal

Sc 20 There is a threetier system of criminal courts. In ascending order they are the District Court, the Sheriff Court and the High Court of Justiciary. Of cases that could potentially arise in the medical context, only a charge of murder must be taken by the prosecutor in the High Court of Justiciary, where procedure is before a judge and a jury of 15 persons. In all other cases the prosecutor has a discretion as to the court he chooses. A recent study indicates that in practice the relevant criteria used by the prosecutor are the seriousness of the incident, any previous convictions, the extra time involved, the attitude of the public to the offence charged and the level of sentence [Moody and Tombs: *Prosecution in the Public Interest* (1982) pp. 85 and 91]. The sentencing powers of the District Court, which is a bench of lay magistrates, are very limited, and it is not of potential significance in the medical context. In practice, a charge of culpable homicide would be proceeded with in the High Court of Justiciary. In the Sheriff Court the prosecutor can choose between proceeding under solemn procedure before a judge and a jury of 15 persons or proceeding under summary procedure before the Sheriff himself. The same considerations are relevant as are to the choice of court. The Sheriff's power of sentencing under summary procedure is subject to a maximum of a fine of £ 1000 or imprisonment of 3 months [Criminal Procedure (Scotland) Act 1975 section 289] or 6 months in the case of certain re-offenders (section 290). Under solemn procedure the Sheriff has powers of imposing an unlimited fine or a maximum of 2 years imprisonment. He can remit the case to the High Court of Justiciary for hearing (section 286) or sentence (section 104).

C. Responsibility for Negligence

I. Criminal Responsibility and Criminal Procedure

1. Criminal Procedure

Sc 21 Criminal prosecution in Scotland is carried out by a state prosecution service. This is headed by the government's chief law officer, the Lord Advocate. He operates for these purposes through a department in Edinburgh, the Crown Office. At a provincial level he carries out the business of prosecution through a staff of prosecutors, known as Procurators Fiscal. This service, while devolved, is in fact fairly tightly controlled from the centre. The prosecutor has an effectively absolute right to decide whether to prosecute or not. This, it seems, is a most important feature in the application of the criminal law as it relates to medical responsibility. There have been no prosecutions of doctors for assault or homicide in modern times. There was in the early 1970s a trial of a nurse accused of murdering a number of patients, which was defended as "mercy-killing", but the number of victims involved suggested that this was merely a defence tactic. The prosecution is involved in initiating Fatal Accident Inquiries relating to deaths that occur in the course of medical procedures and accordingly have files on medical matters. These inquiries are discussed above.

Sc 22 For many years it was considered that the right, to bring a private prosecution by a member of the public was so hedged around with restrictions as to be of no importance. It is now clear, however, that such a right does still exist if the crown declines to prosecute, or abandons a prosecution before completion. The complainer must have "the necessary title and qualify the necessary interest to prosecute privately". This would seem to be the case in an assault case, and arguably is on the part of close relations in a homicide case. In the recent decision of the court relating to the matter the complainer in a rape case was found to qualify the necessary interest as having suffered "injury of a substantial, particular, special and peculiarly personal nature beyond all others" (H. v. Sweeney 1983 S. L. T. 48 per Lord Justice General Emslie at 53). In theory, therefore, a private prosecution in the medical field might be possible. However, it is clear that it would only be permitted in a most exceptional case. Leave must be obtained from the court to proceed. The Lord Advocate is likely to object, and the court refuse to allow the case to proceed on the general ground that it would be oppressive. It has therefore been stressed that in allowing a private prosecution the court is adopting "a course which we will rarely be disposed to follow for the great strength of our system of criminal law still resides in the Lord Advocate, as the impartial and wholly independent prosecutor in the public interest" [*H.* v. *Sweeney (supra)* per Lord Justice General Emslie at 57].

2. Criminal Law

Sc 23 Just as there is unfettered discretion in the Crown with regard to prosecution, there is also remarkable fluidity in the conceptual theory used by the court in Scotland to structure the relevant criminal law. If criminal cases were to be taken, the court has created a criminal law which might give very wide opportunity for prosecution.

At its most extreme the proposition can be advanced that the highest criminal court, the High Court of Justiciary, can declare something to be criminal even when it has not previously been recognised as such. This power, stated authoritatively in 1838, has been criticised by academics in modern times, but is thought still to exist [see e.g. Gane and Stoddart: *A Casebook of Scottish Criminal Law* (1980) p. 10]. In the field of the law relating to medicine it would seem unlikely that the court would invent new crimes. However, in one of the very few Scottish contributions by an academic lawyer of distinction, it was suggested that artificial insemination with semen of a donor is criminal. In 1959, Professor Sir Tom Smith gave his opinion that this should be a crime as it tended to be a "passionless subversion of the legal order regarding marriage and inheritance" (Smith: 1959 S. L. T. (News) 245 at 249). No such idea is canvassed in a more recent Scottish contribution on the subject [Cusine: *Legal Issues in Medicine,* , ed. McLean, pp. 163–175 (1981)]. The policy of the prosecution service is generally to avoid proceeding where public acceptability of such a course would be uncertain, and accordingly the court is unlikely to be given the opportunity of following Professor Smith's approach, but the possibility is an important feature of the law.

Sc 24 The law of homicide is characterised by a rather vague use of the concept of wickedness. The law applies generally to all people, including doctors. Apart from statutory offences, which are not of relevance in this field, there are two nominate crimes, murder and culpable homicide. In the past, at any rate, there was also a third possibility – "culpable and reckless" or "culpable and negligent" administration of some agent which in fact caused death. While the distinction between murder and culpable homicide roughly corresponds with that in English law between murder and manslaughter, there are some peculiar features in the way in which the crimes are defined in Scots law which may in theory make them wider in application in the field of medical practice.

Sc 25 Firstly, unless murder is of the type where there was actually intent to kill, it is distinguished from the lesser crime of culpable homicide by the fact that there was "wicked recklessness" with regard to the consequences – whether the victim lived or died – whereas one form of the crime of culpable homicide is where there is "recklessness" and death results. This, it is suggested by the leading writer on criminal law, enables judges to give juries a basis on which they may express their natural feelings as to when, under the old system of sentencing, the guilty person should hang. This vague perception between the two crimes is reflected in the only known judicial pronouncement on the subject of euthanasia. Before the Royal Commission on Capital Punishment, Lord Cooper gave as evidence that it would be culpable homicide, Lord Keith that it would be murder (Evidence para 5428 and 5186). The view that such homicide could be something other than murder must proceed on the ground that it is "voluntary" culpable homicide, i. e. murder under "mitigating circumstances", if intent is present. In a case involving a close relation it might be so as a result of the concept of "diminished responsibility" (e. g. *Dryden Alexander Brown,* Edinburgh High Court, 1961, unreported, where a man killed his wife who did not want to return to a mental hospital). It may just be possible to see the termination of life in circumstances which could be characterised as euthanasia as an "unofficial category" of "voluntary" culpable homicide as adopted by the Crown as prosecutor (see Gordon: *Criminal Law* 2nd ed. p.765), otherwise the relevant law is the other broad branch of culpable homicide, the type considered to be "involuntary".

Sc 26 "Involuntary culpable homicide" may be defined as "the causing of death unintentionally but either with a degree of negligence which is regarded as sufficient to make the homicide culpable but not murderous, or in circumstances in which the law regards the causing of death as criminal even in the absence of negligence" [Gordon *(supra)* p.788]. The first of these two variants up to 1935 could have been constituted by simply failing to take reasonable care as determined by the standard in civil negligence cases. Since then it has been stated that it "is necessary to show gross, or wicked or criminal negligence, something amounting or at any rate analogous to a criminal indifference to the consequences" (*Paton* v H. M. A. 1935 J. C. 22 per Lord Justice Clerk Aitchison). It will be apparent that this is an even vaguer definition of the concepts that cluster round recklessness and gross negligence in other legal systems, and would appear to indicate that the question is really one for the jury as to whether "carelessness" resulting in death amounts to a crime. Unfortunately the reported cases dealing with doctors or pharmacists all date from the last century, when culpable homicide could be proved from a lesser degree of carelessness. Amongst these, however, are cases which show that a wide range of failures could be charged as culpable homicide if they resulted in death, e. g. employing an unqualified assistant to dispense drugs in circumstances where he misinterpreted a French book [*Wheatley* (1853) 1 Irv. 225]; certifying a person fit to travel in circumstances in which the person apparently died from the travel [*Gibson* (1848) Ark. 493]; failure to take measures to follow up a report that a person required assistance [*Hardie* (1847) Ark. 493]; mistaking one drug for another [*Armitage* (1885) 5 Couper 675]. While these cases are obviously products of the peculiar circumstances of their time, they indicate a range of events that could today be charged. It is interesting to note that a number of them were abandoned by the prosecutor once the point had been established that the accused could have been guilty, in others the sentences were extremely small (e. g. in *Wheatley* 14 days).

It has been stated that "it is culpable homicide to deprive a child or invalid of necessary sustenance or neglect it in any other way which proves fatal" (Gordon, 2nd ed. p.805). The cases referred to deal with gross neglect by relatives. It has not been discussed in Scotland whether the depriving of treatment in some or all cases by a doctor could be treated as the lesser crime of culpable homicide through exploring the reasoning in these cases.

Sc 27 The second variant of "involuntary" culpable homicide, i. e. "causing death in circumstances in which the law regards the causing of death as criminal even in the absence of negligence" gives rise to considerable potential difficulties in the law as applied to medicine. This is because on the one hand it seems to be the case on the authorities that any death in the course of an assault amounts to culpable homicide (*H. M. A.* v. *Rutherford* 1947 J. C. 1, a case involving an assisted suicide where the accused gave evidence that he was only trying to pretend to do it). If this is the law then any death which resulted from an operation carried out without obtaining the appropriate consent would seem to be culpable homicide. On the other hand, it is also the law that an error as to law in the performance of one's duty may be a good defence [the view of Gordon *(supra)* at 798]. Should such a crime be charged, it seems likely that no jury would convict.

Sc 28 The third possibility other than charging murder or culpable homicide might be to charge the "culpable and negligent administration" of an agent that caused death. This was done in the nineteenth century in cases where mothers or childrens' nurses gave overdoses of drugs intending merely to keep the child asleep [e.g. *Hamilton* (1857) 1 Irv. 738]. There are no known instances in modern times of this course being taken. As a concept, however, it does have certain attractive features, in that it avoids even the relatively lesser stigma that culpable homicide has as opposed to murder.

Sc 29 The law of assault is likewise affected by a tendency of the law to rely upon a general concept of wickedness. The recent development of the law of assault has been that "evil intention is of the essence of assault" (*Smart* v. *H.M.A.* 1975 S.L.T. 65). This formulation made in the context of people having a fight voluntarily to determine a dispute has resulted in immense uncertainty in the medical field. The leading textbook writer (Gordon), who was previously of the view that consent was a good defence so long as the assaults were minor, is now concerned that this might now allow a court to rule an operation for religious circumcision to be illegal (Gordon: *Criminal Law* 2nd ed. para 29–40), but ends by suggesting that there is a "wide umbrella" protecting all surgical operations, except where the operation itself is illegal, and the only example of that is illegal abortion. It is clear, however, that the court could narrow this umbrella, for example in sterilisation and possibly in cosmetic surgery of certain types.

Sc 30 Assault like murder is a crime of intention, but a doctor could be prosecuted for culpable negligence of duty. For this there must be shown "Reckless disregard of the safety of the public which does in fact injure someone" (*Quienn* v. *Cunningham* 1956 J.C. 22 per LJG Clyde at 26), which requires gross negligence to be shown. Recent Scottish cases concerning liability for causing injury through reckless conduct have emphasised that the test is an objective one. Judged objectively, it must be shown that the act was „eloquent of a high degree of negligence". It has been said to be a standard that falls "far below" the standard expected of a competent person. (*Allan* v. *Patterson* 1980 S.L.T. 77). It has also been said that there needs to be shown "a total indifference to and disregard for the safety of the public" (*W.* v. *H.M.Advocate* 1982 S.L.T. 420). A recent decision seems to suggest that it is very much a jury question and would be left to their commonsense (*Gizzi* v. *Tudhope* 1983 S.L.T. 214). It is difficult to predict how these principles would be applied in a case against a doctor, but they seem to make prosecution highly unlikely for injury causing gross negligence. It is possible for a crime to be committed if the appropriate conduct is proved even though injury did not in fact result [see *Gizzi (supra)*].

II. Civil Responsibility

Sc 31 The duty of a doctor probably arises only under the law of delict when he acts under the National Health Service. If he treats a patient as a private patient, his duty would arise under the law of contract as well. The distinction between National Health Service and private treatment cases is not recognised in the leading textbook on the law of delict, where it is stated that "where patients call in a doctor participating in the National Health Service these facts may raise a contract between them" (Walker: *Delict,* 2nd ed. 1981 p. 1057). The better view, however, is probably that the relationship is a non-contractual one [see M.G. Clarke 1977 S.L.T. (news) at 29]. This is because the doctor is performing an obligation in terms of the National Health Service Acts (compare *Pfizer Corporation* v. *Ministry of Health* (1965) A.C. 512]. The law in Scotland does recognise the actionability of seriously intended promises without any contract, but in this area they are of theoretical interest only, since they must be proved by writing or admitted on oath by the promisor.

Sc 32 There has been little sustained discussion in Scotland of the relationship of delictual to contractual liability. Some judicial remarks suggest that the boundaries between the two bases of liability are so vague that the distinction is of no importance (*Robertson* v. *Bannigan* 1965 S.L.T. 66). It seems generally to have been assumed that the rights of the claimant in a case based on contract do not differ from those based on delict [see especially *Stevenson* v. *Shafer* 1953 S.L.T. (Sh.Ct.) 107]. On a number of important issues this is so. There is no difference as to the period of prescription or limitation applied to claims [Prescription and Limitation (Scotland) Act 1973]. There is, as discussed below, probably no difference as to the nature of the damages claimable, and in any event the law of delict, which is generally available, is, if anything, more generous. There is no difference in the requirement to prove causation, though conceivably a wider view of remoteness could be taken in a contract action if a private patient could show that he entered into a contract for treatment having brought some potential unforeseeable loss to the doctor's attention. A further issue might be that the terms of a consent form might be subject to control by the Unfair Contract Terms Act 1977, which does not apply in Scotland to "non-contractual notices".

It is generally assumed that the standard of care is the same in the action based on delict as in the action based on contract. However, it does seem possible that in exceptional circumstances there might be found, in a private practice case, a contract to achieve a certain result. It is arguable too that the court might in a contract case adopt an approach which required a standard of care related to the actual skills of the doctor selected [see the English case of *Duke of Argyll* v. *Beuselinck* (1972) 2 Lloyds Rep. 172].

Sc 33 A duty of care is imposed on medical staff through the law of delict at common law. The liability is imposed because doctors or other medically qualified persons hold themselves out as being capable of giving the level of care the law deems the patient to be entitled to expect. Accordingly, an unqualified assistant and his employers were held liable in an early dental case for breaking a patient's jaw, as they had advertised their practice as being the largest and most successful practice in Great Britain (*Dixon* v. *Hygienic Institute* 1910 S.C. 352). The liability is for negligence. However, to a considerable extent it can be seen as a special area of the general law of delict and can loosely be described as the law of "professional negligence". The view has been expressed that the law applicable to medical cases is the same as that relevant to other professional negligence cases, such as those involving actions against solicitors [*Murray* v. *Reilly* 1963 S.L.T. (notes) 49], and despite some doubt expressed about this (*Hunter* v. *Hanley* 1955 S.C. 200 per Lord Sorn at 208), this view coincides with the approach of the House of Lords in England in the case of *Whitehouse* v. *Jordan* [(1981) 1 All E.R. 267 per Lord Edmund-Davies at 276]. On the other hand, a distinction has been drawn between professional negligence cases such as those involving medical staff and cases involving negligence by tradesmen such as builders. The significance of this is that the tests for medical negligence are seen as a special set of rules in which the practice of the profession as guidance to what is or is not negligent conduct assumes a particular importance and is treated in a particular kind of way. The reasons for this have been justified as follows: "The practice of medicine is only permitted to those who have attained a fixed standard of prescribed professional qualifications. Further the practice of medicine is not an exact science and methods of practice and treatment vary with the movement of professional opinion and the expansion of the horizon of scientific knowledge" (*Morrison's Associated Companies* v. *James Rome & Sons Ltd.* 1964 S.C. 160 per Lord Cameron at 178).

Sc 34 This approach, which is to treat the rules for determining standards of care in professional negligence, including medical, cases as distinct, is perhaps reinforced by the fact that today medical and other professional negligence cases are never heard before juries. Civil jury trials for personal injury and death claims do still occur, albeit infrequently, in other contexts, such as road accident and employers' liability cases. There is no absolute legal barrier to having a jury trial for a medical case. As recently as 1960 there is a reported example of an attempt to have a case tried by a jury where a patient had made allegations that she was injured in getting off an X-ray table, basing her case on a failure of equipment, a failure to provide competent staff and a failure in duty on the part of the staff. The motion for a jury trial was rejected. The judge used his discretionary power under section 49 of the Court of Session Act 1850 to send the case to be heard by a single judge rather than a jury on the ground that a "special cause" for that course has been shown. The case referred specifically to the difficulties a jury would feel in dealing with a case based on failure of equipment. But it would seem to represent the attitude of the court today that a medical case should not go before a jury because it "would be unfortunate if the question came up in the stress of a jury trial rather than in the more relaxed atmosphere of a proof" (hearing before a single judge) [*Black* v. *Angus Hospitals Management Board* 1960 S.L.T. (notes) 7].

Sc 35 The test for professional negligence, and in particular medical negligence, is invariably associated in Scotland with a dictum of Lord President Clyde in the case of *Hunter* v. *Hanley (supra)*. This is so regularly referred to that it has become known as the Hunter v. Hanley test (see e.g. *Scott* v. *Highland Health Board* 29 January 1981 "unreported per Lord Maxwell at 10). This test is:

> To establish liability by a doctor where deviation from normal practice is alleged, three facts require to be established. First of all it must be proved that there is a usual and normal practice; secondly it must be proved that the defender has not adopted that practice; and thirdly (and this is of crucial importance) it must be established that the course the doctor adopted is one which no professional man of ordinary skill would have taken if he had been acting with ordinary care.

In subsequent Scottish cases, it has been first been emphasised that this dictum covers all cases, whether relating to treatment, care in general or diagnosis. *Hunter* itself was a case of alleged negligence in choosing a needle for an injection that was too thin and accordingly broke. In a later case [*McHardy* v. *Dundee General Hospitals Board of Management* 1960 S.L.T. (notes) 19] a case of alleged lack of supervision of a patient who had left a maternity ward and drowned in a pond as a result of probable suicide, an attempt to argue that there might be cases to which the *Hunter* v. *Hanley* test did not apply was rejected. It has followed from this approach that the courts have tended to emphasise that a doctor can "only be at fault if the three facts laid down by the Lord President in Hunter v. Hanley are established" (*Rolland* v. *Lothian Health Board,* 27 August 1981 unreported per Lord Ross at 25). Furthermore it has been generally reiterated that the third requirement stated to be "of crucial importance" is indeed vital, i.e. "that the course adopted is one which *no* professional man would have taken if he had been acting with ordinary care".

Sc 36 The emphasis on this last requirement appears to be made to preclude the court from making a decision of its own as to what is negligence, and makes evidence of professional practice crucial. The test has been described as an „exacting" one from the point of view of the pursuer (*Scott* v. *Highland Health Board*, unreported 29 January 1981). It is even possible to argue coherently that the case of Hunter v. Hanley did not decisively abandon a test of gross negligence,[1] but rather represents an attempt by the court to reach a compromise between a requirement that gross negligence be shown and the general law of negligence where evidence of practice has become simply an element to be considered in the court's assessment as to whether there was or was not negligence in the case before it. This is the position in employer's liability cases [see *Cavanagh* v. *Ulster Weaving Company* (1960) A. C. 145] and in cases against builders and other tradesmen [see *Morrison's Associated Companies (supra)*]. Lord President Clyde, in his opinion, did not say the concept of gross negligence had no relevance to the matter. He referred to a tract of decisions in Scottish appeals in the House of Lords concerning trustees and solicitors in which the phrase "gross negligence" is used. These cases are, of course, still binding precedents. He then prefaced his description of the three requirements for proving a professional negligence case with a description of "gross negligence":

> I am not therefore prepared to say that the concept of gross negligence forms no part of the law of Scotland today. In relation, however, to professional negligence, I regard the phrase "gross negligence" only as indicating so marked a departure from the normal standard of conduct of a professional man as to infer a lack of that ordinary care which man of ordinary skill would display. So interpreted the words aptly describe what I consider the sound criterion in the matter, although strictly viewed they might give the impression that there are degrees of negligence (per Lord President Clyde at 206).

The other two judges who gave opinion differ in their emphasis. Lord Russell thought he could not say in the case before them that "the use of the words 'gross negligence' could *not* have misled the jury in respect of the burden of proof which the pursuer had to discharge" (at 207). Lord Sorn thought the phrase had no relevance, but it is notable that he considered that a doctor "must not be judged by too high a standard" (at 208).

Sc 37 The importance of this judgement in Scotland is that it raises the question of practice as the decisive matter to be considered. In going further and indicating that to show negligence the defender must have done something that no competent practitioner of ordinary skill in his position would have done, it can be used as a control by the courts on medical negligence actions, even if the rule is not absolutely strictly applied. Reference to the dictum of Lord President Clyde is not uncommonly coupled with a reference to policy considerations which are seen as warranting the attitude that medical negligence cases should not be too easily carried through successfully. Characteristically, it has been observed, "it has often been pointed out that, if medical and nursing staff were to be found liable when anything untoward occurred that would have an adverse effect both on the medical and nursing professions and on the public generally" [*Rolland (supra)* per Lord Ross at 24]. The fear of the emergence of defensive medicine and an apprehension that the development of medical science would be hampered have both been mentioned on the bench as reasons for taking a strict view of medical cases [*McHardy (supra)* per Lord Cameron at 19]. Notwithstanding the fact that, as discussed below, the courts have not been committed absolutely to the logical conclusion of this attitude, namely that the evi-

---

[1] See R. B. M. Howie: *The Standard of Care in Medical Negligence* (1983) Juridical Review 193–223.

dence of one competent doctor in the field must always exculpate the defender if it is in his favour, the attitude in general does have a tangible effect on conduct of litigation in this field.

Sc 38 Firstly, it leads to demanding rather more specification of the grounds of negligence when the case is at the written pleading stage than is nowadays the case in other personal injury or death cases. While it is not totally unknown for other personal injury or death cases in other areas to be dismissed as irrelevant at the stage of the written pleading, it is apparent that this is done either because the pursuer has failed to aver a type of case in which a duty of care may be seen generally to arise, or because he has averred a case in which the damage, if proved, would be manifestly unforeseeable or generally too remote. However, in medical negligence cases the court has sometimes rejected a case before evidence of the facts has been led on the ground that it did not contain adequate averments of negligence when the matter was looked at with some care. In a prominent example [*Hunter* v. *Magistrates of Glasgow and Others* 1969 S. L. T. (notes) 35], the case was dismissed at this stage even though it was judicially admitted that the pleadings might not be open "to serious objection". The case that the pursuer was attempting to make was that a doctor who had performed an exploratory operation on her womb had done it in such a manner that serious sepsis had resulted. She pled that he had a duty to use the degree of skill and care which would be shown by a reasonably competent member of the profession, and in particular to refrain from excessive dilation and use of force. These allegations were held to be too support evidence being presented and also inadequate in that they were said to infer or imply the wrong test for professional negligence. This was because "the implication seems to be that any degree of dilation or of force beyond that which would be used by a reasonably competent member of the medical profession is excessive and therefore negligence". This was rejected as an erroneous view, since it „offends against the proposition ... that one man is clearly not negligent because he has displayed less skill or knowledge that others would have showed" (per Lord Fraser). Because of this and other judgements [e.g. *Stevenson* v. *Shafer* 1953 S. L. T. (Sh. Ct.) 107] it has become now standard for the written pleadings in medical cases in Scotland to include a specific averment to the effect that *no* doctor in the position of the defender would have done what was done. Typical is the pleading in *Scott (supra)* that the defender failed "to show the care and skill reasonably to be expected of a consultant radiologist ... no consultant radiologist of ordinary skill exercising ordinary care would have failed to diagnose and report the ... condition" (Pleadings: Condescendence 4).

Sc 39 Secondly, it means that if there is a genuine difference of opinion with regard to reasonable practice in the area relevant to the activities of the defending doctor, it is unlikely that there will be liability. It is accepted that evidence of a difference of opinion amongst doctors with experience in the area does not of itself mean that there cannot be liability. Obviously the defender might have taken a line which no reasonable practitioner could take, even where there was a difference of opinion as to what the right line to take was. On the other hand, the existence of genuine difference of opinion effectively makes it nearly impossible for there to be a finding that no doctor of ordinary skill acting with ordinary care would have taken the approach taken by the defending doctor. This, it has been suggested, is even more the case where the question involves the care of emotionally disturbed people and psychiatric medicine [as in *McHardy (supra)*]. But the same tendency can be observed in cases involving physical treatment. In one example, it was alleged that a child was brain-damaged in the course of birth through the use of a vacuum extractor when the child was in the occipito-anterior position. There was considerable evidence of a difference of opinion within the profession as to the safety of using this method of assisted birth. The obstetrician was found not to be negligent in doing so. (*Steward* v. *Greater Glasgow Health Board,* 13 October 1976, unreported per Lord Keith).

Sc 40 Thirdly, it is possible for a judge to find that there was no negligence on the evidence of one expert witness for the defence. Certainly this is not usual. However, at least one example does exist, in the case of *Scott (supra).* At first sight the finding there is the more remarkable because the judge was unimpressed by the defending radiologist as a witness since he changed his opinion as to what he could see in the relevant X-rays several times when they were presented to him in the court. That, however, was put down to strain and the case was found not to be proved on the convincing evidence of a distinguished consultant radiologist despite evidence to the opposite effect by two consultant orthopaedic surgeons. In *Rolland (supra)* the pursuer proved that she had suffered injury through jumping out of the window of a hospital where she was being treated for respiratory failure. She further proved that at the time she was suffering from a low oxygen level in her blood combined with a raised carbon dioxide level, the effect of which is to make some patients aggressive and confused. However, her case that there had been inadequate supervision failed *inter alia* on the ground that two of the expert witnesses said that they *might* not have instructed constant supervision.

Sc 41 The picture that actually emerges from the case law, however, is less rigid than the above analysis seems to suggest. This is because the question of the application of the test for negligence is treated as being one that depends on the circumstances. It is consequently very difficult to overturn a finding of negligence or non-negligence in a case on appeal. *Hunter* v. *Hanley* itself was a jury case and resulted in a retrial as the jury were found to have been wrongly instructed as to the law. There are no reported modern examples of a successful appeal one way or the other in a medical negligence case in Scotland, and there are two significant cases in which the appeal was unsuccessful. One of these was an appeal against a finding of negligence [*Sellar's Curator Bonis* 1973 S. L. T. (notes) 3]. The other was an appeal against a finding of no negligence (*Craig* v. *Glasgow Victoria and Leverndale Hospitals Board of Management,* unreported 22 March 1974). It is always open to a judge even where an expert witness does speak on the defender's behalf to find a way of concluding that there is not really evidence that no reasonably competent practitioner would have done what was done. He may consider, for example, that the witness was not properly acquainted with the precise speciality involved. In the light of this it is not unimportant in the case of *Scott (supra),* where the defence succeeded on the evidence of one expert, that he was not only considered to be a very coherent witness but that he was also the only radiologist called. Another approach might be to reject the evidence as not sufficiently focussed on the problem.

Sc 42 Moreover, it is in fact recognised that there are certain basic duties that have emerged from decided case law in the British Isles as guidelines. A Scots lawyer with considerable practical knowledge in the field has written referring to English case law on, amongst other things, (1) a duty to give information of mishaps unknown to the patient, (2) a duty to communicate instructions as to treatment, (3) a duty to keep reasonably up to date and (4) a duty to act within one's own area of competence. [J. A. Cameron QC, Law Society of Scotland Pamphlet: *Medical Negligence* (1983)].

Sc 43 These recognised duties are not, correctly speaking, rules of law, but rather examples where what was done was something that it was found no reasonably competent practitioner acting with ordinary care would have done in the position of the defender. However, there is a tendency to express these guidelines as legal rules. This can be well illustrated from the case of *Steward (supra)*. Part of the pursuer's case was that even if it was reasonably generally to use a vacuum extractor in the delivery of a child, the doctor who used it was not competent to do so. This contention failed on the facts, but the judge did state dogmatically that to the Hunter v. Hanley test "It is to be added that the ordinary competent practitioner must take reasonable care to recognise a case which it is beyond his skill and experience to handle successfully and in such circumstances to refer the case to a practitioner who possesses the requisite degree of skill and care" (per Lord Keith at 13).

Sc 44 The *Hunter* v. *Hanley* test technically might seem to preclude such a statement being made by a judge. Such an approach, however, which places less emphasis on the practice of any one doctor may be more easily supported by reference to the test for medical negligence as expressed in more general terms in the English House of Lords case *Whitehouse* v. *Jordan (supra)*. It is most unlikely that the House of Lords would on appeal hold the law in Scotland to be distinct from the law of England in this area. In that case it was said

> to avoid any future disputation ... that the true doctrine was ... where you get a situation which involves the use of some special skill or competence, then the test as to whether there has been negligence or not is not the test of the man on the top of a Clapham omnibus because he has not got this special skill. The test is the standard of the ordinary skilled man exercising and professing to have that special skill (per Lord Edmund-Davies at 276–277).

Sc 45 If there is no standard practice with regard to the procedure carried out, the assessment as to whether there was or was not negligence would be as to whether the defender acted reasonably, taking into account the likelihood of the accident happening, the possible seriousness of its consequences and the difficulty and any other disadvantage that might result from taking precautions to prevent its happening. This has been stated to be the case in other professional negligence cases (see *J. Dykes Ltd.* v. *Littlewoods Mail Order Stores Ltd.* 1982 S. L. T. 50, a case involving consulting engineers). Where the matter is not one which is peculiarly within professional competence then it is possible for a judge to take the view that it does not really concern professional practice at all and apply these broader tests. This could be so even if there is a professional opinion on the issue. It has been noted judicially, for example, that it would not be a sufficient excuse for a doctor that he had failed to notice something he ought to have noticed in an X-ray because his attention had been diverted from the task when he was called away for a while to the telephone. The judge said, "the law demands the perhaps unrealistic assumption of uniform and unremitting attention to the task". It does not seem possible for the court to decide a case without reference to evidence of practice as being paramount where it is a matter within professional competence. However, it is possible to discern a tendency for the judge to apply a broad standard of reasonableness where the precaution suggested seems very elementary. An example may be found in a case where a multiple sclerosis sufferer proved negligence in that he got bed sores because he was not sufficiently frequently moved by the nursing staff (*Di Folco* v. *Glasgow Northern Hospital Board of Management*, unreported 10 February 1975, per Lord MacDonald).

III. Informed Consent

Sc 46 It is really impossible to say at present what the law of Scotland is as it relates to consent to medical treatment. The only sustained discussion of the subject by a Scottish academic writer has concerned itself entirely with the ethical questions that arise and with the implications for desirable development of the law. That discussion is based completely on Scots material [*Legal Issues in Medicine* (1981), ed. McLean, pp. 96–113]. The leading textbook on the law of delict in general mentions the question without attempting any analysis. There is only one reported case, which is old and arose in a lower court [*Thomson* v. *Devon* (1899) 15 Sh. Ct. Rep. 209]. There is an unreported case from the Inner House of the Court of Session (*Craig* v. *Glasgow Victoria and Leverndale Hospitals Board of Management*, unreported 23 March 1976).

Sc 47 These two cases and a third case containing relevant *obiter dicta* (*Bonthrone* v. *Secretary of State for Scotland and Others*, unreported 10 October 1981) illustrate that in Scotland as elsewhere the action based on lack of consent is in practice typically pled as an additional case to a case of negligent diagnosis of treatment. In the first case mentioned the pursuer was vaccinated in prison, where he had been incarcerated for a minor offence arising out of an industrial dispute. His case was that he contracted a skin disease as a result of the vaccination. The alleged grounds of liability were (a) that the vaccination was negligently administered in that either the vaccine or the needle used were contaminated and (b) that he had not consented as he was not given any opportunity to object. The second case was one where brain damage was suffered, the blood supply to the brain from the carotid artery in the neck being blocked in the course of an operation for the removal of a growth. The alleged grounds of liability were (a) negligence in that the removal of the growth was a mode of dealing with the artery to which it was attached was negligent and (b) lack of consent in that the pursuer believed that he was having a relatively minor operation for the removal of a branchial cyst whereas it turned out to be a more major operation for the removal of a carotid body tumour. The third case arose out of a vaccination of a child. *Inter alia* negligence in not making sufficient inquiries into the child's previous medical history was alleged. In addition, a case based on an assertion that the parents were not sufficiently informed of the risks of vaccination was originally included. This case was pled not against the doctor but against the Secretary of State for Scotland, on the ground that publicity material designed to influence the public and issued by the government under statutory powers gave insufficient information as to risk. This aspect of the case was held irrelevant as the Secretary of State was exercising a discretion which could only be challenged if it were exercised *ultra vires* or *mala fide* [*Bonthrone (supra)* per Lord Grieve at 21].

Sc 48 The two cases directly in point proceeded on an assumption that the question is to be considered under the rules relating to the law of assault. That law is expressed in the leading textbook on the law of delict as follows:

> It is an assault for a medical practitioner to examine or treat a person unless that person has freely consented expressly or by his conduct to the examination or treatment in question ... Consent is implied where a person allows himself to be treated without objection taken at the time, so long as this absence of objection is not induced by any misrepresentation (Walker: Delict, 2nd ed. pp. 493 and 497).

What is not made clear from this is what amounts to consent "freely" given. Nor is it discussed whether there can be an assault on the ground that consent was insufficiently informed, where, having been informed in broad terms of the procedure, the patient argues that he nonetheless was inadequately informed as to risk. The only reported case is of little assistance in that it contained allegations of pressure amounting to enforced vaccination; these allegations were not on the facts proved, since it was proved that the pursuer had willingly accepted the vaccination, pressure was not brought to bear on him. Prisoners in that prison could, and did sometimes, refuse. In the unreported case of *Craig* there is some suggestion that there could be an assault even if the pursuer had been informed in broad terms of the nature of the procedure. The pleadings of the case seem to have been drafted on such a view (Pleadings: Condescendence 5). The opinions given by the court appear to leave the question unclear. They do proceed on an assumption that assault is what is at issue and the extent of the consent given by the pursuer is what has to be determined.

Sc 49 That, however, is tested in the case by a consideration of the extent of the "permission" given by the pursuer in signing a consent form. The form used was one commonly used in Scottish Hospitals and was in the form "I hereby give permission for myself to have a general anaesthetic and any operation the surgeon considers necessary". The approach of the court was to test the ambit of consent by construing the word "necessary". In doing so it was observed that a "consent form is not to be construed as a conveyancing document" (per Lord Avonside at 2). The approach to construction then placed considerable emphasis on what a surgeon would understand by "necessary". The word was not to be read in any restricted absolute sense but rather with the meaning of "indicated", i. e. an operation which ought in the patient's interest to be done at the time. It was considered relevant that "the weight of medical opinion" indicated the operation should be carried out because the tumour was easily resectable, potentially malignant and would in time become more difficult to remove, and that it was undesirable to expose the patient to further anaesthetics if that could be avoided. Of the pursuer's contention that the permission was limited to the minor operation contemplated, it was said the permission "would not so be read in practice by competent surgeons ... and ... is to be understood to leave it to the judgement of the surgeons". These statements seem to go very far to suggest that any permission amounts to consent to what competent doctors consider is necessary. That would mean that the only thing that is not consented to that the doctor does some procedure quite different from the "defined one" to which consent was given (per Lord President at 16–17). In general, the case seems to take an approach that looks at the matter from the point of view of what the reasonable doctor would understand. It is fair, however, to point out that the pursuer failed to prove that he understood that he was to have an operation for a branchial cyst and what occurred could be described as a minor operation for a growth in his neck.

Sc 50 While this case looked at the matter from the point of view of the reasonable doctor, that was done *interpreting* the consent given in the consent form. At no point was the question as to the quantity of information looked upon as being governed by the law of professional negligence. However, in *Bonthrone* it was observed that the normal test for professional negligence in *Hunter* v. *Hanley* would be applicable. A number of earlier English cases were cited and also the important Canadian decision of *Reibl* v. *Hughes,* which has subsequently been reconsidered in the Supreme Court of Canada. There is thus an open question in Scotland as to whether the court can approach the question of consent by considering the amount of information to be given to be assessable according to the law of professional negligence. If this can be done, and it seems likely that that attitude would be taken, there are two further open questions: when is there sufficient consent for a case on the basis of assault to fail, but a case on the basis of professional negligence to still succeed, and how exactly is the test for professional negligence applied? These questions have arisen subsequent to these Scottish cases in the English decision of *Chatterton* v. *Gerson*. There the approach is taken that one is into the field of professional negligence once a general consent to the procedure adopted has been given. There is recognised, however, a positive legal duty to inform the patient of real risks; the question as to whether the doctor acted reasonably in the quantity of information he gave is to be tested on the normal basis for professional negligence. The earlier English cases seemed to adopt the approach that the question of whether a doctor should warn his patient of *any* of the risks inherent in the treatment was a matter of medical judgement [See Robertson: *Informed Consent to Medical Treatment* (1981) 97 L. Q. R. 102 at 115]. It is possible to read the Scottish cases discussed above as being against such a proposition. Walker, in *Delict* (2nd ed p. 1059, which does not refer to the unreported cases mentioned above), states simply the proposition that "it may be negligent to fail to warn the patient of risks inherent in the proposed course of treatment". Should the *Hunter* v. *Hanley* test with its emphasis on showing that *no* competent doctor acting reasonably would have done what was done, the question as to whether any information should be given may be in Scotland a matter to be tested by medical opinion.

Sc 51 If there is comparatively little guidance from the courts in Scotland with regard to consent by adults, there is none with regard to children. There is no specific statutory law dealing with the subject. In an academic discussion of sterilisation the view has expressed that "the ability of a child to understand is of paramount importance and the consent of parents or guardians is irrelevant" [Cusine: *To Sterilise or Not to Sterilise?* (1978) 18 Med. Sci. & Law p. 122]. The evident impasse this would lead to with children who are incapable of understanding would be avoided by the doctor "pleading necessity or possibly implied consent". This opinion, it is submitted, does not represent the law accurately. Scots law generally distinguishes pupil children, who are boys under 14 and girls under 12, from children who are those ages but under 18. These come into a different category as "minors". A pupil child does not totally lack rights. It has been said "a pupil is said to be a nobody in the law . . . yet the law recognises him as a somebody" (*Drummond's Trs.* v. *Peel's Trs.* 1929 484 per Lord President Clyde at 493). But it is laid down in a work of authority that he is "incapable of acting even of consenting" (Erskine: *Institutes* I.7.14). With these children therefore the parents or guardians, who are "tutors", are relevant. They have powers which derive from their *patria potestas* but they must exercise them reasonably in the interests of the child (see *Whitehall* v. *Whitehall* 1958 S. C. 252). By contrast, minors, although they normally have "curators", are capable of consenting. In a railway accident case one has been held barred by the defence of *volenti non fit injuria* (Titchener v. *B. R. B.* 1983 S. L. T. 269).

Whether consent has been given by a minor would seem then to be a question of fact to be tested in relation to the general law of consent as outlined above.

IV. Causation

Sc 52 It must be shown that there was a factual causal link between the negligence and the damage complained of. The decision as to this is likely to be a matter of scientific evidence. Examples do exist where cases have failed on this ground in addition to failing to prove the negligence. [For example, *Thomson* v. *Devon (supra)* failed to show that the skin disease was associated at all with the vaccination; *Steward (supra)* failed to prove that the brain damage was due to the procedure used to assist the birth.] A case may likewise fail on this ground even where negligence is proved. For example, in *Kenyon* v. *Bell,* unreported 9 April 1954 and 1953 S. C. 125 a doctor negligently failed to examine the patient's eye adequately after an accident but no treatment could have saved it.

Sc 53 The usual requirement to show factual causation is that the pursuer must prove that but for the accident, the damage would not have happened. There is, however, an unresolved question as to whether or not in medical cases it is sufficient that the pursuer show that what occurred "materially increased the risk" of his sustaining the condition that he is complaining of. In *Craig (supra)* opinions were reserved as to this contention. This question has arisen because of a House of Lords decision in a Scottish case (*McGhee* v. *N. C. B.* 1973 S. L. T. 14) where a man suffered dermatitis after working in dusty brick kilns and the employers admitted they were negligent in failing to provide washing facilities. The pursuer was unable to prove that he would not have got the condition anyway, but proved that his working conditions had materially increased the risk of his getting it. It has been suggested that this approach can only be taken by the court where the issue is "complicated by the presence of an accumulation of causes which cannot be segregated" (*Murray* v. *Nichols* 1983 S. L. T. 194 per Lord Stott at 195). Another view is that the approach can only be taken where there is an admitted breach of duty [Craig *(supra)* per Lord Avonside], a third view is that this is simply an example of a case where there is a shift in the burden of proof of factual causation, which is discussed below.[1] The correctness of the whole approach has been doubted by one Scottish commentator.[2]

Sc 54 There is a general requirement for liability that the defender's acts must not only as a matter of fact amount to a cause but must be a cause of sufficient importance to lead to liability. In modern times, however, Scottish courts have preferred to approach this sort of issue by considering the question of the weight to be attributed to causal factors broadly from the point of foreseeability with reference to the importance of causal issues in making an assessment of that. This tendency is to run all questions of foreseeability, relative weight of causes and remoteness of the injury together. In *Rolland* v. *Lothian Health Board (supra)* there is a very clear example of this way of approaching causal issues in the context of a medical case. It was there held that even if there had been a negligent failure to keep a watch on the patient there was no liability because the way in which she came to sustain her injuries was through leaving the hospital by way of the window. It is trite law that it is only necessary to show that what happened was a variant of something that was generally foreseeable [*Hughes* v. *Lord Advocate* 1963 S.C. (H.L.) 31], but the decision is supported in terms that refer to causation as well. Leaving through the window was not a variant of the foreseeable leaving by the door as "a defender is liable if the injury

---

[1] See Weinrib: *A Step Forward in Factual Causation* (1975) 38 MLR 518.
[2] Wilson: *A Note on Causation* 1976 SLT (news) 193.

or harm which has befallen the pursuer was of such a kind as should reasonably have been foreseen by the defender, as a natural and probable consequence of his conduct. If the kind of injury could not in the view of the court reasonably have been foreseen, or was not a natural and probable consequence of the conduct, or was not a proximate consequence thereof, then the injury must be regarded as too remote in law to import liability".

Sc 55 Where the court has to attribute responsibility between a number of possible people, causal principles may have to be used. The concept of a chain of causation and its severance by a *novus actus interveniens* is well known (see *McKew* v *Holland Hannen and Cubitts* 1970 S.L.T. 68). But the matter is looked at in a very general way. It would be possible for a court to hold that a chain of errors by different medical staff was at some point broken so that those at the beginning of the chain would not be liable. But it is not a legal rule that subsequent negligence inevitably breaks the chain of causation. The effect of medical negligence subsequent to an accident on the liability of the person who caused the original accident has been raised, but no hard-and-fast rules are recognised (*Rowand* v. *Saunders* 1953 S.C. 292). The tendency of the court in recent times seems to be against finding the chain of causation to be broken unless something quite ultroneous occurs [cf. *Yepremian* v. *Scarborough General Hospital* (1979) 88 D.L.R. 161].

Sc 56 Causal questions are also relevent to contributory negligence. Contributory negligence operates to reduce the amount of damages awarded by a percentage relating to the degree of contributory negligence.[3] The assessment is done by asking whether the pursuer showed reasonable care for his own safety. There is no known example of a finding of contributory negligence in a medical negligence case. However, the possibility has been recognised in an early case where the allegation of negligence was that the doctor had failed to return to check on the course of the treatment which consisted of the patient himself dressing an infected finger. If the patient had not reasonably done what he was told there could be contributory negligence [*Farquhar* v. *Murray* (1901) 3 F. 859].

V. Burden of Proof

Sc 57 The basic rule is that the burden of proof is on the pursuer to prove that the injury he is complaining of was caused by the negligence of the defender. As mentioned above, it is arguably the law that where the pursuer can show that there was negligence and that that negligence materially increased the risk of his injury, the burden of proof shifts to the defender to show that he did not cause it. This at least would seem to be so where a variety of possible causal factors exist. In one case it was even suggested that in any medical case, once negligence has been proved the onus shifted to the defender, although on the facts of the case, that onus was held to be clearly discharged as nothing could have been done to treat the condition (*Kenyon* v. *Bell* unreported 9 April 1954 per Lord Strachan). It would seem that once it is established that what was done was something that no reasonable practitioner with ordinary skill would have done and the injury complained of is such that the precaution neglected was designed to avoid it, then the burden probably does shift to the defender to show that he did not cause the injury.

---

[3] Law Reform (Contributory Negligence) Act 1945 section 1 (1).

Sc 58 The burden of proof of negligence is clearly on the pursuer unless the somewhat ill-defined principle of *res ipsa loquitur* can be applied. However, it is to be noted that periodic attempts by counsel to argue that there is peculiarly heavy onus in medical cases have been rejected [e.g. *Scott (supra)*]. A case would be rejected before evidence were heard if it was pled on the basis that the injury implied that there was negligence. For example, a case was rejected at this stage where a woman suffered a dislocated jaw after the extraction of a large number of teeth but failed to specify in any way how the defender had been negligent [*Stevenson* v. *Shafer (supra)*]. In *Steward* v. *Greater Glasgow Health Board (supra),* having considered various possible explanations as to how a child had been born brain-damaged, it was observed that "it can not be properly inferred that the obstetrician must have misused" the vacuum extractor (per Lord Keith at 23). The emphasis in Scotland on the requirement that the pursuer must show that no competent practitioner acting with ordinary skill would have done what was done seems to preclude the court from taking the view that the onus shifts to the defender once it is shown that he did not follow the general practice. However, that approach has been adopted in an English case [*Clark* v. *MacLennan & Anr.* (1983) 1 All E.R. 416].

Sc 59 The application of the principle of *res ipsa loquitur* is difficult to define in medical cases. In the leading Scots case from the House of Lords on the subject in general it was observed that the doctrine "may one day require further elucidation" [*Devine* v. *Colvilles Ltd.* 1969 S.C. (H.L.)67/per Lord Upjohn]. It has been said too to "be of limited ambit" (*ibid,* per Lord Guest at 100). Its classic formulation is "where the thing is shown to be under the management of the defendant or his servant, and the accident is such as in the ordinary course of things does not happen if those who have the management use proper care, it affords reasonable evidence in the absence of explanation by the defendant that the accident arose from want of care" [*Scott* v. *London and St. Katherine's Docks Co.* (1865) 3 H & C 596 at 601 per Erle CJ]. There are two conceptual difficulties in applying this to medical cases. Firstly, the technical and scientific nature of most medical procedures is such that it is not possible to have a view as to which do or do not happen in the ordinary course of things. Secondly, there are often instances where, because there are a variety of actors involved, the procedure cannot be said to be in the control of any of them [see *Mahon* v. *Osborne* (1939) 2 K.B. 14]. Despite this, one can discern a tendency to treat certain circumstantial evidence as requiring an explanation from the defender showing that what happened was consistent with there being no negligence. The leaving of swabs in a patient would be such an example. It has been observed in Scotland that in this sort of situation "defenders in Scottish cases and in Scottish pleading ... have to give an explanation in nine-tenths of the case otherwise they are at peril when it come to the proof" (J.A. Cameron *op. cit.*). It is not a true shift of the burden of proof, then, but affects the amount of evidence the defender will have to present as it results in a need for more specific pleading. The case of *Steward (supra)* involving the birth of a brain-damaged child, after the use of a vacuum extractor, affords an example of this. Very extensive evidence indeed was presented by the defender because the matter seemed to call for some explanation.

VI. Experts

Sc 60 Expert evidence is used in all medical negligence cases. In all personal injury or death cases, the court may find for the pursuer without corroboration. However, this discretion is exercised sparingly and if corroborative evidence is available it must be led [Law Reform (Misc. Provs.) (Scotland) Act 1968 section 9]. In practice, therefore, corroborative evidence will therefore be required in medical cases. The witnesses are chosen by the parties. There exists a procedure whereby at the joint request of the parties the court can appoint an assessor to assist it [Administration of Justice (Scotland) Act 1933 section 13]. This has never been used in medical cases. The question has been raised as to whether there sould be a general expert assessor system for the court to use, but that suggestion has not met with an enthusiastic response and is at present rejected by the Scottish Law Commission [Memorandum No. 46; Law of Evidence (1980) p. 113]. It is common for both parties formally to enter into an agreement admitting much of the factual technical evidence. For example, the facts as to what condition the pursuer was suffering from before treatment was carried out might be admitted. It is possible to admit matters of opinion expressed in hospital records [*McHugh* v. *Leslie* 1961 S. L. T. (notes) 65]. The court can penalise a party by not allowing the fee for an expert witness if his evidence serves no useful purpose [*Ayton* v. *N. C. B.* 1965 S. L. T. (notes) 24]. There is, however, absolutely no legal requirement for the contents of experts' reports to be disclosed before the action.

Sc 61 Analytically much of the evidence given by medical experts is not true opinion evidence. Rather it is evidence of fact, which could not be given without expert knowledge of the field. On the other hand, there may be true opinion evidence given as to the inference to be drawn from the facts, e. g. with respect to factual causation [see *Steward (supra)*]. The crucial evidence as to whether the defending doctor acted or did not act in a way which no reasonably competent practitioner of ordinary skill would have acted comes very close to being opinion evidence. It is customary to put to the expert the actual question: Did the doctor act in a way in which no reasonably competent practitioner would have acted [see *Scott (supra)*]? The distinction between the true opinion and the expert factual evidence would in theory be relevant to the rule that the expert could not be in court when evidence of other experts consisting of opinion was being presented. In practice, however, the parties will agree in medical cases that the expert can be in court during this type of evidence (see I. D. MacPhail: *Research Paper on the Law of Evidence of Scotland,* April 1979, para. 17.11).

Expert evidence in the form of citation of textbooks is used. But these must be made part of an expert witness's evidence (*Davie* v. *Magistrates of Edinburgh* 1953 S. C. 34 per Lord President Cooper at 41).

Sc 62 Whatever form the expert evidence takes it is well established that the court must ultimately decide the case. The experts "furnish the judge or jury with the necessary scientific criteria for testing the accuracy of their own conclusions, so as to enable the judge or jury to form their own independent judgement by the application of the criteria to the facts proved in evidence" (*Davie (supra)* at 40).

As discussed above, evidence as to practice is usually central to the decision of a medical negligence case. In this area the court may justify its decision not to be guided by one expert by considering him not properly qualified to speak. For example, in *Rolland (supra)* the evidence of a psychiatrist was not considered relevant to the amount of surveillance required of a patient who was becoming confused and aggressive as a result of a physical condition (at 12.). In *Scott (supra)* the evidence of one radiologist was preferred to that of two orthopaedic surgeons. It is possible too for a judge to doubt the credibility of an expert, and he may express distrust of an overdogmatic witness [see *Rolland (supra)* at 22–23].

VII. Access to Records by the Patient

Sc 63 The owner of hospital medical records within the National Health Service in Scotland is the Secretary of State for Scotland. The Health Boards act as his agents. General practitioners working in the National Health Service are required by law to keep records of the illnesses of their patients and of the treatment that they have given. These records are kept in a form which is officially laid down by the Secretary of State. The general practitioner must transmit his records to the Health Board in whose area he practises if he is requested to do so by the Board. There is a further specific requirement that records must be sent to the Health Board within 7 days of the doctor becoming aware that a patient on his list has died.[4]

Sc 64 A general right of the patient to confidentiality is recognised as arising out of the doctor-patient relationship. This was recognised long before the establishment of comprehensive state provision of health care. There are many qualifications to the right of confidentiality, which are outlined below in considering the question of recovery of medical records by someone other than the patient to whom the records refer. However, the patient's general right to confidentiality does not have as a corollary a right to see his medical records. In a leading case on the recovery of medical records during the course of litigation where the case has still not reached the stage of written pleading, where the parties have completed the adjustment of their case in the light of the other party's averments (*Boyle* v. *Glasgow Royal Infirmary and Associated Hospitals* 1969 S.C. 72.), an attempt was made to argue that the right of a patient himself to recover his records for the purposes of litigation should not be considered according to the normal rules for the recovery of records generally, since, it was argued, the records were confidential to him. This argument was rejected as "a curious argument based on a misapprehension of the legal position" (per Lord Guthrie at 80). Another member of the court noted specifically in addition to this the reason that they might be valuable "as an adjunct to research in the advancement of medical science" (per Lord Cameron at 82). This approach is manifestly one that gives prominence to the interest of medical personnel in restriction of access to records. It contrasts with the general law of confidentiality in medicine, which sees the interest in secrecy as that of the patient. This approach, which is confined to the area of recovery of medical records, is in fact given a rationale on the basis of policy in that if there were a general right of the patient to see their medical records medical staff would not feel fully free to express in frank terms what they felt [*Boyle (supra)* per Lord Cameron at 82]. In a case 100 years ago this was stated with less conviction: it "may be inconvenient" and "may hamper the doctor" [*MacDonald* v. *MacDonalds* (1881) 8 R. 357 per Lord Fraser at 358]. While it is not ex-

[4] National Health Service (General Medical and Pharmaceutical Services (Scotland) Regulations 1974 no. 506 Schedule I, para. 17.

pressly stated in the case law as such, the attitude often seems to be taken that patients should not have general access to their records, because it would not be in their interests in the sense that what they might find there could be emotionally upsetting, or, indeed, likely to hinder their treatment, a notion rather like a concept of therapeutic privilege.

Sc 65 These considerations, however, are only relevant insofar as they amount to reasons for the patient not having unrestricted access to his records. They mean that to make use of them he must get a court order for them to be recovered and produced. If such an order of the court is made and the records are accordingly recovered, there is, it seems, no basis on which the Health Board or other responsible authority could restrict the patient's own access to the records recovered. In an action directed against a local authority as requiring it to provide training to the pursuer as a mental defective under the Mental Health (Scotland) Act 1960, an order was granted for recovery of the defender's records, which related to the pursuer's mental condition. The defenders argued unsuccessfully that the pursuer himself should not see the records. This was rejected by the judge, who stated emphatically that the defenders were not "the (patient's) keeper". (*McBride* v. *Strathclyde Regional Council,* 4 March 1983, unreported per Lord Dunpark).

Sc 66 An order for the recovery of medical records must be sought in the context of an actual or proposed litigation. However, the Health Boards have in very exceptional circumstances made a patient's records available to his solicitor in another context. An example of this has been where solicitors acting for a former patient were seeking his release from imprisonment abroad on the grounds of ill health.[5] It is important, however, to understand that such action is entirely at the discretion of the Health Board. Also, in exercising such discretion, there has developed a practice that where litigation is being contemplated, or an application for legal aid with a view to commencing litigation is being contemplated, the Health Board will make available the records they consider relevant to the contemplated action to an independent witness chosen by the party's solicitor. In some cases the Health Board may in fact suggest the names of experts from amongst whom the party's solicitor may choose [see e.g. *Connolly* v. *Edinburgh Northern Hospitals* 1974 S.L.T. (notes) 53]. They have shown themselves on at least one occasion willing to submit the records to an expert chosen by the Law Society of Scotland, who are the body who must decide whether or not there is a sufficient *probabilis causa* to warrant the granting of legal aid. This occurred in *Lunan* v. *Forresterhill and Associated Hospitals* [1975 S.L.T. (notes) 40 and 46], a case which is indicative of the general attitude of Health Boards in these matters. The pursuer had got a limited right to legal aid sufficient to enable him to commence an action in a hurry because the normal 3-year time-bar applied to his case was about to expire. He had not asked the Health Board to apply their normal policy and submit the records to an expert. He then obtained an order from a judge at first instance for the records to be made available to him and his advisers. This was clearly to enable him to draft an effective application for further legal aid. The Health Board appealed. The pursuer did not resist the appeal, but the Law Society, having an interest, did do so. However, they abandoned their resistance to the appeal when the Health Board offered to submit the records to a named expert. It has been judicially remarked that these practices of the Health Boards originate in English procedure where this mode of dealing with the records is a matter (seen by the Scots courts at any rate) controlled by legal provisions. However,

[5] J.A. Griffiths: Law Society of Scotland, Medical Negligence Seminar January 1982 at p.34.

not only is it entirely a matter of practice in Scotland, but the Scots courts have actually expressly stated that they do not find it helpful to seek guidance from English cases in this area. This attitude has continued, while in England, by contrast, it is now provided by statute in terms of the Supreme Court Act 1981 section 34 that disclosure can only be to the patient's expert advisers. The approach of the Health Board lawyers as revealed in *Lunan* is in fact stated policy.

Sc 67 The Scottish courts have traditionally had wide powers to order the production of records relevant to a litigation, whether in the hands of a defender in the case or in the hands of a third party. Such a third party is technically known as a "haver". The court's power is fundamentally discretionary. It will not recover records *ex proprio motu*. The decision whether or not to grant an order for recovery really depends on there being put forward by the person seeking to recover the records a *prima facie* hypothesis of the basis of allegation of negligence which the records sought would assist in supporting.

Sc 68 In considering this there seem to be three matters that are considered relevant: First, there is the interest of the person or body who has the records in not revealing them. This of itself, however, truly appears to be mentioned as the specific reason why in this area the courts will not grant recovery of the records on a mere speculation that there might have been negligence of some sort or other. It can appear, therefore, to take the form of a subsidiary consideration. "If it is thought to be in the interest of justice for the pursuer to recover the ... records that fact must override the natural desire of hospitals and doctors to restrict their circulation" [*Baxter* v. *Lothian Health Board* 1976 S. L. T. (notes) 37]. In one instance reference was made to the fact that the patient, in making the application, had waived his own right to confidentiality. This observation was used, however, merely to support a judge's finding that there was a sufficient hypothesis put forward justifying recovery of the records sought [*Lunan* v. *Foresterhill and Associated Hospitals (supra)* at 40]. Again it is a subsidiary consideration, although, as explained below, it may play some larger part where the application to recover records is not by the patient who is covered by the records.

Sc 69 The second matter that is referred to is the state which the litigation has reached. The relevance of this is that the course of the development of the written pleadings in a case in Scotland, since it involves adjustment of the two parties' written cases in the light of what the other adds to his pleadings, is that the case as pled should become generally more specific, and this will, as the different stages of the procedure pass, give more and more an indication to the court that there is, indeed, a sufficiently clear hypothesis of negligence which justifies recovery of the records sought. Actions in Scotland are commenced by the pursuer serving a summons (in the Sheriff Court known as an initial writ) on the defender. This document contains averments of the facts which the pursuer intends to prove. These must be relatively detailed even at this stage. The summons is then met by defences lodged by the defender and there is then a period of 3 months during which the parties may adjust their averments of fact without any leave of the court. During this period the case is said to be at the stage of the open record. Once this period of unlimited right adjustment is over, the case reaches the stage of the closed record. Traditionally, recovery of documents was not sought until this stage. However, the courts came to permit recovery before this stage was reached [see *Boyle* v. *Glasgow Royal Infirmary and Associated Hospitals (supra)*]. Since 1972 this approach has been confirmed by statute and the court has had power to order recovery even before the action is commenced at all. [Administration of Justice (Scotland) Act 1972].

Sc 70 The question of the stage which the litigation has reached is again really ancillary to the third matter, the overriding consideration that a person cannot get records without proper suggestion of the case he wishes to develop. Without this the application would be rejected as a "fishing diligence".

Sc 71 Particularly as a result of the power of the court now introduced by statute to grant an order for recovery before the action has commenced, but also because of the developing preparedness to allow recovery at an earlier stage before this, there has developed a discernible tension in the case law between adherence to the older approach, which was to test the application by consideration, sometimes technical, of the extent to which it related to the written pleadings, and a desire to facilitate the bringing of actions. Consequently, one can discern a tendency to permit recovery on more vague and unspecific allegations of negligence than would at one time have been the case. The courts seem to have avoided clearly reconciling the two apparently conflicting approaches. It is convenient, therefore to group the cases according to the stage to which the actual or proposed litigation has proceeded.

1. Application Before the Case Has Commenced

Sc 72 There is a conflict of authority as to whether or not in an application at this stage of the proceedings there is an onus on the possessor of the records to show a special reason why the records should not be recovered if it seems just to the court that they should be recovered. The doubt has arisen because of the precise wording of section 1(2) of the Administration of Justice (Scotland) Act 1972, which enables recovery of records at this stage. The alternative view is that the words of the act simply emphasise that there may be some special reason why, when it seems *prima facie* that there is a case for recovery of the records, an order should not be granted. It does not appear that these different approaches substantially affect the decision, which at this stage, although it is tested by the general criteria outlined above, effectively depends on whether the records could be said to be "likely" to result in the bringing of an action on the bases outlined in the petition to the court for an order granting recovery. There is one reported case at this stage [*Connolly* v. *Edinburgh Northern Hospitals (supra)*], which resulted in a refusal to grant the order. The patient's petition had indicated that the proposed action was to be on two alternative grounds: (1) that an operation on his pituitary gland was a procedure known to be so hazardous that it was negligent ever to carry it out and (2) that in any event it was negligently performed. As to the first ground it was said by the court that the records would not be relevant since it was known to the patient that the operation did take place. The records would add nothing to that. As to the alleged negligence in the course of the operation, the proposal was to submit the records once they had been recovered to an American expert. In accordance with the Health Boards' normal practice they had already been submitted to a distinguished Scottish expert, who had advised that there was no negligence. This was taken by the judge to indicate that the patient had no real hypothesis as to the respect in which there could be said to be negligence. The decision seems to be evidence of a rather restricted approach, since the patient was putting forward a general hypothesis and the attitude of the judge was to deduce from the fact that they were seeking to go outside the British medical community that it could not be a real hypothesis. The approach could, however, be justified on the ground that if a British expert could not advise there was negligence it was highly unlikely that the advice of an American expert could lead to a viable action being brought.

2. *Application After the Case Has Commenced But Before the Pleadings Have Reached Their Final Stage*

Sc 73 At this stage the fundamental decision as to whether to allow recovery to support a sufficient hypothesis of a case or disallow it as being truly a "fishing diligence" is tested by asking the question: Are the records in question required to make the case as averred sufficiently specific? Accordingly, it is possible for the court to express what is to a great extent a value judgement in the technical language of the rules of written pleading in Scottish procedure. If the defender has, in his defences as adjusted, requestered further specification, that may inevitably lead to an inference that the records are so required [see *Boyle* v. *Glasgow Royal Infirmary and Associated Hospitals (supra)* per Lord President Clyde at 80]. The fact that the records have been submitted to an expert following the Health Boards' normal practice has not been seen as suggesting that they should not be recovered at this stage, since it is assumed that the party's lawyers have good grounds for stating the case in the way that it has been stated. Nor is it relevant that the pursuer really seeks the records to get a further amount of legal aid. Recovery was granted where the case was that the right kidney had been unjustifiably removed in a case of renal colic and the defenders had referred in detail to tests and X-rays that had been carried out (*Moore* v. *Greater Glasgow Health Board* 1978 S.C. 123). It was also granted where there were averments as to alleged negligence by casualty staff, a surgeon and physiotherapists in treating a knee injury [*Baxter* v. *Lothian Health Board* 1976 S.L.T. (notes) 37]. On the other hand, it was refused in the leading case *(Boyle supra)*, as subsequently explained judicially, where there were allegations of negligence in the delivery of a baby leading to its death. Counsel made the mistake of admitting at the bar that they were seeking to discover if they had a case at all or were hoping to find something to add a further ground of fault (see *Moore* v. *Greater Glasgow Health Board (supra)* per Lord Cameron at 140.).

3. *Applications Once the Written Pleadings Have Reached Their Final Form*

Sc 74 Recovery could be sought at this stage. The absence of reported examples in medical cases is because it is usually fairly clear whether recovery is justified at this stage or not, since the question can be convincingly tested by a consideration of how far the averments in the written pleadings support the presentation of evidence from the records sought. It should be noted that the court may frequently grant an order in more restricted terms than that first sought, in order to prevent records not relevant to the case as pled being recovered.

VIII. Access to Records by Persons Other Than the Patient

Sc 75 This is an issue that could arise where an injured person sought to see and use as evidence the records of another patient. There is no reported example of such an order being sought in a medical negligence case in Scotland. But there is discussion relevant to the issue in the context of other types of litigation. In deciding whether or not to permit recovery, all the matters outlined above in consideration of applications to recover records by the patient covered by the records would be taken into account. In addition, the question as to the right of the patient covered by the records' confidentiality could be taken into account as a factor possibly weighing against recovery.

Sc 76 That a patient has a right to confidentiality is not in doubt. The juristic basis of the right, however, has never been clearly determined. The two leading cases [*AB* v *CD* (1851) 14 D. 177 and *AB* v *CD* (1904) 7 F. 72 sub nom. *Watson* v. *McEwan* (1905) 7 F. (H. L.) 109] are both old and seem to proceed on the basis that the right arises from contract. The first case is well-known, but of little assistance, since the facts involve notes taken of an examination of the pursuer's child and the pursuer sued for damages in respect of loss to himself rather than to the child. What was alleged was that he asked the defending doctor to examine his child who was born only 6 months after marriage. This was because the minister of the parish had apparently refused to baptise the baby suspecting, that it was premaritally conceived. The pursuer's intention in engaging the doctor was to demonstrate that the child was postmaritally conceived, but born prematurely. He alleged that the doctor had then revealed his records to the minister who passed them to the Kirk Session (the governing body of the church), which consequently expelled the pursuer from its membership. In the later case a woman sought to have tried by a jury an action against a doctor who had allegedly examined her and then revealed his examination to her husband. The husband, she maintained, thereby learnt that the doctor considered his wife to be addicted to morphia and contemplating abortion. The majority of the court considered it necessary that the wife should put to the jury specifically the terms on which she employed the doctor and why he was liable for revealing confidences. If it is accepted that there is no contract between the patient and a National Health service doctor or hospital, the contractual basis for confidentiality is clearly irrelevant.

Sc 77 It seems clear, and has been recognised in a decision concerning trade secrets [*Levin* v. *Caledonian Produce (Holdings) Ltd.* 1975 S. L. T. (notes) 69], that confidentiality is recognised on some ill-defined basis over and above any question of contract. On the other hand, it has been held in another trade secret case that if the records containing confidential material come into the hand of a third party, and this would include, it seems, anyone with whom the person wishing to establish confidentiality did not have a direct relationship, no right to confidentiality arises to prevent the publication of the material by that third party [see *Roxburgh* v. *Seven Seas Engineering Ltd. and Anr.* 1980 S. L. T. (notes) 49].

Sc 78 The weight to be given to the rights of the patient covered by the records to confidentiality is difficult to assess. The two early leading cases referred to above make reference in very vague terms to the circumstances in which the patient's right ceases to exist. But these judgements were extempore and are not fully considered. It has been said "it must yield to demands of justice if disclosure is demanded in a competent court" [*AB* v *CD* (1851) *(supra)* per Lord Fullerton at 180]. There has been a tentative suggestion that records might be revealed in the interest of scientific research, which is probably not still the law (at 180). The leading judgement in the second case goes no further than to say the question is one of circumstances [*AB* v *CD* (1904) *(supra)* per Lord Justice Clerk Macdonald at 81]. In one case [*MacGregor* v. *MacGregor* 1947 S. L. T. (notes) 37] it was stated that confidentiality of the patient is not at issue at all where the patient himself does not resist the application for recovery. Other cases do not go so far as this, but appear to suggest that if the records are needed for the claim to be investigated properly, they should be produced. In all these cases the patients covered by the records had knowledge of the application because they were themselves directly or indirectly concerned in the litigation and their lack of opposition could be taken as amounting to a waiver of any question of confidentiality. In one case [*Higgins* v. *Burton* 1968 S. L. T. (notes) 89] the patient was a child pursuer in a claim for damages for nervous shock. The defenders admitted liability but disputed the amount of damages payable. They then sought to recover the medical records of a child guidance clinic at which the child had been treated, and the application was resisted unsuccessfully by the local authority who had the records. In the other case [*MacDonald* v. *MacDonalds* (1881) 8 R.357] the records relating to one member of a family were sought from an insurance company whose advising doctor had made them in order to assist in assessing life expectancy for a life insurance policy. The order for their recovery was sought as a necessary step in valuing the interest of certain other members of the family in a trust the provisions of which were being relaxed and varied judicially.

Sc 79 If the patient to whom the records referred were not involved in the case in which recovery of the records was recovered, the court could require that the application be intimated to him so that he could have an opportunity to object.

In the one reported case in which the patient did object [*Rogerson* v. *Rogerson* 1964 S. L. T. (notes) 52] the issue of his right to confidentiality was given some prominence. This was an application by a wife in a divorce based on the ground of cruelty by her husband for recovery of the records of a psychiatrist relating to the husband. In restricting the records recoverable to those showing whether and how often the husband had consulted the psychiatrist about addiction to a certain drug, the judge stated that one reason for so restricting the records required to be produced was that they might raise "difficult and delicate questions of the confidential relationship" (per Lord Cameron at 52).

Sc 80 The court might avoid having to consider the importance of the patient's right to confidentiality where the records are sought to be recovered by someone else by excluding recovery on the basis that they would serve no necessary or useful purpose. When this matter arose in a case in which the court had to consider whether or not a journalist was in contempt of court in refusing to answer a question put to him, it was indicated that it would be in only the most exceptional circumstances that there could be grounds for a court permitting him not to answer for this reason [*H. M. A.* v. *Airs (supra)* per Lord Justice General Emslie at 180]. There are indications, however, in cases concerning recovery of records that judges have been prepared to take a generous view of what will serve no useful purpose and so *de facto* give some protection to the patient's right to confidentiality. In *MacGregor* v. *MacGregor (supra)*, even though the judge expressly said he was not taking confidentiality into account, he refused recovery of the records of a private mental asylum where the defender's husband in a divorce had been a voluntary patient 5 years before the alleged acts of cruelty on which the wife sought to base her case. In a personal injury action (*Caffrey* v. *Lord Inverclyde* 1930 S. C. 762) by a bus driver against the driver of a car, averring that his knee had been injured to such a degree that he could no longer drive busses, the defending driver sought to recover records from the War Department showing that the pursuer had a pre-existing condition of the knee caused by a wound from the first world war. This was refused not just on the ground of Crown privilege, which was pled by the Lord Advocate, but because being "relatively ancient history" they would have "little bearing on the matter" (per Lord Ormidale at 764). Thus it is open for a court to refuse even if the records have some bearing on the matter, and this could be a useful tool to be used by a creative judge.

IX. Damages: Pain and Suffering

Sc 81 Damages in Scotland are divided broadly into damages for patrimonial loss and damages for non-patrimonial loss. The former category covers all property loss and loss of assets that can make money, including earnings losses. The latter category covers in personal injury an award for *solatium,* and in death cases an award for the "loss of society and guidance" of the deceased. This latter award is statutory under the Damages (Scotland) Act 1976 previous to which awards in death cases were also called *solatium* in so far as they covered intangible losses. Awards may be reduced by contributory negligence, as discussed above in connexion with causation. The contributory negligence of a deceased person affects the claim of relatives on death [Damages (Scotland) Act 1976 section 1]. From the award of damages in personal injury cases, but not in death claims, deductions are made for certain social security benefits paid by the state. For Scotland, as opposed to England, the details of this are now contained in one statute, the Administration of Justice Act 1982 (sections 10 and 11). The most commonly found social security benefits in injury cases, e.g. sickness benefit, are deducted at the rate of one half for the first 5 years over which it is paid. Some other benefits are deducted in full, e.g. unemployment benefit, and some are not deducted at all, e.g. means-tested benefits to secure a minimum level of support after the damages are awarded. There is no requirement to use the National Health Service [Law Reform (Personal Injuries) Act 1948 section 2 (4)], but if care is given by a state institution the value of that care will be deducted from damages awarded (Administration of Justice Act 1982 section 11). Insurance provision made by the claimant is never deducted, nor are ex gratia payments.

Sc 82 Loss of earnings is calculated using a figure net of income tax. For future anticipated losses this is multiplied by a multiplier figure which is less than the period to be covered in order to take account of the advantages of investment and the possibility that the pursuer might not after all survive the full expected period. The figures relate to the length of the period, but for young pursuers are a less generous proportion of that period. There is no reported example in Scotland in the last decade of a multiplier of more than 15 being used, and this figure was applied in the case of a young child who could never work as a result of the injuries [*Dickson* v. *Edinburgh Corporation* 1970 S. L. T. (notes) 56].

Sc 83 In death cases any member of a wide class of relatives, including spouses, cohabitees, parents, children, grandparents, brothers, sisters, uncles, aunts, nephews, nieces and first cousins can claim for loss of support they are likely to suffer from the loss of the deceased [Damages (Scotland) Act 1976 section 1 (3)]. This figure is calculated by assessing how much the deceased would have spent on the claimant per year and multiplying that figure by a multiplier related to the period extending from the date of death over which the loss is expected to be incurred. The highest multiplier figure in the last decade has been 15, for a 24-year-old widow. In the typical family claim the amount is in practice assessed for the whole family and roughly two-thirds to three-quarters is taken by the widow, the remainder being split amongst the children, the younger getting more than the older.

Sc 84 In personal injury cases damages are awarded for intangible losses under the heading of *solatium.* It has been authoritatively stated that there "are three heads of damages in a *solatium* claim: (a) pain and suffering; (b) loss of faculties and amenities; and (c) loss of expectation of life" (*Dalgliesh* v. *Glasgow Corporation* 1976 S. L. T. 157 at 160 per Lord Justice Clerk Wheatley). The element for loss of expectation of life is worth about £ 1000 in a severe case. It and the element for loss of faculties and amenities are objective in that they do not take account of the subjective awareness of the injured person and so are available even if the person is not sentient of the loss. This is not awarded on a conventional scale but takes into account the nature of the injuries and the period of time over which the loss will persist. Where the victim is conscious of the injury then there is a pain and suffering element in the sum awarded. The courts deprecate the use of mechanical formulae and tariffs. For example, in *Byrnes* v. *Fife Health Board* 1980 S. L. T. 43 it was held on appeal to be incorrect, in a case where a patient was negligently amputated above the knee instead of below the knee, to work out a figure by subtracting a previous award in a below the knee case from a previous award in an above the knee case. Practitioners do, however, seek to persuade the court by reference to awards in cases that look similar and books exist which classify awards in ways which facilitate this. It has been said that the process is like wielding a broad axe with a blunt edge [*Dalgleish (supra)* at 160]. The highest reported *solatium* award has been £ 30,000. In medical cases there have been awards of around £ 20,000; a young unmarried woman reduced to a state of spastic quadriplegia, unable to appreciate her condition, was awarded £ 21,500 in 1973 [*Sellar's Curator Bonis* 1973 S. L. T. (notes) 3]. A girl aged 3 in a similar state but with some loss of expectation of life was awarded £ 20,000 [*Steward* v. *Greater Glasgow Health Board* 1976 S. L. T. (notes) 66]. For a young middle-aged man the figure in a case of hemiplegia would have been £ 12,000 if his case had succeeded (*Craig* v *Glasgow Victoria Hospitals* unreported 1 December 1982). Lesser awards in medical cases include £ 2000 for creating sepsis requiring consequent removal of uterus and ovaries in a woman aged 20 who already had three children (*Hunter* v. *Glasgow Corporation* 1971 S. C. 220) and £ 1500 for bedsores in a multiple sclerosis sufferer caused through insufficient attention in hospital (*Di Folco* v. *Glasgow Northern Hospitals Board of Management* unreported 20 February 1975). The general level of *solatium* awards is supposed to rise with inflation, but it would appear from these medical cases and other evidence that the real value of *solatium* awards has fallen in Scotland in the last ten years quite markedly. It would appear that a *solatium* award could be made in a case based only on contract (Walker: *Contracts* p. 514).

Sc 85 No one other than an injured person is entitled to a *solatium* award (*Robertson* v. *Turnbull* 1982 S. L. T. 96). The range of relatives entitled to the equivalent, the awards for loss of society and guidance in a death claim, is more limited than the range entitled to the loss of support claim. It is confined to spouses, including cohabitees, parents and children. This award is described in the Damages (Scotland) Act 1976 in very broad terms, without definition. It was originally designed to enable the court to focus on the objective fact of the loss of the deceased, which it was thought the earlier awards of *solatium* for death did not do, as the concept of *solatium* suggested grief. The courts have not come to a coherent view as to what exactly the rationale is, but have taken the opportunity to raise the amounts paid under this head [*Dingwall* v. *Walter Alexander and Sons (Midland) Limited* 1981 S. L. T. 313]. The 38-year-old widow was awarded £ 6000 (aged 38). Awards were made to the children ranging from £ 3333 for a 5-year-old to £ 1000 for a 15-year-old. It is likely that these figures will be treated effectively as tariffs, especially those for the children. Loss of society and guidance awards can also be made if the claim is based on contract [Damages (Scotland) Act section 1].

Where the injured person dies there will be an action available to his estate as well as to the dependants. This, however, is confined to a claim for patrimonial loss down to the date of death. No claim is possible for earnings notionally arising after death, and the deceased's personal claim to *solatium* dies with him [Damages (Scotland) Act 1976 section 2].

Sc 86 As there is no requirement to use the National Health Service, damages may be awarded for the continuing cost of care by private institutions. A deduction will be made from the award for future loss of earnings to take into account the extent to which an award under this head covers the cost of ordinary living. The amount awarded under this head may be very considerable if the injured person will require constant care in an institution throughout life where there has been no diminution of the expected duration of their life. It can be seen as a major factor in some of the larger awards (see The Medical and Dental Defence Union of Scotland Annual Report 1981, p. 15).

D. Clinics, Personnel, Equipment

I. Forms of Joint Liability

Sc 87 Joint liability may arise on two bases: (a) because there is vicarious liability for the delicts of another, or (b) because more than one person or body is seen to have contributed to the same wrong. There is some difficulty in saying when precisely there is a contribution to the same wrong. If the delicts are totally separate, as for example in the case of two unconnected assaults, there would not be one wrong, even though in general they could be said to have contributed to the same sort of result (see *Turnbull* v. *Frame* 1966 S.L.T. 24). This is unlikely, however, to be an issue in medical cases, since the delicts are likely to be connected, either because they actually all combine to produce the one event or because it is a situation where the chain of causation between the two events cannot be seen to be broken, in which case there would be joint liability in respect of the later event.

Sc 88 Where there is joint liability the pursuer is entitled to a joint and several decree. This enables him to enforce the decree to its full extent against any one of those named in it, or he can enforce it in any proportion he may choose. A person found liable and satisfying a decree can raise an action for a contribution against any person who could also have been liable [Law Reform (Misc. Provs.) (Scotland) Act 1940 section 3].

Sc 89 Further defenders can be brought in as third parties, and the pursuer may adopt a case against them [see e.g. *Hunter* v. *Magistrates of Glasgow (supra)*]. The court can be asked to apportion the contribution of the defenders *inter se* at a percentage representing their relative responsibility. This does not affect the pursuer's rights. In practice, however, apportionment is not sought by defenders in medical cases but is arranged informally on the basis of equity as understood in a letter of 1964 by the solicitor to the Scottish Health Boards to the defence unions and society.

The practical position is the same where there is vicarious liability. In strict legal theory an employer found vicariously liable can recover in total from his employee (Walker: *Delict*, 2nd ed. pp. 125–126).

1. Vicarious Liability

Sc 90 Vicarious liability arises in Scots law where someone stands in a certain relationship to the person who has committed a delictual act. Fundamentally the liability is based on public policy and is not in any way a form of fault liability for having failed to excercise care in the selection of staff. Such liability can exist concurrently with vicarious liability. There is one definitely recognised category of vicarious liability, the liability of an employer for the delicts of his employees in the course of their employment. There is also a wider ill-defined category of vicarious liability for the acts of an agent in some situations. It is clearly established that the relevant Health Board is vicariously liable for resident surgical and medical staff in National Health Service hospitals (*MacDonald* v. *Glasgow Western Hospitals* 1954 S.C. 553). It is the Health Board not the Secretary of State that is vicariously liable [National Health Service (Scotland) Act 1978 section 2 (8)]. There is no definite decision as to the position of consultants but it is accepted that the Health Boards are vicariously liable for them, when they carry out National Health Service work. They are clearly employed and are appointed under the terms of special regulations [National Health Service (Appointment of Consultants) (Scotland) Regulations 1976 S.I. 1976 No. 1679].

Sc 91 Some doubt has been expressed about the position of visiting consultants. This is practical question that only seems now likely to arise where a consultant employed by one Health Board is carrying out work in a hospital within the area of another Health Board. It would seem that there would be vicarious liability, which can be justified on a wider *ratio* to be found in *MacDonald (supra),* which sees the vicarious liability as arising because the hospital doctor is acting as an agent for the Secretary of State and accordingly now the Health Board in carrying out their statutory duties (per Lord President Cooper at 478). This decision involved the court in distinguishing a number of earlier decisions which had found before the inception of the National Health Service that there was no liability vicariously where the delict of a member of the medical staff was committed in a situation that required professional skill. This view proceeded on a now rejected notion that there could not be vicarious liability for a person who could not be controlled and directed. The change in attitude by the court was partly because skilled employees came to be seen as part of the organisation and partly it was a change of attitude to policy in that most of the earlier decisions could be seen as influenced by a desire of the court not to impose burdens on voluntary charitable hospitals. (The approach had, however, been taken with a local authority hospital: *Reidford* v. *Magistrates of Aberdeen* 1933 S.C. 276).

Sc 92 There is vicarious liability on the part of the relevant Health Board for the acts of nursing staff in National Health cases. An earlier view that there was no vicarious liability for the actions of nurses that occurred when they were acting under the directions of a doctor was decisively rejected, as, since the inception of the National Health Service, they are clearly employed by the Health Board (*Fox* v. *Glasgow South Western Hospitals* 1955 S.L.T. 337). There is also vicarious liability on the part of the Health Boards for a staff of ancillary medical workers attached to general practices known as health visitors (see e.g. *Bonthrone* v. *Secretary of State and Others* unreported, 10 October 1981). A central body covering the whole of Scotland, the Common Services Agency, is vicariously liable for persons working in the Blood Transfusion Service and the Scottish Ambulance Service [National Health Service (Scotland) Act 1978 section 10].

Sc 93 There is no vicarious liability on the part of the Health Boards or any other public body for the actions of general practitioners. They do not have contracts of employment. A recent attempt to argue that there should be vicarious liability on the ground of the ill-defined category of vicarious liability for an agent, which formed part of the *ratio* of the important case of *MacDonald (supra)* was rejected *[Bonthrone (supra)* per Lord Grieve at 29–36]. What was decisive against this contention was that although general practitioners work in terms of detailed statutory regulations which incorporate "terms of service", e.g. with regard to the patients that must be taken onto a doctor's list, the fundamental obligations is on the general practitioner to provide treatment for the patient and not on the Secretary of State and the Health Board. Their obligation in this context is seen as being to provide the framework within which treatment takes place. Accordingly, the general practitioner cannot be seen as their agent [National Health Service (Scotland) Act 1978 section 36; National Health Service (General Medical and Pharmaceutical Services) (Scotland) Regulations 1974, S.I. 1974 No. 506].

Sc 94 General practitioners may practice in partnerships. It is to be noted, however, that the Royal College of Physicians, which is largely confined to hospital physicians requires its members to operate as sole practitioners (see Dugdale & Stanton: *Professional Negligence* (1982) p. 10). A partnership firm is a separate legal *persona* in Scotland and is liable vicariously for the delicts or breaches of contract of its partners. In addition, all partners are personally liable jointly and severally, but the liability of those other than the partner who created the occasion of liability is subsidiary as cautioners for the firm. The liability attaches to those who were partners at the time of the delict, even if they have subsequently retired (Partnership Act 1890 section 10; *Welsh* v. *Knarston* 1972 S.L.T. 154). Because of the operation of the defence unions and society, the question of the liability of the partnership and its other members does not seem to be of practical importance in medical cases.

The partnership will be liable vicariously for the delicts of its employees, such as secretaries.

Sc 95 There is no vicarious liability for a doctor carying out private work within a National Health Service hospital. Such work, which is permitted up to a certain maximum, would not come within the scope of his employment, even if he were doing it during the time that he should have been carrying out National Health Service work, since it would be using the employer's time for his own purposes. In ordinary cases arising out of treatment under the National Health Service the issue as to whether the doctor was acting in the course of or the scope of his employment is unlikely to be a significant one. It should be noted, however, that Scottish courts hold a person to be acting thus even when disobeying their employer's regulations, unless they are doing something entirely for their own purposes (*Angus* v. *Glasgow Corporation* 1977 S.L.T. 206.).

There is no vicarious liability for a doctor carrying out private work in a private hospital. The arrangements between doctors and private hospitals do not give rise to an employment relationship. There is vicarious liability for acts of the nursing and other staff employed by the hospital [*Owen* v. *Garthdee Private Nursing Home Ltd.* 1949 S.L.T. (notes) 54].

2. Joint Fault

Sc 96 Joint and several liability could arise on the part of a number of medical staff who had through their negligence contributed to the pursuer's injury. In particular this may arise because there is a duty on some person to check. A case against a surgeon for failing to notice the signs of an anoxic cardiac arrest brought about by the negligence of an anaesthetist has been held relevant, although not proved on the facts [*Sellar's Curator Bonis (supra)*]. There could be liability on the part of a consultant in charge of a team who negligently allowed a junior doctor to carry out a procedure in circumstances in which no consultant of ordinary competence would allow the junior to proceed without further investigation or supervision [e.g. *Steward (supra)*].

Sc 97 The concept of the personal fault of the hospital as represented by the Hospital Board is recognised. As a result, cases involving negligence by a number of members of the medical staff can often be pled as a case of negligent failure of organisation by the hospital in failing to provide a suitable system of procedures. Where questions of professional judgement are involved, a case on this basis is really indistinguishable from a case against the hospital as vicariously liable for its staff. Cases of this sort include cases involving negligent failure of supervision of staff [cf. *Rolland (supra)* and *McHardy (supra)*]; in the former the case proceeded on the ground of both personal fault and vicarious liability on the part of the hospital, in the latter only vicarious liability was pled. If the matter does not involve a question of professional judgement, then the test for negligence can be on the broader basis that exists in non-professional negligence cases. There is one clear example of this in the reported case law [*Reid* v. *Greater Glasgow Health Board* 1976 S.L.T. (notes) 33]. A schizophrenic suffered severe injuries after an attempted suicide by jumping through the upper windows of a mental hospital. There was a finding of negligence on the general ground that the precaution of fitting window catches was a simple and inexpensive one, the chances of a suicide were small but real and the potential damage was severe. There could be liability on the basis of such a general test for failure with regard to some basic precaution and at the same time vicarious liability for some member of staff operating within the system, where negligence would have to be established on the *Hunter* v. *Hanley* test [see e.g. *Black* v. *Angus Hospitals Management Board* 1960 S.L.T. (notes) 37 where the case was that the premises were dangerous, sufficient staff to assist the patient had not been provided and the staff that were there negligently failed to assist].

II. Equipment Failure

Sc 98 The hospital can only be liable for failure of equipment if it is negligent. There is no strict liability for failure of equipment, whether the patient's case be based on contract or on delict. There are no reported cases in Scotland involving equipment failure, although there are cases alleging professional negligence in the selection of equipment [e.g. *Hunter* v. *Hanley (supra)*]. A user of equipment cannot be liable as negligent for its latent defects if he buys from a responsible reputable supplier or manufacturer (*Davie* v. *New Merton Board Mills Ltd.* 1959 A.C. 604). Nor is there vicarious liability for the negligence of the manufacturer or supplier as there is by statute in employers' liability cases [Employers Liability (Defective Equipment) Act 1969]. A negligent manufacturer can be liable to an injured patient. The most recent judicial summary of this liability in Scotland puts it:

> A manufacturer is liable to the consumer if injury results from a defect in his product, provided the defect existed in the product when it left his possession.... A further requirement is that the defect must not be one that the manufacturer could reasonably have expected the consumer or some third party to notice and correct before damage was likely to result ... the third prerequisite is that the defect must be attributable to a lack of reasonable care on the part of the manufacturer and in no sense is the obligation on him an absolute one [*Donoghue* v. *Concrete Products (Kirkcaldy) Ltd.* 1976 S.L.T. (notes) 58 per Lord Wylie at 60].

III. Lack of Guidelines

Sc 99 There is no established system of guidelines. It is to be noted that the Scottish Home and Health Department does sometimes issue circulars, which have no statutory force, which can be relevant to procedures. Those in 1982 include for example a circular (1982 Gen 32) on the Reporting of Serious Defects in Medical Products, Medical Supplies and Equipment. These circulars might be used as an indication as to whether there was or was not negligence in the use of equipment etc. However, circulars may sometimes by seen as attempts to depict an ideal condition of affairs and therefore not a guide to the extent of duties (see *Sorman* v. *National Institution Board of Management* 1961 S. L. T. at 230).

Soviet Union

J. Radišić

Contents

Abbreviations

CC	Civil Code
CCO	Criminal Code
GCL	General Civil Law of the USSR and of the federal republics
GLHP	General Legislation on Health Protection of the USSR and of the federal republics
GLL	General Labour Law of the USSR and of the federal republics
RSFSR	Russian Soviet Federated Socialist Republic

A. Health Care and Social Insurance

I. Health Care

SU 1 All citizens of the USSR are entitled to health care (article 42 of the Constitution of the USSR), including free and qualified medical aid rendered by state medical institutions in the patient's place of residence and at his place of employment, while persons suffering accidents are aided by the nearest medical institution (article 33 of the GLHP). The expenses of health care are covered by the state budget. Foreigners and stateless persons having permanent residence within the USSR enjoy medical care under the same conditions as Soviet citizens (article 32, point 6 of the GLHP).

SU 2 All state bodies and agencies, enterprises, institutions, and organisations have the duty of care for the health of the population (article 3 of the GLHP). However, direct management of the medical institutions is effected by the USSR Ministry of Health Care, as well as by the corresponding ministries of the federal and autonomous republics, including the local soviets' committees of workers' deputies (article 9 of the GLHP). Basic rules on the organization of the activities of the medical institutions are established by the USSR Ministry of Health Care. The principle of so-called *double subordination,* i.e., vertically and horizontally, is applied within the system of state bodies competent for health care. Thus, for instance, as far as general questions are concerned, the ministries of health care of the republics are subordinated to the councils of ministers of their respective republics, while in relation to specialist questions, they answer to the USSR Ministry of Health Care. The principle of double subordination makes it possible to take both general state interest and local particularities and needs into consideration.[1]

SU 3 Medical services in the Soviet Union are socialized (in the hands of the state) and are realized by state policlinics, hospitals, dispensaries (health centres), and other institutions for medical treatment and prevention (article 32, paragraph 1 of the GLHP). In 1980, there were in the USSR 23000 hospitals with 3.3 million beds, which amounts to 125 beds per 10000 inhabitants.[2]

The only persons entitled to perform medical and pharmaceutical activities are those who have had a specialist education and hold a degree from an adequate high or middle schools (article 12, paragraph 1 of the GLHP). In 1980, there were 6 million medical personnel in the USSR, of whom more than a million were physicians, and more than 2.8 million were persons with medium medical education.[3] The ratio

---

[1] See *Social'naja gigiena i organizacija zdravoohranenija,* A. F. Serenko and V. V. Ermakova, editors (Moscow, 1977) p. 625.

[2] N. I. Malov and V. I. Čurakov, *Sovremennye osnovy i metody planirovanija razvitija zdravoohranenija* (Moscow, 1981) p. 4.

[3] *Ibid,* p. 5.

of physicians to inhabitants is very favourable, perhaps the most favourable in the world.

SU 4 Particular attention is dedicated to the issue of medical ethics, both in the literature and in practice. At some medical schools and other high schools it had long been customary for those obtaining a medical degree to take a *physician's oath* before entering the medical profession, and since June 1, 1971, taking such an oath has been a legal duty for all young doctors in the USSR (article 13 of the GLHP). The text of the oath and the manner of its taking are determined by the Presidium of the Supreme Soviet of the USSR.[4] The day of the oath is set by order of the president of the university. The oath is taken in the presence of the president, vice-presidents, deans and professors of the medical school or high school in a solemn atmosphere with representatives of the state agencies for health care and of social organisations in attendance. The oath is signed by the person taking it and is preserved in his personal file. The fact that the oath has been taken is inscribed in the diploma, and a copy of the text of the oath is attached to the diploma. The content of the oath is rather similar to that of the Hippocratic oath, with additional promises to follow the noble traditions of Soviet medicine and to adhere to the principles of communist morality.

SU 5 Court actions against medical personnel are relatively rare. Particularly rare are claims for damages, since patients are mostly compensated through the social insurance system (social protection). This is probably the reason for the small degree of attention paid to the problems related to such claims by the legal periodicals. It seems that more importance is attached in practice to the disciplinary responsibilities of medical personnel.[5] Relevant here is from article 17 of the GLHP: "Medical and pharmaceutical personnel violating professional duties are liable to disciplinary action under this law if the violation is not covered by the criminal law".

II. Social Insurance

SU 6 Social insurance in the Soviet Union is taken care of by the state; all expenses in the field of social insurance are covered by resources set aside in the state budget. The resources are collected through compulsory contributions paid expressly for this purpose by enterprises, institutions and farms which are set at a certain percentage of the earnings paid to the workers and employees. The percentage contribution for social insurance depends on the conditions of work in the various branches of the economy, being determined by the government of the USSR and the All-Union Central Council of Trade Unions. Only members of the agricultural work cooperatives have no obligation to pay the social insurance contributions out of their personal incomes; their social insurance expenses are covered by the centralized federal fund for social insurance of the kolkhozes which is formed exclusively of the contributions by kolkhoz members.[6]

---

[4] See *Vedomosti Verhovnogo Soveta SSSR* no. 13/1971, p. 145.

[5] B. E. Fomin, "Nekotorye voprosy otvetstvennosti medicinskih rabotnikov", *Sovetskoe gosudarstvo i pravo* no. 8/1981, p. 87.

[6] *Social'naja gigiena i organizacija zdravoohranenija*, A. F. Serenko and V. V. Ermakova, editors (Moscow, 1977) pp. 537–538.

SU 7 All workers, white-collar employees and kolkhoz members who are employed in the kolkhozes are covered by social insurance (in all its forms). In addition, the insurance is extended to persons employed by private individuals, those employed on the basis of a contract for services (hiring) – housemaids, drivers of motor vehicles, secretaries and the like. It includes persons working in religious organisations who do not take part in the rites. Finally, the state social insurance scheme extends to foreign nationals employed in the USSR as workers or white-collar employees.[7]

SU 8 The social insurance system is managed by the insured persons, through their trade unions. General management of the insurance of workers, employees, and kolkhoz members is performed by the All-Union Central Council of the Trade Unions, with its plenum, presidium and secretariat. The basic organisational units of participation of workers, employees and kolkhoz members in the management of the social insurance system are the commissions for social insurance, which are formed at factory and local trade union committees in all enterprises, institutions and organisations.[8]

SU 9 In the following cases the workers, employees, and kolkhoz members are entitled to material aid from the social insurance scheme: temporary loss of work capacity due to illness; injury; the need for extensive medical examination; transfer to another job due to temporary loss of ability to pursue a specific profession; making of dentures; abortion; medical treatment with mineral water at a sanatorium or health resort; pregnancy and childbirth. In addition, they are entitled to old-age pension, benefits for disability, illness, or loss of the breadwinner and an allowance covering funeral expenses in case of death of a worker or of a member of his family.[9]

SU 10 Persons not included in the social insurance scheme are entitled to *material protection* in case of premature loss or considerable diminution of work capacity due to illness or injury, as well as in the case of loss of a breadwinner.[10]

---

7 *Ibid*, p. 538.
8 *Ibid*, pp. 539–541.
9 *Ibid*, p. 542.
10 *Ibid*, p. 550.

B. Medical Actions with Detrimental Outcome

SU 11 In the medical literature of the Soviet Union all medical actions with detrimental outcome are classified into three categories: ill luck, errors and criminal omissions or acts. Classification depends on whether the action follows the rules or is irregular, as well as on the reason for it. The category of ill luck covers detrimental outcome of actions undertaken entirely in concordance with the rules and methods of medical science. This includes, for instance, death due to allergic reaction to a vaccine.[11] Since the outcome of medical treatment is unpredictable, the physician is not responsible.

SU 12 In contrast, so-called *doctor's errors* and punishable omissions/acts are classified as irregular actions, since they are not in concordance with certain rules of medicine. However, between these two kinds of action there exists a legally significant difference, namely that error by a physician includes an irregular action which is caused by the imperfection of medical science or by the insufficient experience or ability of the physician. To these definitions of doctor's errors some authors add the "lack of adequate general conditions, such as insufficient time for a thorough examination or research, or lack of necessary medical-technical resources".[12] In recent medical literature, the definition of the notion of doctor's error is somewhat different in its form, but the essence of it remains the same. It is said that this is a mistake by the physician in the course of his professional duties which is a consequence of a conscionable action which does not contain the characteristics either of a criminal act or a violation.[13] It is not predictable by the physician and it cannot be avoided; it is not a consequence of a negligent attitude of the physician towards his duties, nor of lack of knowledge or ill intent. Regardless of the consequences of such an error, the physician is not responsible for it. The concept of doctor's error is not accorded legal status;[14] it is not accepted either in the statutes or in legal literature. On the other hand, it is used in day-to-day analysis, in diagnosis and medical treatment, as well as in ascertaining the causes of detrimental outcomes of medical interventions which may be the subject of the judicial-medical inquiry.

SU 13 In contrast to doctor's errors, punishable omissions or acts of physicians are due to unconscionable, reckless or negligent work, as well as to ignorance.[15] While doctor's errors are inevitable, punishable omissions can be avoided. However, the

---

[11] M. I. Avdeev, *Kurs sudebnoj mediciny* (Moscow, 1959) p. 695. Cited according to F. JU. Berdičevskij, *Ugolovnajà otvetstvennost' medicinskogo personala za narušenie professional'nyh objazannostej* (Moscow, 1970) p. 17.

[12] JU. P. Edel, *Vračebnye ošibki i otvetstvennost' vrača* (Harkov, 1957) p. 4. Cited according to F. JU. Berdičevskij, *ibid.*

[13] I. V. Davydovskij, N. K. Permjakov and M. I. Avdeev in *Bol'šaja medicinskaja enciklopedia,* volume 4, third edition (Moscow, 1976) p. 442.

[14] *Ibid.*

[15] M. I. Avdeev, *Kurs sudebnoj mediciny* p. 696.

boundary between conscionable error and inadmissible action is not always easy to discern, and this problem has in fact not yet been solved.[16]

[16] V. K. Kurjašov, "Nekotorye pravovye problemy rassledovanija ugolovnyh del o narušenii profesional'nyh objazannostej medicinskimi rabotnikami", *Vestnik Leningradskogo universiteta* no. 2/ 1981, p. 85.

C. General View on the Types of Violation of Duty by Medical Personnel and Medical Institutions

SU 14 Soviet law distinguishes four types of violations of duty committed by medical personnel and medical institutions: disciplinary, administrative, civil and criminal. Disciplinary and administrative regulations are invoked if a medical worker commits a disciplinary or administrative violation. However, if such violations are also punishable under criminal legislation, criminal proceedings are taken. Disciplinary and administrative violations are characterized by a lesser degree of danger. Therefore an act with a small degree of danger is not considered criminal even if it has the formal characteristics of a criminal act laid down in the criminal law.[17] Such an act invokes only disciplinary and administrative (and possibly civil) responsibility.

SU 15 Disciplinary violations by medical personnel may invoke implementation of the following measures: warning, reprimand, strict reprimand, removal to a lower-paid post for 3 months or transfer to less important duties for the same period, to be followed by the giving of notice due to systematic and unjustified failure to fulfil duties or unjustified absence from work. In addition, the management of a medical institution is entitled, instead of enforcing disciplinary punishment, to file the case with the appropriate comrades' court or social organisation (article 56 of the GLL).

SU 16 Administrative violations are violations of the administrative responsibility of medical personnel and are punished by the appropriate administrative agencies. An administrative violation can be committed by a medical worker who is acting as an official, or who is at least directly subordinated to an official.[18]

SU 17 Civil violations by medical personnel involve harm caused to a patient by an act or an omission by medical personnel.[19] The medical institution concerned is liable for compensation, and is then entitled to exact redress from the worker in question.[20]

SU 18 Medical personnel committing a criminal act related to their professional-official position or to the professional activity they perform are liable in terms of criminal law. Official criminal acts may be committed only by those medical personnel who are in some official position in terms of criminal laws and regulations. These persons include, for instance, chief physicians, heads of medical institutions and physicians managing hospital departments. They can also be punished because of misuse of power or official position, transgression of powers, failure to obey official authority, negligence, acceptance of bribes or the farging of official documents. In addition, medical personnel can be criminally liable if they perform illegal abortions or fail to render appropriate aid to patients. Finally, unlawful and socially danger-

[17] Article 7, paragraph 2 of the Grounds of Criminal Law Legislation of the Union of the SSR and of the federal republics.

[18] Article 56 of the Grounds of the Labour Law Legislation of the Union of the SSR and of the federal republics.

[19] M. I. Avdeev in *Bol'šaja medicinskaja enciklopedija* volume 4, third edition (Moscow, 1976) p. 439.

[20] *Ibid.*

ous actions committed within the framework of professional activity may also be included under those provisions of the criminal law which refer to epidemic diseases or to involuntary manslaughter.[21]

[21] *Ibid.*

D. Basic Criminal Acts Committed by Medical Personnel

SU 19 The basic criminal acts perpetrated by medical personnel are (1) failure to render aid to a patient, and (2) rendering medical aid contrary to regulations.

I. Failure to Render Aid to a Patient

SU 20 This criminal act is included in the CCOs of all republics of the USSR, but its elements are not always the same. We quote, as an example, article 128 of the CCO of the RSFSR:

> Failure to render aid to a patient without justified grounds by a person who is under a duty to render such aid according to law or according to special regulations, shall be punished by corrective labour for a period up to a year, or by a fine up to 100 rubles, or by a public reprimand, or by a measure of social influence.
>
> That same action, if causing or apt to cause death of a patient or some other severe consequences for such patient, shall be punished by imprisonment for a period up to 2 years, followed by withdrawal of the right of performing professional activity for a period up to 3 years.

SU 21 This criminal act is formulated as a blank norm. The code does not specify the character of the aid not rendered to a patient. It also does not specify the categories of people liable to commit the criminal act, although it does set forth the criteria by which it is possible to distinguish the perpetrator. However, the CCOs of some other republics of the USSR expressly state that the criminal act of failure to render aid to a patient can be committed only by a physician or other medical worker. In addition, some CCOs even set forth the kind of aid when speaking of failure to render medical aid to a patient.[22]

SU 22 The objective side of the criminal act is characterized by total absence of aid to the patient. Failure to act can take various forms: not answering a call to visit the patient, not admitting the patient to a medical institution, not rendering aid which could be rendered on own initiative to a person whose illness was learned of through some other source.[23] On the other hand, failure to act by a medical worker is not considered unlawful if he is justified in not acting, for example on grounds of utmost exhaustion or illness, being too busy with treating another not less serious case, or lack of transportation to reach a distant patient.[24]

---

[22] See F. JU. Berdičevskij, *Ugolovnaja otvetstvennost' medicinskogo personala za narušenie profesional'nyh objazannostej* (Moscow, 1970) p. 74, footnote 1.

[23] *Ibid*, pp. 76–77.

[24] See *Sbornik postanovlenij Plenuma i opredelenij kollegii Verhovnogo Suda Sojuza SSR* (Moscow, 1940) p. 103.

SU 23 Paragraph 1 of article 128 of the CCO of the RSFSR defines the "formal criminal act", for which suffices the simple fact of failure to render aid to a patient, while paragraph 2 states that, it is also necessary for the failure to have severe consequences for the patient, or for the possibility of such consequences to exist. It follows that paragraph 1 provides for failure to render aid to a patient who is not in serious danger. Some Soviet legal writers consider that a better formulation can be found in article 113 of the CCO of the Ukraine and in article 125 of the CCO of Kirghizia. In each case, paragraph 1 defines as a criminal act the failure to render aid "which could provoke serious consequences for the patient", and paragraph 2 deals with failure to render aid "which causes death or other serious consequences for the patient".[25]

SU 24 The subjective side of the criminal act is characterized by intent on the part of the perpetrator, i.e. he knows that the patient needs medical aid but does not give it. Negligence is not excluded, but can be invoked only if the medical worker forgets to visit the patient.[26] This is in fact the case if the medical worker abstains from the required action, although he is able and is under a duty to control his behaviour. This is why it is considered, for instance, that a medical worker who does not render aid to a patient due to his own carelessness is not liable if such carelessness consists of his being, without good reason, in error on the character of the patient's illness or injury so that he does not take adequate measures whose necessity he would realize if he were more careful in his work.[27]

II. Rendering Medical Aid Contrary to Regulations

SU 25 According to article 128 of the CCO of the RSFSR, it is not possible clearly to distinguish unlawful medical actions which consist of rendering medical aid contrary to regulations from failure to act. However, the code does not define another offence which would properly cover such actions. No such criminal act was defined in the old CCOs of the RSFSR enacted in 1922 and 1926, and it is for this reason that the courts assessed irregular rendering of medical aid, i.e. rendering of medical aid contrary to regulations, according to the provisions on criminal acts of officials relating to involuntary manslaughter.[28] Even after the enacting of new CCOs, the situation remained unchanged. Legal opinions on the issue differ; some writers consider that all CCOs of the Soviet republics should be amended by special provision on the responsibility of medical personnel for treatment contrary to regulations.[29]

---

[25] Quoted according to F. JU. Berdičevskij, *ibid*, pp. 79–80.
[26] See P. Dagel', "Ob ugolovnoj otvetstvennosti vračej", *Sovetskaja justicija* no. 24/1965, p. 20.
[27] F. JU. Berdičevskij, *ibid*, p. 80.
[28] *Ibid*, p. 81.
[29] *Ibid*, p. 87.

E. Civil Responsibility of Medical Institutions: Legal Nature of Responsibility

SU 26 According to the prevailing opinion of Soviet legal theory, and in practice, the civil responsibility of medical institutions for damage caused by treatment contrary to regulations is of a non-contractual, i. e. tort, character.[30] It is considered that the duty of medical institutions to render medical aid to citizens is based directly on the law. The content of that duty is determined by the character of the special activities performed by medical institutions; these activities are regulated in more details in their statutes. The prevailing view is that relations between a medical institution and the patient regarding his life and health are not regulated by civil law norms; rather, they come into the sphere which is otherwise regulated by civil law norms only if the medical institution completely or partially fails to fulfil its duties towards the patient, thus causing him damage.[31] The protection of life and health of citizens by means of civil law is thus effected not directly, but indirectly.

SU 27 However, not all Soviet legal theoreticians are of that opinion. Some consider that the legal nature of relationships emerging in the course of rendering services to citizens cannot depend on where such services are rendered – at the cosmetician's, at the hairdresser's, or in a medical institution. The relationships regarding the rendering of medical services have their particular features, but this does not amount to justification for the opinion that they have no civil law character. The substance of the relationship does not depend on whether medical aid is rendered for payment or free of charge, since civil law relationships may also be charitable. Only if medical treatment and hospitalisation are effected in a compulsory manner is there an administrative relationship.[32] In other cases the duty to render medical services is based on contractual principles, and the relevant relationships are thus of civil law character. Rights and duties originate, in other words, on the basis of a legal transaction which is not regulated by the civil codes of the republics of the USSR, but at the same time is not contrary to them. This is why there is some challenge the prevailing opinion that the responsibility of medical institutions for damage caused through treatment contrary to regulations should be based on tort law, considering, rather that the medical institution should be liable on the grounds of irregular fulfilment of its contractual obligations.[33]

---

[30] See L. A. Majdanik and N. JU. Sergeeva, *Material'naja otvetstvennost' za povreždenie zdorov'ja* (Moscow, 1968) pp. 43–46; A. N. Savickaja, "Graždanskaja otvetstvennost' sovetskih lečebnyh učreždenij za vred, pričinennyj nepravil'nym lečeniem", *Učenye zapiski L'vovskogo gosudarstvennogo universiteta* vol. XXXVIII, third edn. (Lvov, 1956) pp. 145–146.

[31] See K. B. Jarošenko, in "Sbornik statej Belorusskogo universiteta", second ed. (Minsk, 1972), p. 247 (quoted according to V. L. Suhoverhij, "Graždanskopravovoe regulirovanie otnošenij po zdravoohraneniju", *Sovetskoe gosudarstvo i pravo,* number 6/1975, p. 107.

[32] V. L. Suhoverhij, *ibid,* pp. 106 and 108.

[33] *Ibid,* p. 108. Suhoverhij states that this is the standpoint of some Polish authors too, such as M. Sosniak, *Ciwilna adpowiedzialnose lekarza* (Warsaw, 1968); N. Nesterowicz, *Kontractowa i deliktowa adpowiedzialnose lekarza za lecrniexy* (Warsaw – Poznan, 1972).

However, the Soviet legal literature has not reacted at all to this opinion that the nature of the responsibility of the medical institution towards the patient is contractual. It is, therefore, justified to say that the prevailing standpoint on tort liability has not changed.

SU 28 There exist some practical differences between the contractual and non-contractual responsibilities under Soviet law. The most significant is the one which relates to the fault of the person suffering damage. Under tort law, the liability of the feasor may be influenced by wilful misconduct and wilful negligence on the part of the person suffering damage, but not by his ordinary negligence (article 458 of the CC of the RSFSR). However, under the law of contract any kind of negligence on the part of the creditor is taken into consideration which contributed to the emergence of damage or to its increase due to non-fulfilment or incomplete fulfilment of the duty on the part of the debtor (article 224 of the CC of the RSFSR). In addition, tort law does not have a general rule on liability for actions by third persons, while the law of contract does (article 223 of the CC of the RSFSR). Finally, the norms related to tort liability, particularly those connected with damage to health and the endangering people's lives, are of an imperative character (i. e. compulsory) and cannot be changed at will of the parties interested; this is not the case with norms connected with contracts, which allow changing of terms of the contract. It is true that the courts do not in principle consider that compensation of damage by means of arrangement is not permitted as far as damage to health is concerned, but they do require that the terms of such an agreement are not contrary to the law, as well as not diminishing the rights of the person suffering damage. The sanction for this is an nullment of the agreement.[34]

[34] L. A. Majdanik and N. JU. Sergeeva, *ibid*, p. 13.

F. Material Prerequisites of Civil Responsibility

I. Professional Unlawful Action

SU 29 The opinion of Soviet jurists is that the unlawfulness of the actions by means of which medical personnel violate their professional duties can be *direct* or *conditional.* Directly unlawful are those actions by means of which the legal duty to render aid to a patient is violated (article 128 of the CCO of the RSFSR).[35] In order to clarify their unlawfulness it suffices to analyse the norms contained in the laws.

SU 30 However, the majority of socially dangerous actions by medical personnel come under the definition of so-called *conditional unlawfulness*. Such actions are termed in the literature "irregular medical treatment".[36] The actions are not unlawful in themselves, i.e. not because they cause the death of the patient or harm to the health of the patient; their unlawfulness is dependent on the fact that they are not in accordance with the corresponding rules and methods of medical science. Legal evaluation of an action by a physician depends, in other words, on whether it is in concordance with the rules of medicine. For such evaluation, the general level of knowledge in that field of medicine at the time of the action is taken as the *compulsory minimum*. Soviet jurists have in the past considered that the level of medical knowledge necessary for a given medical intervention is different for a professor than it is for a physician in a village clinic, but today it is considered that there no such distinction should be made. Otherwise, one must recognize that there are no universally applicable objective rules by which irregular medical treatment can be judged: in one case there would be "professor's rules", in an other "village doctor's rules", etc.[37]

SU 31 While the level of medical knowledge which should be present is determined by the medical action itself, the character and the area of its application depend on the person carrying out the action. This means that the area of direct application of the compulsory minimum of medical knowledge and the character of the expected behaviour are to be determined according to the professional group to which an individual physician belongs, i.e. his speciality. For instance, an oculist has to apply the existing rules and methods for medical treatment of eye diseases, a phthisiologist those for the medical treatment of tuberculosis. In addition, the character of expected behaviour of a medical worker depends also on professional category, e.g. physician, nurse, medical assistant. All have a duty to render, within the limits of their respective categories, direct medical aid.[38]

---

[35] F.JU. Berdičevskij, *Ugolovnaja otvetstvennost' medicinskogo personala za narušenia profesional'nyh objazannostej* (Moscow, 1970) p.35.
[36] *Ibid.*
[37] *Ibid,* p.41.
[38] *Ibid,* pp.41–42.

SU 32 While making the notion of the "compulsory minimum of medical knowledge" more precise, Soviet jurists emphasize that a medical worker of a given professional group or category is under a duty to establish a need for certain medical actions which may be carried out by the representatives of another professional group or category. The same duty applies to a physician of lower qualification or experience, who should apply contemporary medical knowledge in order to distinguish cases for which it is necessary to have more experience, ability, or qualification. Possession of the compulsory minimum of knowledge imposes a duty on him to doubt his diagnosis when diseases appear not to be developing in the expected or typical way, as well as to decide when medical intervention by someone else who is more adequately prepared and has more experience in such cases is necessary. The physician is not merely entitled to express doubt concerning the diagnosis and to consult a more experienced specialist, he is duty-bound to do so. If he does not, his overconfidence will render him liable for the consequences.[39]

II. Damage

SU 33 The term "damage", according to Soviet authors, includes diminishing or destruction of material or non-material things which are protected by law.[40] The responsibility for damage is derived from the general tort norm (article 88 of the GCL). However, the law includes under as it actually is "damage" exclusively damage to property, namely damage which may be compensated by means of money. Non-property, or moral, damage may not be compensated with money. This tenet of Soviet law was accepted immediately after the socialist revolution, and is explained by the statement that financial compensation for moral damage is contrary to the socialist principles of law and socialist morality.[41]

SU 34 However, this argument is of little value today, since all other European socialist countries allow for the possibility of financial compensation for such damage, and many Soviet legal writers express regret over the attitude of Soviet legislators in the matter. They consider, namely, that complete and thorough protection of personality is not possible without recognizing the right to financial compensation of the moral damage caused through an injury and harm to the health. On the other hand, the majority are of the opinion that financial compensation is not admissible in violations of personal honour or dignity.[42] Accordingly, the recognition of the validity of financial compensation of all forms of moral damage is debatech. The debate is particularly significant with regard to financial compensation, in case of damage due to pain and suffering[43], which, has to be distinguished from compensation for time lost.[44]

---

39 *Ibid,* p.45.

40 See *Sovetskoe graždanskoe pravo* vol. II, V. P. Gribanov and S. M. Korneev, editors (Moscow, 1980) p.349.

41 M. JA. Šiminova, *Kompensacija vreda graždanam* (Moscow, 1979) p.48.

42 *Ibid,* p.49.

43 The amended Hungarian Civil Code (paragraph 354), which permits the possibility of monetary compensation of moral damage, also does not allow compensation for that damage due to pains suffered.

44 S. N. Bratus, *Juridičeskaja otvetstvennost' i zakonnost'* (Moscow, 1976) p.202.

SU 35 However, it should be said that the standpoint of the legislator on the inadmissibility of financial compensation for moral damage is already somewhat attenuated through specific regulations and through judicial practice. Thus, for instance, a person who due to the harm to his health is no longer able to do his earlier job is entitled to request his enterprise, i.e. the institution where be is employed, to cover his expenses for training for another profession.[45] Soviet jurists consider that fulfilling of such an obligation is a legitimate form of compensation for moral damage suffered by a person whose health has been harmed.[46] In addition, the court may impose on the responsible individual the duty to reimburse to the person suffering damage the expenses for acquiring a wheelchair, if in the opinion of a commission of medical experts such special equipment is needed.[47] Moreover, if the disabled person cannot use a wheelchair but only a specially built or adapted automobile, the court may, on the advice of the commission of medical experts, impose the obligation on the feasor to pay for such an automobile.[48] However, neither the legislators nor the judiciary answer the question of what compensation for moral damage should be granted to the person suffering such damage that he is not able to use either the wheelchair or the automobile. Some authors consider that in a provision should be enacted entitling such a person to financial compensation for moral damage in some other form (for instance, the cost of acquiring a TV set).[49]

SU 36 Compensation for death or harm to health is closely connected with social insurance and social care. If an insured person suffers damage to his health, the compensation is effected through payment of either a disability allowance or a retirement allowance, depending on whether the loss of work capacity is temporary or permanent. The bodies administrating social insurance and social care have a legal duty to compensate for damage of the above-mentioned nature. This is why in the case of disability or retirement allowance there is no question of fault of the feasor or of the person suffering damage. The responsibility of the feasor is of a *supplementary* character; it covers only that part of damage which is not covered by the social insurance scheme. If the established retirement allowance or other kind of aid covers the entire damage suffered, the right to compensation for damage from the feasor does not come into operation at all.[50] This means that in practice, the issue of eventual responsibility of the feasor cannot be resolved until after determination of the level of aid, from the social insurance scheme. On the other hand, the supplementary character of responsibility of the feasor towards the person suffering damage does not exclude his full liability to the social insurance and social care bodies, which are entitled to redress against the feasor for the amount paid to the person suffering damage (article 463 of the CC of the RSFSR).

SU 37 However, if for whatever reason the person suffering damage is granted neither disability nor retirement allowance, the responsible person is under a duty to provide full financial compensation (article 462 of the CC of the RSFSR). The same ap-

---

45 Point 18 of the Rules about questions of Labour and Salaries (1961), which are still valid. Quoted according to M. JA. Šiminova, *ibid*, p. 50.

46 M. JA. Šiminova, *ibid.*

47 Point 16 of the decision by the Plenary Session of the Supreme Court of the USSR "On judicial practice in relation to actions for damages", of October 23, 1963, as amended on March 30, 1973. Quoted according to M. JA. Šiminova, *ibid.*

48 *Bjulleten' Verhovnogo suda RSFSR* no. 8/1977, p. 15.

49 M. JA. Šiminova, *ibid.*

50 The courts, however, permit the person suffering damage to sue to determine the right to compensation of future damage. See L. A. Majdanik and N. JU. Sergeeva, *Material'naja otvetsvennost' za povreždenie zdorov'ja* (Moscow, 1968) p. 202.

plies in the case of a person suffering damage who is not covered by the social insurance scheme. In such a case, the feasor is obliged to pay all expenses for medical treatment, as well as make good the loss of earnings due to disability. In case of death of the person suffering damage, the persons entitled to compensation are those unable to work who were supported by the deceased, those who were entitled to alimony at the time of death, and any child of the deceased born after his death (article 464 of the CC of the RSFSR).

III. Causal Relations

SU 38 There are several different standpoints in contemporary Soviet civil law regarding the kind of causal relation between the unlawful action and the damage. However, here we will restrict ourselves to stating briefly the three most well known views:

SU 39 Most the authors support the theory of "causal-deliberate and causal-accidental relations". This theory begins with the division of causal relations into deliberate and accidental. It is considered that a person may be held responsible for the results of his action only if their relation is deliberate, i.e. there is no liability for accidental consequences.[51] This theory is reminiscent of the theory of adequate causality.

SU 40 According to the theory of "direct and indirect causal relations", the only legally relevant actions are those directly causing the damage. Indirect causal relations acquire legal relevance only if the individual performing the action creates a special situation characterised by certain departures from normal conditions which contribute to the creation of damage.[52]

SU 41 The theory of "specific and abstract possibility of the result" requires that the notions of possible and real damage be distinguished. One kind of phenomenon or action actually causes the damage, while the other kind only carries the possibility, which may be either specific or abstract, of causing damage. A specific possibility is one which is transformed into reality in circumstances which are repeated in an objective manner, while an abstract possibility is the one whose transformation into reality has been caused by circumstances which ordinarily are not repeated in an objective manner. If the unlawful action bears an abstract possibility of causing damage, there is no liability, but if it provokes specific possibility of a damaging consequence or transformed such possibility into the reality, there is a causal relation which is sufficient to justify the existence of liability.[53]

IV. Fault

SU 42 Civil responsibility in Soviet law is based, as a rule, on the fault of the responsible person (article 88 of the GCL). Individual cases of responsibility independently of fault are exceptions to the above rule and are strictly specified in law. Most impor-

---

[51] M. JA. Šiminova, *ibid*, p. 61.
[52] *Ibid.*
[53] O. S. Ioffe, *Objazatel'stvennoe pravo* (Moscow, 1975) p. 118.

tant among them is the case of responsibility for tort damage caused by the so-called *resource of increased danger* for the surroundings, as in the case of transport organisations, industrial enterprises, building industry operators, possessors of automobiles and the like. They can exempt themselves from liability only if they prove that the damage at issue was caused by an act of God or through the wilful action of the person suffering damage (article 90 of the GCL). However, responsibility of medical institutions for damage caused to patients is based exclusively on fault.

SU 43 According to Soviet legal theory the notion of fault presupposes the psychological relationship of the feasor towards his unlawful behaviour and corresponding consequence.[54] Two forms of fault are distinguished in legislation and in theory, namely premeditation (wilful misconduct) and negligence (see para. 44). However, the existence and scope of responsibility do not depend, as a rule, either on the form or on the degree of fault. In other words, any kind of fault is a sufficient ground for complete responsibility. However, this principle is not actually applied in its entirety. The law allows for grading of the form and degree of fault in a case where the person suffering damage himself contributes to the materialisation of the damage: wilful misconduct of the person suffering damage is a ground for not awarding any compensation, while his gross negligence may have as a consequence either complete absence of compensation or its diminishing, depending on the degree of fault of the feasor. In addition, legally relevant is only *gross* negligence, not ordinary negligence, of the person suffering damage (article 93, paragraph 1 of the GCL). Finally, the respective degrees of fault are also relevant in cases involving persons jointly causing damage to a third person.

SU 44 Soviet jurists consider that not just premeditation (wilful misconduct) but also negligence are the will of the perpetrator. The difference between these two forms of fault is not qualitative, but quantitative, i. e. the will is expressed in various degrees. The premeditated fault includes the following: (1) a clear notion of the real circumstances of the action at issue; (2) clear knowledge of the damaging consequences of the action as well as of their causal relatedness; and (3) understanding of the unlawfulness of the action. A man acting negligently, however, does not foresee damaging consequences of his actions, although he could and is under a duty to foresee them, or perhaps he foresees them but recklessly hopes to prevent them.[55] In other words, the issue of capacity to foresee the consequences of one's actions (the possibility of foreseeing) is one question, and the issue of *duty* to actually foresee them is another. The criterion for determining negligence according to Soviet law is *objective;* in addition, the action of a highly-qualified physician who causes damage is compared not with the standard of an average physician, but with those of another highly-qualified physician.[56]

SU 45 As for the criteria for distinguishing between gross and ordinary negligence the Soviet legal literature expresses different viewpoints. Some authors consider that there can be no sure criteria, so that the court should be allowed to decide in each particular case.[57]

On the other hand, other authors think that such distinction can be effected according to the degree to which the damaging consequences can be foreseen and the

---

[54] *Sovetskoe graždanskoe pravo,* part I, V. T. Smirnov, JU. K. Tolstoj, A. K. Jurčenko, editors (Moscow, 1982) p. 375.

[55] G. K. Matveev, *Osnovanija graždanskopravovoj otvetstvennosti* (Moscow, 1970) pp. 267–268.

[56] *Ibid,* p. 280.

[57] *Ibid,* p. 292.

degree of duty to foresee them. If someone does not foresee the damaging consequences of his actions, but due to the circumstances of the case was obliged to foresee them, he can be made liable for ordinary negligence. In contrast, if someone foresees the consequences of his actions but unrealistically hopes to prevent them (although, due to the circumstances of the case he can and is under a duty to foresee the inevitable consequences, i. e. the damage), he can be made liable for gross negligence. The protagonists of this view are of the opinion that this criterion can be applied not only in civil law, but also in the sphere of criminal law.[58] However, this distinction is actually made in another way in Soviet criminal law: negligence is divided into *overconfidence* and *recklessness*. Overconfidence is characterized by two elements: (1) foreseeing the damaging consequences of one's own actions, and (2) unrealistically hoping to prevent them. In contrast, recklessness includes (1) failure to foresee the damaging consequences of one's own action, and (2) the existence circumstances under which it is possible to consider that one could have foreseen and was under a duty to foresee such consequences.[59]

58 *Ibid*, pp. 294–296.

59 *Sovetskoe ugolovnoe pravo, obščaja čast'*, G. A. Kriger, B. A. Kurinov, JU. M. Tkačevski, editors (Moscow, 1981) pp. 194–197.

G. Procedural Prerequisites of Civil Responsibility

I. Capacity To Be Sued

SU 46 A patient's right to compensation for irregular medical treatment exists exclusively against the medical institution whose worker caused the damage. Only the institution can be sued, not the medical worker directly responsible for the damage. That standpoint has been valid since 1962, namely since the enactment of the GCL. Until that time the judiciary had answered in a negative way to the issue of responsibility of medical institutions for damage caused by medical treatment, since there were no grounds for such litigation in the existing laws.[60]

SU 47 Today the responsibility of medical institutions does not raise doubts either in legal theory or in practice. It is based on article 88, paragraph 3 of the GCL, where it is stated: "The organisation is liable to compensate a damage caused through fault of its workers in the course of performing their official duties". The term "organisation" in terms of this article includes every organisation having the status of juridical person (legal entity), regardless of whether it is a state, a cooperative, a kolkhoz, or a social body.[61] The direct feasor can be any medical worker employed in a medical institution. It is irrelevant whether the worker has a permanent or temporary job in the institution, or, as the case may be, he works for the institution on the basis of a general contract to provide labour. It is essential that there is a labour relationship between these two subjects. If there is no such relationship, namely if the physician causing damage works for the medical institution on the basis of a contract for specific services, there is no liability on the part of the medical institution, and only the physician is liable.[62]

SU 48 Accordingly, a medical institution is not liable for the fault of another, only for its own fault. In other words, the fault of the institution is the fault of any of its workers. The institution is responsible not only for the irregular diagnosis or medical treatment, but also for bad organisation of work, inadequate equipment, lack of necessary medicaments and imperfect medical technique, if these are the consequence of negligence by its workers.[63] The medical institution can exonerate itself only if it proves that none of its workers was at fault for the damage.

SU 49 The medical worker causing the damage in a direct way cannot be sued by the patient suffering damage, but when the medical institution pays compensation to the person suffering damage, it acquires the right of redress against its worker who

---

[60] L. A. Majdanik and N. JU. Sergeeva, *Material'naja otvetstvennost' za povreždenie zdorov'ja* (Moscow, 1968) p. 43.

[61] *Sovetskoe graždanskoe pravo,* volume 2, second edition, O. A. Krasavčikov, editor (Moscow, 1973) p. 338.

[62] *Ibid.*

[63] L. A. Majdanik and N. JU. Sergeevá, *ibid,* p. 47.

was at fault in causing the damage. However, this redress is judged according to the provisions of labour law related to the privileged responsibility of workers towards their institution or enterprise (article 49 of the GLL).

II. Burden of Proof

SU 50 The person suffering damage has to prove the fact of the damage and its scope. He does not, however, also have to prove the fault of the defendant medical institution, since the fault of the feasor who causes damage to another person is always assumed to exist (article 88, paragraph 2 of the GCL). This legal supposition on the fault can be refuted by proof that the medical institution's workers acted according to regulations and that the damage took place in spite of that, namely that it was due to an accident or to the fault of the person suffering damage. In the absence of such proof, the institution will be liable to pay compensation for the damage by order of the court.

III. Statute of Limitations in Compensation for Damage

SU 51 The request for compensation for death or harm to the health must be made within 3 years under the Soviet statute of limitations. The period begins on the first day on which the person suffering damage has the right to sue, namely the day he obtained information, or was obliged to obtain such information, on the violation of his right (article 90 of the GCL). According to the decision of principle by the Plenary Session of the Supreme Court of the USSR of October 23, 1963, the period in which a claim for compensation for damage due to death or harm to the health which did not happen at the work place can be made begins: (1) for temporary loss of work capacity, on the day of commencement of such loss; (2) for permanent loss of work capacity, on the day when the person suffering damage obtains information or has the duty to obtain information on the cause of damage; (3) for the death of the breadwinner, on the day of death.[64]

[64] *Ibid*, p. 198.

Spain

J. Santos Briz

Contents

A. Deontological and Legal Bases of Medical Care in Spain

I. Ethical Principles of Medical Treatment

E 1 As in other European countries and in non-European countries, in Spain in the last few decades medicine has undergone a clear evolution. This has been determined by the transition from an archaic system of medical care based on a personal and loyal relationship between the doctor and his patient to a so-called social system of care based on the socialization of medicine, a phenomenon that has arisen this century as a result of the "mass" society. Although the doctors were skilful and morally circumspect, the development of complex diagnostic and therapeutic techniques and the growth of large urban populations have necessitated the creation of a social structure for medical care. The family doctor of former times hardly has a place any more. The need to handle complicated and dangerous instruments and machines and the modern tendency for huge numbers of people to collect in large cities have changed the relationship between the physician and the patient: the old personal and loyal relationship has vanished and medical care has become a contracted service, both parties to which seek their own profit.[1]

E 2 The social transformation briefly described in the preceding paragraph has increased the responsibility of physicians and auxiliary medical personnel. This necessitates, besides a suitable legal framework to which we will refer later, effective ethical principles capable of guiding the behaviour of those employed in medical care, and capable of providing a suitable background for the legal regulations in force. With respect to this, some moral and professional guide-lines have been indicated.[2]

E 3 The professional practice of medicine, in which a failure may have irremediable consequences because the loss of a human life is irrecovable, entails a moral responsibility that has to be assumed by physicians and by those who co-operate with them. The contractual relations between the doctor and his patient must be characterized by human consideration towards the fellow man. The medical function is in this case the fulfilment of a moral obligation to relieve pain and prevent death, rather than just an act of social justice.

---

[1] Lain Entralgo, P., "Historia de la Medicina Moderna y Contemporánea", second edition, Madrid, pages 717ff.; Marañón y Posadillo, G., "La responsabilidad profesional del médico", Preface to Benzo Cano, E., "La responsabilidad profesional del médico", Madrid, 1945; Benzo Cano, E., "La responsabilidad profesional del médico", Madrid, 1945; Lain Entralgo, P., "El médico y el enfermo", Madrid, 1969, pages 223ff.

[2] Peinador Navarro, A., "Tratado de Moral Profesional", Biblioteca de Autores Cristianos, Madrid, 1962, pages 290ff.; Muñoyerro, A. "Código de Deontología Médica", Madrid, 1934, pages 140ff.; Marañón y Posadillo, G., "Vocación y etica", Madrid, 1947

From an ethical point of view, the first duty of a physician is professional efficiency, which entails adequate scientific and practical preparation and not just a reliance on humanitarian feelings and common sense. This efficiency must involve both professional honesty and private morality in order to avoid anything unworthy of professional dignity. This is the reason why physicians, pharmacists and their assistants must be scrupulous observers of laws and statutes concerning their profession, including not only general civil and criminal laws but also special regulations referring to public health. The doctor must subordinate any utilitarian consideration to the interests of the patient's health; he must avoid illegal methods of publicity to draw new clients, and he must shun ignoble competition.

E 4 The doctor has the duty to attend his patient where this is medically necessary; he must do this willingly and promptly, and without making any exceptions on ideological, political, religious or moral grounds. He may not fail to attend an incurable patient, and he may not avoid treating those with contagious diseases unless he has considerable reason: in this case he must find a substitute. If a physician hides or dissimulates his professional status during a catastrophe or in a similar emergency, he offends against social solidarity and may be held responsible for the harm suffered by individuals. A physician cannot lie but he is allowed to cover up the truth if that does not prejudice the patient. In general, the physician has the obligation to withhold the truth totally or partly if its revelation might be harmful for the patient.

The physician's obligation to prescribe is a part of the general duty of assistance. If the doctor does not find out the cause of the disease after a first examination, he is allowed to refrain from prescribing any active remedy but to prescribe a harmless one until he has found enough symptoms to assure him of the right treatment. In any case, he may never experiment with his patient. If due to a mistake on his part the patient is exposed to harm, the physician is obliged to rectify it; he does not have to declare his mistake but he must rectify it immediately. If need be, the physician can appeal to a specialist.

E 5 The physician has the duty to observe medical professional secrecy unless the secret concerns an illegal matter. This duty binds every-one who co-operates in medical attendance or who is a necessary confidant (pharmacists, nurses, midwives etc.). The patient is a subject of secrecy even after his death, and so are his relatives in the case of hereditary disease or in the case of a malady knowledge of which might cause them harm or nuisance. Everything concerning the medical attendance or the examination relevation of which might be harmful for the patient or his relatives has to be kept secret. What the physician may know apart from his professional work is not a matter of professional secrecy; this is also true for doctors' auxiliary personnel. Physicians are exempted from observing professional secrecy when they are required by judicial courts to break it, when the secrecy may cause serious harm to the community or to an innocent third person, when the revelation benefits the patient, or when secrecy might seriously prejudice the physician.[3]

E 6 The physician must also consider his obligation to promote the patient's moral interests, for instance by giving prophylactic counsel or remedies to patients inclined to fall into vice, and by informing the patient conscientiously about the impossibility of getting validly married in case of impotence, or in case of diseases contraindicating marriage. Moreover, besides his civil and criminal responsibility, the physician must account for his work before God and society.

---

[3] Del Toro, M. A., "Estudio penal sobre el secreto médico", Anuario de Derecho Penal, vol XIV-1, pages 19ff., Madrid, 1961

E 7 Although offences against moral and deontological principles are actually governed by law as soon as responsibilities are questioned when those offences cause harm, we can mention some specific ordinances of the Spanish juridical order which aim to preserve those principles. The ministerial order of 18 February 1936 forbids ophthalmologists to work in connivance with opticians; the law tries to avoid the so-called split fee as a practice detrimental to professional honour. Agreements between physicians and pharmacists intended reciprocally to provide clients and therefore benefits are also "split fee" arrangements. In the same way, the law of 17 July 1947 prohibits physicians from having a share in pharmaceutical firms, and the order of 25 October 1954 forbids intrusion into otorhinolaryngology. We must distinguish the split fee from on other concept; it is not a split fee arrengement when a doctor recommends a friend as a specialist to his patient, even if the doctor receives a gratituity from the specialist, if there is no lucrative interest. The order of 30 Mai 1967, which governs the professional services lending contract between physicians and insurance companies, says in clause 14 that medical negligence and/or the lack of ethical principles may lead to the cancellation of the contract by the insurance company.

E 8 More directly, deontological principles are included in the Spanish Medical Ordinance of 1960; in the Statute of the Medical Colleges Organization approved by the order of 1 April 1967; and in the Medical Deontological Code of 1979, which declares among other principles that the free choice of the patient must always be respected. Medical Colleges congregate corporately and obligatorily all those who, possessing the right diploma, are allowed to practise medicine. The Medical Colleges Organization comprises a General Council and Provincial Colleges. The statute draws the line between professional offences, being those concerning the practice of medicine, and corporative offences, being those against College rules. Trifling and less grave offences are usually corporative offences; the graver ones are usually professional in character, for instance surreptitious competition, which offends against a professional deontological principle.

Grave professional offences are: the reiteration of less grave offences in the same year that the original offence was committed; the failure to observe regulations concerning the restriction of narcotics or concerning "censura sanitaria"; the employment of methods opposed to professional ethics in order to recruit clients; criminality and alcoholism while practising the profession; the exploitation of drug addiction; the concealment of the clandestine activities of unauthorized physicians; publicity against professional deontology; split fee activities; the illegal sharing of the commercial profits of pharmaceutical companies or any other participation in lucrative activities contrary to ethical or deontological professional principles.

E 9 Even more serious professional offences are: the reiteration of grave offences in the same year that the original offence was committed; attempts against personal honesty, honour or dignity in the course of the practice of medicine; the perpetration of crimes in the course of professional practice; the refusal of urgent attendance; and the refusal to give his services when the doctor is the only physician in the locality.

E 10 Grave offences are punished by suspension from professional practice for 1 year. More grave offences are punished by suspension for more than 1 year, and in the case of reiteration the punishment is expulsion from the College. The expulsion is decided by the College's board of directors. The expelled physician can appeal against this decision before the Medical College General Council, and then he can appeal before the Ministry of Government, and against the ministerial decision the physician can start an administrative process at a court of administrative justice.

The non-fulfilment of a doctor's obligations can be a crime punished by article 489 bis of the penal code, according to which "anyone who does not aid a helpless person or a person who is threatened by a grave and manifest danger if he is in a position to help this person without risking his own life or any other person's life," will be punished by law; in the same way article 582 n° 2 of the penal code describes and punishes the offence perpetrated by "... anyone who when requested by somebody to prevent most serious harm, does not give the help required, when this aid could be given without personal detriment". Both crimes can be committed by a physician, especially when he is the only doctor in the locality. The Supreme Court (Second Hall) condemned a physician who refused to attend a girl who lived in the same locality in which the physician practised his profession (decision of 25 January 1958). However, another decision of the Second Hall of the Supreme Court (28 January 1961) absolved a physician who refused to aid a sick person, because although the physician practised his profession in the medical catchment area where the patient lived, he himself lived in a different locality. The Court declared that the meeting between the person in need of help and the doctor who refused the requested help must have been able to arise in a natural way, so the physician must be present in the locality where the patient demands help.

The cases which represent legal precedents are cases of lack of humanitarian solidarity that can be regarded as criminal trespasses, crimes or offences depending on the seriousness of the circumstances and the consequences for the person in need.

II. Private and State Systems of Medical Treatment

E 11 First of all, we must consider the evolution undergone by our society during the past few decades. The private practice of medicine, which remains very important, has been partially overshadowed by the practice of medicine under the auspices of the medical insurance schemes and the social security system. These different forms of practice are not incompatible: a physician may be a private practitioner and at the same time work for the Social Security or a medical insurance company.

E 12 The role of medical institutions has also changed.[4] Originally, the hospital was purely a charitable institution created by the Church for the treatment of the poor and needy, and both physical and spiritual healing was provided. In the eighteenth century, health was regarded as a civil right and the Beneficence became a public institution in charge of hospital and domiciliary medical care. In the nineteenth century, medical techniques reached such a stage of development that specialized institutions became necessary to enable the application of modern therapeutic and diagnostic techniques. The hospital then became a scientific institution as well as a social one. At the end of the nineteenth century and the beginning of the twentieth, social security systems began to be organized in the developed countries, and medical care came to be regarded as a social and welfare service. By the mid-twentieth

---

[4] Prieto-Castro y Ferrándiz, L., "Contestación al discurso de ingreso en la Real Academia Española de Jurisprudencia y Legislación de D. Francisco Bonet Ramón", pages 182 ff., Madrid, 1975; Zaragoza, J. R., Introducción a la obra "Legislación hospitalaria", by Dr. José Tortosa Simancas, Barcelona, 1982

century, the hospital had become a centre for medical care operating in a defined area; hospital services included preventive care for the community. Recently, there has been a new development: high costs necessitate an economic use of hospital resources. Patients in need of third-level (hospitalized) treatment must be filtered through the first and second levels of care (primary and specialized medical services). It must be realized that both in theory and in practice the hospital is a changing reality, which must be seen in the context of the whole system of health care; this system is itself changing, and must be constantly capable of modification necessitated by changes in basic health care planning.

E 13 New Spanish legislation has taken the new medical developments into consideration. Thus the political constitution of 27 December 1978 establishes in its article 43: "1. The right to health protection is recognized by the law. 2. Public authorities must organize and protect public health through preventive measures and necessary services and facilities. The law will establish civil rights and obligations concerning this matter. 3. Public authorities will promote health education, physical education and sports. Likewise, public powers will foster an adequate use of leisure." Article 148, 21 of the Constitution says: "Autonomous communities will assume competence concerning health and hygiene matters", and article 149 includes among exclusive competences of the State number 16: "sanitary foreign affairs, general bases and coordination of sanitary policies, and pharmaceutical products legislation"; and number 17 of the same article reserves for the State Government the basic legislation and the economic management of the social security system, excluding the performance of social security services, which are an autonomous community agency task.

As a consequence of these constitutional rules, autonomy statutes assign to each autonomous community the power to specificate and to execute the basic State legislation concerning health and social security matters (article 18 of the Basque Country Statute, article 17 of the Cataluña Statute, article 38 of the Valencia Community Statute, article 20 of the Andalucia Statute, article 11 of the Asturias Statute and article 23 of the Cantabria Statute).

E 14 The health reform that the legislative powers are trying to bring about aims to establish a system that will grant all Spanish civilians the right to health care, as is declared by article 43 of the constitution.[5] Starting from the greatest respect for personal dignity and freedom, the principles of the reform are: the consideration of the patient's right to free choice of a physician in the sanitary organic and functional system; the consideration of the right to free professional practice; and the guarantee and regulation of independent insurance companies, firms that have a traditional importance in Spain.

The management of health policies belongs to the State, to the autonomous communities and to local agencies. Those policies include the development of preventive health care, especially concerning matters of epidemiology; ambient sanity; specific prevention of diseases and the promotion of individual and collective health; and health education as a point of contact between citizens and medical services.

E 15 Medical care is organized on three levels:

1. Primary care, also called family medicine, is provided by family doctors of both urban and rural types. This service assures continuous medical coverage for the individual and his family through both regular and emergency services and either at the patient's house or at the doctor's consulting-room.

---

[5] "La reforma sanitaria", text approved by the Chamber of Deputies, Ministry of Health and Social Security publication service, Madrid, 1980

E 16 2. The second level is provided by the health centres, where specialized consultation is available and both individual and preventive medicine are also practised. Specialized care is provided by professional teams so organized as to provide continuous coverage: these are attached to a specialized hospital service. Preventive medicine at health centre level includes health education, food regulation, childhood defence, family planning and genetic counselling, vaccination and inoculation services, a geriatric service, medical examinations and social attendance, either at the centre, at the patient's home or at other consulting institutions.

E 17 3. The hospital is the third level of medical care. The patients whose problems have not been solved at previous levels, must be admitted to hospital. In the hospital are concentrated sufficient technological and material resources to give specialized medical care. Good use of the hospital is made for diagnosis and therapy as well as for teaching and for clinical research.

We can regard emergency services and psychiatric treatment as forms of specialized medical care. Emergency services are involved at first, second and third levels of medical care. In big cities, State medical services and social security services are coordinated with provincial and local medical services in order to centralize emergency cases and so to make a better use of medical centres. However, psychiatric treatment is essentially given on an out-patient basis; this service must be provided at the consulting-rooms of health centres and at specialized tracking units for some social and medical cases (alcoholism, drug addiction and psychiatrically disabled patients).

III. Legislation on Hospitals; Special Rules for Physicians; Auxiliary Medical Personnel

1. Legislation on Hospitals

E 18 The present legislation on hospitals was mainly established by the law of 21 July 1962 and by the decree of 25 August 1978. The said law (article 1) defines the hospital as an

institution in which medical assistance is provided, as well as facilities for prevention and recovery. Hospitals are also centres for instruction of technical and health personnel and focuses for scientific research that require certain conditions. There must be a suitable agreement between these activities and the conditions of the establishment, and there must be a suitable relationship with universities and other official educational centres.

Article 11 of the same law says: "the cost of the medical treatment given to patients in hospitals will be assumed by the entities bound by law or by a contract. The patient or his legal representative will assume the cost of medical treatment if no other person or entity is bound to pay this cost, and if the economic means of the patient are sufficient to meet this cost." Hospitals' civil and criminal responsibilities will be discussed later.

Article 12 of the same law includes a rule that says: "The social security organization will assume all costs of hospital care for its beneficiaries". As article 13 says, part of these costs will be assumed subsidiarily by the State.

Hospitals are open to every patient of any social or economic status, independently of the legal or contractual system that protects them (article 2).

E 19 The decree of 25 August 1978 governs among other matters the hospital user's guarantees and hospital management. It is interesting to mention the non-discriminating statute of patient rights and the corresponding system of obligation that binds the hospital and its personnel with a view to achieving the final purpose of diagnosis, medical and surgical treatment and nursing care. Article 13 of the same decree, which concerns respect for the patient's individuality and dignity, recognizes his right to be assisted by means of all the available equipment and techniques and with the minimum risk. Thus every medical attention, hygienic conditions and sustenance are permanently guaranteed, resolving any deficiency in short-term; however, there are some administrative prerequisites. Article 13 also demands humanitarian treatment with respect to personal opinions and religious faith, the right to send and receive correspondence and make and receive telephone calls, the right to have clothes and personal effects available, and the right to receive visits from relatives and friends in accordance with the rules of the hospital and medical requirements.

E 20 Medical and nursing staff are required to observe secrecy, and so is the hospital surgeon if requested. The patient also has a right to know the doctor's name, and a right to receive complete information about his condition, orally or in writing, in common and understandable terms.

The patient may discharge himself from hospital, but must then renounce in writing any claim to indemnity. An exception is obligatory hospitalization for public health reasons or psychiatric illness. If there is any doubt, or if the physician's opinion is that there is serious risk to the life of the patient or others, the case must immediately be referred to the judicial authority for a decision.

Hospital users' rights are also guaranteed by the right to sue in a judicial court. These legal guarantees include not only civil and criminal claims but also administrative and labour complaints, the requirements for which will be explained later.

The said decree also governs the patient's redress in case of incidents, conflicts or emergencies, and the necessary precautions that must be taken in order to guarantee personal safety, the maintenance of installations and respect for the patient's rights are also foreseen.

E 21 The hospital's personal management engages its direction authority and his advisories. The Hospital Manager is the central official representative at any trial; he must direct the technical and management services and he must supervise all other services and activities of the centre; he must take care that every rule is being followed; he must solve the problems and take the necessary precautions in order to maintain the attendance capacity of the centre in case of emergency. The Medical Director represents the Manager when the latter is out of the hospital and he must direct and supervise all medical and nursing services of the centre; he must also advise the Manager, taking care of medical aspects. The Personnel and Social Activities Director has to take care of the welfare of the patient and his relatives.

2. *Special Rules Affecting Some Physicians*

E 22 There is no uniform regulation for physicians in Spain. The activities undertaken by doctors once they have obtained their diploma of medicine or surgery are various. There is a very general regulation, which we will examine briefly. As an example, we can mention that in Madrid on 30 September 1982, 17639 doctors were registered at the Medical College: 7766 of those doctors were practising medicine, 8895 were not practising it and 968 were pensioners.

E 23 The central administration is represented by the Ministry of Health, created by a royal decree of 27 November 1981; all matters concerning public health depend on the State Agency for Health. Those services were mainly organized by a royal decree of 18 December 1981. Before that, matters concerning public health were managed by the Ministry of Labour, Health and Social Security. Now social security matters that concern important health aspects of working conditions are managed by the Ministry of Labour and Social Security. Thus medical matters concern two different State organizations: the Ministry of Health and the Ministry of Labour and Social Security. We will mention both aspects when we examine private insurance (Ministry of Health) and social insurance (Ministry of Labour and Social Security).

E 24 Certain types of doctors are covered by special regulations. These include: local public health officials, doctors practising at baths or spas, provincial welfare doctors, doctors working at municipal hospitals or sanitoria, doctors working for mercantile societies, school doctors, specialists working for the public health authority, civilian doctors working for the navy, doctors working for the immigration authorities, State obstetricians, paediatricians, Social Security doctors, medical officers of health and gynaecologists. To these may be added coroners and Civil Register physicians, and in the hospital system resident physicians bound by contracts with the Ministry of Interior Affairs or with local agencies in accordance with the Order of 24 June 1971. The activities of all these types of doctor are governed by administrative orders or regulations, except those of coroners and Civil Register physicians, who are civil servants working for the Ministry of Justice.

E 25 A coroner's duty consists in helping the judicial administration in all cases and situations in which his professional intervention may be helpful, and especially in cases of violent death. In such cases, according to articles 343 ff. of the Code of Criminal Procedure, the coroner must carry out an autopsy and then describe the findings and report on the cause and circumstances of the death. The coroner must carry out his work as required by the nature of the case and by the importance of the consideration of justice. He may be helped by one or more auxiliary doctors if the judge demands it. In cases of poisoning or of wounding or any other violent injury, the coroner must attend the patient. If the latter or his family chooses another physician to attend him, the coroner will supervise the medical care in order to complete a judicial service.

Besides the generic rules of the Criminal Procedure Law (articles 340–351), the coroner's activities are governed by an organic statute of 10 October 1968.

E 26 Civil Register doctors' activities are regulated by the Civil Register Statute of 14 November 1958 (articles 378–407); they work for the Ministry of Justice and their main duty is to verify and report deaths in order to register them in the Civil Registers. These doctors must also report births with the same purpose (articles 168 and 275 of the statute).

3. Auxiliary Medical Personnel

E 27 Now we are going to examine the legal statute governing the so-called auxiliary medical personnel. These include medical technical assistantes, medical practitioners, midwives, nurses and nursing auxiliaries. The rules in form are the decree of 17 November 1960 and the order of 7 May 1963. Article 1 of the same decree says that medical technical assistants and other assistants with a special title of medical practitioner, midwive or nurse, obtained in accordance with the decree of 4 December 1963, may offer their services at official centres, medical institutions, private or public clinics, but in any case a physician's survey and the registration of the official College are required.

Medical technical assistants and medical practitioners may offer the following services:

1. Give medicines, injections, vaccines and other treatments to the patient
2. Help the medical personnel at both general and specialized surgical operations
3. Practise postoperative cures
4. Give immediate aid in emergency cases until the physician arrives
5. Assist at births when there are no physicians in the locality
6. Carry out all the duties for which a special title of medical practitioner or nurse is required (article 2).

E 28 In accordance with article 4 of the same decree, midwives are allowed to assist at regular births but not at difficult ones. If any serious difficulties occur they must immediately call a doctor. Article 5 lays down that nurses will have the same function as medical technical assistants except for assistance at births.

E 29 Clinical auxiliaries are female personnel who can work at any private or public medical institution without a specific title or diploma, discharging familiar tasks such as hygiene and feeding duties, clinical data collection and administration of medicines (except parenteral ones).

The order of 7 May 1963 forbids medical assistantes to delegate to clinical auxiliaries the following tasks:

1. Administering medicines parenterally
2. Carrying out preventive or diagnostic procedures
3. Carrying out treatment other than administering medicine
4. Administering a drug when the use of complicated instruments is necessary
5. Helping doctors at surgical operations
6. Assisting at births.

Clinical auxiliaries must wear an identification badge in order to distinguish them from nurses or other personnel.

The order of 15 February 1973 says that clinical auxiliaries working a sanitary institutions other than hospitals have the following duties: reception and guidance of patients; receipt of documents and other health papers; management of the appointments system; some administrative duties, such as book-keeping; the cleaning of medical instruments and medical material; the preparation of clothes, gowns, bandages and dressings; and in general all those non-professional duties that are of assistance to doctors, nurses and medical technical assistants.

B. Judicial and Administrative Competence with Respect to Complaints About Medical Care

E 30 There is no special rule for complaints about medical care in the Spanish legal system: they can be made before regular civil or criminal courts. Special cases are brought before administrative and labour courts: in these cases a previous complaint must have been made to the administrative authorities. We will examine first of all the complaints made before administrative and labour courts and then we will mention the civil and penal courts cases.

I. Definition of Administrative and Ordinary Jurisdiction

E 31 The difference between regular competence and administrative judicial competence is defined by the law governing administrative jurisdiction of 27 December 1956 and by the Law of the State Administration Legal System of 26 Juli 1957. Article 1 of the said law of 1956 says that "the administrative jurisdiction must know all the complaints concerning the acts of public administration governed by administrative laws. The public administration is comprised by: the different levels of the State administration, the local administration, public corporations and institutions submitted to State or local administration control". Article 2 of the same law excludes from this special jurisdiction any civil or criminal matters ascribed to regular jurisdiction or any other matter ascribed by law to labour jurisdiction.

The administrative jurisdiction must know any complaint concerning medical matters in relation to hospitals, clinics or other institutions belonging to the public administration, as stated by articles 40 and 41 of the 1957 law. Article 40 says that patients have the right to be indemnified by the State against any harm suffered by property or rights if that injury was caused by a public service, except in case of force majeur. In the case of these complaints, the law makes certain conditions: there must have been actual harm to a particular person or group; it must be economically evaluable; and the complaint must be made in the same year in which the injury occurred.

E 32 If the injured party complains before an administrative authority, instead of complaining before the court of administrative jurisdiction, the demand for indemnity must be made to the Ministry of Health or to the Ministry of Social Security, or, where specified by special legislation, to the Minister's Counsel. Appeal against the ministerial decision may be made before a court of administrative jurisdiction.

Article 46 of the same 1957 law says that: "1. Authorities, civil servants and functionaries who have been guilty of negligence will be held responsible and the administration will draw up a proceeding. ... 3. The state will be regarded as directly responsible for the offence, but the civil cervant or functionary found guilty can be submitted to a criminal or civil procedure".

When the State's actuations are ruled by civil law, it is directly responsible for the injuries committed by its authorities, civil servants or functionaries, and the complaints must be made before a civil court, as stated by article 41 of the 1957 law.

E 33 A complaint made before a court of administrative jurisdiction must be made by a legitimate person (article 26 of the 1956 law); by a legitimate person is understood the patient or injured person or his legal representative, or the Medical College (article 32 of the 1956 law). The complaint must be made in term and in Keeping with the requirements of the law (articles 37, 38, 52 and 58–4). In the case of complaints made before an administrative authority, if the administration does not give an answer within 3 months, the complainant can denounce the delay; 3 months after that denouncement, he can consider his petition denied, and he can then complain before an administrative court. This complaint can be made in the year following the denial of his original petition.

II. Labour Jurisdiction

E 34 Some complaints referring to medical care can be made before labour jurisdiction courts. We must define this jurisdiction in order to distinguish it from the administrative jurisdiction. The Labour Procedure Law of 13 July 1980 governs this jurisdiction. The courts charged with hearing social security cases are the Labour Magistracies. Social security cases cover industrial accidents, industrial diseases and medical care (articles 98–125 of the law of 30 May 1974). Labour courts are also charged with resolving conflicts between workers and employers concerning employment contracts, even if the State or a public administration is involved (article 1–1 of the 1980 law), for instance a salary demand by a Social Security doctor.

The Labour Procedure Law has some articles that govern those claims. The complaint has to be made before the social security administration in the 30 days following the notification of the attached resolution (article 58 of the Labour Procedure Law), except in those cases in which the complaint is not necessary (article 63 of the same law). Social security processes are governed by articles 118–132 of the Labour Procedure Law.

A very important rule is article 97–3, number 2 of the Social Security Law of 30 May 1974, which says:

Independently of the complaints that can be made by workers or by their direct relatives, the National Institute for Welfare, workers' mutual insurance associations and employers' mutual insurance organizations can claim the cost of the medical care for which they have had to pay. Employers who have contributed to the cost of care for one of their workers have the same right.

Those claims must be made through civil or criminal procedings.

It is also interesting to know the relation between the labour administration (Ministry of Labour) and the labour jurisdiction (Labour Magistracies, Central Court for Labour Matters and Hall 6 of the Supreme Court). In accordance with some jurisprudential opinions,[6] complaints against administrative acts made by the Ministry

---

[6] Montoya Melgar, A., "Jurisdicción y Administración de Trabajo. Extensión y límites de sus competencias", pages 156ff., Madrid, 1970

of Labour must be made before the administrative courts and not before the labour courts, as was stated by some old jurisprudential opinions.

III. Competence of the Civil and Criminal Jurisdiction with Respect to Complaints Concerning Medical Care

E 35 First of all, we must define the two types of jurisdiction in the Spanish legal system. In accordance with article 51 of the Civil Procedure Law, the civil jurisdiction is the only one with competence to take cognizance of any civil case on Spanish territory. The criminal jurisdiction takes cognizance of crimes, faults or acts punishable by the criminal law (article 1 of the penal code). Criminal actions do not have to be intentional, they can also be caused by negligence.

E 36 The civil code defines the civil responsibility for illegal acts committed by negligence or by fault. In both cases there is a civil responsibility (article 1089 of the civil code). But the civil responsibility for criminal acts is ruled by the penal code (article 1092), though civil responsibility for negligent acts is ruled by the civil code (articles 1902–1910). An indemnity petition concerning medical care can therefore be made at a civil trial when the injury was caused by a negligent action not punishable by the penal law, and these petitions can be made at a criminal trial when the harm was caused by a crime or by an act punishable by the penal code, though in this case the injured person can also claim indemnity before a civil court (article 112–1 of the Criminal Procedure Law).

The petition for reparation of damage in civil cases must be made at a District Court when its value is less than or equal to 50000 pesetas and it must be made at a First Instance Court when its value is above 50000 pesetas. In those cases where the value of the claim is greater than 500000 pesetas, a so-called high value trial will be held; if the value is less than 500000 pesetas the process followed is called a "low value trial" (articles 483, 484 and 524–714 of the Civil Procedure Law). If the value of the indemnity is less than 100000 pesetas, an "oral trial" will be held (articles 715–740 of the Civil Procedure Law). In these cases, the plaintiff can appeal to a First Instance Court; when the value is higher than 10000 pesetas, the appeal must be made before a Provincial High Court. Appeal against decisions made by First Instance judges in both high value and low value trials must be made before a Territorial High Court. Cassation appeals can be only made before the Supreme Court (Hall 1) when the value of the claim is higher than 300000 pesetas.

E 37 We must distinguish between those civil cases in which the civil action is based on contractual responsibility and those in which there is extracontractual responsibility. The civil action based on a non-fulfilment of contract is mainly governed by article 1101 of the civil code, which concerns indemnity against injury caused by fault, negligence or delay during the fulfilment of one's duty. Article 1106 says that this indemnity includes not only reparation for damage but also the loss of gain. The action becomes statute-barred after 15 years (articles 1964 and 1969 of the civil code). The extracontractual civil action is governed by article 1902 of the same code, which says: "Any one who has caused damage or injury to another by error or by negligence is obliged to repair it." In the case of an error committed by a doctor's auxiliary, the indemnity action is governed by article 1903. The prescription term of this action is 1 year (article 1968–2 of the civil code).

E 38 The prescription term of doctors' honorary claims becomes barred after 3 years (article 1967–2 of the civil code). In all these cases the prescription will be interrupted when an action is started before a court, when there is an extrajudicial claim or when the debtor accepts his debt (article 1973 of the civil code).

C. The Physician's Culpable Responsibility

We have mentioned some criminal aspects of the responsibility of doctors and medical personnel. We have already said that there is no special statute in Spanish law for these professionals, so we must deduce the rules from various general laws and statutes; there are only a few cases in which the law refers specifically to doctors or auxiliary personnel.

I. Legitimate Practice of the Profession as an Exemption

E 39 The physician during the legitimate practice of his profession does not act illegally. This is stated by exemption 11 of article 8 of the criminal code, and it refers to all doctors, those who practise privately and those who work for a public institution. Medical attendance can affect the patient's health and his physical integrity. The physical harm that medical attendance entails cannot be regarded as having been by a criminal act. The exemption is based on the fact that the doctor's will to heal the patient excludes any criminal intent; it is also based on the fact that the patient's consent is often needed. The physician's professional duty excludes any harmful intention, so the surgical treatment is legally justified.[7]

E 40 However, the conditions and limitations of the patient's – or his relatives' – consent vary depending on the treatment followed. There is a difference between a medical intervention necessary in order to save the patient's life and a medical treatment intended to improve the patient's health or to correct defects with an aesthetic purpose. A medical intervention which is necessary to save someone's life is fully justified, even if the patient's consent is not given; a purely advisable intervention can be also justified. However, aesthetic treatments have caused many debates and discussions. We can agree with those opinions saying that aesthetic surgery need not be excluded, except for some rash practises, and in any case the surgeon must inform the patient about the risks of the operation. This rule can be extended to any surgical intervention.

The doctor's will to heal, recognized by the law, justifies other medical treatments, such as blood transfusions; the removal of blood can never be regarded as an injury, even if the patient's religion forbids such procedures.

---

[7] Jiménez de Asúa, L., "Tratado de Derecho Penal", vol IV, "El delito. Causas de justificación", IV, "Intervención curativa y actividad médica", pages 652 ff., Buenos Aires, 1953; Rodríguez Devesa, J. M., "Derecho penal español, parte general", pages 423 ff., Madrid, 1971

II. The Doctor's Criminal Responsibility

E 41 The doctor is criminally responsible when exemption 11 of article 8 of the penal code does not apply. The physician who uses new methods insufficiently proved or who fails to take necessary precautions before his intervention is responsible for his negligence or unskilful treatment. Besides these cases, with intent or through negligence a physician can commit one of the following crimes described in the Spanish penal code:

E 42 1. Abortion according to article 415, which refers to: "the professional who by an abusive practice of his profession caused an abortion or co-operated in its execution". The code understands by "professional" any doctor, midwife, practitioner or other person possessing a medical diploma. The criminal code also punishes anyone who indicates to someone any drug, implement or method capable of securing or assisting in an abortion (article 146–1). For physicians and health care personnel the punishment includes disqualification from practising at a hospital, medical institution, or public or private gynaecology clinic.

E 43 2. Drawing up a false certificate of illness or disability to exempt someone from public service (article 311 of the penal code).

3. Prescribing or administering any toxic drug or poison (article 344–2). In serious cases or when the crime was committed at a public institution, the courts can close the establishment for a term ranging from a month to a year (article 344–4). "Public institution" includes public hospitals.
4. Hiding a false birth or substituting babies or hiding births in order to modify a marital status: this is a crime against personal status legislation (article 469 in association with article 468).
5. Failing to inform the police immediately upon realizing that a patient or corpse shows evidence of poisoning or violent crime (article 575–1 of the penal code).
6. Failing to help the police in the case of crime, accident, shipwreck, flood or other catastrophe, when this could be done without personal risk (article 570–7).

III. Criminal Negligence

E 44 Article 565–1 and -2 of the penal code governs criminal negligence saying that: "Anyone who, by negligence, commits an act that could be regarded as a crime if it had been done intentionally will be punished with a minor prison sentence. Anyone who by a negligent infringement of the regulations commits a crime will be punished with arrest." Paragraph 5 of the same article says that these punishments will be imposed at their higher level when "by professional negligence or unskilfulness a death or serious physical damage occurs".

The penal code distinguishes three kinds of negligence: criminal negligence, simple negligence with infringement of the regulations, and professional negligence. Simple negligence without infringement is regarded by article 586–3 as an offence punishable by a fine of 1000–20000 pesetas and a private reprehension. Medical professionals can commit any of these offences: the court will define the seriousness of the offence according to the circumstances.

E 45 The Second Hall of the Spanish Supreme Court has defined the differences between a serious offence and a slight offence. Decisions of 17 November 1975 and 24 February 1976 determined this difference in relation to the inattention concept. When the action was committed without the attention fundamentally required, the offence will be regarded as serious; when there was no infringement of the regulations and the inattention is not very grave, the offence committed will be considered trivial. Sentences of 24 April and 17 December 1979 say the same thing. Before examining some jurisprudential cases of medical negligence, we can say that the Supreme Court (Second Hall) has declared that criminal negligence occurs when a minimum of attention is not paid (the minimum attention required is that which a normal person would observe), or when the necessary caution or prudence that a risky activity deserves is not observed (decisions of 26 September 1973 and 7 March 1980).

E 46 Professional negligence includes errors committed through a lack of intelligence and technical skill (unskilfulness) and those committed as a result of inattention (negligence).

Simple negligence with infringement of the regulations requires the commission of a simple fault and the infringement of a regulation. The difference between criminal negligence and simple negligence with infringement of the regulations is defined by the degree of inattention to duty. If the inattention causes serious danger it will be regarded as criminal negligence; if the danger caused is trivial, it will be simple negligence; this is stated by decisions of 2 October, 23 November and 23 December 1968. The seriousness of the danger or risk caused, the degree of improvidence and the degree of inattention define the two types of negligence.

Simple negligence without infringement of the regulations is considered an offence when a trivial inattention and a lack of foresight result in breach of the law (sentence of 29 January 1969). The sentence of 8 February 1969 solves the problem of the consideration of trivial criminal faults in order to calculate the civil responsibility.

E 47 Among recent sentences of the Second Hall of the Spanish Supreme Court concerning criminal responsibility of medical personnel, the decision of 25 November 1980 may be mentioned. In this case a tetanus patient had died because the proper treatment was not given; the court said that medical responsibility is based on the fact that the physician could have avoided the behaviour that caused the death of the patient. The factors which decided the responsibility were possibility of avoidance and the lack of foresight. It was also decided that in this case the offence involved a medical mistake, but the medical responsibility did not arise from this mistake but from misconduct. The court said that the surgeon committed an inexcusable error when he failed to diagnose a tetanus infection 4 days after the surgical intervention (this infection was diagnosed by a Social Security doctor an hour after the operation), so the surgeon committed a serious offence by criminal negligence, and between his behaviour and the fatal result there was a causal relation because the tetanus infection was caused by polluted suture material. The same Hall of the Supreme Court said in a sentence of 26 June 1980 that the possession of a professional diploma in accordance with academic rules presupposes professional competence. A mistake arising from the physician's ineptitude while practising his profession will be regarded as a simple error; when the mistake is due to ignorance, then the doctor commits a purely professional error and he is criminally negligent according to article 565–5 of the penal code.

E 48 Decisions of the Second Hall of the Supreme Court of 5 February and 8 June 1981 also referred to criminal medical responsibility. Both considered the different characteristics of criminal negligence: (a) a transgression against a right protected by the law; (b) culpability of the act and its unwanted but foreseeable result; (c) illegality of the action according to the general rules of society. Criminal responsibility arising from negligence was the subject of the decision of 5 February 1981, in accordance with the reasons that inspired the decision of 25 November 1980. The case concerned the necessity to amputate a patient's arm, which arose because the physician had failed to diagnose a gangrene infection.

The decision of 8 June 1981 concerned another case of tetanus infection in which the patient, a minor, died; the physician was considered responsible by simple negligence because he paid the necessary attention but delayed giving the patient the antitetanus treatment, thus failing to observe the *lex artis* requirement of efficiency.

E 49 Decisions of 13 October 1981 and 31 Mai 1982 are examples of the criminal responsibility of a physician and his auxiliaries. The decision of 13 October 1981 concerned a case in which the death was caused by a blood transfusion of a blood type (A, Rhesus-negative type) different from the patient's (0, Rhesus-negative); a nurse made the mistake while filling in the patient's blood type card, and the doctor did not verify the blood type given by the nurse when he made the transfusion. In this case the doctor was found to be criminally negligent because in the case of medical intervention which presents a serious risk for the patient's life some kinds of attention and care must be intensified.

The decision of 31 Mai 1982 concerned the case of a physician who, after questioning the patient and examining him by X-ray, prescribed a certain treatment, but when the patient got worse did not increase his care and attention. He relied on his auxiliaries, disregarding the patient for 16 hours, and a late surgical intervention caused the death of the patient. In a comment on this decision[8] it was stated that a doctor's behaviour must correspond with the medical *lex artis,* which is defined as the practice of medicine in accordance with medical knowledge. He is not required to perform inhuman amounts of extra work or to have an extraordinary knowledge of medical science. In each case an expert witness decides the extent of the medical obligations by which the doctor was bound.

The decision maintained that in this case the doctor did not give the full attention required, but relied too far on his assistants, who were not sufficiently prepared to deal with a serious case such as this. The doctor is directly responsible for the patient's health, and before leaving the patient to the care of his assistants he must be aware of their level of professional competence. He must never give way to indifference, become passive, or regard his work purely as routine, and he must be aware of all possible errors in order to avoid them.

---

[8] Vila Mayo, J., "La responsabilidad criminal de los médicos", Revista jurídica Española "La Ley", no. 520, Madrid, 6 October 1982; Romeo Casabona, C. M., "El médico y el Derecho penal", I. "La actividad curativa (licitud y responsabilidad penal)", Barcelona, 1981

IV. Responsibility as a Prerequisite to the Criminal Process

The criminal procedure followed in cases of physicians' criminal responsibility is the regular procedure governed by the Criminal Procedure Law. We are not going to explain this procedure, but we think that an examination of some details concerning the civil responsibility derived from criminal offences committed by doctors may be of some interest.

1. Priority of the Criminal Process over the Civil Process

E 50 The Spanish system is based predominantly on the penal process, but includes a civil judgement which defines civil responsibility; in some cases, where the defendant does not contest the sentence demanded by the prosecution but is not in agreement with the amount of damages demanded, the process is entirely comprised of this civil judgement (article 655–5 of the Criminal Procedure Law). Spanish legislation covers the civil action based on a criminal offence (articles 29 ff. and 101 ff.), but such actions are unsystematically governed by the Criminal Procedure Law, the interpretation of which requires several complementary laws. There are now four different procedures for criminal offences and one for fault. The judge asks the defendant to deliver bail in order to assure his civil responsibility, and if bail is not given the judge orders an embargo (article 589 of the Criminal Procedure Law). If the pretrial summary indicates civil responsibility of a third party (in the case of criminal offences by doctors, perhaps a hospital, clinic or other medical care institution), the judge asks the responsible party to deliver sufficient bail to cover the damages incurred, according to article 615 of the same law.

E 51 Someone who has purely civil responsibility can take part in a criminal procedure, but the action against him will be limited to civil responsibility.

The judgement of crimes punishable by a penalty less severe than "mayor prison" will follow an "urgent procedure"; there is another type of urgent procedure for those crimes punishable by a penalty more severe than mayor arrest or a fine of 50 000 pesetas, and there is an "oral procedure" for less grave, culpable and frequent crimes, governed by the law 10/1980 of 11 November 1980. We may add that the order of 10 November 1982 has increased the value of indemnities for automobile insurance covering traffic accidents to 75 000 pesetas for any medical or hospital care.

2. Articles 22 and 101–108 of the Penal Code

E 52 Articles 19–22 and 101–108 of the Spanish penal code govern the civil responsibility arising from a criminal offence or fault, which will be decided in the course of the criminal proceedings unless the injured party chooses to bring a civil action (articles 108 and 112 of the Criminal Procedure Law). The criminal code governs the subsidiary responsibility of hospitals and clinical institutions with respect to criminal or other offences committed by doctors or auxiliary personnel working at those establishments.

Article 22 of the penel code governs a subsidiary civil responsibility in cases where the offender is insolvent: in such cases, societies entities, and other organizations have subsidiary responsibility for anyone who commits a criminal offence while in their employment. Thus hospitals and clinics have subsidiary responsibility for criminal offences committed by doctors and auxiliary personnel working at them. There are two conditions in such cases: there must be a dependent or subordinate relation, and the criminal offence must have been committed in the course of duties carried out at the institution.

E 53 Spanish penal jurisprudence has said that this subsidiary responsibility has a purely objective character (decision of 23 November 1967). Other decisions (such as those of 15 November 1978 or 4 June 1979) say that the classical basis of this subsidiary responsibility is the *culpa in vigilando* or *in eligendo*, or the principle *cuius est commodum ejus est periculum*.

In each case, the court must examine whether the two necessary requirements coincide in order to establish the subsidiary civil responsibility; some judges have followed a large criterion when interpreting the requirements with respect to the relation between the offender and the medical institution (decisions of 15 November 1978 and 31 January 1979). The subsidiary responsibility of the owner of the instrument or machine used by the offender may be problematic – when, for instance, the injury was caused by a doctor using an instrument which was the property of the hospital. To establish the subsidiary responsibility in such cases, a careful study of the circumstances of the case is required.

E 54 With respect to the second requirement, legal opinion is that a lack of attention on the part of the defendant when executing his superior's orders (for instance, an auxiliary executing a doctor's orders) does not exclude the subsidiary responsibility of the superior, who will be affected in this case by a *culpa in eligendo* (decision of 7 April 1967). However, the subsidiary responsibility of the superior is excluded when the auxiliary is acting without any superior's orders or even against the doctor's will (decisions of 17 March 1964 and 2 July 1971).

The penal code states that the extent of the subsidiary civil responsibility will be determined by the court in accordance with the seriousness of the damage (article 103), and the indemnity for material and moral injury will cover not only harm to the injured person but also the harm suffered by his family or a third party (article 104). The value of the indemnity will be determined by the court in accordance with the circumstances. Article 106 states that in the case of two or more individuals having civil responsibility for a crime or fault, the court will determine the extent of the responsibility of each. In cases where there have been several individuals with subsidiary responsibility, the Supreme Court has applied the solidarity principle governed by article 107 of the penal code, which refers to criminal responsibility.

3. The Civil Action in the Criminal Process

E 55 To conclude this section on civil responsibility in the criminal process, we will examine the civil action in the Spanish criminal procedure. This system is governed by articles 100 and 107–111 of the Criminal Procedure Law, articles 362, 514 and 1804 of the Civil Procedure Law and articles 101–109 and 117 of the penal code. The civil action is added to the criminal action in order to declare and execute the civil bonds that result from the criminal act. The criminal action prevails over the civil action. The civil action must be brought at the same time as the criminal action and both actions must be brought at the same trial.

The final criminal sentence if the defendant is convicted will also decide on the civil action; in this case this action cannot be repeated before a civil court. But if the defendant is acquitted, the civil action can be repeated before a civil court; this action can also be reproduced at a civil trial in the case of the defendant's death, nonsuit of the trial or pardon. Then, once the decision has been given, the civil action will be regarded as a "judged matter". The same conclusion can be drawn about subsidiary civil responsibility. The civil action can be transferred in those cases; the conditions required for civil contracts are also required (consent, subject and cause; article 1261 of the civil code); if the action refers to minors, a judicial authorization is also required (article 1810 in association with article 166-1 of the civil code). If a civil process is followed to decide on the civil responsibility, the evidence brought at the criminal trial can also be presented.[9]

[9] To amplify, see Santos Briz, J., "La Responsabilidad civil. Derecho sustantivo y derecho procesal", third edition, Madrid, 1982, pages 797 ff.

D. The Physician's Civil Responsibility Arising from Civil Fault

E 56 The civil responsibility of doctors and auxiliary personnel arising from a non-criminal act is a complex matter in Spanish law. First of all, we will briefly examine the legal status of doctors and we will discuss the two kinds of civil responsibility (contractual and extracontractual); then we will examine the general requirements of civil responsibility and the specific characteristics of civil responsibility in the medical field. Finally, we will explain the civil responsibility of physicians and medical auxiliaries when working at clinics or similar institutions and when using medical instruments or machines.

I. The Physician's Civil Responsibility in General

E 57 Spanish law does not have any specific precept that defines the physician's legal status; jurisprudence has decided that, when practising medicine, the doctor is subjected to civil law by a service contract. This is a simple consideration of the physician's activity, because the doctor's services are not only rendered to a specific patient: his activities include emergency treatment, clinic or hospital work, insurance firms' work etc.[10]

The responsibilities that can result from such different activities are varied, and they can depend on the existence of an employment contract, the use of surgical facilities or the help of auxiliary personnel, for instance. The present state of medical facilities in big cities is extremely complex. A larger number of patients than can be adequately attended and physicians' low salaries are the cause of a large number of protests and complaints. With respect to this situation, some have spoken of "the big failure of the law".[11] The present medical insurance system has caused such a complex health situation that jurists now facing the problem encounter many difficulties and are trying to find a legal solution for it.

[10] Prieto-Castro y Ferrandiz, L., op. cit., page 198
[11] Prieto-Castro y Ferrandiz, L., op. cit., page 202

II. Contractual Responsibility

E 58 Contractual responsibility arises from the nonfulfilment of a contract that bound the doctor to his patient; this contract came into existence when the patient came to the doctor as a private client or as a member of a private or public medical society. There is no formal contract, but the bond is created when the patient asks the doctor for treatment and the physician accepts; then both parties are subject to article 1101 of the civil code, which governs non-fulfilment by fault, negligence or delay, in which case indemnity may be demanded.

There is an "actual relation" in the contract between the doctor and the patient, and the law defines the consequences of this relation, among which there are civil responsibilities. To involve them, it is not necessary to define the type of contract that bound both parties, but jurisprudence has tried to define this contract in many different ways.

E 59 The Spanish Supreme Court has said that the contract between doctors and patients is a "contract of services". The contract of services includes many kinds of services: among them we can mention those services given by members of the liberal professions such as doctors (decisions of 18 January 1941, 22 December 1955, 7 June 1958 and 2 June 1960). Nevertheless, the contract that bound the doctor with the Social Security Service has been defined as a contract of employment. The decision of 20 June 1980 of the Sixth Hall of the Supreme Court said that the contract binding the doctor who works at any medical centre of the State Health Department is an employment contract; the Third Hall of the Supreme Court, in a sentence of 3 April 1981, also said that the relation that binds the physician working for the Social Security Service or for the Welfare Service is a contract of employment.

The jurists have explained the differences between the contract of services and the relation between doctors and patients. They say that the subject matter of the contract cannot be the promise of the doctor to heal the patient, because the result of the medical treatment can hardly be assured.[12] However, the doctor can also be bound by a promise to produce a certain result, for instance clinical analysis, dental prosthesis or cosmetic surgery.

E 60 The contract of medical attendance has a complex and varied nature.[13] Its characteristics are:

1. It is a contract *intuitu personae:* it is a reliance relationship for the patient who chooses a specific doctor.
2. It can be broken at any moment by the decision of either of the two parties, unless the doctor's non-attendance would provoke a situation prejudical to the patient's health.
3. There is no special form, except for those serious cases in which a written contract is required, for instance in the case of organ transplant.
4. It is a continuous contract.
5. It is a two-way and onerous contract because it establishes obligations for both parties: the doctor must use his care and techniques to heal the patient and the latter must pay the doctor.

---

[12] De la Quintana, F., "La responsabilidad civil del médico", Madrid 1949, page 50; Bueres, A.J., "Responsabilidad civil de los médicos", Buenos Aires, 1979, pages 37 ff.; Gitrama, G., "Configuración Jurídica de los Servicios Médicos" in the "Estudios de Derecho Político y Privado ofrecidos al Profesor D. Ignacio Serrano", Valladolid, 1963, pages 325 ff.

[13] Bueres, A.J., op. cit.; Gitrama, G., op. cit.

E 61 In some cases, the relation between the doctor and the patient can be defined as "quasi-contractual", or an execution of a deed without the request of the other party. These cases refer to medical services given spontaneously by the doctor acting without any specific or tacit authorization and without any opposition. The decision of 26 April 1956 of the First Hall of the Supreme Court recognizes one of these "quasi-contracts". It refers to the case of a doctor who attended a person who was unconscious after an accident. Article 1888 of the civil code says that if someone voluntarily takes care of any other person's problems or affairs, he must continue until the problems are solved. In such cases the voluntary manager is reponsible for the damage that he causes by fault or negligence (article 1889–1) and the court will decide on the action (article 1889–2). But this person must be payed back by the beneficiary (article 1893–1). These rules can be applied to a voluntary medical intervention.

Such interventions have been qualified by jurists as a "management of affairs without a mandate"; we can regard them as intermediate between contractual and extracontractual bonds.[14] These voluntary interventions can never be regarded as mandates according to articles 1714, 1717 and 1725 of the civil code, which govern the mandate contract.

Another possible type of medical contract is the contract of services that binds the doctor to the clinical institution, or the contract of services between a doctor and his auxiliaries. The contract binds the doctor to the institution, but the beneficiaries are the patients, so it can be regarded as a contract with a third party beneficiary, governed by article 1257–2 of the civil code.

III. Relation Between Contractual and Extracontractual Responsibilities

E 62 When the medical care given is not based on a contract or on a quasi-contract, the consequences of such activity are governed by articles 1902 ff. of the civil code, which deal with extracontractual responsibility. In these cases, the criterion followed by the law is the subjective responsibility of the person who caused the damage.

Now contractual responsibility is the general rule and extracontractual responsibility appears only in some special cases, but when the damage is caused by an act which is at the same time the non-fulfilment of a contract and an illegal act, the injured party can choose between the two possibilities: article 1902 or the law of contract. Cases of failure to give urgent treatment or to give treatment when requested can be defined as cases of extracontractual responsibility.

E 63 It seems that in cases of physicians' responsibility, the contractual and the extracontractual responsibilities coincide, because besides their contractual obligations doctors have moral responsibilities *(alterum non laedere)*. Spanish jurisprudence offers the injured person the choice between contractual and extracontractual action. However, there are some differences between the two. The prescription for a contractual responsibility claim is 15 years, and it is only 1 year for an extracontractual responsibility claim; in extracontractual cases, the injured person can ask for in-

[14] Bueres, A. J., op. cit., pages 62 ff.; De la Quintana, F., op. cit., pages 70 ff.

demnity even where the offence was very slight, but this is not possible in the case of contractual responsibility (article 1104–2 of the civil code). In contractual cases the injured person must prove the doctor's non-fulfilment, but in extracontractual cases the physician must prove his innocence because he is otherwise regarded as guilty. When there are several responsible individuals, the responsibility is divided according to a solidarity principle in extracontractual cases, but in contractual cases this solidarity must have been agreed before hand (article 1137 of the civil code).

E 64 Nevertheless, the First Hall of the Spanish Supreme Court considers as a general rule that the contractual responsibility action must be preferred to the extracontractual one. Some decisions, such as that of 3 October 1967, have said that the civil responsibility includes not only the defendant's acts but also those acts committed by people bound to him by a contract, so that a doctor can be responsible for his auxiliaries' acts: this is possible under articles 1903 and 1904 of the civil code.[15]

E 65 Another possibility is when there is only one injured person but a contractually responsible individual and an extracontractually responsible individual; for instance, when a doctor bound by a contract with a patient causes harm to him when using instruments which are the property of a hospital that is not bound contractually to the injured party. Then the patient can sue both the doctor and the institution to which the instruments belong. The Supreme Court (First Hall) recognized similar cases in decisions of 23 March 1921, 26 April 1927 and 23 Mai 1978. In the last, the injured party obtained an indemnity from three different people, one who was bound by a contract and two who were extracontractually responsible (in accordance with article 1902).

There is also the possibility of a medical intervention leading to both contractual and extracontractual responsibilities.

Another case is the extracontractual responsibility of a doctor and a pharmacist when the doctor does not give correct details about the proper drug and the pharmacist gives the wrong one: then the damage that results is a consequence of the negligence of both professionals.

Another case of extracontractual responsibility is when the injury is caused by careless treatment, such as the use of defective instruments, misuse of X-rays, inexact interpretation of X-ray images or a lack of elementary hygiene. Then the civil responsibility arises not merely from an omission but actually from an faulty act.

IV. Requirements for the Physician's Civil Responsibility

E 66 There are certain prerequisites for the determination of a physician's civil responsibility, both contractual and extracontractual. First of all there is a fault or negligence factor. An objective responsibility as defined by article 1902 of the civil code is not appropriate to such cases: it is necessary to use a subjective criterion such as that of article 1104–2 of the civil code. Thus a doctor will be held civilly responsible when he failed to give the attention demanded by the circumstances, time and place. However, the minimum amount of attention required for the professional activity of a physician may be employed as an objective criterion. The courts may decide upon the amount of attention required by any situation, in accordance with ar-

[15] For further information see Santos Briz, J., op. cit., pages 75 ff.

ticle 1103 of the civil code. The degree of attention required of doctors and other health care professionals will in any case be higher than that required of the members of other professions, since their work involves a high degree of technical skill and of risk.

E 67 With respect to proof of the doctor's fault, two different types of cases must be distinguished. When the doctor has been asked for treatment – the most common situation – the fault does not consist in his failure to heal the patient but in his failure to take the necessary action to heal the patient. The injured party must prove this omission, but the doctor will be found innocent if he can prove that the damage was caused by a force majeur (article 1105 of the civil code). When the doctor is asked for a certain result (such as a dental prosthesis or a clinical analysis), the injured party must prove that this result has not been accomplished, and the doctor may still prove force majeur.

E 68 The second prerequisite is the harm caused by the medical treatment. This harm is not defined by the law, and can be either material or moral harm. The Second Hall of the Supreme Court (decision of 21 June 1968). considered some moral injuries caused by medical treatment. The First Hall of the Supreme Court (decision of 28 February 1964) includes among moral injuries: "harm to the non-material interests of the health", and pain or physical suffering. Both moral and material injury may be caused by the same act; in this case there is simple responsibility and a simple indemnity. The decision of 20 February 1981 of the First Hall considered only one kind of responsibility on the part of a doctor who during a tonsilectomy on an 11-year-old boy caused material harm – loss of the voice – and also the natural harmful psychological consequences. It may be said that in the Spanish system, unlike the German system, a *numerus apertus* criterion is used in the definition of the responsibility for moral (immaterial) damage, but courts have been very strict in estimating this responsibility, and have established it mostly where psychological harm was claimed.

E 69 The third prerequisite for the civil responsibility of the physician is the establishment of a causal relation between his faulty act and the harm suffered by the patient; the problem of imputation arises. Medical responsibility exists only when there exists a causal connection to the physician's wilful behaviour, and the injured party must be able to prove the causal relationship. It has been claimed by some that the causal relationship in medical responsibility cases is so specific that we may speak of a "medical causality".[16] Among the factors contributing to the cause of the harm occured is pure chance as well as other fortuitous circumstances. Factors to be considered are the possible poor condition of instruments and lack of adequate maintenance, negligence, lack of care and unskilfulness. Sometimes the causal relationship is interrupted by some act on the part of the patient or by some unforeseeable reaction of the patient's organism: such cases may be regarded as fortuitous. A third party's intervention also brakes the causal relationship and the doctor will not then be responsible for the harm.

The injury may also be due to a doctor's omission. The decision of 17 Mai 1967 explains that for such a case to be upheld, two conditions must be met: the doctor must have had the obligation to carry out a certain action; and this action must have been capable of avoiding the injury which took place.

[16] Bueres, A. J., "Responsabilidad de las Clínicas y Establecimientos Médicos", Buenos Aires, 1981, page 234; Mosset Iturraspe, J., "Responsabilidad civil del médico", Buenos Aires, 1979, pages 248 ff., cited by A. J. Bueres

V. The Patient's Consent and His Right to Be Informed

E 70 The patient's prior consent is a prerequisite to any risky or dangerous medical treatment or intervention. The doctor must inform the patient about his disease, the treatment and the possible risks. If the patient cannot give consent because, for instance, he is mentally retarded, consent will be given by the patient's legal representative. In the case of minors, consent will be given by their parents or legally appointed guardians (article 156-1 of the civil code). In urgent cases, a person can consent for his spouse even if he is not his spouse's legal representative (article 71 of the civil code), because husband and wife have a reciprocal obligation of help (article 68 of the civil code). In the case of incompetents (idiots or deaf mutes), consent is given by their legal representatives according to articles 213–220 of the civil code. Consent can be given by an express or by a tacit way and it must be given clearly and unequivocally.

E 71 However, the patient's consent cannot excuse some illegal intervention (e.g. mutilation in order to gain exemption from public service). Sometimes consent is not required (e.g. obligatory vaccinations, medical visits in schools or prisons). In these cases there is a conflict between two constitutional rules: article 15, which governs the right not to be submitted to inhuman or degrading treatment, and article 43, which governs the State power of organizing public health through preventive measures and public medical services. In such cases individual rights and State intervention may be in conflict.

It is clear nowadays that public intervention in the field of health care is very important,[17] and on these grounds it is sometimes necessary to restrict the undertakings of private individuals. For instance, no agreement may be made which exempts the doctor from responsibility in the event of accident or injury: such agreements are prohibited because they are immoral and contrary to the public order (article 1255 of the civil code). Contracts between patients and clinics or hospitals which exempt the institution from responsibility are also forbidden. In such cases, the court decides whether the contract is contrary to articles 1255 and 1256 of the civil code.

E 72 The law of 27 October 1979 governing organ transplant operations and the decree of 25 August 1978 concerning hospital users' guarantees include some rules about the patient's consent. Article 13 of the 1978 decree includes among the patient's rights the right to be informed and the right to have to consent to the treatment before it can be given.

The patient (or his parents or representatives in the case of a minor or an incompetent) has the right to have to give prior and written consent when the treatment or the intervention that will follow entails grave risks or permanent lesions, unless the doctor thinks that the urgency and seriousness of the case demand immediate intervention (article 13-c). This is only a patient's right but not an obligation.

The patient has the right to be informed orally or in writing of the name of the physician or physicians charged to treat him, and about his clinical condition. This information can be requested by the patient himself or by a legitimate person who may be the patient's relative or close friend (article 13-h).

---

[17] De la Quintana, F., op. cit., pages 86ff. and 167ff.

VI. Evidence in Medical Responsibility Cases

E 73 The patient must prove the doctor's guilt and the causal relationship between the doctor's offence and the harmful result. If the injury is the result of several causes, the patient must prove that the doctor's offence is more important than any other cause. A decision of 25 January 1965 of the Supreme Court concerned a case of amputation of a person's arm due to an infection, and the court found that this infection was not caused by prior medical treatment as was claimed by the injured party, so the doctor was found innocent. A decision of 21 March 1950 did not find a causal relationship between a cosmetic operation correctly performed and a subsequent infection which caused the harm.

E 74 On the basis of the evidence the court can decide whether the physician worked with due attention and care (decision of 14 December 1943). The decision of 9 April 1963 stated that the required medical attention can be determined according to the technical preparation and the personal circumstances of the doctor; for instance, at a surgical intervention a doctor is not required to solve impossible difficulties (decision of 9 November 1949). If the injured patient wants to relate harmful consequences to a medical treatment and there is no direct evidence, he can use presumptions, but in a restricted way (decisions of 28 February 1953 and 24 March 1956).

E 75 With respect to the proof, some jurists have distinguished between cases in which the doctor is bound to a certain professional behaviour and cases in which a doctor is bound to a certain result.[18] In the latter type of case the defendant may prove his innocence by demonstrating the intervention of chance, and the injured patient must prove the non-accomplishment of the promised result. In the other type of case mentioned, the injured patient must prove the doctor's non-fulfilment of professional requirements of behavior so the defendant will be found guilty. The physician can try to prove the intervention of chance or a force majeur situation in order to demonstrate his innocence.

E 76 Some means of proof, such as the evidence of expert witnesses, are of special interest at trials involving medical civil responsibility. One interesting kind of evidence is prima facie or first impression evidence. When a certain medical result has many possible causes, but only one of them can be proved then prima facie evidence may be employed in this case. If after a surgical intervention a doctor cleans the wound and finds a swab or any other external application remaining, the surgeon who operated is found prima facie guilty of leaving it. If a pair of pliers or any other surgical instrument is found in the patient's stomach after an operation, then the surgeon is prima facie guilty. The Spanish Supreme Court accepts the prima facie evidence when there is no other evidence against it and when it is more than a mere hypothetical possibility.

E 77 Another interesting type of evidence is the *inspectio corporis,* that is the examination of the patient's body by several doctors in order to establish incapacity to work or the consequences of an accident or crime. In this case the principle of the right to integrity of the body must be respected. The plaintiff does not need to submit to any physical examination to provide evidence in favour of the defendant. This would be contrary to the principles stated in articles 15 and 18 of the Constitution, which concern the right to physical and moral integrity and the right to honour and personal privacy. There is thus no legal basis in Spain to request a physical examination in

---

18 Bueres, A. J., op. cit. concerning clinics' responsibility, pages 158 ff.

order to use it as evidence in a civil trial. However, the law of 5 May 1982 governing the "civil protection of the right to honour, personal and family privacy and one's own image" states that there is no illegal intrusion when the law allows such a physical examination (article 2–2) or when a civil authority allows it (article 8–1). This would be the case with the paternity investigation governed by the civil code (article 127), revised by the law of 13 May 1981.[19] Should he refuse to submit to a physical examination, the patient will be bound to pay an indemnity (articles 1098, 1099 and 1101 of the civil code) for non-fulfilment of a personal obligation.

This evidence based on the physical examination can be replaced by the opinion of the physician who treated the patient. The refusal to be treated by a physician is the patient's responsibility, and in this case the doctor will be exempted from responsibility (articles 1104 and 1902 of the civil code).

E 78 With respect to the evidence of expert witnesses, we can say that the expert's report will be assessed by the judge according to general rules of the critic, and this report will never bind the judge's decision (article 632 of the Civil Procedure Law). The decision of the First Hall of the Supreme Court of 31 March 1967 stated that the expert's duty is to help the judge in his decision by giving extra and accurate information, but not necessarily to influence the decision.

The medical expert witness has a special importance at criminal trials (articles 344 ff. of the Criminal Procedure Law concerning the coroner's intervention); at civil trials, the medical expert witness can also have a certain importance, mostly in extracontractual responsibility cases, filiation or conjugal trials and procedures to determin insanity.

At civil trials[20] the expert witnessis report can be made not only by a coroner but also by a doctor with a professional diploma. The psychologist's report is a special kind of expert report; it is governed by a law of 21 February 1983 and an order of 20 January 1969, and we must distinguish it from the psychiatric report. The psychological report can be very important to the assessment of a party's personality at family trials. It can also be useful in establishing the existence of a mental state such as guilt, intimidation, simulation or mental reserve.[21] This psychological report does not render unnecessary the judge's inquiry governed by article 216 of the civil code, which is mostly involved in incapability processes.

E 79 Modern mechanical, chemical or electronic sources of evidence such as tape-recordings, photocopies, microfilms and computer cards have not had a large influence as a means of proof at trials in general, and procedure laws have overlooked them. This is also true in the case of medical trials. First of all we must distinguish evidence which has been optained illegally, infringing on civil rights or without consent. Articles 15 and 18 of the constitution forbid the use of such illegal evidence because it encroaches upon man's physical or moral integrity and on his privacy. Article 442 of the Civil Procedure Law states that any evidence obtained by force or intimidation will be regarded as illegal and worthless. Judges must therefore inquire about the legality of the evidence brought at the trial.

Evidence legally obtained through modern means of reproduction is not consid-

---

19 For further information concerning biological evidence see Santos Briz, J., "Derecho Civil. Teoría y práctica", vol 5, "Derecho de Familia", Madrid, 1982, pages 329 ff.

20 See Trocker, N., "Processo Civile e Constituzione. Problemi di Diritto Tedesco e italiano" (Studi di Diritto Comparato), Milan, 1974, pages 578 ff., and in Spain, Serra Dominguez, M., "Comentarios al Código Civil y Compilaciones Forales", directed by Albadalejo, M., book XVI, vol 2, "Comentario al artículo 1.215", pages 88 ff., Madrid, 1981.

21 Serra Dominguez, M., op. cit., page cited

ered by the Civil Procedure Law in article 578, nor by the civil code in article 1215. Nevertheless, on the basis of article 3-1 of the civil code, which deals with social reality as a legal interpretation rule, we must conclude that such types of evidence can be regarded as documents. They can thus be accepted at a civil trial if their legality is proved. This legality can be accredited by a public notary act or by the report of an expert witness (article 511; cf. article 599 of the Civil Procedure Law).

The judge's assessment of the value of these pieces of evidence will depend on their nature. They can be regarded as authentic documents according to article 1225. The date and the fact related must be proved (article 1218–1) but the content of the document will be assessed freely by the judge. If the legality of the document has to be proved by experts, then, as we have said before, the judge will not be bound by the expert's decision. The expert can give an opinion on the authenticity of the document or on the content: in the latter case the expert must be a doctor.

E. Assigning Medical Responsibility

I. Team Work

E 80 In previous sections we have referred to the physician's responsibility for his own individual actions. As we have said, this is governed by article 1902 of the civil code. But when working with a team or auxiliaries, a physician can be responsible for the action of a third party: this is governed by article 1903 of the civil code. There are many possible situations: a physician working in a team with other physicians or a physician working with auxiliaries; a team belonging to the clinic or hospital or not belonging to it; auxiliaries who belong to the clinic or hospital or do not belong to it. The existence of these various possibilities causes problems when it comes to establishing the responsibility for an injury or the guilt for an injury or a crime. First of all we must examine the general principles governing all these cases: they can be deduced from article 1903 of the civil code.

E 81 This legal precept governs the responsibility of parents and tutors for the damage caused by minor children or pupils; it also declares the responsibility of the owner or the director of a place of business or company for the damage caused by the employees when working for him; this article also governs the responsibility of teachers or school directors for the damage caused by their pupils while they are under their care.

We can deduce from this precept that the doctor will be responsible for his auxiliaries actions and the hospital director will be responsible for the actions of physicians working at this hospital. However, there are two prerequisites for this responsibility: (a) there must be a dependent relationship between the individual responsible party and the party who caused the damage; and (b) the damage must have been caused by the doctor in the course of his work at the institution concerned.

This responsibility was classically regarded as a case of *in vigilando* or *in eligendo* guilt of the superior; this is a presumption of fault of which innocence can be proved (article 1903). Nowadays, this responsibility is regarded from an objective point of view; the *in vigilando* or *in eligendo* guilt must be rigorously proved and the mere dependence relation is not sufficient: the auxiliaries' behaviour must be faulty or guilty (sentence of the First Hall of 2 December 1968 and 24 February 1969). Practice has shown that the presumption of guilt of managers and employers (article 1903) is always proved, so we can talk about an objektive responsibility.[22]

E 82 It is important to mention that the damage has to be caused by the employee and not by any other person (decisions of 16 April 1963, 25 October 1966 and 3 May 1967).

[22] Rogel Vide, C., "La Responsabilidad Civil Extracontractual en el Derecho Español", Madrid, 1977, pages 148 ff.

The hospital director or the physician who indemnified the injured person against injury caused by a dependent doctor or auxiliary can claim from the dependant the sum paid in damages for the injury he caused (article 1904 of the civil code). This rule refers to extracontractual responsibility cases but it can also be applied to contractual responsibility cases.

The civil responsibility of the doctor or employer arising from crime or an offence committed by his auxiliary or employee is governed by article 22 of the penal code, which was mentioned when we explained subsidiary civil responsibility.

E 83 Nowadays, team work is very commonly practised in the medical field. This is a consequence of the high cost of machines, instruments services and organization in modern medicine, which requires technical resources and scientific collaboration. Individual medical craftsmanship is thus being replaced by the medical "company". Also, the responsibility of physicians has increased as a result of the increased demand for scientific knowledge and the abundance of new techniques and complex instruments and machines which can cause serious harm to patients if not correctly used.

II. Clinics and Similar Institutions

E 84 With respect to the legal aspect, it must be mentioned that besides the relation – contractual or extracontractual – that binds the doctor and the patient, there is a legal relation between the clinic or hospital and the physicians, between different physicians and between doctors and their auxiliaries. We can say that between the doctor and the hospital there is a contract with a third party beneficiary (the pat ient). *Bueres* said that the doctor's responsibility towards the patient is different from the responsibility of the hospital towards the patient.[23] The same author also describes the contract of medical services by which the medical centre is bound to give the associated patient a medical service through doctors, clinics, laboratories, auxiliary personnel etc. and the patient is bound to pay a certain amount of money, either paying for each medical intervention or paying a fixed quantity (as an insurance premium). Then between the doctor and the medical society (public or private) there may be an employment contract, in which case the physician is legally bound to the society as an employee but not in a scientific or technical relationship. We will mention this case when explaining the private and social medical insurance schemes.

E 85 We will now explain the most common types of contractual arrangement involved in such a situation. The holder of the medical society is responsible for the injury caused by their auxiliaries and employees, which include doctors, when the injured party had contracted with the hospital and not with the doctor. If the contract was made with the doctor, the doctor is responsible for his own actions, but the hospital can also be responsible for the doctor's actions (articles 1903 and 1904).

E 86 If a doctor co-operates with another doctor as an assistant physician, then the principal doctor will be responsible for his auxiliary's acts; but if the injury was caused by both doctors, then each one will be responsible for his own acts unless this distinction cannot be made, in which case both doctors will be responsible to the same degree.

---

[23] Bueres, A. J., op. cit., "La Responsabilidad Civil de las clínicas", pages 26ff.

If a specialist caused harm to a patient when working in a clinic owned by a firm or by a group of doctors and with a doctor as manager, the specialist is responsible for his action. But when the harm was caused because the clinic did not supply the doctor with adequate means, then the responsibility is shared between the physician and the clinic manager. But the clinic management will be solely responsible if the damage was caused by a defective instrument or machine and the doctor used it without knowing its condition. If a doctor realizes that an instrument is in bad condition, he must report it and refuse to operate with it. But when the manager of the clinic is not a physician, the physician who chooses a defective instrument or machine is responsible.

E 87 The most common case is when the patient did not choose the clinic, which was elected by the doctor. Then the clinic manager will not be responsible for the physician's actions because the latter is bound to the patient with a contract *res inter alios acta*. But if the patient goes to a clinic or hospital, which he has chosen, the clinic manager will be responsible for the doctor's actions with respect to the patient. If this same doctor is helped by other physicians who do not work for the clinic, then he will be solely responsible for the other physicians' acts. The patient will never be prejudiced by the relationship between doctors and clinic; article 1258 of the civil code assures him that he will always be indemnified against any injury. In this case the responsibility can be shared because there is only one obligation for both doctor and clinic: the healing of the patient. We can say the same thing for those cases in which several surgeons take part in a surgical intervention.

E 88 When a physician is helped by auxiliaries or nurses, he is responsible for the injuries caused by them (article 1903 of the civil code). If the auxiliaries are employees of a clinic, and this clinic was chosen by the physician, he will be responsible for their acts, but if the clinic was chosen by the patient the doctor is exempted from responsibility. Here we can make a distinction between *in vigilando* resposibility and *in eligendo* responsibility. The physician will be responsible *in vigilando* for his auxiliaries' actions because he is obliged to supervise them, but the clinic will be responsible *in eligendo* because the auxiliaries were employed by it.

The rules we have just explained are rules of the civil law, but they can also be applied for relations governed by public law, e.g. the injury suffered by the patient was caused by Social Security doctors. In any case, all the actions based on articles 1902 or 1903 of the civil code will be judged by courts of civil jurisdiction, as was stated by the decisions of the Supreme Court First Hall of 20 February 1981.

III. Use of Instruments and Machines

E 89 With respect to injuries caused through medical instruments or machines, Spanish law does not differentiate – as French law does – between injuries caused by machines without human intervention and injuries caused by men using instruments or machines. In the latter case the injury is caused by the doctor, who uses the incorrect instrument, and in the former case the doctor uses the proper instrument but this does not produce the result that it was supposed to do; in this case the doctor is exempted from responsibility if he proves that the defective functioning of the instrument broke the causal relation between his intervention and the harmful result. In Spanish law such a case will be regarded as a case of force majeur governed by article 1105 of the civil code.

In the case of injuries caused by instruments or machines in bad condition, we can apply article 1906 of the civil code, which governs the responsibility of the owner who fails to take care of his machine which then causes injury. We cannot talk about the responsibility "of the thing" – as in French law – because medical instruments and machines are always submitted more or less directly to human intervention, use or care, and the only possible occasions of exemption from responsibility are force majeur and the fortuitous case.

The word "auxiliary" in the present section always refers to clinic assistants, nurses or domestic personnel.

F. Social Insurance and Medical Responsibility

E 90 In Spain, the law distinguishes between private medical insurance and social insurance. The latter is a way of protecting the workers' rights by means of an immediate legal obligation; the workers are not bound by a private insurance contract. Another difference is that private insurance schemes are organized on the basis of profit for the insurance company, but social insurance does not have such a profit motive – it is organized with a view to achieving social solidarity. With private medical insurance, the insured pays a regular premium; with social medical insurance the premium is paid not by the insured himself but by his employer and by the State.[24]

E 91 Health care and the ensuing medical responsibility are governed by the General Law of Social Security of 30 May 1974. Article 2 of this law states that through the social security system the State assures adequate protection against situations defined by the law in the medical, cultural and economic spheres. The beneficiaries of social security are: the self-employed; employees, including civil servants and members of the armed forces; and students. The social security system includes medical assitance in the case of: maternity, industrial or other disease, and industrial or other accidents. Industrial disease is defined by the law as disease arising in consequence of one's employment; for each type of industrial disease the causative factors are also defined by law.

Article 104 of the General Law of Social Security of 30 Mai 1974, completed by the order of 7 July 1977, governs several kinds of medical care: home care, clinical care and urgend care.

E 92 The choice of doctor is not absolutely free: article 122-1 of the above law states that "if in a given area or territorial zone several doctors offer their services to the Social Security, the beneficiaries may choose the doctor they prefer; otherwise the choice of doctor will be governed by Social Security ordinances". This possibility of choice still remains a desideratum for both patients and doctors.

E 93 When social security services are given in the case of an accident or disease caused by a criminal or other offence committed by a third party or by the employer, the cost can be reclaimed. Article 97-3 of the above law rules that in such a case the service is paid for in the first instance by the Social Security managing entity or by the employer's mutual insurance system, and then these entities will claim indemnity from the injurer. The injured worker or his relatives can also claim indemnity at a civil or criminal court, depending on the case. The same article also states that "independently of the claim made by the injured worker or his family, the National Institute for Welfare (today the National Institute for Health), the workers' mutual insurance organizations and, depending on the case, the employers' mutual insurance organizations have the right to reclaim the cost of medical services from

[24] Santos Briz, J., "La Responsabilidad Civil", op. cit., pages 353 ff.

the third party responsible or from the individual with subsidiary civil responsibility. Employers who collaborate in Social Security management will have the same right. Such a claim can be made through a civil or criminal court, depending on the nature of the injury (civil or criminal). The First Hall of the Supreme Court declared in a decision of 1 June 1981 that the prescription for claims for the recovery of medical expenses is not 1 year, as ruled by article 1968-2 of the civil code, but 15 years as ruled by article 1964 of the same code, which concerns personal actions.

E 94 The rules contained in the General Law of Social Security have been developed since 1966 by different legal dispositions. We are interested in the following rules.

1. The Social Security Medical Institutions Management Statute approved by the order of 7 July 1977 and completed by the decree of 28 October the same year. This statute defines the patient's rights as follows:
   a) The right to receive a diagnosis and to be informed about the disease
   b) The right to receive proper medical treatment
   c) The right to ask the doctor to keep professional secrecy concerning the disease in accordance with the deontological rules
   d) The right to be informed about serious medical problems in order to be able to consent to our authorize risky surgical interventions or therapeutic treatments
   e) The right to receive spiritual attendance
   f) The right to be visited during in-patient treatment in a clinic or hospital, in accordance with the clinic or hospital rules
   g) The right to refuse medical treatment by a physician who does not belong to the social security system. (As an exception, in special cases the collaboration of a non-Social-Security doctor can be requested.)

   Of all these rules we can mention the patient's right to be informed, the requirement of consent and the right to refuse a non-Social-Security doctor as the most important ones.

   Labour jurisprudence (Central Labour Courts and the Sixth Hall of the Supreme Court) has said that when a doctor performs his services for a firm, this is a civil relationship rather than an employment relationship (decisions of 23 January 1981 of the Sixth Hall). It has also declared that the services of a physician who does not belong to the social security system will not be reimbursed to the patient except in cases of extreme urgency (decisions of the Central Labour Court of 30 June 1982 and of the Sixth Hall of the Supreme Court of 20 May 1982). This can cause some problems to the beneficiary when the service required is not covered by the social security system, as in the case of psychiatric care.[25]

E 95 2. The Decree of Medical Assistance of 16 November 1967, in accordance with article 102-3 of the General Law of social security, forbids the social security institutions to pay back to the beneficiary expenses for medical care given by a physician not working for the social security system, except where assistance had been refused by a Social Security doctor or in cases of serious urgency, but as is declared by the decision of the Central Labour Court of 30 March 1981, serious urgency is not sufficient reason to go to a private doctor; there must also be difficulty in getting to a Social Security doctor.

---

[25] Concerning this question see Avilés Caballero, J., "Assistencia sanitaria prestada por servicios ajenos a la Seguridad Social en casos de enfermedad mental de los beneficiarios" in the Spanish judicial magazine "La Ley", Madrid, 1981, vol 4, pages 843 ff.

E 96 3. The Social Security Medical Personnel Juridic Statute of 23 December 1966, modified by the order of 9 December 1977, includes rules concerning Social Security doctors' duties and possible offences and their punishments. The medical services Provincial Department is the institution allowed to impose penalties; the doctor punished can complain before the National Institute for Welfare, and in the case of a serious offence he can appeal before the Ministry of Labour and Social Security.

E 97 4. Another interesting law is the Labour Procedure Law modified by the royal decree of 13 June 1980. Article 1 says that the labour courts the "Labour Magistracies, Central Labour Court and Sixth Hall of the Supreme Court", have the exclusive function of judging employment cases. They also hear social security trials (Articles 4 and 6).

Social security cases in the labour jurisdiction do not include all cases of medical responsibility; they are mostly individual or collective conflicts between workers and employers concerning the contract of employment and social security matters (article 1-1 of the Labour Procedure Law); the contract between a Social Security physician and his employer is an employment contract and not a civil one (decision of 20 June 1980 of the Sixth Hall) unless the doctor is also the manager of a clinic or hospital. Then the doctor bound by a contract of employment is submitted to the rules concerning dismissal in case of disobedience of indiscipline laid down by the Medical Statute of 12 February 1964 (article 34); The decision of the Sixth Hall of 13 May 1982, was in favour of the dismissal of an analyst physician who disregarded an order given by his superior at work.

E 98 However, civil responsibility cases involving Social Security physicians are judged by civil courts. We may mention the decision of the First Hall of the Supreme Court of 20 February 1981, which concerned a tonsilectomy that had led to the loss of the patient's voice and other organic lesions. At the trial, the father of the injured boy claimed an indemnity of 2 million pesetas from the surgeon and the National Institute for Welfare, by which the surgeon was employed. The surgeon appealed, claiming that there was a contractual relationship between him and the social security organization, and that this contractual responsibility exempted him from the indemnity obligation. However, the Supreme Court found that when a third party is injured as a result of a doctor's fault or negligence, then the physician has an extracontractual responsibility in accordance with articles 1902 and 1903 of the Civil Code, apart from the responsibility of the doctor towards the Social Security, which is governed by the labour jurisdiction. The decision also said that, although article 1-1 of the Labour Procedure Law says that the labour jurisdiction will judge any case concerning social security, when a case involves civil responsibility the trial must be conducted by a civil court.

E 99 We may thus conclude by saying that any case concerning social security matters is dealt with by the labour courts, but that any matter involving damages to a third party by a Social Security doctor or a civil functionary will be regarded as a civil matter and judged by a civil court. Moreover, if the damage is injury caused by a criminal offence or criminal negligence, then the case will be regarded as a penal matter and judged by a criminal court.

G. Private Medical Care Insurance in Spain

E 100 In Spain the contract of private insurance for medical care originated in the form of a "stipulation contract": the beneficiary used to pay periodically (each month, half-year or year) a certain amount of money to the doctor in order to be assisted when necessary. This system originally operated mainly in rural areas. Later, the doctor raised the cost of the regular contribution and made available an ophthalmologist once a month and an otorhinolaryngologist twice a month. Then the premium became collective. At first organized by the physician himself, the system became more and more complex. In the present century it has become a financial enterprise, while retaining its medical objective. These days there are firms of a national size dealing with medical insurance of this kind.

Before discussing the legal evolution of these types of insurance and their characters, we will examine some questions and problems connected with this system[26] and their relation to social insurance. We will also mention the general rules concerning the contract of insurance, according to the Contract of Insurance Law of 8 October 1980.

E 101 Following the primitive Insurance Law of 1908, when insurance companies were first appearing, a system of mutual insurance for workers originated, and it still remains in the form of the so called "Montepios, Mutuas or Mutualidades". They are governed by the Law for Mutual Insurances Systems of 1941, and they were exempt from payment of taxes. At the same time, private medical insurance companies experienced great growth. Nowadays, they rank in second place after traffic accident insurance companies by value of premiums sold. In 1977, 14687 million pesetas were collected in insurance premiums, and 27489 million in 1981. There are no fewer than 6 million beneficiaries of these private medical assurance schemes; 80% of them are also social security beneficiaries. Among people who were asked to choose between the private system and the social security system (as is the case with civil servants), 90% chose the private insurance.[27]

E 102 Private medical insurance companies are very varied. There are big, medium-sized and small insurance firms and each type receives different legal treatment. Small firms are normally owned by a doctor or a small group of doctors, and they operate over a very limited area. Medium-sized companies are the most common; they operate through a clinic or clinical establishment. There are six big private

[26] Fifth World Congress of Insurance Law. "El seguro libre de enfermedad en el Derecho Español", report by D. Antonio-Lorenzo Baso Andreu, chief of the Free Medical Assistance Insurance Agency, and Drs. Iglesias Salis, López Lamela, Millan Collado and Mateos Colino, medical inspectors of the Agency. Ministry of Health and Social Security, Health Secretary, Madrid, October 1978; Health Planning General Direction, "Hoja informativa de la sección del Seguro Libre de enfermedad, Circular 69", 1980; and El Eco del Seguro. Actualidad Aseguradora, November 1982, Madrid, "Asistencia sanitaria: Un ramo con larga tradición", pages 13 ff.

[27] Data taken from the cited journal, El Eco del Seguro.

medical insurance firms, and they have financial problems: they cannot raise the premiums as much as they would like because there are severe restrictions on increases in insurance premium, and they have very high medical costs. There are more than 325 medical insurance firms in Spain, which means a lot of competitors. Big companies operate in one of two ways: they can operate on a provincial scale with a national central co-ordination organism, or they can be centralized with headquarters at Madrid.

E 103 Normally, private medical insurance firms work through the so-called medical act. Each medical intervention, visit or surgical service is paid for individually. The beneficiary can choose the doctor or the specialist from a large list. The social security system does not allow a choice of doctor; this fact has caused 30% of social security beneficiaries to withdraw from the system in recent years.

The biggest problem of these companies is the increasement in medical costs. Modern medical techniques are expensive; the number of surgical interventions is increasing and hospital costs are rising. The companies cannot cover these costs by increasing the premiums because they are regarded as insurance companies and not as free medical societies, and are thus subject to many restrictions.

E 104 Another interesting point is the relationship between the private medical insurance companies and the social security system. We have already mentioned the financial problems of private companies, which have caused a lot of criticism of insurance legislation. The private system must have priority in a liberal economic system such as is found in Western democracies.

As *Wittmann* says,[28] private insurance schemes operate normally on a cost coverage principle: there is no State subvention. Private insurance firms are also in a better condition to face big economic risks because they are managed on economic principles, not political ones. However, there are some inconvenience: the insurance companies do not always provide cover for minor cases because they produce costs that are difficult to cover and such cover is liable to abuse by the beneficiaries.

The public insurance system may be indispensible when the number of private insurance firms is not enough to cover medical needs. A social State must take care of the medical needs of its citizens. The private insurance system may be useful for those people who can pay for it, but the State must make provision for the medical needs of the rest. Thus the State system must be regarded as subsidiary to the private system.

I. General Principles

E 105 The main law is the 50/1980 Contract, of the Insurance Law of 8 October 1980. Articles 105 and 106 of this law govern medical care insurance. Article 1 of this law says that the insurance company is bound by the payment of a premium to pay the contracted expenses if the accident or evend insured against (in our case a disease that requires medical or surgical intervention) occurs. Article 2 states that the rules of the said law have an imperative nature. Each insurance contract is governed by the specific insurance law and the General Law of 1980 will be regarded as subsidi-

[28] Report by Dr. Walter Wittman in the cited journal, pages 29 ff., concerning the problem of private and social insurances.

ary. However, of these laws the injured party may always choose the one which is the more favourable to him.

If the insurance contract has general clauses, those will be controlled by the public administration (article 3-2 of the 1980 law). An official model for health insurances contracts has been approved by a ministerial order of 30 May 1967. Article 4 of the 1980 law says that the contract will be made void if the accident insured against had already taken place when the contract was signed.

E 106 With respect to the form of contract, the law says that it must always be written, with a minimum content laid down by articles 5 and 8. The administration can also indicate for each contract some specific clauses that will be regarded as a necessary part of the contract.

With respect to health care insurance, the law says that: "if the risk insured against is a disease or an illness, the insurer may be bound to pay a certain amount of money, plus all the medical and pharmaceutical expenses. If the insurer is bound to give those medical services himself, he will be subject to the related laws and rules" (article 105). Article 106 completes this regulation, stating that: "medical care insurance may be governed by the articles concerning accident insurance". Article 100, which governs accident insurance, refers us to articles 88–86 and 87-1 concerning life insurance.

Other rules that can be applied to medical care insurance are:

1. Diseases caused intentionally by the insured himself are excluded from coverage by medical insurance (article 102).
2. The insured must inform the insurer about any other medical care insurance that he has contracted (article 101).
3. The principle of freedom of engagement (article 1255 of the civil code) makes it permissible to contract a medical care insurance which includes accident risk (article 100-1).
4. If the insured is a minor, parental authorization is required (article 83-3). A single insurance contract can cover several beneficiaries, as may be the case with family insurance policies or policies with a third party beneficiary. The designation or the modification of the beneficiary can be made without the consent of the insurance firm when the contract is signed or later in a separate written document (article 84).
5. The insured can change the third party beneficiary of the insurance contract at any time unless he has renounced that right (article 87-1).

The Contract of Insurance Law has been in force since 17 April 1981.

The General Department of Insurance has already dictated some dispositions intended to adapt the existing insurance regulations to the new law.

II. Specific Legislation

E 107 We have already said that private health insurance companies have become the major source of funding for medical care for those who are not under the protection of the social security system. Both systems are based on a solidarity and bona fides principle.

Spanish legislation has always been interested in controlling the private medical care insurance contract adequately. Its historical evolution can be described briefly as follows.

1. The royal order of 31 March 1925 organized an institution called the Health Department, which does not exist any more; its purpose was to inspect all the entities related to medical care services, in order to avoid any non-fulfilment of contracts with beneficiaries and to ensure that ethical rules were observed.
2. The royal decree of 12 January 1926 established a Central Department with the same purposes as the Health Department, and gave a Commercial nature to medical care centres except for the mutual insurance systems.
3. The order of the Ministry of Government of 12 April 1941 organized the so-called employers' societies to give medical care to the employees.

Nowadays, the Statute of the Medical and Pharmaceutical Assistance Department, approved by the order of 7 May 1957, is in force but the department has been renamed the Medical Care Insurance Department by the order of 26 January 1965 and in accordance with the decree of 5 April 1979. This department is subordinated to the Medical Care General Department which is run by the Ministry of Health.

We will now briefly examine the Spanish legal system of medical assistance:

1. Legally Permissible Types of Insurance Company and Their Registration

E 108 We have already mentioned that the main legal provision is the statute of 7 May 1957; the new Law of Insurance Contracts of 1980 does not have a retroactive nature, so the law of 16 December 1954 concerning private insurance is still in force; the same is true of the 1908 law concerning certain old established insurance companies.

All those laws established that private medical care insurance contracts can be only made by the following entities: (a) corporations and mutual companies according to the 1954 law; (b) social welfare mutual companies according to the 1941 law, if the contract is willingly accepted by the beneficiary and not imposed by the employer; (c) assistance services organized by commercial or industrial firms or by official organizations in order to insure their employees and their families (law of 6 December 1941 and 16 December 1954).

The purpose of the Medical Care Insurance Department is first of all to know through a registration system the number and kind of every entity offering medical care insurance, in order to authorize those entities, to inspect their services and to deal with any complaint concerning them. Article 4 of the 1957 statute describes the documents needed to obtain the registration, which is regarded as obligatory. Medical supervisors can inspect the entities' premises to verify whether the requirements of article 38 of the said statute are being complied with (conditions in consulting-rooms and clinics, condition of the material used; quality of the services given, doctors' duties etc.).

2. Parties to the Medical Care Contract

E 109 Article 1 of the order of 8 April 1969 concerning medical care insurance says that: "the insurer is the adequately authorized company that assumes the risk; the insured is the beneficiary of the insurance, the person who can suffer the insured risk; the contractor is the person who pays the premium and who is bound to the insurer. The contractor and the insured cannot be the same person."

The insured is normally a person who is not protected by the social security system. Some entities operate with certain working categories, for instance the General Mutual Company for Civil Servants. The physician who gives the medical care contracted is not regarded as a personal element of the contract; he is not bound by the insurance contract. He is bound to the insurance firm by a different contract. However, the relationship between the doctor and the patient is in this case regarded as a contract of services, and it can produce civil responsibility.

The medical services given through those contracts are organized in a traditional way. The patient normally has a free choice of doctor from a list, and the relationship between the patient and the physician is almost the same as a private professional relationship.

3. The Premium and Other Elements of the Contract

E 110 The premium is the financial contribution made by the insured or by the contractor to the insurance company. The value of the premium ist subject to market fluctuations. Concerning the medical care insurance contract, the order of 8 April 1969 says in paragraph 2 that policies, premiums or primes of these contracts must be approved by the Ministry of Finance. Paragraph 3 of the same order says that the contract may establish whether the contractor must share the cost of treatment and whether the beneficiary has the right to a free choice of physician. The insurance company must show copies of the different kinds of insurance contract and the value of the premium in each case when registering. Each time the company establishes a new type of insurance contract, the value of the premium must be registered according to the order of 8 February 1961.

The Insurance General Department and the Medical Care General Department are the State agencies charged with the approval of premium values.

4. The Insurance Policy

E 111 The insurance policy is the formal element and the content of the insurance contract between the insurance company and the insured beneficiary. The policy, as the main document of the contract, is subject to the Ministry of Finance rules concerning the premium and the Ministry of Health rules concerning the medical care; one of these rules forbids insurance against an officially declared epidemie. All policies must contain complete information about family and personal circumstances, as laid down by the orders of 20 March 1959 and 11 June 1963. This information includes previous diseases, the existence of chronic or inherited diseases and the result of the medical examination made prior to signature of the contract. If no such medical examination is made, then the insurer must assume the cost of any chronic disease, except when the insured fraudulently concealed this disease. In the case of non-fulfilment, either party can claim the civil responsibility of the other in the civil courts, as is stated by article 51 of the Civil Procedure Law.

The order of 10 April 1969, established some rules in order to unify the content and the form of medical care insurance policies.

5. The Medical Services' Contract Between the Physician and the Insurance Firm

E 112 For those physicians not bound to the insurer by a contract of employment, the order of 30 June 1967 established a civil contract of medical services. Prior to signing the contract, the insurance firm can ask for a report from the College of Physicians in order to be sure about the physician's professional skill. One of the clauses of this contract (number 6) governs the civil responsibility of the doctor for damages committed against the insurer and the insurance company's excemption from responsibity for the condition of the doctor's instruments or installations. Clause 9 of this contract states that the auxiliaries or assistant medical personnel will be regarded as the physician's employees and so without any contractual relationship to the insurer. There is a preliminary step which must precede any trial concerning this contract. There is a conciliatory meeting before a compounded committee formed by members of the College of Physicians, the General Department of Health and the insurance company. The indemnity in the case of non-fulfilment of the contract will be regarded as a penalty and its value will be assessed according to the service given or to the service that was supposed to be given, depending on the case, as is laid down by paragraph 10 of the order of 14 January 1964.

6. Consequences of the Contract

E 113 We will now discuss the legal consequences resulting from the two contracts, the insurance contract and the medical services contract. There are three kinds of consequences or effects: the relationship between the insurance company and the insured, which is the regular effect of an insurance contract; the relationship between the physicians and the insured, which are extracontractual consequences of a medical services contract; and, finally, some effects caused by the contract of medical services that binds doctors to the insurer. We will explain those effects first.

We have already said that the relationship between doctors and insurers can be an employment relationship or a civil contract of medical services. The order of 14 January 1964 governs those civil contracts. The insurance companies can operate in either of two ways: (a) without their own medical staff, in which case the beneficiary may be offered a free choice of doctor, and each consultation or treatment is paid for individually; (b) with its own medical staff of general practitioners and specialists, in which case the insurer can either offer the beneficiary the choice among these doctors or can appoint a doctor for each district or area.

E 114 The physician bound by a contract of employment is subject to the rules of the Medical Assistance Labour Statute of 12 February 1964. This statute distinguishes between general practitioners, specialists and emergency doctors. The statute also says that the patient must be treated at adequate premises owned by the doctor or the insurance company. It is interesting to mention that only 1% of physicians are bound by a contract of employment; the rest of them are engaged through a civil contract.[29]

With respect to the content of these contracts, article 5 of the order of 8 April 1969 indicates minimum obligatory services for at least 30 medical specialities, including surgical services, general medicine obstetrics, and emergency medicine and surgery. Other services can be offered if they are authorized.

---

[29] "El seguro libre de enfermedad en el Derecho Español" (Fifth World Congress of Insurance Law), cited in note 26

E 115 Besides this, the insurer is bound to offer the insured all the services stipulated in each particular contract according to the value of the premium. Medical care for industrial accidents, industrial diseases and traffic accidents is excluded unless both parties decide to include it in the contract. Other risks excluded from contracts of this kind are: war, officially declared epidemic and nuclear catastrophes insured by a nuclear risk insurance.

The insured must know the medical staff of the insurance company, the consulting-room addresses and visiting hours, and the addresses and telephone numbers of emergency physicians; the insured must also be informed about any change in these details.

E 116 Any complaint concerning this medical care must be made by the insured at the Medical Care General Department. Complaints concerning other aspects of the contract will be made to the Insurance General Department. Besides these administrative procedures, a judicial action can also be started.

Administrative penalties were established by the 1957 statute and modified by the order of 28 March 1977 concerning the value of the fines (now up to 100000 pesetas, and for each policy contracted without a previous authorization a 500-peseta fine). Appeal against the decisions of the Medical Care General Department can be made to the Ministry of Health, and appeal against this decision can be made before an administrative court.

The order of 2 September 1982 governs administrative intervention in insurance firms in cases where the company is being wound up, in accordance with the law of 16 December 1954 and the statute of 2 February 1912.

III. Preventive Insurance

E 117 Preventive insurance can be useful in improving the social security system. It has three main purposes:

1. To promote scientific research into the causes of disease with a view to undertaking preventive campaigns, such as the campaign against tobacco smoking intended to reduce the incidence of lung cancer
2. To organize public health campaigns in specific problem areas, such as the promotion of antenatal care with a view to reducing the number of children born with abnormalities
3. To prevent certain diseases by taking adequate precautionary measures, for instance in the case of those engaged in dangerous employment and old people.

It is very difficult to establish prevention insurance, and some have said that this type of insurance is not feasible[30] because there is no definite risk that can be insured against. However, insurance policies may cover some preventive measures, such as vaccination services. There is no legislation governing this kind of preventive insurance, but some of these types of insurance do actually exist.

---

[30] Guerrero de Castro, M., in "Mesa redonda sobre el seguro privado de asistencia sanitaria", in El Eco del Seguro, November 1982, page 21

H. Organ Transplantation

E 118 Article 15 of the political constitution in force in 1978 states: "Everyone has the right to protection from danger to his life and to physical and moral integrity; no-one may be subjected to torture or to inhuman or degrading treatment." Another constitutional right is personal and ideological freedom (article 17), as is the opportunity to develop one's personality (article 10), and anyone may use his body as he pleases. Thus the law of organ removal and transplantation of 27 October 1979, as well as the previous law of 18 December 1950, establish the conditions and requirements for the legality of those operations. This law was developed by a statute of 22 February 1980. We must also consider the decree of 26 June 1975 concerning blood banks and blood-donors, and the order of 15 April 1981 concerning eye banks. These legal provisions are the result of many scientific works.[31]

E 119 Kidney transplantation has caused a reformation of Spanish organ transplant legislation.[32] The new law has been well accepted because it protects not only the patient's rights but also the donor's rights. The 1979 law must be applied to any case of cession, removal, conservation, exchange or transplant of human organs with a therapeutic purpose. The donor may not be financially compensated, and neither may the donors of blood or eyes.

The transplant may only be carried out at an authorized clinic or hospital: authorization is given by the Ministry of Health. The law distinguishes between live donors and dead donors. In the former case, the donor must be of age, must be mentally healthy and must have been previously informed as to the consequences of his decision. He must give a written consent that must also be signed by the physician. The organ may only be transplanted into the designated patient.

E 120 In the case of removal or organs from dead donors, brain death must have been previously established. Brian death is said to have taken place when certain symptoms all persist for at least 30 minutes or when they occur separately during the 6 hours after the onset of coma. These symptoms are: (a) absence of brain response with complete loss of consciousness; (b) absence of spontaneous respiration; (c) absence of cephalic reflexes; (d) a "plain" electroencephalogram, showing bioelectrical inactivity of the brain. These symptoms are not sufficient in the case of artificial-

[31] Ruiz Vadillo, E., "El transplante de organos en el ordenamiento jurídico español" in the Boletín de Información del Ministerio de Justicia no. 777, 25 July 1968, Madrid; Reyes Monterreal, J. M., "Problemática jurídica de los trasplantes de organos", in the Revista General de Legislación y Jurisprudencia, Madrid, 1969, pages 404 ff.; Kummerow G., "Perfiles jurídicos de los trasplantes", Mérida (Venezuela), 1969; Romeo Casabona, C. M., "Situación jurídica actual de los trasplantes de órganos en el Derecho Español y propuestas de reforma", in "Estudios Penales" (book in honour of Profesor J. Antón Oneca), Ediciones Universidad de Salamanca, 1982, pages 814 ff.; Romeo Casabona, C. M., "La Ley de Trasplantes y sus repercusiones sociales", in the Revista Jurídica Española la Ley, Madrid, 1982, vol 1, pages 784 ff.

[32] Romeo Casabona, C. M., op. cit., "La Ley de Trasplantes y sus repercusiones sociales", pages 784 ff.

ly induced hypothermia, or in the case of the administration of drugs causing depression of the central nervous system. The death certificate must be signed by three physicians, including a neurologist or neurosurgeon and the chief of the medical unit concerned. None of these doctors may participate in the transplant operation.

E 121 An important rule says that: "An organ may be removed from the body of a dead person who never opposed such a removal". This is a *iuris tantum* presumption whereby we can regard as a donor anyone who never willingly opposed the donation. However, the deceased's will concerning the organ removal must always be respected.

Another prerequisite to the operation is the organ recipient's consent which must be given in writing after he has been informed about the operation and its risks.

The removal of cornea, skin, bones and blood vessels can be carried out immediately at the deceased's home. In this case, the symptoms of brain death do not have to be verified in order to certify the death (final disposition number 1 of the said law). The order of 15 April 1981 establishes the requirements for the enucleation of the eye.

Article 8 of the statue mentioned states that the opposition to organ removal can be recorded in the hospital card, in the special register that all hospitals must have for such declarations, in the written consent, or by other informal means. There has also been a proposal that such opposition should be included in the National Identity Card.[33]

---

[33] Romeo Casabona, C. M., op. cit., pages 790ff.

I. Intensive Care; Death

E 122 There is no specific legislation in Spain concerning intensive care or special treatment units. The order of 8 April 1969 governs urgent medical cases, but we cannot say that emergency treatment and intensive care are the same thing, even though both services are given in some hospitals by the same physicians. Despite this lack of legislation, almost all the main hospitals or clinical centres – private or public – have an intensive care unit and they all offer an emergency care service.

E 123 However, there are many legal provisions, civil and administrative, and a lot of jurisprudential cases concerning death. First of all we may mention the Social Security General Law of 30 May 1979; article 157 stipulates the payments to be made in the case of death: (a) a lump sum of assistance; (b) a life pension for the widow; (c) a pension for orphaned children; (d) a life pension or pension for a fixed period for other relatives. In the case of death due to industrial accident or industrial disease, an indemnity is also paid. The same law covers each provision separately. There is no set term for the claim of these benefits except for the burial expenses.

E 124 The insurance laws also include some rules concerning indemnities. The order of 10 November 1982 concerning obligatory automobile insurance includes an indemnity of up to 75000 pesetas for medical care and a million pesetas in the case of death. The order of 18 June 1980 concerning obligatory travel insurance establishes an indemnity in the case of death that can be 2 million pesetas if the deceased is older than 14.

When a person dies, the court must value the indemnity. This value cannot be assessed on a mathematical basis because it is not a material valuation. There is a basic value that can be established according to the deceased's annual earnings or his personal circumstances, or Social Security or private insurance valuations; This basic valuation can be altered by other circumstances such as the nature of the causal act and the beneficiaries' situation, and allowance may be made for *pretium doloris,* monetary devaluation, the victim's expenses, medical expenses, transportation of the body, and other expenses such as those arising from hospital care, surgery, the orthopedy, rehabilitation, the funeral, psychological damage, and the food and transport expenses of third parties. There are three major factors to be considered when the value of an indemnity payment is assessed: the value of the earnings of the deceased during his expected future life; the cost of medical treatment and the funeral expenses; and an evaluation of the non-material harm to the heirs of the deceased.

E 125 Spanish jurisprudence has declared that the death is not a sufficient fact to establish the claim to indemnity; the relationship between the deceased and the claimant must be proved. Sometimes the moral damage cannot be denied, for instance the suffering of a son after his mother's death (decision of the Second Hall of 2 July 1966). The decision of the First Hall of 17 February 1956 drew the line between moral harm and financial loss caused by the death for the relatives of the deceased.

A much debated point is the person entitled to claim civil responsibility. Article 105 of the penal code states that the obligation to pay indemnity for injury can be transferred to the heir of the party responsible, and so the right to bring an action for damages can also be inherited. The heir of the deceased can bring a civil action when the death was caused by a criminal act. The Second Hall has declared many times that the heir of the deceased has the right to indemnity.

The First Hall considers that when the death was caused by a non-criminal act, such as negligent medical treatment, the heir of the victim does not automatically have the right to indemnity: only close relatives (children and widows) have this right (decisions of 8 January 1946 and 17 February 1956). The Second Hall has declared that the moral and material harms caused by an accidental death are not part of the inheritance; the relatives therefore do not have to prove that they are heirs of the deceased in order to have the right to indemnity: this is regarded as *ex jure proprio* and not *ex jure hereditatis* (decisions of 16 January and 22 October 1975 and 31 January 1976). However, this criterion is valid only for immediate death. When death occurs as the result of long-term negligent medical treatment, the heirs as recipients of the victim's personal and financial rights (articles 657, 659 and 661 of the civil code) are the beneficiaries of the indemnity, and may bring an action to establish civil responsibility in the civil courts.

J. Drugs Manufacture and Control

E 126 Here we are interested only in the legal consequences of breaking the rules concerning pharmaceutical products. This regulation belongs to the legislation on consumer protection, which includes preventive measures and offers judicial protection through actions to establish civil, criminal or administrative responsibility. We will not consider the drug manufacturer's responsibility, which is similar to that of the manufacturer of any other goods.[34] We will examine the regulations concerning the production and sale of pharmaceuticals, and the relevant administrative, criminal and civil rules.

E 127 There are many legal provisions in Spain concerning the production, control and sale of drugs and medicines. We may mention the statute concerning the production and sale of vaccines of 10 October 1919, the statute of 8 February 1924, the Basic Law of National Health of 25 November 1944, many ministerial orders of 1942 and 1943 about medical and dietetic foods, orders concerning the register of pharmaceutical products, and the order of 10 May 1973 concerning the pharmaceutical industry. We will also mention the regulation of pharmaceutical professional practice, the order of 18 April 1860 governing the sale of drugs and medicinal plants, and the statute of 10 August 1963 concerning pharmaceutical laboratories and the registration, distribution and advertising of drugs; this statute governs the commercial cycle of pharmaceutics beginning at the laboratory, passing through the drugs register and ending at the pharmacist's store.

E 128 The 1860 order, which is partially still in force, establishes some basic principles about the responsibility of pharmacists and pharmacologists; article 9 of this order declares that the pharmacist must have his store in his house, he must control any laboratory operation, he must attend the store and sell the drugs himself, and he must keep the key of the cupboard where poisons and dangerous products are stored.

Article 15, concerning civil and criminal responsibility is also very important; it states that the pharmacist is responsible for the quality of the drugs and their condition, not only of those drugs or compounds produced by him, but also of the drugs commercially produced, which must be analysed and, if necessary, purified, for he will be responsible for the harm caused by any drug sold at his store.

E 129 According to article 19, the pharmacist cannot sell any drug without a physician's prescription except for those drugs in domestic and common use. Article 20 declares that even with a prescription the pharmacist may not sell a dangerous drug or huge quantities of a normal drug without previously consulting the physician who signed the prescription.

When the 1860 order was approved, an official book called the *Spanish Pharmacopoeia* was published periodically, containing rules and ideas concerning the pro-

[34] See Santos Briz, J., op. cit., "La Responsabilidad Civil", third edition, Madrid, 1982, pages 597 ff.

duction and elaboration of drugs and medicines. An order of 3 March 1953 declared this book obligatory for any pharmaceutical product.

E 130 The decree of 10 August 1963 governing pharmaceutical laboratories, registration, distribution and publicity is very interesting with respect to drug control. It declares that pharmaceutical products can only be produced at officially authorized laboratories, and those products must be registered at the General Department of Health. Pharmacists may also elaborate medicines and prescriptions and sell them at their own stores.

Article 7-4 of the said decree says that laboratory owners will be responsible for the acts committed in their laboratories. The same article says that the laboratory owner and the pharmacist can be declared responsible for the same act, and according to the circumstances they will be declared conjointly or *in solidum* responsible.[35] Any drug manufacturing firm that gives a share of the profits or any other financial interest to doctors will be declared illegal (article 10-3). The control department of the laboratory must have adequate instruments to perform the necessary physical, chemical and biological tests. All pharmaceutical tests or analyses that require special instruments or techniques can be made at the General Department of Health laboratories. The personnel and staff working at pharmaceutical laboratories will be medically surveyed and will not be allowed to work there if they have any contagious illness or skin disease.

E 131 All pharmaceutical products must be officially entered in the register of the General Department of Health. A non-registered drug will be regarded as clandestine and illegal. The registration of a pharmaceutical product can be refused for technical, medical or legal reasons. The registration is valid for 5 years; after that it must be renewed. The registration of a foreign medicine can be authorized by the General Department of Health. Drug prices are fixed by the General Department of Health and by the Ministry of Health.

Honest publicization of pharmaceutical products is authorized, but physicians, practitioners, health personnel and pharmacists may not be representatives or commission agents of firms or companies that produce drugs and medicines.

E 132 A 1963 statute governs the administrative penalties in the case of infringement of these rules. This statute regards as grave offences: the modification of the conditions of production, storage and control of pharmaceutical products without informing the health authorities; the alteration of the form and content of these products; alteration of the price without consultation with the General Department of Health; failure to indicate on the packet that a prescription is required.

Very grave offences are: the production or sale of non-authorized pharmaceutical products and the failure to indicate stupefacient drugs. The administrative penalties include temporary or permanent suspension from professional activity and the refusal to authorize the laboratory. The penalties are imposed by the General Department of Health and by the Ministry of Health: their decisions can be appealed against before an administrative court.

E 133 Apart from administrative responsibility, the owner of the laboratory can also be held civilly responsible according to articles 1902 and 1903 of the civil code. In this case, the concept of fault or negligence is not only that defined by article 1104-2 of

[35] For further information see Santos Briz, J., op. cit. "La Responsabilidad Civil", pages 421 ff. The Supreme Court of Spain, mostly its First Hall, declares joint responsibility when the evidence is not sufficient to establish individual responsibility.

the code, but also includes the responsibility for injury to a third party arising from failure to observe the regulations.

When the act committed is punishable by the penal code, the laboratory owner will be held criminally responsible. The penal code includes a certain number of so called "crimes against public health" which can be committed by pharmacists and pharmacologists:

1. Compounding, without authorization, products detrimental to the health or capable of causing serious harm
2. Selling such harmful products
3. Selling medicines in bad condition
4. Selling any illegal kind of drug or contraceptive
5. Growing, producing, compounding, transporting, keeping, selling or dealing with toxic or stupefacient drugs
6. Modifying the quantity, dose or composition of a medical product while producing or compounding it
7. Modifying a medicine already produced or made up
8. Producing false drugs in order to pass them off as real drugs
9. Keeping, storing, selling, giving or showing these false products.

In grave cases of the items 6–9 the court can order the closure of the laboratory, factory or pharmacist's store for a term of 1–6 years. The penal code is so strict with respect to these matters that it is difficult to find a civil responsibility case, because a mere act of negligence can lead to a criminal rather than a civil action. In many cases, an action may be found to have been criminal even when it involved no harmful consequences.

References

The following bibliography includes only the works and books consulted by the author. We have only mentioned the Spanish bibliography, excluding the foreign references, because we consider that a work with a comparative purpose is mostly interested in its own bibliography. We realise that in large parts of the work bibliographic references are not made because the books do not exist or because the matters dealt with have not been studied from the point of view of civil law.

Alonso M (1934) "Código de Deontología Médica", Madrid

Baso Andreu L (1978) "El seguro libre de enfermedad en el Derecho Español", Madrid

Bonet Ramón F (1975) "Perspectivas de le responsabilidad civil. Estudio de Derecho comparado", Madrid

Bueres AJ (1979) "La Responsabilidad civil de los médicos", Buenos Aires

Bueres AJ (1981) "Responsabilidad civil de las clínicas y establecimientos médicos", Buenos Aires

Avilés Caballero J (1981) "Asistencia sanitaria prestada por servicios ajenos a la Seguridad Social en casos de enfermedad mental de los beneficiarios" in the "Revista Jurídica Española la Ley", Madrid, volume 4

Gitrama G (1963) "Configuración jurídica de los servicios médicos", in the "Estudios de Derecho público y privado ofrecidos al Profesor Ignacio Serrano", Valladolid

Jimenez Asua L (1963) "Tratado de Derecho Penal" vol 4 "El Delito", Buenos Aires

Kummerow G (1969) "Perfiles jurídicos de los trasplantes", Mérida (Venezuela)

Laín Entralgo P (1963) "Historia de la Medicina Moderna y Contemporánea", Second Edition, Madrid

Marañón Posadillo G (1945) "La Responsabilidad profesional del Médico", Preface, Madrid

Benzo Cano (1945) "La responsabilidad profesional del Médico", Madrid

Marañón Posadillo G (1947) "Vocación y Etica", Madrid

Montoya Melgar A (1970) "Jurisdicción y Administración de Trabajo. Extensión y Límites de sus competencias, Madrid

Mosset Iturraspe J (1979) "Responsabilidad civil de Médico", Buenos Aires

Peinador Navarro A (1962) "Tratado de Moral Profesional", Biblioteca de Autores Cristianos, Madrid

Prieto-Castro y Ferrándiz L (1975) "Contestación al Discurso de Ingreso en la Real Academia Española de Jurisprudencia y Legislación de D. Francisco Bonet Ramón", Madrid

Quintana y Ferguson M de la (1949) "La responsabilidad del médico" Madrid

Reyes Monterreal JM (1969) "Problemática Jurídica de los Trasplantes de Organos" in the "Revista General de Legislación y Jurisprudencia", Madrid

Rodriguez Devesa JM (1971) "Derecho Penal Español. Parte General", Madrid

Rogel Vide C (1977) "La Responsabilidad Civil extracontractual en el Derecho Español", Madrid

Romeo Casabona CM (1981) "El Médico y el Derecho Penal. I. La Actividad Curativa (Licitud y responsabilidad Penal)", Barcelona

Romeo Casabona CM (1982) "Situación jurídica actual de los trasplantes de órganos en el Derecho español y propuestas de reforma" In the "Estudios Penales" (Libro homenaje al Profesor DJ Antón Oneca)

Romeo Casabona CM (1982) "La Ley de trasplantes y sus repercusiones sociales", in the "Revista Jurídica Española la Ley", volume 1, Madrid

Ruiz Vadillo E (1968) "El trasplante de órganos y el ordenamiento jurídico español", in the "Boletín de información del Ministerio de Justicia" June the 25 of 1968, Madrid

Santos Briz J (1981) "La responsabilidad civil. Derecho sustantivo y Derecho Procesal", third edition

Santos Briz J (1982) "Derecho civil. Teoría y práctica", volume V

Serra Dominguez M (1981) "Comentarios al código civil y compilaciones forales", directed by Manuel Albadalejo, Book XVI, volume 2, Madrid

Toro A del (1961) "Estudio Penal sobre el secreto médico", in the "Anuario de Derecho Penal" review, Book XIV, volume 1, Madrid

Trocker N (1974) "Processo civile e constituzione. Problemi di diritto tedesco e italiano (studi di diritto comparato)", Milan

Vilamayo J (1982) "La responsabilidad criminal de los médicos" in the "Revista Juridica Española la Ley", number 520, 6 October 1982, Madrid

Wittmann W (1982) "Informe sobre el tema de los Seguros Sociales y los seguros privados", in the "Revista El Ecc del Seguro. Actualidad aseguradora", November 1982, Madrid

Tortosa Simancas J (1982) "Legislación Hospitalaria", Barcelona

Zaragoza JR "Introducción a la Obra Legislación Hospitalaria, del Dr. Tortosa Simancas."

Trigo Represas FA (1978) "Responsabilidad civil de los profesionales", Buenos Aires

Sweden

J. Hellner

Contents

A. Introduction

S 1 Medical care in the widest sense accounts for a considerable part of the gross national product of Sweden. Most of the care is socialized. Practically all hospitals are publicly owned, and the care afforded to in-patients is, in practice, free of charge. Out-patients in the public hospitals, patients who visit other public institutions of medical care, and those who visit doctors and dentists in private practice, generally pay a limited amount, and the rest is paid for by public money. The underlying philosophy is that medical care is so important in a modern welfare state that it should be accessible to everyone regardless of his or her economic situation.[1] In principle, those who can afford to pay for wholly private care may do so, but the costs for any serious illness are forbidding, and such care plays only a limited role.

When so much importance is attached to medical care the responsiblity for defects of various kinds, and the rights of patients, must receive considerable attention. A high standard of medical care also requires a high standard of protection against error. A system of the Swedish type is largely self correcting, if this expression may be used, since the most important result of an error will be that the patient must make use of a greater share of the resources of free medical care (and of compensation for loss of income from the National Health Insurance and other resources) than he would if no error had been made. This feature, which will be discussed in more detail later, explains some of the characteristics of the Swedish system.

S 2 In describing the Swedish system, it is necessary to distinguish three questions: the rights of a patient in general, the responsibility for errors of various kinds, and the right to compensation for a loss. These subjects may in other legal systems be closely connected; that a patient has rights arises from the fact that someone can be held responsible for an action that is detrimental to the patient, and the way of holding this person responsible is to make him or her (or the employer or insurer) pay compensation to the patient. In Sweden it is necessary to keep the three aspects separate. The right to good medical care is laid down by statute[2] and is safeguarded by supervision exercised by an official authority.[3] Independently of this supervision, a doctor or other person engaged in medical care may be held responsible for failing to exercise professional care, by criminal or administrative jurisdiction, even if no harm has occurred and therefore no one is in a position to demand compensation. Finally, the right to compensation is separate from the possible responsibility of a person who may have committed a fault.

It should be mentioned, although the subject cannot be developed further here, that the situation in this field is parallel to other more or less similar fields – injuries

---

[1] See Proposition 1981/82:97 *Hälso- och Sjukvårdslag* m. m., p. 16.
[2] Act on Health and Medical Care, Sect. 3 (*Hälso- och Sjukvårdslag* 1982:763).
[3] Act on Health and Medical Care, Sect. 18.

from drugs, industrial accidents, motor traffic accidents, and protection of the environment.[4] The right to compensation is separate from the prevention of damage and the responsibility for error. Administrative control and penal sanctions are considered to be more efficient means of maintaining a sufficient standard of care than the imposition of liability. Obversely, a system of compensation which makes use of factors that are chosen because of their supposed utility in maintaining a standard of care is considered to be unsatisfactory when efficiency in the reparation of losses is required.

[4] Cf. Hellner J (1980) Haftungsersetzung durch Versicherungsschutz in Schweden, Haftungsersetzung durch Versicherungsschutz, Arbeiten zur Rechtsvergleichung 100. Metzner, Frankfurt pp. 24 ff.

B. Organization of Medical Care in Sweden

S 3 The responsibility for medical care in Sweden lies primarily with the county councils *(landsting)*.[5] There are three municipalities (those of Gotland, Göteborg and Malmö) which handle the tasks of the counties for themselves. The role of the Swedish State is small and has decreased progressively. Previously, the State operated certain hospitals that served medical education, but even these hospitals are now operated by the county councils. The only areas in which the State retains the responsibility for medical care are defence and the prisons. The municipalities are responsible for school health care. In addition, they operate certain institutions, such as homes for those who need prolonged care without being acutely ill. It is only the responsibility, however, that lies with the county councils. There is no prohibition against others providing medical care,[6] although those who do so are subject to supervision by the National Board for Social and Medical Care *(socialstyrelsen)*, as are also the institutions of the counties and others.[7] The councils' responsibility enters into play only when a patient does not choose to make use of other resources.

The role of public medical care is absolutely predominant. Practically all hospital care is provided by hospitals operated by the counties. These hospitals, and other institutions operated by public bodies, also supply by far the largest part of alternative care. The portion of this alternative care provided by doctors in private practice is estimated to be only about 15%.

S 4 A number of doctors in private practice are associated with the National Health Insurance and are paid partly by it, in which case the amount of remuneration that can be demanded from the patient is limited. The same is true of most dentists in private practice, although the part that the patient pays is often greater for dental care than for medical care, in a limited sense. However, there are doctors and dentists who prefer to be entirely independent and are then free to charge their patients what they like.

The number of doctors in private practice who are also in association with the National Health Insurance was 4057 in 1982.[8] Some had private practice as their main occupation, but the majority had it as a part-time occupation. All medical care provided in public hospitals is considered to be part of the public service, and thus no doctor is allowed to practice privately in a public hospital. The figure just mentioned for the number of doctors refers to those who are associated with the National Health Insurance. No exact figures are available regarding those who practice entirely privately. Some of these are retired doctors who only receive a limited number of patients.

---

[5] Act on Health and Medical Care, Sect. 3.

[6] Act on Health and Medical Care, Sect. 3.

[7] Act on Supervision of Personnel in Health and Medical Care, Sect. 2 (Lag 1980: 11 *Tillsyn över hälso- och Sjukvårdspersonalen* m. fl.) and Act on Health and Medical Care, Sect. 18.

[8] Oral information from Riksförsäkringsverket.

Industrial and other enterprises provide some health care, the nature of which depends largely on the kind of activity in which the enterprise is engaged.

S5 The total number of days of care for in-patients in the institutions operated by the county councils was 35.6 million in 1981, and the councils in addition provided 4.7 million days of care in institutions which they did not operate themselves, principally in homes for those in need of prolonged care, which belong to the municipalities.[9] The number of visits from patients to hospitals and other institutions operated by the counties was 20.3 million in 1981.[10] For 1982 the total number of visits to these institutions and to doctors in private practice is estimated to have been about 25 million. These figures should be seen in relation to the total population of Sweden, which is 8.3 million.

S6 The total yearly costs for health and medical care during the budgetary year 1981–1982 were about SEK 50 billion, which corresponds to about 10% of the Swedish gross national product.[11] It has been estimated that the annual cost per inhabitant is about SEK 6000 and per taxpayer about SEK 9000. Those engaged in health and medical care number about 375 000, which is about 8% of those engaged in paid work in Sweden.[12]

S7 Two thirds of the health and medical care provided by the counties is financed by taxes levied by the counties,[13] and the predominant part of these taxes goes to medical care. Most of the rest of the money originates from the National Health Insurance, which is financed by the State (partly by special levies, partly by ordinary taxes). The State's contribution is, as far as hospitals are concerned, largely determined by the number of days of care for in-patients and of visits from out-patients. A considerable part of the costs for out-patients is covered in this way.[14] The fees raised from patients play an insignificant role in the financing of the medical care provided by the hospitals and other institutions operated by the counties. As already indicated, the National Health Insurance pays for part of the care provided by those doctors in private practice who are associated with it. The National Health Insurance also provides compensation for loss of income because of temporary disability, contributes to the costs of drugs, and finances various other services.[15]

The Swedish system of financing medical care is a subject of constant discussion and of criticism, but this need not be discussed here.

---

[9] See LKELP 82, Rapport No. 4, *Basårsstatistik 1981, Verksamhet och personal, Landstingsförbundet*, Dnr Lf A 690/81, p. 10 and p. 20.

[10] See op. cit. supra No. 9, p. 7.

[11] See op. cit. supra No. 1, p. 11.

[12] See op. cit. supra No. 1, p. 11.

[13] See op. cit. supra No. 1, p. 13.

[14] See op. cit. supra No. 8, pp. 128 ff.

[15] See Act on National Insurance (lag 1962: 381 om *Allmän försäkring*).

C. The Patient's Rights

S 8 According to Sect. 3 of the recently enacted Act on Health and Medical Care (*Hälso- och Sjukvårdslag* 1982: 783) every county is to offer good health and medical care to those who are resident within the county. The statue requires, in particular that the care shall be of good quality and satisfy the patient's need for confidence in the treatment, be easily accessible, be based on respect for the independent decisions and privacy of the patient, and promote good relations between the patient and the personnel engaged in health and medical care.

S 9 These general statements of policy are of a type which is not unusual in modern Swedish legislation, but they give only a general idea of a patient's rights. If we regard the right to receive medical treatment as the principal one, this right is not unconditional but depends on the resources of the county. Since each county decides for itself how much it will spend on medical care, the standard may vary. For a number of cases in which treatment is desirable, the resources are limited, and decisions on priorities must be taken.

S 10 The statute prescribes expressly that a patient is entitled to receive information regarding his or her health and the methods of treatment that are available (Sect. 3). If information cannot be given to the patient in person, it shall be given to a close relative. However, information must not be given to the patient or a family member if this is inconsistent with the rules of the Act on Secrecy (*Sekretesslagen* 1980: 100). According to Chap. 7, Sect. 3 of this latter Act, information regarding the health of a person seeking care or treatment is subject to rules of secrecy if, with regard to the purpose of the care or treatment, it is of particular importance that the information is withheld from the patient. The general opinion is that such denial of access to information must be exercised with great caution. The rules refer only to information regarding the patient's state of health; other information regarding a patient cannot be withheld. For doctors in private practice, another statute contains similar provisions.[16]

S 11 Although the principal object of the patient's right of access to his notes is to promote openness and mutual confidence in the relationship between patient and personnel, the access also makes it easier for a patient to find out whether any error in treatment has occurred.

If a patient in a hospital has been refused access to the file concerned, the patient can require a decision on the issue by the hospital authorities. For patients in county institutions other than hospitals, the corresponding decision is made by the county health and medical care board. If a patient in the care of a doctor in private practice is refused access to a file, the decision is made by the National Board for Social and Medical Care (*Socialstyrelsen;* see below).[17] In all three cases, an appeal can be

---

[16] See Act on Supervision of Personnel in Health and Medical Care, Sects. 5 and 6.

[17] See Act on Supervision of Personnel in Health and Medical Care, Sect. 10.

brought to an administrative court. A refusal to repeat oral information, principally for reasons of expediency, cannot be brought to appeal, according to a decision by the Swedish Supreme Administrative Court.[18]

S 12 It is not possible to bring appeals in order to vindicate the other rights of patients that have been mentioned. Nevertheless, some importance must be attached to the fact that these rights have been mentioned explicitly in the statute. The rules influence the supervision which is exercised by the National Board for Social and Medical Care.[19] However, even this supervision must be conducted with regard to the fact that medical care is entrusted to the county councils, which decide what resources they will spend on medical care. In addition, all public authorities are subject to supervision by the Ombudsman *(Justitieombudsmannen),* a long established institution in Swedish public life. The Ombudsman will safeguard the rights of citizens in this field as well as in others, particularly by investigating complaints that have been received.

---

18 *Regeringsrättens* decree of 29 September 1981.

19 Act on Health and Medical Care, Sect. 18.

D. Criminal Responsibility

S 13 The Swedish Constitution of 1974 contains some provisions that are more or less directly concerned with medical treatment. Medical actions that aim to force statements or prevent free speech are expressly prohibited (Chap. 2, Sect. 5). The prohibition is absolute – it cannot be excluded or modified by statute.

Every citizen is, in addition, protected from any involuntary interference with bodily integrity caused by the State and other public bodies (Chap. 2, Sect. 6). By interference is meant not only physical violence but also medical treatment, medical examinations, blood tests and inoculations.[20] The decisive word is "involuntary"; there is of course no prohibition against such actions if there is consent. Psychological influence is included under the prohibition only if it reaches the point where it constitutes assault as defined by the Criminal Code. The protection afforded by this rule can be limited by statute (Chap. 2, Sect. 12 (2)). Foreigners are subject to the same rules as Swedish citizens unless the limiting statute makes an express exception.[21] The constitutional provision directly concerns only those who are in public service; however, the Criminal Code puts those in private service or practice on a par with those in public service. Exceptions to the prohibition against involuntary interference are found in statutes concerning contamination, psychiatric care, and castration, to mention some examples.[22]

S 14 The rights mentioned in the Constitution are enforced by regulations in the Criminal Code. With regard to what might be intentional interference with bodily integrity and punishable as such, general rules regarding the relevance of consent apply. A number of problems connected with this relevance arise in the medical field, regarding euthanasia and assisted death, transplantation, blood transfusions to members of religious sects whose creed does not permit such transfusions, etc.; these issues will, on the whole, not be considered here. The main questions will be whether consent is sufficient and whether it is required, particularly in emergencies. When it is established that a doctor, or other person, has acted contrary to the principles laid down for these cases and has thereby inflicted bodily harm, criminal liability will be incurred. In a case which has received much publicity in Sweden (*Nytt Juridiskt Arkiv* 1979, p. 802), a doctor had administered a lethal dose of poison to a patient who was almost entirely paralysed, and was prosecuted for manslaughter. The issue was not whether consent had been given, since consent to wilful killing is unquestionably not permitted, but whether the doctor's action should be defined as an independent action or as assistance to a suicide (which is not a crime under Swedish

---

[20] See Petrén G, Ragnemalm H (1980) *Sveriges grundlagar med tillörande författningar,* 12th ed. Stockholm, pp. 53 ff.

[21] The Swedish Constitution, Chap. 2, Sect. 20, Para. 2, Subsect. 3 *(regeringsformen).*

[22] See *Förstärkt skydd för fri- och rättigheter* (*Statens offentliga utredningar* 1978: 34), Stockholm 1978, pp. 203 ff.

law). The action was found to be of the former kind, and the doctor was found guilty.

S 15 Questions which have more relevance to the theme of this report are: to what extent consent, when it is clearly relevant, must be informed; and whether implied consent is relevant, or only explicit consent. Since both these questions also arise with regard to administrative responsibility and have greater importance in this field, they will be treated in connection with this responsibility.

S 16 The Swedish Criminal Code imposes criminal responsibility not only for bodily harm caused intentionally but also for harm caused by negligence. Chapter 3, Sect. 7 imposes responsibility for causing death by negligence, and Sect. 8 for causing corporal injury or illness by negligence. These rules are also applicable to the actions of doctors and others engaged in medical care. In a few cases doctors and others have been convicted for negligence,[23] but the negligence does not appear to have been particularly gross in these cases. There are also some cases in which doctors have been prosecuted but acquitted.[24]

Causing the risk of death or severe corporal injury by gross negligence is also punishable, according to the Criminal Code Chap. 3, Art. 9. Two cases are known in which this provision has been applied to risks caused during medical care,[25] but there is also at least one case in which the defendant was acquitted because the negligence was not found to be gross.[26]

---

[23] See, e.g. *Hovrätten för Övre Norrland* DB 1134/1980 and *Hovrätten över Skåne och Blekinge* DB 760/1981.

[24] See, e.g. *Hovrätten för Övre Norrland* DB 1067/82.

[25] See *Falu Tingsrätt* of 10 November 1977 and *Sölvesborgs Tingsrätt* of 14 November 1979.

[26] See *Göta hovrätt* DB 32/82.

E. Administrative Jurisdiction

S 17 Medical care in Sweden is supervised by the National Board for Social and Medical Care *(Socialstyrelsen)*.[27] This authority issues regulations for the activity of personnel engaged in medical care and enforces these regulations. The enforcement falls mainly outside the scope of the present report.

Since 1980, an independant authority, the Responsibility Board for Health and Medical Care *(Hälso- och Sjukvårdens Ansvarsnämnd)* has begun to examine alleged errors by personnel engaged in such care and to impose sanctions against errors which it finds proven. Earlier, a committee of the National Board for Social and Medical Care performed a similar task, but it was considered unsuitable that one authority should both establish and enforce regulations. The Responsiblity Board was therefore instituted in 1980 by the Act on Supervision of Personnel in Health and Medical Care *(Lag (1980: 11) om Tillsyn över Hälso- och Sjukvårdspersonalen m.fl.)*. The Responsibility Board consists of a chairman, who is a judge, and eight other members. Four of these are members of the *Riksdag* and represent the public, and the other four represent various organizations involved.[28].

Whereas the supervision by the National Board for Social and Medical Care is concerned with the standard of care generally, the Responsibility Board is concerned with the responsibility of individual persons. The Supervision Act enumerates groups of persons who are subject to the jurisdiction of the Board.[29] These are:

1. Personnel concerned with the care of patients in hospitals and in other institutions which are operated by public bodies, by private institutions with the support of public bodies, or by special licence
2. Licensed practitioners who provide care to patients, other than those mentioned under 1, and personnel who assist them
3. Those who are employed in the retail sale of drugs

Other groups can be included by special provision. Among those not included are doctors who, at the request of insurance companies, compile findings and testimonies by other doctors. The jurisdiction concerns only the care of patients (which includes, for example, preventive and other diagnostic care), not any other relations between personnel and patients.

S 18 The Board may impose "disciplinary sanctions", which are of two types. The less severe type may be translated as "a caution" *(erinran)*, the more severe as "a reprimand" *(varning)*. If the error is slight, no sanction is imposed.[30] Revocation of a licence is not a disciplinary sanction; it is regulated separately.[31]

---

[27] See Act on Health and Medical Care, Sect. 18 and Instruction for the National Board for Social and Medical Care, Sect. 3 *(Förordning* 1981: 683 *med instruktion för socialstyrelsen)*.

[28] See Act on Supervision of Personnel in Health and Medical Care, Sect. 20.

[29] See Act on Supervision of Personnel in Health and Medical Care, Sect. 1.

[30] See Act on Supervision of Personnel in Health and Medical Care, Sect. 12.

[31] See Act on Supervision of Personnel in Health and Medical Care, Sect. 15.

S 19 The matters on which the Responsibility Board decides may come to its attention in several ways. A patient, or under some circumstances a close relative of a patient, may submit a complaint. Another channel is, according to a statute that came into force on 1 January 1983, through a notice addressed in the first instance to the Board of Social and Medical Care from a county council.[32] A county council has the duty of bringing such a notice if a patient has suffered, or has run the risk of suffering, severe injury or illness in connection with care or treatment. This duty existed earlier but some changes have been instituted. The irrelevance of fault is one such new feature that has been introduced by the present law. The change is expected to increase considerably the number of notices, which had previously numbered about 150 a year. The Board of Social and Medical Care, to which the notice is addressed, places the matter before the Responsibility Board only if it may give rise to an action by this Board. It is therefore not certain that the number of matters placed before this latter Board will increase in proportion to the notices submitted to the Board of Social and Medical Care.

S 20 One of the objectives of the 1980 Act on Supervision was to strengthen the position of a patient both during care and in the disciplinary procedure. Whereas earlier a complaint concerned primarily the Board and the person against whom the complaint was raised, the patient now has the standing of a party to the proceedings[33] subject to the proviso that he has been injured or hurt in some way.[34] This change has been brought about in spite of the fact that the right of a patient to compensation, under the principles of patient insurance legislation, does not depend on the personal responsibility of anyone concerned. The fact that the patient has the standing of a party gives him the right to receive written material which has been introduced into the proceedings, and to express an opinion on such material.[35] By withdrawing the complaint, the patient can end the matter, although it can be taken up anew, if the Board of Social and Medical Care intervenes.

Appeals against the decisions of the Responsibility Board can be brought to the Stockholm Court of Administrative Appeal *(Kammarrätt)*. A patient who has lodged a complaint can appeal against a decision which has gone against him.[36]

S 21 The norms applied by the Responsibility Board largely coincide with those of the Constitution and the Criminal Code mentioned earlier. Additional norms are found in various medical statutes and orders from the Board of Social and Medical Care, instructions to personnel, etc. It appears from what has been said so far that there is a possibility of overlap between criminal and administrative responsibility. There are various rules that aim to prevent double sanctions and conflicting decisions, but they need not be discussed here.[37]

The norms relating to administrative responsibility are, on the whole, similar to those relating to criminal responsibility, although an action which would not justify

---

[32] *Förordning* 1982: 772 om *Skyldighet för landstingskommuner att anmäla till socialstyrelsen vissa skador och sjukdomar som inträffar i hälso- och sjukvården.*

[33] See Proposition 1978/79: 220 om *Samhällets tillsyn över hälso- och sjukvårdspersonalen* m. fl., p. 26.

[34] See Act on Supervision of Personnel in Health and Medical Care, Sect. 24 and op. cit. supra No. 33, p. 59.

[35] See Act on Supervision of Personnel in Health and Medical Care, Sect. 31.

[36] See Act on Supervision of Personnel in Health and Medical Care, Sects. 39 and 40.

[37] See Act on Supervision of Personnel in Health and Medical Care, Sect. 13, cf. op. cit. supra No. 33, pp. 51 ff. and The Criminal Code, Chap. 33, Sect. 9 *(brottsbalken).*

criminal sanctions may lead to administrative sanctions, since the latter are not subject to the same requirements as the former as far as punishment is concerned.

S 22 As mentioned previously, the question of consent is important when discussing criminal responsibility. In principle, a patient has the right to decide in person whether to submit to examination and treatment, including surgery.[38] In general, consent should be explicit, not implied. On the other hand, consent, or even the wishes of the patient, do not negate the general requirement that all treatment should be undertaken in accordance with medical science and established practice. In an emergency, the requirement for consent may be waived.[39]

Although the problems regarding consent are difficult, there are few decisions on the subject by the Responsibility Board (and its predecessor). Either doctors have managed to procure the consent of their patients or, where consent has been lacking, the patient did not complain. Some of the problems on which the Board has reached concerned decisions have minors and parental consent. In one such case a child of seven years was to have an operation on his deformed left hand. The doctor observed that the right hand was similarly deformed and operated on it. Although the operation was medically necessary, the doctor received an reprimand from the Board because of his failure to procure the consent of the parents.[40] Another case concerns a boy who was taken to a hospital by his father to be circumcised. It was found later that the mother had custody of the child and that she opposed the circumcision. The Board found that no fault had been committed, since it is practically impossible for a doctor to investigate whether a parent who brings a child to a clinic has the legal custody of the child.[41]

S 23 The requirement of "informed consent" has, as indicated earlier, statutory support. The exceptions to the patient's right to information have also been mentioned. Complaints to the Responsibility Board (and its predecessor) regarding lack of information are rare and do not concern serious matters. Two recent cases concern failure to give a patient sufficient instructions regarding treatment that the patient was to administer to himself, and thus belong principally to another category of errors.[42] Recently the Board administered a "caution" to a doctor who had performed complicated examinations on a patient who suffered from headaches without informing her of the background and purpose of the examination.[43] In another recent case a woman complained that she had not received information about the psychological complications that might ensue from her sterilization. The Board held that although full information was required in such a case, psychological complications are fairly rare and can generally be avoided by discussions between doctor and patient regarding the possible consequences of sterilization. No action was taken by the Board.[44]

S 24 A special question of consent regards participation in medical research; the Helsinki-Tokyo principles apply to such research. Primary control of the observation of these principles is exercised by faculties of medicine and by institutions that grant money for medical research. Although it seems clear that the Responsibility Board can investigate whether sufficient information of this type has been given to a

---

[38] See op. cit. supra No. 1, pp. 118, 144 ff. and 150.

[39] See op. cit. supra No. 1, p. 118.

[40] See *Läkartidningen*, Vol. 67 (1970), pp. 454 ff.

[41] Final decision by the Responsibility Board for Health and Medical Care. (*Hälso- och sjukvårdens ansvarsnämnd, slutlight beslut,* in what follows abbreviated as H. S. A. N.), 136/80.

[42] H. S. A. N. 305/80 Ä and 573/81.

[43] H. S. A. N. 215/81.

[44] H. S. A. N. 456/81.

particular patient, the Board has not done so yet. A recent case has received considerable publicity. A hospital in Göteborg was a participant in an international experiment concerning operations for breast cancer in women. This hospital is one of those that stick to the established method of removing the whole breast. Patients were not informed that another method was being tried elsewhere, and some voiced their complaints in the newspapers. The surgeons, however, argued that in their opinion the traditional method was the best one, and they did not find it necessary to inform the patients that there was another method which they, on the basis of their judgement, were not willing to try. The matter has not been taken up by the Responsibility Board. A somewhat similar matter has also been the subject of newspaper discussions. Women who have undergone operations for breast cancer have been submitted to different types of postoperative treatment, on the basis of random selection, as part of an investigation into the best kind of treatment. They have not been informed of the full circumstances and have complained about this lack of information. The matter has not been brought to the Responsibility Board.

The great majority of cases before the Board concern negligence of various kinds. When a doctor has failed to examine a patient properly, when he has not reached the correct diagnosis, or when the treatment has been incorrect, the Board will decide whether an error has been committed. The matter is rarely taken up until the correct diagnosis has been found or it is established that correct treatment would have led to a different result. The Board will then, with hindsight, judge whether the mistake was excusable or not. Sometimes the Board finds no basis for administering a reproof or for an error having been made.

By way of illustration, a discussion concerning appendicitis may be mentioned. The diagnosis of this illness is admittedly often difficult. Two doctors have argued in a professional journal that, in order to satisfy the requirements of the Board, it would be necessary to hospitalize practically every patient who presents an unclear case of abdominal complaint.[45] The chairman of the Board replied that in fact the Board tried to consider all circumstances, and that it was impossible to generalize from a particular case. When the Board had found fault, circumstances had often been influential which did not appear explicitly in the Board's grounds for its decision.[46]

There are a number of cases in which treatment has been applied to a patient other than the one who should have been treated, or to the wrong part of the patient's body, or in which X-rays or laboratory tests have been confused. In such cases the Board generally takes a severe stance. Various regulations have been issued in order to prevent mistakes of this kind, and failure to observe them will generally lead to sanctions. Some importance may be attached to the amount of experience of the person concerned and to whether measures were taken to counteract the consequences of an original mistake, such as contacting a specialist when there was reason to believe that something was wrong.

With regard to burns from heating appliances and to objects that have been left in the patient's body, the practice of the Board is also strict.

Overdoses of drugs and other errors in the prescription of drugs are often of the same kind as the mistakes mentioned above and are judged in a similar way. Special problems arise with regard to narcotics, and lack of caution in prescribing such drugs is judged strictly. A 19-year-old girl who visited a doctor for the first time and

---

45 See L. Edman and L. Lyttkens, *Utred och behandla korrekt – analys av typfall i ansvarsnämnden, Läkartidningen*, vol 79 (1982), pp. 729 ff.

46 L.-E. Tillinger, *Ansvarsnämnden vill publicera, Läkartidningen*, vol 79 (1982), pp. 1972 ff.

complained of sleeplessness got a prescription for a hundred pills of a drug which was classified as a narcotic. She died shortly afterwards of an overdose. There were some extenuating circumstances but the doctor received a "caution".[47]

Other matters which may be judged by the Responsibility Board include the duty of recording all treatment and all findings in a the patient's notes, the duty of behaving properly towards patients, and the duty of observing care in issuing testimonies of various kinds.

S 26 It is not necessary, or even possible, to give any opinion here on the administrative jurisdiction on medical care that is exercised in Sweden. However, it should be noted that, particularly after recent reforms, the results of this jurisdiction will have no consequences for those who might claim compensation. In my opinion, the separation between responsbility and the right to compensation is an advantage, not only for the system of compensation, but also for the investigation of responsibility for error.

Besides the administrative responsibility discussed here, personnel employed in medical care have a further responsibility towards their employers, based on principles of labour law and on collective agreements.[48] This responsibility has only minor importance for medical care, and it will not be treated here.

---

47 H.S.A.N. 198/81.

48 Cf. Act on Supervision of Personnel in Health and Medical Care, Sect. 38.

F. Tort Liability

S 27 Tort liability for personal injuries caused in medical care exists in Sweden, as in other countries, although its present importance is slight. A patient can, if prefered, claim damages according to the law of tort instead of relying on the right to compensation from the patient insurance scheme.[49] Contrary to industrial accident insurance – with which patient insurance has some similarities – the agreements on patient insurance do not present any hindrance to the injured party raising tort claims. Indeed, especially for patients in public hospitals, it is doubtful whether a contractual exemption from liability would be valid, even if based on the assumption that patient insurance affords sufficient protection.

In practice, patient insurance has replaced tort liability for medical injuries. Even in cases in which it seems likely that the patient would succeed with a tort claim, it is easier for him to demand compensation from the patient insurance scheme. There are cases in which the Responsibility Board has ruled that a doctor (or some other person engaged in medical care) has committed an error which has led to an injury and in which a tort claim would seem certain to succeed, but in which the patient has nevertheless turned for relief to patient insurance. This experience supports the assumption, once advanced by A. A. Ehrenzweig,[50] that insurance meant to relieve those suffering injury can effectively suppress tort liability, even if there is no legal compulsion to waive tort claims. The cases for which the tort rules still retain their importance are those that remain from the time before patient insurance was instituted.

S 28 A short description of the Swedish tort rules relating to medical injuries seems necessary, especially as the shortcomings of these rules largely account for the creation of the patient insurance system. The rules that apply are those of private law, not those of goverment liability *(Staatshaftung)*, even if the claim is raised against a public body.[51] The issue whether liability is based on contract rather than on tort does not have any practical importance under present Swedish law.

S 29 Tort liability for injuries inflicted in medical care presupposes fault, generally negligence, and a causal connection between the fault and the injury. The burden of proof lies with the party claiming damages. If the person who has committed a fault is self-employed, that person will be liable personaly. This is a fairly rare case, as far as injuries sustained in hospitals are concernd, and these are the most numerous cases. As indicated before, at present all who provide medical care in a public hos-

---

[49] Cf. Patient Insurance for Injuries of Treatment, Conditions of Indemnity, Sect. 10 *(Patientförsäkring vid behandlingsskada, Ersättningsbestämmelser)*.

[50] Ehrenzweig A. A. (1964) Compulsory "hospital accident" insurance: a needed first step toward the displacement of liability for "medical malpractice". University of Chicago Law Review 31, no. 2: 279 ff. Cf. O'Connell J. (1975) Ending insult to injury, no-fault insurance for produce and services. University of Illinois Press, Urbana

[51] See Bengtsson B. (1976) Skadestånd vid myndighetsutövning I. Stockholm, pp. 160 ff.

pital are empolyees of those who operate the hospital, that is of the county councils. In the few private hospitals that exist the doctors are self-employed but the other personnel are employed by the hospital.

S 30 If the person who has committed the fault is an employee and has acted in the course of his employment, the employer will be liable, according to the general principles of vicarious liability (Chap. 3, Sect. 1 of the Tort Damges Act).[52] It is of no avail to the employer to prove that he was himself without fault. The employee will be free from liability, unless there are particular reasons for holding him liable, according to the general principles of liability of employees (Chap. 4, Sect. 1 of the Tort Damages Act). The liability is thus, in practically all cases, shifted to the employer.

S 31 The important point is, or was, the decision as to fault. In some cases it is possible to rely on criminal or administrative decisions on responsibility, although even if responsibility is found, the causal connection with the injury must still be proved. In other cases the question of tort liability has been raised without connection with criminal or administrative responsibility. Generally the liability is covered by insurance. The insurer will then demand an opinion from a permanent board of doctors.[53] If this board finds that no fault has been committed, the insurer will contest the claim and the professional judgement of doctors will thus play an important role. In fact, it was rare for the board to find that a fault had been committed, and it was therefore also rare for a patient to receive damages under the tort rules.

S 32 A few cases in which doctors or hospitals have been held liable may be mentioned. A patient who was under an anaesthetic after an operation was put into a bed and suffered burns because a heating appliance had not been removed (*Nytt Juridiskt Arkiv* 1932, p. 572). Patients have been injured because objects have been left in their bodies after operations (*Nytt Juridiskt Arkiv* 1942, p. 718, and 1945, p. 617). A harmful fluid was injected into a patient instead of an anaesthetic before an operation; the nurses who prepared the injection, but not the doctor who administered it, were found responsible (*Nytt Juridiskt Arkiv* 1945, p. 669). A conscript suffered permanent harm because of wrongful treatment by unqualified doctors, although he presented evidence in writing of correct diagnosis by his own doctor; the State was held liable because of the deficient organization of the medical care (*Nytt Juridiskt Arkiv* 1952, p. 270). Two doctors failed to discover an injury which was visible on an X-ray plate; when the injury was found on a later occasion the harm had become permanent (*Nytt Juridiskt Arkiv* 1974, p. 99). A patient was injured because of an incorrect procedure in administering nourishment through a catheter; the county council, which was responsible for the care in the hospital, was held liable because the instructions on the package of the catheter had not been translated into Swedish (*Nytt Juridiskt Arkiv* 1974, p. 476). It should be remarked that in some of these cases liability was finally imposed by the Supreme Court. The courts have often had particular problems in deciding who among several possible persons was responsible for the mistake.

Cases in which claims for damages have been defended successfully include one in which a surgeon who performed an operation for varicose veins mistook an artery for a vein, which eventually led to amputation of the part of the leg on which the operation had been performed (*Nytt Juridiskt Arkiv* 1960, p. 589). In this case the

---

[52] *Skadeståndslag* 1972: 207.

[53] This Board *(läkarnas ansvarighetsnämnd)* consists of seven doctors and is closely connected with the Swedish Association of Doctors *(Sveriges läkarförbund)*.

artery was in a very unusual position which, together with other circumstances, was found to excuse the surgeon's mistake.

S 33 No cases are known which deal with liability for failure to provide information regarding risks connected with operations and similar actions. It has been mentioned above that administrative law requires that consent should be informed. Nevertheless, it is very uncertain whether a claim for damages after an operation which was called for medically and was carried out according to *leges artis* would be upheld because of lack of information before the consent. Swedish law is very restrictive in awarding damages for losses other than those for injuries to a person or damage to property. I shall return to this question in connection with patient insurance.

S 34 The fact that liability in tort has little practical importance does not mean that county councils, doctors, and others can do without liability insurance. Even if it is exceedingly rare that a tort claim is raised, it may happen, and for such a case the insurance is needed. After the time limit for compensation from patient insurance has expired, a patient may raise a claim for an injury that would have been covered by that insurance if it had been raised in time, alleging that he is entitled to damages. The insurers who operate the patient insurance scheme have undertaken to provide liability insurance covering such cases. The claims are handled in the same way as if they had arisen under the patient insurance. Moreover, claims may occur for damage to property, which is not covered by the patient insurance. In practice, liability insurance generally forms part of the insurance package which county councils, doctors in private practice, and others have.

G. The Patient Insurance Scheme

I. Organization, Costs and Premiums

S 35 In the legislative history of the Tort Damages Act of 1972, some reference were made to the need for improving patients' rights to compensation.[54] As a reason for not inserting special rules into the Act, it was stated that insurance in favour of patients would probably be a better solution than introducing special rules. At that time preparations for the institution of patient insurance had already begun, in the form of discussions between the county councils and the insurers.[55]

A first draft was presented in 1973, and it was submitted to interested parties for their opinions. The reception was favourable, and after some changes the patient insurance scheme came into force on 1 January 1975.[56] The conditions of the insurance have been revised three times, in 1976, 1979 and 1982, on the basis of experience with the programme. A translation of the 1982 revision is given in Appendix B.

S 36 The basic contract involves a commitment from the county councils to the patients, and the liability resulting from this commitment is insured by a group of insurers.[57] The insurers, although active in the elaboration of the scheme, are not formally a party to the contract. The conditions of the insurance are thus not, strictly speaking, insurance conditions; they are known as patient insurance and will be so designated in what follows.

S 37 In the beginning, only the county councils, those municipalities that handle the tasks of county councils for themselves, and the State were parties to the scheme. Since then others have joined; dentists did so in 1976.[58] For members of the dentists' association, the insurance includes the costs for remaking defective dentures and similar dental work insofar as such costs are not covered by social insurance.[59] This may be considered to be protection of the dentists rather than of the patients, but technically the coverage is associated with the patient insurance. The municipalities joined in 1977, and in the same year doctors in private practice followed. Medical care provided by private enterprises and other bodies has also been in-

---

[54] See Proposition 1972: 5 *med förslag till skadeståndslag* m. m., pp. 103 f.

[55] See *Lagutskottets betänkande* 1972: 10 *i anledning av* Proposition 1972: 5 *med förslag till skadeståndsleg* m. m. *jämte motioner*, pp. 143 f.

[56] See C. Oldertz, Patient- och läkemedelsförsäkringarna, Tidskrift utgiven av Juridiska föreningen i Finland (JFT) 1981, p. 381 (pp. 378 ff.). An English version of this article has not been published so far.

[57] See Oldertz, op. cit. supra n. 56, p. 378.

[58] Cf. Oldertz, op. ct. supra n. 56, pp. 381 f. and C. Oldertz, Patient- och läkemedelsförsäkringarna, Svensk Försäkrings-Årsbok 1979, p. 125.

[59] See Conditions of Indemnity for Injuries of Treatment by Private Dentists, sect. 6 (*Patientförsäkring vid behandlingsskada, Ersättningsbestämmelser* fr. o. m. 1982–07–01, *Privat tandvård*) and S. Brunnhage, Patientförsäkring, Tandläkartidningen, Vol. 74, 7/1982.

cluded in the scheme. Furthermore, most authorized physiotherapists have joined. For others, i.e. not for county councils and the State, the methods of subscribing to the patient insurance scheme differ. The insurance may be taken out by organizations of practitioners for their members,[60] it may be part of a package which all or most institutions and practitioners have,[61] or it may be taken on a purely voluntary basis.[62]

When county councils take over new aspects of medical care, the protection by the patient insurance scheme is automatically included, and part of the expansion has taken place in this way. The groups that are not associated are at present chiefly practitioners who have no official authorization, such as chiropractors and acupuncturists. Some physiotherapists and a few doctors and dentists do not participate.[63] This last exception has little practical importance. Until now no one who has claimed compensation from a member of a group which in principle is included has been refused compensation because the individual practitioner was not associated with the scheme.

S 38 The group of insurers that are responsible for patient insurance have instituted a separate organization for handling claims, with its own office. The greatest number of claims emanate from the hospitals, and a patient who considers himself entitled to compensation will get assistance from the hospital in filing a claim.[64] The form used for such claims permits the insurers access to notes or files and other material relating to the case. The personnel of the insurers are bound to secrecy regarding such material.[65]

The duty of investigating the grounds of a claim lies in principle with the insurers, but if they do not find sufficient grounds for compensation, the loser is, of course, the patient.[66]

S 39 The office which handles the claims has access to medical expertise in its work, and medical judgement plays an important role. If a patient is not content with the decision regarding his or her case, it can be refered to a special board, the Patient Injury Board *(Patientskadenämnden)*.[67] The insurers can also, of their own accord, refer to the Board any matters that present questions of principle. The Board has six members. The chairman, who is a judge, and two other members (a member of the *Riksdag* representing patients' interests and a medical expert) are appointed by the Government. Two members are appointed by those responsible for medical care, and one by the insurers.

The Board's function is advisory but the insurers invariable follow its recommendations. The Board's proceedings are mainly conducted in writing, but on rare occasions a patient appears before the Board.

S 40 Appeals against the decisions of the insurers that are based on recommendations of the Board can be brought to arbitration.[68] This is very rarely done, indeed so rare-

---

[60] Members of the Dentists' Organization.

[61] For example, private doctors, private physiotherapists and private enterprises' medical care.

[62] Two private hospitals.

[63] Cf. Oldertz op. cit. supra n. 56, p. 382.

[64] The routine for filing a claim appears on the claims form which is available at hospitals.

[65] See Oldertz, op. cit. supra n. 56, pp. 397 f.

[66] Cf. regarding consumers' insurance in general *Konsumentförsäkringslag* (Statens offentliga utredningar 1977: 84), Stockholm 1977, p. 247.

[67] See Patient Insurance for Injuries of Treatment, Conditions of Indemnity, sects. 12 and 14 *(Patientförsäkring vid behandlingsskada, Ersättningsbestämmelser)*. The present Conditions into force on 1 July 1982. See also Oldertz, op. cit. supra n. 56, p. 396.

[68] See Conditions of Indemnity, sect. 13.

ly that it has not been possible to ascertain whether an appeal has ever led to a formal decision by the arbitrators.

The procedure before the Board and the appeal to arbitration are exclusive insofar as they constitute the only way in which a patient can have his right under the patient insurance system judged. As mentioned before, the patient is under no compulsion to resort to patient insurance, and until he has accepted compensation he can turn to the courts and claim damages,[69] although, as already mentioned, such claims are virtually unknown.

S 41 There are some time limits for bringing claims under the patient insurance scheme. The limits have been extended recently. Since 1 July 1982, the period within which a claim must be brought is 3 years from the time when the injury first appeared. The outside limit is 10 years from the time when the action that gave rise to the injury occurred.[70] There is also a time limit for referring a claim to the Patient Injury Board, of 1 year from the time when the provisional decision of the insurers was communicated to the claimant.[71]

S 42 The total number of claims made under the patient insurance scheme since it entered into force was some 22000 end of 1982. The annual number is rising constantly. Comparisons cannot be exact, since the number of insured has also risen, but on the other hand, most claims emanate from the hospitals which have participated from the beginning. The present number of claims per year is about 4500.[72]

S 43 According to earlier figures, about half of the claims resulted in compensation, but the percentage is rising, partly because a number of the early claims were from the period before the insurance had come into effect and were rejected on that ground, and partly because the time limits have been extended and the conditions and practice have become more favourable to patients. In 1982 an estimated 65% of the claims resulted in, or will result in, compensation.[73]

The total amount of compensation is estimated to be about SEK 230 million, of which only about SEK 63 million has been paid out so far. In the middle of October 1982, slightly more than 2000 cases were open insofar as they had been decided but had not been fully compensated, and slightly fewer than 2000 where under investigation.

S 44 The premium system of the patient insurance scheme is somewhat peculiar. For the county councils a yearly premium is estimated on the basis of the costs of injuries that are expected to occur during the year. The premium is not paid immediately, only when the corresponding payments fall due.[74] The estimated premium for 1983 is SEK 58.8 million, but the estimated payments for 1983 (corresponding to injuries from 1979–1983) are only 22.8 million.[75] The estimated costs of administration for 1983 are SEK 10.3 million. After a deduction of SEK 8.1 million, because of an adjustment of earlier premiums, the county councils are to pay SEK 25 million in 1983. This makes an average cost of SEK 3 per inhabitant of Sweden. This figure may be compared with the estimated annual cost of medical and health care of SEK 6000 per inhabitant, which was mentioned before. A considerable amount of com-

69 Cf. Conditions of Indemnity, sect. 10 para. 2.
70 See Conditions of Indemnity, sect. 8.
71 See Conditions of Indemnity, sect. 14.
72 The figures on the Patient Insurance are made available by the group of insurers that organized the insurance. This group is made up by the four largest Swedish insurers.
73 Oral information.
74 Cf. Oldertz, op. cit. supra n. 56, p. 399.
75 See *Premie för patientförsäkringen år* 1983, *Landstingsförbundet*, Dnr Lf A 706/82.

pensation resulting from injuries caused during 1983 will, however, have to be paid during the following years.

The cost of administration may seem high in relation to payments during 1983, but not when one considers that most of the costs of settling claims occur immediately after the presentation of the claim, whereas payments come later.

S 45 The contribution by the counties is limited to SEK 2 million per patient and 20 million per occurrence (a fire in a hospital, which causes a number of injuries, may be an example of what counts as one occurrence). There is also a total annual limit of SEK 75 million.[76] With an estimated cost of SEK 58.8 million in 1983 the annual limit is being approached rapidly. Without doubt, the expanding number of claims and the rising costs represent a problem for the Swedish patient insurance scheme.

For participants other than the counties, the method of fixing premiums is more conventional, and the premium cost is also less important. For doctors in private practice and for an enterprises' medical care the total cost for 1983 is estimated to be SEK 700000, which is about SEK 150 per Doctor.[77] Physiotherapists pay similar amounts. Dentists pay much more, about SEK 1000 each, but this is because of the high cost of remaking defective dental work.

II. Underlying Policy

S 46 The reasons for the introduction of the patient insurance scheme in Sweden and the way in which it has developed are complex.

The restrictive application of tort liability rules to medical injuries suggested that a reform which would give patients better rights of compensation was called for. The matter was repeatedly introduced in private members' motions in the *Riksdag*. From the legislator's point of view, several alternatives were possible. One was to change the rules of liability, another to introduce a compulsory insurance in favour of patients, and a third to leave the matter to private initiative, on the assumption that an insurance scheme would then be instituted. The procedure of legislation is cumbersome, especially if conflicting views are likely to appear. For the legislator to intervene in such a limited field as medical injuries is a dubious measure, as some justification must be presented both for singling out this field for special legislation and for the special principles being introduced.[78] It is easy to understand that the government – in this case represented by the Minister of Justice, who would have been responsible for a bill to the *Riksdag* – willingly left the matter to private initiative.

S 47 There are a number of precedents for this procedure in Sweden, some of them in the field of compensation for personal injuries. A drawback to leaving such a matter to private initiative is that, unless conditions are particularly favourable, there will be gaps in the coverage provided. These gaps may be serious because those whose activity is badly organized or presents particular risks are most likely not to join the

[76] See Conditions of Indemnity, sect. 11.

[77] Oral information.

[78] See Oldertz, op. cit. supra n. 56, pp. 379 ff.; cf. von Eyben B. (1983) Kompensation for personskade I. Reformering af ulykkeskompensationen, vol. 1. Gad Copenhagen, pp. 335 ff.; B. Dufwa, Frivilliga försäkringar farligt alternativ, Konsumenträtt & ekonomi, 4/1979, pp. 23 ff. and B. Dufwa, Frivilliga försäkringar hotar konkurrensen, Konsumenträtt & ekonomi, 1/1980, pp. 16 f.

scheme. Past experience proves that it took some time before affiliation to the patient insurance scheme became reasonably complete, and it was not certain from the beginning that this would happen. The dominance of the county councils in this area and the influence of professional organizations have played an important part in the development.

There are considerable advantages in having a private insurance scheme.[79] It is comparatively easy to make a tentative beginning and carry out improvements successively, on the basis of experience gained. The terms can be made more detailed, and thus give more guidance than court practice could ever do. Claims can be investigated with the assistance of the personnel involved, as the issue will not be whether they are to be blamed. The close cooperation between the insurers and the county councils and the simple procedure for dealing with claims tend to diminish the costs of administration. The delay involved in having disputes adjudicated by the courts is diminished substantially. The normal time until a decision is reached is 4–6 months from the filing of a complaint. The procedure of appeal to a special board and ultimately to arbitrators furthers the general policy of resolving the contentious aspects as far as possible.

S 48 Those who regard the courts as the safeguards of justice and impartiality may, of course, regret that they are excluded from all jurisdiction and control.[80] However, this policy is in line with a tendency, which is strong in Sweden, to utilize special boards for judging matters for which special expertise is required and in which various groups are interested. This tendency is also illustrated by the Responsibility Board, which was mentioned earlier.

S 49 There is a connection between the organization and the principles which govern the right to compensation under patient insurance. These principles are insurance principles rather than tort principles. They are based on a distinct policy, which is largely the same as that govering other types of insurance that have replaced tort liability in Sweden, particularly security insurance for work injuries and drug injury insurance. They reflect the ideas of Mr. Carl Oldertz who, from the position of an insurance company officer, has exercised considerable influence on the development of the Swedish law of compensation for personal injuries.

S 50 The right to compensation from the patient insurance scheme is not based on the assumption that an error by a doctor, or some other person engaged in medical care, has been committed. The basis is also not to be found in the somewhat attenuated version of the same principle, according to which a defect in medical care gives rise to a right of indemnity. Furthermore, the right is not based on the notion that a high degree of risk, which makes an activity hazardous, shall lead to compensation regardless of fault or defect. These are tort concepts and are considered unsuitable for deciding who shall have the right to compensation from an insurance plan.

S 51 The main idea is that a patient should be economically protected against unpredictable risks which are unrelated to any previous illness or condition. Given the condition of the patient, some risks are normal, and these must be borne. Other risks, however, are abnormal, and the insurance is meant to provide protection against them. Events entitling a person to compensation include not only defects in care, but also medical accidents and other risks associated with care in a hospital or with other medical care, rather than with the illness itself. In this way a number of

[79] See Oldertz, op. cit. supra n. 56, p. 382 f.

[80] Cf. B. Dufwa, Frivilliga försäkringar farligt alternativ, Konsumenträtt & ekonomi, 4/1979, pp. 23 ff.

injuries will be compensated which would clearly fall outside the scope of liability based on tort law, whether traditional liability for negligence or more advanced strict liability. It is not to be expected that the policy now mentioned can be carried through consistently. There are always borderline cases for which the main policy does not provide sufficient guidelines. It may also be necessary to make concessions to other ideas. This will appear in the description of the terms.

S 52 In this field as in others, the limited role of damages for personal injuries in Sweden must be taken into account.[81] As the patient insurance covers the same kind of loss as tort liability, its practical importance is the same. Medical expense is often negligible because the further medical care which will be needed because of the event covered by the insurance is available at no further cost to the patient. Loss of income is generally covered by social insurance, group insurance, or sick-leave pay, and there is no possibility of recourse to an insurer or an employer. Moreover, those suffering injuries experienced in a hospital have often reached an age or already been in a state of health which reduces or eliminates the loss of income due to the injury. All these factors tend to make compensation for medical injuries less costly than it would be under other circumstances. When the amount of compensation is limited in most cases, it is possible to be generous in delineating the field within which compensation is given.

III. Statistics

S 53 Statistics, relating to all insured, for injuries and compensation are available for the period 1975–1979.[82] Although the statistics are not based on a grouping of the insured according to their organizational status, corresponding to the previous survey here, it is abundantly clear that the great majority of claims emanate from the public hospitals. About 95% of the cases in which compensation has been awarded come from hospitals and nursing homes. This fact is explained not only by the predominance of public care but also by the character of the injuries which give rise to claims. These are mainly of types which will occur comparatively often in hospitals but rarely in the private practice of doctors.

S 54 For the county councils, statistics are available for injuries from the years 1975–1981.[83] During this period 15783 claims were made, and at the end of the period 7674 cases had been found to give rise to compensation and 1498 cases were still under investigation.

The injuries that merited compensation were divided as follows (note that the headings are identical with those of the Conditions of Indemnity (see Appendix B), which will be discussed later):

---

[81] See E. Strömbäck, Frivilliga försäkringar att föredra, Konsumenträtt & ekonomi, 5/1979, pp. 30 f.

[82] See Sjukvårdens planerings- och rationaliseringsinstitut (Spri) and their project Safer Treatment (säkrare vård) based upon the injuries reported to the group of insurers. A summary of the statistics is published in Läkartidningen, vol. 78 (1981), pp. 2927 ff.

[83] See *Premie för patientförsäkringen år* 1983, *Landstingsförbundet*, Dnr Lf A 706/82.

Causes	*Number*	*Percent*
Surgery	2992	39.0
Anaesthetia (general and local)	1018	13.3
Diagnostic interference	497	6.5
Other treatment	961	12.5
Diagnosis	415	5.4
Accidents	1581	20.6
Other causes	210	2.7
	7674	100.0

Infection of wounds accounts for 21.0% of the cases.

S 55 The high percentage of accidents and the low percentage of injuries related to diagnosis are perhaps the most remarkable features. This illustrates how far patient insurance is removed from issues of responsibility. Accidents, such as a patient being injured by falling off a bed, will rarely give rise to an issue of responsibility in medical care but they will regularly be grounds for compensation. Incorrect diagnosis is an important issue for judgements on responsibility but not for compensation.

S 56 Available statistics also show that a majority (about 60%) of those who become entitled to compensation are women. The age of those who receive compensation differs for various types of injuries. For injuries arising during treatment, 55% are in the age group 40–69 years, whereas for accidents 67% are in the group 60–79 years of age.

In what follows, the conditions under which patient insurance is invoked will be discussed, largely on the basis of the decisions of the Patient Injury Board. It should be remarked that the correlation between the number of cases that give rise to compensation and the number of cases that come before the Board is not strong. Accidents are an important group numerically, but it is comparative ly rare for the circumstances to be such that the Patient Injury Board has to pronounce on them.

IV. Scope of the Insurance

S 57 The right to compensation from the patient insurance scheme depends on the provisions of the fundamental document, the Conditions of Indemnity. The primary requirement for compensation is that a patient has suffered an injury in direct connection with the health and medical care provided by an insured person or establishment.[84] This expression is understood in a wide sense but does not include purely preventive measures not directed towards special persons, such as fluoridation of water. In homes for the aged, the insurance covers only injuries associated with health and medical care, not those due to other aspects of the care.[85]

The insurance also included persons who, for social or medical reasons, stay with hospital patients for a prolonged time. Since 1 July 1982, persons who, without be-

[84] See Conditions of Indemnity, sect. 1 and Oldertz, op. ct. supra n. 56, p. 389.

[85] See, e.g., the opinion of the Patient Injury Board (*patientskadenämnden*, in what follows abbreviated PSN), number 72/1981.

ing ill, are subject to medical research are covered.[86] Patients subject to clinical research were previously included.

All injuries that can be compensated are called "injuries of treatment" in the Conditions.[87] This name is rather misleading, since a number of situations in which there is no treatment are covered. Accidents in hospitals, mistakes in diagnosis and consequences of diagnostic actions are included, as will be described in more detail later.

S 58 A frequent cause of doubt concerns the causal connection between an action and an injury. If there is a temporal connection the requirement of proof is not strict. For example, a case may be mentioned in which a woman received a light anaesthetic for a gynaecological examination. Shortly afterwards an injury to a nerve under the axilla appeared. Since the temporal connection was close and it was possible that an injury of this kind could arise through pressure on the arm, the injury was assumed to have been caused by the treatment.[88]

S 59 An important issue is to distinguish between the more or less inevitable consequences of the original illness, which are to be borne by the patient (insofar as free medical resources and social insurance will not cover the loss), and the consequences of medical actions. According to the Conditions, the injury must have a direct connection with health and medical care. This requirement is elaborated by a special provision (see § 3.2 an Appendix B), according to which illnesses and injuries are excepted if they have been predominantly caused by an illness or a corresponding state of the patient and they have arisen or developed independently of the care.

Only corporal illness and injuries, including their mental consequences, are covered.[89] Pain and discomfort because of a treatment are normal consequences, and they will be compensated only if a mistake has occurred. During one operation nitrous oxide was used as an anaesthetic and accidentally mixted with air. The patient stated that she had been conscious during the operation and had felt pain and anguish. Since an error had occurred, she received compensation.[90] On the other hand, mental complaints, including corporal consequences of mental complaints, are not included. A patient who had had a finger amputated subsequently refused to use the hand on which the amputation had been performed. As a consequence part of the mobility of that hand was lost. This injury was not compensated, since it was not the consequence of an injury of treatment.[91]

S 60 The insurance Conditions distinguish between five types of injuries: injuries of treatment in a limited sense, injuries by diagnostic interference, injuries by incorrect diagnosis, injuries by infections, and injuries by accidents. This division will be followed here.

---

[86] See Conditions of Indemnity, Sect. 1 para. 2.
[87] See Conditions of Indemnity, sect. 2.
[88] PSN 40/1978.
[89] See Conditions of Indemnity, sect. 2.
[90] PSN 60/1980.
[91] PSN 21/1978.

V. Injuries of Treatment

S 61 Injuries of treatment are frequent in the opinions of the Board. The description in the Conditions has been revised several times, but the new descriptions have not been intended to bring about any substantial changes. The present description mentions injury or illness that has arisen as a direct consequence of an examination, treatment or similar action, provided that it was not the inevitable consequence of an action that was justified from the medical point of view.[92]

Three questions are to be answered:

1. Was the examination or the treatment justified medically?
2. Did the method chosen conform to medical science and established experience?
3. Was the injury inevitable by the application of the method chosen?

If the answer to any of these questions is negative, compensation is awarded. It is not necessary to examine the questions in any special order.

S 62 The question whether an action was justified is answered on the basis of all facts that were present at the time of the action, even if knowledge of them was acquired only afterwards. The hindsight that is acquired by the development of an injury will thus be taken into account. As an example the following case may be mentioned. A patient had had a tumour in the axilla for over 20 years. When it was operated on a nerve was injured, and the injury was considerably more serious than the presence of the tumour. Since the tumour was benign and had not grown, the operation was considered to be unjustified and the patient received compensation.[93] Another case, which proves that the right to compensation goes further, concerned a patient who had been treated by a physiotherapist. The treatment resulted in an injury, due to existing malfunction in the knee joint. The Patient Injury Board found that if these malfunctions had been known, a different method would have been applied, and compensation was awarded. Although some treatment was required medically and there was no objection to the choice of treatment, paying due regard to the circumstances that were known when the treatment began meant that the injury should be considered to be an injury of treatment.[94] Still further removed from the traditional judgement of negligence is the decision in the following case. During a kidney biopsy the needle hit an artery, major bleeding ensued and the kidney had to be removed. The surgeon could not possibly have known the position of the artery. The Board found that if the artery had not been hit, the injury could have been avoided, and it awarded compensation.[95]

If the method of treatment that was chosen was not the correct one, or if a mistake occurred in its application, compensation is awarded. This agrees in the main with the traditional judgement of negligence, although it may be somewhat stricter towards the agent than is usual.

S 63 If the consequence was inevitable, no compensation is awarded. Two examples can be given. The exploration of a nerve in an arm resulted in a paresis. According to the Board, the injury could not have been avoided by carrying out the operation in another way, and it was therefore inevitable.[96] A broncoscopy had indicated de-

---

92 See Conditions of Indemnity, sect. 2.1.
93 PSN 47/1976.
94 PSN 44/1977.
95 PSN 49/1977.
96 PSN 18/1980.

fects in the lung. When a sample was taken, bleeding ensued, because of a malformed artery. This complication was considered to have been inevitable.[97]

S 64 It follows from what has been said that not every unforeseen complication gives rise to a right to compensation. On the other hand, even totally accidental complications may give such a right. The issue is whether the complication was inevitable or not.[98] Even if it was not inevitable to an omniscient being, the fact that the action would have been the same seems to be sufficient, even if the agent had had the same knowledge of the circumstances as the Board did when it made its decision. The issue of inevitability is thus judged practically more than theoretically.

S 65 The principle just described is subject to a general exception in the Conditions. This exception refers to medically necessary risk-taking for the diagnosis or treatment of an injury or illness which, if not treated, would threaten the patient's life or involve the risk of serious permanent disability. If with the knowledge of this risk of injury the treatment would nevertheless have taken place, the exception applies and no compensation is awarded.[99] An example is given by the following case. A patient suffering from a serious heart disease underwent an operation. During the operation an air bubble or a plaque reached the brain, which caused a paresis which was later reduced by training therapy. Since the patient suffered from an illness which threatened his life, no compensation was awarded.[100] In this case, as in several others, the issue seems to be practically the same as the one of inevitability. The exception applies also to emergency cases in which the pressure of time is a factor to be taken into account. If the risk-taking was not justified by the exceptional circumstances, the general rules relating to injuries of treatment apply.

VI. Diagnostic Interference

S 66 Special provisions for this type of injury were introduced in the Conditions specified in 1979.[101] The principles described earlier were found to be too unfavourable to patients in certain cases of what might be called "diagnostic interference". What is meant can best be described by an example.[102] Suppose that a tumour of the brain is suspected. In order to perform an X-ray of the brain a contrast fluid is injected into the carotid artery by a thin catheter. By this action a plaque is dislodged which causes an injury to the brain. If the examination was called for medically and there was no other way of doing it, the injury would be considered inevitable and would not be compensated under the general principles. However, if the examination proved that the patient did not suffer from any serious illness, the patient will be entitled to compensation under this special rules. A prerequisite for the compensation is that the injury that arose was substantially greater than the one that would have occurred if the action had not been undertaken and therefore a correct diagnosis had not been made.

---

[97] PSN 56/1979.
[98] See Oldertz, op. cit. supra n. 56, pp. 390 f.
[99] See Conditions of Indemnity, sect. 3.1 and Oldertz, op. cit. supra n. 56, p. 393.
[100] PSN 33/1982.
[101] See Conditions of Indemnity, sect. 2.1.
[102] Cf. Oldertz, op. cit. supra n. 56, p. 391.

S 67 The decisive factor is thus the seriousness of the original illness in comparison with the injury that occurred. If the illness was non-existent and the injury serious, compensation is awarded. If the illness was serious and the injury comparatively slight, no compensation is awarded. The underlying policy seems to be that a patient who in fact did not suffer from a serious illness should be compensated if, because of a suspicion of such illness, a serious injury is caused.[103]

The application, however, seems to go a bit further, as appears from the following cases. Three women were examined for a possible treatment for relief of infertility. The examinations resulted in infections which possibly aggravated the infertility. Under general principles they would not receive compensation since the examination was called for medically and the infection was considered inevitable. The question was then how serious the injury was in comparison with the original complaint. As this was not an illness in the general sense, the comparison was difficult. One of the women, who was ill for four months, received a compensation, but the other two, who were ill for about one month each, did not.[104] The Patient Injury Board stated that in principle about three months of illness would be necessary to entitle to compensation under the circumstances. Although the decision is understandable, the principle on which it is based seems a bit unclear.

VII. Incorrect Diagnosis

S 68 Two different types of injuries related to incorrect diagnosis are mentioned in the Conditions.[105] One type, which is comparatively rare, consists of injuries that have arisen, or cannot have been prevented, because of the technical failure of instruments or machines used for diagnostic purposes. A simple example could be an instrument used for measuring that is wrongly calibrated. A more complicated example could be a mistake in the program of a computer used for diagnostic purposes.

S 69 The second type consists of injuries that have arisen, or cannot have been prevented, because signs and symptoms of illness which were in fact observable have not been analysed according to commonly accepted practice. The standard applied is not that of an ordinary doctor but that of a skilled specialist.[106] If the doctor in the actual case was not such a specialist, the criterium will probably be somewhat more favourable to the patient than an ordinary judgement of negligence. On the other hand, there is no strict liability for every incorrect diagnosis.

In this group we find cases of mistaken diagnosis of appendicitis, similar to those that have led to sanctions by the Responsibility Board. A boy had attacks of vomiting and a fever. He was taken to a hospital, and the symptoms were interpreted as those of a gastric infection. Because of the consequent delay in the treatment of the appendicitis, complications arose and he had to have a second operation. The Patient Injury Board found that he should have been detained at the hospital for observation, and compensation was awarded.[107]

S 70 A requirement for compensation is that a correct diagnosis would have led to re-

---

[103] See Oldertz, op. cit. supra n. 56, p. 391.
[104] See PSN 89, 90 and 91/1981.
[105] See Conditions of Indemnity, sect. 2.2.
[106] See Oldertz, op. cit. supra n. 56, p. 392.
[107] PSN 74/1979.

sults more favourable to the patient. In one case an X-ray examination had been undertaken too late and an operation was therefore delayed. The Board did not find it probable that the patient's symptoms that remained after the operation could have been avoided if the examination had been performed immediately.[108] In another case heart disease had not been correctly diagnosed. In the opinion of the Board, a coronary thrombosis which struck down the patient could not have been avoided, even if a correct diagnosis had been made.[109]

S 71 For this type of injury the aforementioned general exception does not apply (according to which injuries that have been predominantly caused by an illness and that have arisen independently of the care are not covered by the insurance).[110] The consequence of the original disease are therefore compensated, without any attempt to single out the special injury that was caused by the treatment, although the result will often be the same as in other cases. A patient suffered from an illness which necessitated surgery. Because of an incorrect diagnosis the operation was delayed 1 month and was more extensive than it would have been if it had been undertaken immediately. The main result was that the patient received aggravated scars on the neck, which necessitated more extensive plastic surgery than would otherwise have been necessary. Compensation was awarded for this injury.[111]

An incorrect diagnosis may lead to losses not associated with illness. In a somewhat peculiar case a patient had been informed that tests showed that the suffered from tuberculosis in a contagious stage. According to a statutory rule, she had to be hospitalized, and as a consequence she had to cancel a holiday trip. After three weeks of care it was found out that she was not ill and that the tests from another person had been mistaken for hers. She received compensation for the costs of the cancelled holiday trip and for pain and suffering.[112]

S 72 It is clear that if signs observed call for further investigation in the opinion of a qualified specialist but such investigation is not undertaken and therefore a correct diagnosis is not made, the resulting injury is to be compensated. However, from the wording of the Conditions one forms the impression that the insurance does not cover injuries that arise when a doctor fails to make a routine examination and therefore no symptoms are found. The reference to commonly accepted practice refers to the analysis of signs and symptoms, not to the search for signs. No opinions from the Patient Injury Board that relate directly to this issue have been found. It is possible that in practice all signs that would have appeared by routine tests have been considered observable. The material available does not elucidate this question.

Althogether, the opinions of the Board on this kind of injury refer mostly to somewhat singular cases. It is possible that there are a number of fairly clear cases that have not come before the Board and that therefore the picture that appears from the Board's opinions is misleading. On the other hand, as was pointed out earlier, the proportion of injuries due to incorrect diagnosis in the total number of cases of compensation is remarkably small.

S 73 The patient insurance scheme is not intended to give relief in cases in which complicated examinations were not undertaken or treatment was omitted or deferred

108 PSN 23/1981.
109 PSN 14/1981.
110 Cf. Conditions of Indemnity, sect. 3.2.
111 PSN 58/1980.
112 PSN 96/1981.

because of lack of resources. In one case a pregnant woman wanted to have her fetus examined, but the reason that she gave for this request was not considered relevant. No examination was undertaken and she later bore a child with Down's syndrome. The Board stated that the reason that no examination was undertaken was the scarcity of resources. The consequences that might arise from this scarcity could not be compensated from the patient insurance.insurance.[113]

The picture is complicated by the fact that the specialists, who are in the best position to judge what further examinations and treatment are needed, are mostly found in big hospitals which have greater resources than small ones. Difficult cases can be remitted to big hospitals with full facilities. It is thus quite possible that patients in small hospitals will suffer disadvantages that cannot be offset by a right to compensation from patient insurance.

VIII. Infections

S 74 As mentioned previously, infected wounds account for 21% of all the cases of compensation from the patient insurance scheme. To these should be added the comparatively small number of infections of other types. Injuries by infection have, from the beginning, caused problems in the applications of patient insurance. In 1979 injuries by infection became subject to special provisions, which were revised in 1982.[114]

S 75 With regard to infections developing after operations and similar treatment, the general idea has been that infections due to non-sterile instruments or other objects used during medical care should be compensated. On the other hand, infections due to germs and viruses which the patient already had before treatment should not be compensated. Either germs were present in the part of the body in which the incision was made, or they were present in another part of the body, transmitted because of the weakened condition of the patient or because of action taken, and thus led to injuries.[115] However, discrimination along these lines was not found to be sufficienty precise, and at present the Conditions refer to more concrete circumstances. There is a general description of what constitutes this type of injury, and a number of exceptions. The exceptions are specific, and if none of them applies, the injury is covered.[116] It follows from what has been said now that there is no intention to make patient insurance cover all infections after operations, an aim that would probably be impracticable because of the costs.

The description in the Conditions defines this type of injury as one caused by an infection due to a contaminative substance, probably having been brought to the patient in the course of health or medical care.[117]

S 76 The most important exception states that infections are not compensated if they are the consequence of incision (or other actions) in the intestines, the oral cavity, the air passages and pulmonary apparatus, or any other region that is considered to

[113] PSN 2/1980.
[114] See Conditions of Indemnity, sects. 2.4 and 3.3.
[115] Cf. Oldertz, op. cit. supra n. 56, p. 393.
[116] Cf. Conditions of Indemnity, sect. 3.3
[117] See Conditions of Indemnity, sect. 2.4.

be impure from a bacteriological point of view. If an infection develops in such an organ, compensation is awarded only if it can be ascertained that it was not caused by the patient's own germs. This may be possible by a laboratory test establishing what strain of germs is involved.

As a typical example the following case may be mentioned. During an abdominal operation material from the intestines came in contact with the wound and an infection followed. The Patient Injury Board found that it had been impossible to avoid the contact, and no compensation was awarded.[118] On the other hand, in another case the Board found that it had been possible to avoid an infection by cleaning the edges of the wound and, as this measure had been omitted, compensation was awarded.[119]

S 77 Infections after operations in "clean" regions generally lead to compensation. Typical examples are orthopedic operations. Infections occur particularly after second operations, when these are necessary.

S 78 Infections by *Staphylococcus aureus* have been particularly troubles one and have also led to discussions in the press. According to widely-held beliefs, such infections are mainly contracted in hospitals, and whenever an infection appears after hospital care the patient is likely to believe that it was caused during care. The principles just mentioned apply to these infections as well. The method of analysing strains of germs can be used for ascertaining the cause of the infection. It is hoped that the new Conditions will lead to fewer cases of doubt and dispute.

S 79 Other exceptions concern incisions in tissue with reduced vitality or comparable degeneration, long-lasting catheterization or drainage, transplantation of skin and other plastic surgery with particular risks of infection, and reduced resistance to infections due to illness or treatment for illness.

If a prosthesis or other foreign substance has been implanted by operation, an infection may develop from the incision or because or the presence of the foreign substance in the body. The former type of infection but not the latter one is to be compensated. Infections that appear more than 1 year after the incision are considered to belong to the latter type and are therefore excepted by the Conditions.

The right to compensation for infection is also subject to the general exception – mentioned previously in connection with injuries of treatment (in a limited sense) – for medically necessary risk-taking for the diagnosis or treatment of an injury or illness which, if not treated, would threaten the patient's life or involve the risk of serious permanent disability.[120]

IX. Accidents

S 80 Whereas for other types of injuries covered by the patient insurance scheme the description of the injury requires a demonstration of a causal connection with the medical care, this is not the case with accidents. The insurance covers accidents that occur within the environment in which health or medical care is provided or in con-

118 PSN 22/1977.
119 PSN 42/1981.
120 See PSN 34/1978 and PSN 63/1978.

nection with the transportation of the patient.[121] If a patient is taken in a wheelchair from one part of a hospital to another for an examination and the wheelchair turns over and the patient is injured, the insurance covers the injury. This is also the case if a patient falls out of bed and is injured, even if no other person is to blame for the accident. As appears from the statistics reported previously, this is numerically an important part of the total injuries covered by the patient insurance scheme.

S Even for this group of injuries, however, the general exception applies, according
81 to which the insurance does not cover injuries that have been caused predominantly by the patient's illness and which have arisen independently of the care.[122] This provision covers injuries that happen to patients suffering from epilepsy or diabetes who fall down because of their illness. A complicated case may be mentioned. A patient in a wheelchair fell out of the chair at a moment when the nurse in charge of him had turned away and he received a wound above one eye. This eye had just been operated on, and it became necessary to remove the eye because of the wound. The Board found that the injury was a consequence of the patient's original illness, but as the accident occurred in connection with an act of care compensation was awarded.[123] Another case in which the decisive factor lies close to the test for negligence concerns patient who suffered from an infection and also from delirium tremens. This patient had a ward to himself, and a special nurse supervised him. During the night the became agitated, and the nurse left the room in order to call a more qualified nurse. While she was absent the patient left his bed, jumped out of a window and injured himself. The Board found that in view of the patient's serious condition he should not have been left alone even for a short time. If he had not been left alone the injury would probably have been avoided. Compensation was awarded.[124]

As mentioned before, the insurance also covers accidents in connection with the transportation of a patient. For an important type of transportation, by automobile, patient insurance does not apply, since the injury will be covered by compulsory motor traffic insurance.[125]

S The limitation to the environment within which the care is provided does not ap-
82 ply to medical rehabilitation organized by a hospital. A patient who was under psychiatric treatment did some shopping, which was part of her rehabilitation training, and she fell in the street. The injury was covered by the insurance.[126]

With regard to accidents it is of special importance to observe the primary requirement, mentioned here in connection with the scope of the insurance, that the patient must have suffered the injury in direct connection with health and medical care provided by an insured person or body. Within the sphere of the care of the aged, which is often provided by institutions that are covered by patient insurance, this insurance covers accidents that are directly connected with medical care only. However, in the prolonged care of those who are not acutely ill it is often difficult to draw a line. The rules limiting compensation, which will be described later, will then often lead to the result that, even if an injury is possibly covered in principle, no compensation is awarded because no compensable loss has arisen.[127]

---

[121] See Conditions of Indemnity, sect. 2.5.
[122] Cf. Conditions of Indemnity, sect. 3.2 and Oldertz, op. cit. supra n. 56, p. 392.
[123] PSN 70/1980.
[124] PSN 47/1977.
[125] See Conditions of Indemnity, sect. 5.6.
[126] PSN 5/1976.
[127] Cf., e.g., Conditions of Indemnity, sect. 7.

X. Some Special Questions

S 83 The patient insurance conditions do not contain any special provisions for product liability. Injuries that are caused by defective products are generally compensated by the patient insurance in the same way as others. The fact that an injury was caused by, for example, an electric appliance with a defect that could not have been detected or suspected by the user, does not prevent compensation. That the insurers may have a claim against the manufacturers is a separate issue, and a few cases are known in which the insurers have availed themselves of the right to such action.[128]

S 84 A special question arises with regard to injuries that have been caused by drugs, as the drug injury insurance will generally cover them. The Conditions make an exception for injuries due to drugs, provided that the injuries could not have been avoided by following the directions for the use of the drug.[129] If a doctor prescribes too big a dose of a drug and an injury results, the patient insurance will cover the injury. If a drug is known to carry the risk of side effects and the tests or examinations necessary for ascertaining whether such effects will occur are neglected, an ensuing injury will also be compensated. Sometimes the issue will be to distinguish between the patient insurance and the drug injury insurance entitlement. Since both types of insurance are handled by the same office, the decision is generally of little concern to the patient and only affects the financing of the compensation. There are, however, some injuries that will be covered by both types of insurance, and as there are slight differences in the provisions for the assessment of compensation, cases may occur in which it is of some importance to the patient whether he is entitled to compensation from the one or the other of the two kinds of insurance.

S 85 From the description that has been given here it appears that the Swedish patient insurance, at least as far as is apparent from the Conditions, is more concerned with actions and external events than with the general organization of care. It can be argued that when so many types of injuries are compensated, questions of organization – which are relevant in tort liability – will automatically lose most of their practical importance. This aspect should nevertheless be discussed.

S 86 It is perhaps more remarkable that the issues of consent and information do not figure at all in the Conditions. When these aspects are mentioned in statements by the insurers or the Board concerning the right to compensation – which is very rare – it is only to point out that this insurance does not aim to cover complaints regarding lack of information or consent.[130] If surgery was called for medically and has been carried out according to *leges artis,* the fact that the patient had not been informed about the risks is considered irrelevant.

Since compensation for lack of information and consent has not been discussed explicitly in the material which relates to the institution and further development of the patient insurance scheme, no definite explanation for the lack of such compensation can be given. There are several possible reasons. One is that, with limited resources, medical mistakes and accidents have been given higher priority than errors and mistakes relating to consent and information. Another possible reason is that the procedure for settling claims which is used in patient insurance does not lend it-

---

[128] See Conditions of Indemnity, sect. 10.

[129] See Conditions of Indemnity, sect. 3.4.

[130] See PSN 38/1980, 27/1982 and 28/1982 for statements by the group or insurers and PSN 95/1980 for a statement by the Board.

self easily to investigations of whether information and consent should have been given. Instead of a medical judgement on the suitability of the action taken and on the factual circumstances, it would be necessary to listen to statements from both sides and, if they are conflicting, to try to find out which are truthful.

S 87 Whereas these explanations are limited to patient insurance, there are, in my opinion, more fundamental arguments against using monetary compensation as a remedy for lack of information and consent. These arguments are equally applicable to patient insurance and to tort damages. Indemnity for lack of information or consent can be based on either of two principles. One is that if sufficient information had been given, or if consent had been demanded, the patient would not have taken the risk, and a detrimental outcome would have been avoided. The other is that lack of information and consent as such is the injury for which the patient should be indemnified. Under the first principle the patient will be entitled to compensation only if the outcome was unlucky, supposing that the action was justified medically. But it is often difficult to establish what a patient's decision would have been under circumstances other than those that occurred, and substituting his judgement on the advisability of the action for that of the expert seems irrational as a basis for indemnity for a corporal injury. Under the second principle compensation should be awarded regardless of the outcome. But it will be rare that a claim for compensation or damages is made if everything goes well. It is extremely difficult to say what should be a just indemnity, which is to be assessed regardless of the outcome. If the outcome is fatal or serious, a compensation on this scale will seem incongruous in proportion to the total loss. Damages and other monetary compensation are, in my opinion, suitable remedies for many wrongs but not for those of failure to give information or to procure consent.

S 88 It has appeared from the survey given here that in principle the right to compensation from the patient insurance scheme is not based on a test of negligence but that in practice the decision is often made on grounds that have close affinity to a judgement of negligence. To mention a few instances this is the case when:

1. The question is whether signs and symptoms have been analysed according to "commonly accepted practice"
2. Infections in regions of the body that are considered impure give rise to compensation if ordinary precautions have been omitted
3. Accidents which in general are considered to be the outcome of the patient's original illness are compensated because they resulted from the care given to the patient

It is not necessary to repeat now what has been stated earlier. On the whole, if no other circumstances will lead to compensation, negligence will do so in practically all cases.[131] The exceptions to this principle seem few and dubious, since even if the Conditions appear to contain such exceptions it has not been possible to substantiate them by pointing to cases in which compensation has been refused. Often the standard of action which is the basis of the decision on compensation is more favourable to the patient than the standard of care which was required in the earlier tort cases. Moreover, as has been mentioned previously, the insurers provide liability insurance as well.

---

131 Cf. supra regarding insurance of tort liability.

XI. Compensation

S 89 The compensation that the patient insurance provides corresponds to tort damages for personal injuries. This is true particularly for the general level of indemnity. It is also true for the technique of computing damages by distinguishing between a number of items, corresponding to various kinds of losses. Since it is not my intention to describe the general system of tort damages in Sweden here, the rules on this subject will be left aside. However, the Conditions of the patient insurance scheme contain a number of provisions deviating from the tort rules for computing damages. The purpose of the differences is partly to avoid giving compensation for trifling injuries, partly to simplify the settlement of claims, and partly also to avoid the over-compensation that might arise from the general principles of tort liability. The common denominator of these aims is the wish to keep the costs of the insurance down and to concentrate on serious injuries.[132]

S 90 The special provisions are fairly complicated and will not be described in detail here. There is a franchise clause under which an injury is compensated only if it results in an illness of at least 14 days or in permanent harm or death. Even if none of these conditions are fulfilled, costs and loss of income that together exceed SEK 500 are compensated.[133] A more important deviation from general norms is that loss of income because of permanent disability is compensated only if the disability exceeds 15%, according to the standard tariff used for measuring disability.[134] For example, the loss of a forefinger counts as 10% disability. It is thought that low degrees of disability in all normal cases do not lead to any loss of income. On the other hand, compensation will be given in those cases for what are sometimes called "intangible" or "psychic" losses. If there has been negligence, and the patient would accordingly have been entitled to tort damages, the restrictions that have been mentioned are not applied, following a practice which does not appear in the insurance Conditions. The economic importance of this practice is small.

As far as possible, compensation is assessed according to the tariffs which the insurers use. Whereas for tort damages, these tariffs are only an aid to computing the indemnity, the Conditions of the patient insurance scheme refer to them explicitly.[135]

S 91 Under Swedish tort rules, benefits from social insurance, sick-leave pay, pensions from employers and benefits from group insurance reduce damages for personal injury, and there is no recourse against the person committing the tort. Under the Conditions of patient insurance deduction is made for the same benefits and also for indemnities from motor traffic insurance, the "security insurance for work injuries", drug injury insurance and also for some special benefits which the county councils and the municipalities provide for rehabilitation and similar purposes.[136] The effect of these Conditions is to make the patient insurance scheme subsidiary to practically all other sources of compensation. The main exception is insurance indemnity for a fixed sum from the patient's own accident or sickness insurance.

S 92 A somewhat peculiar provision is one stating that no compensation is awarded

[132] See Oldertz, op. cit. supra n. 56, pp. 382 f.
[133] See Conditions of Indemnity, sect. 4.
[134] See Conditions of Indemnity, sect. 5.4.
[135] See Conditions of Indemnity, sect. 5.1.
[136] See Conditions of Indemnity, sect. 5.6.

for pain and suffering and other "intangible" loss if it is probable that the injured person, because of his state of health, cannot use the compensation for his personal purposes.[137] The underlying idea is that patients who must spend the rest of their lives in hospitals, without any opportunities to spend money, should not receive compensation of which they cannot make any use.

S 93 According to the statistics available, about 11% of the compensation paid covers expenses for medical care. The figure does not perhaps seen high, but in view of the fact that so much medical care is free in Sweden, it is still somewhat higher than could be expected. The explanation is not known. Loss of income accounts for about 15% of the compensations. This figure is low, considering especially that a considerable portion of those entitled to compensation – about 40% – are disabled permanently. About two-thirds of the compensation covers "intangible" losses of different kinds. This proportion is fairly normal for tort damages and similar indemnities. Special costs, funeral expenses and similar items account for the rest.

During the period 1975–1979 the average cost for injuries for which claims had been filed was estimated to be SEK 17000. Men received on the average somewhat more than women (19025 to 15881). Among the age groups the one that has the highest average is that of small children (0–9 years of age), the one that has the lowest is that of 70–79 years of age. Among causes of injury, diagnostic interferences had the highest average compensation (SEK 22500) and accidents the lowest (SEK 9100). All these figures refer to estimated total costs. The amounts that had been paid out during the period were considerably lower, The costs are increasing, and SEK 25000 is the latest estimation of the average cost per injury.

[137] See Conditions of Indemnity, sect. 7.

H. Conclusions

S 94 The patient insurance scheme is Sweden's distinctive contribution towards solving the problems of medical responsibility. Every attempt to judge the Swedish system as a whole must first take this insurance into account. I have already expressed the opinion that judging questions of responsibility separately from patients' rights to compensation is an advantage. This is, of course, a minor issue in comparison with the question of whether the patient insurance scheme constitutes a successful system of compensation. When discussing this question, it is necessary to distinguish between the role of the insurance in the Swedish context and the possible desirability of introducing a similar system in another country.

S 95 As has been pointed out here repeatedly, losses due to injury and illness are covered by social insurance and free medical care in Sweden to an extent which makes it comparatively easy to introduce fairly generous systems of compensation on the tort damages level. At the same time, tort liability for negligence had proved insufficient to meet the demands for full compensation. The general defects of tort liability are the same in Sweden as elsewhere: the antagonistic attitudes of plaintiffs and defendants, the necessity of finding someone to blame if compensation is to be awarded, the delay and uncertainty of the procedure in the courts, the high costs involved and so on. In the field of medical injuries the general defects of tort liability have probably been aggravated by the attitudes of the medical experts who exercised a strong influence on the judging of the claims, both at the insurance company level and in the courts. From the undisputable fact that mistakes will always happen they were apt to draw the conclusion that no real blame could be attached to a person who made a minor mistake, even if the consequences to the patient proved to be serious. Even if the courts did not accept this view, the efforts and the time needed for a plaintiff to succeed were often excessive.

S 96 If we grant that there was a need for reform, a principal question will be whether the kind of private insurance that was introduced was the best solution. The reasons that were given in its favour and the result are in my opinion strong arguments for an affirmative answer. The system operates on the whole to the satisfaction of everyone involved, and because of this fact it is difficult to say that some other system should have been chosen.

The choice of system left much room for deciding the general policy of compensation. As explained, we face here insurance ideas rather than tort ideas. The fundamental question can be put thus: Suppose that a patient who enters a hospital is to make a rational choice of the types of injuries for which compensation will be made if they occur, and suppose also that not all injuries can be covered because the means are limited. Which injuries will then be most important to him? Since it is practically impossible to let every patient make an individual choice, those who implement the insurance scheme will have to make the choice on general grounds. The situation is not much different from what occurs in other insurance contracts, but decisions cannot be taken individually, and the control of the suitability of the decisions will be of another kind. The patients have no possibility of turning to other insurers if they are not satisfied, but they have means of making their opinions heard. We are free to discuss the underlying policy, as with all other systems of compensation. There are advantages and disadvantages in all systems, but in my opinion a good case can be made for the system that has been chosen in Sweden. We must, in any case, beware of presupposing that such a system must be based on tort ideas and judged as if it were.

S 97 Another question, which is of less interest, concerns the details of the Conditions. Opinions can differ considerably even among those who accept the fundamental policy of the insurance. However, it should be remarked that the Conditons, such as they are at present, are based on considerable experience, and have been shaped by discussion and criticism. The Conditions can therefore be regarded as the natural consequences of the general policy taken.

S 98 When estimating the importance of the patient insurance scheme in Sweden, its indirect influence on the development of security in medical care should also be noted. At present a commission is working on improving this security, partly on the basis of the experience derived from patient insurance. A total of 4000 annual claims for compensation will obviously present better material for investigating security than the limited number of notices and complaints to the Board of Social and Medical Care and the Responsibility Board. It remains to be seen what the outcome of the work of the commission will be.

S 99 Turing to the question of whether the Swedish system could be introduced elsewhere, it is extremely difficult for a Swede to judge.[138] A number of questions must be answered: Is the background in social insurance and free medical care as favourable as in Sweden? Does tort liability have the same drawbacks as in Sweden? Can a private insurance be introduced as successfully as it was in Sweden? Will the policy underlying the patient insurance scheme be accepted? Are the terms acceptable?

In Finland a proposal for introducing a compulsory patients insurance scheme, patterned on the Swedish one, was presented in 1982.[139] Since only a short summary of the report containing the proposal is available in Swedish, no details can be given. It is not known what the chances are that the proposal will be carried through.

A Danish writer has recently, on the basis of a thorough study of the Swedish system, concluded that for Denmark, in spite of substantial similarities in background, there is no need to introduce any such patient insurance scheme.[140] In his opinion the present combination of social insurance and tort liability functions satisfactorily. His arguments are worth considering, but they cannot be reproduced here. I am far from contending that a patient insurance system would have the same success in other countries as it has had in Sweden; neverthe-

---

[138] Cf. E. Klingmüller, Zu den Plänen einer neurartigen Patientenversicherung nach schwedischem Muster in der Bundesrepublik Deutschland, Versicherungsrecht 1980, pp. 694 ff., und H.-L. Weyers, empfiehlt es sich, im Interesse der Patienten und Ärzte ergänzende Regelungen für das ärztliche Vertrags- (Standes-) und Haftungsrecht einzuführen? Verhandlungen des 52. Deutschen Juristentages 1978, Band 1, Gutachten A, München 1978 (Beck).

[139] See Förslag till patientskadelag, Betänkande avgivet av kommissionen för frågor om rättsskydd inom hälsovården I (Kommittébetänkande 1982: 29), Helsinki 1982.

[140] B. von Eyben, Kompensation for personskade I. Reformering af ulykkeskompensationen, vol 1. Gad, Copenhagen, pp. 335 ff.

less, the questions which the Swedish system raises seem to be worth discussing.

Acknowledgements. I am indebted to Mr. Anders Hedman for carrying out the research needed for this report and for writing a study in Swedish, which forms the basis of this report.

Appendix

Patient Insurance for Injuries from Treatment Conditions of Indemnity, from 1 July 1982

§ 1 A patient who has suffered an injury in direct connection with health and medical care, or his survivors, will receive compensation for an injury of treatment in accordance with the following conditions. Persons who without being ill are subject to medical research, which has been approved by a board for ethics in medical research, are treated as equal to patients. This rule does not apply to the testing of drugs.

§ 2 By injury of treatment is to be understood a corporal illness or injury which

2.1 has arisen as a direct consequence of examination, treatment or any similar action, provided that it was not an inevitable consequence of an action which was justified from a medical point of view,

2.2 has arisen as a direct consequence of a diagnostic incision and which is both of another type and substantially greater than the illness or injury which would have followed if the incision had not been undertaken and the correct diagnosis thus could not have been established,

2.3 has arisen or has not been possible to prevent in consequence of the fact that examination results, obtained by means of technical facilities, were incorrect or that observable symptoms of illness were not interpreted, in connection with diagnostic methods, according to commonly accepted practice,

2.4 has been caused by an infection due to a contaminative substance probably having been brought to the patient through an action of health or medical care,

2.5 has been caused by an accident – i.e. a sudden external event not being related to such an action as is referred to in 2.1 – on the premises or within the precincts in which health or medical care is provided or in connection with the transportation of a patient.

§ 3 By injury of treatment is not to be understood an injury or illness which

3.1 is a consequence of risk-taking, necessary from a medical point of view, to diagnose or treat an injury or illness which, if not treated, threatens life or entails a risk of severe disability,

3.2 in cases other than those mentioned in 2.3 has been predominantly caused by an illness or a comparable condition of the patient that has arisen independently of the care,

3.3 has been caused by an infection if it is the result of

- an incision or other action in the intestines, the oral cavity, the air-passages and other regions that are considered to be unclean from a bacteriological point of view

- an incision in tissue with considerably reduced vitality or comparable degeneration
- prolonged catheterization or drainage
- transplantation of skin or other plastic surgery with increased risks of infection
- materials, protheses or other foreign substances having been applied by an operation, if the infection appears more than one year after the operation
- reduced resistance to infections due to illness or treatment for illness,

3.4 has been caused by a drug for which the Regulations Relating to the Sale and Prescription of Drugs apply and which could not have been avoided by following the directions for the use of the drug.

§ 4 An injury of treatment is compensated only if the injured person in consequence of the injury

- has been on sick-leave with at least 50% incapacity of work for more than 14 days, or
- in other cases has sustained a corresponding impairment of the bodily functions for more than 14 days, or
- has been inflicted with permanent disability that is not without importance, or
- has died.

Regardless of what is said in the preceeding paragraph reasonable compensation is paid for treatment costs and loss of income incurred by an injury of treatment if the costs and loss of income together exceed SEK 500 after deduction in accordance with 5.6.

§ 5 Compensation for an injury of treatment is assessed in accordance with Chap. 5, Sects. 1–5 of the Tort Damages Act (1972: 207), unless otherwise prescribed below.

5.1 Indemnity for pain and suffering and for disfigurement or other permanent disadvantage is paid only if there is a right to compensation in accordance with § 4, first paragraph, and is awarded as a lump sum. The indemnity is calculated in accordance with the tables attached to this undertaking – Appendices 1 and 2. [Appendices not included in this reproduction.]

5.2 Indemnity for "other inconveniences" as stated in Chap. 5, Sect. 1, Para. 1 Subsect. 3 of the Tort Damages Act is paid if the injured person in spite of being disabled because of the injury returns to work and

- the degree of medical disability amounts to at most 15%, or
- the injured person requests indemnity for "other inconveniences" instead of compensation for future loss of income in accordance with 5.4.

Indemnity for "other inconveniences" is given as an increased indemnity for disadvantages or other permanent disability in accordance with the following table.

Degree of medical disability	*Increase of indemnity for disfigurement or other disadvantage*
At most 10%	At most half the amount of indemnity corresponding to the appropriate degree of disability
At most 20%	At most the amount of indemnity corresponding to the appropriate degree of disability
At most 30%	At most one and a half of the amount of in-

	demnity corresponding to the appropriate degree of disability
More than 30%	At most one and a half of the amount of indemnity corresponding to 30% degree of disability

5.3 Compensation for future costs is included in the indemnity for disfigurement or permanent disadvantage in accordance with 5.1 or in the indemnity for "other inconveniences" in accordance with 5.2. If substantial future costs are expected, special compensation is awarded in the form of an annuity.

5.4 Compensation for future loss of income is paid if the injured person has been permanently disabled because of the injury and the degree of medical disability exceeds 15%. If the injured person can go back to work and so request, the compensation is paid in the form of indemnity for "other inconveniences" in accordance with 5.2. Compensation for future loss in income is awarded as
- an annuity if the compensation is of essential importance for the support of the injured person and no special reasons argue against it
- a lump sum if the annual loss of income can be assumed to be less than 10%
- an annuity and a lump sum in other cases in accordance with the injured person's own request.

5.5 The value of the annuity is garanteed in accordance with the Act (1973: 213) on Indexing of Tort Damages Annuties.

5.6 In assessing compensation deduction is made, as well as for benefits mentioned in Chap. 5, Sect. 3 of the Tort Damges Act, for
- compensation that has been paid from a municipality or a county council for rehabilitation, aid at home or nursing care at home or other similar compensation that is subsidiary to damages, and for
- indemnities from the security insurance for work injuries, the motor traffic insurance, the drug injury insurance and other kinds of insurance which provide indemnity at the level of tort damages, as well as indemnity for pain and suffering, disfigurement and disadvantage, costs, rehabilitation and loss of income from accident or sickness insurance.

5.7 Compensation for costs of treatment is paid only if the costs have occurred in Sweden.

§ 6 For compensation in accordance with this undertaking, the rules regarding contributory negligence in Chap. 1, Sect. 6 of the Tort Damages Act are correspondingly applicable. However, compensation is not paid if the injured person himself or – in cases where the injury has led to death – the deceased has intentionally caused the injury.

§ 7 Indemnity for pain and suffering, disfigurement or other permanent disadvantage or "other inconveniences" cannot be assigned to a third party. Such indemnity is further not paid if it is probable that the injured person because of his state of health cannot use the indemnity for his personal purposes. Nevertheless, compensation is paid for reasonable expenses which the insured has incurred because of the injury.

§ 8 The person who wishes to claim compensation according to this undertaking for an injury of treatment, which has been caused while the insurance was in force, shall present his claim within 3 years from the time when the injury first appeared, but not later than 10 years from the time when the action which caused the injury was undertaken.

§ 9 Compensation is not paid for nuclear damage, according to the definition in Sect. 1 of the Nuclear Liability Act, nor for damage whose origin or extent is directly or indirectly caused by or connected with earthquake, volcanic eruption, invasion, was or other enemy action, revolution, rebellion or action by usurped power.

§ 10 Compensation for injury of treatment is paid by the insurer.
The insurer who has paid compensation for an injury of treatment is subrogated to the injured person's right to damages.
The insurer is not responsible for any loss which arises if the investigation of claims or the payment of compensation is delayed because of war, warlike operations, civil war, revolution, rebellion, acts of authorities, strike, lockout, blockade or the like.

§ 11 This undertaking to pay compensation is limited to at most SEK 20 million for each event and to at most SEK 2 million for each injured person.
For injuries that occur during one calender year the total liability of the authorities for medical care – according to this undertaking or on any other basis – is limited to an aggregate of at most SEK 75 million.

§ 12 Questions of principle or disputes regarding indemnification shall, if an injured person, an authority for medical care or the insurer so requests, be referred to a specially appointed board, the Patient Injury Board, for consideration.
The Patient Injury Board consists of six members. The Government appoints the chairman and two other members, one of whom represents patient interests and the other medical expertise. The authorities for medical care appoint two members, and the insurer one member.
The rules of procedure of the Patient Injury Board are laid down by the Association of Swedish County Councils after consultation with the insurer.

§ 13 Disputes between the insurer and the injured person are settled by arbitrators in accordance with the Act on Arbitrators (1929: 145). If one of the arbitrators appointed by the parties so requests, the third arbitrator is appointed by the Government.
If the injured person has had reasonable grounds to have the dispute judged, the insurer will pay for the remuneration of the arbitrators.

§ 14 Settlement by arbitrators may be claimed in accordance with § 13 only if the Patient Injury Board has previously made a recommendation regarding the indemnification in accordance with § 12.
The injured person may not request a recommendation from the Patient Injury Board later than 1 year after he received the insurer's decision because of his claim for compensation.
The injured person may not claim a settlement by arbitrators later than 6 months from the time when he received the insurer's final decision on the indemnification case because of the recommendation of the Patient Injury Board.

Switzerland

H. Hausheer
in Cooperation with
T. Geiser

Inhaltsverzeichnis

Abkürzungsverzeichnis

BGE	Amtliche Sammlung der Entscheidungen des Schweizerischen Bundesgerichtes
BV	Bundesverfassung der Schweizerischen Eidgenossenschaft vom 29. Mai 1874 (SR 101)
EMRK	Konvention vom 4. November 1950 zum Schutze der Menschenrechte und Grundfreiheiten (Europäische Menschenrechtskonvention) (SR 0.101)
KUVG	Bundesgesetz vom 13. Juni 1911 über die Kranken- und Unfallversicherung; seit dem 1.1.1984 aufgeteilt in: Bundesgesetz über die Krankenversicherung (SR 832.10) und Bundesgesetz vom 20. März 1981 über die Unfallversicherung (SR 832.20)
OR	Bundesgesetz vom 30. März 1911 betreffend die Ergänzung des Schweizerischen Zivilgesetzbuches (Obligationenrecht) (SR 220)
SAeZ	Schweizerische Ärztezeitung, Verlang Hans Huber, Bern, Stuttgart, Wien
Sem. jud.	Semaine judiciaire, Genf
SJZ	Schweizerische Juristenzeitung, Zürich
SR	Systematische Sammlung des Bundesrechts
StGB	Schweizerisches Strafgesetzbuch vom 21. Dezember 1937 (SR 311.0)
ZGB	Schweizerisches Zivilgesetzbuch vom 10. Dezember 1907 (SR 210)
ZR	Blätter für zürcherische Rechtsprechung, Zürich
ZSR	Zeitschrift für schweizerisches Recht, Basel

A. Grundlagen der ärztlichen Versorgung

I. Ethische Grundlagen der medizinischen Versorgung

CH 1 Zu den bedeutsamen außerrechtlichen Grundlagen, die als ärztliche Sorgfaltspflichten dennoch in den Bereich rechtlicher Regelung medizinischen Handelns einfließen, sei es mit Rücksicht auf die Disziplinaraufsicht durch die öffentliche Gewalt, sei es aber auch im Sinne einer Schutzmaßnahme für die zivil-, verwaltungs- und strafrechtlich zu schützende Person die ärztlicher Behandlung bedarf, gehört in der Schweiz wie anderswo nach wie vor der hippokratische Eid. Anläßlich der Generalversammlung des Weltärztebundes 1948 in Genf hat er seinen zeitgemäßen sprachlichen Ausdruck gefunden.

CH 2 Daraus abgeleitet wird vorerst die *Pflicht zur ärztlichen Hilfeleistung,* die in der überwiegenden kantonalen Gesetzgebung zum Gesundheitswesen noch eigens kodifiziert worden ist und meist zu einem besonderen Kontrahierungszwang über die gewöhnliche Nothilfe hinaus führt (Gross 1977, S. 88 ff.; Henggeler 1976, S. 165 ff.). Inhaltlich geht es um eine für den Patienten notwendige und dem Arzt zumutbare medizinische Hilfe. Dabei stellt sich die Frage der Zumutbarkeit besonders bei großen Entfernungen und bei der Überprüfung dessen, was als übertriebene Ängstlichkeit des Patienten in Erscheinung treten kann, und sei es nur hinsichtlich der zeitlichen Dringlichkeit. Die neueren kantonalen Gesetze beschränken sich weitgehend auf eine Regelung der Nothilfe, die im Gegensatz zur allgemeinen Hilfepflicht ohne Rücksicht auf ein Honorar zu leisten ist.

CH 3 Hinzu kommt die *Pflicht zur gewissenhaften Ausübung der ärztlichen Kunst,* was v. a. auch die Pflicht in sich schließt, sich den jeweiligen aktuellen Stand des medizinischen Wissens anzueignen bzw. die Grenzen der eigenen Fähigkeiten und Zuständigkeiten zu erkennen.

CH 4 Zum berufsethischen Kodex auf der Grundlage des hippokratischen Eides gehört überdies die *Geheimhaltungspflicht,* welche disziplinar-, zivil- und strafrechtlich sanktioniert wird. Sie läßt sich inhaltlich leichter umschreiben als die heute zum Politikum ersten Ranges gewordene *Pflicht zur Bescheidung bei der Honorarforderung* bzw. die *Pflicht* – trotz ständiger Zunahme der frei praktizierenden Ärzte bei in etwa stabiler Bevölkerung – *nicht* aus Gründen der Einkommenserzielung *zu „überarzten"*. Die medizinische Versorgung der Bevölkerung und die daraus entstehenden Kosten für den einzelnen und die staatliche Gemeinschaft insgesamt sind denn auch zum Gegenstand eines vom Schweizerischen Nationalfonds durchzuführenden nationalen Forschungsprogramms großen Stils geworden, an dem sich zahlreiche wissenschaftliche Disziplinen beteiligen.

CH 5 Weitere standesethische Pflichten bzw. nähere Konkretisierungen und Ableitungen aus dem hippokratischen Eid finden sich in den sog. *„Standesordnungen" der kantonalen Ärzteverbände,* die, den Behörden vorgeordnet, eine eigene Berufsaufsicht ausüben. Bedeutsamer als diese nur teilweise als direkte Verhaltensge- und -verbote für die medizinische Betreuung des Patienten gedachten Vorschriften sind verschiedene *Richtlinien der Akademie der Medizinischen Wissenschaften,* die für berufsethisch besonders wichtige Teilbereiche, wie Feststellung des Todes, Sterbehilfe, Transplantation, künstliche Insemination, medizinische Versuche an Mensch und Tier und anderes mehr Weisungen enthalten und dabei auf die ärztliche Sorgfaltspflicht unmittelbaren Bezug nehmen (s. Anhang).

II. Private oder staatlich organisierte ärztliche Versorgung

CH 6 Wie aus den nachfolgenden statistischen Grundlagen zu ersehen ist, wird die medizinische Versorgung der Bevölkerung in der Schweiz einerseits durch eine frei praktizierende Ärzteschaft sowie andererseits durch private und vorwiegend von regionalen und kantonalen Gebietskörperschaften getragene Krankenhäuser gewährleistet. Die Ärzte sind somit entweder freiberuflich, d.h. selbständig tätig, in einem privatrechtlichen Anstellungsverhältnis (Arbeitsvertrag gemäß Obligationenrecht) oder in einem Beamtenverhältnis auf Gemeinde- und Kantonsebene, ganz selten auch auf der Ebene des Bundesstaates (Eidgenossenschaft oder Bund). Im übrigen beschränkt sich der Bund v. a. auf finanzielle Leistungen an verschiedene Teilbereiche der Sozialversicherung, soweit deren Zielsetzung auf medizinische Versorgung aller Art ausgerichtet ist. Das trifft einmal für die gesamtschweizerische Invalidenversicherung zu, die im Jahre 1981 vom Bund mit sfr 821,8 Mio. und von den Kantonen mit sfr 273,9 Mio. subventioniert worden ist. Weitere erhebliche Subventionen des Bundes, 1980 in Höhe von sfr 912,8 Mio., und der Kantone, 1980 in Höhe von sfr 304,5 Mio., gehen an die privaten und öffentlichen Krankenkassen, die 1980 bei einer Gesamtbevölkerung von rund 6,3 Mio. 6811581 Versicherte aufwiesen. Hinzu kommt die Eidgenössische Unfallversicherungsanstalt mit rund 80000 auch gegen Berufskrankheit Versicherten, die in der ganz überwiegenden Zahl von Gesetzes wegen zu einem bestimmten Versicherungsschutz gezwungen sind, während die Krankenkassen grundsätzlich auf freiwilliger Basis Versicherungsschutz gewähren. Schließlich sind zu den Leistungen des Bundes im Bereich des Gesundheitswesens auch die Subventionen an die Militärversicherung zu zählen, die im Jahre 1980 sfr 173,5 Mio. ausgemacht haben.

CH 7 Die Krankenkassen einigen sich, auch wenn sie z. T. gesamtschweizerisch tätig sind, auf kantonaler Ebene mit den kantonalen Ärzteverbänden über die Tarife, die aber nur für bestimmte Einkommensklassen verbindlich sind. Die – für Krankenkassenpatienten i. allg. pauschalierten – Tarife der öffentlichen Krankenhäuser werden von den Hoheitsträgern, denen sie zugeordnet sind, aufgrund von Verhandlungen mit den Krankenkassen festgelegt. Soweit auch private Versicherungsgesellschaften medizinische Leistungen versichern, bleiben sie von der Tarifgestaltung völlig ausgeschlossen.

CH 8 Abgesehen von Geldleistungen des Bundes ist auch dessen Einfluß auf medizinische Versorgung im Zusammenhang mit seiner Verantwortung für das Prüfungswesen der Ärzteschaft zu erwähnen. Alle medizinischen Prüfungen sind Sache des Bundes. Kantonaler Verantwortung untersteht dagegen die Ausübung des Arztberufes.

CH 9 Die Kantone üben daher auch die Disziplinargewalt aus und erteilen die Zulassungsbewilligung für die freiberufliche Arztpraxis und die privaten Kliniken, und zwar aufgrund eines eidgenössischen Fähigkeitsausweises. Die strafrechtliche Verantwortlichkeit indessen ist wiederum weitgehend einheitlich im Bundesrecht geregelt, das für die gesamte Schweiz Anwendung findet. Das gleiche gilt für das vom Bundeszivilrecht beherrschte sog. private Arzt-Patient-Verhältnis, das v.a. gegenüber dem freiberuflichen Arzt und der privaten Klinik zur Anwendung gelangt, aber auch die Nebentätigkeit von öffentlich beamteten Krankenhausärzten regeln kann. Tatsächlich zeichnet sich die entsprechende Rechtsprechung nicht durch besondere Klarheit aus, ja in bezug auf Privatpatienten in öffentlichen Krankenhäusern ist sie geradezu verwirrend [vgl. BGE 102 (1976) II 45 im Gegensatz zu BGE 82 (1956) II 321 sowie BGE 101 (1975) II 177 verglichen mit BGE 98 (1972) Ia 508; dazu *Keller* 1978, S. 28ff.]. Aber auch die Stellung als Krankenkassenarzt, eine Funktion, die von der ganz überwiegenden Zahl der frei praktizierenden Ärzte ausgeübt wird, ändert nichts am privatrechtlichen Arzt-Patient-Verhältnis [BGE 57 (1932) II 196ff. E 1, 54 (1929) II 120ff.], sei es daß die ärztliche Tätigkeit für eine öffentliche (z.B. obligatorische) oder private Krankenkasse ausgeübt wird, sei es daß der Patient Vertragspartner wird oder ihm nur die Stellung eines Begünstigten aus einem Vertrag zugunsten Dritter zukommt (Art. 112 OR). Im allgemeinen gilt dagegen für die öffentlich beamteten Ärzte der lokalen und kantonalen Krankenhäuser einschließlich der Universitätskliniken das öffentliche Recht, das die Beziehungen Arzt-Patient regelt. Dabei macht das öffentliche Recht allerdings in vielfacher Hinsicht und in weitem Umfang Anleihen beim Bundesprivatrecht, das Dienstleistungen v.a. im Obligationenrecht regelt. Für die nichtstrafrechtliche Verantwortlichkeit sind daher neben dem Bundesprivatrecht 26 kantonale Ordnungen zu berücksichtigen, welche in der Frage der auch im Medizinalbereich zur Anwendung gelangenden Amtshaftung sehr unterschiedlich ausgestaltet sind und einen sehr verschiedenen Entwicklungsstand aufweisen (Näheres dazu s. Abschn. C. III).

III. Anzahl der Ärzte in Privatpraxen, Kliniken und Behörden (gemäß Statistik der Schweizerischen Ärztegesellschaft und des amtlichen statistischen Jahrbuches)

CH 10 Im Jahre 1981 waren in der ganzen Schweiz 7799 Ärzte in freier Praxis tätig. Davon war die kleinere Zahl, nämlich 2822, Allgemeinpraktiker, während 4977 Fachärzte waren. Die Zahl der beamteten und angestellten Ärzte in privaten, lokalen und kantonalen Krankenhäusern betrug 1051. Hinzu kamen 7463 Assistenzärzte (ohne Ausländer). 2382, d.h. rund 30% aller Ärzte in freier und selbständiger Praxis, geben selbst Medikamente ab, während rund 70% die Versorgung mit Medikamenten ganz den Apotheken überlassen (8 der 26 schweizerischen Kantone lassen die Selbstdispensierung nur in Ausnahmefällen zu). Nicht ganz ein Fünftel aller Ärzte sind weiblichen Geschlechts, eine Zahl, die in ständigem Wachsen begriffen ist, wie auch die Zahl der Ärzte pro Kopf der Bevölkerung stetig weitersteigt. Im Jahre 1981 kamen auf einen Arzt in freier Praxis 816 Einwohner bzw. 12,3 Ärzte mit freier Praxis auf 10000 Einwohner. Dabei ist allerdings in den einzelnen Kantonen eine recht unterschiedliche Ärztedichte zu beachten. In den vorwiegend städtischen Kantonen Basel-Stadt und Genf kam 1981 ein frei praktizierender Arzt schon auf 493 bzw. 510 Einwohner oder 20,3 bzw. 19,6 Ärzte auf 10000 Einwohner. Die niedrigste Ärztedichte findet sich in der Zentralschweiz. In den 10 größten Städten der Schweiz kommen durchschnittlich 394 Einwohner auf einen frei praktizierenden Arzt, in Genf – mit der größten Ärztedichte unter diesen Städten – sind es nur 294, in den übrigen Städten (über 10000 Einwohner) 714 Einwohner. In ländlichen Gebieten dagegen kommt ein frei praktizierender Arzt auf 1464 Einwohner. Der große Unterschied zwischen der Ärztedichte in den Städten und auf dem Land ist z.T. auf die traditionelle Rolle der Stadt als Zentrum einer ganzen Region und auf die Fachärzte zurückzuführen. Bei den Fachärzten ergibt die durchschnittliche Verteilung, bezogen auf die Gesamtbevölkerung, folgendes Arzt-pro-Kopf-Verhältnis:

CH 11

innere Medizin	1/ 3830
Chirurgie	1/ 9389
Psychiatrie und Psychotherapie	1/13072
Gynäkologie und Geburtshilfe	1/13126
Pädiatrie	1/13749
Ophthalmologie	1/22899
Otorhinolaryngologie	1/31359
Dermatologie und Venerologie	1/40291

Hier ist allerdings zu beachten, daß insbesondere Internisten, z.T. aber auch Pädiater, Gynäkologen und Chirurgen, häufig auch die Funktion eines Hausarztes ausüben. Zudem sei am Rande erwähnt, daß der Facharzttitel dem Arzt keinerlei Vorrechte einräumt. Er ist nur die Bestätigung einer bestimmten Nachdiplomausbildung.

CH 12 Was die Krankenhäuser der öffentlichen Hand betrifft, so betrug im Jahre 1975 deren Gesamtzahl 474 mit 72438 Betten. Darunter fielen 12 Universitätskliniken mit 7761 Betten und 260 weitere kantonale und kommunale Krankenhäuser mit 33551 Betten. Schließlich befanden sich darunter auch 100 Krankenhäuser mit 8952 Betten für Alters- und chronisch Kranke sowie für Gebrechliche und 12 Krankenhäuser mit 1239 Betten für Tuberkulosekranke. 1975 betrug die Zahl der behandelten Kranken in den 272 Krankenhäusern für kurzfristige Behandlung 798052 Personen bei 41312 Krankenbetten und einer Gesamtzahl von 11437000 Krankenpflegetagen. In den 100 Krankenhäusern für Alters- und chronisch Kranke wurden 1975 bei 3017000 Krankenpflegetagen 16666 Patienten gezählt.

B. Klagen und Verfahrensgang

I. Patientenklagen gegen Ärzte, Kliniken und Behörden, Klageart, Schadensursache, durchschnittlicher Streitwert der Klagen, Anzahl der Entscheidungen

CH 13 Offizielle Statistiken hinsichtlich Forderungen von Patienten gegenüber Ärzten wegen ärztlicher Fehlbehandlung (Kunstfehler) bestehen in der Schweiz nicht. Allerdings haben sowohl die freiberuflichen Ärzte (1981 rund 8000) wie auch die beamteten und angestellten Ärzte in Krankenhäusern privater oder öffentlicher Hand (rund 8500) in aller Regel bei einer privaten Versicherungsgesellschaft eine Berufshaftpflichtversicherung abgeschlossen, d.h. also auch in jenen Fällen, in denen eine der 26 kantonalen öffentlich-rechtlichen Amtshaftpflichtregelungen zum Zuge kommt. Die interne Betriebsstatistik von 3 großen Versicherungsgesellschaften, die zusammen rund 60% der entsprechenden Haftpflichtfälle versicherungsmäßig abdecken, vermag daher aufgerechnet auf 100% wenigstens gewisse Anhaltspunkte über die Größenordnung der abgewickelten Haftpflichtfälle zu vermitteln. Danach ergibt sich folgendes Bild:

CH 14 In den Jahren 1975–1979 (Fünfjahresperiode) sind von 4261 versicherten Ärzten mit freier Praxis (Stand 1979) 656 Schadensfälle gemeldet worden, d.h. rund 130 pro Jahr. Unter Mitberücksichtigung einer erheblichen Zahl von Schadensmeldungen, die zu keiner Entschädigung seitens der Versicherungsgesellschaft führten, betrug die durchschnittlich ausbezahlte Schadenssumme rund sfr 14000,–. In den gleichen Jahren 1975–1979 erfolgten durch 828 der rund 1000 beamteten und angestellten Spitalärzte, die auch für ca. 7200 Assistenzärzte einzustehen haben, 3843 Schadensmeldungen oder rund 770 pro Jahr. Soweit es zu Entschädigungen kam, wurden durchschnittlich pro Fall ca. sfr 7600,– ausbezahlt. Diese Schadensmeldungen reichen kaum aus, um eine „Kunstfehlerstatistik" zu erstellen, wie sie beim größten schweizerischen Versicherer ärztlicher Berufstätigkeit hinsichtlich eines entsprechenden sehr bedeutsamen Versicherungsgeschäfts in der Bundesrepublik Deutschland besteht. Danach entfallen 22% der Schadensfälle auf Medikamente, 19% auf Operationen, 12% auf Fehldiagnosen und 10% auf Narkosefehler. Nach Fachrichtungen aufgeschlüsselt betreffen die größten Anteile von 16 bzw. 14% die Bereiche Chirurgie und allgemeine Medizin, je 10% innere Medizin und Gynäkologie, gefolgt von 7,4% Orthopädie, 6,5% Otorhinolaryngologie und 5% Anästhesie (*A. Keller* 1981, S. 3480).

CH 15 Die Schadensliquidation hängt nach den Gepflogenheiten der Versicherungsgesellschaften von der Eindeutigkeit des Nachweises eines Kunstfehlers ab. Bei offensichtlichem Kunstfehler kommt es regelmäßig zu einer außergerichtlichen Schadenserledigung in vollem Umfang. Zweifel an der Verletzung ärztlicher Regeln der

Kunst gibt Anlaß zu einem außergerichtlichen Vergleichsvorschlag. Kommt auf diesem Weg keine Einigung zustande, beginnt in aller Regel ein Begutachtungsverfahren, bei dem es sich zunächst auf einen oder mehrere Gutachter aus dem Bereich der Hochschulen zu einigen gilt. Zur Zeit bemüht sich die Schweizerische Ärztegesellschaft um einen erleichterten Überblick und Zugang zu Gutachtern. Es wird sich zeigen, inwieweit sich dabei die seit wenigen Jahren in Erscheinung tretenden Vereinigungen und privaten Organisationen zur Wahrung der Patienteninteressen einzuschalten vermögen. Einen gewissen Einfluß werden dabei auch die kantonalen Gesundheitsbehörden haben, die nicht nur für die Einhaltung der berufsethischen Disziplin, sondern auch für die Oberaufsicht im Gesundheitswesen ganz allgemein zuständig sind.

CH 16 Wie dem auch sei, zur Zeit steht fest, daß die Gerichte nur sehr selten zur Entscheidung über ärztliche Kunstfehler angerufen werden. Das Schweizerische Bundesgericht hat in den letzten 80 Jahren kaum 20 Entscheidungen veröffentlicht, die einen ärztlichen Kunstfehler zum Gegenstand gehabt hätten. Dabei ist anzunehmen, daß gerade angesichts der geringen Zahl der Klagen, aber auch angesichts der großen Bedeutung der Entscheidungen für die Bevölkerung insgesamt, die Quote der veröffentlichten Entscheidungen der obersten Gerichtsinstanz in diesem Bereich besonders hoch ist.

CH 17 Das Schweizerische Bundesgericht hat sich bisher auch erst in 2 veröffentlichten Urteilen mit Fällen befaßt, bei denen es um Schadenersatz und um eine Genugtuungssumme wegen Verletzung der Aufklärungspflicht bzw. wegen eigenmächtiger, nicht durch ausdrücklichen oder mutmaßlichen Parteiwillen gedeckten Heilbehandlung gegangen ist [BGE 105 (1979) II 284ff. und BGE 108 (1982) II 59ff.]. In BGE 66 (1940) II 34ff. stellte sich die Frage der Aufklärungspflicht im Zusammenhang mit einem sog. Kunstfehler, die wie der Kunstfehler selbst (Verletzung der Fingerstrecksehne) verneint wurde, weil bei gehöriger Aufklärung angesichts des geringen Mißerfolgs- bzw. eines geringen Schädigungsrisikos die Einwilligung doch erfolgt wäre. In 2 Fällen [BGE 98 (1972) Ia 508 und 101 (1975) II 177] ging es um die Frage der Zustimmung von Angehörigen zur Herzentnahme eines Verstorbenen zum Zweck der Organtransplantation; im übrigen stand Genugtuung wegen eines Heileingriffs ohne die erforderliche Einwilligung vor dem Bundesgericht scheinbar nie zur Diskussion. In BGE 99 (1973) IV 208ff. ging es um den strafrechtlichen Aspekt der nicht durch Parteiwillen gedeckten ärztlichen Behandlung (s. Abschn. C. I).

CH 18 Angesichts der wohl nicht unberechtigten Vermutung, daß die Qualität der medizinischen Versorgung in der Schweiz nicht wesentlich von derjenigen in den Nachbarstaaten abweicht, und mit Rücksicht darauf, daß bei Haftpflichtprozessen gegen Ärzte durchweg der Nachweis des Kunstfehlers und seine Abgrenzung zur in der Natur der Sache liegenden Fatalität menschlicher Existenz im Vordergrund steht, ist die vergleichbar geringe Rechtsprechung in der Schweiz wohl v.a. Ausdruck einer bestimmten Mentalität der Bevölkerung bzw. der Versicherer. Leider ist bei den größten schweizerischen Versicherern nichts Näheres darüber zu erfahren, wie sie sich die Unterschiede selbst erklären, die sie bei ihrem sowohl in der Schweiz wie in deren Nachbarstaaten bedeutsamen Versicherungsgeschäft wahrnehmen und wahrnehmen müssen.

C. Haftung für Fahrlässigkeit

I. Strafrechtliche Haftung

CH 19 Das materielle Strafrecht ist in der Schweiz vereinheitlicht (Art. 64 bis BV) und im wesentlichen im Schweizerischen Strafgesetzbuch (StGB) vom 21. 12. 1937 (SR 311.0) niedergelegt. Den Kantonen ist die Gesetzgebungskompetenz im Strafbereich nur bezüglich des Schutzes des kantonalen Steuerrechts, ihrer Verwaltungs- und Prozeßvorschriften sowie in untergeordneten Übertretungsbereichen geblieben (Art. 335 StGB).

Im Bereich der Berufsausübung eines Arztes sind insbesondere die Art. 111 (vorsätzliche Tötung), 114 (Tötung auf Verlangen), 117 (fahrlässige Tötung), 122 (schwere Körperverletzung), 123 (einfache Körperverletzung), 125 (fahrlässige Körperverletzung), 126 (Tätlichkeiten) und 181 (Nötigung) des Strafgesetzbuches zu beachten.

CH 20 Die Frage, unter welchen Voraussetzungen ein Arzt bei der Berufsausübung eine strafbare Handlung gegenüber dem Patienten begeht, hängt wesentlich davon ab, *wie der ärztliche Eingriff strafrechtlich qualifiziert* wird.

Das *Bundesgericht* [BGE 99 (1973) IV 208 ff.] geht diesbezüglich davon aus, daß auch der lege artis ausgeführte ärztliche Heileingriff grundsätzlich eine Körperverletzung darstellt und seine Rechtfertigung nur in der Einwilligung des Verletzten oder in einem gesetzlich anerkannten Rechtfertigungsgrund der Notstandshilfe findet. Geschütztes Rechtsgut im Sinne des Art. 123 und 125 StGB ist somit die körperliche Integrität als solche. In der zu dieser Auffassung sich kritisch äußernden Doktrin wird zum einen unterschieden (*Stratenwerth* 1978, S. 60), ob es sich um einen Heileingriff im engeren Sinn oder um einen sonstigen ärztlichen Eingriff, namentlich kosmetischer, experimenteller oder prophylaktischer Art handelt. Der lege artis ausgeführte ärztliche Heileingriff soll den Tatbestand der Körperverletzung oder Tötung deshalb nicht erfüllen, weil der Sinn des Eingriffs gerade nicht in der Schädigung der Gesundheit liege. Die Tatbestandsmäßigkeit fehle hier unabhängig davon, ob die Einwilligung des Behandelten vorliege oder nicht. Der lege artis, aber ohne Einwilligung ausgeführte ärztliche Heileingriff könne somit nur im Hinblick auf die Delikte gegen die freie Willensbestimmung (Art. 181, 182 StGB) strafrechtlich relevant sein. Voraussetzung einer Körperverletzung oder Tötung sei dagegen der Kunstfehler. Zum anderen wird in der Doktrin (*Hafter* 1946, S. 165) auch die Meinung vertreten, daß der ärztliche Heileingriff zwar den Tatbestand der Körperverletzung oder der Tötung erfülle, daß aber eine Rechtfertigung jedes lege artis ausgeführten ärztlichen Heileingriffes in der staatlichen Anerkennung und Förderung der ärztlichen Berufsausübung zu sehen sei.

CH 21 Bezüglich der *sonstigen ärztlichen Eingriffe,* namentlich kosmetischer, experimenteller oder prophylaktischer Art, herrscht Einigkeit darüber, daß sie den Tatbestand der Körperverletzung oder der Tötung grundsätzlich erfüllen (*Stratenwerth,* S. 60).

Diese Eingriffe bedürfen somit der Rechtfertigung durch die Einwilligung des Betroffenen, damit der Arzt sie vornehmen darf, ohne strafbar zu werden.

CH 22 Für *die Einwilligung des Betroffenen* gelten im wesentlichen die gleichen Grundsätze wie im Privatrecht oder im Bereich des öffentlich-rechtlichen Arzt-Patient-Verhältnisses.

CH 23 Von entscheidender Bedeutung ist dabei die Frage, wie weit dem einzelnen ein *Verfügungsrecht über Leben und Gesundheit* zusteht. Eine Grenze ist der Selbstbestimmung dort gesetzt, wo sie in aktive *Sterbehilfe* ausmünden müßte, die dann bejaht wird, wenn der fatale Verlauf der tödlichen Krankheit beim Moriturus nicht nur nicht mehr aufgehalten, sondern noch durch besondere Maßnahmen, und sei es nur das Aussetzen jeglicher Flüssigkeitszufuhr, gefördert wird (*Hausheer* 1977, S. 24ff.). Art. 114 StGB stellt die Tötung auf Verlangen unter (eine allerdings stark gemilderte) Strafe. Der Arzt bleibt jedoch straflos, wenn er dem Patienten den Zugriff zu Medikamenten ermöglicht, mit denen sich der Patient endgültig von seinen Leiden befreit. Art. 115 StGB sieht für die Beihilfe zu Selbstmord nur dann eine Strafe vor, wenn der Helfer aus selbstsüchtigen Motiven gehandelt hat. Während der Wille des Patienten bei passiver Sterbehilfe durch Verzicht auf weitere Heilbehandlung von Bedeutung ist, bleibt er bei der aktiven Sterbehilfe ohne Bedeutung. Soweit allerdings das ärztliche Handeln nicht direkt auf Lebensverkürzung ausgerichtet ist, sondern in erster Linie auf Schmerzlinderung abzielt, und die Lebensverkürzung nur eine unerwünschte Nebenfolge der Therapie bleibt, ist nicht nur ein entsprechender Wille des Patienten zu berücksichtigen, sondern die ärztliche Maßnahme kann auch ohne Einwilligung gestützt auf die ärztlichen Berufspflichten (Art. 32 StGB) zulässig sein (*Gunzinger* 1978, S. 128). Strafrechtlich relevante Grenzfragen sowohl unter dem Gesichtspunkt der letztlich erlangten Einwilligung wie unter dem Gesichtspunkt der unerlaubten Willensbeeinflussung treten etwa im Bereich der Zwangshospitalisierung von geistig Behinderten (Art. 397a ff. ZGB) auf, wenn in Aussicht gestellt wird, die Zwangsmaßnahme könne unterbleiben, wenn einem bestimmten medizinischen Eingriff, wie Kastration oder Sterilisation, „zugestimmt" werde.

CH 24 Im übrigen wird im Strafrecht im Vergleich zum Zivilrecht der Wille des betroffenen Patienten stärker betont. Eine falsche Vorstellung des Arztes über die beim Patienten vorhandenen Kenntnisse könnte nur im Rahmen eines Sachverhaltsirrtums die Strafbarkeit aufheben oder mindern (Art. 19 StGB). Zudem achtet das Strafrecht im Gegensatz zum Zivilrecht auch strenger darauf, daß die Einwilligung vor dem medizinischen Eingriff vorhanden sein muß. Mit Rücksicht auf den Umfang der Aufklärung besteht demgegenüber wieder Übereinstimmung zwischen dem Straf- und dem Zivilrecht (s. dazu Abschn. C. IV).

CH 25 Damit der mit Einwilligung des Patienten ausgeführte ärztliche Eingriff unter dem Gesichtspunkt des Schutzes von Leib und Leben strafrechtlich relevant werden kann, bedarf es einer Beeinträchtigung bzw. Schädigung des Patienten, die je nach strafrechtlichem Tatbestand eine unterschiedliche Intensität aufweisen muß. Der Tatbestand der Tätlichkeit ist zwar bereits erfüllt, wenn der Betroffene einen gewissen Schmerz zu erleiden hatte [BGE 69 (1943) IV 4], indessen fehlt es gewöhnlich am erforderlichen Vorsatz. Demgegenüber ist auch die fahrlässige Körperverletzung strafbar (Art. 125 StGB), die eine Schädigung der Gesundheit oder nach der (kritisierten) Rechtsprechung des Bundesgerichts (BGE 99 IV 209) der körperlichen Integrität ohne Gesundheitsschädigung zum Gegenstand haben kann. Für den Tatbestand der Gesundheitsschädigung genügt jedes Hervorrufen oder Intensivieren eines pathologischen Zustandes und sei es nur durch eine Heilungsverzögerung.

Die Grenze zwischen der bloßen Tätlichkeit und der Körperverletzung liegt z. B. bei einer „geringfügigen“ und einer „bedeutsamen“ Quetschung.

CH 26 Hinsichtlich des Kunstfehlers betont das Strafrecht im Unterschied zum Zivilrecht (s. dazu Abschn. C. III) in stärkerem Maße die konkreten Fähigkeiten und Möglichkeiten des einzelnen Arztes, wogegen im Zivilrecht eine stärkere Tendenz zur Objektivierung besteht, ohne allerdings rein subjektive Gesichtspunkte besonderer Eigenschaften der beruflichen Spezialisierung ganz auszuschließen. Wie dem auch sei, die Lehrmeinung, wonach überdurchschnittliche Begabung im Strafrecht immer zu berücksichtigen sei, so daß das Einhalten der üblicherweise unter den gegebenen Umständen gebotenen Sorgfalt allein nicht genügen würde, um einer strafrechtlichen Sanktion zu entgehen, hat den Test höchstrichterlicher Rechtsprechung noch nicht durchgestanden.

II. Strafverfolgung

CH 27 Im Gegensatz zum materiellen Strafrecht ist das Strafverfahren in der Schweiz nicht vereinheitlicht (Art. 64 bis der Bundesverfassung). Jeder Kanton kennt wie der Bund sein eigenes Verfahrensrecht.

Die Kantone sind grundsätzlich frei in der Ausgestaltung des Prozeßrechts, wobei sie allerdings gewisse Grundsätze zu berücksichtigen haben, welche sich aus der Verfassung (rechtliches Gehör, Willkürverbot, Legalitätsprinzip etc.), aus der EMRK (Waffengleichheit, Haftbestimmungen) und aus dem materiellen Strafrecht ergeben.

CH 28 Das materielle Strafrecht bestimmt, ob das Verfahren vom Offizialprinzip beherrscht wird oder ob die Kantone auch ein Privatklageverfahren vorsehen können. Die Tötungsdelikte (vorsätzliche und fahrlässige) sowie die vorsätzliche schwere Körperverletzung (Art. 122 StGB) und gewisse Formen der vorsätzlichen leichten Körperverletzung (Art. 123 Ziff. 1 Abs. 2 sowie Ziff. 2 und 3 StGB) werden von Amts wegen verfolgt. Das heißt, die Behörden haben von Bundesrechts wegen, unabhängig vom Willen des Verletzten, das Strafverfahren durchzuführen, sobald sie von einer entsprechenden Handlung Kenntnis erhalten haben. Gleiches gilt für die Nötigung (nach Art. 181 StGB). Demgegenüber werden die leichte Körperverletzung (Art. 123 Ziff. 1 Abs. 1 StGB), die fahrlässige Körperverletzung (Art. 125 StGB) und die Tätlichkeit (Art. 126 StGB) nur auf Antrag des Verletzten verfolgt.

CH 29 Der Richter ist in der Beweiswürdigung grundsätzlich frei [BGE 84 (1958) IV 171]. Zudem hat er in aller Regel den Sachverhalt von Amts wegen abzuklären (Untersuchungs- oder Inquisitionsmaxime). Der Grundsatz *in dubio pro reo* gilt durchwegs.

CH 30 Soweit der Angeklagte verurteilt wird, werden ihm regelmäßig die Kosten auferlegt. Es ist aber auch möglich, ihm die Kosten aufzuerlegen, wenn er freigesprochen wird. Die Regelungen in den einzelnen Kantonen unterscheiden sich diesbezüglich stark. Von Bundesrechts wegen muß das Verhalten des Beschuldigten, das zum Strafverfahren führte, mindestens zu mißbilligen sein [BGE 84 (1958) I 16]. Im Privatklageverfahren fallen die Kosten bei Freispruch i. allg. auf den Privatkläger zurück. Einem bloßen Anzeiger können dagegen nur dann Kosten auferlegt werden, wenn er durch eine haltlose Anzeige den Prozeß verursacht hat.

Bei einem Freispruch hat der Beschuldigte u.U. Anspruch auf Entschädigung. Dieser Anspruch richtet sich wiederum nach dem kantonalen Recht und zwar sowohl in bezug auf die Voraussetzungen als auch in bezug auf die Höhe der Entschädigung.

III. Zivilrechtliche Haftung

CH 31 Wenn im Gegensatz zu straf- und verwaltungsrechtlicher (disziplinarrechtlicher) von *zivilrechtlicher Verantwortlichkeit* die Rede ist, muß für die Schweiz sogleich eine schon angedeutete (s. Abschn. A. II) *Präzisierung* gemacht werden. Die Verantwortlichkeit für ärztliche Tätigkeit ist unterschiedlich geregelt, je nach der Stellung, in welcher der Arzt dem Patienten gegenübertritt. Ein *beamteter Arzt eines Krankenhauses öffentlicher Trägerschaft* auf vorwiegend lokaler oder kantonaler Ebene untersteht im Unterschied zum frei praktizierenden oder in einer privaten Klinik nach bundesprivatrechtlichem Arbeitsvertrag angestellten Arzt [BGE 92 (1966) II 15ff.] *einer der 26 kantonalen öffentlich-rechtlichen Rechtsordnungen,* so wie der eher seltene Fall des beamteten und als solcher medizinisch tätigen Arztes des Bundes dem öffentlichen Recht des Bundes untersteht. Angeknüpft wird hier an die Tatsache, daß der *Patient zum Benutzer einer öffentlich-rechtlichen Anstalt* wird (*Keller,* passim). Ob dieses Rechtsverhältnis ausschließlich öffentlich-rechtlicher Natur ist, hängt davon ab, ob die kantonalen Rechtsnormen ihrerseits wieder auf das Bundesprivatrecht zurückverweisen oder nicht. Gemäß Art. 61 Abs. 1 OR (Obligationenrecht) können die Kantone über die Verpflichtung ihrer Beamten und Angestellten, die – wie bei der Krankenbetreuung in öffentlichen Krankenhäusern – grundsätzlich eine hoheitliche Staatstätigkeit ausüben, den in Ausübung ihrer amtlichen Verrichtungen verursachten Schaden zu ersetzen und Genugtuung zu leisten, vom Bundeszivilrecht abweichende Bestimmungen aufstellen. Sie können aber auch auf das Bundeszivilrecht zurückverweisen [BGE 102 (1976) II 45ff.]. Von der letzteren Möglichkeit haben nur wenige Kantone Gebrauch gemacht. Eine weitere Besonderheit muß prozessual beachtet werden, wenn der Kanton nicht bloß stillschweigend, sondern ausdrücklich [BGE 70 (1944) II 207, den Kanton Genf betreffend] auf die Regeln des Bundeszivilrechts verweist. Dieser Verzicht auf eine eigene Verantwortlichkeitsregelung führt dazu, daß die Regeln des Bundeszivilrechts als kantonales öffentliches Recht zur Anwendung kommen. Das kann für den Rechtsschutz bis vor das Bundesgericht von Bedeutung sein [BGE 59 (1933) II 186]. Für die Haftung des Staates selbst ist zudem Art. 59 Abs. 1 ZGB zu beachten [BGE 101 (1975) II 184 und 81 (1955) II, 303].

CH 32 Die in zahlreichen Kantonen erneuerten *Staatshaftungsgesetze* sind v.a. durch eine primäre Staatshaftung seitens des öffentlichen Gemeinwesens selbst gekennzeichnet, so daß der Patient im Anstaltsbenutzungsverhältnis nicht direkt dem Arzt und weiterem Medizinalpersonal gegenübersteht, sondern dem Hoheitsträger selbst, der seinerseits nur auf dem Regreßweg und in aller Regel nur bei grobem Verschulden auf den Fehlbaren zurückgreift. Dadurch kann der Patient besser gestellt sein als nach der bundesprivatrechtlichen Ordnung für das private Arzt-Patient-Verhältnis. Unbefriedigend kann die Rechtslage nach öffentlich-rechtlicher Ordnung umgekehrt dann werden, wenn zumeist ältere Staatshaftungsgesetze Haftungsbeschränkungen vorsehen oder die Haftung des Gemeinwesens selbst ganz ausschließen, wenn beispielsweise also ein Schadenersatzanspruch nur gegen den Beamten selbst zugelassen wird und dies nur bei Vorsatz und grober Fahrlässigkeit.

CH 33 Daß die weitverbreitete Kritik an dieser Rechtslage, die ihren Ausgangspunkt bei der hoheitlichen Verrichtung durch den Arzt im Krankenhaus öffentlicher Trägerschaft hat, nicht in allen Kantonen zu besonderen gesetzgeberischen Konsequenzen geführt hat, dürfte v. a. auf 2 Umstände zurückzuführen sein. Vorweg ist – wie schon aufgezeigt (s. S. 736) – nicht zu übersehen, daß sich auch die Krankenhäuser öffentlicher Trägerschaft, und zwar gerade wenn die Frage der öffentlichen Trägerschaft infolge geschichtlich bedingter Überlagerung von öffentlichem und privatem Zusammenwirken nicht eindeutig auszumachen ist, des *privatrechtlichen Versicherungsvertrages* zur Abdeckung des ärztlichen Berufsrisikos bedienen. Der betroffene Patient hat somit wie im Falle des frei praktizierenden oder des bei der Privatklinik angestellten Arztes in erster Linie mit der Versicherungsgesellschaft zu tun. Tatsächlich nimmt die Bedeutung der Versicherung in einer Dienstleistungsgesellschaft zu, da der „Konsument" heute nicht nur immer umfangreichere Dienstleistungen erwartet, sondern auch von den mit den Dienstleistungen verbundenen Risiken befreit sein will. Da aber im Zusammenhang mit der ärztlichen Heilbehandlung fehlende Sorgfalt versichert wird, die in aller Regel auch ein nicht ganz geringfügiges Verschulden mit einschließt, muß hier der Versicherer zur Absicherung der Patienten darüber hinwegsehen, daß erzieherische Überlegungen dagegen sprechen, dem Arzt für dessen Nachlässigkeit Versicherungsschutz zu gewähren. „So kann man es gleichzeitig als unmoralisch empfinden, daß sich jemand gegen die vermögensrechtlichen Folgen schuldhafter Pflichtverletzung absichern kann, wie daß der Geschädigte mangels eines ausreichenden Haftungsgrundes oder mangels ausreichender Mittel des Schädigers auf seinem Schaden sitzen bleibt" (*Widmer* 1982, S. 97). Im übrigen muß auch beachtet werden, daß bei der wichtigsten Grundlage zivilrechtlicher Verantwortlichkeit des Arztes, die, wie soeben präzisiert werden mußte, in der Schweiz auch in der Gestalt der öffentlich-rechtlichen Staats- oder Amtshaftung in Erscheinung treten kann, nämlich beim *ärztlichen Kunstfehler,* in jedem Fall der nicht immer leichte Nachweis zu erbringen ist, daß ärztliches Fehlverhalten und nicht der fatale Verlauf der Dinge zum letztlich feststellbaren Mißerfolg der Heilbehandlung geführt hat. Da aber – wie noch zu zeigen sein wird – ein gewisses akzeptiertes Risiko schädigender Auswirkungen einer Heilbehandlung der Bejahung eines Kunstfehlers entgegenstehen kann, ganz Entscheidendes also vom Maß ärztlicher Sorgfalt abhängt, dürften die Fälle sehr selten sein, wo sich die öffentlich-rechtliche Haftungsordnung im Vergleich zum Bundesprivatrecht tatsächlich als haftungsbeschränkend auswirkt. Eindeutiges ärztliches Fehlverhalten bei der Heilbehandlung dürfte in aller Regel auch noch dem Tatbestand der groben Fahrlässigkeit der nach wie vor zurückhaltenden kantonalen Staatshaftungsgesetze zuzuordnen sein.

CH 34 Dieser gleiche Umstand ist auch der Grund dafür, daß die unterschiedlichen Ausgangssituationen für die *zivilrechtliche Verantwortlichkeit des Arztes im engeren Sinn,* d. h. gestützt auf Bundesprivatrecht (v. a. gemäß Obligationenrecht von 1912), im Ergebnis von weit geringerer Bedeutung sind, als dies in der Theorie zunächst den Anschein erwecken könnte.

CH 35 Tatsächlich ist hinsichtlich dieser zivilrechtlichen Verantwortlichkeit des Arztes im engeren Sinne vorerst einmal zwischen der außervertraglichen, der vertraglichen und einer quasi-vertraglichen Haftung bei Geschäftsführung ohne Auftrag zu unterscheiden.

CH 36 In Art. 41 Abs. 1 OR kennt die schweizerische Rechtsordnung eine sehr allgemein formulierte *Anspruchsgrundlage für außervertraglich widerrechtlich zugefügten Schaden:* „Wer einem anderen widerrechtlich Schaden zufügt, sei es mit Absicht, sei es aus Fahrlässigkeit, wird ihm zum Ersatze verpflichtet." Das erfordert den Nachweis eines sich letztlich im Bereich des Vermögens auswirkenden materiellen Schadens, einer widerrechtlichen Handlung, einer adäquaten Verursachung des Schadens durch das rechtswidrige Verhalten und schließlich einer Erscheinungsform von Verschulden. Ausschlaggebende Bedeutung – einmal abgesehen von der in der Medizin besonders bedeutsamen Frage der Verursachung – kommt in diesem Zusammenhang der Frage der *Widerrechtlichkeit* zu. Weil hier nach schweizerischer Rechtsordnung wiederum nicht einfach beim Erfolg bzw. Mißerfolg der Heilbehandlung angeknüpft, aber auch nicht einfach auf die allgemeine Regel des neminem laedere verwiesen werden kann, kommt es *entscheidend* auf *das gebotene Maß ärztlicher Sorgfalt* an. Sie hat einem bestimmten Rechtsgüterschutz zu dienen; in der Medizin der geistigen und körperlichen Gesundheit und der entsprechenden persönlichen Entscheidungsfreiheit. Ist die geforderte Sorgfalt nicht eingehalten worden, dient in aller Regel die Frage des Verschuldens nur noch der Kontrolle, ob ausnahmsweise die subjektive Zurechenbarkeit im konkreten Einzelfall zu verneinen ist [bezeichnend die Urteilsbegründung in BGE 108 (1982) 59ff., 61].

CH 37 Aber auch im *vertraglichen Auftragsverhältnis* (Art. 394ff. OR), das nach heute einhelliger Auffassung [BGE 53 (1927) II 419ff.; früher Arbeitsvertrag BGE 34 (1908) II 36] der Arzt-Patient-Beziehung in aller Regel zugrunde liegt, bleibt das Maß an Sorgfalt der subjektiven Willenseinigung der Vertragsparteien weitgehend entzogen, weil bei den Verträgen auf Arbeitsleistung, ganz besonders bei staatlich konzessionierten Berufen (Art. 100 Abs. 2 und 101 Abs. 3 OR), die richtige Erfüllung des Vertrages (d. h. sowohl hinsichtlich der positiven Erwartung der Vertragsverwirklichung, als auch in bezug auf das negative Erhaltungsinteresse) ohne weiteres auch die sorgfältige Ausführung der Arbeit bedeutet, von der man sich daher gemäß Art. 100 und 101 OR nicht verschuldensmäßig freizeichnen kann (Widmer 1982, S. 100f.). Das objektiv bestimmte Maß der Sorgfalt wird zwar bei der vertraglichen Willenseinigung Gegenstand einer rechtlichen Sonderbeziehung zwischen Arzt und Patient, damit ändert sich jedoch nur die juristische Natur der Rechtsgrundlage bei einem Nichtbeachten der gebotenen Sorgfalt, nicht aber das Maß an Sorgfalt, das bei jeder Heilbehandlung zu beachten ist [vgl. die auf S. 744 zitierte Rechtsprechung: BGE 70 (1944) II 207ff. gestützt auf Art. 41 OR ändert nichts gegenüber BGE 105 (1979) II 284, obwohl von unterschiedlicher Beweislast die Rede ist]. Die Verletzung dieses Maßes an Sorgfalt macht erst die Vertragsverletzung nach Art. 97 Abs. 1 OR aus, und dies in Abgrenzung zur nachträglichen unverschuldeten Unmöglichkeit nach Art. 119 Abs. 1 OR. Der Auftrag im vertraglichen Auftragsverhältnis ist in der Schweiz sehr weit gefaßt und umschreibt die allen Arbeitsverträgen zugrunde liegende *obligatio faciendi* als „vertragsgemäße Besorgung der übertragenen Geschäfte oder Dienste" (Art. 394 Abs. 1 OR). Nach Auffassung des Bundesgerichts wird durch Art. 394 Abs. 2 OR insofern ein numerus clausus im Bereich der Dienstleistungsverträge geschaffen, als alle Verträge, die keiner besonderen Vertragsart des Obligationenrechts unterstellt sind, den Vorschriften über den Auftrag unterstehen sollen [BGE 104 (1978) II 108]. Gegenüber dem Werkvertrag zeichnet er sich nicht nur durch einen jederzeit möglichen Widerruf aus (Art. 404 OR), sondern auch durch die stärkere Betonung der sorgfältigen Besorgung einer Dienstleistung, die einen bestimmten Erfolg nicht garantiert [BGE 92 (1966) II 168]. Und dieser hauptsächliche Vertragsinhalt steht bei der ärztlichen Heilbehandlung ganz im Vordergrund. Leistungssichernden Neben- und Schutzpflichten, wie sie auch im schweizerischen Vertragsrecht bejaht werden (*Widmer* 1982, S. 72f.), kommt in diesem Zusammenhang so wenig selbständige Bedeutung zu wie dem Umstand, daß normalerweise nur im Rahmen eines Vertrages, nicht aber bei der außervertraglichen Haftung für reinen Vermögensschaden eingestanden werden muß. Ein solcher steht bei der Heilbehandlung kaum zur Diskussion, auch wenn er mit Rücksicht auf Verzögerungen der Heilung nicht ganz auszuschließen ist. Vielmehr geht es um die Dienstleistung der ärztlichen Berufsausübung, um ein durch Sorgfaltspflichten umschriebenes Verhalten, an das auch angeknüpft werden muß, wenn bei der Staatshaftung von einem Widerrechtlichkeitstatbestand die Rede ist. Die Staatshaftung kann ja nicht zur Erfolgsgarantie für Hoffnungen jeder Art in die Möglichkeiten der moderenen Medizin werden. Aber auch am Nachweis einer adäquaten Kausalität ändert sich beim Vertrag nichts. Daß dann gestützt auf Art. 97 Abs. 1 OR, d.h. auf eine für alle Verträge geltende Bestimmung, im Zusammenhang mit einem Rechtsgeschäft von einer Verschuldensvermutung auszugehen ist, der behandelnde Arzt also die Rechtsfolgen fehlender Exkulpation zu tragen hat, fällt demgegenüber praktisch nicht ins Gewicht. Fehlende subjektive Zurechnungsfähigkeit bei nachgewiesener objektiver Sorgfaltspflichtverletzung kann angesichts der besonderen Fähigkeitsvoraussetzungen für die Ausübung des Arztberufes nur unter ganz besonderen Ausnahmeumständen von Bedeutung sein. Schließlich ist auch der Verweis der allgemeinen Bestimmungen über den Vertrag in Art. 99 Abs. 3 OR zu beachten, wonach die Bestimmungen über das Maß der Haftung bei unerlaubten Handlungen auf das vertragswidrige Verhalten entsprechende Anwendung finden.

CH 38 Wenn im übrigen gestützt auf die bundesgerichtliche Rechtsprechung [BGE 64 (1938) II 259] mit Rücksicht auf eine *vertragliche und* eine *deliktische* Haftungsgrundlage eine *Anspruchskonkurrenz* anzunehmen ist, sofern im gleichen Verhalten des Schadensstifters sowohl die Voraussetzungen der Vertragsverletzung nach Art. 97ff. OR wie auch einer unerlaubten Handlung gemäß Art. 41ff. OR erfüllt sind, so macht sich dies unbesehen anderer dogmatisch begründeter Unterschiede und entgegen verbreiteter juristischer Lehrmeinung im wesentlichen nur bei der im Vertragsrecht auf 10 Jahre festgelegten Verjährungsfrist für die Entschädigungsansprüche bemerkbar (Art. 127 OR). Demgegenüber verjähren deliktische Forderungen nach Art. 60 OR innerhalb eines Jahres von dem Tag an, an dem der Geschädigte Kenntnis vom Schaden und von der Person des Ersatzpflichtigen hat, jedenfalls aber mit dem Ablauf von 10 Jahren vom Tag der schädigenden Handlung an gerechnet. Vorbehalten bleibt allerdings die Forderung aus unerlaubter Handlung, die zugleich einen Straftatbestand erfüllt, der einer längeren Strafverfolgungsverjährung unterliegt. Das ist beispielsweise bei der fahrlässigen Körperverletzung und fahrlässigen Tötung zwar mit Rücksicht auf die relative Verjährungsfrist von 1 Jahr, nicht aber hinsichtlich der absoluten Verjährungsfrist von 10 Jahren der Fall. Im übrigen ist ein Versorgerschaden infolge widerrechtlich herbeigeführten Todes nur gestützt auf den im Deliktsrecht angesiedelten Art. 45 Abs. 3 OR geltend zu machen.

CH 39 Was für den Arzt selbst gilt, gilt schließlich im wesentlichen auch für dessen Einstehenmüssen für *Hilfspersonen* [BGE 53 (1927) II 419ff. und 92 (1966) II 15ff.]. Auch hier kommt es letztlich nur wenig darauf an, daß die entsprechende Gesetzesbestimmung im Vertragsrecht, Art. 101 OR, sich unter verschiedenen Gesichtspunkten von der deliktischen Geschäftsherrenhaftung gemäß Art. 55 OR unterscheidet, und zwar insofern, als nur die außervertragliche Geschäftsherrenhaftung nach Art. 55 OR einen Entlastungsbeweis für *diligentia in eligendo, instruende et custodiendo* zuläßt. Zum einen sind die hohen Anforderungen an diese Entlastungsmöglichkeit zu beachten, die in der Rechtsprechung des Bundesgerichts umschrieben werden [BGE 95 (1969) II 93ff.; 96 (1970) II 27ff. und 97 (1971) II 221ff.]. Zum andern bringt aber gerade der Auftrag im Bereich der Medizin auch keine Erfolgsgarantie (vgl. Abschn. D. V). Erfüllt dagegen das Versagen einer Maschine den Tatbestand der *Werkeigentümerhaftung* nach Art. 58 OR, bleibt zu beachten, daß hier keine Sorgfaltspflichtverletzung nachgewiesen werden muß, vielmehr an eine rein objektive Fehlerhaftigkeit unter dem Gesichtspunkt der zu erwartenden Funktionserfüllung angeknüpft wird. Diese Erweiterung der Haftungsgrundlage zur verschuldensunabhängigen milden Kausalhaftung hin hat indessen nicht zu einer häufigen Berufung auf Art. 58 OR geführt. Anscheinend mußten die Gerichte im Bereich der medizinischen Berufstätigkeit noch nie auf diese Gesetzesbestimmung zurückgreifen (s. Abschn. D. IV).

CH 40 Des weiteren ist das Bild der Anspruchsgrundlagen im Bereich der zivilrechtlichen Verantwortlichkeit des Arztes im engern Sinn noch durch die *Geschäftsführung ohne Auftrag* abzurunden. Damit gilt es jene Notfälle abzudecken, bei denen die Hilfeleistungspflicht zu einer ärztlichen Heilbehandlung auf privatrechtlicher Grundlage verpflichtet, die konkreten Umstände aber dem Abschluß eines Vertrages entgegenstehen. Damit wird das Bild der Anspruchsgrundlagen für ärztliches Fehlverhalten zwar bunter, aber keineswegs auch reicher. Die Besonderheit der Geschäftsführung ohne Auftrag, die den Geschäftsführer nach Art. 419 OR dazu verpflichtet, „das unternommene Geschäft so zu führen, wie es dem Vorteil und der mutmaßlichen Absicht des anderen entspricht", liegt im wesentlichen nur darin, daß ohne ausdrückliche Einwilligung, d. h. bloß gestützt auf eine mutmaßliche Intention des betroffenen Hilfsbedürftigen, eine Heilbehandlung vorgenommen werden darf bzw. kraft öffentlichen Rechts vorgenommen werden muß. Davon wird aber nicht das Maß der zu beobachtenden Sorgfalt bei der ärztlichen Tätigkeit berührt; dieses kann trotz Art. 420 Abs. 2 OR, wonach die grundsätzlich für jedes Verschulden zu bejahende Haftung milder beurteilt wird, wenn der Geschäftsführer gehandelt hat, um einen dem Geschäftsherrn drohenden Schaden abzuwenden, kein anderes sein als bei vertraglicher Erfüllung eines Auftrages. Wenn überhaupt, kann die Besonderheit der Geschäftsführung ohne Auftrag, d. h. in aller Regel eine Notstandshilfe, allerhöchstens bei der Schadenersatzbemessung berücksichtigt werden, sollte aber auch dort regelmäßig ohne Beachtung bleiben, da die ärztliche Behandlung als solche im Vordergrund steht und nicht die Rechtsgrundlage, aufgrund welcher diese erbracht wird. *Besondere rechtliche Fragen* wirft die *Geschäftsführung ohne Auftrag* indessen insoweit auf, als es im Einzelfall darüber zu entscheiden gilt, welches Ausmaß an Heilbehandlung der *mutmaßliche Patientenwille* abzudecken vermag, bzw. in welchem Umfang auch eine negative, aber möglicherweise lebensgefährdende Opposition gegen ärztliche Behandlung beachtlich bleiben muß (s. Abschn. C. IV).

CH 41 Mit Rücksicht auf die Frage der Erweiterung einer begonnenen Operation wird v. a. von der Doktrin die Meinung vertreten, daß immer dann eine unzulässige Geschäftsanmaßung zu verneinen sei, wenn keine wesentlichen zusätzlichen Risiken eingegangen werden oder aber eine zeitliche und sachliche Dringlichkeit besteht oder mit Rücksicht auf die Entfernung eines wichtigen Organs sogar eine unmittelbare Todesgefahr abzuwenden ist (*Ott*, S. 78; vgl. Abschn. C. IV). Demgegenüber hat sich das Bundesgericht in einem jüngsten Fall auf den – in seiner Allgemeinheit zumindest fragwürdigen – Grundsatz festgelegt, daß bei fehlender Dringlichkeit eine Operation immer unterbrochen werden muß, sofern dies ohne Gefahr für den Patienten bleibt [BGE 108 (1982) II, 59ff., bei Brustoperation an einer Frau wegen

Zysten, die dann auf Brustentfernung und Plastikeinsatz erweitert wird und zu Folgebeschwerden führt. Zustimmung bestand nur für die Zystenentfernung]. Auch ein nach den Regeln der Kunst durchgeführter ärztlicher Eingriff kann bei fehlender Rechtfertigung durch die Geschäftsführung ohne Auftrag zu Schadenersatz und Genugtuung Anlaß geben [BGE 108 (1982) 59ff.]. Somit wird *außerhalb des Bereichs des Kunstfehlers die Verletzung der Aufklärungspflicht und damit das Fehlen der Zustimmung zu einer erweiterten Anspruchsgrundlage für einen Gesundheitsschaden im Zusammenhang mit ärztlichem Risiko.* Dieses Risiko geht auf den Arzt über, wenn es nicht infolge hinreichender Aufklärung beim Patienten verbleibt.

CH 42 Schließlich sind *neben den verschiedenen Anspruchsgrundlagen zum Ausgleich von Vermögensschaden* im Zusammenhang mit ärztlicher Berufsausübung auch noch die Art. 47 und 49 OR zu erwähnen. Gestützt auf diese Gesetzesbestimmungen ist bei Tötung oder Körperverletzung unter Würdigung der besonderen Umstände dem Verletzten oder den Angehörigen des Getöteten verschuldensunabhängig eine angemessene Geldsumme als *Genugtuung* durch den Richter zuzusprechen. Zudem kommt Genugtuung auch wegen anderer schwerer und verschuldeter Persönlichkeitsverletzung in Frage, handle es sich um eine Verletzung der Aufklärungspflicht oder des Berufsgeheimnisses.

CH 43 Sowohl bei der Abgeltung materiellen Schadens wie auch beim Anspruch auf Genugtuung wegen immaterieller Unbill dreht sich letztlich also alles um die Frage der Widerrechtlichkeit. Im Zusammenhang mit *mangelhafter Heilbehandlung,* d.h. einmal abgesehen von der Verletzung der Aufklärungspflicht und des Berufsgeheimnisses, bedeutet das aber – wie dargelegt – nichts anderes als eine Verletzung der im konkreten Fall gebotenen Sorgfalt. Und dieses objektive *Maß an Sorgfalt,* dessen Verletzung als *Kunstfehler* bezeichnet wird und das die Grundlage eines subjektiven Verschuldens bildet, *entzieht sich letztlich einer näheren inhaltlichen Umschreibung durch den Gesetzgeber.* Im Rahmen bestimmter abstrakt umschriebener Bewertungskriterien für das sorgfältige oder nicht sorgfältige Verhalten bleibt die *Grenzziehung zwischen Sorgfalt und fehlender Sorgfalt letztlich dem Richter überlassen. Im Nachhinein objektiv feststellbare Fehler* bei der ärztlichen Diagnose, die den Arzt zu falschem Folgeverhalten therapeutischer Art verleiten, aber auch Fehler beim diagnostischen Eingriff selbst und die Wahl einer falschen Behandlungsmethode im Zusammenhang mit einer richtigen Diagnose sowie auch Fehler bei der Durchführung der richtig gewählten Heilbehandlung für die zutreffende Diagnose, sie alle erbringen allein noch keinen Nachweis für eine Verletzung der gebotenen Sorgfalt.

CH 44 Zum Nachweis mangelnder Sorgfalt genügt nicht, daß der Mißerfolg auf ärztliches Verhalten zurückzuführen ist, d.h. der Beweis, daß der Mißerfolg ohne das Fehlverhalten nicht eingetreten wäre; vielmehr bedarf es *weiterer Voraussetzungen* (*Walder* 1981, S. 3470ff.): Der bei richtigem Verhalten in Diagnose, Wahl und Durchführung der Therapie vermeidbare *Mißerfolg* muß als solcher *erkennbar oder voraussehbar* gewesen sein. Dabei wird nach der bundesgerichtlichen Rechtsprechung für den Spezialisten und den Allgemeinpraktiker bzw. für den Direktor der Universitätsklinik und den Landarzt trotz allgemeiner Pflicht zur ärztlichen Weiterbildung ein *unterschiedlicher Maßstab für die Erkennbarkeit* angelegt [BGE 64 (1939) II 207]. Dies einmal ganz abgesehen von der Frage indirekter Schadensfolgen im Zusammenhang mit objektivem Fehlverhalten [Überdosis von Lachgas zur Vermeidung von Schmerzempfindlichkeit führt zu Fehlreaktion der Patientin und Sturz von einem Balkon: SJZ (1955) S. 375]. Ein erkennbarer Mißerfolg bei einer bestimmten Heilbehandlung bleibt zudem dann unbeachtlich, wenn er keineswegs als sicher eintretend feststand, vielmehr als *erlaubtes Risiko* in Kauf genommen werden durfte, in der Hoffnung auf einen durch die Lebenserfahrung bzw. Berufserfahrung ausgewiesenen Erfolg einer bestimmten Heilmethode und ihrer Durchführung. Bei neueren, wenig erprobten Behandlungsweisen ist dabei auch die nicht von vornherein unbegründete Erwartung auf eine bessere Wirksamkeit mit Rücksicht auf den medizinischen Fortschritt in Rechnung zu stellen. Schließlich darf die an sich zu bejahende *Vermeidbarkeit des ärztlichen Mißerfolgs nicht ausschließlich aufgrund unzumutbarer zusätzlicher Vorsichtsmaßnahmen* bejaht werden. Dabei sind die besonderen Umstände der Heilbehandlung, insbesondere aber die zeitliche Dringlichkeit einer medizinischen Maßnahme, von ganz besonderer Bedeutung. In der Notfallsituation, namentlich außerhalb der medizinischen Praxis, z.B. bei einem Landarzt einerseits und bei langfristig planbaren Eingriffen, z.B. in der Universitätsklinik andererseits, gelten somit wiederum andere Maßstäbe.

CH 45 Daß auch die *jüngste bundesgerichtliche Rechtsprechung* [v.a. in Bestätigung von BGE 64 (1938) II 200 und 66 (1940) II 36] bei der Anwendung dieser Grundsätze und bei der Grenzziehung zwischen dem konkreten Interessenschutz des einzelnen betroffenen Patienten und dem allgemeinen Interesse an einer unter nicht zu großem Angstdruck vor zivilrechtlicher Belangbarkeit ausgeübten Medizin das Maß an gebotener Sorgfalt nicht allzu hoch ansetzen will, ergibt sich aus dem Entscheid BGE 105 (1979) II 284ff., wobei allerdings in etwas verwirrender Weise auch davon die Rede ist, daß der Arzt gestützt auf das Auftragsrecht entgegen dem Gesetzeswortlaut nicht für jede Erscheinungsform von Verschulden, also auch leichtes Verschulden, einzustehen habe:

CH 46 En qualité de mandataire, le médecin est tenu au même devoir de diligence que le travailleur; il répond donc en principe de toute faute. Mais ce principe, appliqué strictement, s'opposerait à l'exercice normal de la profession médicale, cela au détriment des malades comme des médecins. Aussi la jurisprudence en a-t-elle tempéré la rigueur pour tenir compte des imperfections de la science et de la faillibilité humaine. La responsabilité du médecin n'est pas engagée pour de simples méprises, qui sont dans une certaine mesure inhérentes à l'exercice d'une profession où les opinions peuvent être aussi multiples et diverses. Il répond en revanche en cas d'erreur manifeste, de traitement évidemment inapproprié, de violation claire des règles de l'art ou d'ignorance des données généralement connues de la science médicale. L'erreur de diagnostic ne suffit pas, à elle seule, à engager la responsabilité du médecin. Si celui-ci pose consciencieusement son diagnostic, après avoir examiné son malade selon les règles de l'art, avec tout le temps et l'attention nécessaires, qu'il ordonne ensuite le traitement approprié et le fait exécuter conformément aux principes généralement admis, il échappe au reproche de négligence ou d'imprudence. Dans le domaine chirurgical, une réserve particulière s'impose. La chirurgie comporte nécessairement une certaine hardiesse, une certaine acceptation du risque. Condamner un chirurgien par le seul motif qu'il a décidé d'opérer alors que l'intervention n'était peut-être pas indispensable, ou parce qu'il a commis une erreur de technique opératoire, pourrait avoir pour conséquence d'empêcher les chirurgiens d'intervenir dans les cas douteux; leur abstention pût-elle être fatale au patient. Le chirurgien doit jouir d'une grande liberté d'appréciation dans sa décision sur l'opportunité d'une opération et la façon d'y procéder. Il est cependant tenu, lors de son intervention, de prendre toutes les précautions commandées par la technique opératoire et par les circonstances du cas pour réduire le plus possible les dangers de l'opération. On est en droit d'exiger de lui une attention particulière, puisque les suites d'une négligence peuvent être des plus graves. Il doit en outre se tenir au courant des progrès de sa spécialité.

Folgender Sachverhalt war zu beurteilen: Bei einer Operation wegen Blinddarminfektionsverdacht, der unbegründet war, wurde ein Dickdarmtumor von ungefähr 10 cm Durchmesser entdeckt. Darüber wurde der Patient nach Abbrechen der Operation aufgeklärt. Der Ehefrau gegenüber wurde zudem Krebsverdacht mitgeteilt, der sich bei einer zweiten Operation als unbegründet erweisen sollte. Diese zweite Operation (Resektion) führte zu schweren Folgebeschwerden, was zum Vorwurf eines Kunstfehlers Anlaß gab.

CH 47 Zur Veranschaulichung des gebotenen Maßes an Sorgfalt seien hier kurz folgende weitere Fälle aus der Rechtsprechung erwähnt:

BGE 30 (1904) II 304ff.: Totale Lähmung des rechten Stimmbandes (Kadaverstellung) nach wahrscheinlicher Läsion des N. recurrens bei Kropfoperation und Fistelöffnung durch zurückgelassenen Gazetampon. Keine Sorgfaltspflichtverletzung im Zusammenhang mit der (häufig vorkommenden) Verletzung des Nervs, wohl aber in Hinblick auf den zurückgelassenen Tampon. (Gleicher Maßstab für den Krankenhausarzt wie für den frei praktizierenden Arzt.)

CH 48 *BGE 34 (1908) II 32ff.:* Der Patient wurde von einem Transmissionsriemen in einer Mühle erfaßt und mit großer Wucht zu Boden geschleudert. Die ärztliche Diagnose verbleibt bei Verstauchung und Quetschung der Schulter und übersieht die Luxation (Verrenkung), die später nicht mehr geheilt werden kann, da der Patient eine Operation ablehnt. Sorgfaltspflichtverletzung wegen mangelnder Untersuchung, u. a. Unterlassung einer Röntgenaufnahme im Krankenhaus.

CH 49 *BGE 53 (1927) II 419ff.:* Kiefernekrose infolge einer durch eine unerfahrene Krankenschwester durchgeführten Röntgenbestrahlung in der Nachbehandlung eines Mundbodengeschwürs, von dem Bösartigkeit vermutet worden war, was sich aber als nicht zutreffend herausstellte. Röntgenverbrennung dritten Grades durch fehlenden oder verwechselten Filter. Verletzung der Sorgfaltspflicht. (Durchführung der Behandlung durch eine Hilfsperson ändert am Sorgfaltspflichtmaßstab nichts.)

CH 50 *BGE 57 (1931) II 196ff.:* Der zu 5 nacheinander erkrankten Kindern der gleiche Familie gerufene obligatorische Kassenarzt (der dem Bundesprivatrecht unterstellt bleibt) eines Landbezirkes diagnostizierte Angina anstatt Diphtherie. Sorgfaltspflichtverletzung, da nicht alle, auch dem Landarzt zur Verfügung stehenden und gebotenen Untersuchungsmethoden, hier insbesondere die einfach (d. h. im Sprechzimmer) durchzuführende bakteriologische Untersuchung, ausgeschöpft worden sind, obwohl das Krankheitsbild der Kinder offensichtlich ernst war, überdies nacheinander alle 5 Kinder der gleichen Familie erkrankten. Zudem hatten die Eltern dem Arzt gegenüber die Befürchtung einer Diphtherie zum Ausdruck gebracht. Antidiphtherieserum hätte schon vor einer entsprechend feststehenden Diagnose verabreicht werden müssen, dagegen war zu diesem Zeitpunkt noch keine Isolierung der zuerst erkrankten Kinder erforderlich.

CH 51 *BGE 62 (1936) II 274ff.:* Subkutane statt intravenöse Injektion von Trypaflavin, das dem behandelnden Arzt nicht bekannt war, vom dem sich aber der wegen Angina zu behandelnde Zahnarztstudent aus Erfahrung Heilerfolg versprach. Sorgfaltspflichtverletzung wegen fehlender Überprüfung der Anwendungsmodalität bejaht. Nicht zu berücksichtigen war, daß eine intravenöse Anwendung des Medikaments die ebenfalls erkrankten Nieren belastet hätte.

CH 52 *BGE 64 (1938) II 200ff.:* Dorfarzt nimmt sich unaufgefordert eines Tobsüchtigen an, der sich beim Kirchweihfest pathologisch berauscht hat. Pantopon-Scopolamin-Lösung führt nicht zur gewünschten Beruhigung, so daß noch eine zusätzliche Chloralhydratlösung verabreicht wird. Der baldige Eintritt des Todes ist auf die Medikamentenkombination zurückzuführen. Sorgfaltspflichtverletzung für den Landarzt verneint, da die Kombinationswirkung beider Medikamente noch nicht zum gesicherten Stand der Wissenschaft gehört hat.

CH 53 *BGE 66 (1940) II 34ff.:* Warzenentfernung im Diathermokoagulationsverfahren mit Brennapparat Baudoin nach Lokalanästhesie, die zu kurzer Bewußtlosigkeit führte, verletzt Sehne, so daß eine ständige Fingerverkrampfung eintritt. Sorgfaltspflichtverletzung verneint, weil das Risiko einer bleibenden Verletzung in 1% der Fälle auch bei richtiger Bedienung des Brennapparates eingegangen werden durfte. (Über das Risiko wurde nicht weiter informiert, es mußte aber auch nicht, weil es aller Wahrscheinlichkeit nach in Kauf genommen worden wäre.) Zudem durfte hinsichtlich der erforderlichen Tiefe der Elektrobehandlung noch Erfahrung gesammelt werden.

CH 54 *BGE 70 (1944) II 207ff.:* Bei einer Operation wird eine falsche Arterie abgebunden. Sorgfaltspflichtverletzung bei erfahrenem Chirurgen bejaht, da es eine Grundregel der Chirurgie darstellt, sich zu vergewissern, daß man es gerade mit dem zu operierenden Organ oder Organteil zu tun hat. Ausgenommen wären nur besondere Notfallsituationen.

CH 55 *BGE 92 (1966) II 15ff.:* Mit einer an schweren psychischen Störungen leidenden 17jährigen Patientin einer Privatklinik unterhält ein Assistenzarzt ein intimes Verhältnis, wobei dessen Beendigung zu neuen nervösen Depressionen führte. Verletzung der Sorgfaltspflichten bejaht, da es bei der Behandlung von psychisch Kranken auch auf das Unterlassen all dessen ankomme, was den Heilerfolg in Frage stellen könne.

CH 56 *BGE vom 18. November 1980 i. S. B,* zitiert in ZSR I, 100, 1981, 289ff.: Operation eines Daumens führt zur Verletzung eines Nervs. Zudem war vor und nach der Operation ein Eingipsen des verletzten Fingers unterlassen worden. Der Finger blieb teilweise unbeweglich. Sorgfaltspflichtverletzung verneint, da mit dem Risiko der eingetretenen Verletzung gerechnet werden mußte.

CH 57 Die Frage, ob eine widerrechtliche *Verletzung der Aufklärungspflicht* vorliegt, die im Gegensatz zum Kunstfehler den Arzt auch für gesundheitsschädigende Risiken einstehen läßt und die zu Genugtuung auch dann Anlaß geben kann, wenn die Regeln der ärztlichen Kunst eingehalten worden sind, beantwortet sich nach dem Umfang der gebotenen Aufklärungspflicht (s. Abschn. C. IV). Gleicherweise ist auch eine zu Schadenersatz und Genugtuung Anlaß gebende *Verletzung des Berufsgeheimnisses* vom Umfang der Geheimhaltungspflicht abhängig. Auch bei diesen beiden Arten der Berufspflichtverletzungen neben der Sorgfaltspflichtverletzung ist somit die Frage des Verschuldens weitgehend auf eine solche der Zurechnungsfähigkeit beschränkt.

IV. Einwilligung nach Aufklärung

CH 58 Sowohl aus dem privatrechtlichen, d.h. in aller Regel auftragsrechtlichen Arzt-Patient-Verhältnis, als auch aus der durch Privatrecht zu ergänzenden öffentlichrechtlich geregelten Anstaltsbenutzung im Krankenhaus öffentlicher Trägerschaft ergibt sich eine übereinstimmende Pflicht zur Einwilligung des Patienten in die Heilbehandlung, welche einen Eingriff in die körperliche oder seelische Integrität der Persönlichkeit darstellt. – Auch aufgrund des öffentlichen Anstaltsbenutzungsrechts erbringt das Gemeinwesen die ärztliche Dienstleistung in vertragsähnlicher Form, die mindestens starke Anleihen beim privatrechtlichen Vertragsrecht macht. Das wirkt sich sowohl auf den Inhalt des öffentlichen Arzt-Patient-Verhältnisses im allgemeinen als auch auf die Haftungsfragen im besonderen aus (*Widmer* 1982, S. 101). Im Vordergrund des Zustimmungserfordernisses steht sowohl beim Behandlungsauftrag als auch bei der Anstaltsbenutzung der in der Verfassung für die gesamte Rechtsordnung grundgelegte und im Zivilgesetzbuch (Art. 27 ff. ZGB) näher konkretisierte und generalklauselmäßig im Sinne eines subjektiven Rechts ausgestaltete Persönlichkeitsschutz [BGE 108 (1982) II 59 ff., 62]. Eine unter diesem Gesichtspunkt ausreichende und nach wohl herrschender schweizerischer Auffassung als Rechtsgeschäft aufzufassende Einwilligung (*Hinderling,* 1963 a, S. 72, abweichend *Hohermut* 1979, S. 70 ff.) setzt somit eine entsprechende Aufklärung seitens des behandelnden Arztes voraus. Das Ausmaß der Aufklärung, welche den Schutz der Persönlichkeit zum Ziel hat, hat im Einzelfall auf eine Mehrzahl von Rechtsgütern Rücksicht zu nehmen, welche die gleiche Person, nämlich den Patienten, betreffen und zu gegenläufigen Rechtsschutzinteressen führen können. Zum einen sind die Risiken zu beachten, welche die zu wählende Heilbehandlung für den Patienten und für die Wahrscheinlichkeit ihrer Realisierung mit sich bringt (*Hinderling* 1963 a, S. 58), zum anderen ist aber auch zu berücksichtigen, wie sich die Aufklärung selbst auf den Patienten auswirkt. Soweit sie eine Unterstützung der Heilbehandlung zur Folge hat, entstehen keine Konflikte. Während das von einem allgemeinen Leitbild der *Eigenverantwortung* geprägte Rechtsgut der *persönlichen Freiheit bzw. Selbstbestimmung* nach einer umfassenden Aufklärung ruft, kann aber das *Rechtsgut des seelischen und körperlichen Wohlbefindens* bzw. die Besserung oder Erhaltung des Gesundheitszustandes eine wahrheitsgemäße Information ganz oder teilweise verhindern, wenn befürchtet werden muß, daß sie beim Patienten zu einem seelischen oder körperlichen *Aufklärungsschaden* führt. Das sonst grundsätzlich bis in den nur schwierig auszumachenden Grenzbereich der Selbsttötung hinein schutzwürdige Recht (s. Abschn. C. I), über Maßnahmen zur Besserung oder Erhaltung der Gesundheit selbst zu bestimmen, kann hier nur unter einer durch die volle Aufklärung von seiten des Arztes verfälschten oder verschlechterten Entscheidungssituation wahrgenommen werden.

CH 59 Zum Widerstreit der unterschiedlichen Lehrmeinungen, die in Anlehnung oder im Gegensatz zur Rechtsprechung im Nachbarland Deutschland mehr die persönliche Entscheidungsfreiheit oder unabhängig davon in ärztlich verfolgter Fürsorge die Gesundheitserhaltungsinteressen körperlicher und seelischer Art stärker betonen, hat das Bundesgericht in einer jüngsten und in dieser Frage ersten Entscheidung [BGE 105 (1979) II 284ff.] ausführlich Stellung genommen. Dabei wurde eine *Lockerung der grundsätzlich in vollem Umfang bejahten Aufklärungspflicht mit Rücksicht auf einen letztlich lebensgefährdenden Aufklärungsschaden* (v.a. Zusammenbruch des Lebenserhaltungswillens) bei einer Krebserkrankung für zulässig erachtet, so daß Folgebeschwerden eines nach den Regeln der Kunst ausgeführten operativen Eingriffs weder zu Schadenersatz noch zu Genugtuung Anlaß zu geben vermochten. Das auch bei Beachtung der Regeln der Kunst verbleibende Operationsrisiko konnte somit nicht wegen Verletzung der grundsätzlich bestehenden Aufklärungspflicht auf den Arzt überwälzt werden:

CH 60 La doctrine suisse admet en principe l'obligation du médecin de renseigner le patient sur son état, notamment sur la nature de sa maladie, les conséquences prévisibles du traitement proposé et de l'abstention thérapeutique. L'information du malade sur les risques d'un traitement déterminé, en particulier d'une intervention chirurgicale, est une condition de validité du consentement au traitement: ce consentement, auquel est en règle générale subordonnée l'intervention du médecin, doit être "éclairé". L'obligation du médecin ne saurait toutefois être étendue à une information propre à alarmer le malade et, partant à porter préjudice à son état physique ou psychique, ou à compremettre le succès du traitement. Cette conception de la doctrine suisse, qui est proche de celle des droits français, allemand (sous réserve de la jurisprudence du Bundesgerichtshof) et belge, doit être approuvée. Le devoir d'informer trouve ses limites dans la définition même de la science médicale, qui a pour objet la conservation et le rétablissement de la santé. Le médecin est tenu à une information simple, intelligible et loyale concernant le diagnostic, le prognostic et la thérapeutique. Sur ce dernier point, le malade doit être suffisamment renseigné sur la nature du traitement préconisé et ses répercussions possibles pour pouvoir y consentir en connaissance de cause. L'information donnée au malade ne doit cependant pas susciter chez lui un état d'appréhension préjudiciable à sa santé. Un prognostic grave ou fatal – tel celui qui accompagnait autrefois le diagnostic de tuberculose ou qui est aujourd'hui souvent lié à celui de cancer – peut être caché au patient, mais doit en principe être révélé à ses proches. Il appartient en définitive au médecin d'apprécier les risques d'une information complète et de limiter cette information, le cas échéant, à ce qui est compatible avec l'état physiologique et psychologique du malade. Le devoir d'informer tombe au surplus s'il ressort des circonstances de l'espèce que le patient est déjà renseigné ou est censé l'être (par exemple s'il est lui-même médecin), ou encore s'il donne son accord au traitement proposé en renonçant expressément ou par une attitude sans équivoque à recevoir de plus amples informations (Bestätigt in BGE 108 1982 59ff. 61).

CH 61 Eine *Geschäftsführung ohne Auftrag* ersetzt somit die fehlende Einwilligung nicht nur im Notfall, wo die gesetzlichen Nothilfeverpflichtungen einsetzen und wo eine Einwilligung wegen Urteilsunfähigkeit vielfach nicht mehr möglich ist, sondern sie *dient* neben dem im Strafrecht besonders erwähnten Rechtfertigungsgrund der Notstandshilfe, der hier eine weite Umschreibung gefunden hat (Art. 34 StGB), *auch bei an sich gegebener Urteilsfähigkeit der Rechtfertigung eines ärztlichen Heileingriffs ohne Einwilligung.* Dabei kann es im Hinblick auf Art. 419 OR u. U. weniger auf die „mutmaßliche Absicht" des konkreten Patienten ankommen, als vielmehr auf den gewöhnlichen, d.h. durchschnittlichen, um seine Gesundheit besorgten Patienten. So verhält es sich im schon erwähnten Grenzbereich der sonst eintretenden Selbsttötung, nicht aber dort, wo die Umstände und insbesondere die angezeigte Rücksprache mit den Angehörigen ergeben, daß der Patient grundsätzlich eine nicht lebensnotwendige ärztliche Maßnahme (beispielsweise eine Operation) ablehnen würde. Von der Rechtsprechung nicht weiter geklärt ist die weitere Frage, inwiefern aufgrund der bisherigen allgemeinen Einstellung bzw. aufgrund einer *in gesunden Tagen abgegebenen Willenserklärung* auf ein mutmaßliches Verhalten in einer nun eingetretenen Notsituation geschlossen werden darf. Die Doktrin mahnt hier zur Zurückhaltung, da Notzeiten auch andere Reaktionen und Willensentscheidungen hervorzurufen pflegen.

CH 62 Überdies hat die Rechtsprechung des Bundesgerichts noch kaum Gelegenheit gehabt, näher zu umschreiben, was mit dem in BGE 105 (1979) II 288 erwähnten „*suffisamment renseigné* sur la nature du traitement préconisé et ses répercussions possibles pour pouvoir y consentir en connaissance de cause" konkret gemeint ist. Aus BGE 66 (1940) II 36ff. sollte nicht ohne weiteres geschlossen werden, daß ein statistisch kleines Risiko einer bleibenden Fingerversteifung wegen einer mit der Warzenentfernung durch Diathermie verbundenen Sehnenverletzung auf keinen Fall den Entschluß eines Patienten, der entsprechenden Warzenentfernung zuzustimmen, beeinflussen könnte, wie das das Gericht tatsächlich angenommen hat. Es soll umgekehrt auch nicht gesagt sein, daß immer auf alle auch statistisch oder in ihrer Auswirkung [BGE 108 (1982) II 59ff. 61] noch so geringen Risiken hingewiesen werden müßte. Sicher sollte über die spezifischen, mit einer Heilbehandlung normalerweise verbundenen allgemeinen oder für den konkreten Patienten, d.h. objektiv oder subjektiv bedeutsamen, Risiken aufgeklärt werden, während auf eine besondere Aufklärung über allgemein bekannte und generelle Eingriffrisiken, wie etwa die Emboliegefahr bei Operationen, verzichtet werden kann [BGE 108 (1982) II, 59ff. 61]. Hier werden – etwas kühn – bei jedermann entsprechende Kenntnisse vorausgesetzt, doch haftet auch der Abgabe von umfangreicher medizinischer Formalinformation viel Problematisches an. Dagegen hat im Ergebnis, die kantonale Rechtsprechung [SJZ 44 (1948) 326ff.; ZR 49 (1950) 86ff.; Sem. jud. 84 (1962) 214ff.] Stellung genommen, die durch den Gesichtspunkt der Dringlichkeit eines Heileingriffes zu ergänzen ist. Danach kann in Notfällen die Aufklärungspflicht gelockert werden, darf aber nicht zur Aufhebung der Selbstbestimmung führen.

CH 63 Nicht zu entscheiden hatte das Bundesgericht, was hätte getan werden müssen, wenn der Patient unter allen Umständen auf voller Aufklärung bestanden hätte, d.h. auch unter *bewußter Inkaufnahme eines Aufklärungsschadens*. Diesbezüglich wird in der Doktrin (*Hinderling* 1963a, S.63) die Abklärung der Motive des Patienten empfohlen bzw. die Möglichkeit der Flucht in die Tatsache, daß medizinische Diagnosen und Prognosen nie ganz sicher sind, so daß sich die empfohlene Maßnahme v.a. als Sicherheitsmaßnahme erweisen kann. Bleibt es somit bei einer Teilaufklärung, darf die vom Bundesgericht geforderte *ergänzende Aufklärung an die Angehörigen aber nicht* dahingehend verstanden werden, daß diese nun die *Selbstbestimmung anstelle des Patienten* selbst ausüben könnten. Vielmehr bleibt die Entscheidung beim Arzt als Geschäftsführer ohne Auftrag oder als Nothelfer. Die Stellungnahme der Angehörigen als bessere Kenner der Persönlichkeit des Patienten ist aber in diesem Rahmen beachtlich. Eine *Ausnahme* ist nur dort zu machen, wo *nach dem Eintritt des Todes eines Patienten*, der keine (und hier verbindliche) Anweisung über eine *Organentnahme zu Transplantationszwecken* gemacht hat, den Angehörigen ein selbständiges Entscheidungsrecht zukommt (*Deschenauxn, Steinauer* 1980, S.151). Widersprüchlich ist die bundesgerichtliche Rechtsprechung diesbezüglich insofern, als sie in BGE 98 (1972) Ia 508 bei einem (im öffentlichen Krankenhaus) als öffentlich-rechtlich qualifizierten Arzt-Patient-Verhältnis von einer Zustimmungsvermutung zur Organentnahme ausging, so daß die Angehörigen nicht um Zustimmung angegangen werden mußten, während bei einem (auch im öffentlichen Krankenhaus) als privatrechtlich qualifizierten Arzt-Patient-Verhältnis grundsätzlich eine konkrete Zustimmung verlangt wurde [BGE 101 (1975) II 177] (Hausheer 1977, S. 252 ff.). Die grundsätzlich bejahte Persönlichkeitsverletzung gegenüber den zustimmungsberechtigten Angehörigen (v. a. Ehegatte, dann Kinder und Eltern usw.) zeitigte indessen keine Rechtsfolgen, da kein Schaden ersetzt werden mußte, für die Genugtuung nach Art. 49 OR aber kein schweres Verschulden der Ärzte nachgewiesen war.

CH 64 *Volle Aufklärung* erfordert in jedem Fall ein ärztlicher Eingriff, der nur noch in einem weiteren Sinn - wenn überhaupt - als gesundheitsfördernder Heileingriff bezeichnet werden kann, wie das *bei der kosmetischen Operation* der Fall ist. Von einem besonders zu schützenden Gesundheitserhaltungsinteresse kann hier nicht die Rede sein. Besonderer Aufmerksamkeit bedarf außerdem die Aufklärung im Hinblick auf eine *mögliche Operationserweiterung,* die aber - wie weiter vorn gezeigt wurde - unter bestimmten Voraussetzungen auch ohne Einwilligung wiederum als Geschäftsführung ohne Auftrag bzw. als Notstandshilfe auszuführen ist. [In dieser Hinsicht müssen die Abwicklung der medizinischen Eingriffe in BGE 105 (1979) II 284 ff. und die Anforderungen an eine Unterbrechung einer Operation wegen Operationserweiterung in BGE 108 (1982) II, 59 ff. verschiedene Fragen aufwerfen.] Voraussehbare Operationserweiterungen, wie sie häufig bei gynäkologischen Eingriffen vorkommen, gehören zweifellos zur gewöhnlichen Aufklärungspflicht. Die Berufung auf Geschäftsführung ohne Auftrag sollte soweit wie möglich im voraus vermieden werden [vgl. BGE 108 (1982) II 59 ff. 61].

CH 65 Besondere Gesichtspunkte sind auch beim *Urteilsunfähigen* zu beachten, da bei dessen *gesetzlichem Vertreter* nur in beschränktem Sinne von einem Aufklärungsschaden gesprochen werden kann. Zudem bleibt zu beachten, daß es bei der Ablehnung eines aus ärztlicher Sicht notwendigen Heileingriffs nicht um die Ausübung bzw. um die Verwirklichung der Selbstbestimmung als Ausfluß der menschlichen Persönlichkeit geht, vielmehr um eine *Entscheidung im Bereich der übertragenen Fürsorge für einen andern.* Diese kann bei den vormundschaftlichen Behörden auf Anfechtung hin oder von Amts wegen überprüft werden (Art. 310 ff. und 420 ZGB), sofern im Notfall nicht der Geschäftsführer ohne Auftrag selbst entscheiden kann. Daher ist auch der gesetzliche Vertreter verpflichtet, für die nötige Heilbehandlung eines operativen Eingriffs zu sorgen, der sie aus religiösen Gründen für sich selbst ablehnt. Umgekehrt hat sich die Zustimmung durch den gesetzlichen Vertreter nur auf notwendige Heilbehandlungen zu beschränken. Die Durchführung einer therapeutisch nicht erforderlichen Sterilisation aufgrund der Zustimmung des gesetzlichen Vertreters zum Beispiel verbietet sich, da es sich dabei um eine ganz persönliche Entscheidung handelt, wobei allerdings die Frage „therapeutische Maßnahme - ja oder nein" umstritten sein kann. Bei zeitlicher Dringlichkeit und Verhinderung des gesetzlichen Vertreters entscheidet die Vormundschaftsbehörde gestützt auf Art. 386 ZGB.

CH 66 Für *urteilsfähige Minderjährige oder Entmündigte* sieht Art. 19 Abs. 2 ZGB vor, daß sie selbst jene Rechte geltend machen bzw. ausüben, die ihnen um ihrer Persönlichkeit willen zustehen. Daß die Entscheidung über die ärztliche Heilbehandlung darunter fällt, kann keinem Zweifel unterliegen. Von der Rechtsprechung nicht entschieden, in der Doktrin aber aufgeworfen wurde die Frage, ob ungeachtet Art. 19 Abs. 2 ZGB - in Analogie zur ausdrücklichen Regelung im Zusammenhang mit dem Verlöbnis - noch eine Zustimmung der Eltern bzw. des Vormundes (Art. 90

Abs. 2 ZGB) erforderlich ist, so daß beispielsweise bei Uneinigkeit zwischen Eltern und urteilsfähigem minderjährigem Kind die Vormundschaftsbehörde nach Art. 307 ff. ZGB zur Bestellung eines Beistandes oder zu einer Entscheidung im Sinne einer Kindesschutzmaßnahme anzugehen wäre. Das im Gesetz eigens vorgesehene Zustimmungserfordernis für die Verlobung läßt einen Analogieschluß nur schwerlich zu. Wenn es beim medizinischen Heileingriff voreiliges Handeln des Jugendlichen zu verhindern gilt, ist diesem Gesichtspunkt bei der Frage nach der Urteilsfähigkeit, der Fähigkeit, die Konsequenzen einer Entscheidung hinreichend zu würdigen und entsprechend zu handeln, gebührend Rechnung zu tragen. Für diese Einschätzung trägt der Arzt das Risiko.

CH 67 *Besondere Probleme* der Zustimmung bzw. Aufklärung können sich *bei medizinischen Eingriffen oder Behandlungen ergeben, die sich auf Ehe und Familie in besonderer Weise auswirken,* wie das u. a. bei Sterilisation und v. a. bei künstlicher Insemination der Fall sein kann (*Hausheer* 1979, S. 209 ff.).

CH 68 Auf die *rechtlichen Folgen der Verletzung der Aufklärungspflicht* ist schon im Zusammenhang mit den Grundlagen strafrechtlicher (s. Abschn. C. I) und zivilrechtlicher Verantwortlichkeit (s. Abschn. C. III) hingewiesen worden. *Auch wenn der ärztliche Eingriff nach den Regeln der Kunst erfolgte,* kann er nach Auffassung des Bundesgerichts zu einer Körperverletzung Anlaß geben, wenn er infolge Verletzung der Aufklärungspflicht ohne die erforderliche Zustimmung ausgeführt worden ist. Die Körperverletzung wird dabei einerseits zum *Straftatbestand* [BGE 99 (1973) IV 208 ff.], andererseits zu einer Persönlichkeitsverletzung im Sinne von Art. 28 ZGB und Art. 47 und 49 OR. Die *Schadensfolgen bei Verwirklichung eines an sich* in der ärztlichen Praxis *zulässigen Risikos,* die sonst der Patient tragen müßte, hat nun der Arzt zu tragen und ggf. Genugtuung zu leisten. Anlaß zu letzterer kann aber auch dann gegeben sein, wenn keine Gesundheitsschädigung eingetreten ist, dafür aber eine schwere Verletzung der Persönlichkeit und schweres Verschulden vorliegt. (Mit Botschaft vom 5. 5. 1982 schlägt der Bundesrat vor, die Voraussetzungen des Genugtuungsanspruchs zu erleichtern.) Hinzukommen können *disziplinarische Maßnahmen.*

V. Kausalität

CH 69 Daß zwischen dem die straf- oder zivilrechtliche Verantwortlichkeit auslösenden Tatbestand und dem materiellen und immateriellen Schaden ein direkter Zusammenhang der Verursachung bestehen muß, ist für die schweizerische wie für andere Rechtsordnungen eine Selbstverständlichkeit. Angesichts der Unzahl von mitwirkenden Ursachenfaktoren einschließlich der Unterlassung für einen bestimmten materiellen oder immateriellen Schaden (die alle den Test für die natürliche Kausalität erfüllen, d. h. nicht weggedacht werden können, ohne daß der eingetretene ärztliche Mißerfolg, der nicht hätte eintreten dürfen, entfiele) gilt auch für die schweizerische Rechtsordnung wie für andere, daß die *natürliche Kausalität allein noch nicht genügt.* Es bedarf der *adäquaten Verursachung,* die in wertender Auswahl unter allen beteiligten Ursachen jene berücksichtigt, durch die der rechtlich verpönte Erfolg bzw. *Mißerfolg als wesentlich begünstigt* erscheint. Für diese gilt eine in der bundesgerichtlichen Rechtsprechung [BGE 57 (1931) II 39; 64 (1938) II 204] ebenso konstante wie letztlich doch nicht aussagekräftige Formel [BGE 80 (1954) II 343], wonach rechtserheblich nur jene Ursache ist, die bei einer objektiven, d.h. von der Voraussehbarkeit unabhängigen Prüfung ex post „nach dem gewöhnlichen Lauf der Dinge und der Erfahrung des Lebens an sich geeignet war, einen Erfolg von der Art des eingetretenen herbeizuführen". Entscheidend ist somit v.a. die Konkretisierung dieser abstrakten (Leer)formel im Einzelfall. Zu untersuchen ist immer, ob nicht eine genügende Intensität weiterer Ursachen schadenstiftender Art in der Gestalt von höherer Gewalt, Dritt- und Selbstverschulden und Zufall, worunter nach der Rechtsprechung auch die Prädisposition des betroffenen Patienten zu zählen ist, die an sich zu bejahende adäquate Kausalität ganz unterbricht oder doch zur *bloßen Teilursache* werden läßt. Nach der Rechtsprechung tritt die gänzliche Unterbrechung der Kausalität hinter der Annahme von mehreren Teilursachen zurück, so daß auf den einzelnen Schädiger im *Außenverhältnis* zum Geschädigten oder aber in der Regel erst im *Innenverhältnis* mehrerer Schädiger untereinander nur noch ein angemessener und letztlich durch den Richter zu bestimmender Anteil an Schadenersatz entfällt. Hier wirkt sich der Umstand aus, daß die schweizerische Rechtsordnung *bei der Zumessung von Schadenersatz im Unterschied zur Schadensberechnung nicht von einem starren Prinzip des „alles oder nichts"* ausgeht, vielmehr in Art. 43 und 44 OR vorschreibt, daß der Richter bei der Festlegung von Schadenersatz neben der Größe des Verschuldens ganz allgemein auf die Umstände der Schadensverursachung achten muß und der Geschädigte sich eine Herabsetzung oder einen Ausschluß des Schadenersatzes angesichts von Umständen, für die er selbst einzustehen hat, gefallen lassen muß.

CH 70 Für den Regreß unter mehreren Schadensstiftern sieht Art. 51 Abs. 2 OR zwar eine Rangordnung unter den verschiedenen Arten von Haftungsgrundlagen vor (schuldhafte unerlaubte Handlung, Vertrag und Kausalhaftung gemäß besonderer Gesetzesvorschrift). Aus der Tatsache aber, daß diese Rangordnung der sich gegenseitig ausschließenden Haftungsgrundlagen nur in der Regel zur Anwendung kommen soll, ist darauf zu schließen, daß auch dem Gesichtspunkt unterschiedlicher Teilursachen Rechnung getragen werden kann (*Widmer,* passim). So hat das Bundesgericht in einem jüngst durch Vergleich beendigten Prozeß zwischen 2 Versicherungsgesellschaften gestützt auf gleichwertige Teilursachen den eingetretenen Schaden zu gleichen Teilen tragen lassen; der Schaden war zunächst durch ein Unfallereignis eingetreten, führte dann aber durch Falschbedienung einer Maschine in der Intensivstation eines Krankenhauses zum Tod. Nach der Regel des Art. 51 Abs. 2 OR hätte der Spitalvertrag hinter die verschuldete unerlaubte Handlung beim Unfall ganz zurücktreten müssen.

CH 71 *Unter dem Gesichtspunkt der Schadenersatzbemessung,* d.h. der Quantität des Schadenersatzes, läßt sich auf diese Weise in der Rechtsanwendung auch eine vermittelnde Lösung für das in der Dogmatik nicht ganz einfache Problem der *überholenden Kausalität* finden, so wenn der von einem Kunstfehler betroffene Patient früher oder später infolge selbst zu vertretender Umstände mit dem Schadenseintritt hätte rechnen müssen.

CH 72 Daß die Frage der *Kausalität* nicht nur bei schadenstiftenden Kunstfehlern eine Rolle spielt, vielmehr *auch im Zusammenhang mit der Aufklärungspflicht* von Bedeutung sein könnte, ergibt sich aus der schon (s. Abschn. C. IV) erwähnten Entscheidung des Bundesgerichts in BGE 66 (1940), II 34 ff. Eine schadenstiftende Nebenfolge einer nach den Regeln der Kunst vorgenommenen Heilbehandlung (Warzenentfernung durch Diathermie) bliebe nur dann durch den Arzt auszugleichen bzw. zu verantworten, wenn auch nachgewiesen worden wäre, daß bei voller Aufklärung das mit der Heilbehandlung verbundene Risiko, das sich in der Folge auch tatsächlich verwirklicht hat, durch den Patienten nicht in Kauf genommen worden wäre. Eher in eine andere Richtung geht nun neuestens BGE 108 (1982) II, 59ff., wo sich das Bundesgericht damit begnügt, daß der ohne Zustimmung nach den Regeln der Kunst operierte Patient, bei dem sich ein bekanntes Operationsrisiko ausgewirkt hat (Beschwerden nach Plastikeinsatz anstelle der entfernten Frauenbrüste), nachweist, ohne ärztlichen Eingriff wäre ihm ein Gesundheitsschaden erspart geblieben. Es konnte mangels Beweis letztlich offen bleiben, ob der Arzt sich hätte von Schadenersatz und Genugtuung befreien können, wenn er die große Wahrscheinlichkeit der Zustimmung nach Aufklärung hätte nachweisen können.

VI. Beweislast

CH 73 Als Beweis werden normalerweise in einer stereotypen Formulierung alle Einzelelemente bezeichnet, deren Vorliegen insgesamt die Haftung auslöst: materieller oder immaterieller Schaden, Widerrechtlichkeit (im Sinne der Verletzung von allgemeinen Rechtspflichten, die dem Verhindern von Schaden dienen, oder im Sinne der Verletzung eines entsprechenden Vertragsinhaltes), ein Verhalten des Schädigers, das den schadenstiftenden Erfolg oder Mißerfolg als derart begünstigt erscheinen läßt, daß es eine Schadensüberwälzung rechtfertigt und, je nach Haftungsgrund, ein Schuldvorwurf oder ein verschuldensunabhängiges Verhalten bzw. ein verschuldensunabhängiger Sachverhalt. In diesem Sinne wird in der schweizerischen Rechtsprechung und Doktrin davon gesprochen, *der Geschädigte* bzw. jener, der Schadenersatz oder Genugtuung geltend macht, habe *im außervertraglichen Verhältnis* privatrechtlicher oder öffentlicher Natur sowohl den *Schaden, die Widerrechtlichkeit, den Kausalzusammenhang als auch den verschuldensmäßigen oder verschuldensunabhängigen Haftungsgrund zu beweisen. Im vertraglichen Verhältnis dagegen* bleibe ihm mit Rücksicht auf Art. 97 Abs. 1 OR *der Verschuldensnachweis erspart.* Nach dieser Bestimmung hat der Vertragsschuldner Schadenersatz zu leisten, wenn die Erfüllung der Verbindlichkeit überhaupt nicht oder nicht gehörig bewirkt wird und er nicht beweist, daß ihm keinerlei Verschulden zur Last fällt.

CH 74 Bei dieser Kurzformel für eine vertragliche und außervertragliche Haftung, die zudem noch den Vorteil vertraglicher Anspruchsbegründung in Erscheinung treten lassen soll, wird allerdings nicht berücksichtigt, daß *dem Beweis nur Tatsachen zugänglich* sind, *nicht aber Rechtsbegriffe,* die gesetzlich oder richterrechtlich mit Inhalt gefüllt werden. Insofern materieller und immaterieller Schaden, Widerrechtlichkeit, Kausalität und Haftungsgrund Rechtsbegriffe sind, entziehen sie sich einem Beweisverfahren. Aber auch eine *Beweislastverteilung* im Sinne einer Ordnung von Rechtsfolgen bei Beweislosigkeit bleibt bei der Umschreibung der Rechtsbegriffe außer Betracht. Sie kommt erst zum Zuge, wenn die im Einzelfall zu prüfenden Sachverhaltselemente, aus denen sich dann Bestehen und Nichtbestehen eines haftungsbegründenden Tatbestandes ergeben sollen, fehlen; wenn z. B. eine Verhaltensweise, die in richterlicher Würdigung bzw. Rechtsanwendung für einen Schuldvorwurf ausreicht, nicht bewiesen werden kann. In diesem Sinne bestimmt Art. 8 ZGB: „Wo das Gesetz es nicht anders bestimmt, hat derjenige das Vorhandensein einer behaupteten Tatsache zu beweisen, der aus ihr Rechte ableitet". Und im Sinne von Art. 8 ZGB wiederum kennt Art. 97 Abs. 1 OR im Gegensatz zum allgemeinen Verschuldenshaftungstatbestand des Art. 41 OR eine Verschuldensvermutung. Nun mag die Bedeutung dieser Verschuldensvermutung im allgemeinen Vertragsrecht des schweizerischen Obligationenrechts für all jene Verträge, insbesondere aber für die Sachleistungsverträge, von besonderer Bedeutung sein, bei denen sich die Vertragsleistung objektiv leicht messen läßt im Sinne eines nach vertraglicher Vereinbarung zu erwartenden Leistungserfolges, der dann in der Folge nicht eintritt. Wo aber die Leistungspflicht des Schuldners nicht auf einen solchen leicht meßbaren, objektivierten Leistungserfolg ausgerichtet ist, sich vielmehr *in einer obligatio faciendi ohne Erfolgsgarantie* erschöpft, da *vermag eine Verschuldensvermutung nur wenig auszurichten. Entscheidend* ist – wie dargelegt – nicht ein meßbares Resultat, das Nichteintreten eines erhofften ärztlichen Erfolges, sondern *der Nachweis mangelnder Sorgfalt.*

CH 75 Wenn sich aber diese mangelnde Sorgfalt nur anhand des ärztlichen Verhaltens selbst nachweisen läßt, kann es auf eine Verschuldensvermutung weiter nicht ankommen; vielmehr ist in aller Regel das Verschulden dann auch ohne weiteres erkennbar, wenn einmal die mangelnde Sorgfalt festgestellt ist. Dieser Nachweis kann aber dem Patienten nicht erspart bleiben [BGE 108 (1982) II, 59ff. 61], solange im Zusammenhang mit der ärztlichen Tätigkeit nicht von verhaltensunabhängiger Erfolgsgarantie ausgegangen werden soll. Somit *verbleibt sowohl im vertraglichen wie im außervertraglichen Haftungsbereich dem Patienten die Last des Nachweises, daß der Mißerfolg der ärztlichen Heilbehandlung,* den er als solchen nicht hinnehmen will, auf *einem bestimmten ärztlichen Verhalten beruht, das der Richter* seinerseits nach dem geltenden Maßstab ärztlicher Sorgfalt *als unsorgfältig zu qualifizieren vermag* [BGE 108 (1982), II, 59ff. und 105 (1979) II, 284ff. für den vertraglichen Bereich mit Verweis auf BGE 70 (1944) II 208ff. für den außervertraglichen Bereich]. Was dann hinsichtlich des Verschuldensvorwurfs noch bleibt, dessen Grundlagen im außervertraglichen Arzt-Patient-Verhältnis der Patient nachzuweisen hat, im Vertrag dagegen Gegenstand der Exkulpation durch den Arzt ist, kann weitgehend vernachlässigt werden [so im Ergebnis BGE 70 (1944) II 208ff.]. Der Unterschied zwischen Sorgfaltspflichtverletzung und Verschulden ist allerdings auch deshalb nur noch sehr klein, weil auch bei der gebotenen Sorgfalt auf subjektive Eigenschaften wie Spezialausbildung u. a. m. Rücksicht genommen wird (s. Abschn. C III) und Verschulden dann nur noch eine Frage der konkreten Zurechnung sein kann. Es ist daher verständlich, daß den Gerichten die Frage der entsprechenden Beweislastverteilung Mühe bereitet [vgl. die entsprechende Anweisung des Zürcher Kassationsgerichts an das Zürcher Obergericht in dem in SJZ 76 (1980) S. 384f. zitierten Fall, die den Ausführungen des Bundesgerichts in BGE 105 (1979) II 285f. widerspricht].

CH 76 Die *Würdigung der Umstände,* die dem Richter die Überzeugung der Sorgfaltspflichtverletzung vermitteln, ist in erster Linie eine *Frage des kantonalen Prozeßrechts,* die das Bundesgericht nur auf offensichtliches Versehen und Willkür hin überprüft, so daß bundesrechtlich v. a. das Maß der Sorgfalt zu umschreiben ist. Indessen sind auch diese beiden Gesichtspunkte nur schwer auseinanderzuhalten. Das gilt insbesondere, wenn das kantonale Verfahrensrecht im Ergebnis auf den in der schweizerischen Rechtsordnung nicht als solchen bekannten Grundsatz der *res ipsa loquitur* zurückgreift, was mindestens in jenen Fällen die Härte der Beweislastverteilung zu mildern vermag, wo ein positiv eingetretenes Schadensresultat nach ärztlichem Eingriff festzustellen ist, und es nicht bloß beim ausgebliebenen Besserungserfolg bleibt, wie etwa beim Absterben eines Fußes nach Behandlung von Krampfadern (Entscheid des Züricher Obergerichts vom 15. 2. 1979 in SJZ 76, 1980, 383f.). Ein Rückgriff auf den genannten Grundsatz ist freilich dann nicht möglich, wenn ein solches Risiko generell mit einer bestimmten Wahrscheinlichkeit eingerechnet werden muß, wie im Falle der Sehnenverletzung und Fingerversteifung nach Warzenentfernung durch Diathermie.

CH 77 Eine entsprechende *Beweislastmilderung* läßt sich im Zusammenhang mit dem vom geschädigten Patienten zu leistenden Nachweis, daß der beanstandete Mißerfolg auf das ärztliche Verhalten und nicht auf andere Ursachen zurückzuführen ist, auch insofern erreichen, als der Richter sich mit einem *mehr oder weniger hohen Grad der Wahrscheinlichkeit gestützt auf die allgemeine Lebenserfahrung* begnügt [BGE 59 (1933) II 434]. Dies entspricht von der Grundhaltung des Gesetzes her der Vorschrift des Art. 42 Abs. 2 OR, die für den außervertraglichen und gestützt auf den Verweis in Art. 99 Abs. 3 OR auch für den vertraglichen Bereich den vom Geschädigten zu erbringenden *Schadensnachweis* dadurch erleichtert, daß der Vermögensschaden nicht ziffernmäßig nachgewiesen werden muß, sondern vom Richter „mit Rücksicht auf den gewöhnlichen Lauf der Dinge und auf die vom Geschädigten getroffenen Maßnahmen abzuschätzen" ist bzw. abgeschätzt werden darf.

CH 78 Schließlich ist aber auch der *Nachweis eines bestehenden Vertrages insofern erleichtert,* als eine Anspruchskonkurrenz besteht, so daß der Vertrag nicht ohne weiteres über das Schicksal der Schadensüberwälzung entscheidet. Aber all diese Milderungen der Beweislast vermögen die Schwierigkeit des Nachweises der Haftungsgrundlagen für medizinische Heilbehandlung nicht zu beseitigen, wenn der Mißerfolg nicht entsprechend eindeutig ist. Das läßt sich auch *nicht mit einer Beweislastumkehr ändern,* solange keine haftungs- oder versicherungsmäßige reine Erfolgsgarantie ins Auge gefaßt wird mit all den (Vor- und) Nachteilen, die ein solches Vorgehen sozialethisch, volkswirtschaftlich und namentlich im Hinblick auf die ärztliche Berufsausübung selbst haben müßte.

CH 79 Eine besondere Frage im Zusammenhang mit der Beweislast stellt sich bei der *Verletzung der Aufklärungspflicht* insofern, als hier neben der Unterlassung der an sich notwendigen Aufklärung auch noch nachzuweisen sein könnte (s. Abschn. C.IV), daß nach aller Voraussicht gestützt auf allgemeines oder individuelles Verhalten eine volle Aufklärung auch dazu geführt hätte, daß das letztlich eingetretene schadenstiftende Risiko nicht eingegangen worden wäre [BGE 66 (1940) II 36ff. und 108 (1982) 59ff. 64]. Den Beweis jener Tatsachen, die auf eine hinreichende Aufklärung schließen lassen, hat der Arzt zu erbringen (was in der Doktrin nicht unbestritten ist, vgl. *Ney* 1979, S. 95). Das führt zur leidigen Frage der Beweissicherung für den Arzt, da Vertrauen allein weder von der einen noch von der anderen Seite, die am Arzt-Patient-Verhältnis beteiligt ist, immer honoriert wird. Dem Nachteil der einseitigen Beweissicherung in der Krankengeschichte stehen ebensolche Nachteile bei formularmäßigen Vorgehen gegenüber. Das Bundesgericht hat indessen noch keine Gelegenheit gehabt, sich dazu zu äußern, welches Vorgehen ihm am vernünftigsten erscheint bzw. auf welches konkrete Verhalten es seine Überzeugung in der einen oder andern Richtung abstützen will. Aber auch der allfällige Nachweis darüber, daß der in seiner Gesundheit Beeinträchtigte (wegen Verwirklichung eines zulässigen Risikos) aller Wahrscheinlichkeit zugestimmt hätte, wenn er im gebotenen Maß aufgeklärt worden wäre, obliegt dem Arzt, so daß er die Folgen einer entsprechenden Beweislosigkeit zu tragen hat [BGE 108, (1982) II, 59ff., 64]. Im übrigen gilt das zur beruflichen Sorgfaltspflicht Gesagte in analoger Weise auch für den *„Nachweis" der Aufklärungspflicht* und der *Pflicht zur Wahrung des Berufsgeheimnisses.*

VII. Gutachter

CH 80 Angesichts der Schwierigkeit bei der Beurteilung, ob das fragliche ärztliche Verhalten den in Frage stehenden medizinischen Mißerfolg im Sinne einer adäquaten Ursache wesentlich begünstigt hat und ob gestützt auf den Stand der medizinischen Wissenschaft oder Kunst eine Sorgfaltspflichtverletzung vorliegt, ist der Sachverstand der medizinischen Experten für jeden Richter eine Notwendigkeit. Aber auch für die Feststellung eines vermögensrechtlichen Schadens ist beispielsweise die Frage, wie sich der Gesundheitszustand in der Zukunft aus der Sicht des medizinischen Fachwissens entwickelt haben würde, offensichtlich von größter Bedeutung. Auch wenn hier Beweisfragen, die der kantonale Richter im wesentlichen abschließend beurteilt, und Rechtsfragen, die das Bundesgericht in letzter Instanz endgültig beurteilt, zu entscheiden sind, so können die Grundlagen für die entsprechende Entscheidung meist nur durch den Fachexperten geschaffen werden. Dessen Aufgabe wird vom Bundesgericht in der Entscheidung BGE 61 (1935) II 111 (im Zusammenhang mit einer Zahnbehandlung) wie folgt umschrieben:

CH 81 Les experts sont les auxiliaires du juge; par leur constatations et leur avis de spécialistes, ils doivent aider le magistrat à résoudre les questions débattues dans le procès. Seuls ils sont en mesure de dire ce que l'on peut exiger d'un médicin, de préciser comment il doit procéder et d'exposer ce qui, d'après l'expérience, constitue une faute professionnelle. *Si donc, en principe, le juge n'est pas lié par les conclusions des experts,* et reste libre de résoudre la question de la faute selon sa conviction morale, *l'avis des techniciens a pour lui une importance considérable* [vgl. auch BGE 53 (1927) II 427 und 70 (1944) II 209, 108 (1982) II 59ff., 61 sowie BGE vom 6.7. 1982 i.S. L.c.G.].

CH 82 Die meisten Grundsätze, die für die Bestellung des gerichtlichen Sachverständigen und die Erfüllung seiner Aufgaben gelten, sind solche kantonalen Rechts, welche vom Bundesgericht nicht mehr weiter überprüft werden können, es sei denn auf Willkür hin. Hier stellen sich in der Praxis auch weniger Probleme als vielmehr im Zusammenhang mit der Frage, ob *genügend Experten* vorhanden sind, die sowohl die erforderlichen persönlichen wie auch fachlichen Kenntnisse nicht nur im Bereich der Medizin, sondern auch im Bereich der juristischen Fragestellung aufweisen. Die Meinungen darüber gehen notwendigerweise auseinander. Ärzteverbände und Patientenschutzorganisationen bemühen sich – wie schon erwähnt (s. Abschn. B.I.) – in letzter Zeit vermehrt darum, hier nicht nur die gleiche Sprache zu sprechen, sondern auch gemeinsam für genügend befähigte und unabhängige Sachverständige zu sorgen, die sowohl den Versicherungen wie auch den Gerichten zur Verfügung stehen. Ob heute noch unter dem Gesichtspunkt fachlichen Doppelwissens dem Gerichtsmediziner die gleiche Vorzugsstellung zukommt wie in der Vergangenheit, ist schwer zu beurteilen. Diese Frage hängt zudem vom erforderlichen medizinischen Spezialwissen und dessen Umfang ab.

CH 83 Im übrigen ist der *Zivilrichter* nach ausdrücklicher Vorschrift in Art. 53 Abs. 2 OR *nicht an das Urteil des Strafrichters* betreffend Verschulden bzw. Sorgfaltspflichtverletzung und Schadensberechnung *gebunden,* auch wenn keine unnötige Diskrepanz in der Rechtsprechung entstehen sollte (BGE vom 6.7. 1982 i.S. L.c.G.). Der Strafprozeß mit einer anderen Kostenregelung ist denn auch nicht in allen Fällen der sich anbietende Weg, um Beweismöglichkeiten mit Rücksicht auf bloß vermutete Kunstfehler auf einfache und kostenlose Weise zu überprüfen.

VIII. Zugang zu Aufzeichnungen

CH 84 Zum *Recht des Patienten auf Einsicht in die Krankenunterlagen des ihn behandelnden Arztes* findet sich z.Z. kaum Rechtsprechung, welche die Rechtslage in der Schweiz mehr oder weniger verbindlich umschreiben würde. Zudem ist auch hier darauf hinzuweisen, daß das Arzt-Patient-Verhältnis auf unterschiedlicher öffentlicher- oder privatrechtlicher Rechtsgrundlage beruhen kann. Soweit aber keine besonderen öffentlich-rechtlichen Vorschriften bestehen, kann auch in diesem Bereich davon ausgegangen werden, daß das öffentliche Recht der 26 Kantone beim Bundesprivatrecht ausgiebige Anleihen macht (s. Abschn. C. III).

CH 85 In der einschlägigen Literatur (*H. Ott*, S. 3478) wird die Einsicht in die Krankenunterlagen des Arztes aus Art. 400 Abs. 1 OR abgeleitet, wonach der Beauftragte verpflichtet ist, jederzeit über seine „Geschäftsführung" Rechenschaft abzulegen und alles, was ihm infolge derselben aus irgend einem Grunde zugekommen ist, zu erstatten. Als Schranken dieser *grundsätzlichen Pflicht zur Gewährung von Einsicht* in die Krankenunterlagen werden dann allerdings erwähnt: die ärztliche Pflicht zur Geheimniswahrung gegenüber Dritten (beispielsweise hinsichtlich von Auskünften von Angehörigen usw.), die Verhinderung eines Aufklärungsschadens, wenn dieser nicht ausdrücklich in Kauf genommen wird und zudem in Kauf genommen werden kann, weil keine Lebensgefährdung zur Diskussion steht (analog zur Aufklärungspflicht, s. Abschn. C. IV) und der Persönlichkeitsschutz zugunsten des Arztes selbst. Gerade im Zusammenhang mit dem zuletzt erwähnten Gesichtspunkt der Schrankenziehung können sich dann schwierige Abgrenzungsfragen analog zum Zeugnisverweigerungsrecht im Zivil- und Strafprozeß ergeben, wenn der Persönlichkeitsschutz deswegen geltend gemacht wird, weil sonst eine zivil- oder strafrechtliche Verantwortlichkeit befürchtet werden müßte. Allem Anschein nach scheint sich die erstinstanzliche Rechtsprechung (Bezirksgericht Zürich in einem summarischen Verfahren vom 5.2. 1981) auf enger gezogene Schranken einrichten zu wollen und nur die des Patientenwohls anerkennen zu wollen. Indessen besteht kein Anlaß, den Arzt in einem zivil- oder strafrechtlichen Verfahren als Beklagten anders zu behandeln als andere in der gleichen Stellung. Die Rechte und Pflichten der Beklagten im Verfahrensrecht der 26 Kantone überlagern somit das öffentlich- oder privatrechtliche Arzt-Patient-Verhältnis.

CH 86 Aber auch soweit es um die weitere Frage geht, inwieweit der *Arzt als unbeteiligter Dritter in einem Prozeß* seine Krankenunterlagen dem Gericht herausgeben muß, sofern er von dem betroffenen Patienten oder dem Gericht vom Berufsgeheimnis befreit worden ist, gilt es die verschiedenen kantonalen Verfahrensrechtsordnungen zu beachten, wozu noch 3 Verfahrensrechtsordnungen des Bundes kommen. Die Aussagepflicht des Arztes umschreibt beispielsweise die neue Zivilprozeßordnung von Zürich (am 1.1. 1977 in Kraft getreten) in § 159 Ziff. 3 recht „elastisch", wenn hier ausgeführt wird: Wird der Arzt „von der Pflicht zur Geheimhaltung befreit, so ist er zur Aussage verpflichtet, wenn nicht gemäß seiner gewissenhaften Erklärung ein höheres Interesse trotz der Befreiung die Geheimhaltung gebietet. Die Erklärung ist vor Gericht mündlich abzugeben, nachdem dem Zeugen das Beweisthema bekanntgegeben worden ist". Ähnliche Lösungen kennen u.a. der Bundeszivilprozeß und die Zivilprozeßordnung des Kantons Bern, wenn auch auf anderem rechtlichen (Um-)Weg. Auch hier gelten aber grundsätzlich die Schranken des eigenen Persönlichkeitsschutzes, des Schutzes Dritter und des Patientenwohls, die dann über das Zeugnisverweigerungsrecht geltend zu machen sind (Art. 51 Abs. 1, 42

Abs. 1, 52 Abs. 2 und 299 Abs. 2 des Bundeszivilprozesses und Art. 236, 239 und 53 der Berner Zivilprozeßordnung). Ein Zeugnisverweigerungsrecht besteht u. a. immer dann, wenn die Gefahr der strafgerichtlichen Verfolgung, einer schweren Benachteiligung der Ehre oder eines unmittelbaren vermögensrechtlichen Schadens bestehen würde.

IX. Schadenersatz, Schmerzensgeld

CH 87 Der *Schadensbegriff* im schweizerischen Haftpflichtrecht umschreibt jene *Vermögenseinbuße,* welche auf das schädigende Ereignis zurückzuführen ist. Verglichen wird das Vermögen, wie es sich nach dem schädigenden Ereignis tatsächlich errechnet und etwa nach Verlust oder Beeinträchtigung der Erwerbsfähigkeit in der Zukunft zu errechnen sein wird, mit dem hypothetischen Vermögen, das ohne schädigendes Ereignis hätte erzielt werden können. Im Bereich der ärztlichen Haftpflicht muß ein solcher Schaden auf eine ärztliche Pflichtverletzung zurückzuführen sein. Indessen ist die *Schadensberechnung* (Festlegung des Schadensumfangs) *unabhängig von der Schadenersatzbemessung,* die festhält, in welchem allenfalls beschränkten Ausmaß ein Haftpflichtiger im Vergleich zum Schadensausmaß Schadenersatz zu leisten hat.

CH 88 Die beiden *wichtigsten Schadensberechnungsposten* sind *konkrete Vermögensverminderung* für zusätzliche *Heilungskosten oder Todesfallkosten* und *entgangener Gewinn bei Beeinträchtigung der Erwerbsfähigkeit.* Alle Schadensposten sind bis zur Vereinbarung über die Schadensliquidation oder bis zum richterlichen Urteil konkret zu berechnen. Die weitere Entwicklung ist dann aber nach abstrakten Erfahrungswerten, die auf den konkreten Einzelfall zugeschnitten werden, zu berücksichtigen. Einen *Rektifikationsvorbehalt* sieht Art. 46 Abs. 2 OR nur während 2 Jahren vor.

CH 89 Im Falle des *Todes* (Art. 45 OR) fällt neben den *Kosten der versuchten Heilung* und den *Beerdigungskosten* v. a. der *Versorgerschaden* ins Gewicht, den die durch den Verstorbenen tatsächlich (möglicherweise nicht einmal auf rechtliche Verpflichtung hin) unterhaltsmäßig Versorgten geltend machen können (Art. 45 Abs. 3 OR als Ausnahme von der Regel, daß nur der durch das schadenstiftende Ereignis direkt Geschädigte, der Verstorbene selbst, Schadenersatz beanspruchen kann). Dabei kommt auch eine erst zukünftige Versorgung in Betracht, und zwar im vollen zu erwartenden Ausmaß und nicht nur im Rahmen einer Bedürftigkeitsverhinderung. Immer weniger aber ist das verstorbene *Kind* als potentieller Versorger seiner Eltern anzusehen. Hier hat eine Verlagerung auf die öffentliche und private Altersvorsorge stattgefunden. Bei der *Ehefrau* als Versorgte führt eine *Wiederverheiratung* zu einem neuen Versorgungsanspruch, so daß die Wiederverheiratungswahrscheinlichkeit als Reduktionsfaktor einzusetzen ist. Neuerdings kann aber nach der Rechtsprechung des Bundesgerichts auch der Tod der Ehefrau und damit der Verlust ihrer *Haushaltsführung* für den Witwer einen Versorgerschaden bedeuten, insofern als seine Kosten für den Ersatz dieser fehlenden Haushaltsführung größer sind als seine Ersparnisse aus dem Wegfall des Unterhalts, den er seiner Frau leisten mußte (BGE vom 28.9. 1982 in Sachen Blein gegen Marcadier und La Continentale Versicherungsgesellschaft). Dies ist ein Beispiel, das im übrigen auch zeigt, daß eine *Vorteilsanrechnung* stattzufinden hat und daß es hinreichender sozialstatistischer Grundlagen bedarf, um einem an sich im juristischen Grundsatz längst bejahten Anspruch auch faktisch zum Durchbruch zu verhelfen. Eine ausgebaute Sozialstatistik ist weiterhin auch die Grundlage für die in diesem Zusammenhang bedeutsamen Fragen der Lebens- und Aktivitätsdauer.

CH 90 Bei *Körperschädigung* ist neben den *Heilungskosten* und der *Beeinträchtigung der Erwerbsfähigkeit* noch der Gesichtspunkt des *erschwerten wirtschaftlichen Fortkommens* zu berücksichtigen. Dabei spielen die Möglichkeiten und die Zumutbarkeit veränderter beruflicher Tätigkeit eine wichtige Rolle.

CH 91 *Schadenersatz* wird im Fall des Todes wie der Körperverletzung *in erster Linie in Geld* geleistet, und zwar, soweit der Schaden durch Versicherung gedeckt oder der Ersatzpflichtige die öffentliche Hand ist, bei den wichtigsten Schadenposten des Versorgerschadens und der Beeinträchtigung der Erwerbsfähigkeit in der Regel in Form einer *Rente*. Allerdings kann auch hier ein *Kapital* in Frage kommen. Zur Schadenersatzbemessung s. S. 763, was in etwa auch für die Bemessung der Genugtuung gilt.

CH 92 Anlaß zur *Genugtuung* sind sowohl Körperverletzung und Tötung (Art. 47 OR) als auch eine Verletzung in den persönlichen Verhältnissen (Verletzung des allgemeinen Persönlichkeitsrechts von Art. 28 ZGB in Verbindung mit Art. 49 OR, der im Gegensatz zu Art. 47 OR eine schwere Verletzung und schweres Verschulden zur Voraussetzung hat). Obwohl sich eine Genugtuung *für immateriellen Schaden*, „tort moral", von der Natur der Sache her klaren Berechnungskriterien entzieht, hat die Praxis eine *gewisse Verletzungsschematisierung* vorgenommen. Nach längerer Zurückhaltung läßt sich in der jüngsten Zeit auch eine ganz *erhebliche Erhöhung der Genugtuungssummen* feststellen. So wurde in der Entscheidung BGE 107 (1981) II 348f. folgendes festgehalten:

Die I. Zivilkammer hat am 3. 2. 1981 in einem mit dem vorliegenden vergleichbaren Fall (Paraplegiker, Lähmung der Beine und der Verdauungs- und Geschlechtsorgane) die vorinstanzlich zugesprochene Genugtuung von sfr 60000,– auf Berufung der Haftpflichtigen nicht herabgesetzt, obwohl dem Geschädigten ein leichtes Verschulden vorzuwerfen war (unveröffentlichtes Urteil in Sachen Andina und Achermann gegen Bourquin). Der linksseitig gelähmte Kläger ist nach Feststellung des Obergerichts dauernd an den Rollstuhl gebunden und in der Entfaltung seiner Persönlichkeit aufgrund der Unfallfolgen sehr stark beeinträchtigt. Der Zuspruch einer Genugtuung von sfr 60000,– (statt der von der Vorinstanz zugesprochenen sfr 35000,–) erscheint deshalb als angemessen. Damit wird berücksichtigt, daß das Bundesgericht in seiner neuesten Rechtsprechung anstrebt, Genugtuungssummen bei schweren Fällen immaterieller Beeinträchtigungen erheblich höher anzusetzen als früher, um einerseits der Geldentwertung besser Rechnung zu tragen und andererseits den kantonalen Gerichten zu erlauben, die verschiedenen Grade immaterieller Unbill in einem erweiterten Rahmen differenzierter zu bewerten.

Unter diesem Gesichtspunkt sind einmal die Umstände zu berücksichtigen, die zur immateriellen Unbill geführt haben, dann aber die Natur der bleibenden oder vorübergehenden Beeinträchtigung der körperlichen und seelischen Integrität bzw. des entsprechenden Wohlbefindens. In einem unveröffentlichten Urteil vom 7. 10. 1982 wurden sfr 40000,– als Genugtuung zugesprochen für eine durch einen unerfahrenen Autofahrer herbeigeführte neurotische Persönlichkeitsveränderung mit dauerndem leichtem Unwohlsein, das eine Frau in fortgeschrittenerem Alter zur Aufgabe des Berufes zwang, nicht aber zu einer Abhängigkeit von Drittpersonen führte. Berücksichtigt wurde dabei der von der Geschädigten selbst zu vertretende Umstand der Prädisposition zu psychischer Abartigkeit. Gleicherweise müßten auf Seiten des Anspruchsberechtigten auch *Selbst- oder Drittverschulden* mitberücksichtigt werden, wie auf Seiten des Haftpflichtigen bloß leichtes Verschulden zu einer Herabsetzung der Genugtuungssumme führen kann (Art. 43 und 44 OR). Als *besondere*

Umstände können (neuerdings mit vermehrter Zurückhaltung) *Gefälligkeit* seitens des Haftpflichtigen, dessen *wirtschaftliche Leistungsfähigkeit* und auch ein *mitwirkender Zufall* berücksichtigt werden. In einer jüngsten Entscheidung [BGE 108 (1982) II 422] hat sich das Bundesgericht auch zur bisher umstrittenen Frage geäußert, ob bleibende Unfähigkeit zu den das menschliche Leben in besonderer Weise kennzeichnenden bewußten Wahrnehmungen und somit auch die dauernde Unfähigkeit, den eigenen Zustand zu erkennen und eine Genugtuung als solche zu werten, ein Hinderungsgrund für das Zusprechen einer Genugtuung sei. Die Frage wurde (auf dogmatisch allerdings recht fragwürdigem Weg) verneint, nicht zuletzt mit Rücksicht darauf, daß das geltende Recht im Unterschied zum Versorgerschaden gemäß Art. 45 Abs. 3 OR keinen direkten Anspruch auf die in erster Linie betroffenen Angehörigen vorsieht. Im Zusammenhang mit einem schweren Narkosefehler wurde eine Genugtuung von sfr 100000,– zugesprochen.

CH 93 Weitere Kasuistik (zusammengestellt bei *W. E. Ott* 1978, S. 101 f.):

- BGE 53 (1927) II 429: Schwere Röntgenverbrennungen bei einem 54jährigen Mann, bleibende Entstellung und lange Leidenszeit: sfr 15000,–.
- *BGE vom 4. 6. 1963, unveröffentlicht:* Fehldiagnose infolge nachlässiger Untersuchung führt zum Tod eines Ehemannes und Vaters von 2 Kindern: sfr 3000,– für die Witwe, je sfr 1000,– für die Kinder.
- *BGE vom 26. 1. 1971, unveröffentlicht:* Fehlbehandlung bei einem Kleinkind führt zu schwerer Verkrüppelung an Hirn, Wirbelsäule und Bein; dauernde Pflegebedürftigkeit und verminderte Lebenserwartung; gerade noch leichtes Verschulden des Arztes: sfr 30000,–.
- *BGE 108 (1982) II, 59ff.:* Plastikersatz für die weiblichen Brüste führt zu verschiedenen Folgebeschwerden, die mit weiteren Operationen nur teilsweise behoben werden können. Über eine mögliche Operationserweiterung gegenüber der bloß vorgesehenen Zystenentfernung war die Patientin nicht aufgeklärt worden: sfr 25000,–.

D. Kliniken, medizinisches Gerät, Hilfspersonal

I. Notwendigkeit von Richtlinien sowie Haftung der Klinik für Ärzte

CH 94 Wie schon im Zusammenhang mit den Grundlagen der zivilrechtlichen Haftung erwähnt wurde (s. Abschn. C. III), *unterstehen die Krankenhäuser je nach Trägerschaft* dem *Bundesprivatrecht* (Obligationsenrecht) *oder* dem in den 26 Kantonen unterschiedlichen *kantonalen öffentlichen Recht.* Dabei gewinnt das Bild unterschiedlicher Rechtsgrundlagen für die ärztliche Tätigkeit im privaten oder öffentlichen Krankenhaus noch dadurch an Farbigkeit, daß das kantonale öffentliche Recht im Zusammenhang mit den Staats- oder Amtshaftungsgesetzen seinerseits wieder auf die außervertragliche Haftung gemäß Art. 41 ff. OR verweisen kann (s. Abschn. C.III). Wie auch schon erwähnt, geht das Bundesgericht in konstanter, aber nicht völlig unangefochtener Rechtsprechung davon aus, daß die ärztliche Tätigkeit in Krankenhäusern öffentlicher Trägerschaft grundsätzlich als hoheitliche Staatstätigkeit zu betrachten ist [BGE 102 (1976) II 47]. Einen Vorbehalt gibt es nur für die in der Rechtsprechung eher verwirrend in Erscheinung tretende Nebentätigkeit von Chefärzten im Zusammenhang mit „eigenen" Privatpatienten.

CH 95 Soweit *Bundesprivatrecht auf der Grundlage eines Vertrages* zur Anwendung kommt, stellt sich die Frage nach den Vertragsparteien. *In aller Regel wird der Vertrag zwischen dem Patienten und dem Krankenhaus,* nicht aber mit dem einzelnen Arzt geschlossen. Das gilt v. a. bei stationärer Behandlung, ist aber auch bei Privatpatienten denkbar [BGE 102 (1976) II 48]. Indessen bleibt auch die Rechtsform des Krankenhauses zu beachten. Bei einer Einzelfirma mit einem Arzt als Firmeninhaber bleibt nur die Frage des Einstehens für Hilfspersonen. Im übrigen besteht aber Identität zwischen ärztlicher Tätigkeit und Haftungssubjekt. Schließlich kann es auch von Bedeutung sein, daß das Krankenhaus nur die Infrastruktur für die Ausübung ärztlicher Tätigkeit zur Verfügung stellt, diese Tätigkeit aber von nicht angestellten Ärzten in eigener Verantwortung ausgeübt wird. Bei einer solchen Ausgangslage kommt es im Gegensatz zum *Normalfall* nicht zu einem *umfassenden Spitalaufnahmevertrag,* der sich aus verschiedenen im Obligationenrecht geregelten einzelnen Vertragsverhältnissen (Auftrag, Miete, Kauf usw.) zusammensetzt, darüber hinaus aber auch zu einem eigenen Ganzen, zu einem *Vertrag sui generis* wird (*Schluep* 1929, S. 935 ff.). Vielmehr liegt ein sog. *gespaltener Spitalvertrag* vor. Der Bereich der ärztlichen Behandlung bleibt vom übrigen Spitalaufnahmevertrag ausgenommen. Bei Vertragsverletzung ist es dann erforderlich, die entsprechenden Verantwortungsbereiche abzuklären, was angesichts fließender Übergänge zu Schwierigkeiten führen kann, wenn nicht wieder die alles überdeckende Versicherung radikal vereinfacht. Überschneidungen können sich v. a. beim medizinischen Hilfspersonal ergeben, und hier läßt sich auch mit der Annahme einer *Solidarhaftung* zwischen Krankenhaus und Arzt die Stellung des Patienten etwas erleichtern.

CH 96 Erschwert kann die Stellung des Patienten allerdings wieder durch den Umstand werden, daß die Abgrenzung zwischen dem *Substituten* eines unabhängig vom Krankenhaus verantwortlichen Arztes, der nach Auftragsrecht weitgehend selbst für die Vertragsverletzung einstehen muß, so daß der Prinzipal in seiner Haftung auf sorgfältige Auswahl und Instruktion beschränkt bleibt (Art. 399 Abs. 2 OR), und der *Hilfsperson,* für die Krankenhaus oder Arzt grundsätzlich in vollem Umfang einstehen müssen (Art. 101 OR), nicht immer leicht fällt. Indessen ist der Fall der Substitution im Vergleich zu jenem der Hilfsperson doch recht selten anzutreffen. Um Erfüllungsgehilfen handelt es sich bei dem in der Schweiz verbreiteten Chefarztsystem (*Bolliger* 1976, S. 61 ff.) in der Regel, wenn der behandelnde Arzt auch fachtechnisch den Weisungen des leitenden Arztes untersteht. Indessen wird auch bei kleineren Krankenhäusern mit verselbständigten Assistenzärzten immer mehr auch dann von einem Erfüllungsgehilfen nach Art. 101 OR ausgegangen, wenn nur ein wirtschaftliches Abhängigkeitsverhältnis besteht.

CH 97 Voraussetzung für die Haftung für Hilfspersonen ist des weiteren, daß diese „in Ausübung ihrer Verrichtung" (Art. 101 Abs. 1 OR) den Schaden angerichtet haben:

Damit angenommen werden kann, die Hilfsperson habe in Ausübung ihrer Verrichtung gehandelt, genügt nach Lehre und Rechtsprechung nicht jeder zeitliche oder räumliche Zusammenhang zwischen der Verrichtung und der Schädigung des Vertragspartners des Geschäftsherrn, sondern es bedarf weiter eines funktionellen Zusammenhangs in dem Sinne, daß die schädigende Handlung zugleich eine Nichterfüllung oder schlechte Erfüllung der Schuldpflicht des Geschäftsherrn aus einem Vertrag mit dem Geschädigten darstellt [BGE 92 (1966) II 18].

CH 98 Im weiteren spricht Art. 101 Abs. 1 OR nur davon, daß die Hilfsperson den Schaden *verursacht* haben muß. Von einem Verschulden wird nicht gesprochen. Das ist insofern richtig, als es nicht darauf ankommen kann, ob den Geschäftsherrn ein Verschulden trifft. Soweit aber auch kein Verschulden der Hilfsperson vorliegt, will Art. 101 Abs. 1 OR den Prinzipal nicht auch dann haften lassen, wenn er nicht haften würde, hätte er die Handlung selbst vorgenommen (*von Tuhr* u. *Escher* 1974, S. 129). Daraus allerdings den Schluß zu ziehen, es müsse immer entweder beim Geschäftsherrn oder bei der Hilfsperson ein Verschulden vorliegen, geht nicht an. Es ist durchaus vorstellbar, daß namentlich bei unterschiedlichem Spezialwissen des Prinzipals und des Erfüllungsgehilfens ein eigentliches Verschulden keinem angelastet werden kann, auch keine Verletzung der *diligentia in instruendo* geltend gemacht werden kann, aber dennoch der Schaden dann als schuldhaft herbeigeführt zu gelten hätte, wenn alle Handlungen von einer Person vorgenommen worden wären. Artikel 101 OR verfolgt den Zweck, zu verhindern, daß dem Gläubiger dadurch Nachteile erwachsen, daß ein Schuldner die Erfüllung seiner Schuldpflicht einem Dritten überträgt. Ein direkter Zugriff auf die Hilfsperson selbst ist immer dann möglich, wenn diese mit der Vertragsverletzung auch eine unerlaubte Handlung begangen hat. Darüber hinaus wird in der Doktrin auch die Meinung vertreten, es könne auch unabhängig von einer unerlaubten Handlung eine direkte Haftung gegen die Hilfsperson geltend gemacht werden, da eine von der Substitution abweichende Regelung nicht zu rechtfertigen sei.

CH 99 Schließlich richtet sich die *interne Regreßhaftung* der Hilfsperson gegenüber dem Geschäftsherrn nach dem zwischen diesen beiden bestehenden Rechtsverhältnis. In aller Regel wird das ein Arbeitsvertrag sein. Aber auch ein Auftragsverhältnis ist nicht auszuschließen. Letzteres kann insofern eine Rolle spielen, als ein Arbeitnehmer in weiterem Umfang Weisungen entgegenzunehmen hat als ein Beauftragter. Der Verweis des Auftragsrechts (Art. 398 Abs. 1 OR) auf das Maß der Sorgfalt im Arbeitsvertrag (Art. 321e Abs. 2 OR) ist daher mit Vorsicht zu behandeln. Arbeitnehmer und Beauftragte unterstehen zudem im Zusammenhang mit Art. 129 des Kranken- und Unfallversicherungsgesetzes (KUVG) insofern einer anderen Ordnung, als deren Haftung für die durch sie verursachten Unfälle beim Arbeitgeber oder anderen Mitarbeitern zur Diskussion stehen.

CH 100 Besteht *zwischen dem Patienten und dem Krankenhaus kein Vertragsverhältnis,* läßt sich eine Haftung des Krankenhauses nach Bundesprivatrecht aufgrund der *Geschäftsherrenhaftung (Art. 55 OR)* begründen. Dabei ist zu berücksichtigen, daß hier im Gegensatz zu Art. 101 OR eine bloß wirtschaftliche Abhängigkeit nicht genügt, um von einer Hilfsperson im Sinne von Art. 55 OR zu sprechen. Entscheidend ist hier die fehlende Sorgfalt bei Überwachung der Hilfsperson, so daß in erster Linie bei der Weisungsbefugnis anzuknüpfen ist. Aber wie schon dargelegt dürfen die an sich bestehenden dogmatischen Unterschiede zwischen Art. 101 und Art. 55 OR im praktischen Ergebnis nicht überbewertet werden.

CH 101 Keine weiteren Probleme entstehen dadurch, daß das Krankenhaus in der Rechtsform einer *juristischen Person* betrieben wird, die einer Organhaftung nach Art. 55 ZGB und für Hilfspersonen der Geschäftsherrenhaftung nach Art. 55 und 101 OR untersteht. Das Verhalten der Organe einer juristischen Person wird dieser direkt zugerechnet. Die sich in diesem Zusammenhang stellende Frage der Abgrenzung zwischen Organeigenschaft und Hilfspersonentätigkeit des Spitalarztes ist eher theoretischer Natur, da insbesondere der Exzeptionsbeweis der genügenden Aufsicht nach Art. 55 OR an sehr schwere Voraussetzungen gebunden bleibt, so daß diese Entlastungsmöglichkeit, die Art. 55 ZGB nicht kennt, kaum eine wirksame Erleichterung bietet. Aber auch zwischen der Haftung nach Art. 101 OR und Art. 55 ZGB bestehen kaum bedeutsamere Unterschiede.

CH 102 Wie aufgezeigt wurde (s. Abschn. C. III), richtet sich die *Haftung des Krankenhauses öffentlich-rechtlicher Trägerschaft* nicht nach Bundesprivatrecht, sondern nach dem öffentlichen Recht derjenigen Gebietskörperschaft, welche das Spital betreibt. Daraus ergibt sich, daß die Anspruchsvoraussetzungen nicht einheitlich geregelt sind. Die neuere Entwicklung in der kantonalen Gesetzgebung geht aber eindeutig in Richtung einer grundsätzlichen Anerkennung der *Haftung des Staates* für Schadenszufügung durch Beamte.

CH 103 Je nach anwendbarem Recht unterschiedlich zu beantworten ist die Frage, ob neben dem Schaden, der Kausalität und der Rechtswidrigkeit der schädigenden Handlung auch ein i. allg. nicht weiter bedeutsames Verschulden des Arztes Voraussetzung der Haftpflicht ist. Dies ist z. B. in den Kantonen Aargau und St. Gallen der Fall. Demgegenüber haftet z. B. der Kanton Solothurn aufgrund seines Verantwortlichkeitsgesetzes vom 26. 6. 1966 auch für nicht schuldhaftes schädigendes Verhalten seiner Beamten bei dienstlichen Verrichtungen, zu welchen auch die Tätigkeit der Ärzte an den öffentlichen Spitälern gerechnet wird [BGE 102 (1976) II 45].

CH 104 Zur Veranschaulichung seien hier folgende Fälle höchstrichterlicher Rechtsprechung erwähnt:

BGE 48 (1922) II 415ff.: Patient wird mit Delirien ins Spital eingewiesen und stürzt sich dort in einem unbewachten Moment aus dem Fenster. Haftbarkeit des Krankenhausträgers (Kanton) abgelehnt, weil das maßgebliche kantonale Recht (Luzern) keine entsprechende Haftungsnorm kannte.

BGE 82 (1956) II 321ff.: Haftung des Kantons Aargau für Fehler bei einer Operation durch den Stellvertreter des Chefarztes abgelehnt, weil die Verrichtung in concreto nicht „in Ausübung seines Dienstes", sondern in Erfüllung eines privaten Auftrages erfolgt sei.

BGE 101 (1975) II 183ff.: Einem verstorbenen Patienten wird ein Organ zur Transplantation entnommen. In der Presseberichterstattung wird aufgrund einer Indiskretion des Spitalpersonals der Name des Organspenders genannt. Die Frage, ob der Kanton für die Verletzung in den persönlichen Verhältnissen der Angehörigen haftet, wurde in concreto offengelassen, weil die Klage aus anderem Grunde abgewiesen wurde.

BGE 102 (1978) II 45ff.: Die Haftung des Kantons Solothurn für einen Operationsfehler des Chefarztes eines Kantonsspitals wird grundsätzlich bejaht, weil es sich um eine dienstliche Verrichtung handelte.

II. Haftung im Ärzteteam

CH 105 Eine *Haftung mehrerer Personen für das gleiche, schädigende Ereignis* kann einerseits dadurch entstehen, daß jede eine Handlung vornahm, welche an sich bereits kausal für den Schaden war und von ihr schuldhaft und rechtswidrig herbeigeführt wurde. In diesem Fall steht jeder einzelne für sein eigenes Handeln ein. Der Schädiger kann sich nicht damit entlasten, daß auch die Handlungen der übrigen Teilnehmer für den Eintritt des Schadens ausgereicht hätten. Andererseits kann es, wie bereits aufgezeigt (s. Abschn. D. I), auch vorkommen, daß eine Person für einen Schaden einzustehen hat, welchen eine andere Person verursacht hat. Zusätzlich ist es aber auch möglich, daß die Haftung mehrerer Schadensstifter dadurch begründet ist, daß sie den Schaden gemeinsam verschuldet haben, sei es als Anstifter, Urheber oder Gehilfen (Art. 50 OR). Die Anwendung dieser Regeln auf das ärztliche Team, die nach den Gesichtspunkten von Unterstellung und Gesamt- sowie Einzelarbeit bzw. medizinischer Spezialität zu erfolgen hat und je nach Sachverhalt erhebliche Wertungsprobleme heraufbeschwören kann, wird aber überall dort im Ergebnis bedeutungslos, wo die Haftung eines Krankenhauses als solches im Vordergrund steht. Trotz verbleibender theoretischer Abgrenzungsprobleme im Team der Privatpraxis trägt auch hier die Versicherung erheblich zur praktischen Vereinfachung bei.

CH 106 Da *jeder der Ersatzpflichtigen dem Geschädigten Schadenersatz* schuldet, kann letzterer auch von jedem den ganzen Schaden verlangen. Soweit es sich um gemeinsames Verschulden handelt, ergibt sich dies aus Art. 50 OR, während die Regeln über den adäquaten Kausalzusammenhang vor der Risikoverteilung eine Differenzierung erfordern können: BGE 95 (1970) II 333. Haften alle Schädiger für den ganzen Schaden, kann dieser nur einmal geltend gemacht werden.

CH 107 Das Innenverhältnis zwischen den verschiedenen Ersatzpflichtigen richtet sich nach ihren vertraglichen oder außervertraglichen Beziehungen. Soweit es sich um die Haftung für Hilfspersonen handelt, wurde darauf bereits eingegangen (s. Abschn. D. I).

III. Haftung für medizinisches Gerät

CH 108 Es sind auch hier grundsätzlich die *allgemeinen Haftungsregeln* einschließlich der Werkeigentümerhaftung nach Art. 58 OR anzuwenden, wobei für bestimmte Maschinengruppen (z. B. Motorfahrzeuge, elektrische Anlagen) Sondergesetze zu beachten sind, allerdings mit einem Anwendungsbereich, der über die medizinische Verwendung hinausgeht.

Auch in diesem Bereich stellt sich selbstverständlich die Frage, ob das Verhältnis zwischen dem Spital und dem Patienten dem Zivilrecht oder dem öffentlichen Recht zuzuordnen ist.

CH 109 Im *privatrechtlichen Auftragsverhältnis* zwischen dem Patienten und dem Arzt bzw. dem Krankenhaus muß der Arzt auch bei der Anwendung von technischen Apparaten alle Sorgfalt walten lassen, welche nach den Umständen erforderlich ist. Dabei ist um so größere Sorgfalt geboten, je weniger allgemein anerkannte Grundsätze über die entsprechende Anwendung des technischen Hilfsmittels bestehen und um so mehr der Arzt als Spezialist auf diesem Gebiet tätig ist [BGE 53 (1928) II 426f.]. Ist aber der Schaden auf eine Schadhaftigkeit des technischen Hilfsmittels zurückzuführen, welche nicht erkennbar war, ist der geschädigte Patient auf außervertragliche Anspruchsgrundlagen gegenüber seinem Vertragspartner verwiesen (vgl. S.746). Zudem stellt sich die Frage, inwieweit er Ansprüche gegenüber dem Hersteller oder Installateur geltend machen kann, der allerdings nicht mit dem Patienten, sondern nur mit dem Arzt oder Krankenhaus in einem vertraglichen Verhältnis steht. Das ist ein Problem der Produkthaftpflicht, das auch auf Medikamente zutrifft und zu Drittschadensliquidation Anlaß geben kann (*von Tuhr* u. *Escher* 1974, S.110ff.). Durch das Auftragsrecht kann der geschädigte Auftraggeber vom Beauftragten (Arzt) zudem verlangen, daß er ihm seinen Anspruch gegen den Dritten abtritt. Unter Umständen geht dieser sogar von Gesetzes wegen auf ihn über (Art.401 OR).

CH 110 Die *Schadensursache kann auch im Zusammenhang mit einer unerlaubten Handlung des Herstellers, Lieferanten oder Installateurs* stehen. Die Hauptschwierigkeit liegt auch hier i.allg. im Nachweis einer Sorgfaltspflichtverletzung (*Burki* 1976, S.94ff.). Besondere Regeln gelten, wenn es sich bei der ärztlich verwendeten Maschine um ein Werk im Sinne von Art.58 OR handelt, das mit einem Bauwerk oder dem Boden fest verbunden ist [BGE 90 (1964) II 227]. In diesem Fall unterliegt der Eigentümer – es wird sich dabei i.allg. um den freiberuflichen Arzt oder das Krankenhaus handeln – einer milden Kausalhaftung, die bei einer Fehlerhaftigkeit der Maschine anknüpft oder bei mangelndem Unterhalt. Als Werk gilt jede künstliche Einrichtung, welche mit dem Boden oder einem andern Werk fest oder zeitweise verbunden ist [*von Tuhr* u. *Peter* 1979, S.457; *A. Keller* 1978, S.145; BGE 90 (1964) II 227]. Darunter können viele medizinische Apparate fallen (*W.E. Ott* 1978, S.178).

CH 111 Einschränkend ist aber immerhin hinzuzufügen, daß eine Haftung aus Art.58 OR letztlich für den Eigentümer zumutbar sein muß, was bei medizinischen Apparaten (im Unterschied etwa zu vereisten öffentlichen Straßen) grundsätzlich durchweg zu bejahen ist. Eine entsprechende Funktionstüchtigkeitserwartung ergibt sich gerade aus dem Verwendungszweck. Im übrigen ist der Nachweis des Arztes oder Krankenhauses, es sei alle gebotene Sorgfalt angewendet worden, um den Schaden zu verhüten, bei Art.58 OR grundsätzlich nicht zulässig. Es hilft auch nichts, wenn der Arzt oder das Krankenhaus zu beweisen versucht, es habe von der Mangelhaftigkeit des Werkes keine Kenntnis bestanden.

CH 112 Zur Illustration seien folgende Fälle von bejahter Haftung aus der Praxis aufgeführt (zitiert bei *W.E. Ott* 1978, S.180f.):

- Während einer Operation löste sich unbemerkt der Verbindungsschlauch des Narkosegerätes (Abnützung?). Es kam zu einem Herzstillstand, der eine schwere Hirnschädigung nach sich zog.
- Nach einer Krebsoperation am Unterleib wurde eine Patientin vaginal nachbestrahlt. Der Apparat bestand aus einer in die Scheide einzuführenden Röntgenröhre, welche von einem Metallmantel umgeben war, der eine Wasserkühlung enthielt. Während der Bestrahlung wurde der Metallmantel undicht, das ausfließende siedende Wasser verursachte schwerste Verbrennungen.
- Ein Facharzt für Urologie wollte eine Harnabflußstörung am Blasenausgang be-

heben. Er benutzte dafür ein eben aus der Reparatur gekommenes elektrisches Resektionsgerät. Es kam zu einer schweren Verbrennung an der Harnröhrenmündung, weil das Gerät noch immer defekt war.

CH 113 Soweit das anzuwendende *öffentliche Recht* eine Kausalhaftung (vgl. Abschn. D. I) kennt, haftet Krankenhausträger für fehlerhafte Maschinen, auch wenn der Mangel nicht auf das Verschulden eines Beamten zurückzuführen ist. Soweit es sich aber beim Apparat um ein Werk gemäß Art. 58 OR handelt, kommt auch im öffentlichen Bereich die zivilrechtliche Werkeigentümerhaftung zur Anwendung [BGE 106 (1980) II 204].

E. Versicherungssysteme

I. Sozialversicherungspflicht

1. Sozialversicherung

CH 114 Die Sozialversicherungsgesetzgebung ist in ihren überwiegenden Teilen durch den Bundesgesetzgeber einheitlich geregelt. Die 3 Hauptpfeiler der schweizerischen Sozialversicherung sind, wenn man von der Altersvorsorge und der Arbeitslosenversicherung absieht, die Invaliden-, die Unfall- und die Krankenversicherung. Die beiden letzteren sind Gegenstand einer für Unfälle abgeschlossenen und bezüglich Krankheit und Mutterschaft noch im Gange befindlichen Revision. Sie werden durch die Militärversicherung ergänzt, welche für Schäden aufkommt, die Wehrdienstleistende im Zusammenhang mit ihrem Dienst erleiden.

CH 115 Die Art der Versicherung hat insofern einen wesentlichen Einfluß auf das Arzt-Patient-Verhältnis, als im Bereich der eidgenössisch zentralisierten Versicherung, nämlich bei der Schweizerischen Unfallversicherungsanstalt, der Militärversicherung und der Invalidenversicherung, im Gegensatz zu allen anderen Versicherungen die Versicherungsleistungen nicht bloß in der Rückerstattung der Kosten, sondern in der direkten Garantie der ärztlichen Behandlung bestehen, womit der Arzt zu einer eigentlichen Hilfsperson der Versicherung wird. Dieser Unterschied ist allerdings den Parteien i. allg. nicht bewußt.

2. Invalidenversicherung

CH 116 Bei der Invalidenversicherung sind alle natürlichen Personen obligatorisch versichert, welche in der Schweiz wohnen, in der Schweiz arbeiten oder im Ausland für schweizerische Arbeitgeber tätig sind. Sie kommt im Zusammenhang mit der Eingliederung in das Erwerbsleben sowohl für medizinische als auch für berufliche Maßnahmen auf, vergütet gewisse Sonderschulungen und Hilfsmittel und zahlt während der Dauer der Eingliederungsmaßnahmen ein Tagegeld aus. Zudem zahlt sie Renten und u. U. eine Hilflosenentschädigung aus. Schadensursache muß entweder ein Geburtsgebrechen oder eine während der Versicherungsdauer eingetretene Invalidität sein.

Die Höhe der Leistungen richtet sich bei den Renten nach dem im Einzelfall versicherten Verdienst, ist aber sowohl nach unten als auch nach oben begrenzt. Im März 1981 zahlte die Invalidenversicherung (AI) an 184174 Bezieher sfr 89543000,– an ordentlichen und an 20731 Bezieher sfr 11890000,– an außerordentlichen Renten aus. Im Jahre 1981 betrugen die Gesamtausgaben sfr 2173 Mio.

3. *Unfallversicherung*

CH 117 Gemäß dem neuen Bundesgesetz über die Unfallversicherung vom 20.3.1981, welches zum 1.1. 1984 in Kraft getreten ist, sind alle in der Schweiz beschäftigten Arbeitnehmer obligatorisch gegen die Folgen von Berufs- und sonstigen Unfällen und Schädigungen bei entsprechenden Heilbehandlungen versichert. Die Trägerschaft dieser Versicherung liegt z.T. bei der Schweizerischen Unfallversicherungsanstalt sowie bei anderen öffentlichen Unfallversicherungskassen, z.T. aber auch bei Krankenkassen und privaten Versicherern.

Auch diese Versicherung deckt zum einen eigentliche Pflegekosten, insbesondere Heilungskosten, wozu aber außerdem Transport- und Bestattungskosten kommen, zum anderen kommt sie für Verdienstausfall in Form von Tagegeldern, Invalidenrenten, Hinterbliebenenrenten usw. auf.

Der Schweizerischen Unfallversicherungsanstalt als Hauptträger dieser Versicherung waren 1981 84260 Betriebe unterstellt, welche mit einer Lohnsumme von insgesamt sfr 53694923,– versichert waren. Sie erbrachte im Jahre 1981 Leistungen im Betrag von sfr 1107 Mio.

4. *Krankenversicherung*

CH 118 Im Gegensatz zu den vorgenannten Versicherungen besteht im Bereich der Krankenversicherung bis jetzt vom Bundesrecht her keine Versicherungspflicht. Die Kantone sind aber berechtigt, diesen Versicherungszwang allgemein oder für bestimmte Personenkategorien einzuführen, was auch teilweise geschehen ist. Dennoch sind ca. 96% der Wohnbevölkerung gegen das Krankheitsrisiko versichert (s. Abschn. A.II). Zudem sieht ein Gesetzesentwurf vom 19.8.1981 im Bereich des Krankengelds, d.h. des Verdienstausfalls, nicht aber bei den eigentlichen Krankenkosten, d.h. der medizinischen und pharmazeutischen Behandlung, eine dem Unfallversicherungsgesetz nachgebildete Pflichtversicherung vor.

Die zur Sozialversicherung gehörende, staatlich subventionierte (s. Abschn. A.II) Krankenversicherung wird teils durch öffentliche, vorwiegend aber durch private Versicherer sichergestellt, welche aber genaue Mindestleistungen zu erbringen haben und auch einem Kontrahierungszwang unterliegen. Davon zu unterscheiden sind rein private Versicherungsverträge, die das Krankheitsrisiko in verschiedenster Hinsicht versichern, aber ohne staatliche Unterstützung bleiben.

5. *Militärversicherung*

CH 119 Ergänzend ist noch die Militärversicherung zu erwähnen, welche in Anbetracht der schweizerischen Milizarmee eine nicht zu unterschätzende Bedeutung aufweist, erbrachte sie im Jahre 1980 doch immerhin Leistungen im Betrag von sfr 163,7 Mio. Im Gegensatz zu den übrigen Sozialversicherungen ist sie jedoch keine eigentliche Versicherung, da sie keine Beiträge erhebt, sondern ausschließlich von der öffentlichen Hand finanziert wird.

II. Zusätzliche private Versicherung

CH 120 Der zusätzlichen Privatversicherung bleibt in der Schweiz ein weites Feld offen. Im Bereiche der Unfallversicherung gibt es Versicherungen für nicht aufgrund des Unfallversicherungsgesetzes pflichtversicherte Arbeitnehmer. Im Bereich der Kranken- und Unfallversicherung werden zusätzliche Risiken versichert, welche von den anerkannten Krankenkassen nicht gedeckt bzw. nicht durch staatliche Subventionen an Krankenkassen begünstigt werden. Darunter fallen sowohl gewisse Behandlungskosten als auch gewisse Teile des durch Krankheit oder Unfall bedingten Verdienstausfalles. Zudem verbleibt der privaten Versicherung das weite Feld der unfall- oder krankheitsbedingten Invaliden- und Hinterbliebenenvorsorge.

CH 121 Diese zusätzlichen privaten Versicherungen werden durch das für die ganze Schweiz geltende Bundesgesetz über den Versicherungsvertrag geregelt. Innerhalb des in diesem Gesetz gesteckten Rahmens besteht grundsätzlich Vertragsfreiheit. In beschränktem Rahmen, d.h. soweit es sich nicht um Kranken- oder Unfallkosten handelt, ist es hier auch möglich, bei bestimmten Ereignissen mehr als nur den Schaden vergütet zu erhalten.

CH 122 Soweit der eingetretene Gesundheitsschaden auf ein ärztliches Fehlverhalten zurückzuführen ist, kann die den Schaden deckende Versicherung des Patienten unter gewissen Voraussetzungen auf den Schadensstifter zurückgreifen. Dabei ist die Unterscheidung zwischen Schadens- und Personenversicherung von ausschlaggebender Bedeutung. Soweit nämlich der Schadensversicherer Entschädigung geleistet hat, gehen die Ansprüche des Geschädigten gegenüber Dritten aus unerlaubter Handlung auf den Versicherer über (Art. 72 Abs. 1 Versicherungsvertragsgesetz). Demgegenüber und im Gegensatz zu den Sozialversicherungen ist der Regreß bei der Personenversicherung gänzlich ausgeschlossen (Art. 96 Versicherungsvertragsgesetz). Als Schadensversicherung gilt in erster Linie die Versicherung für Behandlungskosten. Bei der Versicherung eines Verdienstausfalles muß immer untersucht werden, ob die konkrete Versicherungspolice als Schadens- oder Personenversicherung ausgestaltet war [BGE 104 (1978) II 47 ff.].

CH 123 Wenn auch die zahlenmäßige Bedeutung der privaten Versicherung in diesem Bereich hinter derjenigen der Sozialversicherung zurücksteht, darf sie nicht unterschätzt werden. Die Prämieneinnahmen im Jahre 1980 für den Bereich Unfall betrugen immerhin ungefähr sfr 1 Mrd. und für den Bereich Krankheit sfr 650 Mio. Die Leistungen betrugen im gleichen Jahr für Unfall sfr 604 Mio. und für Krankheit sfr 278 Mio.

CH 124 Ebenfalls der nichtobligatorischen Privatversicherung gehört die Haftpflichtversicherung an, welche das Haftpflichtrisiko der Ärzte und der Krankenhäuser abdeckt (vgl. dazu Abschn. B. I).

Anhang: Medizinisch-ethische Richtlinien der Schweizerischen Akademie der medizinischen Wissenschaften

Einleitung

Die medizinische Ethik umfaßt weitreichende Gebiete, die immer wieder neue Fragen aufwerfen. Ethische Entscheidungen verlangen in gleicher Weise wissenschaftliche Überlegungen wie praktische Stellungnahmen. Eine intensive Zusammenarbeit der *Schweizerischen Akademie der medizinischen Wissenschaften* und der *Verbindung der Schweizer Ärzte* ist deshalb notwendig und hat sich bewährt, denn der Arzt ist durch die Verbundenheit und die Verwurzelung in einer Gemeinschaft den ethischen Grundsätzen seiner Zeit und seines Landes eng verpflichtet. Er wird geleitet durch seine Haltung, sein fachliches Können und seine Bereitschaft, sich dem Patienten, dem körperlich Kranken oder seelisch Belasteten zuzuwenden und ihn als Menschen zu verstehen.

Für die Tätigkeit von Ärzten und Forschern sollen medizinische Richtlinien Wegleitungen bieten. 1969 bis 1976 hat die Schweizerische Akademie der medizinischen Wissenschaften bereits drei **Richtlinien** herausgegeben, so 1969 für die Definition und die Diagnose des Todes, 1970 für Forschungsuntersuchungen am Menschen und 1976 für die Sterbehilfe. In den letzten Jahren hat die Akademie sich mit weiteren medizinisch-ethischen Fragen beschäftigt, die in verschiedenen Subkommissionen und dann ab November 1979 in einer Zentralen medizinisch-ethischen Kommission eingehend beraten wurden. Die gedankliche Aussprache fand ihren Niederschlag in einem *Symposium* vom 28./29. März 1980 in Basel über *„Ethik und Medizin – Die Würde des Patienten und die Fortschritte der Medizin"*. Ethische Stellungnahmen und Leitlinien für das Vorgehen der Ärzte wurden von Vertretern der Philosophie, Theologie, Jurisprudenz und Psychologie sowie von Ärzten aus verschiedenen Fachbereichen und Vertretern der schweizerischen Ärzteschaft und der Krankenschwestern dargelegt und zur Diskussion gestellt. Anschließend sind von der Zentralen medizinisch-ethischen Kommission der SAMW medizinische Richtlinien in den Sitzungen vom 18. November 1980 und vom 24. Februar 1981 verabschiedet und dann dem Senat der Akademie vorgelegt worden.

Die *am 17. November 1981* vom Senat in *zweiter* Lesung genehmigten und hier wiedergegebenen Richtlinien sind die folgenden:

1. Richtlinien der Zentralen medizinisch-ethischen Kommission der SAMW (Tätigkeit und Organisation), s. S. 776
2. Richtlinien für Forschungsuntersuchungen am Menschen, s. S. 777
3. Richtlinien für die Sterbehilfe, s. S. 780
4. Medizinisch-ethische Richtlinien zur Transplantation, s. S. 784
5. Zu 4. beigefügt: Richtlinien für die Definition und die Diagnose des Todes, s. S. 785
6. Medizinisch-ethische Richtlinien für die artifizielle Insemination, s. S. 786
7. Medizinisch-ethische Richtlinien zur Sterilisation, s. S. 787

17. November 1981

Richtlinien für die Organisation und Tätigkeit der Zentralen medizinisch-ethischen Kommission

Bei der Schweizerischen Akademie der medizinischen Wissenschaften besteht eine *Zentrale medizinisch-ethische Kommission.* Sie beruht auf den Grundsätzen, die in den „Richtlinien für Forschungsuntersuchungen am Menschen" der Schweizerischen Akademie der medizinischen Wissenschaften von 1970 und in der „Helsinki-Deklaration II" des Weltärztebundes von 1975 festgehalten sind. Ethische Regeln über das Verhalten der Ärzte unter sich und zwischen dem Arzt und seinem Patienten gehören in den Zuständigkeitsbereich der kantonalen Ärztegesellschaften. Der Akademie fällt die Formulierung von Aufgaben zu, welche hochspezialisierte Techniken und Kenntnisse voraussetzen, sowie die Behandlung ethischer Probleme, die eine Lösung auf gesamtschweizerischer Ebene erfordern.

Die *Aufgaben* der Zentralen medizinisch-ethischen Kommission der SAMW sind folgende:

1. Sie kann *Fragen* medizinisch-ethischer Art, die ihr von seiten des Bundes, der Kantone, von internationalen Organisationen, von der Verbindung der Schweizer Ärzte oder Einzelpersonen unterbreitet werden, aufgrund medizinisch-wissenschaftlicher, medizinisch-ethischer und juristischer Erkenntnisse beantworten. Die *Antworten* oder Entscheide sind nach Anhören der Fragesteller schriftlich und begründet auszustellen.
2. Sie pflegt *Kontakte* zu den *medizinisch-ethischen Kommissionen der Krankenhäuser und Universitätsinstitute,* die ihre Aufgaben gemäß den „Richtlinien für Forschungsuntersuchungen am Menschen" und der Helsinki-Deklaration II sowie bei der Entscheidungsfindung im präventiven, diagnostischen, therapeutischen und rehabilitativen Bereich der Medizin selbständig lösen. Durch Förderung des *Informationsaustausches* sorgt sie für die notwendige *Koordination.* Die vom Generalsekretariat der Schweizerischen Akademie der medizinischen Wissenschaften erstellte und ständig nachgeführte Liste der medizinisch-ethischen Kommissionen dient dabei als Arbeitsinstrument.
3. Sie kann als medizinisch-ethische Kommission für Krankenhäuser und Institute wirken, welche weder eine eigene medizinisch-ethische Kommission besitzen, noch sich an eine andere bestehende medizinisch-ethische Kommission wenden möchten.
4. Sie bearbeitet wichtige sich stellende medizinisch-ethische Probleme und kann *Leitsätze* dazu aufstellen. Diese sind dem Senat der Akademie zur Genehmigung vorzulegen. Diese Leitsätze können nur durch *zwei Entscheide des Senates* genehmigt oder modifiziert werden; der zweite Entscheid muß mindestens vier Monate nach dem ersten gefällt werden.
5. Sie trägt, in Zusammenarbeit mit den medizinisch-ethischen Kommissionen der Krankenhäuser und Universitätsinstitute, zur *Verbesserung der Kontakte* zwischen Patienten, Ärzten, Pflegepersonal, Krankenhäusern, der Bevölkerung und den Behörden bei, damit das Band der gemeinsamen Hilfe und das Vertrauen, das für die Heilung von Kranken notwendig ist, eine Stärkung erfährt.

Mitglieder der Zentralen medizinisch-ethischen Kommission der SAMW sind

1. ein derzeitiger oder früherer Senator der Schweizerischen Akademie der medizinischen Wissenschaften als Präsident;
2. der Generalsekretär der Akademie;
3.–8. ein deutschsprechender, ein französischsprechender und ein italienischsprechender derzeitiger oder früherer Senator der Schweizerischen Akademie der medizinischen Wissenschaften, zwei praktizierende Ärzte, die nicht Mitglieder des Senats sind, sowie eine diplomierte Ärztin als Vertreterin der Schweizer Ärztinnen;
9.–11. der Präsident, Vizepräsident sowie ein weiteres Mitglied des Zentralvorstandes der Verbindung der Schweizer Ärzte oder deren Vertreter, wobei die Sprachregionen nach Möglichkeit zu berücksichtigen sind;
12. ein Dozent einer juristischen Fakultät einer Schweizer Universität;
13.–14. zwei Delegierte des Schweizerischen Berufsverbandes für Krankenschwestern und Krankenpfleger (SBK).

Einzuladen zu den Sitzungen ist der Präsident der Schweizerischen Akademie der medizinischen Wissenschaften.
Experten können zu den einzelnen Fragen aufgeboten werden.
Die Wahl der Mitglieder erfolgt durch den Senat der Akademie in der Mitte der 4jährigen Amtsperiode.

Die *Sitzungen* der Zentralen medizinisch-ethischen Kommission finden jährlich einmal oder wiederholt statt. Anfragen können durch den Kommissionspräsidenten auf dem Zirkularweg vorgelegt werden, wobei an der Rundfrage mindestens 8 Kommissionsmitglieder einen Entscheid zu genehmigen haben. Die danach vom Präsidenten beantworteten Fragen werden von ihm an der nächsten Sitzung der Gesamtkommission zur Kenntnis gegeben.

Die Zentrale medizinisch-ethische Kommission legt dem Generalsekretariat der Akademie einen *Jahresbericht* vor, welcher im Jahresbericht der Schweizerischen Akademie der medizinischen Wissenschaften veröffentlicht wird.

14. November 1979 17. November 1981

Richtlinien für Forschungsuntersuchungen am Menschen

Es ist Aufgabe des Arztes, die Gesundheit des Menschen zu erhalten. Er setzt dafür seine Kenntnisse ein.

Die international anerkannten Grundsätze medizinischer Ethik untersagen dem Arzt jegliche Handlung, welche eine Schwächung der körperlichen oder seelischen Widerstandskraft eines Menschen zur Folge hat und therapeutisch nicht notwendig ist. Ein wissenschaftlicher Fortschritt im Interesse der leidenden Menschheit ist nicht denkbar ohne die Überprüfung der im Laboratoriumsversuch gewonnenen Erkenntnisse am Menschen. Aus dieser Überzeugung hat der Weltärztebund Empfehlungen für die Durchführung wissenschaftlicher Forschungsuntersuchungen am Menschen ausgearbeitet, an die sich diese Richtlinien anlehnen. Sie wollen Ärzten und ihren Mitarbeitern, die Forschungsuntersuchungen am Menschen durchführen, die sich stellenden grundsätzlichen Fragen bewußt machen. Sie entbinden sie aber nicht von ihrer persönlichen beruflichen, zivilrechtlichen oder strafrechtlichen Verantwortung.

Zu diesen Richtlinien vom 1. Dezember 1970 der Schweizerischen Akademie der medizinischen Wissenschaften hat im gleichen Sinne der *Weltärztebund* 1975 in der

Versammlung in Tokio die als *Helsinki-Deklaration II* bekannte Erklärung über die Forschungen am Menschen abgegeben. 1978 hat der *Europarat* im „Accord partiel du Comité de santé publique" Vorschläge präzisiert, unter welchen Bedingungen die Medikamente erstmals am Menschen angewendet werden sollen. Es werden ein schriftliches Verfahren (Dossier) und eine ausreichende Abklärung gefordert. Obschon der Europarat vorschlägt, diese Weisungen durch eine gesetzgeberische Ordnung auszusprechen, dürfte es genügen, sie auf nationaler Ebene durch nichtstaatliche Organe zu geben. Die *Schweizerische Akademie der medizinischen Wissenschaften* hat deshalb Richtlinien für die Schweiz aufgestellt. Sie hat 1979 im Sinne der hier gegebenen Empfehlungen eine *Zentrale medizinisch-ethische Kommission* gegründet.

Zielsetzung

Bei allen wissenschaftlichen Forschungsuntersuchungen am Menschen muß grundsätzlich unterschieden werden zwischen solchen, die eine direkte Bedeutung für Diagnose, Therapie und Prophylaxe bei der zu untersuchenden Person haben, und solchen, die der allgemeinen medizinischen Forschung dienen.

Gemeinsame Bestimmungen

1. Die Grundsätze ärztlicher Ethik, die für das Handeln des Arztes bestehen, haben ebenfalls Geltung für die Forschungsuntersuchungen am Menschen.
   Die Suche nach neuen Therapien ist dann eine zwingende Aufgabe, wenn die Gesundheit nicht mit vorbeugenden Maßnahmen bewahrt werden kann oder wenn die Behandlung einer Krankheit zu wenig wirkungsvoll bleibt. Jede Forschung, welche die menschliche Gesundheit zu verbessern sucht, setzt eine Ethik voraus, welche auf die Bewahrung der Gesundheit zielt.
2. Forschungsuntersuchungen am Menschen dürfen nur von wissenschaftlich qualifizierten Personen in ausreichend ausgerüsteten Institutionen und unter der *Verantwortung eines Arztes* ausgeführt werden.
3. Forschungsuntersuchungen am Menschen müssen sich auf Labor- oder Tierversuche oder andere, wissenschaftlich bewährte Methoden und Erkenntnisse stützen können.
4. Forschungsuntersuchungen am Menschen dürfen nur dann durchgeführt werden, wenn die Wichtigkeit des Zweckes in ärztlich vertretbarem Verhältnis zu den einzugehenden Risiken steht.
5. Jeder Forschungsuntersuchung am Menschen muß eine sorgfältige Abschätzung der damit verbundenen Gefahren im Vergleich zu dem zu erwartenden Nutzen für die zu untersuchende Person bzw. für die Allgemeinheit vorangehen. Dabei sind auch mögliche Änderungen der Persönlichkeitsstruktur und der Urteilsfähigkeit miteinzubeziehen.
6. Der Leiter des Forschungsprojektes hat dafür zu sorgen, daß vor Beginn der Untersuchungen, die nicht vorwiegend im Interesse der zu untersuchenden Person veranlaßt werden, ein angemessener *Versicherungsschutz* für den Fall einer nachweislich auf die Untersuchungen zurückgeführte Schädigung besteht, ungeachtet einer Haftpflicht der handelnden Person.
7. Die medizinischen und ethischen Aspekte einer geplanten Forschungsuntersuchung sind Konsultativgremien zu unterbreiten (*medizinisch-ethischen Kommis-*

sionen, siehe „Richtlinien für die Organisation und Tätigkeit der Zentralen medizinisch-ethischen Kommission der Schweizerischen Akademie der medizinischen Wissenschaften"). Die Ergebnisse der angemeldeten Untersuchungen sind einer solchen medizinisch-ethischen Kommission zu melden. Die Zusammensetzung dieser Konsultativgremien der Krankenhäuser und Institute wird je nach Art der Institution *selbständig* festgelegt. Dabei sollen stets die Pflegepersonen angehört werden.

8. Die Zustimmungserklärung der zu untersuchenden Person bzw. ihres gesetzlichen Vertreters ist im Sinne der nachstehenden Paragraphen eine wesentliche Voraussetzung und darf nicht unter Anwendung von Zwang eingeholt werden. Eine freiwillig gegebene, rechtsgültige Zustimmung nach vorheriger Aufklärung vermindert im übrigen die berufliche, zivilrechtliche oder strafrechtliche Verantwortung des Untersuchungsleiters nicht.
9. Der Leiter des Vorschungsprojekts muß sich vergewissern, daß die hierbei beteiligten Mitarbeiter, insbesondere das Pflegepersonal, über Ziel und Durchführung des Projektes richtig aufgeklärt werden.
10. Forschungsuntersuchungen am Menschen müssen protokolliert werden. Die Protokolle sind unabhängig von der Krankengeschichte zu führen und aufzubewahren. Auch in der Krankengeschichte muß die Forschungsuntersuchung vermerkt werden.

Forschungsuntersuchungen im Interesse der zu untersuchenden Person

1. Bei der Behandlung des Kranken muß dem Arzt die Anwendung einer neuen therapeutischen Maßnahme freistehen, wenn sie geeignet sein könnte, das Leben des Patienten zu retten, seine Gesundheit wiederherzustellen oder seine Leiden zu lindern. In dem Maße, in dem dies möglich und der psychischen Verfassung des Patienten angemessen ist, muß der Arzt ihn aufklären und seine freie Zustimmung einholen. Ist der Patient urteilsunfähig, so wird seine Zustimmung durch die seines gesetzlichen Vertreters ersetzt.
2. Der Arzt kann mit dem Ziel, neue medizinische Erkenntnisse zu erlangen, die Forschungsuntersuchung mit der Behandlung nur in dem Umfang verbinden, als es der diagnostische, therapeutische oder prophylaktische Wert für den Patienten rechtfertigt und daraus kein erhebliches Risiko resultiert.

Andere Forschungsuntersuchungen

1. Auch bei diesen Forschungsuntersuchungen am Menschen bleibt es Aufgabe des Arztes, Leben und Gesundheit der zu untersuchenden Person zu schützen.
2. a) Der Arzt muß die zu untersuchende Person, wenn sie urteilsfähig ist, über Art und Sinn der Forschungsuntersuchung sowie die damit für Leben und Gesundheit verbundenen allfälligen Gefahren aufklären.
   b) Forschungsuntersuchungen am Menschen dürfen nur vorgenommen werden, nachdem sich die zu untersuchende Person aufgrund der vorausgegangenen Aufklärung freiwillig einverstanden erklärt hat.
   c) Die zu untersuchende Person muß sich in einem solchen geistigen, körperlichen und rechtlichen Zustand befinden, daß sie in der Lage ist, in vollem Umfang ihre freie Entscheidung zu treffen.

3. Forschungsuntersuchungen an handlungsunfähigen Personen sind nur mit Zustimmung des gesetzlichen Vertreters und nur dann zulässig, wenn sie aus medizinischen Gründen nicht an handlungsfähigen Personen durchgeführt werden können. Ist die handlungsunfähige Person urteilsfähig, so bedarf es auch ihrer Zustimmung. Nichttherapeutische Forschungsuntersuchungen an urteilsunfähigen Personen sind unzulässig, wenn sie die Gefahr einer Beeinträchtigung bedingen.
4. Die Zustimmungserklärung wird mündlich oder schriftlich abgegeben und soll in einem Protokoll festgehalten werden. Die moralische Verantwortung für eine nichttherapeutische Forschungsuntersuchung am Menschen trägt jedoch immer der leitende Wissenschaftler und niemals die zu untersuchende Person, obgleich sie aus freien Stücken zugestimmt hat.
5. a) Der Untersuchungsleiter muß das Recht jedes Menschen auf geistige und körperliche Unversehrtheit respektieren; besondere Bedeutung kommt dieser Forderung dann zu, wenn die in die Untersuchung einbezogene Person in einem Abhängigkeitsverhältnis zu dem Leiter der Untersuchung steht.
   b) Der zu untersuchenden Person oder ihrem gesetzlichen Vertreter muß es jederzeit freistehen, die Forschungsuntersuchung abbrechen zu lassen.
   Der Untersuchungsleiter und seine Mitarbeiter sind ihrerseits verpflichtet, die Forschungsuntersuchung abzubrechen, wenn der zu untersuchenden Person eine erhebliche oder irreversible Schädigung droht.
6. Bei vorhersehbarem Risiko erheblicher oder irreversibler Schädigung oder des Todes ist eine Forschungsuntersuchung nicht erlaubt.

1. Dezember 1970
und 17. November 1981

Richtlinien für die Sterbehilfe

Zu den Pflichten des Arztes und des Pflegepersonals, welche Heilen, Helfen und Lindern von Leiden als hohes Ziel umfassen, gehört auch, dem Sterbenden bis zu seinem Tode zu helfen. Diese Hilfe besteht in Behandlung, Beistand und Pflege.

Behandlung

a) In bezug auf die Behandlung ist der Wille des *urteilsfähigen* Patienten nach dessen gehöriger Aufklärung zu respektieren, auch wenn er sich nicht mit medizinischen Indikationen deckt.
b) Beim bewußtlosen oder sonst *urteilsunfähigen* Patienten dienen medizinische Indikationen als Beurteilungsgrundlage für das ärztliche Vorgehen im Sinne einer Geschäftsführung ohne Auftrag. Hinweise auf den mutmaßlichen Willen des Patienten sind dabei zu berücksichtigen. Dem Patienten nahestehende Personen müssen angehört werden; rechtlich aber liegt die *letzte Entscheidung beim Arzt*. Ist der Patient unmündig oder entmündigt, so darf die Behandlung nicht gegen den Willen der Eltern oder des Vormundes eingeschränkt oder abgebrochen werden.

c) Bestehen bei einem auf den Tod Kranken oder Verletzten Aussichten auf eine Besserung, kehrt der Arzt diejenigen Maßnahmen vor, welche der möglichen Heilung und Linderung des Leidens dienen.

d) Beim Sterbenden, auf den Tod Kranken oder lebensgefährlich Verletzten,
- bei dem das Grundleiden mit infauster Prognose einen irreversiblen Verlauf genommen hat und
- der kein bewußtes und umweltbezogenes Leben mit eigener Persönlichkeitsgestaltung wird führen können

lindert der Arzt die Beschwerden. Er ist aber nicht verpflichtet, alle der Lebensverlängerung dienenden therapeutischen Möglichkeiten einzusetzen.

Beistand

Der Arzt und das Pflegepersonal bemühen sich, ihrem auf den Tod kranken, lebensgefährlich verletzten oder sterbenden Patienten, mit dem ein Kontakt möglich ist, auch menschlich beizustehen.

Pflege

Der auf den Tod kranke, lebensgefährlich verletzte und der sterbende Patient haben einen Anspruch auf die ihren Umständen entsprechende und in der gegebenen Situation möglichen Pflege.

Kommentar zu den „Richtlinien für die Sterbehilfe"

Zu den Aufgaben des Arztes gehört auch die Sterbehilfe: sie ist das Bemühen, dem Sterbenden so beizustehen, daß er in Würde zu sterben vermag. Solche Sterbehilfe ist nicht nur ein medizinisches, sondern auch ein ethisches und juristisches Problem.

Ärztliche Überlegungen

Der von einer tödlichen Krankheit oder von einer lebensgefährlichen äußeren Gewalteinwirkung betroffene Mensch ist nicht notwendigerweise ein Sterbender. Er ist ein in Todesgefahr Schwebender, und es versteht sich von selbst, daß stets die Lebenserhaltung und wenn möglich die Heilung anzustreben ist. In solchen Fällen hat der Arzt diejenigen Hilfsmittel einzusetzen, die ihm zur Verfügung stehen und geboten erscheinen. Diesen Patienten zu behandeln, ist Lebenshilfe und keine Sterbehilfe.

1. a) Die Sterbehilfe betrifft den im *Sterben liegenden Menschen.* Ein Sterbender ist ein Kranker oder Verletzter, bei dem der Arzt aufgrund einer Reihe klinischer Zeichen zur Überzeugung kommt, daß die Krankheit irreversibel oder die traumatische Schädigung infaust verläuft und der Tod in kurzer Zeit eintreten wird. In solchen Fällen kann der Arzt auf weitere, technisch eventuell noch mögliche Maßnahmen verzichten.

b) Die ärztliche Hilfe endet beim *Eintritt des Todes*, dessen Definition in den „Richtlinien für die Definition und die Diagnose des Todes" der Schweizerischen Akademie der medizinischen Wissenschaften (1969) festgelegt ist.

2. Die Sterbehilfe umfaßt die aktive Sterbehilfe (oder Sterbenachhilfe) und die passive Sterbehilfe. Allerdings ist diese Unterscheidung in einzelnen Fällen nicht leicht zu treffen.

a) Die *aktive Sterbehilfe* ist die gezielte Lebensverkürzung durch Tötung des Sterbenden. Sie besteht in künstlichen Eingriffen in die restlichen Lebensvorgänge, um das Eintreten des Todes zu beschleunigen[1]. Aktive Sterbehilfe ist nach dem Schweizerischen Strafgesetzbuch strafbare vorsätzliche Tötung (StGB Art. 111 bis 113, Adnex). Sie bleibt gemäß StGB Art. 114 strafbar, selbst wenn sie auf Verlangen des Patienten erfolgt.

b) Die *passive Sterbehilfe* ist der Verzicht auf lebensverlängernde Maßnahmen beim Todkranken. Sie umfaßt die Unterlassung oder das Nichtfortsetzen von Medikationen sowie von technischen Maßnahmen, zum Beispiel Beatmung, Sauerstoffzufuhr, Bluttransfusionen, Hämodialyse, künstliche Ernährung.
Ärztlich ist der Verzicht auf eine Therapie bzw. die Beschränkung auf eine Linderung von Beschwerden begründet, wenn ein Hinausschieben des Todes für den Sterbenden eine nicht zumutbare Verlängerung des Leidens bedeutet und das Grundleiden mit infauster Prognose einen irreversiblen Verlauf angenommen hat.

c) Als medizinische Sonderfälle sei das Vorgehen bei einigen zerebralen Störungen erörtert:
Apallisches Syndrom (Coma vigile, akinetischer Mutismus). Wenn der Patient ununterbrochen schwer bewußtseinsgestört bleibt und keinerlei Kommunikation mit seiner Umwelt hat, so muß der Arzt nach monatelanger Beobachtung beurteilen, ob der Prozeß irreversibel ist. Es kann auf die besonderen lebensverlängernden Maßnahmen verzichtet werden, auch wenn das Atmen und das Schlucken erhalten sind. Die Behandlung darf sich in diesen Fällen auf pflegerische Hilfe beschränken.
Schwere zerebrale Störungen des Neugeborenen. Bei schweren Mißbildungen und perinatalen Schäden des Zentralnervensystems, die zu irreparablen Entwicklungsstörungen führen würden, und wenn ein Neugeborenes bzw. ein Säugling nur dank des fortdauernden Einsatzes außergewöhnlicher technischer Hilfsmittel leben kann, darf von der erstmaligen oder anhaltenden Anwendung solcher Hilfsmittel abgesehen werden.

Ethische Gesichtspunkte

1. Die Schweizerische Akademie der medizinischen Wissenschaften war von dem Grundgedanken geleitet, daß es die *primäre Verpflichtung des Arztes* ist, dem Patienten in jeder möglichen Weise helfend beizustehen. Während des Lebens ist die Hilfe, die er leisten kann, ausgerichtet auf die Erhaltung und Verlängerung des Lebens. Beim Sterbenden hängt die *bestmögliche Hilfe* von einer Anzahl von Gegebenheiten ab, deren angemessene Würdigung und Abwägung den Arzt vor

[1] Diese Sterbehilfe wurde auch als „aktive Euthanasie" bezeichnet, obschon „Euthanasie" eigentlich „guter Tod" heißt. Im Dritten Reich wurde die „Vernichtung lebensunwerten Lebens" mißbräuchlich mit diesem Wort bezeichnet, weshalb es hier nicht gebraucht wird.

schwere Entscheidungen stellen kann. Der Arzt hat in seine Überlegungen unter anderem

- die Persönlichkeit oder den ausgesprochenen oder mutmaßlichen Willen des Patienten,
- seine Belastbarkeit durch Schmerzen und Verstümmelung,
- die Zumutbarkeit medizinischer Eingriffe,
- die Verfügbarkeit therapeutischer Mittel,
- die Einstellung der menschlichen und gesellschaftlichen Umgebung

einzubeziehen.

2. Der Sterbeprozeß beginnt, wenn die elementaren körperlichen Lebensfunktionen erheblich beeinträchtigt sind oder völlig ausfallen. Sind diese Lebensgrundlagen derart betroffen, daß jegliche Fähigkeit entfällt, Subjekt oder Träger eigener Handlungen zu sein, das heißt, sein Leben selbst zu bestimmen, und steht der Tod wegen lebensgefährdender Komplikationen unmittelbar bevor, so ist dem Arzt ein breiter Ermessensspielraum für sein Handeln zuzugestehen.

Diese Richtlinien können *dem Arzt seine Entscheidung nicht abnehmen,* sollen sie ihm *aber* nach Möglichkeit *erleichtern.*

Rechtliche Beurteilung

Die Sterbehilfe beruht auf der *Verpflichtung des Arztes,* bei der Übernahme der Behandlung eines Patienten alles in seinen Kräften Stehende zu unternehmen, um Gesundheit und Leben des Kranken zu fördern und zu bewahren. Diese Pflicht wird als *Garantenpflicht des Arztes* bezeichnet. Der Arzt, welcher passive Sterbehilfe leistet, könnte zivil- oder strafrechtlich verantwortlich werden, wenn er dadurch seine Garantenpflicht verletzt. Deshalb muß der Arzt wissen, in welcher Weise diese Pflicht einerseits dem urteilsfähigen, bei vollem Bewußtsein befindlichen Patienten und andererseits dem bewußtlosen Patienten gegenüber besteht.

1. Der Wille des *urteilsfähigen* Patienten, der über die Erkrankung, deren Behandlung und die damit verbundenen Risiken aufgeklärt worden ist, bindet den Arzt. Weil der urteilsfähige Patient darüber zu entscheiden hat, ob er behandelt werden will, kann er die Behandlung abbrechen lassen. Unter diesen Umständen entfällt die rechtliche Grundlage zur Behandlung mit denjenigen Maßnahmen, welche der Patient nicht mehr wünscht. In diesem Fall darf sich der Arzt – dem Wunsch des Patienten entsprechend – darauf beschränken, nur noch leidenmildernde Mittel zu geben oder eine in anderer Weise beschränkte Behandlung durchzuführen, ohne daß er deswegen rechtlich verantwortlich wird. Es gilt der Grundsatz: *„Voluntas aegroti suprema lex esto."*
2. Ist der tödlich erkrankte Patient *nicht mehr urteilsfähig* und deswegen nicht in der Lage, seinen Willen zu äußern (wie z. B. der Bewußtlose), so wird die Pflicht des Arztes zivilrechtlich nach den Regeln der *„Geschäftsführung ohne Auftrag"* bestimmt (OR Art. 419 ff.). Die Heilbemühungen sind dann entsprechend dem mutmaßlichen Willen des Patienten auszuführen. Dieser Wille ist nicht einfach als auf bloße Verlängerung von Schmerzen und Leiden zielend anzusehen. Vielmehr kann der Respekt vor der Persönlichkeit des Sterbenden die Anwendung medizinischer Maßnahmen als nicht mehr angezeigt erscheinen lassen. Ist diese Voraussetzung gegeben, so kann sich der Arzt strafrechtlich auf einen der „Geschäftsführung ohne Auftrag" entsprechenden Rechtfertigungsgrund berufen.
3. *Eine frühere schriftliche Erklärung,* worin der Patient auf jede künstliche Lebens-

verlängerung verzichtet, kann für die Ermittlung seines Willens ein gewichtiges Indiz abgeben. Entscheidend ist jedoch der gegenwärtige mutmaßliche Wille, der nur aufgrund einer sorgfältigen Abwägung aller Umstände des Falles gefunden werden kann: Verbindlich ist die frühere Erklärung schon deshalb nicht, weil sie zu jeder Zeit rückgängig gemacht werden kann. Somit muß stets danach gefragt werden, ob der Patient die Erklärung im gegenwärtigen Augenblick vernünftigerweise widerrufen würde oder nicht.

4. *Dem Patienten nahestehende Personen* sind anzuhören. (Nahestehende Personen sind in der Regel, doch nicht ausschließlich, die nächsten Verwandten des Patienten.) Die *letzte Enzscheidung liegt rechtlich* allerdings *beim Arzt*. Ist jedoch der Patient unmündig oder entmündigt, so darf die Behandlung nicht gegen den Willen der Eltern oder des Vormundes eingeschränkt oder abgebrochen werden.

5. November 1976
und 17. November 1981

Medizinisch-ethische Richtlinien zur Transplantation

Für das Vorgehen bei der Transplantation von menschlichen Geweben erläßt die Schweizerische Akademie der medizinischen Wissenschaften Richtlinien, die sich weitgehend an die *Resolution des Europarates Nr. 29, 1978,* mit den Regeln über Entnahme, Transplantate und Transplantationen von aus dem Menschen gewonnenen Geweben halten. Es wird dabei unterschieden zwischen Entnahme am Lebenden und vom Toten.

Bei der *Entnahme am Lebenden* ist die Information über die Gefahren für den Spender und über den Nutzen für den Empfänger zu verlangen. Das Einverständnis des Spenders ist schriftlich festzuhalten. Bei nicht Urteilsfähigen ist das Einverständnis des legalen Vertreters notwendig. Gewebeentnahmen, die zu einem definitiven Organverlust führen, sind bei Kindern zu unterlassen.

Die Identität des Spenders darf dem Empfänger und diejenige des Empfängers darf dem Spender nicht bekanntgegeben werden, es sei denn, daß zwischen ihnen enge familiäre oder persönliche Beziehungen bestehen. Die Anonymität beider vor der Öffentlichkeit ist zu respektieren.

Die Spende von menschlichen Geweben soll gratis sein; Entschädigungen für entstandene Kosten und Erwerbsausfall sind zugelassen.

Bei *Entnahme vom Toten* kann die Entnahme des Transplantates erfolgen, wenn nicht eine nachweisbare oder anzunehmende Opposition des Verstorbenen bekannt ist und wenn keine besonderen staatlichen Vorschriften bestehen.

Die Identität des Spenders darf dem Empfänger und diejenige des Empfängers der Familie des Spenders nicht bekanntgegeben werden. Die Anonymität beider vor der Öffentlichkeit ist zu respektieren.

Die Todesbescheinigung hat durch einen Arzt, der weder der Entnahme- noch der Implantationsequipe angehört, erstellt zu werden.

Bei der Feststellung des Todes ist nach den „Richtlinien für die Definition und die Diagnose des Todes" der Schweizerischen Akademie der medizinischen Wissenschaften 1969 zu verfahren.

17. November 1981

Richtlinien für die Definition und die Diagnose des Todes

1. Die Entwicklung der Reanimationstechnik hat es notwendig gemacht, die biologischen Kriterien des menschlichen Todes neu festzulegen.
2. Es ist möglich, beim Menschen den Ausfall der Atemfunktion durch künstliche Beatmung und den der Herztätigkeit durch Herzmassage und Pumpensysteme zu kompensieren.
3. Es ist nicht möglich, die gesamthaften Auswirkungen des vollständigen irreversiblen Funktionsausfalls des Gehirns durch irgendwelche Maßnahmen zu beheben.
   Ein solcher Funktionsausfall ist dem Tod des Gehirns gleichzusetzen. Er führt zwangsläufig zum Absterben des übrigen Organismus.
4. Ein Mensch ist als tot zu betrachten, wenn eine oder beide der folgenden Bedingungen erfüllt sind:
   a) Irreversibler Herzstillstand mit der dadurch unterbrochenen Blutzirkulation im Organismus und damit auch im Gehirn: Herz-Kreislauf-Tod.
   b) Vollständiger, irreversibler zerebraler Funktionsausfall oder Tod des Gehirns: zerebraler Tod.
5. Der vollständige, irreversible zerebrale Funktionsausfall trotz vorhandener Herzaktion ist beim normo-, hyper- oder höchstens geringgradig hypothermen (Körpertemperatur nicht unter 34 °C), nicht narkotisierten und nicht im Zustand einer akuten Vergiftung sich befindenden menschlichen Organismus anzunehmen, wenn bei mehrfacher Untersuchung die fünf folgenden Symptome zusammentreffen:
   5.1 Kein Ansprechen auf irgendwelche sensorischen und sensiblen Reize.
   5.2 Keine spontane Atmung und keine anderen spontanen zentralgesteuerten motorischen Erscheinungen im Bereich der Augen, des Gesichts, des Gaumens und des Rachens, des Stammes und der Extremitäten.
   5.3 Extremitäten schlaff und reflexlos.
   5.4 Beide Pupillen weit und lichtstarr.
   5.5 Rascher Blutdruckabfall, gegebenenfalls nach dem Absetzen der künstlichen Stützung des Kreislaufes.

   Dieser vollständige zerebrale Funktionsausfall ist dem Tod des Gehirns gleichzusetzen. Ein Elektroenzephalogramm kann ihn bestätigen und dokumentieren.
   Beim Kleinkind müssen die besseren Restitutionsmöglichkeiten berücksichtigt werden.
6. Das Gehirn ist ebenfalls als tot zu betrachten,
   – wenn beim normo-, hyper- oder geringgradig hypothermen (Körpertemperatur nicht unter 34 °C) menschlichen Organismus während mindestens 20 Minuten kein zerebraler Stoffwechsel mehr festzustellen ist oder
   – wenn im Karotisangiogramm eindeutig nachgewiesen wird, daß kein Blut mehr ins Gehirn gelangt.
7. Der Zeitpunkt des Todes ist derjenige des Hirntodes. Es ist dies
   a) beim primären irreversiblen Herz- und Kreislaufstillstand der Zeitpunkt des Auftretens von weiten und lichtstarren Pupillen;
   b) beim primär zerebralen Tod der Zeitpunkt des Auftretens aller Symptome des vollständigen irreversiblen zerebralen Funktionsausfalls.
8. Zur Feststellung des Todes ist nur ein Arzt (der behandelnde oder der nach dem Tod beigezogene) berechtigt.

9. Nach Eintritt des Herz-Kreislauf-Todes oder des zerebralen Todes ist
   a) das endgültige Absetzen der eventuell eingeleiteten künstlichen Beatmung oder einer eventuell eingeführten Kreislaufstützung durch den Arzt gerechtfertigt,
   b) die Entnahme überlebender Organe zulässig.
10. a) Sofern nicht eine eindeutige, vollständige Zerstörung des Gehirns vorliegt, muß vor der Entnahme von überlebenden Organen zu Transplantationszwekken der zerebrale Tod durch elektroenzephalographische Untersuchungen oder durch den Nachweis des fehlenden zerebralen Stoffwechsels bzw. der fehlenden zerebralen Blutzirkulation (z.B. Karotisangiogramm) dokumentiert sein.
   b) Ist bei primär zerebralem Tod die Entnahme von überlebenden Organen zu Transplantationszwecken vorgesehen, so hat der behandelnde Arzt zur Feststellung des zerebralen Todes einen Neurologen oder Neurochirurgen und zur Beurteilung des Elektroenzephalogramms einen in dieser Hilfsmethode erfahrenen Spezialisten beizuziehen.
   c) Die den zerebralen Tod feststellenden Ärzte müssen vom Transplantationsteam unabhängig sein.

25. Januar 1969
und 17. November 1981

Medizinisch-ethische Richtlinien für die artifizielle Insemination

1. Die künstliche Insemination mit dem Samen eines anonymen Spenders, auf die sich die folgenden Empfehlungen im Anschluß an die *Resolution des Europarates vom 29. 12. 78* beziehen, darf nur unter der Verantwortung des Arztes, der den Eingriff ausführt, vorgenommen werden. Der Arzt soll sich nicht nur von medizinischen Überlegungen leiten lassen, sondern sich nach Möglichkeit vergewissern, daß das *Wohlergehen des künftigen Kindes* umfassend gewährleistet ist.
2. *Spendersamen* darf nur mit schriftlicher Zustimmung des Spenders zur artifiziellen Insemination gebraucht werden. Eine artifizielle Insemination darf nur durchgeführt werden, wenn das schriftliche Einverständnis der empfangenden Frau und, wenn sie verheiratet ist, ihres Ehemannes oder, bei dauernder Partnerschaft, des Partners vorliegt.
3. Ein Arzt oder eine medizinische Institution, die menschliches Sperma zum Zwekke von artifizieller Insemination erhalten, haben vor deren Durchführung die *notwendigen Nachforschungen und Untersuchungen* beim Spender anzustellen, um die Übertragung erblicher Krankheiten an den Empfänger und ansteckende Krankheiten oder sonstiger Gefährdung von Mutter und künftigem Kind zu vermeiden. Nötigenfalls stehen die humangenetischen Institute der medizinischen Fakultäten zur Verfügung. Der Samen des gleichen Spenders soll am selben Ort nicht vielfach verwendet werden (zur Vermeidung von Blutsverwandtschaften usw.).
4. Der Arzt, unter dessen Verantwortung eine *artifizielle Insemination* durchgeführt wird, hat im Rahmen des Möglichen einen Samenspender zu wählen, dessen Kind als dasjenige des das Kind wünschenden Paares angesehen werden könnte.

5. Der Arzt und das Personal der medizinischen Institution, welche Samen entgegennehmen, und der Arzt, welcher eine artifizielle Insemination ausführt, haben über die Identität des Spenders und der empfangenden Frau sowie über die artifizielle Insemination als solche *Verschwiegenheit* zu bewahren. Die Frau darf also nicht den Spender und der Spender darf nicht die Frau und ihren Gatten kennen oder mit ihnen bekannt sein. Der Arzt nimmt keine artifizielle Insemination vor, wenn die Wahrung der Verschwiegenheit als unwahrscheinlich erscheint.
6. Der Samen soll *unentgeltlich gespendet* werden. Immerhin können zeitliche Beanspruchung, Verdienstausfall, Reisespesen und andere Auslagen in unmittelbarem Zusammenhang mit der Samenspende dem Spender ersetzt werden. Wer als Privatperson oder als öffentliche oder private Organisation Samen zur artifiziellen Insemination zur Verfügung stellt, soll das ohne Erwerbsabsicht tun.

17. November 1981

Medizinisch-ethische Richtlinien zur Sterilisation

Allgemeines

Die operative Sterilisation ist bei beiden Geschlechtern ein sicheres Mittel zur definitiven Verhütung weiterer Nachkommenschaft. Die Abklärung, ob der Eingriff die zweckmäßige Methode ist, erfordert *eine dem Einzelfall angemessene Beratung* durch den Arzt, welcher die psychischen und physischen Voraussetzungen für eine Sterilisation zu überprüfen hat. Dabei ist der Einbezug des Ehegatten oder ständigen Partners in der Regel notwendig. Die geringen Chancen, den Eingriff rückgängig machen zu können, bedingen eine besonders eingehende Aufklärung (Möglichkeit des Todes von Kindern, der Auflösung der Ehe, der Wiederverheiratung). Zwischen Beratungsgespräch und Eingriff soll eine angemessene Bedenkzeit eingeschaltet werden. Ergibt das Beratungsgespräch Hinweise für eine vorbestandene psychische Erkrankung oder geistige Behinderung, empfiehlt es sich, eine eingehende konsiliarische Abklärung durch einen *Psychiater* zu veranlassen. Die Maßnahme sollte auf alle Fälle ergriffen werden, wenn Zweifel an der Urteilsfähigkeit bezüglich des Eingriffes bestehen.

Fehlt eine rechtsgültige Einwilligung des Patienten zur Sterilisation, so stellt der Eingriff eine schwere Körperverletzung im Sinne von Artikel 122 Ziffer 1 des StGB dar und kann Schadenersatz- oder Genugtuungsansprüche nach sich ziehen. Keine strafbare Handlung liegt vor, wenn die Sterilität als unausweichliche Nebenwirkung einer sonst erforderlichen ärztlichen Behandlung eintritt.

Operative Sterilisation geistig Gesunder

Geistig gesunde, urteilsfähige Personen können über die Vornahme einer Sterilisation *frei entscheiden*, was sie unterschriftlich zu bestätigen haben. Der Arzt muß sich dabei vergewissern, daß die gesuchstellende Person nicht unter Druck gesetzt ist. Diese muß wissen, daß es sich beim Eingriff um eine meist irreversible Maßnahme handelt. Es liegt im Ermessen des Arztes, eine Sterilisation entgegen dem Wunsch des Gesuchstellers (Gesuchstellerin) im Einzelfall abzulehnen oder aus Überzeugung keine Sterilisationen auszuführen.

Operative Sterilisation geistig Behinderter

Die psychiatrische Abklärung und Beratung ist unabdingbare Voraussetzung für den Eingriff. Aus der Beratung müssen Diagnose und Prognose der geistigen Behinderung mit hinreichender Sicherheit hervorgehen. Vermag ein geistig Behinderter die Tragweite des Eingriffs zu beurteilen, so kann er allein darüber entscheiden, ob der Eingriff ausgeführt werden soll. Bei urteilsfähigen Minderjährigen oder Entmündigten ist, wenn immer möglich, für die Zustimmung zum Eingriff das Einverständnis der Eltern oder des Vormundes einzuholen.

Bei *Urteilsunfähigkeit* ist der Eingriff *unzulässig,* weil es sich um ein höchst persönliches Recht handelt, welches nicht durch einen gesetzlichen Vertreter ausgeübt werden kann.

Die *Anforderungen an die Urteilsfähigkeit* müssen der *Sachlage angemessen* sein: Es muß vermieden werden, eine Person zu operieren, die das Problem nicht in seiner ganzen Tragweite verstanden hat; es muß aber auch vermieden werden, dem Wunsch einer Person, die das Recht auf Selbstbestimmung hat, aus unzumutbaren Gründen nicht nachzukommen. Der geistig Behinderte muß mindestens verstehen, daß ein operativer Eingriff vorgenommen werden soll und daß dieser bleibend verhindert, daß er/sie Kinder zeugen beziehungsweise gebären kann.

Viele geistig Behinderte, vor allem Schachsinnige, sind stark von ihren Angehörigen oder Betreuern abhängig. Es ist deshalb wichtig, daß sie ihre Meinung so gut wie möglich frei äußern können, das heißt in Abwesenheit anderer, sie beeinflussender Personen. Es muß genügend Zeit für den Entscheidungsprozeß gewährt werden, was in der Regel wenigstens zwei Konsultationen in mehrwöchigem Abstand bedingt.

Bei geistig Behinderten ist trotz eingehender Beratung und Abklärung das Risiko späterer Unzufriedenheit oder störender, auf den Eingriff zurückgeführter Auswirkungen größer als bei Gesunden. Es ist deshalb Aufgabe des Arztes, Vor- und Nachteile vorsichtig abzuwägen und gemäß dem beim betreffenden Menschen zu erwartenden Ergebnis zu handeln.

17. November 1981

Nachwort

Die Schweizerische Akademie der medizinischen Wissenschaften weist noch besonders hin auf die: Ethischen Empfehlungen internationaler Organisationen, der Verbindung der Schweizer Ärzte und der Schweizerischen Akademie der medizinischen Wissenschaften.

A. „Allgemeine Erklärung der Menschenrechte", angenommen von der Generalversammlung der Vereinten Nationen am 10. Dezember 1948[2]

[2] Texte sind wiedergegeben in J. Wunderli und K. Weisshaupt: „Medizin im Widerspruch", Walter-Verlag, Olten, 1977.

B. „Internationaler Code der ärztlichen Ethik“, angenommen an der Generalversammlung des Weltärztebundes in London im Oktober 1949[2] und ergänzt in Sydney 1968 (allgemeine Pflichten des Arztes, Pflichten des Arztes gegenüber dem Kranken, gegenseitige Pflichten unter sich)
C. „Äußerung des Weltärztebundes“ in seiner 27. Versammlung in München 1973 (Verurteilung der Diskriminierung eines Menschen)
D. „Deklaration von Helsinki“ über die Forschung am Menschen vom Weltärztebund 1968, ergänzt in Tokio 1975[2]
E. „Vademecum 1979 und 1982“ der Verbindung der Schweizer Ärzte, welches Dokumente für die Führung einer ärztlichen Praxis zusammenfaßt und im Wortlaut frühere medizinisch-ethische Bekenntnisse wiedergibt, so den Eid des Hippokrates[2] und das Genfer Ärztegelöbnis[2], Weltärztebund 1948
F. Symposium „Ethik und Medizin“ der Schweizerischen Akademie der medizinischen Wissenschaften vom 28./29. März 1980 in Basel, Bull. Schweiz. Akad. Med. Wiss. *36,* 4–6, 1980, und in Buchform, Verlag Schwabe & Co. AG, Basel, 1981

Die *Zentrale medizinisch-ethische Kommission der Akademie,* welche diese Empfehlungen zuhanden des Senats der SAMW ausgearbeitet hat, setzt sich zusammen aus jetzigen und ehemaligen Mitgliedern des Senats, aus praktizierenden Ärzten und Ärztinnen von verschiedenen Sprachgebieten der Schweiz, aus Mitgliedern des Zentralvorstandes der Verbindung der Schweizer Ärzte, des Schweizer Berufsverbandes für Krankenschwestern und Krankenpfleger SBK und einem Juristen einer schweizerischen Universität.

In der Amtsperiode der Kommission 1979–1982 sind Mitglieder:

Prof. Dr. *O. Gsell,* Kommissionspräsident, Basel/St. Gallen; Prof. Dr. *J. Girard,* Generalsekretär SAMW, Basel; Dr. med. et jur. *J. Bergier,* Le Mont (bis April 1981); Dr. *J. Buffle,* Genf †; Frau Dr. med. *C. Ernst-Allemann,* Zürich (ab April 1981); Dr. *J. Imfeld,* Biel (bis April 1981); Prof. Dr. *R.-S. Mach,* Genf; Dr. *E. Rossetti,* Ambri; Mlle *R. de Roulet,* Genf; Prof. Dr. *H. Schultz,* Bern/Thun; Frau Dr. *G. Siegenthaler-Zuber,* Zürich; Prof. Dr. *G. Stalder,* Basel; Dr. *V. Tatti,* Bellinzona; PD Dr. med. *N. de Tribolet,* Lausanne (ab April 1981); Dr. *K. Zimmermann,* Zürich; Frau *M. Zierath,* Basel.

Zu den Sitzungen beigezogen ist der Präsident der Akademie

zuerst Prof. Dr. *R.-S. Mach* bis Frühjahr 1980, dann Prof. Dr. *A. Cerletti,* Basel.

Präsidenten von Subkommissionen waren

Prof. Dr. *R. Wenner,* Basel; Prof. Dr. *O. Gsell,* Basel/St. Gallen; Prof. Dr. *R.-S. Mach,* Genf; Prof. Dr. *J. Bernheim,* Genf.

Literatur

Bolliger R (1976) Der Spitalarzt im Arbeitsverhältnis. Jur. Dissertation, Universität Bern

Bucher E (1956) Die Ausübung der Persönlichkeitsrechte insbesondere die Persönlichkeitsrechte des Patienten als Schranke der ärztlichen Tätigkeit. Dissertation, Universität Zürich

Burki F (1976) Produktehaftpflicht nach schweizerischem und deutschem Recht. Dissertation, Universität Bern

Deschenaux, Steinauer (1980) Personnes physiques et tutelle. Bern

Deschenaux, Tercier (1982) La responsabilité civile, 2nd edn. Bern

Duplain-Baron I (1978) Die Versicherung des Produktehaftpflichtrisikos. Dissertation, Basel

Faesch R (1955/56) Die privatrechtliche Verantwortung des Arztes in der Schweiz mit Berücksichtigung der französischen und deutschen Praxis. Jahrbuch der Basler Juristenfakultät 33/34: 153

Gautschi G (1960) Berner Kommentar zum Schweizerischen Zivilrecht, Bd IV: Der einfache Auftrag. Bern

Gross J (1977) Die persönliche Freiheit des Patienten. Zur öffentlichrechtlichen Honorierung des medizinischen Behandlungsverhältnisses. Bern

Grossen J-M (1960) La protection de la personalité en droit privé. ZSR 79: 1 a ff.

Grossen J-M (1969) Aspects juridiques de la chirurgie des transplantations. Festgabe Oftinger, S 87

Grotsch A (1923) Heilbehandlung und eigenmächtige Heilbehandlung unter besonderer Berücksichtigung der Unmündigen. Dissertation, Universität Basel

Gunzinger P-A (1978) Sterbehilfe und Strafgesetz. Jur. Dissertation, Universität Bern

Hafter E (1946) Lehrbuch des Schweizerischen Strafrechts, 2. Aufl, Allg. Teil. Bern

Hanack EW (1959) Die strafrechtliche Zulässigkeit künstlicher Unfruchtbarmachungen. Marburg

Hausheer H (1977) Arztrechtliche Fragen. SJZ 73: 245 ff.

Hausheer H (1979) Zur Problematik der künstlichen Insemination: ein Beitrag aus Straßburg. In: Berner Festgabe zum schweizerischen Juristentag 1979. S 209 ff.

Henggeler O (1976) Das Disziplinarrecht der freiberuflichen Rechtsanwälte und Medizinalpersonen. Dissertation, Universität Zürich

Herzog K (1981) Spital und Haftpflicht. Schweiz Ärzteztg 62: 3482 ff.

Hiestand H (1936) Rechtsfragen des Arztes. Zürich

Hinderling H (1963 a) Persönlichkeitsrecht und subjektives Recht. Die ärztliche Aufklärungspflicht (zwei Aufsätze zum Persönlichkeitsschutz). Basel

Hinderling H (1963 b) Zur Frage der ärztlichen Aufklärungspflicht. SJZ 59: 319 ff.

Hinderling H (1968) Die Transplantation von Organen als Rechtsproblem. SJZ 64: 65

Hinderling H (1969) Nochmals zur Frage der Zulässigkeit von Organübertragungen. SJZ 65: 234 ff.

Hohermuth M (1979) Zur Frage der Aufklärungspflicht des Arztes bei biomedizinischen Versuchen am Menschen mit Hinweisen auf das amerikanische und deutsche Recht. Dissertation, Universität Zürich

Ileri A (1981) Zur Haftung des Arztes. SJZ 77: 333 f.

Keller A (1978) Haftpflicht im Privatrecht, 3. Aufl. Bern

Keller A (1981) Die Ärztehaftpflicht aus der Sicht der Versicherung. Schweiz Ärzteztg 62: 3479 ff.

Keller J (1976) Die Rechtstellung des Patienten im öffentlichen Spital als Problem des Verwaltungsrechts. Dargestellt am Beispiel der St. Gallischen Gesetzgebung. Jur. Dissertation, Universität St. Gallen

Loeffler W (1945) Die Haftung des Arztes aus ärztlicher Behandlung. Dissertation, Universität Zürich

Lotz A (1968) Zur Frage der rechtlichen Verantwortlichkeit des Arztes. BJM 107

Luternauer PA (1971) Die ärztliche Pflicht zur Lebenserhaltung unter besonderer Berücksichtigung der Frage des Hirntodes. Jur. Dissertation, Universität Basel

Médecine et droit (1979) 7e séminaire pluridisciplinaire 1979. Collection des rapports. Faculté de droit, Université de Lausanne

Merz B (1980) Analyse der Haftpflichtsituation bei Schädigung durch Medikamente. Dissertation, Universität Zürich
Von der Mühll M (1981) Etude pratique sur la responsabilité professionnelle du médecin. ZSR 100: 289–304
Müller HB (1934) Die zivilrechtliche Haftung aus Empfehlung, Auskunft und Raterteilung nach schweizerischem Recht. Jur. Dissertation, Universität Bern
Ney M (1979) La responsabilité des médecins et de leurs auciliaires notamment à raison de l'acte operatoire. Dissertation, Université de Lausanne
Noll P (1955) Übergesetzliche Rechtfertigungsgründe im besondern die Einwilligung des Verletzten. Basel
Oswald UA (1976) Die rechtliche Stellung und Organisation der aargauischen Akutspitäler. Jur. Dissertation, Universität Basel
Ott WE (1978) Voraussetzung der zivilrechtlichen Haftung des Arztes. Dissertation, Universität Zürich
Petitpierre G (1974) La responsabilité du fait des produits. Thèse, Université de Genève
Rivier JL (1970) Les transplantations d'organes. Jdt 118/3: 66–81
Schaub R (1959/60) Die Zulässigkeit der Zwangsbehandlung und der Zwangseinlieferung von Kranken. Jahrbuch der Basler Juristenfakultät 38/39: 27
Schenker K (1922) Die strafrechtliche Natur des ärztlichen Eingriffs. Dissertation, Universität Bern
Schluep WR (1929) Innominatsverträge. In: Besondere Vertragsverhältnisse. Basel Stuttgart (Schweizerisches Privatrecht, Bd VII/1, S 765 ff.)
Schnetzer J (1967) L'intervention pratiquée contre le gré du patient par les médecins d'un établissement hospitalier public. Rev Droit administratif Droit Fiscal 23: 61
Schnyder B (1955) Die Haftung des Arztes für seinen Vertreter. SJZ 51: 105
Schrafl CM (1958) Die strafrechtliche Problematik des kosmetischen Eingriffs. Dissertation, Universität Zürich
Schroeder K (1982) Probleme der zivilrechtlichen Haftung des freipraktizierenden Zahnarztes. Jur. Dissertation, Universität Zürich Schulthess Verlag
Schwander V (1952) Das Schweizerische Strafgesetzbuch, 2. Aufl, Zürich
Spann W (1979) Institution und die Ärzte, Leben, Gesundheit und Gesetz. ZH 1979
Stark E (1968) Die Bemessung des Verschuldens in Arzt-Haftpflicht-Fällen. In: Festgabe Fritz Schwarz. Bern, S 46
Stauffer E (1979) Civil liability of physicians. Recueil des travaux Suisses présentés au Xe Congrès International de Droit Comparé. S 41–56
Steyert RH (1981) Zur Haftung des Arztes. SJZ 77: 109 f.
Stoss C (1898) Chirurgische Operation und ärztliche Behandlung. Berlin
Stratenwerth G (1978) Schweizerisches Strafrecht, Bes. Teil I. Bern
Stratenwerth G (1982) Schweizerisches Strafrecht, Allg. Teil I: Die Straftat. Bern
Thormann P, Overbeck A von (1940) Schweizerisches StGB, Bd I, Allg. Teil. Zürich
von Tuhr A, Escher A (1974) Allgemeiner Teil des Schweizerischen Obligationenrechts, 3. Aufl, Bd II. Zürich
von Tuhr A, Peter H (1979) Allgemeiner Teil des Schweizerischen Obligationenrechts, 3. Aufl, Bd I. Zürich
Walder H (1981) Der ärztliche Kunstfehler aus strafrechtlicher Sicht. Schweiz Arzteztg 62: 3470 ff.
Widmer P (1982) VI. Weltkongreß der AIDA, London 1982: Die Versicherung und die Haftung der Erbringer von Dienstleistungen. Schweiz VersicherungsZ 65–76, 97–108

Yugoslavia

J. Radišić

Contents

Abbreviations

CA	Criminal Act
CAY	Criminal Act of Yugoslavia
CAS	Criminal Act of Serbia
SAP	Socialist Autonomous Province
SCI	Self-managing community of interests in the field of health care
SR	Socialist Republic
SFRY	Socialist Federal Republic of Yugoslavia
LOR	Law on Obligation Relations
LCP	Law on Criminal Procedure
CPA	Civil Procedure Act
LAL	Law on Associated Labour
ZSO	Collection of Judicial Decisions (Serbian: Zbirka sudskih odluka)
LHCS	Law on Health Care of Serbia
HCHIAC	Health Care and Health Insurance Act of Croatia

A. Medical Law and Health Care

I. Medical Law

1. Present State

YU 1 The notion of "medical law" is the same for all European jurists: it amounts to the body of legal rules which relate to medical activity and to relations between people connected with that activity. It is another thing whether these rules, in terms of legislation and legal theory, are unified into a system representing a closed, logical entity. Medical law in Yugoslavia has no such status, since it is dispersed among many branches of law: criminal, civil, administrative, labour, social and international. In addition, it does not show its own individuality within the framework of these branches. Living "under an alien roof" it has not succeeded in creating its own principles or being accepted in the thinking of jurists as an entity in itself. The great majority of Yugoslav jurists have not even heard of the notion of "medical law", let alone conceived of it as the expression for a separate legal discipline. Members of the legal profession are not even able to get any insight in university text books, and this also applies to the remainder of professional literature intended for the wider circle of readers. Only outstanding Yugoslavian jurists are aware at present of medical law as a tentative, separate scientific discipline, due to their interest in foreign legal periodicals and literature. Following some foreign examples, they have tried to establish a Yugoslavian association for medical law, but have had no success. Several joint professional symposia attended by jurists and physicians have taken place where certain problems of joint interest for legal and medical science have been treated, but after these symposia each profession has returned to "its own business", so that interdisciplinary cooperation between them has not taken deeper root. In contrast to the situation in other countries, Yugoslavian jurists and medical doctors do not carry on a dialogue in professional publications. This does not mean that there are no differences in opinion or that there are no issues to be discussed; so far, such conversations occur only in the court room by practicing lawyers and medical experts and are not open to the general public.

YU 2 Yugoslavian legal science has contributed very little towards advancing and elaborating individual questions concerning medical law. Some writing has been done, but only in relation to legal problems connected with the transplantation of parts of the human body, including two monographs[1]; the civil law responsibility of doctors and medical institutions has rarely been touched on. The first doctoral dissertation covering this subject is currently in preparation at the Faculty of Law in Belgrade.

[1] Bora Čejović, *Krivičnopravni problemi transplantacije,* Belgrade 1974; Miodrag Janjić, *Pravni problemi u vezi sa presadjivanjem tkiva i organa,* Belgrade 1972.

This is encouraging, since it could mean greater interest in this area of medical law, where Yugoslavian jurists have not yet clarified and discussed even the most fundamental issues, in stark contrast to some other countries. To a lesser degree this task also awaits the jurists dealing with criminal and administrative laws, since the results of their investigations in the field of medical law have not been satisfactory until now.

2. *Sources*

YU 3 We have already stated that the rules of Yugoslavian medical law are scattered over many parts of the legal system. A great majority of these rules are found in separate legal enactments which relate exclusively to medical activity and to health care. Most of them are not federal in character, since legislative jurisdiction of the SFRY in that area is rather narrow, encompassing only statistics with the system of informations, sanitary protection of the state borders of the SFRY, protection of the population against contagious diseases endangering the country as a whole, trade in medicines, supervision of foodstuffs and international relations. All other questions relating to the field of medical activity and health insurance are within the jurisdiction of the six federal states (i.e. republics) and the two autonomous provinces in the Republic of Serbia. All these federal units have their own legislation. Despite that, there is one uniform system of medical services and health insurance covering the whole country. This uniformity is founded on the Federal Constitution, which guarantees the same sociopolitical order in all parts of Yugoslavia. This does not mean that there are no differences between individual statutes of the same kind, but what differences exist are mostly of a formal and not of an essential nature.

YU 4 The great majority of questions provoked by medical activity find no answer in specific legislation in the field. Answers should therefore be sought in the general legal provisions in force. This is especially the case with the civil responsibility of medical workers and institutions. This responsibility is regulated by the norms of the federal LOR. In addition, the responsibility of all persons in labour relations (i.e. employed), whether with organisations of associated labour or with private employers, is regulated by the provisions of the LAL. It is understandable that these uniform, legal rules derived from general legislation should, in their interpretation, be adapted to specificities of medical activity. Since this is not always easy, different courts have exhibited diverging attitudes regarding various legal problems. This danger should perhaps be countered by inclusion of specific provisions on the civil liability of medical workers and institutions in the LOR. However, for the time being this is out of the question, since the Yugoslav legal profession has in sufficient experience with the civil liability of individuals in other professions; particular rules on their responsibility do not exist and cannot be expected in the near future. Because of that, rules governing the civil responsibility of medical workers and institutions have no chance of materializing, and without specialisation of that kind it would be difficult to further develop such rules. The presence of these norms in the LOR, however, should stimulate lawyers to devote a greater portion of their attention to that kind of responsibility.

YU 5 Criminal responsibility of medical workers is encompassed by criminal law legislation. Legislative jurisdiction in that area is distributed among the Federation and its units. There is a single Federal Criminal Law and the eight criminal laws of the federal units. The Federal Criminal Law contains provisions of a general character, as well as provisions on a certain number of criminal acts, and is valid for the whole of Yugoslavia. The criminal laws of the federal units regulate all those criminal acts which are not included in the Federal Criminal Law, and contain specific provisions which relate to medical law. In addition to that, one should mention that certain penal law provisions can be found in specific statutes on health care. In this way, a certain specialisation of the penal medical law has come about. Because of this, it is theoretically elaborated to a greater extent than the law concerning the civil responsibility of medical workers and institutions. In fact, the theory could not neglect legislative provisions already in existence.

YU 6 It must be amphasized that the sources of medical law in Yugoslavia are found not only in state legislation but also in the regulations enacted by the SCIs. These regulations are termed *self-management agreements*. In these agreements the citizen's rights to health care are established in detail on the ground of health insurance, as well as the procedures for putting the rights into effect. Medical institutions, too, establish some regulations, by means of which the kinds and conditions of medical services are defined together with the disciplinary responsibility of persons employed in such institutions.

However, professional associations of physicians are not authorized to enact provisions for inclusion into the medical law; they can only establish *ethical norms* which are valid for medical personnel.

YU 7 The part of judicial practice in the creation of medical law has so far been rather modest. This is explained by the fact that both civil litigations and criminal cases against medical personnel and medical institutions are rare, which is why it has not been possible to develop contemporary law on medical responsibility on the grounds of the "standardized casuistics of civil courts", as in some other countries.[2] This does not mean that the courts have made no contribution at all, through their practice, to the creation of medical law, but their contribution is rather modest in comparison with other countries, since they have had no opportunity to act in that direction.

II. Health Care

1. Ethical Principles

YU 8 Health care in Yugoslavia is based on both legal and ethical principles. Ethical principles originate out of traditional (Hippocratic) humanistic medical ethics, as well as out of the general moral norms of socialist society. They are written down in the Ethical Code for medical personnel of Yugoslavia. This code contains the conceptions of medical workers of their own professional duties, their mutual relationships and their relations towards society. Professional organisations of medical employees, medical institutions and their bodies are entitled and have a duty to ensure complete adherence to the ethical principles of the code. In this respect, the courts of honour established by associations of physicians play a special role.

YU 9 Fore most among the numerous ethical principles contained in the code is the one stating that the basic tasks of every medical worker and medical institution are

[2] See in relation to this Adolf Laufs, *Arztrecht*, 2nd edition, Munich, 1978, p. 3.

to protect health, treat the sick and foster human life. Medical workers should extend professional aid on an equal basis to everybody, regardless of race, sex, nationality, religious or political beliefs, social and economic position or their personal attitude towards man or family. Bound to honour each individual, a medical worker shall not violate human dignity either in word or in deed. A permanent interest in scientific achievement and the advancement of the profession is also the duty of every medical professional, who must constantly endeavour to communicate his professional knowledge to other medical personnel. Cooperation between medical personnel is based on friendship, sincerity, frankness and the sharing of experience – all in the interest of man and his welfare.

YU 10 However, all these principles represent more a "literary ornament" of the medical profession than a basis for ethical attitudes of medical personnel and institutions. Students in medical schools do not receive adequate information on these principles (through special courses), but only a superficial acquaintance with them through textbooks of judicial medicine. Even in the professional literature, the number of studies devoted to deonotology is rather small.

YU 11 On the other hand, the majority of the ethical principles contained in the code are incorporated into legal norms, which are found in legal provisions as well as in internal regulations governing medical institutions. These include principles relating to the right to medical protection, the control of birth and abortion, the prohibition of euthanasia, public control over the work of medical personnel and institutions, the preservation of professional secrets, the mutual relations of medical employees and institutions, as well as other questions related to medical activity. For this reason, medical ethics is no more decisive as an element in the system of health care. This being the situation, medical workers are coming to believe that, in the absence of conditions for legal responsibility, there is no ground for moral responsibility either.[3] It is hardly necessary to mention that such a conception is wrong and harmful for the medical profession. Ethical duties of medical personnel and institutions can and should surpass the legal ones, even when they are nominally equal. It goes without saying that even where conditions of legal responsibility are lacking, there should be moral responsibility.

2. Right to Protection of Health

YU 12 The Federal Constitution of Yugoslavia (article 186) guarantees all citizens the right to health. This right is also guaranteed by the constitutions of the federal units and reinforced by their statutes on health care. However, the latter do not define the notion of health, but rather refer to the health standard, while determining measures of health care as well as their manner of implementation. Thus, these statutes do not repeat the definition set forth in the Constitution of the World Health Organisation, according to which health is the state of total physical, mental and social welfare, not the mere absence of sickness and exhaustion. The professional literature, on the other hand, points out that while actual conditions still do not permit viewing the health of the public along the above-mentioned lines, such an approach could func-

[3] M. Lukić and V. Otašević, "Moralno-etička i pravna odgovornost liječnika", *Medicina,* No. 4/1967, p. 374.

tion as an ideal to strive for, particularly in a socialist society.[4] In other words, the right to health care belongs to the category of the so-called *social human rights* which depend on the economic and social capabilities of each country. Given the current degree of development in society, these rights are, as a rule, limited.

YU 13 There is no doubt that the right to the protection of health also presupposes generally good living conditions. Hence, the Constitution of Yugoslavia (article 192) specifies that man has the right to a healthy environment and that, while employed, he is guaranteed the right to working conditions that insure his safety and his physical and moral integrity (article 161). In addition, the right to health care presupposes the right to high standards of adequate and timely protection insofar as it is available. For example, citizen who is not satisfied with medical attention he has received or with the attitude of an employee of a medical institution is entitled to voice his dissatisfaction. Such complaints are lodged with the medical institution in question either orally, in which case minutes of the hearing are recorded, or in written form. The managing board of the medical institution is obliged to act on the citizen's comments, giving him written notice of the facts ascertained and any measures taken - all with in a 5-day period (article 72 of the LHCS). Finally, in accordance with the general self-management acts of the community of medical care, citizens are entitled to receive care from the medical institution and physician of their choice (article 38 of the LHCS). Within the framework of their activity, medical institutions are under an obligation to extend medical protection to every citizen seeking such protection. If they are not able to provide the kind of care needed, they are obliged to ensure that the citizen has access to adequate health care in another institution (article 64 of the LHCS).

YU 14 In addition to the right to the protection of health, the statutes of the federal units also prescribe the *duty* of citizens to preserve and promote their own health. However, they do not provide for the implementation of any kind of sanctions to be imposed when this duty is not fulfilled. Hence, these provisions have only a recommendatory character *(lex imperfecta).* They appeal to the citizens to preserve their health and to adhere to the recommendations, directions and advice of medical professionals. However, the significance of these provisions is not limited to the admonishment to care for one's health. As shall be seen later on, acquiring certain health insurance benefits also presupposes adhering to these provisions.

3. Medical Services

(a) Medical Personnel and Institutions

YU 15 By all the statutes and laws of the federal units, the activity of health care for citizens is proclaimed an *activity of particular interest to society* (a so-called *public service*), which is performed by work organisations and/or institutions. There are several kinds of institutions: health centers, hospitals (general and special), pharmacies, institutions for health care, institutes, clinics, and natural sanatoriums. The work and internal order of medical institutions are regulated by statute. Medical institutions

[4] Zvonimir Separović, "Dužnosti i prava korisnika, zdravstvenih radnika i njihovih organizacija udruženog rada", *Zakon o zdravstvenoj zaštiti i zdravstvenom osiguranju s objašnjenjima* (Zagreb, 1980), p. 159.

can be established by health care communities, sociopolitical communities, organisations of associated labour, and other social or legal entities. The medical institution is not subordinate to the founding body, regardless of who it is. This applies particularly in the case of sociopolitical bodies such as the commune, region, republic, province, or the Federation. On the other hand, these bodies do not take any responsibility for such institutions. All medical institutions have the status of a legal entity (or juridical person), and they are independent and exclusively responsible both for their obligations towards third persons and for their work. However, representatives of the founder and of the social community are entitled to take part in making decisions relating to certain activities of the medical institution. These activities include the following: (a) enacting work and development plans for the medical institution; (b) drafting proposals for the statutes of the medical institution; (c) nominating and removing the managing body of the medical institution; (d) issuing the acts by which health care procedures and services are regulated. In this way, the work of medical institutions is controlled by society. In addition to the above, state administrative bodies and agencies supervise the legality of the work of medical institutions, effect sanitary control and organize professional supervision of the work of medical institutions and medical workers.

YU 16 Physical persons (individuals) and private legal entities are not entitled to establish medical institutions. Moreover, individuals are not entitled to be professionals and to perform medical activity independently. Private practice by medical personnel is expressly forbidden by law, except in the territory of the Socialist Republic of Croatia, where it is allowed under specific conditions. However, medical professionals in private practice are not entitled to own premises for lodging patients (aid stations). Physicians and dental therapists are entitled to employ only two medical workers with intermediate or advanced professional degrees.[5] However, the new HCHIAC[6] enacted in 1980 and in force since January 17 of the same year prohibits the issue of new permits to medical personnel for private practice. Moreover, persons already in possession of such a permit are entitled to continue their practice only for a period of 5 years after the the above-mentioned law takes effect, i.e. until March 17, 1985 (article 270–272 of the HCHIAC).

(b) Number of Medical Personnel

YU 17 As of September 30, 1980, there were 32030 physicians and 6666 dentists employed in Yugoslavian medical institutions.[7] This number included 14249 general practitioners and 17781 specialists. Since there are many types of specialists, it is impossible to give more than a partial listing of the number engaged in each speciality: 1464 surgeons, 1967 internists, 806 physiologists, 2223 pediatricians, 1691 gynecologists and obstetricians, 400 orthopedists, 567 anesthesiologists, 644 eye specialists, 514 otorhinolaryngologists, 1491 specialists in general medicine, 925 specialists in occupational medicine; 1119 neuropsychiatrists, 341 specialists for skin and venereal diseases, 326 specialists for contagious diseases, 526 specialists in physical therapy and rehabilitation, 259 urologists, 753 radiologists, and 277 school medicine

[5] See articles 115–119 of the Law on Public Health of the Socialist Republic of Croatia (*Narodne novine*, Nr. 32/1970).
[6] Published in *Narodne novine*, Nr. 10/1980.
[7] All statistical data quoted here are taken from the *Statistički godišnjak o narodnom zdravlju i zdravstvenoj zaštiti u SFRJ za 1980. godinu*, Belgrade, 1982, p. 29.

and hygiene physicians. In addition to the above, an estimated 800 physicians are employed in large work organisations outside medical institutions.

YU 18 There are no data on the number of private practitioners, since official medical statistics do not record that activity. However, it is estimated that they include approximately 130 specialists and 200–250 dentists.[8] In addition, there are a certain number of unregistered private offices of dentists who have not been able to find employment in medical institutions or in work organisations, meaning they work illegally. Altogether, the number of doctors in private practice is so low that their contributions to medical care are insignificant.

YU 19 Besides physicians, as of September 30, 1980, there were 119494 other medical workers, assistants and associates of physicians employed as nurses and medical technicians in Yugoslavian medical institutions. Of this group, 15636 had advanced professional degrees, 90998 intermediate degrees, while 12866 had completed a basic level of training.[9]

YU 20 Bearing in mind that Yugoslavia had 22427585 inhabitants[10] as of March 31, 1981, the number of physicians is not adequate. Patients far outnumber the available physicians. Outpatient departments are as a rule so full of patients that doctors are not able to pay adequate attention to each individual. The role of general practitioners is frequently limited to diagnosing diseases and directing patients to appropriate specialists. Patients are able to see the doctor only after long waits in corridors or waiting rooms. After only a brief consultation with the doctor about their health problem, patients are directed to the laboratory or to another specialist for further examination. There again, the patient is obliged to wait in long queues. Special tests, operations or the making of dentures are scheduled so far in advance that patients have to wait for months. Cases of having to wait for drugs and other medical supplies as well are not rare. Long waits are particularly common in the case of dental care, X-ray examinations and the like. The lack of hospital beds also leads to long waiting lists for surgical interventions.

YU 21 Another aspect that should be mentioned is the fragmentation of medical institutions, which are organized into so-called *basic organisations of associated labour* employing only 15–20 people. The ties and opportunities for cooperation among these organisations are not always adequately developed, so that they are not able to provide efficient health protection to patients.

III. Health Insurance

1. Compulsory Health Care Insurance

YU 22 Compulsory health care insurance for all citizens exists in Yugoslavia. The right to insurance is guaranteed by the SFRY Constitution (article 163) and by the constitutions of the federal units. The mode, conditions and scope of insurance are deter-

---

[8] *Zdravstvo u Socijalističkoj Republici Hrvatskoj*, book one: *Zdravlje i zdravstvena zaštita*, Zagreb, 1981, pp. 371 and 406.

[9] *Statistički godišnjak o narodnom zdravlju i zdravstvenoj zaštiti u SFRJ za 1980. godinu*, Belgrade 1982, p. 42.

[10] *Statistički bilten Saveznog zavoda za statistiku*, No. 1295.

mined by the laws of the federal units covering health care and by international treaties. Insurance is not a matter of individual discretion; individuals cannot independently decide whether to take insurance or pay dues for health care.

YU 23 Insurance (i.e. social security system) is based on classic principles of mutuality and solidarity. It is incorporated into the general system of existing sociopolitical relations based on self-management. Insurance is not administered by the state, but rather by the SCIs. These communities are established by agreement between the insured persons and the persons employed in the medical institutions (so-called *insurance beneficiaries* and *givers of medical services*, respectively). In these SCIs, representatives of the beneficiaries and the givers come to an agreement concerning the extent of beneficiaries' rights, as well as the way they are to be realised. However, since the SCIs perform an activity of particular interest to society, the self-management agreements establishing SCIs and their statutes are confirmed by the assemblies of the corresponding sociopolitical community.

YU 24 The SCIs are organized according to territorial principle, i.e. on the communal, regional, federal, or provincial level. On the federal level, there is the Alliance of Communities of Health Insurance and Public Health of Yugoslavia. This institution deals primarily with international matters concerning health insurance and makes possible the exchange of experience and information among SCIs throughout Yugoslavia. In some federal units, there is only one kind of SCIs for all citizens, while in others (for instance, in Croatia), there are different categories of SCIs, namely: (a) for employed persons, for the unemployed ones and their families and dependents; (b) for farmers and their dependents and families; and (c) for private craftsmen, catering service workers, and carriers, including the members of their respective families and dependents.

YU 25 SCIs are managed by assemblies divided into two houses: the chamber of users (beneficiaries) and the chamber of givers of services. The assembly is composed of one or more executive collegiums, whose members are elected from among the delegates of the assembly. These bodies perform specific executory tasks, and along with the assembly, exercise supervisory control over the community.

2. Scope

YU 26 The right to health insurance presupposes two kinds of protection, namely, the right to health protection in the narrow sense of the term and the right to monetary compensation and other benefits. Health protection refers particularly to medical examinations, hospitalisation of patients and medical rehabilitation, the prescription of drugs and other medical substances, dental care and any necessary technical materials such as dentures, orthopedic and other medical appliances. The conditions and terms of use for all these forms of health care are determined by means of self-management regulations formulated by the SCIs. Insurance benefits cannot be altered by contract, transferred to others or inherited. The only exception relates to the rights to monetary benefits and aid due the beneficiary but not actually paid because of the beneficiary's premature death; such rights may be inherited (article 8 of the HCHIAC).

YU 27 The SCIs have a legal duty to ensure to citizens by their own means the minimum of health care. That minimum includes the following:

1. Health education through systematic instruction of healthy and sick population
2. Complete health care for the following persons: women in matters relating to

pregnancy and maternity (including family planning), children up to 15 years of age, school children up to 19 years of age, students up to the age of 26 years and all persons over 65 years

3. Complete health care for workers suffering from occupational disease or work-related injuries
4. Complete health care for all citizens in the case of contagious disease, psychosis, rheumatic fever and resulting complications, malignant diseases, diabetes, endemic nephrosis, progressive nervous-muscular diseases and hemophilia
5. Compensation of travel expenses relating to health care for workers, members of their families and, if necessary, their escorts
6. Compensation of funeral expenses in the case of the death of a worker or a member of this family
7. Ensuring the availability of equipment to prevent hip injuries in every newborn child
8. Rights of workers to compensation for earnings lost during absence from work due to illness or injury; medical examinations; donations of blood, tissue or organs; or caring for a family member.

YU 28 In case of illness, compensation covering a 30-day period is paid to the worker by the work organisation at his place of employment, i.e. by the private employer, while illnesses exceeding 30 days are paid for by the SCI. However, the worker is not entitled to compensation for earnings lost during an absence from work due to illness in the following cases: (a) if his inability to work was intentionally caused by him; (b) if he has deliberately impeded his recovery, thus delaying his return to work; (c) if he performs an economic activity or some other activity during his illness through which he is able to earn income; (d) if he does not consent to be treated for his illness without good reason in cases where his consent is necessary for the treatment; (e) if, without good reason, he does not go to the doctor charged with evaluating his state of health, or if he does not present himself at a compulsory medical examination, including one before a special commission of doctors (article 46 of the HCAS).

YU 29 It is possible for the SCIs to provide additional health care benefits over and above the ones prescribed by statute as minimum. This is achieved through a decision by the insured person, who must also provide the means of financing those additional benefits. In addition to that, work organisations may provide their workers with certain forms of health care beyond those guaranteed by the SCIs (for instance, regular health examinations and recreation).

3. *Financing of Health Care*

YU 30 The costs of health care and insurance payments (such as employment compensation and other benefits) are financed through contributions paid for by the persons insured, by work organisations and by private employers. The total amount of these resources is determined through medium-term programs of the SCIs, which also establish the exact amounts of contributions. The contribution rates for different categories of insured persons are negotiated by those participating in the insurance program.

YU 31 The workers pay health care insurance contributions to their SCI at uniform rates proportionate to their earnings. The mechanism of the proportionate rate ensures *compulsory solidarity* in the SCIs by guaranteeing that insured persons earning different wages pay different absolute amounts for health care, yet are changed at the same contribution rate and receive the same benefits. This brings about a redistribution of insurance expenses between the rich and the poor and between insured persons having more or fewer dependants in favour of those with a larger number of dependants. The principle of solidarity is applied not only to relations between individual insured persons, but also between the various SCIs, since their economic power as well is unequally distributed. That kind of solidarity is effected through so-called *solidarity funds* by means of which richer SCIs help less well-off ones.

YU 32 In addition to contributions, the law authorizes the SCIs to prescribe that insured persons participate directly in paying for certain forms of health care, though the SCIs must see to it that such participation does not have the effect of diminishing the quality of health care (article 37 of the LHCS). All SCI-s make use of this power to require insured persons to participate, for instance, in the costs of certain drugs, orthopedic devices and other medical equipment.

However, if financial resources are insufficient to cover health care expenses through regular channels, such as the contributions mentioned earlier, the sociopolitical communities are obligated to provide the necessary means.

IV. Claims Against Medical Personnel and Institutions

YU 33 In contrast to some countries of Western Europe, claims brought in court against doctors and medical institutions are rather rare in Yugoslavia. Legal grounds and possibilities for determining the criminal and civil responsibilities of medical personnel and medical institutions do exist, but they are rarely invoked. Thus, in the period from 1960 to 1980, the courts found only 108 medical employees (i.e. doctors and their assistants) guilty of criminal acts of unconscionable treatment of patients. In the course of the last 10 years, public prosecutors have received an average of 108 criminal charges each year against medical workers. Most of these cases have been denied, while an average of 19 per year have been prosecuted. On the other hand, the courts have found an average of only six individuals a year guilty of criminal acts. The 15 persons convicted in 1980 represent a considerable increase, but this trend did not continue in 1981, when only one doctor was convicted of unconscionable treatment of patients.

YU 34 For the entire period of 1960–1980, the most frequent penalty was 3–6 months of prison, though sentences of 1–2 months of prison or only fines were also rather frequent.[11] It is obvious that the courts do not consider the social danger stemming from criminal acts of unconscionable treatment of patients to be so great that they should be deterred by imposing more severe penalties. There have even been cases of mass damage inflicted on patients in some medical institutions (for instance, prescribing incorrect doses of vaccine to babies), but these cases have resulted in relatively mild penalties for the accused. The courts seem to have been influenced to attenuate any possible guilt by the feeling that medical workers engage in a humane profession. The relevant factor here is undoubtedly the attitude of the doctors themselves, who always appear as court experts in such cases and who, as a rule, tend to conceal or at least make light of their colleagues' errors. This solidarity of the medi-

[11] All these data are quoted from the documents of the Federal Statistics Institution in Belgrade.

cal profession is evident to a large degree in the courts. Though it is much talked about, nobody writes about it. In other words there is so little resistance to it outside the profession in society as a whole that this solidarity of the medical profession is allowed to go uncheaked. Resistance within the medical profession itself is even weaker, despite the fact that its own ethical rules aim to foster different attitudes.

YU 35 The number of civil actions seeking damages is difficult to ascertain. No reliable information or data exist, since neither the courts nor state agencies issue separate statistics. The bulletins published by the courts and the collections of judicial decisions do not contain all decisions arrived at by, the courts but rather, only the principal ones. Therefore, published verdicts are not an exact index of the number of proceedings initiated against medical workers and medical institutions. However, on the basis of conversations with judges, practicing lawyers and physicians, one can infer that such litigation is not at all frequent.

1. Why Is the Number of Claims Small?

YU 36 Generally speaking, Yugoslavian citizens do not hesitate to address the court in order to protect their rights. However, they lose the courage to sue when it comes to filing claims for damages against doctors and medical institutions. In fact, one could say that they are extremely tolerant and conciliatory towards those who have inflicted injury on them. This leads to the question of why this should be the case.

Undoubtedly, the tolerance shown by persons suffering injury due to unconscionable treatment can be attributed to several causes, only some of which can be generalized. It would not be true, for example, to think that the small number of claims brought against medical personnel and institutions in Yugoslavia is due to the efficient and scrupulous attitude the latter manifest towards their patients. Far from it: a considerable number of Hippocrates' followers do not behave in accordance with the great, humane ideas of their teacher. This is evident from the large number of oral and written complaints submitted to medical institutions by patients and their families concerning doctors. These complaints are full of instances of maltreatment by doctors, of negligent or unethical examinations, or of refusals to give medical aid out of indifference or because the fees earned would have been too meager.[12] In the eyes of the public, medical care has become more and more commercialized, and vying for money has become the predominant concern of medical personnel. "It is a notorious fact that many medical institutions frequently cultivate relationships with the SCIs, local political figures and government workers at the expense of their patients. The way they treat patients is left entirely up to the individual doctors, and their attitudes run the gamut from humanitarian to bureaucratic to corrupt."[13] It is even frequently alleged that patients secretly give large sums of money to some doctors and nurses in order to obtain effective treatment or more favourable treatment conditions.[14] Such cases of bribery come out into the open from time to time and are known as "blue envelope" affairs. The most blataut instances have ended in court and are evidence that a number of medical professionals do not

---

[12] M. Lukić and V. Otašević, Moralno-etička i pravna odgovornost liječnika, *Medicina,* No. 4/1967, p. 374.

[13] Djordje Atlas, "O zdravstvu treba otvoreno govoriti", *NIN,* No. 1634, of April 25, 1982. These statements have to be believed since they were submitted by a physician.

[14] These cases involve physicians and nurses employed by medical institutions and who receive a regular salary.

feel bound to extend devoted and efficient care to every patient, but only to those willing to pay extra.

YU 37 As is very well known, it is not rare for unconscionable work to be performed by doctors and their assistants and, in many cases for it to produce unsatisfactory treatment results. The number of such cases is considerably greater than one might be led to believe on the basis of claims filed with the courts or more particularly on the basis of verdicts won against defendant medical personnel. Many cases of negligent (unethical) acts performed by medical personnel and institutions do not come to the attention of patients or at least, there is no concrete proof of them. Only the most conspicuous examples allow the patient to seek damages and attempt to establish the criminal liability of doctors. Less serious cases of negligence are, as a rule, passed over in silence, since patients believe they should feel gratitude towards doctors and their assistants for what medical aid they have received, even if the final result is not satisfactory. Such feelings of obligation are stronger than the outrage at having been done an injustice, since that injustice is not usually inflicted intentionally. If a patient counts on receiving further medical aid from a doctor who has treated him negligently, he would nevertheless in his own interest continue to be silent. Patients living in small towns, where there are only a few specialists, always find themselves in this situation. Given the limitations of a socialized medical service and the restrictions in the territorial and substantive jurisdiction of the SCIs, the individual's right to choose a doctor and a medical institution can not be exercised without difficulties.

YU 38 There are, however, other circumstances as well which explain why such a small number of claims are brought against medical personnel and institutions. Firstly, many citizens are not even aware that negligence on the part of their physicians may damage their health, and that they may be held accountable for such negligence, just like a shoemaker who manufactures inferior shoes or a tailor who makes suits of bad quality. In other words, not all citizens are sufficiently informed of what medicine is capable of achieving today, and without that knowledge, they cannot appreciate that negligence on the part of doctors is a cause of treatment failure. Because of their lack of knowledge, they tend to regard any unsuccessful treatment as an unavoidable misfortune that they must come to terms with.

YU 39 Secondly, patients hesitate to initiate court action because of the fact that law suits against doctors and medical institutions are difficult for them to win and are of long duration. The risks involved with litigation are thus rather great, and damages are frequently small, so that it is of little advantage to sue. These difficulties are compounded by the fact that in Yugoslavia there are neither associations to protect patients nor arbitrators connected with doctors' associations where conflicts could be resolved outside the courts or where expert opinions could be obtained. Since there are no state agencies from which a patient who has suffered injury can seek support, he is always in the weaker position in a court suit brought against a medical institution. As a layman, he is not competent to supply evidence that the injury inflicted on him was caused by the negligence of doctors at a particular medical institution. He is in a much more advantageous position when the doctor who treated him is found guilty of a criminal offence, but as we have shown, such verdicts are rather rare in practice.

YU 40 Thirdly, a patient suffering injury is not always motivated to claim damages against a doctor or a medical institution. For instance, even if additional costs are incurred through extra medical treatment needed to rectify the consequences of the original negligence, such expenses are in any case covered by the health care scheme. Furthermore, lost earnings are also compensated for by the health insurance scheme and not by the damage feasor. Only compensation for pain and suffering (nonmaterial damage) can be obtained through court, but monetary awards fixed by the courts are relatively low and sometimes even symbolic. Consequently, since almost all property damage caused by unconscionable treatment is covered by the health insurance scheme, the patient has no incentive to inquire who the real damage-feasor is. The real interested parties should be not the patient but those liable for compensation, i.e. the SCI and the work organisation employing the patient. They are the ones entitled to redress from the damage-feasor for the amounts paid. However, they tend to renounce that right and very seldom engage in litigation. This is another consequence of the socialisation of medical care and health insurance. In such a situation, civil liability, whether primary one or final, does not fall on the actual perpetrator of the damage. The responsibility for the negligence of individuals is thus usually shifted to the collective, to all persons paying health insurance contributions. Representing these individuals are the SCIs, whose employees do not much care whether damages are paid to the patient or to the medical institution treating him because such compensation is not financed by money which would otherwise go into their own pockets.

YU 41 Nor do the work organisations employing the patient show any desire to obtain compensation for earnings paid to workers during illness. Individuals in the work organisations do not perceive such payments as losses which should be claimed in court. In this way, both cases of negligent injury and their perpetrators, i.e. the doctors and medical institutions, escape public notice. The latter feel no obligation to compensate their patients for damage caused by their negligence, and they are not insured against that kind of risk either. Their liability for injury is much more potential than real. Doctors and their assistants do not greatly fear criminal liability either, since the grounds for such responsibility are even stricter and more difficult to prove. The notion of moral responsibility offers the widest possibilities for determining liabilty, but the social and professional mechanisms which should motivate it are so underdeveloped that the actual threat to doctors is least significant in this area.

B. Responsibility of Medical Personnel and Institutions for Negligence

YU 42 In cases of professional negligence, i. e. negligence in performing their duties, medical personnel and medical institutions in Yugoslavia are subject to four types of responsibility: criminal, civil, disciplinary and ethical. In principle, these responsibilities are not causally interrelated, since each type has its own conditions and aims. However, rather frequently, a single negligent act committed by a medical worker constitutes a common condition for each one of these responsibilities. In such cases, all of them may apply simultaneously. Although the grounds for these responsibilities are determined according to different procedures and by different bodies, they do not exclude each other. This is possible since the sanctions corresponding to each are different and complementary. Criminal and civil responsibilities are established by the state agencies, i. e. by the courts. Disciplinary responsibility is determined by disciplinary courts at the medical institutions, while ethical responsibility is ascertained through honour courts established by professional associations of medical professionals.

This report relates only to criminal and civil responsibilities.

I. Criminal Responsibility

1. Criminal Acts of a Specifically Medical Nature

YU 43 There are no provisions in Yugoslavian criminal law covering specific criminal acts whose perpetrators are exclusively persons of specific professions. To the contrary, the concept of responsibility is derived on the grounds of criminal acts which may refer to all citizens. However, medical workers are an exception to this, since their professional responsibility is regulated separately. Thus, certain criminal acts do exist which concern only medical personnel. These include serious acts of professional negligence, while less serious ones constitute disciplinary and ethical infractions. In other words, criminal statutes of federal units of the SFRY provide for some criminal acts which can be committed only by physicians and other medical workers. These include the following: unconscionable treatment of patients, physician's refusal to provide medical help and the unauthorized transplantation of human body parts. In addition to the above, the criminal act of unauthorized abortion relates mainly to medical personnel since persons from other walks of life would hardly attempt to perform that. Finally, other criminal acts include the unauthorized disclosing of secrets and the issuing of false certificates, but these acts can be committed not only by medical personnel but also by individuals from other professions. The following text shall therefore deal only with the first four criminal acts, which are committed exclusively by medical workers.

(a) Unconscionable Treatment of Patients

Statutory Definition

YU 44 This criminal act is included in all the criminal statutes of the federal units of the SFRY, which define it mostly along the lines of the definition included in the federal Criminal Law previously in force until June 30, 1977. Hence, it is of little importance which of these statutes is quoted. For example, here is the formulation of the CAS,[15] which deals with the above-mentioned criminal act in article 126:

(1) A physician who, while extending professional help, applies an obviously inadequate technique or method of treatment, or who does not apply appropriate hygienic measures or who, in general, acts in an unconscionable manner, thus causing impairment of an individual's health shall be punished by imprisonment for a term of 1–3 years.

(2) The penalty from Para. 1 of the present article shall apply to any other medical worker who, while giving medical help or treatment, or who, in performing other kinds of health care activity, acts in an unconscionable manner, thus causing impairment of an individual's health dividual.

(3) If the act defined in Para. 1 and 2 is committed out of negligence, the perpetrator shall be punished by imprisonment for up to 1 year.

YU 45 The Act distinguishes two kinds of criminal acts of unconscionable treatment of patients: (a) an act which can be committed only by physicians (Para. 1) and (b) an act which can be committed by other medical personnel (Para. 2). This requires separate explanation.

Unconscionable Treatment of Patients by Physicians

Essential attributes of this form of criminal act of unconscionable treatment of patients are the following: (a) it has to be committed by a physician; (b) it has to be the effect of one of the actions enumerated in the CAS; (c) these actions have to cause impairment of an individual's health. All these attributes require further explanation:

The Act Has to Be Committed by a Physician

YU 46 The perpetrator of that form of criminal act can only be a physician, namely, a person who has graduated from a medical school or a school of dental medicine. There are, however, controversies in the literature on the issue of whether the notion of physician, in terms of the above-mentioned criminal act, should be so broadly conveived. According to one view, only the physicians who meet the conditions for the independent performing of medical duties should be taken into account, meaning those who have completed their training period and passed the corresponding professional examination.[16] More widely accepted is the standpoint that perpetrators of this criminal act can also be physicians in training.[17] Those supporting that standpoint consider it in essential whether the physician treats patients directly or performs some other task in a medical institution related to medical treatment (for instance, carrying out microbiological, parasitological, toxicological, or other kinds of lab analyses). Moreover, they think that this type of criminal act could also be committed by a physician who is even unemployed, if he happens to extend medical aid to somebody.[18]

---

[15] Published in *"Službeni glasnik SR Srbije"*, nr. 26 of 1977.

[16] See on the subject Božidar Kraus in *Komentar Krivičnog zakona SR Srbije, SAP Kosova i SAP Vojvodine* (Belgrade, 1981), p. 395.

[17] *Ibid.*

[18] Dragoljub Atanacković, *Krivično pravo, posebni deo*, (Belgrade), 1981, p. 316.

The Realization of a Criminal Act

YU 47 The manner in which that criminal act can be realized is enumerated in the CAS as follows: (a) the application of an obviously inadequate technique or mode of treatment; (b) the failure to apply adequate hygienic measures; (c) unconscionable medical treatment in general.

YU 48 1. The treatment technique includes all objects which, in order to effect diagnosis or treatment, are introduced or implanted in the patient's body (for instance, drugs, probes, catheters, pacemakers and the like). The mode of treatment consists of the procedure or kind of treatment which is also used in order to effect the diagnosis or treatment of patients (for instance, surgical operations, X-ray treatment, medication, electric shock treatment and the like). However, practical differences between techniques and modes of treatment are not great. The application of a specific mode of treatment, for instance, presupposes the implementation of a particular treatment technique. However, this is not always the case, since different modes of treatment may be effected using a single technique.

YU 49 The treatment technique and the mode of treatment must clearly be inappropriate. According to the opinion of Yugoslavian experts (physicians) of forensic medicine, these include all techniques or modes of treatment which – in any given case – representatives of any of the accepted schools of medical thought consider useless or even harmful to health.[19] Techniques and modes of treatment which have proved successful at the stage of lab testing are not considered clearly inadequate. However, if at the moment of their application they had not yet been tested, or if the results of testing were unsatisfactory, they should be regarded as clearly inadequate. On the other hand, techniques and modes of treatment which have not yet been sufficiently tested are not considered to be clearly inappropriate if used to treat a serious or lethal illness for which no appropriate medicine has been developed until that moment, provided there was a reasonable possibility that such techniques and modes could have had a beneficial effect and provided the patient agreed to the treatment.[20] Obviously, the question of whether a specific technique or mode of treatment is inappropriate can only be answered by a commission of experts composed of physicians of forensic medicine and of physicians of those branches of medicine which are directly connected with the object of expertise.[21] In principle, however, it is safe to say that the technique and mode of treatment are always considered to be clearly inappropriate when implemented with the aim of carrying out unjustifiable experiments on patients.

YU 50 However, the reasons for distinguishing criminal acts of unconscionable treatment are not limited to the aim of protecting patients from unjustified experiments. In some cases, any intervention by a physician where medical contraindications exist should be regarded as clearly inappropriate. These include cases where the number of contraindications exceeds the number of indications or where the increased risk the intervention poses is unjustified. As a rule in such instances, the physician was not aware of the contraindications when he performed a certain kind of treatment, but he could have been or he should have made it his duty to be aware of it. His unconscionable action consists of the fact that he did not discover or inquire into the existence of contraindications, with the result that he opted for the

---

[19] D. Zečević and D. Nosso, "Karakteristike krivičnog dela nesavesnog lečenjy bolesnika (član 203. K. Z.)", *Symp. Otorhinolog. Yug.*, 12, 2 (1977), p. 264.
[20] Dragoljub Atanacković, *ibid.*, p. 317.
[21] D. Zečević and D. Nosso, *ibid.*

inappropriate treatment. As an example, he might have neglected to find out the patient's blood type prior to a surgical intervention or to check whether the patient is allergic to any drugs before administering a certain medication. In other words, the use of an obviously inappropriate technique and mode of treatment presupposes a *gross violation* of the physician's professional duty that represents a considerable departure from generally recognized and accepted rules of medical science and medical practice.

YU 51 2. Adequate hygienic measures are these prescribed by the generally adopted rules of medical science and medical practice. Implementing such measures may be necessary prior to, in the course of or immediately after some medical intervention, as well as in the course of treatment or for preventive purposes. These measures may include the following: sterilisation of medical instruments and other materials, disinfection of the physician's hands and garments in the course of a surgical intervention, disinfection of the patient and of his belongings and the like. The criminal act of unconscionable treatment includes not only the failure to apply specific hygienic measures at all, but also the failure to carry out such measures adequately, sufficiently or completely. Taking adequate hygienic measures is usually the task not of the physicians themselves but of their associates, who are thus responsible for seeing that the measures taken are satisfactory. However, the physician is ultimately responsible in such instances, since he is usually supposed to give appropriate orders or oversee the patient's treatment.

YU 52 3. All other cases of unconscionable treatment of patients by physician are encompassed by the legal term "unconscionable acting in general". Since such cases are numerous and vary in kind, it is necessary to indicate at least a few. First of all, this category would include the case of a physician who, negligently failing to discover indications actually present in a patient which would dictate a specific medical treatment, neglects to carry out that treatment or, as the case may be, to send the patient to another specialist who could prevent further impairment of the patient's health. (Such is the case when a physician's incompetence in amputating a patient's limb later leads to gangrena.) In practice, surgeons quite often leave objects such as gauze, absorbent cotton and even medical instruments in the patient's body. Such actions are also considered by the courts to be cases of unconscionable treatment, although medical experts think of them only as "mistakes and errors which do happen, but do not have the character of unconscionable treatment."[22]

Consequences of Unconscionable Treatment

YU 53 The criminal act of unconscionable treatment of patients presupposes that as a consequence of such treatment, and individual's health is impaired. There should be a causal link between the unconscionable treatment and the deteriorated state of the individual's health. More serious forms of such criminal acts relate to instances of serious physical injury or serious deterioration of health or the death of one or more persons due to unconscionable treatment (article 135 of the CAS). Not the act of unconscionable treatment itself but only its consequences is considered punishable by the Act. However, whether or not such consequences actually materialise does not depend on the perpetrator of the act but on other factors, of which a significant one is the patient's own resistance to disease. In such situations, physicians who have been equally negligent while treating their patients are treated differently by the

[22] See the verdict of the District Court in Titovo Užice, K. 20/81, of September 28, 1981 (the archives of that court).

law: namely, only the physician who is unlucky enough to have a patient who actually becomes ill as a result of the treatment will be held responsible. It is obvious that such a legal policy is not in accordance with the principles either of medical ethics or of professional discipline. Therefore, in the absence of criminal responsibility for unconscionable treatment, the physician should at least be held accountable on disciplinary and ethical grounds. Unfortunately, this does not happen very often in practice.

Unconscionable Treatment of Patients by Other Medical Personnel

YU 54 In addition to physicians, the criminal act of unconscionable treatment of patients may be committed by other medical personnel such as nurses, midwives, medical technicians, dental technicians and the like. This category includes all persons in the medical profession who assist the physician in determining diagnoses, carrying out medical treatments, applying therapy and the like. This criminal act can also be committed by a person who does not actually have any medical degree or training but who in fact performs any of the tasks enumerated above. Thus, for instance, the Supreme Court of Croatia holds that such acts can be committed by a person who has practiced nursing for some length of time, thus acquiring necessary professional knowledge even though he is officially classified as a member of the administrative staff.[23] However, the CAS does not include in this category someone who does not have the necessary qualifications and degrees to be a member of the medical profession, there by excluding persons assigned to care for a patient in one single case.[24]

This form of criminal act of unconscionable treatment differs from the previous one, not only in terms of the perpetrator but also in terms of the manner in which it is committed. A criminal act can be committed not only while giving medical help or care, but also while performing "other kinds of medical activity" (for instance, handling meals or supervising the diet of hospitalized patients, performing lab tests and the like). However, medical activity does not include the work of administrative staff employed by the medical institution.

YU 55 Medical employees are responsible for actions they perform in fact, regardless of whether they are authorized to perform them, i.e. regardless of the degree of independence they have in their work. The fact that a physician too may be held criminally responsible for omitting to issue necessary orders and directions, or to supervise the work of his associates, does not exempt his associates from liability for negligence. If a physician gives to an associate orders that represent a considerable departure from the usual practice, his associate is also held responsible if it is obvious the order is inappropriate and if he omits to mention that fact to the physician.[25] In other words, mistakes are not forgiven simply because the person who committed them was carrying out someone else's orders.

Form of Fault of Perpetrator

YU 56 Criminal acts of unconscionable treatment of patients may be committed intentionally, i.e. with premeditation, or out of negligence. In other words, the medical employee must either be aware that his action in a specific case is not in accordance

---

[23] Decision of the Supreme Court of Croatia Kž-1774/55 (quoted according to Božidar Kraus, *ibid*, p. 396).

[24] Decision of the Supreme Court of Serbia Kž-1713/58, of September 21, 1958 *(Bilten Vrhovnog suda Srbije)*, no. 25.

[25] Božidar Kraus, *ibid.*, p. 397.

with rules of medical science or with accepted medical practice, or at least, given the circumstances and his own personal capacities, he should have been aware that his action diverged from accepted practice. However, an awareness of the consequence, namely, the possibility that impairment of health might result, is not an essential element. Negligence alone is sufficient. In other words, if a premeditated act as described above resulted in impairment of the patient's health, physical injury or death, that would amount to the criminal act of premeditated bodily injury or premeditated murder. On the other hand, the patient's agreement to medical intervention does not eliminate the responsibility of the physician who acts unconscionably in providing medical aid. However, that physician is not considered to violate the law even if he gives medical aid without the patient's consent, provided the treatment proves successful or at least does not result in deterioration of the patient's health. So-called *self-willed treatment* is not particularly incriminating, meaning not every external intervention performed on the patient's person amounts to unlawful bodily injury or impairment of the patient's health in terms of criminal law. In legal terms, this could only be a violation (infraction), since only the patient's personal rights are infringed upon (i.e. *the right of self-determination*). Such infractions are sanctioned by a fine levied against the medical institution (article 163, point 6 of the LHCS) or against the physician who undertook the intervention (article 256, point 2 of the HCHIAC). However, a physician is under obligation to point out to the patient the consequences of refusing medical treatment. His neglect of this obligation is also assessed in legal terms as an infraction for which the physician may be fined (article 164, point 3 of the LHCS).

(b) Failure to Render Medical Aid

Statutory Definition

YU 57 This criminal act of medical personnel is also provided for by the criminal statutes of all federal units of the SFRY. The CAS provides for it in article 127, which reads as follows:

(1) A physician who, contrary to his medical duty, refuses to extend medical help to a person in need of it or who is in imminent danger of death, shall be punished by imprisonment for not more than 1 year.

(2) If as a consequence of performing the act described in Para. 1 of this article the person who was denied help dies or suffers serious injury or damage to his health, the perpetrator shall be punished by imprisonment of not more than 5 years and not less than 6 months.

Essential Characteristics of Criminal Act

YU 58 Every citizen of the SFRY is obligated to help another person in mortal danger (article 196 of the Constitution of the SFRY). Whoever is able to help without at the same time endangering himself or others, yet does not provide help to the person in need of it, is committing the criminal act of "failure to render assistance", as provided for by the criminal statutes of all federal units of the SFRY. However, medical professionals are under particular statutory obligation, within their capabilities, to "render urgent medical assistance at all times and places" (article 65, paragraph 3 of the LHCS). When a physician does not honour this duty, he is committing the criminal act of "failure to render medical aid", the statutory definition of which is set forth in the above text.

YU 59 One of the essential characteristics of this criminal act is that it can be committed only by a physician.[26] However, jurists do not agree on the definition of the term "physician" in relation to that criminal act. According to one opinion, the perpetrator of the criminal act of failing to render medical assistance can only be a physician engaged in medical practice at a medical institution or as an individual. This definition does not include physicians doing scientific research or working in a laboratory, those working in performing the area of public hygiene, those employed by administrative agencies and bodies or retired physicians. Furthermore this term does not include individuals training to be physicians even if such individuals work in a medical institution, since they do not perform medical duties independently. According to another opinion, the criminal act of failing to render medical assistance can be committed by any physician, regardless of whether he practises medicine independently.[27] This opinion is more correct, since the LHCS imposes an obligation on a physician to render urgent medical assistance "within the limits of his capabilities".

YU 60 The action of committing this criminal act consists of "refusing" to render medical help. The statutory term "refusing" is interpreted broadly, ranging from cases in which the physician merely ignores somebody else's call for help to cases in which he actively avoids any intervention. Naturally, this relates only to urgent medical help which is necessary to eliminate some immediate threat to the life of an individual. The form of help, its scope and duration depend on the nature and degree of illness, on the state of patient's health, as well as on the ability of the physician to provide help in the specific case. The physician who merely examines the patient without undertaking any other measure fails to provide sufficient care. Sometimes help might consist only of directing the patient to another doctor or medical institution. However, if the physician responsible for a certain territory fails to check the patient, directing him instead to a hospital, he is committing the criminal act of failure to render medical aid.[28] A physician is under obligation to render medical assistance even if he thereby imperils his own health (as, for instance, with a patient suffering from a contagious disease), though not if it means endangering his life. His professional medical duty is thus limited by objective and subjective circumstances in each particular case.

YU 61 It is not essential to the basic form of this criminal act that some serious consequence for the person whose life was endangered occur as a result of the physician's failure to render medical assistance. Nor does the fact that the threat to life is eliminated through the intervention of a third person or in some other way dissolve the liability of the physician who fails to render assistance. However, if one physician has rendered a patient assistance, no obligation for other physicians to render such help exists.

Form of Fault of Perpetrator

YU 62 This criminal act can only be committed deliberately. That is the physician has to be aware that an individual is in mortal danger and that he (the physician) is in a position to help such an individual. The physician is not criminally liable if he considers, even erroneously, that there is no immediate danger to the life of the person

---

[26] However, according to the Criminal Act of the SR of Slovenia (article 123), in addition to a physician, the perpetrators can also be the associates of the physician.

[27] Božidar Kraus, *ibid.*, pp. 398–399.

[28] This was the standpoint of the Supreme Court of Serbia in its decision Kz-36/68, of October 18, 1968, *Bilten Vrhovnog suda Srbije*, no. 15/1969, p. 12.

concerned or that he, as a physician, is not able to render the necessary help. However, he is liable if he does not render this help merely because he believes that the chance of eliminating the danger thereby is insignificant.[29] It is interesting to note that the Criminal Statute of Croatia combines premeditation with negligence in defining this criminal act. Article 175 of this statute reads as follows: "A physician who does not render urgent medical help to a person in need of such help, despite the fact that he was aware or he could or should have been aware of the possibility of seriously impaired health or the death of the person concerned as a result of not rendering such assistance, shall be punished ...".

(c) Unlawful Transplantation of Parts of Human Body

Statutory Definition

YU 63 This criminal act of medical workers is specifically provided for only in article 174 of the Criminal Act of Croatia, which reads as follows:

(1) Whoever transplants, on the ground of medical indications, a part of human body without the consent of the donor, or whoever transplants without medical grounds, a part of the human body with the consent of the donor, shall be punished by imprisonment of not less than 6 months and not more than 5 years.

(2) Whoever transplants a part of the human body without medical grounds and without the consent of the donor, shall be punished by imprisonment of not less than 1 year and not more than 8 years.

(3) Whoever takes for the purpose of transplantation some part of human body prior to the official determination of the death of the person concerned shall be punished by imprisonment of not less than 3 months and not more than 3 years.

Since the criminal statutes of the other federal units of the SFRY do not provide for this criminal act, it is obvious that there is a legal vacuum in that respect. This vacuum is not filled by the federal Law on Conditions of Exchanging and Transporting Parts of Human Body for Purpose of Transplantation in Order to Effect Treatment.[30] Article 11 of the above-mentioned Law also provides for criminal liability of a physician for unlawful transplantation of human body parts. However, this article establishes a somewhat less severe punishment for the perpetrator (up to 3 years of imprisonment) than the one set forth by the Croatia Criminal Act.

When Transplantation Is Deemed Permissible

YU 64 Conditions for permitting transplantation of human body parts are legally provided for only in Croatia and Serbia. These two federal units each have statutes, which are entirely identical, on taking and transplanting parts of the human body for purposes of treatment.[31] As already montioned, a federal law concerning this matter exists, too. According to the above-mentioned statutes, taking and transplanting human body parts is permitted only where there are justifiable medical grounds, namely, when all other conditions provided by law are met with.

YU 65 Body parts of a deceased person can be transplanted only after incontestably determining the fact that the death has occurred. Croation and Serbian statutes do not determine the criteria for the moment of death, leaving it to a committee of at least

---

[29] Božidar Kraus, *ibid.*, p. 400.

[30] This Law has been published in the *"Službeni list SFRJ"* (Official Gazette of the SFRY), no. 43 of 1982.

[31] The Croatian Act has been published in the *"Narodne novine SR Hrvatske"*, no. 31, of 1980, while the Serbian one appears in the *"Službeni glasnik SR Srbije"* no. 22 of 1981.

three physicians to establish the moment of death "by reason of medical criteria". However, the federal Law on Transplantation provides that a person shall be considered to have died if, on the grounds of medical and legal criteria, it has been determined beyond any doubt that the functions of the brain or heart have stopped (article 3). In addition to that, transplantation is permitted only if the deceased person did not expressly oppose such action, while alive, i.e. if express disagreement has not been conveyed by the parents, spouse or child (who must be of age) of the deceased.

YU 66 Body parts of a living person can be transplanted only with his consent and only if it is obvious that this would not endanger the life of the donor or that it would not expose him to permanent and serious damage to his health. The Serbian Act on Taking and Transplanting Parts of the Human Body for Purposes of Treatment requires, in addition to the above criteria, that the donor be older than 25 years of age. Only in exceptional cases does the Act permit the donor to be a person under 25 years, but in no case may he be younger than 18 (article 5). Consent of the donor has to be in writing, with the further condition that he be mentally sane. The donor is entitled to revoke his consent at any time until the moment the intervention is begun. He is also entitled to require that his consent be dependent on transplanting the part of his body in question to a specific person. In such a case, the will of the donor may be changed only if that particular part of his body is no longer capable of being transplanted into the person for whom it was intended.

YU 67 In addition to the donor's consent, lawful transplantation presupposes written consent by the person receiving the body part. If the recipient is a minor or a mentally ill person, or if he is unable to make his own will known due to the state of his health, the consent to transplantation can be given by his parents, a spouse, a child who is of age or his guardian. The consent of the donor and the recipient are legally valid only if they have been previously informed of the nature and purpose of transplantation, the danger such an operation poses for them as well as the prognosis of the intervention. This information is given by a committee of at least three medical doctors. Financial compensation for donating body parts of either living or deceased persons is prohibited. The federal Law on Transplantation sets even forth a penalty consisting of imprisonment fo 1–3 years for a person trading with parts of the human body or for an accessory to such an act (article 10). Data on the donor and the recipient are to be kept confidential.

YU 68 Removing parts from the body of a deceased person for purposes of transplantation may be performed only by the medical institution where the death of the person has been ascertained and which has met the prescribed conditions. Body parts of living persons may be removed only by the medical institution which intends to carry out the transplantation. This must be an institution with the required professional employees, medical and technical equipment and space (i.e. *transplantation centers*).

(d) Illicit Abortion

Statutory Definition

YU 69 This criminal act is also provided for by the criminal statutes of all federal units of the SFRY. As an example, here is the text of article 52 of the CAS:

(1) Whoever contrary to the provisions on performing abortion on a pregnant woman performs the abortion with her consent, starts to perform the abortion or assists her in performing the abortion, shall be punished by imprisonment of not less than 3 months and not more than 3 years.

(2) Whoever engages in the criminal acts described in Para. 1 of this article shall be punished by imprisonment of not less than 6 months and not more than 5 years.

(3) Whoever performs abortion on a pregnant woman without her consent, or starts to perform an abortion, shall be punished by imprisonment of not less than 1 year and not more than 8 years.

(4) If the woman dies as a result of committing the acts defined in Para. 1–3 of this article, or if she suffers serious injury or severe damage to her health due to an abortion already performed, the perpetrator shall be punished for committing the act defined in Para. 1 of this article by imprisonment of not less than 6 months and not more than 5 years, and for committing the act defined in Para. 2 and 3 of this article, by imprisonment of not less than 3 years.

When Abortion Is Deemed Permissible

YU 70 All federal units of the SFRY have statutes of their own regulating abortion. In Serbia, abortion is regulated by the Conditions and Procedures for Abortion Act.[32] According to that Act, abortion may be performed at the request of the pregnant woman up to 10 weeks from the day of conception. In the case of a pregnant woman who is under age or under guardianship, the abortion may be performed only with the agreement of her parents or guardian. A woman requesting the abortion has to give written consent to the medical institution where the abortion is to be performed. A certified obstetrician or gynecologist is required to point out to the pregnant woman the possible harmful consequences to her health that might result from the abortion; he must also inform her of methods of contraception and advise her to meet with a social worker or psychologist. The abortion may not be performed if it is determined that the woman's health would suffer serious harm if she underwent such an intervention.

YU 71 At the request of the pregnant woman and with the approval of the commission for abortion, the abortion may be performed even after the expiration of the 10-week period, but no later than 20 weeks from the day of conception. The commission is authorized to grant approval for abortion only in the following cases: (a) when it has been established on medical grounds that there is no other way of saving the life or avoiding serious injury to the health of the woman in the course of pregnancy, during delivery or after delivery; (b) when by reason of available information concerning the case it is conceivable that the child would be born with serious physical or mental handicaps; (c) if the conception resulted from one of the following criminal acts: rape, intercourse with a helpless person, statutory rape, intercourse through coercion, seduction or incest; (d) if the pregnant woman might experience adverse personal, family and material circumstances during pregnancy or after delivery.

2. Criminal Proceedings

(a) Initiating Proceedings

YU 72 Criminal procedure in the SFRY is regulated in the federal LCP[33] which is valid for the entire country. This Law is based on the principle of accusation, which distinguishes the functions of prosecution, defence and adjudication. Criminal proceedings of the court are initiated exclusively at the request of the authorized prosecutor.

[32] This Act has been published in the *"Službeni glasnik SR Srbije"*, no. 26 of 1977.

[33] This Law is published in the "Službeni list SFRJ" (Official Gazette of the SFRY), no. 4 of 1977.

For acts (offences) whose perpetrators are prosecuted as official obligation, the authorized plaintiff is the public prosecutor, and for those whose perpetrators are prosecuted as a result of a privately initiated action, the authorized plaintiff is the private accuser. Prosecution of the perpetrators of criminal acts committed exclusively by medical personnel is undertaken as an official duty. Hence, criminal proceedings against medical prosecutor are initiated at the request of the public prosecutor. He is obligated to institute criminal proceedings if there is evidence of a criminal act (article 18 of the LCP).

YU 73 If a public prosecutor finds that there are no grounds for instituting or continuing criminal proceedings, his function may be carried out by the person who has suffered damage as a result of the act committed; this person is then the accuser (article 17, Para. 3 of the LCP). Both the public prosecutor and the court are required to inform the interested person with in an 8-day period that he may act as a subsidiary accuser, including instructing him as to what procedural steps he may take in order to exercise this right. The person suffering damage is entitled to institute, that is, continue the prosecution, in the course of the 8-day period following notification thereof. However, there is no legal sanction in the LCP to cover the case of a public prosecutor or court who does not inform the injured person of his right to appear as a subsidiary accuser. For such cases, the law only makes the provision that the injured person is entitled to exercise his right to criminal prosecution for a considerably longer period of time, namely, 3 months from the day the charges are dismissed by the public prosecutor or rather, from moment of the court's decision to suspend the proceedings (article 60 of the LCP).

As a subsidiary accuser, the injured person has the same rights as the public prosecutor, except those pertaining to the public prosecutor in his function as an official of the state. The public prosecutor, however, is entitled to take charge of the prosecution and to present the charges until the trial has come to a close. For his part, the person suffering injury is entitled to appeal the verdict on all grounds provided by the law regarding appeals (articles 63 and 360, Para. 4 of the LCP).

(b) Course of Proceedings in Court of First Instance

YU 74 Criminal proceedings at the court of first instance consists of two stages, namely, the preliminary or pretrial procedure and the trial itself. The preliminary criminal procedure is initiated either at the request of the authorized prosecutor (accuser) to carry out the investigation against a specific person or through a proposal to institute direct accusation. The preliminary court procedure is closed by a decision of the court that there are legal grounds for instituting criminal proceedings.

A request to initiate an investigation is submitted by the authorized prosecutor if he finds that there are reasonable grounds for believing that a specific person has committed a criminal act. The request is submitted to the investigating judge of the proper court. If the investigating judge approves the request, he then orders the investigation. The aim of the investigation is to collect evidence and data needed to determine the charges (i. e. the grounds for the accusation) or to decide whether to suspend to the proceedings (i. e. to dismiss the charges). However, the investigating judge may agree with the public prosecutor's proposal that the investigation not be carried out if enough information has already been collected concerning the criminal act and its perpetrator to furnish sufficient grounds for indictment. If a criminal act is sanctioned by imprisonment for up to 5 years, the investigation stage of the procedure may be omitted even without the agreement of the investigating judge.

The Law authorizes the public prosecutor (though not the injured person in his capacity as accuser) to bring charges immediately in this case, provided the information collected relating to the criminal act and the perpetrator provide sufficient grounds for accusation (article 160, Para. 1 and 6 of the LCP). Once the charges filed have become legally valid, the preliminary or pretrial procedure is deemed complete, at which time the main criminal proceedings may take place.

The main criminal proceedings include the following three phases: (a) preparing the main trial; (b) the main trial itself; and (c) enacting the verdict. The purpose of the main criminal proceedings is to establish material truth on the criminal matter at issue and to come to a proper verdict.

(c) Evidence

YU 75 As far as their participation in criminal procedure is concerned, the court and other state agencies and bodies are required to determine accurately and completely the facts relevant to the enacting of a legal decision. They are also obligated to examine with equal attention the evidence both for and against the accused (article 15 of the LCP). In doing this, they are not bound by any proposals of the parties involved but rather, go about collecting evidence as their official duty. This does not of course diminish the role of the parties involved or their part in the criminal proceedings, particularly as far as the authorized prosecutor is concerned. In other words, the prosecutor is both entitled and obligated to gather and provide evidence throughout the entire proceedings. For the accused, on the other hand, giving evidence is an integral part of his right to defence. The accused is not under any obligation to provide evidence, thereby benefiting from the principle of presumed of innocence. But, in exercising his right to defence he normally submits evidence to prove his statements. If, however, the accused refuses to answer questions, the official in charge of the proceedings is obliged to instruct him of the fact that he may thereby hinder the collecting of evidence related to his defence (article 218 of the LCP).

YU 76 Of particularly importance in criminal proceedings against medical personnel is the evidence that pertains to expertise. The task of giving expert testimony may be entrusted to a medical or other authorized institution or to an individual physician. If the expertise required is complex, it is usually provided by at least two experts. In designating the experts, priority is given to permanent court experts. Persons who are not on the list of permanent court experts may be nominated to give evidence only if there is the danger of delay in the proceedings, such as when the permanent experts are unable to take on the task or if other circumstances call for such action (article 242 of the LCP). The person called upon to be an expert is obliged to respond to the call and submit his findings and opinion. The law provides for penalties of fine and a compulsory summons for those who do not comply with the call to be an expert (article 243 of the LCP). On the other hand, the following persons cannot be assigned as experts: persons who cannot be witnesses, persons exempted from the duty of giving evidence, victims of the criminal act under investigation, persons already appearing as witnesses and persons whose exemption may be requested because of bias (article 244 of the LCP).

YU 77 When participating in criminal proceedings, the court or other state agencies and bodies are not bound by any formal rules of evidence in assessing the value of the evidence submitted (article 16 of the LCP). They operate under the principle of the free evaluation of evidence or by the principle of free belief. The same applies to the findings and the opinion of experts. The law only directs the court to assess in a conscionable manner every particular piece of evidence as well as the evidence taken as a whole, and to draw conclusions based on their assessment of whether a fact has been proved. The court may base its verdict only on the facts and evidence submitted at the trial (article 347 of the LCP).

(d) Property Claims

YU 78 In criminal proceedings, the court also decides property claims of the injured person. However, the scope of such decisions is quite limited. First of all, the court can decide only those property claims which are normally settled in civil litigation courts and not through administrative procedures. In addition, the claim must relate to the compensation of damage, the restitution of property or the cancellation of a specific legal transaction. Obviously, the claim has to be a consequence of the criminal act; it is not sufficient for it to be only indirectly related. Furthermore, the claim may be addressed only against the accused, and not against third persons who are held responsible instead of the accused or jointly with him. Finally, the court decides property claims only if they do not excessively hinder the criminal proceedings in progress (article 103 of the LCP).

YU 79 The court does not decide property claims as one of its official responsibilities, but only upon being requested by the authorized person. However, the court is required to instruct the victim present at the trial who has not submitted a property claim that he is entitled to submit such a claim (article 313, Para. 2 of the LCP). The property claim is then submitted to the agency charged with filing the criminal action or to the court dealing with the criminal matter. It is to be submitted at the latest by the closing of the main trial in the court of first instance. The claim has to be precise and based on evidence (article 105, Para. 1–3 of the LCP). The person lodging the property claim may renounce it by the closing of the trial and refer it to the civil courts as a separate civil matter. If, by the closing of the main trial, the claim has been transferred to another person on the basis of property law rules, such person shall be called to express to the court his intention regarding the claim. If this person does not state his intentions, he is considered as having renounced his claim (article 106 of the LCP).

YU 80 In sentencing the accused, the court may honour the entire amount of the property claim filed with the court or only part of it, directing the victim to file a civil claim to obtain the balance. If the data in the criminal proceedings are insufficient for either complete or partial adjudication of the property claim, the court must direct the victim to submit his entire property claim to the civil court. In addition to the above, if the court reaches a verdict of not guilty regarding the accused, or if the accusation is denied, or if it decides to suspend criminal proceedings, the court is required to direct the victim to submit his property claim in civil court. Finally, if the court decides it is not competent to rule on the matter, it must direct the victim to submit his property claim at criminal proceedings which will be instituted or continued by another court that is competent (article 108 of the LCP).

II. Civil Responsibility

1. Legal Nature and Substantive Prerequisites

(a) Dilemma Between Breach of Contract and Tort Liability

YU 81 The legal nature of civil responsibility of medical personnel and medical institutions has not been the subject of discussion among Yugoslavian jurists. This question is only occasionally touched upon in the literature, but without detailed analysis or explanations. Even so, a number of different opinions have emerged, although the authors have not engaged in direct discussion. According to one opinion, the civil responsibility of medical workers and medical institutions always has an out-of-contract character; i.e. it is of a tort nature;[34] according to a second view, it is mainly of a breach-of-contract nature;[35] while according to a third opinion, it can be of both breach-of-contract and tort character.[36]

The courts have not taken a direct stand in the matter, since taking a position is not required of them. However, the reasoning of court decisions suggests that claims for damages on the ground of tort have been at issue. The courts accept the view that the liability of medical personnel and institutions is exclusively of a tort nature. Such a conclusion seems all the more likely since in some of their decisions concerning compensation of damage, the courts have almost seemed to "run away" from the notion of breach-of-contract liability, even where the circumstances and facts favoured that type of liability. Thus, for instance, the liability of the seller towards the buyer for so-called *reflection damage* has been evaluated exclusively as a tort liability.[37] Generally speaking, the courts tend to explain liability, for compensation due to bodily injuries or injury to health according to the rules of tort law and not according to the breach-of-contract principle.

YU 82 However, the courts practice is not the only reason for the standpoint that the responsibility of medical personnel and institutions towards the patient has no basis in principle of breach-of contract. An additional fact in favour of the above-mentioned standpoint is that the patient does not enter into a contract to receive treatment from the medical institution.[38] Rather, he derives his right to medical treatment from the law and from the *self-management agreements* of the SCI to which he belongs. Thus, mutual rights and duties of patients and medical institutions are not determined by a contract on medical treatment, but by the law and the above-mentioned self-management agreements. These agreements belong to the *self-management general acts* by means of which socioeconomic and other self-management relationships are coordinated and regulated. The self-management agreement relates to all medical institutions and patients within the territory of a particular SCI. All

[34] Ljubiša Milošević, "Odgovornost zdravstvene ustanove za štetu prouzrokovanu obolelom licu", *Pravni život,* No. 6/1967, p. 5.

[35] Marija Toroman, "Profesionalna odgovornost u pravu socijalističkih zemalja", *Strani pravni život,* No. 56–57/1967, p. 10.

[36] Zvonimir Šeparovič in *Zakon o zdnavstvenoj zaštiti i zdravstvenom osiguranju s objašnjenjima* (Zagreb, 1980), p. 260.

[37] See, for instance, the decision by the Supreme Court of Croatia, Gž. 4961/76, of December 29, 1977, *Pregled sudske prakse u godini 1978,* no. 13/1978, p. 28.

[38] It is another thing if he submits to medical treatment at the hands of a physician in private practice. In such a case, the patient and the physician enter into a contract for specific services, since under Yugoslavian law, that term includes both the act to be performed and the service to be randered.

patients and employees of medical institutions have the status of participants in the autonomy agreement, which is concluded in written form on their behalf by authorized bodies. The drafting of the autonomy agreements is public so that all participants may express their opinions at meetings. Once concluded, the agreement imposes duties not only on those represented in the agreement but also on those who join it later.

YU 83 The opinions of Yugoslavian jurists are divided concerning the legal nature of self-management agreements. According to one conception, a self-management agreement is identical to a civil law contract; that is, it is a "legal transaction of the self-management law"; according to another opinion, it is a "normative act", while still others consider it a "mixed act".[39]

Foreign legal experts may understand the notion of self-management agreement if one compares it with the *collective* labour *contract*. However, these are not identical terms, since a collective labour contract presupposes entering into individual contracts between the employer and the employees, while in the case of self-management agreement there is no need for such individual contracts concluded between medical institutions and the patients to cover medical treatment. Self-management agreements contain stipulations on the rights and obligations of normal physical actions. It suffices for a patient to present to the medical institution the medical identity card issued to him by his communal SCI for him to receive adequate medical care. In its turn, the medical institution keeps files on all medical services it renders, which then serve as the basis for compensation by the patient's SCI.

YU 84 There is no doubt that a specific kind of legal relationship is established between patients and medical institutions. That relationship is of a law-of-contract (i.e. claim) character. It is entirely irrelevant whether it can be classified under some already existing type of contract (such as, for instance, the contract on personal services), or it may be designated as a *sui generis* contract, that is, as a contract without a specific name. It is essential for its parties to have mutual claims, just as the parties in any other contract have. These claims are also supported by legal sanctions, since the parties to the self-management agreement who do not honour their duties are responsible for damage inflicted by wrongful (or negligent) acts to the other party (article 604 of the LAL). I am of the opinion that this responsibility may be termed contractual, since it is a consequence of having violated the obligations stemming from a particular legal relationship between the damage-feasor and the person suffering injury.

YU 85 However, life, bodily integrity and health are also protected by statute, not only by contract alone. Everyone has an obligation to respect the bodily integrity and health of others, since these values are absolutely guaranteed by law. The fact that there is an additional agreement among specific persons which imposes the duty of respecting these values merely accentuates and specifies statutory obligations and does not transform the values themselves. This is why the responsibility of medical institutions towards patients is not based exclusively on the contractual relationship existing between them. By inflicting injury on a patient by means of unconscionable treatment, the general statutory duty is also violated, i.e. *neminem laedere*. This duty is expressed both directly and indirectly. The LOR prescribes for example that everyone is obligated to refrain from acts through which damage could issue to other persons (article 16). This prohibition on inflicting damage to someone else is rein-

[39] See on the subject: Vladimir Jovanović, in *Enciklopedija imovinskog prava i prava udruženog rada* (Belgrade, 1978), vol. three, pp. 61–62.

forced by a general tort norm which reads as follows: "Whoever inflicts injury on another man shall be liable to compensate for it, if he does not prove that the damage was caused through no fault of his own" (article 154, Para. 1 of the LOR). In this way, the patient is also entitled to compensation for injury on the ground of tort. Since his injury results from a violation of both the general (statutory) and the particular (contractual) duties of the medical institution, the patient could theoretically choose the legal ground for his claim for compensation. However, in practice, the courts have not taken a stand either for or against such a possibility.

YU 86 In addition to that, some persons are entitled to claim compensation for injury from the medical institution exclusively on the ground of tort law. These include the survivors of a patient who has died as a result of unconscionable medical treatment or a lack of medical treatment. The claim of a patient for compensation of damage against the individual medical employee who caused it is also based on tort liability.

(b) Practical Differences Between Contractual and Tort Liabilities

YU 87 Yugoslavian law does not recognize all the practical differences between contractual and tort liabilities that exist in some foreign legal systems. Thus, for instance, there is always the presumption of fault on the part of the damage-feasor, who is obliged to prove his innocence. It is irrelevant whether the injury was caused by a civil wrong or by a breach of contract. In addition, the possibility of compensation for injury due to mental anguish (pain and suffering) is not limited to tort liability either. Similarities with the legal systems of other Western European countries are apparent only in the statute of limitations for damages claims, which, in Yugoslavian law, differ from those in the area of breach of contract.

YU 88 However, the LOR establishes two other differences between contractual and tort liabilities which were not characteristic of previous Yugoslavian laws. Firstly, it provides that the creditor in a contract is entitled only to such damage as could be foreseen by the debtor at the moment of entering into contract as a possible consequence of his breach of duties. Only in cases where he has failed to discharge his duties as a consequence of debtor's fraud, wilful misconduct or gross negligence is the debtor under an obligation to compensate both the foreseeable and the unforeseeable damage (article 266, Para. 1 and 2 of the LOR). On the grounds of tort liability, however, both kinds of damage are to be compensated for without exception. Secondly, the debtor in a contractual relationship may exempt himself from liability for damage inflicted to the other party through failure to discharge his obligations or delay only if he proves that, after entering into the contract, circumstances arose which he was unable to prevent, eliminate or avoid (article 263 of the LOR). This kind of liability, which may be eliminated only through an act of God according to the so-called *subjective theory,* is more strict than tort liability, which may be eliminated by any kind of evidence that eliminates the fault of the damage-feasor.

(c) Substantive Prerequisites of Civil Responsibility

YU 89 The civil responsibility of medical workers and institutions requires the existence of four conditions: damage, unlawful behaviour, fault of the damage-feasor, and the causal relationship between the unlawful behaviour and the damage.

(aa) Damage

Notion and Kinds of Damage

YU 90 The notion of damage does not cause particular difficulties to Yugoslavian jurists. They define it as the deprivation of some legally protected value, or interest, which occurs against the will of the person suffering the damage, and which has to be compensated by someone.[40] The LOR (article 155) classifies the damage according to whether it diminishes the property of someone *(ordinary damage),* prevents its increase *(lost gain)* or inflicts physical or mental anguish or suffering on someone *(nonmaterial damage).* Thus, the LOR includes under the term damage both property and nonproperty damage. According to Yugoslavian law, damage is not *per definitionem* a property loss, which is the case, for instance, in Swiss legal theory.[41]

YU 91 However, the LOR includes under the term nonmaterial damage only physical and mental suffering and anguish. Mental or psychological suffering or pain has to be caused by one or more of the following: the diminishment of the ability to perform normal activities; disfigurement; the violation of one's reputation, honour, freedom, or personal rights; or the death of a close person (article 200, Para. 1 of the LOR). In addition to that, nonmaterial damage includes mental anguish suffered by a person who is induced to perform a criminally lewd act through fraud, coercion or taking advantage of a relationship of dependence or subordination, as well as the mental anguish suffered by the victim of some other criminal act violating the individual's dignity morals (article 202 of the LOR). However, legal theory defines the concept of nonmaterial damage more broadly including violations of personal or individual rights which do not cause physical and psychological pain.[42] The whole list of individual rights guaranteed by the Constitution of the SFRY favours the above standpoint. These rights include among others the right to life, to the integrity of human personality, to freedom, etc. (articles 175–177).

Compensation of Damage

Material Damage

YU 92 Material damage (property damage) is compensated for as a rule by means of natural restitution. As an exception, monetary compensation may be granted in the following four cases: (a) when natural restitution is insufficient since it does not redress the damage entirely; (b) when natural restitution is not feasible; (c) when the court considers that the person liable does not have to effect natural restitution; (d) when the person on whom the damage was inflicted requests monetary compensation, except in cases where natural restitution is justified (article 185 of the LOR).

YU 93 The LOR takes as its point of departure the principle of complete compensation for damage. It orders the court to decide on the amount of compensation necessary to restore the property of the victim to the state it was in prior to the act or failure to act that caused the damage (article 190). The amount of compensation for the damage is determined according to prices current at the time the court's decision is enacted, except in cases where the statute prescribes other criteria (article 189, Para. 2

---

[40] Jakov Radišić, *Obligaciono pravo, opšti deo,* second revised edition (Belgrade, 1982), p. 180.

[41] See Karl Oftinger, *Schweizerisches Haftpflichtrecht, Band I: Allgemeiner Teil* (Zürich, 1975), p. 53.

[42] See Stojan Cigoj in *Komentar Zakono o obligacionim odnosima,* edited by Borislav Blagojević and Vrleta Krulj (Belgrade, 1980), book I, pp. 430–431.

of the LOR). Complete compensation presupposes compensation not only for normal damage, but also for profit losses and direct and indirect damage.[43]

YU 94 In spite of the provisions of the law, the principle of complete compensation is not consistently put into effect. For example, the court is entitled to reduce the amount of compensation in specific cases. One such instance arises when the person liable for the damage is financially so poorly off that he would be poverty-stricken if required to pay full compensation. The above situation obtains if the damage was not caused intentionally or with gross negligence and if the financial situation of the person suffering the damage is favourable. Another case in which compensation may be reduced occurs when the damage-feasor causes the damage while performing acts intended to benefit the person suffering the damage, provided the former had acted with a normal degree of care, i.e. with the same amount of care he would exert in his own affairs (article 191 of the LOR). Finally, compensation may also be reduced if the person suffering damage is at fault or if a person under the responsibility of the person suffering damage is at fault. The fault includes any kind of behaviour which has the effect of causing or increasing the damage. If it is impossible to determine which part of the damage relates to the behaviour of the person who has suffered the damage, the court shall determine the amount of damage *by free assessment,* that is, in a manner which corresponds approximately to the actual state of affairs (article 192 of the LOR).

YU 95 In principle, the degree of fault of the damage-feasor does not influence the scope of his responsibility. This has been the standpoint of judicial practice since 1969, which had previously followed the principle of the proportionality of fault and responsibility as provided for by Para. 1331 of the Austrian General Civil Code. However, the LOR allows the creditor the right to claim complete damages on grounds of contractual liability only if the debtor does not meet his obligation with intent or with gross negligence. If nonfulfilment is a consequence of ordinary negligence, the debtor is liable only for foreseeable damage (article 266, Para. 1-2 of the LOR).

Nonmaterial Damage

YU 96 In spite of the fact that Yugoslavian jurists give the concept of nonmaterial damage a rather broad interpretation, possibilities for receiving compensation for this type of damage are limited in practice. In contrast to material damage, nonmaterial damage is compensated for only if it is *considerable in scope*. The courts require anguish to be "intense and permanent", while fear must be "particularly intense and a disturbance caused by it – of a more permanent nature".[44] Accordingly, they allow no grounds for compensation of nonmaterial damage due to unused annual vacation, missed travel or excursions, nonattendance of meetings[45] or deprivation of happiness caused when a pupil who falls ill is unable to attend school and misses the companionship of his fellow pupils.[46]

[43] Decision by the Supreme Court of Serbia, Gž. 2736/66, *Zbirka sudskih odluka iz oblasti gradjanskog prava* (Belgrade, 1972), decision no. 616.

[44] These are legal conclusions from the conference of judges – representatives of civil law departments of the Republican supreme Courts and of the Civil Law Department of the Supreme Court of Yugoslavia, held on June 18 and 19, 1968 in Belgrade, *Zbirka sudskih odluka* (abbrev. *ZSO*), book 14, vol. 3, pp. 107–108.

[45] Decision by the Supreme Court of Slovenia, Gž. 1131/68, of January 27, 1969, ZSO, book 14, vol. 3, decision no. 269.

[46] Decision by the Supreme Court of Yugoslavia, Rev. nr. 284/71, of September 11, 1971, *Bilten Vrhovnog suda Jugoslavije,* no. 34/1971, p. 23.

YU 97 The real aim of compensation for nonmaterial damage is explained through the following judicial decision: "Monetary compensation covering nonmaterial damage is based on the principle that, generally speaking in everyday experience, the mental anguish of a person suffering damage may be eliminated in such a way as to foster the development of positive psychological feelings by providing some satisfaction, consolation or the like. When the mental anguish such as that described is minor, it is normal for it to cease rather soon and by itself, so that in such a case, there are insufficient grounds for granting monetary compensation."[47] It is obvious that claiming compensation for nonmaterial damage is not compensatory in character, but serves to satisfy the person on whom damage has been inflicted. For this reason, it is strictly a *personal right* that does not as a rule fall into the category of inheritance rights and cannot therefore become the object of settlement, compulsory execution or transferral to another person. However, if established by a final court decision or by a written agreement, it can become the object of possession of any kind (article 204 of the LOR).

Damage Caused by Injury or Illness

YU 98 Bodily injury and impaired health may have as their consequences the obligation to compensate for the following forms of damage: (a) the costs of medical treatment; (b) earnings lost due to temporary inability to work; (c) earnings lost due to permanent inability to work; (d) nonmaterial damage.

YU 99 The costs of medical treatment include the expenses of ordinary medical treatment as well as those covering orthopedic and other personal medical equipment. Furthermorè, they include additional expenses incurred when the increased care made necessary by the victim's injuries or impaired health will be permanent, such as the expenses of a special diet, care provided by persons outside the family and treatments at a spa or in a special climate. Finally, the courts grant to the members of the victim's immediate family compensation for travel expenses incurred during hospital visits.[48]

YU 100 Judicial practice includes under "earnings lost due to temporary working disability" all kinds of property benefits acquired through labour, both those earned through regular employment (labour relationship) and those earned through supplementary and part-time jobs.[49] However, since employed persons receive compensation from the funds of the SCI to replace their earnings during their treatment, they are only entitled to claim compensation from the damage-feasor for that part of earnings which is not otherwise covered. The SCI is entitled to reimbursement from the damage-feasor. If the medical treatment continued no longer than 30 working days, the earnings lost are reimbursed to the employee by his labour organisation or by the private employer. These subjects, too, are entitled to reimbursement from the damage-feasor for the amounts paid.

YU 101 Loss of earnings due to permanent working disability is compensated, as a rule, on a monthly instalment basis and is payable in advance. The person who has suffered injury may request a guaranty to require such payments, except in cases where this would not be justified. If the debtor does not supply the guaranty ordered by

---

47 Decision by the Supreme Court of Vojvodina, Gž. 470/69, of March 26, 1970, *Zbornik sudske prakse,* no. 1/1971, p. 27.

48 Verdict of the Supreme Court of Vojvodina, Gž. 1561/68, of February 20, 1969, *Bilten sudske prakse Vrhovnog suda Srbije,* no. 15/1969, p. 27.

49 Verdict of the Federal and the Supreme Court, Rev. 811/58, of February 14, 1959, *ZSO,* book 4, vol. 1, decision no. 4.

the court, the person suffering injury may request from the debtor the payment of a lump sum replacing the instalments, based on the amount of the instalments and the probable life expectancy of the injured person, minus an appropriate amount of interest. Other serious grounds may also entitle the person suffering injury to request the payment of a lump sum replacing the instalment payments. He may claim this right at the moment of the decision or later (article 188 of the LOR). If the circumstances the court takes into consideration in enacting its decision change significantly later on, the victim may request an increase in the instalment payments from that moment on, while for his part, the damage-feasor is entitled to request that such payments be reduced or abolished (article 196 of the LOR). The request to increase instalment payments may also be submitted in cases where the victim experiences a considerable increase in living expenses due to higher food prices or other needs.[50]

The right to compensation for damage in the form of instalment payments is an *individual right* of the injured person which cannot be transferred to anybody else, except as determined by a final judicial decision or by agreement (article 197 of the LOR).

YU 102 A person suffering non-material damage as a result of injury or illness is entitled to claim compensation on the following grounds: (a) physical pain; (b) anxiety or fear; (c) mental anguish; (d) disfigurement; (e) decreased ability to perform the normal activities of daily life. The last category is exemplified by the increased exertion necessary to perform one's work due to physical injury or by the deprivation of certain enjoyments in life. For instance, the injured person might no longer be able to play football because of the loss of a leg, or he might be hampered in reading or watching films or plays because of the loss of an eye. It is possible to claim specific damages for each kind of injury.[51]

YU 103 The practical issue of whether parents should also be entitled to compensation for mental anguish when their children suffer injury or impaired health has arisen. Some courts consider this right to pertain only to an injured child and not to the parents. This standpoint is best illustrated in the verdict issued by the Supreme Court of Serbia Gž. 2687/67: "The parents undoubtedly suffer mental anguish because the son in their care has lost both eyes through the fault of another person, but they are not entitled to claim compensation for that kind of nonmaterial damage according to the rules of property law".[52] However, the Supreme Court of Yugoslavia holds that, as an exception, parents of an injured child are entitled to claim damages due to mental anguish when "the nature of the injury is such that it could cause great and intense mental anguish and suffering on the part of parents (such as the case of a life-treatening injury").[53] The LOR goes even further in the following formulation: "In cases where a person suffers a particularly serious disability the court may award justifiable financial compensation to his children and parents in order to make amends for their mental anguish" (article 201, Para. 3). Such compensation may also be awarded to out-of-wedlock spouse if the spouse and the injured person lived together permanently (article 201, Para. 4 of the LOR).

[50] Decision by the Supreme Court of Serbia, Gž. 119/68, of February 14, 1969, *Bilten sudske prakse Vrhovnog suda Srbije,* no. 16, p. 17.
[51] Verdict of the Supreme Court of Serbia, Gž 3569/66, *Bilten sudske prakse Vrhovnog suda Srbije,* no. 10, p. 21.
[52] *Bilten sudske prakse Vrhovnog suda Srbije,* no. 13, p. 32.
[53] Verdict of the Supreme Court of Yugoslavia, Rev. 254/67, of February 29, 1968, *ZSO,* book 13, vol. 1, decision no. 44.

Damage Caused by Death

YU 104 The death of a person may entail the obligation of compensating for the following forms of damage: (a) funeral expenses; (b) lost alimony or assistance; (c) mental anguish suffered by family members.

YU 105 – Funeral Expenses. This form of compensation is rather complex since it presupposes different kinds of expenses. The courts award damages for the following kinds of expenses: transporting the deceased from the place of death to the place of the funeral; ordinary funeral expenses; a funeral orchestra; obituaries in daily newspapers; religious funeral rites; food or refreshment for the funeral guests; travel expenses of close relatives attending the funeral; mourning attire for close relatives; erecting a gravestone; maintenance of the grave during what would have been the probable duration of the deceased's life.

YU 106 – Lost Alimony or Assistance. All persons supported by the deceased, regardless of whether his obligation is legally grounded are entitled to compensation for lost alimony. The fact that the person supported could have claimed the alimony from a third person is irrelevant. On the other hand, persons who were not supported by the deceased, but who otherwise were entitled to such support during his life are also entitled to claim damages. In addition to that, the LOR recognizes the right to compensation for damage of persons who were received "regular assistance" from the deceased (article 194, Para. 1).

Damages based on lost alimony or assistance are effected in the form of monthly installments which cannot surpass the amounts the entitled person would have benefited from if the deceased were alive. In assessing such compensation, benefits that are otherwise paid through the social insurance scheme (for instance, disability or family retirement allowances) are deducted. Since in this case as well, the assessment of future damages is at issue, considerable changes in living expenses may cause a revision of the amount of installments already determined.

YU 107 – Mental Anguish Suffered by Family Members. Only the members of the deceased's immediate family, i. e. spouse, parents and children are entitled to compensation for mental anguish. Compensation may also be requested by brothers and sisters, as well as by common-law spouses, provided the latter and the deceased lived together on a permanent basis (article 201 of the LOR). Children are entitled to compensation for such damage regardless of their age, even if born after the death of their parents.[54] However, parents are not entitled to compensation for anguish resulting from the loss of an unborn child. "It is well-known that psychological contact is established with a child only if it is born alive, so that only the loss of such a child causes the kind of intense mental anguish which furnishes grounds for claiming compensation for this kind of nonmaterial damage".[55]

(bb) Violation of Legal Obligations

YU 108 In order for someone to be held liable for injury inflicted on another person, his behaviour in causing the injury must be unlawful. The LOR in its general tort norm (article 154) does not expressly state that the damaging action should be unlawful, it only indicates that fault is a prerequisite of liability. However, fault presupposes the

---

[54] This is a legal standpoint of principle established at the Seventh Joint Session of the Federal Court, the Republican and Provincial Supreme Courts and the Supreme Military Court, held on December 15, 1977 in Belgrade, *Bilten sudske prakse Saveznog suda*, no. 7/1978, p. 11.

[55] Verdict of the Supreme Court of Bosnia and Herzegovina, Gž. 1914/74, of December 5, 1974, *ZSO*, book 1, vol. 3, decision no. 309.

unlawful behaviour of the damage-feasor. The question of fault is raised only after determining that the damage-feasor behaved unlawfully. On the other hand, the notion of unlawfulness is not subsumed under the concept of fault, since Yugoslavian jurists distinguish these two notions.

YU 109 Behaviour that consists of acting or failing to act and through which some legal obligation is violated is unlawful. The most important obligations of medical employees and institutions the violation of which may render them liable for compensation of damage include the following duties: (a) giving medical aid; (b) obtaining the patient's consent to a medical intervention; (c) carrying out medical treatment according to the rules of medical science and the medical profession; (d) keeping professional secrets; (e) issuing true information and data on medical findings; (f) reporting, preventing and suppressing contagious diseases; (g) caring for patients unable to care for themselves.

Duty to Give Medical Aid

YU 110 Since medical activity is of particular interest to society, persons engaged in that profession are under obligation to provide medical service to those in need of them. Medical professionals employed by institutions are also held responsible for these duties by law and by self-management agreements entered into with the insured persons within the framework of the SCI. If a medical institution does not have the facilities to render a specific medical service, it is obligated to ensure to the citizen that such service will be rendered in some other medical institution (article 64 of the LHCS). Given its capabilities, every medical institution is obliged to make available adequate first aid and to render that kind of aid. If a citizen treated on an emergency basis is sent to another medical institution for further medical treatment, the institution which rendered first aid is obliged to organize transport to the second institution and medical care until his arrival there. It is obvious that the duties of every medical worker include giving emergency medical aid to the best of his capabilities (article 65 of the LHCS). In addition, the medical institutions is duty bound, within the range of facilities at its disposal to admit a citizen for medical treatment or hospitalisation except in cases where there is a lack of hospital beds, the patient's problem is not urgent or if, in the opinion of the authorized medical doctor, hospital admittance is unnecessary. On the other hand, if hospitalisation is necessary but it is impossible for the medical institution to admit the patient, it is required – if the case is urgent – to issue written instructions and to ensure his admittance at another adequate medical institution. If the case is not urgent but the hospitalisation is necessary, the institution is duty bound to make an appointment for the patient for some later date (article 66 of the LHCS).

YU 111 Failure to fulfil any of the obligations listed above is sanctioned by a fine levied against the medical institution. In addition to that, a physician who does not give emergency medical care to a citizen commits both a criminal act and a misdemeanour, while other medical employees commit only a misdemeanour sanctioned by a fine (article 164 of the LHCS). All these wrongful acts may also lead to civil liability.

Duty to Obtain Patient's Agreement to Medical Intervention

YU 112 This responsibility of medical personnel and institutions is provided for, first of all, in the Code of Ethics of Medical Workers of Yugoslavia. In some federal units, for instance, Serbia and Croatia, it is also established by statute. Article 67 of the LHCS sets forth that surgical and other medical interventions can be undertaken only after obtaining the consent of the patient or the injured person, and if such person is a minor or otherwise unable to conduct his own affairs, that consent must first be given by his parent, foster parent or guardian. The opinion of minors over 10 years of age is taken into consideration as well. As an exception to this rule, surgical and other medical interventions may be performed on the basis of consilium examination, even without first obtaining the consent of the patient when his life is in danger and he is unable to decide for himself, or if the consent of a parent, foster parent or guardian is impossible to obtain due to the urgency of the situation. If the patient, his parent, foster parent or guardian refuse to give their consent to the proposed intervention, a competent physician is obliged to indicate the possible consequences of refusing the medical intervention. Persons not in agreement with the proposed medical intervention are obligated to submit a written statement on the matter, which must then be placed in the patient's records. If such persons refuse to make such a statement, a written note of the matter shall be made in the presence of two witnesses.

YU 113 The principle of the patient's self-determination has no absolute value, since certain cases are determined by statute for certain categories of persons who may be subjected to specific medical interventions even without first giving their consent. Thus, for instance, a person committing a criminal act in an unsound state of mind may be ordered by the court to undergo compulsory psychiatric treatment in a medical institution or as an out-patient (articles 63 and 64 of the CAY). Compulsory treatment may also be ordered for alcoholics and drug addicts (article 65 of the CAY). It is understandable that in some cases compulsory hospitalisation may also be ordered by administrative agencies. Apart from that, the Act on Protecting the Population Against Contagious Diseases Endangering the Entire Country provides for compulsory immunization against certain diseases for everybody or for certain categories of persons (articles 21 and 22).

YU 114 The patient's right to self-determination is legally sound and clear. However, the principle of the priority of the patient's consent over medical findings does not prevail in actual practice. At least, theory and practice do not adhere to that principle. Nor do they insist on the physician's obligation to inform the patient and provide him with reasons for deciding in favour of a certain medical intervention. In practice, the information the patient is given pertains only to facts concerning the kind and scope of the intervention and its mode of execution. Information on the potential risks of the intervention are almost invariably omitted, since doctors believe that such information would frighten the patients and lead them to withhold their consent to medical intervention. On the other hand, the Federal Court holds that the doctor has to warn the patient of potential dangers, at least when the intervention is a particularly hazardous one.[56]

YU 115 It has already been stated that undertaking medical treatment without the patient's consent is not unlawful in terms of criminal law, so that the physician is not criminally responsible for physical injury or death.[57] However, the end does not always absolutely justify the means, since arbitrary medical treatment invokes administrative responsibility (infraction) (article 163, point 6 of the LHCS). In addition, it is also unlawful in terms of civil law, providing grounds for damages even when the treatment is successful. This has become firmly grounded in judicial practice.[58]

---

56 See, for instance, the verdict of the Federal Court, Gzs. 62/77, of January 26, 1978 (Archives of the Federal Court).

57 However, if a physician performs an intervention on the patient despite his express refusal, the physician is committing a criminal act of coercion (Ž. Aleksić and B. Čejović, "Krivičnopravni osvrt na operativni zahvat i pristanak pacijenta", *Medicina,* no. 4/1967, p. 419).

58 See the decision of the Supreme Court of Croatia, Gž. 1554/74, of March 19, 1975, *ZSO* (new series), book 1, vol. 4, decision no. 504.

Duty to Treat Patients According to Rules of Medical Science and Medical Profession

YU 116 This duty of medical workers and institutions is not only ethical but also legal in nature. The LHCS prescribes that medical workers are obliged to perform their job in the field of medical activity "in accordance with current knowledge in the field of medicine and other sciences, with the code of ethics of health care workers and with the moral code of the socialist self-managing society" (article 126). Apart from that, they have "the right and a duty to constantly follow the development of medical and other sciences and to raise their level of professional knowledge" (article 135). Medical workers cannot independently engage in medical activities until they have passed professional examinations after undergoing a period of on-the-job training. The training period for medical professionals with a university degree lasts one year, and for those with advanced and intermediate levels of professional education, 6 months (article 128 of the LHCS).

YU 117 However, the duty of providing medical treatment according to the rules of medical science and the medical profession is not as specific as the remaining duties of medical workers and medical institutions. "Professional mistakes" of physicians are not easy to ascertain since medical activity, in contrast to other professions, is not entirely regulated by law. In spite of the large number of official rules, they do not – and cannot – cover all activities in the field of medicine. The basic criteria used to assess the majority of acts are derived from the rules of medical science itself. Therefore, professional mistakes of physicians amount, first of all, to a problem of medicine. They also have a legal relevance, so that jurists, too, have to deal with them. However, on the one hand, Yugoslavian jurists do not devote much attention to the issue, while on the other, physicians speak of their own mistakes rarely and with a lack of sincerity. This is the reason for the lack of clear legal notions concerning professional mistakes of medical personnel and institutions, with the result that the courts simply adopt the opinions of medical experts.

YU 118 Here are several examples taken from judicial practice relating to the professional mistakes of physicians:

"An operation is not performed *lege artis* if the hospital entrusts it to an inexperienced surgeon with no advanced training or even adequate professional assistance. A nerve was severed in the course of a surgical intervention, which could have been avoided by an experienced surgeon".[59]

A "health institution is liable for injury suffered by a patient subjected to the wrong medical treatment, i.e. giving an intramuscular instead of an intravenous injection".[60]

"A medical institution which, although not adequately equipped to perform surgical interventions with special guaranties, performs this type of intervention anyway, is liable for injuries related to it".[61]

However, "there are no grounds for damages after finding that the plaintiff was treated by the medical center (defendant) with streptomycin for open tuberculosis, which at the time was the only form of medical treatment for such cases, since it was

[59] Decision by the Supreme Court of Croatia, Gž. 3057/69-2 (Archives of the Supreme Court of Croatia).

[60] Decision by the Supreme Court of Kosovo, Gž. 167/72, of June 17, 1972, *Zbornik sudske prakse Vrhovnog suda Srbije*, no. 7-8/1972, decision no. 756.

[61] Decision by the Supreme Court of Slovenia, Gž. 74/68, of February 23, 1968, ZSO, book 14, vol. 4, decision no. 464.

not known that streptomycin may harm the patient's hearing and even lead to complete deafness".[62]

Duty to Preserve Professional Confidentiality

YU 119 Medical workers are obliged to keep confidential all they know about the state of health of users of medical services. They are bound to give to the patient or to a person caring for him all necessary information on the state of that person's health and on treatment results. Data on the patient's state of health may be submitted to officials in accordance with the law, while other persons may be informed only with the patient's consent. Medical institutions guarantee confidentiality by means of their general self-management regulations. Violating professional confidentiality amounts to a serious infringement of professional duties. Where patient examinations are carried out for scientific or educational purposes, the medical institution and employees are bound to protect the patient's identity and dignity (articles 34 and 35 of the HCHIAC). Unauthorized disclosure of professional secrets is also a criminal act, provided for in the criminal statutes of all the federal units of the SFRY. The secret may be disclosed only in the public interest or in the interest of others in cases where they take precedence over the interest of preserving the secret (article 73 of the CAS).

YU 120 The notion of professional secrecy is interpreted by Yugoslavian physicians rather broadly, since they consider it to include the obligation not to inform a patient that he is suffering from a serious and incurable disease. Discovering that fact would only upset the patient and destroy his hopes of recovery.[63]

Duty to Disclose Medical Findings

YU 121 Except for facts classified as professional secrets, physicians are bound, at the request of authorized persons, to submit true data on the health of patients treated by them. In other words, they are under obligation to state their true opinion. A physician who issues a false medical certificate, and with intent, is committing a criminal offense punishable by imprisonment of up to 1 year (article 236 of the CAS). A person who suffers as a result of the issuing of a false certificate is entitled to damages. This category of persons refers both to those mentioned in the certificate and to third persons.

Duty to Report, Prevent and Combat Contagious Diseases

YU 122 The federal Law on Protection of the Population Against Contagious Diseases Endangering the Entire Country[64] requires medical institutions and medical employees to report cases of certain contagious diseases to competent state agencies and to take specific measures towards their prevention and eradication. Nonfulfillment of this duty is considered an administrative violation punishable by a fine. On the other hand, an individual suffering damage because of the above, is entitled to damages from the medical institution or medical employee.

Duty to Care for Patients Unable to Care for Themselves

YU 123 Medical institutions are responsible for helpless and mentally incompetent persons under their care. This duty applies particularly to clinics and hospitals which regularly treat patients. Increased supervision and care are especially necessary for mental patients and children, who are capable of causing damage both to themselves

---

[62] Decision by the Supreme Court of Yugoslavia, Rev. 1949/61, of December 5, 1961, *Bilten Saveznog vrhovnog suda*, no. 7 p. 17.

[63] R. Simonović, N. Vučković and Č. Stanisavljević, "Problemi lekarske tajne kod bolesnika koji boluju od malignih bolesti", *Radiologia Iugoslavica*, no. 4/1978, pp. 816–817.

[64] *Službeni list SFRJ*, no. 58 of 1978.

and to others. If such damage results from a lack of supervision, the medical institution is liable for it.

YU 124 Several examples of how this kind of negligence has been handled in judical practice follow:

The "hospital is liable for damage caused by the suicide of a mental patient who killed himself by jumping out of the window, if this patient had been given a room with windows unprotected by bars, in spite of clear evidence of the patient's intent to commit suicide".[65]

"Hospital treating a seven-year-old child is responsible for supervising the child and is therefore liable for injuries inflicted on the child due to a lack of supervision".[66]

"Since the inadvertent exchange of children which caused nonmaterial damage to the feelings of the parents, occurred through the fault of an employee of the defendant medical center, the defendant is liable for the ensuing damage".[67]

A "hospital is liable for damage suffered due to the loss of the patient's belongings occurring as a result of inattention on the part of hospital employees at a time when the patient himself was unable, because of the state of his health, to take care of his own belongings".[68]

(cc) Fault

General Concept of Civil Liability

YU 125 Like other European laws, the LOR adheres to the principle that civil liability is as a rule based on fault. However, it admits the possibility that in some cases, liability may exist "regardless of fault". This area of "strict" or "objective" liability is rather broad, but it does nevertheless have limits. It includes damage caused by what is known as *dangerous objects* or *dangerous activities,* together with other kinds of damage as determined by law (article 154 of the LOR).

One should emphasize that liability "regardless of fault" is not based on the principle of precise list, as is true in some countries of Western Europe; rather, it is related to dangerous objects and dangerous activities whose number is not determined in advance. The law does even not define the notions of dangerous object (thing) and dangerous activity, leaving that to legal theory and practice. The most frequent definition characterizes as dangerous all movable and immovable objects which by their position, usage or properties create an increased risk of damage to their surroundings.[69] Along the same lines, dangerous activities could be defined as those which involve an unusual risk of damage for the surroundings in which they are performed. The notions of dangerous object and dangerous activity are not in other words absolute and strict, but rather, relative and flexible. In essence, they furnish a legal standard which could be modified according to need.

---

65 Verdict of the Supreme Court of Bosnia and Herzegovina, Gž. 170/72, of September 14, 1971, *ZSO,* book 17, vol. 3, decision no. 337.

66 Decision by the Supreme Court of Croatia, Gž. 3092/75, of October 14, 1976, *Pregled sudske prakse,* no. 10/1977, decision no. 109.

67 Verdict by the Supreme Court of Bosnia and Herzegovina, Gž. 992/71, of December 23, 1971, *ZSO,* book 17, vol. 1, decision no. 22.

68 Decision by the Supreme Court of Croatia, Gzz. 83/80, of March 24, 1981, *Odvjetnik,* no. 9–10/1981, p. 56.

69 It was formulated by Professor Mihailo Konstantinović in his study *Obligacije i ugovori, skica za Zakonik o obligacijama i ugovorima* (Belgrade, 1969), article 136.

Civil Responsibility of Medical Personnel and Institutions

YU 126 Yugoslavian legal practice is not unanimous on the issue of how to define the grounds for civil responsibility of medical personnel and institutions. In other words, no unified standpoint on whether such responsibility always presupposes fault has emerged. Though lacking support for their view in both judicial practice and legal theory, some courts have felt that the liability of medical institutions for injuries inflicted on patients through medical treatment need not be causally related to the fault of the institution. In other words, they have treated medical practices as examples of a dangerous activity, meaning liability should be invoked regardless of fault. This standpoint is illustrated in one case where a number of persons were given an inoculation of live vaccine by means of nose drops as a flu prevention measure, which caused one person to suffer a cerebral infection and entirely lose his sense of smell. Both the court of first instance and the court of appeals found that this patient was entitled to damages from the medical institution which had given the vaccination. They based their decisions exclusively on the fact that the vaccine had resulted in injury to the victim in the form of the flu infection and the loss of the victim's sense of smell, without entering into the issue of whether the vaccination was performed according to the rules of medical practice. However, the Supreme Court of Serbia, as a court of third instance, repealed both verdicts with the following reasoning: "Every person submitting to medical intervention risks the objective consequences of that intervention. The medical institution performing a medical intervention may be liable only for those consequences of the intervention which result from the ineptness, negligence or unlawful acts of its employees that is, for consequences which may be ascribed to the fault of physicians and other medical staff who acted against the rules of medical science."[70] The conception that the damage caused by a medical center is covered by liability regardless of fault was also adopted by certain courts in Vojvodina, but the Supreme Court of Vojvodina suppressed this practice, reiterating the principle that the liability of medical institutions in this area has to be based on fault.[71]

YU 127 The case of a patient who requested damages from the hospital for injury resulting from electrotherapy serves to illustrate this point. The District Court in Zagreb and the Supreme Court of Croatia awarded the damages the patient sought, with the opinion that electrotherapy "is by nature so dangerous that the hospital is liable for its consequences on grounds of objective liability".[72] This verdict was appealed by the federal public prosecutor in the proceedings for protecting legality and they were thus repealed by the Federal Court. In presenting its opinion, the Federal Court emphasized the following: "There is no doubt that a hospital as the possessor of dangerous objects is responsible by reason of causal relation to persons who suffer injury through the use of dangerous objects by a member of the hospital staff or by some third person, with the exception of persons whose medical treatment is performed by means of these dangerous objects. If the rules of medical science and the medical profession permit a specific form of treatment despite possible harmful consequences for the patient's health, and if this treatment is generally accepted in

---

[70] Verdict by the Supreme Court of Serbia, Rev. 2066/80, of January 14, 1981, *Pravni život,* no. 11/1981, p. 121.

[71] See, for instance, its decision Gž. 356/69, of May 15, 1969, *Zbirka sudskih odluka iz oblasti gradjanskog prava* (Belgrade, 1972), decision no. 399.

[72] Verdict by the District Court in Zagreb, No. P-1322/73, of September 22, 1975, and the verdict of the Supreme Court of Croatia, Gž. 119/76, of January 11, 1977 (Archives of the Supreme Court of Croatia).

medicine, then it is obvious that the unusual occurrence of harmful consequences cannot give grounds for the objective liability of the hospital, that is, liability based only on the fact of having caused the injury, regardless of fault. This is to be regarded as a valid rule provided the patient or his guardian were warned of possible harmful consequences, and provided the patient agreed to that kind of treatment."[73]

YU 128 Generally speaking, it is possible to say that contemporary legal practice in Yugoslavian courts makes fault a substantive prerequisite of the civil liability of medical employees and medical institutions. This standpoint has been confirmed in several other decisions taken by the supreme courts of the federal units, and it enjoys the support of legal theory, too.[74] In spite of that, a certain amount of confusion concerning this issue has arisen because of some legal theoreticians who consider responsibility regardless of fault "to be significant for the majority of actions and interventions in medicine, particularly in surgery, nuclear medicine, in the case of transplantations and the like".[75] The problem is made even less clear by jurists who support the idea of liability for fault in principle, while permitting "in exceptional cases where dangerous modes of medical treatment such as radioisotopes are used the rule that the medical institution is liable for injury inflicted on a patient on grounds of objective liability".[76] However, such opinions have been stated summarily and without adequate explanation or professional and scientific arguments to support them. They are therefore unimportant.

Notion and Forms of Fault

YU 129 In defining the notion of fault, Yugoslavian jurists usually begin with the notion of behaving *as one should*. That is, they consider a person to be at fault if he did not behave as he should have in certain circumstances or in a way that could reasonably have been expected of him. Someone who injures another individual is at fault if he should have behaved in a manner which would have prevented the injury. Obviously, it is necessary for this behaviour to have been within his power, and there must have been an obligation to behave in that way. The behaviour a standard of "as one should" means in fact careful behaviour, but leaves open the question of the degree of care that is to apply. The LOR provides that parties bound by contract are required, in carrying out their duties, to act with the degree of care required in legal transactions for a certain kind of contractual obligation. Examples would be the "care of a good tradesman" or "the care of a good household head". However, in discharging obligations in the sphere of professional activity, all individuals are duty bound to act with increased care, that is, according to the rules of the profession, custom and usage. The law terms these notions "the care of a good expert" (article 18, Para. 1 and 2 of the LOR).

YU 130 According to the law, in other words, the yardstick by which the notion of care is tobe measured is *objective and abstract*, applying to physicians and medical institutions alike. Both are required to behave with the "care of a good expert". It is impossible to talk about what this really means in a general way since the substance of that care depends on specific circumstances. The Law states that a high standard of care should apply in performing any kind of professional activity, all the more so in

[73] Decision by the Federal Court, Gzs-62/77, of January 26, 1978 (Archives of the Federal Court).

[74] See, for instance, Stojan Cigoj, "Odgovornost medicinske ustanove, odnosno lekara", *Enciklopedija imovinskog prava i prava udruženog rada*, vol. I (Belgrade, 1978), pp. 482–483; Marija Toroman, *ibid.*, p. 10; Ljubiša Milošević, *ibid.*, p. 5.

[75] Zvonimir Separović, *ibid.*, p. 260.

[76] Ljubiša Milošević, *ibid.*, p. 6.

the case of physicians, since their care is of significant value to human life and health. The exact definition of this standard must be derived from judicial practice. However, until now, the courts have not set up particularly strict criteria for physicians performing medical services. On the contrary, one could say that the courts are relatively lenient toward physicians, actions and do not sufficiently take into account developments in medical science. The existing legal provisions on the standard of care should stimulate a radical change of existing practices in the courts.

YU 131 The LOR provides that fault exists if the damage-feasor acts with intent or negligence (article 158). Two forms of fault are also of relevance to civil responsibility, since the person suffering injury is entitled to claim direct damages from certain persons only if they inflicted the injury with intent.[77] The notion of negligence is also classified as *ordinary* and *gross* negligence according to degree. The latter is frequently defined in theory as behaviour which does not even correspond to that of "the least attentive person". The courts, on the other hand, consider an individual to be guilty of gross negligence when he fails to act as "any person of average abilities" would.[78]

The distinction between gross and ordinary negligence has important practical consequences since liability for damage caused by gross negligence is as a rule considered tantamount to liability for injury inflicted with intent. In addition, only in cases of ordinary negligence is the damage-feasor considered to be at fault, while in cases of gross negligence, this must always be proved. Where contractual liability exists, compensation of unforeseeable injury can be claimed only if the debtor did not fulfil his obligation with intent and with gross negligence (article 266, Para. 1 and 2 of the LOR). Ordinary negligence on the part of the debtor is grounds for compensating only foreseeable injury (article 266, Para. 1 and 2 of the LOR).

(dd) Causal Relation

YU 132 It is clear that liability presupposes the existence of a causal relation between the unlawful act and the resulting injury. Furthermore the LOR provides that only the person who "causes" the damage is obligated to compensate for it (article 154, Para. 1). If there is no causal relation between the unlawful act and the injury, there can be no liability even where the person who committed the act is at fault. On the other hand, the existence of a causal relation is an objective fact which does not depend on whether a specific person may be described as being at fault for performing a particular action. Causal relation does exist if the injury originates in the unlawful behaviour, that is, if it is the consequence of such behaviour. This is a relationship which may be established or ascertained only after the unlawful act has taken place and the damage has occurred.

YU 133 The legal relevance of causal relations is usually determined by Yugoslavian courts according to the theories of *adequate causality* and *ratio legis causality*. The latter theory has found ardent defenders in recent legal literature.[79] According to this theory causes are legally relevant only when through them, some legal norm is violated the aim of which is to prevent injury. On the other hand, if a causal relation cannot be discerned by invoking legal norms, the theory of adequate causality may be applied as a criterion. The *ratio legis* causality may exist even if there is no natu-

[77] This subject shall be treated in more detail in the following chapter in the section on the capacity to be a defendant.

[78] Decision by the Supreme Court of Croatia, Rev. 1762/80, of January 27, 1981, *Pregled sudske prakse*, no. 19, decision no. 78.

[79] See Stojan Cigoj in *Komentar Zakona o obligacionim odnosima*, pp. 409–410.

ral causal relation. The LOR expressly sets forth that type of causality in cases where several persons contribute in causing the injury. If they cause the injury jointly, their liability is of a joint nature. The instigator and the accessory are also held jointly liable along with the direct damage-feasor, while a person giving shelter to the person responsible is also held jointly liable with him. Persons causing damage while acting independently of each other, are also held jointly liable, if it is not possible to determine their share of the responsibility for the damage. Finally, when it is certain that the damage was caused by two or more persons who are in some way mutually connected, even though it is impossible to establish which of them is the actual damage-feasor, all these persons are held jointly liable (article 206 of the LOR).

YU 134 Just as he is liable for the share that other persons have had in causing damage jointly with him, the damage-feasor is liable also for intervening natural events. This was affirmed beyond doubt by the following decision: "If the injury is a result of simultaneous actions by natural and human agents, the damage-feasor is liable to the victim for compensation of all damage".[80] On the other hand, the role of hypothetical causes of injury does not always have the same degree of importance, since this depends on the particulars of the case. For instance, "a person suffering injury is not entitled to damages for earnings lost while serving a prison sentence".[81] However, "a person partially deprived of his ability to work due to an injury is entitled to the portion of the earnings (personal income) lost for the entire period of that loss, including the period which he would otherwise have spent in the regular service in the Army, if there had been no disability".[82]

YU 135 According to the practices of Yugoslavian courts the existence of an indirect causal relation between the unlawful act and damage is sufficient: "Causality as a prerequisite for liability does not always have the nature of a direct connection between the final cause and the harmful consequence; this final cause (for which otherwise the damage-feasor would not be liable) may also come into being through that factor which furnishes grounds for liability for damage."[83] This standpoint is better understood in the following decision: "The injury suffered by a person who fell and was hurt while undergoing treatment subsequent to an automobile accident, forcing him to use crutches, is causally related to the event causing the original injury (i.e. the automobile accident), so that the consequences of that new injury provide grounds for the liability of the person responsible for the event causing the original injury."[84] Along these lines, a person committing rape is also liable for damage resulting from the suicide of the victim,[85] while the person responsible for an injury is liable to compensate for damage suffered by a third party, too, if that third person agrees to donate skin for transplantation in order to save the life of the injured person.[86]

---

[80] Decision by the Supreme Court of Bosnia and Herzegovina, Gž. 1670/74, of October 4, 1974, *Bilten sudske prakse Vrhovnog suda Bosne i Hercegovine,* no. 29/1975, p. 11.

[81] Decision by the Supreme Court of Croatia, Gž. 1313/68, of August 25, 1968 (Archives of the Supreme Court of Croatia).

[82] Decision by the Supreme Court of Bosnia and Herzegovina, Gž. 665/68, of July 29, 1969, *ZSO,* book 14, vol. 4, decision no. 468.

[83] Decision by the Supreme Court of Croatia, Rev. 759/81, of May 12, 1981, *Odvjetnik,* no. 9–10/1981, p. 53.

[84] Decision by the Supreme Court of Croatia, Gž. 560/77, of February 17, 1977, *Pregled sudske prakse,* no. 11/1977, decision no. 114.

[85] Decision by the Supreme Court of Yugoslavia, Rev. 90/71, of April 8, 1971, *ZSO,* book 16, vol. 2, decision no. 204.

[86] Decision by the Supreme Court of Slovenia, Pž. 119/70, of February 19, 1970, *ZSO,* book 15, vol. 3, decision no. 302.

2. *Procedural Prerequisites*

(a) Capacity To Be a Defendant

YU 136 The question of capacity to be a defendant in law suits concerning injuries suffered by patients does not pose any particular difficulties. Since Yugoslavian medical care is almost entirely socialized, claims for damages have to be submitted against the medical institution where the injury was suffered. This possibility is contained in article 170, Para. 1 and 2 of the LOR, which reads as follows: "Damage caused to third person by an employee while working or in connection with his work, shall be covered by the organisation of associated labour where the said employee worked at the moment of causing the damage, except if the employee acted in an appropriate way given the circumstances. The person on whom the injury was inflicted is also entitled to collect damages directly from the employee, if the latter caused the damage intentionally." Prior to enacting the LOR, the same rule was established in labour law provisions. It has been affirmed over long years of judicial practice and has become rooted in the legal consciousness of the people.

YU 137 The liability of medical institutions for injury inflicted on patients by their medical staff is a kind of liability for another which exists regardless of whether the medical institution is at fault for the damage inflicted. The institution cannot be freed of its liability by supplying evidence to show they have acted responsibly in choosing properly qualified workers supervising their work adequately, giving appropriate instructions and conducting administrative business properly. In other words, the medical institution is not liable for *culpa in eligendo, culpa in custodiendo* or *culpa in instrumendo*. Even though its behaviour towards its workers might be irreproachable, it is responsible for damage to third persons caused by its staff "while working or in connection with their work"; that is, the medical institution assumes the risk for workers acts. For this reason, the liability of the medical institution for its employees is usually said to be of an *objective* nature. The institution is liable because it engaged an employee to perform a specific task, the employee thus acting as an extension of the institution. The task performed by the employee is not done on his own, but on behalf of the medical institution, which is thus liable just as if the institution itself had caused the damage.

YU 138 The liability of the medical institution for its staff should be distinguished from its liability for the damaging act or for failing to act so as to avoid the damage. While the former liability is an objective one since it does not depend on fault, the latter is of a subjective nature, since it presupposes wrongful behaviour (for instance, unconscionable medical treatment or failing to give medical aid). In other words, actions of a medical employee that result in injury have to be characterized by an element of fault as well as lapses in standards of professional care otherwise required of medical institutions. It is irrelevant whether the blame for the act may be attributed to the medical employee who actually performed it. Therefore, it is not even necessary to determine whether the medical empolyee was at fault in causing injury to the patient; it suffices to establish that he did not act according to the professional standards required of a medical institution.[87] If the institution submits evidence that its medical worker acted "as he should act", that is, as required of itself or of any other medical institution, that institution is not liable for injury inflicted

[87] Stojan Cigoj in *Komentar Zakona o obligacionim odnosima,* edited by Borislav Blagojević and Vrleta Krulj/Belgrade, 1980/, book I, p. 474.

on the patient. The proof that the worker acted "as he should" means in fact that blame for the injury cannot be attributed either to the worker or to the medical institution; rather, the damage is the fault of the person who has suffered the injury or, as in an accident, results from other circumstances.

YU 139 A medical employee who causes the injury cannot be sued directly for the compensation of damage. The only exception to that rule the law provides for relates to the case of an employee causing damage *intentionally*. In this instance, the person who has suffered the injury is entitled to claim damages both from the employee and from the medical institution, since they are jointly liable. This instance is to be distinguished from others in which the worker is not liable directly to the person who has suffered the injury but only to the medical institution employing him. After compensating the injured person for the damage, the medical institution acquires the right to seek redress from the medical employee who caused the damage *intentionally* or while acting with *gross negligence* (article 209 of the LAL). If several workers cause the damage and are at fault, each one of them is liable for the share of the damage he himself caused. If the precise portion of the damage inflicted by each of the damage-feasors cannot be determined, the total amount of the damage shall be divided into equal parts. Only where several workers cause injury through a criminal act, their liability is of a joint character and is related inturn to the institution where they are employed (article 209, in conjunction with article 205 of the LAL). It is obvious that the LAL provides for a privileged liability of employees towards their institution in the first two cases, since according to the LOR, both employee and institution should be held jointly liable (article 206 of the LOR).

YU 140 Like medical institutions, physicians in private practice are also liable for their medical employees (article 171 of the LOR). On the other hand, the regulations covering the liability of assistants shall apply in the case of the work performed by medical employees for a physician in private practice when their employment is not based on a labour contract but rather some other kind of contract. The individual in charge of a certain job (i. e. operator) is liable for persons working under his orders just as if he undertook to perform the task alone (article 611 of the LOR). At the same time, he is also liable for any acts of his assistants which are at variance with his contractual obligations.[88]

YU 141 Along with medical institutions, physicians and in some cases, state bodies and agencies may be sued for damages. Thus, for instance, persons suffering injury as a result of a compulsory program to vaccinate citizens against a contagious disease are entitled to claim damages against the state agency which ordered the vaccination. The right to damages in such a case does not depend on possible fault.[89]

(b) Burden of Proof

YU 142 According to the civil procedure law of the SFRY, each party bears the burden of proof when submitting evidence (facts) that speaks in its favour in terms of substantive law. It therefore follows that the person claiming the right to compensation for a particular injury should submit evidence regarding all substantive prerequisites of

[88] Cigoj, *ibid.*, p. 476.

[89] Decision by the Supreme Court of Slovenia, Pž. 324/77, of May 19, 1977 (Archives of the Supreme Court of Slovenia).

that right of his. However, the LOR allows a better litigation position to the person who has suffered the injury, in that he is not required to prove the fault of the damage-feasor as well. That is, the LOR sets forth that a person causing injury to another shall be liable to compensate for it if he does not prove that he was not at fault in causing the injury (article 154, Para. 1 of the LOR). In this manner, the burden of proof is transferred from the victim to the damage-feasor. In other words, it is presumed that the damage-feasor is at fault in causing the damage *(praesumptio iuris tantum).* This statutory presumption can be eliminated by the damage-feasor through evidence that he acted "as he should", and that the injury was caused either by accident, through the fault of the victim or through the action of a third person. If he does not succeed in presenting such evidence, the court may order him to pay damages.

YU 143 Transferring the burden of proof from the person who has suffered injury to the damage-feasor also applies to contractual and tort liabilities. The legislator begins with the notion that the person causing damage to someone else is, in the majority of cases, actually at fault and thus responsible for it. Experience shows that damage is usually the result of an action on the part of the damage-feasor which was not "as it should have been" and at the same time that the damaging acts represent a significant departure from normal behaviour. This is particularly true if someone inflicts an injury on another individual damages a person's health or causes the death of another person. These consequences of human behaviour are entirely unnatural, so that it is justifiable to assume that the person who has caused them has thus violated both the legal norm and the rules of his profession. On the other hand, if the injurious acts are the result of a medical intervention, the presumption of fault is less justified, since the results of medical treatment may not be beneficial to the patient even if the physician has acted "as he should". However, it is easier for the physician to prove that he cured the patient "as he should" than it is for the patient to submit evidence that the physician did not act in this manner. On the other hand, the distribution of the burden of proof is not decisive in a litigation aimed at determining material truth. Having that in mind, the court is not bound by documents submitted by the parties involved, but instead is free to use any other available source of information which, according to its own opinion, may contribute towards determining the truth (article 6, Para. 3 of the LCP). Apart from that, the value of each particular piece of evidence is assessed independently and according to the court's own discretion (article 8 of the LCP), and it is not bound by any legal rules in assessing evidence. This principle applies to expert opinions, too, although the court usually accepts them.[90]

YU 144 Since the medical institution is presumed to be at fault, the victim has only to prove that he really suffered the damage, and that it was caused by medical employees of the defendant medical institution. It is not necessary to identify which medical employee caused the injury by acting wrongfully or by failing to act. It is sufficient to bring evidence that the damage was caused by "some" of the medical employees of the defendant, since the institution is equally liable for all members of its staff. This is certainly advantageous for the victim as far as his position in the litigation is concerned. Thus, even the fact that medical staff work together in teams does not represent any particular difficulty. However, furnishing proof that the injury was caused by several medical employees of the defendant institution is not at all easy, since it is necessary to rely on medical experts who, as a rule, try to conceal or

---

[90] Borivoje Poznić, *Gradjansko procesno pravo,* seventh revised edition (Belgrade, 1980), p. 251.

at least make light of their colleagues' professional mistakes. Even if they find that a specific act performed by a medical employee was not in order, their opinion is usually restricted to the statement that such an act *could* only potentially *have* caused the damage at issue, but that it is not possible to ascertain firmly in the specific case the real cause of damage. The opinion that such a course of event could have taken place even though the physician committed no error only serves to confuse the issue. At best, medical experts find that a specific professional error was a *probable* cause of the damage. For their part, the courts generally consider that an opinion of this kind by experts furnishes sufficient proof of the causal relation between the error and the damage.

(c) Enforceability of Claim for Damages

YU 145 The claim for damages caused by tort becomes unenforceable 3 years after the person who has suffered the injury obtained knowledge of the damage and of the person inflicting it. In any case, this kind of claim falls under the statute of limitations that ends 5 years after the damage took place. However, a claim for compensation arising out of the violation of contractual duties is enforceable within the period determined by the relevant statute of limitations (article 376 of the LOR). The term for contractual obligations regulating medical treatment is 5 years. If, on the other hand, the damage is caused by a criminal act, and if a longer term of enforceability is set forth for cases involving criminal prosecution, the claim for damages from the person held responsible is enforceable within the above-mentioned term for criminal prosecution (article 377, Para. 1 of the LOR). If the principal claim for compensation falls under the statute of limitations provisions, the supplementary claim also falls in this category (article 369 of the LOR).

YU 146 As far as claiming compensation for injury is concerned, the moment the term of enforceability begins is related to the moment when the injured person obtains knowledge of the injury and of the person inflicting it. However, it is not easy to ascertain that moment in the case of physical injury or impaired health. Fortunately, the majority of controversial issues in that area have already been resolved by judicial practice. First of all, the courts usually find that the legal term "obtaining knowledge by the person suffering damage" of the damage inflicted and of the damage-feasor should not be interpreted literally; in other words, the exact moment at which such knowledge was obtained should not be decisive since this would lead to utter confusion. Rather, decisive significance should be ascribed to the moment at which the victim could have obtained knowledge of the damage-feasor, i.e. when all necessary and relevant information were potentially available to him. The notion of obtaining knowledge is interpreted not only subjectively but also objectively. In addition, the courts also take into consideration that, in the case of physical injury and impaired health, there are several independent forms of damage which ensue at various moments after the damaging event. Since these forms of damage become apparent to the victim at different times, the moment at which each becomes unenforceable varies for each form of injury.[91] On the other hand, it is not sufficient to obtain knowledge of the existence of damage; the victim must also realize its scope. "The term of enforceability of the claim for damages due to an injury begins from the moment at which the physician-specialist determines and states to the person

[91] See the decision of the Supreme Court of Yugoslavia, Gzz 56/70, of October 29, 1970, *ZSO*, book 16, vol. 1, decision no. 165.

who has suffered the injury the scope of the harmful consequences caused by the injury and informs him of the degree of working disability."[92] Finally, in order to determine the term of enforceability, it is not sufficient for the victim to obtain knowledge of the damage-feasor, he must also obtain knowledge of the person liable for the damage, i.e. the person to whom the claim for damages is to be addressed.

---

[92] Verdict of the Supreme Court of Yugoslavia, Rev. 79/74, *ZSO*, new series, book 1, vol. 2, decision no. 196.

Subject Index

Index des sujets

Sachverzeichnis

GPSR Compliance

The European Union's (EU) General Product Safety Regulation (GPSR) is a set of rules that requires consumer products to be safe and our obligations to ensure this.

If you have any concerns about our products, you can contact us on ProductSafety@springernature.com

In case Publisher is established outside the EU, the EU authorized representative is:

Springer Nature Customer Service Center GmbH
Europaplatz 3
69115 Heidelberg, Germany

Batch number: 10838053

Printed by Printforce, the Netherlands